제2의 성

제2의 성

시몬 드 보부아르 지음 | 이정순 옮김

을유문화사

을유사상고전
제2의 성

발행일
2021년 9월 10일 1판 1쇄
2024년 4월 25일 1판 5쇄

지은이 시몬 드 보부아르
옮긴이 이정순
펴낸이 정무영, 정상준
펴낸곳 (주)을유문화사

창립일 1945년 12월 1일
주소 서울시 마포구 서교동 469-48
전화 02-733-8153
팩스 02-732-9154
홈페이지 www.eulyoo.co.kr

ISBN 978-89-324-4008-8 04160
ISBN 978-89-324-4000-2 (세트)

옮긴이 서문

1980년 4월 19일. 파리 14구에 있는 브루세 병원 앞에 많은 사람이 모여 있다. 장 폴 사르트르Jean-Paul Sartre(1905~1980)의 장례식이 있는 날이다. 느슨하게 서 있는 군중들 사이에 배우 시몬 시뇨레와 이브 몽탕 부부, 사회당 정권의 총리였던 미셸 로카르의 얼굴이 보인다. 철학자 앙드레 글뤽스만은 병원 담벼락에 바싹 붙어 등지고 서 있다. 두 손에 흰 장미꽃을 들고 말없이 경건하게 서 있는 한 여인이 눈길을 끈다. 숙연한 분위기다. 갑자기 육중한 문이 열리더니 차 한 대가 나와 내 옆에 멈췄다. 몰려든 인파에 당황한 듯한 시몬 드 보부아르Simone de Beauvoir(1908~1986)의 얼굴이 차창 밖을 향해 있었다. 한순간 그녀와 나의 눈이 마주쳤다. 내가 우연히 있었던 곳이 차가 드나드는 병원 출입문 앞이었고, 그 문을 통해 운구차가 나온 것이다. 잠시 멈췄던 운구차는 이내 다시 움직였다. 군중들도 운구차 뒤를 조용히 따라 걸었다. 이윽고 운구차 주위로 수많은 사람이 몰려들었고, 차는 더 이상 움직일 수 없는 상황에 이르렀다. 전복 위험까지 느껴졌다. 차를 따라가던 사람들은 순식간에 약속이나 한 듯이 서로 팔짱을 끼고 운구차를 둘러쌌다. 그 운구 행렬 속에서 나도 보부아르 옆자리를 지키며 장지인 몽파르나스 묘지까지 걸어갔다. 그리고 한동안 멀리 떨어진 곳에서 사르트르의 명복을 빌며 장례식을 바라보다가 내가 사는 기숙사로 돌아왔다. 저녁 뉴스에서는 그날 인파가 5만 명을 넘었으며, 이런 일은 19세기 빅토르 위고의 장례식 이후 없었다고 했다.

1986년 3월 25일. 보부아르와의 두 번째 만남이 있던 날이다. 이번엔 우연한 마주침이 아니라 정식으로 약속을 잡고 그녀의 집에서 대화를 나누기로 했다. 사실 그때 그녀와 나는 한동네에 살고 있었다. 파리 14구의 당페르 로슈로 광장을 기점으로 나는 100여 미터쯤 떨어진 당페르 로슈로가街 초입의 마담 자크의 아파트에 방 하나를 빌려 살았고, 그녀는 200여 미터 정도 떨어진 셸셰르가에서 지내고 있었다. 1982년부터 '시몬 드 보부아르의 철학 사상과 문학 표현'이라는 주제로 박사 학위 논문을 준비하던 나는 당시 논문을 막 쓰는 참이었다. 그동안 책 속에서가 아닌 현실의 그녀를 만나 대화하고픈 마음이 간절했으나 그녀의 작품과 사상을 제대로 공부한 후에 만나야겠다고 줄곧 다짐하고 있었다. 그래서 논문 작성에 착수하자마자 용기를 내어 그녀에게 편지를 보냈고, 고맙게도 그녀는 곧장 답장을 주었다. 그렇게 나는 그녀를 만날 수 있었다.

보부아르는 『레 망다랭』으로 공쿠르상을 수상했고, 그 상금으로 마련한 '스튜디오'에 살고 있었다. 이 집은 그녀의 서간집과 회고록에서도 묘사되어 있듯이, 몽파르나스 공동묘지에 접해 있어 파리 시내 한가운데 있음에도 불구하고 넓은 창문으로 하늘이 하나 가득 펼쳐지는 아파트였다.

약속 시간에 맞추어 초인종을 눌렀다. 나는 가슴을 두근거리며 보부아르와의 대면을 머릿속에 그렸다. 초인종이 울리자 조용히 문을 열어 주는 사람은 자그마한 체구에 티 없이 맑은 크림색 피부를 가진 노부인이었다. 그녀는 머리에 예의 그 유명한 터번을 쓰고 입가에 잔잔한 미소를 머금은 채 나를 맞아 주었다. 사르트르보다 키가 큰 보부아르의 사진을 많이 봐 왔던 터라 나보다 체구가 큰 여인을 상상했다. 하지만 나를 집 안으로 인도하며 앞서서 조심조심 걸어 들어가는 사람은 일흔여덟의 작은 노인이었다. 그녀의 작품을 시기별로 모두 잘 아는 나는 그녀의 젊은 시절과 시간이 흐름에 따라 변해 가는 사진 속 그녀의 모습이 오버랩되었다. 세월의 흐름을 실감하는 순간이었다. 하지만 그녀는 여전히 아름다운 얼굴을 간직하고 있었고, 유난히 맑고 깨끗한 얼굴은 매우 인상적이었다.

우리는 천장이 높고 한편에 집필 공간이 있는 거실의 다른 편에 격식 없이 놓인 간소한 소파와 안락의자에 서로 마주 보며 앉았다. 한순간 침묵이 흘렀다. 나는 그녀를 잘 알고 있었으나 그녀는 나에 대해 편지 내용 외에 아무것도 몰랐기에 어색한 분위기는 당연했다. 내가 먼저 "기억하지 못하시겠지만, 저는 사르트르 장례식 때 운구차 바로 옆에 서서 처음부터 끝까지 당신과 함께 걸어갔어요"라며 말을 꺼냈다. 뜬금없는 나의 말에 그녀는 예기치 못했다는 듯 웃음을 지으며 "그때 사람이 하도 많아서……"라며 말을 잇지 못했다. 그러나 그녀의 얼굴에는 이미 경계하는 듯한 긴장감이 풀어지고 있었다. 대화는 나의 논문에 관한 것으로 이어졌고, 그녀는 내 질문에 하나하나 친절하게 대답해 주었다. 그리고 나의 논문 계획에 대해 좋은 논문이 되겠으나 좀 길지 않겠느냐는 조심스러운 충고와 격려의 말을 잊지 않았다. 논문 이야기뿐 아니라 회고록에 등장했던 그녀 주변의 사람들, 특히 보스트Jacques-Laurent Bost와 올가Olga Kosakiewicz, 레이몽 아롱 Raymond Aron과 생전 사르트르와의 관계에 관한 이야기도 나누었다. 종종 미소를 머금으며 답하는 그녀의 얼굴은 상대방 역시 미소를 짓게 할 만큼 따뜻했다.

보부아르는 다음번에 다시 만나자는 말을 하고, 내가 가져갔던 논문 일부를 읽어 보겠으니 놓고 가라며 먼저 일어났다. 그녀가 거실 한쪽으로 천천히 걸어갈 때 시계를 보니, 우리가 대화한 지 꼭 한 시간 반이 지나 있었다. 그녀는 정확했다. 그때까지 1초도 낭비하지 않는 생활을 엄격하게 지켜 가고 있었다. 그녀는 이틀 후에 양녀인 실비 르 봉과 일주일간 여행을 떠나니 다녀와서 연락하겠다고 말했고, 우리는 그렇게 헤어졌다.

그 일주일 후부터 나는 그녀의 편지를 기다리면서 매일 우편함을 들여다보았다. 그녀를 만나고 온 지 정확히 3주가 되던 날인 1986년 4월 14일 저녁, 나는 아끼는 후배와 함께 파리 교외에 있는 한국 유학생 부부의 집에서 텔레비전을 보고 있었다. 마침 시작한 뉴스의 첫 화면에 "시몬 드 보부아르, 오늘 오후 코생 병원에서 78세를 일기로 사망"이라는 글이 눈에 들어왔다. 그녀는 내게 그렇게 마지막 소식을 보내왔다…….

*

시몬 드 보부아르는 소설가, 철학자, 저널리스트, 극작가, 회고록 작가, 참여 지식인, 급진적 페미니스트, 사르트르의 동반자 등 다양한 호칭으로 불린다. 이는 생전에 보부아르가 지칠 줄 모르고 정열적으로 활동한 다양한 면모를 반영한다. 이 가운데서도 20세기 페미니즘에 지대한 영향을 끼쳐 현대 여성 해방의 선구자요, 상징으로 가장 잘 알려져 있다. 오늘날 시몬 드 보부아르의 이름과 『제2의 성』에 나오는 그 유명한 명제 "우리는 여자로 태어나는 것이 아니라 여자가 되는 것이다"를 빼고는 페미니즘을 논할 수 없으며, 이 문장은 필경 보부아르의 작품과 참여 활동 중 가장 유명한 것으로 남을 것이다.

『제2의 성』은 보부아르에게 세계적 명성을 가져다주었지만, 종종 그녀의 다른 작품들과 활동을 가리는 결과를 낳곤 했다. 그녀의 작품, 참여 지식인으로서의 활동, 여성 해방 투쟁 등 그 어느 하나 소홀히 다룰 수 없지만, 역자로서는 보부아르가 왕성한 저작 활동과 작품으로 현대 프랑스의 지성계와 문학계에 큰 발자취를 남긴 탁월한 실존주의 철학자이자 작가라는 점을 최우선으로 해야 한다고 생각한다. 그녀의 삶이나 작품 모두 실존주의 철학과 문학이 그 토대를 이루고 있고, 『제2의 성』 역시 여성의 상황을 실존주의 철학의 관점에서 분석한 책이다.

『제2의 성』은 1949년 출간 당시 프랑스 사회에 큰 반향을 불러일으켰다. 여성 해방을 목표로 한 이 책은 당시 프랑스의 가부장 사회에 폭탄을 던진 것과도 같았다. 왜냐하면 여성을 남성 주체의 '타자'로서 종속적인 상황에 놓이도록 한 여성성 및 모성, 사랑, 성차 등에 대한 신화의 허구성을 예리하게 파헤치면서 양성 간의 동등한 권리와 기회를 주장했기 때문이다.[1] 그로 인해 보부아르는 마르크스주의자에서 가톨릭교회에 이르기까지 좌우를 막론하고 보수적인 남성 지식인들의 거센 반발과 비난을 받았다. 작가 프랑수아 모리아크, 알베르 카뮈 등 일부 남성 지식인들은 보부아르에 대해 지독한 여성 혐오적 인신공격도 서슴지 않았다. 그럼에도 불구하고 보부아르는 양식 있는 지식인들의 옹호와, 누구보다도 『제2의 성』에서 자신들의 이야기와 진실을 발견한 수많은 여성 독자층의 열렬한 지지를 받았다. 출간 즉시 프랑스에서 2만 2천 부가 팔린 이 책은 1951년에 독일어로 처음 해외로 소개된 이후 30여 개국 언어로 번역되어 전 세계 여성들의 의식을 각성시키는 데 큰 역할을 했고, 급기야는 1960~1970년대 제2물결 페미니즘의 기폭제가 되었다.

『제2의 성』은 사회, 정치, 신화, 문학 등 모든 분야에서 남성에 의한 여성 지배와 남성이 부여한 여성 역할이나 이미지를 역사, 사회학, 철학, 인류학, 생물

1　* 당시 프랑스 여성의 현실을 일부 살펴보면, 기혼 여성은 1938년까지 법적으로 무능해 신분증과 여권을 소지할 수 없었으며, 배우자의 허가 없이 대학에 등록할 수 없었다. 1943년에야 배우자의 허가 없이 은행 계좌를 개설할 수 있었고, 여성 참정권은 1944년에나 허용되었다. 남편은 아내의 취업을 금지할 수 있었으며, 부부의 거주지도 남편 홀로 결정하고 부권의 권위도 활용할 수 있었다. 낙태죄는 사형에 처했다(프랑스에서 낙태죄는 1975년에 폐지되었다). 여성을 미성년자로 간주한 1804년의 나폴레옹 민법으로 인해 여성은 1970년까지 아버지와 남편의 권위에 복종해야만 했다.

학, 정신분석학을 동원해 분석한다. 즉, 여성 조건에 대한 과학적이고 총체적인 연구서라 할 수 있다. 이후 출현한 페미니즘 이론의 사상적 기원은 대부분 이 책에 두고 있으며, 이론가들은 『제2의 성』의 내용과 방법론에서 영감을 받아 각자 분야별로 이론을 심화·발전시켜 나갔다.

구체적으로 살펴보면 프랑스의 유물론적 페미니스트인 모니크 위티그Monique Wittig와 크리스틴 델피Christine Delphy는 보부아르의 반자연주의·반본질주의적 성차 이론을 계승하며 젠더 이론으로 급진화했다. 그리고 이들의 대척점에 있는 차이의 페미니스트인 식수Hélène Cixous, 이리가레Luce Irigaray, 크리스테바Julia Kristeva와 1970년대 영미의 정신분석학자 줄리엣 미첼Juliet Mitchell과 낸시 초도로Nancy Chodorow는 보부아르가 비판하는 여성에 대한 고전적인 정신분석의 관점을 서로 다른 방식으로 전개했다. 또한 베티 프리단Betty Friedan과 1960년대 말 미국의 제2물결 페미니스트의 기수인 케이트 밀릿Kate Millett, 슐라미스 파이어스톤Shulamith Firestone, 영국의 저메인 그리어Germaine Greer 등은 『제2의 성』에서 직접적으로 영향을 받아 가부장제 아래의 여성 억압에 관한 걸출한 이론서들을 출간했다. 특히 케이트 밀릿이 『성의 정치학』에서 전개한 페미니즘 문학 비평은 보부아르가 남성 작가들의 작품을 분석해 그들의 왜곡된 여성상을 신랄하게 비판한 『제2의 성』 제1권 제3부 「신화」의 방법론을 그대로 적용한 것이다. 또한 1990년대 이후 각광받고 있는 주디스 버틀러Judith Butler의 젠더 이론은 육체를 상황으로 본 보부아르의 논의에서 출발한다. 이 밖에도 페미니즘적 역사 연구·과학 비평·문화 비평, 페미니즘 신학 등에서 영향받은 이론가가 많이 있다.[2]

따라서 『제2의 성』은 현대 페미니즘과 '젠더 연구'에 초석을 놓은 것으로 평가받고 있으며, 여성학에서 매우 중요한 텍스트로 앞으로도 그 영향력은 지속될 것이라 생각한다. 한편 페미니즘 이론 역사에서 『제2의 성』은 영향력이 큰 만큼이나 논쟁적이었다는 점도 간과할 수 없다. 보부아르가 제기한 남녀의 성차, 여성성, 모성 등의 문제를 둘러싸고 페미니스트들 간에 이견과 대립 양상을 보였고, 이는 페미니즘 이론 발전에 동력이 되었다. 이에 대해서는 따로 심도 있는 연구가 필요하다.

---

2 *우르술라 티드는 『시몬 드 보부아르 익숙한 타자』(우수진 옮김, 앨피, 2007)에서 가능하기 어려울 만큼 광범위한 보부아르의 유산을 정리 소개하고 있다.

하지만 현대 여성 해방 운동의 '성서'로 불리는 『제2의 성』을 집필할 당시 보부아르는 역설적이게도 페미니스트가 아니었다고 한다. 보부아르의 회고록을 보면, 오늘날 현대 페미니즘의 어머니로 여겨지는 그녀가 오랫동안 '여성 조건'의 문제에 대하여 무지했거나 적어도 의식하지 못했다는 점은 놀랍다. 여성 문제에 대한 그녀의 의식은 『제2의 성』을 쓰려고 연구를 시작하면서부터 비로소 깨어났다고 한다. 그녀는 회고록의 제3권인 『상황의 힘 *La Force des choses*』(1963)에서 그 당시를 다음과 같이 회고하고 있다. "나는 여자들을 새로운 시각으로 바라보기 시작했고, 연달아 놀라움을 겪었다. 그때까지 보지 못했던 세상의 놀라운 일면을 마흔 살에 갑자기 발견한다는 것은 이상하기도 했고 고무적이기도 했다." '여성 조건'이 존재한다는 자각은 그녀를 아주 자연스럽게 페미니스트가 되도록 이끌었지만, 페미니즘 활동은 훨씬 뒤에 가서야 본격적으로 펼쳐 나갔다.

보부아르는 회고록에서 『제2의 성』이 '우연히, 뜻밖에' 착상되었다고 말한다. 자신에 대해 말하고 싶어서 책을 쓰려 했고, 그러자면 다음과 같은 첫 번째 질문이 제기된다는 데 생각이 미쳤다고 한다. '나에게 여자라는 사실은 무엇을 의미했는가?' 이렇게 시작된 그녀의 성찰은 '사적 고백록'이 될 계획[3]을 보편적인 '여성 조건'을 연구하는 것으로 전환토록 했다. 현대 페미니즘의 사상적 모태가 된 『제2의 성』은 이렇게 탄생했다.

보부아르는 1946년 10월부터 여성 조건에 관해 조금이라도 언급된 저작물이라면 모두 면밀하게 검토하여, 집필 계획 2년 만에 본서를 완성하게 된다. 제1권은 1949년 6월, 제2권은 같은 해 11월에 각각 출간되었다.[4] 『제2의 성』의 집필 의도와 목적은 페미니즘 이론서가 아니라 여성들이 자신과 자신이 처한 상황을 이해하는 데 도움을 주는 것이었다.[5] 독자들은 이 책을 읽으면서 보부아르가 현

---

3   * 이는 10년 후인 1958년 『얌전한 처녀의 회상 *Mémoires d'une jeune fille rangée*』(국내에서는 『처녀시절』로 출간)을 시작으로 1981년 『작별의 의식』까지 총 다섯 권의 회고록으로 실현된다. 이 회고록들은 2018년 5월 갈리마르 출판사에서 플레이아드 총서(전2권)로 재출간되었다.

4   * 그 사이 보부아르는 1947년에 강연 일주로 미국 여행을 하게 되어 4개월간 작업을 중지했고, 이 여행의 기록인 『미국에서의 나날들 *L'Amérique au Jour le Jour*』(국내에서는 『미국여행기』로 출간)이 1948년에 출간되었다.

5   * 보부아르는 생전에 다양한 계층과 연령대의 수많은 여성(남성 포함)으로부터 감사의 편지를 받았다. 그녀 사후 독자들의 편지는 파리에 있는 프랑스국립도서관에 소장되어 있다.

대 페미니즘의 선구자라는 범접할 수 없고 시·공간적으로 아득히 먼 신화적 인물과는 거리가 멀다고 느낄 것이다. 그리고 젊은 세대의 여성들과 그들의 험난한 인생 여정에 따뜻한 시선을 보내며, 그들이 처한 상황에 대한 깊은 우려와 분노 그리고 변화에 대한 희망과 열정이 가득 담긴 사려 깊고 친근한 인생 선배의 목소리를 접하게 될 것이다. 보부아르 연구자인 역자는 보부아르의 바람처럼 여성들이 이 책을 통해 삶을 이해하고 헤쳐 나가는 데 많은 힘을 얻고 영감을 받을 수 있기를 바란다.

*

『제2의 성』이 1970년대 한국에 처음 번역 소개된 이후로 거의 50년이 흘렀다. 이 책이 현대 페미니즘의 기원이자 고전인 만큼 그 중요성과 비례해 그동안 많은 번역본이 국내에서 출판되었다. 그러나 본 역자를 비롯해 많은 독자와 연구자들이 기존 번역서의 문제점들을 인지하고 있었지만, 현실적으로 해결되지 않아 안타까워하던 중 이번에 을유문화사에서 정식으로 저작권사와 계약을 체결하고 새롭게 번역이 이루어져 무척 다행이라 생각한다.

기존 번역서들에서 오역은 물론이고 시대에 뒤떨어진 표현과 『제2의 성』의 철학적 토대인 실존주의나 현상학과 동떨어진 용어를 사용한 점 등 아쉬운 부분이 많았지만, 여기서 일일이 열거할 필요는 없고 중요한 몇 가지만 언급하겠다.

우선 그동안 출간된 번역서 중에는 '차례'부터 원서와 다른 경우가 있었다. 제2권 제목 "체험L'expérience vécue"을 "현대 여성의 삶"으로 번역한 것은 보부아르의 현상학적 실존주의 개념에 대한 무지다. 「체험」이란 가부장적 사회에서 여성 주체가 의식과 분리되지 않는 몸을 통해 겪는 타자로서의 '경험'을 말한다. "현대 여성의 삶"이란 이런 현상학적 의미를 전혀 반영하지 못한다. 또한, 제2권 제2부 「상황」의 8장 제목 "매춘부와 첩Prostituées et hétaïres"은 내용과 동떨어진 것으로, 본서에서는 "매춘부와 고급 창녀"로 정정하였다. 마지막으로 원서에 없는 제목을 자의적으로 붙여 의미를 왜곡한 점도 심각하다. 제1권 제2부 「역사」의 1, 2, 3, 4, 5장과 제3부 「신화」의 1, 2, 3장의 제목이 그렇다.

원서에서 아주 많이 나오는 단어인 'féminité', 'virilité'는 '여성다움', '남성다움'에서 '여성성', '남성성'으로 통일했고, 맥락에 따라서 간혹 그대로 둔 경우도 있다. '여권 신장론자', '여성 해방론자'로 번역된 'féministe'는 틀린 것은 아니나 시대의 변화에 맞춰 '페미니스트' 혹은 '여성주의자'로, '여권 확장 반대론자'는 '안티페미니스트' 혹은 '반여성주의자'로 통일하였다. 그리고 '성욕'이나 '성'으로 번역된 'sexualité'는 의미에 맞게 '섹슈얼리티'로 옮겼다. 실존주의와 현상학 용어인 'mauvaise foi'와 'intentionnalité'는 각각 '불성실한 행동, 나쁜 신념'과 '의도'로 잘못 번역되었으므로 '자기기만'과 '지향성'으로 정정하였다. '주체가 체험한 신체le corps vécu par le sujet'를 '주체로 살아가고 있는 육체'로 번역한 것은 명백한 오류다. 이상이 새로운 번역의 몇몇 사례들이다.

본 역자는 기존 번역서들의 오류를 최대한 바로잡으려 노력하였으나 여전히 놓친 부분이 있을 것으로 생각한다. 이를 바로잡는 것은 남은 과제다. 모쪼록 독자와 연구자들이 이번 새로운 번역을 통해 '여성 문제'에 대한 시몬 드 보부아르 사상에 보다 정확하게 다가갈 수 있기를 염원한다.

끝으로 오랜 번역 기간 동안 곁에서 항상 격려해 주신 나의 어머니 허희숙 여사님과 인영 씨 그리고 가족들에게 깊은 감사의 마음을 전한다.

2021년 여름
이정순

「시몬 드 보부아르」 알베르 아를랭그, 1945

일러두기

1. 이 책은 Simone de Beauvoir, *Le Deuxième Sexe Ⅰ, Ⅱ* (Editions Gallimard, 1949)를 완역 및 합본한 것이다.
2. 본문에서 원주는 숫자만 표기하고, 옮긴이의 주는 숫자와 기호(*)를 함께 달아 구분하였다.
3. 원주에 있는 책의 쪽수는 프랑스어판을 기준으로 한다.
4. 인명, 지명 등은 국립국어원의 외래어표기법을 따랐으며, 일반적으로 굳어져서 널리 사용되는 경우에는 그에 준하였다.
5. 단행본·잡지·신문 등의 제목에는 『 』를, 그림·사진·시·논문 등의 제목에는 「 」를, 발레·영화·공연 등의 제목에는 < >를 달았다.
6. 본문에 나오는 도서 중에 국내 출간된 경우에는 원제 병기를 생략하고, 한국어판 제목을 그대로 따랐다.
7. 원서에서 이탤릭체로 표기한 부분은 기울기로, 로마자의 첫 글자가 대문자인 경우에는 고딕체로, 두 가지가 병합된 경우에는 고딕체와 기울기를 함께 표기해 서로 구분하였다.
8. 원서에는 없지만 한국 독자들의 이해를 돕기 위해 도판, 해제, 시몬 드 보부아르 연보, 찾아보기 등을 추가하였다.

차례

옮긴이 서문 • 5

제1권 사실과 신화

서론 ———————————————————————— 23

제1부 운명 ————————————————————— 45
  1장 생물학적 조건 ——————————————— 47
  2장 정신분석의 관점 ——————————————— 79
  3장 유물사관의 관점 ——————————————— 96

제2부 역사 ————————————————————— 105
  1. ——————————————————————— 107
  2. ——————————————————————— 114
  3. ——————————————————————— 134
  4. ——————————————————————— 153
  5. ——————————————————————— 181

제3부 신화 ————————————————————— 221
1장 ————————————————————————— 223

2장 —————————————————————————————— 299

  1. 몽테를랑 또는 혐오의 빵 ————————————— 299

  2. D. H. 로런스 또는 남근의 자존심 ————————— 319

  3. 클로델 또는 주의 여종 ————————————— 330

  4. 브르통 또는 시 ———————————————— 343

  5. 스탕달 또는 소설적 진실 ————————————— 351

  6. —————————————————————————— 364

3장 —————————————————————————————— 369

제2권 체험

서론 —————————————————————————————— 385

제1부 형성 ———————————————————————— 387

  1장 유년기 —————————————————————— 389

  2장 젊은 처녀 ———————————————————— 459

  3장 성 입문 —————————————————————— 511

  4장 레즈비언 ————————————————————— 552

제2부 상황 ———————————————————————— 577

  5장 결혼한 여자 ——————————————————— 579

  6장 어머니 —————————————————————— 679

7장 사교 생활 ———————————————— 733

8장 매춘부와 고급 창녀 ————————————— 768

9장 성숙기에서 노년기로 ————————————— 794

10장 여자의 상황과 성격 ————————————— 818

제3부 정당화 ————————————————— 853

11장 나르시시즘의 여자 ————————————— 855

12장 사랑에 빠진 여자 —————————————— 877

13장 신비주의 여자 ——————————————— 913

제4부 해방을 향해 ———————————————— 925

14장 독립한 여자 ———————————————— 927

결론 ————————————————————— 969

해제 • 991

시몬 드 보부아르 연보 • 1009

도판 출처 • 1015

찾아보기 • 1017

제1권
사실과 신화

자크 보스트 Jacques Bost**에게**

    질서와 빛과 남자를 창조한 선한 원리가 있고, 혼돈과 암흑과 여자를 창조한 악한 원리가 있다. - 피타고라스Pythagoras

    남자들이 여자에 대해 쓴 것은 모두 의심받아 마땅하다. 왜냐하면 그들은 심판자인 동시에 이해 당사자이기 때문이다. - 풀랭 드 라 바르Poulain de La Barre

서론

나는 여자에 관해 책을 쓰는 것을 오랫동안 주저해 왔다. 이 주제는 사람들을 자극하는데, 특히 여성들에게 그렇다. 그리고 새로운 것도 아니다. 페미니즘 논쟁에 대해서는 많은 글이 쓰였고 이제 대략 종결되었다.[1] 그러니 더 이상 언급하지 말자. 그런데 사람들은 아직도 이것에 대해 이야기하고 있다. 그리고 지난 세기 동안 엄청나게 쏟아져 나온 어리석은 말들이 별로 문제를 해결한 것 같아 보이지 않는다. 문제가 있기는 한가? 그렇다면 무슨 문제인가? 대체 여자들이 있기는 한 건가? 분명 영원한 여성에 대한 이론을 추종하는 사람들이 여전히 있다. 그들은 소곤거린다. "러시아에서조차 *여자*들은 여자로 남아 있다"고. 그러나 정통한 사람들은 – 때로 그들은 같은 사람들이기도 한데 – "여자는 사라져 가고 있어. 이제 여자는 없어"라며 한숨을 쉰다. 여자들이 아직도 있는지 계속 존재하게 될지 또는 존재하길 희망해야 하는지 말아야 하는지, 여자들이 이 세계에서 어떤 자리를 차지하고 있는지 어떤 자리를 차지해야만 하는지 사람들은 더 이상 잘 모른다. 최근 한 부정기 간행 잡지[2]가 "여자들은 어디에 있는가?"라는 설문을 낸 적이 있다. 먼저 여자란 무엇인가? 이 질문에 누군가가 "*여자는 자궁이다*"라고 답한다. 하지만 여자들을 잘 안다고 자처하는 사람들은 어떤 여자들에 대해 이야기하면서 "여자가 아니야"라고 잘라 말한다. 그 여자들이 다른 여자들처럼 자궁을 가지고 있는데도 말이다. 인류라는 종에 암컷이 있다는 사실은 누구나 인정한다. 이

---

1 * 보부아르가 『제2의 성』을 쓰기 시작한 1946년은 프랑스에서 여성 참정권이 프랑스 법에 명문화된 지 1년도 채 되지 않은 시기였다.

2 현재는 폐간되었고, 잡지명은 『순정 *Franchise*』이다.

암컷은 예나 지금이나 인류의 반 정도를 차지하고 있다. 그렇지만 사람들은 우리에게 "여성성이 위험에 처해 있다"며, "여자로 있으시오. 여자로 남아 있으시오. 여자가 되시오"라고 권고한다. 그러니 인류의 암컷이라고 해서 모두가 반드시 여자인 것은 아니다. 인류의 암컷은 여성성이라는 수수께끼이자 위기에 처한 현실에 참여해야만 한다. 여성성은 난소에서 분비된 것인가, 아니면 플라톤 철학의 하늘 저 깊숙한 곳에 응고되어 있는 것인가? 여성성을 지상으로 내려오게 하려면 나풀대는 속치마 하나면 충분한 것인가? 어떤 여자들은 여성성을 구현하려 몹시도 애쓰지만 모델이 제시된 적은 한 번도 없었다. 사람들은 여성성을 점쟁이가 쓰는 어휘에서 빌려 온 듯한 막연하고도 현란한 말로 묘사한다. 성 토마스 시대에는 그것이 양귀비의 수면제 효능과 마찬가지로 확실하게 정의된 본질처럼 보였다. 그러나 이러한 개념론은 토양을 상실했다. 생물학과 사회학에서는 **여자** Femme나 유대인 또는 흑인과 같이 일정한 성격을 정의 내릴 불변의 고정된 실체가 존재한다고 더 이상 믿지 않는다. 즉, 그 학문들은 이러한 성격을 **상황**에 대한 이차적 반응으로 간주한다. 오늘날 여성성이란 것이 더 이상 존재하지 않는다면, 그것은 처음부터 없었던 것이다. 그 말은 '여자'라는 단어가 어떤 내용도 담고 있지 않다는 것을 의미하는가? 바로 그것이 계몽주의 철학, 합리주의, 유명론의 신봉자들이 강력하게 주장하는 것이다. 여자라는 것은 인류 안에서 단지 '여자'라는 말로 자의적으로 지칭되는 사람에 불과할 거라는 것이다. 특히 미국 여자들이 흔쾌히 이른바 여자란 더 이상 없다고 생각한다. 만일 어떤 덜떨어진 여자가 자신을 여자로 여긴다면 그녀의 여자 친구들이 그녀에게 그런 강박에서 벗어나도록 정신분석 치료를 받아 보라고 권할 것이다. 『현대 여성: 잃어버린 성*Modern Woman: a lost sex*』이란 제목의, 신경에 대단히 거슬리는 한 작품에서 도로시 파커 Dorothy Parker(1893~1967)[3]는 "나는 여자를 여자로 다루는 책들에 대해서 공정할 수 없다. (…) 내 생각에 우리는 남자든 여자든 우리가 누구든 모두 인간으로 간주되어야만 한다"라고 썼다. 그러나 유명론은 좀 협소한 학설이다. 또한 안티페미니스트antiféministe[4]들이 여자는 남자가 **아니**라는 증거를 제시해 봤자 소용없는 일이다. 단연코 여자는 남자와 마찬가지로 인간이다. 그러나 그와 같은 주장은 추상적

---

3 *미국의 시인, 작가, 평론가
4 *반여성주의자

이다. 사실 모든 구체적인 인간은 언제나 독특하게 위치해 있다. 영원한 여성, 흑인의 영혼, 유대인의 성격이라는 개념을 거부하는 것이 오늘날 유대인, 흑인, 여자가 있다는 사실을 부정하는 것은 아니다. 이러한 부정은 관련자들에게 해방이 아니라 정당하지 않은 도피를 나타낼 뿐이다. 어떤 여자도 자신을 기만하지 않고서는 성性을 무시한 채 자신이 누구라고 주장할 수 없다. 몇 년 전, 한 유명 여성 작가가 여성 작가들에게만 할애된 인물 사진 총서에 자신의 사진을 싣지 못하게 했다. 그녀는 남자들 틈에 끼고 싶었던 것이다. 그런데 이 특권을 얻기 위해서 그녀는 남편의 영향력을 이용했다. 자신이 남자라고 주장하는 여자들은 남성적인 경의와 존경을 남자들에게 요구한다. 나는 떠들썩한 회의장의 연단에 서서 주먹을 휘두르려던 눈에 띄게 가냘픈 젊은 트로츠키주의자trotskiste 여성도 기억하고 있다. 그녀는 자신의 여성적 연약함을 부정했는데, 사실 그 행동은 자신이 대등하고 싶어 했던 한 남성 투사에 대한 사랑 때문이었다. 미국 여자들의 경직되고 도전적인 태도는 그녀들이 여성성의 감정에 사로잡혀 있다는 것을 증명한다. 사실상 인류가 의복, 얼굴, 신체, 미소, 행동거지, 관심, 소일거리가 확연히 다른 두 범주의 개인들로 나뉘어 있다는 것을 확인하려면, 눈을 뜬 채 거리를 걷는 것만으로 충분하다. 어쩌면 이 차이는 피상적인 것일 수 있고, 사라지도록 예정된 것일 수도 있다. 분명한 것은 현재 그 차이가 확연하게 존재한다는 것이다.

만일 암컷 기능으로 여자를 정의하는 게 불충분하고 우리가 '영원한 여성'으로 여자를 설명하는 것을 거부한다면, 그렇지만 우리가 지상에 여자들이 있다는 사실을 잠정적으로라도 받아들인다면, 우리에게는 질문해야 할 것이 있다. 여자란 무엇인가?

문제의 발화 자체가 나에게 첫 번째 답변을 즉시 머릿속에 떠오르게 한다. 내가 이 질문을 한다는 것은 의미심장하다. 남자라면 인류 안에 수컷 남성들이 차지하고 있는 특이한 상황에 대해 책을 쓰려는 생각을 하지 않을 것이다.[5] 내가 누구인지를 규정하려면 나는 우선 "나는 여자다"라고 선언할 수밖에 없다. 이 진실은 또 다른 표명이 나올 배경을 이루고 있다. 남자는 자신을 위치시킬 때, 결코 어떤 성性에 속한 개인으로 시작하지 않는다. 그가 남자라는 사실은 말할 필요가

---

5 예를 들어 「킨제이 보고서」는 미국 남성의 성적性的 특성을 정의하는 데 국한된 것이므로, 이는 완전히 다른 것이다.

없는 것이다. 관청의 기록상에서 그리고 신분증명서에서 남성·여성 항목은 명백하게 대칭적으로 나타나지만, 양성 관계는 전기의 양극이나 북극과 남극의 관계가 아니다. 라틴어로 '남자vir'라는 단어의 독특한 의미는 '인간homo'이라는 단어의 일반적인 의미와 동일시되기 때문에, 프랑스어에서 인류를 남자les hommes라고 말할 정도로 남자는 양성陽性과 중성中性을 동시에 나타낸다. 여자는 음성陰性으로 보이기 때문에 일방적으로 제한된 성질로 여겨진다. 때때로 나는 추상적인 토론을 하는 중에 "당신은 여자이기 때문에 그런 생각을 합니다"라는 남자들의 말에 짜증이 났다. 나는 나의 유일한 방어가 주관성을 배제하고 "나는 그것이 진실이기 때문에 그런 생각을 합니다"라고 답하는 것임을 알고 있었다. "그리고 당신은 남자이기 때문에 그 반대를 생각합니다"라는 대꾸는 할 필요조차 없었다. 왜냐하면 남자라는 사실은 특이함이 아니라 당연하게 여겨지기 때문이다. 남자는 남자이기 때문에 합법적이고, 잘못은 여자에게 있는 것이다. 고대인들에게 기울어진 경사면을 측정하기 위해 절대적인 수직선이 있던 것처럼, 사실상 남성이라는 절대적인 인간의 전형이 있다. 여자는 난소와 자궁이다. 자, 이것이 여자를 주관성 속에 가둬 놓는 특이한 조건인 것이다. 사람들은 여자가 내분비선을 가지고 생각한다고 말한다. 남자는 자신의 해부 구조에도 호르몬과 고환이 있다는 것을 잘도 잊어버린다. 그는 자신의 몸을 객관성 속에서 이해한다고 믿는 세계와의 직접적이고 정상적인 관계로서 파악하는 반면에, 여자의 몸은 그 특수성을 규정하는 모든 것에 의해 둔중해진 장애물이나 감옥같이 여긴다. 아리스토텔레스는 "암컷은 어떤 자질의 **결여**로 인해 암컷이다. 우리는 여자들의 본질을 자연적 결함 때문에 고통받는 것으로 생각해야 한다"라고 말했다. 그의 뒤를 이어 성 토마스는 여자란 "불완전한 남자"이며 "우연적" 존재라고 공표했다. 보쉬에Jacques-Bénigne Bossuet(1627~1704)[6]의 말에 따르면, 그것이 바로 이브가 아담의 "여분의 뼈" 하나로 만들어졌다고 전하는 창세기 이야기가 상징하는 바다. 인류는 남성이며, 남자는 여자를 그 자체로 정의하는 것이 아니라 자기와의 관계 속에서 상대적으로 정의한다. 여자는 자율적 존재로 간주되지 않는 것이다. 미슐레Jules Michelet(1798~1874)[7]는 "여자, 상대적 존재……"라고 썼다. 방다Julien Benda(1867~1956)[8]도 『위리엘의 보

---

6 * 프랑스의 신학자, 정치학자, 설교자

7 * 19세기 프랑스의 역사가

8 * 프랑스의 철학자, 비평가

고*Rapport d'Uriel*』에서 그와 같이 단언하는데, "남자의 몸은 여자의 몸을 제외하고도 그 자체로 의미가 있는 반면, 여자의 몸은 남자를 환기하지 않으면 의미가 없는 것 같다. (…) 남자는 여자 없이도 생각되지만 여자는 남자 없이 생각되지 않는다"라는 것이다. 그리고 여자는 남자가 결정하는 것 외에는 아무것도 아니어서 사람들은 여자를 "섹스"라고 부르는데, 그것은 여자가 남자에게 본질적으로 성적인 존재로 보인다는 것을 의미한다. 남자에게 여자는 섹스이므로 여자는 절대적으로 섹스다. 여자는 남자와의 관계에서 결정되고 구별되지만 남자는 그렇지 않다. 여자는 본질적인 것 앞에 있는 비본질적인 것이다. 남자는 **주체**Sujet이며 **절대**Absolu이고, 여자는 **타자**Autre[9]이다.

타자의 범주는 의식만큼 근원적인 것이다. 가장 원시적인 사회와 가장 오래된 신화 속에서 우리는 언제나 **동일자**와 **타자**의 이원성을 발견한다. 이러한 분할은 애초에 성적 구분이란 특징을 띠지 않았고, 어떤 경험적 사실에도 속하지 않았다. 이는 특히 중국 사상에 관한 그라네Marcel Granet(1884~1940)[10]의 연구와 인도·로마에 관한 뒤메질Georges Dumézil(1898~1986)[11]의 연구에서 눈에 띄게 나타난다. **바루나와 미트라**, **우라노스**와 **제우스**, **해와 달**, **낮**과 **밤** 같은 한 쌍에는 애초에 어떤 여성적 요소도 내포되어 있지 않았다. 선과 악·행과 불행의 원리, 좌와 우·신과 악마의 대립에서도 마찬가지였다. 이타성異他性은 인간의 생각에 근본적인 범주다. 어떤 집단도 자신 앞에 타자를 즉시 상정하지 않고서는 자신을 주체로 규정짓지 못한다. 나머지 다른 여행객들이 어렴풋이 적대적인 '타자들'이 되기 위해서

---

9 이 개념은 E. 레비나스의 시론 『시간과 타자』에서 가장 명백하게 표현되었다. 레비나스는 이렇게 표현한다. "이타성이 어느 실제적인 존재에 의해 본질로 여겨지는 상황은 없을까? 조건 없이 같은 류類의 두 종족의 대립 속으로 들어가지 않는 이타성은 어떤 것일까? 절대적으로 반대되는 반대의 것, 그 반대되는 성질이 자신과 그 상관 항 사이에 설정될 수 있는 관계에 의해서 아무런 영향도 받지 않는 것, 절대적으로 다르게 머물러 있도록 궁극적으로 허용하는 반대되는 성질의 것, 나는 그것이 여성이라고 생각한다. 성性이란 하찮은 특수한 차이가 아니다. (…) 또한 양성 간의 차이는 모순도 아니다. (…) 그것은 또한 보완적인 두 용어의 이원성도 아닌데, 왜냐하면 두 보완적 용어는 이미 존재했던 하나의 전체를 상정하기 때문이다. (…) 이타성은 여성 속에서 완성된다. 이타성은 같은 서열의 용어이지만 의식과는 대립되는 의미를 갖는 말이다."
   나는 레비나스가 여성 또한 자기 자신에게 의식이라는 사실을 잊지 않았을 거라 추측한다. 그러나 그가 주체와 객체의 상호성에 대해 주의를 환기시키지 않은 채 단호하게 남성의 관점을 취한 것은 충격적인 일이다. 그가 여자는 수수께끼라고 쓸 때, 여자는 남자에게 수수께끼임을 함축한다. 그러므로 객관적이고자 하는 이러한 서술은 사실상 남성적 특권의 주장일 뿐이다.

10 *프랑스의 중국학자, 사회학자

11 *프랑스의 인도유럽족학자, 비교신화학자

는 같은 열차 칸에 우연히 합승한 세 명의 여행객으로 충분하다. 마을 사람에게는 자기 마을에 속하지 않은 모든 사람이 수상한 '타자들'이고, 한 나라의 원주민에게는 다른 나라의 주민들이 '이방인들'로 보인다. 반유대주의자에게 유대인은 '타자들'이고, 흑인은 미국 인종주의자에게, 원주민은 식민주의자에게, 프롤레타리아는 유산계급에게 '타자들'이다. 레비스트로스Claude Lévi-Strauss(1908~2009)는 여러 원시 사회의 다양한 모습에 관한 깊이 있는 연구 끝에 다음과 같은 결론을 내릴 수 있었다. "**자연** 상태에서 **문화** 상태로의 이행은 생물학적 관계를 대립 체계 형태로 생각하는 인간의 성향에 의해 정의된다. 이원성, 교체, 대립, 대칭은 그것들이 분명한 형태로 나타나든 희미한 형태로 나타나든, 설명해야 할 현상이라기보다 사회적 현실의 근본적이고 직접적인 사실을 구성하고 있다."[12] 이러한 현상들은 인간 현실이 오로지 연대와 우정에 기초한 **공존**이기만 하다면 이해할 수 없을 것이다. 이와 반대로 헤겔의 말에 따라, 의식 안에 다른 모든 의식에 대한 근본적인 적대감이 있다는 것을 발견한다면 명확해질 것이다. 주체는 대립함으로써만 비로소 자신의 지위를 확보한다. 그는 자신을 본질로 확립하고, 타자를 비본질, 객체로 구성하기를 주장한다.

다만 다른 의식도 이 주체에게 같은 주장을 내세운다. 토착민은 여행 중에 이웃 나라들 중에서 자기를 이방인으로 바라보는 토착민들이 있다는 것을 보고 충격을 받는다. 마을과 마을, 부족과 부족, 나라와 나라, 계급과 계급 사이에는 전쟁, 잔치, 거래, 계약, 투쟁이 있고, 이런 것들은 *타자*라는 생각에서 절대적 의미를 제거하고 상대성을 발견하게 한다. 좋건 싫건 간에 개인들과 집단들은 그들 관계의 상호성을 인정하지 않을 수 없다. 그렇다면 어째서 양성 간에는 이런 상호성이 세워지지 않았고, 두 항 중 하나가 자신의 상대와 관련해 일체의 상대성을 부정하고 상대를 순수한 이타성으로 규정하면서 자신만을 유일한 본질이라 자처하게 된 것일까? 여자들은 왜 남성의 지상권至上權에 대해 이의를 제기하지 않는가? 어떤 주체도 자신을 단숨에 자발적으로 비본질적인 것으로 상정하지 않는다. 자기 자신을 타자로 규정하는 **타자**가 **주체**를 정하는 것이 아니다. 자기 자신을 **주체**로 확립하는 **주체**에 의하여 **타자**는 타자로서 설정된다. 그러나 **타자**가 **주체**로

---

12 C. 레비스트로스의 『친족의 기본 구조 Les Structures élémentaires de la parenté』 참조. 이 논문의 교정쇄를 보내 준 데 대해 C. 레비스트로스에게 감사드린다. 나는 이 논문을 본서 제2권 제2부에서 폭넓게 사용했다.

반전하는 일이 일어나지 않는다면 **타자**는 이 낯선 관점에 복종해야만 한다. 여자에게 이러한 복종은 어디서 기원하는 것인가?

다소 긴 기간 동안 한 범주가 다른 범주를 절대적으로 지배하는 데 성공한 사례들이 존재한다. 종종 수적 불평등이 이러한 특권을 부여한다. 즉, 다수가 소수에게 자신의 법률을 강요하거나 후자를 박해하는 것이다. 그러나 여자는 미국의 흑인이나 유대인처럼 소수가 아니다. 지구상에는 남자 수만큼이나 여자들이 있다. 또한 두 집단은 애초에 독립되어 있었다. 그들은 예전에 서로의 존재를 모르거나 각자 상대방의 자주성을 인정하고 있었다. 그런데 역사적인 사건이 일어나 가장 약한 집단이 가장 강한 집단에 복속되어 버린 것이다. 유대인의 디아스포라, 미국 내 노예 제도의 도입, 식민지 정복들은 역사적으로 일어난 사실이다. 이러한 경우에 피억압자들에게는 *이전以前*이란 게 있었다. 그들은 공통적으로 과거, 전통, 때로는 종교와 문화를 가지고 있었다. 이런 의미에서 베벨August Bebel(1840~1913)[13]이 확립한 여자와 프롤레타리아 사이의 유사성이 가장 근거 있는 연구라 할 수 있다. 즉, 프롤레타리아 역시 수적으로 열세하거나 단 한 번도 분리된 집단을 구성한 적이 없었다. 하지만 계급으로서 프롤레타리아의 존재를 설명해 주고, 그들이 그 계급 내에 배치된 것을 해명해 주는 것은 '어떤 한' 사건이 아니라 역사적인 전개 과정이다. 프롤레타리아가 늘 있었던 것은 아니다. 하지만 여자는 항상 있었다. 여자들은 생리 구조에 의해 여자다. 역사를 한껏 소급해 보아도 여자들은 언제나 남자에게 종속되어 있었다. 여자의 종속은 역사적인 한 사건이나 변천의 결과가 아니며 돌연 '발생한' 일이 아니다. 다만 여기서 부분적으로는 역사적 사실의 우발적 성격에서 벗어나기 때문에 이타성이 절대적인 것처럼 보이는 것이다. 시간을 통해 형성된 상황은 다른 시간 속에서 해체될 수도 있다. 특히 아이티섬의 흑인들이 그것을 증명했다. 반대로 자연적인 조건은 변화할 수 없는 것처럼 보인다. 그러나 사실상 역사적 현실과 마찬가지로 자연 또한 요지부동의 것이 아니다. 만일 여자가 결코 본질로 반전하지 않는 비본질로서 자신을 발견한다면, 그것은 여자가 이 반전을 꾀하지 않기 때문이다. 프롤레타리아들은 '우리들'이라고 말한다. 흑인들 역시 그렇게 말한다. 그들은 자신들을 주체로 확립하면서 부르주아와 백인들을 '타자들'로 바꾸어 놓는다. 여자들은—모호한

---

13 * 독일의 사회주의자, 여성론자. 『여성론』을 썼다.

시위에 머무르는 몇몇 집회를 제외하고-'우리'라고 말하지 않는다. 남자들은 '여자들'이라고 하는데, 여자들은 자신들을 지칭하기 위해 이 말을 다시 쓴다. 여자들은 진정으로 자신들을 **주체**로써 자처하지 않는다. 프롤레타리아들은 러시아에서, 흑인들은 아이티에서 혁명을 일으켰고, 인도차이나 사람들은 인도차이나에서 투쟁하고 있다. 그러나 여자들의 행동은 상징적인 준동에 불과했다. 여자들은 남자들이 자진 양보하는 것밖에 얻지 못했으며, 아무것도 쟁취하지 않고 주는 것만을 받았을 뿐이다.[14] 여자들은 맞서 싸울 수 있도록 하나로 뭉치게 하는 구체적인 수단이 없는 것이다. 여자들에게는 그들 고유의 과거도, 역사도, 종교도 없고, 프롤레타리아처럼 노동과 이해利害의 연대 의식도 없다. 여자들 사이에는 미국의 흑인, 게토의 유대인, 생드니나 르노 공장의 노동자들처럼 하나의 공동체로 만드는 공간적 밀착성도 없다. 여자들은 주거, 노동, 경제적 이해, 사회적 조건에 의해 다른 여자들보다 더 긴밀히 몇몇 남자들 - 아버지나 남편 - 에게 매인 채 남자들 속에서 흩어져 살고 있다. 부르주아 여성은 프롤레타리아 여성이 아닌 부르주아 남성과 굳게 결속되어 있고, 백인 여성은 흑인 여성이 아닌 백인 남성과 굳게 결속되어 있다. 프롤레타리아는 지배 계급을 학살하고자 할 수도 있고, 광신적인 유대인과 흑인은 핵폭탄의 비밀을 독점하여 인류 전체를 유대인화하든가 흑인화하기를 꿈꿀 수도 있을 것이다. 그러나 여자는 꿈에서조차 남자들을 말살시킬 수 없다. 여자를 그 억압자에게 연결시키는 관계는 다른 어떤 관계와도 비교할 수 없다. 성性의 구분은 생물학적 조건이지 인류 역사상 하나의 모멘트 moment가 아니다. 성의 대립은 근원적originel **공존**의 한가운데서 그 형태를 나타냈으며, 여자는 이 대립을 분쇄하지 못했다. 남녀 한 쌍은 각각의 반이 서로에게 굳게 결합되어 있는 기본적인 통합체다. 성에 의해서는 사회의 어떠한 분할도 불가능하다. 그것이 바로 여자를 근본적으로 특징짓는 것이다. 즉, 여자는 두 항이 서로에게 필수 불가결한 전체의 한복판에서 **타자**다.

이러한 상호성이 여성의 해방을 용이하게 했을 거라고 상상할 수도 있다. 헤라클레스가 옴팔레Omphale[15]의 발치에서 털실을 잣다가 욕정에 사로잡힌다. 그런데 어째서 옴팔레는 헤라클레스에 대해 지속적인 힘을 발휘하지 못했을까? 메데

---

14 본서 제1권 제2부 5장 참조
15 *리디아 왕국의 여왕. 헤라클레스가 옴팔레의 발치에서 털실 잣는 것을 돕다가 욕정에 사로잡혀 그녀와 결혼한다. 여자가 남자에게 위력을 보였다는 데 이 전설의 의의가 있다.

이아Medeia는 이아손에게 복수하기 위해 그의 아이들을 죽인다. 이 야만적인 전설은 자기 자식에게 갖는 남자의 애착심으로부터 여자가 무서운 위력을 끌어낼 수 있음을 암시하고 있다. 아리스토파네스Aristophanes는 희곡 작품 『리시스트라타 Lysistrata』에서 여자들에게 느끼는 남자들의 성적 욕구를 여자들이 사회적 목적에 공동으로 사용하려 꾀했던 여자들의 모임을 익살스럽게 그리고 있다. 그러나 그 것은 희극에 불과하다. 납치당한 사비누스 여자들이 납치범들에 맞서 완강하게 불임으로 대항했다고 주장하는 전설은, 남자들이 그 여자들을 가죽 끈으로 때리자 신기하게도 그녀들의 저항이 멈췄다는 이야기도 담고 있다. 여자에게 종속시키는 남자의 생물학적 욕구 - 성적 욕망과 자손에 대한 욕망 - 는 여자를 사회적으로 해방시키지 못했다. 주인과 노예도 노예를 해방시키지 못하는 상호 경제적 필요성에 의해 결합되어 있다. 그러나 주인과 노예의 관계에서 주인은 자기가 상대방에게 갖는 욕구를 '상정'하지 않는다. 그는 이 욕구를 만족시킬 수 있는 힘을 갖고 있으나 매개하지 않는다. 이와는 반대로 노예는 의존 관계와 희망 또는 공포 속에서 주인에게 갖는 욕구를 내재화하고 있다. 욕구를 만족시킬 긴급성이 양측에 동일하게 있다 할지라도 언제나 피억압자보다 억압자에게 유리하게 작용한다. 그것이 바로 노동자 계급의 해방이 왜 그렇게 늦어졌는지를 설명해 준다. 그런데 여자는 남자의 노예가 아니었을지라도 적어도 항상 그의 가신家臣이었다. 양성이 세계를 평등하게 누린 적은 단 한 번도 없었다. 그리고 오늘날도 여성의 조건이 진보하는 중이긴 하지만, 아직 여자는 몹시 불리한 조건에 놓여 있다. 거의 모든 나라에서 여성의 법적 지위는 남자의 것과 동일하지 않고, 대개 심각하게 불리하다. 여자의 권리가 추상적으로 인정되었다 할지라도 오랜 관습이 현실에서 구체적으로 실행되는 것을 막는다. 남자와 여자는 경제적으로 거의 두 개의 카스트 계급을 형성하고 있다. 모든 것이 평등하다 해도 남자들은 최근에 진입한 그들의 경쟁자들보다 더 유리한 상황, 더 높은 보수, 더 많은 성공의 기회를 가지고 있다. 남자들은 산업이나 정치 등에서 훨씬 더 많은 자리를 차지하고 있고, 가장 중요한 지위를 점하고 있다. 남자들은 구체적인 권력 외에도 모든 어린이 교육이 유지하는 전통의 위세를 누리고 있다. 현재는 과거를 이어받고 있고, 과거의 모든 역사는 남자들에 의해 만들어졌다. 여자들이 세계의 역사에 참여하기 시작한 순간에도 이 세계는 아직 남자들에게 속한 세계이다. 남자들은 그 사실을 의심하지 않고, 여자들은 이제 겨우 의심하기 시작했다. **타자**이기를 거부하는 것은 남자와의 공모를 거부하는 것인데, 그것은 여자들이 상층 카스트 계급에 협력함으로써 부여될 수 있는 모든 이익을 포기하는 게 될 것이다. 영주인 남자는 가신인 여자를 물질적으로 보호해 줄 것이고, 전자는 후자의 존재 이유를 정당화해 주는 윤리적 책임을 질 것이다. 여자는 경제적 위험과 함께 어떤 도움도 없이 홀로 그 목적을 만들어 내야 하는, 한 자유로운 존재의 형이상학적 위험도 회피하게 된다. 사실, 모든 개인에게는 주체로서 자신을 확립하고자 하는 윤리적 주장과 더불어 자유를 회피하고 자신을 사물로 구성하고자 하는 유혹이 공존한다. 후자는 불행한 길이다. 왜냐하면 수동적이고 소외되고 길을 잃은 개인은 미래를 향해 초월하지 못하고, 모든 가치를 상실한 채 낯선 이들의 의지의 먹잇감이 되어 버리기 때문이다. 그러나 그것은 쉬운 길이다. 왜냐하면 그렇게 하면 마땅히 받아들여야 할 실존의 공포와 긴장을 피할 수 있기 때문이다. 그러므로 여자를 *타자*로 만드는 남자는 여자 속에서 뿌리 깊은 공모를 만나게 될 것이다. 이처럼 여자가 자기를 주체로서 주장하지 않는 까닭은 그렇게 할 수단이 없기 때문이고, 상호성을 세우지 않은 채 남자에 결부시키는 필연적 관계를 느끼기 때문이며, 흔히 *타자*의 역할에 만족하기 때문이다.

그러나 즉시 질문 하나가 제기된다. 즉, 이 모든 역사가 어떻게 시작되었느냐는 것이다. 우리는 성性의 이원성이 모든 이원성처럼 갈등에 의해 표출되었다는 것을 이해한다. 만일 둘 중 하나가 상대방에게 자신의 우월성을 강요하는 데 성공했다면 이 우월성이 절대적인 것으로 확립되었음에 틀림없다. 초반에 승리한 자가 남자라는 것을 설명하는 일만 남아 있다. 여자들이 승리할 수도 있었을 것 같다. 아니면 투쟁이 결코 결말이 나지 않았을 수도 있다. 이 세계가 항상 남자들에게 속해 있는 이유는 무엇이고, 유독 오늘날에 와서야 사태가 변하기 시작한 것은 어디서 연유하는가? 이 변화는 바람직한가? 이 변화에 의해 남자와 여자는 이 세계를 평등하게 함께 누릴 것인가, 아니면 그렇지 않을 것인가?

이런 질문들은 전혀 새로운 것이 아니다. 이 질문들에 이미 수없이 많은 답변이 있었다. 그러나 바로 여자가 *타자*라는 사실 하나만으로도 남자들이 이제껏 내놓을 수 있었던 그 모든 정당화에 이의를 품게 된다. 이런 정당화는 너무도 분명하게 그들의 이익에 따라서 행해진 것이다. 17세기에 별로 알려지지 않은 페미니스트 풀랭 드 라 바르는 "남자들이 여자에 대해 쓴 것은 모두 의심받아 마땅하다. 왜냐하면 그들은 심판자인 동시에 이해 당사자이기 때문이다"라고 말했다.

남자들은 모든 시대에 곳곳에서 자신이 창조의 왕이라고 느끼는 만족감을 늘어놓았다. 유대인들은 아침 기도에서 "나를 여자로 태어나게 하지 않으신 우리 주님이시자 모든 세계의 주님이신 신께 감사하나이다"라고 말한다. 하지만 그들의 아내는 체념한 채 "당신의 뜻에 따라 나를 창조하신 주님을 찬양하나이다"라고 중얼거린다. 플라톤이 신들에게 감사해하는 여러 은혜 가운데 첫 번째는 자신을 노예가 아닌 자유인으로 창조해 준 것이고, 두 번째는 여자가 아닌 남자로 창조해 준 것이다. 그러나 남자들이 이 특권을 절대와 영원 속에 근거한 것으로 간주하지 않았더라면 한껏 향유할 수 없었을 것이다. 남자들은 그들의 우위를 권리로 만들고자 했다. "법률을 제정하고 편찬한 사람들은 남자이므로 남자들에게 혜택을 주었고, 법률가는 법을 원칙으로 만들어 버렸다"고 풀랭 드 라 바르가 다시 말한다. 입법가, 성직자, 철학자, 작가, 학자 들은 여성의 종속적인 조건을 하늘이 정한 지상에 유익한 것이라고 증명하는 데 혈안이 되었다. 남자들이 만든 종교도 이런 지배 의지를 반영하고 있다. 남자들은 이브와 판도라의 전설에서 무기를 끌어냈다. 앞에서 인용한 아리스토텔레스나 성 토마스의 말처럼 남자들은 철학과 신학을 자기들에게 유리하게 사용했다. 고대로부터 풍자 작가와 모럴리스트moralist들은 여성의 허약함에 대해 묘사하는 것을 즐겼다. 프랑스 문학 전체를 통해 여자들에 대해 어떤 격렬한 비난이 쏟아졌는지는 잘 알려져 있다. 몽테를랑Henry de Montherlant(1896~1972)[16]은 다소 완화된 정열로 장 드 묑Jean de Meung(1240년경~1305년경)[17]의 전통을 이어받고 있다. 이러한 적대감은 때로 근거가 있고, 대개 무의미하지 않은 것처럼 보인다. 사실 그것은 다소 교묘하게 위장된 자기변호의 의지를 감추고 있다. 몽테뉴Michel de Montaigne(1533~1592)[18]는 "한쪽 성性을 비난하는 것이 다른 쪽 성을 용서하는 것보다 훨씬 쉽다"고 말한다. 몇몇 경우에 그러한 수순은 명백하다. 예를 들어 씨족 제도의 쇠퇴로 인해 여자가 남자 상속자들에게 위협이 되었을 때, 로마 민법이 여성의 권리를 제한하기 위해 '여자의 우둔함, 허약성'을 내세운 것은 기가 막힌 일이다. 16세기에 독신 여성은 자기 재산을 관리할 수 있다고 인정된 반면, 기혼 여성을 후견인의 감독하에 두기 위해서 "여자는 굳세지도 착하지도 않은 짐승이다"라고 선언하며 성 아우구스투스의 권위

---

16   * 프랑스의 소설가. 남성적인 행동주의 작가로 알려져 있다.

17   * 중세 시대의 프랑스 시인

18   * 16세기 프랑스의 사상가. 대표적인 도덕주의자

에 호소한 것도 눈에 띄는 일이다. 몽테뉴는 여자에게 주어진 운명의 임의성과 부당성을 너무도 잘 이해하고 있었다. "세상의 규칙들은 남자들이 여자 없이 만들어 낸 만큼 여자들이 그것을 받아들이지 않는다 해서 여자들을 전혀 탓할 수 없다. 여자들과 우리 사이에는 당연히 술수와 언쟁이 있다." 그러나 그는 여자들의 권리를 주장하는 투사가 되는 데까지는 이르지 못했다. 겨우 18세기에 이르러 철저하게 민주적인 남성들이 그 문제를 객관적으로 고찰했다. 그중 디드로Denis Diderot(1713~1784)[19]가 여자도 남자처럼 인간이라는 것을 증명하는 데 매달렸다. 조금 더 후에 스튜어트 밀John Stuart Mill(1806~1873)[20]은 여자를 열렬히 변호했다. 그러나 이 철학자들은 예외적으로 공평한 사람들에 속했다. 19세기에 페미니즘 논쟁은 다시 지지자들의 논쟁이 되었다. 산업혁명으로 인해 여성도 생산노동에 참여하면서 페미니스트들의 주장은 이론적인 영역을 벗어나 경제적 토대를 마련했다. 여자들의 적수들은 그만큼 더욱 공세적이었다. 토지소유권을 어느 정도 상실하긴 했지만 부르주아지는 견고한 가족제도 속에서 사유재산을 보장하는 낡은 도덕에 집착했다. 여성의 해방이 진정한 위협이 되는 만큼 부르주아지는 더욱더 악착같이 여자를 집안에 잡아 두려 했다. 노동계급 안에서조차 남자들은 여성 해방을 저지하려 했다. 왜냐하면 낮은 임금을 받고 일하는 데 익숙해진 여자들이 그들의 위험한 경쟁자로 보였기 때문이다.[21] 그러자 안티페미니스트들은 여성의 열등함을 증명하기 위해 예전처럼 종교, 철학, 신학뿐만 아니라 생물학, 실험심리학 등의 과학까지 동원했다. 세상은 *다른* 성에게 고작 "차이 속 평등"을 인정할 뿐이었다. 이 표현은 대단히 성공적이고 의미심장하다. 정확히 짐 크로Jim Crow법이 미국 흑인들에게 사용한 표현으로, 소위 평등하다는 이 분리는 가장 극단적인 차별을 도입하는 데 사용되었을 뿐이다. 이러한 일치는 전혀 우연이 아니다. 인종이든, 카스트든, 계급이든, 성이든 열등한 조건에 놓인 경우에 정당화 절차는 동일하다. '영원한 여성'은 '흑인의 영혼'과 '유대인의 성격'에 상응하는 말이다. 더욱이 유대인 문제는 전체적으로 다른 두 경우와 아주 다르다. 즉, '유대인'은 반유대주의자에게 열등한 자이기보다 적이고, 사람들은 이 세상 어디에도 있을 자리를 인정해 주지 않고 유대인을 말살시키고자 한다. 그러나 여성의 상황

---

19 * 프랑스의 백과전서파 철학자
20 * 영국의 실증주의 철학자
21 본서 제1권 제2부 189~190쪽 참조

과 흑인의 상황 사이에는 깊은 유사성이 있다. 오늘날 두 경우 모두 같은 온정주의에서 해방되고 있고, 예전의 주인 카스트 계급은 그들을 '그들의 자리', 다시 말해 그가 그들을 위해 선택한 자리에 계속 붙잡아 두고 싶어 한다. 두 경우에 주인 계급은 어린애같이 잘 웃고 분별없는 '착한 흑인'과 인종忍從하는 흑인 그리고 '진정한 여자', 다시 말해 경박하고 유치하며 책임감 없는 여자의 미덕에 대해 다소 진심어린 찬사를 늘어놓는다. 두 경우에 주인 계급은 자기가 만들어 놓은 사실 상태에서 논거를 끌어낸다. 버나드 쇼Bernard Shaw(1856~1950)[22]의 재담이 잘 알려져 있는데, 그 요지는 "미국 백인은 흑인을 구두닦이의 지위에 보내 놓고 흑인을 구두 닦는 데만 쓸모 있다고 결론짓는다"는 것이다. 이와 유사한 모든 상황에서 이런 악순환을 찾아볼 수 있다. 한 개인이나 혹은 여러 개인들이 모인 한 집단이 열등한 상황에 존속될 경우에 열등'하다'라는 것은 사실이다. 그러나 이 '하다'라는 말의 의미가 무엇인지 합의를 도출해 내야 할 것이다. 그 말이 헤겔 철학의 역동적 의미를 갖고 있는데도 불구하고 그 말에 실체적 가치를 주려고 한다. '하다être'라는 것은 '하게 되었다être devenu'는 것이며, 드러나는 것처럼 되었다라는 의미다. 그렇다, 오늘날 여성들은 총체적으로 남자들에 비해 열등*하다*. 즉, 여자들의 상황이 여자들에게 가장 적은 가능성만을 열어 놓고 있다. 문제는 이러한 상태가 영속적이어야만 하는지를 알아보는 것이다.

많은 남자가 그렇게 되길 희구한다. 모든 남자가 아직도 무기를 내려놓지 않았다. 보수적인 부르주아지는 여성 해방 안에서 자신의 도덕과 이익을 위협하는 위험성을 계속 보고 있다. 어떤 남자들은 여성의 경쟁에 대해 불안해한다. 며칠 전 한 남학생이 『에브도라탱Hebdo-Latin』지에 "의사나 변호사 지위를 차지하는 모든 여학생은 우리 자리를 *훔치는* 것이다"라고 선언했다. 이 남학생은 이 세계에서 자기 권리에 대해서는 문제 삼지 않았다. 여기에는 경제적 이해관계만 작용하는 것이 아니다. 억압자들에게 보장하는 이익 중에는 그들 가운데 가장 비천한 자도 자기를 *우월하게* 느낀다는 것이 있다. 미국 남부의 한 '가난한 백인'은 자신이 '더러운 검둥이'는 아니라는 사실에 위안을 받는다. 가장 부유한 백인들은 이런 오만함을 교묘하게 이용한다. 그와 마찬가지로 남자들 가운데 가장 보잘것없는 자가 여자들 앞에서 반신半神처럼 행동한다. 몽테를랑의 경우에 남자들 사이

---

22 *영국의 극작가, 소설가, 비평가

에서보다 여자들(게다가 의도적으로 선택한) 앞에서 남자 역할을 해야만 할 때 자신을 영웅으로 생각하는 것이 훨씬 더 쉬웠다. 하지만 많은 여자가 남자 역할을 그보다 더 잘 해냈다. 또한, 1948년 9월 『피가로 문예*Figaro littéraire*』지의 한 기사에서 강력한 독창성으로 존경받는 클로드 모리아크Claude Mauriac(1914~1996)[23]가 여자들에 대해 이와 같이 쓸 수 있었던 것이다.[24] "우리는 무례하지 않을 정도의 무관심으로 (…) 그중 가장 뛰어난 여자의 말에 귀를 기울인다. 그런 여자의 기지機智란 **우리**들에게서 나온 사상을 다소 눈부시게 반영하고 있다는 것을 알기 때문이다." 그 여자가 반영하는 것은 물론 모리아크의 사상이 아니다. 왜냐하면 그의 사상이라곤 어떤 것도 알려진 것이 없기 때문이다. 그녀가 남자들에게서 나온 사상을 반영한다는 것은 가능한 일이다. 남자들 가운데서 자신의 독창적인 견해가 아닌 것을 자기 것이라 여기는 사람이 적지 않다. 클로드 모리아크도 자기 자신과 대화하는 것보다 데카르트, 맑스, 지드의 그림자와 대화하는 것이 더 낫지 않을까 의심스럽다. 그는 **우리**라는 애매모호한 말로 자신을 성 바울, 헤겔, 레닌, 니체와 동일시하고, 감히 평등한 입장에서 그에게 이야기하는 뭇 여자들을 그들의 위대함의 높이에서 경멸의 시선으로 내려다본다. 사실을 말하자면, 나는 '무례하지 않은 무관심의 톤'을 모리아크에게 보낼 참을성 없는 여자가 한 명이 아님을 안다.

  내가 이 사례를 강조한 것은 남자의 단순함이 어이없기 때문이다. 남자들은 여성의 이타성異他性에서 이득을 취하는 보다 더 교묘한 다른 방식을 많이 가지고 있다. 열등감으로 고통받는 모든 남자에게 그런 것들은 기적의 약이다. 자신의 남성성에 대해 불안해하는 남자는 누구보다도 더 여자에게 교만하거나 공격적이거나 경멸적이다. 동류들에게 주눅 들지 않는 남자들은 여자를 동류로 인정할 채비가 훨씬 더 갖춰져 있다. 그렇지만 이 남자들조차도 **여자**, 즉 **타자**의 신화를 많은 이유를 대며 귀중하게 여긴다.[25] 그들이 신화에서 이끌어 내는 모든 혜택

---

23 * 프랑스의 소설가이자 평론가
24 혹은 적어도 그는 쓸 수 있다고 믿었던 것이다.
25 이 주제에 대해 『카이에 뒤 쉬드*Cahiers du Sud*』지 292호에 실린 미셸 카루주Michel Carrouges의 글은 의미심장하다. 그는 분개해서 이렇게 쓰고 있다. "여자에 대한 신화는 아예 없는 편이 좋다. 다만 쾌락과 효용의 '직능'을 갖춘 요리사 여자, 펑퍼짐한 중년 여자, 매춘부, 여류 문사 등의 무리만 있으면 된다." 그의 말에 따르면 여자는 자기 자신으로서 존재하지 않는다는 것이다. 그는 남성 세계 속에서의 여자의 직능만을 생각하고 있다. 여자의 궁극 목적은 남자 안에 있다는 것이다. 그래서 결국 다른 모든 것에 우선해서 여자의 시적인 '직능'을 선호할 수도 있다. 문제는 바로 왜 남자를 통해서 여자를 정의 내려야 하는지 그 이유를 아는 것이다.

을 자진해 단념하지 않는다고 해서 그들을 비난할 수 없을 것이다. 왜냐하면 그들은 자신들이 꿈꾸는 여자를 포기하면 잃는 게 무엇인지 잘 알고, 미래의 여자들이 그들에게 가져다줄 것이 무엇인지를 모르고 있기 때문이다. 유일하고 절대적인 **주체**로서 자신을 주장하는 것을 거부하기 위해서는 많은 것을 희생해야만 한다. 더욱이 대다수의 남자가 이 주장을 명시적으로 드러내지 않는다. 즉, 남자들이 여자를 열등한 존재로 **설정**하지 않는다는 것이다. 그들은 오늘날 모든 인간이 동등하지 않은 존재라고 인정하기에는 민주주의 이상에 너무 젖어 있다. 가족 내에서 여자는 어린아이와 청년에게 성인 남자와 동등한 사회적 존엄성을 갖춘 사람으로 보인다. 그런 다음에 남자는 욕망과 사랑 속에서 욕망과 사랑의 대상인 여자의 저항과 무관심을 경험한다. 결혼해서 남자는 여자를 아내와 어머니로서 존중하고, 여자는 부부 생활의 구체적인 경험을 통해 남자 앞에서 하나의 자유로운 존재로 자신을 주장한다. 그러므로 남자는 양성 간에는 더 이상 사회적 위계가 존재하지 않고 여자는 전반적으로 차이를 통해서 동등한 존재라고 생각할 수 있다. 하지만 남자가 여자의 몇몇 열등함 – 그중 가장 중요한 것이 직업상의 무능력이다 – 을 확인하기 때문에 그는 그 열등함을 자연의 탓으로 돌린다. 남자가 여자에게 협조적이고 호의적인 태도를 가질 때, 그는 추상적인 평등의 원리를 내세우고 그가 확인하는 구체적인 불평등을 문제 삼지 않는다. 그러나 여자와 갈등 국면에 들어서면 상황은 역전된다. 그는 구체적인 불평등을 내세우고 추상적인 평등을 부인하기 위해 그것을 구실로 삼기까지 할 것이다.[26] 이와 같이 많은 남자는 별 악의 없이 여자들이 남자와 평등한 존재'이며' 여자들은 요구할 게 아무것도 없다고 단언한다. 그리고 '그와 동시에' 여자들이 결코 자기들과 동등할 수 없을 것이고, 여자들의 요구는 헛된 것이라고 단언한다. 여자에 대한 사회적 차별의 심대한 중요성을 가늠하는 것이 남자에게는 어렵기 때문이다. 겉으로 보기에 사회적 차별은 대단치 않아 보이지만 그것이 여자에게 미치는 도덕적이고 지적인 영향은 아주 깊어서 마치 자연에서 기원하는 것처럼 보인다.[27] 여자에게 가장 호의적인 남자도 여자의 구체적 상황을 결코 잘 알지 못한다. 그러므로 남자들이 그 넓이와 깊이를 헤아리지도 못하는 자신들의 특권을 방어하려 애쓸

---

26 예를 들어 남자는 아내가 직업이 없다고 해서 가치가 떨어지는 게 아니라 생각하고, 가정의 임무 역시 고귀하다고 선언한다. 하지만 일단 말다툼이 일어나면 "너는 나 없으면 굶어 죽을 거야"라고 소리친다.

27 이 과정을 서술하는 것이 바로 본서 제2권의 목표가 될 것이다

때 그들을 믿을 필요가 없다. 우리는 여자들에게 가해진 수없이 많은 폭력적인 공격에 당하고만 있지 않을 것이다. '진정한 여자'에게 보내는 타산적인 찬사에도 농락당하지 않을 것이며, 여자의 운명을 결단코 공유할 생각이 없으면서도 그 운명에 대해 감탄해 마지않는 남자들의 잔꾀에도 넘어가지 않을 것이다.

하지만 우리는 페미니스트들의 논거도 경계하지 않으면 안 된다. 열띤 논쟁이 도리어 그 논거의 가치를 모조리 떨어뜨리는 수가 왕왕 있기 때문이다. '여성 문제'가 전혀 쓸데없는 것이라 한다면 그것은 남자의 오만이 그것을 '말싸움'으로 만들었기 때문이다. 서로 싸우게 되면 더는 사리분별을 제대로 하지 못하게 된다. 상호 지칠 줄 모르고 애써 증명하려는 것이 여자는 남자보다 우월하냐, 열등하냐, 아니면 동등하냐는 것이었다. 어떤 이는 아담 이후에 창조된 이브가 당연히 부차적인 존재라고 했고, 어떤 이는 이와 반대로 아담이 초벌 작품에 불과하고 신이 이브를 창조했을 때 비로소 인간을 성공적으로 완성했다고 한다. 여자의 두뇌는 남자보다 작다. 하지만 전신에 비하면 남자보다 큰 편이다. 그리스도가 남자로 태어난 것은 아마도 겸허함에서 그랬을 것이다. 각각의 논거는 곧바로 반대 논거를 끌어내고, 흔히 그렇듯 양편은 모두 허위로 드러난다. 만일 그 논거들을 분명히 파악하고자 한다면 이러한 구습, 선례에서 벗어나야 한다. 모든 토론을 왜곡한 우월함, 열등함, 동등함의 모호한 개념을 거부하고 새롭게 다시 출발하지 않으면 안 된다.

그러면 어떻게 문제를 제기할 것인가? 그리고 먼저 그 문제를 제기하는 우리는 누구인가? 남자들은 심판자이며 당사자다. 여자들 역시 그렇다. 어디서 천사를 찾아낼 것인가? 사실 천사는 문제를 말하기에 적합하지 않을 것이다. 천사는 문제의 모든 내용을 모르고 있을 테니까. 자웅동체의 존재라면 어떨까? 그도 아주 독특한 경우다. 그는 남자인 동시에 여자이기도 한 것이 아니라 남자도 아니고 여자도 아니다. 결국 여성의 상황을 규명하기 위해서는 역시 여자들이 가장 적합하다고 나는 생각한다. 에피메니데스Epimenides[28]를 크레타 사람들의 개념 속에 포함시키고, 크레타 사람들을 거짓말쟁이의 개념 속에 포함하려는 주장은 궤변이다. 남자들과 여자들에게 선의 혹은 악의를 갖도록 하는 것은 신비한 본질이 아니다. 그들이 진실을 많든 적든 추구하도록 하는 것은 그들의 상황이다. 인간

---

28 *기원전 7세기 크레타섬의 철학자. 57년간 동굴 속에서 자고 있었다는 전설적 인물이다.

으로서의 모든 특권을 회복할 수 있는 행운을 지닌 오늘날의 많은 여자는 공정성의 사치를 누릴 수 있다. 우리는 그 필요성마저도 느끼고 있다. 우리는 더 이상 우리의 선배들처럼 투사가 아니다. 전반적으로 우리는 승부에서 이겼다. 여자의 위상에 관한 최근의 논의에서 국제연합UN은 양성평등이 실현되어야 한다고 끊임없이 단호하게 주장했다. 이미 우리들 가운데 다수가 단 한 번도 자신의 여성성을 거북함이나 장애로 경험한 적이 없다. 많은 문제가 우리 여자들에게만 관련된 것보다 더 본질적인 것으로 보인다. 우리는 이런 초연함이 객관적 태도를 지닐 수 있게 할 거라고 희망한다. 하지만 우리는 여자이기 때문에 남자들보다 여성의 세계를 한층 더 잘 알고 있다. 우리는 여자라는 사실이 인간에게 무엇을 의미하는지 보다 더 직접적으로 파악한다. 그리고 그것을 알려고 더 많이 고심한다. 나는 앞에서 보다 본질적인 문제들이 있다고 말했다. 그렇지만 여자라는 사실이 우리에게 어떤 중요성을 지니고 있음은 변함이 없다. 여자라는 사실이 우리의 삶에 어떤 면에서 영향을 미쳤는가? 정확히 어떤 가능성이 우리에게 부여되었으며, 또한 거부되었나? 우리의 어린 자매들이 기대할 수 있는 운명은 어떤 것이고, 그들을 어떤 방향으로 인도해야만 할까? 오늘날 여성 문학 전반이 반격 의지보다 사태를 정확히 보려는 노력으로 활기를 띤다는 사실은 놀라운 일이다. 떠들썩한 논쟁의 시대가 끝나 가는 지금, 이 책도 현 상황을 명확히 진단하려는 여러 시도 가운데 하나가 될 것이다.

그러나 필시 그 어떤 인간의 문제도 편견 없이 다룬다는 것은 불가능한 일이다. 질문을 제기하는 방식과 취해진 관점들이 이미 논자의 관심에 순위가 있음을 전제한다. 어떤 특질에 대해 말할 때는 반드시 가치관이 작용한다. 어떤 윤리적인 배경 위에서 일어나지 않는 소위 객관적 기술이란 없다. 다소 명백하게 암시하는 원칙들을 감추려고 애쓰기보다는 처음부터 제시하는 편이 낫다. 그러면 매 쪽마다 우월한, 열등한, 보다 좋은, 보다 나쁜, 진보, 퇴행 등의 말에 부여하는 의미를 명시해야 하는 상황에 처하지 않게 된다. 여자에 관해 쓴 저서 몇 편을 하나하나 검토해 보면 자주 채택된 관점이 공공선이나 공익이라는 점을 알게 된다. 그것은 각 저자가 유지하거나 확립하고자 한 대로 사회의 이익을 의미한다. 우리로서는 시민의 개인적 선을 보장하는 공공선 이외에 다른 공공선이 있다고 생각하지 않는다. 우리는 개인들에게 주어진 구체적인 기회의 관점에서 제도를 평가한다. 그러나 우리는 또한 개인의 이익에 대한 관념을 행복의 관념과 혼동하지 않는다. 이것은 빈번히 볼 수 있는 또 하나의 관점이다. 즉, 하렘harem[29]의 여자들이 유권자 여성보다 행복하지 않은가, 또 가정주부가 여성 노동자보다 더 행복하지 않은가라는 관점이다. 사람들은 행복이란 말의 의미를 잘 모르며, 그 말이 의미하는 진정한 가치는 더더욱 모르고 있다. 타인의 행복을 가늠하기란 전혀 가능하지 않고, 타인에게 강요하려는 상황이 행복한 것이라고 선언하는 것은 언제나 쉽다. 사람들은 행복이 부동성이라는 핑계하에 특히 정체 상태에 있도록 강요당한 사람들이 행복하다고 선언해 버린다. 그러므로 그런 개념은 우리가 참고하지 않을 것이다. 우리가 채택한 관점은 실존주의 윤리의 관점이다. 즉, 모든 주체는 계획을 통해 자기 자신을 구체적으로 초월로 확립한다. 그는 다른 자유들을 향한 영속적인 초월에 의해서만 자신의 자유를 완성시킨다. 무한히 열린 미래를 향하여 자신을 확장하는 길 외에는 현 존재를 정당화시킬 다른 방도는 없다. 초월이 내재 상태로 떨어질 때마다 존재는 '즉자卽自' 상태로 퇴보하고, 자유는 사실성(사물의 상태)으로 타락한다. 만일 이 전락轉落이 주체에 의해 동의된 것이라면 도덕적 과실이고, 주체에게 강요된 것이라면 박탈감과 억압의 형태를 띤다. 두 경우 모두 절대 악이다. 자신의 존재를 정당화하고자 고심하는 모든 개인은 초월하고자 하는 무한한 욕구로써 자신의 존재를 경험한다. 그런데 여성의 상황을 독특한 방식으로 규정하는 것은, 여자도 모든 인간처럼 자율적인 자유이면서 남자들이 **타자**로서 살도록 강요하는 세계에서 자기를 발견하고 선택해야 한다는 것이다. 여자는 다른 본질적이고 주권적 의식에 의하여 끊임없이 초월될 것이기 때문에 객체로 고착되고, 내재 속에 갇혀 있기를 요구당한다. 여자의 비극은 자기 자신을 언제나 본질적인 것으로 확립하려는 모든 주체의 기본적인 주장과, 여자를 비본질적인 것으로 구성하려는 상황의 요구 사이에서 나타나는 갈등에 있다. 이러한 여성 조건 속에서 한 인간이 어떻게 자신을 완성시킬 수 있을까? 그에게 어떤 길이 열려 있을까? 어떤 길이 막다른 골목에 이르게 할까? 종속의 한가운데서 어떻게 독립을 되찾을 수 있을까? 어떤 상황이 여자의 자유를 제한하며, 과연 여자는 그것들을 넘어설 수 있을까? 그러한 것들이 우리가 규명하고자 하는 근본적인 문제들이다. 우리는 개인의 기회에 관심을 가지면서 이 기회들을 행복이 아닌 자유라는 용어로 정의 내리게 될 것이다.

---

29 *이슬람 국가에서 부인들이 거처하는 방. 가까운 친척 이외의 일반 남자들의 출입이 금지된 장소다.

이 문제는 만일 여자가 생리적·심리적 혹은 경제적 운명을 짊어져야 한다는 것을 전제로 한다면 어떤 의미도 갖지 못할 것이라는 게 분명하다. 그러므로 생물학, 정신분석학, 역사적 유물론이 여자에 대해 취한 관점들을 논의하는 것으로 시작할 것이다. 다음에 우리는 '여성의 현실'이 어떻게 구성되었는지, 왜 여자가 **타자**로 규정되었는지, 남자들의 관점에서 그것의 결과가 어떤 것들이었는지를 실증적으로 보여 주도록 노력할 것이다. 그런 다음 여자들에게 제시된 그대로의 세계를 여자들의 관점에서 서술할 것이다.[30] 그러면 여자들이 지금까지 할당받은 영역을 벗어나 인간 **공존**에 참여할 것을 주장하는 때에 어떤 어려움에 부딪치는지 이해할 수 있을 것이다.

---

30 이것이 본서 제2권의 목표가 될 것이다.

제1부
운명

1장
생물학적 조건

"여자? 아주 간단하지"라고 단순한 표현을 좋아하는 사람들이 말한다. "여자란 자궁이고, 난소이며 암컷이다. 여자를 규정하는 데, 이 말이면 충분해." 남자의 입에서 나오는 '암컷'이란 수식어는 모욕 같은 울림을 갖는다. 그렇지만 남자는 자기의 동물성을 부끄러워하지 않고, 오히려 누군가가 "저건 수컷이야!"라고 말하면 자랑스러워한다. '암컷'이란 말이 경멸적인 이유는 여자의 동물성을 강조하기 때문이 아니라, 여자를 그녀의 성性 안에 가둬 놓기 때문이다. 이 암컷이란 성이 남자뿐만 아니라 무고한 짐승들에게조차 무시할 만하고 적으로 보인다면, 그것은 당연히 여자가 남자에게 불안한 적대감을 일으키기 때문이다. 하지만 남자는 이러한 감정이 일어나는 원인을 생물학에서 찾아내 정당화시키고자 한다. 암컷이라는 단어는 남자 속에 소란스러운 이미지들을 일으킨다. 한 개의 거대하고 둥근 난자가 날쌘 정자를 덥석 물어 거세하고, 포식한 괴물 같은 흰 여왕개미는 노예가 된 수개미들 위에 군림한다. 짝짓기를 실컷 하고서 물려 버린 사마귀와 거미 암컷은 수컷들을 갈아서 삼켜 버린다. 발정기의 암캐는 사악한 냄새를 풍기면서 온 동네 골목을 쏘다니고, 긴꼬리원숭이 암놈은 파렴치하게 자기의 치부를 드러내 보이다가 위선적인 교태를 부리며 슬금슬금 피해 버린다. 호랑이, 사자, 표범 등 가장 오만한 야수의 암컷들은 수컷의 위압적인 포옹 아래서 비굴하게 교미를 한다. 남자는 모든 암컷 동물의 무기력하고 성마르고 교활하고 어리석으며, 무감각하고 음탕하고 사납고 굴종적인 속성을 여자 안에 한꺼번에 투사해 버린다. 그런데 여자가 암컷이라는 것은 사실이다. 여기서 진부한 생각을 그만두려면 즉시 두 가지 질문을 제기해야 한다. 즉, 동물의 세계에서 암컷의 위치는 어떠한

가? 그리고 인간 여자는 암컷의 어떤 특이성을 지니고 있는가?

*

수컷과 암컷은 한 종種 안에서 생식의 목적을 위해 구분되는 두 유형의 개체다. 이 유형들은 상관적相關的으로 정의할 수밖에 없다. 그러나 우선 종들이 양성으로 구분되어 있다는 의미가 명확하지 않다는 점에 주목해야만 한다.

자연에서 암수의 구분은 보편적인 것이 아니다. 동물의 경우만 보자면, 적충류, 아메바, 박테리아 등의 단세포 동물 안에서 번식은 근본적으로 성性과 무관하며, 세포가 홀로 분열하고 재분열한다는 것을 알 수 있다. 어떤 후생동물은 복분열에 의해 번식한다. 즉, 본래 무성체인 개체가 토막토막 나뉘거나 배자발생胚子發生에 의하여, 다시 말해 성적인 현상에 의해 형성된 개체가 토막토막 나누어지는 것이다. 민물에서 사는 히드라, 강장동물, 해면동물, 연충, 피낭류에서 볼 수 있는 무성 생식에 의한 발아와 분열 현상은 잘 알려진 사례들이다. 단성 생식 현상에서 무정란은 수컷의 개입 없이 유충으로 자란다. 수컷의 역할은 없거나 혹은 부차적일 뿐이다. 수정되지 않은 벌의 알들도 분열되어 수벌이 된다. 진딧물의 경우 수컷은 여러 대 동안 나타나지 않으며, 수정되지 않은 알이 암컷으로 성장한다. 성게, 불가사리, 개구리 등은 사람이 인공적으로 단성 번식을 시킬 수 있다. 하지만 원생동물은 두 개의 세포가 접합 개체를 형성하면서 하나로 합쳐진다. 벌이 암컷 알을 낳고, 진딧물이 수컷 알을 낳기 위해서는 반드시 수정이 필요하다. 어떤 생물학자들은 위의 사실에서 다음과 같은 결론을 내렸다. "한 쪽으로만 영속 가능한 종에서조차 이종異種 염색체와의 결합에 의한 생식질 갱신은 그 계통을 젊고 생명력을 강하게 하는 데 유익할 것이다. 이와 같이 생명의 가장 복잡한 형태들에서 섹슈얼리티Sexualité란 필수불가결한 기능임을 이해할 수 있다. 오직 아주 단순한 유기체만이 무성으로 번식할 수 있을 것이나, 그 때문에 생식력은 고갈될 것이다." 그러나 이러한 가설은 오늘날 완전 허위로 판명되었다. 관측 결과, 무성 번식은 어떤 퇴화의 흔적도 없이 무한히 이루어질 수 있다는 것이 증명되었다. 특히 박테리아의 경우에 이런 사실이 뚜렷하다. 단성 생식에 대한 실험이 점점 더 많이, 점점 더 대담하게 행해져서 많은 종의 수컷이 완전히 무용한 것처럼 보인다. 게다가 설령 세포 사이에 교환의 유용성이 증명되었다고 하더라도,

그 유용성 자체는 근거가 없는 순수한 사실로 나타날 것이다. 생물학은 양성 분할을 인정한다. 그러나 아무리 궁극 목적론에 젖어 있다고 하더라도 생물학은 세포 구조나 세포의 번식 법칙이나 혹은 어떤 기본적인 현상으로도 양성 분할을 설명해 내지 못하고 있다.

상이한 생식 세포[1]의 존재는 확연히 다른 양성을 정의하는 데 충분치 못하다. 사실, 생식 세포의 분화에서 종을 두 유형으로 분열하지 않는 일이 종종 일어난다. 즉, 생식 세포가 둘 다 하나의 개체에 속할 수도 있다. 이는 양성구유종의 경우인데, 식물에서는 아주 흔하고 많은 하등동물, 특히 환충류와 연체동물에서도 볼 수 있다. 이 경우에 번식은 자가 수정이나 교배 수정에 의하여 이루어진다. 이 점에 대해서 어떤 생물학자들은 기존 학설의 정당화를 주장했다. 그들은 암수딴몸, 즉 서로 다른 생식선[2]이 양쪽의 개체에 속하는 체계를 양성구유가 진화하는 과정에 따라 완성된 것이라 생각한다. 그러나 또 다른 학자들은 반대로 암수딴몸을 원시적인 것으로 여긴다. 이 경우에 양성구유는 그것의 퇴화라는 것이다. 어쨌든 진화에서 한 체계가 다른 체계보다 우월하다는 이러한 주장들은 이론의 여지가 있음이 분명하다. 확실히 단언할 수 있는 것은 두 방식의 번식이 자연에 공존한다는 것이며, 둘 다 종의 영속을 실현시키고 생식 세포의 이질성과 마찬가지로 생식선을 갖춘 유기체의 이질성도 우발적인 것으로 보인다. 그러므로 생물 개체가 수컷과 암컷으로 분리되어 있는 것은 우연적이고 환원 불가능한 하나의 사실처럼 나타난다.

대부분의 철학자들은 이 사실을 설명하려 하지 않고 기정사실로 받아들였다. 플라톤의 신화는 잘 알려져 있다. 태초에 남자와 여자 그리고 양성구유가 있었다. 각 개체는 두 개의 얼굴, 네 개의 팔, 네 개의 다리, 서로 붙은 두 개의 몸을 가지고 있었다. 그것들은 어느 날 '알이 쪼개지듯' 둘로 갈라졌고, 그때부터 저마다 자신의 반쪽을 찾아 완전한 하나가 되려 했다. 신들은 차후 이 서로 다른 두 반쪽을 결합시킴으로써 새로운 인간을 창조하기로 결정했다는 것이다. 그러나 이 이야기가 설명하는 것은 사랑의 유래일 뿐이다. 성의 분할은 애초에 기정사실화되어 있기 때문이다. 아리스토텔레스는 이 분할에 대해 그 이상의 의미를 부여하지 않았다. 왜냐하면 만일 모든 행동에 질료와 형상의 협력이 요구된다면 능동

---

1 합체해서 알을 구성하는 번식용 세포를 생식 세포라고 한다.
2 생식 세포를 생산하는 선腺을 생식선이라고 한다.

과 수동의 원리가 두 이질적 개체의 범주로 분배될 필요가 없기 때문이다. 마찬가지로 성 토마스는 여자가 '우연적인' 존재라고 선언하는데, 이것은 섹슈얼리티의 우발적 성격을 – 남성적 관점에서 – 제시하는 방식이다. 하지만 헤겔은 자신의 합리주의적인 정열에 충실하기 위해서라도 섹슈얼리티를 논리적으로 확립하지 않으면 안 되었다. 그에 의하면, 섹슈얼리티는 주체가 자기 자신을 구체적인 유類로서 확립하기 위한 매개체다. "유類는 자신의 개체적 현실의 불균형에 대한 결과로서, 같은 종의 다른 개체 안에서 그와의 결합으로 자신의 감정을 되찾고 자신을 보완하고 또 그렇게 함으로써 자기의 본성 속에 유類를 에워싸서 존재로 나아가고자 하는 욕망으로 생겨나는 것이다. 그것이 교접이다."[3] 좀 더 나아가 이렇게 쓰여 있다. "과정은 다음과 같다. 즉, 두 개체의 자연의 모습, 다시 말해 단일한 유, 하나의 같은 주체적 생명이라는 것, 양자兩者는 그것을 그 자체 그대로 드러낸다." 그런 다음에 헤겔은 "양성이 서로 접근하는 과정이 있으려면, 우선 양성 간의 차이가 있지 않으면 안 된다"라고 선언한다. 그러나 이런 논증은 설득력이 없다. 거기에는 온갖 상황에서 삼단논법의 3요소를 발견해 내려는 그의 선입관이 지나치게 작동하는 것 같다. 개체와 종이 둘 다 참되게 완성되는 단계인 종을 향한 개체의 초월은 번식자와 그 자식의 단순한 관계 속에서 제3의 과정 없이도 실행될 수 있을 것이다. 곧 생식은 무성적일 수도 있다. 혹은 양성을 가진 종 안에서 일어나는 것처럼, 차이가 동일형同一型 개체들의 특이성 속에 들어 있는 것일 뿐, 번식자와 그 자식의 관계는 두 동류 간의 관계일 수도 있다. 헤겔의 서술은 섹슈얼리티의 매우 중요한 의미를 이끌어 내고 있지만, 의미를 이유로 착각하는 오류를 항상 범한다. 인간은 자신들이 수행하는 모든 활동의 의미와 가치를 창조하는 것처럼 성적 활동을 하면서 양성과 그 상호 관계를 정의한다. 그러나 성적 활동은 인간의 본성에 필연적으로 내포되어 있는 것이 아니다. 메를로퐁티Maurice Merleau-Ponty(1908~1961)는 『지각의 현상학』에서 인간존재는 우리에게 필연성과 우연성의 개념을 재검토하지 않을 수 없게 한다고 지적한다. "실존은 자체의 형태를 부여하는 데 기여하지 않는 우연의 속성이나 내용은 가지고 있지 않다. 실존은 자기 안에 단순한 사실이란 것을 허용하지 않는다. 왜냐하면 실존은 사실에 의미를 부여하는 운동이기 때문이다"라고 그는 말한다. 그것은 사실이다. 그러나

---

3 헤겔G. W. F. Hegel, 『자연철학』제3부 369장

여러 조건들이 있어서, 그것들 없이는 실존의 사실 자체가 불가능한 것처럼 보이는 것 또한 사실이다. 이 세계에 현존한다는 것은 엄밀히 말해 세계의 사물인 동시에 이 세계에 대해 갖는 한 관점인 신체의 입장을 함축하는 것이다. 그러나 이 신체가 이러저러한 특별한 구조를 소유하도록 요구되는 것은 아니다. 사르트르Jean-Paul Sartre(1905~1980)는 『존재와 무』에서 인간 현실이 유한성의 사실 때문에 죽음에 바쳐질 수밖에 없다는 하이데거의 주장을 비판하고 있다. 사르트르는 완결되었으나 시간적으로 제한 없는 존재를 상상할 수 있을 것이라고 논증한다. 그의 논증은 다음과 같이 계속된다. 그럼에도 불구하고 만일 인간의 삶에 죽음이 없다면, 인간이 세계 그리고 자기 자신과 맺는 관계는 근본적으로 전복되어 '인간은 죽는 존재'라는 정의가 경험적 진실과 전혀 다른 것이 될 것이다. 즉, 불사의 존재가 있다면 그것은 더 이상 인간이 아닐 것이다. 인간 운명의 본질적 특성 가운데 하나는 그 순간적인 삶의 운동이 전후에 무한한 과거와 미래를 창조한다는 것이다. 그러므로 종의 영속은 개인적 한계와 상관적인 것처럼 보인다. 따라서 우리는 번식 현상을 존재론적으로 근거가 있는 것처럼 생각할 수 있다. 그러나 여기서 멈추어야 한다. 종의 영속이 성적 분화分化를 가져오는 것은 아니다. 성적 분화가 존재자들에 의해 받아들여진 결과, 존재의 구체적 정의定意 안에 들어가는 것은 그렇다 치자. 그러나 신체 없는 의식이나 죽지 않는 인간은 여전히 전적으로 상상할 수 없는 반면, 단성 생식에 의해 번식하거나 양성구유로 구성된 사회는 상상할 수 있다.

양성 각자의 역할에 관해서는 의견이 아주 다양하다. 처음에는 어떤 과학적 근거도 없었고, 단지 사회적 신화만을 반영할 뿐이었다. 어떤 원시 모계사회에서는 아버지가 아이의 수태에 아무런 역할도 하지 않는다고 오랫동안 생각해 왔고 아직도 그렇게 생각하고 있다. 조상의 정령이 살아 있는 씨앗의 형태로 어머니의 태내에 침투해 들어간다고 생각하는 것이다. 가부장제가 도래하자 남자는 자손에 대한 권리를 강하게 주장했다. 생식에서 아직은 어머니의 역할을 인정해야만 했으나, 어머니는 살아 있는 정액을 태내에 품어 살찌우는 일만 할 뿐, 아버지만이 유일한 창조자라는 것이다. 아리스토텔레스는 태아가 정자와 월경의 만남으로 만들어진다고 상상했다. 이 결합에서 여자는 단지 수동적인 질료만을 제공하고 힘, 활동, 움직임, 생명은 남성 원리라는 것이다. 히포크라테스의 교리 또한 약한 것은 암컷, 강한 것은 수컷이라는 두 종류의 정액을 인정했다. 아리스토텔레스의 이론은 중세 내내 그리고 근대까지 끈질기게 지속되었다. 17세기 말에 하비William Harvey(1578~1657)[4]는 교접 직후의 암사슴을 희생시켜 자궁관 안에서 소포小胞를 발견하고 이를 난자라고 생각했으나, 사실상 태아였다. 덴마크인 스테노Nicolaus Steno(1638~1687)[5]는 그때까지 '여성의 고환'이라고 불렸던 암컷 생식선에 난소라는 이름을 붙였다. 그리고 흐라프Reinier de Graaf(1641~1673)[6]가 1667년에 이 암컷 생식선의 표면에서 난자로 착각해 자신의 이름을 붙인 소포의 존재를 발견했다. 난소는 줄곧 남성의 생식선과 같은 종류로 간주되어 왔다. 하지만 같은 해에 정액 속에서 극미동물이 발견되었고, 그것이 여성의 자궁 속으로 침투해 들어간다는 것이 확인되었다. 그러나 그것은 여성의 자궁에서 양분을 섭취할 뿐이고, 개체는 이미 그것들 안에 형성되어 있다고 믿었다. 1694년에 네덜란드인 하르트사커Hartsaker는 정충精蟲 속에 숨어 있는 난쟁이 그림을 그렸고, 1699년에 다른 학자는 정자가 일종의 허물을 벗자 그 아래 조그만 사람이 나타난 것을 보았다고 밝히며 그것을 그림으로 그렸다. 결국 이러한 가설들에 의하면, 여자가 하는 일이란 생명력 있는 활동적이고 이미 완벽하게 구성된 남성 요소를 살찌우는 역할에 국한되어 있었다. 이런 이론들은 보편적으로 받아들여진 것이 아니고, 논쟁은 19세기까지 이어졌다. 동물의 난자는 현미경이 발명되면서 연구할 수 있었다. 1827년에 베어Karl Ernst von Baer(1792~1876)가 포유동물의 난자를 확인했는데, 그것은 흐라프의 소포 내부에 들어 있는 한 요소였고 곧 그것의 분열을 연구할 수 있었다. 1835년에는 사르코드sarcode, 다시 말해 원형질이 발견되었으며 이윽고 세포가 발견되었다. 그리고 1877년에는 성게의 난자 속으로 정충이 들어가는 모습을 관찰했다. 그때부터 암수 생식 세포핵의 대칭이 확립되었고, 그 융합의 세부사항이 1883년 벨기에의 한 동물학자에 의해 처음으로 분석되었다.

그러나 아리스토텔레스의 사상이 신뢰를 완전히 잃어버린 것은 아니었다. 헤겔은 양성이 다를 것임에 틀림없다고 추정했다. 한쪽은 능동적, 다른 쪽은 수동적일 것이고, 수동성이 암컷의 몫인 것은 당연하다는 것이다. "따라서 이런 분화의 결과, 남자는 능동적 요소인 반면에 여자는 발전되지 못한 단위에 머물러 있는 수동적 요소다."[7] 그런데 난자가 능동적 요소로 인정된 뒤에도 남자들은 여전

4　*영국의 의학자, 혈액 순환의 발견자
5　*해부학자, 지질학자, 신학자
6　*네덜란드의 해부학자
7　헤겔, 『자연철학』 제3부 369장

히 난자의 불활성을 정자의 유연성에 대비시키려 했다. 오늘날에는 그 반대되는 현상이 나타나고 있다. 단성 생식의 발견으로 어떤 학자들은 수컷의 역할을 단순한 물리적·화학적 매개체 역할에 축소시키는 데 이르렀다. 몇몇 종들에서는 산酸의 작용이나 기계적인 자극이 난자의 분열을 일으키고 배아를 발육시키는데 충분하다는 것이 밝혀졌다. 그로부터 남자의 생식 세포는 번식에 필수적인 게 아니고 기껏해야 유인誘因에 불과할 거라는 대담한 가정을 하게 되었다. 생식에 대한 남자의 협력은 아마도 언젠가는 무용하게 될지도 모른다. 그것이 많은 여성의 소망일 수도 있다. 그러나 그토록 대담한 예상은 허용되지 않는데, 왜냐하면 아무것도 종에 나타난 생명의 특수한 과정을 보편화시키는 것을 허용하지 않기 때문이다. 무성 번식이나 단성 생식 현상은 근본적으로 유성생식 현상과 별 차이가 없어 보인다. 유성생식이 다른 번식 방식보다 *선험적으로* 우수하지 않다는 것은 이미 앞에서 말한 바 있다. 그러나 그것이 보다 더 단순한 메커니즘으로 환원될 수 있다는 것을 가리키는 어떤 사실도 없다.

이와 같이 *선험적인* 모든 학설과 불확실하고 무모한 모든 이론을 거부함으로 인해 우리는 존재론적 근거도, 경험적 증거도 제공할 수 없으며, *선험적으로* 미치는 범위도 이해할 수 없는 사실과 마주하게 된다. 우리는 그 사실을 구체적인 현실 속에서 검토하면서 그것의 의미를 이끌어 내기를 희망할 수 있을 것이다. 그러면 아마도 암컷이라는 단어에 담겨 있는 내용도 드러날 것이다.

필자는 여기서 생명철학을 제창할 의도가 없고, 목적론과 기계론을 대립시키는 논쟁에서 성급하게 어느 편을 들고 싶지도 않다. 하지만 모든 생리학자와 생물학자가 생명 현상에 의미를 부여한다는 이유 하나만으로도 다소 목적론적 언어를 사용한다는 것은 주목할 만하다. 필자 역시 그들의 어휘를 취할 것이다. 나는 생명과 의식 간의 관계에 관한 한 어떤 판단도 유보한 채, 모든 생명 현상은 초월성을 가리키고, 모든 활동 속에는 계획이란 것이 내포되어 있다는 것을 단언할 수 있다. 나의 서술은 그 이상의 어떤 것도 함축하고 있지 않다.

*

대다수의 종에서 수컷과 암컷 유기체는 번식을 위해 서로 협력한다. 이 유기체들은 근본적으로 자신들이 만들어 내는 생식 세포로 규정된다. 몇몇 해초와 버섯에서 난자를 만들어 내기 위해 결합하는 이 세포들은 동일한 것이다. 이러한 동형 배우자 생식의 경우는 생식 세포들의 근본이 명백히 같다는 점에서 의미가 있다. 이 생식 세포들은 전반적으로 구분되어 있으나 놀라울 만큼 유사성을 지닌다. 정자와 난자는 원초적으로 동일한 세포가 진화해서 나온 것이다. 암컷의 원세포가 난모세포卵母細胞로 발전하는 방식은 원형질 현상에 의해 정모세포精母細胞가 발전하는 방식과 다르지만, 핵 현상은 거의 똑같다. 1903년에 생물학자 앙셀Paul Ancel(1873~1961)이 발표한 학설은 오늘날까지도 인정받고 있다. 즉, "분화되지 않은 원시생물 세포는 생식선 안에 출현할 때, 그 안에서 겪는 여러 조건에 따라 수컷 또는 암컷이 된다. 이 조건은 일정 수의 상피세포가 특별한 물질을 만드는 영양소로 변형되는 것에 의해 결정된다." 최초 발생 시에 이 근친성은 두 생식 세포의 구조 속에서 나타나고, 두 생식 세포는 개개의 種의 내부에서 같은 수의 염색체를 가지고 있다. 두 핵은 수정하는 순간에 내용물을 혼합시키고, 각각의 생식 세포 내부에서 염색체는 감소되어 원래의 수의 반으로 줄어든다. 이러한 감소는 양쪽에서 유사한 방식으로 이루어진다. 극체의 형성에 이르는 난자의 마지막 두 번의 분열은 정자의 마지막 분열에 해당되는 것이다. 오늘날에는 종에 따라서 수컷의 생식 세포나 암컷의 생식 세포가 성을 결정한다고 보고 있다. 예를 들어 포유동물에서 다른 것들과 이질적인 염색체 하나는 정자 쪽에 있는데, 이 염색체는 때로 수놈이 되고 때로 암놈이 되는 잠재력을 가지고 있다. 유전적 성격에서는 멘델의 통계법칙에 의하면, 아버지 쪽과 어머니 쪽에 의해 똑같이 전달된다. 특기해야 할 것은 이 양자의 만남에서 생식 세포의 어느 쪽도 다른 쪽에 대해 우월한 지위를 갖지 않는다는 것이다. 즉, 양쪽 모두 자기의 개체성을 희생하고, 난자는 그 양쪽의 내용물 전체를 흡수해 버린다. 그러므로 흔히 통용되는 두 가지 편견은 – 적어도 이러한 기본적인 생물학적 수준에서 – 잘못된 것으로 밝혀진다. 즉, 첫째는 암컷의 수동성이라는 것이다. 생명의 불꽃은 두 생식 세포의 어느 편에도 갇혀 있는 것이 아니라 양자의 만남에서 솟아오르는 것이다. 난자의 핵은 정자의 핵과 정확하게 대칭을 이루며 생명을 구성하는 요소다. 두 번째 편견은 첫 번째 것과 모순되긴 하지만 그렇다고 그 둘이 공존하는 것을 막지 않는다. 즉, 수컷의 요소가 폭발적이고 덧없는 존재방식을 갖고 있으므로 종의 영속성은 암컷에 의해 확보된다는 생각이다. 실제로 배자는 어머니의 생식질만큼이나 아버지의 생식질도 영속시키고, 때로 수컷, 때로 암컷의 형태 아래 양쪽의 생식질을 자손들에게 전달한다. 말하자면 양성의 생식질은 체물질의 개별적 변형 뒤에도 대대로 살아남는 것이다.

그런데 난자와 정자 사이에 아주 흥미로운 이차적 차이를 관찰하는 일이 남아 있다. 난자의 본질적 특징은 태아를 기르고 보호하기 위한 물질로 가득 차 있다는 것이다. 난자는 태아가 그 조직을 형성하기 위해 사용하는 저장물, 즉 유기질이 아닌 무기물 저장물을 축적한다. 그 결과 난자는 구형이나 타원형의 둔중한 형태가 되고 상대적으로 부피가 크다. 새의 알이 얼마만한 크기에 이르는지 잘 알려져 있다. 여성의 난자는 지름이 0.13밀리미터인 반면 인간의 정액 속에는 1세제곱밀리미터당 6만 마리의 정자가 들어 있다. 정자의 총량은 극히 밀집되어 있는데, 정자는 실 모양의 꼬리와 길쭉하고 조그만 머리를 가지고 있으며, 동작을 둔화시키는 어떤 이물질도 들어 있지 않고 그 전체가 생명으로 가득 차 있다. 이러한 구조로 인해 정자의 움직임은 기민할 수밖에 없다. 그 반면에 태아의 장래를 품고 있는 난자는 정지된 상태다. 즉, 암컷의 몸속에서 조직에 둘러싸여 있거나 나팔관 밖으로 나와 떠다니며 수동적으로 수정되기만을 기다린다. 난자를 찾아가는 것은 수컷의 생식 세포다. 정자는 항상 노출된 세포이지만 난자는 종에 따라서 막에 싸여 보호되기도 하고, 혹은 그렇지 않기도 하다. 그러나 어떤 경우에도 정자는 난자와 접촉하자마자 난자를 뒤흔들고 들쑤셔서 그 안으로 침투해 들어간다. 이때 수컷 생식 세포는 꼬리가 떨어지고, 머리는 부풀려진 채 회전 운동으로 핵에 이른다. 그러는 동안 난자는 곧바로 막을 형성해 다른 정자들이 들어오지 못하도록 한다. 수정이 몸 밖에서 이루어지는 극피동물의 경우에는 움직이지 않고 떠다니는 난자 주위에 정자의 무리가 앞 다퉈 몰려들어 난자 주위를 후광처럼 에워싸는 것을 쉽게 관찰할 수 있다. 이러한 경쟁은 대부분의 종에게서 발견되는 중요한 현상이다. 난자보다 훨씬 작은 정자는 일반적으로 그 양이 현저하게 많아서 각각의 난자는 수많은 구혼자를 갖게 된다.[8]

이와 같이 난자는 본질적 원소인 핵에서 능동적이지만 표면적으로 수동적이다. 그 자체로 폐쇄되고 옹골진 난자의 덩어리는 즉자卽自 존재의 칠흑 같은 어둠과 휴식을 연상시킨다. 고대인들이 상상했던 닫힌 세계와 불투명한 원자도 구의 형태를 띠고 있었다. 난자는 움직이지 않고 기다린다. 반대로 개방적이고 미

8   * 인간의 경우 난자 1개에 대해 정자가 2억 개 이상이다.

세하며 행동이 민첩한 정자는 실존의 초조와 불안을 상징한다. 그러나 이런 비유의 즐거움에 빠져들면 안 된다. 흔히들 난자를 내재內在에, 정자를 초월에 비유한다. 정자는 자기의 초월성과 기동성을 포기하면서 여성적 요소에 침입해 들어간다는 것이다. 불활성의 덩어리가 정자를 덥석 물어 꼬리를 자른 뒤에 집어삼켜 거세시킨다. 그것은 모든 수동적인 행동과 마찬가지로 마술적이며 불안스러운 행동이다. 반면에 수컷의 생식 세포의 활동은 합리적이며 시공간적 단위로 측정될 수 있는 움직임이다. 사실 이런 생각은 망상일 뿐이다. 수컷과 암컷의 생식 세포는 난자 속에서 하나로 녹아 버린다. 그것들은 함께 그 전체 속에서 녹아 없어지는 것이다. 난자가 수컷의 생식 세포를 게걸스럽게 집어삼킨다고 주장하는 것은 거짓이고, 후자가 승리에 차서 암컷 세포의 저장물을 병합시킨다는 주장 역시 거짓이다. 왜냐하면 그 둘을 결합시키는 행위 안에서 쌍방의 개성은 사라지기 때문이다. 그런데 이런 운동이 아마도 기계론적 사고의 틀에서는 전형적으로 합리적인 현상처럼 보일 수도 있다. 그러나 현대물리학에서 그런 사고는 멀리 떨어진 곳에서 일어나는 현상에 대한 사고보다 더 명확한 것은 아니다. 게다가 우리는 수태적 결합에 이르게 하는 물리적·화학적 작용의 세부사항에 대해서 모르고 있다. 하지만 생식 세포들의 이러한 대비에서 유효한 시사점을 얻을 수는 있다. 즉, 생명 속에는 서로 결합하는 두 가지 운동이 있다는 것이다. 생명은 자신을 초월함으로서만 자기를 유지할 수 있고, 자기를 유지시킨다는 조건에서만 자신을 초월할 수 있다. 생명의 두 요소는 항상 동시에 실현되고, 이를 분리한다는 것 자체가 비현실적이다. 하지만 때에 따라 한 편이 다른 편보다 우세하기도 하다. 두 생식 세포는 결합 속에서 동시에 자기를 초월하고 자기를 영속시킨다. 그러나 난자는 그 구조 안에서 장래 필요로 하는 것을 내다보고 있으며, 자기 안에서 깨어날 생명을 양육할 방식으로 구성되어 있다. 반대로 정자는 자기가 발생시키는 싹의 성장을 보장하기 위한 어떤 장비도 갖춰 있지 않다. 다른 한편, 난자는 생명의 새로운 폭발을 야기할 환경 변화를 일으킬 수 없다. 반면에 정자는 자유롭게 이동한다. 난자의 대비 없이는 정자의 행동은 헛될 것이다. 그러나 정자가 이끌지 않으면 난자는 생명의 가능성을 성사시키지 못할 것이다. 그러므로 우리는 두 생식 세포의 역할이 근본적으로 같다고 결론짓는다. 그것들은 더불어 한 생명체를 창조하고, 이 생명체 속에서 둘 다 자기를 상실하고 자기를 초월한다. 수태의 조건이 되는 이차적이고 피상적인 현상들에서 새로이 태어나는 생명에게 필수적 상황의 변화를 일으키는 것은 수컷 요소에 의해서다. 그리고 이 생명의 탄생이 안정된 유기체로 정착하는 것은 암컷의 요소에 의해서다.

이와 같은 사실로부터 여자의 위치가 집안에 있다고 결론짓는 것은 무모한 일일 것이다. 그러나 그런 무모한 사람들이 있다. 알프레드 푸예Alfred Fouillée(1838~1912)[9]는 저서 『기질과 성격Le Tempérament et le Caractère』에서 일찍이 여자 전체를 난자로부터, 남자 전체를 정자로부터 정의하려 시도했다. 소위 심오하다고 하는 많은 학설이 이와 유사한 의심스러운 유희에 기초하고 있다. 이런 사이비 사상들이 어떤 자연철학에 근거를 두고 있는지는 확실히 알 수 없다. 만일 유전법칙을 검토해 본다면, 남자와 여자는 다 같이 정자 한 개와 난자 한 개에서 생겨난 것임을 알 수 있으나, 그보다는 오히려 이런 애매모호한 사고들 안에 우주가 소우주로서의 인간의 정확한 반영이라 여겼던 중세의 낡은 철학의 잔재가 떠다니고 있다고 추정된다. 즉, 난자는 왜소한 여성이며 여자는 거대한 난자라고 상상하는 것이다. 연금술 시대 이후 힘을 잃은 이런 허무맹랑한 생각들은 그들이 서술하는 과학적 정확성과 기이한 대비를 이룬다. 현대 생물학은 중세의 상징주의와 조화를 이룰 수 없다. 그러나 우리 이론가들은 거기까지 주의 깊게 들여다보지 않는다. 만일 조금만 더 세심하게 살핀다면 난자에서 여자가 되기까지 긴 과정이 필요하다는 사실에 동의할 것이다. 난자 안에는 아직 여자라는 개념조차 들어 있지 않다. 헤겔은 성관계가 두 생식 세포의 관계로 환원될 수 없다는 것을 정확하게 지적했다. 그러므로 우리는 여성의 유기체를 그 전체 속에서 연구해야만 한다.

많은 식물과 어떤 하등동물, 그중에서도 연체동물은 각각의 생식 세포가 난자와 정자를 동시에 만들어 내기 때문에, 생식 세포의 분화가 개체의 분화를 이끌어낼 수 없다는 것을 이미 말한바 있다. 양성이 분리될 때조차도 그들 간에는 종과 종을 구분하는 것 같은 엄밀한 분리 장벽이 존재하지 않는다. 생식 세포가 분화되지 않은 본래의 조직에서 출발해 나누어지는 것과 마찬가지로 수컷과 암컷은 공통된 기반 위에 있는 변이처럼 보인다. 어떤 동물들은 - 가장 전형적인 경우가 환영동물인데 - 태아가 처음에 무성이었다가 나중에 진화 과정에서 우연적으로 성이 결정된다. 오늘날에는 대부분의 종에서 난자의 유전자형의 구성에 따라 성이 결정된다는 사실을 인정하고 있다. 단성 생식으로 번식하는 꿀벌은 무정란

---

9 • 프랑스의 철학자이자 사회학자

에서 오로지 수벌만 나온다. 같은 조건에 있는 진딧물은 알에서 오로지 암컷만 나온다. 알이 수정되었을 때 - 아마도 어떤 거미들의 경우를 제외하고 - 생겨난 수컷과 암컷의 개체 수가 거의 같다는 것은 주목할 만하다. 분화는 두 유형의 생식 세포 중 한 쪽의 이질성에서 유래한다. 포유동물에서 수컷 혹은 암컷이 될 잠재력을 가지고 있는 것은 정자다. 정자나 난자가 형성되는 중에 무엇이 암수 생식 세포의 특성을 결정짓는지는 확실히 알려져 있지 않다. 어쨌든 멘델의 통계법칙은 그것이 규칙적으로 분배되고 있음을 충분히 보여 주고 있다. 양성에서 수정 과정과 태아의 초기 발달 과정은 동일한 방식으로 이루어진다. 생식선으로 발전하는 상피조직은 애초에 분화되어 있지 않다. 어느 정도 성숙해지면 고환이 뚜렷해지거나 혹은 그보다 더 늦게 난소가 형태를 나타낸다. 이것은 암수한몸과 암수딴몸 사이에 수많은 중간 단계가 존재한다는 것을 설명해 준다. 아주 흔하게 양성 중 한 편이 상대 성의 몇몇 특징적 기관을 가지고 있는 것을 볼 수 있다. 그 중 가장 두드러진 경우가 두꺼비다. 수컷에게서 '비데르 씨氏 기관'이라 이름 붙여진 위축된 자궁을 볼 수 있으며, 이 자궁에서 인공적으로 알을 낳게 할 수도 있다. 포유동물에서도 이러한 양성적 요소의 흔적이 남아 있다. 대표적인 것으로 수컷 자궁, 남성의 유선乳腺, 여성의 '게르트너 씨 관', 음핵 등을 들 수 있다. 성적 구분이 가장 확연한 종들에서조차 수컷인 동시에 암컷인 개체들이 있고, 동물과 인간에게서도 간성間性의 경우가 많이 있다. 또 나비나 갑각류에서도 수컷과 암컷의 특성이 일종의 모자이크처럼 병치되어 있는 사례들을 발견할 수 있다. 그것은 태아가 유전적으로는 성이 결정되어 있지만, 양분을 섭취하는 환경에 의해 깊은 영향을 받기 때문이다. 개미, 꿀벌, 흰개미에서 유충을 완성된 암컷으로 만드느냐 아니면 성적인 성숙을 저지시켜 일벌이나 일개미의 대열에 들어가게 하느냐 하는 것은 영양을 섭취하는 방식에 따라 좌우된다. 이런 경우 그 영향은 유기체 전체에 미친다. 곤충들에게 몸체의 성은 상당히 이른 시기에 결정되며, 이는 생식선에 의해 좌우되지 않는다. 척추동물의 경우, 조정 역할을 하는 것은 본질적으로 생식선에서 나오는 호르몬이다. 수많은 실험을 통해 내분비샘의 환경을 변화시킴으로써 성의 결정에 영향을 미칠 수 있다는 사실이 증명되었다. 그 외에 다 자란 동물들에게 실시한 접붙이기와 거세 실험의 결과 섹슈얼리티에 관한 현대 이론이 성립되었다. 척추동물의 수컷과 암컷에서 몸체는 같아서 중성적인 요소로 간주할 수 있어도, 성적인 특성은 생식선의 활동이 부여한다. 분비된 호르몬 중 어떤 것들은 자극제로, 또 다른 것들은 진정제로 작용한다. 생식기계生殖器系도 체세포의 성질을 띠고 있으며, 초기의 양성적인 모습에서 출발해 호르몬의 영향을 받아 점점 더 그 형태가 명확해진다는 것을 발생학은 보여 주고 있다. 호르몬의 불균형으로 두 성적 가능성 중에 어느 쪽도 확실히 실현되지 않았을 때, 간성으로 있게 된다.

종種에서 균등하게 분배되고 같은 뿌리에서 출발해 유사한 방식으로 진화한 수컷과 암컷의 유기체는 일단 형태가 완성되면 몹시 대칭적인 것으로 나타난다. 둘 다 생식 세포를 만들어 내는 선腺, 즉 난소 또는 정소精巢의 존재 때문에 특징지어지고, 앞에서 이미 본 것처럼 정자와 난자의 형성 과정은 유사하다. 이러한 선은 종의 위계에 따라서 다소 더 복잡하거나 덜 복잡한 관 속에 분비물을 방출한다. 암컷은 난자를 난관을 통해서 직접 내보내거나, 일단 배설구나 분화된 자궁 속에 잡아 두었다가 배출시킨다. 수컷은 정액을 밖으로 내보내거나 교접 기관을 통해 암컷의 체내에 주입한다. 그러므로 수컷과 암컷은 통계상으로 상호보완적인 두 유형처럼 보인다. 하지만 그들의 특이성을 파악하려면 기능적 관점에서 고찰해야 한다.

암컷이라는 개념에 대해서 일반적으로 유효한 서술을 한다는 것은 대단히 어렵다. 암컷을 난자를 지닌 자로, 수컷을 정자를 지닌 자로 정의한다는 것은 매우 불충분하다. 왜냐하면 유기체와 생식선의 관계는 극히 가변적이기 때문이다. 반대로 생식 세포의 분화는 유기체 전체에 직접 영향을 주지 않는다. 또한, 난자가 더 크기 때문에 정자보다 더 많은 생명력을 소비한다는 주장도 때로 있었다. 그러나 정자는 무한히 많은 양이 분비되기 때문에 양성 안에서 소비는 균형을 이루고 있다. 사람들은 난자의 형성에서 낭비의 실례를, 배란에서 절약의 본보기를 보고자 했다. 그러나 배란 현상에서도 부조리한 과잉이 있다. 엄청난 양의 난자가 전혀 수정되지 않는 것이다. 아무튼 생식 세포와 생식선은 유기체 전체가 아니다. 그러므로 우리는 유기체 전체를 직접 연구하지 않으면 안 된다.

동물 진화의 여러 단계를 훑어보면 가장 괄목할 만한 특징은 생명이 아래에서부터 위로 올라가면서 개체화된다는 점이다. 생명이 아래에서는 종의 유지에만 사용되고, 위에서는 각각 독립된 개체를 통해서 소비된다. 미발달한 종들 안에서 유기체는 거의 전체가 생식기관으로 환원된다. 이런 경우에 난자, 즉 암컷이 우세하다. 왜냐하면 생명을 단순히 반복하는 역할에 바쳐진 것은 특히 난자이기 때문이다. 그러나 암컷이라고 해도 몸통의 거의 전부를 복부가 차지하고 있고, 그 존재 전체가 끔찍스러운 배란 작업에 소모된다. 수컷과 비교하면 암컷은 거대하기 이를 데 없다. 그러나 종종 그 사지는 아주 작고, 몸통은 무정형의 자루이며, 모든 기관이 난자를 위해 퇴화한다. 사실, 수컷과 암컷은 두 개의 구분되는 유기체를 구성하지만 간신히 개체로서 간주할 수 있으며, 확고하게 연결된 단일한 전체를 형성할 뿐이다. 그것은 암수한몸과 암수딴몸 사이에 있는 중간적 형태다. 갑각류인 게의 등에 기생하는 엔토닉스의 암컷은 수천 개의 알이 들어 있는 부화 막으로 둘러싸인 일종의 희끄무레한 구슬 선이다. 이 알의 한 가운데에 미세한 수컷들과 수컷들을 대체할 수 있는 유충들이 있다. 에드리올리드누스의 경우 왜소한 수컷의 예속 상태는 한층 더 철저하다. 수컷은 암컷의 아가미 아래 붙어 있고, 자신의 소화관을 가지고 있지 못한 채 오로지 생식의 역할만 할 뿐이다. 그러나 이 모든 경우에 암컷도 수컷과 마찬가지로 예속 상태에 놓여 있다. 즉, 암컷은 종에 예속된 것이다. 수컷이 자기 배우자에게 매여 있다고 한다면 암컷 역시 자기가 기생해서 영양을 섭취하는 살아 있는 유기체나 혹은 광물질에 매여 있다. 암컷은 크기가 아주 작은 수컷이 수정시키는 알을 생산하는 데 자신을 소모한다. 생명이 좀 더 복잡한 양상을 띠게 되면 개체의 자주성이 윤곽을 드러내고 양성을 결합하는 관계는 느슨해진다. 그러나 곤충류에서는 암수 모두 알에 긴밀하게 종속되어 있다. 하루살이처럼 암수는 교접과 산란 직후에 종종 죽는다. 때로는 윤충류와 모기처럼 소화기관이 없는 수컷은 수정한 후에 죽어 버리지만, 암컷은 양분을 취하고 살아남을 수 있다. 즉, 알의 형성과 산란은 조금 더 많은 시간을 필요로 한다. 어미는 다음 대의 운명이 보장되자마자 곧바로 숨을 거둔다. 대다수의 곤충류에서 암컷의 특권은 전반적으로 매우 빨리 끝나는 수정에 비해 배란과 알의 부화에는 오랜 노역이 필요하다는 점에서 기인한다. 흰개미의 경우, 거대한 여왕개미는 자양분을 억지로 몸속에 채워 넣고, 불임으로 무자비하게 학살당할 때까지 매초 알을 낳는다. 그러므로 자기 배 위에 달라붙어 계속해서 배출되는 알을 수정시켜야만 하는 왜소한 수컷과 마찬가지로 노예가 아닐 수 없다. 개미와 꿀벌 떼가 구성하는 모권제 안에서 수컷들은 계절마다 학살되는 성가신 존재들이다. 혼인비상의 시기가 되면 모든 수개미는 개미집을 벗어나서 암컷에게 날아간다. 수컷들이 암컷들을 만나 수정을 하면 즉시 힘이 빠져 죽어 버린다. 죽지 않더라도 일개미가 수컷들이 집에 돌아오지 못하게 하고, 문 앞에서 죽이거나 굶어 죽게 한다. 그러나 수정된 암컷 역시 슬픈 운명인 것은 마찬가지다. 암컷은 땅속에 쓸쓸히 처박혀 최초의 알을 낳다가 지쳐 죽어 버리는 일이 흔하다. 만일 암컷이 개미집 하나를 재건하는 데 성공한다면 그곳에 갇혀 쉼 없이 알을 낳으며 12년을 보낸다. 성적 기능이 위축된 일개미는 4년을 살지만 전 생애를 유충의 양육에 바친다. 마찬가지로 혼인비상 중에 여왕벌을 만난 수벌은 복부가 찢긴 채 땅에 떨어진다. 다른 수벌들은 벌집에 돌아와 환영을 받고, 그곳에서 무위도식하며 방해되는 삶을 이어가다가 겨울에 들어서면 처형을 당한다. 그러나 발육 부진의 암컷인 일벌들은 부단한 노동을 하면서 생존 권리를 얻는다. 여왕벌은 사실 벌집의 노예다. 여왕벌은 쉼 없이 알을 낳는다. 늙은 여왕벌이 죽을 때를 대비해 몇 마리의 유충이 그 여왕벌의 뒤를 이어받을 수 있도록 양육된다. 그러다가 최초로 부화한 유충이 요람에서 다른 유충들을 죽여 버린다. 왕거미의 경우, 암컷은 알이 성숙해질 때까지 주머니 속에 알을 품고 다닌다. 암거미는 수컷보다 훨씬 더 크고 튼튼해서, 교미 후에 수컷을 잡아먹는 일도 일어난다. 사마귀에서도 같은 습성을 볼 수 있는데, 여기서 수컷을 잡아먹는 암컷의 신화가 생겨났다. 즉, 사마귀는 난자가 정자를 거세하고 제 짝을 살해하는데, 이러한 사실들이 거세에 대한 여성의 동경을 예시하는 거라는 것이다. 그러나 사실 사마귀가 그토록 잔인성을 드러내는 것은 사로잡혔을 때지, 먹을 것이 충분하고 자유로운 상태에서는 수컷을 먹이로 삼는 일이 아주 드물다. 암사마귀가 수컷을 먹는다면, 그것은 홀로 있는 개미가 종종 자기 자신의 알 가운데 몇 개를 먹는 것과 같다. 그것은 알을 낳고 종을 영속시킬 힘을 갖기 위해서다. 이러한 사실들에서 개체끼리 편을 갈라 서로 싸우는 '양성 투쟁'의 전조를 보는 것은 터무니없다. 개미나 꿀벌, 흰개미나 거미 혹은 사마귀 그 어느 것에서도 암컷이 수컷을 노예로 삼고 잡아먹는다고 말할 수 없다. 여러 다른 경로로 암수를 둘 다 집어삼키는 것은 종種이다. 암컷이 더 오래 살고 더 중요하게 보이지만 전혀 자율적이지 못하다. 알 낳기, 알 품기, 유충 보호가 암컷의 전 생애를 차지하고, 다른 기능은 완전히 혹은 부분적으로 위축되어 있다. 반대로 수컷 안에서는 개체의 생존이 희미하게나마 윤곽을 드러낸다. 수정 과정에서도 대부분 수컷이 암컷보다 더 주도적이다. 수컷이 암컷을 찾아가서 공격하고 애무하며 꼼짝 못 하게 해 놓고 교미를 한다. 수컷은 때로 다른 경쟁자들을 물리쳐야만 한다. 그와 상관적으로 운동, 촉각, 포착 기관이 수컷의 경우에 더 진화되어 있다. 나비는 날개가 수컷에겐 있지만 암컷에겐 없는 경우도 많다. 수컷 나비는 색채, 곁날개, 다리, 집게가 더 발달해 있는데, 때로 이러한 풍족함은 현란한 색채의 실수 없는 화려함이 동반된다. 순간의 교미 외에 수컷의 삶은 무용하고 무의미하다. 일벌의 근면함에 비교하면 수벌의 무위無爲는 뚜렷한 특권이다. 그러나 이 특권은 치욕적인 것이고, 독립의 징후가 보이는 무위의 생활에 대한 벌로서 흔히 수컷은 생명을 빼앗긴다. 암컷을 노예로 삼는 종種은 종에서 벗어나려는 수컷을 벌한다. 즉, 종은 수컷을 잔인하게 제거해 버린다.

더 진화된 생명의 형태 안에서 생식生殖은 분화된 두 유기체의 생산이 된다. 생식은 양면성을 띤다. 즉, 종을 유지하면서 새로운 개체들을 창조한다는 것이다. 이 혁신적 측면은 개체의 특이성이 확실해짐에 따라서 명확히 드러난다. 그때 영속과 창조의 순간으로 분리되는 것이 눈길을 끈다. 알이 수정될 때 이미 지시된 이 분리는 전체 생식 현상에서 재발견된다. 이러한 분리를 지휘하는 것은 난자의 구조가 아니다. 암컷은 수컷과 마찬가지로 일정 정도의 자율성을 가지고 있고, 암컷이 난자와 갖는 관계는 느슨하다. 어류, 양서류, 조류의 암컷들은 복부이기만 한 것이 아니다. 어미와 알의 관계가 덜 긴밀할수록, 분만 작업에 힘이 덜 들수록 양친과 그 새끼들의 관계에는 불확실성이 더 많아진다. 새로 부화한 생명을 양육하는 책임을 아비가 맡을 수도 있다. 어류의 경우에 그런 일이 흔하다. 물이 난자와 정자를 운반해 그들을 만나게 해 준다. 수중에서 일어나는 수정작용은 거의 언제나 몸 밖에서 이루어진다. 물고기들은 교접하지 않는다. 어떤 것들은 상대를 자극하기 위해서 고작 서로 몸을 비벼대는 정도다. 어미는 난자를 배출하고 아비는 정자를 배출한다. 그러므로 그들의 역할은 같다. 어미가 아비 이상으로 알을 제 것으로 생각할 이유가 없다. 어떤 종들 안에서는 알이 부모에게서 버림받아 홀로 성장한다. 어미가 때로는 새끼들의 보금자리를 마련해 주고, 때로는 수정 후에도 새끼들을 돌봐주기도 한다. 그러나 대개는 아비가 그들을 책임진다. 아비는 알을 수정시키자마자 집어삼키려 하는 암컷을 멀리 쫓아버리거나, 접근하려는 모든 적으로부터 알들을 필사적으로 보호한다. 격리하는 물질로 싸인 거품을 발산하면서 일종의 안전한 보금자리를 만드는 어류 수컷의 예를 들 수 있다. 또한, 수컷들은 흔히 알을 입속이나 해마처럼 복부의 주름 속에 품었다가 부화시킨다. 양서류에서도 유사한 현상을 볼 수 있다. 그들은 진정한 교미를 모른다. 수컷은 암컷을 얼싸안고 포옹을 통해서 산란을 촉진한다. 알들이 총배설강總排泄腔에서 나오는 데 따라서 수컷은 정자를 배출한다. 종종 수컷이 ― 특히 산파 두꺼비란 이름으로 알려진 두꺼비의 경우 – 발 주위에 염주처럼 생긴 알을 둘러차고 옮겨 부화를 담당한다. 조류의 경우에 알은 암컷 체내에서 느리게 형성되며, 상대적으로 커서 낳기가 쉽지 않다. 알은 단시간의 교접으로 수정시키는 아비보다도 어미와 훨씬 더 밀접한 관계를 갖는다. 일반적으로 암컷이 알을 품고 새끼들을 돌본다. 그러나 매우 빈번하게 아비도 둥지를 만들고 새끼들을 보호하고 기르는 데 참여한다. 드물기는 하지만 수컷이 새끼들을 품고 기르는 경우 – 예를 들어 참새 – 도 있다. 비둘기는 암수 둘 다 모이주머니 속에다 일종의 우유를 분비해 새끼들에게 먹인다. 아비가 양육의 역할을 하는 경우에, 다시 말해 아비가 새끼들을 위해 헌신하는 동안에는 정자 형성이 중단된다. 생명을 유지하는 데 전념하고 있으므로 수컷은 생명의 새로운 형태를 일으키는 충동을 더는 갖지 않는 것이다.

포유류의 경우에 생명이 가장 복잡한 형태를 띠고 또 가장 구체적으로 개체화된다. 그래서 생명을 유지하고 창조하는 두 순간이 분리되는 것은 양성의 분리 속에서 결정적 방식으로 실현된다. 어미가 새끼와 가장 밀접한 관계를 유지하고, 아비가 새끼들에 더욱 무관심해지는 것은 – 척추동물만 고려해 본다면 – 이런 분기점 속에서다. 암컷의 몸 전체가 모성 노동에 적응되어 있고 그것의 지휘를 받지만, 성적 주도권은 수컷이 갖는다. 암컷은 종의 먹잇감이라 할 수 있다. 때에 따라서 한 계절 혹은 두 계절 동안, 암컷의 삶 전체는 성적 주기, 즉 성적 충동 주기에 의해 조정된다. 이 주기의 지속 기간은 간격 주기처럼 종에 따라서 다르다. 이 주기는 두 단계로 나뉜다. 즉, 제1기에는 난자가 성숙하고(종에 따라서 그 수가 다르다), 자궁 속에서 보금자리가 만들어진다. 제2기에는 지방성의 회저壞疽가 만들어졌다가 뭉그러져 희끄무레한 액체가 되어 흘러나온다. 성적 충동은 발정기에 해당한다. 그러나 발정은 암컷에서 수동적인 성격을 띤다. 암컷은 수컷을 받아들일 준비가 되어 있고, 수컷을 기다린다. 포유동물의 경우에 – 어떤 조류의 경우에서처럼 – 암컷이 수컷에게 구애하는 일이 일어나기까지 한다. 그러나 암컷의 행동은 울음소리, 교태, 과시 등으로 수컷을 부르는 데 그친다. 암컷은 교미를 강요할 수 없다. 결국은 수컷에게 결정권이 돌아온다. 앞에서 이미 보았듯이, 종에 동의한 전면적 희생 때문에 암컷이 크나큰 특권을 누리는 곤충들에서조차도 수정을 부추기는 것은 보통 수컷이다. 어류의 경우에 흔히 수컷은 그 존재와 접촉만으로도 암컷이 산란하도록 자극한다. 양서류는 수컷이 암컷을 자극하는 역할을 담당한다. 그러나 수컷이 암컷을 지배하는 경우는 특히 조류와 포유류에서다. 암컷이 무관심하게 수컷을 견디거나 수컷에게 저항까지 하는 것은 매우 흔한 일이다. 암컷이 도발적이고 쾌히 응한다 할지라도 어찌 됐든 암컷을 **잡아채는** 것은 수컷이다. 결국 **잡히는** 것은 암컷이다. 이 단어는 대개 매우 정확한 의미가 있는데, 이는 수컷이 그에 적합한 기관들을 가지고 있기 때문이기도 하고, 수컷이 암컷보다 훨씬 강하기 때문이기도 하다. 수컷은 암컷을 꽉 쥐어 잡고 꼼짝 못하게 만든다. 교접 행위를 적극적으로 행하는 것은 수컷이다. 많은 곤충류와 조류 그리고 포유류에서는 수컷이 암컷에게 성기를 삽입한다. 그렇게 해서 암컷은 침범당한 내재적 본질처럼 보인다. 수컷은 종에게 폭력을 가하는 것이 아니다. 왜냐하면 종은 갱신해야만 영속될 수 있고, 만일 난자와 정자가 서로 만나지 않는다면 소멸하기 때문이다. 다만 알을 보호할 임무를 맡은 암컷은 알을 자기 몸속에 가둬 놓고, 난자를 위해 보호처를 구성하는 암컷의 몸은 수컷의 수정 행위에서 난자를 떼어 놓는다. 그러므로 암컷의 신체는 깨 버려야 할 저항체다. 반면에 수컷은 암컷의 몸에 침투하면서 자기 자신을 능동적으로 실현한다. 수컷의 지배는 교접 체위로 표현된다. 거의 모든 동물에게서 수컷은 암컷의 *위에* 있다. 또한, 수컷이 사용하는 기관 역시 물질적인 것임이 틀림없으나 살아 있는 면모를 드러낸다. 즉, 그것은 도구다. 반면에 이런 행위에서 암컷의 기관은 생명력 없는 수용기受容器에 불과하다. 수컷이 거기에 정액을 쏟아 내면 암컷은 그것을 받아들인다. 이처럼 생식에서 근본적으로 능동적 역할을 하는 암컷은 수컷의 성기 삽입과 체내 수정으로 수동적 교미를 강요당하는 것이다. 발정 때 암컷이 수컷을 찾아 나서는 일이 일어나기 때문에 암컷이 성적 욕구를 개체적 욕구로 느낀다 할지라도 당장에는 성적 모험이 세계와 타자와의 관계가 아니라 내적인 사건처럼 경험된다. 그러나 포유류의 암수 사이에 근본적 차이는 수컷의 생명이 정자를 통해 타자 속으로 초월해 들어가는 짧은 순간에 정자가 수컷에게 낯선 것이 되어 자기 몸에서 떨어져 나간다는 것이다. 이처럼 수컷은 자기의 개체성을 초월하는 순간 다시 거기에 유폐된다. 반대로 난자는 성숙해서 수란관에 떨어지기 위해 여포에서 떨어져 나왔을 때 암컷으로부터 분리되기 시작한다. 그러나 낯선 생식 세포에 의해 침투된 난자는 자궁 속에 안착한다. 암컷은 처음에 침범당하고 나중에 소외된다. 암컷은 종에 따라 다양한 성숙 단계에 이를 때까지 태아를 자기 배 속에 지니고 있게 된다. 모르모트는 거의 다 자란 상태로 태어나고, 개는 태아 상태에 아주 가깝게 태어난다. 자신의 몸을 양분 삼아 양육하는, 타자를 품고 있는 암컷은 임신 기간 내내 자신인 동시에 자기가 아닌 타자이기도 하다. 출산 후에도 갓난 새끼를 자신의 유방에서 나오는 젖으로 키우기 때문에 암컷은 갓난 새끼를 언제 독립체로써 간주해야 하는지 확실히 모르고 있다. 수정할 때인지, 태어날 때인지 아니면 이유기離乳期 때인지? 암컷이 분리된 개체로 보이면 보일수록 생명의 연속성이 더욱더 절대적으로 일체의 분리를 초월해 확립된다는 것은 주목할 만하다. 무정란 혹은 수정란을 배출하는 어류와 조류는 포유류 암컷만큼이나 새끼들의 포로가 되지 않는다. 포유류의 암컷은 새끼들이 태어난 후에 자주성을 되찾게 된다. 그때서야 어미와 새끼들 사이에 거리가 생기기 때문이다. 그런데 어미가 새끼들에게 헌신하는 것은 이런 분리가 이루어질 때부터다. 어미는 솔선해서 창의적으로 새끼들을 돌보고, 다른 동물들로부터 새끼들을 보호하기 위해 투쟁하며 공격적으로 되기까지 한다. 그러나 보통 암컷은 자기의 개체성을 주장하려 들지 않는다. 수컷들에게도 다른 암컷들에게도 대항하지 않는다. 암컷은 전투적인 본성을 거의 가지고 있지 않다.[10] 오늘날에는 의심스러운 다윈의 주장에도 불구하고 암컷은 접근하는 수컷을 그다지 가리지 않고 받아들인다. 그것은 암컷이 개체의 장점이 있지 않아서가 아니라, 오히려 그 반대다. 모성의 노역에서 벗어나는 시기에 암컷은 때때로 수컷에 필적한다. 말도 암컷이 종마만큼 빠르고, 사냥개 암컷도 수캐만큼 냄새를 잘 맡으며, 원숭이 암컷도 지능을 시험해 보면 수컷만큼 영리하다. 다만 이러한 개성이 주장되지 않았을 뿐이다. 즉, 암컷은 포기를 요구하는 종을 위해 자신을 포기하는 것이다.

수컷의 운명은 매우 다르다. 이제 막 살펴본 것처럼 수컷은 자기 초월 속에서 자신을 분리하고 자기 속에서 자신을 확립한다. 이러한 특징은 곤충에서부터 고등동물에 이르기까지 다르지 않다. 집단 속에 뒤섞여 무리 지어 사는 어류와 고래조차도 발정기에는 집단에서 빠져나와 고립되고 다른 수컷들에 대해 공격적으로 된다. 암컷에게서는 직접적인 섹슈얼리티가 수컷에게서는 간접적이다. 욕망과 그 충족 사이에는 거리가 있는데 수컷은 그 거리를 적극적으로 메운다. 수컷은 몸을 움직여 암컷을 찾고, 삽입하기 전에 암컷의 몸을 비벼 대고 애무해서 암컷을 꼼짝 못하게 만든다. 교접, 이동, 포착 기능에 사용되는 기관들은 종종 수

---

10 어떤 암탉은 닭장 속에서 가장 좋은 자리를 차지하려고 다투며 주둥이 싸움으로 서열을 가린다. 암소도 수소가 없을 때는 힘으로 무리의 우두머리가 된다.

컷에게서 더 잘 발달해 있다. 수컷의 체내에서 정자를 증식시키는 생명의 충동은 눈부신 깃털, 반짝이는 비늘, 뿔, 갈기의 출현과 노랫소리와 원기 왕성한 행동으로도 표출된다는 것은 주목할 만하다. 이제는 수컷이 발정기에 '결혼 예복'을 몸에 걸치거나 유혹적인 과시 행동을 하는 것에서 자연선택[11]의 목적이 있다고 생각되지 않는다. 이는 비할 수 없이 멋진 무상의 화려함으로 수컷 안에서 꽃을 피우는 생명의 힘을 나타낸다. 이러한 생명의 관대함, 교접을 목적으로 발휘된 활동 그리고 교접 시에도 볼 수 있는 암컷에 대한 수컷의 지배욕, 그 모든 것은 생명 초월의 순간에 수컷이 개체로서 자기주장을 하는 데 이바지하는 것이다. 이런 점에서 헤겔이 암컷은 종에 갇혀 있는 반면에 수컷에게는 주체적 요소가 있다고 본 것은 옳다. 주체성과 분리는 곧 투쟁을 의미한다. 공격성은 발정기의 수컷의 특징들 가운데 하나다. 그러나 이것이 경쟁이라는 것으로 설명될 수 없는데, 왜냐하면 암컷과 수컷의 수가 거의 같기 때문이다. 그보다는 전투적 의지로 설명할 수 있다. 생식 이전에 수컷은 동류同類들에 대한 투쟁 속에서 종을 영속시키는 행위를 자신의 고유한 것이라 주장하면서 자기 개체성의 진실을 공고히 하는 것이다. 종은 암컷 속에 살면서 개체적 삶의 대부분을 빨아들인다. 반대로 수컷은 종의 생명력을 자기의 개체적 삶에 통합시킨다. 분명 수컷 역시 자기 한계를 넘어서는 생명의 법칙들을 감내하고 있다. 이를테면 수컷의 체내에서도 정자가 형성되고 주기적인 발정이 일어난다. 그러나 이러한 과정이 유기체 전체에 영향을 미치는 정도는 성 충동 주기가 유기체 전체에 미치는 영향보다 훨씬 적다. 정자의 생산이 힘들지 않은 것은 엄밀한 의미에서 난자를 생산하는 데 힘들지 않은 것과 마찬가지다. 암컷의 진을 빼는 일은 알이 성숙한 동물로 성장하는 과정이다. 교미는 신속한 작업이어서 수컷의 생명력을 감퇴시키지 않는다. 게다가 수컷은 어떤 부성 본능도 거의 나타내지 않는다. 수컷은 대개 교접을 한 후 암컷을 저버린다. 수컷이 가족 집단(일부일처제 가족이나 처첩 또는 동물의 무리)의 우두머리로 암컷 곁에 머물러 있을 때는 공동체 전체와의 관계에서 수컷이 보호자와 먹이 공급자의 역할을 하는 것이다. 수컷이 새끼들에게 직접적인 관심을 두는 것은 드문일이다. 개체적 삶의 개화에 유리한 종들 안에서 자주성을 향한 수컷의 노력 – 하

---

11 *자연계에서 그 생활 조건에 적응하는 생물은 생존하고, 그러지 못한 생물은 저절로 사라지는 일. 다윈이 도입한 개념이다.

등동물에게서는 수컷의 죽음을 초래하지만 – 은 성공적이다. 수컷은 일반적으로 암컷보다 더 크고 건장하며 더 빠르고 더 모험적이다. 더 독립적인 삶을 영위하고 활동이 더 자유분방하다. 그리고 수컷은 암컷보다 더 의기양양하고 더 강압적이다. 동물사회에서 지휘하는 것은 언제나 수컷이다.

자연에서는 어떤 것도 결코 완전히 분명하지 않다. 즉, 암수 두 유형이 항상 명확하게 구분되는 것은 아니다. 둘 사이에는 때로 동종 2형 – 털 색깔, 반점의 배열, 얼룩무늬 – 이 완전히 우연적인 것처럼 관측된다. 반대로 어류에게서 보았듯이, 암수가 식별되지 않고 그 둘의 기능도 거의 분화되지 않은 예도 있다. 하지만 전체적으로, 특히 고등동물에서 양성은 종의 생명의 다른 양면을 나타내고 있다. 이 양자의 대립은 이미 주장된 바와 같이 능동성과 수동성의 대립이 아니다. 즉, 난핵이 능동적일 뿐만 아니라 태아의 발달도 기계적인 전개가 아니라 살아 있는 과정이다. 이 양자의 대립을 변화와 지속의 대립처럼 규정하는 것도 지나치게 단순화한 것이 될 것이다. 왜냐하면 정자는 오직 난자 안에 생명력을 유지함으로써만 창조하는 것이고, 난자는 자기를 초월함으로써 자기를 유지할 수 있는데, 그렇지 않으면 퇴보하고 퇴화하기 때문이다. 그렇지만 이러한 작용에서 유지와 창조라는 두 가지 활동인 생성의 종합은 같은 방식으로 실현되지 않는다. 유지한다는 것은 각각의 순간이 분산되는 것을 거부하고, 각각의 순간의 돌발적 움직임에 연속성을 확립하는 것이다. 창조한다는 것은 시간의 통일성 한가운데서 환원 불가능하고 분리된 현재를 터져 나오게 하는 것이다. 그리고 분리에도 불구하고 암컷 속에서 생명의 연속성이 실현되려 모색하는 것 역시 사실이다. 반면에 개체화된 새로운 힘 속으로의 분리는 수컷의 주도로 일어난다. 그러므로 수컷에게는 자신의 자주성 속에서 자기 확립이 허용된다. 수컷은 종의 에너지를 자기 삶에 통합시킨다. 반대로 암컷의 개체성은 종의 이익에 의해 무너져 버린다. 암컷은 낯선 힘들에 의해 포획된 것처럼, 즉 소외된 것처럼 보인다. 그러므로 유기체의 개체성이 한층 더 확립될 때 양성의 대립은 완화되지 않고 오히려 그 반대가 된다. 수컷은 자기가 주인이 되는 힘을 소모하기 위해 점점 더 다양한 방법을 찾아낸다. 암컷은 자기의 예속 상태를 점점 더 절실히 느낀다. 암컷 자신의 이해와 자기 안에 있는 생식 능력의 이해 사이의 충돌은 격화된다. 암소와 암말의 출산은 생쥐나 토끼의 출산보다 더 고통스럽고 위험하다. 암컷 중에서 가장 개체화된 인간 여성은 또한 가장 연약한 것처럼 보이고, 자신의 운명을 가장 극적으로 겪으며 인간 남성과 가장 강렬하게 구분된다.

대부분 종과 마찬가지로 인류에서도 남녀는 거의 같은 수로 태어난다(남아 104명당 여아 100명 비율). 태아의 발달도 유사하다. 하지만 원상피 조직은 여자 태아 쪽이 더 오래 중성인 채로 머물러 있다. 그 결과 원상피 조직은 더 오래 호르몬의 영향 아래에 있게 되어 발전이 더 자주 역전되곤 한다. 대부분의 양성구유는 유전적으로 여성 주체들이고 나중에 남성화되는 존재일 가능성이 크다. 즉, 남성 유기체는 단번에 남성으로 규정되는 반면에 여성 태아는 자신의 여성성을 받아들이기를 주저한다고 할 수 있다. 그러나 태아의 삶의 초보 단계에서 의미를 부여하기에는 아직 너무 알려진 것이 없다. 양성의 생식기관은 일단 형성되면 대칭적이다. 양편의 호르몬은 같은 화학 물질, 즉 스테롤 계통에 속하고, 양쪽 모두 콜레스테롤의 마지막 분해에서 비롯된다. 이 호르몬이 신체의 2차 분화를 지휘한다. 그러나 이런 호르몬 방식도, 어떤 해부학적 특성도 인간 여성을 인간 여성으로 규정짓지 못한다. 여성을 남성과 구분하는 것은 여성적 기능의 발달이기 때문이다. 남성의 발달은 비교적 단순하다. 출생에서 사춘기까지 남자는 대략 일정하게 성장한다. 열다섯 혹은 열여섯 살경에 정자 형성이 시작되어 노년기까지 지속적으로 이루어진다. 정자 형성이 시작됨과 동시에 남성적인 신체 구조를 명확하게 하는 호르몬이 생산된다. 그때부터 남자는 보통 자신의 개인적 생활에 통합된 성생활을 하게 된다. 즉, 종을 향한 그의 초월은 성적 욕망과 성교 속에서 자기 초월의 주체적 순간과 하나가 된다. 그는 자기 신체*이다.* 여자의 경우는 훨씬 더 복잡하다. 태아기에 이미 평생치의 난모세포 저장이 이루어지고, 난소는 각각이 모두 여포에 싸인 대략 5만 개의 난자를 지니고 있으며, 그중 약 400개가 성숙기에 이르게 된다. 출생부터 종이 여성을 점유하고 자신의 의지를 명확히 드러내는 시도를 한다. 세상에 나오면서 여성은 일종의 첫 번째 사춘기를 통과한다. 난모세포는 돌연 커지고, 난자는 약 5분의 1 크기로 줄어든다. 아이에게는 휴식기가 주어졌다고 할 수 있다. 신체가 발달하는 반면에 생식 체계는 거의 정지되어 있다. 어떤 여포는 팽창하기도 하지만 성숙에 이르지 못한다. 어린 소녀의 성장은 소년의 성장과 유사하다. 같은 나이에 소녀는 흔히 소년보다 키가 더 크고 체중도 더 나간다. 그러나 사춘기 때는 종이 다시 자신의 권리를 주장한다. 난소의 분비물의 영향으로 성장 중인 여포의 수가 증가한다. 난소는 충혈되고 팽창되며 난자 중 하나가 성숙에 이르면 월경 주기가 시작된다. 생식 체계는 자기의 최종적인 규모와 형태를 취하며 신체는 여성화되고 내분비 기능의 균형이 잡힌다. 이런 현상이 *위기*의 모습을 띠는 것은 주목할 만하다. 여자의 몸이 저항하지 않은 채 종이 자기 체내에 자리 잡게 놔 두는 것은 아니다. 이 싸움은 여자의 몸을 약화하고 위험에 빠트린다. 사춘기 이전에 대략 같은 수의 소년 소녀들이 사망한다. 14세에서 18세까지 100명의 소년에 비해 128명의 소녀가, 18세에서 22세까지 100명의 소년에 비해 105명의 소녀가 사망한다. 이 시기에 빈혈, 결핵, 척추 만곡, 골수염 등이 흔하게 나타난다. 어떤 아이들에게는 사춘기가 비정상적으로 4, 5세경에 일찍 나타날 수도 있고, 반대로 오지 않는 수도 있다. 그럴 때 아이는 소아병적이므로 무월경이나 월경불순으로 고생한다. 어떤 여자들은 남성화의 징후를 나타낸다. 부신선에 의해 만들어진 분비물 과잉이 여자들에게 남성적 특징을 부여한다. 이러한 이상異狀은 종의 폭압에 대한 개체의 승리를 나타내는 것이 절대 아니다. 개체는 종에서 빠져나오려 해도 나올 방법이 없다. 왜냐하면 종은 개체의 삶을 예속시키는 동시에 개체를 양육시키기 때문이다. 이러한 이원성은 난소의 기능 수준에서 표출된다. 남성의 활력이 정소 안에 뿌리를 두고 있듯이 여성의 활력은 난소 안에 뿌리를 두고 있다. 두 경우에서 거세된 개체는 단지 불임일 뿐만 아니라 퇴보하고 퇴화한다. 즉, 유기체는 '형성되지' 않거나 잘못 형성되어서 전체적으로 빈약해지고 균형을 잃는다. 유기체는 생식 체계의 개화에 의해서만 만개할 수 있다. 하지만 많은 생식 현상이 주체의 개별적 삶과 관련이 없을 뿐만 아니라 그것을 위험에 빠트리기까지 한다. 사춘기에 발달하는 유선은 여성의 개체적 경제에 어떤 역할도 하지 못한다. 일생 중 어느 때라도 이 유선은 절제해도 무방하기 때문이다. 난소의 분비물 중 많은 부분이 난자와 난자의 성숙에, 그리고 자궁이 난자의 요구에 적응하는 데에 궁극의 목적을 두고 있다. 난소의 분비물은 유기체 전체로서는 조절 장치라기보다는 오히려 불균형을 일으키는 요인이다. 여자는 자기 자신보다 난자의 요구에 적응되어 있다. 사춘기에서 폐경기까지 여자에게 신체는 자기 안에서 전개되지만, 개인적으로 자신과 관련 없는 일이 펼쳐지는 곳이다. 앵글로색슨 계통의 사람들은 월경을 '저주'라고 부른다. 그리고 사실상 월경 주기에는 어떤 개인적 목적이 없다. 아리스토텔레스 시대에는 매달 흘러나오는 피가 수태될 때 아이의 피와 살을 만들도록 하는 것이라고 믿었다. 이 낡은 이론의 진실은 여자가 잉태 작업을 쉬지 않고 준비한다는 것이다. 다른 포유류의 경우에 발정 주기는 한철 동안만 전개된다. 또한, 피의 유출도 동반되지 않는다. 오직 고등원숭이와 여자에게만 매달 고통과 출혈이 행해진다.[12] 약 14일 동안 난자를 싸고 있는 '흐라프 씨氏 여포' 중 하나가 부피가 커지고 성숙해진다. 그러는 동안에 난소는 여포에서 난포 호르몬이라 불리는 호르몬을 분비한다. 14일째에 배란이 행해진다. 여포의 내벽이 파열되고(이것은 때로 가벼운 출혈을 일으킨다) 반흔瘢痕이 황체를 형성시키는 방식으로 발전되는 동안에 알이 수란관으로 떨어진다. 그러면 두 번째 단계 혹은 자궁에 작용하는 프로게스테론이라는 호르몬의 분비로 특징지어지는 루테인(난황색소) 단계가 시작된다. 자궁은 변화된다. 내벽의 모세혈관계는 충혈되고, 내벽은 주름이 잡혀 늘어진 레이스 같은 것을 형성한다. 이로써 자궁 속에 수정란을 받아들일 수 있는 요람이 만들어진다. 이러한 세포의 변화는 원상복귀가 불가능한 것으로, 수정 작용이 없는 경우에도 이 요람은 없어지지 않는다. 아마도 다른 포유류에서는 무용한 잔해가 림프샘에 의해 다른 곳으로 옮겨질 것이다. 그러나 여자에서는 자궁 내벽이 무너져 내릴 때 점막이 떨어져 나가며 모세혈관이 열리고 핏덩어리가 밖으로 흘러나온다. 그런 다음 황체가 퇴화하는 동안에 점막이 다시 형성되며 새로운 여포 단계가 시작된다. 세부적으로 아직 충분히 알려지지 않은 이러한 복잡한 과정은 유기체 전체를 위태롭게 한다. 왜냐하면 갑상샘과 뇌하수체, 중추신경계와 자율신경계 그리고 결과적으로 모든 장기에 영향을 미치는 호르몬 분비를 동반하기 때문이다. 거의 모든 여자가 – 85퍼센트 이상 – 이 기간에 장애를 일으킨다. 혈압은 출혈이 시작되기 전에 올랐다가 다시 내려간다. 맥박의 속도가 빨라지고 종종 체온도 올라간다. 열이 나는 경우도 빈번하다. 복부에 통증이 오고, 변비와 설사가 번갈아 나타나는 것을 볼 수 있다. 또한, 간장 비대, 요폐尿閉, 당뇨도 자주 나타난다. 많은 여자가 후점막의 충혈(인후통)과 청각과 시각 장애를 호소하기도 한다. 땀이 많이 나고, 월경이 시작될 때 **특유한** 냄새를 수반하는데 이 냄새는 지독할 수 있고 월경 기간 내내 지속되기도 한다. 기초대사는 증가하고 적혈구는 감소한다. 혈액은 일반적으로 조직 속에 저장된 여러 가지 물질, 특히 칼슘염을 운반한다. 이 칼슘염은 난소에 영향을 미치고, 갑상샘을 비대하게 만들며, 뇌하수체에도 영향을 주어 자궁점막에 변화를 일으켜서 뇌하수체의 활동이 증가한다.

---

12 이러한 현상에 대한 분석은 최근 몇 년간 여성에게서 일어나는 현상을 고등원숭이, 특히 리서스원숭이류에게서 관찰되는 현상과 비교하면서 진전시킬 수 있었다. 루이 갈리앵Louis Gallien은 『섹슈얼리티La Sexualité』에서 "당연히 이러한 고등동물에게서 실험하는 것이 훨씬 용이하다"고 쓰고 있다.

선膿들의 이와 같은 불안정은 신경을 몹시 약하게 만든다. 중추신경계가 침해되어 자주 두통이 일어나고, 자율신경계통은 과도하게 반응한다. 중추신경계통에 의한 자동 조정력이 감퇴하여 반사적 행동과 경련성 콤플렉스가 일어나고, 이것은 기분의 심한 불안정성으로 나타난다. 즉, 여자는 평소보다 감정이 더 예민해지고, 더 신경질적이며 더 흥분을 잘하게 되어 심각한 정신적 동요를 보일 수 있다. 이 시기에 여자는 자기 몸을 소외된 불투명한 이물처럼 가장 고통스럽게 느낀다. 여자의 몸은 자기 안에서 매달 요람 하나를 만들고 부수는 고집스럽고 낯선 한 생명의 먹잇감이다. 매달 한 아이가 태어날 준비를 하다가 빨간색 주름의 붕괴 속에서 유산이 된다. 여자는 남자와 마찬가지로 자기의 신체*이다*.[13] 그러나 여자의 신체는 그녀 자신과는 별개의 것이다.

수정란이 자궁으로 내려가 거기서 성장하고 있을 때 여자는 한층 더 심한 소외를 경험한다. 분명 임신은 건강과 영양이 정상적인 조건에서 이루어진다면 모체에 해롭지 않은 정상적인 현상이다. 모체와 태아 사이에는 모체에 이로운 어떤 상호작용이 일어나기까지 한다. 하지만 사회적 효용이 지나치게 명백한 낙관적인 이론과는 반대로, 임신은 여자에게 개인적 소득 없이[14] 오히려 무거운 희생을 강요하는 고단한 일이다. 임신 초기 몇 개월간은 식욕 부진과 입덧이 따르는데, 이는 다른 어떤 가축의 암컷에서도 볼 수 없는 일이고, 유기체를 점유하는 종에 대한 유기체의 반항을 나타내는 것이다. 유기체는 인, 칼슘, 철분이 결핍되며 철분의 결핍은 이후 채우기가 어렵다. 신진대사의 과도한 활동은 내분비계통을 자극하고, 신경계통은 흥분 상태가 증대된다. 혈액량은 감소하여 빈혈증을 초래하고, "단식이나 결식하는 사람, 반복적으로 출혈을 겪은 사람이나 회복기 환자"[15]의 혈액과 유사해진다. 건강하고 영양 상태가 좋았던 여자는 출산 후에 너무 고생하지 않고 임신 중 소모된 이러한 것들을 회복할 수 있기를 바랄 뿐이다. 그러나 임신 기간에는 심각한 사고나 적어도 위험한 증세가 흔히 일어난다. 그래서 여자가 튼튼하지 않거나 위생에 주의하지 않으면 임신과 출산으로 인해 일찍 그

---

13 "그러므로 나는 적어도 나의 경험이 미치는 범위 내에서 나의 신체다. 그리고 역으로 나의 신체는 자연적인 주체와 같은 것이며, 내 전존재의 잠정적 소묘와 같은 것이다." 메를로퐁티, 『지각의 현상학』.

14 나는 여기서 전적으로 생리학적 관점에 입각해 있다. 엄마가 된다는 사실은 여자에게 심리적으로 재난이 될 수 있는 것과 마찬가지로 대단히 유익한 것일 수 있다.

15 로제와 비네Roger et Binet가 감수한 『생리학 개론Traité de physiologie』 제11권에 나오는 'H. 비뉴Vignes의 설說' 참조

모습이 일그러지고 늙어 버리게 된다. 시골에서는 그런 경우가 아주 흔하다. 출산 자체가 고통스럽고 위험한 것이다. 이러한 위기에서 신체가 종과 개체를 언제나 동시에 만족시키지 않는다는 사실을 가장 명백하게 알 수 있다. 아이가 죽는 일이 일어나기도 하고, 또한 아이가 세상에 태어나면서 자기 엄마를 죽게 하거나 아니면 아이의 출생이 모체 내에 만성질환을 일으키기도 한다. 수유 또한 진이 빠지는 일이다. 일련의 인자 - 그 가운데 중심이 되는 것은 분명 프로게스테론이라는 황체 호르몬인데 - 가 유선 속에 모유의 분비를 초래한다. 젖이 불어나는 것은 고통스럽고 종종 열을 동반한다. 유모가 갓난아기에게 젖을 주는 것은 자신의 기운을 해치면서 하는 일이다. 출산 시에 때로 극적인 양상을 띠는 종과 개체 간의 투쟁은 여성의 몸을 아주 허약하게 만든다. 사람들은 여자들의 "배 속에 질병이 있다"라고 스스럼없이 말한다. 그런데 여자들이 체내에 적대적 요소를 가두어 두고 있다는 것도 사실이다. 즉, 종이 여자들을 갉아 먹고 있다. 여자들의 많은 질병이 체외 감염에서 오는 것이 아니라 체내의 기능 이상에서 온다. 이처럼 의사疑似 자궁염은 난소의 이상 자극에 대한 자궁점막의 반작용 때문에 생겨난 것이다. 만약 월경 후에 황체가 흡수되지 않고 계속 남아 있다면 나팔관염이나 자궁내막염 등을 유발한다.

여자는 어려운 위기를 거쳐서 종의 지배를 벗어난다. 45세에서 50세 사이에는 사춘기 현상과 반대되는 폐경 현상이 진행된다. 난소의 활동은 감퇴하고 소멸하기까지 한다. 이러한 소멸은 여성의 활력을 퇴화시킨다. 이화작용異化作用[16]을 담당하는 내분비샘인 갑상샘이나 뇌하수체가 난소의 결함을 보충하려 애쓰고 있다고 추정된다. 이처럼 폐경기의 침체 상태와 더불어 발열, 고혈압, 신경과민 같은 상승 현상이 나타나고, 때로는 성 본능이 다시 기승을 부리기도 한다. 이때 어떤 여자들은 조직 속에 지방을 축적하고, 또 다른 여자들은 남성화된다. 많은 여자에게서 내분비의 균형이 회복된다. 그제야 비로소 여자는 암컷의 굴레에서 해방되는 것이다. 여자는 활력이 손상되지 않았기 때문에 거세된 남자와 비교될 수 없다. 하지만 그녀를 넘어서는 강력한 힘의 희생물도 더는 아니다. 마침내 여자는 자기 자신과 일치하게 된다. 사람들은 때때로 나이든 여자들이 "제3의 성"을

---

16 *생물의 조직 내에 들어온 물질이 분해되어 에너지원으로 사용되는 일. 에너지 방출 반응이라 할 수 있으며, 대표적인 예로 호흡을 들 수 있다.

구성한다고 말하곤 했다. 사실 이 여자들은 남자가 아니지만 더는 여자도 아니다. 이러한 생리적 자율성은 흔히 여자들이 이전에는 갖고 있지 않았던 건강, 균형, 활력으로 나타난다.

본질적으로 성적 분화에다, 여성의 경우에는 다소간 그 성적 분화의 직접적 결과인 특이성이 겹쳐진다. 그것은 여자의 체물질을 결정짓는 호르몬 작용이다. 평균적으로 여자는 남자보다 키가 더 작고 더 가벼우며 골격도 약하지만, 골반은 임신과 출산 기능에 적합하게 더 넓다. 여자의 결합조직에는 지방이 붙으며, 그 자태는 남자보다 더 둥그스름하다. 전반적인 외양, 즉 형태, 피부, 모발계통 등은 남녀가 뚜렷하게 다르다. 근육의 힘은 여자의 경우 훨씬 약해서 대략 남자의 3분의 2 정도다. 호흡 능력도 떨어지는데 폐, 기관, 후두가 남자보다 더 작기 때문이다. 후두의 차이는 음성의 차이를 가져온다. 혈액량도 여자 쪽이 더 적다. 적혈구의 함량이 더 적기 때문이다. 따라서 여자들은 남자들만큼 튼튼하지 못하고 빈혈을 더 잘 일으킨다. 맥박은 더 빠르고 순환계는 더 불안정해서 얼굴이 쉽게 붉어진다. 불안정성은 여자들의 유기체에서 일반적으로 볼 수 있는 뚜렷한 특징이다. 남자의 경우 특히 칼슘의 신진대사가 안정되어 있다. 반면에 여자는 칼슘염을 훨씬 적게 갖고 있고, 그것을 월경과 임신 중에 배설해 낸다. 난소가 칼슘에 닿을 때 이화작용을 일으키는 것 같다. 이러한 불안정성은 난소에, 그리고 남자보다 여자에게서 더 발달된 갑상샘에 장애를 가져온다. 또한 내분비의 불규칙성은 자율신경계에 영향을 미쳐서 신경과 근육의 통제가 불완전하게 된다. 이러한 안정과 통제의 결여는 심장박동, 안면홍조 등 혈관의 변화에 직접 연결된 감수성을 부추긴다. 그 때문에 여자들은 눈물, 폭소, 신경발작 같은 경련성 감정 표현을 하는 경향이 있다.

이러한 많은 특징이 종에 대한 여자의 종속에서 유래한다는 것을 알 수 있다. 그것이 바로 이제까지 한 검토의 가장 명백한 결론이다. 여자는 모든 포유류 암컷 중에서 가장 심각하게 소외되어 있고, 또 이 소외를 가장 격렬하게 거부하는 존재다. 다른 어떤 암컷 안에서도 생식 기능에 대한 유기체의 종속이 이보다 더 절대적이고 더 어렵게 받아들여지지는 않는다. 사춘기와 폐경의 위기, 달마다의 '저주', 종종 힘든 긴 기간의 임신, 때때로 위험하고 고통스러운 출산, 질병, 사고는 인간 여자의 특징을 나타내는 것들이다. 여자의 운명이 무거우면 무거울수록 여자는 자신을 개체로써 주장하면서 운명에 대해 더욱 반항한다고 할 수 있다. 여자를 남자와 비교한다면 남자는 무한한 특권을 누리는 것처럼 보인다. 남자의 생식 생활은 그의 개인적 삶과 모순되지 않는다. 그 삶은 일반적으로 위기도 없고 사고도 없이 지속된다. 평균적으로 여자들은 남자만큼 오래 산다. 그러나 남자보다 훨씬 더 자주 아프고 자기 마음대로 몸을 움직일 수 없는 기간이 많다.

이러한 생물학적 조건은 극히 중요하다. 왜냐하면 그것은 여자의 생애에서 가장 중요한 역할을 하고, 여자가 처한 상황의 핵심적인 요소이기 때문이다. 우리가 하는 차후의 모든 서술에서 이를 참조해야 할 것이다. 왜냐하면 몸은 우리가 세계를 파악하는 도구이고, 세계는 파악하는 방법 여하에 따라서 아주 다르게 그 모습을 나타내기 때문이다. 그런 이유로 해서 우리는 생물학적 조건을 그렇게 오랫동안 연구했다. 그것은 여자를 이해할 수 있도록 해 주는 열쇠 중에 하나다. 그러나 우리는 그것이 여자에게 고정불변의 운명을 부여한다는 생각을 거부한다. 생물학적 조건은 남녀의 위계를 규정하기에 충분치 못하다. 그것은 여자가 왜 **타자**인지 설명하지 못한다. 또한 여자가 이 종속적 역할을 영구히 담당할 것을 강요하지도 않는다.

*

흔히 생리학만이 다음 두 가지 질문에 답변할 수 있게 해 준다고 주장했다. 즉, 양성은 개별적 성공의 기회를 균등하게 가지는가? 종種에 대하여 양성 가운데 어느 쪽이 더 중요한 역할을 하는가? 그러나 이중 첫 번째 문제는 여자와 다른 동물의 암컷들에 대하여 같은 방식으로 질문할 수 없다. 왜냐하면 동물은 정체된 상태로 서술할 수 있는 일정하게 정해진 종들을 구성하고 있기 때문이다. 암말이 종마만큼 빠른지, 침팬지 수컷이 암컷보다 지능이 좋은지를 결정하기 위해서는 관찰 자료를 종합하는 것만으로 충분하다. 반면 인류는 끊임없이 생성되고 있다. 이 문제에 순전히 정태적 방식으로만 접근하려는 유물론적 학자들도 있었다. 그들은 심리적·생리적 병행주의 이론에 젖어 수컷과 암컷의 유기체 사이에 수학적 비교를 수립하려 노력했다. 즉, 그들은 이러한 척도들이 암수유기체의 기능적 능력을 즉시 명확하게 규명할 것이라 상상했다. 이런 방법이 일으킨 무익한 토론들 가운데 한 사례를 들어보겠다. 그들은 대뇌가 어떤 신비스러운 방법으로 사고를 방출한다고 추정했기 때문에 여성 뇌의 평균 무게가 남자의 뇌보다 가벼운지 아닌지를 결정하는 것이 매우 중요했다. 여자의 뇌는 1,000그램에서 1,500그램까지, 남자의 뇌는 1,150그램에서 1,700그램까지이므로, 평균적으로 여자의 뇌는 1,220그램, 남자의 뇌는 1,360그램 정도라고 판명되었다. 그러나 절대 중량은 의미가 없으므로 상대 중량을 고려하기로 했다. 상대 중량은 남자가 48.4분의 1, 여자가 44.2분의 1이라는 것을 알게 됐다. 그러므로 여자가 더 유리할 것이다. 아니다, 다시 한 번 수정해야 한다. 그와 같은 비교에서는 가장 작은 유기체가 언제나 유리하게 보인다. 두 개체 집단이 동종에 속한다면 두 집단을 비교할 때 몸통의 무게를 정확하게 제외하기 위해서는 뇌의 중량을 신체 무게의 0.56으로 나누어야 한다. 남자와 여자가 다른 두 유형을 대표한다고 간주한다. 그러므로 아래와 같은 결과에 이른다.

남자: 체중의 0.56승 = 498 $\quad \dfrac{1,360}{498} = 2.73$

여자: 체중의 0.56승 = 446 $\quad \dfrac{1,220}{446} = 2.74$

즉, 같은 값에 이르게 된다. 그러나 이렇게 정성 들인 논쟁이 그다지 관심을 끌지 못하는 것은 뇌의 무게와 지능의 발달 사이에 어떤 상관관계도 성립할 수 없기 때문이다. 이제는 남녀 호르몬을 규정하는 화학 방정식의 심리적 해석도 불가능하다. 우리로서는 심리적·생리적 병행주의라는 관념을 단호히 거부한다. 이 학설의 원칙은 오래전에 결정적으로 무너졌다. 그럼에도 불구하고 내가 이것으로 주의를 환기하는 이유는, 철학적·과학적으로 붕괴하였지만 아직도 적지 않은 사람들의 관심을 끌기 때문이다. 이미 앞에서 본 바와 같이 어떤 사람들의 머릿속에는 더 오래된 유물이 여전히 남아서 돌아다닌다. 또한 우리는 여러 가치의 *자연적* 서열, 예를 들면 진화적 서열의 존재를 암시하는 모든 고증학설도 거부한다. 여자 몸이 남자 몸보다 더 어린애 같은지 아닌지, 아니면 유인원에 더 가까운지 아닌지 등의 질문을 하는 것은 무의미한 일이다. 불분명한 자연주의를 그보다 한층 더 불분명한 도덕론이나 심미론과 뒤섞어 버리는 이러한 모든 논고는 순전히 객설에 불과하다. 오직 인간적인 관점에서만 인류의 남녀를 비교할 수 있다. 인간은 주어진 존재가 아니라 스스로 만들어 나가는 존재라고 정의할 수 있다. 메를로퐁티가 매우 정확하게 말했듯이, 인간은 자연의 종種이 아니라 역사적 개념이다. 여자는 고정불변의 현실이 아니라 하나의 생성生成이다. 이러한 생성 속에서 여자를 남자와 비교해야만 할 것이다. 다시 말해서 여자의 **가능성**을 규명해야만 할 것이다. 수많은 논쟁에서 사람들이 그토록 많은 과오를 범하는 이유는 여자의 능력에 대해 문제 삼으면서 여자를 과거와 현재의 상태로 축소하고 싶어 하기 때문이다. 사실, 능력은 현실화되었을 때만이 증명될 수 있다. 그러나 초월과 초아적인 어떤 존재를 고려할 때 결코 계산을 중단할 수 없다는 것 또한 사실이다.

그렇지만 내가 택한 관점 - 하이데거, 사르트르, 메를로퐁티의 관점 - 에서 만약 신체가 **사물**이 아니라면, 신체는 상황이라고 말할 것이다. 즉, 그것은 세계를 파악하는 우리의 도구며 우리 계획의 소묘다. 여자는 남자보다 더 약하고, 근육의 힘도 적고, 적혈구도 적으며 폐활량도 더 적다. 여자는 남자보다 빨리 달리지 못하고, 무거운 것도 들지 못한다. 여자가 남자와 경쟁할 수 있는 운동은 거의 없다. 싸움에서 남자와 대적할 수도 없다. 이러한 연약함에 우리가 앞서 말한 불안정, 통제의 결여, 과민함이 첨가된다. 그것들은 사실이다. 그러므로 세계에 대한 여자의 점유는 남자보다 더 제한되어 있다. 여자는 계획에서 단호함과 인내력이 약하고, 그것을 실행할 능력도 약하다. 즉, 여자의 개인 생활이 남자의 개인 생활보다 덜 풍부하다는 것이다.

확실히 이러한 사실들은 부정될 수 없을 것이다. 그러나 그 사실들이 그 자체로 의미 있는 것은 아니다. 우리가 실존에서부터 신체를 정의하면서 인간의 관점을 채택하는 즉시 생물학은 추상적인 학문이 된다. 생리학적 조건(근육의 열등함)이 의미를 띠는 순간, 이 의미는 곧 맥락 전체에 좌우되는 것처럼 보인다. '약함'은 인간이 지향하는 목표나 사용하는 도구, 그리고 자신에게 부과하는 법칙에 비추어서만 비로소 '약함'으로 드러난다. 만약 인간이 세계를 파악하길 원치 않는다면 사물에 대한 **점유**라는 개념조차 의미 없을 것이다. 세계를 파악하는 데 체력을 최대한 사용할 필요가 없을 때, 즉 사용 가능한 최소한의 체력만을 필요로 할 때 차이는 소멸한다. 관습이 폭력을 금지하는 곳에서 완력이 지배력을 행사할 수 없을 것이다. **약함**이라는 개념이 구체적으로 규정될 수 있으려면 실존적·경제적·도덕적 기준이 필요하다. 인류는 반자연이라고 일컬어져 왔다. 이 표현이 그렇게 정확한 것은 아니다. 왜냐하면 인간은 주어진 조건을 부인할 수 없기 때문이다. 그러나 인간이 그 조건을 받아들이는 방식에 의해서 진실은 구성된다. 자연이 인간의 행동에 의해 파악되는 한에서만 자연은 인간에게 현실성을 갖는다. 인간 자신의 천성도 예외는 아니다. 여자가 세계를 어떻게 파악하는지를 헤아리는 것과 마찬가지로 생식 기능이 여자에게 끼치는 부담을 추상적으로 가늠할 수 없다. 모성과 개적個的 생명의 관계는 동물에서 당연히 발정 주기와 계절에 의해 정해져 있으나 여자의 경우에 그렇지 않다. 오직 사회만이 그것을 결정할 수 있다. 종에 대한 여자의 예속은 사회가 신생아 출생을 어느 정도 요구하느냐에 따라서, 또 임신과 출산이 이루어지는 위생 조건에 따라서 다소 긴밀해진다. 이처럼 만약 고등동물 가운데 암컷보다 수컷에서 개체적 존재가 더 강압적으로 자기를 주장한다면, 인류 안에서는 개인적 '가능성'이 경제적·사회적 상황에 좌우된다.

어쨌든, 종의 한가운데서 수컷의 개적 특권이 수컷에게 우월성을 부여하는 일이 늘 일어나는 것은 아니다. 암컷은 모성 속에서 다른 자율성을 되찾는다. 이따금 수컷이 자기의 지배권을 강요한다. 예를 들어, 주커만Solly Zuckermann(1904~1993)이 연구한 원숭이들이 그렇다. 그러나 암수 한 쌍은 흔히 따로 떨어져서 생활한다. 사자의 수컷은 암컷과 평등하게 가정을 돌보는 책임을 나눈다. 여기서도 또한 번 인류는 다른 어떤 동물의 경우와도 다르다. 인간은 우선 개별체로서 정의되지 않는다. 남자들과 여자들은 결코 한 번도 서로 개별적으로 싸운 적이 없다. 남녀 한 쌍은 본원적인 **공동체**다. 남녀 한 쌍은 언제나 더 큰 집단의 고정되거나 일시적인 요소로서 나타난다. 이러한 사회에서 남자나 여자 중에 누가 더 종에 필수적인 존재일까? 생식 세포의 단계에서나 성교와 임신의 생물학적 기능의 단계에서나 남성 원리는 유지하기 위해 창조하고, 여성 원리는 창조하기 위해 유지한다. 사회적인 생활에서 이러한 분할은 어떻게 될까? 다른 유기체나 기체基體에 기생하는 종들, 힘들이지 않고 자연이 풍부하게 먹이를 제공하는 종들에게 수컷의 역할은 수정작용 곧 생식에 국한된다. 새끼들에게 필요한 먹이를 찾아 헤매고 사냥하고 싸워야만 할 때, 수컷은 새끼 부양에 온 힘을 다한다. 어미가 수유를 멈춘 이후 오랫동안 새끼들이 자신들의 필요를 충족시키지 못한 채 머물러 있는 종 안에서, 이러한 부양은 절대적으로 필수불가결한 것이다. 이때 수컷의 일은 극도의 중요성을 띤다. 수컷이 태어나게 한 생명들은 수컷 없이는 살아나갈 수 없을 것이다. 매년 수많은 암컷을 수정시키기 위해서는 수컷 한 마리면 충분하다. 그러나 새끼들이 출생한 후 생존하기 위해서, 적들에 대항해 그들을 지키기 위해, 또 새끼들이 필요로 하는 모든 것을 자연에서 획득하기 위해서는 수컷들이 필요하다. 생산력과 생식 능력의 균형은 인류 역사의 다양한 경제적 상황에 따라 다르게 실현되고, 이 경제적 상황은 남녀가 아이들과 갖는 관계를 조건 짓는다. 그러나 그렇게 되면 우리는 생물학의 영역에서 벗어나게 된다. 즉, 생물학의 지식만으로는 종을 영속시키기 위해 양성이 수행하는 역할에서 그중 어느 한쪽이 우월하다는 결론을 내릴 수 없게 된다.

요컨대 한 사회는 종이 아니다. 사회 안에서 종은 자기 자신을 실존으로써 실현한다. 종은 세계와 미래를 향해 자기를 초월해 가고, 그 습성은 생물학에서 도출되는 것이 아니다. 개체들은 결코 자연에 내맡겨져 있지 않으며, 그들의 존재론적 태도를 표현하는 욕망과 두려움이 반영된 제2의 자연인 관습에 복종한다. 주체가 자기에 대해 의식하고 자기를 실현해 가는 것은 단순히 신체 그 자체만으로서가 아니라, 금기와 법률에 예속된 신체로서다. 주체가 자기 자신을 가치 있게 만드는 것은 어떤 가치들의 이름을 통해서다. 그리고 다시 한 번 말하지만, 가치를 확립할 수 있는 것은 생리학이 아니다. 그보다는 오히려 생물학적 조건이 실존자가 부여하는 가치들의 옷을 걸치고 있다. 여자가 일으키는 존경심이나 두려움이 여자에 대해 폭력을 사용하는 것을 금지한다면, 남자의 근육의 우월성은 권력의 원천이 되지 못한다. 만약 어떤 인디언 부족들의 풍습처럼 젊은 여자가 자기 남편을 선택하거나 또는 아버지가 결혼을 결정한다면 남자의 성적 공격성은 남자에게 어떠한 주도권도 특권도 주지 못한다. 어머니와 자식의 친밀한 관계는 아이에게 부여된 다양한 가치에 따라서 어머니에 대한 존엄성 또는 모욕의 원천이 될 것이다. 그리고 이러한 관계가 사회적 편견에 따라 인정되기도 하고 그렇지 않기도 할 것이다.

그러므로 존재론적·경제적·사회적·심리적 상황에 전체적으로 비추어 우리는 생물학의 자료들을 밝혀야만 한다. 종에 대한 여자의 예속이나 여자의 개인적 능력의 한계는 극도의 중요성을 띠는 사실들이다. 여자의 몸은 그녀가 이 세계 속에서 차지하고 있는 상황의 핵심적 요소 중 하나다. 그러나 그것만으로는 여자가 무엇인지를 규정하기에 충분하지 않다. 신체는 한 사회 안에서 행동을 통해 의식에 의해 받아들여짐으로써 비로소 체험된 현실성을 갖는다. 생물학은 우리의 초미의 관심사인 여자가 왜 *타자*이냐는 질문에 답변을 주기에 부족하다. 역사의 흐름에서 여자의 자연적 본질이 어떻게 파악됐는지를 아는 것이 중요하다. 또한 인류가 여자를 어떤 존재로 만들었는가를 알아야만 한다.

2장
정신분석의 관점

정신분석학이 정신생리학의 영역에서 이룩한 지대한 발전은 어떤 요소도 인간적 의미를 띠지 않고서는 정신적 생활에 개입하지 않는다는 것을 생각했다는 점이다. 구체적으로 존재하는 것은 학자들에 의해 기술된 신체-대상이 아니라 주체가 체험한 신체. 여자는 자신을 여자라고 느끼는 것에 따라서 여자다. 생물학적으로 매우 중요한 조건들이지만 체험된 상황에 속하지 않는 것들이 있다. 이를테면, 난자의 구조는 체험적 상황에 반영되지 않는다. 반대로 생물학적으로는 별로 중요하지 않은 음핵 같은 기관이 체험적 상황에 매우 중요한 역할을 한다. 여자를 규정하는 것은 자연이 아니다. 여자는 자연을 자기의 감성에서 다시 파악해 자신을 규정해 나간다.

 이러한 관점에서 한 체계가 확립되었다. 나는 여기서 그 체계 전체를 비판하려는 것이 아니라 단지 그것이 여성에 관한 연구에 공헌한 점만을 검토하고자 한다. 정신분석학을 논한다는 것은 쉬운 일이 아니다. 모든 종교 ─ 기독교, 마르크스주의 ─ 와 마찬가지로 정신분석학은 엄격한 개념의 바탕 위에 서 있지만 거추장스러운 융통성을 보인다. 때에 따라 단어들은 가장 좁은 의미로 사용되어서, 예를 들어 팔루스phallus(음경)라는 용어는 매우 정확하게 남성의 생식기인 살이 붙은 그 돌출물을 가리킨다. 때로 단어들은 무한히 확장되어 상징적 가치를 지닌다. 즉, 팔루스는 남성의 성격이나 상황 일체를 표현하기도 한다. 만약 그 학설의 자의字意를 공격한다면 정신분석학자는 그 학설의 정신을 등한시한다고 주장하고, 그 정신을 인정하면 곧바로 자의 속에 가둬 두려 한다고 말할 것이다. 정신분석학자는 학설은 중요하지 않다고 말한다. 즉, 정신분석학은 하나의 방법이란 것이다. 그러나 방법의 성공은 학설 신봉자의 신념을 강화한다. 게다가 정신분석학자들에게서가 아니라면 어디서 정신분석학의 진면목을 만나 보겠는가? 그러나 기독교도들이나 마르크스주의자들의 경우처럼 정신분석학자들 가운데에도 이단자가 존재한다. 그래서 여러 명의 정신분석학자가 "정신분석학의 가장 지독한 적敵은 정신분석학자들이다"라고 선언했다. 종종 현학적이고 교조주의적인 정확성에도 불구하고 많은 애매함이 해소되지 않고 있다. 사르트르와 메를로퐁티가 지적한 것처럼 "섹슈얼리티는 존재와 같은 외연을 갖는다"라는 명제는 매우 다른 두 가지 방식으로 이해될 수 있다. 존재자 일체의 현신現身은 성적性的 의미가 있다는 것을 의미하거나 혹은 모든 성적 현상이 실존적 의미가 있다는 것을 의미할 수 있다. 이러한 두 주장 사이에 타협은 가능하다. 그러나 대개는 이 둘 사이를 왔다 갔다 하는 것에 그친다. 더욱이 "성적인 것"과 "생식적인 것"을 구별하면 섹슈얼리티의 개념은 흐릿해진다. "프로이트에게 성적인 것은 생식적인 것을 작동시키는 내재적 태도다"라고 달비에Roland Dalbiez(1893~1976)[17]는 말한다. 그러나 '적성適性', 다시 말해 가능성이라는 개념보다 더 혼란스러운 것은 없다. 오직 현실만이 가능성에 대한 확실한 증거를 제시하기 때문이다. 프로이트Sigmund Freud(1856~1939)는 철학자가 아니므로 자신의 체계를 철학적으로 증명하기를 거부했다. 그의 제자들은 그가 그렇게 해서 모든 형이상학적 공격을 피했다고 주장한다. 하지만 그의 모든 단정 뒤에는 형이상학적 전제가 있다. 즉, 그의 언어를 사용하는 것은 하나의 철학을 채택하는 것이다. 이러한 혼돈 자체가 비판을 곤란하게 하지만 비판이 필요하다.

프로이트는 여자의 운명에 대해 그다지 관심을 보이지 않았다. 그는 남자의 운명에 대해 먼저 기술하였고 거기서 몇 가지 특징만 수정한 채 그대로 여자의 운명을 기술했던 것이 분명하다. 그보다 먼저 성의학자 마라뇽Marañon은 "분화된 에너지로서 리비도libido(성욕, 성적 충동)는 남성적 방향의 힘이라고 할 수 있다. 우리는 오르가슴에 대해서도 마찬가지라고 이야기하겠다"라고 선언했다. 그의 말에 따르면 오르가슴에 이르는 여자들은 '남성화된' 여자들이다. 성 충동은 '일방통행'인데 여자는 단지 길의 절반쯤에 있는 것이다.[18] 프로이트는 그 정도까지는 아니다. 그는 여자의 섹슈얼리티가 남자만큼 발달했다는 것을 인정한다. 그러나 여

---

17 * 프랑스 철학자
18 이런 이론이 D. H. 로런스에게서도 발견된다는 것이 신기하다. 『날개 돋친 뱀』에서 돈 시프리아노는 자기 정부情婦가 결코 오르가슴에 이르지 못하도록 세심한 주의를 기울인다. 그녀가 남자와 같이 흥분해야야 개별적으로 쾌락을 누려서는 안 된다는 것이다.

자의 섹슈얼리티를 독립적으로 연구하지 않았다. 그는 "리비도는, 남자에게 나타나든 여자에게 나타나든, 변함없이 적법하게 남성적 본질이다"라고 쓰고 있다. 그는 여성 리비도의 독자성을 인정하길 거부한다. 따라서 그에게는 필연적으로 여성 리비도가 일반적인 인간 리비도의 복잡한 일탈로 보일 것이다. 그의 생각으로 인간 리비도는 우선 남녀 안에서 같은 방식으로 발달한다. 즉, 모든 아이는 어머니의 젖가슴에 집착하는 구순기를 거치고, 그다음에는 항문기 그리고 마지막에는 성기기性器期에 이른다. 바로 이 시기에 그들이 양성으로 분화된다. 프로이트는 그 이전에는 그렇게 중요하게 인정되지 않았던 사실 하나를 밝혀냈다. 즉, 남성의 색정色情은 결정적으로 페니스 안에 국한되지만, 여성에게는 두 개의 구분되는 색정 계통이 있다는 것이다. 하나는 유아기에 발달하는 클리토리스(음핵) 계통이고, 다른 하나는 사춘기 이후에나 개화하는 질膣 계통이다. 사내아이는 성기기에 이르렀을 때 그 발달이 완성된다. 사내아이는 쾌락을 자신의 주체성 속에서 추구하는 자애적 태도로부터 어떤 대상, 정상적으로는 여자에게 결부시키는 타애적 태도로 옮겨 가야만 할 것이다. 이러한 이행 과정은 사춘기에 나르시시즘自己愛 단계를 통해서 이루어진다. 그러나 페니스는 유년기에 특권적인 색정 기관으로 남아 있게 된다. 여자 역시 나르시시즘을 통해 남자에게 자기의 리비도를 객체화시킨다. 그러나 그 과정은 훨씬 더 복잡해지는데, 왜냐하면 음핵의 쾌락에서 질의 쾌락으로 옮겨 가야만 하기 때문이다. 남자에게는 오직 하나의 성기 단계가 있는 반면에 여자에게는 두 가지 성기 단계가 있다. 여자는 자기의 성적 진화의 최종 단계에까지 도달하지 못하고 유아 단계에 머물러 있어서, 그 결과 신경증을 일으킬 위험이 더 많은 것이다.

이미 자애自愛 단계에서 아이는 다소 강하게 한 대상에 집착한다. 사내아이는 엄마에게 달라붙어 자신을 아버지와 동일시하고 싶어 한다. 아이는 이런 염원에 겁을 집어먹고 벌을 주려고 아버지가 자기를 거세하지 않을까 두려워한다. '오이디푸스 콤플렉스'로부터 '거세 콤플렉스'가 생겨난다. 그래서 아이는 아버지에 대한 공격심을 발달시키는 동시에 그의 권위를 내면화한다. 그리하여 근친상간 성향을 금지하는 **초자아**가 형성된다. 이러한 성향은 억압되고, 콤플렉스는 청산되며, 아들은 도덕적 규범의 형상으로 자기 안에 자리를 잡게 한 아버지로부터 해방된다. 오이디푸스 콤플렉스가 더 분명하게 표현되고 더 엄격하게 억제될수록 **초자아**는 더욱더 강해진다. 프로이트는 여자아이의 이야기를 이와 완전히 유사한 방식으로 기술했다. 그런 다음에 유아기 콤플렉스의 여성적 형태에 대해 엘

「오이디푸스와 스핑크스」 귀스타브 모로, 1864

렉트라라는 이름을 부여했다. 그러나 그것을 그 자체로 기술했다기보다는 남성적 형태에서 출발해 기술했다는 점이 분명하다. 하지만 그는 둘 사이에 매우 중요한 차이를 받아들였다. 즉, 사내아이는 어떤 순간에도 아버지에게 성적으로 끌리지 않지만, 여자아이는 우선 엄마에게 집착한다는 것이다. 이러한 집착은 구순기의 잔재다. 여자아이는 구순기에 아버지와 동일시한다. 그러나 다섯 살 무렵에 성기의 해부학적 차이를 발견하고 페니스가 없는 것에 대해 일종의 거세 콤플렉스의 반응을 보인다. 여자아이는 자신이 거세되었다고 상상하고 그에 대해 고통을 받는다. 그때 남성적인 주장을 단념하고 자신을 엄마와 동일시해서 아버지를 유혹하려 애쓴다. 거세 콤플렉스와 엘렉트라 콤플렉스는 서로 강화된다. 여자아이의 실망한 마음은 아버지를 사랑하면서 그와 비슷해지려고 하는 만큼 더욱더 쓰라릴 수밖에 없다. 그런데 역으로 이러한 낙담은 사랑의 감정을 강화한다. 즉, 여자아이는 자신의 열등감을 아버지에게 품고 있는 애정에 의해서 보상할 수 있기 때문이다. 소녀는 엄마에 대해 경쟁의 감정과 적대감을 느낀다. 그리고 소녀 안에서 **초자아**가 형성되며, 근친상간의 성향은 억압된다. 그러나 이 **초자아**는 소년의 것보다 약하다. 왜냐하면 첫 번째 애착 대상이 어머니였다는 사실로 인해 엘렉트라 콤플렉스는 오이디푸스 콤플렉스보다 선명하지 못하기 때문이다. 그리고 아버지 자신이 아버지가 단죄하는 사랑의 대상이기 때문에 그의 금지명령은 경쟁자인 아들의 경우보다 강하지 못하다. 성기기의 발달처럼, 여자아이가 겪는 성적 드라마 전체는 남자 형제들이 겪는 것보다 한층 더 복잡하다. 소녀는 거세 콤플렉스에 대한 반동으로 자기의 여성성을 거부하고 페니스 선망을 고집하면서 아버지에 동화되고 싶어 할 수도 있다. 이러한 태도는 소녀를 음핵 단계에 머물게 해 불감증이거나 동성애로 향하게 할 것이다.

이러한 기술에 대해 제기할 수 있는 두 가지 핵심적인 비난은 프로이트가 남성 모델을 원형으로 하여 모방했다는 사실에서 온다. 그는 여자가 자신을 페니스가 잘려 나간 남자로 느낀다는 것을 전제로 했다. 그러나 페니스가 잘려 나갔다는 생각은 어떤 것과의 비교에서 더 높은 가치를 부여하는 것을 내포한다. 많은 정신분석학자는 오늘날 여자아이가 페니스가 없는 것을 애석해하지만 그것을 빼앗겼다고 생각하지 않는다는 사실을 인정하고 있다. 이 애석함조차 그렇게 일반적인 것이 아니다. 그리고 그것이 단순한 해부학적 비교에서 생겨날 수도 없다. 많은 여자아이는 남자의 몸 구조를 늦은 시기에 발견하게 된다. 그리고 그것을 발견한다 해

「아가멤논 무덤 앞의 엘렉트라」 프레더릭 레이턴, 1868~1869

도 단지 시각을 통해서일 뿐이다. 사내아이는 자기 페니스에 대해서 생생한 경험이 있고 그 경험은 그것으로부터 자랑거리를 끌어내게 하지만, 이러한 자부심은 자기 누이들의 굴욕과는 직접적인 상관관계가 없다. 왜냐하면 누이들은 남자의 기관을 외면상으로밖에는 알 수 없기 때문이다. 즉, 이 돌출물, 살로 된 이 약한 줄기는 단지 그들에게 무관심만을 그리고 혐오감조차 일으킬 수 있기 때문이다. 여자아이의 선망은 이것이 나타날 때에 남자다움에 부여된 가치에 대한 사전 지식의 결과인 것이다. 프로이트는 이 선망에 대해 마땅히 설명해야 할 때에 당연한 것으로 여기며 넘어갔다.[19] 한편, 여성의 리비도에 대한 독자적인 서술이 빠져 있기 때문에 엘렉트라 콤플렉스 개념은 대단히 모호하다. 사내아이들에게도 순수한 성기기적인 오이디푸스 콤플렉스의 존재는 보편적인 것과 거리가 멀다. 그러나 매우 드문 예외를 제외하고, 아버지가 딸에게 성적 흥분의 원천이라는 것은 받아들일 수 없다. 여성의 색정의 큰 문제 중 하나는 음핵의 쾌감이 고립되어 있다는 것이다. 즉, 여성의 몸 안에서 많은 성감대가 발달하는 것은 단지 사춘기 무렵에 질의 색정과 관련해서다. 열 살 된 어린아이에게서 아버지의 키스와 쓰다듬기가 음핵의 쾌감을 일으킬 '내재적 소지'가 있다는 것은 대부분 아무런 근거도 없는 주장이다. 만약 '엘렉트라 콤플렉스'가 극히 막연한 감정적인 성격만을 가지고 있다는 것을 인정한다면, 그때는 감정에 대한 모든 문제가 제기되는데, 일단 이 감정을 섹슈얼리티와 구별하면 프로이트 학설로는 정의할 방법이 없다. 어찌 됐든 아버지를 신성화하는 것은 여성 리비도가 아니다. 어머니 또한 그녀가 아들에게 불러일으키는 욕망 때문에 신성화되지 않는다. 여성의 욕망이 최고의 권한을 가진 존재에게 간다는 사실은 여자에게 독특한 성격을 부여한다. 그러나 여자는 그 대상을 구성하는 것이 아니라 견디는 것이다. 아버지의 절대적 힘은 사회적 질서의 사실이다. 그런데 프로이트는 그 점을 설명하는 데 실패했다. 역사상 언제 어떤 권위가, 아버지가 어머니에게 그 절대적 힘을 갖도록 결정했는지 알 수 없다고 프로이트 자신이 고백했다. 그에 따르면, 이 결정은 진보를 나타내지만 그 원인은 알려지지 않았다. "여기서는 그것이 아버지의 권위일 수가 없다. 왜냐하면 이 권위는 정확히 진보에 의해서만 아버지에게 부여된 것이기 때문이다"라고 그는 마지막 저서에서 쓰고 있다.[20]

---

19 이에 관한 토론은 제2권 제1부 1장에서 더 자세하게 다룰 것이다.

20   지그문트 프로이트, 『모세와 그의 민족 Moïse et son peuple』, A. 베르만 A. Bermann 옮김, 177쪽 참조

아들러Alfred Adler(1870~1937)[21]는 인간 생활의 발전을 유일하게 섹슈얼리티에만 근거를 두고 설명하려는 체계의 불충분함을 이해했기 때문에 프로이트와 결별했다. 즉, 그는 인간 생활을 인격 전체에 재통합시키고자 했다. 프로이트의 경우 모든 행동이 욕망, 다시 말해 쾌락의 추구 때문에 야기되는 것처럼 보이지만, 아들러는 인간이 어떤 목적들을 지향하는 것으로 본다. 그는 충동적 동기 대신에 이성적 동기, 합목적성, 복안腹案을 중요시한다. 그가 지성에 크나큰 지위를 부여하므로 그에게는 성적인 것이 종종 상징적인 가치만을 지닐 뿐이다. 그의 이론에 따르면 인간 드라마는 세 모멘트로 분해된다. 즉, 모든 개인에게는 권력에의 의지가 있으나 이 의지에는 열등콤플렉스가 동반된다. 이 둘 사이의 갈등은 극복할 수 없을지도 모른다는 무서운 현실적 시련을 피하고자 개인에게 갖가지 책략을 쓰도록 유도한다. 주체는 자기 자신과 그가 몹시 두려워하는 사회 사이에 거리를 설정한다. 그로부터 사회적 의미의 불안증인 신경증이 생긴다. 여자의 경우 열등 콤플렉스는 자신의 여성성에 대해 부끄러움을 느껴 거부하는 양상을 띤다. 페니스가 없기 때문이 아니라 전체 모든 상황이 이러한 콤플렉스를 일으키는 것이다. 여자아이가 팔루스를 부러워하는 것은 단지 그것이 사내아이들에게 주어진 특권의 상징으로 여겨지기 때문이다. 가정에서 아버지가 차지하는 위치, 남자들의 보편적 우위, 교육, 모든 것이 여자아이에게 남자가 우월하다는 생각을 확인시켜 준다. 훗날 성관계를 가질 때에도 여자가 남자 아래에 있게 되는 성교 체위조차 또 다른 굴욕이다. 여자아이는 '남성적 항의'로 반응하거나 혹은 남성화하려 애쓰거나 아니면 여성 고유의 무기를 가지고 남자에게 대항해 싸움을 벌인다. 어머니가 되어서야 여자는 아이 안에서 페니스에 해당하는 것을 되찾을 수 있게 된다. 그러나 이것은 여자가 자신을 완전히 여자로 인정하는 것을 시작으로, 그에 따라 자신의 열등함을 받아들이는 것을 전제로 한다. 여자는 남자보다 훨씬 더 심각하게 자기 분열을 경험한다.

여기서 아들러와 프로이트를 구분하는 이론상의 차이와 화해 가능성에 대해 강조할 필요는 없다. 충동적 동기에 의한 설명도 이성적 동기에 의한 설명도 전혀 충분치 않다. 모든 충동적 동기는 이성적 동기를 상정하지만, 이성적 동기는 충동적 동기를 통해서만이 파악될 수밖에 없다. 그러므로 아들러 학설과 프로이

---

21 *오스트리아의 정신분석학자

트 학설의 종합은 실현 가능해 보인다. 사실 목표와 합목적성의 개념들을 개입하게 하면서 아들러는 심리적 인과 관계의 관념을 고스란히 보존하고 있다. 그와 프로이트의 관계는 조금은 에너지론과 기계론의 관계와 같다. 즉, 충격에 관한 것이든 끌어당기는 힘에 관한 것이든 물리학자는 언제나 결정론을 인정한다. 그 점이 모든 정신분석학자의 공통된 가설이다. 정신분석학자들에 의하면 인간의 이야기는 결정론적 요소의 작용 때문에 설명될 수 있다는 것이다. 그들은 모두 여자에게 같은 운명을 지정해 주고 있다. 여자의 비극은 그녀의 '남성적' 경향과 '여성적' 경향 사이의 갈등으로 귀결된다. 전자는 음핵 체계에서 실현되고, 후자는 질의 색정에서 실현된다. 유년기에 여자는 자기를 아버지와 동일시한다. 그다음 남자에 대해 열등감을 느끼고 자신의 자주성을 유지하고 남성화되거나 – 이것은 열등 콤플렉스가 긴장감을 초래해 신경증을 일으킬 위험이 있다 – 아니면 순종적인 사랑 속에서 행복한 자기 성취를 발견해 내는 양자택일의 상황에 놓인다. 두 번째의 경우는 과거 최고 권력자인 아버지에게 가졌던 사랑 때문에 손쉬운 해결책이며, 여자는 애인이나 남편 안에서 아버지의 존재를 구한다. 그리고 여자 안에서 성적 사랑은 지배당하고자 하는 욕망을 수반한다. 여자는 어머니가 됨으로써 보상받을 것이다. 어머니가 되는 것은 여자에게 또 다른 자주성을 회복시켜 준다. 이 드라마는 자기 나름의 고유한 역동성을 갖춘 것처럼 보이고, 변화무쌍한 우여곡절을 통해서 전개되며, 개개의 여자는 그것을 수동적으로 감내한다.

정신분석학자들은 자신들의 이론에서 경험적인 확증을 찾아내는 데 유리한 입장에 있다. 알다시피, 프톨레마이오스Claudios Ptolemaeos(85년경~165년경)[22]의 체계를 꽤나 교묘하고 복잡하게 만들면서 행성의 위치를 정확하게 설명할 수 있다고 오랫동안 주장할 수 있었다. 이와 마찬가지로, 그들은 전도된 오이디푸스를 오이디푸스에게 겹쳐 놓고, 불안과 공포 속에 있는 욕망을 보여 주면서 프로이트 학설을 반박하는 사실들조차 그 학설에 통합시키는 데 성공하게 될 것이다. 형상은 본질에서 출발해야 비로소 파악될 수 있으며, 형상이 파악되는 방법에 따라 본질은 그 형상 뒤에서 구체적인 윤곽을 드러내게 된다. 이처럼 만일 개개의 사례를 프로이트적 관점에서 서술하려 고집한다면 그 사례의 배후에서 프로이트적 도식을 재발견하게 될 것이다. 단, 한 학설이 무한정의 자의적 방식으로 부차

---

22 * 고대 그리스의 천문학자, 지리학자, 수학자

적 설명을 늘어놓도록 한다든가, 관찰 결과 정상적인 경우만큼 비정상적인 경우들 역시 발견된다면 낡은 틀은 버리는 편이 낫다. 사실 오늘날 정신분석학자들은 제각기 자기 방식대로 프로이트의 개념을 유연하게 하려 애쓰며 타협을 시도하고 있다. 예를 들면 현대의 한 정신분석학자는 다음과 같이 쓰고 있다. "콤플렉스가 있는 이상, 당연히 여러 개의 구성 요소가 있다. 콤플렉스는 이러한 잡다한 요소들의 집합 속에 있는 것이지 그 요소들 가운데 하나가 다른 요소들을 대표하는 데 있지 않다."[23] 그러나 여러 요소의 단순한 집합이라는 생각은 받아들일 수 없다. 왜냐하면 정신생활은 모자이크가 아니기 때문이다. 정신생활은 그 각각의 순간 속에 전체가 다 들어 있으며, 이 통일성을 존중하지 않으면 안 된다. 이것은 오직 분분한 여러 사실을 통해서 인간 실존의 근원적 지향성을 재발견함으로서만 가능한 일이다. 이 근원으로 거슬러 올라가지 않았기 때문에 인간은 두 가지 다 똑같이 우발적이고 의미가 없는 충동과 금기가 서로 충돌하는 전쟁터처럼 보인다. 모든 정신분석학자에게는 *선택*이라는 관념과 그와 상관관계인 가치라는 개념에 대해 일률적으로 거부하는 경향이 있다. 바로 그것이 정신분석학 체계의 본질적인 취약성을 구성한다. 충동과 금기를 실존적 선택에서 단절시켰기 때문에 프로이트는 그것의 기원을 우리에게 설명하는 데 실패했다. 그는 그것들을 주어진 것으로 여겼다. 그는 가치의 개념을 권위의 개념으로 대체하는 시도를 했다. 그러나 그는 『모세와 그의 민족』에서 이 권위에 관해 설명할 방법이 전혀 없다는 것을 인정하고 있다. 예를 들어 근친상간이 금지된 것은 아버지가 그것을 금지했기 때문이다. 그러나 그것을 왜 금지하였는가? 그것은 알 수 없다. **초자아**는 독선적인 폭압에서 나오는 명령과 금지를 내재화한다. 이유는 모르지만, 본능적인 경향이 거기에 있다는 것이다. 두 현실은 이질적이다. 왜냐하면 도덕이 섹슈얼리티와 별개의 것처럼 상정되었기 때문이다. 인간의 통일성이 깨져 버린 것처럼 보이고, 개인에서 사회로 가는 통로가 없다. 프로이트는 개인과 사회를 연결시키기 위해 기이한 소설을 지어내야만 했다.[24] 아들러는 거세 콤플렉스가 사회적 맥락에서만 설명될 수 있다는 것을 잘 보았다. 그는 가치 부여의 문제에는 다가갔으나 사회가 인정한 가치들의 존재론적 근원에까지는 거슬러 올라가지

---

23 샤를 보두앵Charles Baudouin, 『아동의 영혼과 정신분석 *L'Âme enfantine et la psychanalyse*』
24 프로이트, 『토템과 터부』

않았고, 섹슈얼리티 안에 가치가 포함되어 있다는 것을 이해하지 못했다. 이것은 그에게 섹슈얼리티의 중요성을 인식하지 못하도록 했다.

확실히 섹슈얼리티는 인간 생활에서 중요한 역할을 한다. 그것은 인간 생활 전체에 스며들어 있다고 말할 수 있다. 이미 생리학이 정소의 생명과 난소의 생명이 신체의 생명과 뒤섞인다는 것을 우리에게 보여 주었다. 실존자는 성적 특성이 있는 신체다. 그러므로 실존자와 역시 성적 특성이 있는 다른 실존자들과의 관계에서는 언제나 섹슈얼리티가 관련되어 있다. 그러나 만일 신체와 섹슈얼리티가 존재의 구체적 표현이라면, 존재에서부터 그것들의 의미를 발견할 수 있다. 이러한 관점의 결여로 인해 정신분석학은 설명되지 않은 사실들을 기정사실로 인정해 버린다. 예를 들면, 여자아이는 엉덩이를 드러낸 채 쭈그리고 앉아서 소변을 보는 것을 *부끄러워*한다고 말한다. 그러나 부끄러움은 무엇인가? 마찬가지로 남자가 페니스가 있어서 우쭐대는가 아니면 페니스 안에 그의 자만심이 표현되는가를 자문하기 전에 자만심이 무엇인지를 알아야 하고, 주체의 우쭐함이 어떻게 한 대상 속에 구현될 수 있는지를 알아야만 한다. 섹슈얼리티를 환원 불가능한, 주어진 것으로 여겨서는 안 된다. 실존자에게는 더욱더 근원적인 '존재에 관한 탐구'가 있다. 섹슈얼리티는 이러한 여러 측면 가운데 하나에 불과하다. 그것을 사르트르가 『존재와 무』에서 보여 주고 있다. 바슐라르Gaston Bachelard(1884~1962)[25] 역시 그의 저서에서 그것을 **대지, 공기, 물**에 관해 말하고 있다. 정신분석학자들은 인간의 최초 진실은 자신과 자기 신체와의 관계와 사회 내부에 있는 동류들의 신체와의 관계라고 간주한다. 그러나 인간은 자신을 둘러싸고 있는 자연계의 물질에 가장 중요한 관심을 보이고, 그것을 노동과 유희와 '역동적인 상상력'의 모든 경험에서 발견하고자 한다. 가능한 모든 방법으로 파악한 세계 전체를 통해서 인간은 구체적으로 실존에 접해 보려고 한다. 흙을 주무르고 구멍을 파는 일은 포옹이나 성교만큼이나 근원적인 활동이다. 거기서 단지 성적인 상징들만을 보는 것은 착오다. 구멍, 끈적끈적함, 깊게 베인 상처, 딱딱함, 완전함은 최초의 현실이다. 인간이 이에 갖는 관심은 리비도에 의해 부여된 동기가 아니라 그것들이 인간에게 모습을 드러내는 방식에 의해 리비도가 채색된다. 무결점의 온전함이 남자를 매혹하는 것은 여자의 처녀성을 상징하기 때문이 아니

---

25 *프랑스의 과학철학자, 문화비평가

다. 온전함에 대한 사랑이 그에게 처녀성을 귀중하게 여기도록 하는 것이다. 노동, 전쟁, 유희, 예술은 다른 어떤 것으로도 환원될 수 없는 이 세계에서의 존재 방식이다. 이러한 존재 방식들은 섹슈얼리티가 드러내는 특질들과 뒤섞이는 특질들을 드러낸다. 개인은 이러한 존재 방식과 동시에 그러한 에로틱한 경험을 통해서 자기를 선택한다. 그러나 존재론적 관점에 의해서만 유일하게 이러한 선택의 통일성이 복원될 수 있다.

정신분석학자가 결정론과 '집단 무의식'의 이름으로 가장 격렬하게 배격하는 것이 바로 이 선택의 개념이다. 무의식은 인간에게 기성旣成의 이미지와 보편적 상징주의를 제공한다. 꿈, 이루지 못한 행위, 정신착란, 비유 그리고 인간의 운명의 유사성도 무의식으로 설명될 것이다. 자유에 관해 이야기한다는 것은 이런 불안하게 하는 일치를 설명할 가능성을 스스로 거부하는 게 된다. 그러나 자유의 관념은 어떤 불변하는 것들의 존재와 양립 불가능한 것이 아니다. 만일 정신분석학의 방법이 이론상의 오류에도 불구하고 종종 훌륭한 성과를 거두는 것은 모든 개개의 사례 속에 아무도 그 보편성을 부정할 수 없는 주어진 것들이 있기 때문이다. 즉, 상황과 행위는 반복된다는 것이다. 결정의 순간은 보편성과 반복 한가운데서 솟아 나온다. "해부학적 구조, 그것은 운명이다"라고 프로이트가 말하곤 했다. 이 말에 메를로퐁티의 "신체, 그것은 일반성이다"라는 말이 반향을 일으킨다. 존재는 개별 존재자들 간의 분리를 통해서 하나다. 즉, 존재는 유사한 신체들 속에서 나타난다. 그러므로 존재론적인 것과 성적인 것의 관계 속에는 불변하는 가치들이 있게 된다. 어느 일정한 시기에 어떤 집단의 기술과 경제사회적인 구조는 구성원들에게 같은 세계를 드러낸다. 또한, 섹슈얼리티와 사회적 형태 사이에도 불변의 관계가 있게 된다. 유사한 조건 속에 놓인 유사한 개인들은 주어진 조건 속에서 유사한 의미를 포착하게 된다. 이러한 유사성은 엄밀한 보편성을 확립하지는 못하지만, 개별적 사례 안에서 일반적 유형을 재발견할 수 있게 해 준다. 우리에게 상징은 신비한 무의식에서 창안된 알레고리처럼 보이지 않는다. 그것은 의미 작용을 하는 대상對象의 유동대리물類同代理物을 통한 의미 파악이다. 모든 실존하는 인간들에게 실존적 상황이 같다는 사실과 실존하는 인간들이 맞서야 할 사실성이 같다는 사실 때문에, 의미들은 수많은 개인에게 같은 방식으로 드러난다. 상징주의는 하늘에서 떨어진 것도, 땅속 깊은 곳에서 솟아 나온 것도 아니다. 그것은 언어와 꼭 마찬가지로 분리인 동시에 **공존**이기도 한, 인간 현실에 의해 고안된 것이다. 그리고 이것은 개개의 창안 역시 인간의 현실에 자리 잡고 있다는 것을 설명해 준다. 정신분석학 방법은 그 학설이 허용하든 안하든 사실상 그것을 인정하지 않을 수 없다. 이러한 관점은 우리에게, 예를 들어 페니스에 일반적으로 부여된 가치를 이해할 수 있도록 해 준다.[26] 이것은 주체에 **소외**의 경향이 있다는 실존적 사실에서 출발하지 않고서는 설명할 수 없다. 자신의 자유에서 오는 불안감 때문에 주체는 '그 어떤 것'에서 자기를 모색하게 되는데, 이것은 도피의 한 방법이다. 이것은 매우 근본적인 경향이어서 주체가 **전체**에서 떨어져 나올 때, 즉 젖을 뗀 이후 어린아이는 곧 거울 속에서 그리고 부모의 시선에서 소외된 자기 존재를 붙잡으려 애쓴다. 원시인들은 마나mana[27]나 토템 속에 자기를 소외시킨다. 문명인들은 개인적 영혼이나 자아와 이름, 소유물과 작품 속에 자기를 소외시킨다. 이것은 비진정성의 첫 번째 경향이다. 페니스는 사내아이에게 이러한 '분신'의 역할을 하는 데 특히 적합하다. 그에게 페니스는 자기 자신인 동시에 자기와 다른 물체다. 그것은 장난감이고 인형이며 자기 자신의 살덩이다. 부모와 유모는 그것을 하나의 작은 인격으로 대한다. 그 때문에 우리는 페니스가 어린아이에게 "그 개인보다 보통 더 꾀가 많고 더 영리하며 더 교활한 *제2의 자아*alter égo"[28]가 된다는 것을 알 수 있다. 비뇨 기능과 나중에 나타나는 발기는 의지적 행위와 자연 발생적 과정 사이의 중간에 놓였다는 사실에서, 그리고 페니스가 주관적으로 느끼는 쾌락의 거의 알 수 없고 변덕스러운 원천이라는 사실에서 주체는 페니스를 자기 자신이면서도 자기 자신과는 다른 것처럼 여긴다. 페니스 안에는 종種으로서의 초월이 손에 쉽게 잡히는 방식으로 구현되어 있으며, 페니스는 자부심의 원천이다. 음경은 분리되어 있어 남자는 그 넘치는 생명력을 자기 개성에 통합시킬 수 있다. 그러므로 페니스의 길이, 오줌의 분출력, 발기력, 사정 능력이 남자에게 자기 자신의 가치를 재는 척도가 된다는 것이 이해된다.[29] 따라서 음경이 육체적으로 초월을 구현하는 게 확실하다. 또한, 어린아이가 자신이 초월 당했다고, 다시 말해 자신의 초월성을 아버지에게 빼앗겼다고 느끼는 것도

---

26 이 주제에 관해서는 본서 제2권 제1부 1장에서 더 상세히 다룰 것이다.

27 * 초자연적 힘을 뜻하는 멜라네시아 토착어

28 알리스 발린트 Alice Balint, 『어린이의 내적인 삶La Vie intime de l'enfant』, 101쪽

29 대변을 비교하면서 노는 농촌 아이들의 경우를 나에게 들려준 사람이 있다. 가장 양이 많고 단단한 변을 본 아이가 놀이나 싸움에서 이긴 사람보다도 존경을 받았다는 것이다. 대변이 여기서 페니스와 같은 역할을 했다. 여기에도 역시 소외疏外가 있다.

확실하므로 여기서 '거세 콤플렉스'에 대한 프로이트의 관념을 다시 만나게 된다. 여자아이는 *제2의 자아*가 없어서 손에 잡을 수 있는 물건에 자기를 소외시키지도 못하고 되찾지도 못한다. 그래서 여자아이는 자기 자신을 완전히 객체로 만들고 **타자**로 설정하기에 이른다. 여자아이가 자기를 사내아이들과 비교했는지를 아는 것은 부차적 문제다. 중요한 것은 가령 자신에게 페니스가 없다는 것을 알지 못했다 해도, 여자아이가 사내아이처럼 성기로 자기 존재를 자신에게 느끼게 할 수 없다는 것이다. 그로부터 수많은 결과가 생기게 된다. 그러나 우리가 지적한 이러한 일반적인 성격들이 운명을 규정하는 것은 아니다. 음경이 그토록 많은 가치를 갖는 것은 그것이 다른 많은 영역에서 실현되는 절대적 힘을 상징하기 때문이다. 만일 여자가 자기를 주체로 확립하는 데 성공한다면 여자는 음경에 해당하는 것들을 만들어 낼 것이다. 즉, 아이가 원하는 미래를 구현하는 인형은 페니스보다 더 귀중한 소유물이 될 수 있다.[30] 일부 모계사회에서는 여자들이 **가면**을 소지하고 있는데, 그 집단은 이 가면 속에 자기를 소외시킨다. 이때 페니스는 자기 영광의 많은 부분을 상실한다. 인간의 상황을 전체적으로 파악할 때, 비로소 우리는 해부학적 특권이 인간의 진정한 특권이 되는 이유를 알게 된다. 정신분석학은 역사적 맥락에서만 그 진실을 발견할 수 있을 것이다.

여자를 암컷이라고 말하는 것이 불충분한 것과 마찬가지로 여자가 자신의 여성성에 대해 갖는 의식意識으로 여자를 정의할 수 없다. 여자는 자기가 속한 사회 한가운데에서 자신의 여성성에 대해 인식하기 때문이다. 정신분석학의 용어는 무의식과 전체 정신생활을 내면화함으로써 개인적 사건이 개인의 내부에서 전개되고 있음을 암시하고 있다. 콤플렉스, 경향 등등의 단어가 그런 의미를 내포한다. 그러나 인간의 삶이란 세계와의 관계다. 개인은 세계를 통해 자기를 선택함으로써 결정되기 때문이다. 우리가 현재 해결하고자 하는 문제들에 답을 구하기 위해서는 우리의 눈을 세계 쪽으로 돌려야만 할 것이다. 정신분석학은 특히 여자가 왜 **타자**인지 설명하는 데 실패하고 있다. 왜냐하면 프로이트 자신이 페니스의 권위가 아버지의 절대적 권력에 의해 설명된다는 것을 인정하고, 남자의 패권이 어디서 기원하는지 자신은 모른다는 것을 고백했기 때문이다.

정신분석학의 어떤 통찰들은 매우 유익하므로 그 이바지한 바를 송두리째 내

---

30 이러한 생각들에 대해서는 본서 제1권 제2부에서 다시 다루기로 하고, 여기서는 그 방법론만을 지적해 둔다.

던져 버리지 않으면서 방법론만은 거부할 것이다. 우선 우리는 섹슈얼리티를 주어진 사실로 간주하지 않을 것이다. 이러한 태도가 불충분하다는 점은 여성 리비도에 관한 서술의 빈곤함이 보여 주고 있다. 이미 말한 바와 같이, 정신분석학자들은 그것을 정면으로 부딪쳐 연구한 것이 아니라 남성 리비도에서 출발해 생각했을 뿐이다. 그들은 남자가 여자에게 행사하는 매력의 근본적인 양면성을 모르는 것처럼 보인다. 프로이트학파와 아들러학파는 남자의 성기 앞에서 여자가 느끼는 불안과 번민을 좌절된 욕망의 도착倒錯으로 설명하고 있다. 슈테켈Wilhelm Stekel(1868~1940)[31]은 거기에 근원적인 반응이 있다는 것을 잘 보았다. 그러나 그는 피상적인 방식으로 그것을 설명하였다. 즉, 여자는 처녀성의 상실, 페니스의 삽입, 임신, 고통에 대해 두려움을 느꼈을 것이고, 이러한 공포가 여자의 욕망을 억제시킬 거라는 것이다. 이러한 설명은 지나치게 합리적이다. 욕망이 불안으로 위장되거나 공포로 인해 사라진다는 것을 인정하는 대신에, 이러한 일종의 긴급한 동시에 겁에 질린 호소인 여자의 욕망을 근원적 조건으로 고려해야만 할 것이다. 여자의 욕망을 특징짓는 것은 끌림과 혐오감의 확고한 종합이다. 많은 동물의 암컷들이 교접을 갈망하면서도 그것을 피하는 것은 주목할 만하다. 사람들은 그것이 교태나 위선이라고 비난한다. 그러나 원시적 행태를 복합적 행동에 동화시키면서 설명하겠다고 하는 것은 불합리하다. 여자에게 교태, 위선이라 불리는 태도의 원천에는 원시적 행태가 있다. '수동적 리비도'라는 생각은 황당한 것이다. 왜냐하면 리비도는 남자로부터 시작해 충동과 에너지로 정의되었기 때문이다. 그러나 선험적으로 빛 하나가 노란빛인 동시에 푸른빛일 수 있다는 것도 생각할 수 없을 것이다. 녹색에 대한 직관이 있어야만 한다. 리비도를 '에너지'라는 모호한 용어로 정의하는 대신 섹슈얼리티를 인간의 여러 다른 태도, 즉 취하기, 붙잡기, 먹기, 행하기, 감내하기 등등의 의미와 대조한다면 현실을 더 많이 파악하게 될 것이다. 왜냐하면 리비도는 어떤 대상을 파악하는 독특한 방법의 하나기 때문이다. 또한, 색정의 대상을 성적 행위에서뿐만 아니라 일반적으로 지각 안에서 나타나는 그대로의 특성에서도 연구해야만 할 것이다. 이런 검토는 에로티시즘érotisme을 다른 무엇으로도 환원될 수 없는 것으로 보는 정신분석학의 틀에서 벗어나는 것이다.

---

31 *오스트리아의 심리학자, 의사

다른 한편, 우리는 여자의 운명이라는 문제를 전혀 다른 각도에서 보려고 한다. 우리는 여자를 가치의 세계에 위치시키고 그 행위에 자유의 차원을 부여할 것이다. 우리는 여자가 자기 초월성의 확립과 대상에 자기를 소외시키는 것 사이에서 선택해야만 한다고 생각한다. 여자는 모순되는 충동들의 장난감이 아니라 윤리적 서열이 존재하는 해결책들을 고안해 낸다. 가치를 권위로, 선택을 충동으로 대체시키면서 정신분석학은 도덕의 대용품, 즉 정상正常이라는 관념을 제시하고 있다. 이 관념은 치료학에서 분명 매우 유용한 것이나 일반적으로 정신분석학 전반에 걸쳐 위험스러운 지경에까지 확대 해석되었다. 서술적 도식이 법칙처럼 제시되고 있다. 확실히 기계론적 심리학은 윤리의 창안이란 개념을 받아들이지 못할 것이다. 그것은 부득이한 경우에 **마이너스**는 설명할 수 있어도 플러스는 결코 설명할 수 없다. 실패는 인정해도 창조는 절대 인정하지 않는다. 만일 한 주체가 전체적으로 정상이라 여긴 발전을 수행하지 못한다면 발전이 중도에서 멈췄다고 말할 것이고, 이 정지를 실패이자 부정적인 것으로 해석하지 결코 긍정적인 결정으로 해석하지 않을 것이다. 무엇보다도 이 점이 바로 위인들에 대한 정신분석을 그토록 어색하게 만드는 것이다. 정신분석학자들은 이러이러한 전이轉移, 이러이러한 승화昇華가 그들 내부에서 실행되는 데 실패했다고 말하지, 그들이 어쩌면 그것을 거부했는지도 모르고, 그렇게 할 정당한 이유가 있었는지도 모른다고 추정하지 않는다. 그들의 행위가 자유롭게 세워진 목표들에 의해 추동되었을 수 있다고 생각하고 싶어 하지 않는다. 개인에 대한 설명이 언제나 과거와의 관계에서이지, 계획을 세워 실현해 나아가는 미래와의 관계에서가 아니다. 따라서 정신분석학자들은 우리에게 결코 비진정非眞正한 이미지만을 줄 수밖에 없고, 비진정성 안에서는 정상 외에 다른 기준을 거의 발견할 수 없을 것이다. 여자의 운명에 관한 서술은 이러한 관점에서 대단히 놀랍다. 정신분석학자들이 이해하는 의미로 어머니 혹은 아버지와 '동일시하기'는 하나의 모델 안에 자기를 **소외시키는 것**이고, 자기 실존의 자발적 움직임보다 다른 이미지를 택하는 것이며, 결국 존재하는 체하는 것이다. 그들은 두 가지 형태의 소외 사이에서 헤매는 여자를 보여준다. 남자인 체하는 것이 여자에게 실패의 원천이 된다는 것은 자명한 일이다. 그러나 여자인 체하는 것 또한 환상이다. 왜냐하면 여자인 것은 객체, **타자**가 된다는 것이기 때문이고, **타자**는 자기 포기 한가운데에서도 주체로 머물러 있기 때문이다. 여자에게 진정한 문제는 이러한 도피를 거부하면서 초월로서 자기를 완성하는 것이다. 이때 남성적 태도와 여성적 태도라 불리는 것이 여자에게 어떤 가능성을 열어 주는가를 아는 것이 관건이다. 어린아이가 부모의 지시대로 따라갈 때, 그것은 아이가 그들의 계획을 자유롭게 자기의 것으로 삼았기 때문일 수 있다. 그의 행위는 목표들에 의해 동기가 부여된 선택의 결과일 수 있다. 아들러 학설에서조차 권력에의 의지는 일종의 터무니없는 에너지에 불과하다. 아들러는 초월성이 구현된 모든 계획을 '남성적 항의'라고 부른다. 그의 주장에 따르면 여자아이가 나무에 기어오르는 것은 사내아이와 대등해지기 위해서다. 그는 나무에 기어오르는 것이 여자아이의 마음에 들기 때문이라는 것을 상상하지 못하는 것이다. 어머니에게 어린아이는 '페니스의 등가물'이 전혀 아니다. 그림 그리기, 글쓰기, 정치하기는 단지 '훌륭한 승화'일 뿐만이 아니다. 거기에는 그 자체가 요구하는 목표들이 있다. 그것을 부정하는 것은 인간의 모든 역사를 왜곡하는 것이다. 나의 설명과 정신분석학자들의 설명 사이에는 어떤 일정한 유사성이 있다는 것에 주목할 수 있을 것이다. 남자의 관점 - 정신분석학자들은 남녀를 막론하고 이 관점을 취하고 있다 - 에서 소외 행위는 여성적인 것으로 간주하고, 주체가 자기의 초월을 설정하는 행위는 남성적인 것으로 간주한다. '여성의 역사' 연구자인 도널드슨Donaldson은 "남자는 인간의 수컷이고, 여자는 인간의 암컷이다"라는 정의가 불균형하게 왜곡되었다는 것을 지적하였다. 남자만이 인간이고 여자는 암컷이라는 주장은 특히 정신분석학자들 사이에서 흔히 볼 수 있다. 그들은 여자가 인간으로 행동할 때마다 남자를 모방하는 것이라고 말한다. 정신분석학자는 여아와 소녀가 아버지와 어머니에게 동일시하고자 하는 것을 가리켜 '남성적' 경향과 '여성적' 경향 사이에서 양분되어 있다고 설명한다. 반면에, 우리는 여아와 소녀가 여자에게 제시된 **객체**의 역할, 즉 **타자**의 역할과 자기 자유의 주장 사이에서 망설이는 것으로 해석한다. 이처럼 우리는 일정한 몇 가지 사실에서 일치할 때도 있을 것이다. 특히 우리가 여자들에게 제시된 비진정한 도피의 길을 고려하게 될 때 그렇다. 그러나 우리는 여자에게 프로이트학파나 아들러학파와 같은 의미를 절대로 부여하지 않는다. 우리에게 여자는 가치의 세계에서 가치를 찾는 인간으로 정의된다. 그러므로 이 세계의 경제적·사회적 구조를 아는 것이 필수불가결하다. 우리는 실존적 관점에서 이 세계를 전체적 상황을 통해 연구할 것이다.

3장
유물사관의 관점

유물사관 이론은 대단히 중요한 여러 진실을 밝혀냈다. 예를 들어, 인류는 동물의 한 종이 아니라 역사적 현실이라는 것이다. 인간 사회는 반자연反自然이다. 인간 사회는 자연을 있는 그대로 수동적으로 감내하는 것이 아니라 자기에게 맞도록 개조한다. 이러한 개조는 내적이자 주관적인 작업이 아니라 실천 속에서 객관적으로 행해진다. 따라서 여자도 단순히 성적인 유기체로 간주될 수 없을 것이다. 왜냐하면 생물학적 조건들 가운데 행위 속에서 구체적인 가치를 띠는 것들만이 유일하게 중요성을 지니기 때문이다. 여자가 자기 자신에게 갖는 의식은 자기의 섹슈얼리티에 의해서만 규정되지 않는다. 그 의식은 사회의 경제구조, 곧 인류가 도달한 기술적 진보의 정도를 나타내는 구조에 의해 좌우되는 상황을 반영하고 있다. 앞에서 본 것처럼 생물학적으로 여자를 규정짓는 두 가지 핵심적 특징은 다음과 같다. 여자는 남자보다 세계에서 점유하는 범위가 더 좁고 제한되어 있으며, 종에 더 긴밀하게 예속되어 있다. 그러나 이러한 사실들은 경제적·사회적 맥락에 따라서 전혀 다른 가치를 갖게 된다. 인류 역사에서 세계에 대한 점유는 결코 맨몸으로 행해지지 않았다. 손은 물건을 움켜 잡을 수 있는 엄지손가락을 갖고서, 자기의 힘을 배가시키는 도구를 향해서 이미 초월한다. 인간은 선사시대의 가장 오랜 문헌에서도 항상 무장한 것으로 그려지고 있다. 무거운 몽둥이를 휘둘러서 야수를 제압해야 하던 시기에 여자의 신체적 연약함은 의심의 여지 없는 열등성을 구성했다. 도구를 사용하는 데 여자가 행사할 수 있는 힘보다 약간 큰 힘이 필요하기만 해도 여자는 전적으로 무능한 것처럼 보인다. 그러나 반대로 기술이 남자와 여자를 가르는 완력의 차이를 없앨 수도 있다. 풍부함이란 필요라는 관점에서 보아야만 우월한 것이기 때문이다. 너무 많이 갖는 것이 충분히 갖는 것보다 나은 것은 아니다. 이를테면, 근대 대다수의 기계를 조작하는 데에는 남성이 쓰는 힘의 일부분만을 필요로 한다. 만일 필요의 최소한도가 여자의 능력을 능가하지 않는다면 여자는 노동에서 남자와 대등하게 된다. 사실 오늘날에는 단순히 버튼 하나만 눌러서도 거대한 에너지를 움직이게 할 수 있다. 여자가 어머니로서 강요받는 일은 관습에 따라서 아주 다양하다. 만일 여자에게 많은 아이를 낳고 아무 도움 없이 혼자 양육하라고 강요한다면, 여자는 어머니로서의 일에서 헤어날 길이 없다. 그러나 여자가 자유로이 아이를 낳고, 사회가 임신 기간에 도움을 주고 어린애를 돌봐 준다면 어머니의 부담은 적어지고 노동 영역에서 쉽게 보상받을 수 있다.

이러한 관점에 따라서 엥겔스Friedrich Engels(1820~1895)가 『가족, 사유재산, 국가의 기원』에서 여자의 역사를 되짚고 있다. 즉, 이 역사는 무엇보다도 기술의 역사에 좌우될 거라는 것이다. 토지가 씨족 전원의 공동소유였던 석기시대에는 원시적인 삽과 괭이의 초보적 성격이 농경의 가능성을 제한했다. 여자의 힘은 채소밭 정도의 경작에 필요한 노동에 알맞았다. 노동의 원시적 분화에서 남녀 양성은 이미 두 계급을 형성하고 있었던 셈이다. 그러나 두 계급의 관계는 평등했다. 남자가 사냥과 고기잡이를 하는 동안 여자는 가정에 머물렀다. 가정의 임무에는 생산적인 노동, 즉 토기 제조, 직조, 원예가 포함되어 있었다. 그리고 이런 일을 통해 여자는 경제적 생활에서 커다란 역할을 했다. 구리, 주석, 청동, 철의 발견으로 쟁기의 출현과 함께 농업은 그 영역이 넓어졌다. 삼림을 개간하고 들판을 경작하기 위해 집약적인 노동이 요구되었다. 그리하여 남자는 다른 남자들을 노예로 삼아 이용하였다. 사유재산이 생겨났다. 노예와 토지의 주인인 남자는 또한 여자의 소유자가 되었다. '여성의 역사적 대패'가 바로 그것이다. 여성의 패배는 새로운 도구가 발명됨에 따라 노동 분화 속에 발생한 대혼란으로 설명된다. "집에서 여자에게 이전의 권위를 보장해 주던 그 원인, 즉 집안일에 여자를 가둬 두었던 것과 같은 원인이 이제는 집안에서 남자의 지배권을 보장해 주었다. 그때부터 여자의 가내노동은 남자의 생산적인 노동 옆에서 빛을 잃었다. 후자가 전부였고 전자는 무의미한 부속물일 따름이었다." 그러자 아버지의 권리가 어머니의 권리를 대체했다. 경지境地는 아버지에게서 아들로 상속되었고, 더는 여자에게서 씨족으로 넘어가지 않게 되었다. 이것이 사유재산 위에 구축된 가부장 가족의 등장이다.

그와 같은 가정 내에서 여자는 억압당했다. 절대자로 군림하는 남자는 무엇보다도 자신에게 성적 방종을 허용한다. 남자는 노예나 창녀와 동침하고 많은 아내를 거느린다. 풍습이 상호성을 가능하게 하자마자 여자는 부정不貞으로 복수한다. 즉, 결혼은 당연히 간통으로 보완된다. 그것이 여자를 옭아매고 있는 가정의 노예 상태에 대한 여자의 유일한 방어책이다. 여자가 감내하는 사회적 억압은 그녀의 경제적 억압의 결과다. 평등은 양성이 동등한 법적 권리를 누리게 될 때 비로소 회복될 것이다. 그러나 이러한 해방은 모든 여성이 공적 산업에 복귀할 것을 요구한다. "여자의 해방은 여자가 사회적으로 대규모 생산에 참여할 수 있고, 가사노동이 그녀에게 대수롭지 않은 정도로 요구될 때에 비로소 이루어질 수 있다. 그리고 여성 노동을 대규모로 받아들일 뿐만 아니라 명백히 필요로 하는 대규모 근대 산업 안에서 비로소 가능해졌다……."

이처럼 여자의 운명과 사회주의의 운명은 긴밀하게 연결되어 있다. 이 점은 여자에게 할애한 베벨의 방대한 저서에서도 볼 수 있다. 이 책에서 그는 "여성과 프롤레타리아는 둘 다 피억압자다"라고 말한다. 양자를 해방하는 것은 기계화로 인한 커다란 변화로부터 시작되는 경제적 발전이므로 여성 문제는 여성의 노동력 문제로 귀결된다. 기술이 여자의 능력에 적합했던 시대에는 강력한 권한을 가졌지만 그 능력을 활용하기가 불가능해지자 추락해 버린 여자는 근대 사회에서 남자와의 평등성을 되찾게 된다는 것이다. 대부분 국가에서 이러한 평등을 구체적으로 실현하는 데 방해되는 것은 자본주의 국가에 남아 있는 낡은 가부장주의의 저항이다. 이 저항이 무너지는 날이 오면 평등이 구체적으로 실현될 것이다. 소련에서는 이미 평등이 실현되었다고 선전하고 있다. 그리고 사회주의 사회가 전 세계에서 실현된다면 더는 남자도 여자도 없고 오직 평등한 노동자들만이 있을 것이라고 말이다.

엥겔스가 시도한 종합적 이론은 우리가 앞에서 검토한 이론들보다 일보 전진한 것이기는 하나 우리를 실망시킨다. 가장 중요한 문제가 은폐되어 있기 때문이다. 인류 역사의 핵심축은 공유재산제에서 사유재산제로 이행한 것인데, 그것이 어떻게 이루어질 수 있었는지에 대한 설명이 전혀 없다. 엥겔스도 "현재까지 그것에 대해서는 아무것도 모른다"[32]고 고백하고 있다. 그는 그것에 대해 역사적으

---

[32] 『가족, 사유재산, 국가의 기원 Der Ursprung der Familie, des Privateigentums und des Staats』, 209~210쪽

로 상세히 모를 뿐 아니라 어떠한 해석도 제시하지 않고 있다. 마찬가지로 사유재산제가 필연적으로 여자의 예속을 가져왔다는 것도 분명치 않다. 유물사관은 설명하지 않으면 안 될 사실들을 기정사실로 하고 있다. 엥겔스는 검토도 하지 않고 인간을 재산에 결부시키는 '이해利害'의 유대를 정의한다. 그러나 사회 제도의 근원인 '이해'는 그 자체의 근원을 어디에 두고 있는가? 이처럼 엥겔스의 설명은 피상적인 상태로 남아 있고, 그가 발견한 진리는 우연적인 것처럼 보인다. 유물사관의 한계를 벗어나지 않고서는 이런 진리를 더 깊이 연구하기란 불가능하다. 유물사관은 우리가 지적한 문제들에 대한 해결책을 제공할 수 없을 것이다. 왜냐하면 이 문제들은 전_全 인간에 관련된 것이지, **경제적 인간**이라는 추상적인 측면에만 국한된 것이 아니기 때문이다.

예컨대 개인의 소유라는 관념조차도 실존자의 근원적인 조건에서 출발해야만 비로소 의미를 가질 수 있다. 그 관념이 나타나려면 우선 주체 안에 자신을 그 본질적인 개별성 속에 놓으려는 경향, 즉 자기 존재를 자율적이고 분리된 것으로 하려는 주장이 있어야만 한다. 이러한 의향은 개인이 그것을 객관적으로 만족시키는 실제적 수단이 없는 한 주관적이고 내적이며 진실성이 없는 상태에 머물러 있었음을 알 수 있다. 인류 초기의 인간은 적합한 도구가 없었으므로 세계에 대한 자신의 힘을 경험할 수 없었고, 자연과 집단 속에 매몰되어 수동적이고 위태로워지고 미지의 힘의 놀림감이 되었다. 오직 씨족 전체에 동화되어서만 인간은 감히 자신을 생각할 수 있었다. 토템, 마나, 대지는 집단적 현실이었다. 청동의 발견은 인간이 고되고 생산적인 노동의 시련 속에서 자신을 창조자로 발견하는 것을 허락했다. 자연을 지배하면서 인간은 더는 자연을 두려워하지 않게 되었고, 저항을 극복한 인간은 대담하게도 자기를 자주적인 활동력으로 생각하며 개별성 속에서 자기를 실현하게 되었다.³³ 그러나 이러한 자기실현은 만일 인간이 근원적으로 원하지 않았다면 절대 실현되지 않았을 것이다. 노동의 교훈도 수동적 주체에게는 흔적을 남기지 않는다. 주체 자신이 도구를 만들고 대지를 정복하면서 자기를 단련하고 정복한 것이다. 한편, 주체가 되고자 하는 주장만으로는 소

---

33 가스통 바슐라르는 『대지 그리고 휴식의 몽상』에서 특히 대장장이의 노동에 관해 시사적인 연구를 하고 있다. 그는 인간이 망치와 모루를 가지고 어떻게 자신을 확립하고 분리하는지를 보여 준다. "대장장이의 순간은 고립된 동시에 확장된 순간이다. 그것은 순간의 격렬함으로 노동자에게 시간을 지배하도록 한다." 또 더 뒤에서는 이렇게 쓰고 있다. "대장장이는 그 앞에 우뚝 서서 저항하는 세계의 도전을 받아들인다."

유를 설명하는 데 부족하다. 도전, 투쟁, 개별적 싸움에서 각자는 지배력을 확보하려 시도할 수 있다. 도전이 포틀래치potlatch[34]의 형식, 즉 경제적인 경쟁의 형식을 취하고 거기에서 우선 족장이, 그다음엔 씨족 구성원들이 사유재산권을 주장하려면 인간 속에 또 하나의 근원적 경향이 있어야만 한다. 우리는 이미 앞장에서 실존하는 인간은 오직 자신을 소외시킴으로써만 자기를 파악하는 데 성공한다고 말했다. 그는 세계를 가로질러 자기 것으로 만드는 다른 형상 아래서 자기 자신을 찾는다. 토템과 마나 그리고 점유하는 영토 안에서 씨족이 만나는 것은 소외된 자기의 실존이다. 개인이 공동체에서 분리될 때 그는 개별적인 구현을 요구한다. 마나는 족장 안에서, 다음엔 각 개인 속에서 개별화된다. 그리고 동시에 각자는 땅 한 떼기, 노동 기구, 수확물을 사유화하려고 한다. 자기 것이 된 부富에서 인간이 다시 발견하는 것은 자기 자신이다. 이는 인간이 자신의 소유물에 자기를 소외시켰기 때문이다. 그러므로 인간이 소유물에 자기의 생명만큼이나 기본적인 중요성을 부여하는 것을 이해할 수 있다. 자기 재산에 대한 인간의 **이해**관계는 그리하여 분명해진다. 그러나 도구만으로 이러한 관계를 설명할 수 없다는 것을 알 수 있다. 도구로 무장한 인간의 온갖 태도를 파악해야만 하고, 이 태도는 존재론적 하부 구조를 내포하고 있다.

그와 마찬가지로 사유재산제에서 여성의 억압을 **추론하는 것**도 불가능하다. 여기에서도 엥겔스 관점의 결함이 명백하게 드러난다. 여자의 신체적 연약함은 청동기와 철기와의 관계에서만 구체적 열등함이었다는 것을 그도 잘 이해했다. 그러나 여자의 노동력의 한계는 어떤 일정한 전망에서만 구체적 불리함을 구성한다는 것을 보지 못했다. 인간은 초월적이며 야심적인 존재이기 때문에 새로운 도구를 통해 새로운 욕구를 창출한다. 인간이 청동기를 발명했을 때, 더 이상 텃밭을 가는 것에 만족하지 않고 광대한 벌판을 개간하고 경작하고자 했던 것이다. 이러한 의지가 솟아나는 것은 청동 때문이 아니다. 남자가 치부致富와 팽창을 계획하면서 여자를 무능력하다고 판단한 것이 여자의 몰락을 초래했다. 그런데 계획만으로는 여자가 왜 억압당했는지를 설명하기에 아직 불충분하다. 성에 의한 노동의 분화는 우호적인 협업이 될 수도 있었기 때문이다. 만일 인간과 인간의 근원적 관계가 전적으로 우정의 관계이기만 하다면 어떠한 예속의 형태도 설

---

34 *북미주 원주민들 사이에서 족장이나 여유 있는 사람들이 다른 부족원에게 선물을 주는 풍습

명할 수 없을 것이다. 이러한 현상은 객관적으로 자신의 절대적 우위를 성취하고자 하는 인간 의식의 제국주의의 결과다. 인간 의식 안에 **타자**라는 근원적인 범주가 없었다면, 그리고 **타자**를 지배하려는 근원적인 의도가 없었다면 청동기의 발견이 여자의 억압을 가져올 수 없었을 것이다. 엥겔스는 이 억압의 특수성도 설명하지 못하고 있다. 그는 양성의 대립을 계급 투쟁으로 축소시키려 했다. 게다가 그것을 별다른 확신 없이 그렇게 했다. 그 이론은 근거가 약하다. 성에 의한 노동의 분화와 그로 인한 억압이 어떤 점에서는 계급의 분화를 연상시킨다는 것이 사실이다. 그러나 그 둘을 혼동할 수는 없을 것이다. 계급 간의 분리는 아무런 생물학적 근거가 없다. 노동에서 노예는 주인에 대항해 자신을 의식한다. 프롤레타리아는 반항에서 언제나 자신의 조건을 체험했다. 그리하여 본질적인 존재로 돌아가 자신의 착취자들에게 위협적이게 된다. 그리고 프롤레타리아가 겨냥하는 것은 프롤레타리아 계급의 소멸이다. 서론에서 우리는 여자를 남자와 단단히 결속시키는 공동생활과 이해관계 때문에, 그리고 남자가 여자 속에서 공범자를 만나기 때문에 여자의 상황이 얼마나 다른지 이야기한 바 있다. 여자는 혁명을 일으키려는 욕망이 전혀 없고, 성性으로서의 자기를 말살할 수도 없을 것이다. 여자는 단지 성적 특질에서 오는 얼마간의 결과가 폐지되기를 바랄 뿐이다. 보다 심각한 것은 여자를 오직 노동자로만 간주하는 것인데, 이는 기만적이라 할 수 있다. 여자의 생산능력만큼이나 재생산 기능은 개인생활뿐 아니라 사회경제에서도 중요하기 때문이다. 쟁기를 다루는 것보다 아이를 낳는 것이 더 유익한 시대가 있었다. 엥겔스는 그 문제를 교묘하게 은폐했다. 그는 사회주의 공동체가 가족을 소멸시킬 것이라고 선언하는 데 그쳤다. 그것은 아주 추상적인 해결책이다. 생산과 인구 재증가에 대한 직접적 수요의 균형이 갖가지로 변화하는 상황에 따라서, 소련이 가족정책을 얼마나 자주 그리고 전면적으로 바꿔야 했는지는 잘 알려진 사실이다. 더욱이 가족을 없앤다는 것이 반드시 여자를 해방시키는 것은 아니다. 스파르타와 나치 정권의 사례는 여자가 국가에 직접 소속되어 있다고 해도 남자에게 덜 억압받았던 것은 아니라는 것을 증명하고 있다. 진정으로 사회주의적 윤리, 즉 자유를 억압하지 않고 정의를 구하며, 개인들에게 책임을 지우나 개성을 말살하지 않는 그런 윤리는 여자의 조건이 제기하는 문제들로 인해 무척 복잡해질 것이다. 임신을 아주 단순하게 **노동**이나 혹은 군복무와 같은 **봉사**와 동일시하는 것은 불가능하다. 여자에게 아이를 낳으라고 요구하는 것은 시민들의 일거리를 규제하는 것보다 더 심하게 여자의 삶에 불법으로 침입하는 것이다. 결코 어떤 국가도 성교를 감히 의무적인 것으로 강요할 수 없었다. 여자는 성행위와 임신과 출산, 양육에 단지 시간과 힘만을 바치는 것이 아니라 본질적인 가치를 바친다. 합리적 유물론이 섹슈얼리티의 이러한 극적 성격을 무시한다고 주장해도 소용없다. 성 본능을 규제할 수는 없다. 성본능 안에 만족을 거부하는 힘이 없다는 것은 확실하지 않다고 프로이트는 말한다. 분명한 것은 에로티시즘에는 시간에 대한 순간의 반항과 보편적인 것에 대한 개인적인 것의 반항이 있기 때문에, 성 본능은 사회적인 것에 통합되도록 내버려 두지 않는다. 이를 한 방향으로 유도하여 활용하려다가는 그것을 해치게 될 위험이 있는데, 왜냐하면 살아 움직이는 자발성을 무기물처럼 다룰 수는 없기 때문이다. 그리고 한 자유 존재에게 강요하듯이 그 이상으로 자발성을 강제할 수 없다. 여자에게 아이를 낳으라고 직접적으로 강요할 수는 없을 것이다. 할 수 있는 거라곤 어머니가 되는 것이 유일한 출구인 상황에다 여자를 가두는 것이 전부다. 즉, 법이나 관습은 여자에게 결혼을 강요하고, 피임과 낙태를 불법화하며, 이혼을 금지한다. 소련이 오늘날 부활시킨 것은 정확하게 가부장제의 이런 낡은 속박이었다. 결혼에 대한 가부장적 이론을 활성화시킨 것이다. 그렇게 해서 소련은 다시 여자에게 성적 대상이 되도록 요구하기에 이르렀다. 최근의 한 담화에서는 소련의 여성 시민에게 몸매를 가꾸고 화장을 하고 남편을 붙잡아 욕망을 불러일으키기 위해 요염해지기를 권고하고 있었다. 이 사례가 잘 보여 주듯이 여자를 단지 생산적인 힘으로만 간주하는 것은 불가능하다. 여자는 남자에게 성적 파트너이자 재생산자이고, 에로틱한 대상이며 타자다. 남자는 이 타자를 통해 자기 자신을 찾는다. 전체주의나 독재 정권이 정신분석학을 만장일치로 금지한다 해도, 또한 집단에 충실하게 통합된 시민에게는 개인 드라마가 일어나지 않는다고 선언해도 소용없는 일이다. 에로티시즘은 항상 그 일반성이 개인에 의해 다시 파악되는 경험이다. 계급은 소멸되어도 개인은 소멸되지 않을 민주적 사회주의에서는 개인적 운명의 문제가 전적으로 중요성을 지니게 될 것이다. 즉, 성적 구분은 전적으로 중요성을 갖게 될 것이다. 남자에게 여자를 결합하는 성적 관계는 남자가 여자와 갖는 관계와 동일하지 않다. 여자를 아이에게 결부시키는 관계는 다른 어떤 것으로도 환원 불가능하다. 여자는 청동기 하나로 만들어진 것이 아니다. 기계가 여자를 소멸하기에는 불충분하다는 뜻이다. 여자를 위해서 모든 권리, 일반적으로 인간이 갖는 모든 기회를 요구하는 것은 여자의 특수한 상황에 대해 눈을 감아야만 한다는 것을 의미하지 않는다. 여자를 알기 위해서는 남자와 여자 안에서 오직 경제적 실체만을 보는 유물사관의 경계를 넘어서지 않으면 안 된다.

그러므로 우리는 같은 이유에서 프로이트의 성적 일원론과 엥겔스의 경제적 일원론을 거부한다. 어떤 정신분석학자는 여자의 모든 사회적 권리 요구를 '남성적 항의'의 현상으로 해석할 것이다. 반대로 마르크스주의자에게 여자의 섹슈얼리티는 다소 복잡한 우회로를 통해 여자의 경제적 상황을 드러나게 할 뿐이다. 그러나 '음핵'이나 '질膣'의 범주는 '부르주아'나 '프롤레타리아'의 범주처럼 살아 숨 쉬는 여자를 가두기에는 똑같이 무력하다. 인류의 경제사처럼 개인의 드라마가 기초가 되는, 인생이라는 이 특수한 형태를 그 통일성에서만 유일하게 이해하게 하는 실존적 하부 구조가 있다. 프로이트 학설의 가치는 실존자가 신체라는 사실에서 온다. 실존자가 자신을 다른 신체들 앞에 있는 신체로 체험하는 방식은 그의 실존적 상황을 구체적으로 나타내는 것이다. 그와 마찬가지로 마르크스주의 이론의 가치는 실존자의 존재론적 주장이 실존자에게 제공되는 물질적 가능성, 특이하게도 기술이 그에게 개방하는 물질적 가능성에 따라서 구체적 형태를 취한다는 사실이다. 그러나 만일 섹슈얼리티와 기술을 인간 현실 전체에 통합시키지 않는다면, 그 두 가지만으로는 아무것도 설명할 수 없을 것이다. 그렇기 때문에 프로이트에게 **초자아**에 의한 억압과 **자아**의 충동은 우연적 사실처럼 보이고, 가족의 역사에 관한 엥겔스의 이론은 가장 중요한 사건들조차 수수께끼 같은 갑작스러운 변화에 의해 느닷없이 돌발한다. 여자를 발견하기 위해서 우리는 생물학, 정신분석학, 유물사관이 이뤄 낸 여러 공헌을 거부하지 않을 것이다. 그러나 우리는 인간이 몸, 성생활, 기술을 인간존재의 총체적 전망에서 파악할 때에만 그것들이 인간을 위해 구체적으로 존재한다고 간주할 것이다. 근력, 음경, 도구의 가치는 가치의 세계에서만 정의될 수 있다. 가치는 실존자가 존재를 향해 자기를 초월하는 기본적 계획에 의해 결정된다.

제2부
역사

1

이 세계는 언제나 남자에게 속해 있었다. 그런 사실에 대한 여러 가지 설명이 있어 왔지만 어느 것도 만족스럽지 못하다. 선사학과 민족지학의 성과를 실존주의 철학에 비추어 재검토함으로써 우리는 비로소 남녀 양성의 위계가 어떻게 확립되었는지 이해할 수 있을 것이다. 두 부류의 인간이 만나게 되면 각자 서로 상대방에게 자기의 지배력을 강요하려 든다는 것을 이미 설명한 바 있다. 만일 양측이 다 이런 주장을 밀고 나갈 수 있다면 그들 간에는 적대감이나 우애 속에서 항상 긴장이 형성되면서 대등한 관계가 만들어질 것이다. 만일 한 편이 유리한 상태에 있다면, 다른 편을 눌러 억압의 상태를 계속 유지하려고 애쓴다. 따라서 남자가 여자를 지배하려는 의지를 갖게 된 이유도 이해된다. 그러나 어떤 특권이 남자에게 이런 의지를 실현시킬 수 있도록 한 것인가?

민족지학자가 제공하고 있는 인간 사회의 원시 형태에 관한 자료는 지독히 모순적이다. 그 자료들에는 많은 정보가 들어 있지만, 그만큼 덜 체계적이다. 농경 시대 이전 시기에 여자의 상황을 파악하는 것이 특히 어렵다. 오늘날과 전혀 다른 삶의 조건에서 여자의 근육조직과 호흡기관이 남자의 경우와 마찬가지로 발달되나 않았는지 그 여부조차 알 수 없다. 고된 작업이 여자에게 맡겨졌고, 특히 무거운 짐을 운반하는 것이 여자의 몫이었다. 하지만 이 나중 사실은 모호하다. 필시, 이런 일이 여자에게 맡겨졌다면, 그것은 운반 과정에서 언제 습격할지 모르는 짐승이나 사람들의 공격을 방어할 수 있도록 남자는 맨손 상태여야 했기 때문일 것이다. 그러므로 남자는 더 위험한 역할을 맡았고, 더 강한 체력을 필요로 했다. 그럼에도 불구하고 많은 경우에 여자들도 전사로서 원정에 참여할 만큼 충분히 건장하고 강인했던 것 같다. 헤로도토스의 이야기와 다호메이 지방의 아마존 여자들에 관한 전통 그리고 고대나 현대의 많은 문헌에 의하면, 여자들도 피비린내 나는 전쟁이나 복수에 참가하는 일이 있었다. 여자들은 거기서 남자들 못지않은 용기와 잔인함을 발휘했다. 적의 간을 이빨 가득 물어뜯은 사례도 인용되고 있다. 그렇다 해도, 당시에도 남자는 오늘날과 같이 체력적으로 유리했던 것이 사실인 듯하다. 몽둥이와 맹수의 시대, 즉 자연의 저항이 가장 세고 도구가 가장 초보적 단계였던 시대에 이러한 우월성은 지극히 중요했음이 틀림없다. 어쨌든 당시 여자들이 아무리 건장했다 하더라도 적대적 세계에 대항하는 투쟁에서 재생산에의 예속은 여자들에게 끔직한 장애를 드러내고 있었다. 아마존 여자들이 자신의 유방을 잘라 버렸다는 이야기가 있다. 이것은 그녀들이 적어도 전사로서 살아가는 동안에는 어머니의 역할을 거부했다는 것을 의미한다. 정상적인 여자들에게 임신, 출산, 월경은 노동력을 약화시켰고, 신체적으로 오랜 기간 동안 장애 상태에 놓이게 했다. 여자들은 적에 대항해 방어하고, 자신과 자손들의 생계를 보장하기 위해 전사들의 보호와 남자들이 종사하는 사냥과 낚시의 산물이 필요했다. 당연히 어떤 산아제한도 없었고, 자연이 다른 포유동물의 암컷에게 하듯 여자에게 불임 기간을 보장해 주지 않았기 때문에, 여자들은 반복되는 어머니 역할로 인해 대부분의 힘과 시간을 소모하지 않으면 안 되었다. 여자들은 자신이 낳은 아이들의 생명을 보장할 능력도 없었다. 이 점이야말로 중요한 결과를 가져온 첫 번째 사실이다. 인류의 출발은 순탄치 않았다. 채집, 수렵, 어로에 종사하는 사람들은 고된 노력의 대가로 땅에서 약간의 수확밖에 얻지 못했다. 공동체의 자원에 비해서 너무 많은 아이가 태어났다. 여자의 불합리한 다산은 여자가 자원 증가에 적극적으로 참여하는 것을 방해하고 있었다. 한편 여자는 새로운 수요를 끝없이 만들어 내고 있었다. 종種의 존속에 필수적이긴 하나 여자는 지나치게 많이 출산했다. 재생산과 생산의 균형을 보장하는 것은 남자였다. 이처럼 여자는 창조자인 남자 앞에서 생명을 유지하는 특권조차 갖지 못했다. 여자는 정자에 대한 난자의, 남자의 음경에 대한 자궁의 역할을 하는 것이 아니었다. 다만 자기 존재 속에서 고군분투하는 인류의 노력에 어느 정도 기여할 뿐이었다. 그리고 남자 덕분에 이러한 노력이 구체적으로 결실을 보았다.

하지만 생산과 재생산은 영아살해, 제물, 전쟁을 통해 언제나 성공적인 균형을 이루기 때문에, 집단의 존속이란 관점에서 남자와 여자는 똑같이 필요하다. 식량

다호메이 아마존의 여전사를 묘사한 그림,
리제 르클뤼의 저서 『대지와 인간L'Homme et la terre』 1905

이 풍부했던 시대에는 아이의 보호자이며 양육자라는 여자의 역할이 남자를 어머니인 여자에게 종속시켰다고 가정할 수도 있다. 모성에서 완전한 자주성을 끌어내는 동물의 암컷들이 있다. 여자는 왜 모성[1]을 받침대로 삼는 데 성공하지 못했을까? 노동력의 수요가 개발해야 할 원료의 수요보다 상회했기 때문에 인류가 가장 맹렬하게 출산을 요구하던 시대에서조차, 그리고 모성이 가장 숭앙받던 시대에서조차 인류는 첫 번째 자리를 여자에게 허락하지 않았다.[2] 그 이유는 인류가 단순한 자연적 종種이 아니기 때문이다. 인류는 자신을 종으로 유지시키려 하지 않는다. 인류의 계획은 정체停滯가 아니다. 인류는 자기 초월을 지향한다.

원시 유목민들은 후손에 대해 별 관심이 없었다. 한 영토에 정착하지 않았고, 아무것도 소유하지 않았으며, 안정된 것에 자신을 구현하지 않은 채 영속성에 대한 구체적인 관념도 형성할 수 없었다. 그들은 살아남는 일을 걱정하지 않았고, 자손들 안에서 자기 모습을 보려고도 하지 않았다. 죽음도 두려워하지 않았고 후계자도 주장하지 않았다. 아이들은 풍요가 아닌 짐이 되었을 뿐이다. 그 증거로 유목민들에게 영아살해는 언제나 많았다. 그리고 많은 갓난아기가 살해당하지는 않았어도 일반적으로 무관심과 비위생으로 죽어 갔다. 그러므로 아기를 낳는 여자도 창조에 대한 자부심을 알지 못했다. 여자는 자신을 보이지 않는 힘의 노리갯감으로 느꼈고, 고통스러운 출산은 무익한 일이거나 성가시기까지 한 사고였다. 나중에는 어린아이에게 더 많은 가치를 부여하긴 했어도 애를 낳고 젖을 먹이는 일은 활동이 아니라 자연적 기능이었다. 거기에는 어떤 계획도 들어 있지 않았다. 그렇기 때문에 여자는 거기에서 자기 존재에 대한 도도한 주장의 동기를 발견하지 못했다. 여자는 수동적으로 자기의 생물학적 운명을 받아들였다. 여자가 헌신하고 있는 가사노동은 모성의 임무와 유일하게 양립할 수 있기 때문에 여자를 반복과 내재 속에 가두었다. 그런 노동은 몇 세기에 걸쳐 거의 아무런 변화 없이 동일한 형태하에서 날마다 반복되었다. 무엇 하나 새로운 것을 생산해 내지 못하는 것이다. 남자의 경우는 완전히 다르다. 남자가 집단을 먹여 살리는 것은 일벌처럼 단순한 생명 유지에 필요한 과정에 의해서가 아니라, 자기의 동물적 조건을 초월하는 행위를 통해 이루어진다. **호모 파베르**Homo faber[3]는 태초부터 발

---

1 어머니 역할
2 오늘날 사회학은 『모권론 *Das Mutterrecht*』의 저자인 바흐오펜J. J. Baschoffen을 전혀 신뢰하지 않는다.
3 *만드는 사람, 즉 생산하는 인간이라는 의미를 지닌다.

명가다. 인간이 나무에 열린 과일을 떨어뜨리거나 짐승을 때려잡기 위해 손에 든 막대기와 몽둥이는 세계를 점유하고 확장하기 위한 도구들이다. 그는 바다에서 잡은 물고기를 집으로 가져가는 데 그치지 않는다. 우선 통나무를 파서 카누를 만들어 물의 영역을 정복해야만 한다. 세계의 부를 차지하기 위해 세계를 자기 것으로 만드는 것이다. 이런 행위에서 그는 자기의 힘을 시험해 본다. 그는 목표를 설정하고 일을 계획한다. 실존자로서 자기를 실현하는 것이다. 그는 유지하기 위하여 창조하고 현재의 경계를 넘어 미래를 개척한다. 그렇기 때문에 고기잡이나 사냥 원정은 신성한 성격을 띤다. 원정의 성공을 축제나 개선으로 맞이한다. 여기서 인간은 자기의 인간성을 확인한다. 이런 자부심을 그는 오늘날도 여전히 댐이나 마천루, 원자로를 세웠을 때 드러낸다. 그는 단지 주어진 세계를 보존하기 위해 일한 것이 아니라, 그 세계를 둘러싼 장벽을 무너뜨리고 새로운 미래의 초석을 쌓은 것이다.

인간 활동은 그에게 최고 권위를 부여하는 다른 차원이 있다. 그것은 그의 활동이 종종 위험이 뒤따른다는 점이다. 피가 단지 양분에 불과했다면, 우유보다 더 높은 가치를 지니지 못했을 것이다. 그러나 사냥꾼은 도살자가 아니다. 맹수와의 싸움에서 인간은 위험을 무릅쓴다. 전사는 자기가 속한 부족이나 씨족의 위엄을 세우기 위해서 자신의 생명을 건다. 그렇게 해서 그는 인간에게 지고한 가치는 생명이 아니라 생명보다 더 중요한 목적을 위해 봉사해야 한다는 것을 당당히 증명한다. 여자에게 내려진 최악의 저주는 이러한 전사들의 원정에서 배제되었다는 것이다. 생명을 낳음으로써가 아니라 목숨을 거는 행위를 하면서 인간은 동물보다 우위에 서는 것이다. 인류 안에서의 우월성이 아기를 낳는 성性이 아니라 죽이는 성에게 부여된 것은 그 때문이다.

여기에 모든 의혹을 푸는 단서가 있다. 생물학 영역에서는 종種이 스스로를 유지하는 것은 오직 자기를 새로 창조하면서다. 그러나 이러한 창조는 단지 여러 다른 형태 아래서 같은 **생명**의 반복에 불과하다. 인간은 **실존**에 의해 **생명**을 초월하면서 **생명**의 반복을 보장한다. 그는 이 초월에 의해서 단순한 반복에는 일체의 가치를 부정하는 그런 가치들을 창조하는 것이다. 동물의 경우, 목적 없이 제멋대로인 수컷의 활동은 아무 계획도 갖고 있지 않기 때문에 무의미하다. 종에 기여하지 않을 때 그의 행동은 무익한 것이다. 반면에 인간 남성은 종에 기여하면서 세계의 모습을 바꾸고, 새로운 도구를 창조하며 발명을 하고 미래를 형성해

나간다. 그는 지배자로 군림하면서 여자에게서 공모자를 찾아낸다. 왜냐하면 여자 역시 실존하는 인간으로서 초월을 내부에 품고 있으며, 그녀의 계획은 반복이 아니라 다른 미래를 향해 초월하는 것이기 때문이다. 그녀는 자기 존재 한가운데에서 남성적인 포부를 확인하고 발견한다. 여자는 남자의 성공과 승리를 축하하는 축제에서 남자와 자기를 결부시킨다. 여자의 불행은 생물학적으로 **생명**을 반복하는 운명이 주어진 반면에, 그녀의 눈에조차 생명이 그 자체로 존재 이유를 가지고 있지 않으며 존재 이유가 **생명** 자체보다 더 중요하게 보인다는 것이다.

헤겔이 주인과 노예의 관계를 정의하는 데 사용한 변증법의 몇몇 대목은 여자와 남자의 관계에 더 잘 들어맞는다. 헤겔에 의하면, **주인**의 특권은 그가 자신의 생명을 위태롭게 한다는 사실을 통해서 **생명**에 반해 **정신**을 주장한다는 데서 온다. 그러나 정복된 노예 역시 이런 위험을 감수한다. 반면에 여자는 본래 **생명**을 주지만 *자기* 목숨을 걸지 않는 실존자다. 남자와 여자 사이에는 결코 싸움이 없었다. 헤겔의 정의는 특히 여자에게 적용된다. "다른 [의식意識]은 의존적 의식인데 그 의식에게 본질적인 현실은 동물적 생명, 즉, 다른 실체에 의해 주어진 존재다." 그러나 이 관계는 억압의 관계와는 구별된다. 왜냐하면 여자 또한 남자들이 구체적으로 도달한 가치들을 목표로 삼고 인정하기 때문이다. 미래를 여는 것은 남자이고 여자 역시 미래를 향해 자기를 초월한다. 사실상 여자는 지금까지 남성의 가치에다 여성의 가치를 대립시켜 본 적이 한 번도 없었다. 이런 구분은 남성의 특권을 유지하기를 욕망하는 남자들이 만들어 냈다. 남자들은 단지 여자를 가두기 위해서만 여성의 영역 – 생명과 내재內在의 규칙 - 을 창조할 것을 주장했다. 그러나 실존자는 모든 성적 특수성을 넘어 자기 초월의 운동에서 자기 정당성을 구한다. 여자들의 복종 자체가 그 증거다. 여자들이 오늘날 요구하는 것은 남자들과 동등한 자격으로 실존자로서 인정받는 것이지, 실존을 생명에, 인간을 그 동물성에 복종시키는 것이 아니다.

그러므로 실존주의의 전망은 원시 유목민들의 생물학적·경제적 상황이 어떻게 남자의 지배권을 가져오게 했는지를 이해하게 해 준다. 암컷은 수컷보다 더욱 종의 먹이가 된다. 인류는 언제나 종의 운명에서 벗어나고자 애써 왔다. 도구의 발명으로 생명을 유지한다는 것은 남자에게 활동이자 계획이 되었다. 반면에 아이를 낳고 기르는 행위에서 여자는 동물처럼 자기 몸에 묶인 채 꼼짝하지 못했다. 남자가 여자 앞에서 주인으로 군림했던 것은 인류가 자기 존재에 문제를 제기하고, 다시 말해 생명보다는 삶의 이유를 택했기 때문이다. 인간의 계획은 시간 속에서 자기를 반복하는 것이 아니라, 순간을 지배하고 미래를 만들어 나가는 것이다. 남자의 활동은 가치를 창조하면서 존재 자체를 가치로 구성했다. 그것은 생명의 혼돈된 힘을 이겨 내고 **자연**과 **여자**를 예속시켰다. 이제 이런 상황이 수 세기 동안 어떻게 영속되고 발전되어 왔는지를 보아야만 한다. 인류는 그 내부에서 자신을 **타자**로 규정하는 인류의 일부에 어떤 자리를 마련해 주었나? 어떤 권리가 그 일부에게 인정되었나? 남자들은 그 일부를 어떻게 규정했던가?

2

우리는 원시 유목민 사회에서 여자의 운명이 몹시 가혹했다는 것을 보았다. 동물 암컷의 경우에 생식 기능은 자연적으로 제한되고, 생식 기능을 행할 때만 다른 노역에서 얼마간 완전히 자유롭게 된다. 가축의 암컷만이 번식용으로 기진맥진할 때까지 그리고 개개의 능력에 따라서 탐욕스러운 주인에 의해 이따금 혹사당한다. 적대적 세계에 대항하기 위해 공동체의 자원을 총동원할 필요가 있을 시대에 필시 여자가 그러했을 것이다. 계속적이고 불규칙적인 출산의 고역에 고된 가사 노역이 가해졌다. 그럼에도 어떤 역사학자들은 이 시대가 남자의 우월성이 가장 적게 나타난 때라고 주장한다. 그러나 그보다는 이 우월성이 직접적으로 경험된 것이지, 아직 주장되거나 의도된 것은 아니었다고 말해야 하지 않을까? 남자는 여자에게 장애가 되는 불리한 조건을 보상하려 노력하지 않았지만, 후에 부권제父權制에서 그랬던 것처럼 여자를 가혹하게 대하지도 않았다. 어떤 제도도 양성의 불평등을 공인하지 않았다. 사실 제도라는 것, 즉 소유권도, 상속도, 법률도 없었다. 종교는 중립적이어서 성별이 없는 토템이 숭배되고 있었다.

제도와 법률이 등장한 것은 유목민이 땅에 정착하고 농부가 되었을 때다. 인간은 더 이상 적대적인 힘에 대항해 싸우는 데 국한하지 않았다. 인간은 자신이 세계에 부과하는 형상을 통해 구체적으로 표현하기 시작했고, 이 세계와 자신에 대해 생각하기 시작했다. 이때 성적 분화는 집단의 구조에 반영되어 특이한 성격을 띠었다. 농업 공동체에서 여자는 대체로 엄청난 권위를 갖는다. 이러한 권위는 본질적으로 토지 경작에 기초한 문명 안에서 어린아이가 갖는 전혀 새로운 중요성에 의해 설명된다. 한 영토에 정착함으로써 사람들은 그 영토에 대한 점유를 실현했다. 집단적 형태 아래 소유라는 것이 나타났다. 재산은 소유자에게 자손을 강력히 요구하고, 모성은 신성한 기능이 되었다. 많은 부족이 공동체제로 살고 있었지만, 그것은 여자들이 집단의 모든 남자에게 속해 있었다는 것을 의미하지 않는다. 잡거雜居 생활에 의한 결혼이 행해졌다는 것을 오늘날엔 거의 믿지 않고 있다. 그러나 남자들과 여자들은 종교적·사회적·경제적 삶을 단지 집단으로만 영위했다. 그들의 개성은 단순한 생물학적 사실에 머물 뿐이었다. 결혼도 그 형태가 일부일처제이건 일부다처제이건 일처다부제이건 간에 어떠한 신비적 관계도 만들어 내지 않는 속된 사건에 불과했다. 그것은 아내에게 굴종의 근원도 아니었고 그녀는 자기 씨족에 통합된 채로 있었다. 같은 토템 아래 모인 씨족 전체는 신비하게도 같은 마나를, 물질적으로는 같은 영토를 공동 소유했다. 앞에서 이야기한 소외 과정에 따르면, 씨족은 이 영토 안에서 객관적이고 구체적인 형상으로 자기 자신을 파악한다. 땅의 영속성에 의해 씨족은 분산된 시간을 꿰뚫고 그 정체성이 끈질기게 존속하는 하나의 통일체로 자신을 실현하는 것이다. 오직 이러한 실존적 방식만이 오늘날까지 씨족·부족·가족과 소유 사이에 존속해 온 동일시를 이해하게 해 준다. 농업 공동체는 순간밖에 존재하지 않는 유목민 부족의 관념을 과거 속에 뿌리내리고 미래를 병합하는 삶의 관념으로 대체했다. 즉, 자기의 이름을 씨족 구성원에게 주는 토템적인 조상을 숭상하는 것이다. 그리고 씨족은 자기 후손들에게 깊은 관심을 표한다. 씨족은 후손에게 물려주고 또 후손이 일구게 될 땅을 통해서 살아남을 것이다. 공동체는 현재를 넘어서 자기의 동질성을 생각하고, 자기 존재를 원한다. 아이들 속에서 자기를 알아보고 아이들을 자기 것으로 인정하며, 그 아이들 속에 자기를 완성하고 초월한다.

　그러나 많은 원시인은 아이들의 출산에 아버지가 하는 역할을 모르고 있었다. 그들은 아이들이 특정한 나무와 바위 주위 그리고 특정 신성한 장소에서 떠다니는 조상의 영혼이 여자의 몸에 들어가 다시 태어난 것이라고 생각했다. 때로 사람들은 이 침투가 가능하려면 여자가 처녀여서는 안 된다고 생각했다. 그러나 다른 사람들은 이 침투가 콧구멍이나 입을 통해서도 이루어진다고 믿었다. 어찌 됐든 처녀성의 상실은 여기서 중요하지 않은 것이고, 신비한 이유로 '처녀성 빼앗기'는 드물게 남편의 전유물이었다. 어머니는 아이의 출생에 당연히 필요하다. 자기 체내에 정자를 보존하고 키우는 것이 여자다. 그러므로 눈에 보이는 세상에서 씨족의 생명이 퍼지는 것은 어머니를 통해서다. 이처럼 어머니는 가장 중요한 역할을 하는 것이다. 아이들은 대개 자기 어머니의 씨족에 속하고, 어머니의 성을 따르며, 어머니의 권리에 참여하고, 특히 그 씨족이 점유하고 있는 토지를 소유했다. 그러므로 공동체의 재산은 여자들에 의해 전해졌다. 밭과 수확은 여자들에 의해 씨족의 구성원들에게 분배되었고, 역으로 씨족 구성원들은 어머니들에 의해서 각각의 토지에 보내졌다. 그러므로 대지는 신비하게도 여자들에게 속해 있다고 생각할 수 있다. 여자들은 경작지와 그 수확물에 대해 종교적인 동시에 법적인 영향력을 갖고 있었기 때문이다. 여자와 토지를 결부시키는 유대 관계는 단순한 소속보다도 훨씬 더 긴밀했다. 모권제의 특징은 여자와 토지를 전적으로 동일시하는 데 있다. 이 양자 안에서는 여러 가지 자기 변신을 통해 생명의 영원성이 성취되는데, 생명은 본질적으로 생산이었다. 유목민들에게 출산은 거의 사고에 불과한 것처럼 보였고, 땅의 풍요도 알려지지 않은 채 있었다. 농부는 밭이랑과 어머니의 배 속에서 개화되는 번식력의 신비에 감탄했다. 그는 자기가 가축이나 수확물처럼 생겨났다는 것을 알았고, 자기 씨족이 낳은 다른 사람들이 들판의 비옥함을 영속시키면서 자신도 영속시키기를 바랐다. 자연 전체가 그에게는 어머니처럼 보였다. 대지는 여자였다. 그리고 여자 안에는 대지와 마찬가지의 불가사의한 힘이 들어 있었다.[4] 농업 관련 노동이 여자에게 맡겨진 것은 일정 부분 이런 이유에서였다. 자기 태내에 조상의 영혼을 불러들일 수 있는 여자는 또한 씨가 뿌려진 들판에서 과실과 이삭을 움트게 하는 힘을 갖고 있었던 것이다. 이런 경우는 모두 창조적 작업이 아니라 마법적인 주술이었다. 이 시기에 이르러 남자는 땅의 생산물을 거둬들이는 데만 머무르지 않았으나 아직까지 자기의 힘을 알지 못했다. 그는 기술과 마법 사이에서 망설이고 있었다. 남자는 생존과 죽음을 멋대로 쥐고 흔드는 자연에 종속되어 자신을 무기력하게 느꼈다. 물론 그는 성행위와 땅을 길들이는 기술의 효용을 다소간 눈치채고 있었다. 그러나 아이들과 수확물이 초자연적 선물처럼 보이는 것은 여전했다. 그리고 생명의 신비한 근원에 파묻혀 있는 풍요를 이 세계에 끌어당기는 힘은 여자의 몸에서 나오는 신비한 발산물이라고 생각했다. 그와 같은 믿음은 오늘날에도 인도인, 오스트레일

---

4 "안녕 대지여, 인간들의 어머니여, 부디 신의 포옹 속에서 비옥해지고, 인간이 사용할 과실들로 가득 채워지 길"이라는 앵글로색슨족의 오랜 주문이 있다.

리아 원주민, 폴리네시아인의 많은 부족 가운데에 뿌리 깊게 내려오고 있다.[5] 이는 집단의 실용적 이해관계와 조화를 이루어서 더욱 중요성을 띠고 있다. 어머니로서의 역할은 여자를 집에만 있는 생활을 하게 했다. 남자가 사냥을 하고 고기잡이를 하고 전쟁을 하는 동안에 여자가 집에 머물러 있는 것은 자연스러웠다. 원시인은 마을 안의 제한된 구역에서 소박한 면적의 텃밭 정도만 경작했는데, 경작도 집안일이었다. 석기시대에 도구를 다루는 데는 그리 큰 힘이 필요하지 않았고, 경제와 신비는 여자에게 농사일을 맡기는 것과 일치했다. 가내수공업이 생겨나면서 그것 역시 여자의 몫이었다. 여자들은 바닥에 까는 자리와 덮개를 직조했고 그릇을 구웠다. 대개의 경우 여자들이 물품 교환을 주재했다. 거래는 그들의 수중에 있었다. 그러므로 여자들에 의해서 씨족 생활이 유지되고 전파되었다. 아이들과 가축, 수확과 도구, 여자들이 그 영혼인 집단의 모든 번영이 여자들의 노동과 마법적인 덕목에 의존했다. 이토록 대단한 위력은 남자들에게 공포심이 섞인 존경심을 불러일으켰고, 그들의 의식儀式에 반영되었다. 결국에는 외부의 모든 **자연**이 여자 속에 요약되기에 이르렀다.

인간은 *타자*를 생각함으로써만 자기 자신을 생각한다고 앞에서 이미 말한바 있다. 인간은 이원성의 기호 아래에서 세계를 파악한다. 이원성은 원래 성적 특성을 지니고 있지 않았다. 그러나 여자는 자신을 동일자同一者로 내세우는 남자와 다르기 때문에 자연스럽게 **타자**의 범주에 분류되었다. **타자**는 여자를 포함한다. 여자는 애초에 홀로 **타자**를 구현할 만큼 그렇게 중요하지 않았다. 그래서 타자 한가운데서 세분화가 이루어진다. 오래된 우주 생성 이론에는 동일한 요소가 종종 남자인 동시에 여자의 화신化身을 지니고 있었다. 이와 같이 바빌로니아인들에게는 **대양**Océan[6]과 **바다**Mer[7]가 우주의 혼돈을 나타내는 이중의 화신이었다.

---

5 우간다나 인도의 반타족의 경우, 불임 여성이 옥토에 가는 것을 위험시하고 있다. 니코바르에서는 임신한 여자가 수확하면 더 많은 양을 거둬들인다고 생각한다. 보르네오에서는 여자들이 종자를 고르고 보관하는 일을 한다. "여자와 종자는 자연적인 친화력이 있는 듯하다. 여자들은 종자가 임신 중이라는 말을 한다. 벼가 이삭이 나올 무렵이면 여자들은 때때로 들에 나가 잠을 잔다."(호스와 맥두걸Hose & MacDougall) 예전 인도에서는 나체의 여자들이 밤중에 전답 주위를 쟁기로 갈았다. 오레노크의 인도인들은 씨를 뿌리고 모를 심는 일을 여자들에게 맡겼다. 왜냐하면 "여자들이 아이를 배고 낳을 줄 아는 것과 마찬가지로 여자들이 뿌리고 심은 씨앗과 알뿌리가 남자들의 손으로 한 것보다 훨씬 더 많은 열매를 맺기 때문이다."(제임스 프레이저 James Frayser) 프레이저의 저서에는 이와 유사한 사례가 얼마든지 있다.

6 *남성

7 *여성

여자의 역할이 커지자 여자는 타자의 영역을 거의 완전히 흡수해 버린다. 그때 여신들이 출현했고, 사람들은 그 여신들을 통해 풍요의 관념을 숭상했다. 쉬스 지방에서 가장 오래된 '위대한 여신'의 모습을 한 '위대한 모신母神' 상이 발견됐다. 이 모신상은 긴 옷을 입고 땋은 머리를 높게 이고 있었다. 크레타섬의 발굴물에도 이런 여신상이 여럿 있다. 이 여신상들은 살찐 엉덩이로 쭈그리고 앉아 있거나 보다 날씬한 모습으로 서 있기도 하고, 때로 옷을 입고 있지만 대개 나신으로 부풀어 오른 젖가슴 아래 두 팔을 모으고 있는 모습이다. 이 여신은 하늘의 여왕이며 비둘기로 상징된다. 또한 지옥의 여제女帝이기도 한데, 지옥에서 기어 나오는 뱀이 그녀를 상징한다. 이 여신은 산과 숲, 바다와 샘에도 나타난다. 이 여신은 어디에서나 생명을 창조하고 무엇을 죽이더라도 부활시킨다. **자연**과 마찬가지로 변덕스럽고 음란하며 잔인하다. 자비로운 동시에 가혹하기도 하다. 이 여신은 에게해 군도를 비롯해서 프리기아, 시리아, 아나톨리아 등 서아시아 전체에 군림하고 있다. 이 여신을 바빌로니아에서는 이슈타르, 셈족 사이에서는 아스타르테, 그리스에서는 가이아, 레아 또는 키벨레라고 부른다. 이집트에서는 이시스의 모습으로 발견된다. 남성 신들은 이 여신에게 복종한다. 하늘과 지옥의 머나먼 곳에서 지고의 숭배 대상인 여자는 지상에서는 모든 신성한 존재들과 마찬가지로 금기로 둘러싸여 있고, 여자 자신이 금기다. 여자가 쥐고 있는 위력 때문에 사람들은 여자를 마술사나 요술사처럼 바라본다. 그녀는 기도와 결부되기도 하고, 때로 고대 켈트족의 드루이드 여사제처럼 사제가 되기도 한다. 경우에 따라서는 부족의 통치에 참여하고, 단독으로 통치하는 일도 있다. 아득히 먼 시대의 일이라 우리에게 어떤 문헌도 전해지지 않지만, 대가부장제 시대는 그들의 신화와 유적과 전통 속에 여자들이 매우 높은 지위를 차지하던 시대의 기억을 간직하고 있다. 여성의 관점에서 보면, 브라만 시대는 리그베다 시대에 비해 퇴보했고, 리그베다 시대는 그 이전의 원시 시대보다 퇴보했다. 전前 이슬람 시대의 베두인족 여자들은 코란이 여자에게 지정해 준 것보다 훨씬 우월한 지위를 차지했다. 니오베나 메데이아 같은 대단한 인물들은 어머니들이 자녀들을 자신의 소유물로 여기면서 의기양양해하던 시대를 떠올리게 한다. 게다가 호메로스의 시에 등장하는 안드로마케와 헤카베는 고대 그리스 시대에 규방의 그늘에 숨어사는 여자들에게 더 이상 인정되지 않은 권위를 누린다.

기원전 1세기에 만들어진 키벨레 상

이런 사실들은 여자들이 원시시대에 실제로 군림했으리라는 추정을 하도록 이끌었다. 바흐오펜Johann Jakob Bachofen(1815~1887)[8]에 의해 제시된 이런 가정을 엥겔스가 다시 거론했다. 모권제 시대에서 부권제 시대로의 이행은 엥겔스에게 '여성의 역사적 대패大敗'처럼 보였다. 그러나 사실상 **여자**의 황금시대는 신화에 불과할 뿐이다. 여자가 *타자*라고 말하는 것은 양성 간에 대등한 관계가 존재하지 않았다는 것을 말한다. **대지, 어머니, 여신**인 여자는 남자에게 동류가 아니었다. 여자의 위력이 명확히 드러나는 것은 인간계 *너머의 피안*에서였다. 따라서 여자는 인간계 바깥에 있었던 것이다. 사회는 항상 남성의 것이었다. 정치권력은 언제나 남자들의 수중에 있었다. 레비스트로스는 원시사회에 관한 그의 연구를 마치면서 "공적 혹은 단순히 사회적 권위는 항상 남자들에게 속해 있다"고 단언하였다. 남자에게 동일자이고 대등한 관계를 형성하는 동류이자 타인은 언제나 남성 개체였다. 집단 내부에서 이런 저런 형태로 발견되는 이원성은 한편의 남자 집단을 다른 한편의 남자 집단에 대립시키는 것이다. 여자는 남자들이 소유하는 재산의 일부고, 남자들 사이에 이루어지는 교환 도구다. 오류는 완전히 서로 상반되는 두 형태의 이타성을 혼동한 데서 비롯된다. 여자가 절대적 *타자*로, 즉 ─ 여자의 마력이 어떠하든 간에 ─ 비본질적인 것으로 간주되는 한, 여자를 또 하나의 주체로 바라본다는 것은 정확히 말해 불가능하다.[9] 그러므로 여자들은 남자 집단에 대항해 *자신을 위해서* 스스로를 설정하는 별도의 집단을 한 번도 구성한 적이 없다. 여자들은 남자들과 결코 직접적이고 자주적인 관계를 가진 적이 없다. "결혼을 성사시키는 상호성의 관계는 남자들과 여자들 사이에 확립된 것이 아니라 여자들을 수단으로 해서 남자들 사이에 확립되었고, 여자들은 그 관계의 주요한 계기가 될 뿐이다"라고 레비스트로스는 말한다.[10] 여자의 구체적인 조건은 여자가 속한 사회에서 중시되는 가계 제도의 유형에 영향받지 않는다. 그 제도가 부계이든 모계이든 양계이든 무차별적인 것이든(무차별이란 결코 엄밀한 것은 아니지

---

8   *스위스의 법학자, 인류학자, 언어학자

9   이런 구분이 영속됐다는 것을 보게 될 것이다. 여자를 *타자*로 바라보는 시대에는 여자를 인간의 자격으로 사회에 통합시키는 것을 가장 격렬하게 거부했다. 오늘날 여자는 자신의 신비로운 오라Aura를 잃어야만 하나의 *다른* 동류가 된다. 반여성주의자들은 언제나 이런 모호성을 무기로 삼아 왔다. 그들은 여자를 *타자*로 치켜세우는 것을 기꺼이 수락한다. 그리고 그렇게 함으로써 여자라는 이타성異他性을 절대적이고 돌이킬 수 없는 것으로 만들어, 여자를 인간적 공존에 접근하지 못하도록 한다.

10   레비스트로스, 『친족의 기본 구조』 참조

만), 여자는 항상 남자들의 후견 아래 있다. 단 한 가지 문제는 여자가 결혼한 후에 자기 아버지나 오빠의 권위 – 이 권위는 그녀의 자식들에게까지 연장된다 – 에 복종하며 사는지, 혹은 남편의 권위 아래로 옮겨 가는지 그 여부를 아는 것이다. 아무튼 "여자는 단지 자기 혈통의 상징일 뿐이다. (…) 모계제는 여자의 아버지나 남자형제의 손길이 남편의 마을까지 뻗치는 것이다."[11] 여자는 권리의 매개자에 불과하며 보유자가 아니다. 사실, 가계 제도에 의해 규정되는 것은 두 남자 집단의 관계이지 양성 간의 관계가 아니다. 실질적으로 여자의 구체적 조건은 이런저런 유형의 권리와 안정적으로 결부된 것이 아니다. 모계 제도에서 여자가 매우 높은 지위를 차지하는 일도 있다. 그러나 부족의 우두머리가 여자 족장이나 여왕이라고 해서 결코 여자들이 지배자라는 것을 의미하지 않는다는 것을 유념해야만 한다. 러시아의 카테리나 여제의 즉위는 러시아 농부 아내들의 운명을 조금도 개선시키지 않았다. 여자가 비천하게 사는 일은 흔했다. 게다가 여자는 자기 씨족에 머물고 남편이 남의 눈을 피해 은밀하게 잠깐 다녀가는 것만 허용되는 경우는 아주 드물었다. 거의 항상 여자는 자기 배우자의 지붕 밑에 살러 간다. 이러한 사실만으로도 남자의 우위성을 나타내기에 충분하다. "가계 양식의 변동에서도 항구적으로 여자가 가장의 집에 거주하는 방식은 인간 사회를 특징짓는 양성 간의 근본적인 불균형 관계를 증명하고 있다"라고 레비스트로스는 말한다. 여자는 자기 아이들을 곁에 두고 돌보기 때문에 부족의 영토에 대한 조직이 토템적 조직과 일치하지 않는다. 즉, 후자는 그 기초가 확고하게 세워진 반면 전자는 우연적이다. 그러나 사실상 전자가 훨씬 더 중요하다. 왜냐하면 사람들이 일하고 사는 장소가 그들의 비의적秘儀的 소속보다 더 중요하기 때문이다. 가장 널리 퍼진 과도기적 체제에는 두 종류의 권리가 있다. 하나는 종교적인 것이고 다른 하나는 토지의 점유와 경작에 기초를 둔 것으로, 두 권리는 서로 뒤엉켜 있다. 결혼이 세속적 제도에 불과하긴 하지만 사회적으로 매우 중요하며, 부부의 가족이 종교적 의미는 가지지 않더라도 인간적인 면에서 강하게 존재하고 있다. 성적으로 대단한 자유를 누리는 집단에서조차 아이를 낳는 여자는 결혼하는 것이 합당하다. 여자는 자기 자식들과 함께 홀로 자주적인 집단을 구성하지 못한다. 그리고 자기 남자형제의 종교적인 보호만으로는 충분하지 않기에 배우자의 존재가

---

11 레비스트로스, 『친족의 기본 구조』 참조

요구된다. 남편은 자기 자식들에 대해 종종 막대한 책임을 진다. 자식들은 남편의 씨족에 속하지 않지만 그들을 양육하는 자는 남편이다. 남편과 아내, 아버지와 아들 사이에는 동거와 노동, 공동의 이해와 애정의 관계들이 형성된다. 이러한 세속적인 가족과 토템적인 씨족 간에는 결혼 의식의 다양성이 증명하고 있듯이 그 관계가 매우 복잡하다. 원래는 남편이 다른 씨족에서 아내를 사오거나 사오지는 않더라도 적어도 씨족 간에 교환이 이루어져, 한 편이 자기 구성원 중 한 명을 보내면 다른 한 편이 가축, 열매, 노동을 답례로 보내는 식이었다. 그러나 남편이 자기 아내와 아내의 자식들을 책임지므로, 아내의 남자형제들로부터 사례를 받는 일도 일어난다. 비의적 현실과 경제적 현실 사이에 균형은 불안정하다. 남자는 대개 조카들보다 자기 자식들에게 훨씬 더 많은 애착을 갖게 마련이다. 그러한 주장이 가능하게 될 때 남자는 아버지로서 자기를 주장하는 것을 택하게 된다. 그러므로 사회의 발전에 따라 남자가 자신에 대해 의식하고 자기 의지를 관철하게 될 때, 모든 사회가 가부장적 형태로 나아가는 것은 그 때문이다. 그러나 몇 번이고 강조해서 말해 둘 것은, **생명, 자연, 여자**의 신비 앞에서 혼비백산하던 시대에서조차 남자는 결코 한 번도 자신의 권력을 포기한 적이 없다는 것이다. 여자에게 있는 위험한 마법에 겁을 먹고서도 여자를 본질적인 것으로 설정하는 것은 남자이며, 그는 이와 같이 자기가 동의하는 소외 속에서 자신을 본질로서 실현한다. 여자가 강한 번식력의 덕목을 지녔음에도 불구하고 남자는 비옥한 토지의 주인인 것과 마찬가지로 여자의 주인인 채 있다. 마법적인 비옥함을 구현하는 자연 역시 그러한 것처럼 여자는 정복되고 소유되며 착취당할 운명에 놓여 있다. 남자들 면전에서 여자가 누리는 위엄은 남자들에게서 받은 것이다. 그들은 타자 앞에서 무릎을 꿇고 어머니 여신을 숭상한다. 그러나 여신이 제아무리 강력해 보이더라도 그녀는 남성의 의식에 의해 만들어진 개념을 통해 파악된다. 남자가 창조한 모든 우상은 아무리 무시무시하게 만들어졌더라도 실상 남자에게 종속되어 있다. 그렇기 때문에 남자는 그것들을 파괴하는 것이 가능하다. 원시사회에서 이러한 종속은 인식되지도 않았고 확립되지도 않았지만, 그 자체로서 직접적으로 존재했다. 그리고 남자는 자기 자신에 대해 더 명확하게 의식하고, 감히 자기를 주장하고 대립시키게 되는 즉시 이 종속을 쉽게 수단화한다. 사실, 남자는 비와 태양의 자연 조화를 견디는 자신을 주어진 존재 또는 수동적인 존재로 파악할 때조차 초월과 계획으로 자신을 실현시키고 있다. 이미 그의 내면에서는 정신과 의지가 생명의 혼돈과 우연성에 반하여 자기를 주장하고 있다. 여자가 수많은 구현을 담당하고 있는 토템적 조상은 동물이나 나무의 이름으로 보아 정도의 차이는 있지만 명확하게 남성 요소다. 여자는 조상의 육체적 존재를 영속시키지만, 그 역할은 단지 양육이지 창조가 아니다. 어떠한 영역에서도 여자는 창조하지 않는다. 여자는 아이들과 빵을 제공하면서 부족의 생명을 유지시킬 뿐, 그 이상은 아무것도 아니다. 즉, 여자는 내재성에 바쳐진 채 있는 것이다. 사회에 대해서 여자는 단지 폐쇄적이고 정체된 면만을 구현할 뿐이다. 반면에 남자는 자연과 전체 인간집단에 이 사회를 개방하는 기능을 계속 독점하고 있다. 남자에게 어울리는 일들은 전쟁, 사냥, 고기잡이고, 남자는 외부의 노획품을 쟁취하여 그것을 부족에 병합시킨다. 전쟁, 수렵, 어로는 존재의 확장과 세계를 향한 초월을 나타낸다. 남자만이 여전히 초월의 화신化身인 채 남아 있다. 남자는 아직 **여성-대지**를 완전히 지배하는 실제적 수단을 가지고 있지 않으며, 그녀에 대항해서 감히 일어서지 못한다. 그러나 남자는 그녀에게서 벗어나기를 바라고 있다. 내 생각에, 모계사회에 널리 퍼진 이족결혼異族結婚 관습의 뿌리 깊은 원인을 이런 의지에서 찾아야만 할 것 같다. 비록 남자가 생식에서 자기가 하는 역할을 모르고 있다 할지라도 결혼은 그에게 대단히 중요하다. 남자는 결혼을 통해 성년의 위엄을 누리고, 세계의 작은 한 조각을 제 몫으로 받게 되기 때문이다. 남자는 어머니를 통해 씨족과 조상들 그리고 자기 자신의 신체를 구성하는 모든 것에 연결되어 있다. 그러나 노동과 결혼 같은 모든 세속적 기능을 수행하면서도 남자는 이 연결고리에서 빠져 나와 내재성에 반해 초월을 확립하고, 자기가 뿌리박고 있는 과거와는 다른 미래를 자신을 위해 열고자 한다. 여러 다른 사회에서 볼 수 있는 소속 유형에 따라서 근친상간의 금지는 다양한 형태를 취하지만, 원시 시대부터 오늘날까지 그 금지는 같은 의미를 지니고 있다. 즉, 남자는 자기가 아닌 것을 소유하고 싶어 하는 것이다. 그는 자기와는 다른, **타자**처럼 보이는 것과 결합하려고 한다. 그러므로 아내는 남편의 **마나**에 참여해서는 안 되고, 남편에게 외부인이어야 한다. 따라서 그의 씨족에게도 외부인이어야 하는 것이다. 원시 결혼은 때로 현실적이거나 상징적인 유괴에 근거를 두고 있다. 타인에게 가해진 폭력은 그 사람의 타성他性을 가장 분명하게 입증하는 것이기 때문이다. 전사는 여자를 힘으로 쟁취하면서 외부의 부富를 자기 것으로 만들었다는 것과 태어날 때부터 정해진 운명의 한계를 깨뜨려 버렸다는 것을 증명하는 것이다. 여러 가지 형태의 구매 - 지불된 공

물, 부역의 제공 – 는 그처럼 노골적이지는 않지만 같은 의미를 나타내고 있다.[12]

차차 남자는 자기의 경험을 수단화했고, 실제 생활에서와 마찬가지로 표상 속에서도 남성적 원리가 승리했다. **정신**이 **생명**을 이기고, 초월이 내재성을, 기술이 마법을, 이성이 미신을 이겼다. 여자의 실추는 인류 역사에서 필연적인 단계를 드러내고 있다. 왜냐하면 여자가 권위를 이끌어 냈던 것은 여자의 긍정적 가치에서가 아닌 남자의 약함에서였기 때문이다. 여자 안에는 불안스러운 자연의 신비가 구현되어 있었다. 남자는 자연에서 해방될 때 여자의 영향력에서도 벗어난다. 남자가 노동으로 땅을 정복하고 자기 자신도 정복할 수 있었던 것은 석기시대에서 청동시대로 이행하던 때다. 농부는 토지, 씨앗의 발아 상태, 계절의 우연성에 지배되고, 불행을 좇고, 수동적으로 기다린다. 그 때문에 토템의 귀신이 인간세계를 가득 채웠다. 농부는 자기를 둘러싸고 있는 이런 자연의 힘의 변덕을 견뎌 내야만 했다. 그와 반대로 직공은 자기의 의도대로 도구를 만들어 낸다. 그는 도구에 자기 손으로 자기 계획의 형상을 아로새긴다. 그에게 저항하지만 결국 정복당하는 무기력한 자연 앞에서 그는 자기를 절대적인 의지로 주장한다. 그는 서둘러 도구를 완성하기 위해 모루 위에서 두드리는 데 속도를 낸다. 반면에 아무도 벼이삭이 익기를 재촉할 수 없다. 직공은 자기가 만든 사물에서 책임감을 배운다. 능숙하거나 혹은 서툰 그의 솜씨가 사물을 만들거나 부서뜨릴 수 있기에 그는 자부심을 갖고 사물이 완성될 때까지 신중하고 능숙하게 이끌고 간다. 그의 성공은 신의 가호가 아니라 그 자신에 달려 있는 것이다. 그는 동료들에게 도전하고, 이기면 의기양양해진다. 아직 의식儀式에 어느 정도 중요성을 부여한다고 해도 그에게는 정확한 기술이 훨씬 더 중요하게 보인다. 비의적 가치는 부차적인 것이 되고, 실제

---

12 우리는 앞서 인용한 레비스트로스의 논문에서 약간 다른 형태 아래 이런 견해를 확증하는 것을 볼 수 있다. 그는 자신의 연구에서 근친상간의 금지가 이족결혼의 시초가 된 최초의 사실이 결코 아니라는 것을 재차 언급한다. 그러나 그 금지는 이족결혼의 실리적인 의지를 부정적인 형태로 반영한 것이다. 여자가 자기 씨족의 남자들과 성교하는 것이 적절치 못하다고 할 아무런 직접적인 이유는 없다. 그러나 여자가 물물교환 일부가 되는 것은 사회적으로 유용하다. 이 물물교환을 통해서 각 씨족은 자기를 폐쇄하는 대신 다른 씨족과 상호관계를 수립하는 것이다. "이족결혼은 실리적이라기보다 덜 부정적인 가치를 갖는다. (…) 이족결혼은 동족결혼을 금한다. (…) 친족결혼에는 생물학적 위험이 따르기 때문이 아니라, 이족결혼이 사회적 이익을 가져다주기 때문이다." 집단은 재산 일부분인 여자들을 사적으로 소비해서는 안 되고 교류의 수단으로 삼아야 한다. 동족인 여자와의 결혼이 금지된다면 "그 유일한 이유는 그녀가 *타인*이 되어야만(그러므로 될 수 있는) 하는 데 반해 그녀가 동일자인 사실에 있다. (…) 노예로 팔려 간 여자들은 원시 시대에 선물로 제공된 여자들과 같을 수 있다. 어느 경우나 *타성*의 표시는 하나의 구조 속에서 어떤 특정한 위치의 결과이지 내재한 성질에서 생겨난 것이 아니다."

적 이익이 일차적인 것이 된다. 그는 신들로부터 완전히 해방되지는 않았다. 그러나 신들로부터 멀리 떨어져 나와 신들을 자기에게서 분리시킨다. 그는 신들을 올림포스의 하늘로 추방시키고 지상의 영역을 자기 것으로 삼는다. 최초의 망치 소리가 울려 퍼지자 위대한 목신牧神은 퇴색하고 인간의 시대가 열린다. 그는 자기의 힘을 안다. 자기의 창조적인 팔과 자신이 제작한 물건과의 관계 속에서 그는 인과관계를 경험한다. 뿌려진 씨앗은 싹을 틔울 수도, 안 틔울 수도 있는 반면에 금속은 불과 물에 담금질을 하거나 기계를 작동시키면 언제나 같은 방식으로 반응한다. 도구의 세계는 명확한 개념 속에 가둬둘 수 있다. 합리적인 사상과 논리 그리고 수학이 그때 나타난다. 세계 전체의 모습이 완전히 뒤바뀌는 것이다. 여자의 숭배는 농경시대, 곧 어쩔 수 없는 지속, 우발성, 우연성, 기다림, 신비의 시대와 결부되어 있었다. **호모 파베르**의 시대는 인간이 공간과 함께 시간도 정복할 수 있는 시대이며, 필연성·계획·행동·이성의 시대다. 대지와 대결할 때조차 인간은 이제 노동자로 맞서게 된다. 인간은 땅을 비옥하게 할 수 있는 방법과 땅을 쉬게 하는 것이 좋다는 사실을 알게 된다. 또한 여러 다양한 씨앗을 각각의 적절한 방법으로 취급해야 한다는 사실도 발견한다. 결국 농작물을 키우는 것은 인간이다. 운하를 파고 토지에 물을 대고 뺀다. 길을 닦고 사원을 짓는다. 인간은 세계를 새로 창조한다. 어머니 여신의 지배하에 남아 있거나 모계제를 영속시켰던 민족들 역시 원시 문명의 단계에서 멈춰 섰다. 남자가 자기를 자기 자신의 두려움의 노예나 자기 자신의 무능의 공모자로 만드는 한에서만 여자가 숭배되었기 때문이다. 즉, 남자가 여자를 숭배한 것은 사랑이 아닌 공포 속에서다. 남자는 여자를 먼저 왕좌에서 쫓아냄으로써 비로소 자기를 완성시킬 수 있었다.[13] 그때 남자가 최고 권력자로 인정하게 되는 것은 창조력, 빛, 지성, 질서의 남성적 원리다. 어머니 여신 곁에 아들이나 연인인 남신이 불쑥 나타난다. 이 남신은 어머니 여신보다 아직 열등하지만 그녀를 어김없이 닮았고 또 이 여신과 결합되어 있다. 이 남신 역시 번식의 원리를 구현하고 있다. 그것은 황소이며, 미노타우로스[14]이고, 이집트의 평원을 비옥하게 하는 나일강이다. 그는 가을에 죽고 봄에 소생한다. 그것은 슬픔에 잠긴 불굴의 아

---

13 물론 이런 조건은 필수적이지만 충분한 것은 아니다. 원시사회 단계에서 멈춰 버린 부계제 문명도 여럿 있다. 그 외에 마야족의 문명처럼 퇴보된 것도 있다. 모권제 사회와 부권제 사회 사이에 절대적 서열은 없다. 그러나 단지 후자만이 기술적·이념적으로 발전했다.
14 * 그리스 신화에 나오는, 소머리에 사람 몸을 가진 괴물이다.

내이자 어머니가 전력을 다해 그의 사체를 찾아서 다시 살려놓기 때문이다. 크레타섬에 처음으로 나타나는 이 한 쌍의 남녀 신은 다시 지중해의 모든 강가에서 발견된다. 즉, 이집트에서는 이시스와 호루스이고, 페니키아에서는 아스타르테와 아도니스이며, 소아시아에서는 키벨레와 아티스, 그리고 고대 그리스에서는 레아와 제우스다. 이윽고 대모신은 폐위되었다. 여자의 사회적 신분이 예외적으로 높았던 이집트에서 하늘을 구현하는 누트 여신과 비옥한 대지이자 나일강 오시리스의 아내인 이시스는 지극히 중요한 여신들로 남아 있다. 그러나 최고의 왕은 태양신이자 빛과 남성적 에너지인 라Ra이다. 바빌로니아에서 이슈타르는 이제 마르두크의 아내에 불과할 뿐이다. 만물을 창조하고 만물의 조화를 보장하는 것은 마르두크 남신이다. 셈족의 신도 남자다. 제우스가 하늘을 통치하자 가이아, 레아, 키벨레는 권력을 양위하지 않으면 안 되었다. 데메테르에게는 아직 세력이 남아 있지만 이 여신은 이인자일 뿐이다. 베다의 신들도 아내가 있으나 그들과 같은 지위로 숭상되지 않는다. 로마의 주피터에게는 견줄 자가 없다.[15]

이와 같이 가부장제의 승리는 우연도 아니고 폭력적인 혁명의 결과도 아니다. 인류의 태초부터 남성은 생물학적 특권 때문에 자신을 최고의 주체로 홀로 확립할 수 있게 되었다. 남자들은 이 특권을 결코 한 번도 포기하지 않았다. 그들은 그들 존재의 일부를 **자연**과 **여자** 안에 소외시켰지만 곧 되찾아 갔다. 타자의 역할을 하도록 선고받은 여자는 일시적 권력만을 소유하도록 운명 지어졌다. 노예이든 우상이든, 여자는 결코 자신의 운명을 선택하지 않았다. "남자들은 신들을 만들고 여자들은 그 신들을 숭배한다"고 프레이저Sir James Frayser(1854~1941)[16]가 말했다. 자신들의 최고의 신을 여자로 하는가, 남자로 하는가는 남자들이 결정한다. 사회에서 여자의 자리는 항상 남자들이 지정한다. 어떤 시대에도 여자는 자기 자신의 법을 부과한 적이 없다.

그렇지만 만약 생산노동이 여자의 체력에 상응한 채 있었다면, 여자는 남자와

---

15 오리냐크기에는 성적 특성이 과장된 여성의 작은 조상彫像을 많이 볼 수 있다고 특기하는 것(1934년 『심리학』지에 실린 베구앙Begouen에 의하면)이 흥미롭다. 예컨대 그 조상들은 비대하고 음문陰門을 중시하는 점이 눈에 띈다. 그 외에도 동굴 속에는 음문만을 따로 떼어 대충 아무렇게나 그려 놓은 것도 발견된다. 구석기시대의 솔뤼트레알기와 막달레니안기에는 이런 조상들이 자취를 감춘다. 오리냐크기에는 남자 조상이 극히 드물고 남성 생식기를 나타내는 것이 전혀 없다. 막달레니안기에는 음문의 형상이 다소 발견되지만, 그 수가 미미한 데 반해 수많은 음경이 발견되었다.

16 *영국의 사회인류학자. 『황금가지』의 저자

4세기 키벨레와 아티스 숭배 의식이 거행되던 제단의 부조

기원전 664~30년에 만들어진 이집트의 이시스, 오시리스, 호루스 트리아드

더불어 자연 정복을 실현했을 것이다. 인류는 남성 개인과 여성 개인을 통해서 신들에 대항하고 자기를 주장했을 것이다. 그러나 여자는 도구의 미래를 자기 것으로 만들 수 없었다. 여자의 실추에 대한 엥겔스의 설명은 불완전하다. 청동과 철의 발명이 생산력의 균형을 현저하게 변형시켰고, 그렇게 해서 여자의 열등함이 생겨났다고 말하는 것은 충분치 못하다. 이 열등함은 그 자체로는 여자가 받은 억압을 설명하기에 불충분하다. 여자에게 불행인 것은 남자에게 노동의 동반자가 되지 못함으로써 인간적 **공존**에서 배제되었다는 것이다. 여자가 힘이 약하고 생산 능력이 열등하다는 것은 이러한 배제를 설명하지 못한다. 남자가 여자를 동류로 인정하지 않은 이유는 여자가 남자의 노동과 생각의 방식에 참여하지 않고 생명의 신비에 종속된 채 있었기 때문이다. 남자가 여자를 받아들이지 않고 **타자**의 차원으로 바라보는 이상, 남자는 여자의 억압자가 될 수밖에 없었다. 팽창하고 지배하고자 하는 남자의 의지가 여자의 무능력을 저주로 탈바꿈시켰다. 남자는 새로운 기술로 열려 있는 새로운 가능성을 끝까지 이용하고자 했다. 그래서 남자는 노예의 노동력에 도움을 청하고, 자기의 동류를 노예로 삼았다. 노예의 노동은 여자가 제공할 수 있는 노동보다 훨씬 더 효율적이었기 때문에 여자는 부족 안에서 담당한 경제적 역할을 상실했다. 한편, 노예와의 관계에서 주인은 여자에게 행사한 완화된 권위보다 훨씬 더 절대적인 지배력을 발견하게 되었다. 번식력 때문에 숭배되거나 두려움을 사기도 하고, 남자와 **다르므로**, 그리고 **타자**의 불안한 성격을 가지고 있어서 여자는 남자에게 의존하는 때조차 어떤 면에서 남자를 자기에게 의존시켜 왔다. 주인 - 노예 관계의 상호성은 여자에게 **현실적으로** 존재했고, 그 때문에 여자는 노예 상태를 면했다. 노예는 어떤 터부에 의해서도 보호받지 못하고, 예속된 인간에 불과하며, 다른 인간이 아닌 열등한 인간일 뿐이다. 주인과 노예 관계의 변증법적 작용이 구체화하기에는 몇 세기가 걸린다. 조직된 가부장제 사회에서 노예는 인간 얼굴을 한 소나 말에 불과하다. 주인은 노예에게 폭군 같은 권위를 행사하기 때문이다. 그렇게 해서 주인의 오만은 고양된다. 그리고 그 오만을 여자에게 돌린다. 그가 획득한 모든 것은 여자에게 불리하게 작용한다. 남자가 강해지면 강해질수록 여자는 더욱 실추된다. 특히 남자는 토지의 소유자가 될 때 여자의 소유권까지 주장한다.[17] 얼마 전까지만 해도 남자는

---

17 본서 제1권 제1부 3장 참조

마나와 **대지**에 의해 소유당해 왔으나 이제는 *얼마간의* 영혼과 토지를 가지고 있다. **여자**에게서 해방된 남자는 한 명의 여자와 자기의 자손을 요구한다. 남자는 자기의 전답을 위해서 이용하는 가족의 노동이 전적으로 *자기 것*이 되기를 원하고, 그러기 위해서는 노동자들이 그에게 속해야만 한다. 그래서 남자는 자기 아내와 아이들을 예속시킨다. 그는 자기 재산을 양도함으로써 이승에서의 삶을 연장해 주고, 피안에서 영혼의 안식을 누릴 수 있도록 자신에게 명예를 바칠 상속인을 필요로 한다. 집안의 수호신 숭배는 사유재산 형성과 서로 겹쳐지며, 상속자의 기능은 경제적인 동시에 비의적이다. 이처럼 농업이 본질적으로 주술적이지 않고 창조적인 일이 되자 남자는 자신이 생식 능력이 있음을 깨닫는다. 그는 자기의 수확물과 함께 자기 아이들을 요구한다.[18]

원시 시대에 모계혈족이 부계혈족으로 대체된 것보다 더 중대한 이념적 혁명은 없다. 이때부터 어머니는 유모와 하녀의 지위로 떨어지고, 아버지의 절대지상권이 고양된다. 권리를 보유하고 전달하는 것은 아버지다. 아이스킬로스의 『에우메니데스*Eumenides*』에서 아폴론 신은 이러한 새로운 진리를 선포했다. "사람들이 아이라고 부르는 것을 낳는 것은 어머니가 아니다. 어머니는 몸속에 들어온 종자를 기를 뿐이다. 아이를 낳는 것은 아버지다. 여자는 외부로부터 종자를 받고 만약 신들의 마음에 들면 그것을 보존한다." 이러한 단언이 과학적 발견에서 비롯된 것이 아님은 명백하다. 이것은 일종의 신앙 고백이다. 필시 남자는 기술적 인과 관계의 경험에서 자기의 창조능력의 확신을 얻고, 생식에서 자신도 어머니와 마찬가지로 필수적인 존재라는 것을 인식하기에 이르렀다. 관념이 관찰을 유도한 것이다. 그러나 관찰은 아버지에게 어머니의 역할과 동등한 역할을 부여하는 데 그친다. 관찰은 자연적 차원에서 정자와 월경의 만남이 수태의 조건이라는 것을 추정하도록 했다. 아리스토텔레스가 표명하는 생각, 즉 여자는 단지 질료일 뿐이고 "태어나는 모든 존재 속에 들어 있는 남성인 운동 원리는 더 좋고 더욱더 신성한 것이다"라는 생각은 모든 지식을 초월하는 권력의 의지를 표현하는 것이다. 자기의 후손을 독점적으로 소유함으로써 남자는 여성성의 지배에서 결

---

18 여자를 밭고랑에 비유했던 것과 마찬가지로 이때는 음경이 쟁기에 비유되었다. 또 그 반대로도 비유되었다. 쟁기를 나타내는 카시트 기期의 그림 하나에는 생식 행위의 상징들이 그려져 있다. 그 후에도 음경과 쟁기의 동일시가 종종 조형적으로 다시 나타났다. 오스트로아시아계의 몇 개의 언어에서 이아크lak라는 단어는 음경과 가래를 동시에 가리킨다. "쟁기가 대지를 수태시켰다"라는 신에게 바치는 아시리아의 기도문도 존재한다.

정적으로 빠져나와 여자에 대항해 세계의 지배권을 쟁취한다. 생식과 부차적인 일에 바쳐지고, 실제적인 중요성과 비의적인 권위를 박탈당한 여자는 이제 하녀처럼 보일 뿐이다.

남자들은 이러한 쟁취를 마치 치열한 투쟁의 결말처럼 형상화했다. 가장 오래된 우주 생성 이론 가운데 하나인 아시리아와 바빌로니아인들의 신화는 7세기에 기록된 문헌 속에서 남자들의 승리를 이야기하고 있다. 그러나 그 문헌은 그보다 훨씬 더 오래된 전설을 재현한 것이다. **대양**과 **바다**의 신인 아토움과 티마아트는 천상계와 지상계 그리고 모든 위대한 신을 낳았다. 그러나 이 위대한 신들이 너무 소란스러운 것을 발견하고는 그들을 없애 버리기로 마음먹었다. 그래서 아내 - 어머니인 티마아트는 자기 자식 중 가장 강하고 아름다운 벨마르두크에 대항해 전투에 앞장섰다. 벨마르두크는 전투에서 어머니에게 도전해 끔찍한 교전을 벌인 후 어머니를 죽이고 사체를 두 동강 냈다. 그는 그 절반으로 천상의 궁륭穹窿을 만들고, 다른 절반으로 지상 세계의 기둥을 만들었다. 그런 다음에 우주를 만들고, 인류를 창조했다. 모권에 대한 가부장제의 승리를 예시하는 비극 『에우메니데스』에서 오레스테스 역시 클리타임네스트라를 살해한다. 이런 피비린내 나는 승리를 통해 남성적 힘, 질서와 빛의 태양의 위력이 여성적 혼돈을 날려 보낸다. 오레스테스를 무죄로 하기 위해서 신들의 법정은 그가 클리타임네스트라의 아들이기 이전에 아가멤논의 아들이었다는 것을 선포한다. 낡은 모권은 사망했다. 모권을 죽인 것은 남자의 대담한 반항이었다. 앞에서 보았듯이, 사실상 부권으로의 이행은 점진적인 변천으로 이루어진 것이다. 남성의 정복은 재정복이었다. 즉, 남자는 이미 소유하고 있던 것을 점유한 것에 불과했다. 권리를 현실과 조화시킨 것이다. 싸움도, 승리도, 패배도 없었다. 하지만 이런 전설들에는 깊은 의미가 들어 있다. 남자가 자신을 주체이자 자유로 주장하는 순간 **타자**라는 관념이 의식 속에 떠오르게 된다. 이때부터 **타자**와의 관계는 한 편의 드라마다. **타자**의 존재는 위협이고 위험이다. 옛 그리스 철학에서는 이타성異他性이 부정과 같은 것이므로 **악**이라고 가르쳤다. 플라톤도 이 점에 대해 부인하지 않았다. **타자**를 상정하는 것은 선악의 이원론을 명확하게 표현하는 것이다. 그러므로 여러 종교와 법전이 그렇게 많은 적의를 품고 여자를 취급하는 것이다. 인류가 자기의 신화와 법률을 문자로 편찬하는 단계까지 진보했던 시기에 가부장제가 결정적으로 확립된다. 법규를 만드는 것은 남자들이었다. 남자들이 여자에게 종속적인 지위를 부여하는 것은 당연하다. 그러나 그들이 아이들과 가축에 대해 품었던 것과 마찬가지의 호의로 여자를 생각했으리라 상상할 수도 있지만, 실상은 전혀 그렇지 않다. 여자를 억압하는 법률을 제정하면서 입법자들은 여자를 두려워했다. 여자의 양면성을 띠는 덕목 가운데 특히 불길한 면을 고려하자 여자는 신성한 존재에서 부정한 존재가 된다. 아담의 반려자로 주어진 이브는 인류를 타락시켰다. 이단의 신들이 인간에게 복수하고자 할 때 그들은 여자를 만들어 낸다. 이러한 피조물의 여자들 가운데 최초로 태어난 판도라는 인류를 괴롭히는 온갖 재앙을 휘몰아치게 한다. **타자**는 능동성에 대한 수동성이고, 통일성을 깨뜨리는 다양성이며, 형식에 대립한 질료이자 질서에 저항하는 혼란이다. 여자는 이처럼 **악**에 바쳐졌다. 피타고라스는 "질서와 빛과 남자를 창조한 선의 원리가 있고, 혼돈과 암흑과 여자를 창조한 악의 원리가 있다"라고 말한다. 마누법전은 여자를 노예 상태에 두는 것이 적절하며 비루한 존재로 규정하고 있다. 『레위기』는 여자를 가부장이 소유한 소나 말과 동일시하고 있다. 솔론Solon(기원전 640년경~560년경)[19]의 법률은 여자에게 어떤 권리도 부여하지 않는다. 로마법은 여자를 후견하에 두고 여자의 '저능함'을 선언하고 있다. 교회법은 여자를 '악마의 문'으로 간주한다. 코란은 여자를 가장 완전한 멸시로 취급하고 있다.

  하지만 **악**은 **선**에 필요하며 물질은 정신에, 암흑은 빛에 필요하다. 남자는 자기의 욕망을 만족시키기 위해, 자기 존재를 영속시키기 위해 여자가 필요불가결하다는 것을 알고 있다. 남자는 여자를 사회에 통합시키지 않으면 안 된다. 남자가 확립한 질서에 순종하는 한에서 여자는 자기의 원죄적 오점에서 정화된다. 이런 생각은 마누법전에 강하게 표현되어 있다. "여자는 대양 안에서 합쳐지는 강물과 같이 합법적인 결혼을 통해 자기 남편과 같은 자질을 갖게 되고, 사후에 같은 천국에 받아들여진다." 마찬가지로 성서도 '강한 여자'의 초상이 찬사와 함께 그려져 있다. 기독교는 육체를 혐오하지만, 몸을 바치는 처녀와 정숙하고 온순한 아내를 존경한다. 의식儀式에 결부된 여자는 중요한 종교적 역할까지 할 수 있다. 인도의 브라만 승려의 아내와 로마의 제관祭官의 아내는 자기들 남편과 마찬가지로 신성하다. 부부간에 지배하는 것은 남자이지만, 남성과 여성 요소의 결합은 생식 작용, 생명 그리고 사회의 질서에 필수적이다.

19　*아테네의 정치가, 시인. 그리스 칠현 중 한 사람이다.

타자와 **여자**의 이러한 양면성이 여자의 이후 역사에 반영되게 된다. 여자는 오늘날까지 남자들의 의지에 복종하게 된다. 그러나 이 의지는 모순된 것이다. 왜냐하면 완전한 병합을 통해 여자는 사물의 위치로 추락하게 될 터인데, 남자는 자기가 정복하고 소유한 것에 자신의 품위를 입히려 하기 때문이다. **타자**는 남자의 눈에 약간의 원시적 마법을 간직하고 있다. 어떻게 하면 아내를 하녀인 동시에 반려자로 만들 수 있을까 하는 것은 남자가 해결하려고 애쓰는 문제들 중 하나다. 남자의 태도는 수 세기 동안 진전될 것이고, 이것은 또한 여성의 운명에 변화를 가져올 것이다.[20]

---

20 우리는 이런 변화를 서구 세계에서 살펴보기로 한다. 동양의 인도와 중국에서 여자의 역사는 오랫동안 불변하는 노예 상태였다. 우리는 중세에서 오늘날까지 전형적 경우인 프랑스에 대해 집중적으로 연구해 나갈 것이다.

3

여자의 운명은 사유재산제의 도래로 인해 왕좌에서 쫓겨났으나 여러 세기에 걸쳐 사유재산에 결부되어 있다. 여자의 역사는 대부분이 상속의 역사와 일치한다. 소유자가 자기의 실존을 재산 속에 물질화시킨다는 사실을 염두에 둔다면 이 제도의 근본적인 중요성을 이해할 수 있다. 소유자는 자기 삶 자체보다 재산에 더 애착을 갖는다. 재산은 이 덧없는 삶의 좁은 한계를 넘어서, 불멸하는 영혼의 현세적이고 감각적인 화신인 육체가 사라진 뒤에도 존속한다. 그러나 이러한 존속은 재산이 소유자의 수중에 남아 있어야만 실현된다. 재산은 소유자가 그 속에서 존속하고, 자기를 그 속에서 알아볼 수 있는 개인들, 곧 *자기 자손*들에게 속할 때에만 죽음을 넘어서 자기 것이 될 것이다. 아버지의 토지를 경작하고 아버지의 영혼을 위해 제사를 지내는 것이 상속자에게는 유일무이한 의무다. 즉, 그는 지상에서 그리고 지하세계에서 조상들의 사후의 삶을 보장하는 것이다. 그러므로 남자는 재산도 아이들도 자기 아내와 공유하기를 받아들이지 않게 된다. 그는 자신의 주장을 완전히 그리고 영원히 관철시키는 데 이르지 못한다. 그러나 가부장제가 강력할 때 남자는 여자로부터 재산 소유 및 상속에 관한 일체의 권리를 박탈한다. 게다가 여자에게 그 권리들을 부정하는 것이 타당해 보인다. 한 여자의 아이들이 더는 그녀의 자식들이 아니라는 것이 인정되면, 그 아이들은 여자가 나온 집단과 아무런 관계가 없다. 여자는 더는 결혼을 통해서 한 씨족에서 다른 씨족으로 대여되지 않는다. 여자는 자기가 태어난 집단에서 뿌리째 뽑혀 남편의 집단에 병합된다. 남편은 가축 한 마리나 노예 한 명을 사듯이 여자를 사서 여자에게 가정의 신들을 섬기도록 강요한다. 그리고 여자가 낳는 아이들은 남편의 가문에 귀속된다. 그러므로 만약 여자가 상속인이면, 그녀는 친정의 부를 부당하게 남편의 가정으로 전달하게 되는 것이다. 그래서 상속에서 여자를 치밀하게 제외한다. 그러나 상속받지 못하면, 여자는 아무것도 소유하지 않기 때문에 인격체의 존엄을 누리지 못한다. 여자는 남자의, 우선은 아버지의, 다음으로는 남편의 세습재산 일부가 된다. 엄격한 가부장 체제 아래에서 아버지는 남아나 여아나 할 것 없이 출생 때부터 자기 아이들을 죽게 할 수 있다. 그러나 사회는 대개 아버지의 권한을 남자아이의 경우에 제한한다. 그래서 정상적으로 태어난 갓난아기 남자는 살도록 허용된 반면에 여자아이를 버리는 풍습은 널리 퍼져 있다. 아랍인들 사이에서는 갓난아기의 대량 살육이 자행되었다. 여자 아기들은 태어나자마자 구덩이 속에 던져졌다. 여자아이는 아버지의 관대한 자비 행위에 의해 받아들여진다. 여자는 자기에게 베풀어진 일종의 은혜를 통해서만 사회에 들어가며, 남자처럼 정당하게 들어갈 수 없었다. 어쨌든 여자아이가 태어났을 때, 어머니의 출산은 훨씬 더 부정한 것으로 보인다. 『레위기』를 보면, 헤브루 사람들은 그런 경우에 산모가 사내아이를 낳았을 때보다 두 배나 더 긴 정화의식을 거쳐야 한다. '피의 대가'라는 풍습이 존재하는 집단에서는 희생자가 여자일 경우에 적은 액수만을 요구한다. 여자의 가치는 남자와 비교해 마치 자유인과 노예의 관계와 같다. 소녀에 대해서는 아버지가 모든 권한을 가지고 있다. 아버지는 결혼을 통해서 그 권한을 모두 남편에게 넘긴다. 남자에게는 노예나 소와 말 또는 물건처럼 여자도 자기 재산이기 때문에 내키는 만큼 많은 아내를 두는 것이 당연하다. 오직 경제적 이유만이 일부다처제를 제한한다. 남편은 아내들을 자기 마음대로 버릴 수 있고, 사회는 여자들에게 거의 아무런 보장도 해 주지 않는다. 그런데도 여자는 엄격한 정조를 강요당한다. 모권사회에는 여러 금기가 존재하지만 아주 자유로운 풍기를 허용했다. 결혼 전의 순결은 그다지 요구되지 않았고, 간통은 그리 심각한 것으로 간주되지 않았다. 반대로 남자는 아내가 자기 재산이 되었을 때 처녀이기를 원했고, 가장 가혹한 처벌하에 완전한 정절을 요구한다. 남의 자식에게 상속권을 넘겨 주는 위험을 감수하는 것보다 더 큰 죄는 없을 것이다. 그 때문에 **가장**Pater familias은 죄를 지은 아내를 사형에 처할 권리를 갖는다. 사유재산제가 지속되는 한, 아내가 부부간의 부정不貞을 저지르면 대역죄로 간주했다. 오늘날까지 간통에 관한 불평등을 유지한 모든 법규는 혼외자를 가정에 들일 위험이 있는 아내의 죄의 중대성을 논하고 있다. 남편이 자기 마음대로 재판을 하는 권리가 아우구스투스 황제 이래 폐지되었다고는 하지만, 나폴레옹 민법은 여전히 재판권을 행사한 남편에게 배심원이 관대히 다루는 것을 용인하고 있다. 여자는 아버지 씨족과 부부의 가족에 동시에 속해 있을 때, 서로 얽히고 대립하는 두 유대 관계 사이에서 꽤 큰 자유를 누릴 수 있었다. 두 계통 중 각각이 다른 한쪽에 대항해 그녀를 지지하였다. 예를 들어, 결혼이 사회의 근본적인 구조에 영향을 미치지 않는 세속적인 사건이었기 때문에 여자는 종종 자기의 일시적인 기분에 따라서 남편을 선택할 수 있었다. 그러나 가부장제에서 여자는 아버지의 재산이고, 아버지는 자기 마음대로 딸을 결혼시킨다. 그다음에 여자는 결혼을 하면 남편의 가정에 묶여 남편의 물건이자 그녀가 들어간 *씨족*의 물건에 불과해진다.

　가족과 사유 세습재산이 이론의 여지없이 사회의 기초일 때 여자 역시 완전히 소외된 채 남아 있다. 그것이 이슬람 세계에서 일어난 일이다. 이슬람 세계의 구조는 봉건적이다. 즉, 여러 다른 부족을 통합하고 복종시킬 수 있는 충분히 강력한 국가가 나타나지 않았기 때문에 어떤 권력도 가장의 권력을 견제하지 못했다. 아랍민족이 전사이며 정복자였을 때 창조된 종교는 여자에게 가장 완전한 경멸을 드러냈다. "남자들은 신이 그들에게 내린 탁월한 자질 때문에, 그리고 여자들에게 지참금을 주기 때문에 여자들보다 우월하다"라고 코란에서는 말한다. 여자는 한 번도 현실적인 권력이나 신비적인 권위를 가져본 적이 없다. 베두인족 여자는 고되게 일하고 쟁기를 다루며 무거운 짐을 나른다. 그렇게 해서 여자는 자기 남편과 상호 의존관계를 확립하고, 얼굴을 드러낸 채 자유롭게 외출한다. 베일을 쓰고 집에 갇혀 지내는 무슬림 여자는 오늘날까지도 사회의 대다수 계층에서 일종의 노예 상태다. 나는 튀니지의 한 혈거인穴居人 마을에서 네 명의 여자가 쭈그리고 앉아 있던 지하 동굴을 기억한다. 외눈에 이가 빠지고 얼굴이 끔찍하게 이지러진 늙은 아내가 매운 연기 한가운데서 조그만 화덕 위에다 반죽을 익히고 있었다. 좀 더 젊지만 거의 똑같이 얼굴이 상한 두 명의 아내는 아이들을 두 팔에 안고 어르고 있었다. 그중 한 명은 젖을 먹이고 있었다. 비단과 금은으로 눈이 부시게 단장을 한 젊은 미인은 직조기에 앉아 양털 실오라기를 잇고 있었다. 이 음침한 동굴 – 내재의 왕국이며 자궁이고 무덤 – 을 나서면서 나는 햇빛 쪽으로 올라가는 복도에서 하얀 옷을 입은 눈부시게 깔끔하고 미소를 짓는 밝은 표정의 남자와 마주쳤다. 그는 시장에서 다른 남자들과 세상사에 관해 이야기하다가 돌아오는 참이었다. 그는 이 동굴에서 몇 시간을 보낼 것이다. 이 동굴은 드넓은 세계 안에 있는 자기 집이고, 그는 그 드넓은 세계에 속해 있으며 그로부터 격리되지 않았다. 하지만 시든 노파들에게나 똑같이 추하게 늙어 갈 젊은 신부에게는 그 냄새 나는 동굴 외에는 다른 세계가 없었다. 그녀들은 밤이 되어야만 베일을 쓰고 소리 없이 그 동굴에서 나오곤 했다.

성서 시대의 유대인들은 아랍인들과 대략 같은 풍습을 가지고 있었다. 가부장들은 일부다처이고, 거의 기분 내키는 대로 자기 아내들을 내쫓아 버릴 수 있었다. 가혹한 형벌하에 젊은 아내는 자기 남편에게 처녀로 넘겨질 것을 요구당했다. 간통한 여자는 돌로 쳐 죽였다. '강한 여자'의 초상이 증명하는 것처럼 여자는 집안일만 하도록 감금당했다. "여자는 양털과 삼을 매만지고 (…) 아직 날이 밝기 전에 일어난다. (…) 밤에는 그녀 방에 등불이 꺼지지 않고 (…) 여자는 게으름의 빵을 먹지 않는다." 비록 정숙하고 부지런할지라도 부정한 여자이기 때문에 사람들은 그녀를 금기로 에워싼다. 여자의 증언은 재판정에서 받아들여지지 않는다. 『전도서_Ecclésiaste_』는 여자에 대해서 극도로 혐오하는 말을 하고 있다. "여자의 마음은 함정이고 그물이며, 여자의 손은 사슬이니 죽음보다 더 쓰디쓴 것이 여자다. 남자 1,000명 가운데 한 명의 좋은 남자를 발견했으나 여자 전체에서 단 한 명의 좋은 여자도 발견하지 못했다." 남편이 죽으면 관습 아닌 법으로 부인에게 고인의 형제 한 명과 결혼할 것을 요구했다.

이러한 수혼제_嫂婚制_의 관습은 동양의 많은 민족에게서 볼 수 있다. 여자가 후견제하에 있는 모든 체제 안에서 제기되는 문제 중 하나는 남편과 사별한 부인들에게 과해진 상황이다. 가장 과격한 해결책은 남편의 무덤 위에서 여자를 제물로 바치는 것이다. 그러나 인도에서조차 일찍이 법률이 그와 같은 희생을 강요했다는 것은 사실이 아니다. 마누법전은 남편이 죽은 후에 아내가 생존하는 것을 허용하고 있었다. 순사_殉死_는 귀족들 사이의 관습일 뿐이었다. 부인은 남편의 상속인들 처분에 맡겨지는 경우가 훨씬 더 많았다. 수혼제는 때로 일처다부의 형태를 취한다. 남편과 사별한 부인의 안정된 생활을 도모하기 위하여 한 여자에게 한 가족의 모든 형제를 남편으로 주는 것이다. 이런 풍습은 또한 남편의 있을 수 있는 불능에 대비해 씨족을 방어하는 데 쓸모가 있다. 케이사르의 한 문헌에 의하면, 프랑스 브르타뉴에서 한 집안의 모든 남자가 몇 명의 여자를 이처럼 공유했던 것 같다.

가부장제가 어디에서나 이런 극단적인 형태 아래에 확립된 것은 아니다. 바빌로니아에서는 함무라비 법전이 여자에게 몇 가지 권리를 인정하고 있었다. 즉,

여자는 아버지의 재산을 일부 상속받고, 결혼할 때는 여자의 아버지가 지참금을 마련해 준다. 페르시아에서는 일부다처제가 관례였다. 여자는 결혼적령기가 되면 아버지가 선택해 준 남편에 대해 절대적으로 복종할 의무가 있었다. 그러나 그녀는 동양 대부분의 민족에서보다 더 존경을 받았다. 근친상간은 금지되지 않았고, 형제자매 간의 결혼도 빈번하였다. 여자는 아이가 사내아이면 일곱 살까지, 여자아이면 결혼할 때까지 교육의 책임을 맡았다. 여자는 만약 아들이 상속받을 자격이 없으면 남편의 재산 일부를 상속받을 수 있었다. 남편이 성년의 아들을 두지 않고 죽었고, 여자는 '권리가 있는 배우자'라면 그녀에게 미성년 아이들의 후견과 가사의 관리를 맡긴다. 결혼의 법규들은 자손의 존재가 가장에게 중요하다는 것을 명확히 보여 주고 있다. 결혼에는 다섯 가지 형태가 있었던 것 같다.[21] 첫째, 여자가 자기 부모의 동의를 얻어 결혼하면 '권리가 있는 배우자'라고 부르며, 그녀의 아이들은 남편에 속한다. 둘째, 여자가 무남독녀일 때, 그녀의 첫 아이는 여자의 부모에게 딸을 대신하도록 양도된다. 그다음에 여자는 '권리가 있는 배우자'가 된다. 셋째, 만일 한 남자가 독신으로 죽으면 그의 가족은 외부의 한 여자에게 지참금을 주고 다른 남자와 결혼시킨다. 이 여자를 '양자처養子妻'라고 부른다. 아이들의 절반은 죽은 남자에게 속하고, 다른 절반은 살아 있는 남편에게 속한다. 넷째, 아이 없이 남편과 사별한 부인이 재혼하면 하녀처라고 부른다. 재혼해서 낳은 아이의 절반은 죽은 전 남편에게 속한다. 다섯째, 부모의 동의 없이 결혼한 여자는, 본인이 낳은 장남이 성년이 됨으로써 남편의 '권리가 있는 배우자'가 되기 전에는 부모로부터 상속받을 수 없다. 만일 남편이 그 전에 죽으면 여자는 미성년자로 간주하여 후견 아래 놓는다. 양자처와 하녀처에 관한 법규는 남자가 반드시 혈연으로 후손들과 연결되지 않아도 모든 남자가 후손들 속에 오래 살아남을 권리를 확립시켜 주고 있다. 이것은 우리가 앞에서 말한 바를 뒷받침하는 것이다. 이런 관계는 남자가 자기의 유한한 삶을 넘어 지상과 지하의 불멸성을 자기 것으로 하고자 고안해 낸 것이다.

　　여자의 신분은 이집트에서 가장 유리했다. 어머니 여신들은 아내가 되면서도 위엄을 간직했다. 종교적이고 사회적인 단위는 부부였다. 여자는 남자의 동맹자

21　다음의 분류는 C. 허트Huart의 『고대 페르시아와 이란 문명 La Perse antique et la civilisation iranienne』 195~196쪽에서 가져왔다.

이며 보완하는 사람으로 나타난다. 여자의 마법은 적의敵意가 별로 없었기 때문에 근친상간의 공포조차 극복되었고, 여자 형제와 아내를 혼동하기를 주저하지 않았다.[22] 여자는 남자와 같은 권리와 법적 세력을 가지고 있었다. 여자도 상속을 받고 재산을 소유한다. 이런 특이한 행운이 전혀 우연적이지 않은 것은, 고대 이집트에서는 토지가 왕과 상층 계급인 승려와 전사들에게 속해 있었기 때문이다. 개인들이 소유할 수 있는 토지는 단지 용익권[23]뿐이었다. 토지는 양도할 수 없었으므로 상속으로 전해진 재산이라면 별 가치가 없었고, 그 재산을 분배하는 데 아무런 지장이 없었다. 사유 세습재산제가 없었기 때문에 여자는 인격체의 존엄성을 간직하고 있었다. 여자는 자유로이 결혼하고, 남편과 사별하면 자기 의사에 따라 재혼할 수 있었다. 남자는 일부다처제를 따른다. 그러나 자기 아이들이 모두 적자嫡子로 인정된다 할지라도 본처는 의식儀式에서 결합하고 법적으로 맺어진 단 한 명뿐이다. 다른 아내들은 모든 권리가 박탈된 노예들일 뿐이다. 본처는 결혼하면서 신분에 변함이 없다. 그녀는 여전히 자기 재산의 주인이고, 자유로이 계약을 체결할 수도 있다. 보코리스Bochoris 왕이 사유재산제를 확립했을 때, 여자가 그로부터 밀려나기에는 너무 강한 지위를 차지하고 있었다. 보코리스는 계약 시대를 열었고, 결혼조차 계약에 의한 것이 되었다. 세 가지 유형의 계약이 있었다. 하나는 예속적인 결혼과 관련된 것이었다. 여자는 남자의 소유물이 되었지만, 때로 남자가 그녀 외에 다른 첩을 갖지 못한다는 것을 명시하기도 했다. 하지만 합법적인 아내는 남자와 동등한 사람으로 간주했고 모든 재산을 공유했다. 이혼할 경우, 남편은 대개 아내에게 일정한 액수의 돈을 지급할 의무가 있었다. 이러한 풍습은 좀 더 후에 여자에게 대단히 유리한 계약 형태로 발전하게 된다. 즉, 남편이 아내에 대한 사실상의 책임을 인정한 것이다. 간통에 대해서는 중벌이 가해졌으나 이혼은 두 배우자에게 대체로 자유였다. 계약의 실행은 일부다처제에 제약을 가했다. 여자들이 재산을 독점했고, 그 재산을 자기 자식들에게 물려주었는데 이것이 금권정치의 도래를 가져왔다. 프톨레마이오스 필로파트르는 포고를 내려, 여자들이 더는 남편의 허가 없이 자기 재산을 양도할 수 없게 했다. 이것이 여자들을 영원한 미성년자로 만들었다. 그러나 여자들이 고대 세계에서

---

22 어떤 경우에는 적어도 남자 형제가 자기의 여자 형제와 결혼해야만 한다.

23 *다른 사람의 소유물을 일정 기간 사용해 이익을 얻을 수 있는 권리를 말한다.

유일하게 특권적인 신분을 가지고 있었던 시대에도 여자들은 사회적으로 남자들과 동등하지 못했다. 의식과 정치에 결부된 여자들은 섭정의 역할은 할 수 있었어도 왕은 남자였다. 승려와 전사도 남자였다. 여자들은 보조적으로만 공적 생활에 개입할 수 있었다. 그리고 사생활에서는 일방적인 정조를 강요받았다.

그리스인들의 관습은 동양의 관습과 매우 유사하다. 하지만 그들은 일부다처제를 실행하지 않았다. 그 이유는 정확히 모른다. 사실 축첩을 유지한다는 것은 항상 무거운 부담이었다. 많은 후궁을 거느리는 사치를 누릴 수 있었던 것은 호사스러운 솔로몬이나 『천일야화』의 술탄, 왕과 족장, 부호들뿐이었다. 보통의 남자는 서너 명의 여자로 만족했다. 농부는 거의 두 명 이상의 아내를 소유하지 않았다. 한편, ─ 개인의 토지 소유권이 없는 이집트를 제외하고 ─ 세습재산을 고스란히 지키려는 고심은 아버지의 유산에 대한 특별한 권리를 장남에게 부여하기에 이르렀다. 그것을 통해 아내들 사이에 서열이 확립되었고, 주된 상속자의 어머니는 다른 아내들보다 우월한 권위를 누리게 되었다. 만일 여자가 재산을 소유하거나 지참금을 지니고 있으면, 그런 여자는 자기 남편에게 한 인격체였다. 즉, 남편은 그녀와 종교적이고 독점적인 관계로 맺어진다. 필시 그로부터 단 한 명의 아내만을 인정하는 풍습이 확립되었을 것이다. 사실 그리스 시민은 도시의 창녀들과 규방의 하녀들에게서 자신의 욕망을 채울 수 있었기 때문에 기분 좋게 일부다처로 머물러 있었다. "우리는 정신의 쾌락과 헤타이라Hetaira[24] 감각의 쾌락을 위해서 창녀를, 아들을 얻기 위해서 아내를 두고 있다"라고 데모스테네스Demosthenes(기원전 384~기원전 322년경)는 말한다. 창녀는 아내가 아프거나 월경하거나 임신하거나 산후 회복기에 있는 경우에 주인의 침대에서 아내를 대신했다. 그리하여 규방에서 하렘까지 차이는 크지 않았다. 아테네에서 여자들은 자기 집에 갇혀 지냈고, 법률로 엄중한 단속을 받았으며, 특별한 사법관에 의해 감시를 당했다. 여자는 평생 영원한 미성년자로 머물러 있었다. 여자는 후견인의 권력 아래 놓여 있는데, 그 후견인은 아버지나 남편이나 남편의 상속인이며, 이런 사람들이 없으면 공적 공무원으로 대표되는 국가가 대신했다. 그들은 여자의 주인들이었고, 후견인의 권력이 동시에 사람과 그 재산까지 미치기 때문에 여자를 상품처럼 처분했다. 후견인은 자기의 권리를 마음대로 양도할 수 있었다. 즉, 아버

---

24 *고급 매춘부. 조선의 기생, 일본의 게이샤에 해당한다.

지는 자기 딸을 입양시키거나 결혼으로 내어 줄 수 있다. 남편은 자기 아내를 내 침으로써 새 남편에게 넘겨줄 수 있다. 하지만 그리스 법은 여자에게 지참금을 보장하고 있다. 이 지참금은 여자의 생계유지에 쓰이고, 만일 결혼생활이 깨지면 그녀에게 전액을 환급해 주어야만 한다. 또한, 매우 드문 경우이긴 하지만 법은 여자가 이혼을 요구하는 것을 허용하기도 한다. 그러나 이런 것들은 사회가 여자에게 베푸는 유일한 보장이다. 물론 모든 유산은 남자아이들에게 전해지며, 지참금은 친자 관계에 의하여 획득되는 재산이 아니라 후견인에게 부과되는 일종의 의무다. 하지만 지참금 사용 덕분에 사별한 부인은 남편의 상속인들 수중에 더는 세습재산처럼 넘겨지지 않는다. 그리고 부모의 후견 아래로 복귀한다.

부계친족 관계에 기초한 사회에서 제기되는 문제 중 하나는 남자 후손이 전무할 때의 상속 조건이다. 그리스인들은 여자상속제의 관습을 마련했다. 즉, 여자 상속인은 부계 씨족에서 가장 연장자인 근친과 결혼해야만 한다. 그리하여 그녀의 아버지가 그녀에게 물려주는 재산은 같은 집단에 속한 아이들에게 전해지고, 토지는 씨족의 재산으로 남는 것이다. 여자 상속인은 상속자가 아니라 단순히 상속인을 출산하는 기계일 뿐이다. 이런 관습은 여자를 남자 마음대로 하는 처지에 놓이게 하였다. 왜냐하면 여자는 자동으로 자기 가문의 남자 중 첫 출생자에게 넘겨지는데, 후자는 대개 노인이기 때문이다.

여자를 억압하는 원인이 가족을 영속시키고 세습재산을 고스란히 유지하려는 의지 안에 들어 있기 때문에, 여자가 가족을 벗어나는 정도에 따라 이러한 절대적 예속에서도 벗어난다. 만일 사회가 사유재산을 부정하면서 가족을 거부한다면 그로 인해 여자의 운명은 현저하게 개선될 것이다. 공유재산제가 우세한 스파르타는 여자가 남자와 거의 동등하게 취급받은 유일한 도시국가였다. 여자아이들은 사내아이들처럼 양육되었고, 아내는 남편의 집안에 갇혀 있지 않았다. 남편은 밤에만 은밀하게 아내를 방문하는 것이 허용되었다. 그리고 아내는 남편에게 그다지 귀속되어 있지 않았기 때문에, 우생학의 이름으로 다른 남자가 그녀와의 결합을 요구할 수 있었다. 상속이 사라질 때 간통의 개념까지 사라진다. 모든 아이가 공동으로 전체 도시국가에 귀속되기 때문에, 여자들 또한 한 명의 주인에게 예속되지 않았다. 혹은 반대로, 시민이 개인 재산도 개인 자손도 소유하지 않았기 때문에 여자 또한 소유하지 않았다고 말할 수 있다. 남자들이 전쟁의 의무를 따르듯이 여자들은 모성의 의무를 감내했다. 그러나 이러한 시민적 의무를 수행하는 것 이외의 어떠한 구속도 그들의 자유를 제한하지 않았다. 그리스에는 우리가 방금 이야기한 자유로운 여자들과 씨족의 내부에서 사는 노예들 - 가장이 그 절대적 소유권을 가지고 있다 - 외에 창녀들이 있다. 원시 민족들은 손님에게 아내를 양보하는, 틀림없이 비의적 이유를 가졌던 환대의 매음과, 집단의 이익을 위하여 생식의 신비한 위력을 떨쳐내는 용도로 마련된 신성한 매음을 알고 있었다. 고대 그리스 로마 시대에는 이러한 풍습이 있었다. 헤로도토스Herodotos(기원전 484년경~430년경)[25]가 전하는 바로는, 기원전 5세기에 바빌로니아의 여자들은 제각기 일생에 한 번은 밀리타 신전에서 신전의 재산에 올리는 동전 한 닢을 받고서 낯선 남자에게 몸을 맡겨야만 했다. 그런 다음 집에 돌아와 정절을 지키며 살았다. 종교적 매음은 오늘날까지 존경받는 음악가와 무용수들의 계급을 구성하는 이집트와 인도의 무희들에게서 존속되었다. 그러나 대개 이집트, 인도, 서아시아에서는 신성한 매음이 법률이 정한 보통의 매음으로 전락했다. 이런 거래에서 승려 계급이 부를 챙긴 수단이 발견됐기 때문이다. 히브리인들 사이에서도 돈이 지급되는 매춘부가 있었다. 판다로스Pindaros(기원전 518~438)[26]의 표현을 빌리면, 그리스에서는 특히 외국인들이 많이 오는 바닷가와 섬 그리고 도시에 '외국인을 환대하는 소녀들'을 만나는 신전들이 존재했다. 소녀가 받는 돈은 종교의식, 즉 승려들에게 쓰였고 간접적으로는 소녀들의 생계비로 쓰였다. 실질적으로는 위선적 형태하에 - 특히 코린토스에서 - 선원들과 여행자들의 성적 욕구를 이용했던 것이고, 그것은 이미 돈을 목적으로 한 매음이었다. 매음을 제도화한 것은 솔론이다. 그는 아시아의 노예들을 사서 아테네의 베누스 신전 근처 항구에서 멀지 않은 곳에 있는 '딕테리온'에 가둬 놓고, 그 시설의 재무 담당자인 '포르노트로포스pornotropos'에게 관리하도록 맡겼다. 창녀들은 각각 봉급을 받았고 이윤은 모두 국가로 귀속되었다. 그다음엔 사유 시설인 '카파일레이아'가 문을 열었다. 붉은색의 프리아포스priápos[27]가 간판 구실을 했다. 이윽고 노예 외에도 신분이 낮은 그리스 여자들을 맞아들였다. 딕테리온은 매우 필요한 것으로 간주했기 때문에 불가침의 성역처럼 인정되었다. 하지만 그곳의 창녀들은 낙인이 찍혔고, 어떤 사회적 권리도 없었으며, 그녀들의 자식들은 그녀들을 부양할 의무가 면제

---

25 * 고대 그리스의 역사가
26 * 고대 그리스의 서정 시인
27 * '발기된 음경'을 뜻하며, 그리스 신화에 나오는 '생식의 신'이기도 하다.

되었다. 그녀들은 꽃다발로 장식된 얼룩덜룩한 천의 특수한 의상을 입어야만 했고, 사프란으로 머리를 염색해야만 했다. 딕테리온에 갇힌 여자들 외에 자유로운 창녀들도 존재했는데, 세 범주로 분류할 수 있다. 오늘날의 공창과 유사한 '딕테리아드', 춤을 추고 피리도 부는 '아울레트리드', 그리고 주로 코린토스 출신으로 그리스의 가장 저명한 남자들과 공인된 관계를 맺으며 근대 '사교계 여자'의 사회적 역할을 하던 고급 창녀인 '헤타이라'다. '딕테리아드'는 해방된 노예나 하층 계급의 그리스 소녀들 가운데 볼 수 있었는데, 포주에게 착취당해 비참한 삶을 영위했다. '아울레트리드'는 음악가적 재능 덕분에 부를 축적하는 데 성공한 사람이 종종 있었다. 그중 가장 유명한 사람은 이집트 프톨레마이오스의 정부情婦였다가 다음에는 그를 정복한 마케도니아 왕인 데메트리오스 폴리오르케테스의 정부가 된 라미아Lamia였다. '헤타이라'는 세인들이 아는 바와 같이, 여러 명이 그 애인들의 영광에 결부되어 있다. 행동이 자유롭고, 자기 재산을 마음대로 처분할 수 있으며, 똑똑하고 교양이 있으며 예술적 재능을 갖춘 그녀들은, 그녀들과의 교제에 매료되는 남자들로부터 인격적인 대우를 받았다. 또한 가족에게서 벗어나 사회 주변부에 자리 잡고 있었기 때문에 남자에게서도 벗어나 있었다. 그래서 그녀들은 남자에게 동류이자 거의 대등한 존재로 보일 수 있었다. 아스파시아Aspasia[28]나 프리네Phryne,[29] 라이스Lais 등은 해방된 여자의 우월성이 가정의 현모양처에 비교해 명확히 드러났다.

이런 뛰어난 사례를 제외하면 그리스 여자는 반 노예 상태에 떨어져 있었다. 하지만 그에 대해 분노할 자유조차 없었다. 아스파시아, 그리고 그보다 더 열정적으로 사포Sapho[30]가 약간의 항의를 하는 정도였다. 호메로스의 작품에는 여자들이 얼마간의 권력을 갖고 있었던 영웅적인 시대에 대한 어렴풋한 기억이 남아 있다. 하지만 전사들이 그녀들을 가혹하게 안방으로 돌려보낸다. 그와 같은 모욕은 헤시오도스의 작품에서도 볼 수 있다. "한 여자를 믿는 자는 도둑을 믿는 자다." 위대한 고전 시대에 여자는 단연코 규방에 갇혀 있었다. "가장 훌륭한 여자는 남자들의 화제에 가장 덜 오르는 여자다"라고 페리클레스는 말했다. 공화국의 행정

---

28 * 고대 그리스 아테네의 헤타이라. 유명한 정치가 페리클레스의 정부. 소크라테스, 플라톤 등 당시 수많은 지성들과 교류했다.

29 * 그리스의 매춘부. 거만한 미의 대표적 여인

30 * 고대 그리스의 최고 여성 시인

「소크라테스와 아스파시아의 논쟁」 니콜라 앙드레 몽시오, 1800년경

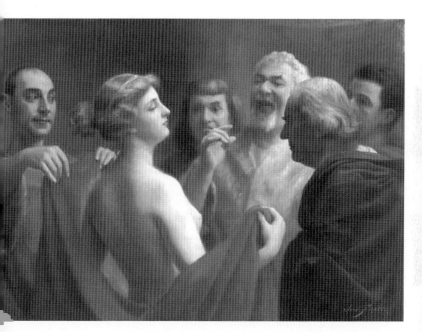

「프리네」, 호세 프라파, 19세기경

에 부인위원회를 받아들이고, 소녀들에게 자유로운 교육을 제공하기로 마음먹었던 플라톤은 예외적인 존재였다. 플라톤은 아리스토파네스의 조소를 자아냈다. 희극 『리시스트라타』에는 아내로부터 공무公務에 관한 질문을 받은 남편이 아내에게 "그것은 네가 참견할 일이 아니야. 닥치고 있어. 안 그러면 얻어맞는다. (…) 너는 베나 짜고 있어"라고 대답한다. 여자는 결함이 있어서 여자이며 자기 집에 갇혀 남편의 휘하에서 살아야 한다는 아리스토텔레스의 선언은 사회 통념을 표현한 것이다. "노예는 토의할 자유를 완전히 빼앗겼다. 여자는 자유가 있으나, 그 자유는 약하고 효과적이지 못하다"라고 그는 단언한다. 크세노폰Xenophōn[31]에 따르면, 여자와 그 남편은 서로에게 근본적으로 낯선 사람이다. "여자처럼 이야기 상대가 안 되는 사람이 있을까? - 아마 없을 것이다……." 『가정론L'Économique』에서 여자에게 요구하는 것은 기껏해야 사려 깊고 신중하며 알뜰하고, 꿀벌처럼 일하는 가정주부이자 집사가 되는 것이다. 여자를 이런 보잘것없는 지위에 떨어뜨리고도 그리스 남자들은 여자를 마음 속 깊이 혐오하기를 그치지 않았다. 이미 기원전 7세기에 아르킬로쿠스Archilochus는 여자들을 공격하는 신랄한 풍자시를 썼다. 아르모고스의 시모니데스Simonides[32]의 작품에서는 다음과 같은 것을 읽을 수 있다. "여자들은 일찍이 신이 창조한 것 중에 가장 큰 화근이다. 여자들은 때로 유용해 보이지만 주인에게 곧 애물단지가 된다." 그리고 히포낙스Hipponax[33]의 작품에는 이런 말이 있다. "당신의 아내가 당신을 즐겁게 해 주는 것은 인생에서 이틀밖에 없다. 즉, 결혼식 날과 장례식 날이다." 이오니아인들은 밀레토스의 이야기 속에서 가장 공격적인 태도를 보여 준다. 그 가운데 에페소스의 중년 여자의 이야기는 잘 알려져 있다. 이 시대에 여자들이 특히 비난받는 점은, 게으르며 잔소리가 많고 낭비벽이 심하다는 것, 즉 사람들이 여자들에게 요구하는 자질들이 없다는 것이다. 메난드로스Menandros[34]는 "육지나 바다에는 많은 괴물이 있다. 그러나 괴물 중의 괴물은 여자다"라고 쓰고 있다. "여자는 당신을 놓아주지 않는 골칫거리다." 지참금 제도로 인해 여자가 어느 정도 중요해지자 사람들은 여자의 교만을 개탄했다. 그것이 아리스토파네스, 특히 메난드로스에게 친숙한 주

---

31 * 고대 그리스의 군인, 저술가. 소크라테스의 제자
32 * 고대 그리스의 서정 시인
33 * 기원전 6세기 중엽에 출생한 고대 그리스 시인
34 * 기원전 4~3세기에 활동한 고대 그리스의 극작가

제 중 하나였다. "나는 지참금이 딸린 마녀와 결혼했다. 전답과 집 때문에 그녀를 얻었던 것인데 오 아폴론 신이여, 그것은 천하에 가장 고약한 악이로다……." "결혼을 고안해 낸 자를 저주한다. 그다음에 그것을 흉내 낸 첫 번째, 두 번째, 세 번째 그리고 모든 자를 저주한다." "만일 당신이 가난해서 부유한 여자와 결혼한다면 당신은 동시에 노예와 빈자貧者로 전락할 것이다." 그리스 여자는 엄격하게 구속되어 있었기 때문에 그녀의 품행은 비난받을 여지가 없었다. 그러므로 그녀에 대한 비난은 육체적인 것이 아니었다. 결혼에 대한 부담과 예속이 특히 남자를 짓눌렀다. 그래서 우리는 거의 아무 권리도 인정되지 않는 가혹한 신분에도 불구하고 여자는 틀림없이 집안에서 중요한 자리를 차지하고 얼마간의 자율성을 누렸다고 추정할 수 있다. 여자는 순종하도록 운명 지어졌지만 반항할 수 있었다. 강짜와 눈물, 수다와 욕설로 남자를 장악할 수 있었고, 여자를 예속시키려고 마련된 결혼은 남자에게도 족쇄가 되었다. 크산티페Xanthippe[35]라는 인물 속에 바가지 긁는 아내와 부부 생활의 불행에 대한 그리스 시민의 모든 불만이 요약되어 있다.

*

로마 여자의 역사는 가정과 국가의 분쟁으로 규정할 수 있다. 에트루리아인들은 모계제 사회를 구성하고 있었고, 왕국시대에 로마는 모권제에 결부된 이족결혼을 여전히 실시하고 있었던 것 같다. 그 이유는 라틴 왕들이 권력을 상속으로 계승하지 않았기 때문이다. 분명한 것은 타르퀴니우스 황제 사망 후에 부권이 확립되었다는 사실이다. 사유농지와 사유지, 따라서 가정은 사회의 세포다. 여자는 세습재산에, 다시 말해 가족 집단에 빈틈없이 예속되었다. 법이 그리스 여자들에게 인정된 모든 보장까지도 박탈하였기 때문이다. 그래서 여자는 무능과 예속 속에서 살고 있었다. 당연히 여자는 공무에서 배제되었고, 모든 '남성적 사무'는 여자에게 엄격히 금지되었다. 그리고 민법상으로 여자는 영원한 미성년자였다. 아버지 유산에서 여자 몫은 여자에게 직접 전달되는 것이 아니라 우회적인 방법으로 그녀가 자기 몫을 처분하지 못하도록 했다. 후견인의 권위에 복종시킨 것이다. "후견제는 후견인인 자신의 이익을 위해 마련된 것이다. 후견인은 여자의 추

---

35 *소크라테스의 만년의 아내. 그리스 시대의 악처라는 평이 나 있다.

정 상속인으로서 여자가 자기 유산을 유언으로 **빼앗아** 갈 수 없고, 양여讓與나 부채에 의해서 축낼 수 없도록 하기 위해서다"라고 가이우스Gaius[36]는 말하고 있다. 여자의 첫 번째 후견인은 아버지다. 부친이 없는 경우에 부계의 친족들이 이를 채운다. 여자가 결혼하면 남편의 손에 넘겨진다. 결혼에는 세 가지 형태가 있다. 먼저, **콘페라티오**conferratio 의식에서는 부부가 카피톨 신전의 유피테르 신에게 신관의 입회하에 밀떡을 바친다. 다음 **코엠프티오**coemptio 의식에서는 평민인 아버지가 가상의 매매 의식을 통해 자기 딸의 소유권을 남편에게 양도한다. 마지막으로 **우수스**usus 의식은 1년간 동거한 뒤 치른다. 세 가지 형태는 모두 '마누manu'[37]가 동반된다. 즉, 남편이 아버지나 부계 친족 후견인을 대체하는 것이다. 아내는 딸 중 한 명과 동일시되고, 이후부터 남편이 아내의 인격과 재산에 대한 모든 권력을 갖는다. 그러나 십이표법十二表法[38] 시기부터 로마의 여자는 아버지의 씨족과 남편의 씨족에 함께 속하기 때문에 법적 해방의 기원이 된 분쟁이 생겨났다. '마누'를 동반한 결혼은 사실 부계친족 후견인의 재산을 없애 버렸다. 그러자 부계친족의 이익을 옹호하기 위해서 **시네 마누**sine manu[39] 결혼이 나타나는 것을 볼 수 있다. 이 경우에 아내의 재산은 후견인의 수중에 남아 있게 되고, 남편은 단지 아내의 인격에 대해서만 권리를 갖는다. 남편은 이 권력 또한 딸에 대한 절대적 권위를 지닌 친정 아버지와 공유한다. 가정법원은 아버지와 남편을 대립시킬 수 있는 충돌을 조정하는 임무를 맡는다. 그와 같은 제도는 아내에게 아버지와 남편 사이에서 어느 한 편에라도 도움을 요청할 수 있게 해 준다. 아내는 한 개인의 물건이 아니다. 게다가 공공 법원에서 독립된 가정법원이 존재한다는 것 자체가 증명하듯, 씨족이 지극히 강하더라도 씨족의 장長인 가족의 아버지는 먼저 한 사람의 시민이다. 즉, 그의 권위는 제한 없고 그는 아내와 아이들을 절대적으로 지배하지만, 이들은 그의 재산이 아니다. 그보다는 공공의 이익을 위해 그들의 삶을 관리한다. 아이들을 낳고 가사와 대개 농사일도 겸하는 아내는 나라에 매우 유용하고, 깊이 존경을 받는다. 여기서 우리는 역사의 전 과정을 통해 다시 발견하는 대단히 중요한 사실에 주목하게 된다. 즉, 추상적인 법률이 여자의 구체적

---

36 *2세기경의 로마 법학자
37 *남편의 권리
38 *로마 최고의 성문법
39 *남편의 권리 없는

인 상황을 규정하는 데 충분치 않다는 것이다. 여자의 구체적인 상황은 대부분 여자가 담당하는 경제적 역할에 좌우된다. 그리고 종종 추상적인 자유와 구체적인 권력이 반대 방향으로 바뀐다. 법적으로는 그리스 여자보다 더 예속된 로마 여자는 사회에 훨씬 더 통합되어 있었다. 집에서 그녀는 거처의 중심부인 안뜰을 차지했으며, 규방의 비밀스러운 곳에 유배되어 있지 않았다. 노예들의 노동을 감독하는 것도 여자다. 아이들을 교육하고, 그들이 장성할 때까지 영향력을 자주 행사하기도 한다. 여자는 남편의 일과 고민을 공유하고, 남편 재산의 공동소유자로 간주한다. "그대는 가이우스Gaius이며, 나는 가이아Gaia다"[40]라는 결혼 선서는 공허한 문구가 아니다. 주부는 '도미나domina'[41]라고 불렸고, 여자는 집안의 여주인이고 의식에 참여하며, 노예가 아니라 남자의 반려자다. 여자를 남자에게 결합하는 관계는 매우 신성한 것이어서 5세기 동안 단 한 건의 이혼도 없었다. 여자는 내실에 격리되어 있지 않았다. 연회와 축제에 참석하고, 극장에도 간다. 거리에서는 남자들이 여자에게 길을 양보하고, 집정관과 관리도 여자가 지나가면 비켜섰다. 역사 속에서 여자에게 탁월한 역할을 부여한 여러 전설이 있다. 예를 들어 사비누스의 여자들, 루크레티아, 비르기나아의 전설들은 꽤 잘 알려져 있다. 코리올라누스는 자기 어머니와 아내의 탄원에 고개를 숙이고 만다. 로마 민주주의의 승리에 헌신했던 루키니우스의 법은 그의 아내로부터 영감을 받은 것이다. 그라쿠스의 혼을 단련시킨 것은 코르넬리아Cornelia[42]였다. "어디에서나 남자들이 여자들을 지배한다. 그리고 모든 인간을 통치하는 우리, 우리를 지배하는 것은 우리 아내들이다"라고 카토Marcus Porcius Cato[43]는 말했다.

로마 여성의 법적 지위는 점차 실제 상황과 비슷해져 갔다. 세습 귀족의 과두 정치 시대에 각각의 가장은 공화국 내에서 독립된 군주였다. 그러나 국가의 권력이 확립되자 국가는 재산의 집중과 강력한 가문의 오만에 맞서 싸운다. 가정법원은 공공법원 앞에서 자취를 감추고 여자는 점점 더 중요한 권리를 획득한다. 애초에 네 개의 권력이 여자의 자유를 제한했다. 즉, 아버지와 남편이 여자의 인격

---

40 * 로마에서는 결혼식 때 남편은 가이우스라고 선서하고, 여자는 가이아라고 선서한다. 가이우스는 로마 남자의 대표적인 이름이며, 가이아는 여자의 대표적인 이름이다.

41 * '여주인'을 말한다.

42 * 고대 로마의 전형적인 귀부인. 남편 그라쿠스가 죽은 후에는 아이들의 교육에 전념하여, 로마 어머니의 이상형이 되었다.

43 * 고대 로마 정치인, 문인

을 좌우했고, 후견인과 마누법이 여자의 재산을 자유로이 처분했다. 국가는 아버지와 남편의 대립을 구실로 삼아 그들의 권리를 제한했다. 즉, 국가재판소가 간통과 이혼 등의 사건을 재판하고, 후견제와 마누법의 대립을 이용해 둘 다 폐지시켰다. 후견인의 이익을 위해서 결혼에서 남편의 권리를 먼저 분리해 놓았으나, 머지않아 마누법이 위장 결혼을 체결하거나 혹은 아버지나 국가로부터 호의적인 후견인을 얻어 낸다. 이로써 여자들은 이를 후견인으로부터 해방되기 위한 방편으로 삼는다. 제정시대의 입법하에 후견제는 완전히 사라지게 된다. 동시에 여자는 자신의 독립에 대한 확실한 보장을 받아낸다. 즉, 여자의 아버지는 딸에게 지참금을 인정하지 않을 수 없게 된다. 이 지참금은 결혼이 깨진 후에도 부계 친족에게 돌아가지 않고, 남편에게 절대 귀속되지 않는다. 여자는 갑작스러운 이혼을 통해서 지참금의 반환을 언제든지 요구할 수 있어서 남자를 자기 마음대로 할 수 있다. "남자는 지참금을 받음으로써 자신의 권력을 팔아넘겼다"라고 플라우투스Plautus[44]는 말한다. 공화국이 끝나 갈 무렵부터 어머니는 아버지와 동등하게 자식에게 존경받을 권리를 인정받았다. 후견제의 경우나 남편의 행실이 바르지 못할 경우에 여자에게 자녀의 양육권이 인정되었다. 하드리아누스 황제 치하에서는 자식이 셋이고 남자가 후계자 없이 사망한 경우, 남자의 유언 없이도 여자에게 상속권리를 주기로 원로원에서 결의했다. 그리고 마르크스아우렐리우스 치하에서 로마의 가족 추이가 완성된다. 서기 178년부터 어머니의 상속인으로서 자식들이 부계친족보다 우위에 서게 된다. 그때부터 가족은 **혈연에 기초하고**, 어머니는 아버지와 동등한 사람으로 나타나며, 딸도 남자 형제들처럼 유산 상속을 받는다.

하지만 로마법의 역사에는 우리가 지금까지 기술한 것과 모순되는 움직임이 관측된다. 즉, 중앙정부의 권력이 여자를 가족으로부터 독립시키면서 다시 여자의 후견인이 되는 것이다. 이 권력이 여자를 여러 면에서 법적으로 무능하게 만든다.

만일 여자가 부유한 동시에 독립적일 수 있다면 불안스러운 권위를 갖게 될 것이다. 그러므로 한 손으로 여자에게 허용한 것을 다른 손으로 거두어들이려고 애쓰게 된다. 로마인들에게 사치를 금한 오피아법은 한니발Hannibal Barca[45]이 로마를 위협하던 때 가결되었다. 위험이 지나가자 여자들은 그 법의 폐기를 요구했

44 　*고대 로마의 희극 작가
45 　*고대 카르타고의 장군

다. 카토는 유명한 연설에서 그 법이 존속되어야 한다고 주장했다. 그러나 광장에 모인 주부들은 시위로 그를 물리치고 승리를 거두었다. 풍속이 더 문란해지자 더욱 엄격한 여러 가지 법률이 제안되었으나 별 성공을 거두지 못하고 탈법 행위만 조장할 뿐이었다. 단지 여자가 타인을 위해 '개입하는 것'[46]을 금지하며 여자에게서 거의 모든 민사상의 행위 능력을 박탈하는 벨레이우스의 원로원 결의만이 승리를 거두었다. 여자가 실질적으로 가장 해방되었을 때 여자라는 성性의 열등함이 선포되었으며, 이것은 내가 이미 말한 남성의 합리화 과정에서 눈에 띄는 사례다. 딸로서, 아내로서, 누이로서는 여자의 권리를 더는 제한하지 못하기 때문에 성性으로서 남자와의 평등을 거부하는 것이다. 여자를 박대하기 위하여 '성의 명청함과 나약함'을 구실로 삼는 것이다.

사실 로마의 주부들은 새로운 자유를 그리 잘 누리지 못했다. 그러나 그 새로운 자유를 적극적으로 이용하는 것 또한 그녀들에게 금지되었다. 이 상반된 두 경향 — 여자를 가족에게서 해방하는 개인주의적 경향과 개인으로서의 여자를 박해하는 경향 — 에서 여자의 상황이 불안정해지는 결과를 낳았다. 여자는 상속인이고, 아버지와 동등하게 자식들의 존경을 받을 권리가 있으며, 유언하고, 지참금 제도 덕분에 결혼의 구속을 면하고, 마음 내키는 대로 이혼할 수도 재혼할 수도 있었다. 그러나 그녀가 가진 힘을 구체적으로 사용하는 방법은 그녀에게 조금도 제시되지 않았기 때문에, 그녀가 해방되었다 하더라도 그것은 소극적인 의미에 불과했다. 여자의 경제적 독립은 어떤 정치적 능력도 낳지 못했기 때문에 추상적으로 머물러 있었다. 이런 연유로 해서 **행동할** 수 없게 되자 로마 여자들은 **시위했다.** 그녀들은 시내에서 소란을 피우고 법정을 포위하고 음모를 도모하며 내란을 선동했다. 행렬을 만들어 **신들의 어머니** 조상을 찾으러 갔고, 티베르강을 따라 호송해 왔고, 그리하여 동방의 신들을 로마에 소개했다. 서기 114년에는 베스타 여신을 섬기는 무녀들의 추문이 터져서 그 조직이 해체되었다. 공적인 생활과 덕목이 여자들에게는 접근 불가능한 것으로 남아 있었기 때문에, 가정의 붕괴가 종전의 개인적 덕목을 시대에 뒤진 무용한 것으로 만들어 버리자 여자들에게 더 이상 어떤 도덕도 제시되지 않았다. 여자들은 두 가지 해결책 중에 선택해야 했다. 즉, 선조의 가치를 고집스럽게 계속 존중하거나 아니면 어떤 가치도 인

---

46 즉, 계약으로 타인과 관계를 맺는 것

정하지 않는 것이다. 1세기 말에서 2세기 초의 공화국 시대처럼 남편의 반려자이자 협력자였던 많은 수의 여자들을 볼 수 있다. 플로티나는 트라야누스 황제의 영광과 책임을 공유했다. 사비나는 선행으로 매우 유명해져서 생전에 동상이 세워져 신성시되었다. 티베리우스 황제 치하에서 섹스티아는 아에밀리우스 스카우루스보다, 그리고 파스케아는 폼포니우스 라베우스보다 더 오래 살아남기를 거부했다. 파울리나는 세네카와 동시에 자신의 동맥을 끊었고, 그 아들 플리니우스는 아리아의 "시인은 슬프지 않다"를 유명하게 만들었다. 마르티알리스는 클라우디아 루피나, 비르기니아, 술피키아에게서 흠잡을 데 없는 아내와 헌신적인 어머니의 모습을 찬미하였다. 그러나 수많은 여자가 모성을 거부하고 이혼을 증가시켰다. 법은 계속해서 간통을 금지했다. 그래서 어떤 주부들은 방탕에 구속받지 않으려고 창녀들 틈에서 등록하는 일까지 있었다.[47] 그때까지 라틴문학은 여자들에 대해 항상 존경을 표해 왔으나 이제 풍자 작가들은 여자들을 향해 공격을 퍼붓는다. 더욱이 그들은 여자 일반이 아니라 동시대 여자들을 핵심적으로 공격했다. 유베날리우스는 여자들의 사치와 폭음 및 폭식을 비난했고, 남자의 일을 자기 권리로 요구한다고 여자들을 꾸짖었다. 즉, 여자들이 정치에 관심을 두고, 소송서류에 몰두하고, 문법학자와 수사학자와 토론하며, 사냥·전차 경기·검술·격투에 열광한다는 것이다. 여자들이 특히 오락적 취미와 괴벽에서 남자들과 겨룬 것은 사실이었다. 보다 더 높은 목표를 노리기에는 여자들이 충분한 교육을 받지 못했다. 게다가 그녀들에게는 아무런 목표도 제시되지 않았다. 여자들에게 행동하는 것이 금지되어 있었다. 고대 공화국의 로마 여자는 지상에 자리 하나를 차지하고 있었으나 추상적인 권리와 경제적인 독립이 없었기 때문에 거기에 사슬로 매여 있었다. 쇠퇴기에 로마 여자는 실질적으로 여전히 남자들이 유일한 지배자인 세계에서 허울뿐인 자유를 소유한, 이른바 거짓 해방된 여자의 전형이었다. 그녀는 '헛되이' 자유로웠다.

---

47 로마도 그리스처럼 매춘을 공식적으로 용인하였다. 매춘부에는 두 계급이 있었다. 즉, 한 계급은 매음굴에 갇혀 살았고, '보내 메레트리스bonae meretrices'라는 다른 계급은 자유롭게 직업 활동을 했다. 그녀들은 주부의 복장을 할 권리가 없었다. 유행과 복장 그리고 예술에 일정 정도의 영향을 미쳤으나 아테네의 헤타이라만큼의 높은 지위는 결코 차지하지 못했다.

4

여성의 지위 향상은 그후 계속 진행된 것이 아니었다. 게르만 민족의 대이동과 더불어 모든 문명이 재검토되었다. 로마법도 새로운 이념, 즉 기독교의 영향을 받게 되었다. 이후 수 세기에 걸쳐 야만족들이 자기들 법을 보급했다. 경제적·사회적·정치적 상황이 급변했고, 여성도 그 상황의 여파를 견뎌야 했다.

기독교의 이념은 여자를 억압하는 데 적지 않게 이바지했다. 분명 복음서에는 여자와 나병 환자에게 베푸는 자비의 숨길이 있었다. 새로운 계율에 가장 열렬히 귀의하는 것은 서민과 노예 그리고 여자들이었다. 여자들이 교회의 구속에 순종하던 초기 기독교 시대에 여자들은 비교적 존경받았다. 여자들은 남자들과 나란히 순교자로서 이름을 올렸다. 그렇지만 의식에는 보조적인 자격으로만 참여할 수 있었다. '여자 집사'[48]는 세속적 임무, 즉 병자를 보살피고 극빈자를 구호하는 것밖에 허락되지 않았다. 그리고 결혼 제도는 상호 정조를 요구하는 제도처럼 여겨졌지만, 아내는 남편에게 전적으로 종속되어야만 한다는 것이 분명해 보인다. 즉, 성 바울을 통해서 맹렬하게 반여성주의적인 유대의 전통이 확립되었다. 성 바울은 여자들에게 표면에 나서지 말 것과 자제할 것을 지시했다. 그는 남자에 대한 여자의 종속 원칙을 구약과 신약성서에 따라 세워 놓았다. "남자는 여자에게서 나온 것이 아니라 여자가 남자에게서 나온 것이다. 남자는 여자를 위해 창조된 것이 아니라 여자가 남자를 위해 창조된 것이다." 그리고 다른 곳에서 "교회가 그리스도에게 복종하는 것처럼 여자들은 모든 것에서 남편에게 복종해야

---

48 *초대 교회에서 안수를 받고 성직을 맡아 보던 여자

한다." 육체가 저주받는 종교에서 여자는 악마의 가장 무서운 유혹처럼 보인다. 테르툴리아누스Tertullianus[49]는 이렇게 쓰고 있다. "여자, 너는 악마의 문이로다. 너는 악마가 감히 정면으로 공격하지 못하던 자를 설득했느니라. 너 때문에 하느님의 아들이 죽어야만 했도다. 너는 상복과 누더기를 걸치고 영원히 물러가야만 할 것이다." 성 암브로시우스는 "이브가 아담을 죄로 이끈 것이지, 아담이 이브를 죄로 이끈 것이 아니다. 여자가 죄로 인도한 자, 여자는 그를 주인으로 섬기는 것이 마땅하다"라고 했다. 그리고 성 요한 크리스토모스는 "모든 야수 중에서 여자보다 더 해로운 짐승은 없다"라고 했다. 4세기에 교회법이 제정될 때, 결혼은 인간의 약점에 대한 굴복처럼 보였고, 기독교의 완전무결함과 양립할 수 없었다. 성 히에로나무스는 "손에 도끼를 들어 결혼이라는 무익한 나무를 뿌리째 잘라 버리자"라고 썼다. 그레고리우스 6세 때부터 사제들에게 독신생활이 부과되자, 여자의 위험한 성격이 한층 더 심하게 강조되어 가톨릭교회의 모든 성부가 여자의 비열함을 선포했다. 성 토마스가 여자는 '우연적인' 불완전한 존재이며 일종의 남자가 되다만 존재에 불과하다고 선언했을 때, 이 전통에 충실하게 된다. "그리스도가 남자의 머리인 것과 같이 남자는 여자의 머리다"라고 썼다. "여자는 남자의 지배하에 살도록 운명 지어졌고, 항구적으로 자기 주인에 대해 어떤 권한도 없다." 그러므로 교회법은 여자를 무능하고 무력하게 만드는 지참금 제도 이외의 다른 어떤 혼인 제도도 인정하지 않았다. 여자에게는 남자의 직무가 금지될 뿐만 아니라 법정에서 증언하는 것도 금했고, 여자의 증언 가치도 인정하지 않았다. 황제들은 완화된 방식으로 가톨릭교회의 성부들의 영향을 받아들였다. 유스티니아누스의 율법은 여자를 아내와 어머니로서 공경했으나 이러한 역할에 예속시켰다. 여자의 무능은 그녀의 성性이 아니라 가정 내 그녀가 처한 상황에서 기인했다. 이혼은 금지되고 결혼은 공적인 사건이 되었다. 어머니는 자식들에 대해 아버지와 동등한 권한을 가졌으며, 자식들의 상속에도 같은 권리가 있었다. 남편이 사망하면 여자는 자식들의 후견인이 되었다. 그러나 벨레이우스의 원로원 결의안이 수정된 이후 여자는 제삼자를 위해 중재할 수 있게 되었으나 남편을 위해서는 계약할 수 없었다. 여자의 지참금은 자식들의 세습재산이고 여자가 마음대로 처분하지 못하도록 양도를 금했다.

---

49 *라틴 식학의 아버지, 카르타고의 교부, 신학자

야만족들이 점령한 영토에서는 이러한 법률과 게르만족의 전통이 병치되었다. 게르만족의 풍습은 특이했다. 전쟁 기간에는 우두머리를 인정하고 평화로운 시기에는 가족이 독자적으로 존재하는 사회였다. 가족이 모계에 기초한 씨족과 가부장 씨족 사이에 매개자였던 것 같다. 어머니의 남자 형제와 아버지는 같은 권력을 가지고 있었고, 둘 다 조카와 딸에 대해 여자의 남편과 동등한 권한을 가지고 있었다. 폭력이 모든 능력의 근원인 사회에서 여자는 사실상 완전히 무력하였다. 그러나 여자가 의존하던 가정 권력의 이원성이 여자에게 권리를 보장해 주었고, 이 권리가 여자에게 인정되고 있었다. 여자는 예속되었지만 존중받았다. 여자의 남편은 돈을 주고 아내를 샀으나 이 매입금은 아내의 재산, 즉 사별한 부인의 재산이 되었다. 그 위에 아버지가 딸에게 지참금을 주고, 딸은 아버지의 유산에서 자기 몫을 받았다. 그리고 부모가 살해당했을 경우 딸은 살해자가 지급한 타협금의 일부도 받았다. 가족은 일부일처제였고 간통하면 엄하게 벌해졌으며, 결혼은 존중되었다. 아내는 여전히 후견하에 있었지만 남편과 긴밀하게 결합되어 있었다. "평화 시나 전쟁 중에나 아내는 남편의 운명을 공유하며, 그와 함께 살고 죽는다"라고 타키투스Tacitus[50]는 썼다. 여자는 전사들에게 식량을 가져다주고 그들 곁에서 용기를 북돋우면서 전투에 참여했다. 남편이 죽으면 그의 권력 일부가 부인에게 양도되었다. 여자의 무능이 신체적 연약함에 뿌리를 두고 있으므로 정신적 열등함으로 여겨지지 않았다. 여자들은 제관祭官과 예언자였고, 이는 여자들이 남자들보다 우월한 교육을 받았을 거라는 추측을 하게 한다. 유산 상속에서 여자들에게 취득권이 있는 물건 가운데에는 나중에 보석과 책들이 들어 있었다.

이러한 전통이 중세시대 동안 계속 이어졌다. 여자는 아버지와 남편에 대해 절대적인 예속 상태에 놓여 있었다. 클로비스Clovis(재위 481~510)[51] 시대에 멍디엄mundium[52]이 여자를 평생 짓눌렀다. 그러나 프랑크족은 게르만의 정결貞潔을 포기했다. 메로빙거 왕조와 카롤링거 왕조하에서는 일부다처제가 성행했다. 여자의 동의 없이 결혼이 이루어졌고, 여자는 남편의 일시적인 기분에 따라 일방적으로 이혼을 당했다. 남편은 아내의 생사여탈권을 쥐고 있었고, 아내는 하녀처럼 취급받았다. 여자는 법으로 보호받았으나 남자의 소유물이자 자식들의 어머니로서

---

50 *1~2세기에 활약한 고대 로마의 역사가, 정치가

51 *프랑크 왕국의 초대 국왕

52 *프랑크족의 법률. 아버지와 남편이 자식이나 아내를 후견하는 권리를 가리킨다.

보호받았다. 증거도 없이 여자를 '창녀'라 부르는 것은 남자에게 가해진 어떤 모욕보다 열다섯 배나 비싼 값을 치르는 모독죄였다. 기혼녀를 납치하는 것은 자유민 남자 한 명을 살해한 죄에 해당하였다. 기혼녀의 손이나 팔을 잡는 것은 15수sou[53]에서 35수의 벌금을 물어야 했다. 낙태는 금지되었고 이를 어기면 100수의 벌금형에 처했다. 임신한 여자를 죽이면 자유민 남자를 살해한 것보다 네 배나 높은 처벌을 받았다. 임신 능력을 증명한 여자는 자유민 남자보다 세 배의 가치가 있었다. 그러나 여자가 더는 어머니가 될 수 없으면 모든 가치를 상실한다. 만일 여자가 노예와 결혼하면 법의 보호를 받지 못하며 부모가 그녀를 죽여도 부모는 아무런 처벌을 받지 않는다. 여자는 인격체로서 어떤 권리도 없었다. 하지만 국가가 강력해질 때 로마에서 실현되었던 것과 같은 변화가 윤곽을 잡혀 갔다. 무능력자인 아이들과 여자들의 후견은 가족의 권리가 아니라 공적 책임이 되었다. 샤를마뉴 대제[54] 때부터 여자를 억압하는 멍디엄이 왕에게 속하게 된다. 이 법은 처음에 여자가 자연적 후견인들을 박탈당했을 때만 개입했다가 점차 가족의 권력을 독점하였다. 이런 변화는 프랑크족 여자의 해방을 가져오지 못했다. 멍디엄은 후견인에게 부담이 되었다. 후견인은 피후견인을 보호할 의무가 있었다. 그런데 이 보호는 후자를 이전과 같은 노예 상태에 놓이게 했다.

　중세 초기의 혼란을 벗어나서 봉건제도가 자리를 잡을 때, 여성의 지위는 매우 불확실한 것처럼 보였다. 봉건법은 자주권과 소유권, 공민권과 개인권 사이에 혼동이 있었는데, 바로 이러한 특징 때문에 여자의 지위가 낮아졌다가 높아졌다가 했다. 여자는 어떤 정치적 능력도 없었기 때문에 모든 개인적 권리를 인정받지 못했다. 사실상 11세기까지 질서는 오직 힘을 토대로, 소유권은 무력을 토대로 세워졌다. 법학자들이 말하듯이, 봉토는 "군 복무를 조건으로 얻은 땅이다." 여자는 봉토를 지킬 능력이 없었기 때문에 점유할 수 없었다. 봉토가 상속되고 세습재산이 되었을 때, 여성의 상황은 변화된다. 앞에서 본 바와 같이 게르만법에는 모권의 잔재가 어느 정도 남아 있었다. 남자 상속인이 없는 경우에 딸이 상속받을 수 있었다. 11세기경에 여자의 상속권도 인정한 봉건제도는 여기서 유래한다. 하지만 가신家臣들에게는 여전히 군 복무가 요구되었다. 그리고 상속인이 되었다고 해서 여자의 운명이 개선된 것은 아니다. 여자는 남자 후견인이 필요했고, 이 역할을 남편이 했다. 봉토를 받고 소유하며 용익권을 갖는 것도 남편이었다. 그리스 시대처럼 여자는 영지를 전달하는 도구이지 보유자가 아니었기에 해방되지 못했고, 말하자면 부동산에 흡수되어 부동산 일부가 되었다. 영지는 로마의 씨족 시대처럼 더는 가족의 영지가 아니라 영주의 소유물이며 여자 역시 영주에게 속했다. 여자에게 남편을 구해 주는 것도 영주였고, 여자가 낳은 아이도 남편이 아닌 영주에게 바쳤다. 즉, 아이들은 영주의 재산을 지킬 가신이 되었다. 그러므로 여자는 영주의 노예이며, 영주가 지정해 준 남편의 '보호'를 받는 영지 주인의 노예였다. 여자의 운명이 이보다 가혹한 시대는 별로 없었다. 여상속인은 곧 땅과 성城이었다. 구혼자들은 이 먹이를 차지하려고 서로 다투었고, 아버지나 영주는 때로 열두 살에 불과하거나 그보다 어린 딸을 제후에게 선물로 주기도 했다. 남자들은 영지를 늘리기 위해 결혼을 여러 번 했다. 그러므로 이혼도 잦았다. 교회는 위선적으로 그것을 허용했다. 혈족 사이의 결혼은 7촌까지 금지되었고 친척은 혈연관계와 마찬가지로 대부代父·대모代母의 정신적인 관계로 규정되었기 때문에, 사람들은 언제나 파혼의 구실을 찾아내었다. 11세기에는 많은 여자가 네다섯 번이나 이혼을 당했다. 남편과 사별하면 곧바로 새 주인을 맞아들여야 했다. 무훈시武勳詩에서는 샤를마뉴 대제가 에스파냐에서 전사한 제후들의 사별한 부인 모두를 집단으로 재혼시키는 것을 볼 수 있다. 「지라르 드 비엔Girard de Vienne」에서는 부르고뉴의 공작부인이 자진해서 왕에게 새 남편을 요청하러 온다. "제 남편이 죽었습니다. 애통해 해 봤자 무슨 소용이 있겠습니까? 제게 강건한 남편을 구해 주세요. 제 땅을 지켜야 하니까요." 수많은 서사시에서 처녀와 사별한 부인들을 폭군처럼 대하는 왕이나 영주를 보여 준다. 또한 남편이 선물로 받은 아내를 함부로 다루는 것도 볼 수 있다. 남편은 여자를 학대하고 얼굴을 때리고 머리채를 잡아끌고 구타했다. 보베지의 관습법에서 보마누아르Philippe de Remi Beaumanoir(1246~1296)[55]는 고작 남편이 아내를 "적당히 벌할" 것을 요구했다. 이 호전적인 문명은 여자를 경멸로 밖에 대하지 않았다. 기사는 여자들에게 관심이 없었다. 그의 말馬이 훨씬 더 가치 있어 보였기 때문이다. 무훈시에서는 언제나 젊은 처자들이 먼저 젊은 사람들에

---

55 * 중세 프랑스의 유명한 법학자, 『보베지 지방 클레르몽 백작 영지의 관습법Coutumes du Comte de Clermont en Beauvoisis』을 썼다.

게 프러포즈한다. 결혼하면 여자들에게 일방적인 정절을 요구한다. 남자는 자기 생활에 여자를 개입시키지 않았다. "기마 시합을 볼 때, 부인에게 조언을 구하러 가는 기사에게 저주가 있어라." 르노 드 몽토방Renaud de Montauban[56] 이야기에는 이런 폭언이 있다. "온갖 치장으로 둘러싸인 당신들의 방으로 돌아가시오. 어둠 속에 앉아 먹고 마시고 수를 놓고 명주에 물이나 들이지, 우리 일에는 상관 마시오. 우리의 일은 칼과 창을 들고 싸우는 것이오. 잠자코 있으시오!" 때로 여자는 남자들처럼 거친 생활을 하기도 한다. 소녀 때부터 신체 단련에 익숙해지고 말을 타며 매사냥을 한다. 거의 아무런 교육도 받지 않고 부끄럼을 모르고 자란다. 성의 손님들을 맞이하고, 그들의 식사와 목욕을 돌보며, 그들이 잠드는 것을 돕기 위해 안마를 해 주는 것도 그녀들이다. 아내가 된 여자는 맹수를 추격하고, 길고 어려운 순례를 해내야 하는 경우도 있다. 남편이 먼 곳에 있을 때는 여자가 영지를 지킨다. 이런 여자 성주城主들은 남자들과 똑같이 행동하기 때문에 '남자 같은 여자'라고 불리며 감탄의 대상이 된다. 그녀들은 욕심쟁이이며, 간사하고 잔인하며, 자기의 가신들을 억압한다. 역사와 전설은 그녀들 가운데 몇 명에 대한 기억을 전해 주고 있다. 예컨대, 여자 성주 오비Aubie는 세상의 어떤 큰 성탑보다 더 높은 탑을 짓게 한 뒤, 그에 대한 비밀을 지키기 위해 건축가의 머리를 베게 하였다. 그녀는 남편을 영지에서 쫓아냈다. 그러나 남편은 몰래 돌아와서 그녀를 죽였다. 로제 드 몽고메리의 아내인 마비유Mabille는 자기 영지의 귀족들을 거지 신세로 전락시키는 것을 좋아했다. 그러자 귀족들은 그녀의 목을 베어 버리고 복수했다. 영국 헨리 1세 왕의 혼외자인 쥘리엔Julienne은 왕으로부터 브르퇴이성을 지켰고, 그를 함정으로 유인했다. 이 일로 해서 왕은 그녀를 가혹하게 벌했다. 하지만 그러한 사례들은 예외적인 것으로 남아 있다. 보통 여자 성주들은 실을 잣고 기도하고 남편을 기다리며, 권태로운 나날을 보냈다.

　12세기에 지중해 연안의 프랑스 남부지방에서 태어난 '궁정풍의 정중한 사랑'[57]이 여자의 운명을 개선했을 거라고 흔히들 주장한다. 그 기원에 대해서는 여러 의견이 서로 충돌하고 있다. 어떤 의견에 따르면, '정중함'이란 여자 영주가 자기의 젊은 가신들과 갖는 관계에서 유래한 것이라고 하고, 다른 의견은 카타리

56　*7세기 프랑스의 기사도 문학에서 등장하는 샤를 마뉴의 12기사 중 한 명
57　*중세 시인들이 노래하던 기사와 귀부인 간의 사랑

파派의 이단 사상과 성모 숭배에 결부시키기도 한다. 또한, 일반적으로 신에 대한 사랑에서 나온 세속적 사랑이라는 의견도 있다. 사랑의 궁정이 일찍이 존재한 적이 있었는지는 확실치 않다. 분명한 것은 가톨릭교회가 죄를 지은 여자 이브에 대항해 **구세주의 어머니**를 찬양했다. 성모 숭배는 대단히 중요해져서 13세기에는 신이 여자의 모습이 되었다고 말할 수 있었다. 그러므로 여자에 대한 신비주의가 종교적 차원에서 전개되었다. 한편, 귀부인들은 성 안에서 여가를 보내면서 주변에 대화와 예절과 시가詩歌의 좋은 것들을 꽃피우게 할 수 있었다. 베아트리스 드 발랑티누아, 알리에노르 다키텐, 그리고 그녀의 딸 마리 드 프랑스, 블랑슈 드 나바르와 그 외의 많은 교양 있는 여자가 시인들을 초빙해 연금을 주었다. 처음에는 남프랑스에서, 그다음에는 북프랑스에서 문화의 꽃이 피었고, 이것이 여자들에게 새로운 권위를 부여했다. 궁정풍의 사랑은 흔히 플라토닉한 사랑으로 그려졌다. 크레스티앵 드 트루아Chrestien de Troyes[58]는 필시 후원자인 여성의 비위를 맞추기 위해서 자기 소설에서 간통을 삭제했다. 그는 기사 랑슬로와 게니에브르 왕비[59]의 사랑 이외에 온당치 못한 다른 연애 이야기는 쓰지 않았다. 그러나 사실 봉건시대의 남편은 후견인이자 폭군이었으므로 여자는 혼외의 애인을 구했다. 궁정풍의 사랑은 공인된 관습의 야만성에 대한 보상이었다. "근대적 의미의 사랑은 고대에 공적인 사회 밖에서만 나타났다. 고대가 관능적 사랑으로 기울기 시작한 지점에서 중세는 출발한다. 즉, 간통으로부터 출발한다"라고 엥겔스는 지적한다. 그리고 결혼 제도가 지속되는 한 사랑은 사실상 이런 형태를 취하게 될 것이다.

정중함은 사실 여자의 가혹한 운명을 완화했지만, 그 운명을 근본적으로 변화시키지는 못했다. 여자의 해방을 이끈 것은 이데올로기, 즉 종교나 시가와 같은 관념적인 것이 아니었다. 여자가 봉건시대 말에 어느 정도 세력을 넓힐 수 있었던 것은 전혀 다른 이유에서였다. 왕의 최고 권력이 봉건 제후들에게 미치자 영주는 그 권력의 대부분을 상실했다. 특히 그에게 예속된 여자들의 결혼을 결정하는 권한이 점차 폐지되었고, 봉건 후견인들에게서 피후견인들의 재산을 자유로이 처분하는 권리도 박탈했다. 후견제에 부여된 이익은 소멸되고, 봉토에 대한 부역이 돈으로 납부되자 후견제 자체가 사라진다. 여자는 군 복무를 이행할 수 없었으나 남자

---

58 * 중세에 연애 시를 많이 쓴 궁정 시인
59 * 원탁기사 이야기의 주요 인물

와 마찬가지로 화폐로 의무를 대신할 수 있었다. 그렇게 되자 봉토는 단순한 세습 재산에 불과했고, 남녀가 동등한 입장에서 대우받지 못할 이유도 없게 되었다. 사실 독일, 스위스, 이탈리아에서 여자들은 종신 후견제에 복종하고 있었다. 그러나 보마누아르의 말에 의하면, 프랑스는 "여자 한 명은 남자 한 명의 가치가 있다"라는 것을 인정했다. 게르만 전통은 여자에게 후견인으로서 보호자를 부여했으나, 더는 보호자를 필요로 하지 않는 여자들은 후견인 없이 지냈다. 이제는 여자라고 해서 무능력의 낙인을 찍지 않았다. 독신자든 사별한 부인이든 여자는 남자가 갖는 모든 권리를 갖는다. 재산이 그녀에게 통치권을 부여한다. 즉, 봉토를 소유함으로써 여자는 그것을 통치하는 것이다. 이것은 여자가 재판도 하고, 조약도 체결하고, 법률도 제정한다는 것을 의미한다. 여자가 군인 역할도 하고, 부대도 지휘하고, 전투에 참여하는 것도 볼 수 있다. 잔 다르크Jeanne d'Arc(1412~1431) 이전에도 여자 병사가 존재했고, 오를레앙의 소녀[60]는 놀라움을 주지만 충격적인 것은 아니다.

하지만 수많은 요인이 결합되어 여자의 독립을 방해했기 때문에 그것들이 한꺼번에 사라지는 일은 결코 없었다. 신체적 허약은 더는 문제가 되지 않았으나 기혼 여성의 종속은 사회에 유익한 것으로 남아 있었다. 따라서 남편의 힘은 봉건제가 사라진 후에도 살아남았다. 여기서 오늘날까지도 여전히 존속하는 모순이 명백히 드러나는 것을 볼 수 있다. 즉, 사회에 가장 완전히 통합된 여자가 특권을 가장 적게 소유한 여자라는 모순이다. 시민적 봉건제도 안에서 결혼은 군사적 봉건제 시대와 같은 양상을 간직하고 있었다. 즉, 남편은 아내의 후견인으로 머물러 있었다. 부르주아 계급이 형성되었을 때도 여전히 같은 법률을 준수한다. 봉건법에서와 마찬가지로 관습법에서도 혼외에서만 여자의 해방이 가능하다. 미혼녀와 사별한 부인은 남자와 같은 법적 능력을 갖춘다. 그러나 일단 결혼하면 여자는 남편의 후견과 권한 아래 놓인다. 남편은 아내를 때릴 수 있다. 아내의 품행과 교제와 서신을 감시하고, 계약에 근거해서가 아니라 결혼이란 사실에 의해서 아내의 재산을 마음대로 처분한다. "결혼이 성립되면, 그 즉시 양자의 재산은 결혼의 효력에 의하여 공유되고 남자의 권한하에 놓인다"라고 보마누아르는 말하고 있다. 귀족과 부르주아에게서 세습재산의 이익을 위해 단 한 사람의 주인이 그 재산을 관리할 것이 요구되기 때문이다. 아내를 남편에게 예속시키는 것은 그녀가 근본적으로 무능력하다

<hr />

60 *잔 다르크를 이른다. 오를레앙은 그녀의 출신지다.

고 판단되기 때문이 아니다. 아무 반론이 없으면 여자에게 완전한 능력을 인정한다. 봉건시대부터 오늘날까지 결혼한 여자는 사유재산제에 고의로 희생됐다. 남편이 쥐고 있는 재산이 많으면 많을수록 여자의 예속이 더욱 엄격해진다는 것에 유의하는 것이 중요하다. 여자의 종속은 언제나 부유한 계급에서 더욱 구체적으로 나타난다. 오늘날도 부유한 지주 계급 안에서 가부장제 가족은 여전히 살아남아 있다. 남자는 자신이 사회적·경제적으로 강하다고 느끼면 느낄수록 더욱더 권위적인 가장이 된다. 반대로 공동의 빈곤이 부부 관계를 대등하게 만든다. 여자를 해방시킨 것은 봉건제도도 가톨릭교회도 아니다. 가부장제 가족에서 진정한 부부 중심의 가족으로의 이행은 농노제에서 출발했다. 농노와 그 아내는 아무것도 소유하지 못했고, 오직 그들의 집과 가구와 도구만을 공유할 뿐이었다. 남자는 재산이 전혀 없는 아내의 주인이 되려고 애쓸 이유가 없었다. 반면에 그들을 결합하는 노동과 이해관계가 아내를 반려자의 지위로 승격시켰다. 농노제가 소멸하여도 빈곤은 그대로 남아 있었다. 대등한 부부 관계는 농촌의 작은 공동체와 장인들 사회에서 볼 수 있었다. 아내는 물건도 하녀도 아니었다. 그런 것은 부유한 남자의 사치인 것이다. 가난한 남자는 자기를 배우자에게 결부시키는 관계의 상호성을 경험한다. 아내는 경제적·사회적 역할을 담당하기 때문에 자유로운 노동 속에서 구체적인 자율성을 획득한다. 중세의 소극笑劇이나 우화시는 남편이 아내를 때릴 수 있는 특권 외에 다른 특권이 없는 장인, 소상인, 농부들의 사회를 반영하고 있다. 그러나 아내는 폭력에 기지로 맞서고 부부는 평등을 되찾는다. 반면에 부유한 여자는 한가하게 놀고 먹는 대신 남편에게 예속당한다.

　　중세 시대에 여자는 아직 어느 정도의 특권을 보존하고 있었다. 마을에서 여자는 주민회의에 참석하고, 삼부회의 대의원 선출을 위한 기초회의에도 참여했다. 그리고 남편이 처분할 수 있는 권한은 동산動産밖에 없었다. 즉, 부동산을 양도하기 위해서는 아내의 동의가 필수적이었다. 앙시앵레짐ancien régime[61] 내내 지속하였던 법률이 체계화된 것은 16세기가 되어서다. 이때부터 봉건적 관습은 완전히 사라지고, 여자들을 집안에 붙들어 두고자 하는 남자들의 의도에 반대해 여자들을 보호하는 것은 아무것도 없었다. 여자에 대해 대단히 경멸적인 로마법의 영향이 여기서 느껴진다. 로마 시대와 마찬가지로 여자의 우둔함과 연약성에 대

한 격렬한 혹평은 법 제정의 원인이 아니라 정당화의 구실로 나타난다. 남자들은 자기들 멋대로 행동하기 위한 이유를 사후事後에나 발견했다. 『과수원의 몽상 *Songe du Verger*』에서 이런 대목을 읽을 수 있다. "나는 여자들이 가진 나쁜 조건 중에서도 법적으로 아홉 가지를 가졌다고 생각한다. 첫째, 여자는 본성상 자기 자신의 화禍의 근원이다. (…) 둘째, 여자들은 천성이 대단히 인색하다. (…) 셋째, 여자들의 의사意思는 아주 돌발적이다. (…) 넷째, 여자들의 의도는 사악하다. (…) 다섯째, 여자들은 광대들이다. (…) 또 여자들은 거짓된 것으로 정평이 나 있어서 민법에 따르면 유언의 증인으로 받아들여질 수 없다. (…) 또 여자는 언제나 하라고 지시한 것을 반대로 한다. (…) 또 여자들은 핑계 대기를 좋아하고 자신의 수치를 주책없이 털어놓는다. 또 여자들은 교활하고 심술궂다. 성 아우구스티누스는 '여자는 결연하지도 않고 안정적이지도 않은 짐승이다'라고 말했다. 여자는 남편을 당황하게 할 만큼 증오에 차 있고, 사악의 온상이며, 모든 소송과 말썽의 시작이고, 모든 타락으로 이끄는 길이다." 이와 유사한 글들이 이 시대에는 넘쳐난다. 이 글이 유독 관심을 끄는 것은 각각의 비난이 여자들에 관한 법의 부당한 조치를 하나하나 변호하면서, 여자들이 묶여 있는 열등한 상황을 정당화시키기 때문이다. 당연히 모든 '남성적 직무'가 여자들에게 금지되었다. 여자들에게서 모든 민권을 박탈한 벨레이아 원로원의 결의가 부활되었다. 장자 상속권과 남성의 특권 때문에 여자들은 아버지의 유산을 받으려면 남자들 뒤에 서야만 했다. 독신인 딸은 아버지의 후견하에 머무른다. 아버지는 딸을 결혼시키지 않으면 일반적으로 수녀원에 가둔다. 미혼모에게는 아이 아버지를 찾는 것이 허용되었으나 출산 비용과 아이 양육비만 받을 권리가 있다. 결혼하면 여자는 남편의 권한 밑으로 들어간다. 즉, 그가 거주지를 정하고 가정생활을 지휘하며, 아내가 간통할 경우에 그는 이혼하고 그녀를 수도원에 가두거나 나중에 바스티유 감옥에 보내기 위해서 위임장을 확보한다. 남편의 승인이 없으면 어떤 증서도 유효하지 않다. 여자가 사회에 무엇인가 기여할 수 있는 것은 로마적 의미에서 지참금 정도다. 그러나 결혼은 해체 불가능하므로 재산 처분권이 아내에게 돌아오려면 남편이 사망해야 한다. 그로부터 다음과 같은 격언이 생겨났다. "아내는 원래 친구가 아니다. 다만 그러기를 기대할 뿐이다." 아내는 자기 자산을 관리하지 않기 때문에 비록 자산에 대한 권리를 갖고 있다 할지라도 책임지지 않는다. 재산은 그녀의 행위에 어떤 내용도 제공하지 않는다. 즉, 아내는 세계에 대한 구체적인 점유를 하지 못하는 것이다. 『에우메니데스』처럼 자식들조차 그녀보다 아버지에게 속한다고 간주한다. 즉, 여자는 권한이 자기보다 매우 월등하고 자손의 진정한 주인인 남편에게 자식들을 '낳아주는 것이다.' 이것은 나폴레옹이, 배나무가 배의 소유자에게 속해 있는 것과 마찬가지로 여자는 아이들을 제공하는 남자의 소유물이라고 선언하면서 사용하는 논거이기도 하다. 앙시앵레짐하에서 프랑스 여성의 법적 지위는 내내 그와 같았다. 벨레이우스 법은 판례에 의해서 점진적으로 폐기되었으나 결정적으로 사라지기까지는 나폴레옹 법전을 기다려야만 했다. 아내의 행실과 부채에 대해 책임지는 것은 남편이었고, 아내는 남편에게만 해명하면 된다. 아내는 공공기관과 직접적으로 교섭하지 않고, 가족 이외의 개인과는 거의 자주적으로 교류하지 않는다. 배우자라고 하기보다는 노동과 어머니 역할 속에서 하녀처럼 보인다. 즉, 여자가 만들어 내는 물건과 가치와 존재들은 그녀의 재산이 아니라 가족, 따라서 가장인 남자의 것이다. 다른 나라에서도 여자의 상황은 이보다 더 자유롭지 못했고 오히려 그 반대였다. 어떤 나라는 후견제를 여전히 고수했고, 모든 나라에서 기혼녀의 권한은 전혀 없었으며, 풍습 또한 엄격했다. 유럽의 모든 법전은 여자에게 모두 불리했던 교회법과 로마법 그리고 게르만법을 토대로 만들어진 것이다. 모든 나라가 사유재산제와 가족을 인정하고 있으며, 이런 제도의 요구에 따르고 있었다.

이 모든 나라에서 '정숙한 여자'를 가정에 예속시킨 결과 중 하나가 매춘의 존재다. 위선적인 사회 바깥에 놓여 있는 매춘부들은 사회에서 가장 중요한 역할을 담당한다. 기독교는 그들에게 온갖 모욕을 쏟아부었으나 한편으로는 그들을 필요악으로 받아들인다. "매춘부들을 제거하라. 그러면 사회가 방탕으로 어지럽게 될 것이다"라고 성 아우구스티누스는 말한다. 그리고 후에 성 토마스 - 혹은 『제도론 *De regimine principium*』 제4권에 같은 이름으로 서명한 신학자 - 는 이렇게 선언한다. "사회 내부에서 매춘부를 제거해라. 그러면 사회는 방탕으로 인한 모든 종류의 무질서로 혼란스러워질 것이다. 도시 안의 매춘부는 궁전에 있는 하수구다. 따라서 하수구를 없애면 궁전은 악취를 풍기는 불결한 곳이 될 것이다." 중세 초기에는 풍기가 몹시 문란해져서 창녀가 별로 필요하지 않았다. 그러나 부르주아 가정이 확립되고, 일부일처제가 엄격해지자 남자는 쾌락을 찾아 집 밖으로 나갔다.

샤를마뉴 대제의 참사회는 매우 엄격하게 매춘을 금지했지만 효과가 없었고, 성 루이 역시 1254년에 매춘부를 추방하라는 명령을 내리고 1269년에 매춘

장소를 파괴하라고 지시했으나 소용이 없었다. 주앵빌Jean de Sire Joinville(1224년경 ~1317)[62]이 전하는 말에 의하면, 다미에트에서 매춘부들의 막사가 왕의 막사와 인접해 있었다고 한다. 그 후 프랑스에서 샤를르 9세와 18세기 오스트리아에서 마리아 테레지아 여왕이 시도했으나 역시 모두 실패했다. 사회의 조직이 매춘을 필수적인 것으로 만들었다. 후에 쇼펜하우어가 "창녀들은 일부일처제의 제단 위에 바쳐진 인간 제물이다"라고 거창하게 말한다. 그리고 유럽의 도덕역사가인 레키W. E. H. Lecky(1838~1903)도 같은 생각을 표명한다. "악덕의 최고 유형인 창녀들은 미덕의 가장 적극적인 수호자들이다." 매춘부의 상황과 유대인의 상황은 당연하게 비교되었다.[63] 매춘부들은 자주 유대인과 동일시되어 왔다. 즉, 고리대금업과 돈의 뒷거래는 혼외 성행위와 마찬가지로 어김없이 가톨릭교회에 의해 금지된 것이다. 그러나 사회는 금융투기꾼이나 혼외의 사랑 없이 지낼 수 없고, 이러한 직능은 저주받은 계급에게 할당된다. 이들은 유대인 지역이나 보호구역에 격리된다. 파리에서 이런 구역의 여자들은 아침에 와서 야간 통행금지가 해제된 후에나 돌아가는 **토끼장**clapiers[64]에서 일했다. 매춘부들은 특정한 거리에서 살았고, 그곳을 떠날 권리가 없었다. 다른 도시 대부분에서도 사창가는 성 밖에 있다. 그녀들은 유대인처럼 복장 위에 구별되는 표식을 달고 다녀야만 했다. 프랑스에서는 정해진 색깔의 줄 견장을 한쪽 어깨에 걸어 늘어뜨리는 것이 일반적이었다. 정숙한 여자가 걸치는 견직물, 모피, 패물 같은 것은 그녀들에게 대개 금지되었다. 이 여자들은 법으로 파렴치함의 낙인이 찍혔고, 경찰과 사법관들에 의해 어떤 보호도 받지 못했으며, 이웃 한 사람의 요청만으로도 그녀들을 숙소에서 쫓아낼 수 있었다. 그녀들 중 대다수는 생활이 힘들고 비참했다. 어떤 여자들은 공창에 갇혀 있었다. 프랑스 여행가 앙투안 드 라랭은 15세기 말에 발렌시아의 한 스페인 매음굴을 묘사하는 글을 남겼다. 그가 말하기를, 그 장소는 "크기가 작은 도시만 하고, 담으로 둘러싸인 채 막혀 있으며, 문은 단 하나밖에 없다. 그리고 문 앞에는 안에 있을 수도 있는 강도들을 처벌하기 위한 교수대가 마련되어 있다. 문에는 한 남자가 버티고 서서 그 안으로 들어가려는 자의 무기를 거두고, 돈이 있으면 돌아갈 때

---

62 * 프랑스 영주, 연대기 작가. 제7차 십자군의 이집트 원정에서 국왕 루이 9세와 동행했다.

63 "페이팽 고개를 거쳐 시스트롱을 지나는 매춘부들은 유대인처럼 생트클레르 수녀원에 기부하기 위해 5수의 통행세를 기부할 의무가 있다."(바위토Bahutaud)

64 * 좁고 더러운 매음굴을 은유한다.

돌려줄 테니 맡기는 것이 좋다고 말한다. 돈을 가지고 있는데도 맡기지 않았다가 밤중에 도둑을 맞으면 문지기는 책임을 지지 않는다. 이곳에는 작은 집들로 꽉 들어찬 서너 개의 길이 있는데, 집마다 벨벳과 새틴으로 몸치장을 한 여자들이 앉아 있다. 여자들은 한 2~300명이 된다. 그녀들은 좋은 천으로 둘러친 자기들 방이 있다. 공정 가격은 스페인 화폐로 4드니에denier인데, 프랑스 돈으로 치면 거액이다. (…) 거기에는 선술집과 카바레도 있다. 낮에는 더워서 자세히 둘러볼 수가 없고, 밤이나 저녁에 더 잘 볼 수 있다. 왜냐하면 그때 창녀들이 입구의 아름다운 등불 곁에 앉아 있어서 그녀들을 편하게 더 잘 볼 수 있기 때문이다. 시에는 두 명의 의사가 있는데 매주 창녀들을 검진해 건강에 이상이 없는지, 성병에 걸리지 않았는지를 조사한다. 만일 창녀에게 병이 생기면 이곳 유지들이 비용을 대서 그녀들이 희망하는 곳으로 보내 버린다."[65] 글을 쓴 저자는 그곳에 치안 조직이 아주 잘 되어 있는 것에 놀란다. 많은 창녀가 자유로이 살고 있었다. 몇몇 창녀들은 돈을 넉넉하게 벌었다. 그리스의 헤타이라 시대처럼 고급 매춘부들은 '정숙한 여자'의 삶을 능가하는 여성적 개인주의의 가능성을 열고 있었다.

프랑스에서 독신녀의 신분은 특이했다. 그녀가 누리는 법적 독립은 가정주부의 예속과 충격적으로 대립한다. 독신녀는 기괴한 인물이다. 그래서 풍습은 법률이 그녀에게 부여한 모든 것을 빼앗는 데 급급하다. 그녀는 민법상의 모든 권리를 가지고 있으나 그것은 추상적이고 공허한 권리다. 그녀는 경제적 자주성도 사회적 존엄성도 가지고 있지 않다. 일반적으로 노처녀는 부계가족의 그늘에 숨어 살거나 수녀원의 구석에서 동류들을 만난다. 거기서 그녀는 불복종과 죄악 이외에는 다른 형태의 자유를 거의 알지 못한다. 그래서 쇠퇴기의 로마 여자들도 오직 악행으로써만 해방될 수 있었다. 여자들의 해방이 부정적으로 남아 있는 한 그 운명도 변함없이 부정적이었다.

그와 같은 조건들 속에서 여자가 행동하거나 단순히 자기 의사를 표현할 가능성을 갖는다는 것이 얼마나 드문 일인지 알 수 있다. 노동자 계급에서 경제적 압박은 남녀의 불평등을 없애 주긴 하지만 개인에게서 모든 기회를 앗아간다. 귀족과 부르주아 계급의 경우 여자는 여자라는 이유로 박해를 당한다. 여자는 기생적인 삶을 살아갈 수밖에 없고, 교육을 거의 받지 못한다. 여자가 어떤 구체적인 계

---

65 리펜베르그Riffenberg의 『회화 사전Dic. de la Conversation』, 「창녀들」 편

획을 세우고 실현할 수 있으려면 예외적인 환경들이 필요하다. 여왕이나 여자 섭정들은 이러한 드문 행복을 누린다. 절대 권력을 가진 그녀들은 성을 초월해 칭송받기 때문이다. 프랑스에서는 살리카 법으로 여자가 왕위를 계승하는 것을 금하고 있다. 그러나 남편 옆에서 혹은 남편의 사망 후에 여자들은 때로 커다란 역할을 하기도 한다. 예를 들면 성 클로틸드, 성 라드공드, 블랑슈 드 카스티유가 그러하다. 수녀원 생활이 여자를 남자로부터 독립적인 여자로 만든다. 어떤 수녀원장들은 대단한 권력을 소유하고 있다. 엘로이즈는 사랑에 빠진 여자로 유명한 만큼이나 수녀원장으로도 이름을 빛냈다. 여자들을 신에 결부시키는 신비적인, 따라서 자주적인 관계 속에서 여성들의 영혼은 남성적 영혼의 영감과 힘을 끌어낸다. 그리고 그녀들은 사회의 존경을 받으므로 어려운 일을 해낼 수 있다. 잔 다르크의 모험은 기적과 같은 것이다. 그것은 대담하고 무모하며 반전으로 가득한 짧은 기도에 불과했다. 시에나의 성 카타리나의 이야기는 의미심장하다. 그녀가 시에나에서 적극적인 자선 활동과 강렬한 내면생활을 드러내는 비전으로 위대한 명성을 만들어 낸 것은 완전히 평범한 생활의 한가운데서였다. 이처럼 그녀는 성공에 필요한, 일반적으로 여자들에게는 없는 권위를 획득했다. 사형수에게 설교하고, 방화하는 사람들을 선도하며, 가정과 도시 사이의 분쟁을 진정시키기 위하여 사람들은 그녀의 영향력에 호소했다. 그녀는 그녀 안에서 자신의 정체성을 인지하는 모습을 알아보는 집단의 지지를 받았다. 이렇게 해서 도시에서 도시로 교황에게 복종할 것을 설교하면서, 주교와 군주들과 널리 서신을 교환하면서, 끝내는 피렌체 공화국에 의해 아비뇽에 교황을 찾으러 가기 위한 대사로 선발된 그녀는 평화의 사명을 다할 수 있었다. 여왕들은 신권에 의하여, 성녀들은 빛나는 미덕에 의하여 사회에서 남자들에 필적할 지지를 확보한다. 반대로 다른 여자들에게는 조용한 겸손이 요구되었다. 크리스틴 드 피상Christine de Pisan(1364~1430년경)[66]의 성공은 놀라운 행운이다. 그녀가 글을 써서 생계를 이어 가겠다고 결심한 것은 남편과 사별한 까닭에 아이들을 책임져야만 했기 때문이다.

전체적으로 중세 남자들의 의견은 사실상 여자들에게 별로 호의적이지 않았다. 분명 정중한 시인들은 사랑을 찬양했다. 이는 수많은 「사랑의 기술Arts d'amour」이라는 시가 나타난 것에서 볼 수 있다. 그중에 앙드레 르 샤플랭André le

---

66　*프랑스 시인. 궁정 생활을 제재로 한 시를 썼다.

Chapelain의 시와 기욤 드 로리Guillaume de Lorris가 귀부인들에게 헌신적으로 봉사하라고 젊은이들에게 권유하는 유명한 『장미 이야기Roman de la Rose』가 있다. 그러나 음유시인들의 문학에서 영향받은 이러한 문학과, 여자들을 악의적으로 공격하고 부르주아적 영감을 받은 글들이 대조된다. 즉, 우화시, 소극笑劇, 단시短詩는 여자들의 게으름, 교태, 음욕을 비난하고 있다. 여자의 최악의 적은 성직자들이다. 그들이 공격하는 것은 결혼이다. 가톨릭교회는 결혼을 성사聖事로 만들었지만 기독교의 엘리트들에게는 결혼을 금하고 있다. 여기에 '여성 논쟁'의 기원이 된 모순이 있다. 이 모순은 『장미 이야기』 제1권이 나온 지 15년 후에 발표된 『마테올루스의 탄식Lamentations de Matheolus』에서 유례없이 격렬하게 고발되었다. 『마테올루스의 탄식』은 100년 후 프랑스어로 번역되어 당시에 유명했다. 마티외는 아내를 얻으면서 '성직자' 신분을 잃었다. 그는 자신의 결혼뿐만 아니라 여자들과 결혼 그 자체를 저주했다. 결혼과 성직을 양립할 수 없다면, 신은 왜 여자를 창조했는가? 결혼에는 평화가 있을 수 없다. 그러니 악마의 작품이 아닐 수 없고, 아니면 신은 자기가 무슨 일을 하는지 모르고 있었다. 마티외는 여자가 심판의 날에 부활하지 않기를 바라나, 신은 결혼이 천국으로 가기 위한 연옥이라고 대답한다. 그리고 꿈속에서 천국에 간 마티외는 일군의 남편이 "잘 왔소, 잘 왔소, 참다운 순교자여"라고 외치며 자기를 맞이하는 것을 본다. 역시 성직자인 장 드 묑의 작품에서도 유사한 암시가 발견된다. 그는 젊은이들에게 여자들의 속박에서 벗어날 것을 엄명한다. 그는 먼저 사랑을 공격한다.

사랑은 증오에 찬 나라요
사랑은 사랑에 빠진 증오다.

그는 남자를 노예로 만들고 속임수에 빠트리는 결혼을 공격한다. 그리고 여자를 향해 맹렬하게 독설을 퍼붓는다. 여성 옹호자들은 이에 대해 여자의 우월성을 증명하는 답변을 하려 애쓴다. 17세기까지 약한 성性의 변호자들이 끌어낸 몇 개의 논거는 다음과 같다.

"여자는 남자보다 우위에 있다. 왜냐하면 물질적 측면에서 아담은 진흙으로 만들어졌지만, 이브는 아담의 갈비뼈 하나로 만들어졌기 때문이다. 장소에서도 아담은 낙원 밖에서 만들어졌으나 이브는 낙원 안에서 만들어졌기 때문이다. 잉태에서도 여자는 신을 잉태했지만 남자는 그렇게 할 수 없기 때문이다. 신의 모습을 나타낸 점에서도 그리스도는 사후에 한 여성, 막달라 마리아에게 나타났기 때문이다. 찬미에서도 지복至福을 누리는 여성 마리아가 천사들의 합창에 둘러싸여 찬송을 받았기 때문이다……."

이에 대해 반대자들은 그리스도가 여자들 앞에 먼저 나타난 것은 여자들이 말이 많다는 것을 알고 자기의 부활을 서둘러 알리고 싶어 했기 때문이라고 반박했다.

논쟁은 15세기 내내 이어졌다. 『결혼의 열다섯 가지 즐거움Quinze joyes du mariage』의 저자는 호의를 베풀며 가엾은 남편의 불운을 묘사했다. 외스타슈 데샹Eustache Deschamps은 같은 주제로 끝나지 않는 시를 썼다. '장미 이야기의 논쟁'은 바로 이 시기에 시작되었다. 처음으로 한 여성이 자신의 성을 변호하기 위해 펜을 든다. 크리스틴 드 피상은 『사랑의 신에게 보내는 서한Épitre au Dieu d'amour』에서 성직자들을 맹렬히 공격한다. 그러자 성직자들은 즉시 장 드 묑을 옹호하기 위해 일어선다. 그러나 파리대학교의 총장 제르송Gerson은 크리스틴 편에 선다. 그는 광범위한 대중에게 호소하기 위한 논고를 프랑스어로 작성한다. 마르탱 르 프랑Martin le Franc은 200년 후에도 여전히 읽히는 「귀부인의 두건Chaperon des Dames」이라는 난삽한 글을 싸움터에다 던진다. 그러자 크리스틴이 다시 개입한다. 그녀는 특히 여자들에게 교육받는 것이 허용되어야 한다는 것을 주장한다. "만일 어린 여자애들을 학교에 보내는 것이 관습이고, 일반적으로 사내아이들처럼 여자애들에게도 학문을 가르친다면, 여자애들 역시 사내아이들이 하는 것처럼 모든 예술과 학문의 정교함을 완전히 배우고 이해할 것이다."

이런 언쟁은 사실 여자들에게 간접적으로만 관련되었다. 여자들을 위해 여자들에게 배정된 역할과는 다른 사회적 역할을 요구하는 것을 아무도 고려하지 않았다. 그보다는 오히려 성직자의 생활과 결혼의 상황을 대결시키는 것이 관건이었다. 즉, 결혼에 대한 가톨릭교회의 모호한 태도에 의해 야기된 남성의 문제였다. 이러한 분쟁은 루터가 신부들의 독신생활을 거부하면서 해결된다. 여성의 신분은 이런 문학적 논쟁을 통해 영향받지 않았다. 소극과 우화시의 풍자는 있는 그대로의 사회를 조소하면서도 사회를 바꾸려고는 하지 않았다. 즉, 여자를 조롱하지만 여자에게 해를 끼치지는 않았다. 궁정풍의 사랑의 시는 여성성을 찬양했으나 그러한 숭배는 양성의 동일시를 의미하지 않는다. '논쟁'은 사회의 태도를 반영하지만 사회를 변화시키지 않는 하나의 부차적 현상이다.

*

이미 말한 바와 같이, 여자의 법적 지위는 15세기 초부터 19세기까지 대략 변하지 않은 채로 있었다. 그러나 특권 계급에서는 여자의 구체적인 신분 변화가 전개된다. 이탈리아 르네상스기는 남녀의 구분 없이 모두 강한 개성을 발현하는 데 유리한 개인주의 시대였다. 이 시기에는 잔 다라공, 잔 드 나플, 이자벨 데스테 같은 강력한 여성 군주들을 볼 수 있다. 또 다른 여자들은 남자들처럼 무기를 든 모험가 용병대장들이었다. 예를 들면 지롤라모 리아리오의 부인은 포를리의 자유를 위해 투쟁했고, 히폴리타 피오라멘티는 밀라노 공☆의 군대를 지휘하며 파비아 포위전 동안에 귀부인 일행을 성벽으로 인도했다. 시에나 여자들은 몽뤼크에 대항하고 도시를 방어하기 위하여 세 곳의 부대를 각기 3천 명의 여자들로 구성했고, 여자들이 지휘했다. 다른 이탈리아 여자들은 교양과 재능으로 이름을 떨쳤다. 예를 들면 이소라 노가라, 베로니카 감바라, 가스파라 스탐파라, 미켈란젤로의 친구인 비토리아 콜론나 그리고 무엇보다 메디치 가문의 로렌초와 줄리아노의 어머니인 루크레치아 토르나부오니가 있다. 그녀는 특히 여러 점의 찬가와, 성 요한과 마리아의 전기를 썼다. 이런 특출한 여자들 가운데 대다수가 고급 창녀들이었다. 품행의 자유에 정신의 자유를 결합하고, 직업 덕분에 경제적 자주성을 확보하면서 남자들로부터 경의의 찬탄과 대우를 받았다. 그녀들은 예술을 보호했고 문학과 철학에 관심을 가졌으며, 대개는 본인들이 글을 쓰거나 그림을 그렸다. 이사벨라 드 루나, 카타리나 디 산 첼소, 시인이자 음악가인 임페리아는 아스파시아와 프리네의 전통을 부활시켰다. 하지만 많은 고급 창녀에게서 자유는 아직 방종의 모습밖에 취하지 못했다. 이탈리아의 귀부인과 고급 창녀들의 요란한 연회와 범죄는 전설적으로 남아 있다.

이런 방종은 다음 몇 세기에 걸쳐 지위나 재산을 통해 당시 도덕으로부터 해방된 여자들에게서 볼 수 있는 주된 자유였다. 당시 도덕은 전체적으로 중세와 마찬가지로 엄격했다. 긍정적 성취는 여전히 아주 적은 수의 여자들에게만 가능했다. 여왕들은 여전히 특권 계급이었다. 카테리나 데 메디치, 영국의 엘리자베스 1세, 이사벨 라 카톨리카는 위대한 여군주들이다. 몇몇 위대한 성녀들 또한 존경을 받았다. 아빌라의 성 테레사의 놀라운 운명은 성 카타리나의 운명과 거의 같은 방식으로 설명된다. 즉, 그녀는 신에 대한 믿음 속에서 자기 자신에 대한 확고한 믿음을 끌어낸다. 자신의 처지에 적절한 미덕을 최고도까지 끌어올리면서 자기의 고해신부들과 기독교 세계의 지지를 확보한다. 그리하여 수녀의 평범한 신분을 넘어 두각을 나타낼 수 있었다. 여러 수도원을 세우고 경영했으며, 남자처럼 모험적인 용기로 여행을 하고 기획을 하며 정진했다. 사회는 그녀를 방해하지 않았고, 글을 쓰는 것조차 무모한 짓이 아니었다. 그녀의 고해신부들이 그것을 요청했기 때문이다. 그녀는 놀라운 운명에 의해 남자와 같은 기회가 주어졌을 때, 여자도 남자와 마찬가지로 높이 올라갈 수 있다는 것을 당당히 보여 주었다.

그러나 사실 이런 기회는 대단히 불평등하게 머물러 있었다. 16세기에도 여자는 여전히 교육을 거의 받지 못했다. 안 드 브르타뉴는 남자들밖에 볼 수 없는 궁정에 많은 여자를 불러들여 수행 시녀들을 만들려고 애쓴다. 그러나 그녀는 시녀들을 수련시키는 것보다 교육을 더 걱정했다. 좀 더 후에는 재능과 지적인 영향력과 저술로 뛰어난 여자들이 나타났는데, 레츠 공작부인, 리뉴롤 부인, 로앙 공작부인과 그녀의 딸 안 등 대부분 귀족 부인이었다. 가장 유명한 사람들은 왕실 여자들이다. 예를 들면, 마고 여왕과 마르그리트 드 나바르가 그렇다. 페르네트 뒤 귀예는 부르주아지였던 것 같다. 그러나 루이즈 라베는 필시 창녀였을 것이다. 어쨌든 그녀는 품행에서 대단한 자유를 누리고 있었다.

17세기에 이르러 여자들은 주로 지적인 영역에서 계속 두각을 나타냈다. 사교계 생활이 발달하고 교양이 보급되었다. 살롱에서 여자가 하는 역할은 괄목할 만했다. 여자들은 세계의 건설에 참여하지 않았기 때문에 사교와 예술과 문학에 전념할 여유가 있었다. 여자들의 교육은 체계적이지 않았으나 대담이나 독서, 가정교사의 교육이나 공개 강연을 통해 남편보다 우월한 지식을 얻기에 이르렀다. 구르네 양壤, 랑부이예 부인, 스퀴데리 양, 라파예트 부인, 세비녜 부인은 프랑스에서 널리 명성을 얻었다. 그리고 프랑스 밖에서는 엘리자베스 공주, 크리스티나 여왕, 박식한 모든 사람과 서신 교환을 한 슈르만 양도 같은 명성을 얻었다. 이러한 교양과 그것이 그녀들에게 부여한 권위 덕분에 여자들은 남자들의 세계에 개입하기에 이르렀다. 야심적인 많은 여자가 문학과 연애담으로부터 정치적인 음모로 스며들어 갔다. 1623년에 교황의 대사가 다음과 같이 썼다. "프랑스 내 모든 대사건과 모든 중대한 음모는 대개 여자들이 좌지우지한다." 콩데 공작부인은 '여자들의 모반'을 선동했다. 안 도트리슈Anne d'Autriche(1601~1666)[67]는 주위에 여자 고문들을 두었다. 리슐리외는 데귀용 공작부인의 조언에 기꺼이 귀를 기울였다. 프롱드의 난亂이 일어났을 때, 몽바종 부인, 슈브뢰즈 공작부인, 몽팡시에 양, 롱그빌 공작부인, 안 드 공자그와 다른 많은 여자가 어떤 역할을 했는지는 잘 알려져 있다. 마지막으로 맹트농 부인Madame de Maintenon(1635~1719)[68]은 능숙한 여자 고문이 나랏일에서 행사할 수 있는 영향력의 훌륭한 실례를 보여 줬다. 활기를 주는 사람, 조언자, 모사꾼인 여자들은 간접적인 방식으로 가장 효과적인 임무를 수행했다. 에스파냐의 오르시니 공公 부인은 더 많은 권한을 가지고 통치했지만 통치 기간이 길지 않았다. 이런 귀부인들과 더불어 부르주아의 구속을 벗어나 이 세계에서 우뚝 선 몇몇 인물들이 있다. 정체불명의 알려지지 않은 미지의 종種, 즉 여배우가 나타난다. 무대 위에 여자의 존재를 처음 알린 것은 1545년이었다. 1592년에는 알려진 여배우가 단 한 명뿐이었다. 17세기 초에 그녀들 가운데 대다수는 남자배우의 아내들이었다. 이윽고 여배우들은 사생활에서와 마찬가지로 직업에서도 독립을 획득한다. 고급 매춘부로 말하자면 프리네와 임페리아의 뒤를 이은 니농 드 랑클로Ninon de Lenclos[69]에서 가장 완성된 화신을 볼 수 있다. 그녀는 자신의 여성성을 활용했기 때문에 그것을 뛰어넘었다. 남자들 가운데서 생활하다 보니 그녀는 남성적 자질을 획득하게 되었다. 품행의 독립이 그녀를 정신의 독립으로 이끌었다. 니농 드 랑클로는 당시 여성에게 허용된 자유를 극한까지 밀고 나갔다.

18세기에는 여자의 자유와 독립이 한층 개선되었다. 풍습은 원칙적으로 여전히 엄격했다. 처녀들은 초보적인 교육밖에 받지 못했고 본인의 의사와는 상관없이 결혼하거나 혹은 수녀원에 보내졌다. 생활이 안정된 신흥계급인 부르주아지는 아내에게 엄격한 도덕을 강요했다. 그러나 귀족계급의 붕괴로 사교계의 여자들에게는 가장 큰 방종이 허용되었고, 상류 부르주아지조차 이런 사례들에 전염되었다. 수녀원도, 부부의 가정도 여자를 잡아 두는 데 성공하지 못했다. 다시 한 번 대다수 여자에게 이런 자유는 부정적이고 추상적인 것으로 머물러 있게 된다. 즉, 여자들은 쾌락을 추구하는 데 그치고 말았다. 그러나 영리

67 *루이 13세의 왕비
68 *루이 14세의 애첩
69 *17세기 프랑스 사교계를 주름잡으며 일류 문인 및 학자들과 교류한 지적인 여성. 프랑스 작가이자 예술 후원자이기도 했다.

「니농 드 랑클로의 초상화」 에드워드 스크리븐, 1825

하고 야심 찬 여자들은 행동할 가능성을 만들어 낸다. 살롱의 생활은 새로운 도약을 맞는다. 조프랭 부인, 뒤 데팡 부인, 레스피나스 양, 에피네 부인, 탕생 부인이 보여 준 역할은 충분히 알려져 있다. 후원자로서, 영감을 주는 사람으로서 여자들은 작가의 애독자층을 형성하고, 개인적으로 문학과 철학, 과학에 관심을 가졌다. 샤틀레 부인 같이 여자들은 물리학 연구실과 화학 실험실을 가지고 있어서 실험도 하고 분석도 했다. 그리고 어느 때보다도 적극적으로 정치에 관여했다. 프리 부인, 메이 부인, 샤토뇌프 부인, 퐁파두르 부인, 바리 부인이 차례차례 루이 15세를 조종했다. 여 조언자가 없는 대신大臣은 거의 없었다. 몽테스키외Charles de Montesquieu(1689~1755)가 프랑스에서는 모든 것이 여자들에 의해 이루어진다고 평가할 정도였다. 그에 의하면, 여자들은 "국가 내 새로운 국가"를 구성하고 있었다. 그리고 콜레Collé는 1789년의 전야에 다음과 같이 썼다. "여자들이 프랑스인들 사이에서 그토록 우위를 점하고 그토록 그들을 조종하고 있어서, 그들은 여자들에 의해서만 생각하고 느낀다." 소피 아르누, 쥘리 탈마, 아드리엔 르쿠브뢰르 등 사교계 여자들과 나란히 여배우들과 화류계 여자들도 많은 명성을 얻었다.

이와 같이 구체제 전체를 통해 자기를 나타내려는 여자들에게 문화 영역은 가장 접근 가능한 분야였다. 하지만 누구도 단테나 셰익스피어와 같이 정점에는 이르지 못했다. 이러한 사실은 여자들의 일반적인 보잘것없는 신분으로 설명된다. 교양이란 언제나 소수 엘리트 여성들의 전유물이었지 전체 여성의 것이 아니었다. 그런데 대개 남성 천재들은 대중한테서 나온다. 특권 계층의 여성들조차 그 절정에 접근하는 것을 막는 장애물을 주위에서 흔히 만나곤 했다. 성 테레사나 러시아의 카테리나 여제의 비상을 멈춘 것은 아무것도 없었으나, 여성 작가에게는 그녀를 막는 수많은 사정이 복합적으로 결속되어 있다. 버지니아 울프Virginia Woolf(1882~1941)는 작은 책자 『자기만의 방』에서 셰익스피어에게 누이가 있었다고 가정하고, 그 누이의 운명을 즐겨 지어냈다. 셰익스피어가 대학에서 약간의 라틴어, 문법, 논리학을 배우는 동안 누이는 완전한 무지 속에서 집에 남아 있었을 것이다. 그가 밀렵하고 들판을 뛰어다니고 이웃 여자들과 자는 동안, 그녀는 부모들이 보는 데서 행주를 긁고 있었을 것이다. 만일 그녀가 오빠처럼 출세하기 위해 런던으로 떠났더라도 그녀는 자유롭게 생활비를 버는 배우가 될 수 없었을 것이다. 아니면 집으로 다시 끌려와 강제 결혼을 하거나, 유혹받고 버려지는 치욕을 당하고 절망해 자살했을 것이다. 또한 대니엘 디포Daniel Defoe[70]가 묘사한 몰 플랜더스 Moll Flanders[71]와 같은 쾌활한 창녀가 되는 것도 상상할 수 있다. 그러나 어떤 경우에도 그녀는 극단을 지휘하거나 극본을 쓰거나 하지는 못했을 것이다. 영국에서 여자 작가는 언제나 적대감을 일으켰다고 V. 울프는 지적한다. 존슨Johnson 박사는 여자들을 "뒷다리로 걷는 개"에 비유하고, 여자들에 대해 "모양은 좋지 않으나 놀랍다"고 말했다. 예술가들은 그 누구보다도 타인의 의견에 신경 쓴다. 여자들은 타인의 의견에 좌우되기 쉽다. 그래서 단지 더 멀리 가기 위한 감행에도 여자 예술가에게 얼마나 많은 힘이 필요한지 이해할 수 있다. 흔히 여자 예술가는 이런 싸움에서 힘이 고갈된다. 17세기 말에 귀족이며 아이가 없는 윈힐시 부인 Countess of Winchilsea Anne Finch(1661~1720)[72]은 글을 쓰는 모험을 시도한다. 그녀의 작품의 어떤 문장들은 그녀가 감수성이 풍부하고 시적인 천성을 가지고 있었다는 것을 보여 준다. 그러나 그녀는 증오와 분노와 공포 속에서 소진되어 버렸다.

아아! 펜을 잡는 여자는
어찌나 주제넘은 피조물처럼 여겨지는지
그 죄에 대해 속죄할 어떤 방법도 없도다!

그녀는 거의 모든 작품을 여자들이 처한 조건에 대해 분개하는 데 바쳤다. 뉴 케슬 공작부인Duchess of Newcastle Margaret Cavendish(1623~1673)[73]의 경우도 유사하다. 역시 귀족인 그녀는 글을 쓰면서 물의를 일으켰다. 그녀는 격분해 "여자들은 바퀴벌레나 올빼미처럼 살고, 벌레처럼 죽는다"라고 썼다. 모욕을 당하고 웃음거리가 된 그녀는 자기 영지 안에 갇혀 지내야만 했다. 관대한 기질이었음에도 반쯤 실성해 더는 결과가 신통치 않은 기상천외한 작품밖에는 쓰지 못했다. 18세기가 되어 처음으로 남편과 사별한 부르주아 부인인 애프라 벤Aphra Behn(1640~1689)[74]이 남자처럼 글을 써서 생계를 이어 나갔다. 다른 여자들이 그녀

---

70 * 『로빈슨 크루소』를 쓴 영국의 소설가
71 * 사회에 휩쓸려 고생하는 윤락 여성의 일생을 그린 고백체 소설 『몰 플랜더스』의 여주인공
72 * 영국에서 여성 시인 최초로 시집을 출간했다.
73 * 영국의 철학자, 시인, 과학자, 소설가, 극작가
74 * 영국 최초의 여성 소설가 겸 극작가

의 예를 따랐다. 그러나 19세기가 되어서도 여성 작가들은 자신을 숨긴 채 글을 써야만 했다. 그녀들은 '자기만의 방'조차 가지고 있지 않았다. 즉, 그녀들은 내적 자유의 필수조건 중 하나인 물질적 독립을 누리지 못했다.

앞에서 이미 본 바와 같이, 사교계 생활의 발전과 그것이 지적 생활과 맺는 밀접한 관계 때문에 프랑스 여자들의 상황이 좀 더 유리했다. 그런데도 여론은 '바블뢰bas-bleus'[75]에 다분히 적대적이었다. 르네상스기 동안 귀족 부인들과 지식인 여성들은 여성의 권익을 위한 운동을 일으켰다. 이탈리아에서 유입된 플라톤학파의 학설은 여자와 사랑에 정신성을 부여했다. 수많은 문인이 여자를 옹호하는 데 힘썼다. 『유덕한 부인들의 방주La Nef des Dames vertueuses』와 『부인들의 기사Le Chevalier des dames』 등이 간행되었다. 에라스뮈스는 『작은 원로원Le Petit Sénat』에서 여성의 불만을 신랄하게 개진하는 코르넬리아에게 발언권을 준다. "남성들은 폭군들이다. (…) 그들은 우리를 장난감처럼 취급한다. (…) 그들은 우리를 세탁부나 요리사로 삼고 있다." 그는 여자들이 교육받을 수 있어야 한다고 주장했다. 코르넬리우스 아그리파Heinrich Cornelius Agrippa(1486~1535)[76]는 『여성의 기품과 우수성에 관한 웅변술Déclamation de la Noblesse et de l'Exellence du Sexe Féminin』이라는 아주 유명한 저서에서 여자의 우월성을 증명하려고 노력했다. 그는 난삽한 낡은 논법을 다시 사용한다. 즉, 이브는 생명을, 아담은 대지를 의미한다. 남자 다음에 창조된 여자는 남자보다 더 완성된 것이다. 여자는 천국에서 태어났고, 남자는 밖에서 태어났다. 물에 빠지면 여자는 뜨지만 남자는 가라앉는다. 이브는 흙이 아니라 아담의 갈비뼈로 만들어졌다. 여자의 월경은 모든 병을 낫게 한다. 이브는 몰랐기 때문에 과오를 저질렀을 뿐, 죄를 지은 사람은 아담이다. 그 때문에 신은 남자가 되었다. 게다가 부활한 뒤에도 그는 여자들 앞에 모습을 나타냈다. 아그리파는 여자들이 남자들보다 고결하다고 선언한다. 그는 여성이 자랑할 수 있는 '뛰어난 부인들'을 열거하는데, 이 또한 예찬의 상투적인 수법이다. 끝으로 그는 남자의 횡포에 대해 비난을 퍼붓는다. "모든 권리를 짓밟고 본연의 평등을 아무 탈 없이 침해하는 남자의 전횡은 여자에게서 태어날 때부터 받는 자유를 박탈하였다." 하지만 여자는 아이들을 낳고 남자만큼 총명하며 남자보다 더 섬세하기까지 하다.

---

75 * 영어 '블루 스타킹'에서 온 단어. 1750년대 문학을 좋아하는 여성이나 여성 문학가를 자처하는 여성들을 일컬었다.

76 * 16세기 독일 철학자, 의사, 과학자, 연금술사, 법학자

여자의 활동을 제한하는 것은 파렴치한 짓이다. "이것은 필시 신의 명령이나 필연성, 이성에 의한 것이 아니라 관습의 힘이나 교육, 노동에 의한 것이며, 주로 폭력과 억압에 의한 것이다." 그는 분명 남녀의 평등을 요구하지 않았으나 여자가 존중받기를 바랐다. 이 저서는 큰 성공을 거두었다. 그리고 여자에 대한 다른 예찬론인 『난공불락의 요새Le Fort inexpugnable』와 플라톤의 신비주의가 깃든 에로에 Antoine Héroët(1492년경~1568)[77]의 『완전한 여성 아미La Parfaite Amye』도 큰 성공을 거두었다. 포스텔Guillaume Postel(1510~1581)[78]은 생시몽주의 학설을 예고하는 어느 기묘한 책에서 인류를 재생시키는 어머니인 새로운 이브의 도래를 전한다. 심지어 그는 그녀를 만났다고 믿는다. 그녀는 죽었으나 어쩌면 자기 안에 재림했을 것이라고 그는 말한다. 마르그리트 드 발루아Marguerite de Valois[79]는 보다 온건하게 『박식하고 능란한 담론Docte et subtil discours』에서 여자 안에는 뭔가 신성한 것이 들어있다고 부르짖었다. 그러나 여성의 대의명분을 위해 가장 잘 봉사한 작가는 마르그리트 드 나바르Marguerite de Navarre(1492~1549)였다. 그녀는 여자들의 명예와 행복을 위해 결혼과 사랑을 조화시키려고 애쓰면서 품행의 방종에 맞서서 감상적인 신비주의와 오만이 없는 정숙을 이상으로 제시했다. 물론 여성의 적수들은 무장을 해제하지 않았다. 그 가운데 아그리파에 반대하는 책 『남녀의 논쟁Controverse des sexes masculin et féminin』에서는 중세의 낡은 논거들을 다시 볼 수 있다. 라블레Françoise Rabelais(1483년경~1553)는 『제3의 서Tiers Livre』에서 마티외와 데샹의 전통을 이어받아 결혼에 대한 신랄한 풍자를 즐겨 하지만, 행복한 텔렘 수도원은 여자들이 지배한다. 반여성주의는 1617년에 자크 올리비에Jacques Olivier의 『미완성의 알파벳과 여자의 악의Alphabet de l'imperfection et malice des femmes』를 가지고 다시 기세를 올린다. 이 책의 표지에는 하르퓌아harpie[80]의 손을 하고, 외설적인 깃털로 뒤덮여 있으며, 암탉처럼 집안 살림을 엉망으로 한다는 표시로 암탉의 두 다리로 서 있는 여자 그림을 볼 수 있다. 알파벳 글자마다 여자의 결점이 하나씩 기록되어 있다. 이번에도 가톨릭교회의 한 남자가 낡은 논쟁을 재현시켰다. 구르네Marie

---

77 * 프랑스 시인, 성직자
78 * 프랑스의 동양학자, 신비사상가
79 * 앙리 2세의 딸로 매우 지적이며, 저서로는 『각서』가 있다.
80 * 그리스 신화에 등장하는 괴물. 새의 몸에 여자 얼굴을 한 모습으로 바람처럼 빨리 날아다니며, 죽은 자의 영혼을 발톱으로 날카롭게 낚아챈다.

자크 올리비에의 책『미완성의 알파벳과 여자의 악의』표지 그림, 1619년판

de Gournay(1565~1645)[81]는 『남녀평등*Égalité des hommes et des femmes*』을 통해 반박했다. 그에 대해 독신자篤信者들이 여자들을 억누르기 위해 성 바울과 가톨릭교회의 교부들과 전도서의 말을 인용하는 동안 모든 자유 사상의 문학이 여자들의 품행을 공격했다. 여자는 또한 마튀랭 레니에와 그 일파의 풍자시에 마르지 않는 주제를 제공했다. 다른 진영에서는 옹호자들이 아그리파의 논거들을 앞다투어 받아들이고, 자신의 의견을 덧붙였다. 보스크Boscq 신부는 『정숙한 여자*L' Honnête Femme*』에서 여자들도 교육받을 수 있어야 한다고 주장한다. 『아스트레*Astrée*』[82]를 비롯한 모든 연애문학은 단시短詩와 14행시와 비가悲歌 등의 형식으로 여성의 장점을 찬양했다.

여자들이 쟁취한 성공은 오히려 여자들에 대한 새로운 공격을 불러일으켰다. 프레시외즈들*Précieuses*[83]은 여론의 반감을 샀다. 몰리에르*Molière*(1622~1673)의 연극 『우스꽝스런 프레시외즈들』과 좀 더 후에 나온 『학식을 뽐내는 여인들』은 사람들의 갈채를 받았다. 하지만 몰리에르가 여자들의 적은 아니었다. 그는 강요된 결혼을 맹렬히 공격했고, 젊은 처녀를 위해서 감정의 자유를, 아내를 위해서 존경과 독립을 요구했다. 이와 반대로 보쉬에는 강론에서 여자들을 가차 없이 공격했다. 최초의 여자는 "아담의 일부이며, 일종의 축소물에 불과하다. 정신에 대해서도 아담과 비례해 거의 마찬가지다"라고 설교했다. 여자들을 공격하는 브왈로의 풍자는 거의 수사학의 연습에 불과했지만, 일제히 반론이 일어났다. 즉, 프라동, 르냐르, 페로가 맹렬히 반격을 가했다. 라브뤼예르와 생 에브르몽이 여자들에게 호의적이었다. 이 시대에 가장 단호한 페미니스트는 1673년 데카르트의 영향을 받은 저서 『양성평등에 관하여*De l' égalité des deux sexes*』를 간행한 풀랭 드 라 바르*François Poullain de la Barre*(1647~1723)다. 그는 남자들이 강자이기 때문에 어디서나 남자들에게 혜택을 주었고, 여자들은 습관적으로 이런 종속을 받아들인다고 평가했다. 여자들은 단 한 번도 기회를 얻지 못했다. 자유도, 교육도. 따라서 과거에 여자들이 한 일을 가지고 여자들을 평가할 수 없을 것이다. 여자들이 남자들보다 열등하다고 가리키는 것은 아무것도 없다. 해부학상의 차이는 있지만, 그 차이의 어느 것도 남자들을 위한 특권을 구성하지 않는다. 그러므로 풀

---

81 *프랑스의 여성 철학자, 신학자
82 *오노레 뒤르페의 연애 소설
83 *17세기에 문재文才를 자처하던 상류층 부인들

랭 드 라 바르는 여자들을 위한 탄탄한 교육을 주장한다. 퐁트넬Bernard Le Bovier de Fontenelle(1657~1757)[84]은 여자들을 위해 『세계 다수 문답 Traité de la Pluralité des Mondes』을 썼다. 그리고 맹트농 부인과 플뢰리 사제의 뒤를 따르는 페늘롱이 자신의 교육 프로그램에서 매우 소극적인 태도를 보인 반면, 장세니즘파의 대학교수인 롤랭은 여자들이 학문을 진지하게 하기를 바랐다.

18세기 역시 양분되었다. 1744년에 암스테르담에서 『여자의 영혼에 관한 논쟁 Controverse de l'âme de la femme』의 저자는 "오직 남자를 위해서 창조된 여자는 세계가 끝날 때까지 존재하지 못할 것이다. 왜냐하면 여자가 창조된 처음 목적에 더는 유용하지 않을 것이기 때문이다. 거기서 필연적으로 여자의 영혼이 불멸하지 않다는 결론이 나온다"라고 선언했다. 부르주아지의 대변자를 자처하는 루소Jean-Jacques Rousseau(1712~1778)는 여기서 약간 덜 급진적으로 여자를 남편과 어머니 역할에 바친다. 그는 "여자들의 모든 교육은 남자들과 관련돼야만 한다. (…) 여자는 남자에게 양보하고 남자의 불의를 참아내기 위해 만들어졌다"라고 주장했다. 하지만 18세기의 민주주의와 개인주의의 이상은 여자들에게 유리했다. 여자들은 철학자 대부분에게 남성과 동등한 인간존재로 보였다. 볼테르Voltaire (1694~1778)는 여자들의 운명의 불공정성을 고발했다. 디드로는 여자들의 열등함이 대부분 사회에 의해 **만들어졌다**고 간주했다. 그는 "여성들이여, 나는 그대들을 동정하오!"라고 썼다. "온갖 관습 속에서 민법의 잔혹성은 여자들에게 등을 돌리고 자연의 잔혹성과 결탁하고 있다. 여자들은 지적장애인처럼 취급되었다"라고 그는 생각했다. 몽테스키외는 여자들이 가정생활에서 남자들에게 예속되어야만 하는데, 모든 것이 여자들에게 정치적 행동을 하도록 준비시킨다고 역설적으로 평가했다. "여자들이 집주인이 되는 것은 이성과 자연에 반하는 일이다. (…) 여자들이 제국을 통치하는 것은 이성과 자연에 반하는 일이 아니다." 엘베시우스Claude Adrien Helvétius(1715~1771)[85]는 여자를 열등하게 만드는 것은 불합리한 교육이라는 것을 증명했다. 달랑베르Jean Le Rond d'Alembert(1717~1783)[86]는 이 의견에 동의했다. 한 여자, 시레 부인에게서 경제적 페미니즘이 수줍게 나타나기 시작하는 것을 볼 수 있다. 메르시에Louis-Sébastien Mercier(1740~1814)는 거의 유일하게 저서 『파

84　* 프랑스의 문학가, 사상가, 18세기 계몽사상의 선구자
85　* 프랑스 계몽주의 시대의 철학자
86　* 프랑스 계몽주의 시대의 철학자. 백과전서파의 한 사람이다.

리의 풍경』에서 여성 노동자들의 비참한 생활에 대해 분개하고, 여성 노동의 근본적인 문제를 다루었다. 콩도르세Marquis de Condorcet(1743~1794)[87]는 여자들이 정치적 생활에 접근하기를 원했다. 그는 여자들을 남자와 동등하게 생각했고 전형적인 공격에 맞서 여자들을 변호했다. "여자들은 (…) 본질적으로 정의감이 없고 양심보다 감정에 따른다고 한다. (…) 그러나 이러한 차이를 가져온 것은 천성이 아니라 교육이며 사회생활이다." 또 다른 곳에서는 "여자들이 법률로 예속되면 될수록 그들의 세력은 더욱더 위험해졌다. (…) 만일 여자들이 그 세력을 지킬 이유가 적어진다면, 그리고 그 세력이 여자들을 방어하고 억압에서 벗어나는 유일한 수단이 아니라면 그 세력은 작아질 것이다."

---

87 *프랑스의 철학자, 수학자, 정치가

5

여자의 운명은 대혁명이 변화시켰으리라 기대할 수 있을 것이다. 그러나 전혀 그렇지 않았다. 부르주아 혁명은 부르주아의 제도와 가치를 존중했고, 혁명은 거의 절대적으로 남자들에 의해 이루어졌다. 구체제 내내 가장 독립적인 여성은 노동계급의 여자들이었다는 것을 강조함이 중요하다. 당시 여자는 장사할 권리가 있었고, 자기 직업을 자주적으로 수행하는 데 필요한 모든 능력을 소유하고 있었다. 재봉사, 세탁부, 금속 표면 연마공, 소상인 등의 자격으로 생산에 참여할 수 있었고, 집에서 혹은 소기업체에서 일을 했다. 물질적인 독립은 여자에게 품행의 자유를 크게 허용해 주었다. 즉, 서민 여자는 외출하고 술집에도 드나들며 거의 남자와 마찬가지로 자기 몸을 마음대로 할 수 있었다. 그녀는 남편의 협력자이자 대등한 사람이었다. 다만, 성적 차원이 아닌 경제적 차원에서 억압을 받았다. 시골의 농촌 여자는 들일에서 상당한 역할을 했고, 하녀로 취급되었다. 자주 남편과 아들과 같은 식탁에서 식사하지 못했고, 그들보다 더 고되게 일했으며, 피로한 데다 어머니로서의 부담이 가중되었다. 그러나 고대 농업 사회에서처럼 여자는 남자에게 필요했기 때문에 남자로부터 존중도 받았다. 남녀는 재산, 이해, 걱정을 공유했다. 여자는 집안에서 커다란 권한을 행사했다. 이러한 여자들은 힘든 생활 속에서 인격체로서 자신을 확립하고, 권리를 주장할 수 있었을 것이다. 그러나 소심함과 복종의 전통이 여자들을 압박했다. 삼부회[88]의 기록에서 여성의 권리 요구는 거의 찾아볼 수 없다. 여자들의 요구는 다음과 같은 것에 한

---

88 *대혁명 이전 구체제 아래에서 왕이 소집하는 귀족, 성직자, 평민의 세 계급의 회의

정되었다. "남자들은 여자들의 특정한 직업을 갖지 못하도록 하라." 분명 여자들은 남자들과 함께 시위나 봉기에 참여했다. 베르사유에 '빵집 주인 부부와 조수'[89]의 신병을 요구하러 간 사람도 여자들이었다. 그러나 혁명의 계획은 민중이 지도하지 않았고, 그 열매도 민중이 거두지 않았다. 부르주아지 여성들로 말하자면 롤랑 부인, 뤼실 데뮬랭, 테루아뉴 드 메리쿠르 등 몇 명은 자유를 위하여 혁명에 열렬히 동조했다. 그녀들 가운데 한 명은 사건의 추이에 심대한 영향을 끼쳤다. 바로 샤를로트 코르데, 그녀가 마라를 암살했을 때였다. 몇몇 페미니스트 운동도 있었다. 올랭프 드 구주Olympe de Gouges(1748~1793)는 1789년에 「인간의 권리 선언」과 대칭을 이룬 「여성의 권리 선언」을 제안했다. 그녀는 이 선언에서 남성의 모든 특권이 폐지될 것을 요구했다. 1790년에 「가엾은 자코트의 발의Motion de la pauvre Jacotte」와 다른 유사한 비방문에서 같은 사상이 발견된다. 그러나 콩도르세의 지지에도 불구하고 이러한 노력은 수포가 되고, 올랭프는 단두대의 이슬로 사라졌다. 그녀가 창간한 신문 『참지 않는 사람L'Impatient』과 나란히 다른 신문들도 나왔으나 오래가지 못했다. 여성 클럽들은 대부분 남성 클럽에 합쳐지고 흡수되었다. 1793년 브뤼메르brumaire[90] 28일에 공화주의 혁명파 여성 협회장인 여배우 로즈 라콩브가 여성 대표단을 대동하고 도의회에 침입했을 때, 쇼메트 검사는 성 바울과 성 토마스에게서 고무된 듯한 말로 장내를 울렸다. "언제부터 여자들이 자기 성을 버리고 남자가 되는 것을 허용했는가? (…). [자연은] 여자들에게 여자가 되라고 일렀다. 유년 시절, 가사의 잔일, 모성의 여러 가지 마음새, 자 이런 것들이야말로 너희들의 일이다." 여성들은 도의회의 출입이 금지되고, 여성들이 정치 수업을 하던 클럽에 출입하는 것도 금지되었다. 1790년에 장자 상속권과 남성 특권이 폐지되었다. 여자아이와 남자아이는 상속에서 평등해졌다. 1792년에는 이혼법이 제정되면서 혼인 관계의 엄격성이 완화되었다. 그러나 그것은 하찮은 쟁취였다. 부르주아 여성들이 자기들끼리 구체적인 연대를 하기에는 가정에 지나치게 동화되어 있었다. 그녀들은 권리를 강력히 주장할 수 있는 분리된 계급을 형성하지 못했다. 왜냐하면 그녀들이 경제적으로 기생하고 있었기 때문이다. 이처럼 성에 구애받지 않고 사회정치적 사건들에 참여할 수 있는 여성들이 신분 때

---

89 * 빵장수의 모습을 하고 도망가려던 루이 16세와 왕비 및 왕자를 뜻한다.

90 * 무월霧月. 프랑스 대혁명 당시 추분 후 30일부터 시작되는 공화력 제2월, 즉 10월 23일부터 11월 12일까지를 가리킨다.

문에 그러지 못했던 한편, 행동하는 계층의 여성들은 여자이기 때문에 격리되어 있어야만 했다. 여성 노동자가 귀족이나 부르주아 계층의 기생적인 여성은 한 번도 획득하지 못한 능력을 쟁취할 수 있는 시기는 경제적인 권력이 노동자들의 수중에 들어오게 될 때다.

대혁명의 숙청 기간 동안 여자는 무정부 상태의 자유를 누렸다. 그러나 사회 질서가 복구되자 여자는 다시 가혹하게 예속되었다. 페미니스트 관점에서 프랑스는 다른 나라들과 비교해 앞서 있었다. 그러나 근대 프랑스 여성에게 불행한 것은 그 법적 자격이 군사독재 시대에 결정되었다는 것이다. 한 세기 동안 여자의 운명을 고정한 나폴레옹 민법은 여성 해방을 크게 지체시켰다. 모든 군인이 그렇듯이 나폴레옹도 여자에게서 어머니밖에는 보려 하지 않았다. 그러나 부르주아 혁명의 후계자인 그는 사회 구조를 깨트려서까지 아내의 지위보다 어머니의 지위를 존중하려고는 하지 않았다. 그는 혼외자의 입적을 금지했고 미혼모와 혼외자의 신분을 가혹하게 규정했다. 결혼한 여자 역시 어머니의 권위에 의지할 수 없었다. 봉건적 모순이 영속되었다. 딸과 아내는 시민 자격을 박탈당했는데, 이것은 그녀들이 변호사 일과 후견 행사와 같은 활동을 못하게 만들었다. 그러나 독신 여성은 민법상의 능력을 완전히 누렸다. 결혼은 **예로부터의 멍디엄** mundium을 그대로 보존하고 있었다. 여성은 남편에게 **복종**의 의무가 있고, 간통할 경우에 남편이 그녀를 징역형에 처하거나 그녀에게 이혼을 청구할 수 있다. 그가 간통 현장에서 그녀를 잡아 살해해도 법 앞에서 용서가 된다. 남편이 부부의 거주지에 첩을 데려오는 한해서 남편에게 벌금이 부과될 수 있고, 아내는 오직 이 경우에만 남편과 이혼할 수 있다. 부부의 거처를 정하는 것은 남자이고, 그는 아이들에 대해서 아내보다 훨씬 많은 권리를 가진다. 그리고 - 아내가 상사商社를 경영할 경우를 제외하고 - 여자는 빚을 지려면 남편의 허가가 필요하다. 남편은 엄격하게 아내의 인격과 재산에 동시에 권력을 행사할 수 있다.

19세기 전반에 걸쳐 법률은 특히 여자에게서 모든 양도권을 박탈하면서 나폴레옹 민법의 엄격성을 강화시켰을 따름이다. 1826년에 왕정복고는 이혼을 폐지했고, 1848년 입법의회는 이혼 복권을 거부했다. 이혼은 1884년에 가서야 비로소 복권되었는데 그렇게 되기까지 매우 힘들었다. 이유는 부르주아 계급의 세력이 그 어느 때보다 강했기 때문이다. 하지만 부르주아 계급은 산업혁명이 어떤 위협을 내포하는지 이해하고 있었으므로, 강경한 태도를 고수할 수 없었다. 18세기에서 계승된 정신의 자유는 가정의 도덕에 상처를 입힐 수 없었다. 그것은 조제프 드 메스트르Joseph Marie d'Maistre(1753~1821)와 보날드Vicomte de Bonald(1754~1840)[91] 같은 반동적인 사상가들이 19세기 초반에 규정한 그대로 머물러 있었다. 두 사상가는 신의 의지 위에 질서의 가치를 세웠고, 엄격하게 위계화된 사회를 요구했다. 파기할 수 없는 사회의 세포 단위인 가정은 사회의 소우주가 될 것이었다. "남자와 여자의 관계는 여자와 자식과의 관계와 같다. 혹은 왕과 대신의 관계는 대신과 백성의 관계와 같다"라고 보날드는 말했다. 이처럼 남편은 통치하고, 아내는 관리하며, 자식들은 복종한다. 이혼은 당연히 금지되었고, 아내는 가정에 갇혀 있었다. "여자들은 정치적인 사회가 아닌 가정에 속해 있으며, 자연은 여자들을 공공 직능이 아닌 가사를 돌보기 위해 만들었다"라고 보날드는 다시 한 번 말했다. 르 플레는Frédéric le play(1806~1882)[92]가 19세기 중엽에 가족을 정의했을 때도 이러한 위계는 존중되었다.

오귀스트 콩트Auguste Comte(1798~1857)도 이와는 조금 다른 방식으로 양성의 위계를 주장했다. 양성 간에는 "모든 종류의 동물, *특히 인간에게* 양성을 근본적으로 갈라놓는 신체적인 동시에 정신적인 차이가 있다." 여성성은 여자를 '인류의 이상적인 유형'으로부터 멀어지게 하는 일종의 '지속하는 유년기 상태'다. 이러한 생물학적 소아小兒 상태는 지적 약점으로 나타난다. 순전히 감정적인 이 존재의 역할은 아내와 주부이며, 남자와는 경쟁할 수 없을 것이다. 즉, "지휘하거나 교육하는 역할이 여자에게는 적합하지 않다"라는 것이다. 보날드의 경우처럼 콩트에게서도 여자는 가정에 갇혀 지내고, 아버지는 이 축소된 사회를 통치한다. 왜냐하면 여자는 "가정에서조차 통치에 무능하기 때문이다." 여자는 오로지 관리만 하고 조언만 할 뿐이다. 여자의 교육은 제한되어야만 한다. "여자들과 프롤레타리아는 행동의 주체가 될 수도, 되어서도 안 되고, 또 그렇게 되기를 원치도 않는다." 그리고 콩트는 사회의 진보로 인해 가정 밖의 여성 노동이 완전히 철폐될 것이라 예견한다. 클로틸드 드 보Clotilde de Vaux(1815~1846)에 대한 사랑에 영향을 받은 콩트는 여자를 거의 신성神聖, 위대한 존재의 발현으로 만들 만큼 찬양한다. 실증주의의 종교가 인류의 전당에서 민중의 숭배 대상으로 제시하는 것은 여자

---

91 *프랑스의 정치사상가. 군주정치와 가톨릭교의 열렬한 옹호자다.
92 *프랑스의 사회학자, 경제학자

다. 그러나 단지 여자는 정신적인 면에 의해서만 이러한 숭배를 받을 자격이 있다. 남자는 행동하는 반면에 여자는 사랑한다. 여자는 남자보다 더 철저히 이타적利他的이고, 실증주의 학설에 따라 가정에 갇혀 지내야 한다. 이혼은 여자에게 금지되어 있고, 남편과 사별해도 홀로 일생을 마치는 것이 바람직하다고까지 주장한다. 여자는 아무런 경제적·정치적 권리가 없고, 단지 아내이자 자식들의 교육자일 뿐이다.

발자크Honoré de Balzac(1799~1850)는 이보다 더 냉소적으로 같은 이상을 표현한다. 그는 『결혼 생리학Physiologie du Mariage』에서 다음과 같이 쓰고 있다. "여자의 운명과 유일한 영광은 남자들의 가슴을 두근거리게 하는 것이다. (…) 여자는 계약으로 획득한 재산이며 동산動産이다. 왜냐하면 여자를 소유하는 것은 소유할 자격이 된다는 것이기 때문이다. 결국 여자는 엄밀히 말해서 남자의 부속물에 지나지 않는다." 그는 여기서 부르주아지의 대변인 역할을 한다. 부르주아지는 18세기의 자유에 대한 반동과 자기 존재를 위협하는 진보적 사상에 대한 반동으로, 격렬한 반여성주의적 태도를 더욱 강화했다. 『결혼 생리학』의 서두에서 사랑이 배제된 결혼 제도는 아내를 필연적으로 간통으로 이끈다고 분명하게 밝힌 발자크는, 남편된 자가 불명예의 웃음거리가 되는 것을 피하려면 아내를 완전한 예속하에 잡아 두어야 한다고 권고하고 있다. 여자에게 교육과 교양을 차단하고, 여자가 개성을 발전시킬 수 있는 모든 것을 금지해야 하며, 여자에게 불편한 옷을 입도록 강요하고, 여자가 빈혈을 일으키는 섭생을 따르도록 고무해야만 한다. 부르주아지는 이 프로그램을 충실히 따랐다. 여자들은 요리와 가사에 얽매이고, 품행을 엄중히 감시받는다. 여자는 독립의 모든 시도를 저지하는 예의범절의 의식에 갇혀 지낸다. 그 보상으로 여자들은 존경을 받고, 가장 세련된 격식에 맞는 대우를 받는다. "결혼한 여자는 옥좌에도 오르게 할 줄 알아야만 하는 노예다"라고 발자크는 말한다. 모든 하찮은 상황에서 남자는 여자들을 치켜세우고, 여자들에게 상석을 양보하는 것이 합당하다. 원시 시대처럼 여자들에게 무거운 짐을 지게 하는 대신에 서둘러 여자들에게서 고된 의무와 모든 걱정을 덜어 주려고 애쓴다. 이는 여자들이 모든 책임에서 벗어나 자유로워지도록 하는 것이다. 이와 같이 남자들은 여자들이 쉬워 보이는 조건에 유혹되고 속아 넘어가 여자들을 가둬 놓고자 하는 어머니와 주부의 역할을 받아들일 것을 희망한다. 그리고 사실상 부르주아 계급의 대다수 여자가 항복한다. 그녀들이 받은 교육과 처한 기생적 상황이 그녀들을 남자의 예속하에 놓이게 하고, 감히 자기의 권리를 요구하지 못하게 한다. 혹 대담성을 보이는 여자들이 있다 해도 호응을 거의 받지 못한다. "사슬에 묶여 존중을 받는다면, 그런 사람들의 사슬은 풀어 주는 것보다 채워 두기가 훨씬 쉽다"라고 버나드 쇼는 말한다. 부르주아 여성은 자기의 계급적 특권을 중히 여기기 때문에 자기가 묶인 사슬에 집착한다. 그녀는 여성의 해방이 부르주아 사회를 약화할 것이란 말을 끈질기게 들어왔기 때문에 잘 알고 있다. 남자에게서 해방되면 그녀는 노동해야만 할 것이다. 그녀는 사유재산에 대해 남편의 권리에 종속된 권리밖에 가지지 못한 것을 유감으로 생각할 수도 있으나, 이 재산이 없어지는 것을 더욱더 개탄할 것이다. 그녀에게는 노동자 계급의 여자들과 아무런 연대감도 느끼지 않는다. 그녀에게는 직물 짜는 여공보다 남편이 훨씬 더 가깝기 때문이다. 남편의 이익이 곧 자기 이익이다.

하지만 이런 완강한 저항도 역사의 흐름을 막을 수 없었다. 기계주의의 도래는 토지소유권을 파괴하고, 노동계급의 해방과 동시에 여성의 해방을 초래했다. 모든 사회주의는 여성을 가정에서 끌어냄으로써 여성의 해방에 유리하게 작용했다. 공유재산제를 꿈꾸던 플라톤은 스파르타에서 누리던 것과 유사한 자율성을 여자들에게 약속했다. 생시몽, 푸리에, 카베의 공상적 사회주의와 함께 '자유로운 여성'의 유토피아가 탄생한다. 만인의 협력이라는 생시몽주의는 모든 노예 제도, 즉 노동자와 여자의 예속 상태의 폐지를 강력히 요구한다. 여자도 남자와 마찬가지로 인간이라는 관점에서 생시몽과 그의 뒤를 이어 르루, 페퀴, 카르노가 여자들의 해방을 부르짖었다. 불행하게도 이러한 합리적 이론은 이 학파 안에서 가장 신뢰받는 이론이 아니었다. 이 학파는 여자를 여성성의 이름으로 찬양했고, 이것은 여자에게 피해를 주는 가장 확실한 방법이었다. 사회 단위가 남녀 한 쌍이라는 구실 아래, 앙팡탱 신부는 두 명으로 이루어진 지도자 신부 중 한 명에 여자가 들어가는 것을 원했고, 이 한 쌍을 "신부 한 쌍"이라고 불렀다. 그는 여성 구세주를 통해서 더 나은 세상의 도래를 기대했고, '여성의 친구들'이 배를 타고 여성 구세주를 찾으러 동양으로 떠났다. 그는 여성의 해방과 육체의 복권을 혼동한 푸리에Charles Fourier(1772~1837)[93]의 영향을 받았다. 푸리에는 모든 개인을 위해 정열의 욕구에 복종할 자유를 주장했다. 그는 결혼을 사랑으로 대체

---

93 *프랑스의 공상적 사회주의자

시키고자 했다. 여자를 인격적인 면이 아니라 사랑의 기능 면에서 고려한 것이다. 카베Étienne Cabet(1788~1856) 역시 공상적 공산주의가 양성의 완전한 평등을 실현할 것이라 약속했지만, 여자들에게 제한적인 정치 참여밖에 허용하지 않았다. 사실 여자들은 생시몽주의 운동에서 부차적 지위밖에 차지하지 못했다. 『신여성La Femme nouvelle』이라는 신문을 창간해 단기간 발행한 클레르 바자르Claire Bazard(1794~1883)[94]만 중요한 역할을 했다. 다른 군소 잡지들이 뒤이어 발간되었으나, 여성 해방보다 여성 교육을 요구하는 소극적인 주장을 펼쳤다. 카르노와 그의 뒤를 이어 르구베도 여자의 교육 수준을 높이는 데 몰두했다. 협력자 여성, 쇄신자 여성이라는 관념은 19세기 전반을 통해서 이어졌다. 이 관념은 빅토르 위고에게서도 재발견된다. 그러나 여성의 대의는 여자와 남자를 동류로 간주하기보다 여자에게 이성이 아닌 직관과 감정을 인정함으로써 여자와 남자를 대립시키는 견해들로 인해 신뢰를 잃었다. 또한 지지자들의 미숙함으로 인해 명예도 실추되었다. 1848년에 여성들은 여러 클럽을 조직하고, 여러 신문을 창간하였다. 위제니 니부와예Eugénie Niboyer(1796~1883)는 『여성의 목소리La Voix des Femmes』라는 신문을 발행하였고, 카베도 이 신문에 협력하였다. 여성 대표단은 '여성의 권리'를 요구하기 위해서 파리 시청으로 몰려갔으나 아무 성과도 거두지 못했다. 1849년에 잔 드쿠앵Jeanne Decoin이 하원의원직에 출마해 선거운동을 개시했으나 웃음거리로 끝나 버렸다. '베쉬비엔Vésuviennes' 운동[95]과 기괴한 복장을 하고 거리를 활보하던 블루메리스트Blooméristes 운동[96]도 조소 거리로 끝이 났다. 이 무렵에 가장 지성적인 여자들은 이러한 운동에서 멀리 떨어져 있었다. 즉, 스탈 부인Germaine de Staël(1766~1817)[97]은 동료 여성들의 대의보다는 자신의 대의를 위해 투쟁했다. 조르주 상드George Sand(1804~1876)[98]는 자유로운 사랑의 권리를 주장했으나 『여성의 목소리』에 협력하는 것을 거부했다. 그녀의 요구는 특히 감정적인 것이었다. 플로

---

94 * 프랑스 저널리스트, 생시몽주의의 상징적 인물. 글과 행동을 통해 페미니즘 탄생에 기여한 대표적 여성
95 * 프랑스 제2공화국(1848~1850)에서 남녀 평등을 위해 "여성의 군복무, 여성 21세·남성 26세 결혼, 가사 노동을 거부하는 남자들에게는 군복무 기간을 두 배로 늘릴 것 등"을 주장한 페미니스트 운동
96 * 바지가 여성 해방을 상징하므로 1850년에 치마 대신 블루머(bloomer, 여성·아동용 짧은 바지)를 입은 페미니스트(운동)를 칭한다. 블루머를 창안한 미국의 페미니스트 아멜리아 블루머(Amelia Bloomer)에서 이름이 유래했다.
97 * 프랑스 낭만주의 소설가, 비평가
98 * 자유분방한 연애로도 유명한 프랑스 소설가

라 트리스탕Flora Tristan(1803~1844)[99]은 여성에 의한 민중의 구원을 믿고 있었다. 그러나 그녀는 여성의 해방보다는 노동계급의 해방에 열의를 보였다. 하지만 다비드 스테른David Stern, 지라르댕 부인Delphine de Girardin(1804~1855)[100]은 페미니스트 운동에 협력했다.

전반적으로 19세기에 전개된 개혁 운동은 평등 속에서 정의를 추구했기 때문에 페미니즘에도 유리했다. 그러나 프루동Pierre-Joseph Proudhon(1809~1865)이라는 주목할 만한 예외적 인물이 있었다. 그는 필시 농부 출신이었기 때문에 생시몽의 신비주의에 대해 맹렬하게 반대했을 것이다. 그는 소규모 재산의 신봉자였고, 여자는 '주부 혹은 창부'라는 딜레마에 빠져 있어서 여자를 가정에 가두려 했다. 그때까지 페미니즘에 대한 공격은 사회주의를 가혹하게 비난하던 보수주의자들에 의해 이루어졌다. 그중에서도 『샤리바리Le Charivari』[101]는 거기서 마르지 않는 야유의 원천을 발견해 내고 있었다. 페미니즘과 사회주의의 동맹은 프루동이 깨트렸다. 그는 르루Pierre Le roux(1797~1871)[102]가 주재한 사회주의 여성들의 향연에 대해 항의했고 잔 드쿠앵에게 노발대발했다. 『정의La Justice』라는 저서에서는 여자가 남자에게 종속되어 있어야 한다고 주장했다. 남자만이 유일하게 사회적 개체로서 인정되고, 부부간에는 평등을 전제로 한 협력 말고 결합만이 있을 뿐이다. 여자는 남자보다 열등한데, 우선 신체적 힘이 남자의 힘에 3분의 2에 불과하기 때문이고, 그다음으로 지적·도덕적 면에서 위와 같은 비율로 열등하기 때문이다. 그러므로 여자의 가치는 강한 성인 남자의 3×3×3 대 2×2×2로, 즉 27분의 8이 된다. 두 여성, 아당 부인Juliette Adam(1836~1936)[103]과 데리쿠르 부인Jenny Poinsard d'Héricourt(1809~1875)[104]이 전자는 단호하게 후자는 대단치 않게 응답했고, 이에 프루동은 "창부 정치 혹은 현대 여성La Pornocratie ou la femme dans les temps modernes"으로 응수했다. 그는 모든 안티페미니스트들과 마찬가지로 남자의 노예이며 거울인 '진정한 여성'에 대한 열렬한 찬사를 늘어놓았다. 그러나 이러한 숭배에도 불구하고 그는 아내에게 강요한 삶이 그녀를 행복하게 하지 않았다는 것을 인정해야만

99　*프랑스의 사회주의 작가
100　*프랑스 작가
101　*오노레 도미에 등이 활동한 풍자 그림 잡지. 1832년에 창간되었다.
102　*프랑스의 사회주의자
103　*프랑스 소설가, 페미니스트
104　*프랑스 철학자, 의사, 공산주의자, 페미니스트

했다. 프루동 부인의 편지 내용은 비탄의 연속일 뿐이었기 때문이다.

이러한 이론적 논쟁은 사태의 흐름에 영향을 미치기보다는 오히려 머뭇거리면서 사태를 반영하고 있었다. 여자는 가정을 벗어나 공장에서 생산활동에 재참여했기 때문에 선사시대 이래 잃어버렸던 경제적 위세를 다시 쟁취하게 되었다. 이러한 대변혁을 가능하게 한 것은 기계였는데, 남녀 노동자의 신체적 힘의 차이를 기계로 많이 해소했기 때문이다. 산업의 갑작스럽고 비약적인 발전이 남자 노동자의 노동력보다 현저히 많은 노동력을 요구했으므로 여자들의 협력은 필수적이었다. 이것이 바로 여자의 운명을 변화시키고 여자를 위한 새로운 시대를 여는 19세기의 대혁명이었다. 마르크스와 엥겔스는 그것의 모든 중요성을 헤아리고, 프롤레타리아의 해방이 필연적으로 여성의 해방을 초래할 것이라 약속하였다. 베벨은 "여자와 노동자 둘 다 피억압자라는 공통점이 있다"라고 말했다. 기술이 진보하면서 그들의 생산노동도 중요해짐에 따라 둘 다 억압에서 벗어날 것이다. 엥겔스는 여자의 운명이 사유재산제도의 역사와 긴밀하게 연결되어 있다는 것을 보여주었다. 모권제를 가부장제로 대체시키고, 여성을 세습재산에 예속시킨 것은 역사적 재앙이었다. 그러나 실추된 여성은 산업혁명으로 인해 보상받고 나아가 여성의 해방으로 귀착될 것이다. 그는 다음과 같이 쓰고 있다. "여성은 생산에 사회적 규모로 크게 참여하고, 가사노동에 비중을 두지 않아도 될 때만 해방될 수 있다. 그리고 이것은 여성의 노동을 대규모로 수락할 뿐만 아니라 공식적으로 요구하는 근대적 대산업에서 가능하게 되었다."

19세기 초에 여성은 남성 노동자들보다 더 치욕적으로 착취당했다. 영국인들은 가내노동을 '스웨팅 시스템sweating system'[105]이라고 불렀다. 여공은 쉬지 않고 일하는 데도 불구하고 생필품을 사기에도 부족한 임금을 받았다. 쥘 시몽Jules Simon(1814~1896)[106]은 『여공L'Ouvrière』에서 그리고 보수주의자인 르루아보리외Pierre Paul Leroy-Beaulieu(1843~1916)[107]조차도 1873년 『19세기 여성의 노동Le Travail des femmes au XIXᵉ』에서 여성의 끔찍한 혹사를 고발하고 있다. 후자는 20만 명 이상의 프랑스 여공이 하루에 50상팀centimes[108]도 못 번다고 주장했다. 그럼에도 불구하고 여

---

105 * 열악한 환경에서 저임금에 장시간 노동을 강요하는 제도다.

106 * 프랑스 정치가, 철학자

107 * 프랑스 경제학자

108 * 프랑스 화폐 단위. 1상팀은 1프랑의 100분의 1이다.

공들이 서둘러 공장으로 간 것은 이해된다. 조만간 공장 이외에 바느질, 세탁 그리고 가정부의 일 같은 모두 기아 수준의 임금을 주는 노예 직업밖에 남아 있지 않을 것이었다. 레이스 짜기나 양품류 등등까지도 공장이 독점했다. 반면에 목면, 양모, 견직 산업에서는 대규모로 직공을 채용했다. 여자들은 특히 제사製絲 공장과 직조 공장에 고용되었다. 공장주는 대개 남자 직공보다 여자 직공을 선호했다. "여자들이 일은 더 잘 하고 임금은 더 싸다." 이런 악랄한 문구가 여성 노동의 비극을 극명하게 보여 준다. 왜냐하면 여자는 인간의 존엄성을 노동을 통해 쟁취했지만, 그 쟁취는 유난히 힘들고 느렸기 때문이다. 제사와 직조는 형편 없는 위생 조건 속에서 이루어졌다. "리옹의 장식끈 제조 공장에서 어떤 여성은 손과 발을 동시에 사용하면서 벨트에 거의 매달려 일해야만 했다"라고 블랑키 Louis Auguste Blanqui(1805~1881)[109]가 쓰고 있다. 1831년 견직물 여공들은 여름에 새벽 3시부터 밤 11시까지, 하루에 열일곱 시간을 "햇빛이 전혀 들어오지 않는 비위생적인 공장에서" 일했다고 노르베르 트뤼캥Norbert Truquin(1833~1887)[110]은 말했다. "이 젊은 처녀들의 반수는 수습 기간이 끝나기도 전에 폐병 환자가 된다. 여공들이 고통을 호소하면 불평한다고 나무랐다."[111] 그 외에도 감독들이 젊은 여공들을 욕보였다. "목적을 달성하기 위해 그들은 가장 불쾌한 방법, 즉 가난과 기아를 이용한다"라고 『리옹 사태에 관한 진실La Vérité sur les événements de Lyon』에서 익명의 저자가 말하고 있다. 여자들이 농사와 공장의 일을 겸하는 경우도 있었는데, 이는 여자들을 파렴치하게 착취하는 것이다. 마르크스Karl Marx(1818~1883)는 『자본론』의 한 주석에서 다음과 같이 이야기하고 있다. "제조업자 E씨는 방직기계 직업에 여자만을 고용하는데, 특히 부양해야 할 가족이 있는 기혼녀들을 선호한다. 이는 그 여자들이 독신녀보다 훨씬 많은 주의력과 유순함을 보이고, 가족의 생계를 위해 녹초가 될 때까지 있는 힘을 다해 일해야 하기 때문이라고 나에게 알려 주었다. 이렇게 하여 여자의 고유한 자질이 역이용되고, 여자의 도덕적이고 섬세한 천성은 여자를 노예로 고통스럽게 만드는 수단이 된다." G. 데르빌G. Derville은

---

109 * 프랑스 혁명가, 사회주의자
110 * 19세기 산업혁명기에 프랑스의 노동자. 노동자로써 고된 삶을 담은 『어느 프롤레타리아의 수기와 모험담 Mémoires et aventures d'un prolétaire』을 썼다.
111 노르베르 트뤼캥의 『어느 프롤레타리아의 수기와 모험담』. E. 돌레앙E. Dolléans이 『노동 운동사Histoire de mouvement ouvrier』 제1권에서 인용

『자본론』을 요약하고 베벨의 주장을 부연하면서 이렇게 썼다. "오늘날의 여자는 애완동물이거나 노역동물이거나, 거의 두 가지일 뿐이다. 노동하지 않을 때 여자는 남자에 의해 부양되고, 죽도록 일할 때도 남자에 의해 부양된다." 여공의 상황이 너무나 비참해 시스몽디J. C. L. Simonde de Sismondi(1773~1842)[112]와 블랑키는 공장에서 여공 채용을 금할 것을 요구했다. 그 비참함의 원인은 부분적으로 여자들이 먼저 자신들을 지키기 위해 조합을 결성할 줄 몰랐던 데 있었다. 여성 '조합'은 1848년에 시작되었으며, 초기에는 생산조합이었다. 이 운동은 아래의 숫자로 알수 있는 것처럼 극히 더디게 진행됐다.

 1905년 전체 조합원 781,392명 중 여자는 69,405명
 1908년 전체 조합원 957,120명 중 여자는 88,906명
 1912년 전체 조합원 1,064,413명 중 여자는 92,336명

 1920년에는 1,580,967명의 노동자 가운데 조합에 가입한 여공과 여종업원 수는 239,016명이었고, 농업 노동자 1,083,957명 가운데 여자 조합원 수는 단지 36,193명에 불과하였다. 즉, 모두 합계한 전체 조합 노동자 수 3,076,585명 중에 여자 조합원 수는 292,000명이었다. 여자들에게 열려 있는 새로운 가능성 앞에서 여자들은 체념과 복종의 전통, 연대와 집단의식의 부족으로 이처럼 무력했다.
 여성 노동의 법제화는 여성들의 이러한 태도로 지지부진했다. 법의 개입은 1874년까지 기다려야만 했다. 그리고 제2제정하에서도 여러 차례 캠페인이 벌어졌지만 여성과 관련된 조치는 단 두 가지밖에 없었다. 즉, 미성년 여자에게 야간노동을 금지하고, 일요일과 국경일에 휴가를 주도록 하며, 하루 노동시간을 12시간으로 제한한다. 21세 이상의 여자에게는 광산과 채석장의 갱내에서 작업하는 것을 금지한다. 최초의 여성 노동법은 1892년 11월 2일에 제정되었다. 이 법은 야간노동을 금지하고 공장의 1일 노동시간을 제한했다. 그러나 이 법도 모든 위법 행위를 통제하지 못했다. 1900년에 1일 노동시간은 10시간으로 제한되었고, 1905년에는 주 1일 휴가를 의무화했다. 1907년에는 여성 노동자가 자기 수입을 자유로이 처분할 수 있게 되었고, 1909년에는 출산한 여성들에게 유급

112 스위스의 경제학자, 사학자

휴가가 보장되었다. 1911년에는 1892년의 조치가 강제적 효력을 얻게 되었다. 1913년에는 출산 전후 여성의 휴가에 관한 시행규칙이 정해지고, 위험하고 과중한 노동을 금하게 했다. 점진적으로 사회적 법규가 제정되어 여성 노동은 위생상 보장도 받게 되었다. 즉, 여자 점원을 위하여 의자를 요구하고, 외부 진열대에 오랜 시간 서 있는 것을 금지하는 것 등이다. 국제노동사무국B.I.T.은 여성 노동의 보건 위생 조건과 임신한 경우의 휴가 등과 관련된 국제 협약을 체결하는 데 성공했다.

여성 노동자들의 체념적인 무기력으로 인한 두 번째 결과는 그녀들이 만족해야만 하는 낮은 임금이었다. 여성의 임금이 그토록 낮게 고정된 현상에 대해서는 다양한 설명이 제시되었으나, 그것은 복합적인 요인에서 기인하고 있다. 여자들의 생활비가 남자들의 생활비보다 적게 든다고 말하는 것은 불충분하다. 그것은 나중에 끌어들인 변명에 불과하다. 그보다는, 이미 본 것처럼 여자들이 착취자들에 맞서 자신들을 지킬 줄 몰랐기 때문이다. 여자들은 죄수들이 무임금으로 제조한 값싼 제품을 시장에 내놓는 교도소들과 경쟁해야만 했다. 또 여자들끼리도 서로 경쟁해야만 했다. 더욱이 여자가 노동으로 해방되려고 했던 것은 부부 공동체가 존속하는 사회 안에서였다는 것을 주목할 필요가 있다. 아버지와 남편의 가정에 묶여 있는 여자는 대개 가계에 잔돈을 보태는 것으로 만족했다. 여자는 가정 밖에서 일하지만, 가정을 위해서 일한다. 그리고 여성 노동자는 생활비 전부를 조달하는 것이 아니므로 남자가 요구하는 보수보다 매우 낮은 보수를 수락해 버렸다. 막대한 수의 여자들이 저렴한 임금에 만족함으로써 여성의 임금 전체가 당연히 고용인에게 가장 유리한 수준에서 책정되었다.

프랑스에서 1889년부터 1893년에 걸쳐 실시된 조사에 따르면, 남성과 동일한 시간 동안 일하는 여성 노동자는 남성 임금의 절반밖에 받지 못했다. 1908년 조사에 의하면, 여자 가내노동자의 시간당 최고 임금은 20상팀을 초과하지 못했고, 5상팀까지 내려갔다. 이처럼 착취당한 여자는 온정이나 보호자 없이 살아가는 게 불가능했다. 1918년 미국에서 여자는 남자 임금의 절반밖에 받지 못했다. 이 무렵에 독일 탄광에서 캐낸 같은 양의 석탄에 대해서 여자는 남자보다 약 25퍼센트 적게 벌었다. 1911년에서 1943년 사이에 프랑스 내 여성의 임금은 남성의 임금보다 약간 더 빠르게 상승했으나, 여전히 훨씬 낮았다.

여자들이 받아들인 낮은 임금 때문에 고용주들은 민첩하게 여자들을 맞아들였지만, 바로 이 같은 사실이 남자 노동자 측의 저항을 불러일으켰다. 프롤레타리아와 여성의 대의 사이에는 베벨이나 엥겔스가 주장했던 것과 같은 즉각적인 연대가 없었다. 이 문제는 미국에서 흑인의 노동력에 관한 것과 조금은 같은 방식으로 제기되었다. 한 사회에서 가장 억압받는 소수자들은 억압자들에 의해서 그들이 속한 계급 전체에 대한 무기로 쉽게 이용되기 때문에, 억압받는 소수자들이 처음에는 자기 계급에 적처럼 보인다. 그래서 흑인과 백인이나 여성 노동자와 남성 노동자의 이해관계가 서로 대립하는 대신 협력하는 데 성공하기 위해서는 상황에 대한 보다 깊은 인식이 필요하다. 남성 노동자들은 처음에 값싼 이 경쟁자들에게 가공할 위협을 느껴 적대감을 드러낸 것으로 보인다. 여성들이 조합 활동에 동화되자 비로소 그녀들은 자신의 이익을 지키고, 나아가 노동계급 전체의 이익을 위태롭게 하지 않을 수 있었다.

이런 모든 어려움에도 불구하고 여성 노동은 계속해서 발전했다. 1900년에 프랑스에는 가내공업의 여성 노동자 수가 90만 명을 헤아렸다. 이들은 의복, 피혁제품, 장의용 화환, 가방, 채색 유리 세공품, 파리풍의 물건들을 만들었으나, 그 수는 현저히 감소했다. 1906년에는 노동 연령(18세에서 60세 사이) 여성의 42퍼센트가 농업, 공업, 상업, 은행, 보험회사, 사무직, 자유직에 종사하고 있었다. 이런 움직임은 1914년부터 1918년에 걸친 노동력의 위기와 제2차 세계 대전에 의해 전 세계적으로 퍼져 나갔다. 하·중류 부르주아지는 이런 움직임을 뒤따르려 했고, 여성들은 자유직에도 진출했다. 제2차 세계 대전 이전의 최근 조사 중 하나에 의하면, 18세부터 60세까지의 전체 여성 가운데 생산활동 인구는 프랑스 약 42퍼센트, 핀란드 37퍼센트, 독일 34.2퍼센트, 인도 27.7퍼센트, 영국 26.9퍼센트, 네덜란드 19.2퍼센트, 미국 17.7퍼센트였다. 그러나 프랑스와 인도에서는 농촌노동의 중대성 때문에 수치가 그렇게 높았던 것으로 보인다. 농민을 제외하면 1940년에 프랑스에는 약 50만 명의 고용주, 100만 명의 여직원, 200만 명의 여성 노동자, 150만 명의 단독가구 여성이나 여성 실업자가 있었음을 알 수 있었다. 여성 노동자 가운데는 65만 명의 가내 여공이 있었다. 120만 명이 가공산업에 종사하고 있었으며, 그중 44만 명이 섬유산업, 31만 5천 명이 의복공장, 38만 명이 재단사로 가내에서 일하고 있었다. 상업, 자유직업, 공공 서비스업에서는 프랑스, 영국, 미국이 거의 같은 수준이었다.

여성에 대해 제기되는 핵심적인 문제 중 하나는 우리가 이미 보았듯이, 여자의 재생산 역할과 생산노동의 조화다. 인류 역사 시초에서 여자를 가사노동에 헌신하도록 하고 세계 건설에 참여하는 것을 금지한 근본 이유는 여자가 생식 기능에 예속되어 있었기 때문이다. 동물 암컷의 경우에는 체력 소모를 방지할 수 있는 발정과 계절의 주기가 있다. 반면에 자연은 사춘기와 폐경기 사이의 여자에게 수태 능력을 제한해 주지 않는다. 어떤 문명들은 조숙한 남녀의 결합을 금지하고 있다. 인도의 여러 부족은 여자에게 다음 출산까지 최소 2년간의 휴식을 보장하고 있으나, 전반적으로 수 세기 동안 여성의 임신은 조절되지 않고 있었다. 고대[113]부터 여자들이 일반적으로 쓴 피임 수단으로는 물약, 좌약, 질전膣栓이 있다. 그러나 매춘부나 의사의 비밀로 남아 있다. 풍자 작가들은 퇴폐기의 로마 여자들의 불임을 비난했는데, 아마도 그녀들에게 이 비밀이 알려졌을 것이다. 그러나 중세기에는 피임 수단을 전혀 모르고 있었다. 18세기까지 그에 대한 어떤 흔적도 발견되지 않았다. 이 시기에 수많은 여성에게 삶이란 끊이지 않는 임신의 연속이었다. 행실이 바르지 못한 여성들조차 자유연애의 대가로 많은 출산을 해야 했다. 인류는 어떤 시기에는 인구수를 감소시켜야 할 필요성을 절실히 느꼈으나 그와 동시에 국가가 쇠약해지는 것을 무척 두려워했다. 위기와 빈곤의 시기에는 독신자들의 결혼 연령이 높아짐으로써 출생률이 감소되었다. 그러나 젊은 나이에 결혼해 아이를 낳을 수 있을 만큼 많이 낳는 것이 관례이기 때문에, 유아 사망만이 어린아이의 수를 감소시켰다. 이미 17세기에 퓌르Pure 신부神父[114]가 여자들에게 운명 지어진 '사랑의 수종水腫'에 대해 항의했다. 그리고 세비녜 부인Marie de Rabutin-Chantal Sévigné(1626~1696)[115]은 딸에게 지나치게 잦은 임신을 피할 것을 권유했다. 그러나 프랑스에서 맬서스주의적 경향은 18세기부터 전개되었다. 처음에는 유복한 계층에서, 다음에는 국민 전체가 부모의 재원에 따라 아이 수를 제한하는 것이 합리적이라고 평가했고, 피임법이 관습에 도입되기 시작했다. 1778년에 인구통계학자 모로Moreau는 다음과 같이 쓰고 있다. "종種의 번식을 낡은 시대의 속

---

113 "피임방법에 대해 알려진 가장 오래된 기록은 기원전 2000년대의 이집트에서 발견된 파피루스 문서일 것이다. 그 기록에 의하면, 악어 똥, 벌꿀, 탄산소다와 고무를 내는 물질 등을 섞은 이상한 혼합물을 질膣에 바를 것을 권장하고 있다."P. 아리에스Ariès의 『프랑스 인구사Histoire des populations françaises』를 보면, 중세의 페르시아 의사들은 31종의 처방을 알고 있었으나, 그중 아홉 가지만이 남자들을 대상으로 한다. 하드리아누스 황제 시대에 소라노스Soranos는 사정 순간에 아이를 원치 않는 여자가 "숨을 멈추고, 몸을 조금 뒤로 젖혀서 정자가 자궁 뼛속에 침입할 수 없도록 하며, 즉시 일어나서 쭈그리고 앉아 재채기가 나도록" 해야 한다고 설명하고 있다.

114 『소중한 여인La Précieuse』(1656)에서

115 *프랑스의 서한문학자. 그의 영향으로 18세기에 서한문학이 유행했다.

임수처럼 여긴 것은 부유한 여성들만이 아니었다. 인간 이외에 다른 어떤 동물에게도 알려지지 않은 이 불길한 비밀은 이미 시골에도 침투했다. 시골에서까지 사람들은 자연을 속이고 있다." '중절성교中絶性交'의 관행이 먼저 부르주아지에, 다음에는 농촌 주민과 노동자들에게 퍼져 갔다. 이미 성병 예방 도구로 존재한 콘돔은 피임기구가 되어 1840년경[116] 가황고무[117]가 발견된 이후에 특히 널리 보급되었다. 앵글로색슨계의 여러 나라에서는 '산아제한birth-control'이 공식적으로 허용되었고, 이전에는 불가분이었던 두 기능, 즉 성적 기능과 생식 기능을 분리할 수 있는 수많은 방법을 발견하였다. 오스트리아의 빈 의학계는 수태 작용과 그것에 유리한 조건들을 연구해 명확하게 표명하면서 동시에 수태 작용을 피하는 방법도 암시했다. 프랑스에서는 피임의 선전과 페서리, 질전 등등의 판매가 금지되었으나 '산아제한'은 퍼져 있었다.

낙태에 관해서는 어디에서도 공식적으로 허용되지 않았다. 로마법은 태아의 생명에 특별한 보호 조치를 취하지 않았다. *태아*를 인간이 아니라 모체의 일부로 간주했다. "태어나기 전의 아이는 여자의 한 부분이며 일종의 내장이다." 쇠퇴기에는 낙태가 정상적인 의료 행위처럼 보였으며, 입법자가 출생을 장려하고자 했을 때도 낙태를 감히 금지하지 못했다. 만일 아내가 남편의 뜻에 반대해 아이 낳기를 거부했다면 남편은 아내를 처벌받게 할 수 있었다. 이때 죄명은 아내의 불복종이었다. 동양과 그리스·로마 문명 전반에 걸쳐 낙태는 법으로 허용되었다.

그러나 기독교가 태아에게 영혼을 부여하면서 이 문제에 관한 도덕적 관념을 전복시켰고, 낙태는 태아에 대한 범죄가 되어 버렸다. "낳을 수 있을 만큼 아이를 낳지 않는 여자는 그만큼의 살인을 저지르는 것이고, 임신 후에 자신의 몸에 상처를 내는 여자 역시 마찬가지다"라고 성 아우구스티누스는 말했다. 비잔틴에서는 낙태를 단순히 임시 추방형에만 처했다. 영아살해를 실행하던 야만족들에게는 모친의 의사에 반해 폭력적으로 낙태가 행해진 경우에만 처벌을 받았다. 그런 상황에도 피의 대가를 지불하면 보상이 되었다. 그러나 초기 기독교 공의회는 이 '살인'에 대하여 태아의 추정 나이와 관계없이 가장 가혹한 징벌을 공포했다. 하지만 끝없는 토론의 대상으로 태아 속에 영혼이 언제 스며들어 가느냐는 문제

---

116 "1930년경에 미국의 한 상점은 1년 동안 2,000만 개의 콘돔을 판매했다. 미국의 15개 공장은 하루에 150만 개를 생산해 냈다."(P. 아리에스)

117 * 생고무에 유황을 넣고 가열해 탄력성 있게 만든 고무다.

가 제기되었다. 성 토마스와 신학자 대부분은 남자아이에게는 40일 째 즈음에, 여자아이는 80일 째 즈음에 혼이 들어간다고 규정했다. 그러자 혼이 들어간 태아와 혼이 안 들어간 태아 사이에 구분이 지어졌다. 중세의 참회 규정서는 다음과 같이 선언하고 있다. "임신한 여자가 태아를 45일 이전에 죽게 한다면 1년간 참회를 해야 하고, 60일 후이면 3년간 참회를 해야 한다. 아이에게 이미 혼이 들어가 있다면 임신한 여자는 살인죄로 다뤄져야 한다." 1556년에 앙리 2세는 임신은닉에 관한 유명한 칙령을 발포했다. 사람들은 단순한 은닉이 사형에 처해지는 만큼 낙태 행위에도 같은 형벌이 틀림없이 적용될 거라고 추론했다. 사실, 칙령이 겨냥한 것은 영아살해다. 낙태 당사자와 그 공모자에 대해 사형을 선고하기 위해 이 칙령을 구실로 삼은 것이다. 혼이 들어간 태아와 혼이 안 들어간 태아 사이의 구별은 18세기경에 사라졌다. 18세기 말에 프랑스에서 영향력이 대단했던 베카리아Cesare Beccaria(1738~1794)[118]는 아이를 거부하는 여자를 위하여 변호하였다. 1791년의 법전은 이런 여성을 용서했으나 그녀의 공범자는 '20년의 쇠사슬형'에 처해졌다. 낙태가 살인이라는 관념은 19세기에 사라졌다. 그보다는 낙태가 국가에 대한 범죄로 간주됐다. 1810년의 법은 낙태한 자와 그 공범자에 대한 징역형과 금고형으로 낙태를 절대 금했다. 사실 의사들은 임신부의 생명을 구하는 것이 문제일 때 언제나 낙태를 실행했다. 법이 대단히 엄격했기 때문에 19세기 말경에 배심원들은 그 법의 적용을 중지했다. 체포된 수는 미미했고 피고의 5분의 4는 무죄 방면되었다. 1923년에 새로 제정된 법이 낙태 수술의 공범자와 당사자에게 다시 징역형을 예비하고 있었으나, 여자만 금고와 벌금형에 처해졌다. 1939년에 새로운 법령은 특별히 낙태 기술자를 겨냥해 어떤 유예도 처분하지 않았다. 1941년에 낙태는 국가 안전에 대한 범죄로 공포되었다. 다른 나라들에서는 가벼운 벌로 처벌되는 경범죄였으나 영국에서는 금고나 징역형에 해당하는 '중범죄'였다. 전체적으로 법과 법정이 공범자들보다는 낙태한 여자에게 훨씬 더 관대했다. 하지만 가톨릭교회에서는 그 엄격함을 조금도 낮추지 않았다. 1917년 3월 27일에 공표된 교회법은 다음과 같이 선언하고 있다. "낙태를 기도한 자는 그 산모도 예외 없이, 일단 시도했으면 무선고 파문한다." 어떤 이유도 구실이 될 수 없다. 산

---

118 *이탈리아 법학자. 근대 형법의 기초를 마련했다. 1764년에 『범죄와 형벌delitti edelle pene』을 발표하며 형법학자로 유명해졌다.

모가 처한 죽음의 위험조차도. 교황은 산모의 생명과 아이의 생명 사이에 전자를 희생해야만 한다고 아주 최근에 다시 한 번 선언했다. 사실 산모는 세례를 받았기 때문에 천국에 갈 수 있지만 – 기이하게도 지옥은 계산에 전혀 넣지 않고 있다 – 태아는 고성소古聖所[119]로 가게 된다는 주장이다.[120]

낙태는 독일에서 나치즘이 대두되기 전과 소련에서 1936년 이전의 짧은 기간만 공식적으로 허용되었다. 그러나 종교와 법률이 금함에도 불구하고 모든 나라에서 상당수의 낙태가 시행되고 있었다. 프랑스에서는 매년 80만에서 100만 건을 헤아리는데, 이것은 출산과 동수同數이다. 낙태자의 3분의 2가 기혼 여성이고, 이미 한두 명의 아이가 있는 여성도 많았다. 따라서 편견과 저항, 시대에 뒤진 도덕의 잔재에도 불구하고 자유로운 출산에서 국가나 개인에 의해 통제되는 출산으로 이행되고 있었다. 산과학産科學의 발전은 출산의 위험을 현저하게 감소시켰고, 분만의 고통을 점차 줄여 줬다. 최근 – 1949년 3월 – 영국에서는 모종의 마취 방법 사용을 의무화했다. 미국에서는 그 방법이 이미 일반적으로 적용되고 있고, 프랑스에서는 막 보급되기 시작했다. 이제 인공수정으로 인류의 재생산 기능을 통제할 수 있는 진보가 완성되어 가고 있다. 이러한 변화는 여성에게 엄청난 중요성을 가진다. 여성은 임신 횟수를 줄이고, 임신의 노예가 되는 대신 임신을 자기 삶에 이성적으로 통합시킬 수 있게 되었다. 19세기 여성은 자연에서 해방되고 있다. 여성은 자기 몸에 대해 통제할 수 있게 되었다. 여성은 재생산의 예속에서 크게 벗어나 여성에게 제시되고 인격 쟁취를 보장해 줄 경제적 역할을 담당할 수 있게 되었다.

생산 활동에의 참여와 재생산의 예속으로부터의 해방이라는 두 요소의 수렴으로 여성 조건의 진전을 설명할 수 있다. 엥겔스가 예견했던 것처럼 여성의 사회적·경제적 지위는 필연적으로 변화되어야만 했다. 프랑스에서는 콩도르세를

---

119 * 예수의 탄생 전에 죽은 착한 사람이나 세례를 받지 않은 어린애의 영혼이 머무는 곳을 가리킨다.

120 이런 태도에 대한 논의는 제2권에서 다시 전개하기로 한다. 다만 가톨릭 신자들이 성 아우구스티누스의 교리를 글자 그대로 믿고 있지 않다는 것에 주의를 환기시킨다. 고해신부는 결혼을 앞둔 젊은 약혼자에게 결혼식 전날, 성교가 "제대로" 마쳐지기만 한다면 남편과 무엇이든지 할 수 있다고 속삭인다. 산아제한의 적극적인 실행-중절성교도 거기에 포함된다-이 금지되어 있으나, 빈의 성과학자가 확립한 달력을 사용해 여자에게 임신이 불가능한 날들을 택해 성적 쾌락을 위한 행위를 할 권리가 있다. 이 달력을 자기 신자들에게 전하기까지하는 고해신부들도 있다. 사실, 마지막 출산 후에도 부부관계를 완전히 중지하지 않았건만 아이가 두셋만 있는 '신앙이 두터운 어머니'들이 수없이 많다.

통해, 영국에서는 메리 울스턴크래프트Mary Wollstonecraft(1759~1797)의 저서 『여성의 권리 옹호』로부터 시작되어 19세기 초 생시몽주의자들에 의해 계승된 페미니스트 운동은 구체적 기반이 부족한 상태에서 목적을 달성할 수 없었다. 그러나 이제 여성들의 주장이 그 중요성을 지니게 되었다. 여자들의 목소리는 부르주아 계급 안에서까지 무시할 수 없게 되었다. 산업 문명의 급속한 발달로 부동산은 동산에 밀렸고, 그에 따라서 가족집단의 단위도 힘을 잃었다. 자본의 유동성은 그 소유자가 재산에 소유되는 대신 재산을 일방적으로 소유하고 자유로이 처분할 수 있게 해 주었다. 여자가 실질적으로 남편에게 매여 있었던 것은 세습재산을 통해서였다. 세습재산이 폐지되면 부부는 1대 1의 관계일 뿐이며, 자식들조차 이해관계를 떠난 견고한 유대를 이루지 못하게 된다. 이처럼 개인은 집단에 맞서 자기를 확립하게 된다. 이러한 변화는 자본주의의 근대적 형태가 승리를 거둔 미국에서 특히 눈길을 끈다. 이혼이 성행하고, 남편과 아내는 일시적 결합으로밖에 더는 보이지 않는다. 농촌 인구가 많고, 나폴레옹 민법에 의해 기혼 여성이 남편의 후견하에 놓인 프랑스에서는 그 변화가 더뎠다. 1884년에 이혼이 재인정되고, 아내는 남편이 간통했을 때 이혼할 수 있게 되었다. 하지만 형법상에서는 남녀의 차이가 그대로 유지되었다. 즉, 간통은 여자에게만 범죄로 적용되었다. 1907년에 제한적으로 인정된 후견권은 1917년에야 비로소 완전히 없어졌고, 1912년에 부친에게 혼외자를 인정할 권리가 허용되었다. 결혼한 여성의 신분이 변하는 것을 보려면 1938년과 1942년을 기다려야 했다. 그때까지 여전히 아버지가 가장으로 머물렀지만 복종의 의무가 폐지되었다. 가장이 거주지를 결정했지만, 아내는 정당한 이유가 있으면 그의 선택에 반대할 수 있었다. 아내의 능력은 확대되었다. 하지만 "기혼 여성은 권리에서 완전한 능력을 갖춘다. 이 능력은 결혼계약과 법으로서만 제한된다"라는 애매한 문구에서 조항의 후반부는 전반부를 부인하고 있다. 부부의 평등은 아직 실현되지 않았다.

정치적 권리에 관해서는 프랑스, 영국, 미국 어디에서도 순조롭게 획득되지 않았다. 1867년에 스튜어트 밀이 영국의회 앞에서 한 번도 공식적으로 발언되지 않은 여성의 투표권을 위한 최초의 변호를 했다. 그는 저술에서도 가정과 사회에서 여자와 남자의 평등을 강압적으로 주장했다. "법의 이름으로 한 성을 다른 성에 종속시키는 양성의 사회적 관계는 그 자체로 해롭고, 인류 발전을 저해하는 중요한 장애물 가운데 하나라는 것을 나는 확신한다. 이러한 사회적 관계는 완벽한 평등으로 바뀌어야만 한다는 것을 나는 확신한다." 그의 뒤를 이어 영국 여성들은 포셋 부인Millicent Fawcett(1847~1929)[121]의 지휘 아래 정치적으로 조직화되었다. 프랑스 여성들은 1868년에서 1871년 사이에 일련의 공공 강연에서 여성의 운명을 연구한 마리아 드레즘Maria Deraismes(1828~1894)의 뒤를 따랐다. 그녀는 부정한 여자에게 배신당한 남편에게 "그녀를 죽이라"고 충고한 알렉상드르 뒤마 피스Alexandre Dumas fils(1824~1895)[122]를 상대로 격렬한 논쟁을 펼쳤다. 페미니즘의 진정한 창시자는 레옹 리시에Léon Richier(1824~1911)[123]였다. 그는 1869년에 '여성의 권리Droits de la Femme'를 창설하고, 1878년에 개최된 여성의 권리 국제회의를 조직했다. 그러나 투표권의 문제는 아직 다루지 못했다. 여성들은 시민권을 요구하는 데 그쳤다. 영국처럼 프랑스에서도 그 운동은 30년 동안 지지부진했다. 참정권 운동은 위베르틴 오클레르Hubertine Auclert(1848~1914)라는 여성이 벌였다. 그녀는 '여성의 투표Suffrage des femmes'라는 단체와 『여성 시민La Citoyenne』이라는 신문을 만들었다. 많은 협회가 그녀의 영향 아래 구성되었으나 그 활동은 별로 효과적이지 못했다. 페미니즘의 이러한 약점은 내부적인 분열에서 기인한다. 사실을 말하자면 앞서 말한 바와 같이 여성들이 성으로서 연대하지 않았기 때문이다. 여자들은 무엇보다 자기 계급에 묶여 있었다. 부르주아 여성의 이해와 프롤레타리아 여성의 이해가 서로 일치하지 않았다. 혁명적인 페미니즘은 생시몽주의와 마르크시스트의 전통을 계승했다. 그런데 이 운동은 계급 투쟁에 전적으로 쏟아야 할 힘의 방향을 샛길로 빗나가게 할 뿐이라는 이유로, 루이즈 미셸Louise Michel (1830~1905)[124]이 페미니즘에 반대하는 의사를 표시했다는 것을 명심할 필요가 있다. 그녀는 자본의 폐지로 여성의 운명이 해결될 것이라 보았다.

1879년에 사회주의 대회는 양성평등을 선포했고, 이때부터 페미니즘과 사회주의의 제휴를 부정하는 사람이 더는 없었다. 그러나 여성들이 노동자 전반이 해방되는 데에서 자유를 기대했기 때문에 자신들의 대의는 부차적인 것이 되고 말았다. 이와 반대로 부르주아 여성들은 현실 그대로의 사회에서 새로운 권리를 요구했을 뿐 혁명가가 될 의지는 없었다. 그녀들은 술, 포르노그래피 문학, 매춘

---

121 * 영국 정치가, 작가. 영국 여성의 참정권 획득을 위해 50여 년간 여성 운동을 이끌었다.
122 * 프랑스의 사실주의 작가. 알렉상드르 뒤마의 혼외자
123 * 프랑스의 자유주의 사상가
124 * 프랑스 무정부주의자, 교육자, 의료 노동자

의 폐지 같은 도덕적 풍속을 개혁하고자 했다. 1892년에 '페미니스트 회의Congrès féministe'가 개최되고, 같은 이름의 운동이 이미 있었으나 성과는 없었다. 하지만 1897년에 법정에서 여성을 증인으로 세울 수 있는 법이 통과되었다. 그러나 법정의 변호사석에 등록하려 했던 한 여자 법학박사의 요구가 각하되었다. 1898년에 여성들은 '상업재판소'에서 선거권을 얻고 '노동최고위원회'에서 선거권과 피선거권을 얻었으며, '빈민구제 최고위원회' 입회와 '국립미술학교' 입학의 승인을 받았다. 1900년 새로운 회의에 페미니스트들이 모였다. 그러나 여기에서도 큰 성과를 얻지 못했다. 하지만 1901년 처음으로 여성 투표권 문제가 비비아니René Viviani(1863~1925)[125]에 의해 하원에서 제기되었다. 그는 투표권을 독신 여성과 이혼 여성으로 제한할 것을 제안했다. 이때부터 페미니스트 운동은 중요성을 띠게 되었다. 1909년에 여성 투표권을 위한 프랑스연맹이 창설되었고, 그 지도자는 브륀슈비크 부인Cécile Brunschvicg(1877~1946)[126]이었다. 그녀는 강연회, 집회, 회의, 시위를 주최했다. 1909년에 뷔송Ferdinand Édouard Buisson(1841~1932)[127]은 여성에게 지방의 회의 선거권을 부여하라는 뒤소수아Paul Dussausoy(1860~1909)[128]의 제안에 대한 보고서를 제출했다. 1910년에 토마Albert Thomas(1878~1932)[129]는 여성 투표권을 위한 제안을 한다. 1918년에 다시 한 번 제안되고 1919년에는 하원에서 승리했다. 그러나 1922년에 상원에서는 실패했다. 상황은 상당히 복잡했다. 혁명적 페미니즘과 브륀슈빅 부인의 소위 독립적 페미니즘에 기독교 페미니즘이 합류했다. 1919년 교황 베네딕트 15세가 여성 투표권에 대해 찬성을 표명했고, 보드리야르Baudrillart 대주교와 세르티양즈Sertillanges 신부도 이 방향으로 열렬한 선전을 했다. 사실 가톨릭 신자들은 프랑스에서 여성들이 보수적이고 종교적인 요소를 대표한다고 생각했다. 급진파들이 두려워하는 것이 바로 이 점이었다. 그들은 만일 여성들이 투표할 경우에 표가 다른 곳으로 이동할 것이 두려워 여성 투표권을 반대했다. 상원에서 많은 가톨릭 신자, 공화주의 연합의 집단, 그리고 다른 한편 극좌파 정당들이 여성의 투표에 찬성했다. 그러나 다수는 반대했다. 1932년까지 상원은 지연시키

125 * 프랑스 정치가. 1914~1915년에 프랑스 총리였다.

126 * 프랑스 정치인, 페미니스트

127 * 프랑스 정치인, 1927년 노벨 평화상 수상

128 * 프랑스 변호사

129 * 프랑스 정치인, 사회주의자

는 방법으로 여성의 투표와 관련된 제안에 대해 논의하는 것을 거부했다. 그런데도 1932년에 하원이 여성들의 선거권과 피선거권에 대한 찬성 319표 반대 1표의 수정안을 가결시키자 상원은 여러 회기 동안 토론회를 이어서 개최했고, 수정안을 부결시켰다. 『관보L'Officiel』에 실린 회의록은 대단한 의미를 지니고 있다. 열거하기가 귀찮을 만큼 많은 저서에서 안티페미니스트들이 반세기 동안 전개한 모든 논거를 볼 수 있었다. 먼저, 우리는 여자들이 투표하도록 내버려 두기에는 여성을 너무도 사랑한다는 식으로 여자의 환심을 사려는 논거가 등장한다. 프루동식의 "창부냐 아니면 주부냐"의 딜레마를 받아들이는 '진정한 여자'를 칭송하고 있다. 즉, 여자는 투표하면서 매력을 잃을 것이고, 여자는 높은 곳에 자리한 우상으로 섬김을 받으니 그곳에서 내려오지 말라. 선거권자가 되면 여자는 모든 것을 잃고 아무것도 얻을 게 없으며, 투표용지 없이도 여자는 남자를 좌지우지한다 등등. 한층 엄숙하게 가정의 이익을 위한 반대도 있었다. 즉, 여자의 위치는 집이고, 정치적 토론은 부부 사이에 불화를 일으킬 거라는 것이다. 어떤 이들은 온건한 안티페미니스트임을 고백했다. 여자들은 남자와 다르다. 여자들은 군 복무를 하지 않는다. 창녀들이 투표할 것인가? 또 어떤 사람들은 자기의 우월함을 거만하게 단언했다. 즉, 투표하는 것은 권리가 아니라 책임이며, 여자들은 책임질 만한 자격이 없다는 것이다. 여자들은 남자들보다 지능과 교육 수준이 낮다. 만일 여자들이 투표한다면, 남자들은 여자같이 나약해질 것이다. 여자들은 정치교육을 받지 않아서 남편의 명령에 따라 투표할 것이다. 자유로워지고 싶다면 여자들은 우선 자기들의 의상실로부터 해방되어야 한다. 또한, 프랑스에서는 여자 수보다 남자 수가 더 많다는 순진하기 이를 데 없는 논거를 대기도 한다. 이런 모든 빈약한 반대 의견에도 불구하고, 프랑스의 여성이 정치적 능력을 획득하기 위해서는 1945년까지 기다려야만 했다.

뉴질랜드는 이미 1893년부터 여성에게 완전한 권리를 인정했다. 오스트레일리아가 1908년에 그 뒤를 따랐다. 그러나 영국과 미국에서는 승리가 힘들었다. 빅토리아조의 영국은 여자를 강압적으로 가정에 가둬 놓았고, 제인 오스틴은 숨어서 글을 썼다. 조지 엘리엇이나 에밀리 브론테가 되려면 대단한 용기 혹은 예외적인 운명이 필요했다. 1888년에 한 영국학자는 "여자들은 인종이 아닐 뿐만 아니라 인종의 절반도 안 되며, 오직 번식만을 위한 아종亞種에 불과하다"라고 썼다. 포셋 부인은 세기말 경에 여성 투표권 운동을 창시했으나, 프랑스에서와 마찬가지로 소극적 운동에 그쳤다. 여성의 요구는 팽크허스트Pankhurst 일가[130] 가 런던에 '여성사회정치연맹Woman Social and Political Union'을 창설한 1903년경에 특이한 국면을 맞았다. 이 연맹은 노동당에 가담하고, 과감하게 전투적인 활동을 펼쳤다. 여자들이 순수하게 여자의 자격으로 확실하게 노력하는 시도는 역사상 처음 있는 일이었다. 이것이 영국과 미국의 '여성 참정권을 주장하던 여성들'의 모험에 특별한 흥미를 더해 주었다. 그녀들은 15년 동안 여러 면에서 간디의 태도를 연상시키는 압박 정치를 주도했다. 폭력을 거부하면서 다소 교묘하게 그 대용품을 고안해 냈다. 그녀들은 자유당 집회 동안 "여성에게 투표권을"이라는 글이 쓰인 깃발을 휘두르면서 앨버트홀에 침입했다. 애스퀴스Herbert Henry Asquith(1852~1928)[131]의 사무실에 밀고 들어가거나, 하이드파크나 트래펄가 광장에서 집회를 열거나, 현수막을 들고 거리를 행진하거나 강연회를 개최했다. 시위 도중에는 소송 사태를 유발하기 위해 경찰을 모욕하거나 돌을 던지며 공격했다. 교도소에서는 단식 투쟁을 벌였다. 기금을 모으고 그녀들 주위로 수백만 명의 여자와 남자를 결집시켰다. 여론을 움직이게 해서 1907년에는 여성 투표권을 위해 200명의 의원이 위원회를 구성했다. 이후로는 매년 그들 가운데 몇 명이 여성 투표권을 위한 법을 제안했다. 그 법은 매년 같은 논법으로 기각되었다. 1907년에 여성사회정치연맹W.S.P.U이 의회를 향한 첫 번째 행진을 개최했는데, 숄을 걸친 수많은 여성 노동자와 더러 귀족 여성도 참여했다. 경찰이 그녀들을 해산시켰다. 그러나 이듬해에 일부 탄광에서 기혼 여성들이 일하는 것을 금한다는 위협이 있었기 때문에 W.S.P.U가 랭커셔의 여성 노동자들을 소집해 런던에서 대집회를 열었다. 다시 새로운 검거가 있었고, 이에 맞서 투옥된 여성 참정권자들은 1909년에 장기 단식투쟁으로 응수했다. 석방된 그녀들은 새로운 대열을 조직했다. 그중한 명이 석회를 바른 말 위에 올라타 엘리자베스 여왕 행세를 했다. 1910년 7월 18일, 여성 투표권 법안이 하원에 제출될 예정이던 당일에 장장 9킬로미터의 행진이 런던을 가로질러 펼쳐졌다. 법안은 부결되었고, 다시 새로운 집회와 새로운 검거가 있었다. 1912년 그녀들은 더욱 더 과격한 전술을 썼다. 빈집에 방화하고,

---

130 *영국의 사회 운동가 에멀라인 팽크허스트 Emmeline Pankhurst(1858~1928)가 딸과 함께 여성 참정권을 획득하기 위해 투쟁했다.
131 *영국의 정치가. 1908~1916년에 수상을 지냈다.

202 제1권 사실과 신화

여성사회정치연맹의 리더 애니 케니와 크리스타벨 팽크허스트, 1908년경

여성사회정치연맹 회원들이 킹스웨이에서 펼친 여성 참정권 캠페인, 1911년경

그림들을 달아매고, 화단을 짓밟고, 경찰에게 돌을 던졌다. 그와 동시에 로이드 조지David Lloyd George(1863~1945),[132] 에드먼드 그레이Edmond Grey (1862~1933)[133]경에게 연이어 대표를 보냈다. 그녀들은 앨버트홀 안에 숨어 있다가 로이드 조지가 연설하는 동안 소란스럽게 개입했다. 영국 여성들에게 투표권은 1918년에 우선 제한적 형태하에 허용되었다가 1928년에 그 제한이 폐지되었다. 이러한 성공은 전쟁 동안 대부분의 여성들이 국가에 봉사한 덕분이었다.

처음에는 미국 여성이 유럽 여성들보다 더 해방되어 있었다. 19세기 초에는 남자들이 실행한 고된 개척자의 노동에 참여하고 그들과 나란히 싸웠다. 더욱이 여성들은 남자들보다 그 수가 훨씬 적었기 때문에 매우 존중받았다. 그러나 점차 사회적 신분이 구세계 여성들에 근접해 갔다. 여성들에 대한 남자들의 정중함은 유지되었고, 여성들은 문화적 특권과 가정에서 지배적인 지위를 보존하고 있었다. 그러나 여러 가지 법률이 여성들에게 종교적이고 도덕적인 역할을 기꺼이 부여했다. 사회의 지휘권은 여전히 남자들의 수중에 머물러 있었다. 1830년경에 몇몇 여성들이 정치적 권리를 요구했다. 그녀들은 흑인들을 위한 캠페인을 벌이기도 했다. 1840년에 런던에서 개최된 노예 제도 반대회의가 그녀들의 참석을 불허하자 퀘이커교도인 루크레티아 모트Lucretia Mott(1793~1880)[134]가 페미니스트협회를 창설했다. 1840년 7월 18일 세네카폴스에서 개최된 회의에서 퀘이커교의 영감이 지배적이면서 전 미국 페미니즘에 모범을 보이는 선언문을 작성했다. "남자와 여자는 창조주에 의하여 양도할 수 없는 권리를 부여받아 평등하게 창조되었다. (…) 정부는 이러한 권리를 보호하기 위해서만 만들어졌다. (…) 남자는 결혼한 여자를 죽은 시민으로 만들고 있다. (…) 남자들의 행동 범위는 여호와만이 유일하게 지정해 줄 수 있는데, 남자는 여호와의 특권을 찬탈하고 있다." 3년 후에 비처 스토 부인Harriet Beecher Stowe(1811~1896)이 흑인을 위해 여론을 불러일으킨 『톰 아저씨의 오두막』을 썼다. 에머슨Ralph Waldo Emerson(1803~1882)과 링컨Abraham Lincoln(1861~1865)이 페미니스트 운동을 지지했다. 남북전쟁이 발발하자 여성들도 열렬히 참여했다. 여성들은 흑인에게 투표할 권리를 주자는 수정안에 "피부색도 성性도 (…) 선거권에 장애가 되지 않는다"는 문구를 써 넣으려 했지만, 수포가 되

132 *영국의 정치가. 자유당 하원의원으로 1916~1922년에 수상을 지냈다.

133 *영국의 정치가. 1905~1916년에 외무장관을 지냈다.

134 *미국의 사회개혁 운동가. 미국에서 여권 운동의 선구자다.

었다. 하지만 모호한 수정안의 한 조항을 구실로 삼아 위대한 페미니스트 지도자인 앤서니Susan B. Anthony(1820~1906)[135] 양이 동료 14명과 함께 로체스터에서 투표했다. 그러나 그녀는 100달러의 벌금형을 받았다. 1869년에 그녀는 여성의 참정권 주장을 위해 전국협회Association nationale를 창립하고, 같은 해에 와이오밍주가 여성들에게 투표권을 부여했다. 그러나 콜로라도주는 1893년에, 그다음 아이다호주와 유타주는 1896년에야 이 본보기를 따랐다. 그런 다음엔 매우 느리게 나아갔다. 그러나 경제적인 면에서는 여성들이 유럽보다 훨씬 더 성공하고 있었다. 1900년에 미국에는 500만 명의 여성이 일했고, 그중 130만 명은 공업에, 50만 명은 상업에 종사하고 있었다. 상업, 공업, 비즈니스, 그리고 모든 자유 직업에 많은 수의 여성이 진출해 있었다. 여변호사와 여의사 그리고 3,373명의 여자 목사가 있었다. 그 유명한 메리 베이커 에디Mary Baker Eddy(1821~1910)는 크리스천 사이언티스트 처치Christian Scientist Church를 설립했다. 여성들은 클럽에서 모이는 습관이 생겼고, 1900년에 클럽들의 회원 수가 약 200만 명에 이르렀다.

하지만 겨우 9개 주州만이 여성에게 투표권을 부여했다. 1913년에 여성 참정권운동은 영국의 전투적인 운동을 모델로 삼아 조직되었다. 두 여성, 스티븐스Doris Stevens(1888~1963)[136]와 젊은 퀘이커교도인 앨리스 폴Alice Paul(1885~1977)[137]이 운동을 이끌었다. 그녀들은 윌슨 대통령으로부터 깃발과 휘장을 들고 대규모로 행진할 수 있는 허가를 받아내었다. 그런 다음에 강연회, 집회, 행진, 온갖 종류의 시위를 개최했다. 여성 투표권이 인정된 9개 주의 여성 유권자들은 전국적인 여성 투표권을 요구하면서 위풍당당하게 의회로 갔다. 시카고에서는 여성 해방을 위해 처음으로 여성들이 하나의 정당으로 결집했다. 이것이 훗날의 '여성당'이다. 1917년에 여성 참정권자들은 새로운 전술을 고안해 냈다. 바지를 입고 손에는 깃발을 들고서 백악관의 정문 앞에서, 대개는 강제 퇴거당하지 않게 문살에 몸을 붙들어 매고 농성을 벌였다. 그녀들은 6개월 만에 체포되어 옥스카카oxcaqua 감옥에 갇혔으나, 단식투쟁을 하고 결국 석방되었다. 다시 이어진 시위행렬은 폭동의 기미를 띠기 시작했다. 마침내 정부는 의회에 여성 투표권 위원회를 임명할 것에 동의했다. 여성당의 집행위원회는 워싱턴에서 회의를 열었고, 회의 끝에 여

---

135 *미국의 여성 참정권, 노예 제도 폐지 운동가. 여성으로는 처음으로 미국 대통령 선거에서 투표를 했다.

136 *미국 법률가, 작가. 여성의 법적 권리를 옹호했다.

137 *미국의 여성 인권 운동가

성 투표권을 위한 수정안이 하원에 제출되어 1918년 1월 10일에 가결되었다. 다음으로 상원에서 표를 얻는 일이 남아 있었다. 윌슨 대통령이 충분한 압력을 행사하겠다는 약속을 하지 않자 여성 참정권자들은 다시 시위를 시작했다. 그녀들은 백악관의 문 앞에서 집회를 열었고, 대통령이 상원에 요청하기로 했다. 그러나 수정안은 두 표 차로 부결되었다. 1919년 6월에 공화당 회의에서 수정안이 가결되었다. 그다음 10년 동안 남녀의 완전한 평등을 위한 투쟁이 이어졌다. 1928년 하바나에서 열린 제6차 미공화국주회의에서 '전미여성위원회' 창립을 이루어냈다. 1933년 몬테비데오 조약에서 국제 협약으로 여성의 지위를 향상했다. 미국의 19개 공화 주에서는 여성들에게 모든 권리에서 평등을 부여하는 협약에 서명했다.

스웨덴에서도 대단히 중요한 페미니스트 운동이 있었다. 오랜 전통의 이름으로 스웨덴 여성들은 '교육, 노동, 자유'에의 권리를 요구했다. 투쟁은 특히 여성 문인들이 이끌었고, 먼저 그녀들의 관심을 끈 것은 문제의 도덕적인 측면이었다. 강력한 단체로 결집한 그녀들은 자유주의자들의 지지를 얻었으나 보수주의자들의 반대에 부딪혔다. 노르웨이 여성들은 1907년에, 핀란드 여성들은 1906년에 투표권을 얻었으나 스웨덴 여성들은 아직 몇 년을 더 기다려야 했다.

라틴 나라들은 동양의 나라들과 마찬가지로 법의 가혹함보다 한층 더 가혹한 풍속에 의해서 여성을 억압했다. 이탈리아에서 파시즘은 페미니즘 운동의 발전에 철저하게 제동을 걸었다. 가톨릭교회의 동맹을 구하고, 가정을 존중하고, 여성의 노예화 전통을 연장함으로써 파시스트 이탈리아는 여성을 국가 권력과 남편에게 이중으로 예속시켰다. 독일에서는 상황이 전혀 달랐다. 1790년에 히펠Hippel이란 남학생이 독일 최초로 페미니즘 운동을 선언했다. 19세기 초에 조르주 상드의 페미니즘과 유사한 감정적인 페미니즘이 성행했다. 1848년에 독일 최초의 페미니스트인 루이제 오토페터스Louise Otto-Peters(1819~1895)는 여성들이 조국의 변화를 도울 수 있는 권리를 요구했다. 그녀의 페미니즘은 본질적으로 국가주의적인 것이었다. 그녀는 1865년에 '독일여성총연합회'를 만들었고, 독일 사회주의자들은 베벨과 함께 양성 불평등의 폐지를 주장했다. 1892년에 클라라 체트킨Clara Zetkin(1857~1933)[138]은 당의 고문으로 취임했고, 여러 여성 노동자 단체와 연맹으로 결집된 여러 사회주의 여성연합이 나타나는 것을 볼 수 있었다. 독일 여

---

138 *독일의 여성 해방 운동가. 독일 사회민주당에서 여성 운동과 문학 운동에 힘썼다.

성들은 1914년에 여성국민군을 조직하는 데 실패했으나 전쟁 수행에 열렬히 협력했다. 패전 후에 여성들은 투표권을 얻고 정치 활동에 참여했다. 로자 룩셈부르크Rosa Luxemburg(1871~1919)[139]는 스파르타쿠스단에서 리프크네히트Karl Liebknecht(1871~1919)[140]와 어깨를 나란히 하고 투쟁하다가 1919년에 살해당했다. 대다수의 독일 여성들은 체제에 찬성하는 태도를 밝혔고, 그 가운데 몇 명이 국회에서 의석을 차지했다. 따라서 히틀러는 다시 '부엌, 신앙, 아이'라는 나폴레옹의 이상을 해방된 여성들에게 강요했다. 그는 "단 한 명의 여자라도 의석을 차지하는 것은 국회의 명예를 훼손시키는 것이다"라고 선언했다. 나치즘은 반가톨릭적이고 반부르주아적이었기 때문에 어머니에게 특권적 지위를 부여하였다. 미혼모와 혼외자녀를 보호하는 장치는 여성을 결혼으로부터 상당 부분 해방시켰다. 스파르타에서처럼 여성은 어떤 개인보다도 국가에 훨씬 더 많이 의존하고 있었으므로, 자본주의 체제에 사는 부르주아 여성보다 더 많은 자율성과 그렇지 못한 부분을 동시에 가지고 있었다.

페미니스트 운동의 규모가 가장 컸던 것은 소련에서였다. 이 운동은 19세기 말에 지식인 계층의 여학생들 사이에서 시작되었다. 그녀들은 개인적인 대의보다도 일반적으로 혁명 활동에 더 결합해 있었고, "인민 속으로 들어가"라는 니힐리스트Nihilist[141]적 방식에 따라 오흐라나Okhrana[142]에 맞서 싸웠다. 베라 자술리치Véra Zassoulich(1849~1919)[143]는 1878년에 경찰청장 트레포프Trépov를 살해했다. 러일전쟁 동안에 여성들은 많은 직업에서 남성들을 대신했다. 여성들은 자아 의식에 눈뜨기 시작했고, 러시아연맹은 여성의 권리를 위한 양성의 정치적 평등을 요구했다. 제1회 제국회의에서 여성의 권리를 위한 의원단이 결성되었으나 효력이 없었다. 여성 노동자들의 해방이 실현된 것은 혁명을 통해서였다. 이미 1905년에 그녀들은 나라 안에서 벌어진 대중 정치파업에 대거 참여했고, 바리케이드 위에 올라갔다. 1917년 대혁명 며칠 전인 국제 여성의 날(3월 8일)을 기해, 그녀들은 상트페테르부르크의 여러 거리에서 빵과 평화와 남편의 귀환을 요구하면서 일

---

139 * 폴란드 태생의 독일 혁명가, 독일 사회당의 좌파 지도자
140 * 독일의 혁명가. 독일 사회민주당의 좌파 지도자
141 * 무정부주의
142 * 비밀 경찰
143 * 러시아의 사회주의자, 혁명가

제히 시위를 벌였다. 그녀들은 10월의 봉기에 참가했고, 1918년부터 1920년 사이에 침입자들에 대한 소련의 투쟁에서 경제적·군사적으로 중요한 역할을 했다. 레닌은 마르크스주의 전통에 충실하게 여성의 해방을 노동자의 해방과 연결시켰다. 그는 그들에게 정치적·경제적 평등을 부여했다.

1936년의 헌법 제122조는 다음과 같이 규정하고 있다. "소련에서 여성은 경제, 공무, 문화, 공공, 정치 생활의 모든 분야에서 남성과 동일한 권리를 향유한다." 그리고 이 원칙은 국제공산주의동맹에 의해 다시 천명되었다. 이 동맹은 "법 앞에서 그리고 실생활에서 여성과 남성의 사회적 평등, 혼인법과 가족법의 근본적 변화, 사회적 기능으로서의 모성의 인정, 청소년의 보육과 교육의 사회적 부담, 여성을 노예화하는 이데올로기와 전통에 대한 조직적 계몽 투쟁"을 요구했다. 경제적 분야에서 여성의 쟁취는 눈부셨다. 여성은 남성 노동자들과 평등한 임금을 획득하고 생산에 맹렬히 참여함으로써 정치적·사회적으로 괄목할 만한 중요성을 차지했다. 최근 프랑스러시아협회가 편찬한 소책자에 따르면, 1939년의 총선거에서 도·시·군·읍의 소비에트에 45만 7천 명의 여성 대의원이 있고, 사회주의공화국최고회의에 1,480명, 그리고 전소련동맹최고회의에 227명의 여성이 의석을 차지하고 있다. 거의 1천만 명에 달하는 여성이 조합에 가입했으며, 여성들은 소련의 노동자와 피고용자들의 몫에서 40퍼센트를 차지하고 있다. 스타하노프stakhanov 운동[144]에 참여한 노동자 가운데에도 많은 수의 여성 노동자들이 들어 있다. 지난 세계 대전에서 러시아 여성들이 얼마나 대단한 활약을 했는지는 잘 알려져 있다. 그녀들은 제철, 광산, 뗏목, 철도 등 주로 남성들의 직업이었던 생산 분야에까지 엄청난 노동력을 제공했다. 또한, 비행사나 낙하산병으로서 공훈을 세우고, 빨치산 부대를 조직했다.

공공생활에서 이런 여성의 참여는 어려운 문제 하나를 제기했다. 즉, 가정생활에서 여성의 역할이다. 꽤 오랫동안 가정의 속박으로부터 여성을 해방하려는 노력이 행해져 왔다. 1924년 11월 6일 코민테른 총회는 "가정이란 개념과 가족관계가 존속하는 한 혁명은 무력하다"라고 선포했다. 자유로운 결합에 대한 존중과 이혼의 용이함, 낙태의 합법적인 규제가 남성 앞에서 여성의 자유를 보장했

---

144 *1935년에 우크라니아 지방의 광부 스타하노프A. G. Stakhanov가 새로운 기술로 보통 사람의 14배를 채탄한 것이 계기가 되어 일어난 노동생산력 증대 운동

다. 임신 휴가에 관한 법률, 탁아소, 유치원 등이 모성의 부담을 덜어 주었다. 열정적이지만 동시에 모순적인 증거들을 통해 여성의 구체적 상황이 어떤 것이었는지를 밝히기는 어려운 일이다. 확실한 것은 오늘날 인구 재증가의 요구가 종전과는 다른 가족정책을 펴게 했다는 것이다. 즉, 가정은 사회의 기본적인 세포로 간주되고, 여성은 노동자인 동시에 가정주부다.[145] 성도덕은 가장 엄격하다. 1936년 6월에 공포되고, 1941년 6월 7일에 강화된 법령에 따라 낙태는 금지되었고, 이혼은 거의 금지되었다. 간통은 관습에 의해 규탄받았다. 러시아 여성은 모든 남성 노동자처럼 국가에 긴밀하게 예속되고 가정에 단단히 얽매여 있으나, 정치 생활에 참여하고 생산노동이 부여하는 존엄성도 누리는 특이한 상황에 놓여 있었다. 그 특이성을 자세히 연구할 수 있다면 유익한 일이겠으나 불행하게도 내 사정이 허락되지 않았다.

최근 개최된 유엔UN의 회기에서 여성신분위원회는 모든 국가에서 양성의 권리 평등을 인정할 것을 요청하였고, 이 법적 신분 규정을 구체적인 현실로 만들려는 몇 건의 발의를 승인하였다. 따라서 승리는 이제 획득된 듯하다. 미래는 종전에 남성이 차지했던 사회에 여성을 점점 더 깊이 동화시키는 방향으로 나아갈 수밖에 없다.

*

이런 역사를 전체적으로 일별해 보면 거기서 몇 가지 결론을 볼 수 있다. 첫째, 여성의 모든 역사가 남성에 의해 만들어졌다는 것이다. 미국에 흑인문제가 있는 것이 아니라 백인 문제가 있는 것처럼,[146] "반유대주의가 유대인의 문제가 아니라 우리의 문제인 것처럼"[147] 여성의 문제는 언제나 남성의 문제였다. 앞에서 남자들이 어떤 이유에서 신체적 힘으로 정신적 권위를 갖게 되었는지 이미 보았다.

---

145 '청년공산당중앙위원회' 서기 올가 미차코바Olga Michakova는 1944년에 한 인터뷰에서 다음과 같이 선언했다. "소련 여성들은 자연과 세련됨이 허용하는 한 자신을 매력적으로 만들려 노력해야만 한다. 이제 전쟁이 끝나면, 여자답게 옷을 입고 여자다운 태도를 가져야만 할 것이다. (…) 여자아이들에게는 여자아이 같은 행동과 걸음걸이를 하라고 말해야 할 것이고, 이런 이유에서 여자아이들은 우아한 자세를 갖도록 하는 꼭 끼는 치마를 입게 될 것이다."

146 G. 뮈르달Myrdal, 『미국의 딜레마 American dilemma』 참조

147 J.-P. 사르트르, 『유대인 문제에 관한 고찰 Réflections sur la question juive』 참조

남자들은 가치와 풍습과 종교를 만들어 냈다. 여자들은 이런 지배력을 두고 남자들과 단 한 번도 다툰 적이 없었다. 몇몇의 고립된 여성들 – 사포, 크리스틴 드 피상, 메리 울스턴크래프트, 올랭프 드 구주 – 은 자신의 가혹한 운명에 맞서 항의했다. 그리고 때로 집단적인 의사 표시가 일어난 적도 있었다. 그러나 오피아 법에 반대해 단결한 로마의 주부들이나 여성 참정권을 주장한 앵글로색슨족 여성들이 압력을 가하는 데 성공한 것은, 오로지 남성들이 그 압력을 감내할 각오가 되어 있었기 때문이다. 여성의 운명은 언제나 남자들이 장악하고 있었다. 그리고 남자들은 여성의 운명을 여성의 이익이 아닌 자신들의 계획, 두려움, 욕구에 따라 결정했다. 남자들은 **자연**이 두려워 어머니-여신을 숭배했고, 청동기로 자연에 대항할 수 있게 되자 곧 부권제를 세웠다. 그러자 여자의 위상은 가족과 국가의 분쟁에 의해 규정됐다. 그리스도교도가 여성에게 지정해 준 조건에는 신과 세계와 자기 자신의 육체와 마주했을 때 그리스도교도의 자세가 반영되었다. 중세에 '여성 논쟁'이라고 불린 것도 결혼과 독신을 둘러싼 성직자와 속인 사이의 논쟁이었다. 결혼한 여자의 후견제도를 만들어 낸 것도 사유재산에 기초를 둔 사회체제였다. 그리고 오늘날의 여성들을 해방한 것 또한 남성들이 실현한 기술 혁명이었다. '산아제한'으로 많은 가정에서 아이의 수를 줄이고 여성을 부분적으로 모성의 예속 상태에서 해방한 것은 남성의 윤리가 진화된 때문이었다. 페미니즘 자체는 결코 자주적 운동이 아니었다. 즉, 부분적으로는 정치인들 수중에서 좌우되는 도구였고, 부분적으로는 더욱 심각한 사회적인 사태를 반영한 부대 현상이었다. 여성들은 단 한 번도 분리된 계급을 형성한 적이 없었다. 그리고 사실 여성들은 역사상 성性으로서 어떤 역할을 하려고 노력하지 않았다. 육체이자 생명이며 내재성으로서, 즉 **타자**로서 여성의 도래를 요구한 학설도 남성의 이데올로기였으며 여성의 요구를 전혀 표현하고 있지 않았다. 대다수 여성은 아무런 행동도 시도하지 않은 채 체념하며 자신의 운명을 받아들였다. 운명을 바꾸려고 시도한 여성들은 자신의 개별성 속에 갇혀 혼자만의 성공을 목표로 한 것이 아니라, 그 개별성을 뛰어넘을 것을 열망했다. 여성들이 세계의 흐름에 참여한 것은 남성들의 동의하에 남성들의 관점에서였다.

이러한 참여는 전체적으로 부차적이고 일회적이었다. 어느 정도 경제적 자주성을 누리며 생산에 참여한 여성 계급은 피억압 계급이었고, 노동자로서 남성 노동자들보다 한층 더 예속적이었다. 지배 계급의 여성은 기생하는 존재였고, 그에 걸맞게 남성의 법에 예속되어 있었다. 두 경우 모두 여성이 행동하는 것은 거의 불가능했다. 법과 풍속은 언제나 일치하지 않는다. 둘 사이에는 여성이 결코 구체적으로 자유롭지 못하도록 균형을 이루고 있다. 고대 로마 공화국에서는 주부에게 경제적 조건이 실제적 권력을 부여했으나, 법적으로 어떤 독립성도 인정되지 않았다. 농민문화와 상업적 소부르주아 사회에서도 대개 마찬가지였다. 집안에서 주부 겸 하녀인 여성이 사회적으로는 미성년자였다. 반대로 사회가 붕괴하는 시기에 여성은 해방되었으나, 남성의 가신家臣이기를 면하면서 자기의 봉토를 잃어버렸다. 그래서 여성은 방종과 낭비로만 표출되는 부정적 자유만을 갖게 되었다. 로마 제국의 쇠퇴기, 르네상스 시대, 18세기, 집정관 시대가 그러하였다. 일할 때는 노예 상태고, 해방되었을 때는 무엇을 해야 할지 모르는 상태였다. 특히 결혼한 여자는 사회에 자기 자리가 있었지만 거기서 아무 권리도 누리지 못했다. 반면에 독신 여성은 정숙한 여자든 창녀이든 간에 남자와 똑같은 법적 능력을 갖추고 있었다. 그러나 20세기에 이르기까지 독신 여성은 사회생활에서 다소 배제되었다. 이러한 법과 풍습의 대립으로부터 특히 다음과 같은 기이한 역설이 생겨났다. 즉, 자유연애는 법으로 금지하지 않지만, 간통은 위법 행위다. 흔히 '잘못을 범한' 젊은 처녀는 명예가 훼손되는 반면에 아내의 비행은 관대하게 여긴다. 그 때문에 17세기부터 오늘날까지 수많은 젊은 처녀가 애인을 자유롭게 갖기 위해서 결혼했다. 대다수 여성이 이런 기발한 체제에 의해 꽁꽁 묶여 있었다. 이런 추상적 혹은 구체적인 이중의 구속 사이에서 여성은 자기를 확립하기 위해서 예외적인 환경이 필요했다. 남자들의 위업과 견줄 만한 위업을 이룩한 여성들은 사회적 제도의 힘이 모든 성적 차이를 초월해 찬양했던 여성들이다. 이사벨라 여왕이나 영국의 엘리자베스 여왕 그리고 러시아의 카테리나 여제는 남자도 여자도 아니었다. 그녀들은 군주였다. 사회적으로 그녀들의 여성성이 사라지자, 여성이라는 사실이 더는 열등함을 의미하지 않았다는 것에 주목할 만하다. 위대한 치세를 보여 준 여왕들의 비율은 위대한 왕들의 비율보다 월등하다. 종교도 같은 변화를 이루었다. 시에나의 카타리나나 성 테레사는 일체의 생리적 조건을 초월한 성스러운 영혼이었다. 그녀들의 세속적 삶과 신비적 삶, 그녀들의 활동과 저술은 일찍이 불과 몇 명의 남자들만이 도달했던 높은 경지에 이르고 있다. 다른 여성들이 세상에 큰 발자국을 남기지 못한 것은 그녀들이 자신들의 조건 속에 갇혀 있었기 때문이라고 해도 과언이 아니다. 그녀들은 거의 부정적이거나 간접적인 방식으로만 활동할 수 있었다. 유디트Judith,[148] 샤를로트 코르데Marie Anne Charlotte Corday d' Armont(1768~1793),[149] 베라 자술리치[150]는 암살을 감행했다. 프롱드당의 여성들은 음모를 꾸몄다. 대혁명과 코뮌 당시 여성들은 남성들과 어깨를 나란히 하고 기존 질서에 대항했다. 여성에게는 건설에 적극적으로 참여하는 것이 금지됐지만, 권리도 권력도 따르지 않는 자유를 거부하거나 반항하는 것이 허용되었다. 여성은 기껏해야 우회로를 통해 남자들의 사업에 끼어드는 데 성공하는 정도였다. 아스파시아, 맹트농 부인, 위르생 공작부인은 남성의 조언자들이었다. 물론 남자가 그들의 말을 들어준다는 것이 전제였다. 남자들은 여자를 설득해야 할 때 여자들이 가장 아름다운 몫을 차지한다며 그녀들의 영향력을 기꺼이 과장했다. 그러나 현실적인 행동이 시작될 때에 여자들은 사실상 침묵했다. 여자들은 전쟁을 일으킬 수 있었지만, 전투 작전에서는 의견을 제시할 수 없었다. 그래서 음모로 축소된 정치 외에는 정치를 좌우한 일이 없었다. 세계의 진정한 지휘권이 여자들의 수중에 들어온 적은 한 번도 없었다. 여자들은 기술이나 경제에 영향을 준 일도 없었고, 국가를 만들거나 해체한 일도 없었으며, 세계를 발견한 일도 없었다. 여자들에 의해서 몇몇 사건들이 일어났으나 여자들은 동인動因이라기보다는 구실에 훨씬 더 가까웠다. 루크레티아Lucretia[151]의 자살은 상징적 가치밖에 없었다. 피억압자에게는 순교만이 허용되어 있었다. 기독교도의 박해가 있었던 때나 사회적 또는 국가적인 패배 직후에 여성들은 그 증인의 역할을 했다. 그러나 순교자가 세계의 모습을 바꾼 일은 한 번도 없었다. 여성들의 시위나 주도조차도 남성의 결정으로 인해 효과적으로 발전시켰을 때만 가치가 있었다. 비처 스토 부인 주위에 결집한 미국 여성들은 노예 제도에 반대하는 여론을 열렬하게 불러일으켰다. 그러나 남북전쟁의 진정한 원인은 감정적인 것이 아니었다. 1917년 3월 8일 '여성의 날'이 어쩌면 러시아 혁명을 앞당겨 일어나게 했을 수도 있다. 하지만 그것은 하나의 신호에 불과했을 뿐이다. 대부분 여걸은 괴상야릇한 유형이어서 행동의 중요성보다는 운명의 특이성에 의해 주목받는 모험가이거나 괴짜들이었다. 그래서 잔 다

---

148 *잠자리에서 적장 호로페르네스의 목을 벤 여성

149 *프랑스 대혁명 당시에 반대파의 지도자 마라를 암살한 소녀

150 *상트페테르부르크의 경찰 총장을 암살한 혁명가

151 *기원전 6세기 로마의 타르쿠이니우스 콜라티누스의 정숙한 미모의 아내. 고대 로마 최후의 왕 타르쿠이니우스 수페르부스의 왕자 섹스투스에 의해 능욕된 후, 남편에게 복수를 구하고 자살했다.

르크, 롤랑 부인, 플로라 트리스탕을 리슐리외, 당통, 레닌에 비교한다면 그녀들의 위대함이 특히 주관적이라는 것을 알 수 있다. 그녀들은 역사를 움직이고 변화시킨 행동가라기보다는 본보기가 되는 인물들이었다. 위대한 남성은 대중 속에서 나타나고, 환경이 그를 앞으로 나아가도록 밀어 준다. 그러나 여성 대중은 역사 바깥에 있었고, 환경은 여성 개개인에게 장애이지 발판이 되지 못했다. 세계의 모습을 바꾸려면 우선 거기에 견고하게 닻을 내리지 않으면 안 된다. 그러나 사회에 단단히 뿌리내린 여성들은 사회에 복종하는 여성들이었다. 신권에 의하여 행동할 지시를 받지 않는 한 - 그리고 이런 경우 여성들은 남성들만큼 능력을 발휘했지만 - 야심가 여성이나 여걸은 괴물이었다. 여성들이 이 세상을 편안하게 느끼기 시작할 때에야 비로소 로자 룩셈부르크나 퀴리 부인 같은 여성을 볼 수 있었다. 그녀들은 여성의 열등함이 여성의 역사적 무의미함을 결정한 것이 아니라는 것을 명백하게 증명하고 있다. 여성의 역사적 무의미함이 여성을 열등하게 만든다.[152]

이 사실은 여자들이 자기주장을 가장 성공적으로 펼친 분야, 다시 말해 문화 영역에서 명백하다. 여자들의 운명은 문학과 예술의 운명과 깊이 연결되어 있었다. 게르만족의 경우에 이미 예언자나 성직자의 직능이 여자들에게 돌아왔다. 왜냐하면 여자들은 세계의 밖에 있었고, 남자들은 자기들 세계의 한계를 교양으로 뛰어넘어 다른 세계로 접근하려고 할 때 여자들에게로 향하기 때문이다. 세련된 신비주의, 인문주의의 호기심, 이탈리아 르네상스 시대에 꽃피운 아름다움에 대한 기호, 17세기의 라 프레시오지테la preciosité,[153] 18세기의 진보주의의 이상은 다양한 형태 아래 여성성에 대한 찬양을 불러일으켰다. 여성은 당시 시詩의 핵심이었고 예술작품의 실체였다. 여자는 여가가 있으므로 정신적 쾌락에 몰두할 수 있었다. 작가에게 영감을 주는 사람이자 비판자이며 독자인 여성은 종국에는 그의 경쟁자가 되었다. 감수성의 양상과 남성의 마음을 계발하는 윤리를 중시하는 것은 대개 여성이며, 그렇게 해서 여성은 자기 자신의 운명에 뛰어들었다. 즉, 여성의 교육은 대부분 여성이 쟁취한 것이다. 하지만 지식인 여성들에 의해 행해진

---

152 파리에 있는 1천 여 점의 조각상 가운데서 건축상의 순수한 이유로 뤽상부르 공원의 화단을 장식하는 여왕들을 제외한다면 여성 상像은 열 점밖에 안 된다는 것에 주목할 만하다. 석 점은 잔 다르크 상이고, 나머지는 세귀르 부인, 조르주 상드, 사라 베르나르트, 부시코 부인, 그리고 이르슈 남작부인, 마이라 드레슴, 로자 보뇌르의 상이다.

153 *17세기 재치 있고 세련된 취향의 문학적 경향을 가리킨다.

이러한 집단적 역할이 중요하긴 해도, 그녀들 개개의 공헌은 전체적으로 보아 사소한 것이었다. 여성은 행동에 참여하지 않았기 때문에 사상과 예술의 영역에서 특권적 자리를 차지했으나, 예술과 사상은 행동 속에 그 생생한 원천을 가지고 있다. 세계를 재창조한다고 자처하는 사람이 세계의 바깥에 위치한다는 것은 유리하지 못한 상황이다. 여기서도 주어진 조건을 초월해 떠오르기 위해서는 우선 거기에 깊이 뿌리내리지 않으면 안 된다. 집단으로 열등한 상황에 놓여 있는 인간의 범주 안에서 개인적 성취는 거의 불가능하다. "우리가 여자들과 어디에 가길 원하십니까?"라고 마리 바시키르체프Marie Bashkirtseff(1858~1884)[154]가 물었다. 그리고 스탕달Stendhal(1783~1842)은 "**여자**로 태어난 모든 천재는 공공의 행복을 위하여 사라져 버렸다"고 말했다. 사실을 말하자면 사람은 천재로 태어나는 것이 아니라 천재가 되는 것이다. 그리고 여성의 조건은 현재까지 이 천재가 되는 것을 불가능하게 만들었다.

안티페미니스트들은 역사 검토에서 두 가지 모순된 논법을 도출해 낸다. 첫째, 여자들은 결코 아무런 위대한 것을 창조해 내지 못했다. 둘째, 여성의 상황이 위대한 여성의 개화를 조금도 방해하지 않았다. 그러나 두 주장은 기만적이다. 몇몇 특권적인 여성들의 성공이 전체 여성 집단의 낮은 사회적 수준을 보상하지도 변명하지도 못한다. 그리고 이러한 성공이 드물고 제한적이라는 것은 제반 사정이 여성들에게 불리하다는 것을 정확히 입증하고 있다. 크리스틴 드 피상, 풀랭 드 라 바르, 콩도르세, 스튜어트 밀, 스탕달이 주장한 것처럼 여성은 어느 분야에서도 결코 기회를 갖지 못했다. 그렇기 때문에 오늘날 대다수의 여성이 새로운 사회적 지위를 요구하는 것이다. 그리고 다시 한 번, 여성들의 주장은 여자답다는 칭송을 받자는 것이 아니었다. 여성들은 인류 전체에서처럼 자신들 안에서도 초월성이 내재성을 물리치고 승리하기를 바란다. 여성들은 결국 자신들에게 추상적인 권리와 구체적인 가능성이 부여되기를 바란다. 이 양자의 결합이 없는 자유는 속임수에 불과할 따름이다.[155]

---

154 *자신의 일기로 유명한 19세기 러시아의 여성 화가

155 여기서도 또한 안티페미니스트들은 모호한 태도를 보인다. 그들은 때로 추상적 자유를 아무것도 아닌 것으로 여기며, 예속된 여성이 이 세계에서 할 수 있는 구체적인 큰 역할에 대해 열광하기도 한다. "그러니 대체 여성은 이 이상 무엇을 더 요구하는가?"라고 말이다. 때로는 또, 부정적인 자유가 어떤 구체적 가능성도 열지 않는다는 사실을 무시하고는, 추상적으로 해방된 여자들이 능력을 보여 주지 않았다고 비난한다.

이런 소망은 실현되어 가는 중이다. 그러나 지금은 과도기다. 항상 남자들에게 속해 있던 이 세계는 아직도 그들의 수중에 있다. 가부장제 문명의 제도와 가치는 대부분 살아남아 있다. 추상적인 권리도 어디에서나 여자들에게 완전히 인정되는 것과는 거리가 멀다. 스위스에서 여자들은 아직 투표권이 없다.[156] 프랑스에서는 1942년의 법이 완화된 형태로 남편의 특권을 유지하고 있다. 그리고 추상적인 권리도, 앞서 말한 것처럼 여자에게 세계에 대한 구체적인 점유를 보장하기에는 절대 충분하지 않다. 오늘날까지도 양성 사이에는 진정한 평등이란 존재하지 않는다.

우선, 결혼생활의 부담은 남자보다 여자에게 훨씬 더 크다. 모성의 과중한 부담이 '산아제한' - 공개적 또는 은밀한 - 의 실시로 줄어들었다. 그러나 그 방법은 보편적으로 보급되지도 않았고 엄격하게 실시되지도 않고 있다. 낙태는 공식적으로 금지되어 있으므로 많은 여성이 불법적인 낙태 수술로 인해 건강을 해치거나, 수차례의 임신 출산으로 몸이 쇠약해진 상태에 있다. 가사노동과 자녀 양육은 아직도 거의 전적으로 여성이 감당하고 있다. 특히 프랑스에서는 안티페미니스트 전통이 매우 뿌리 깊어서, 남자가 여자에게 속한다고 여긴 일에 손대는 것을 체면을 잃는다고 생각한다. 그 결과 여자는 가정생활과 노동자의 역할을 조화시키기가 남자보다 더 어렵다. 사회가 여자에게 이런 노력을 요구하는 경우에 그녀의 삶은 남편의 삶보다 훨씬 더 고되진다.

가령 농촌 여성의 운명을 생각해 보자. 프랑스에서 그녀들은 생산노동에 참여하는 여성의 다수를 차지하고 있으며, 일반적으로 기혼자들이다. 사실 독신 여성은 대개 아버지의 집이나 형제자매의 집에서 하녀로 머문다. 그녀는 남편의 지배를 받아들여야만 한 가정의 여주인이 된다. 농촌 여성은 지방의 풍습과 전통에 따라서 다양한 역할을 맡는다. 이를테면 노르망디 농촌 여성은 식탁의 상석을 차지하는 반면에 코르시카 여성은 남자들과 같은 식탁에 앉지 못한다. 그러나 어쨌든 농촌 여성은 가정경제에서 아주 중요한 역할을 하면서 남자와 책임을 분담하고, 그의 이해와 일체를 이루며 그와 재산을 공유한다. 그녀들은 존경받고 있으며, 실질적으로 대개 그녀들이 좌지우지한다. 이런 농촌 여성의 지위는 고대 농업 공동체에서 여성이 차지했던 지위를 연상시킨다. 여성은 자기 남편과 동등한

---

156 *스위스는 1971년에 여성 투표권을 인정했다.

혹은 그보다 더 큰 정신적 위엄이 있는 경우가 흔하다. 그러나 여성의 구체적 생활 조건은 훨씬 더 고되다. 채소밭을 가꾸고 닭을 치고 양을 돌보며 돼지를 기르는 일은 전적으로 여성의 책임이다. 그녀는 거친 일에도 관여한다. 즉, 마구간을 치고 거름을 주고 씨를 뿌리고 밭을 갈고 김을 맨다. 삽질하고 제초하며 곡식을 거둬들이고 포도를 따고, 때로는 밀집, 건초, 재목, 장작, 거적 등을 마차에 싣고 내리는 일을 도와주기도 한다. 그 외에 식사를 준비하고, 세탁과 바느질 등의 가사를 돌본다. 여자는 자녀를 낳아 양육하는 고된 어머니의 역할을 담당한다. 새벽에 일어나 닭과 가축에게 먹이를 주고, 남자들의 아침 식사를 마련하며 아이들을 돌봐주고, 들이나 숲이나 채소밭에 일하러 간다. 샘에서 물을 길어다 점심 식사를 준비하고 설거지하고, 저녁 식사 때까지 다시 들에서 일하며, 마지막 식사 후에는 바느질하고 집안을 치우고 옥수수 낟알을 떼어 내는 등의 밤일에 전념한다. 여자는 임신 동안에도 자신의 건강을 돌볼 짬이 없으므로 외형이 빨리 일그러지고, 조기에 늙고 쇠약해져 병에 시달린다. 남자가 이따금 사회생활에서 얻는 몇몇 보상도 그녀에게는 거부된다. 즉, 남자는 일요일마다 또는 장날마다 시내에 가서 다른 남자들을 만나고, 카페에 가고 카드놀이를 하고 사냥하고 낚시질도 한다. 그러나 여자는 집에 남아 아무런 여가도 즐기지 못한다. 단지 유복한 농촌 여성들만 하녀들의 도움을 받거나 들의 노동에서 면제되어 행복하게 균형 잡힌 생활을 보낸다. 이런 여자들은 사회적으로 존경을 받고, 노동에 지치는 일 없이 가정에서 대단한 권위를 누린다. 그러나 대부분의 경우 시골 생활은 여자를 소나 말 같은 짐승의 처지로 끌어내린다.

여자 상인과 소기업을 경영하는 여자 기업주는 어느 시대나 특권적이었다. 이런 여성들은 중세 이래로 민법상 능력을 인정받은 유일한 여성이었다. 식료품상, 유제품상, 숙박업, 담뱃가게 여주인들은 남자들과 같은 지위를 누리고 있었다. 독신이든 남편과 사별한 부인이든 간에 그녀들만의 독립적인 상호商號가 있었다. 결혼해도 남편과 동등한 자율성을 가지고 있었다. 그녀들은 집이 있는 같은 장소에서 일하고, 그 일도 일반적으로 그다지 힘들지 않은 그런 행운을 누렸다.

집 밖에서 일하는 여공, 여직원, 비서, 점원의 사정은 전혀 다르다. 그녀들에게 직업과 가사(장보기, 식사 준비, 청소, 옷 관리는 적어도 매일 세 시간 반, 일요일에는 여섯 시간의 노동을 요구한다)의 조화는 훨씬 더 어려운 일이다. 여변호사, 여의사, 여교사 등 자유직업을 가진 여자들은 가사에서 약간의 도움을 받지만, 집과 아이들은 그녀들에게도 부담과 걱정거리가 되며 무거운 핸디캡이 된다. 미국에서는 가사노동이 기발한 기술에 의해 단순화되어 있다. 그러나 일하는 여성에게 요구하는 옷차림과 우아함은 그녀에게 또 다른 예속이 된다. 그리고 집과 아이들에 대한 책임도 여전히 남아 있다. 한편, 노동으로 자립을 꾀하는 여성은 남자 경쟁자들보다 훨씬 불리하다. 여성의 임금은 많은 직업에서 남자보다 낮다. 여성의 일은 덜 전문적이어서 숙련된 남성 노동자의 임금보다 낮게 책정되고, 설령 같은 일을 해도 여자는 보수를 적게 받는다. 여자는 남자들 세계에서 신참자이기 때문에 그들보다 성공 가능성도 적다. 남자나 여자나 똑같이 여자의 명령 아래에 있는 것을 혐오한다. 그들은 언제나 남자에게 더 많은 신뢰를 표한다. 여자라는 것이 결함은 아니라 하더라도 적어도 기이한 존재로 취급받는다. '출세'하기 위해서는 남성의 지지를 확보하는 것이 여자에게 유익하다. 남자들이 가장 유리한 자리를 차지하고 가장 중요한 직위를 점유하고 있기 때문이다. 남자와 여자는 경제적으로 두 계급을 형성하고 있다는 사실을 강조하는 것이 중요하다.[157]

여자의 현재 신분을 지배하는 것은 새로이 형성되는 문명 속에 완강하게 살아남아 있는 가장 오래된 전통이다. 바로 이것이 오늘날 여자들이 자신들에게 제공된 기회를 이용할 능력이 없다고 평가하거나, 아니면 이러한 기회는 위험한 시도일 뿐이라고 보는 성급한 관찰자들이 간과하는 점이다. 사실 여자의 상황은 균형 잡혀 있지 않고, 또 이런 이유에서 거기에 적응하는 것이 대단히 어렵다. 여자들에게도 공장과 사무실과 대학의 문이 열려 있다. 그러나 여전히 여자에게 가장 명예로운 경력은 결혼이라 여겨지고, 그 때문에 여자는 다른 모든 사회생활에 참여하지 않아도 된다고 생각한다. 원시사회에서처럼 사랑의 행위는 여자에게 다소 직접 대가를 받을 권리가 있는 서비스다. 소련을 제외하고,[158] 어디에서나 현대 여성은 자신의 몸을 활용 가능한 자본으로 여기는 것이 허용되어 있다. 매춘

---

157 미국에서는 막대한 재산이 결국 여자들의 수중으로 떨어지는 일이 흔히 있다. 자기 남편보다 더 젊은 여자들은 그들보다 더 오래 살아남아 그 재산을 상속받는다. 그러나 여자들도 그때는 나이가 들어서 솔선해 새로운 투자를 하는 경우가 드물다. 그녀들은 소유권자로서보다는 용익권자用益權者로서 행동한다. 자본을 자유로이 처분하는 사람들은 사실 남자들이다. 어쨌든, 이 특권적인 부자들은 극소수에 불과하다. 미국에서는 여자가 변호사, 의사 등 상위 직업에 종사하는 것이 유럽에서보다 훨씬 더 불가능하다.

158 적어도 공식적인 교리에 의하면

은 용인되고,[159] 연애사는 장려된다. 그리고 기혼 여성이 남편으로부터 부양받는 것은 정당한 권리로 여겨진다. 게다가 그녀는 독신 여성보다 훨씬 우월한 사회적 지위를 누린다. 독신 여성들에게 독신 남자들과 같은 성적 자유를 부여하는 것은 풍습이 허락하지 않는다. 특히 어머니가 되는 권리는 그녀에게 거의 금지되어 있고, 미혼모는 추문의 대상이다. 그러니 어떻게 신데렐라 신화[160]의 가치가 온전히 보존되지 않을 수 있겠는가? 모든 것이 아직도 젊은 처녀가 혼자서 행운과 행복을 쟁취하기 위해 어렵고 불확실한 노력을 하기보다는 차라리 '매력적인 왕자'가 그것을 가져다주기를 기다리라고 장려하고 있다. 특히 그녀는 왕자 덕분에 자기 계급보다 높은 계급에 오르기를 바랄 수 있고, 이것은 그녀가 일생 노동을 해도 보상받을 수 없는 기적이다. 그러나 그와 같은 희망은 그녀의 힘과 관심을 분열시키기 때문에 해로운 것이다.[161] 이러한 분열은 어쩌면 여성에게 가장 심각한 핸디캡일지 모른다. 부모들은 딸의 일신상 발전을 격려해 주기보다는 결혼시킬 목적으로 딸을 기른다. 딸도 결혼에 많은 이점이 있다고 생각하고 스스로 그것을 희망한다. 그 결과 여자는 대개 남자 형제들보다 교육을 덜 견고하게 받고, 덜 전문화되어 자기 직업에 전심전력하지 못한다. 그리하여 직업에서 열등해지는 이런 악순환이 계속된다. 즉, 이런 열등함이 남편을 얻고 싶은 그녀의 욕망을 강화하는 것이다. 모든 이익은 그 이면에 부담이 따르기 마련이다. 그러나 부담이 지나치게 크면 이익은 더는 예속으로밖에 보이지 않는다. 오늘날 다수의 노동자에게 노동은 보람 없는 고역이다. 여자는 이 고역을 자신의 사회적 지위, 풍습의 자유, 경제적 자주성이라는 구체적인 쟁취로 보상받지 못하고 있다. 많은 여공과 여직원이 노동의 권리에서 의무밖에 보지 않고, 결혼하면 그 의무에서 해방될 것으로 생각하는 것은 당연하다. 하지만 자아를 의식한 여성은 노동으로 결혼에서 해방될 수 있으므로 더 이상 예전처럼 온순하게 결혼의 예속을 받아들이지 않는

---

159 앵글로색슨계의 나라에서는 매춘이 규제된 적이 전혀 없었다. 1900년까지 영국과 미국의 '관습법'은 매춘이 추문을 일으키고 질서를 문란케 하는 경우에만 범법 행위로 간주했다. 그 후 영국과 미국의 여러 주에서 다소 엄격하게 탄압했는데, 어느 정도 성공을 거두었다. 미국에서는 이 점에 관한 각 주의 법률이 매우 다양하다. 프랑스에서는 오랫동안의 폐지주의 캠페인에 이어 1946년 4월 13일자 법률이 창가娼家의 폐쇄와 매춘알선업의 소탕 강화를 포고했다. "이런 집들의 존재는 인간 존엄의 기본적 원칙과 현대사회에서 여성에게 부여된 역할과 양립할 수 없다는 것을 고려하여……." 하지만 매춘은 여전히 행해지고 있다. 상황은 부정적이고 위선적인 대책으로 변화시킬 수 없다는 것이 명백하다.

160 필립 와일리Philip Wylie, 『독사毒蛇의 세대Generation of Vipers』(1942) 참조

161 이 점에 관해서는 제2권에서 다시 길게 다룰 것이다.

다. 여자가 바라는 것은 가정생활과 직업의 양립이 그녀에게 고단한 외줄 타기를 하지 않도록 하는 것일 것이다. 그렇지만 쉬운 삶의 유혹이 존속하는 한 – 어떤 개인들에게 특혜를 주는 경제적 불평등과 이런 특권자 중 한 명에게 자신을 팔도록 여자에게 인정한 권리에 의하여 – 여자는 자립의 길을 선택하기 위해 남자보다 더 큰 도덕적 노력이 필요할 것이다. 유혹 역시 장애이며, 이는 가장 위험한 장애 가운데 하나라는 사실이 충분히 이해되지 않고 있다. 여기서 유혹은 속임수로 배가되는데, 왜냐하면 사실 아름다운 결혼이라는 로또에 당첨되는 사람은 수천 명 가운데 한 명 정도이기 때문이다. 현 시대는 여자들을 노동하라 권하고 강요하기까지 한다. 그러나 또 한편으로는 여자들의 눈앞에 한가함과 환희의 낙원을 번쩍이게 하며, 선택받은 여자들을 이 지상에 묶여 있는 여자들보다 훨씬 높이 찬양한다.

남자들이 점하고 있는 경제적 특권, 그들의 사회적 가치, 결혼의 위세, 남자의 지원 유용성 등 모든 것이 여자들에게 남자의 마음에 들기를 열렬히 원하게 만든다. 여자들은 여전히 전체적으로 종속의 상황에 놓여 있다. 그 결과, 여자는 자기를 위해서 존재하는 것이 아니라, 남자가 여자를 규정하는 대로 자신을 인식하고 선택하게 된다. 그러므로 우리는 우선 남자가 꿈꾸는 여자를 묘사해 볼 필요가 있다. 왜냐하면 남자를 위한 여자의 존재 방식은 여자의 구체적 조건을 이루는 핵심적 요소 중 하나이기 때문이다.

제3부
신화

1장

역사는 남자들이 항상 모든 실질적인 권력을 쥐고 있었다는 것을 보여 주었다. 부권제 사회의 초기부터 남자들은 여자를 종속 상태에 두는 것이 유익하다고 판단했고, 법규를 여자에게 불리하게 만들었다. 그리하여 여자는 구체적으로 **타자**로 구성되었다. 이러한 조건은 남자들의 경제적 이익에 유용했고, 또한 남자들의 존재론적·도덕적 자만에도 적합한 것이었다. 주체가 자기 확립을 모색하려는 즉시 그를 제한하고 부정하는 **타자**가 필요하다. 왜냐하면 주체는 자기가 아닌 이 실재實在를 통해서만 자기에게 도달할 수 있기 때문이다. 인간의 삶이 결코 충만도 휴식도 아닌 것은 이런 이유에서다. 인간의 삶은 결핍이며 운동이고 투쟁이다. 인간은 자기 앞에 **자연**을 마주한다. 그는 자연에 대해 영향력을 갖고 있으며 자연을 소유하려 시도한다. 그러나 자연은 그를 충족시켜 주지 못한다. 자연은 순전히 추상적 대립물로서만 나타나고, 장애물이며 낯선 것으로 머물러 있거나, 아니면 인간의 욕망을 수동적으로 견디며 인간에 의해 동화되어 버린다. 인간은 자연을 소모함으로써만, 다시 말해 파괴함으로써만 그것을 소유한다. 두 경우에 인간은 혼자인 채 있다. 그는 돌을 만질 때도 혼자고, 열매를 소화할 때도 혼자다. 타자 역시 그자신이 자기에게 현존할 때만 비로소 현존한다. 즉, 진정한 타성他性이란 나의 의식과는 별개의, 그러면서도 나의 의식과 동일한 의식의 타성이다. 개개의 인간을 그의 내재성에서 끌어내고, 그가 자기 존재의 진실을 실현할 수 있게 하며, 자기를 초월로서, 대상을 향한 탈주로서, 계획으로서 실현할 수 있게 하는 것은 다른 인간의 존재다. 그러나 나의 자유를 확인해 주는 이 다른 사람의 자유는 또한 나의 자유와 충돌하기도 한다. 이것이 불행한 의식의 비극이다. 의식은 저마다 자신만을 최고 권한을 가진 주체로 자처하려고 한다. 의식은 저마다 상대편을 노예로 삼아 자기를 실현하려고 한다. 노예 역시 노동과 공포 속에서 자기를 본질적인 것으로 느끼고, 변증법적 역전에 의해 주인을 비본질적인 것으로 본다. 파국은 각 개인이 자기와 상대방을 동시에 상호적으로 객체와 주체로 설정하면서 각자 다른 사람을 자유롭게 상호 인정함으로써 극복될 수 있다. 그러나 자유들 간의 이러한 상호 인정을 구체적으로 실현시키는 우정과 관대함은 쉬운 덕목이 아니다. 그것들은 확실히 인간 최고의 성취이고, 그것을 통해서 인간은 자기 진실을 체득한다. 그러나 이 진실은 부단히 형성되었다가 부단히 소멸되는 투쟁의 진실이다. 그것은 인간이 매 순간 극기할 것을 요구한다. 달리 말한다면 인간은 실존하기 위해서 **존재**를 포기할 때 진정으로 윤리적인 자세에 도달한다. 또한 이런 전환에 의해서 인간은 모든 소유를 포기한다. 왜냐하면 소유는 존재를 추구하는 한 양식이기 때문이다. 그러나 전환을 통해 도달하게 되는 진정한 지혜는 결코 단 한 번에 완성되는 것이 아니라 끊임없이 만들어져야만 하므로 항구적인 긴장을 요구한다. 그리하여 고독 속에서 자기를 실현할 수 없는 인간은 자기 동류와의 관계에서 끊임없이 위험에 놓인다. 인간의 삶은 성공이 결코 보장되지 않은 어려운 기획이다.

그러나 인간은 어려움을 좋아하지 않는다. 그는 위험을 두려워한다. 인간은 모순적으로 삶과 휴식을, 실존과 존재를 갈망한다. 그는 '정신의 불안'이 자기 발전의 대가이고, 객체와 자기와의 거리는 자기 현전에 대한 대가라는 것을 잘 알고 있다. 그러나 불안 속에서 그는 평온과 의식을 채우게 될 불투명한 충만을 꿈꾼다. 이러한 꿈이 구현된 것, 그것이 바로 여자다. 여자는 남자에게 낯선 자연과, 남자와 지나치게 동일한 동류 사이에 바람직한 중간적 존재다.[1] 여자는 남자에게 자연의 적의에 찬 침묵도, 상호 인정의 가혹한 요구도 내세우지 않는다. 여자는 유일한 특권에 의해서 의식을 지닌 존재이기는 하지만, 그 육체를 통해 여자를 소유하는 것이 가능해 보인다. 여자 덕분에, 자유들 간의 상호성 속에 그 원천이 있는 주인과 노예의 가차 없는 변증법을 빠져나올 방법이 있는 것이다.

---

1 "(…) 여자는 남자의 무익한 복제複製가 아니라 남자와 여자의 살아 있는 결합이 실현되는 마법의 장소다. 여자가 사라진다면 남자는 혹한의 세상에 외톨이가 되어 여권 없는 이방인과도 같다. 여자는 삶의 절정에 이른 대지 자체이며, 감성적이고 기쁨에 찬 대지다. 그리고 여자가 없다면 남자에게 대지는 벙어리요 죽은 것이다"라고 미셸 카루주는 쓰고 있다. 「여자의 힘Les pouvoirs de la femme」, 『카이에 뒤 쉬드』 292호

태초에 자유로운 여자들이 있어서 남자들이 그녀들을 예속시켰던 것이 아니고, 양성의 구분이 결코 계급의 구분을 만들어 냈던 적도 없다는 것을 앞에서 이미 보았다. 여자를 노예와 동일시하는 것은 오류다. 노예 중에는 여자들도 있었으나 자유로운 여자들, 즉 종교적·사회적 권위를 가진 여자들이 항상 존재했었다. 이런 여자들은 남자의 지배권을 받아들였고, 남자는 자기를 객체로 변형시킬 수 있는 반항의 위협을 느끼지 않았다. 여자는 이처럼 결코 본질로 돌아가지 않는 비본질적 존재처럼, 상호성이 없는 절대적 **타자**처럼 보였다. 모든 창조 신화는 남자에게 소중한 이런 확신을 표현하고 있다. 특히 창세기의 전설은 기독교를 통해서 서구 문명에 길이 전해 내려왔다. 이브는 남자와 동시에 만들어지지 않았다. 이브는 다른 재료로 만들어진 것도, 아담을 만드는 데 사용된 것과 같은 찰흙으로 만들어진 것도 아니다. 이브는 최초의 남자의 옆구리에서 끌어내어졌다. 여자는 그 출생조차 자주적이지 않았다. 신은 자발적으로 여자 자체를 만들려 했던 것도 아니고, 여자를 만든 대가로 여자에게서 직접 숭배받기 위해 창조했던 것도 아니다. 신은 남자를 위해 여자를 만들었다. 신이 아담에게 여자를 준 것은 아담을 고독에서 구하기 위해서다. 여자의 기원과 목적은 자기 남편 속에 있다. 여자는 비본질적인 형태로, 남자의 보완물이다. 이와 같이 여자는 특혜를 누리는 먹이처럼 보인다. 여자는 반투명한 의식에까지 이른 자연이며, 당연히 순종하는 의식이다. 그리고 남자가 흔히 여자에게 갖는 꿈같은 희망이 바로 그것이다. 즉, 남자는 육체적으로 한 존재를 소유함으로써 자기를 존재로서 실현하기를 희망하고, 한 유순한 자유를 통해 자기 자유를 공고히 할 것을 희망한다. 어떤 남자도 여자가 되는 것에 동의하지 않을 것이다. 그러나 모든 남자가 여자들이 있기를 바란다. "여자를 창조하신 신께 감사드립시다." - "**자연**은 남자들에게 여자를 주었기 때문에 선하다." 이런 문구와 다른 유사한 문구들 속에서 남자는 이 세계에 있는 자신의 존재가 필연적 사실이자 권리이고, 여자의 존재는 단순한 사고라고 거만한 순진함으로 다시 한 번 단언하고 있다. 이는 남자들에게 매우 행복한 사고인 것이다. **타자**처럼 보이는 여자는, 실존하는 남자가 자기 내부에서 무無를 느끼는 것과는 대조적으로 존재의 충만처럼 보인다. 주체의 눈에 객체로 설정된 **타자**는 즉자卽自로, 따라서 존재로서 설정된다. 실존자의 가슴 속에 들어 있는 결핍이 여자 속에는 긍정적으로 구현되어 있으며, 남자는 여자를 통해 자기 자신과의 만남을 추구함으로써 자기를 실현하기를 희망한다.

하지만 여자는 남자에게 **타자**를 유일하게 구현한 것도 아니고, 역사상 언제나 동일한 중요성을 지니고 있지도 않았다. 여자가 다른 우상들 때문에 가려진 때가 여러 번 있었다. 도시나 국가가 시민을 집어삼킬 때, 시민은 더 이상 자기의 사적인 운명에 몰두할 가능성이 없다. 국가에 헌신했던 스파르타 여성은 다른 그리스 여자들의 조건보다 우월한 조건에 놓여 있었다. 그러나 또한 그녀는 어떤 남자의 꿈에 의해서도 변모되지 않았다. 나폴레옹이 되었든, 무솔리니가 되었든, 혹은 히틀러이든 수령에 대한 숭배는 다른 모든 숭배를 배제한다. 군사독재와 전체주의 체제에서 여자는 더 이상 특권을 누리는 대상이 아니다. 시민들이 자기들 인생에 어떤 의미를 부여해야 할지 잘 모르는 부유한 나라에서 여자가 신격화되는 것은 이해된다. 미국에서 바로 이런 일이 일어나고 있다. 반면에 모든 인간의 동일시를 주장하는 사회주의 이념은 현재와 미래를 위해서 어떤 범주의 인간도 객체나 우상이 되는 것을 거부한다. 마르크스가 예고하는 진정으로 민주적인 사회에서는 **타자**를 위한 자리가 없다. 하지만 자신들이 되고자 선택한 군인이나 투사와 정확하게 일치하는 남자들은 별로 많지 않다. 남자들이 개인으로 머무르는 한에서 여자는 그들의 눈에 독특한 가치를 지니고 있는 것이다. 독일 병사들이 프랑스 창녀들에게 쓴 편지를 본 적이 있다. 나치즘에도 불구하고 그 편지에는 푸른 꽃의 전통이 꾸밈없이 발랄하게 드러나 있었다. 프랑스의 아라공Louis Aragon(1897~1982), 이탈리아의 비토리니Elio Vittorini(1908~1966) 같은 공산주의자 작가들은 그들의 작품에서 연인이나 어머니와 같은 여자에게 중요한 위치를 부여한다. 여자의 신화는 언젠가 소멸할 것이다. 왜냐하면 여자들 속에서 **타자**라는 황홀한 특질은 여자들이 인간으로서 자기를 확립하면 할수록 사라져 갈 것이기 때문이다. 그러나 오늘날에도 여전히 그 신화는 모든 남자의 가슴 속에 존재하고 있다.

모든 신화는 자기의 희망과 두려움을 초월적인 하늘을 향해 투사시키는 **주체**를 내포하고 있다. 그런데 여자들은 자신들을 **주체**로 내세우지 않았기 때문에 자기들의 계획이 반영될 남성 신화를 창조하지 못했다. 여자들은 자신에게 속해 있는 종교도, 시詩도 없다. 여자들은 아직도 남자들의 꿈을 통해서 꿈을 꾸고, 남자들이 만들어 낸 신들을 숭배한다. 남자들은 자신들을 찬양하기 위해 헤라클레스, 프로메테우스, 파르시팔 같은 위대한 남성의 모습을 만들어 냈다. 이런 영웅들의 운명 속에서 여자는 부차적 역할밖에 하지 못한다. 물론 여자와의 관계 속에서 파악된 남자의 이미지들도 존재한다. 즉, 아버지, 유혹자, 남편, 질투하는 자,

착한 아들, 못된 아들 등. 그러나 그 이미지들을 정착시킨 것 또한 남자들이며, 그것들은 신화의 권위에 미치지 못하고 거의 상투적인 것들에 불과하다. 반면에 여자는 전적으로 남자와의 관계 속에서만 규정된다. 남자와 여자, 이 두 범주의 비대칭은 성적 신화의 일방적인 구조 속에 나타난다. 여자를 지칭하기 위해 이따금 '섹스'라고 말한다. 여자는 육체이며, 육체적 쾌락과 위험이다. 여자에게 성적이고 육체적인 존재가 남자라는 사실은 한 번도 포고되지 않은 진실이다. 왜냐하면 그 진실을 포고할 사람이 아무도 없기 때문이다. 세계의 표상은 세계 자체와 마찬가지로 남자들이 만든 것이다. 남자들은 세계를 자기들의 관점에서 묘사하고, 자기들의 관점을 절대 진리와 혼동하고 있다.

신화를 서술하는 것은 항상 어려운 일이다. 신화는 손쉽게 이해되지도, 잘 파악되지도 않는다. 신화는 사람들의 의식에 달라붙어 있지만 고정된 대상으로서 결코 의식의 정면에 놓이는 일이 없다. 하도 변덕스럽고 모순으로 가득 차 있어서 우선 그 통일성을 간파하지 못한다. 즉, 델릴라Dalila[2]와 유디트,[3] 아스파시아[4]와 루크레티아,[5] 판도라[6]와 아테네[7] 같은 여자는 이브인 동시에 동정녀 마리아다. 여자는 우상이자 하녀이며, 생명의 원천이자 암흑의 위력이다. 진리의 기본적 침묵인가 하면, 기교이기도 하고 수다이기도 하며 거짓말이기도 하다. 여자는 병을 고치는 사람이자 마녀이기도 하다. 여자는 남자의 먹이이자 남자의 실추이며, 남자가 아닌 모든 것이자 남자가 갖고 싶어 하는 모든 것이며, 남자의 부정否定이자 남자의 존재 이유다.

키르케고르는 "여자라는 것은 하도 기묘하고, 하도 많은 것이 뒤섞이고, 하도 복잡한 무엇이어서 어떤 술어로도 표현할 수 없다. 사람들이 사용하고자 하는 수많은 술어는 서로 모순될 것이기 때문에 오로지 여자만이 그것을 견딜 수 있다"고 말했다.[8] 이것은 여자가 자기를 위해 존재하는 그대로 긍정적으로 생각되지 않고, 남자의 눈에 보이는 대로 부정적으로 생각된 데서 온 것이다. 왜냐하면 여자 이외에 다른 *타자들*이 있다고 해도 여자는 여전히 항상 **타자**로 규정되기 때문이

---

2 *삼손을 유혹해 파멸로 이끈 여인
3 *적장을 죽인 열녀의 전형
4 *고대의 탕녀
5 *정숙한 여자의 전형
6 *마녀의 상징
7 *제우스의 딸로 지혜의 여신
8 『인생길의 여러 단계Stadier Paa Livets Vei』

다. 그리고 여자라는 것의 모호성은 **타자**라는 관념 그 자체의 모호성이다. 즉, 인간 조건이 **타자**와의 관계 속에서 규정되는 것으로서, 인간 조건의 모호성이다. 이미 말했듯이 **타자**, 그것은 **악**이고 필요해지면 **선**으로 돌아간다. 내가 **전체**에 도달하는 것은 타자를 통해서이나, 나를 **전체**에서 분리하는 것도 타자다. 타자는 무한으로 가는 문門이자 나의 유한성의 척도이기도 하다. 그리고 그 때문에 여자는 그 어떤 고정된 개념도 구현하지 않는다. 여자를 통해서 쉼 없이 희망에서 실패로, 증오에서 사랑으로, 선에서 악으로, 악에서 선으로의 이행이 이루어진다. 어떠한 각도에서 여자를 보더라도 가장 먼저 눈에 띄는 것은 이 양면성이다.

남자는 여자 속에서 **자연**으로서의, 그리고 자기 동류로서의 **타자**를 구한다. 그러나 우리는 **자연**이 남자에게 어떤 양면적인 감정을 불러일으키는지를 알고 있다. 인간은 자연을 개발하지만, 자연은 인간을 무너트린다. 인간은 자연에서 태어나고 자연 속에서 죽는다. 자연은 인간존재의 근원이며 인간이 자기 의지에 복종시키는 왕국이기도 하고, 영혼이 갇혀 있는 물질의 덩어리이며 또한 지고한 현실이기도 하다. 자연은 우연이자 **관념**이고, 유한성이자 전체다. 자연은 **정신**에 대립되는 것이자 **정신** 그 자체다. 차례차례로 우군도 되고 적도 되는 자연은 생명이 솟아나오는 암흑의 혼돈처럼 보이고, 생명 그 자체처럼 보이며, 또 생명이 향하는 피안처럼 보이기도 한다. 즉, 여자는 **어머니와 아내** 그리고 **관념**으로서 자연을 요약하고 있다. 이러한 모습들은 때로 서로 뒤섞이고, 때로 서로 대립하면서 제각기 이중의 얼굴을 가지고 있다.

인간은 **자연**에서 유래한다. 그는 동식물과 마찬가지로 생겨났다. 그는 자기가 사는 한에서만 존재한다는 것을 잘 알고 있다. 그러나 부권제가 도래한 이래 그의 눈에 **생명**은 의식·의지·초월 곧 정신과, 물질·수동성·내재성 곧 육체라는 이중적 모습을 띠었다. 아이스킬로스, 아리스토텔레스, 히포크라테스는 올림포스산에서와 마찬가지로 지상에서도 진정한 창조자는 남성적 요소라고 선포했다. 형태, 수數, 운동이 남성적 요소에서 나왔다는 것이다. 데메테르Demeter[9]에 의해 곡물이 번식하지만 곡물의 근원과 진실은 제우스에게 있다. 여자의 생식 능력은 단지 수동적인 덕목으로만 여겨진다. 여자는 대지고 남자는 종자며, 여자는 **물**이

---

9 *그리스 신화에 나오는 대지의 여신

엘레시우스에서 발견된 부조. 데메테르(왼쪽)와 페르세포네(오른쪽),
그리고 모녀에게 곡물을 전달받는 트리프톨레모스(가운데), 기원전 5세기

고 남자는 **불**이다. 창조는 흔히 불과 물의 결합처럼 상상되었다. 생물을 태어나게 하는 것은 따뜻한 습기다. **태양**은 **바다**의 남편이고 태양과 불은 남성적 신성神性이다. 그리고 **바다**는 가장 보편적으로 발견되는 모성적 상징 가운데 하나다. 움직임이 없는 물은 타오르는 태양광의 활동을 감내하며 풍요롭게 된다. 마찬가지로 농부의 노동으로 깊이 팬 경작지는 움직이지 않은 채 밭고랑에 씨앗을 받아들인다. 땅은 씨앗에 양분을 주고 보호해 열매를 맺게 해 주기 때문에 필요하다. 그래서 **대모신**大母神이 그 권위를 박탈당했어도 인간은 계속해서 풍요의 여신들을 숭배한다.[10] 농작물의 수확과 가축 무리와 번영은 키벨레의 덕택이다. 이 여신은 인간 생명의 은인이다. 인간은 물과 불을 똑같이 찬양한다. "바다에 영광 있기를! 신성한 불로 둘러싸인 물결에 영광 있기를! 파도에 영광 있기를! 불에 영광 있기를! 기묘한 모험에 영광 있기를!" 괴테J. W. von Goethe(1749~1832)는 이렇게 『파우스트』 제2부에 쓰고 있다. 남자는 윌리엄 블레이크William Blake(1757~1827)가 "대지의 부인"이라 명명한 대지를 숭배하고 있다. 인도의 한 선지자는 제자들에게 땅을 일구지 말라 권고했다. "우리 모두의 어머니를 농사일로 하여 상처 입히거나 자르거나 찢는 일은 죄를 짓는 것이다. (⋯) 어머니의 가슴을 찌르기 위해 내가 칼을 집으러 가겠느냐? (⋯) 뼈에까지 이르도록 어머니의 몸을 훼손시키러 가겠느냐? (⋯) 어떻게 감히 나의 어머니의 머리카락을 자를 수 있겠느냐?" 인도 중부의 바이야Baija족 역시 "쟁기로 어머니 대지의 가슴을 찢는 것"은 죄라고 생각했다. 역으로, 아이스킬로스는 오이디푸스 왕에 대하여 말하기를, 그가 "감히 자기를 만들어 준 신성한 밭고랑에다 씨를 뿌렸다"고 했다. 소포클레스는 '아버지의 밭고랑'에 대해서 그리고 '파종기에 단 한 번만 찾아가는 먼 곳에 있는 밭주인인 농부'에 대해서 이야기하고 있다. 이집트의 한 노래 속 여자 애인은 "나는 대지다!"라고 외쳤다. 이슬람의 문헌에서는 여자를 "밭⋯⋯ 포도밭"이라 불렀다. 아시시의 성 프란치스코는 자신의 찬미가 중 하나에서 "대지, 우리의 자매, 우리를 보호하고, 우리를 돌봐주며, 갖가지 색깔의 꽃과 풀과 더불어 가장 다양한 열매를 맺게 해 주는 우리의 어머니"에 대해서 말하고 있다. 미슐레는 아키Acqui에서 진흙 욕浴을 하면서 "친애하는 우리의 어머니! 우리는 하나입니다. 저는 당신으로부터 왔고, 당신에게로

---

10 "내가 노래하게 될 대지여, 굳건한 지층에 자리 잡은 만물의 어머니이시며, 땅 위에 존재하는 만물을 기르는 거룩한 조상이시여"라고 호메로스는 한 찬가에서 노래하고 있다. 아이스킬로스 역시 "모든 존재를 낳아 기르고, 그것들로부터 다시 번식의 씨앗을 받아들이는" 대지를 찬양하고 있다.

돌아갑니다……"라고 외쳤다. 심지어는 **정신**에 대한 **생명**의 승리를 희구하는 생명론을 표방하는 낭만주의가 확연히 드러나는 시대도 있었다. 그때에는 대지와 여성의 마법적인 비옥함이 협의에 기초한 남자의 활동보다 더 훌륭한 것처럼 보였다. 그때 남자는 모성의 암흑과 다시 하나가 되어 거기서 자기 존재의 진정한 근원을 되찾을 수 있기를 꿈꾸었다. 어머니는 우주의 심층에 박혀 그 정수精髓를 퍼올리는 뿌리이고, 자양분이 풍부한 젖과 따듯한 수원水源이기도 한 살아 있는 물이 용솟음치는 샘이며, 흙과 물로 된 재생의 힘이 풍부한 진흙이기도 하다.[11]

그러나 남자의 더 일반적인 태도는 자신의 육체적 조건에 대한 반항이다. 남자는 자기 자신을 실추한 신처럼 생각한다. 그의 불운은 찬란하고 질서정연한 하늘에서 어머니 배 속, 혼돈의 암흑으로 떨어졌다는 것이다. 이 불꽃, 남자가 그 속에서 자신을 발견하기를 희망하는 활동적이고 순수한 이 숨결, 여자는 그것을 대지의 진흙 속에 가두고 있다. 남자는 자신이 순수한 **관념**으로서, **유일자·전체·**절대 **정신**으로서 필연적이기를 원한다. 그런데 그는 제한된 신체 속에, 자기가 선택하지 않았고 초대되지도 않은 장소와 시간 속에 무용하고 거추장스럽고 부조리한 것이 되어 갇혀 있다. 육체의 우연성, 그것은 버림받은 자신의 상태, 정당화할 수 없는 자신의 무상성無償性 속에서 그가 감내하는 자기 존재 자체의 우연성이다. 이 우연성은 그를 죽음에 바치기도 한다. 자궁(무덤처럼 은밀하고 닫혀 있는 자궁) 속에서 형성되는 흔들거리는 젤라틴은 썩은 시체의 물렁한 끈적끈적함을 지나치게 환기시키므로 남자는 전율을 느끼며 그것으로부터 돌아서지 않을 수 없다. 생명은 어디에서나 발아이든, 발효이든 모두 해체에 의해서만 만들어지기 때문에 혐오감을 일으킨다. 점액성의 태胎는 죽음의 부패 속에서 끝나 버리는 순환을 시작한다. 남자는 무상성과 죽음을 혐오하는 까닭에, 태어났다는 사실을 몹시 싫어하며 자기의 동물적 인연을 부정하고 싶어 한다. 치명적인 **자연**은 출생했다는 사실로 인해 남자를 지배하고 있다. 원시인들의 경우 출산은 가장 엄격한 금기로 둘러싸여 있었다. 특히 태반은 정성들여 태우거나 바다에 던져야만 한다. 왜냐하면 누가 되었든 그것을 손에 넣는 사람이 갓난아기의 운명을 좌우할 것이라고 믿었기 때문이다. 태아를 만들고 키운 태반은 태아가 의존하던 표시물이다. 그것을 없애 버림으로써 개인으로 하여금 살아 있는 마그마로부터 빠져나와 자주적 존재로 자신

---

11 "글자 그대로 여자는 이시스Isis이며 풍요한 자연이다. 여자는 강이자 강바닥이고, 나무 뿌리이자 장미이며, 대지이자 버찌나무이고, 포도나무 그루이자 포도송이다." M. 카루주의 앞서 인용된 논문

을 실현하도록 한다. 출생의 불결함은 어머니에게 그 화가 미친다. 『레위기』와 고대의 모든 법규는 산모에게 정화의식을 치르도록 강요한다. 그리고 많은 시골에서는 산부産婦가 자리에서 일어나는 의식을 통해 이 전통이 계속 이어지고 있다. 임신부의 배와 유모의 부풀어 오른 유방 앞에서 아이들과 젊은 처녀, 총각들이 무의식중에 거북함을 느끼고, 그 감정을 흔히 냉소로 감춰 버린다는 것은 다 아는 일이다. 뒤퓌이트랑 박물관[12]에서 구경꾼들이 무덤을 파헤칠 만큼의 병적인 호기심으로 밀랍의 태아와 알코올에 담긴 태아를 바라보고 있다. 사회가 갖은 존경심으로 에워싸도 잉태 작용은 본능적인 혐오감을 일으킨다. 그리고 어린 사내아이는 유년기에 어머니의 몸에 관능적으로 달라붙어 있지만, 자라면서 사회화되고 자기의 개인적 존재에 대한 자각을 하면 어머니의 몸에서 두려움을 느낀다. 그는 어머니의 몸을 무시하려 하고, 어머니 속에서 정신적 인격밖에 보지 않으려 한다. 그가 어머니를 순결하고 정숙하게 생각하는 것은 사랑에 따른 질투라기보다는 어머니에게서 육체를 인정하지 않으려 하기 때문이다. 청년은 친구들과 산책하다가 어머니나 누이나 가족의 어떤 여자들을 만나면 당황하여 얼굴을 붉힌다. 그것은 그녀들이 나타남으로써 그가 벗어나 날아오르고 싶은 내재의 지대地帶로 그를 다시 불러들이기 때문이다. 그녀들의 등장은 그가 빠져나오고 싶은 뿌리를 드러내 버리는 것이다. 자기 어머니가 포옹하거나 쓰다듬어 줄 때 작은 남자아이가 성을 내는 것도 같은 의미다. 그 아이는 가족, 어머니, 어머니의 젖가슴을 부인한다. 그는 아테네 여신처럼 발끝에서부터 머리끝까지 무장을 하고 끄떡없이 어른들의 세계로 솟아오르기를 원한다.[13] 잉태되고 출생했다는 것, 그것은 자기 운명을 짓누르는 저주요, 자기 존재를 더럽히는 오염이다. 그리고 그것은 자기의 죽음을 예고하는 것이다. 배태胚胎 숭배는 언제나 사자死者 숭배와 연결되어 왔다. **어머니-대지**는 자기 아이들의 유골을 자기 배 속에 삼켜 버린다. 인간의 운명을 직조하는 것은 여자들 – 파르카에Parcae[14]와 모에라이Moerai[15] - 이다. 그러나 그 실을 자르는 것도 역시 여자들이다. 대부분의 민간 설화에서 **죽음**은 여자의 모습이다. 죽음이 여자의 일이기 때문에 죽은 자를 애도하는 것은 여

---

12 * 파리 의과대학 부속 의학박물관

13 이런 태도를 전형적으로 구현하고 있는 몽테를랑의 이야기는 뒤에 나오는 연구를 참고할 것

14 * 로마 신화에서 생사를 관장하는 세 여신

15 * 그리스 신화에 나오는 운명의 세 여신. 로마 신화의 파르카에에 해당한다.

자들에게 속하는 일이다.[16]

이와 같이 **어머니-여성**은 암흑의 얼굴을 하고 있다. 그녀는 모든 것이 나오고 언젠가는 돌아가는 혼돈이다. 그녀는 **무無**이다. 낮이 드러내는 세계의 무수한 양상이 **밤** 속에서 서로 뒤섞인다. 질료의 일반성과 불투명성에 갇혀 있는 정신의 밤, 수면과 무無의 밤. 밤의 심장부는 어둡다. 여자는 옛날 뱃사람들이 무서워하던 **魔의 심연**이다. 대지의 심부深部는 암흑이다. 남자를 삼키려는, 번식의 이면인 이 밤은 남자를 공포에 질리게 한다. 남자는 하늘과 빛과 양지바른 산 정상과 창공의 맑고 투명한 추위를 열망한다. 그런데 그의 발아래에는 언제라도 그를 덥석 물 준비가 되어 있는 축축하고 덥고 어두운 심연이 있다. 수많은 전설이 우리에게 동굴·심연·지옥과 같은 어머니의 암흑 속으로 다시 떨어지면서 영원히 파멸해 버리는 영웅의 이야기를 들려 주고 있다.

그러나 다시 여기서 양면성이 작용한다. 배태가 항상 죽음과 연결되긴 해도, 죽음은 또한 번식과 결부되어 있다. 혐오의 대상인 죽음은 새로운 탄생처럼 보이고, 또한 그래서 축복을 받는다. 오시리스 같은 죽은 영웅은 봄마다 부활하고, 새로운 출산으로 재생된다. 융Carl G. Jung(1875~1961)이 말하기를[17] 인간의 최고 희망은 "죽음의 어두컴컴한 물이 생명수가 되고, 죽음과 그 차디찬 포옹이 어머니의 품이 되는 것이다. 비록 태양을 삼켜 버리긴 해도 심해에서 다시 태양을 출산하는 바다와 같이." 태양신이 바다 한가운데 매몰되는 것과 그 눈부신 재등장은 많은 신화에서 공통된 주제다. 그래서 남자는 살고자 하는 동시에 휴식과 잠과 무無를 갈망한다. 그는 자신이 불멸하기를 바라지 않고 그것을 통해 죽음을 사랑하는 것을 배울 수 있다. "생명이 없는 물질은 어머니의 가슴이다. 삶에서 해방되는 것, 그것은 다시 참된 것이 되어 자신을 완성하는 것이다. 그것을 깨달은 자는 감각이 없는 먼지로 돌아가는 것을 축제처럼 여길 것이다"라고 니체F. W. Nietzsche(1844~1900)는 쓰고 있다. 초서Geoffrey Chaucer(1342년경~1400)[18]는 죽지 못하는 한 노인의 입을 빌려 이런 기도를 한다.

---

16 데메테르는 가련한 모성의 전형이다. 그러나 다른 여신들-이슈타르, 아르테미스-은 잔인하다. 칼리는 피범벅이 된 두개골을 손에 쥐고 있다. "막 잘린 너의 아들들의 머리가 목걸이처럼 너의 목에 걸려 있다. (…) 너의 모습은 비구름처럼 아름답고, 너의 두 발은 피에 젖어 있다"고 인도의 한 힌두 시인이 이 여신을 두고 말했다.

17 『리비도의 변신Métamorphoses de la libido』

18 *'영국 시의 아버지'로 불리는 시인

나의 지팡이로 밤이나 낮이나
나는 내 어머니의 문™인 대지를 두드린다,
그리고 나는 말한다.
오 친애하는 어머니시여, 나를 들여보내 주소서.

남자는 자기의 개별적인 실존을 확립하고 자기의 '본질적인 차이'에 대해 우쭐거리며 휴식을 취하고 싶어 한다. 그러나 또한 남자는 자아의 장벽을 깨트리고 물·대지·밤과 **무無**와 **전체**와 뒤섞이고 싶어 한다. 남자를 유한성에 처하는 여자는 남자가 자기 자신의 한계를 초월할 수 있게 해 준다. 여자에게 덧씌워진 애매한 마법이 바로 여기에서 오는 것이다.

모든 문명에서 그리고 오늘날에도 여전히 여자는 남자에게 혐오감을 준다. 남자는 여자에게 자기 자신의 육체적 우연성에 대한 혐오감을 투사한다. 아직 사춘기에 이르지 않은 소녀는 위협적이지 않고, 어떤 금기의 대상도 아니며, 어떤 신성한 성격도 가지고 있지 않다. 많은 원시사회에서는 소녀의 성기조차도 순진무구한 것으로 여겨져 유년기부터 소년과 소녀들 사이에 에로틱한 놀이가 허용된다. 여자가 불순해지는 것은 아이를 낳을 수 있는 그날부터다. 원시사회에서 초경 중인 어린 소녀에게 행해진 엄격한 금기에 대한 기록은 흔하다. 여자가 특별한 배려를 받았던 이집트에서조차 월경 중인 여자는 내내 갇혀 지낸다.[19] 그 여자를 보아서도 만져서도 안 되기 때문에 흔히 여자를 지붕 위에 올려놓기도 하고 마을 밖에 있는 오두막에 감금하기도 한다. 월경 중인 여자는 자기 손으로 자기 몸을 스쳐서도 안 된다. 머릿니 잡기를 일상적으로 하는 종족들의 경우, 여자에게 작은 막대기를 주고 그것으로 몸을 긁도록 한다. 여자는 손가락으로 먹을 것을 만져서도 안 된다. 때로 그녀에게 먹는 것을 완전히 금지하기도 한다. 어떤 경우에는 어머니와 자매가 도구를 사용해 그녀에게 음식을 먹여 주는 것이 허락된다. 월경 기간 동안 그녀의 몸에 닿은 물건은 모두 태워 버려야만 한다. 이 최초의 시련이 지나가면 월경의 금기는 조금 완화되지만 여전히 견디기 힘들다. 특히 『레위기』에서 다음과 같은 것을 읽을 수 있다. "자기 몸

---

19 비의적이고 신화적인 신앙과 개인이 체험한 확신 간의 차이는 다음과 같은 사실에서 현저하다. 레비스트로스는 "님메바고족族의 젊은이들은 월경 기간 중에 그들의 정부情婦가 처해진 격리의 내밀함을 활용해 그녀들을 찾아 간다"고 지적하고 있다.

에서 피가 흘러나오는 여자는 7일간 부정不淨하다. 그 여자를 만지는 사람은 누구나 하루 종일 부정하다. 그녀가 눕는 모든 침대 (…) 그녀가 앉는 모든 물건은 부정하다. 그녀의 침대에 손을 대는 사람은 누구나 옷을 빨고, 물속에서 몸을 씻어야 하며, 하루 종일 부정하다." 이 글은 임질에 걸린 남자에게 생긴 부정을 다루는 글과 정확히 대칭을 이룬다. 그리고 정화를 위한 희생 행위는 두 경우에서 동일하다. 월경이 일단 끝나면, 7일을 기다렸다가 멧비둘기나 어린 비둘기 두 마리를 제사장에게 가져가 신에게 바친다. 주목할 것은 모권제 사회에서 월경에 결부된 덕목이 양면적이라는 것이다. 한편으로, 월경은 사회적인 활동을 마비시키고, 생명력을 파괴하며, 꽃을 시들게 하고, 열매를 떨어뜨린다. 그러나 또한 유익한 효능도 가지고 있다. 즉, 월경은 사랑의 묘약과 의약에 이용되며, 특히 깊게 베인 상처와 반상출혈에 효력이 있다. 오늘날에도 여전히 어떤 인디언들은 그들의 강을 배회하는 귀신 같은 괴물들을 퇴치하러 갈 때 월경에 적신 헝겊 뭉치를 뱃머리에 놓고 떠난다. 즉, 월경의 발산물이 그들의 초자연적인 적들에게 불길하다는 것이다. 그리스의 몇몇 도시의 처녀들은 자신들의 초경이 묻은 내의를 아스타르테 사원에 공물로 바쳤다. 그러나 부권제의 등장 이후로는 여성의 성기에서 흘러나오는 그 수상한 액체에 대해 불길한 영향력밖에 인정하지 않았다. 플리니우스Plinius(24년경~79)는 『박물지』에서 이렇게 말하고 있다. "월경을 하는 여자는 수확물을 망치고, 밭을 황폐화시키며 싹을 죽이고, 열매를 떨어뜨리며 꿀벌을 죽인다. 여자가 포도주에 손을 대면 포도주는 식초가 되고, 우유는 시어진다……."

영국의 어떤 노老 시인은 같은 감정을 시로 표현하고 있다.

Oh! menstruating woman, thou'st a fiend
From whom all nature should be screened!
오! 월경하는 여자여, 그대의 재앙으로부터
모든 자연을 보호하지 않으면 안 될 것이로다!

이런 믿음은 오늘날까지 힘을 받으며 지속되고 있다. 1878년에 영국 의학협회의 한 회원은 『영국 의학회지British Medical Journal』에 실은 연구 보고에서, "월경하는 여자가 손을 대면 고기가 썩는다는 것은 의심할 수 없는 사실이다"라고 진술했다. 그는 개인적으로 그러한 상황에서 햄이 썩은 두 번의 사례를 알고 있다고 말했다. 20세기 초에 북부의 제당 공장에서는 영국인들이 '커스curse'라고 부르는 '저주'에 걸린 여자들에게 공장 출입을 금지하는 규정이 있었다. 이유는, 그런 여자들이 공장에 출입하면 설탕이 검게 된다는 것이다. 그리고 호찌민에 있는 아편 공장에서는 여자들을 아예 고용하지 않았다. 월경의 영향으로 아편이 변질되어 맛이 시어진다는 것이다. 이러한 믿음은 프랑스의 많은 시골에서 여전히 살아남아 있다. 음식을 하는 여자면 누구나 본인이 월경 중이거나 혹은 월경 중인 여자가 단순히 옆에 있기만 해도 마요네즈가 제대로 만들어질 수 없다는 것을 안다고 한다. 최근에 앙주 지방에서 한 늙은 원예가가 그 해에 수확한 능금주를 지하저장실에 넣어 놓고 집주인에게 다음과 같이 편지를 썼다. "댁의 젊은 부인들이나 여자 손님들이 달 중의 어떤 날들에는 지하 술 창고 안을 지나가지 않도록 부탁하셔야 합니다. 그 여자분들 때문에 술이 발효되지 않으니까요." 이 편지의 내용을 안 여자 요리사는 어깨를 으쓱하며 말했다. "'그것' 때문에 능금주가 발효되지 않은 적은 한 번도 없었어. 못쓰게 되는 것은 비계 살뿐이야. 월경 중인 여자 앞에서는 돼지비계를 염장할 수가 없어. 썩어 버리니까."[20]

이러한 혐오감을 출혈이 일으키는 일반적인 혐오감과 동일시하는 것은 아주 단순한 생각이다. 분명 피는 그 자체가 신성한 요소이고, 생명인 동시에 죽음인 신비스러운 *마나*가 다른 어떤 것보다 많이 침투되어 있다. 그러나 월경의 불길한 힘은 더 특이한 것이다. 그것은 여성성의 본질을 구현하고 있다. 그렇기 때문에 여자의 *마나*가 물질화된 월경의 유출은 여자 자신을 위험에 빠뜨린다. 차고Chago족들은 교육할 때 딸들에게 월경을 조심해서 감추도록 권고한다. "그것을 너의 어머니에게 보이지 말거라. 안 그러면 너의 어머니가 죽게 될 것이다. 너의 친구들에게도 보여서는 안 된다. 왜냐하면 그중에는 나쁜 친구도 있어서 네

---

20 셰르 지방의 한 의사는 자기가 사는 지역에서도 같은 사정에 있는 여자들은 버섯재배장에 접근이 금지되어 있다는 것을 나에게 제보했다. 이러한 편견에 어떤 근거가 있는지의 여부를 알기 위해서 오늘날에도 여전히 그 문제에 대해 논의하고 있다. 비네Binet 박사가 보고한 싱크Schink의 관찰은 이것을 뒷받침하는 유일한 사실이다(비뉴Vignes의 저서에서 인용). 싱크는 월경 중인 하녀의 손에 쥐여져 있던 꽃들이 시들어 가는 것을 보고, 효모 케이크가 정상적이라면 5센티미터 정도 부풀어 오르는데 반해 이 여자가 만든 것은 3센티미터밖에 부풀어 오르지 못했다고 했다. 어쨌든 명백히 비의적 기원을 갖고 있는 그런 믿음의 중요성과 보편성을 고려하면 이런 정도의 사실들은 아주 빈약하고 모호하다.

가 닦았던 헝겊을 가져갈는지도 모른다. 그러면 너는 결혼해 아이를 못 낳게 될 것이다. 악독한 여자에게 그것을 보이지 말라. 그 여자가 헝겊을 집어다 자기 지붕 꼭대기에 올려놓으면 (…) 너는 아기를 가질 수 없게 될 것이다. 헝겊을 오솔길이나 가시덤불로 뒤덮인 땅에 버리지 말라. 사악한 사람이 그것을 가지고 못된 짓을 할 수도 있다. 그것을 땅속에 묻어라. 피가 너의 아버지와 형제자매들 눈에 띄지 않게 해라. 그것을 보이게 하면 너는 죄를 짓는 것이다."[21] 얄류트Aléoutes족[22]은 만일 아버지가 초경 중에 있는 자기 딸을 보게 되면, 딸은 시각 장애인이나 언어 장애인이 될 위험이 있다고 믿는다. 이 기간 동안에 여자가 귀신에 씌어 위험한 힘을 몸에 지닌다고 생각하기 때문이다. 어떤 원시 부족들은 여자가 뱀이나 도마뱀과 수상한 관계를 가져, 뱀에 물려 피의 유출이 일어난 것이라고 믿는다. 그래서 월경에는 파충류의 독이 들어 있을 거라고 생각한다. 『레위기』는 월경을 임질과 유사한 것으로 본다. 피를 흘리는 여자의 성기는 단순한 상처가 아니라 수상쩍은 상흔이라는 것이다. 그리고 비니Alfred Vigny(1797~1863)[23]는 "여자, 열두 번이나 더럽혀진 병든 아이"라고 쓰며 오염의 개념과 병의 개념을 결부시키고 있다. 몸속의 탁한 연금술의 결과물이자, 여자가 그 때문에 고통받는 이 주기적인 출혈은 기이하게도 달의 주기와 일치하고 있다. 달 또한 위험한 변덕을 부린다.[24] 여자는 행성과 태양의 운행을 조종하는 무시무시한 톱니바퀴 장치의 일부이며, 별과 조수潮水의 운명을 결정짓고 인간에게 불안한 영향력을 방사放射하는 우주의 힘의 희생자다. 그러나 가장 놀라운 것은 월경이 크림의 변질과 마요네즈의 손상 및 발효와 부패에 영향을 미친다는 생각과 연결된 것이다. 또한 약한 물건을 부서뜨릴 수도 있고, 바이올린과 하프 줄을 끊을 수도 있으며, 무엇보다도 물질과 생명의 중간에 있는 유기물에 영향을 준다는 것이다. 그런데 이 모든 주장은 월경시의 피 때문이라기보다는 그것이 생식기에서 나오기 때문이다. 그것의 정확한 기능은 모를지라도 생명의 배태와 관련이 있다는 것

---

21 C. 레비스트로스의 『친족의 기본 구조』에서 인용

22 * 북태평양 군도의 주민

23 * 19세기 프랑스 시인

24 달은 생식력의 원천이다. 달은 '여자의 주인'처럼 보인다. 흔히들, 달이 남자나 뱀의 형태를 하고 여자들과 교접한다고 믿고 있다. 뱀은 달의 현현이다. 뱀은 허물을 벗고, 재생하는 불사신이다. 그것은 생식력과 지식을 분배하는 힘이다. 신성한 샘물과 생명의 나무와 청춘의 샘을 지키는 것도 뱀이다. 그러나 인간에게서 불멸성을 빼앗은 것 또한 뱀이다. 뱀이 여자들과 교미한다고 이야기되고 있다. 페르시아 전통과 유대학자들의 전통에 의하면, 최초의 여자가 뱀과 가진 관계에서 월경이 기인한 것이라고 한다.

을 사람들은 알고 있다. 고대인들은 난자의 존재를 몰랐기 때문에 월경을 정자의 보충물이라고까지 생각했다. 사실, 여자를 부정한 것으로 만드는 것은 이 피가 아니다. 그보다는 피가 여자의 부정을 드러내는 것이다. 그것은 여자가 임신할 수 있을 때 나타난다. 그것이 사라질 때 여자는 일반적으로 다시 불임이 된다. 태아가 만들어지는 배 속에서 피가 솟아나온다. 피를 통해서 여자의 생식 능력에 대한 남자의 공포가 표현된다.

부정한 상태의 여자와 관련된 금기들 가운데 그 여자와의 모든 성교를 금지하는 것만큼 엄격한 것은 아무것도 없다. 『레위기』에서는 이 규정을 어기는 남자에게 7일간의 부정의 형을 선고하고 있다. 마누법전에서는 더 엄격하다. "월경의 배설로 더러워진 여자에게 접근하는 남자는 지혜와 에너지와 힘 그리고 결정적으로 활력을 상실한다." 고해성사회告解聖事會는 월경 중에 성관계를 했던 남자들에게 50일의 회개를 명했다. 여성적 요소가 최고조인 것으로 여겨지는 그때 내밀한 접촉으로 인해 남성적 요소를 정복당할까 두려웠기 때문이다. 또 그처럼 뚜렷하게 자각되지는 않지만, 남자는 자기가 소유하는 여자에게서 그가 두려워하는 어머니의 본질을 다시 발견하는 것에 혐오감을 느끼는 것이다. 남자는 여성성의 이 양면을 분리시키려고 애쓴다. 그렇기 때문에 근친상간 금지가 족외혼 형태나 혹은 더 근대적 형태로 보편적인 법칙이 된 것이다. 월경 중이거나 임신, 수유 중일 때처럼 여자가 더욱 특별하게 재생산 역할에 헌신하고 있을 때에 남자가 여자를 멀리하는 이유도 그 때문이다. 오이디푸스 콤플렉스는 – 그 설명은 수정이 필요하지만 – 이런 태도와 모순되는 것이 아니라 오히려 그것을 전제로 하고 있다. 여자가 세계의 혼돈된 근원이자 유기체의 혼란스러운 생성이므로 남자는 여자에 대해 경계하지 않을 수 없다.

하지만 우주와 신들과 분리된 사회가 다시 그들과 소통할 수 있게 해 주는 사람도 이런 형태하에 있는 여자다. 베두인족과 이로쿼이족 안에서는 오늘날에도 여전히 여자가 들의 비옥함을 관장하고 있다. 고대 그리스에서는 여자가 지하세계의 소리를 듣고, 바람과 나무의 언어를 이해했다. 여자는 무녀이자 점쟁이요, 예언자였기 때문이다. 사자死者와 신들이 그녀의 입을 통해 이야기했다. 여자는 오늘날 이러한 예지력을 간직하고 있다. 여자는 영매이고, 손금을 보는 사람이며, 카드 점쟁이이고, 예언자이며, 영감을 받는 자다. 여자는 소리를 듣고 유령을 볼 수 있다. 식물적이고 동물적인 삶의 한가운데로 다시 뛰어들고 싶은 욕구를 느낄 때 – 힘을 회복하기 위해 땅을 만진 안타이오스Antaios[25]처럼 – 남자들은 여자에게 도움을 청한다. 그리스와 로마의 합리주의 문명에서도 지하의 신들에 대한 숭배는 지속되었다. 그러한 숭배는 보통 공식적인 종교생활 밖에서 펼쳐졌고, 마침내는 엘레우시스Eleusis[26]에서와 같이 비의적 형태를 취했다. 그러한 숭배는 인간이 자기의 독립과 정신성의 의지를 주장하는 태양 숭배의 의미와는 반대되지만 보완하는 것이기도 하다. 인간은 법열法悅에 의해 고독에서 벗어나려고 애쓴다. 신비극과 통음난무의 잔치와 주신제酒神祭의 목적이 거기에 있다. 남자들이 재정복한 세계에서 이슈타르나 아스타르테의 마법적이고 야성적인 덕목은 남자 신인 디오니소스가 찬탈한다. 그러나 그의 주위에서는 여전히 여자들이 광란한다. 마이나데스Mainades, 튀아데스Thyades, 바칸테스Bacchantes[27]는 남자들을 종교적인 도취와 신성한 광기 속으로 몰아넣는다. 신전매음의 역할도 유사한 것이다. 생식 능력을 발산시키는 동시에 한 방향으로 유도하는 것이 관건이다. 오늘날에도 민중 축제는 에로티시즘의 폭발로 특징지어진다. 여자는 거기서 단순히 성적 쾌락의 대상일 뿐만 아니라 자기를 초월하는 극렬 상태에 도달하는 한 수단으로 나타난다. "한 존재가 자신의 내부 깊숙한 곳에 소유하고 있는 잃어버린 것, 비극적인 것, '눈부신 경이驚異'는 더 이상 침상에서 말고는 만날 수 없다"라고 G. 바타유Georges Bataille(1897~1962)[28]는 쓰고 있다.

에로티시즘의 분출에서 남자는 연인을 껴안으며 육체의 무한한 신비 속에 잠기려 애쓴다. 그러나 반대로 그의 정상적인 섹슈얼리티는 **아내**로부터 **어머니**를 분리시킨다는 것을 앞에서 이미 보았다. 남자는 생명의 신비한 연금술에 대해 혐오감을 느끼는 반면에, 자기 자신의 생명은 대지의 감미로운 열매들로 양분을 취하고 황홀해한다. 남자는 그것들을 자기 것으로 만들고자 한다. 남자는 물에서 갓 나온 비너스를 탐한다. 부권제 사회에서 최고의 창조자는 남자이기 때문에 여자는 우선 아내로 그 모습을 드러낸다. 이브는 인류의 어머니이기 이전에 아담의 배우자다. 남자가 토지를 소유하고 비옥하게 만들 듯이 여자를 소유하고 수

---

25 * 포세이돈과 가이아의 아들. 헤라클레스는 그와 싸울 때 그를 땅에 집어던져 그가 그의 어머니인 대지에 접촉할 때마다 전보다 더 큰 힘을 회복하는 것을 알고 그를 들어 올려 죽였다.

26 * 그리스 아테네 서북쪽에 있는 도시. 대지의 여신 데메테르와 그의 딸이자 하데스의 아내였던 페르세포네를 주신으로 하여 행해진 비밀 종교 의식인 엘레우시스 신비의식의 장소다.

27 * 세 신 모두 그리스 로마 신화에 나오는, 주신 디오니소스의 제식에 늘어선 여신들을 가리킨다.

28 * 프랑스의 작가, 사상가. 무신론, 신비주의를 기반으로 광범위한 활동을 전개했다.

엘레우시스 신비의식을 묘사한 닌니온 장식판, 기원전 370년경

태시키도록 남자에게 주어진 것이다. 그리고 여자를 통해서 남자는 모든 자연을 자신의 왕국으로 만든다. 남자가 성적 행위에서 추구하는 것은 단지 주관적이고 순간적 쾌락뿐만이 아니다. 남자는 정복하고 취하고 소유하기를 원한다. 여자를 갖는다는 것은 여자를 정복하는 것이다. 보습[29] 날이 밭고랑을 파고들 듯 남자는 여자 속으로 파고든다. 남자는 자기가 경작하는 대지를 자기 소유로 하듯 여자를 자기 것으로 만든다. 그는 밭을 갈고 나무를 심고 씨를 뿌린다. 이런 이미지는 문자만큼 오래되었다. 고대부터 오늘날까지 그에 대한 수많은 실례를 들 수 있을 것이다. "여자는 밭과 같고, 남자는 씨앗과 같다"라고 마누법전에 쓰여 있다. 앙드레 마송André Masson(1896~1987)[30]의 그림에서는 한 남자가 손에 삽을 들고 여자의 성기인 마당을 삽질하고 있는 것을 볼 수 있다.[31] 여자는 남편의 먹이이며, 그의 재산이다.

공포와 욕망, 통제할 수 없는 힘에 사로잡힌다는 두려움과 그 힘을 휘어잡으려는 의지 사이에서 남자의 망설임은 **처녀성**에 관한 여러 신화 속에 놀라운 방식으로 반영되어 있다. 남자가 때로는 무서워하고, 때로는 희망하거나 요구하기도 하는 처녀성은 여성 신비의 가장 극단적 형태로 나타난다. 그러므로 그것은 가장 불안한 동시에 가장 매혹적인 양상이다. 남자는 자기를 에워싼 힘으로 압도되었다고 느끼는가 아니면 오만하게 자신이 그 힘을 제압할 수 있다고 믿는가에 따라 아내가 자기에게 처녀로 넘겨질 것을 거부하거나 주장한다. 여성의 위력이 찬양받는 가장 원시적인 사회에서는 두려움이 승리한다. 그래서 여자가 결혼 첫날밤 이전에 처녀성을 잃는 것이 적절했다. 마르코 폴로Marco Polo(1254~1324)는 티베트인들 중 "어떤 남자도 처녀를 아내로 삼고 싶어 하지 않는다"라고 주장했다. 이러한 거부는 때로 합리적인 방식으로 설명되었다. 즉, 남자는 이전에 한 번도 남자의 욕망을 불러일으키지 못한 여자를 아내로 원치 않는다는 것이다. 아랍의 지리학자 엘 베크리El Bekri(1040~1094)는 슬라브인에 관해 "한 남자가 결혼해서 자기 아내가 처녀라는 사실을 발견하면, 그는 아내에게 '네가 얼마만큼이라도 가치가 있다면 남자들이 너를 사랑했을 것이고, 그중 한 명이 너의 처녀성을 가졌

---

29 * 쟁기, 가래 따위 농기구의 술바닥에 끼우는, 넓적한 삽 모양의 쇳조각

30 * 프랑스의 초현실주의 계열의 화가

31 라블레는 남자의 성기를 '자연의 농부'라고 부르고 있다. 우리는 음경과 보습 날, 여자와 밭고랑을 동일시하는 종교적이고 역사적인 기원을 앞에서 이미 보았다.

을 거야'라고 말한다"라는 보고를 했다. 그리고 남편이 아내를 쫓아내고 그녀와 이혼해 버린다. 어떤 원시 부족들은 이미 어머니의 경험을 함으로써 생식 능력을 먼저 보여 준 여자하고만 결혼할 것을 받아들인다는 주장까지 있다. 그러나 가장 널리 퍼진 처녀 회피 풍습의 진정한 동기는 비의적이다. 어떤 종족들은 질膣 속에 뱀이 있어서 처녀막이 찢어질 때 남편을 물어 버린다고 상상했다. 그들은 처녀막 파열에 따른 출혈을 월경과 동일시했으며, 그것 또한 남자의 생명력을 파괴할 수 있다는 무시무시한 위력을 부여했다. 이러한 이미지들은 여성적 요소가 흠 없이 온전한 만큼 더욱더 강하고 많은 위협을 내포한다는 관념을 표현하고 있다.[32] 처녀성의 상실이 문제되지 않는 경우들이 있다. 예를 들어 말리노프스키 Bronislaw Malinowski(1884~1942)[33]가 기술한 토착민들의 경우, 성적 유희를 유년 시절부터 허용했기 때문에 소녀들은 결코 처녀가 아니라는 것이다. 때로는 어머니나 언니 또는 손위의 어떤 여자가 조직적으로 어린 소녀의 처녀성을 박탈하여 유년기 내내 질의 구멍이 넓어진다. 또한, 소녀가 사춘기에 이르렀을 때 나이든 여자들이 막대기, 뼈, 돌멩이를 가지고 처녀성을 박탈하는 일도 있어 그것이 단순한 외과 수술 정도로 여겨지기도 한다. 다른 부족들의 경우, 소녀가 사춘기에 이르면 거친 성교육을 받아야 한다. 즉, 남자들이 소녀를 마을 밖으로 끌고 나와 도구를 사용하거나 강간을 해서 처녀성을 박탈한다. 아주 빈번하게 일어나는 의식 중에는 지나가는 이방인들에 처녀들을 넘기는 경우가 있다. 이는 그 부족의 남자들에게만 위험한 *마나*에 이방인들이 그다지 과민하지 않다고 생각하거나, 이방인들이 당하는 화禍에 대해서는 신경을 쓰지 않기 때문이다. 또한, 더 흔하게는 사제나 의술을 가진 남자나 유력인사나 추장이 결혼식이 있기 전날 밤에 신부의 처녀성을 빼앗는다. 말라바르 연안에서는 브라만 승려가 이런 일을 집행하는 책임이 있는데, 그들은 이 일이 별로 달갑지 않은 듯 상당한 보수를 요구한다. 모든 신성한 물건이 속인에게는 위험하지만, 신에게 자신을 바친 인물은 그 물건들을 위험 없이 다룰 수 있다고 여겨진다. 그러므로 남편이 사악한 힘에서 자신을 보호해야만 하는 데 승려들이나 족장이 그 사악한 힘을 길들일 수 있다고 하는 것은 이해된다. 로마에는 이러한 풍습 중에 상징적인 의식이

---

32 전투에서 처녀에게 부여하는 힘은 여기서 유래했다. 북구 신화의 발퀴레Valkyrja나 오를레앙의 처녀, 즉 잔 다르크의 예를 들 수 있다.

33 *폴란드 태생의 영국 문화인류학자

하나 남아 있었다. 즉, 프리아포스 석상의 음경 위에 신부를 앉히는 것이다. 이는 신부의 생식 능력을 증대시키고, 지나치게 강해서 도리어 해로운 신부의 체내에 있는 액체를 흡수시키려는 이중의 목적이 있었다. 남편은 또 다른 방식으로 자기를 방어한다. 즉, 자신이 처녀성을 박탈하는 위태로운 순간에 자신을 손상할 수 없게 만드는 의식을 진행하는데, 예를 들어 마을 사람 모두가 보는 앞에서 막대기나 뼈를 사용해 처녀성을 박탈한다. 사모아에서는 사전에 남편이 하얀 천으로 감은 손가락을 사용하고, 피가 묻은 그 천 조각을 참관인들에게 나누어 준다. 남편이 정상적으로 아내의 처녀성을 박탈하는 것은 허용되는 일이나, 정자가 처녀막의 피에 더러워지지 않도록 남자는 의식이 진행되고 사흘이 지나기 전에 여자 안에서 사정을 해서는 안 된다.

덜 원시적인 사회에서는 신성한 일의 영역에서 흔히 있는 역전에 의해 처녀의 피가 상서로운 상징이 된다. 프랑스에서는 아직도 결혼식 다음 날 아침에 부모와 친구들 앞에서 피 묻은 침대 시트를 내보이는 마을들이 있다. 이는 가부장제에서 남자가 여자의 주인이 되었기 때문이다. 짐승들에게는 사람을 두렵게 하는 성질이나 길들지 않는 요소들을 복종시킬 줄 아는 것이 소유자의 소중한 자질이다. 인간은 야생마의 격렬함과 번개와 폭포의 난폭함을 자기 번영의 도구로 만들었다. 이처럼 남자는 여자를 그 온전한 풍요 속에서 병합하고 싶어 한다. 젊은 처녀에게 부과된 덕목에는 분명 합리적인 동기들이 하나의 역할을 하고 있다. 즉, 아내의 정절처럼 약혼녀의 순결은 아버지가 남의 아이에게 자기 재산을 남기는 위험을 무릅쓰지 않도록 하는 데 필요한 것이다. 그러나 여자의 처녀성은 남자가 아내를 자기의 개인 소유물처럼 간주할 때 더 직접적으로 요구된다. 우선 소유의 관념을 실제로 실현하는 것은 언제나 불가능하다. 사실 누구도 사람이나 사물을 결코 소유하지 못한다. 그러므로 그것을 부정적으로 성취하려고 시도한다. 어떤 재산을 자기 것이라 주장하는 가장 확실한 방법은 타인이 그것을 사용하지 못하게 하는 것이다. 그리고 또 어떤 인간에게도 결코 속해 본 적이 없는 것, 이것보다도 남자에게 더 탐나는 것은 아무것도 없다. 그래서 정복은 유일하고 절대적인 사건처럼 보인다. '처녀지'는 항상 탐험가들을 매혹했다. 등산가들은 매년 아무도 밟지 않은 산악을 정복하려 하다가, 혹은 단지 산 중턱에 새로운 길을 개척하려 시도하다가 생명을 잃는다. 또 호기심 많은 사람은 한 번도 그 깊이가 측정되지 않은 지하 동굴로 내려가기 위해 생명을 걸기도 한다. 남자들이 이미 굴복시킨 대상은 하나의 도구가 되어 버렸다. 자연과의 연결이 단절되어 자신의 가장 심오한 덕목을 상실하기 때문이다. 사나운 급류 속에는 거리의 공공 분수의 물보다 더 많은 가능성이 있다. 처녀의 몸은 감춰져 있는 샘물의 신선함, 아침결 닫혀 있는 꽃부리의 부드러운 감촉, 태양이 아직 한 번도 애무하지 않은 진주의 서광을 가지고 있다. 남자는 어린아이처럼 어떤 의식도 결코 생명력을 불어넣은 적이 없고, 누군가 자기들에게 영혼을 빌려 주기를 기다리는 그늘지고 폐쇄된 장소, 즉 동굴·신전·성전·비원 같은 것들에 매혹된다. 자기만이 홀로 손에 넣을 수 있고 침투할 수 있는 그것이 그에게는 사실 자기가 창조한 것처럼 보인다. 게다가 모든 욕망이 추구하는 목표 중 하나는 파괴를 내포하는 욕망의 대상 소비다. 처녀막을 파괴함으로써 남자는 여자의 육체를 그대로 두고 침투하는 것보다 더 친밀하게 소유한다. 이 돌이킬 수 없는 작업에서 남자는 여자의 육체를 분명하게 수동적인 대상으로 만들어, 그에 대한 점유를 확실히 하는 것이다. 이 의미는 아무도 그 향기를 맡지 못한 장미 한 송이를 꺾기 위해 가시덤불 사이로 힘든 길을 헤쳐나간 말 탄 기사의 전설 속에 아주 정확하게 표현되어 있다. 기사가 장미를 발견하고 꺾은 그때에 마침내 장미를 정복한 것이다. 그 이미지가 아주 명확해서 속어로 '꽃fleur을 꺾는다'라는 표현은 그녀의 처녀성을 파괴한다는 것을 의미하고, 이 표현에서 '낙화 défloration'[34]라는 말이 생겨났다.

그러나 처녀성은 젊음과 결합해야만 이런 에로틱한 매력을 지닌다. 그렇지 않으면 처녀성의 신비는 다시 불안한 것이 된다. 오늘날에는 결혼이 너무 늦은 처녀들 앞에서 성적 혐오감을 느끼는 남자들이 많이 있다. '노처녀들'을 신경질적이고 심술궂은 부인네처럼 바라보는 것은 단지 심리적인 이유에서만이 아니다. 저주는 그녀들의 육체 그 자체에 있다. 어떤 주체의 대상도 아니고, 어떤 욕망이 탐내지도 않았으며, 남자들의 세계 속에 자리 하나도 발견하지 못한 채 꽃처럼 피었다가 져 버린 육체. 목적지에서 빗나간 그 육체는 기괴한 대상이 되어, 미친 사람의 소통 불가능한 사고가 사람을 불안하게 하듯이 남자를 불안하게 만든다. 여전히 아름답지만, 처녀라고 추정된 마흔 살의 어떤 여자에 대해서 한 남자가 무례하게 "그 속에는 거미줄이 잔뜩 쳐 있을 거야……"라고 말하는 것을 들은

---

34 • '처녀성 상실'을 의미한다.

적이 있다. 사실, 아무도 더는 들어가지 않고, 무엇에도 사용되지 않는 지하실과 다락방은 불결한 신비로 가득 채워져 있다. 귀신들이 자유롭게 드나드는 곳이다. 인간에게 버려진 집들은 유령들의 거처가 된다. 여자의 처녀성이 신에게 바쳐지지 않았다면, 그것이 악마와의 어떤 결합을 내포하고 있다고 믿기 쉽다. 남자가 제압하지 못한 처녀들, 남자의 권력을 피해 간 나이 많은 여자들은 다른 여자들보다 한층 더 마녀로 보이기 쉽다. 왜냐하면 여자의 운명이 다른 자에게 바쳐지기로 되어 있는 까닭에, 만일 여자가 남자의 구속을 감내하지 않는다면 악마의 구속을 받아들일 준비가 된 것이기 때문이다.

처녀성 상실의 의식에 의해 마귀를 쫓거나, 혹은 반대로 자기의 처녀성에 의해 정화된 아내는 탐나는 먹이처럼 보일 수 있다. 남자는 여자를 껴안음으로써 생명의 모든 풍요를 소유하기를 바란다. 여자는 지상의 모든 동물상이며 모든 식물상이다. 즉, 영양이며 사슴이고, 백합이며 장미이고, 솜털이 이는 복숭아이며 향기로운 나무딸기다. 또 보석이고 나전이며, 마노이고 진주이며, 명주, 하늘의 쪽빛, 샘물의 신선함이며, 공기, 불꽃, 대지와 물이다. 동양과 서양의 모든 시인은 여자의 몸을 꽃으로, 과일로, 새로 변신시켰다. 여기서 고대, 중세 그리고 근대의 그것들을 인용한다면 아주 두꺼운 한 권의 선집이 될 것이다. 잘 알려진 『아가雅歌』[35]에는 남자가 사랑하는 여자에게 이렇게 말하고 있다.

그대의 눈은 비둘기……
그대의 머리카락은 염소의 무리……
그대의 이는 털이 깎인 암양의 무리……
그대의 뺨은 절반의 석류 열매……
그대의 젖가슴은 두 마리의 어린 사슴……
그대의 혀 밑에는 꿀과 젖이 흐르오……

『비약 17 Arcane 17』에서 앙드레 브르통André Breton(1896~1966)[36]은 이 영원한 송가頌歌를 다시 부르고 있다. "두 번째 외치는 순간의 멜뤼진Mélusine.[37] 그녀는 가느다

---

35 *구약성서 중의 한 책. 원제는 '노래 중의 노래'라는 뜻이다. 8장으로 된 짧은 시가서다.

36 *프랑스 초현실주의 시인

37 *토요일마다 허리 아래 하반신이 뱀으로 변했다는 중세 프랑스 설화 속 요정

란 허리 위에서 솟아오르듯 일어섰다. 그녀의 아랫배에는 8월의 밀이 풍요롭게 물결치고, 그녀의 상반신은 제비의 두 날개 모양의 활처럼 휜 허리에서 불꽃인양 튀어 오르고, 그녀의 젖가슴은 자기들의 외침에 사로잡혀, 타는 듯한 입의 작렬하는 숯불로 자기를 밝히느라 눈이 잠시 먼 흰 담비다. 그녀의 두 팔은 노래하며 향기를 내뿜는 시냇물의 넋이다⋯⋯."

남자는 여자 위에서 빛나는 별들과 꿈꾸는 달, 태양의 빛과 동굴의 그늘을 다시 발견한다. 한편, 수풀의 야생화, 정원의 거만한 장미가 여자들이다. 님프, 숲의 요정, 세이렌, 물의 요정, 선녀는 들판과 숲, 호수, 바다, 광야를 드나든다. 남자의 마음속에 이러한 애니미즘보다 더 깊이 자리 잡은 것은 아무것도 없다. 뱃사람에게 바다는 위험하고 믿을 수 없으며 정복하기 어렵지만, 그가 길들이기 위해 들이는 노력을 통하여 애지중지하는 여자다. 등산가에게는 오만하고 반항적이며 순결하고 심술궂은 산 또한 여자다. 그는 목숨을 걸고 그 산을 정복하고 싶어 한다. 흔히 이러한 비유가 성적인 승화를 나타내는 것이라고 주장한다. 그러나 그보다는 오히려 여자와 자연의 요소 간에 섹슈얼리티만큼이나 근원적인 유사성이 있다는 것을 표현하고 있다. 남자는 여자를 소유하는 것에서 본능을 만족시키는 것 외에 다른 무엇을 기대하고 있다. 여자는 남자가 **자연**을 정복하는 데 가장 좋은 매개체다. 다른 대상들도 이 역할을 할 수 있다. 때로 남자는 어린 소년들의 몸 위에서 해변의 모래, 밤의 부드러운 감촉, 인동덩굴의 향기를 추구하기도 한다. 그러나 성적 침투만이 대지에 대한 관능적인 소유를 실현할 수 있는 유일한 방식은 아니다. 스타인벡J. E. Steinbeck(1902~1968)은 그의 소설 『미지의 신에게*To an Unknown God*』에서 자신과 자연 사이의 중개자로서 이끼 낀 바위를 선택한 한 남자를 보여 준다. 콜레트Sidonie-Gabrielle Colette(1873~1954)[38]는 『암고양이』에서 자기의 사랑을 자기 암고양이에게 고정시킨 젊은 남편을 묘사하는데, 그가 그러는 이유는 이 야생적이고 온순한 짐승을 통해서 자기 아내의 인간 육체가 자기에게 주지 못하는 감각적인 세계를 정복할 수 있기 때문이다. 여자에게서와 마찬가지로 **타자**는 바다 속에서도, 산속에서도 완벽하게 구현될 수 있다. 바다와 산은 남자가 자기를 실현하게 하는 마찬가지의 수동적이고 예기치 못한 저항을 내보인다. 그것들은 무너뜨려야 할 거부며, 소유해야 할 먹이다. 만일 바다와 산이 여자라면,

---

38 *프랑스 소설가

여자 또한 연인에게 바다며 산인 것이다.[39]

그러나 남자와 세계 사이에서 이와 같은 매개자 역할을 하는 것이 아무 여자에게나 무차별적으로 주어진 것이 아니다. 남자는 자기 파트너에게서 자신의 성적 기관을 보완하는 기관을 발견하는 것에 만족하지 않는다. 여자가 생명의 경이로운 개화를 구현해야만 하고, 동시에 생명의 불가사의한 신비를 감추지 않으면 안 된다. 그러므로 여자에게 무엇보다도 젊음과 건강을 요구할 것이다. 왜냐하면 살아 있는 것을 자기 두 팔에 안았을 때, 남자는 모든 생명 속에 죽음이 살고 있다는 사실을 잊어야만 황홀해할 수 있기 때문이다. 그는 한층 더 많은 것을, 즉 사랑하는 여자가 아름답기를 바란다. 여성미의 이상理想은 가변적이다. 그러나 어떤 요구들은 지속적으로 남아 있다. 그중에서도 특히 여자가 소유되도록 하는 운명에 놓여 있기 때문에 여자의 육체는 움직이지 않는 사물의 수동적인 특질들을 제공하지 않으면 안 된다. 남성적인 미는 활동적인 기능에 적응하는 육체이고, 힘이자 민첩함이며 유연성이다. 그것은 결코 쇠퇴해서는 안 되는 육체에 활기를 불어넣는 초월의 표명이다. 여성적 이상이 이와 같아지는 것은 스파르타나 파시스트 이탈리아, 나치 독일과 같은 사회에서뿐이다. 이런 사회에서는 여자를 개인이 아닌 국가를 위해 마련해 두었고, 전적으로 어머니로서만 간주했으며, 에로티시즘에는 어떤 자리도 내주지 않았다. 그러나 여자가 남자에게 그의 재산으로 넘겨졌을 때, 남자는 여자의 육체가 오로지 사실성에 현전하기를 요구한다. 여자의 육체는 주관성의 발현으로 파악되지 않고, 그 내재성 속에 살이 찐 사물로서 파악된다. 이 육체는 세계의 다른 부분에 작용해서도 안 되고, 자기 자신 이

---

39 바슐라르가 인용한 사미벨Samivel의 문장(『대지 그리고 휴식의 몽상』)은 의미심장하다. "내 주위를 에워싸고 누워 있는 이 산들, 나는 그것들을 무찔러야 할 적이나 발밑에 짓밟아야 할 암컷이나 혹은 내 가치의 증거를 나 자신과 타인들에게 제시하기 위해 정복해야 할 전리품처럼 생각하기를 점차 그만두었다." 산과 여자의 양면성이 '무찔러야 할 적', '전리품', 권력의 '증거품'이라는 공통된 관념을 통해 확립되고 있다. 이러한 관련성은 예를 들어 상고르L. S. Senghor(1906~2001)의 다음 두 편의 시에서도 나타난다.

벌거벗은 여자, 알 수 없는 여자!
탐스럽게 잘 익은 과일, 검은 포도주의 어두운 도취, 나의 입을 서정적이게 하는 입.
확 트인 지평선의 대초원, 동풍의 정열적인 애무에 전율하는 대초원.

오! 밀림의 침상에 누워 있는 콩고여, 길들여진 아프리카의 여왕이여,
산봉우리의 음경들이 그대의 누각을 높이 치켜들고 있기를
그대는 나의 머리, 나의 혀에 의해서 여자니까, 그대는 나의 아랫배에 의해서 여자니까.

외 다른 것의 약속이 되어서도 안 된다. 즉, 그 육체는 욕망을 멈추어야만 한다. 이러한 요구의 가장 소박하고 순진한 형태가 호텐토트족의 이상형인, 둔부가 아주 큰 비너스다. 둔부는 신경이 가장 둔감한 신체의 부분으로서, 목적 없이 주어진 것으로 보이는 데서 연유한다. 살찐 여자들에 대한 동양인들의 취향도 같은 종류다. 그들은 어떤 계획도 없고, 단지 거기에 있다는 것 외에는 다른 어떤 의미도 없는 지방질 증식의 부조리한 사치를 좋아한다.[40] 형태와 조화의 개념이 개입하는 보다 더 섬세한 감성을 지니고 있던 문명들에서도 유방과 둔부는 그 만개滿開의 무목적성과 우연성 때문에 특별한 대상으로 남아 있다. 풍습과 유행은 흔히 여성의 육체를 그 초월성으로부터 단절시키는 데 온 힘을 기울였다. 즉, 전족한 중국 여성은 겨우 걸을 수 있었고, 할리우드 여배우들의 매니큐어를 바른 손톱은 그 손을 사용할 수 없게 한다. 굽 높은 구두, 코르셋, 파니에panier,[41] 고래 뼈의 테vertugadin,[42] 페티코트petticoat[43]는 여성 육체의 곡선미를 강조하기보다는 그것의 장애를 증가시키는 데 목적이 있었다. 지방질로 무거워지거나 혹은 반대로 너무 파리해서 힘을 쓰지 못하거나, 불편한 옷과 예의범절 의식으로 인해 몸이 굳어지면, 그때 여자의 육체는 남자에게 자기 물건처럼 보인다. 화장과 보석들 역시 이러한 얼굴과 신체의 석화 작용에 사용된다. 장신구의 기능은 대단히 복합적이다. 어떤 원시인들에게는 신성한 성격을 지니나 가장 통상적으로 여자가 우상으로 변신하는 것을 잘 마무리하는 역할을 한다. 모호한 우상, 왜냐하면 남자는 여자가 육체적이기를 바라지만 여자의 아름다움이 꽃과 과실과 같은 아름다움이기를 바라기 때문이다. 또한 여자는 조약돌처럼 매끄럽고 단단하며 영원해야만 한다. 장신구는 여자가 자연을 더 닮도록 하는 동시에 자연에서 떨어져 나오게 하며, 약동하는 생명에 인공적인 응결된 필요성을 부여한다. 여자는 자기 몸에 꽃과 모피와 보석과 조개껍데기와 깃털을 장식하여 자신을 식물과 표범 그리고 다

---

40 "호텐토트족 여자들은 부시맨 여자들만큼 둔부가 발달하지도 일정하지도 않지만, 이런 형태가 심미적이라고 생각해 유년 시절부터 딸의 둔부를 주물러서 발달시킨다. 마찬가지로 과식過食에 의한 여자의 인공 비만법이 아프리카 여러 지역에서 실시되는데, 그 두 가지 기본 방식은 움직이지 않고 적합한 식품, 특히 우유를 많이 섭취하는 것이다. 이 방식은 알제리, 튀니지, 모로코의 도시에서 사는 아랍인과 유대인의 부유층에 의해서 아직도 시행되고 있다." 뤼케Luquet, 「동굴의 비너스Les Venus des cavernes」 『심리학 저널Journal de psychologie』 1934년호

41 * 둥글게 살(뼈대)을 넣어 퍼지게 만든 스커트

42 * 17~18세기에 여성이 스커트를 불룩하게 하는 데 쓰였다.

43 * 치마 밑에 받쳐 입는 속치마

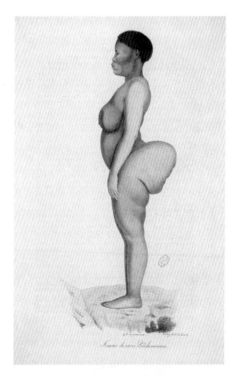

호텐토트의 여자, 세라 바트만, 1815

이아몬드와 자개로 만든다. 여자는 장미와 백합처럼 향내를 내려고 자기 몸에 향수를 바른다. 또한 깃털과 명주와 진주와 향수는 여자의 육체와 체취에서 동물의 노골성을 감추는 데 사용된다. 여자는 자기 입술과 두 뺨에 색칠하여 가면의 견고한 부동성을 부여한다. 여자는 자기의 시선을 두껍게 칠한 아이섀도와 마스카라 속에 가두어 여자의 눈이 아롱거리는 장식물에 지나지 않게 만든다. 여자는 머리카락을 땋고 곱실거리게 하고 다듬어서 불안하게 하는 그 식물적 신비감을 상실케 한다. 치장된 여자 속에는 **자연**이 현전하고 있지만, 그 자연은 남자의 욕망에 따라 인간의 의지로 인해 포로가 되고 조형된 것이다. 자연이 여자 속에 더 많이 개화開花하고 더욱 가혹하게 예속되면 될수록 여자는 그만큼 더 탐이 나게 된다. 즉, 에로티시즘의 이상적인 대상은 언제나 '지나치게 꾸민' 여자였다. 그래서 보다 더 자연적인 미에 대한 취향은 흔히 지나친 꾸밈의 기만적인 형태에 불과하다. 레미 드 구르몽Rémy de Gourmont(1858~1915)[44]은 여자의 머릿결이 시냇물과 초원의 풀처럼 자유롭게 나부끼기를 바랐다. 그러나 사람들이 물결과 이삭의 일렁임을 애무할 수 있는 것은 베로니카 레이크Veronica Lake(1919~1973)[45]의 머릿결이지 자연에 내맡겨진 빗지 않은 더벅머리가 아니다. 젊고 건강한 여자일수록 몸은 새롭고 윤기가 흘러 영원히 신선할 듯 보인다. 그런 그녀에게 기교는 덜 유익하다. 그러나 남자가 포옹하는 이 먹이의 육체적 허약함과 이 먹이를 위협하는 퇴락을 여자는 남자에게 항상 감추어야만 한다. 남자는 여자의 우연적인 운명을 두려워하고 여자의 불변의 필연적인 모습을 꿈꾸고 있으므로, 여자의 얼굴과 상체와 다리 위에서 관념의 엄밀성을 추구한다. 원시종족들에게 관념은 단지 일반적 유형의 완성이라는 관념일 뿐이었다. 즉, 입술이 두껍고 코가 납작한 인종은 입술이 두껍고 코가 납작한 비너스를 만들어 낸다. 나중에는 더 복잡한 미적 기준이 여자들에게 적용되었다. 그러나 어쨌든 한 여자의 얼굴 윤곽과 신체의 균형이 합의에 따라 준비된 것처럼 보일수록 그 여자는 남자의 마음을 더욱 기쁘게 한다. 그 이유는, 여자가 자연적인 것들의 화신에서 벗어난 것처럼 보이기 때문이다. 그러므로 우리는 이런 기묘한 역설에 이른다. 즉, 남자는 여자 속에서 자연을 움켜쥐고자 희망하면서 여자를 인공적이게 한다. 여자는 단지 피시스physis[46]일 뿐만 아니라 안티피시

---

44 *프랑스의 시인이자 소설가, 상징주의의 대표적 이론가

45 *미국 영화배우. 휘늘어진 금발로 유명하다.

46 *그리스 철학에서 '성장원源으로서의 자연' 즉, 자연 자체나 자연의 힘, 사물의 본성을 뜻한다.

스antiphysis[47]이기도 하다. 그것은 전기 파마나 밀랍으로 하는 제모나 코르셋의 문명에서뿐만 아니라, 고원지대 흑인의 나라나 중국이나 지구상의 어디에서도 그렇다. 스위프트Jonathan Swift(1667~1745)[48]는 셀리아에게 바친 그의 유명한 서정 단시短詩에서 이러한 집단 기만을 고발하였다. 그는 멋 부리는 여자의 도구 일체를 혐오감을 가지고 묘사하고, 여자 육체의 동물적 예속 또한 진저리를 내며 되살리고 있다. 스위프트가 분개하는 것은 이중으로 잘못됐다. 왜냐하면 남자는 여자가 동물이고 식물이기를 원하며, 동시에 제조된 골조 뒤에 숨기를 바라고 있기 때문이다. 남자는 바로 그가 여자를 인간의 세계에서 만나는 그대로, 여자가 나체거나 옷을 입었거나 옷 아래에서 나체인 채로 바다와 의상실에서 나오는 것을 좋아한다. 도시 남자는 여자 속에서 동물성을 찾는다. 그러나 군 복무를 하는 시골 젊은이에게는 매음굴이 도시의 모든 마법을 구현한다. 여자는 들판이며 목초지지만, 또한 바빌론이기도 하다.

하지만 거기에 여자의 최초 거짓말, 최초의 배신이 있다. 그것은 생명 그 자체의 배신이기도 하다. 생명은 아무리 매력적인 형태로 꾸며져 있다 해도 언제나 그 안에 노화와 죽음의 효모가 들어 있기 때문이다. 남자가 여자를 사용하는 용도가 여자의 가장 귀중한 덕목들을 파괴한다. 즉, 출산과 양육으로 짐이 무거워진 여자는 성적 매력을 상실한다. 아이를 낳지 않더라도 세월이 흐르면 여자의 매력은 손상되기 마련이다. 불구에다 추하고 늙은 여자는 혐오감을 일으킨다. 식물처럼 그런 여자를 시들었다거나 퇴색했다고 말한다. 분명 노쇠는 남자도 두렵게 한다. 그러나 정상적인 남자는 다른 남자들을 육체로써 경험하지 않으며, 이들의 자주적이고 낯선 육체와 추상적인 연대감밖에 느끼지 않는다. 남자가 육체의 쇠퇴를 현저하게 느끼는 것은 자기를 위해 마련된 여자의 육체 위에서다. 비용François Villon(1431~1463년경)[49]의 "투구 제조인의 아름다운 아내"는 자기 육체의 노화를 남자의 적의에 찬 시선으로 바라본다. 늙은 여자와 추한 여자는 단지 매력 없는 대상일 뿐만 아니라 두려움이 섞인 증오를 일으킨다. **아내**의 매력이 사라진 여자에게서 불안감을 주는 **어머니**의 모습이 다시 발견되기 때문이다.

---

47 * '반자연'을 의미한다.

48 * 영국의 풍자 작가. 『걸리버 여행기』의 저자. 「숙녀의 옷방The Lady's Dressing Room」이라는 시를 썼다.

49 * 프랑스 최초의 서정 시인

그러나 **아내**조차도 위험한 먹잇감이다. 신선한 물거품을 일으키며 바다에서 나온 풍성한 금발 머리의 비너스 안에도 데메테르 여신이 살아 있다. 남자는 여자로부터 얻어 내는 쾌락을 통해 여자를 소유하면서 또한 여자 안에 생식의 수상한 위력을 일깨운다. 남자가 침투하는 기관은 아이를 분만하는 기관이다. 그 때문에 어느 사회에서나 남자는 여자의 성기 위협에 대한 수많은 금기를 통해 보호받는다. 그 역逆은 사실이 아니다. 여자는 남자를 두려워할 게 아무것도 없다. 남자의 성기는 종교와 무관하고 세속적인 것처럼 여겨진다. 음경은 신의 권위에까지 올라갈 수 있으나 남성 생식기의 숭배에는 어떠한 무서운 요소도 들어가 있지 않다. 일상생활에서도 여자는 그것에 대해 비의적으로 보호받을 게 없다. 이는 여자에게 단지 유리할 뿐이다. 게다가 많은 모권제 사회에서 대단히 자유로운 섹슈얼리티가 존재했다는 점은 주목할 만하다. 그러나 이는 오직 여자의 유년 시절이나 어린 소녀 시절에만 그러했는데, 그때는 성교가 생식의 관념과 결부되어 있지 않기 때문이다. 말리노프스키는 '독신자들의 집'에서 자유롭게 동침하는 젊은이들이 자기의 성교를 스스럼없이 자랑하는 사실을 약간은 놀라면서 이야기한다. 이는 미혼의 소녀가 임신할 수 없는 것처럼 여겨지고, 성행위는 단지 비종교적인 안전한 쾌락일 뿐이라는 것이다. 그와 반대로 일단 결혼하면 남편은 사람들 앞에서 아내에게 더는 어떤 애정 표현도 해서는 안 되고, 손을 대서도 안 된다. 그리고 자기들의 내밀한 관계에 대한 어떤 암시도 신성모독이 된다. 왜냐하면 여자는 이제 어머니라는 가공할 존재가 될 것이며, 성교는 신성한 행위가 되었기 때문이다. 그때부터 성교는 금지와 대비책으로 둘러싸인다. 토지를 경작할 때, 씨를 뿌릴 때, 모종을 낼 때 성교는 금지된다. 수확의 풍요, 즉 공동체의 재산을 풍부하게 하는 힘을 개인 간의 관계에 낭비하는 것을 원치 않기 때문이다. 풍요에 결부된 힘에 대한 경의敬意에서 그 힘을 절약하도록 명하는 것이다. 그러나 대부분 절제는 남편의 남성성을 보호해 준다. 남자가 고기잡이나 사냥을 떠날 때, 그리고 특히 전쟁을 준비할 때 남성의 절제가 요구된다. 여자와의 교접으로 남성 원리는 약해지므로 남자는 자기의 온전한 힘이 필요할 때마다 여자와의 교접을 피해야만 한다. 남자가 여자에게 느끼는 두려움이, 일반적으로 섹슈얼리티가 남자에게 일으키는 공포에서 오는 것인지 아니면 그 반대인지에 대해 사람들은 자문해 왔다. 특히 『레위기』에서 몽정은 여자와 아무런 관련이 없는 데도 더러운 것으로 간주한 것을 확인할 수 있다. 그리고 현대 사회에서 자위는 위험한 것으로 여겨지고 죄악시되고 있다. 자위에 몰두하는 많은 어린이와 젊은이들은 끔찍한 불안 속에서 그것을 할 수밖에 없다. 고독한 쾌락을 악덕으로 만드는 것은 사회의 간섭이며 특히 부모의 간섭이다. 그러나 최초 사정에서 본능적으로 겁을 먹은 어린 소년들이 적지 않다. 혈액이든 정자든 자기 실체의 모든 유출이 염려스러웠던 것으로 보인다. 그것은 자기의 생명, 자기의 **마나**가 자기 몸에서 빠져나가는 것으로 생각하기 때문이다. 하지만 주관적으로 어떤 남자가 여자 없이 에로틱한 경험을 할 수 있다 할지라도, 여자는 남자의 섹슈얼리티에 객관적으로 내포되어 있다. 플라톤이 양성구유 신화에서 말한 것처럼, 남자의 육체적 구조는 여자의 육체적 구조를 상정하고 있다. 남자가 여자를 육신으로나 상상으로나 직접 소유하지 않았다 하더라도, 남자가 여자를 발견하는 것은 자기 자신의 성기를 발견하면서다. 반대로 여자가 남자에게 위험한 것은 여자가 섹슈얼리티를 구현하는 범위 내에서다. 살아 있는 체험의 내재적 면과 초월적 면을 절대 분리할 수 없다. 내가 두려워하거나 욕망하는 것, 그것은 언제나 나 자신의 실존 화신이다. 그러나 무엇이든 간에 나 자신이 아닌 것을 통해서만 나에게 일어난다. 몽정과 발기에는 여자의 명확한 모습 아래, 아니면 적어도 **자연**과 **생명**으로서의 비자아非自我가 내포되어 있다. 그래서 개인은 생소한 마법에 사로잡히는 것을 느낀다. 따라서 남자가 여자에게 갖는 감정의 양면성은 자신의 성기에 대한 태도에서도 발견된다. 즉, 남자는 그것에 대해 자부심을 품고 웃기도 하며 부끄러워하기도 한다. 사내아이는 도전적으로 자기 페니스를 친구들의 그것과 비교해 본다. 최초의 발기는 그를 의기양양하게 하는 동시에 겁나게도 한다. 성인이 된 남자는 자기의 성기를 초월과 힘의 상징처럼 바라본다. 그는 그것을 줄무늬가 새겨진 근육이자 마법의 축복처럼 자랑한다. 즉, 그것은 일체의 우연으로 가득 찬 자유고, 자유롭게 바란 선물이다. 그가 그것에 대해 매우 기뻐하는 것은 이러한 모순적인 양상하에서다. 그러나 그는 그것의 속임수를 의심한다. 그는 이 기관을 통해서 자기 확립을 주장하지만, 그것은 그에게 복종하지 않는다. 채워지지 못한 욕망으로 인해 무겁고 불시에 고개를 쳐들며 때로 꿈속에서 진정되기도 하면서, 그 기관은 수상쩍고 변덕스러운 활력을 드러낸다. 남자는 **생명**에 대해 **정신**이, 수동성에 대해 능동성이 이기게 한다고 자처한다. 남자의 의식은 자연에 거리를 두고, 그의 의지는 자연을 마음대로 조형한다. 그러나 성의 양상을 통해서 남자는 자기 속에 생명과 자연과 수동성을 재발견한다. "생식기는 의지의 진정한 중심이며, 그 반대 극極은 두뇌다"라고 쇼펜하우어는 쓰고 있다. 그가 의지라고 부르는 것은 삶에 대한 애착이다. 삶이란 고통과 죽음인 반면, 두뇌, 그것은 삶을 자신에게 표상하면서 삶으로부터 떨어져 나가는 사고다. 즉, 그의 말에 의하면, 성적 수치심은 우리의 어리석은 육체적 집착 앞에서 우리가 느끼는 수치심이다. 비록 그의 이론 고유의 염세주의를 거부한다고 하더라도 성과 두뇌의 대립에서 남자의 이원론 표현은 그가 옳다. 주체로서 남자는 세계를 위치시키고, 자기가 위치시킨 세계 밖에 머물면서 그 세계의 지배자가 된다. 만일 남자가 자신을 육체로, 성기로 파악한다면 그는 더 이상 자율적인 의식도 투명한 자유도 아니다. 즉, 남자는 세계 속에 박힌 유한하고 덧없는 사물일 뿐이다. 그리고 확실히 생식 행위는 육체의 경계를 초월한다. 그러나 동시에 경계를 형성하기도 한다. 생식의 아버지인 페니스는 어머니인 자궁과 대칭을 이룬다. 여자의 배 속에서, 살이 찐 맹아에서 나온 남자는, 그 자신이 맹아를 가지고 있으며 생명을 주는 이 종자에 의해서 자신의 생명이 부인된다. "아이들의 출생, 그것은 부모의 죽음이다"라고 헤겔은 말한다. 사정射精은 죽음의 약속이며, 개체를 부정하고 종種을 확립한다. 성기의 존재와 그 활동은 주체의 오만한 개성을 부정한다. 이와 같은 생명에 의한 정신의 부정은 성기를 추문의 대상으로 만든다. 남자는 음경을 초월과 활동으로, 타자를 소유하는 방식으로 파악하는 한에서 찬양한다. 그러나 거기서 수동적인 육체만을 볼 때, 그런 육체를 통해 **생명**의 어두운 힘의 노리개로 느낄 때 그는 수치심을 느낀다. 이 수치심은 빈정거림 속에서 선뜻 위장된다. 타인의 성기는 쉽사리 웃음을 유발한다. 발기는 의도된 동작처럼 생각되지만, 실은 수동적이기 때문에 흔히 우스꽝스럽게 보인다. 그리고 생식기관의 단순한 형태는 연상되는 즉시 유쾌함을 야기한다. 말리노프스키는 함께 지내던 야만인들에게 이 '치부'의 명칭을 발음하는 것만으로도 그들이 억제할 수 없는 웃음을 터트렸다고 이야기한다. 외설스럽고 걸쭉한 많은 농담이 이런 초보적인 말장난과 별로 다르지 않다. 어떤 미개인의 경우, 밭에서 김을 매는 며칠 동안에는 여자들에게 마을에 들어온 이방인이면 누구나 난폭하게 강간할 권리가 있는데, 흔히 여자들은 모두 함께 이방인을 공격하면서 반죽음 상태로 내버려 둔다. 부족의 남자들은 이런 무용담에 대해 웃어넘긴다. 이런 폭행은 희생자를 수동적이고 종속적인 육체로 만들기에, 이방인은 여자들에 의해 소유되고 여자들을 통해 그 남편들에게 소유되는 것이다. 반면 정상적인 성교에서는 남자가 자신을 소유자로 확립하고 싶어 한다.

이때 남자가 자기의 육체적 조건의 모호성을 경험으로 가장 명약관화하게 알게 된다. 그는 **타자**를 소유하는 방식일 때만 자기의 섹슈얼리티를 오만하게 수용한다. 그런데 이 소유의 꿈은 실패로 끝난다. 진정한 소유에서 타자는 타자로서 소멸하며 소비되고 파괴된다. 『천일야화』의 술탄만이 새벽에 그의 침실에서 물러가자마자 그녀들의 목을 벨 권력을 가지고 있다. 여자는 남자의 포옹에서 살아남는다. 그리고 그렇게 해서 남자에게서 빠져나간다. 남자가 포옹 후에 두 팔을 벌리자마자 그의 먹이는 그에게 다시 낯선 존재가 된다. 여자는 다시 새롭게 온전한 상태로 돌아가 새 연인에게 역시 덧없는 방식으로 소유될 준비가 되어 있다. 남자의 꿈 가운데 하나는 여자가 영원히 자기 것으로 남아 있도록 여자에게 '낙인을 찍는' 것이다. 그러나 더할 수 없이 교만한 남자라도 자기가 여자에게 단지 추억만을 남길 뿐, 가장 뜨거운 이미지도 감각에 비교해서는 차가운 것이라는 것을 알고 있다. 모든 문학작품이 이러한 실패를 묘사했다. 여자의 육체는 특정한 한 남자가 아닌 남자 일반에게 바치고 있어서, 여자를 절개가 없는 배신자라고 부르며 이런 실패를 여자 위에 객체화하고 있다. 여자의 배신은 한층 더 위험하다. 왜냐하면 여자가 연인을 먹이로 삼기 때문이다. 오직 한 육체만이 다른 한 육체와 접촉할 수 있다. 남자는 오직 자기 자신이 육체가 됨으로써만 탐내는 육체를 제압할 수 있다. 이브 속에서 자기의 초월성을 실현하도록 아담에게 이브가 주어진 것인데, 이브는 그를 내재의 암흑 속으로 끌어들였다. 아들은 어머니가 아들을 위해 만들었으나 벗어나고 싶어 하는 저 캄캄한 모암 속에, 그리고 정부情婦는 쾌락의 도취 속에서 남자를 저 모암의 불투명한 점토 속에 다시 가두어 버린다. 남자는 소유하기를 원했다. 그런데 남자 자신이 소유된 것이다. 모든 문학이 냄새·축축함·피로·권태 등 육체로 화한 의식의 이러한 침울한 정열을 묘사해 왔다. 흔히 혐오감을 감추고 있는 욕망이 충족되었을 때 혐오감으로 되돌아간다. "성교 후에 인간은 슬프다." "육체는 슬프다." 그리고 남자는 연인의 두 팔 안에서 결정적인 마음의 안정을 발견한 일도 없다. 이윽고 남자 안에서 욕망이 되살아난다. 흔히 그것은 여자 일반에 대한 욕망일 뿐만 아니라 나아가 특정한 여자에 대한 욕망이다. 그때 여자는 기이하게도 불안감을 주는 위력의 모습을 띠고 있다. 왜냐하면 남자는 자신의 육체에서 그 대상이 특정되지 않은 허기나 갈증과 유사한 일반적인 욕구로서 성욕을 만나기 때문이다. 그러므로 남자를 개별적인 여자의 육체에 묶어 놓는 관계는 **타자**에 의해 만들어진 것이다. 그것은 남자가 자기의 뿌리를 박고 있는 불순하고 비옥한 복부에 묶어 놓는 것과 같이 신비한 관계이며, 일종의 수동적인 힘, 즉 마법이다. 남자의 마음을 사로잡고 매혹하는 여자를 마녀나 요술쟁이로 묘사하는 싸구려 소설의 낡은 표현은 신화 가운데서 가장 오래되고, 가장 보편적인 것을 반영한다. 여자는 마법에 바쳐졌다. 마법은 정신이 사물 속에 끌려 들어가 있음으로써 어떤 행위가 행위 주체의 능동성 대신 수동성에서 나올 때 마법적인 것이라고 알랭Alain(1868~1951)[50]은 말하고 있다. 정확히 남자들은 언제나 여자를 타고난 내재성이라 보았다. 여자가 농작물과 아이들을 생산하긴 하지만 그것은 여자의 의지적 행위에 의한 것이 아니다. 여자는 주체도, 초월도, 창조력도 아니고 유동체로 가득 찬 객체다. 남자가 이러한 신비를 숭배하는 사회에서 여자는 이러한 위력 때문에 여사제로서 의식에 결부되고 존경받는다. 그러나 남자가, 자연에 대해서 사회가, 생명에 대해서 이성이, 부동의 여건에 대해서 의지가 승리하도록 투쟁할 때는 여자를 마녀로 여긴다. 신부를 마술사와 구별하는 차이는 잘 알려져 있다. 신부는 공동체의 선을 위하여 신이나 법률과의 일치를 통해서, 모든 구성원의 이름으로 자기가 통제한 힘을 지배하고 지휘한다. 한편 마술사는 사회에서 멀리 떨어져서 신과 법에 대항해 자기 자신의 정념에 따라 행동한다. 그런데 여자는 남자들의 세계에 완전히 통합되어 있지 않다. 타자로서 여자는 그들과 대립한다. 따라서 여자는 자신이 보유하고 있는 힘을, 남자들의 공동체를 통해 미래에 초월 작용을 펼치기 위해 쓰는 것이 아니라, 남자들을 분리의 고독 속으로, 내재의 암흑 속으로 끌어들이기 위해 당연히 이용한다. 여자는 그녀의 노랫소리에 이끌린 선원들을 암초에 부딪치게 한 세이렌Seiren[51]이다. 여자는 자기의 애인들을 짐승으로 변하게 한 키르케Kirke[52]이며, 어부들을 늪 바닥으로 끌어들이는 물의 요정이다. 여자의 매력에 포로가 된 남자는 의지도, 계획도, 미래도 없다. 그는 이제 더는 시민이 아니라 자기 욕망의 노예인 육체일 뿐이며, 공동체에서 제외되고 순간 속에 갇혀 고뇌와 쾌락을 오가며 흔들거린다. 사악한 마녀는 의무에 반해 정욕을, 시간의 통합에 반해 현재의 순간을 일으켜 세워 여행자를 그의 가정에서 멀리 억류시키고, 망각 속에 잠기게 한다.

---

50 * 프랑스의 철학자, 평론가
51 * 그리스 신화에 나오는 바다의 마녀이며, 여자의 얼굴과 새 모양을 하고 이탈리아 근해에 나타나 뱃사람을 노랫소리에 홀려 죽게 했다.
52 * 그리스 신화에 나오는 마녀. 인간에게 마주魔酒를 먹여 돼지로 만들었다 한다.

남자는 **타자**를 소유하려 애쓰면서 자기 자신인 채 머물러 있어야만 한다. 그러나 불가능한 소유의 실패에서 그는 이 타자가 되려고 노력하지만, 이 타자와 하나가 될 수 없다. 그래서 그는 소외되고 파멸되고, 자기를 자신에게 낯설게 만드는 미약媚藥을 마시고, 흘러가는 죽음의 물 깊은 곳에 몸을 던진다. **어머니**는 자기 아들에게 생명을 주면서 그를 죽음에 바친다. 여자는 애인이 생명을 포기하고 최후의 수면에 몸을 맡기도록 한다. **사랑**을 **죽음**에 연결하는 이 끈은 트리스탄의 전설속에 비장하게 나타나지만 보다 근원적인 진실이 있다. 육체에서 태어난 남자는 사랑 속에서 육체로 완성되고, 육체는 무덤에 약속되어 있다. 그것을 통해서 **여자**와 **죽음**의 결합은 확실해진다. 위대한 수확의 여인은 이삭을 성장시킨 비옥함의 역전된 모습으로, 부드러운 살 아래 기만적으로 해골을 드러내는 끔찍한 신부처럼 보이기도 한다.[53]

이처럼 남자가 애인으로서 그리고 어머니로서의 여자 속에서 극히 사랑하고 또 미워하는 것은 자기의 동물적인 운명의 응고된 이미지이며, 자기 실존에 필요하지만 자신을 유한성과 죽음에 처하게 하는 생명이다. 남자는 태어나는 날부터 죽기 시작한다. 그것이 **어머니**가 구현하고 있는 진실이다. 생식 작용을 하면서 그는 자기 자신에 반해서 종種을 주장한다. 이것이 바로 남자가 아내의 팔에 안겨 배우는 것이다. 정신의 혼미와 쾌락 속에서 그는 아이를 낳기도 전에 자기의 개별적 자아를 잊어버린다. 그가 아내와 어머니를 구별하려고 시도해 본다 한들, 그는 두 사람에게서 단 한 가지의 자명한 이치, 즉 자기 자신의 육체적 조건의 명증성만을 재발견할 뿐이다. 남자는 그 육체적 조건을 수행하기를 희망한다. 즉, 그는 자기 어머니를 숭배하고 자기 정부를 욕망한다. 동시에 혐오와 공포 속에서 그녀들에게 반발하기도 한다.

이러한 신화의 거의 모든 것의 종합을 발견하게 되는 의미심장한 한 텍스트가장 리샤르 블로크Jean Richard Bloch(1884~1947)의 『쿠르드족의 밤La Nuit kurde』이다. 여기서 그는 젊은 사아드Saad가 어떤 도시를 약탈하는 중에 자기보다 훨씬 연상이지만 여전히 아름다운 한 여자와의 포옹을 묘사한다.

"밤이 사물과 감각의 윤곽을 없애 버리고 있었다. 그는 이제 한 여자를 포옹하

---

53 예를 들어, 프레베르Jacques Prévert의 발레 <랑데부Le Rendez-Vous>와 콕토Jean Cocteau의 발레 <젊은이와 죽음Le Jeune Homme et la Mort>에서 **죽음**은 언제나 젊은 여자 연인의 모습으로 표현된다.

「청년과 죽음의 여신」 귀스타브 모로, 19세기경

는 것이 아니라, 마침내 세계의 개벽 이래 계속되어 온 끝없는 여행의 끝자락에 와 있다. 그는 자기 주위에서 흔들리는 끝도 없고 형체도 없는 무한한 공간 속으로 점차 녹아 들어갔다. 모든 여자가 욕망처럼 침울하고 여름처럼 타오르는 거대하고 굴곡진 대지에 뒤섞여 있었다. (…) 하지만 그는 여자 속에 갇혀 있는 힘, 비단처럼 매끈하고 늘씬한 허벅지, 마치 두 개의 상아 언덕 같은 무릎을 두려움에 찬 감탄과 함께 알아보았다. 그의 손이 윤기 나는 척추를 허리에서 어깨까지 거슬러 올라갔을 때, 그는 세계를 떠받치고 있는 궁륭穹窿을 편력하는 것 같았다. 그러나 여자의 복부가 곧 그를 다시 부르고 있었다. 그것은 모든 생명이 태어나고 되돌아가는 탄력 있고 온화한 대양大洋, 조수와 수평선과 무한한 표면을 가진 안식처 중의 안식처였다."

"그때 감미로운 외피를 뚫고 들어가 그 아름다움의 원천에 이르고자 하는 격정이 그를 사로잡았다. 동시적 충격이 두 사람을 감쌌다. 여자는 대지처럼 갈라져 그에게 장기를 열어 오로지 사랑하는 이의 체액을 흠뻑 들이마시기 위해서만 존재했다. 환희는 살인적이었다. 누군가가 비수를 꽂아 극심한 고통을 주듯 그들은 하나가 되었다."

"(…) 그 남자, 고립되고 나뉘고 격리되어 떨어져 나온 그는 자기 자신의 실체에서 솟구쳐 나와 육체의 감옥을 탈출하여, 드디어 육체와 영혼이 우주의 물질 속으로 흘러 들어가려 하였다. 그에게는 그날까지 한 번도 느껴 보지 못한 지고至高의 행복이 마련되어 있었다. 피조물의 한계를 넘어서고, 같은 열광 속에 주체와 객체, 질문과 답변을 용해해 존재가 아닌 모든 것을 존재 속에 병합시키고, 최후의 경련을 통해 도달할 수 없는 영토에 도달하는 지고의 행복이."

"(…) 악궁이 왔다 갔다 할 때마다 그가 자기 뜻대로 쥐고 있던 소중한 악기에서 점점 더 날카로운 진동이 일어났다. 돌연 마지막 경련이 사이드를 환희의 절정에서 떼어 놓아 땅바닥과 진흙탕으로 내동댕이쳤다."

욕망이 채워지지 않은 여자가 애인을 다리 사이에 잡고 놓지 않자 남자는 자기도 모르게 욕망이 되살아나는 것을 느낀다. 그때 그에게 여자는 자기의 정력을 빼앗아 가는 적대적인 힘처럼 보였고, 그는 여자를 재차 자기 것으로 만들면서 여자의 목을 세게 깨물어 여자를 죽음에 이르게 한다. 이처럼 어머니에서 애인에게로, 그리고 죽음으로 가는 복잡한 굴곡을 통해서 순환의 고리가 채워진다.

여기서 남자가 육체의 드라마의 어떤 면을 강조하느냐에 따라서 남자의 태도는 다양해진다. 만일 남자가 생명은 유일하다는 생각이 없고, 자기의 개별적인 운명에 대해 염려하지 않으며, 죽음을 무서워하지 않는다면, 자기의 동물성을 유쾌하게 받아들일 것이다. 회교도들의 경우, 가족의 의지에 반해 **국가**에 청원하는 것을 허용하지 않는 사회의 봉건적인 구조 때문에, 그리고 그 문명의 호전적인 이상을 표현하면서 남자를 곧바로 **죽음**에 바치고 여자에게서 그 마력을 박탈해 버린 종교 때문에, 여자는 비천한 상태에 놓인다. 마호메트교의 천국의 향락적인 요란한 연회에 언제라도 뛰어들 준비가 되어 있는 자가 지상에서 무엇이 두려울 것인가? 그러므로 남자는 자기 자신에 대해서도 여성에 대해서도 경계할 필요없이 태평하게 여자를 즐길 수 있다. 『천일야화』의 이야기는 여자를 과실과 잼, 풍성한 케이크와 향유와 똑같이 부드러운 진미의 원천으로 여기고 있다. 오늘날에도 지중해 연안의 많은 민족에게서 이러한 관능적인 호의를 발견할 수 있다. 순간에 만족하고 불멸을 주장하지 않음으로써 하늘과 바다의 빛을 통해 그 상서로운 모습으로 **자연**을 파악하는 프랑스 남부의 남자는 여자를 탐욕스럽게 사랑할 것이다. 전통적으로 남부의 남자는 여자들을 경멸해 인격적으로 대하지 않는다. 즉, 그는 여자들과의 육체적 즐거움과, 모래와 물의 즐거움 사이에 큰 차이를 두지 않는다. 남자는 여자들에게서나 그 자신에게서도 육체에 대한 혐오감을 느끼지 않는다. 『시칠리아에서의 대화』에서 비토리니는 일곱 살에 여자의 나체를 발견했다고 경탄조로 담담하게 말하고 있다. 그리스와 로마의 합리적인 사상은 이런 본능적인 태도를 확인해 준다. 그리스인의 낙천주의 철학은 피타고라스학파의 선·악 이원론을 추월했다. 열등한 자가 우월한 자에 종속되며, 열등한 자는 그와 같이 유익하다. 이러한 조화로운 이념은 육체에 대해서 아무런 적대감도 드러내지 않는다. **이데아**의 하늘이나 **도시**나 **국가**로 눈을 돌리고, 자기를 **노우즈**Νοῦς[54] 또는 시민으로 생각하는 개인은 자기의 동물적 조건을 극복했다고 믿는다. 그러므로 남자가 관능적 쾌락에 빠지든 금욕주의를 실천하든 남성 사회에 확고하게 통합된 여자는 부차적 중요성밖에 갖지 못한다. 물론 합리주의는 결코 완전히 승리한 것이 아니며, 에로틱한 경험은 이 문명들 안에서 양면적인 성격을 지닌다. 의식儀式, 신화, 문학이 이를 증명하고 있다. 그러나 여성성의 매력과 위험은 거기서 완화된 형태로만 나타날 뿐이다. 여자에게 다시 무시무시한 마력을 입힌 것은 기독교다.

---

54 * 그리스어로 '마음' 또는 '이성'을 의미한다.

즉, 남자에게 다른 성에 대한 공포는 불행한 의식의 고통이 갖는 한 형태다. 기독교도는 자기 자신으로부터 분리되어 있다. 육체와 영혼, 생명과 정신의 구분이 완성된다. 즉, 원죄가 육체를 영혼의 적으로 만들고 있다. 육체적 집착은 모두 악惡으로 보인다.[55] 인간은 그리스도에 의하여 속죄되고 천국에 인도됨으로써 구원받을 수 있다. 그러나 인간은 근원적으로 타락에 불과하다. 그 탄생은 인간을 죽음뿐만 아니라 영벌永罰[56]에 처하게 한다. 신의 은총에 의해서 그에게 하늘이 열릴 수 있으나 인간의 자연적 존재의 모든 화신 속에는 저주가 따라다닌다. 악은 절대적 현실이다. 그리고 육체는 죄악이다. 그런데 여자는 **타자**이기를 절대 멈추지 않기 때문에 남자와 여자가 상호 모두 육체라는 사실이 당연히 고려되지 않는다. 즉, 기독교도에게서 적대적 **타자**인 육체는 여자와 구분되지 않는다. 여자 속에 지상과 성性과 악마의 유혹이 구현되고 있다. 가톨릭교회의 모든 교부는 여자가 아담을 원죄로 이끌었다는 사실을 강조한다. 테르툴리아누스의 말을 다시 인용할 필요가 있다. "여자여! 그대는 악마의 문이로다. 그대는 악마가 감히 정면으로 공격하지 못했던 남자를 설득하였도다. 하느님의 아들이 죽어야만 했던 것은 그대 때문이로다. 그대는 상복과 누더기를 걸치고 영원히 물러나야 마땅하도다." 모든 기독교 문학은 남자가 여자에 대해 느낄 수 있는 혐오감을 고조시키려 애쓴다. 테르툴리아누스는 여자를 "하수구 위에 세워진 전당"이라고 정의했다. 성 아우구스티누스는 "우리는 오줌과 똥의 중간에서 태어난다"라며 혐오감을 가지고 성기와 배설기가 섞여 있다고 강조한다. 여자의 육체에 대한 기독교의 혐오는 기독교의 신을 굴욕적인 죽음에 바치는 것에 동의해도 출생의 더러움에서 모면시키려 할 정도다. 즉, 동방교회에서는 에페수스 종교회의가, 서방에서는 라테란 종교회의가 그리스도의 처녀 분만을 주장하고 있다. 교회의 초기 교부들 ─ 오리게네스, 테르툴리아누스, 히에로니무스 ─ 은 마리아가 다른 여자들과 마찬가지로 피와 불결함 속에서 출산했다고 생각했다. 그러나 성 암브로시우스와 성 아우구스티누스의 의견이 우세했다. 동정녀의 태胎는 닫힌 채로 있게 되었다. 중세 이래로 육체를 가지고 있다는 사실은 여자에게서 치욕으로 여겨졌다. 오랫동

---

55 17세기 말까지 신학자들은 ─ 성 안셀무스를 제외하고는 ─ 성 아우구스티누스의 교리에 따라서 원죄는 생식법칙 자체에 내포되어 있다고 간주했다. "음욕은 악덕이다. (…) 그것에 의해 생겨나는 인간의 육체는 원죄의 육체다"라고 성 아우구스티누스는 쓰고 있다. 또한, 성 토마스는 "양성의 결합은 원죄 이래 음욕을 수반한 것이므로 원죄를 자식에게 물려준다"라고 쓰고 있다.

56 *지옥에서 받는 영원한 벌

안 과학조차 이 혐오로 인해 마비되어 있었다. 린네Carl von Linné(1707~1778)[57]는 **자연**에 대한 자신의 논문에서 여자의 생식기에 관한 연구를 '끔찍스러운' 것이라 여기고 포기해 버렸다. 프랑스의 의사인 데 로랑은 "이성과 분별력이 충만한 남자라 불리는 이 신성한 동물이 어떻게 점액으로 더러워진 채 몸체의 맨 아랫부분에 수치스럽게 자리 잡은 여자의 치부에 이끌릴 수 있는가"라고 소란을 떨며 자문하고 있다. 오늘날에는 기독교 사상의 영향과 더불어 많은 다른 영향이 경합하고 있다. 그리고 기독교 사상조차도 하나의 양상만을 가지고 있지 않다. 그러나 무엇보다도 청교도 세계에서는 육체에 대한 증오가 여전히 남아 있다. 예를 들어 그 증오가 포크너William Faulkner(1897~1962)[58]의 『8월의 빛Light in August』에 잘 표현되어 있다. 주인공의 첫 성적 입문은 그의 내부에 끔찍한 정신적 외상을 일으킨다. 처음 성교한 후에 구토할 정도로 강한 충격을 받은 젊은이를 모든 문학에서 빈번하게 볼 수 있다. 그리고 그와 같은 반응이 실제로는 극히 드물지만 문학에서 그렇게 자주 묘사되는 것은 우연이 아니다. 특히 청교도주의에 젖어 있는 앵글로색슨계 나라에서 여자는 청소년 대부분과 많은 성인 남자에게 많든 적든 간에 명백한 공포를 불러일으키고 있다. 이런 공포는 프랑스에도 상당히 강하게 존재하고 있다. 미셸 레리스Michel Leiris(1901~1990년경)[59]는 『성년L'Âge d'homme』에서 이렇게 쓰고 있다. "나는 보통 여자의 성기를 불결한 것으로 혹은 일종의 상처로 보는 경향이 있다. 그렇다고 해서 그것에 대한 매력이 감소하는 것은 아니지만, 피가 흐르고 점액을 분비하며 오염된 모든 것처럼 그 자체가 위험한 것으로 보인다." 성병에 대한 생각이 이런 격렬한 공포를 표현하고 있다. 병에 걸리게 하므로 여자가 두려운 것이 아니라, 병이 여자에게서 오기 때문에 끔찍스럽게 보인다는 것이다. 지나치게 잦은 성교만으로도 임질에 걸릴 수 있다고 상상하는 젊은이들이 있다고 누군가가 내게 이야기해 주었다. 성교로 인해 남자가 근력과 두뇌의 명석함을 상실하고, 몸의 인燐이 소비되며 감각이 둔해진다고 쉽게 믿기도 한다. 자위도 그와 같은 위험이 따른다고 믿는 것이 사실이다. 그리고 도덕적인 이유에서 사회가 자위를 정상적인 성 기능보다 더 해로운 것처럼 간주하기까지 한다. 합법적인 결혼과 생식의 의지는 에로티시즘의 주술에 대해서 방어를 한다. 그러

---

57 *프랑스의 민족학자, 작가
58 *미국의 소설가
59 *프랑스의 인도유럽어족 학자, 비교신화학자

나 이미 말한 바와 같이 모든 성행위에는 *타자*가 내포되어 있다. 그런데 가장 일상적인 타자의 얼굴은 여자의 얼굴이다. 남자는 여자 앞에서 자신의 육체의 수동성을 가장 명백하게 느낀다. 여자는 흡혈귀요, 식충이요, 술꾼이다. 여자의 성기는 게걸스럽게 남자의 성기를 먹는다. 어떤 정신분석학자들은 이런 상상에 과학적 근거를 부여하고자 했다. 즉, 성교에서 여자가 끌어내는 모든 쾌락은 상징적으로 남자를 거세하고, 남자의 성기를 자기 것으로 만드는 데서 올 거라는 것이다. 그러나 이런 이론은 그 자체가 정신분석을 요구하고, 그 이론들을 만들어 낸 의사들이 거기에 선조들의 공포심을 투사한 것처럼 보인다.[60]

이런 공포심의 원천은 *타자* 속에 아무리 그것을 병합해도 타성他姓이 남는다는 데 있다. 가부장제 사회에서는 원시사회에서 불안감을 주던 많은 위력을 여자가 간직하고 있었다. 그러므로 여자를 결코 **자연**에 버려두지 않고 금기로 둘러싸며, 의식儀式에 의해서 정화하고 사제들의 통제하에 두었다. 남자에게는 결코 본래의 모습 그대로의 여자에게 다가가지 말고, 의식이나 성례聖禮를 통해서 접근하라고 가르쳤다. 이런 의식이나 성례는 여자를 지상과 육체에서 끌어내어 인간 피조물로 변신시킨다. 그러면 여자가 쥐고 있는 마법은 피뢰침과 발전소의 발명 이래 벼락이 유도된 것처럼 이끌어졌고, 집단의 이익을 위해 사용하는 것이 가능해지기까지 했다. 즉, 남자와 그의 여자와의 관계를 정의하는 진자운동의 다른 국면을 여기서 볼 수 있다. 남자는 여자가 자기 것이라는 전제하에서 사랑하고, 타자로 머물러 있는 한 여자를 두려워한다. 그러나 남자는 여자가 가공할 타자인 한에서 여자를 더욱더 열렬하게 자기 것으로 만들려 애쓴다. 바로 이것이 여자를 인간의 존엄에까지 끌어올리고 자신의 동류로 인정하도록 남자를 이끈 것이다.

여자의 마법은 가부장 가정에서 심히 길들여졌다. 여자는 사회 속에 우주의 힘을 통합하도록 한다. 뒤메질은 저서 『미트라-바루나*Mitra-Varuna*』에서 로마와 마찬가지로 인도에서도 남성의 권력을 확립하는 두 가지 방식이 있다는 것을 지적한다. 즉, 바루나Varuna[61]와 로물루스Romulus,[62] 간다르바Gandharvas[63]와 루페르키

---

60 사마귀 암컷 신화가 아무런 생물학적 토대를 갖지 않는다는 것을 우리는 앞서 증명했다.

61 *고대 인도 신화에 나오는 물의 신, 밤의 신. 인류와 우주의 질서를 관장하는 신으로서 인격화되기도 했다.

62 *전설상 로마 건국의 시조

63 *고대 인도의 신, 별자리를 관장하며, 천상의 신들을 위해 음악을 연주한다.

Luperque[64]는 습격, 유괴, 무질서, 광란으로 지배했다. 그때 여자는 강탈당하고 능욕당해야만 하는 존재처럼 보였다. 강탈당한 사비니Sabini의 여자들이 불임으로 드러나자 로마인들은 염소 가죽 끈으로 그녀들을 때렸다. 지나친 폭력을 폭력으로 벌충한 것이다. 반대로 미트라Mitra,[65] 누마Numa,[66] 브라만Brahmane,[67] 플라민Flamine[68]은 도시의 질서와 합리적인 균형을 보장했다. 그때 여자는 복잡한 의식의 결혼으로 남편과 맺어지고, 남편과 협력하면서 자연의 모든 여자의 힘을 남편이 지배하도록 보장해 주었다. 로마에서는 사제의 처가 죽으면 사제는 사직했다. 이집트에서도 이시스Isis는 모신母神의 최고 권력을 상실한 뒤에도 관대하고 상냥하며 친절하고 현명하게 오시리스Osiris의 매우 훌륭한 아내로 남아 있었다. 그러나 여자가 이처럼 남자의 협력자이자 보완자 그리고 그의 반쪽으로 보일 때, 여자에게는 필연적으로 의식과 영혼이 주어진다. 남자는 인간의 본질에 관여하지 않는 사람에게 그토록 내면 깊숙이 의지하지 못할 것이다. 앞에서 이미 보았듯이 마누법전은 합법적인 아내에게 남편과 같은 낙원을 약속한다. 남자가 개별화되어 개성을 주장하면 할수록 더욱더 그는 반려자에게서도 개인과 자유를 인정하게 될 것이다. 자신의 운명에 대해 무관심한 동양 남자는 향락의 대상인 한 여자에게 만족한다. 그러나 서양 남자는 자기 존재의 개별성에 대해 자각할 정도까지 되면, 다른 순종적인 자유로운 인간에 의해 인정받는 꿈을 꾼다. 그리스 남자는 규방의 포로인 여자에게서 자기가 요구하는 동류의 인간을 발견하지 못한다. 그래서 자기의 사랑을 자신의 육체와 마찬가지로 의식과 자유가 깃들어 있는 남자 동료들에게로 향하거나 혹은 독립성과 교양과 정신이 거의 동등한 헤타이라들에게 바치기도 한다. 그러나 상황이 허락할 때, 남자의 요구를 가장 잘 만족시킬 수 있는 자는 아내다. 로마 시민은 기혼 여성에게서 하나의 인격을 보았다. 그는 코르넬리아와 아리아Arria에 자기의 분신을 소유하고 있었다. 어떤 면에서 남녀의 평등을 선언하게 된 것은 역설적으로 기독교 때문이었다. 기독교는 여자의 육체를 아주 싫어했다. 만일 여자가 육체로서의 자신을 부정한다면 여자는 남자와 같

---

64 * 고대 로마의 풍요의 신 루페르쿠스를 숭배하는 축제. 루페르칼리아를 주관하던 사제들이다.
65 * 고대 인도 신화의 주신. 태양신이자 우주 지배자, 법질서 유지자
66 * 로물루스를 계승한 로마 왕정의 2대왕. 로마의 여러 종교의식과 조직을 창설했다.
67 * 힌두교 카스트의 최상위 계급인 성직자, 학자 계급
68 * 고대 로마의 사제

은 자격으로 **구세주**인 신에게 속죄받는 신의 피조물이 된다. 즉, 여자는 남자들과 나란히 천상의 환희가 약속된 영혼들 가운데 자리 잡는 것이다. 남자와 여자는 모두 신의 종이 되고, 천사와 같이 거의 무성적無性的이게 되며, 신의 은총을 받아 함께 지상의 유혹을 물리친다. 만일 여자가 원죄를 구현한다는 사실 때문에 자기의 동물성을 부인한다면, 원죄를 이겨낸 선택된 자 중에서도 가장 빛나는 승리의 화신이 될 것이다.[69] 물론 인간의 속죄를 구하는 신의 **구세주**는 남자다. 그러나 인류는 자신의 구원을 위해 서로 협력하지 않으면 안 되고, 가장 비천하고 타락한 모습으로 순종적 선의를 표명할 운명에 처해 있다. 그리스도는 신이다. 그러나 모든 인간 피조물을 다스리는 것은 여자, 즉 **동정녀 어머니**다. 여자 속에서 위대한 여신의 옛 특권을 부활시키는 것은 사회 바깥에서 전개되고 있는 여러 종파뿐이다. 가톨릭교회는 여자가 남자에게 병합된 상태를 적당하다고 보는 가부장제 문명을 표현하고 또 섬기고 있다. 여자는 남자의 순종적인 하녀가 됨으로써 축복받은 성녀가 되기도 한다. 이처럼 중세 한복판에서 남자에게 유리한 여자의 가장 완성된 상像이 세워졌다. 즉, 그리스도의 **어머니** 얼굴이 영광으로 둘러싸인 것이다. 그녀는 죄를 지은 이브의 전도된 모습이다. 그녀는 자기 발로 뱀을 짓밟는다. 이브가 영벌의 중개자였던 것처럼, 그녀는 구원의 중개자다.

여자가 두려움의 대상이 되어 왔던 것은 **어머니**로서다. 그러므로 모성 속에서 여자를 변모시키고 예속시켜야만 한다. 마리아의 처녀성은 무엇보다도 부정적인 가치를 가지고 있다. 즉, 자신에 의해 육체가 속죄된 여자는 육체적이 아니라는 것이다. 그녀는 만져진 일도 소유된 적도 없었다. 아시아의 **대모신**에도 남편은 인정되지 않았다. 그녀는 세계를 낳아 홀로 그 세계에 군림하고 있었다는 것이다. 그녀는 변덕 때문에 음탕할 수 있었으나, 그녀 안에 있는 **어머니의** 위대함은 아내에게 과해진 예속 때문에 감소하지 않았다. 이처럼 마리아는 섹슈얼리티가 내포하는 더러움을 알지 못했다. 여전사인 미네르바Minerva[70]와 같은 부류에 속하는 마리아는 상아탑이고 성채이며, 난공불락의 성탑이다. 대부분의 기독교의 성녀들처럼 고대의 여사제들 또한 처녀였다. 선善에 바쳐진 여자들은 그 순결무구한 힘의 광채 속에서 선善에 바쳐져야만 하는 것이다. 그녀는 누구에게도 정복되지 않은 완

---

69 예를 들어, 클로델Paul Claudel의 작품에서 여자가 차지하는 특권적 지위는 여기서 오는 것이다. 본서 제1권 제3부 1장 참조

70 *로마 신화에 나오는 지혜의 여신. 그리스 신화에서는 아테네에 해당한다.

벽함 속에서 여성성의 요소를 간직하고 있어야만 한다. 마리아에게 아내의 성격을 거부했다면, 그것은 그녀에게서 **어머니-여자**를 더욱더 순수하게 찬양하기 위해서다. 그러나 자기에게 할당된 종속적 역할을 수락함으로써만 그녀는 찬미될 것이다. "나는 주님의 종이로소이다." 인류 역사상 처음으로 어머니가 자기 아들 앞에서 무릎을 꿇는다. 그녀는 자기의 열등함을 자유롭게 인정한다. 이것이 바로 마리아 숭배에서 성취된 남성의 최고 승리다. 마리아 숭배는 완전 패배에 의한 여자의 명예 회복이다. 이슈타르, 아스타르테, 키벨레는 잔인하고 변덕스럽고 음탕했다. 이 고대의 여신들은 막강했다. 삶과 죽음의 원천인 그녀들은 남자들을 낳아서 노예로 삼았다. 기독교에서 삶과 죽음은 오직 신에게 달려 있으므로 어머니의 태내에서 나온 남자는 영원히 거기서 벗어났고, 대지는 남자의 뼈만을 기다릴 뿐이다. 남자 영혼의 운명은 어머니의 권력이 소멸한 영역에서 전개된다. 세례 성사는 태반을 태우거나 물속에 잠기게 하는 의식을 하찮은 것으로 만든다. 지상에는 더 이상 마법을 위한 자리가 없다. 신이 유일한 왕이다. 자연은 본래 악한 것이나 신의 은총 앞에서 무력하다. 자연현상으로서의 모성도 아무런 힘을 주지 못한다. 여자가 타고난 오점을 극복하고자 한다면 신 앞에 몸을 굽히는 일밖에 없다. 신의 의지는 여자를 남자에게 예속시키는 것이다. 그리고 이러한 복종으로 여자는 남성 신화에서 새로운 역할을 맡을 수 있다. 여자가 지배자가 되고자 할 때 그리고 명확하게 권력을 양위하지 않는 한 여자는 공격당하고 짓밟히지만, 가신으로서는 공경받을 수 있을 것이다. 여자는 자기의 원시적 특질을 아무것도 잃지 않는다. 그러나 특질의 징후는 변한다. 불길한 것은 길한 것이 된다. 나쁜 마력은 좋은 마력으로 변한다. 하녀로서의 여자는 가장 빛나는 극도의 예찬과 영예를 차지할 권리를 갖는다.

그리고 여자가 예속되었던 것은 **어머니**로서이기 때문에, 사랑받고 존경받는 것도 우선 어머니로서다. 오늘날의 남자는 모성의 오래된 두 얼굴 가운데 미소 짓는 얼굴 외에는 보고 싶어 하지 않는다. 시공간에서 제한받으며 하나의 육체와 유한한 생명밖에 소유하지 못한 남자는 낯선 **자연**과 **역사**의 한가운데에 있는 한 개체에 불과하다. 여자는 남자처럼 제한되고 정신이 깃들어 있으므로 남자와 유사하지만, **자연**에 속하며 **생명**의 무한한 흐름이 여자를 통과한다. 그러므로 여자는 개체와 우주 사이의 중개자처럼 보인다. 어머니의 모습이 안심되고 성스러워졌을 때, 남자가 애정을 가지고 그녀에게로 향하는 것은 이해된다. 자연에서 길을 잃고 헤매는 남자는 거기에서 도망치려 애쓰지만, 실제로 자연에서 떨어져 나오면 그곳으로 되돌아가길 열망한다. 가정과 사회에 확고하게 자리 잡고 법과 풍습과 조화를 이루는 어머니는 선善의 화신이다. 그런즉슨, 여자가 속해 있는 자연도 선하게 된다. 자연은 더 이상 정신의 적이 아니다. 그리고 만일 자연이 신비스러운 채 있다면 그것은 레오나르도 다 빈치가 그린 성모 마리아의 신비처럼 미소 짓는 신비다. 남자는 여자가 되길 원하지 않지만 존재하는 모든 것을, 자기가 아닌 여자도 자기 속에 포함시키기를 꿈꾼다. 남자는 어머니에게 바치는 숭배에서 그녀가 가진 낯선 풍요를 자기 것으로 만들려고 시도한다. 어머니의 아들임을 인정하는 것은 자기 안에 어머니를 인정하는 것이며, 어머니가 대지와 생명과 과거와의 연결인 범위 내에서 여성성을 통합하는 것이다. 비토리니의 『시칠리아에서의 대화』에서 주인공이 어머니의 곁에서 찾으려는 것이 바로 그것이다. 즉, 고향 땅, 그 냄새와 과실, 유년 시절, 조상에 대한 기억, 전통, 자기의 개별적 존재가 떨어져 나온 뿌리 말이다. 남자의 내부에서 초월의 긍지를 드높이는 것은 바로 이 뿌리박고 있다는 사실이다. 남자는 모험과 미래를 향해, 또한 참전하러 떠나기 위해 어머니의 팔을 뿌리치는 자기를 감탄의 눈으로 바라보는 것을 즐긴다. 그를 만류하려는 사람이 아무도 없다면 이런 출발은 덜 감동적일 것이다. 그렇게 되면 힘들게 쟁취한 승리가 아니라 예상 못한 일처럼 보이게 될 테니까 말이다. 그리고 어머니의 두 팔이 자기를 언제나 맞아줄 준비가 되어 있다는 것을 알고는 흐뭇해한다. 영웅은 행동의 긴장 뒤에 다시 어머니 곁에서 내재의 휴식을 맛보는 것을 좋아한다. 어머니는 피신처이며 수면이다. 남자는 자신을 어루만지는 어머니의 두 손에 의해 다시 자연의 품속에 잠겨, 자궁이나 무덤 속에서처럼 평온하게 생명의 큰 흐름에 몸을 맡긴다. 그리고 어머니를 부르면서 죽는 것이 전통인데, 이는 어머니의 시선 아래서는 죽음까지도 길들고, 죽음은 출생과 대칭을 이루며 모든 육체적 삶과 불가분의 관계에 있기 때문이다. 어머니는 지금도 고대 신화의 파르카 여신들[71]처럼 죽음과 연결되어 있다. 사자死者를 매장하고 애도하는 것은 어머니에게 속한 일이지만, 어머니의 역할은 바로 죽음을 삶과 사회와 선善에 통합하는 것이다. 그래서 '영웅적 어머니들'에 대한 숭배가 조직적으로 장려되고 있다. 즉, 사회가 어머니에게서 자기 아들을 죽음에 양보하도록 하는 허가를 받아내면, 사회는 그 아들을 살해할 권리가 있다. 어머니가 아들에 대해 갖는 힘 때문에 사회는 어머니를 부속시키는 것이 유리하다. 그 때문에 어머

71 * 로마 신화에서 남자의 생명을 조종한다는 지옥의 세 여신. 그리스 신화의 모에라이 여신들과 동일시된다.

는 수많은 존경의 표시로 둘러싸이고, 온갖 덕목이 어머니에게 부여되며, 어머니에 관한 하나의 종교를 만들어 불경과 모독의 죄명으로 이탈을 금지하고 있다. 또한, 어머니를 도덕의 수호자로 만든다. 남자의 하녀, 권력의 시종인 어머니는 아이들을 규정된 길로 조용히 인도할 것이다. 한 집단이 단호하게 낙관주의적일수록 그 집단은 이런 온화한 권위를 더욱더 온순하게 받아들일 것이고, 어머니는 집단 속에서 더욱더 변형될 것이다. 미국의 '맘Mom'은 필립 와일리Philip Wylie(1902~1971)[72]가 『독사의 세대』에서 묘사하는 우상이 되었는데, 그 이유는 미국의 공식적인 이데올로기가 가장 고집스러운 낙관주의이기 때문이다. 어머니를 찬양한다는 것은 출생과 삶과 죽음을 동물적인 동시에 사회적인 형태 아래 받아들인다는 것이고, 자연과 사회의 조화를 선포하는 것이다. 오귀스트 콩트가 여자를 미래 **인류**의 신으로 만든 것도 이런 종합의 실현을 꿈꾸었기 때문이다. 그러나 그 때문에 모든 반항자가 어머니의 상像에 대해 심한 증오심을 품기도 한다. 그들은 어머니의 상을 우롱함으로써 풍습과 법의 수호자를 통해서 사회가 강요하려는 조건을 거부한다.[73]

---

72 *SF, 미스터리, 생태, 사회비평 등 다양한 작품을 쓴 미국의 작가

73 여기서 미셸 레리스의 「어머니La Mère」란 제목의 시 전체를 인용해야만 할 것이다. 아래의 것은 그중 특징적인 몇 구절을 발췌한 것이다.

> 검정, 연보라, 보라색의 옷을 입은 어머니 - 밤의 사기꾼 - 그녀는 숨겨 놓은 솜씨로 당신을 낳은 마녀, 당신을 어르고 애지중지하다 관 속에 넣는 마녀, 그녀는 말라서 오그라진 그녀의 몸을 공손히 관에 모시는 당신의 손에 - 최후의 장난감을 - 쥐어 주지 않는다. (…)
> 어머니 - 눈먼 조각상, 불가침의 성소 중앙에 세워진 운명 - 그녀는 당신을 애무하는 자연, 당신에게 향을 뿌리는 바람, 당신들을 모두 함께 꿰뚫어 수많은 나선螺旋 위에 올려 하늘로 보내어 썩히는 세상. (…)
> 어머니 - 젊거나 혹은 늙거나, 아름답거나 혹은 추하거나, 인자하거나 혹은 고집이 세거나 - 그녀는 추하고 우스꽝스러운 옷차림을 한 사람, 질투하는 여자 괴물, 타락한 전형 - **관념**(장식 없는 대문자 삼각대 위에 앉아 있는 퇴색한 뮤네)이 발랄하고 경쾌하고 다채로운 생각의 서투른 흉내에 불과하다면. (…)
> 어머니 - 그 둥글거나 혹은 말라빠진 엉덩이, 흔들거리거나 혹은 단단한 유방 - 그것은 처음부터 어떤 여자에게나 약속된 퇴락, 월경의 파도 아래 반짝이는 바위의 점진적인 부스러짐, 화려하고 아름다운 짐을 실은 대상隊商의 - 해묵은 사막의 모래 속에 - 느린 파묻힘.
> 어머니 - 기회를 엿보는 죽음의 천사, 포옹하는 우주의 천사, 시간의 파도가 내던진 사랑의 천사 - 그녀는 깊은 수반 속에 던져야 할 기상천외한 줄무늬의 조개껍데기, 잊힌 바다에 동그라미를 그리는 조개껍데기.
> 어머니 - 모든 것과 우리 자신을 영원히 애도하는 어두컴컴한 물웅덩이 - 그녀는 그 커다란 짐승 같은 그림자를 거품 하나하나 부풀리면서(살과 젖의 수치) 무지갯빛으로 반짝이며 지나치게 부풀어 오르는 김이 나는 악취, 언젠가는 벼락이 찢어놓고야 말 팽팽한 너울. (…)

....

> 우리를 낳았다는 이 범죄를 용서받기 위해서 수 세기 후 언젠가는 이 순진한 갈보들 가운데 한 명의 머리에 맨발로 다리를 질질 끌며 걷겠다는 생각이 떠오르지 않을까?

어머니를 후광으로 장식하는 존경과 그녀를 둘러싸는 금기는 어머니가 불러일으키는 육체적인 애정에 저절로 섞이는 적의 가득한 혐오감을 밀어낸다. 하지만 잠재적인 형태의 모성에 대한 증오는 남아 있다. 특히 프랑스에서 중세 이후로 이러한 혐오감을 자유로이 표현하도록 하는 부차적 신화, 즉 **장모** 신화를 만들어 냈다는 것에 흥미 있게 주목할 만하다. 우화시부터 가벼운 희극에 이르기까지 남자는 어떤 금기도 보호하지 않는 아내의 어머니를 통해서 모성 일반을 조롱한다. 남자는 사랑하는 여자가 어머니의 태내에서 생겨났다는 것을 증오한다. 즉, 장모는 딸을 낳음으로써 딸에게도 그렇게 운명 짓는 노쇠의 명백한 모습이며, 장모의 비만과 주름은 젊은 신부에게 약속된 모습을 예고하는 것이다. 이처럼 젊은 신부의 미래는 슬프게 예시된다. 어머니 곁에서 그녀는 더는 한 개인이 아니라 종種의 한때처럼 보이는 것이다. 그녀는 더는 탐나는 먹이도, 사랑하는 반려자도 아니다. 왜냐하면 그녀의 개별적 실존은 보편적인 생명 속에 녹아 들어가기 때문이다. 그녀의 독자성은 일반성에 의해, 정신의 자주성은 그녀가 과거와 육체에 뿌리박고 있다는 사실에 의해서 조롱하듯이 부인된다. 남자는 우스꽝스러운 한 인물에 이런 비웃음을 객관화한다. 그러나 남자의 웃음 속에 그토록 원한이 사무쳐 있는 것은, 아내의 운명이 모든 인간의 운명, 즉 자기의 운명이라는 것을 남자도 잘 알고 있기 때문이다. 또한, 모든 나라의 전설과 이야기는 후처 속에 모성의 잔인한 면을 구현하고 있다. 백설 공주를 죽여 없애려던 자는 계모다. 악한 계모 속에는 – 세귀르 부인Comtesse de Ségur(1799~1874)[74]의 여러 책에 나오는 주인공 소피를 매질하는 피시니 부인 – 두개골이나 사람의 머리를 꿴 목걸이를 한 고대의 칼리 여신이 살아 있다.

하지만 신성시되는 **어머니**의 뒤에는 식물의 즙과 천체의 광선을 남자에게 봉사하는 하얀 마녀의 무리가 밀려든다. 할머니들, 눈에 호의가 가득 찬 노파들, 선량한 하녀들, 자선을 베푸는 수녀들, 놀라운 솜씨의 간호사들, 시인 베를렌Paul Verlaine(1844~1896)[75]이 꿈꾸는 그런 애인.

상냥하고 생각이 깊은 갈색 머리의 전혀 놀라는 일이 없는,
그리고 아이처럼 당신 이마에 때때로 키스해 주는 그런 여자.

---

74 * 러시아에서 태어난 프랑스의 대표 동화작가. '소피 시리즈'가 많은 사랑을 받았다.
75 * 프랑스의 서정적인 상징파 시인

그녀들은 마디가 많은 포도나무와 시원한 물의 청명한 신비를 간직하고 있다고 생각된다. 그녀들은 붕대를 감고 치료도 한다. 그녀들의 지혜는 생명의 고요한 지혜이며, 그녀들은 말없이 이해한다. 그녀들 가까이에서 남자는 모든 오만을 망각하고, 자기를 놔 버리고 아이로 돌아가는 감미로움을 맛본다. 그와 그녀들 사이에 어떤 세력 다툼도 없기 때문이다. 남자는 자연에 그 비인간적인 힘을 시기할 수 없을 것이다. 남자를 헌신적으로 돌보는 현명한 전문가는 자기를 남자의 하녀로서 인정한다. 남자는 자신이 그녀들의 주인으로 남아 있다는 것을 알기 때문에 효험 있는 그녀들의 힘에 순종한다. 누이들, 유년기의 여자 친구들, 청순한 소녀들, 모든 미래의 어머니들이 이 축복받은 무리에 속해 있다. 그리고 아내까지도 에로틱한 마력이 사라지면 많은 남자에게 애인보다는 자식들의 어머니로 보인다. 어머니가 신성화되고 예속된 그날부터 역시 신성화되고 굴종된 아내에게서 두려움 없이 어머니를 재발견할 수 있다. 어머니에 대해 속죄하는 것은 육체에 대해 속죄하는 것이며, 그러므로 육체의 결합과 아내에 대해 속죄하는 것이다.

결혼의식에 의해 그 마법의 무기를 빼앗기고, 경제적·사회적으로 남편에게 종속된 '착한 아내'는 남편에게 가장 귀중한 보배다. 아내는 남편에게 완전히 속해 있으므로 남편과 같은 본질을 나누어 갖는다. "그대는 가이우스이며 나는 가이아다." 아내는 남편의 성姓을 갖고 남편의 신들을 믿으며, 남편은 아내에 대한 책임을 진다. 남편은 아내를 자기의 반쪽이라 부른다. 남편은 아내를 자기 집, 토지, 가축, 재산과 마찬가지로, 때로 그 이상으로 자랑스럽게 여긴다. 남편은 아내를 통해서 세상 사람들의 눈에 자기 힘을 나타낸다. 즉, 아내는 남편의 능력을 재는 척도이며 지상에서의 남편의 몫이다. 동양인들의 경우 아내는 뚱뚱해야만 한다. 아내가 양식을 넉넉하게 섭취했다는 것을 사람들에게 보이는 것은 남편을 명예롭게 하는 것이다.[76] 회교도는 가능한 한 많은 아내를 소유하고, 그 아내들이 건강해 보일수록 그만큼 더 존경을 받는다. 부르주아 사회에서 아내는 생활 정도를 **나타내는** 역할이 주어진다. 아내의 아름다움, 매력, 지성, 우아함은 자가용의 차체와 마찬가지로 남편의 재산의 외적 표시다. 부유한 남편은 아내를 모피와 보석으로 뒤덮는다. 가난한 남편은 아내의 도덕적 자질과 주부로서의 재능을 자랑할 것이

---

76 본서 248쪽 40번 각주 참조

다. 가장 빈곤한 남편은 자기를 섬기는 여자를 손에 넣었다면 지상에서 무언가를 소유하고 있다고 믿는다. 『말괄량이 길들이기』[77]의 주인공은 자기가 아내를 얼마나 엄하게 길들였는지를 보여 주기 위해 모든 이웃을 불러 모은다. 남자면 누구나 다소간 칸다울레스 왕Candaules[78]을 되살아나게 한다. 즉, 남자는 자기 아내를 사람들에게 드러내 보이면서 자신의 공적을 펼쳐 놓는다고 생각한다.

그러나 여자는 단지 남자의 사회적 허영심만을 부추기는 것이 아니다. 그녀는 남자가 더 내밀한 자부심도 품게 해 준다. 남자는 여자에게 행사하는 지배력에 대해 황홀해 마지않는다. 여자가 인격으로 대우받고 있을 때는 보습 날이 밭이랑을 간다는 자연주의적 이미지에 정신적 상징들이 한층 더 겹쳐진다. 즉, 남편은 단지 성적으로뿐만 아니라 도덕적이고 지적으로 아내를 '형성'한다는 것이다. 그는 아내를 교육하고 아내에게 자기 흔적을 남긴다. 남자는 자기 의지를 사물에 스며들게 하고, 그 형태를 빚어 만들고, 그 실체 속으로 침투하는 몽상에 흡족해한다. 여자는 수동적으로 반죽이 되고 가공되게 놔 두는 더할 나위 없는 '말랑말랑한 반죽'이다. 남자가 만드는 대로 만들어지면서 저항하는 여자는 남자의 행위를 영속하게 한다. 너무 쉽게 뜻대로 되는 재료는 감칠맛이 없어서 못쓴다. 여자의 귀중한 점은, 그녀 안의 무엇인가가 남자의 어떠한 포옹에서도 한없이 빠져나간다는 데 있다. 이처럼 남자는 손아귀에서 벗어날수록 더욱 통제하려는 현실의 지배자다. 여자는 남자가 자기 자신이라고 자랑스럽게 인정하는 미지의 존재를 남자의 내부에서 깨어나게 한다. 부부간의 신중한 향락에서 남자는 동물성의 광휘光輝를 발견한다. 즉, 그는 **수컷**이다. 동시에 여자는 암컷이다. 그러나 이말은 필요할 경우에 가장 기분 좋은 공명을 일으킬 수 있다. 즉, 새끼를 낳아 품고 젖을 주고 핥고 보호하고 자기 생명의 위험을 감수하고서라도 구해 주는 암컷은 인류를 위한 모범이다. 감동한 남자는 반려자에게 이런 인내와 헌신을 요구한다. 가장家長이 가정에 가두려 하는 것 역시 **자연**이다. 그러나 그 자연은 사회와 가족과 가장에 유리한 모든 덕목이 침투된 자연이다. 아이와 남자에게 공통된 욕망 가운데 하나는 사물의 내부에 숨겨져 있는 비밀을 드러내는 것이다. 이런 관점에서 보면 물질은 실망을 준다. 복부가 찢어진 인형, 그 복부가 밖으로 나오면 인형

---

77 * 셰익스피어의 희극

78 * 소아시아에 있었던 고대 리디아 왕국의 왕. 칸다울레스 왕이 아내 로도페 왕비의 아름다운 외모를 확인시켜 주겠다며 그의 경호원 기게스에게 훔쳐 볼 것을 지시했고, 이 사실을 안 왕비가 칸다울레스에게 복수한다.

은 더는 내면성이 없다. 살아 있는 것의 내면성은 더욱 알 수 없다. 여자의 복부는 내재성과 깊이의 상징이다. 그것은 그 비밀을 부분적으로 드러내는데, 특히 여자의 얼굴에 쾌락의 빛이 나타날 때 그렇다. 그러나 복부는 비밀을 그대로 간직하고 있다. 남자는 집에 가만히 앉아서 생명의 알 수 없는 고동을, 그 신비를 파괴하지 않고 교묘히 손에 넣을 수 있다. 인간 세계에서 여자는 동물 암컷의 기능을 조바꿈한다. 즉, 여자는 생명을 유지하고 내재의 영역에서 군림한다. 여자는 자궁의 온기와 내면성을 가정에 옮겨 놓는다. 과거가 내려앉고 미래가 예시된 거처를 보존하고 활기를 돋우는 자는 여자다. 여자는 미래 세대를 낳으며, 이미 태어난 아이들을 양육한다. 남자가 여자 덕분에 세계를 여기저기 뛰어다니며 일과 행동 속에서 소모한 실존은 여자의 내재 속에 다시 잠기면서 집결된다. 즉, 저녁에 집으로 돌아오면 남자는 지상에 닻을 내리는 것이다. 여자에 의해서 일상의 지속성이 보장된다. 남자가 외부세계에서 마주친 우연이 무엇이든 간에 여자는 식사와 수면의 반복을 보장해 준다. 여자는 남자의 활동이 파괴되거나 소모된 모든 것을 회복시켜 준다. 피로한 노동자의 음식을 준비하고, 그가 아프면 간호하고, 의복을 수선하고 세탁해 준다. 그리고 자기가 만들고 영속시키는 부부의 세계 속에 넓디넓은 온 세계를 들여온다. 즉, 여자는 불을 지피고 집을 꽃으로 장식하며, 태양과 물과 흙의 발산물을 길들인다. 베벨이 인용한 어떤 부르주아 작가는 이러한 이상을 다음과 같이 진지하게 요약하고 있다. "남자는 자기를 위해 심장이 고동칠 뿐만 아니라 그 손으로 자기 이마의 땀을 닦아 주고, 평화와 질서와 안정이 넘쳐흐르게 하며, 자기 자신과 자기가 집에 돌아올 때 매일 다시 보는 사물들에 침묵의 권위를 미치는 그런 누군가를 원하고 있다. 남자는 가정생활의 활기와 온기를 주는 여자의 이 표현할 수 없는 향기를 모든 사물에 퍼뜨리는 누군가를 원한다."

여자의 모습은 기독교가 출현한 이래 정신적이게 되었음을 잘 알 수 있다. 남자는 여자를 통해 더 이상 아름다움과 따뜻함 그리고 내밀함과 같은 감각적 특질을 파악하려 하지 않는다. 여자는 사물의 감미로운 외관을 나타내는 대신에 사물의 혼이 된다. 육체적 신비보다 더 깊은 여자의 마음속에는 세계의 진실이 반영된 은밀하고 순수한 것이 있다. 여자는 집과 가족과 가정의 혼이다. 또한 더 넓은 집단, 즉 도시나 지방이나 국가의 혼이다. 칼 융은 도시들이 그 안에 시민들을 품고 있어서 언제나 **어머니**와 동일시되었다는 사실에 주목하게 한다. 그러므로 키벨레는 머리 위에 탑을 이고 있다. 같은 이유로 '어머니 조국'이라는 말을 하고 있다. 그러나 그것은 단지 키워 준 땅일 뿐만 아니라 여자에게서 그 상징을 찾아내는 한결 더 교묘한 현실이다. 구약성서와 요한묵시록에서는 예루살렘과 바빌론이 어머니일 뿐만 아니라 아내이기도 하다. 처녀 도시와 바벨이나 티르Tyr 같은 창부娼婦 도시도 있다. 또한 사람들은 프랑스를 가톨릭교회의 맏딸이라고 부른다. 프랑스와 이탈리아는 라틴족 자매다. 프랑스, 로마, 게르마니아를 상징하는 조각상과 콩코르드 광장에 있는 스트라스부르와 리옹을 나타내는 조각상에는 여자의 기능이 아닌 단지 여자다움이 명시되어 있을 뿐이다. 이러한 동일시는 우의적일 뿐만 아니라 수많은 남자에 의해 감정적으로 실현되고 있다.[79] 여행객이 방문하는 나라의 열쇠를 여자에게 요구하는 것은 흔한 일이다. 즉, 그는 이탈리아 여자나 스페인 여자를 자기 품에 안으면 이탈리아와 스페인의 달콤한 본질을 손에 넣은 듯한 느낌을 얻는 것이다. "새로운 도시에 도착하면, 나는 언제나 사창가부터 간다"라고 어떤 기자가 말하곤 했다. 계피향의 코코아 한 잔이 지드A. Gide(1869~1951)에게 스페인 전체를 발견할 수 있게 했다니, 하물며 이국 여성의 키스라면 그 나라의 식물·동물·전통·문화와 함께 한 나라를 넘겨주지 않았겠는가. 여자는 그 나라의 정치제도도 경제적 부도 요약해 알려주지 않으나, 그 육체적 정수와 신비적 마나를 동시에 구현하고 있다. 라마르틴Alphonse de Lamartine(1790~1869)[80]의 『그라지엘라』부터 로티Pierre Loti(1850~1923)[81]의 소설과 모랑Paul Morand(1888~1976)[82]의 단편소설에 이르기까지 이방인은 여자들을 통해서 한 지역의 혼을 자기 것으로 만들려고 시도한 것을 알 수 있다. 미뇽과 실비,[83] 미레유,[84] 콜롱바와 카르멘[85]은 각각 이탈리아, 발루아, 프로방스, 코르시카, 안달루

---

79 클로델이 최근에 발표한 수치스러운 시에서는 그 동일시가 우의적이다. 거기서 그는 인도차이나를 '황색의 여인'이라고 부르고 있다. 이와 반대로 흑인 시인의 시에서는 그 동일시가 감정적이다.

> 조상이 잠들어 있는 검은 나라의 혼은
> 살며, 말한다
> 오늘 저녁
> 그대의 가는 허리를 불안하게 더듬는 힘이 되어.

80 * 프랑스의 낭만파 시인, 정치가
81 * 프랑스 소설가. 해군 장교로 세계 각지를 순회하여 이국 정서가 담긴 글을 발표했다.
82 * 제1차 세계 대전 이후의 혼란과 퇴폐를 그린 선정적 필치로 유명한 프랑스 소설가
83 * 제라르 드 네르발의 소설 속 여주인공들
84 * 프리데리크 미스트랄의 서사시 속 주인공
85 * 프로스페르 메리메의 소설 속 주인공들

시아의 가장 내밀한 진실을 드러내 주고 있다. 괴테가 알자스 지방의 여자 프레데리크로부터 사랑받았다는 사실은 독일인들에게 독일 병합의 상징처럼 보인다. 반대로 콜레트 보도슈[86]가 독일인과의 결혼을 거부할 때, 작가 바레스Maurice Barrès(1862~1923)[87]의 눈에 그녀는 독일을 거부하는 알자스 지방이었다. 또한 베레니스[88]라는 작은 인물은 에그모르트 마을과 세련되고 섬세한 문명 전체를 상징하고, 작가의 감수성을 대변한다. 왜냐하면 남자는 자연과 도시와 우주의 혼魂인 여자 속에서 자기의 신비한 분신을 인정하기 때문이다. 남자의 혼, 그것은 프시케psyche[89]이며, 한 여자다.

에드거 포Edgar Allan Poe(1809~1849)의 시 「울라륨Ulalume」에서 프시케는 여성적 특징을 가지고 있다. "여기, 언젠가 한 번, 삼나무가 늘어서 있는 오솔길에서 나는 나의 영혼과 함께 방황하고 있었다. - 나의 영혼 프시케와 함께 삼나무 오솔길을 (…) 이처럼 나는 프시케를 진정시키고, 그녀에게 키스하였다. (…) 그리고 나는 말한다. 다정한 누이여, 문에는 뭐라고 쓰여 있었나요?"

연극에서 "영혼 혹은 우리의 관념(즉, 인간의 정신에 현존하는 신성)"과 대화하는 말라르메Stéphane Mallarmé(1842~1898)[90]는 그것을 "매우 세련된 이상한 부인(원문대로)"이라 부르고 있다.[91]

꿈과 다른 조화로운 나
순수한 행위가 뒤따르는 침묵에
유순하면서도 단호한 여자……!
수수께끼의 나……

이처럼 발레리Paul Valéry(1871~1945)는 혼에게 말을 건다. 기독교 세계는 님프와 요정을 덜 육체적 존재들로 대치시켰다. 그러나 가정, 풍경, 도시 그리고 개인들까지도 보이지 않는 여성성이 여전히 따라붙고 있다.

---

86 * 모리스 바레스의 소설 속 주인공
87 * 프랑스의 낭만주의 작가
88 * 모리스 바레스의 소설 속 주인공
89 * 그리스 신화에 나오는 사랑의 신. 에로스의 사랑을 받은 미소녀로, 영혼의 운명을 상징한다.
90 * 프랑스의 시인
91 『연극에서의 소묘Crayonné au théâtre』

사물의 어둠 속에 파묻힌 이 진실은 하늘에서 빛나기도 한다. 완벽한 내재성인 **영혼**은 동시에 초월자인 **관념**이다. 도시들과 국가들뿐만 아니라 추상적 실체나 제도도 여성적 특징을 띠고 있다. 즉, **가톨릭교회·유대교회·공화국·인류**는 여자들이며, **평화·전쟁·자유·혁명·승리**도 그러하다.[92] 남자는 자기 앞에 본질적 **타자**로서 설정하는 이상理想을 여성화하는 데, 그 이유는 여자가 타성他姓의 감각적 형상이기 때문이다. 도상집圖像集에서처럼 언어에서도 거의 모든 비유가 여성이다.[93] **영혼**과 **관념**인 여자는 이 둘 사이의 중개자다. 즉, 여자는 기독교도를 신에게로 인도하는 은총이고, 단테를 피안으로 인도하는 베아트리체[94]이며, 페트라르카 Francesco Petrarca(1304~1374)[95]를 시의 높은 정상으로 이끄는 라우라Laura[96]이다. **자연**을 **정신**과 동일시하는 모든 학설에서 여자는 **조화, 이성, 진리**로서 나타난다. 그 노시스교파는 예지를 소피아라는 여자로 만들고 세계의 속죄와 창조까지도 그녀의 책임으로 돌렸다. 그러자 여자는 이제 육체가 아니라 영광의 신체[97]가 되었다. 사람들은 이제 더는 여자를 소유하려 하지 않으며, 그 금단의 영광 속에서 그녀를 숭배한다. 에드거 포의 창백한 여자 망인亡人은 물처럼, 바람처럼, 추억처럼 유려하다. 궁정풍의 사랑이나 프레시외즈에게 그리고 연애에 관한 모든 전통에서 여자는 이제 동물적인 피조물이 아니라 하늘의 신령스러운 기운으로 가득 찬 존재이고, 미풍이며 빛이다. 이처럼 여성적인 **밤**의 불투명성은 투명함으로, 불순함은 순수함으로 전환된다. 노발리스Novalis(1772~1801)[98]의 다음과 같은 글에서 그런 것을 읽을 수 있다.

"밤의 황홀, 하늘의 졸음, 그대는 나에게로 내려왔다. 풍경은 부드럽게 상승했고, 해방되고 재생된 나의 정신은 풍경 위를 떠다녔다. 텍스트는 구름이 되었고, 구름을 통해서 내 지극히 사랑하는 연인의 변모된 모습을 알아보았다."

---

92 * 프랑스어에서 이 단어들은 여성형이다.

93 이 문제에 대한 텍스트의 비판적 분석에 의한 언어 연구는 비교적 애매하다. 모든 언어학자가 구체적인 단어의 배분이 순전히 우연적이라고 인정하는 데 의견이 일치한다. 하지만 프랑스어에서 대부분의 실체는 여성이다. 즉, 아름다움beauté, 올바름loyauté 등. 그리고 독일어에서는 대부분의 수입된 단어인 외래어, 즉 *다른 나라의 말*이 여성이다. 즉, 술집die Bar 등

94 * 단테의 『신곡』에 나오는 이상적인 여인상

95 * 이탈리아의 시인, 인문주의자다.

96 * 페트라르카의 연인. 페트라르카는 그녀를 향한 300편 이상의 소네트와 서정시를 썼다.

97 * 부활 후의 축복을 누리는 신체를 의미한다.

98 * 독일의 시인, 소설가. 초기 낭만주의의 대표적 인물

"어두운 밤이여, 그래 우리가 그대의 마음에 드는가? (…) 귀중한 향유가 그대의 두 손에서 흐르고, 그대의 꽃다발에선 한 줄기 빛이 떨어진다. 그대는 영혼의 육중한 두 날개를 부여잡고 있다. 말로 표현할 수 없는 불가해 한 감동이 우리를 사로잡는다. 나는 부드럽게 다소곳이 내게로 몸을 숙이는 즐겁게 놀란 사려 깊은 한 얼굴을 본다. 그리고 나는 끈으로 묶은 곱슬머리 아래 **어머니**의 소중한 청춘을 알아본다. (…) **밤**이 우리 안에 열어 놓은 저 깊이를 알 수 없는 눈은 반짝이는 별보다도 더 하늘처럼 보인다."

여자가 아래쪽으로 끌어당기는 힘은 전도되었다. 여자는 남자를 이제 더는 대지의 심장부로 불러들이는 것이 아니라 하늘로 불러올린다.

> 영원한 여성이
> 우리를 높은 곳으로 끌어올리네,

라고 괴테는 『파우스트』 제2부에서 선언하고 있다.

동정녀 마리아는 다시 태어나 **선**善에 축성된 여자의 가장 완성되고 일반적으로 추앙되는 이미지이기 때문에, 문학과 도상을 통해서 그녀가 어떻게 표현되고 있는지를 살펴보는 것은 흥미롭다. 다음은 중세에 열혈 기독교도들이 그녀에게 바친 기도를 발췌한 것이다.

"(…) 고귀하신 동정녀 마리아여, 그대는 풍요의 **이슬**이고 **기쁨**의 샘이며, 자비의 **운하**고 우리의 열기를 진정시켜 주는 시원한 물의 **우물**입니다."

"그대는 신이 고아에게 젖을 주는 **유방**입니다."

"그대는 모든 선의 **정수**고 **알맹이**며 **핵심**입니다."

"그대는 사랑이 영영 변치 않는, 속임수를 쓰지 않는 **여자**입니다."

"그대는 제물의 **못**[99]이고, 나병을 고치는 생명의 **약**이며, 살레르노나 몽펠리에에서도 견줄 자 없는 솜씨 좋은 **의사**입니다. (…)"

"그대는 그토록 아름답고 희고 기다란 손가락으로 코와 입을 고쳐 놓고 눈과 귀를 새로이 만드는 치료의 손을 가진 **성모**이십니다. 그대는 마비 환자를 회복시키고 비겁자를 바로잡고 죽은 자를 소생시킵니다."

---

99 *신에게 바칠 제물을 씻기던 예루살렘 신전 근처에 있는 못

우리가 이미 특기한 대부분의 여성적 특징이 이 기도 속에서 발견된다. 동정녀 마리아는 풍요, 이슬, 생명의 원천이다. 많은 이미지가 그녀를 우물, 샘, 샘물로 상징하고 있다. '생명의 샘'이라는 표현은 매우 널리 알려진 것 중에 하나다. 그녀는 창조하지는 않지만 풍요롭게 해 주고, 땅속에 감춰져 있던 것을 빛으로 솟아나오게 한다. 그녀는 사물의 외형 아래 갇혀 있는 심오한 현실, 즉 핵심·정수다. 마리아에 의해 욕망은 진정된다. 즉, 그녀는 남자를 만족시키기 위해 남자에게 주어진 것이다. 생명이 위험에 처한 어디에서나 그녀는 생명을 구하고 회복시켜 준다. 병을 고치고 튼튼하게 해 주는 것이다. 그리고 신에게서 생명이 나오기 때문에 인간과 생명 사이의 매개체인 그녀는 인류와 신 사이의 중개자이기도 하다. "악마의 문"이라고 테르툴리아누스는 말했다. 그러나 변모된 마리아는 하늘의 문이다. 많은 그림이 낙원으로 향한 문이나 창을 여는 마리아의 모습을 보여 주고 있다. 혹은 지상과 하늘 사이에 사다리를 세워 놓는 마리아의 모습을 나타내고 있다. 더 명확하게 마리아는 변호인이 되어 자기 아들 곁에서 인류의 구원을 위해서 변호하고 있다. 많은 최후의 심판 그림들은 마리아가 유방을 드러내 놓고, 그 영광된 모성의 이름으로 그리스도에게 애원하는 것을 보여 주고 있다. 그녀는 자기 외투 주름 속에 인간의 아이들을 보호해 주고 있다. 그녀의 자애로운 사랑은 위험을 무릅쓰고 대양 위나 전쟁터까지 따라간다. 그녀는 자비의 이름으로 신의 심판을 누그러뜨린다. 미소 지으며 영혼의 무게를 재는 저울판을 선善 쪽으로 기울게 하는 '저울질하는 동정녀 마리아'의 여러 그림을 볼 수 있다.

이런 자애롭고 다정다감한 역할은 여자에게 부여된 모든 역할 가운데 매우 중요한 한 가지다. 사회에 통합되었다 할지라도 여자는 생명의 교활한 관대함을 가지고 있으므로 그 경계를 교묘하게 넘어선다. 남자들이 의도한 창조물과 자연의 우연성 간의 이러한 거리는 어떤 경우에 불안스럽게 보인다. 그러나 여자는 남자의 사업을 위협하기에 너무 순종적이다. 그래서 여자가 단지 풍요롭고 지나치게 거슬리는 선線을 부드럽게 하는 데 그친다면, 그 거리는 유익해진다. 남신들은 운명을 대표한다. 여신들은 자의적인 온정과 변덕스러운 호의를 베푼다. 기독교의 신은 심판의 준엄함을 담지하고 있다. 마리아는 자비의 온화함을 가지고 있다. 지상에서 남자들은 법, 이성, 필연성의 수호자다. 여자는 남자 자신의, 그리고 남자가 믿고 있는 이러한 필연성의 근원적 우연성을 알고 있다. 여자의 입술과 그 유연한 관대함 위에 피어나는 신비로운 아이러니는 거기에서 오는 것이다. 여자는 진통 속에서 아이를 낳았고, 남자들의 상처를 돌보았으며, 갓난아이에게 젖을 주고, 죽은 사람들을 묻어 준다. 여자는 무엇이 남자의 자존심을 상하게 하고 의지를 굴복시키는가에 대해 모두 알고 있다. 남자 앞에서 머리를 숙이고 육체를 정신에 예속시키는 여자는 정신의 육체적인 경계에 머물러 있다. 그리고 딱딱한 남성 건축물의 엄격함에 이의를 제기하고, 그 각角을 부드럽게 한다. 여자는 무상의 화려함과 예기치 않은 우아함을 거기에 도입한다. 여자의 힘은 남자들이 자신의 진정한 조건을 겸손하게 의식하도록 다정하게 일깨워 주는 데에서 온다. 그것이 여자의 미망에서 깨어난, 고통스러운, 아이러니한, 그리고 애정 깊은 지혜의 비밀이다. 경박함이나 변덕이나 무지조차도 여자 안에서는 매력적인 미덕이다. 왜냐하면 여자들은 남자가 살기로 선택했으나 갇혀 있다고 느끼기를 싫어하는 이승과 저승에서 한결같이 즐거워하기 때문이다. 기존의 의미와 유익한 목적을 위하여 만들어진 도구 앞에서 여자는 아무도 손대지 않은 사물의 신비를 내세운다. 여자는 도시의 거리에, 갈아놓은 밭에 시의 숨결이 지나가게 한다. 시는 일상의 산문散文 너머에 존재하는 것을 잡으려고 한다. 여자는 하나의 뛰어난 시적 현실이다. 왜냐하면 남자가 자신이 되지 않으려 결정한 모든 것을 여자 안에다 투사시키기 때문이다. 여자는 **꿈**을 구현하고 있다. 꿈은 남자에게 가장 친근하고, 가장 낯선 존재다. 남자는 그것을 원하지도, 행하지도 않으며, 동경하지만 도달할 수 없다. 심오한 내재內在이며 멀리 떨어져 있는 초월인 신비로운 **타자**는 남자에게 자기의 모습을 빌려줄 것이다. 그리하여 오렐리아[100]가 꿈속에서 네르발을 찾아와 꿈의 형태로 그에게 전 세계를 준다. "그녀는 한줄기 밝은 빛 아래서 커지기 시작했다. 차츰 정원은 그녀의 모습이 되고, 화원과 나무들은 그녀의 의복 속 꽃 모양의 원형과 꽃줄기의 장식이 되었다. 한편, 그녀의 얼굴과 두 팔은 하늘의 주홍빛 구름에 그 윤곽을 새겼다. 그녀가 변모함에 따라 나는 그녀를 시야에서 잃어버렸다. 그녀가 자신의 크기에 따라 사라지는 것 같았기 때문이다. 나는 '오, 내게서 도망치지 말아요! 자연이 그대와 더불어 죽어 버린다오'라고 외쳤다."

여자는 남자의 시적 활동의 실체 그 자체이므로 남자의 영감의 샘처럼 보이는

---

100 *제라르 드 네르발의 소설 속 주인공

게 이해된다. 무사이[101]는 여자들이다. 무사는 **창조자**와 **창조자**가 길어 올리는 자연적 원천의 중개자다. 자연에 그 정신이 깊이 박혀 있는 여자를 통해서 남자는 침묵과 풍요로운 밤의 심연을 탐색한다. 무사는 자기 혼자서는 아무것도 창조하지 못한다. 그녀는 남자 주인에게 순종하는 하녀가 된 현명해진 시빌라 Sibylle[102]이다. 구체적이고 실제적인 영역에서조차 그녀의 충고는 유익할 것이다. 남자는 자기가 생각해 낸 목적을 동류들의 도움 없이 달성하고 싶어 하고, 흔히 다른 남자의 의견을 귀찮게 여긴다. 그러나 여자는 다른 가치의 이름으로, 자기의 지혜보다 더 본능적이고 현실에 더 직접적으로 일치하는 지혜의 이름으로 말해 준다고 상상한다. 에게리아Egeria[103]가 의논하러 온 사람에게 넘겨 주는 것은 '직관'이다. 남자는 별들에 물어보듯이 자존심도 없이 여자에게 물어본다. 이러한 '직관'은 사업이나 정치에까지 도입된다. 아스파시아와 맹트농 부인은 오늘날에도 여전히 화려하게 활약하고 있다.[104]

남자가 여자에게 기꺼이 맡기는 다른 기능이 하나 있다. 여자는 남자들의 활동 목적이며 결단의 원천이기 때문에, 가치의 척도처럼 보이고 특혜를 누리는 판단자로 모습을 드러낸다. 남자는 하나의 타자를 소유하고 그로부터 확인받기 위해 타자를 꿈꾼다. 동류인 남자들에게 확인받는다는 것은 지속적인 긴장을 요구한다. 그 때문에 남자는 외부에서 온 시선이 자기 인생에, 자기 사업에, 자기 자신에게 절대적 가치를 부여하기를 바란다. 신의 시선은 가려지고 낯설고 불안하다. 그래서 신앙의 전성기에도 오직 몇몇 신비주의자들만이 신앙을 위해 화형대에 올랐다. 이러한 신성한 역할은 흔히 여자에게 부여되었다. 남자와 가깝고 남자에게 지배당하는 여자는 남자에게 낯선 가치를 설정하지 않는다. 하지만 타자이기 때문에 남자들의 세계 외부에 머물러 있다. 따라서 남자를 객관적으로 파악할 수 있다. 그래서 여자는 각각의 특수한 경우에서 용기·힘·아름다움이 있고 없음을 알리고, 외부에서 그것들의 보편적 가치를 확인해 준다. 남자들은 협력과 투쟁의 관계에 너무 몰두해 있어서 서로에게 관중이 되어 줄 수 없다. 그들은 서로

---

101 * 그리스 신화에 나오는, 아폴론 신에게 시중을 드는 학예의 신. 오늘날에는 시나 음악의 신이라 이른다. 그리스어로 단수형은 '무사Mousa'이고, 복수형은 '무사이Mousai'이다. '뮤즈Muse'는 무사의 영어 이름이다.

102 * 고대의 여자 예언자

103 * 로마 신화에 나오는 님프 또는 여신. 787쪽 162번 각주 참조

104 사실상 그녀들이 남자들과 완전히 같은 지적 능력을 발휘하고 있다는 것은 두말할 필요도 없다.

「무사이와 춤추는 아폴론」 줄리오 디 피에트로 데 피피, 1540년경

바라보는 일이 없기 때문이다. 여자는 남자들의 활동에서 떨어져 있어서 경쟁이나 투쟁에 참여하지 않는다. 여자의 모든 상황이 여자에게 시선의 역할을 하도록 예정해 놓는다. 기사는 자기의 귀부인을 위해서 마상馬上 시합에서 싸운다. 시인들은 여자들의 지지를 얻으려고 애쓴다. 라스티냐크Rastignac[105]는 파리를 정복하고자 할 때 우선 여자들을 손에 넣을 생각부터 했는데, 그것은 그녀들의 육체를 소유하기 위해서라기보다 오직 여자들만이 만들어 줄 수 있는 명성을 누리기 위해서다. 발자크는 작품의 젊은 주인공들에게 자신의 젊은 시절을 투사했다. 젊었을 때 발자크는 연상의 정부情婦들 곁에서 자기를 형성했다. 여자가 이런 교육자의 역할을 하는 것은 『골짜기의 백합』에서뿐만이 아니다. 『감정교육』[106]에서, 스탕달의 소설에서, 그리고 다른 많은 교양소설에서 이런 역할을 여자들에게 할당하였다. 이미 보았듯이 여자는 자연인 동시에 반反자연이다. 여자는 **자연**만큼이나 **사회**를 구현한다. 중세의 궁정 연애시에서, 『데카메론』[107]에서, 『아스트레』에서 보는 것처럼 여자 속에는 한 시대의 문명과 문화가 집약되어 있다. 여자는 유행을 창조하고 살롱에 군림하며, 여론을 이끌고 반영한다. 명성과 영광은 여자다. 말라르메는 "군중은 여자다"라고 말했다. 여자들 곁에서 젊은 남자는 '세상'에 입문하고, '인생'이라 불리는 복잡한 현실의 기초를 배운다. 여자는 영웅, 모험가, 개인주의자가 무엇보다 먼저 목표로 삼는 표적 가운데 하나다. 고대에는 페르세우스가 안드로메다를 해방하고, 오르페우스가 에우리디케를 찾으러 지옥에 갔고, 트로이가 아름다운 헬레나를 지키기 위해 싸운 것을 볼 수 있다. 기사도 이야기는 사로잡힌 공주의 구출 외에 다른 쾌거가 거의 없다. 멋진 왕자가 '잠자는 숲속의 미녀'를 깨우지 않는다면, '나귀의 가죽'을 선물로 가득 채우지 않는다면 무슨 일을 할 것인가? 양치기 여자와 결혼하는 왕의 신화는 여자만큼이나 남자의 허영심을 만족시켜 준다. 부유한 남자는 줄 필요가 있다. 그렇지 않으면 그의 무익한 부는 추상적인 것으로 남는다. 부자 앞에는 받을 사람이 필요한 것이다. 필립 와일리가 『독사의 세대』에서 달콤하게 묘사하는 신데렐라 신화는 특히 번영하는 나라에서 꽃피우고 있다. 다른 곳보다도 미국에서 그 영향력이 큰데, 그 이유는 미국 남자들이 자신들의 부를 주체하지 못하기 때문이다. 그들이 전 생애에 걸쳐 번 돈을 한 여

105 　*발자크의 『고리오 영감』 등 여러 작품에 등장하는 인물로, 음모가며 야심가다.
106 　*귀스타브 플로베르의 소설이다.
107 　*이탈리아의 작가 보카치오가 1352년에 발표한 단편소설집

자에게 바치지 않는다면 그 돈을 어디에 쓰겠는가? 오손 웰스는 <시민 케인>에서 이 극단적인 허위 아량을 드러낸다. 케인이 무명의 여가수에게 선물 공세를 펴고 그녀를 대중 앞에 위대한 성악가로 내세우려 결정한 것은 자신의 힘을 보여 주기 위해서다. 프랑스에서도 소형의 많은 시민 케인이 있을 것이다. 이런 류의 다른 영화 <면도날>[108]에서 주인공은 인도에서 절대 지혜를 갖추고 돌아와, 그 지혜를 사용한 유일한 용도가 한 창녀를 구출해 재활할 수 있도록 해 주는 것이었다. 이처럼 남자는 자기를 기부자, 해방자, 속죄자로 꿈꾸면서 여전히 여자의 예속을 바라는 것이 분명하다. 왜냐하면 '잠자는 숲속의 미녀'를 깨우기 위해서는 그녀가 잠을 자야 하고, 사로잡힌 공주들이 있으려면 식인귀나 괴물용怪物龍이 필요하기 때문이다. 남자는 어려운 기도企圖에 대한 취미를 가지면 가질수록 여자에게 더욱더 독립을 부여하기를 좋아할 것이다. 정복하기는 해방하는 것이나 주는 것보다 한층 더 매혹적이다. 보통의 서양 남자의 이상형은 남자의 지배를 자유롭게 받아들이고, 토론 없이는 남자의 생각을 수락하지 않으나 남자의 이성에 양보하고, 남자에게 지적으로 저항하다가 마침내 설복당하는 그런 여자다. 자존심이 대담한 남자일수록 더욱더 위험한 모험을 좋아한다. 순종하는 신데렐라를 아내로 맞아들이는 것보다 펜테실레이아Penthesileia[109]를 길들이는 것이 더 멋진 일이다. 니체는 "전사戰士는 위험과 도박을 좋아한다. 때문에 가장 위험한 도박인 여자를 좋아한다"라고 말했다. 위험과 도박을 좋아하는 남자는 여자를 정복하는 희망을 품는 한, 여자가 아마존[110]으로 변하는 것을 싫지 않은 마음으로 바라본다.[111] 남자는 이 투쟁이 마음속에 하나의 도박으로 머물러 있기를 원하지만, 여자는 투쟁에 자신의 운명을 걸고 있다. 해방자나 정복자인 남자의 승리가 바로 거기에 있다. 여자가 자유로이 그를 자기의 운명으로 인정하기 때문이다.

이처럼 "여자를 갖는다"라는 표현은 이중의 의미를 지니고 있다. 즉, 대상의 기능과 심판자의 기능이 분리되지 않는다는 것이다. 여자를 인격으로 간주하는

---

108 *영국 소설가 서머싯 몸의 동명 소설을 영화화한 것이다.

109 *그리스 신화에 나오는 아마존의 여왕이자 여장부

110 *'여장부'를 가리킨다.

111 미국의 혹은 미국식으로 쓰인 탐정소설들이 그 뚜렷한 사례다. 특히 피터 체이니Peter Cheyney의 소설 속 주인공들은 항상 자기들 외에는 그 누구에게도 길들지 않는 극히 위험한 여자와 겨룬다. 소설 전편을 통해 전개되는 결투 후에 여자는 결국 캠피온이나 캘러핸에게 정복되어 그들의 품에 안긴다.

순간 그녀의 동의 없이는 정복할 수 없다. 그러므로 여자의 마음을 얻어야 한다. '멋진 왕자'를 가슴 벅차게 하는 것은 '잠자는 숲속의 미녀'의 미소다. 기사의 쾌거에 그 진실성을 부여하는 것은 사로잡힌 공주들의 행복과 감사에 넘치는 눈물이다. 반대로 여자의 시선은 남자의 시선의 추상적인 엄격함을 가지고 있지 않으며 쉽게 매혹당한다. 그래서 영웅주의와 시詩는 유혹의 방식이다. 그러나 유혹당하도록 하면서 여자는 영웅주의와 시를 찬양한다. 개인주의자의 눈에 여자는 보편적으로 인정된 가치의 척도로서가 아니라, 그의 개별적인 장점과 그의 존재 자체의 직관적 인식처럼 나타나 한층 더 본질적 특권을 누리고 있다. 남자는 그가 하는 일에 따라서, 그의 객관성 속에서 그리고 일반적인 척도에 따라서, 그의 동류들에 의해서 판단된다. 그러나 그의 재능 가운데 어떤 것들, 특히 그의 생명에 관한 재능은 여자 외에는 관심을 끌 수 없다. 남자가 남성적이고 매력적이며 유혹적이고 부드럽고 잔인한 것은 오직 여자와 관련된 한해서다. 남자가 이런 가장 은밀한 덕목들에 가치를 부여한다면 남자는 여자를 절대적으로 필요로 한다. 여자를 통해서 남자는 자신에게 타자로서, 가장 심오한 자아이기도 한 타자로서 보이는 기적을 알게 될 것이다. 개인주의자가 사랑하는 여자에게서 무엇을 기대하는지 놀랄 만큼 잘 표현한 말로André Malraux(1901~1976)[112]의 글이 있다. 키요Kyo가 자문한다. "타인의 목소리는 귀로 듣고, 자기 목소리는 목구멍으로 듣는다. 그렇다. 자기 생명도 목구멍으로 듣는다. 그런데 타인의 생명은? (…) 타인에게 나란 존재는 내가 행한 것이 전부다. (…) 그의 존재는 오직 메이May 한 사람에게만은 그가 했던 행위만이 아니었다. 그녀 또한 그에게만은 그녀의 전기傳記와는 완전히 다른 존재였다. 고독을 잊게 하는 사랑의 포옹도 인간에게 도움을 주지 않았다. 그것은 모든 인간이 본연적으로 마음속 깊은 곳에서 집착하고 있는, 저 광인이나 유례없는 괴물에게나 도움이 되는 것이었다. 키요의 어머니가 돌아가신 이후, 메이만이 그를 키요 지조르가 아닌 가장 긴밀한 공모자로 여기는 유일한 존재였다. 남자들은 나의 동류가 아니다. 그들은 나를 주시하고, 나를 심판하는 사람들이었다. 나의 동류들은 나를 사랑하고, 나를 주시하지 않으며, 어떤 일이 있어도 나를 사랑하고, 실패하거나 비열한 행동을 하거나 배신을 해도 나를 사랑해 주는 사람들이다. 내가 한 행위나 장차 내가 행할 것을 사랑하는 것이 아니라

---

112 *프랑스의 소설가이자 정치가

나를 사랑해 주는 사람들이며, 내가 나를 사랑하는 한 나를 사랑해 줄 것이다. 자살까지도."[113] 키요의 태도를 인간적이고 감동적으로 만드는 것은 그의 태도가 상호성을 내포하고 있고, 메이에게 자기를 있는 그대로의 진정성 속에서 사랑해 달라고 요청하고, 그녀에게 그가 좋아할 것 같은 그의 모습을 반사해 주지 말 것을 요청하는 데 있다. 많은 남자의 경우에 이러한 요구는 품위를 떨어뜨린다. 그들은 자기의 있는 그대로의 정확한 모습 대신에 살아 있는 두 눈 깊숙한 곳에서 감탄과 감사의 후광에 둘러싸인 자기의 신성화된 이미지를 찾는다. 여자는 남성 나르시스가 자기를 바라보는 거울이기 때문에 그토록 자주 물에 비교되어 왔다. 그는 선의로 또는 악의를 가지고 여자 위에 몸을 숙인다. 그러나 어쨌든 남자는 여자에게 남자의 바깥에서 남자가 자기 내부에서 포착할 수 없는 모든 것이 되어 달라고 요구한다. 왜냐하면 실존자의 내면은 무無일 뿐이고, 자기 자신에 도달하기 위해서는 자기를 어떤 대상에 투사시키는 것이 필요하기 때문이다. 여자는 남자가 자기 육체 속에 타인의 형태로 소유할 수 있는 자기의 극치極致이기 때문에 남자에게 최고의 보상이다. 남자를 위해 세계를 요약해 주고 남자가 자기의 가치와 법칙을 강요했던 그런 존재를 자기 두 팔에 안을 때, 그가 포옹하는 것은 이 '비할 바 없는 괴물', 즉 자기 자신이다. 그래서 남자는 자기 것으로 만든 이 타자와 하나됨으로써 자기 자신에게 도달하기를 바란다. 보물, 먹이, 도박이자 위험, 무사musa, 안내자, 심판자, 중개자, 거울인 여자는 **타자**다. 주체는 이 타자 속에서 제한받지 않고 자기를 초월하고, 이 타자는 그를 부정하지 않으면서 그에게 저항한다. 여자는 **타자**이기를 멈추지 않으면서 자기를 병합하게 놔 두는 **타자**다. 따라서 여자는 남자의 기쁨과 승리에 꼭 필요하기 때문에 남자들은 만일 여자가 존재하지 않았다면 여자를 발명해 냈을 거라고 말해도 좋다.

　남자들은 여자를 발명해 냈다.[114] 그러나 여자는 그들이 발명해 내지 않았어도 존재한다. 그 때문에 여자는 남자들의 꿈의 화신化身인 동시에 남자의 실패이기도 하다. 여성의 모습 중에서 그 반대의 모습을 즉각적으로 낳지 않는 것은 하나도 없다. 여자는 **생명과 죽음**이고, **자연과 인공**이며, **빛과 어둠**이다. 어떤 면에서 여자를 보든 간에 비본질은 필연적으로 본질로 돌아가기 때문에 우리는 항상 동일한 진자운동을 발견한다. 동정녀 마리아와 베아트리체의 모습에는 이

---

113 『인간의 조건』
114 "남자는 여자를 창조했다. 무엇으로? 자기 신神과 자기 이상理想의 갈비뼈로."(니체, 『우상의 황혼』)

브와 키르케[115]가 존속한다.

"관념성이 여자에 의해 삶에 들어오니, 남자는 여자가 없다면 어떻게 될까? 수많은 남자가 한 소녀 덕분에 천재가 되었다. (…) 그러나 그들 가운데 소녀와 결혼한 덕분에 천재가 된 남자는 아무도 없다"라고 키르케고르는 쓰고 있다.

"여자가 남자를 관념성 속에서 생산적으로 만드는 것은 부정적인 관계에서다. (…) 여자와의 부정적 관계는 우리를 무한하게 만들 수 있다. (…) 여자와의 긍정적인 관계는 남자를 더할 수 없이 유한하게 만든다."[116] 즉, 여자는 남자가 그 자신의 초월을 투사하는 관념으로 머무는 한에서 필요하지만, 자기를 위해 존재하고 자기에 한정된 객관적인 현실로서는 유해하다는 것이다. 키르케고르는 약혼자와 결혼하는 것을 거부함으로써 여자와 유일하게 가치 있는 관계를 확립한 것으로 평가했다. 그리고 무한한 **타자**로 설정된 여자의 신화는 즉시 그 반대의 결과를 일으킨다는 의미에서 그의 생각은 옳다.

여자는 허위의 **무한**, 진실 없는 **이상**理想이기 때문에 유한과 보잘것없음, 그리고 동시에 거짓으로서 자신을 드러낸다. 라포르그Jules Laforgue(1860~1887)[117]에게서 여자는 이러한 모습으로 나타나고 있다. 그의 전 작품에서 그는 남자도 여자와 마찬가지로 죄가 있다고 생각하는 집단기만에 대해 적개심을 표현한다. 오필리아와 살로메는 사실상 '하찮은 여자'에 불과하다. 햄릿은 이렇게 생각한다. "그리하여 오필리아는 내가 사회적으로, 정신적으로 그녀의 하찮은 여자 친구들의 소유물보다 월등했기 때문에 나를 자기 '소유물'처럼 사랑했을 거야. 그리고 사람들이 등불을 켜는 시간에 평안과 안락에 관한 사소한 말들이 그녀의 입에서 새어나오지 않았던가!" 여자는 남자를 꿈꾸게 한다. 하지만 그녀는 안락이나 포토푀[118]를 생각하고 있다. 여자에게 그녀의 영혼에 관해서 이야기하지만, 여자는 육체에 지나지 않는다. 이상을 추구한다고 믿는 남자는 이런 모든 비의秘義를 생식의 목적에 이용하는 자연의 노리개다. 사실 여자는 삶의 일상성을 나타낸다. 여자는 어리석음, 소심함, 치사함, 따분함이다. 이는 「우리의 귀여운 친구Notre Petite Compagne」라는 시에 표현되어 있다.

---

115 * 호메로스의 『오디세이아』에 나오는 마녀
116 『술 속에 진실이 있다In vino veritas』
117 * 프랑스의 상징주의 시인
118 * 고기와 채소를 삶은 스튜

나는 온갖 유파의 기교가 있고,

누구의 기호에도 맞는 영혼을 가지고 있어요

내 갖가지 얼굴의 꽃을 꺾으세요

나의 목소리가 아니라 나의 입을 마시도록 하세요

그리고 그 이상은 찾으려 하지 마세요

아무도, 나 자신조차 분명하게 본 것이 없으니까요.

그대에게 손을 내밀기에는

우리의 사랑은 평등하지 않아요

그대들은 순진한 수컷에 불과하지요

나는 영원한 여성이랍니다!

나의 목적이 별들 속으로 사라지는군요!

위대한 여신 이시스는 바로 나예요!

아무도 나의 베일을 걷어 올리지 못했어요

나의 오아시스만을 꿈꾸세요.

    남자는 여자를 예속시키는 데 성공했다. 그러나 그로 인해 남자는 여자의 소유를 바람직한 것으로 만들었던 덕목을 여자에게서 제거해 버렸다. 가정과 사회에 동화된 여자의 마법은 변모된다기보다는 사라져 버린다. 하녀의 신분으로 전락한 여자는 더는 자연의 온갖 보물이 깃들어 있는 자유분방한 먹이가 아니다. 궁정풍 연애의 탄생 이후, 결혼이 사랑을 죽인다는 것은 상식이 되었다. 지나치게 멸시당하거나 과도하게 존경받고, 또 지나치게 일상적인 아내는 이제 더는 성적인 욕구의 대상이 아니다. 결혼의식은 본래 여자로부터 남자를 보호하기 위한 것이었다. 여자는 결혼과 함께 남자의 재산이 된다. 그러나 우리가 소유하는 모든 것이 거꾸로 우리를 소유한다. 결혼은 남자에게도 예속이다. 결혼할 때 남자는 자연이 파놓은 함정에 빠지는 것이다. 싱싱한 처녀를 욕망했던 까닭에 남자는 일생 뚱뚱한 중년 부인과 메마른 노파를 먹여 살려야만 하기 때문이다. 자기의 삶을 아름답게 할 용도로 마련된 섬세하고 우아한 보석이 추악한 짐이 되어 버린다. 크산티페는 남자들이 항상 최대의 혐오감을 가지고 이야기해 온 여성의 한 전형이다.[119] 그러나 여자가 젊었을 때도 결혼에는 기만이 들어 있었는데, 왜냐하

---

119 이것이 그리스와 중세에 많은 탄식의 주제였다.

면 에로티시즘을 사회화한다고 주장하면서 결국 그것을 죽여 버리기 때문이다. 에로티시즘은 시간에 맞서 순간의, 집단에 맞서 개체의 주장을 내포하고 있기 때문에, 소통에 맞서 분리를 주장하고 모든 규제에 반항한다. 그것은 사회에 대해 적대적인 원리를 가지고 있다. 풍습이 제도와 법의 엄격성에 굽힌 적은 한 번도 없다. 사랑은 어느 시대나 제도와 법에 맞서 자기를 주장해 왔다. 그리스와 로마에서 사랑은 관능적인 형태로 젊은이들이나 창녀들에게 호소되었다. 육체적인 동시에 플라토닉한 중세의 궁정풍 연애는 언제나 다른 남자의 아내를 상대로 했다. 『트리스탄』[120]은 간통의 서사시다. 1900년경에 여성의 신화를 새롭게 창조한 시대는 간통이 모든 문학의 주제가 되었다. 베른스탱Henry Bernstein(1876~1953) 같은 어떤 작가들은 부르주아 제도의 최고의 방어를 위해 결혼 속에 에로티시즘과 사랑을 복귀시키려고 노력했다. 그러나 두 가치가 양립할 수 없음을 보여 주는 포르토리슈Georges de Porto-Riche(1849~1930)의 『사랑하는 여자Amoureuse』에 더 많은 진실이 담겨 있다. 간통은 오직 결혼 자체가 사라져야만 사라질 수 있다.[121] 왜냐하면 결혼의 목적이 어떻게 보면, 남자를 '자기' 여자에 대해 무감각하게 만드는 것이기 때문이다. 그러나 남자의 눈에 다른 여자들은 정신을 혼미하게 만드는 매력을 지니고 있다. 남자는 그녀들을 향해서 시선을 돌릴 것이다. 여자들도 공범자가 된다. 왜냐하면 여자들은 자기에게서 모든 무기를 빼앗으려는 질서에 반항하기 때문이다. 여자를 **자연**에서 끌어내고 의식과 계약으로 남자에게 예속시키기 위해 인격의 존엄에까지 올려놓고 여자에게 자유를 주었다. 그러나 자유는 정확히 말해서 모든 질곡에서 벗어나는 것이다. 그리고 근원적으로 사악한 힘이 깃들여 있는 존재에게 자유를 준다면 그 자유는 위험한 것이 된다. 남자가 중도에서 멈춘다면 자유는 그만큼 더 위험해진다. 여자를 하녀로 만들고, 여자에게서 초월성을 박탈한 후에야 그때 비로소 남자는 여자를 자기들 세계에 받아들였다. 여자에게 주어진 자유는 부정적인 것 외에는 다른 용도로 쓰일 수 없을 것이다. 그 자유는 자기 거부에 사용된다. 여자는 포로가 됨으로써만 자유로워진다. 여자는 자연물로서의 자기 위력을 되찾기 위해서 인간의 특권을 포기한다. 여자는 낮이면 음흉스럽게 순종적인 하녀의 역할을 하지만, 밤이면 암고양이나 암사슴으로 변

---

120 * 중세 독일의 시인 고트프리트 폰 슈트라스부르크가 지은 장편 서사시. 마르케 왕의 기사인 트리스탄과 왕비 이졸데의 사랑이 얽혀 있다.
121 * 다시 말해 결혼이 존재하는 한 간통은 사라질 수 없다.

한다. 여자는 다시 세이렌의 가죽을 뒤집어쓰거나 빗자루에 올라타고 악마의 무도회를 향해 날아간다. 때로 여자는 자기 남편에게까지 밤의 마법을 발휘하기도 한다. 그러나 자기 주인에게는 자기의 변신을 신중하게 감춘다. 여자가 먹잇감으로 고르는 것은 외부인들이다. 그들은 그녀에 대한 권리가 없다. 그래서 그녀는 그들에게 식물, 샘, 별, 마법사 그대로다. 그러므로 그녀는 부정한 행위를 할 운명에 처해 있다. 그것은 그녀의 자유가 취할 수 있는 유일하고 구체적인 얼굴이다. 여자는 자기의 욕망, 자기의 생각, 자기의 의식까지도 넘어서 부정하다. 그녀는 사물로 여겨지기 때문에 그녀를 차지하려는 모든 주체에게 제공된다. 규방에 갇혀 있건, 베일 속에 감추어져 있건 그녀가 누구의 욕망도 불러일으키지 못한다고는 아무도 장담하지 못한다. 외부인에게 욕망을 불러일으킨다는 것, 그것은 이미 자기 남편과 사회의 믿음을 저버리는 것이다. 게다가 여자는 종종 자진해서 이런 운명의 공범자가 되기도 한다. 여자가 자기는 누구의 물건도 아니라는 것을 증명하고, 또 남자의 허세와 자만을 부인하는 유일한 방법은 거짓말과 간통이다. 여자는 남자의 질투심을 그토록 예민하게 깨우고, 준비에브 드 브라방Geneviève de Bravant[122]과 데스데모나Desdemona[123]처럼 이유 없이 의심받고, 사소한 혐의로 죄를 덮어쓰기 쉽다는 것을 전설에서 볼 수 있다. 그리셀다Griselda[124]는 모든 혐의 이전에 가장 가혹한 시련을 겪었다. 만일 여자가 사전에 의심받지 않았다면 이런 이야기는 터무니없을 것이다. 여자의 과실을 증명할 필요는 없다. 여자의 결백을 증명해야 하는 것은 여자 몫이기 때문이다. 질투가 만족을 모르는 것 또한 그 때문이다. 소유가 결코 긍정적으로 실현될 수 없다는 것을 이미 말한 바 있다. 다른 사람이 샘에서 물을 퍼내는 것을 금지한다 해도 자기가 그 샘을 소유하지는 못한다. 질투하는 남자는 그것을 잘 알고 있다. 본질적으로 여자는 쉽게 변한다, 물이 유동하는 것처럼. 그리고 어떤 인간의 힘도 자연의 진실을 거역할 수 없다. 온갖 문학작품에서 그렇듯 『데카메론』처럼 『천일야화』에서도 여자의 책략이 남자의 용의주도함을 이기는 것을 볼 수 있다. 하지만 남자가 감시자가 되는 것은 개인적 의지 때문만이 아니다. 사회는 자기 여자의 행실에 대해 아버지, 남자 형제, 남편으로서의 남자에게 책임을 돌린다. 시민 각자는 친아버지의 아들로서 인정

---

122 *중세 전설에 나오는 비극의 주인공. 남편의 의심을 받고 숲속으로 추방되어 생명을 잃는다.
123 *셰익스피어의 희곡 『오셀로』에 나오는 오셀로 왕의 부인
124 *쥘 마스네의 오페라 속 인물. 11세기 부덕婦德의 전형

되어야 하므로, 경제적이고 종교적인 이유로 여자에게 순결이 강요된다. 그러나 사회가 여자에게 할당한 역할과 정확히 일치하도록 여자를 강요하는 것 역시 매우 중요한 일이다. 여자가 이중인격자가 되도록 하는 남자의 이중 요구가 있다. 즉, 남자는 여자가 자기 것이기를 원하면서도 한편으로는 낯선 사람으로 있기를 바란다. 남자는 여자가 하녀인 동시에 마녀이기를 꿈꾼다. 그러나 남자가 공공연하게 책임지는 것은 이러한 욕망 중 단지 전자일 뿐이고, 후자에 대해서는 자기 마음과 육체의 비밀로 감추고자 음험하게 요구한다. 그것은 도덕과 사회를 부인한다. 그것은 **타자**처럼, 반항적인 **자연**처럼, '나쁜 여자'처럼 악하다. 남자는 자신이 구축하고 부과하고자 하는 **선善**에 완전히 헌신하지 않는다. 그는 **악**과 부끄러운 내통을 지속한다. 그러나 이 악이 경솔하게 자기 얼굴을 감히 드러내는 곳이라면 어디서든 남자는 그것을 맹렬히 공격한다. 밤의 암흑 속에서 남자는 여자를 죄악으로 초대한다. 그러나 환한 대낮에 는 죄와 죄지은 여자를 거부한다. 여자들도 자신이 침대의 비밀 속에서는 죄인이어서 더욱더 정열적으로 덕을 숭배한다. 원시인들에게 남자의 성기가 세속적인 한편 여자의 성기가 종교적이며 마법적인 미덕을 지닌 것과 마찬가지로, 더 근대적인 사회에서 남자의 잘못은 심각하지 않은 사소한 실수에 불과하다. 그것은 대개 관대하게 고려된다. 설령 공동체의 법에 복종하지 않는다 해도 남자는 계속해서 공동체에 속해 있다. 그는 집단의 질서를 근본적으로 위협하지 않는 골칫거리 아이에 불과할 뿐이다. 반대로, 만일 여자가 사회에서 탈주해 버리면 **자연**과 악마에게로 돌아가 집단의 한복판에 통제할 수 없는 악한 힘을 풀어놓는다. 자유분방한 행동이 일으키는 비난에는 언제나 두려움이 뒤섞여 있다. 만일 남편이 아내에게 부덕을 강요하는 데 성공하지 못한다면 남편은 아내의 과실에 책임이 있다. 남편의 불행은 사회의 눈에 불명예다. 아내의 범죄와 결별하기 위해서 남편이 아내를 죽여야만 하는 대단히 가혹한 문명이 여럿 있다. 또 다른 문명에서는 지나치게 너그러운 남편을 소란스럽게 벌하거나 혹은 벌거벗은 남편을 나귀에 태워 이리저리 끌고 다닌다. 그리고 공동체는 남편을 대신해 죄지은 여자를 징벌하는 책임을 지기도 한다. 왜냐하면 그녀가 모욕한 것은 남편만이 아닌 공동체 전체이기 때문이다. 이러한 관습은 미신적이고 비의적이며 관능적이고, 육체 때문에 공포에 떨었던 에스파냐에서 유독 심하게 존재했다. 칼데론Pedro Calderón(1600~1681), 로르카Federico García Lorca(1898~1936), 바예잉클란Ramón María del Valle-Inclán(1870~1936)은 그런 주제로 많은 드라마를 썼다. 로르카의 『베르나르다 알바의 집』에서는 마을의 아낙네들이 유혹당한 처녀를 '그녀의 국부'를 뜨거운 숯불로 지지면서 벌을 주고자 한다. 바예 잉클란의 『신의 말씀*Divines Paroles*』에서는 간통한 여자가 악마와 춤을 추는 마녀로 나타난다. 그녀의 잘못이 밝혀지자 온 마을 사람들이 모여들어 옷을 벗겨 그녀를 물에 빠뜨려 죽인다. 이처럼 많은 곳에서 전통적으로 죄지은 여자를 벌거벗기고, 그다음에는 복음서에 쓰여 있듯이 돌로 쳐 죽이거나, 산 채로 매장하거나 물에 빠뜨리거나 불에 태워 죽이기도 했다고 전해진다. 이러한 체형은 여자에게서 사회적 위신을 잃게 한 다음에 여자를 **자연**으로 돌려보낸다는 의미를 지닌다. 여자는 그 죄로 인해 자연의 악한 기운을 퍼트렸다해서 속죄 의식도 일종의 신성하고 요란스러운 잔치로 행해지는데, 그 속에서 여자들이 죄지은 여자를 벌거벗기고 두들겨 패며 학살함으로써 이번에는 자기네들이 불가사의한, 그러나 사회의 승인 아래 행동했기 때문에 유익한 영기를 퍼트리는 것이다.

이러한 야만적인 가혹함은 미신이 줄어들고 두려움이 사라짐에 따라서 소멸한다. 그러나 시골에서는 신도 없고 의지할 곳도 없는 집시 여자들을 경계심을 갖고 바라본다. 자신의 매력을 자유로이 발산하는 여자, 즉 모험꾼, 요부, 팜므파탈은 불안감을 주는 여자들의 전형이다. 할리우드 영화의 악녀에는 키르케의 모습이 남아 있다. 여자들은 단순히 아름답다는 이유만으로 마녀들처럼 불에 태워졌다. 그리고 행실이 나쁜 여자들 앞에서 질겁한 지방의 도덕적 근엄함에는 여전히 옛날의 격렬한 공포가 존속한다.

이러한 위험 자체가 모험적인 남자에게는 여자를 매혹적인 유희의 대상으로 만든다. 남자는 남편의 권리를 포기하고, 사회적인 규정에 기대는 것을 거부하면서 여자를 단번에 정복하려 할 것이다. 남자는 여자가 아무리 저항하더라도 자기 것으로 만들려고 한다. 여자가 남자에게서 벗어나려는 그 자유 속에서도 남자는 여자를 뒤쫓는다. 그러나 그것은 헛된 노력이다. 자유에 한계를 짓는 것은 불가능하다. 자유로운 여자는 대개 남자에 반反해 그러할 것이다. '잠자는 숲속의 미녀'조차 불쾌하게 잠에서 깨어날 수 있고, 자기를 깨운 남자를 멋진 왕자라고 인정하지 않을 수도, 미소를 짓지 않을 수도 있다. 그것이 바로 시민 케인의 경우다. 케인의 보호를 받는 여자는 억압당하는 것으로 보이고, 그의 관대함은 권력과 강한 지배력의 의지로 드러난다. 영웅의 여자는 그의 무훈담을 무관심하게 듣는다. 시인이 꿈꾸는 '무사*mousa*'는 그의 시를 들으면서 하품을 한다. 아마존 여전사는 무료해져서 전투를 거부할 수도 있고, 또 전투에서 승리할 수도 있다. 퇴폐기의 로마 여자들이나 오늘날의 많은 미국 여자는 남자들에게 자기의 변덕이나 법칙을 강요한다. 신데렐라는 어디에 있는가? 남자는 주기를 희망했고, 이제 여자는 차지한다. 관건은 유희가 아닌 자기방어다. 여자가 자유로운 순간부터 여자에게는 자신을 자유롭게 창조해 내는 운명밖에 다른 운명이 없다. 그때 남녀 양성의 관계는 투쟁의 관계다. 남자에게 동류가 된 여자는 남자 앞에서 낯선 **자연**처럼 보였던 때와 마찬가지로 가공할 존재로 보인다. 아기를 키우고 헌신적이며 인내심 많은 암컷이 탐욕스럽고 사나운 짐승으로 뒤바뀐다. 악녀는 **대지**에, **생명**에 자기의 뿌리를 내리고 있다. 그러나 대지는 묘혈이고, 생명은 무자비한 전투다. 탐욕스레 먹는 곤충, 사마귀, 거미 신화가 부지런한 꿀벌과 어미 닭의 신화를 대체한다. 이제 더는 여자는 자식들에게 젖을 주는 여자가 아니라 남자를 잡아먹는 여자다. 난자는 더는 풍요로운 곳간이 아니라 정자가 거세되어 빠져 죽는 생기 없는 물질의 함정이다. 자궁, 평화롭고 안정된 이 따뜻한 동굴은 액체를 빨아먹는 과육, 육식식물, 발작적인 암흑의 심연이 된다. 거기에 사는 뱀 한 마리가 남성의 힘을 물릴 줄 모르고 탐욕스럽게 삼켜 버린다. 동일한 변증법은 에로틱한 대상을 흑색의 마술사로 만들고, 하녀를 배신자로, 신데렐라를 식인귀로 만든다. 그리고 모든 여자를 적으로 만든다. 그것은 남자가 기만적으로 자기를 유일한 본질로써 설정했기 때문에 치르는 대가다.

하지만 이런 적의에 찬 얼굴도 여자의 결정적인 모습은 아니다. 그보다는 여자라는 종種의 한가운데에 선악의 이원론이 들어온다. 피타고라스는 선한 원리는 남자에, 악한 원리는 여자에 비유했다. 남자들은 여자를 병합하면서 악을 극복하려고 시도했다. 그들은 그것에 부분적으로 성공했다. 그러나 기독교가 속죄와 구원이라는 관념을 가져오면서 영벌이란 단어에 꽉 찬 의미를 부여했던 것과 마찬가지로, 악녀가 뚜렷하게 모습을 나타내는 것은 신성화된 여자 앞에서다. 중세부터 오늘날까지 이어지는 '여자에 관한 논쟁' 중에 어떤 남자들은 자신이 꿈꾸는 축복받은 여자만을 보려고 하고, 다른 남자들은 자신의 꿈을 부인하는 저주받은 여자 외에는 전혀 알려고 하지 않는다. 그러나 사실상 남자가 여자에게서 **모든 것**을 발견할 수 있다면 그것은 여자가 동시에 이 두 면을 다 가지고 있기 때문이다. 여자는 생명이 의미가 있는 모든 가치와 반反가치를 육체적으로 생기 있게 나타낸다. 다음 사례에는 헌신적인 **어머니**와 부정한 여자 애인의 모습 아래 **선**과 **악**이 뚜렷이 대립하고 있다. 영국의 옛 민요시 「나의 아들 랜들Randal my son」에서는 자기 정부에게 속아 독을 마신 한 젊은 기사가 어머니 품에 안겨 죽으러 온다. 리슈팽 Jean Richepin(1849~1926)의 소설 『끈끈이La Glu』에서는 한층 더 비장하고 거칠게 같은 주제를 다루고 있다. 천사 같은 미카엘라는 요부 카르멘과 대조된다. 어머니·정숙한 약혼자·참을성 있는 아내는 요부나 마녀가 남자들의 가슴에 남긴 상처를 헌신적으로 치료해 준다. 명확하게 구분된 이 양극 사이에 수많은 모호한 모습들이 있다. 즉, 가엾은 여자들, 가증스러운 여자들, 죄지은 여자들, 희생당한 여자들, 교태 부리는 여자들, 힘없는 여자들, 천사 같은 여자들, 악마 같은 여자들이다. 그 때문에 갖가지 행동과 감정이 남자를 자극하고 풍요롭게 해 주는 셈이다.

이러한 여자의 복잡성이 남자를 매혹한다. 그래서 남자는 어느 기묘한 하녀에게 쉽게 현혹될 수 있다. 그녀는 과연 천사인가, 악마인가? 불확실성이 그녀를 스핑크스로 만든다. 파리의 아주 유명한 창가娼家 중 하나가 이 스핑크스의 간판을 내걸고 있었다. **여성성**의 전성시대에, 코르셋이 유행하던 시대에, 폴 부르제Paul Bourget(1852~1935)와 앙리 바타유Henri Bataille(1872~1922)와 프렌치캉캉의 시대에 스핑크스의 테마가 희극과 시와 노래에 지칠 줄 모르고 맹위를 떨쳤다. "그대는 누군가? 어디서 왔는가, 묘한 스핑크스여?" 그리고 아직도 여성의 신비에 대해 꿈을 꾸고 토론하기를 그치지 않고 있다. 남자들이 오랫동안 여자들에게 긴 드레스와 속치마, 베일이 달린 모자, 목이 긴 장갑과 높은 굽의 편상화[125]를 버리지 말도록 간청하는 것은 이러한 신비를 보전하기 위해서다. **타자** 안에서 차이를 강조하는 모든 것이 타자를 더 탐나는 것으로 만든다. 남자가 자기 것으로 만들고 싶어 하는 것은 그 자체로서의 **타자**이기 때문이다. 알랭 푸르니에Alain-Fournier(1886~1914)는 편지에서 영국 여자들이 남자처럼 뻣뻣한 악수를 한다고 비난한다. 이는 프랑스 여자들의 다소곳한 조심성이 그를 매혹했기 때문이다. 여자를 손이 닿지 않는 먼 곳에 있는 공주처럼 열렬히 사랑하기 위해서는, 여자가 비밀에 싸인 채 미지의 상태로 있어야 한다. 알랭 푸르니에가 자기 인생을 거쳐 간 여자들에게 특별히 정중했던 것 같지는 않다. 그러나 그는 유년기와 청춘기의 모든 꿈같은 이야기들과 잃어버린 낙원에 대한 향수 하나하나를 가까이 다가가기 어려워 보이는 게 가장 큰 미덕인 한 여자 안에 구현했다. 그는 이본

---

125 *신발의 등에서부터 목까지 긴 끈으로 얽어매게 되어 있는, 목이 조금 긴 구두

드 갈레Yvonne de Galais[126]에게 금빛으로 물든 순백의 이미지를 그려 넣었다. 남자들은 여자의 결점이 신비로움을 만들어 낸다면 그것까지도 소중히 여긴다. "여자는 변덕이 있어야 해"라고 한 남자가 분별 있는 한 여자에게 위압적으로 말하곤 했다. 변덕이란 예측 불가능한 것이다. 그것은 여자에게 물결치는 바다의 우아함을 갖도록 해 준다. 거짓말 또한 여자를 매력적인 반짝거림으로 치장한다. 교태와 사악함조차도 여자에게 매혹적인 향기를 부여한다. 기대에 어긋나고, 도망을 치고, 이해되지 못하고, 표리부동한 여자는 이와 같은 모습으로 남자들의 모순적인 욕망에 가장 잘 대응한다. 여자는 셀 수 없이 많은 변신을 하는 마야Maya다. 스핑크스는 보통 소녀의 모습으로 나타난다. 처녀성은 남자들이 매우 불안하게 여기는 비밀 가운데 하나다. 방탕한 사람일수록 처녀성에 더욱더 매력을 느낀다. 처녀의 순결은 장차 어떤 방종이 될지도 모른다는 희망을 품게 하고, 또 그 처녀의 순진함에는 어떤 사악이 숨겨져 있을지도 모른다. 아직은 동물과 식물에 가깝지만 이미 사회적인 관습에 순종적인 처녀는 어린아이도 성인도 아니다. 처녀의 수줍은 여성성은 두려움이 아니라 온건한 초조함을 불러일으킨다. 처녀가 여성의 신비의 특권적인 모습 중 하나라는 것이 이해된다. 하지만 '진정한 처녀'가 사라지고 있는 것처럼, 처녀에 대한 숭배는 어느 정도 시대에 뒤진 것이 되었다. 반면에 강티용Simon Gantillon(1887~1961)[127]이 크게 성공한 희곡에서 마야라는 인물에 부여한 매춘부의 얼굴은 그 마력을 많이 간직하고 있다. 그것이야말로 아주 조형적인 여성의 전형 중 하나이며, 악덕과 미덕의 유희를 가장 잘 발휘하는 유형이다. 소심한 청교도에게 그녀는 악과 수치, 질병, 영벌을 구현하고 있다. 그녀는 공포와 혐오를 불러일으킨다. 그녀는 어떤 남자에게도 속하지 않았으나 누구에게나 자신의 몸을 허락하고, 이런 거래로 살아간다. 그리하여 그녀는 원시적이고 음란한 모신母神의 가공할 독립성을 재발견하고, 남성 사회가 신성화하지 않았던, 여전히 불길한 힘을 지닌 **여성성**을 구현한다. 남자는 성행위에서 그녀를 소유한다고 상상하지 못하고 홀로 육체의 악마에 넘겨져, 굴종이며 타락이라고 느낀다. 육체를 다소간 저주받은 것으로 보는 앵글로색슨족 남자들이 특히 그렇게 느낀다. 반면에 육체를 겁내지 않

126 *장편 소설 『대장 몬느』에서 이상적 여인으로 등장한다.

127 *프랑스의 현대 희곡 작가. 『마야*Maya*』가 대표작이다.

는 남자는 매춘부의 육체의 너그럽고 꾸밈없는 표명을 사랑하게 될 것이다. 남자는 그녀 안에서 어떤 도덕도 무미건조하게 만들지 못한 고양된 여성성을 보게 될 것이다. 그는 옛날에 여자를 별이나 바다에 속하게 했던 마술적인 덕목을 그녀의 육체 위에서 재발견하게 될 것이다. 밀러Henry Miller(1891~1980)[128] 같은 사람은 창녀와 동침을 하면, 생과 사와 우주의 심연의 깊이를 측정하는 것처럼 느꼈다. 그는 자기를 환대하는 질의 습한 암흑의 깊은 곳에서 신을 만난다. 창녀는 위선적으로 도덕적인 세계 바깥으로 추방된 일종의 천민이기 때문에 '타락한 여자'를 모든 공식적인 미덕의 부인否認으로 생각할 수도 있다. 그녀의 비천함이 그녀를 진정한 성녀들의 일원으로 만든다. 왜냐하면 낮춰진 것은 높여질 것이기 때문이다. 그리스도는 마리아 막달레나를 은혜롭게 바라보았다. 죄는 위선적인 미덕보다 더 쉽게 천국의 문을 연다. 그래서 라스콜리니코프[129]는 자기를 범죄로 이끌었던 남성의 오만한 자존심을 소녀의 발치에다 제물로 바친다. 그는 모든 남자 안에 들어 있는 이 분리에의 의지를 살인으로 격화시켰다. 모든 사람에게서 버림받고 인종하는 천한 창녀[130]가 그의 자기 포기의 고백을 가장 잘 받아줄 수 있다.[131] '타락한 여자'라는 말은 불안하게 하는 반향을 일깨운다. 많은 남자가 타락하는 것을 꿈꾼다. 그러나 그것은 쉬운 일이 아니며, 긍정적인 모습으로는 **악**에 쉽사리 도달하지 못한다. 그리고 악마 같은 남자조차도 극단적인 범죄에는 겁을 먹는다. 여자는 그리 큰 위험 없이 슬며시 사탄을 불러들이는 검은 미사를 드릴 수 있다. 여자는 남자들 세계의 바깥에 있다. 그래서 여자와 관련된 행위들은 별 대단한 결과를 초래하지 않는다. 하지만 여자는 인간이고 따라

---

128 * 미국의 소설가. 첫 장편 『북회귀선』은 그를 유명하게 했으나 지나치게 대담한 성性 묘사로 1960년대까지 영국과 미국에서 출판이 금지되었다.

129 * 도스토옙스키의 소설 『죄와 벌』 속 주인공

130 * '소녀'를 가리킨다.

131 마르셀 슈보브Marcel Schwob는 『모넬의 책Livre de Monelle』에서 이 신화를 시적으로 설명하고 있다. "내가 너에게 귀여운 창녀들에 관해 이야기해 주려 하는데, 너는 시작을 알고 있을 것이다. (…) 있잖아, 창녀들은 남자들을 향해 동정해 달라는 소리를 외치고, 그 말라빠진 손으로 남자들의 손을 어루만진다. 그녀들은 남자가 매우 불행해야만 이해해준다. 그녀들은 남자와 같이 울고, 남자를 위로해 준다. (…) 그녀들 중의 누구도 말이지, 남자와 함께 남아 있을 수 없어. 그녀들은 남자가 더는 울지 않으면 너무 슬플 것이고, 부끄러워서 곁에 남아 있지 못하지. 그녀들은 남자를 감히 쳐다보지도 못한다. 그녀들은 남자에게 가르쳐야 할 것을 가르치고 떠나 버린다. 그녀들은 추위와 비를 무릅쓰고 와서 남자의 이마에 키스하고, 남자의 눈물을 닦아 준다. 그리고 무시무시한 암흑 속으로 다시 끌려가 버리지. (…) 암흑 속에서 그녀들이 무엇을 할 수 있었을지는 생각할 필요 없어."

서 여자를 통해서 인간의 규범에 대해 어두운 반항을 실현할 수 있다. 뮈세Alfred de Musset(1810~1857)[132]에서 조르주 바타유George Bataille(1897~1962)[133]에 이르기까지 추하지만 마음을 사로잡는 방탕이란 바로 '매춘부'에게 자주 드나드는 것이다. 사드D. A. F. de Sade(1740~1814)[134]와 자허마조흐Leopold von Sacher-Masoch(1836~1895)[135]가 그들의 강박적인 욕정을 만족시키는 것은 여자들의 육체 위에서다. 그들의 추종자, 그리고 충족시켜야 할 '변태 성욕'을 가진 남자 대부분은 가장 일반적으로 창녀들을 찾는다. 그녀들은 모든 여자 가운데 남자들에게 가장 순종적이지만 동시에 남자들의 손아귀에서 가장 많이 벗어나는 여자들이다. 이것이 그녀들에게 그토록 많은 의미를 띠게 하는 것이다. 하지만 처녀, 어머니, 아내, 누이, 하녀, 애인, 열녀, 상냥한 처첩 등 어떤 여성상도 남자들의 변덕스러운 갈망을 한 몸에 구현할 수는 없다.

한 개인이 수없이 많은 모습을 가진 **신화**의 이러저러한 면에 개별적으로 집착하는 이유와 그가 그것을 어떤 특정한 여자에게 구현하는 이유를 밝히는 것은 심리학, 특히 정신분석학의 일이다. 그러나 신화는 온갖 콤플렉스, 강박관념, 정신병 속에 내포되어 있다. 특히 많은 신경증 환자는 금지의 현혹에서 그 원인을 찾을 수 있다. 하지만 그것은 금기들이 사전에 구성되었을 때만 나타날 수 있다. 외부의 사회적 압력이 금기의 존재를 설명하기에 충분하지 않다. 사실 사회적 금기는 단지 합의에 따른 것만은 아니다. 그것은 – 여러 가지 의미 가운데서 - 각 개인이 개별적으로 경험하는 하나의 존재론적 의미를 지닌다. 한 예로 '오이디푸스 콤플렉스'를 검토해 보는 것은 흥미로운 일이다. 사람들은 지나치게 자주 그것을 본능적인 경향과 사회적인 규제 간 투쟁의 산물처럼 간주한다. 그러나 그것은 주체 자신의 내부 갈등이다. 어머니의 젖가슴에 대한 아이의 애착은 그 보편성과 내재성에서 우선 직접적 형태의 **생명**에 대한 집착이다. 이유離乳의 거부는 개인이 **전체**에서 분리되자마자 처해지는 버림받는 상태에 대한 거부다. 그리고 개인이 점점 더 개별화되고 한층 더 분리됨에 따라서 자기 육체에서 분리된 어머니의 육체에 대해 그가 이후에 간직하는 취향을 '성적'이라고 규정지을 수 있게 된다. 그

---

132 * 프랑스의 낭만파 시인, 극작가, 소설가

133 * 프랑스의 소설가, 사상가, 무신론적 신비주의자

134 * 프랑스의 소설가. 『미덕의 불운』에 묘사된 성욕 도착 현상에서 '사디즘'이란 용어가 생겨났다.

135 * 오스트리아의 작가, 언론인. 마조히즘이라는 용어는 그에게서 유래되었다.

의 관능은 그때 간접적으로 나타나며 낯선 대상을 향한 초월이 된다. 그러나 아이가 자신을 주체로서 받아들이는 것이 더 빠를수록 그리고 더 단호할수록, 그의 자주성을 인정하지 않는 육체적 관계는 그에게 성가신 것이 되어 버린다. 그래서 그는 애무에서 빠져나가려 하고, 그에게 어머니가 행사하는 권위와 그에 대해 갖는 권리, 그리고 때로는 어머니의 존재에서마저도 일종의 수치심을 일으킨다. 특히 자기 어머니를 육체로서 발견하는 것은 그에게 거북하고 외설적인 일이다. 그가 아버지나 계부 혹은 어머니의 정부에 대해 느끼는 혐오감 속에는 질투심보다 분노가 더 크게 작용한다. 어머니가 육체적 존재라는 것을 상기시키는 것은 그가 온 힘을 다해 거부하는 사건인 자신의 출생을 생각해 내는 것이다. 혹은 적어도 그는 어머니에게 우주적 대현상의 위엄을 부여하고자 한다. 어머니가 누구에게도 속하지 않은 채 모든 개체를 에워싸는 자연을 구현해야만 하는 것이다. 그는 어머니가 먹잇감이 되는 것을 증오한다. 그것은 – 흔히 주장되고 있는 것처럼 – 그 자신이 어머니를 소유하고 싶어서가 아니라, 어머니가 일체의 소유를 초월해서 존재하기를 원하기 때문이다. 즉, 어머니에게는 아내나 정부의 초라한 차원이 있어서는 안 되는 것이다. 하지만 사춘기에 그의 섹슈얼리티가 남성화될 때 어머니의 육체가 그를 자극하는 일이 일어난다. 그러나 그것은 그가 어머니 안에서 일반적인 여성성을 포착하기 때문이다. 그리고 흔히 어머니의 넓적다리나 유방을 보고 일어나는 욕망은 소년이 그 육체가 어머니의 육체라는 것을 깨닫는 즉시 사라진다. 타락하는 예도 많이 있다. 연령상으로 사춘기는 혼란기이므로 혐오가 불경을 일으키고, 금지로부터 욕망이 생기는 타락의 시기다. 그러나 먼저 아들이 순진하게 어머니와 동침하기를 원하고, 그다음에 외부의 방어가 개입되어 그를 억압한다고 믿어서는 안 된다. 그와 반대로 개인 자신의 마음속에 생긴 그 방어 때문에 욕망이 생기는 것이다. 이 금지는 가장 정상적이고 가장 일반적인 반응이다. 그러나 그것 또한 본능적인 욕망을 은폐하는 사회적 규제로부터 오는 것이 아니다. 오히려 존경심은 근원적인 혐오의 승화다. 젊은이는 어머니를 육체적으로 보려고 하지 않는다. 그는 어머니를 변형시키고, 사회가 그에게 제시하는 신성시된 여자의 순수한 여러 모습 중 하나에 어머니를 동일시한다. 그렇게 함으로써 그는 다음 세대를 보호해 줄 **어머니**의 이상적인 모습을 강화하는 데 이바지한다. 그러나 **어머니**가 그토록 많은 힘을 갖게 되는 것은 오직 개인적인 논리에 의해서 어머니가 소환되기 때문이다. 그리고 개개의 여자에게는 **여자**의, 따라서 **어머니**의 일반적인 본질이 깃들여 있으므로, **어머니**에 대한 태도는 아내와 정부와의 관계에도 반영될 것이 확실하다. 그러나 그것은 사람들이 흔히 상상하는 것처럼 그렇게 단순한 것이 아니다. 구체적이고 관능적으로 자기 어머니를 욕망했던 청소년은 어머니 안에서 여성 일반을 욕망할 수 있다. 그리고 그의 격한 욕정은 어느 여자 곁에서든 진정될 것이다. 그가 근친상간의 향수에 빠져드는 것은 아니다.[136] 거꾸로 자기 어머니에 대해 다정한, 그러나 정신적인 존경심을 품었던 젊은이는 어찌 됐든 간에 여자가 어머니의 순결함을 나누어 갖기를 희망할 수도 있다.

병적이거나 혹은 정상적인 행동에서 섹슈얼리티의 중요성, 곧 일반적으로 여자의 중요성은 잘 알려져 있다. 때로는 여자 이외의 대상들이 여성화되는 일도 있다. 게다가 여자는 대부분 남자가 만들어 낸 것이기 때문에, 남자는 여자를 남자의 육체를 통해서도 만들어 낼 수 있다. 즉, 남색에서도 양성의 구분이 유지된다. 그러나 보통 남자가 **여자**를 찾는 것은 여성 존재들 위에서다. 남자는 여자에 의해서, 여자 안의 가장 좋은 것과 가장 나쁜 것을 통해서 행복, 고통, 타락, 미덕, 갈망, 체념, 헌신, 횡포와 같은 인생과 자기 자신에 대해 수업한다. 여자는 도박이며 모험이다. 그러나 시련이기도 하다. 여자는 승리의 개가며 또한 실패를 극복한 보다 씁쓸한 개가다. 여자는 상실의 현기증, 모진 괴로움과 죽음의 매혹이다. 여자에 의해서만 비로소 존재하는 의미의 세계가 있다. 여자는 남자들의 행동과 감정의 실체이며, 남자들의 자유를 자극하는 온갖 가치의 화신이다. 비록 가장 가혹한 고배를 마신다고 할지라도, 남자가 그의 모든 꿈이 들어 있는 꿈 하나만은 포기하고 싶어 하지 않는 것을 이해할 수 있다.

그런 까닭에 여자는 기대에 어긋나는 이중의 얼굴을 하고 있다. 즉, 여자는 남자가 명령하는 모든 것이자 남자가 도달하지 못하는 모든 것이다. 여자는 자비로운 **자연**과 남자 사이에 현명한 중개자다. 그리고 모든 지혜에 반해 길들지 않는 **자연**의 유혹이다. 선에서 악에 이르기까지 여자는 일체의 도덕적인 가치와 그 반대의 것을 육체적으로 구현하고 있다. 여자는 남자의 활동 실체이자 장애물이며, 세계에 대한 남자의 점유이자 실패다. 이처럼 여자는 남자가 자기 실존에 대해서 하는 모든 성찰과 그 성찰에 대해 할 수 있는 모든 표현의 원천에 있다. 그러나 여자

---

136 스탕달의 예는 인상적이다.

는 남자를 그 자신으로부터 돌려놓고 침묵과 죽음 속에 가라앉히려고 애쓴다. 남자는 하녀이자 반려자인 여자가 또한 자기의 관중이자 심판자이기를 기대하고, 자기를 자기 존재 속에서 긍정해 주기를 기대한다. 그러나 여자는 무관심과 조소와 비웃음으로 남자에게 이의를 제기한다. 남자는 자기가 욕망하는 것, 두려워하는 것, 사랑하는 것과 증오하는 것을 여자 속에 투사한다. 그래서 남자가 여자에 대해서 무언가를 말하기가 어려운 것은 여자에게서 자신의 전부를 추구하며, 여자는 **모든 것**이기 때문이다. 단지 여자는 비본질의 양태로 **모든 것**이다. 즉, 여자는 완전히 *타자*다. 그리고 타자로서 여자는 그녀 자신 외의 다른 것이고, 여자에게서 기대되는 것과 다른 것이다. 여자는 모든 것이기 때문에 정확히 그녀가 그래야만 할 *이것이* 결코 아니다. 여자는 영속적인 빗나감이다. 자기 자신에게 도달하기에도, 존재자들의 전체와 화해하기에도 성공하지 못하는 실존의 빗나감 그 자체다.

2장

집단적으로 나타나는 여성 신화의 이상과 같은 분석을 확인하기 위해서, 우리는 몇몇 작가들에게서 나타났던 신화의 개별적이고 혼합적인 모습을 고찰해 보려고 한다. 몽테를랑, D. H. 로런스, 클로델, 브르통, 스탕달의 여성에 대한 태도가 특히 전형적인 것으로 보였다.

1. 몽테를랑 또는 혐오의 빵

몽테를랑Henry Millon de Montherlant(1896~1972)은 피타고라스류의 오만한 이원론을 나름대로 이용한 남성들의 긴 전통에 이름을 새기고 있다. 니체의 뒤를 이어 그는 허약한 시대만이 **영원한 여성**을 찬양했고, 영웅은 **위대한 어머니**에 반기를 들어야만 한다고 생각했다. 영웅주의 전문가인 그는 여자에게서 왕위를 박탈하려고 시도한다. 여자란 밤이고 무질서며 내재다. "이러한 경련적인 암흑은 순수한 상태의 여자일 뿐, 그 이상 아무것도 아니다"[137]라고 그는 톨스토이 부인에 관해서 쓴다. 그에 의하면, 오늘날 남자들의 어리석음과 저열함은 여성의 결함에 긍정적인 모습을 부여한 것이다. 즉, 여자들의 논리 부재, 완고한 무지, 현실 파악의 무능을 고발해야 할 때, 여자들의 본능, 직관, 예지에 관해서 이야기한 것이다. 사실 여자들은 관찰자도 아니고 심리학자도 아니다. 그녀들은 사물을 볼 줄도 모르고, 인간을 이해할 줄도 모른다. 여자들의 신비는 환상이며, 그녀들의 깊

---

137 『여성론 Sur les femmes』

「몽테를랑 초상화」 자크 에밀 블랑슈, 1922

이를 알 수 없는 보고寶庫는 무無의 깊이를 가지고 있다. 여자들은 남자에게 아무 것도 줄 게 없으며, 다만 남자를 해칠 수 있을 뿐이다. 몽테를랑에게는 우선 어머니가 가장 큰 적이다. 젊은 시절의 희곡 작품 『유배L'Exil』에서 그는 자기 아들의 사회진출을 막는 한 어머니를 등장시킨다. 『올림픽 Les Olympiques』에서는 운동에 투신하려는 청년이 어머니의 소심한 이기주의에 의해 '저지'당한다. 『독신자 Les Célibataires』, 『젊은 처녀들 Les Jeunes Filles』에서는 어머니가 추악한 모습으로 묘사되어 있다. 어머니의 죄는 아들을 자기 배 속의 암흑 안에 영원히 가두어 보살피고자 하는 것이다. 아들을 독점하고 그렇게 해서 자기 존재의 메마른 공허를 채울 수 있도록 아들의 신체 일부를 절단한다. 어머니는 가장 유감스러운 교육자다. 아이의 날개를 자르고, 아이가 갈망하는 정상에 오르지 못하도록 붙잡아놓고, 아이를 바보로 만들며 못쓰게 만든다. 이런 불평불만들은 근거가 없는 것이 아니다. 몽테를랑은 여자-어머니에게 보내는 분명한 비난을 통해서 어머니 안에서 틀림없이 자신의 출생을 증오하고 있다. 그는 자신을 신이라 믿고, 자기가 신이길 원한다. 그것은 그가 남자이기 때문이며, '우월한 인간'이기 때문이며, 몽테를랑이기 때문이다. 신은 사람에게서 태어난 존재가 아니다. 만약 신이 몸을 가지고 있다면, 신의 몸은 강인하고 부드러운 근육의 형型으로 주조된 의지이지 생명과 죽음이 암암리에 깃든 육체가 아니다. 그는 자신이 부인하는, 이 덧없고 우발적이며 상처받기 쉬운 육체의 책임을 어머니에게 돌린다. "아킬레우스가 몸에서 유일하게 쉽게 상처받은 곳은 어머니가 손으로 잡고 있었던 그 부분이다."[138] 몽테를랑은 인간의 조건을 결코 받아들이려 하지 않았다. 그가 자기의 자존심이라고 부르는 것은, 실은 육체를 통해 세계에 참여한 자유가 안게 되는 위험을 애초부터 두려워하며 도망치는 것이다. 그는 자유의 확립을 주장했으나 참여는 거부한다. 연고도 뿌리도 없이 그는 최고의 권한을 가지고 자신의 세계에 틀어박힌 주체성이기를 꿈꾸고 있다. 자기의 육체적 근원에 대한 기억은 이러한 꿈을 방해한다. 그래서 그는 자기에게 익숙한 방식의 수단을 동원한다. 즉, 그러한 조건을 극복하는 대신에 부정하는 것이다.

몽테를랑이 보기에 애인도 어머니와 마찬가지로 해롭다. 애인은 남자가 자기 안에 신을 부활시키는 것을 막는다. 몽테를랑은 여자의 몫이 생명의 즉시성이라

138 『여성론』

고 선언한다. 즉, 여자는 감각으로 먹고 살고, 내재 속에서 뒹굴며, 행복에 대한 결벽증이 있다. 그리고 여자는 거기에 남자를 가두어 두려고 한다. 여자는 자기 초월의 충동을 느끼지 못하고, 위대함에 대한 감각도 없다. 여자는 애인의 나약함을 사랑하지 그의 강건함을 사랑하지 않는다. 그가 고통 속에 있는 것을 사랑하지 기뻐하는 것을 사랑하지 않는다. 여자는 그가 무장 해제되어, 전혀 그렇지 않은데도 불운하다고 설득하고 싶어 할 정도로 불행하기를 바란다. 그는 여자를 초월하고, 그렇게 해서 여자를 벗어난다. 여자는 남자를 독점하기 위해서 자기 자신의 수준으로 축소하려고 한다. 왜냐하면 여자는 남자를 필요로 하고, 자족하지 못하며 기생적인 존재이기 때문이다. 몽테를랑은 도미니크의 눈을 통해서 "애인의 팔에 연체동물처럼 매달린, 변장한 커다란 괄태충과 비슷한"[139] 라네라그[140]의 산책하는 여자들을 보여 주고 있다. 그의 말에 의하면, 여자들은 운동선수를 제외하고, 불완전한 존재들이며 예속 상태에 처한 존재들이다. 무르고 근육이 없는 여자들은 세계를 점유하지 못한다. 그래서 여자들은 애인 하나 혹은 그보다 나은 남편 하나를 악착같이 자기 것으로 만들려고 애쓴다. 내가 아는 한, 몽테를랑이 사마귀 신화를 사용한 것은 아니지만 같은 내용의 말을 하고 있다. 즉, 여자에게 사랑한다는 것은 상대를 잡아먹는 것이다. 여자는 자기를 준다고 주장하지만 빼앗는다. 그는 톨스토이 부인의 외침을 인용하고 있다. "나는 그에 의해서, 그를 위해서 살고 있다. 그가 나를 위하여 똑같은 것을 해 주기를 나는 강하게 요구한다." 그리고 그는 그와 같은 격정적 사랑의 위험성을 고발하고, 『전도서』의 말에서 다음과 같은 무서운 진리를 발견하고 있다. "당신의 불행을 원하는 남자가 당신의 행복을 원하는 여자보다 낫다." 그는 "부하 중에 결혼한 사람은 반쪽으로 줄어든 인간이다"라고 말한 리요테Louis Lyautey(1854~1934)[141]의 경험을 상기시킨다. 특히 그는 '우월한 남자'에게 결혼이 해롭다고 판단하고 있다. 그것은 우스꽝스러운 소시민화다. 아이스킬로스 부인이라느니 혹은 "단테 부부 댁에 저녁 식사 하러 간다"라느니 같은 말을 할 수가 있겠는가? 위대한 남자의 위엄은 그로 인해서 약해진다. 그리고 특히 결혼은 영웅의 장엄하고 멋진 고독을 깨뜨린다. 영웅은 "자기 자신에게서 한눈을 팔지 않는 것이 필요하다."[142] 이미 말했듯이, 몽테

---

139 『꿈 Le Songe』
140 * 파리의 한 산책 장소
141 * 프랑스의 군인. 식민지 행정관, 육군 장관을 지냈다.
142 『여성론』

를랑은 *대상이 없는* 자유를 택했다. 다시 말해서 그는 세계 속에 참여하는 진정성 있는 자유보다는 자주성의 환상을 선택하고 있다. 그가 여자에 대해서 지키려 하는 것은 이러한 소극적 자유의 행사다. 여자는 짐이 되며 부담이 된다. "사랑하는 여자가 자기 팔에 매달려 있어서 한 남자가 똑바로 걸을 수 없었던 것은 고통스러운 상징이었다."[143] "내가 불타고 있을 때 여자는 그 불을 끈다. 내가 물 위를 걷고 있을 때 여자는 내 팔에 매달리고, 나는 가라앉는다."[144] 여자는 단지 결핍이고 빈곤이며 부정성일 뿐이고 여자의 마법은 헛되다고 하면서, 어떻게 여자가 그렇게 많은 힘을 가지고 있다는 것인가? 몽테를랑은 그것을 설명하지 않고 있다. 단지 "사자가 모기를 두려워하는 것은 당연하다"[145]라고 오만하게 말할 뿐이다. 그러나 그 대답은 명백하다. 혼자 있을 때 자기가 최고라고 믿으며, 어떤 짐도 지지 않으려고 표 나지 않게 거절하면서 자기가 힘이 세다고 믿는 것은 쉬운 일이다. 몽테를랑은 쉬운 길을 택했다. 그는 쉽지 않은 가치들을 몹시 중하게 여긴다고 주장하지만 그것들에 손쉽게 도달하려고 한다. "우리가 우리 자신에게 수여하는 왕관만이 쓸 가치가 있다"라고 『파시파에*Pasiphaé*』에서 왕이 말한다. 편리한 원칙이다. 몽테를랑은 자기 이마에 과중한 것을 쓰고 자줏빛 의상을 걸치고 있다. 그러나 그의 왕관이 색종이로 만들어졌고, 안데르센 동화에 나오는 왕처럼 그가 벌거벗고 있다는 것을 드러내기 위해서는 타인의 시선 하나면 족할 것이다. 꿈속에서 물 위를 걷기, 그것은 실제로 지상의 길에서 걷는 것보다 덜 피곤한 일이다. 그리고 사자 몽테를랑이 심하게 겁을 먹고 여자인 모기를 피하는 것도 그 때문이다. 즉, 그는 현실의 시련을 심히 두려워하고 있다.[146]

만일 몽테를랑이 진정으로 **영원한 여성**의 신화를 부서뜨렸다면 그것에 대해서는 치하해야만 할 것이다. 여자들이 인간존재로서 자기의 삶을 살아가도록 도울 수 있는 것은 **여자**를 부정하는 것이기 때문이다. 그러나 이미 보았듯이 그는 우상을 산산조각 내지 않고 단지 괴물로 바꿔 놓았을 뿐이다. 그 역시 여자다움이라는 이 모호하고 환원 불가능한 본질을 믿고 있다. 아리스토텔레스와 성 토마

---

143 『젊은 처녀들』
144 『젊은 처녀들』
145 『젊은 처녀들』
146 이런 증상을 알프레드 아들러는 정신병의 전형적 원인으로 간주했다. "'힘에의 의지'와 '열등감' 사이에서 분열된 개인은 현실의 시련에 직면하지 않기 위해서 사회와 자기 사이에 가능한 한 가장 먼 거리를 설정한다. 그는 현실의 시련이 기만의 그늘에서만 유지될 수 있다는 주장을 서서히 약화한다는 것을 알고 있다.

스에 이어 그는 여자가 부정적으로 정의된다고 생각한다. 여자는 남자다움의 결여로 인해 여자다. 그것이 바로 모든 여성 개개인이 변화시킬 수 없는, 감내하지 않으면 안 되는 운명이다. 거기서 벗어나길 주장하는 여자는 인간 사다리의 가장 낮은 단계에 위치하게 된다. 그 여자는 남자가 되는 데 성공하지 못하고, 여자가 되는 것도 포기하기 때문이다. 그런 여자는 우스꽝스러운 흉내를 내는 것에 불과하고 사기일 뿐이다. 여자가 육체이며 의식인 사실은 여자에게 어떤 현실성도 부여하지 않는다. 때때로 플라톤주의자인 몽테를랑은 기분이 나면 오직 여성성과 남자다움의 **관념**만이 존재를 소유한다고 생각하는 것 같다. 여자다움이나 남자다움 그 어느 것에도 속하지 않는 개인은 존재의 외관밖에 가지고 있지 않다. 자신을 자주적인 주체로 과감하게 설정하고, 생각하고 행동하는 이러한 '흡혈귀'들을 그는 여지없이 단죄한다. 그리고 그는 앙드레 아크보[147]의 초상을 그리면서 자기를 한 인격으로 만들려 노력하는 여자는 누구든지 보기 흉한 꼭두각시로 변한다는 것을 증명하려고 한다. 당연히 앙드레는 추하고 볼품없으며, 옷차림이 단정치 못하고 더럽기까지 한데, 손톱과 팔목은 더 말할 필요가 없다. 그녀가 거의 교육받지 못했다는 사실은 그녀의 모든 여자다움을 죽이기에 충분했다. 코스탈[148]은 그녀가 총명하다고 독자들에게 보증하지만, 몽테를랑은 그녀에 관해 묘사할 때마다 매번 그녀가 어리석다는 것을 독자들이 믿게 만든다. 코스탈은 그녀에게 호감을 느낀다고 주장하지만 몽테를랑은 그녀를 추악한 사람으로 만든다. 이러한 교활한 애매함으로 여성 지능의 우둔함을 증명하고, 여자의 근원적 추함이 여자가 지향하는 모든 남성적 특질을 변질시킨다고 꾸며 댄다.

몽테를랑은 여자 운동선수들만은 예외로 하고 싶어 한다. 자주적인 육체 훈련을 통해서 그녀들은 정신과 영혼을 정복할 수 있지만, 그런 높은 경지에서 그녀들을 끌어내리는 것은 쉬운 일일 것이다. 몽테를랑은 1천 미터 우승자를 찬양한 후 그녀에게서 슬그머니 멀어진다. 그녀를 쉽게 유혹할 수 있다는 것을 의심하지 않으면서, 그녀에게 그러한 명예의 실추를 안겨주고 싶어 하지 않는다. 도미니크는 알방이 불러 세웠던 정상에 그대로 있지 않았다. 그녀는 그와 사랑에 빠졌다.

---

147 *『젊은 처녀들』의 여주인공
148 *『젊은 처녀들』의 남주인공

"완전한 정신과 완전한 영혼이었던 여자는 땀을 흘렸고, 향기를 내뿜었으며, 숨이 차서 잔기침을 하였다."[149] 분개한 알방은 그녀를 쫓아 버린다. 운동 규율에 따라서 자기 안에 육체를 죽여 버린 여자를 사람들은 존경할 수 있으나, 여자의 육체에 자율적인 존재가 들어 있다는 것은 추문이다. 여자의 육체는 의식이 깃드는 즉시 혐오스러운 것이 된다. 여자에게 적합한 것은 순수하게 육체적인 것이다. 몽테를랑은 동양인의 태도에 동의한다. 향락의 대상으로서 약한 성은 지상에 분명 보잘것없는, 그러나 타당한 자리 하나를 차지하고 있다. 그는 남성이 여자에게서 끌어내는 쾌락에서, 오직 이 쾌락에서만 정당화를 발견한다. 이상적인 여자는 완전히 멍청하고 완전히 순종적이다. 여자는 언제나 남자를 맞이할 준비가 되어 있고, 남자에게 결코 아무것도 요구하지 않는다. 알방이 기분 내킬 때 소중히 여기는 두스가 그런 여자다. "두스, 기가 막히게 바보이고, 한층 더 바보가 됨에 따라 언제나 더욱 탐이 나는 (⋯) 사랑을 제외하면 쓸모없어 남자가 부드럽고 단호하게 피하는 여자."[150] 쾌락과 돈을 고분고분하게 받아들이는 태평한 사랑 동물인 귀여운 아랍 여자 라디자도 그렇다. 에스파냐 기차 안에서 만난 '여자 동물'이 바로 그렇다고 상상할 수 있을 것이다. "그녀가 너무도 멍청해 보여서 나는 그녀를 탐하기 시작했다."[151] 작가는 다음과 같이 설명한다. "여자들에게서 짜증나는 것은 영리한 체하는 것이다. 여자들이 자기들의 동물성을 과장할 때는 초인의 모습이 언뜻 나타난다."[152]

하지만 몽테를랑은 동양의 회교권 국가의 군주가 아니다. 우선 그는 관능적이지 않다. 그가 아무런 저의 없이 '여자 동물들'에 빠져서 즐기는 일은 없다. 그녀들은 "병약하고 비위생적이며 결코 완전히 청결하지 못하다."[153] 코스탈은 독자들에게 젊은 남자의 머릿내가 여자들보다 더 강렬하고 향기롭다고 고백한다. 그는 때때로 솔랑주 앞에서, "거의 구역질 나는 달짝지근한 이 냄새, 하얀 미꾸라지처럼 근육과 신경이 없는 이 육체"[154] 앞에서 혐오감을 느꼈다. 그는 자기에게 더욱 더 잘 어울리는 대등한 사람 간의 포옹을 꿈꾸었다. 거기에는 정복된 힘의 감미로움

149 『꿈』
150 『꿈』
151 『카스티유의 왕녀 La Petite Infante de Castille』
152 『카스티유의 왕녀』
153 『젊은 처녀들』
154 『젊은 처녀들』

이 있을 것이다……. 동양인은 여자를 관능적으로 즐긴다. 그리고 그것을 통해서 애인들 사이에는 육체적 상호성이 자리 잡는다. 이는 바로 『아가雅歌』의 열렬한 기원과 『천일야화』 이야기 그리고 사랑하는 여인을 찬양하기 위해 노래하는 수많은 아라비아 시詩가 보여 주는 것이다. 분명 나쁜 여자들도 있다. 그러나 매력적인 여자들도 있어서 관능적인 남자는 조금도 굴욕감을 느끼지 않으면서 그런 여자들 품에 편안하게 몸을 내맡긴다. 반면에 몽테를랑의 남주인공은 언제나 방어 태세를 갖추고 있다. "잡히지 않고 잡는 것, 그것이 우월한 남자와 여자 사이에 받아들일 수 있는 유일한 방책이다."[155] 그는 공격적이고 남성적인 순간처럼 보이는 욕망의 순간에 대해 기꺼이 이야기하지만, 쾌락의 순간은 교묘하게 피한다. 어쩌면 그 자신도 땀을 흘리고 숨을 헐떡이며 '체취를 발산'하는 것을 발견하는 위험을 감수하게 될지도 모른다. 그러나 그렇지는 않을 것이다. 누가 감히 그의 체취를 맡고 그의 땀내를 느낄 수 있겠는가? 그의 무장해제된 육체는 누구를 위해서도 존재하지 않는다. 그 앞에는 아무도 없기 때문이다. 그는 유일한 의식이고 순수하고 투명한 최고의 존재이기 때문이다. 그리고 그의 의식 자체에 쾌락이 존재할지라도 그는 그것을 고려하지 않는다. 그것은 그에게 방해가 될 것이기 때문이다. 그는 자기가 주는 쾌락을 즐겨 이야기하지만, 그가 받는 쾌락에 대해서는 절대 이야기하지 않는다. 받는 것, 그것은 종속이기 때문이다. "내가 한 여자에게 요구하는 것은 쾌락을 주는 것이다."[156] 관능적 쾌락의 생생한 열기는 은밀한 합의일 테지만 그는 그에 대해서 일절 인정하지 않는다. 그는 지배자의 오만불손한 고독을 선호한다. 그가 여자들에게서 구하는 것은 관능적인 만족감이 아니라 두뇌의 만족감이다.

그리고 위험을 무릅쓰지 않고 자기를 표현하고 싶어 하는 거만함의 만족이다. 여자 앞에 다가가는 것은 "말이나 황소 앞에 가까이 가려 할 때 느끼는 것과 같은 감정이다. 말이나 황소 앞에서처럼 여자 앞에서도 *자기의 힘을 가늠해 본다*는 불안과 취미를 갖고 있기 때문이다"[157] 다른 남자들과 힘을 겨뤄 본다는 것은 매우 무모한 짓이 될 것이다. 그들은 시합에 개입할 것이고, 예기치 못한 점수표를 만들고, 이상한 판정을 내릴 것이다. 황소나 말 앞에서는 자신이 심판자로 머물러

---

155 『젊은 처녀들』
156 『젊은 처녀들』
157 『카스티유의 왕녀』

있어서 훨씬 더 안전하다. 여자 역시 잘 고른다면 그 여자 앞에 홀로 있을 수 있다. "나는 대등한 관계에서 연애하지 않는다. 왜냐하면 여자에게서 내가 찾는 것은 어린아이이기 때문이다." 이런 자명한 이치는 아무것도 설명하지 못한다. 왜 그는 대등한 상대가 아닌 어린아이를 찾는 것인가? 몽테를랑, 그가 차라리 자기와 대등한 자는 아무도 없다고 선언했더라면 그편이 더 성실했을 것이다. 그리고 더욱더 정확하게는 그가 자기와 대등한 자를 원하지 않는다는 것이다. 그가 동류를 두려워하기 때문이다. 『올림픽』을 쓰던 시절에 그는 스포츠에서 속임수가 개입될 수 없는 순위를 만들어 내는 운동경기의 엄밀함을 예찬했다. 그러나 그 자신은 이런 교훈을 이해하지 못했다. 그 후의 작품과 인생에서 그와 마찬가지로 작중 인물들도 일체의 대결을 피했다. 그들은 동물이나 풍경, 어린아이, 혹은 어린아이 같은 여자들을 상대하고 있지 결코 대등한 자를 상대하지 않는다. 일찍이 스포츠의 엄밀한 명료함에 반했던 몽테를랑은 그 겁 많은 오만함에 아무 비판도 가할 염려가 없는 여자들만 정부로 받아들인다. 그는 "수동적이고 식물적이며," 유치하고 어리석으며, 돈으로 살 수 있는 여자들만 선택한다. 그는 여자들에게 의식을 부여하는 것을 철저히 회피한다. 만일 그 흔적을 조금이라도 발견하면 격분해 자리에서 떠나 버린다. 여자와 어떤 주체 간의 상호적 관계를 맺는다는 것은 말도 안 되는 일이며, 여자란 남자의 왕국에서 살아 숨 쉬는 단순한 물건에 지나지 않아야만 한다. 여자는 결코 주체로서 생각되지 않을 것이다. 여자의 관점은 절대 고려되지 않을 것이다. 몽테를랑의 남주인공은 기세가 등등한 것 같지만 실은 편리할 뿐인 도덕을 가지고 있다. 그는 자기 자신과의 관계에 대해서만 격정할 뿐이다. 그가 여자에게 애착을 가지는 것은, 아니 그보다는 자기에게 여자를 붙들어 매는 것은 여자를 즐기기 위해서가 아니라 자기 자신을 즐기기 위해서다. 절대적으로 열등한 여자의 실존은 남자의 실체적이고 본질적이며 파괴할 수 없는 우월성을 드러내 준다. 그것도 안전하게.

그래서 두스의 어리석음은 알방에게 "그리스 전설의, 거위를 아내로 맞이한 **반신**의 기분을 어느 정도 느낄"[158] 수 있게 해 준다. 코스탈이 솔랑주에게 손을 대자마자 그가 멋진 사자로 변해 버린다. "그들이 서로 가까이 앉자마자, 그가 젊은 처녀의 허벅지 위에(드레스 위로) 손을 얹었다. 그런 다음 정복한 고깃덩어리 위에 사자

---

158 『꿈』

가 앞발을 펼쳐 놓듯이 그 손을 그녀의 몸의 중심부에 갖다 놓았다……"159 영화
관의 어둠 속에서 수많은 남자가 매일 슬그머니 행하는 이 짓을 코스탈은 "**영주
의 원시적 손짓**"160이라고 알린다. 애인의 육체를 소유하기 전에 애인을 포옹하고
키스하는 남자나 남편들이 몽테를랑처럼 위대함의 감각을 지니고 있다면, 그들
은 이러한 강력한 변신을 쉽사리 경험할 것이다. "다리 사이에 놓인 고깃덩어리
를 뜯어먹다가 이따금 그것을 핥기 위해 동작을 멈추는 *사자와 같이* 그는 이 여자
의 얼굴에서 어렴풋이 냄새를 맡았다."161 남자가 자기 여자에게서 끌어내는 쾌락
은 이러한 육식성의 오만함뿐만이 아니다. 여자는 남자에게 자유롭게 그리고 언
제라도 안전하게 자신의 마음을 실험해 보는 핑계의 기능을 한다. 어느 날 밤, 코
스탈은 자기의 고통의 맛에 지쳐서 닭다리를 쾌활하게 뜯어먹을 정도까지 고뇌
의 유희에 빠진다. 그와 같은 유희는 자주 할 수 있는 일이 아니다. 그러나 이것 외
에도 강렬하거나 미묘한 즐거움이 있다. 예를 들면, 교만한 호의다. 코스탈은 여
자들이 보내는 몇몇 편지들에 쾌히 답장을 해 주고, 때로는 거기에 정성을 다하기
까지 한다. 영감을 받은 시골 소녀에게 유식한 체하는 글을 쓰고, 그 끝에다 "당신
이 내 글을 이해할지 모르겠소. 그러나 그것은 내가 당신 수준으로 **낮춰** 쓰는 것
보다는 낫소"162라고 쓰는 것이다. 때때로 그는 자기 이미지에 맞추어 여자를 만
들어 내는 것을 즐기기도 한다. "나는 당신이 나를 위해 두건頭巾처럼 되기를 바라
오. (…) 당신이 나와는 별개의 것이 되게 하려고 당신을 나의 수준으로 **끌어올리
지** 않을 것이라오."163 그는 솔랑주에게 몇 가지 아름다운 추억을 만들어 주는 것
을 즐긴다. 그러나 그는 여자와 동침할 때 자기의 후한 인심을 넋을 잃고 가장 황
홀하게 느낀다. 기쁨의 수여자, 평화와 온기와 힘과 쾌락의 수여자인 그가 여자에
게 주는 이러한 부유함이 그를 가득 채운다. 그는 자기 정부들에게 아무것도 빚진
것이 없다. 종종 그런 사실을 확실히 하기 위해서 여자들에게 돈을 지급하기도 한
다. 그러나 성교가 평등하게 이루어질 때조차 여자는 일방적으로 채무자다. 여자
는 아무것도 주지 않고, 남자가 빼앗는다. 그러므로 그가 솔랑주의 처녀성을 박
탈한 날, 그녀를 화장실로 쫓아 버린 것을 완전히 정상이라고 생각한다. 비록 한

---

159 『젊은 처녀들』
160 『젊은 처녀들』
161 『젊은 처녀들』
162 『젊은 처녀들』
163 『젊은 처녀들』

여자가 지극히 사랑을 받는다 할지라도 남자가 그녀 때문에 불편해하는 것은 있을 수 없는 일이다. 그는 신의 섭리로 남자가 되었고, 여자가 관장용 주입기와 비데에 바쳐지는 것 역시 신의 섭리에 의한 것이다. 코스탈의 오만함은 여기서 무례한 외판원의 천박함을 아주 충실하게 모방한다.

여자의 첫째 의무는 그의 관대한 요구에 순종하는 것이다. 솔랑주가 자기의 애무를 좋아하지 않는다고 추정했을 때 코스탈은 격분한다. 그가 라디자를 애지중지하는 이유는, 그녀의 몸속으로 들어가자마자 그녀의 얼굴이 기쁨으로 빨갛게 달아오르기 때문이다. 그때 그는 자기를 맹인인 동시에 멋진 왕자로 느끼는 것을 즐긴다. 하지만 빼앗기고 또 충족된 여자가 단지 초라한 물건, 의식意識의 대용품이 고동치는 무미건조한 육체에 지나지 않는다면, 빼앗고 또 충족시키는 도취감은 어디서 올 수 있는 것인지 당혹스럽다. 코스탈은 어찌해서 그런 쓸데없는 피조물들과 그렇게 많은 시간을 허비할 수 있는 것인가?

이러한 모순은 결국 허영심에 불과한 자존심의 진가를 발휘하는 것이다.

강자의, 관대한 자의, 지배자의 더욱더 미묘한 희열은 불행한 인종에 대한 연민이다. 코스탈은 이따금 헤아릴 수 없는 형제애의 엄숙함, 비천한 자들에 대한 동정심, '여자들에 대한 연민'을 마음속 깊이 느끼며 감동한다. 냉혹한 사람들의 예기치 않은 상냥함보다 더 감동적인 것이 무엇이 있을까? 그가 병든 동물인 여자들에게 몸을 숙일 때 그는 자기 마음속에 '에피날'의 고상한 이미지를 부활시킨다. 그는 여자 운동선수들조차 경기에 지고, 부상하고 기진맥진해서 정신적으로 상처를 입는 것을 보기 좋아한다. 다른 여자들은 가능하면 최대한 무력해지기를 바란다. 그는 여자들이 매달 겪는 곤란을 역겨워한다. 하지만 코스탈은 "여자들이 그런 곤란을 겪고 있는 것을 알 때, 항상 여자들에게 더 호감이 갔다"[164]라고 고백한다. 그가 이런 연민의 감정에 넘어가는 일도 있다. 그래서 지키지는 못해도 약속을 잡는 일까지는 있다. 앙드레에게 도와주겠다는 약속을 하고, 솔랑주와는 결혼해 주겠다는 약속도 한다. 그러나 연민의 정이 그의 마음에서 사라지면 이런 약속들도 깨끗이 사라진다. 그가 스스로의 약속을 취소해선 안 될 이유라도 있단 말인가? 그는 유희의 규칙을 만들어 놓고, 자기 자신을 유일한 상대로 하여 유희를 즐기고 있다.

---

164 『젊은 처녀들』

열등하고 가련하다는 것만으로는 충분치 않다. 몽테를랑은 여자가 경멸할 만한 존재이기를 원한다. 그는 때때로 욕망과 경멸의 갈등이 비장한 드라마라고 주장하기도 한다. "아! 경멸하는 것을 욕망하는 것은 그야말로 비극이다! (…) 거의 같은 동작으로 끌어당기고 밀어내며, 성냥개비를 가지고 하듯이 불을 켜곤 즉시 던져 버려야 한다는 것, 이것이 여자와 우리와의 관계의 비극이다!"[165] 사실, 비극은 단지 성냥개비의 관점, 소홀히 취급당하는 것의 관점에서만 있는 것이다. 성냥불을 켜는 사람에게는 손가락이 불에 데지만 않는다면 이런 운동이 매혹적일 것이라는 것은 너무나 분명하다. "경멸하는 것을 욕망하는 것"이 그의 멋대로의 쾌락이 아니라면, 그는 자기가 존중하는 것을 욕망하기를 철저하게 거부하지 않을 것이다. 즉, 알방이 도미니크를 밀어내지는 않을 것이다. 그는 "평등한 입장에서 사랑하는 것"을 택할 것이다. 그리고 자신이 욕망하는 것을 그토록 경멸하는 것을 피할 수 있을 것이다. 결국, 젊고 예쁘고 정열적이며 단순하고 귀여운 에스파냐의 댄서가 무엇 때문에 멸시당할 만했는지 도대체 알 수 없다. 그녀가 가난하고 교양 없는 하층계급 출신이기 때문인가? 몽테를랑의 눈에는 그런 것들이 결함이 될는지 모른다. 그러나 그는 무엇보다도 그녀가 여자라는 이유로 가차 없이 경멸한다. 여성의 신비가 남자의 꿈을 일으키는 것이 아니라, 남자의 꿈이 신비감을 만들어 내는 것이라고 그가 마침 적절하게 말하고 있다. 그러나 그역시 객체 속에 자기의 주관성이 요구하는 것을 투사한다. 즉, 여자들이 멸시당할 만해서 그가 여자들을 경멸하는 것이 아니라, 그가 여자들을 경멸하고 싶어서 여자들이 그에게 비천하게 보인다는 것이다. 여자들과 자기 사이에 거리가 멀면 멀수록 그는 그만큼 더 높은 정상 위에 앉아 있다고 느낀다. 그가 자기의 남주인공들을 위해서 그토록 형편없는 여자들을 애인으로 선택하는 이유가 이를 설명한다. 그는 섹스와 권태로 고통받는 시골의 노처녀와 멍청하고 욕심쟁이인 극우의 소시민 여성을 위대한 작가인 코스탈과 겨루게 한다. 이것은 뛰어난 개인을 아주 보잘것없는 척도로 측정하는 것이다. 그의 이러한 서투른 신중함은 그를 아주 작게 보이도록 한다. 그러나 상관없다. 코스탈은 자신을 위대하게 생각한다. 여자의 가장 초라한 약점들이 그의 오만을 살찌게 하는 데 충분하다. 『젊은 처녀들』의 한 구절이 특히 의미심장하다. 코스탈과 동침하기 전에 솔랑주는 밤

---

165 『카스티유의 왕녀』

화장을 한다. "그녀는 화장실에 가지 않으면 안 된다. 그때 코스탈은 자기가 예전에 가지고 있었던 암말을 기억해 냈다. 이 암말은 자존심이 아주 강하고 매우 섬세해서, 그가 등에 타고 있을 때는 절대로 오줌이나 똥을 누지 않았다." 여기서 육체에 대한 증오(셀리아가 똥을 눈다고 한 스위프트가 생각난다), 여자를 가축과 동일시하려는 의지, 배뇨 차원에서도 여자에게 자율성을 인정하지 않으려는 독선이 드러난다. 그러나 무엇보다도 코스탈은 자신이 분개하는 동안 자신 역시 방광과 결장이 있다는 사실을 잊고 있다. 마찬가지로 그가 땀과 냄새로 범벅이 된 여자에게 구토감을 느낄 때, 자신의 온갖 분비물은 생각하지 않는다. 그는 강철로 된 근육과 성기의 시중을 받는 순수한 정신이다. "경멸은 욕망보다 더 고결한 것이다"라고 몽테를랑은 『욕망의 샘에서*Aux fontaines du désir*』에서 선언한다. 그리고 알바로는 "나의 빵은 혐오다"[166]라고 말한다. 그가 자기 마음속에서는 만족해하면서 경멸한다니, 도대체 무슨 변명을 하는 것인가! 우리는 남을 주시하고 심판함으로써 자기가 비난하는 다른 사람과 근본적으로 다르다고 느끼고, 자기는 비난받을 만한 결점이 전혀 없는 것 같은 기분에 마음이 편해질 수 있다. 몽테를랑은 일생 얼마나 열광적으로 인간들에 대한 경멸감을 발산시켜 왔던가! 자기가 똑똑하다고 믿기 위해서는 사람들의 어리석음을, 자신이 용감하다고 믿기 위해서는 사람들의 비겁함을 고발하는 것으로 충분하다. 독일군의 프랑스 점령 초기에 그는 패전한 동포들에 대해 경멸을 퍼붓는 데 여념이 없었다. 그 자신은 프랑스인도 패전 국민도 아니었다. 그는 하늘에서 내려다보고 있었다. 말이 나온 김에 그, 남을 비난하는 몽테를랑은 결국 패전을 막기 위해서 다른 사람들 이상으로 아무것도 하지 않았다고 하는 편이 맞다. 그는 장교로 종군하려고도 하지 않았다. 그러나 곧 제정신을 잃을 정도로 격분해서 다시 비난하기 시작한다.[167] 그가 자기의 혐오감을 개탄하는 체하는 것은 그 혐오감을 한층 더 진심으로 느끼고 더 많이 즐기기 위해서다. 사실 그는 거기서 수많은 편의를 발견한다. 그래서 그는 조직적으로 여자를 비천한 것에 끌어들이려 애쓴다. 그는 돈이나 보석으로 가난한 여자들을 유혹하는 것을 즐긴다. 그녀들이 그의 사악한 선물을 받아들이면 무척 기뻐한다. 그는 앙드레를 괴롭히는 즐거움이 아니라 그녀가 타락하는 것을 보

---

166 『산티아고의 스승*Le Maître de Santiago*』
167 『하지夏至 *Le Solstice de juin*』, 301쪽

는 즐거움 때문에 그녀를 상대로 사디스트적 유희에 빠진다. 그는 솔랑주에게 영아살해를 권한다. 그녀가 이 제안을 받아들이자 경멸의 황홀 속에서 이 잠재적 살인자를 소유한다는 것에 코스탈의 감각은 불타오른다.

이러한 태도의 열쇠는 애벌레의 교훈적인 우화에서 제공받을 수 있다. 그 숨겨진 의도가 무엇이었든 간에 그것은 그 자체로서 매우 의미심장하다.[168] 몽테를랑은 애벌레들에게 오줌을 깔기면서 그중 몇 마리는 살려두고, 나머지는 박멸시켜 버리며 즐거워한다. 그는 악착스럽게 살려는 애벌레들에게 조소 어린 동정심을 보내고, 그것들이 살 기회를 얻도록 너그럽게 내버려 둔다. 이 유희가 그를 매혹한다. 애벌레들이 없었다면 소변의 방출은 기껏해야 배설 행위에 불과했을 것이다. 그것은 생사여탈의 도구가 된다. 기어가는 곤충 앞에서 자기의 방광을 비우는 남자는 신의 전제적 고독을 맛본다. 보복받을 걱정도 없다. 이처럼 여자라는 동물 앞에서 남자는 높은 곳에 자리해 때로 잔인하고 때로 부드럽게, 차례로 공평하다가도 변덕스럽게 주고 다시 빼앗았다가 만족시켜 주기도 하고, 동정하다가 화를 내기도 한다. 남자는 오직 자기 멋대로 즐길 뿐이다. 남자는 유일하고 자유로운 지배자다. 그러나 남성 앞에 나타나는 모든 동물은 오직 동물이어야만 한다. 남자는 일부러 그런 동물을 골라 그것들의 약점을 어루만져 주며 끈질기게 동물 취급을 한다. 그러면 그것들은 결국에 자기들의 조건을 수락하게 된다. 그래서 루이지애나주와 조지아주의 백인들은 흑인들이 하는 사소한 도둑질과 거짓말에 즐거워한다. 백인들은 자신들의 피부 색깔로부터 자신들에게 부여하는 우월성이 확인되었다고 느끼기 때문이다. 만일 이 '검둥이' 중 한 명이 자신은 정직하다고 고집을 피우면 그를 한층 더 박해할 것이다. 마찬가지로 강제수용소에서도 인간의 타락이 조직적으로 시행되었다. 군주 족속은 이런 비열함 속에서 자기들이 초인간의 본질을 갖고 있다는 증거를 발견했다.

이러한 일치는 전혀 우연이 아니다. 몽테를랑이 나치 이념을 찬미한다는 것은 주지의 사실이다. '태양의 바퀴'인 나치의 만자형卍 표지가 여러 태양의 축제 가운데 하나에서 승리하는 것을 보고 매우 기뻐한다. "'태양의 바퀴'의 승리는 단지 **태양**의 승리, 이교국의 승리뿐만이 아니라 만물이 회전한다는 태양 원리의 승

---

168 『하지』, 286쪽

리다. (…) 나는 오늘날 그 원리가 승리하는 것을 보고 있다. 나는 그 원리에 심취해 있고 그것을 찬미했으며, 그 원리가 나의 삶을 이끌고 있다는 것을 역력히 느낀다."[169] 또한, 독일 점령하에서 그가 위대함에 대한 어떤 적절한 감각으로 "힘의 위대한 양식樣式을 열망하는"[170] 독일인들을 프랑스인들에게 본보기로 제시했는지도 다 아는 사실이다. 자기와 대등한 자들 앞에서 도망치게 했던 안이함에 대한 갑작스럽고 강렬한 취미가 그를 정복자 앞에 무릎꿇게 만든다. 무릎을 꿇음으로써 그는 그들과 일체된다고 믿는 것이다. 그는 이제 정복자가 되었고, 이는 그가 항상 희구해 왔던 것이다. 이제 적敵은 황소이든가, 애벌레 혹은 여자들이든가, 인생 그 자체와 자유이든가의 차이가 있을 뿐이다. 승리 이전에 이미 그는 "전체주의의 마술사들"[171]을 예찬하고 있었다고 말하는 게 정확하다. 이 마술사들처럼 그도 늘 허무주의자였고, 항상 인간들을 증오했다. "인간들은 지도받을 가치조차도 없다(그리고 인류를 이 정도까지 증오할 만큼 인류가 당신에게 무슨 일을 저질렀을 리 없는데)."[172] 그 마술사들처럼 그는 어떤 사람들-인종이나 국민 혹은 자기 자신, 즉 몽테를랑-은 다른 사람에 대해 모든 권리를 행사할 수 있는 절대적 특권을 지닌다고 믿고 있었다. 그의 모든 도덕은 전쟁과 박해를 정당화하고 환영한다. 여자들에 대한 그의 태도를 판단하기 위해서는 이런 윤리관을 좀 더 자세히 검토해 보는 것이 옳다. 왜냐하면 결국 *어떠한 명분으로* 여자들이 비난받는지 알 필요가 있기 때문이다.

나치의 신화에는 역사적인 토대가 있었다. 즉, 허무주의는 독일의 절망을 표현했고, 영웅 숭배는 수백만 병사들이 목숨을 바치는 실리적 목적에 소용되었다. 하지만 몽테를랑의 태도는 어떠한 실리적인 반대급부가 있는 것이 아니라 단지 그 자신의 실존적 선택을 표현할 뿐이다. 사실 이 영웅은 두려움을 선택했다. 모든 의식에는 절대적 힘에 대한 포부가 있다. 그러나 이 포부는 모험함으로써만 입증될 수 있다. 어떠한 우월성도 결코 주어진 것이 아니다. 자기 주관성에 제한된 인간은 아무것도 아니다. 인간의 행위와 결과물 사이에서만 위계가 확립될 수 있다. 사람의 장점이란 부단히 쟁취해야만 하는 것이다. 몽테를랑 자신도 그것을 알고 있다. "우

---

169 『하지』, 308쪽
170 『하지』, 199쪽
171 『추분 L'Equinoxe de septembre』, 57쪽
172 『욕망의 샘에서』

리는 위험을 무릅쓸 준비가 되어 있는 것에만 권리가 있다." 그러나 그는 한 번도 자기 동류들 가운데서 위험을 감행하려고 하지 않았다. 그리고 감히 인간과 정면으로 대결할 용기가 없기 때문에 인간을 무시했다. "인간들은 짜증나는 장애물이다"라고 『죽은 여왕La Reine morte』에서 왕이 말한다. 왜냐하면 허영심이 강한 남자가 자기 주위에 만드는 자기만족적인 '환상의 세계'를 인간들이 부인하기 때문이다. 왕의 처지에서는 그런 인간들을 부정해야만 한다. 몽테를랑의 작품들 중에 **어느 것도** 인간들 사이의 갈등을 묘사하는 것이 없다는 것은 주목할 만하다. 공존이야말로 살아 있는 위대한 드라마다. 그런데도 몽테를랑은 그것을 교묘하게 회피하고 있다. 그의 작품의 주인공은 항상 동물, 어린이, 여자, 풍경 앞에서 홀로 우뚝 서 있다. 주인공은 (『파시파에』의 여왕처럼) 자기 자신의 욕망에 사로잡혀 있거나, (『산티아고의 스승』처럼) 자기 자신의 요구에 시달리고 있다. 그러나 주인공 옆에는 결코 **아무도** 없다. 『꿈』에서는 알방조차도 동료라고는 없다. 프리네가 살아 있을 때 알방은 그를 멸시하다가 그의 시신 위에서 비로소 열광한다. 몽테를랑의 실생활과 마찬가지로 작품도 단 **하나의** 의식밖에는 인정하지 않는다.

그 때문에 이 세상에서 모든 감정이 사라진다. 주체가 단 한 명만 있다면 상호주관적인 관계란 있을 수 없다. 사랑은 하찮은 것이다. 그러나 사랑이 우정의 이름으로 멸시당할 만한 것도 아니다. 왜냐하면 "우정에는 내장內臟이 없기"[173] 때문이다. 그래서 인간의 유대 관계는 모조리 일방적으로 거부당한다. 영웅은 인간에게서 태어나지 않았으며, 공간과 시간의 제한을 받지 않는다. "나와 동시대적인 외부의 사정에도, 또 과거 어떤 시대의 외부 사정에도 흥미를 느낄 타당한 이유를 나는 전혀 알지 못한다."[174] 타인에게 일어나는 일이 그로서는 아무런 중요성이 없다. "솔직히 말해서 외부의 사건들은 내게 전혀 중요하지 않았다. 나는 그것들이 나를 통과하면서 내 안에 광선을 비출 때만 사랑하였다. (…) 그러므로 그것들이 될 대로 되게 내버려 둔다……."[175] 행동은 불가능하다. "인간적인 것은 아무것도 신뢰할 수 없어서 열정, 에너지, 대담성을 가졌으면서도 누구를 위해서도 그것들을 사용할 수 없었다!"[176] 말하자면 **초월**은 일절 금지되었다. 몽테를랑

173 『욕망의 샘에서』
174 『자기 자신의 소유La Possession de soi-même』, 13쪽
175 『하지』, 316쪽
176 『욕망의 샘에서』

은 그것을 인정하고 있다. 사랑과 우정은 쓸데없는 일이며, 경멸이 행동을 방해한다. 그는 예술을 위한 예술을 믿지 않으며 신도 믿지 않는다. 오직 남는 것이라곤 쾌락의 내재성밖에 없다. 그는 1925년에 "나의 유일한 야망은 내 감각을 다른 사람들보다 더 잘 사용하는 것이었다"[177]라고 쓰고 있다. 또 "요컨대 나는 무엇을 원하는가? 평화와 시 속에서 내 마음에 드는 존재들을 소유하는 것."[178] 그리고 1945년에는 "그러나 남을 비난하고 있는 나, 나는 최근 20년 동안 무엇을 했는가? 이 20년은 나의 쾌락으로 채워진 하나의 꿈이었다. 어쨌든 나는 내가 좋아하는 것을 포식하면서 살았다. 인생과 얼마나 밀착되어 살아왔던가!"[179]라고 쓰고 있다. 좋다. 그러나 내재성 속에 뒹굴고 있다는 바로 그 이유로 여자가 짓밟히고 있었던 것이 아닌가? 어머니와 애인의 독점욕이 강한 사랑에 몽테를랑은 더욱더 고귀한 어떤 목적과 위대한 계획을 내세우고 있는가? 그 역시 '소유'를 추구하고 있다. 그리고 '인생과의 밀착'에 관해서라면 많은 여자가 그보다 더 우월할 수 있을 것이다. 그가 특이하게 기괴한 쾌락, 즉 짐승이나 소년이나 사춘기에 이르지 않은 어린 소녀들에게서 끌어낼 수 있는 쾌락을 즐긴다는 것은 사실이다. 그는 정열적인 정부가 그녀의 열두 살 난 딸을 그의 침대에 들일 생각을 하지 않는다는 것에 분개한다. 그것은 태양답지 못한 저속함이다. 여자들의 관능이 남자들 못지않게 번민에 싸여 있다는 것을 그가 정말 모르고 있는 것인가? 만일 이러한 근거로 남녀 양성을 서열화한다면, 아마 여자들이 우세할 것이다. 사실상, 몽테를랑의 비논리는 여기서 끔찍스럽다. 그는 '교체'라는 이름으로, 아무것도 가치가 없으므로 모든 것이 똑같이 가치 있다고 선언한다. 그는 모든 것을 받아들이고 모든 것을 끌어안기를 원하며, 자기의 너그러운 정신이 가정의 어머니들을 두렵게 하는 것을 마음에 들어 한다. 하지만 독일군 점령기에 영화와 신문을 검열하는 '종교재판'[180]을 주장했던 것은 바로 몽테를랑이다. 그는 춤을 추는 미국인 무용수들의 허벅지를 보면 구역질을 느끼지만, 투우의 윤기 흐르는 생식기를 보고는 흥분한다. 각자 자기 취미가 있는 것이다. 또한, 각자는 자기 방식대로 '환상의 세계'를 재창

177 『욕망의 샘에서』
178 『욕망의 샘에서』
179 『하지』, 301쪽
180 "우리는 프랑스인의 인간적 자질을 해침이 틀림없다고 판단되는 모든 것을 중지시키기 위해 무한권력을 갖는 기구의 설치를 요구한다. 프랑스인의 인간적 자질의 이름으로 일종의 종교재판을."(『하지』, 270쪽)

조한다. 이 고매한 탕아는 어떠한 가치를 근거로 타인들의 방탕에 역겨움을 느끼며 침을 뱉는가? 그 방탕이 자기 것이 아니기 때문인가? 그렇다면 일체의 도덕의 기준점은 몽테를랑이 되어야 하는가?

그는 당연히 즐기는 것이 다는 아니라고 답할 것이다. 즐기는 데에도 방식이 필요한 법이기 때문에. 쾌락은 금욕의 이면裏面이어야만 하고, 향락주의자는 자기에게서 영웅과 성인의 소질 또한 느끼지 않으면 안 된다. 그러나 많은 여자가 자기의 쾌락을 자기 자신에 대해 만들어 내는 고결한 이미지와 화해시키는 데 명수들이다. 왜 우리는 몽테를랑의 자아도취적인 몽상이 이런 여자들의 몽상보다 더 가치 있는 것이라고 믿어야만 하는가?

사실, 문제가 되는 것은 꿈이기 때문이다. 몽테를랑은 꿈에 대하여 모든 객관적인 내용을 거부하기 때문에, 그가 말로 재주를 부리는 위대함, 성스러움, 영웅주의 같은 어휘는 단지 하찮은[181] 것에 불과하다. 몽테를랑은 남자들 사이에서 자기의 우월성을 위태롭게 하는 것을 두려워했다. 이 흥분시키는 포도주에 취하기 위해 그는 구름 위로 물러났다. **유일자**唯一者는 틀림없이 높은 자리에 있기 때문이다. 그는 신기루의 방안에 틀어박힌다. 거울들이 그의 모습을 무한히 반사하고 있어서 그는 자기 혼자서 세계를 가득 채우는 것으로 충분하다고 믿는다. 그러나 사실 그는 자기 자신의 포로가 된 은둔자에 지나지 않는다. 그는 자기가 자유롭다고 생각한다. 그러나 그는 자기의 자아를 위해 자신의 자유를 소외시키고 있다. 그는 에피날의 판화에서 빌려 온 기준에 따라서 몽테를랑의 조각상을 만든다. 거울에 자기의 명청한 얼굴이 비친 것을 보고 도미니크를 밀쳐내는 알방은 그와 같은 노예 상태를 예시하고 있다. 사람은 타인의 눈을 통해서만 어리석게 보이기 때문이다. 오만한 알방은 자신이 경멸하는 집단의식에 자기의 마음을 복종시키고 있다. 몽테를랑의 자유는 하나의 태도이지 현실이 아니다. 목적이 없으므로 행동할 수 없는 그는 몸짓으로 자기 자신을 위로한다. 즉, 그것은 일종의 무언극이다. 여자들은 그에게 편리한 파트너. 여자들은 그의 상대역이 되고, 그는 주역을 독점하며 월계관을 쓰고 왕의 옷을 걸친다. 그러나 모든 것이 사적인 무대에서 일어나는 것이다. 그 배우는 빛이 가득한 하늘 아래 사람들이 오가는 광장에 내던져지면 눈이 부셔서 더는 똑바로 서 있지 못하고 비틀거리다 쓰러진다. 잠깐 제정신

---

181 *마음의 위안이 되는

으로 돌아온 코스탈은 소리를 지른다. "결국, 여자들에 대한 '승리'라는 것이 얼마나 장난 같은 일인가!"[182] 그렇다. 몽테를랑이 우리에게 제시하는 가치와 수훈은 서글픈 장난이다. 그를 취하게 만드는 위업 또한 몸짓에 불과할 뿐, 결코 구체적인 기도가 아니다. 그는 페레그리누스_peregrinus[183]의 자살과 파시파에의 대담성에, 그리고 결투에서 단칼에 베어 버리기 전에 적에게 우산을 받쳐주는 일본 무사의 고상한 행동에 감동한다. 그러나 그는 "적의 인격과 그것이 표상한다고 여겨지는 관념은 그리 중요하지 않다"[184]고 선언한다. 이 선언은 1941년에 묘한 반향을 일으켰다. 그는 또한 이렇게 말했다. 모든 전쟁은 그 목적이 무엇이든 간에 아름답다. 힘은 그 용도가 무엇이든 간에 언제나 감탄할 만하다. "영웅인 동시에 현자라는, 수락될 수 있는 유일한 인간관을 유지하기 원한다면 우리는 필연코 신념 없는 투쟁의 방식으로 도달해야 한다."[185] 그러나 모든 명분에 대해 고귀한 무관심을 보인 몽테를랑은 저항운동 쪽이 아니라 국가주의적 혁명으로 기울었고, 그의 지고의 자유는 복종을 선택했으며, 무장 항독 지하단체가 아닌 정복자에게서 영웅적인 지혜의 비밀을 찾았다는 것은 기이한 일이다. 이것 또한 우연이 아니다. 『죽은 여왕』과 『산티아고의 스승』의 사이비 숭고는 결국 이러한 기만에 도달한다. 더욱 많은 의도가 들어 있는 만큼 더 의미심장한 이 작품들 안에서 독선적인 두 남자가 그들의 공허한 자존심으로 인해 단지 인간이기 때문에 죄가 되는 여자들을 희생시키는 것을 볼 수 있다. 그녀들은 사랑과 지상의 행복을 희구했다. 그 벌로써 한 여자는 목숨을 빼앗기고, 다른 여자는 혼을 빼앗긴다. 다시 한 번 무엇 때문이냐고 우리가 묻는다면 작가는 거만하게 아무 이유가 없다고 답할 것이다. 그는 왕이 이네스[186]를 죽이기 위해 그렇게 절대적인 동기를 갖는 것을 원치 않았다. 이 살인은 단지 흔한 정치적 범죄에 불과한 것이다. "나는 왜 그녀를 죽이는가? 분명 이유가 있으나 나는 그 이유를 판별하지 않는다"라고 그는 말한다. 그 이유는 태양의 원리가 지상의 진부함을 제압해야만 한다는 것이다. 그러나 이 원

---

182 『젊은 처녀들』

183 * 로마 공화정 시기에 로마 시민권을 부분적으로 갖지 못한 사람

184 『하지』, 211쪽

185 『하지』, 211쪽

186 * 궁중의 시녀였다가 포루투갈의 페드루 왕자의 연인이 되었으나 그의 아버지 아폰수 4세에 의해 살해당한 이네스 드 카스트루Inés de Castro(1325~1355)라는 역사적 인물에서 몽테를랑이 영감을 얻어 만든 등장인물이다.

칙은 이미 앞에서 보았듯이, 어떠한 목적도 분명히 밝히지 않는다. 그것은 파괴를 요구하고 있으며, 그 이상 아무것도 요구하지 않는다. 알바로[187]에 관해서는, 몽테를랑은 어느 책의 서문에서 그가 이 시대의 어떤 남자들에게서 흥미를 갖는 점은 "그들의 단호한 신념, 외부 현실에 대한 그들의 경멸, 파괴에 대한 그들의 취미, 무無에 대한 그들의 열광"이라고 말한다. 산티아고의 스승이 자기 딸을 희생시키는 것도 바로 이런 열광 때문이다. 이 열광은 신비라는 화사한 미사여구로 장식될 것이다. 신비보다 행복을 선택한다는 것은 따분하지 않은가? 사실 희생과 포기는 하나의 목적, 즉 인간적인 목적의 전망에서만 의미가 있다. 그리고 개별적인 사랑과 일신상의 행복을 초월하는 목적들은 사랑과 행복의 가치를 인정하는 세계에서만 나타날 수 있다. '파리의 젊은 여점원의 도덕'은 공허한 환상의 세계보다 더 진정성 있다. 왜냐하면 그 도덕은 삶과 현실에 뿌리박고 있기 때문이다. 그리고 거기에서부터 더 원대한 희망이 솟아나올 수 있다. 이네스 드 카스트루가 부헨발트에 있는 것과 왕이 국시國是로 인해 독일 대사관으로 급히 달려가는 장면 같은 것은 쉽사리 상상할 수 있다. 많은 젊은 여점원은 독일군 점령하에서 우리가 몽테를랑에게 보낼 수 없었던 존경심을 받을 자격이 있었다. 그가 포식하는 빈말은 그 공허함으로 인해 위험하다. 초인적 신비는 속세의 모든 유린蹂躪을 허용하기 때문이다. 우리가 이야기하고 있는 두 작품에서 하나는 신체적이고 다른 하나는 정신적인 두 살인 때문에 초인적 신비가 명확히 드러난다. 사납고 고독하며 불우한 알바로가 대취조관이 될 가능성은 없다. 또한, 이해받지 못하고 버림받은 왕이 히믈러Heinrich Himmeler(1900~1945)[188]와 같은 사람이 될 가능성도 없지 않다. 여자들을 죽이고 유대인을 죽이고 여성화된 남자들과 유대화한 기독교인을 죽이고, 고매한 이상의 이름으로 죽여서 이익이 되고 혹은 죽여서 즐거움이 되는 것은 모조리 죽인다. 부정적인 신비주의자가 자기를 주장할 수 있는 것은 부정으로뿐이다. 진정한 초월은 미래로 향한, 인간의 미래로 향한 긍정적인 전진이다. 가짜 영웅은 자기가 멀리 와 있고, 하늘 높이 날고 있다고 확신하기 위해 항상 뒤돌아보고 자기의 발밑을 살핀다. 그는 경멸하고 비난하며, 억압하고 박해하며, 고문하고 학살한다. 그는 이웃에게 악한 짓을 해서 자기가 이웃보다 우월하다고 생각한다. 몽테를랑이 '인생과의

---

187 *『산티아고의 스승』에 나오는 인물

188 * 나치의 친위대장. 대학살과 탄압의 원흉이 되었고, 제2차 세계 대전 중에 특히 유대인수용소의 운영과 유대인 절멸에 광분했다.

밀착'을 멈추고 우리에게 오만하게 손가락으로 가리키는 절정은 그런 것들이다.

"아랍의 양수기를 끄는 나귀처럼 나는 장님인 양 같은 장소를 끝없이 돌고 또 돈다. 단지 나는 새 물을 길어 올리지 못할 뿐이다." 몽테를랑이 1927년에 서명한 이 고백에 첨가할 것은 거의 없다. 새 물은 절대 솟아오르지 않았다. 아마도 몽테를랑은 페레그리누스의 화형대에 불을 그어 댔으면 좋았을 것이다. 그것이 가장 논리적인 해결책이었기 때문이다. 그는 자기 자신의 숭배 속으로 도피하는 것을 택했다. 그는 세계를 비옥하게 할 줄 몰랐고, 거기에 투신하는 대신 자기 모습을 비춰 보는 것으로 만족했다. 그리고 자기 눈에만 보이는 이 환영을 위해 자기 삶의 질서를 세웠다. 그는 "귀인들은 어떠한 환경에서도 여유롭다. 패배했을 때조차"[189]라고 쓰고 있다. 그리고 그가 패배 속에서도 만족하므로 자기를 왕이라고 믿는다. 그는 니체로부터 "여자는 영웅의 여흥거리다"라는 것을 배웠다. 그래서 영웅이 되기 위해서는 여자들을 여흥거리로 삼으면 충분하다고 믿는다. 나머지도 매한가지다. 코스탈이 말하는 것처럼 "결국, 얼마나 장난 같은 짓인가!"

2. D. H. 로런스 또는 남근의 자존심

로런스David Herbert Lawrence(1885~1930)는 몽테를랑 같은 작가와 정반대 쪽에 자리 잡고 있다. 로런스에게는 여자와 남자의 특이한 관계를 규정하는 것이 아니라, 그 둘을 **생명**의 진실 속 본래 자리에 되돌려 놓는 것이 관건이다. 이 진실은 표상도 아니고 의지도 아니다. 그것은 인간존재가 자기의 뿌리를 박고 있는 동물성을 둘러싸고 있다. 로런스는 성기와 두뇌의 대립을 격렬하게 거부한다. 그에게는 쇼펜하우어의 염세주의에 근본적으로 대립하는 우주적 낙관주의가 있으며, 팔루스 속에 표현되는 삶의 의지는 기쁨이다. 그래서 사고와 행동이 공허한 개념과 보람 없는 메커니즘이 되지 않으려면 팔루스 속에 그 원천을 가지고 있어야만 한다. 단순한 성적 주기는 불충분하다. 왜냐하면 내재 속에 떨어져 버리기 때문이다. 그것은 죽음과 동의어다. 그러나 이 불완전한 현실-성과 죽음-은 육체적 옥토沃土에서 단절된 생활보다 낫다. 남자는 안타이오스처럼 단지 이따금 대지와의 접촉을 회

---

189 『하지』, 312쪽

1912년의 D. H. 로런스

복할 필요만 있는 것이 아니다. 남자의 삶은 그 전체가 즉시 여자를 설정하고 요구하는 남성성의 표현이 되어야만 한다. 따라서 여자는 심심풀이도 먹이도 아니고, 한 주체 앞에 있는 한 객체도 아니며, 정반대를 표시하는 극極의 존재에 반드시 필요한 또 하나의 극이다. 이러한 진실을 무시한 남자들, 예를 들어 나폴레옹 같은 남자는 남자의 운명을 놓쳐 버렸다. 즉, 그들은 낙오자다. 자기의 개별성을 주장함으로써가 아니라 자기의 일반성을 가능한 한 가장 강렬하게 성취함으로써 개인은 자신을 구제할 수 있다. 남자든 여자든, 에로틱한 관계에서는 자존심의 승리도 자아의 고양도 절대 추구해서는 안 된다. 자기의 성기를 자기 의지의 도구로 사용하는 것, 그것이 바로 돌이킬 수 없는 잘못이다. 자아의 장벽을 부수고, 의식의 한계까지도 초월하고, 모든 개인적인 지배욕을 단념하지 않으면 안 된다. 분만 중인 여자를 표현한 저 작은 조각상보다 더 아름다운 것은 없다. "강렬한 감각의 무게 아래서 **무의미로까지 추상화**된 무섭도록 공허하고 날카로운 얼굴."[190] 이러한 황홀은 희생도 포기도 아니다. 남녀 어느 편도 상대방에 의해 삼켜지도록 해서는 안 된다. 남자나 여자나 모두 한 쌍에서 부서져 나온 파편처럼 보여서는 안 된다. 성性은 상처가 아니다. 각자는 완벽하게 극極을 가진 완전한 존재다. 한 쪽이 자기의 남성성에서 확실하고, 다른 쪽도 자기의 여성성에서 확실할 때 "각자는 성의 양극화된 일주를 완성하는 데 성공한다."[191] 성행위는 파트너 중 어느 편의 정복도, 항복도 아닌 상대방을 통한 경이로운 완성이다. 울슐라와 버킨[192]이 마침내 서로를 발견했을 때 "그들은 오직 자유라고 불릴 수 있는 별의 균형을 **상호** 주고받았다. (…) 그녀는 그에게 그가 그녀에게서와 같은 존재였고, 신비롭고 구체적인 **다른 현실**의 기억할 수 없는 태곳적 관대함이었다."[193] 정열의 너그러운 고통 속에서 서로 상대에게 다다름으로써 두 연인은 함께 **타자**에, **전체**에 도달한다. 폴과 클라라[194]도 사랑을 나누는 순간에 이와 같았다.[195] 그녀는 그에게 "그의 생명과 호흡을 같이하는 강하고 기묘한 야성적 생명이었다. 그것이 어쩌나 거대하게 그들을 압도했던지 그들은 침묵하지 않을 수 없었다. 그들은 서로 만났고, 그 만남에서 무수한 풀잎의 기세와 별들의 소용

190 『사랑에 빠진 여인들』

191 『사랑에 빠진 여인들』

192 *『사랑에 빠진 여인들』속 등장인물

193 『사랑에 빠진 여인들』

194 *『아들과 연인』속 등장인물

195 『아들과 연인』

돌이가 서로 뒤섞이고 있었다." 채털리 부인과 멜러스[196]도 동일한 우주적 환희에 도달한다. 서로 상대와 뒤섞이면서 그들은 나무와 빛과 내리는 비와 뒤섞인다. 로런스는 이 이론을 『채털리 부인의 변호』에서 폭넓게 전개했다. "결혼은 지속적·근본적으로 남근적이지 않다면, 태양과 대지, 달과 별, 그리고 위성과 연결되지 않는다면, 날과 달의 리듬, 계절과 해年 그리고 오랜 세월과 세기의 리듬과 연결되지 않는다면 단지 환상에 불과할 뿐이다. 결혼은 피의 교감 위에 기초를 두지 않는다면 아무것도 아니다. 왜냐하면 피는 영혼의 실체이기 때문이다." "남자와 여자의 피는 서로 섞일 수 없는 영원히 이질적인 두 개의 강이다." 그러므로 이 두 개의 강은 그 사행蛇行으로 인생의 전체를 에워싼다. "발기한 남근은 여자 피의 계곡을 가득 채우는 피의 용적이다. 남자 피의 힘찬 강물은 여자 피의 큰 강물을 그 가장 깊은 곳에서 감싼다. (…) 하지만 두 강물 중 어느 것도 그 둑을 무너뜨리지는 않는다. 그것이 바로 가장 완벽한 결합이다. (…) 그리고 그것은 아주 위대한 신비 중 하나다." 이러한 결합은 생명을 풍요롭게 하는 기적이다. 그러나 그것은 '개성'의 주장이 사라지기를 요구한다. 현대 문명에서 예사로 일어나듯 개성이 자기부정 없이 목표에 도달하려고 애쓸 때, 그 시도는 실패에 이르고 만다. 그때에는 각자의 생명의 흐름을 붕괴시키는 "개인적인, 하얗고 차갑고 신경질적이며 시적인" 섹슈얼리티가 있게 된다. 연인들은 서로를 도구로 삼으며 이것이 두 사람 사이에 증오를 낳는다. 이를테면 채털리 부인과 마이클리스[197]의 경우가 그렇다. 그들은 자기들의 주관성에 갇혀 있다. 그들은 술이나 아편이 주는 것과 유사한 흥분을 알 수 있지만, 그 흥분에는 대상이 없다. 그들이 상대방의 현실을 발견하지 못하기 때문이다. 그들은 무엇에도 도달하지 못한다. 로런스는 코스탈을 가차 없이 단죄했을 것이다. 그는 제럴드를 통해 그런 오만하고 이기적인 남자들 중 한 명을 묘사하고 있다.[198] 제럴드가 구드룬과 함께 지옥에 떨어지는 책임의 무척 많은 부분은 제럴드에게 있다. 지능적이고 제멋대로인 그는 공허한 자기주장 속에서 만족해하며 인생에 완강히 저항한다. 사나운 암말을 제압하는 즐거움 때문에, 그는 저쪽에서 기차가 요란하게 달려올 때 이쪽 울타리에 그 암말을 매어 놓고, 빠져나오려고 날뛰는 그 옆구리를 피로 물들이고 나서 자기의 힘에 스

---

196 *『채털리 부인의 연인』속 등장인물
197 *『채털리 부인의 연인』에 나오는 등장인물
198 『사랑에 빠진 여인들』

스로 도취해 버린다. 이런 지배욕은 그 대상이 되는 여자의 품위를 손상한다. 연약한 여자는 노예로 변해 버린다. 제럴드는 미네트 위로 몸을 숙인다. "강간당한 노예의 단순한 시선 ─ 그녀의 존재 이유는 끊임없이 강간당하는 것이다 ─ 이 제럴드를 부르르 떨게 했다. (…) 그의 의지만이 유일한 의지였고, 그녀는 그의 의지의 수동적인 실체였다." 그것은 실로 비참한 지배력이다. 만일 여자가 단지 수동적 실체에 불과하다면 남자가 지배하는 것은 아무것도 아니다. 남자는 탈취해서 부유해진다고 생각하지만, 그것은 환상일 뿐이다. 제럴드는 구드룬을 품 안에 껴안는다. "그녀는 그 자신의 존재의 풍요롭고 사랑스러운 실체였다. (…) 그녀는 그 안에서 자취를 감추어 버렸고 그는 완성에 도달하였다." 그러나 그녀를 떠나자마자 그는 다시 혼자가 되고 공허해진다. 그리고 이튿날 그녀는 약속장소에 오지 않는다. 만일 여자가 강하다면 남자의 주장은 그녀 안에서 유사한 주장을 불러일으킨다. 매혹당하기도 하고 반항적이기도 한 그녀는 번갈아 마조히즘적으로 되기도 하고, 사디즘적으로 되기도 한다. 제럴드가 자기 허벅지 사이로 미쳐 날뛰는 암말의 허리를 죄는 것을 보았을 때 구드룬은 흥분되어 어쩔 줄 모른다. 그러나 그녀는 제럴드의 유모가 예전에 "제럴드의 귀여운 엉덩이를 꼬집었다"는 이야기를 들었을 때도 흥분했다. 남자의 교만은 여자의 저항을 격화시킨다. 채털리 부인이 밀렵 감시인의, 그리고 울술라가 버킨의 성적인 순수성에 정복되어 구원받았지만, 제럴드는 구드룬을 출구 없는 투쟁 속으로 끌어들인다. 상(喪)을 당해 불행하고 상심해 있던 그는 어느 날 밤 구드룬의 품에 몸을 맡긴다. "그녀는 생명의 커다란 욕조였고, 그는 그녀를 열렬히 사랑했다. 그녀는 모든 것의 어머니였고 실체였다. 그녀의 젖가슴에서 풍겨 나오는 기적의 감미로운 향내는 병을 치료해 주는 수액처럼, 생명을 달래 주는 물결처럼 메마르고 병든 그의 뇌를 적셔 주었다. 마치 그가 다시 어머니의 품속에서 목욕하듯이 완벽하게." 그날 밤에 그는 여자와 하나가 된다는 것이 무엇일지를 예감한다. 그러나 너무 늦었다. 그의 행복은 오염되었다. 왜냐하면 구드룬이 진정으로 현존하지 않기 때문이다. 그녀는 제럴드가 자기 어깨 위에서 잠자게 두었으나 자신은 깨어 있었다. 그리고 그에게서 마음이 멀어진 채 조바심을 내고 있었다. 이는 자기 자신의 먹이가 된 개인이 받는 징벌이다. 그는 홀로 자기의 고독을 깨버릴 수가 없다. 그는 자아의 장벽을 쌓아 올림으로써 타자의 장벽을 쌓아 올렸다. 그는 **타자**와 영영 다시 만날 수 없게 된다. 마지막에 제럴드는 죽는다. 구드룬에 의해 그리고 자기 자신에 의해서.

이처럼 애초 남녀 양성은 어느 편도 특권적인 것처럼 보이지 않는다. 어느 편도 주체가 아니다. 여자는 먹잇감도 아니고 단순한 구실도 아니다. 말로Malraux가 지적하고 있듯이,[199] 로런스에게는 인도인에게 그런 것과는 달리, 이를테면 여자가 하나의 풍경처럼 무한과 접촉하는 기회라는 것만으로 충분하지 않다. 이 점은 다른 방식으로 여자를 객체로 만들게 될 것이다. 여자는 남자만큼 현실적이다. 도달해야만 하는 것은 현실적인 합일이다. 그 때문에 로런스가 그려내는 남자 주인공들은 자기의 애인에게서 육체의 선물보다 훨씬 더 많은 것을 요구한다. 이를테면 폴은 미리암이 온화한 희생심으로 그에게 몸을 내맡기는 것을 받아들이지 않는다. 버킨은 울술라가 자기 품에서 쾌락을 찾는 데 그치는 것을 원치 않는다. 냉정하든 열렬하든 자기 속에 갇힌 채 있는 여자는 남자를 고독 속에 내버려 둔다. 남자는 그런 여자를 밀쳐 낼 것이 틀림없다. 두 사람은 정신과 육체를 서로 주고받아야만 한다. 이러한 재능이 실현되었다면 그들은 영원히 서로에게 충실하게 남아 있을 것이 틀림없다. 로런스는 일부일처제의 신봉자다. 존재자들의 유일성에 관심을 가질 때만 다양성에 대한 추구가 있을 뿐이다. 그러나 남근적인 결혼은 일반성 위에 기초한다. 남성성-여성성의 회로回路가 확립되었을 때, 변화에 대한 어떤 욕망도 상상할 수 없다. 이것은 자기 속에 닫힌, 완전하고 결정적인 회로다.

상호 재능과 상호 정절이란 진정 상호 인정의 세계일까? 그런 것과는 거리가 멀다. 로런스는 남자의 패권을 열렬하게 믿고 있다. '남근적인 결혼'이라는 말에서 그가 성적인 것과 남근적인 것을 동일시한다는 것을 충분히 증명하고 있다. 신비스럽게 결합하는 피의 두 흐름 중에서 남근적인 흐름이 특권적이다. "남근은 두 강 사이에서 가교 구실을 한다. 그것은 두 개의 다른 리듬을 유일한 흐름으로 결합한다." 그래서 남자는 남녀 한 쌍의 두 요소 중 하나일 뿐만 아니라 그 연결 요인이 된다. 남자는 남녀를 초월한다. "미래로 인도하는 다리橋, 그것은 남근이다." 로런스는 **어머니 여신** 숭배를 남근 숭배로 대체시키려고 한다. 그는 우주의 성적인 성격을 드러내 보이고자 할 때, 여자의 복부가 아닌 남자의 생식 능력을 상기시킨다. 그가 여자 때문에 흥분한 남자를 묘사한 적은 거의 없다. 그러나 남자의 강렬하고 미묘하고 은근한 부름에 남몰래 뒤집힌 여자는 수도 없이 등장한다. 여주인공들은 아름답고 정신이 건강하지만 남자를 끄는 매력이 없다. 반면

199 『채털리 부인의 연인』의 프랑스어판 서문

에 남주인공들은 여자의 마음을 뒤흔들어 놓는 야수들이다. **생명**의 불가사의하고 힘찬 신비를 구현하는 것은 남자라는 동물이다. 여자들은 그들의 마법을 감내한다. 어떤 여자는 여우에게 홀리고, 다른 여자는 종마種馬에게 반한다. 구드룬은 열기에 들뜬 듯이 젊은 황소 떼에게 도전한다. 그녀는 수토끼의 저항하는 활력에 마음이 뒤집힌다. 이런 우주적 특권에 사회적 특권이 접목된다. 필시 남근적 흐름이 격렬하고 공격적이기 때문에, 그 흐름이 미래에 걸쳐 있으므로 – 로런스는 이에 대해 불완전하게만 설명한다 - "생명의 깃발을 들고 전진하는 것"[200]은 남자의 일이다. 남자는 목표를 향해 긴장되어 있고 초월성을 구현한다. 여자는 자기감정에 몰두해 있고 완전히 내면적이며, 내재에 운명 지어져 있다. 남자는 성생활에서 능동적인 역할을 하며 성생활을 초월한다. 남자는 성적 세계에 뿌리박고 있으나 그곳에서 탈출한다. 사고와 행동은 남근에 뿌리를 두고 있다. 여자는 남근이 없으므로 사고도 행동도 할 권리가 없다. 여자는 남자의 역할을 할 수 있고, 때로 훌륭하게 할 수도 있다. 그러나 그것은 진실이 결여된 유희다. "여자는 아래로, 지구의 중심으로 향하는 극이다. 그녀의 깊은 극의 성질은 아래로 향하는 흐름, 즉 달의 인력引力이다. 남자는 반대로 위로, 태양과 낮의 활동으로 향하는 극이다."[201] 여자에게 "가장 깊은 의식은 그녀의 복부와 허리에 깃들어 있다. (…) 만일 그녀가 위로 향한다면 모든 것이 무너지는 때가 온다."[202] 행동 영역에서 선도자이자 적극적이어야 하는 것은 남자다. 여자는 정서적 측면에서 적극적이다. 이처럼 로런스는 보날드나 오귀스트 콩트, 클레망 보텔Clément Vautel(1876-1954)[203]의 전통적인 부르주아의 사고방식을 답습하고 있다. 여자는 자기의 실존을 남자의 실존에 종속시켜야만 한다. "그녀는 당신을, 당신이 지향하는 심오한 목적을 믿어야만 합니다."[204] 그러면 남자는 여자에게 무한한 애정과 감사를 바칠 것이다. "아! 아내가 당신을 믿고 당신에겐 그녀가 알 수 없는 깊은 계획이 있다는 사실을 받아들일 때, 아내가 있는 집으로 돌아간다는 것은 얼마나 흐뭇한 일인가. (…) 당신을 사랑하는 아내에 대해 깊이를 헤아릴 수 없는 감사를 느낀다……"[205] 이러한 애

---

200 『무의식의 환상Fantasia of the Unconscious』
201 『무의식의 환상』
202 『무의식의 환상』
203 * 20세기 초의 프랑스 저널리스트, 유머 소설가
204 『무의식의 환상』
205 『무의식의 환상』

정에 보답하려면 남자는 진정 원대한 계획을 품어야 한다고 로런스는 덧붙이고 있다. 만일 남자의 계획이 협잡에 불과하다면 부부는 하찮은 속임수에서 몰락하고 만다. 피에르와 나타샤[206]처럼 서로를 속이기보다는 안나 카레니나와 브론스키[207]나 카르멘과 돈 호세[208]처럼 사랑과 죽음의 여성적 주기에 틀어박히는 편이 더 낫다. 그러나 이러한 신중함 속에서 로런스는 프루동이나 루소 식으로 아내가 자기 존재의 의의를 남편에게서 끌어내는 일부일처제 결혼을 설파한다. 남녀 역할을 뒤집으려 하는 여자에 대해 로런스는 몽테를랑 못지않게 증오에 찬 어조로 말한다. 여자는 **위대한 모성**의 역할과 생명의 진리를 쥐고 있다는 주장을 단념하라. 독점욕이 강하고 욕심 많은 여자는 남자를 훼손시키고, 내재 속에 다시 떨어지게 하며, 남자를 그의 목적에서 벗어나도록 한다. 로런스는 모성을 저주하는 것과 거리가 멀다. 오히려 그 반대다. 그는 자신이 육체라는 사실에 기뻐하고, 자기의 출생을 받아들이며, 자기 어머니를 지극히 사랑한다. 그의 작품 속에서 어머니들은 진정한 여성성의 훌륭한 본보기로 등장한다. 어머니들은 순수한 체념이자 절대적 관대함이며, 그녀들의 생생한 온정은 모두 아이에게 바쳐진다. 그녀들은 자식이 한 남자가 되는 것을 받아들이고, 그에 대해 자랑스러워한다. 그러나 남자를 그의 유년시절로 되돌아가게 하려는 이기적인 애인은 경계해야만 한다. 그녀는 남자의 도약을 꺾어 버린다. "여자들의 행성인 달은 우리를 뒤로 끌어당긴다."[209] 그녀는 사랑에 대하여 끊임없이 이야기한다. 그러나 그녀에게 사랑한다는 것은 빼앗는 것이며, 자기 안에 느끼는 공허함을 채운다는 것이다. 이런 사랑은 증오에 가깝다. 결코 자기를 줄 줄 모르는 탓에 무서운 결핍감으로 고통받는 헤르미온은 버킨을 자기 것으로 만들고 싶어 한다. 그녀는 실패하자 그를 죽이려고 하고, 그를 때리면서 느끼는 관능적 황홀감은 쾌락의 이기적 경련과 같다.[210] 로런스는 의식意識을 주장하는 셀룰로이드나 고무 인형과 같은 현대 여성을 싫어한다. 여자는 성적으로 자기 자신을 의식할 때, "아주 지능적으로 행동하고 기계적인 의지의 질서에 복종하면서 인생을 걸어간다."[211] 로런스는 여자가

---

206 * 톨스토이의 『전쟁과 평화』 속 주요 인물
207 * 톨스토이의 『안나 카레니나』 속 주인공들
208 * P. 메리메의 『카르멘』 속 주인공들
209 『무의식의 환상』
210 『사랑에 빠진 여인들』
211 『무의식의 환상』

자주적인 관능을 갖는 것을 금지한다. 여자는 자기를 주도록 만들어졌지 빼앗기 위해 만들어진 것이 아니다. 멜러스의 입을 통해서 로런스는 동성애 여성들에 대한 혐오를 외친다. 그러나 그는 남자들 앞에서 초연하거나 공격적인 태도를 보이는 여자들도 비난한다. 폴은 미리암이 "당신은 아름다워"라고 말하면서 그의 허리를 애무할 때 모욕을 당하고 화가 난 것처럼 느낀다. 구드룬도 자기 애인의 아름다움에 황홀해할 때 미리암처럼 잘못을 범한다. 이런 관조적 태도는 페니스를 하찮게 여기거나 남성의 체조를 우습게 여기는 냉정하고 지적인 여자들의 빈정거림만큼이나 남자와 여자를 갈라놓는 것이다. 쾌락에 대한 가차 없는 추구도 비난을 덜 받을 만한 것이 아니다. 거기에도 남녀를 갈라놓는 날카롭고 고독한 성적인 쾌락이 있으므로 여자는 그것을 지향해서는 안 된다. 로런스는 여성적 자질이 없는 독립적이고 지배욕이 강한 수많은 여자의 초상을 그려 왔다. 울술라와 구드룬은 그런 부류에 속한다. 초기에 울술라는 독점욕이 강한 여자였다. "남자는 그녀에게 철저하게 몸을 맡겨야만 할 것이다……"[212] 그녀는 나중에 자기 의지를 극복하는 법을 배우게 된다. 그러나 구드룬은 완강하다. 지능적이고 예술가의 기질이 있는 그녀는 남자들의 독립성과 그들의 활동 가능성을 맹렬하게 시기한다. 그녀는 자기의 개성을 고스란히 간직하려 하며 자기 자신을 위해 살려 한다. 빈정대기 잘하고 소유욕이 강한 그녀는 영원히 자기 주관성에 갇혀 있게 된다. 미리암은 가장 덜 꾸민 듯해서 가장 중요한 의미를 지니는 인물이다.[213] 제럴드는 구드룬의 실패에 일부분 책임이 있다. 미리암은 폴을 상대로 하여 홀로 자기의 불행에 대해 책임진다. 그녀 역시 남자이고 싶어 하며, 남자들을 증오한다. 그녀는 자기의 일반성에서 자기를 받아들이지 못한다. 그녀는 '두각을 나타내고' 싶어 한다. 그 때문에 생명의 큰 흐름이 그녀를 관통하지 못하며, 그녀는 마녀나 혹은 무녀를 닮을 수는 있어도 절대로 디오니소스 신의 여제관을 닮을 수 없다. 그녀는 사물에 종교적 가치를 부여하면서 그것을 자기 영혼에서 재창조했을 때에만 감동한다. 이러한 열정이 그녀를 생명으로부터 떼어 놓는다. 그녀는 시적이고 신비적이어서 적응력이 없다. "그녀의 과장된 노력은 무위로 끝났다. (…) 그녀는 서투르지 않았지만, 그녀가 적절하게 움직인 적은 한 번도 없었다." 그녀

---

212 『사랑에 빠진 여인들』
213 『아들과 연인』

는 오직 내면적인 기쁨을 추구하며 현실을 두려워한다. 그녀는 섹슈얼리티도 두려워한다. 폴과 동침할 때, 그녀의 마음은 일종의 공포 속에 외따로 있다. 그녀는 언제나 의식이지 결코 생명이 아니다. 그녀는 동반자가 아니다. 그녀는 자기 연인과 융합하려 하지 않고, 그를 자기 속에 빨아들이려 한다. 그는 이런 의지에 화를 낸다. 그는 그녀가 꽃을 쓰다듬는 것을 보며 격분한다. 그녀가 꽃의 마음을 잡아 뽑는 것 같았기 때문이다. 그는 그녀를 모욕한다. "당신은 사랑을 구걸하는 비렁뱅이요. 당신은 사랑하려는 것이 아니라 사랑을 받으려 하는 것이오. 당신은 내가 모르는 무언가가 결핍되었기 때문에 사랑으로 **당신 자신을 채우려고** 하는 것이오." 섹슈얼리티는 공허감을 메우기 위해 있는 것이 아니다. 그것은 완성된 존재의 표현이어야만 한다. 여자들이 사랑이라고 부르는 것은 그녀들이 탈취하길 희망하는 남성적 힘 앞에서 느끼는 탐욕이다. 폴의 어머니는 미리암에 관해서 통찰력 있게 생각한다. "그녀는 그의 전부를 원한다. 그 자신에게서 그를 짜내어 먹어 치우고 싶어 한다." 젊은 처녀는 남자친구가 아프면 자기가 그를 간호할 수 있으므로 기뻐한다. 그녀는 그를 돌봐 준다고 자처하지만, 그것은 그에게 자기 의지를 강요하는 한 방법이다. 그녀가 그에게서 떨어져 있으므로, 그녀는 폴에게 "아편이 만들어 내는 열병과 유사한 열정"을 불러일으키지만 그에게 기쁨과 평화를 가져다줄 능력이 없다. 그녀의 사랑의 밑바닥에서부터, 그녀의 비밀스러운 곳에서부터 그녀는 "폴이 그녀를 사랑하고 지배하고 있으므로 그를 증오하였다." 그래서 폴은 그녀에게서 멀어진다. 그는 클라라 곁에서 마음의 평정을 구한다. 아름답고 생생하며 동물적인 그녀는 남김없이 자기를 준다. 연인들은 두 사람 모두를 넘어서는 황홀한 순간들에 도달한다. 그러나 클라라는 이러한 계시를 이해하지 못한다. 그녀는 이런 기쁨을 폴 자신 그리고 그의 독특함 덕분이라고 믿으며, 그를 소유하기를 희망한다. 그녀는 그를 지키는 데 실패한다. 왜냐하면 그녀 역시 그의 전부를 자기 것으로 하고 싶어 하기 때문이다. 사랑이 개별화하자마자, 그 사랑은 탐욕스러운 이기주의로 변하고 에로티시즘의 기적은 자취를 감춘다.

여자는 개인적인 사랑을 단념하지 않으면 안 된다. 멜러스도, 돈 시프리아노도 자기 정부에게 사랑의 말을 속삭이려 하지 않는다. 모범적인 여자인 테레사는 케이트가 그녀에게 돈 라몬을 사랑하느냐고 물었을 때 분개한다.[214] "그는 나의

---

214 『날개 돋친 뱀The Plumed Serpent』

생명이야"라고 그녀는 대답한다. 그녀가 그에게 승낙한 선물은 사랑과는 별개의 것이다. 여자도 남자처럼 일체의 오만과 모든 의도를 포기해야만 한다. 여자가 남자에 대하여 생명을 구현한다면 남자 역시 여자에 대하여 생명을 구현한다. 채털리 부인은 이러한 진실을 인정하기 때문에 비로소 평화와 기쁨을 발견한다. "그녀는 자신을 피곤하고 냉혹하게 만들었던 자신의 거칠고 화려한 여성적 힘을 포기할 것이며, 새로운 생명의 욕조에, 무언의 예찬가를 부르던 자신의 내장 깊숙이 잠길 것이다." 그래서 그녀는 디오니소스의 여제관들의 취기에 초대된다. 연인에게 맹목적으로 복종하며 그의 품에서 자신을 추구하지 않음으로써, 그녀는 그와 함께 봄날의 비와 나무들 그리고 꽃들과 조화롭게 균형 잡힌 남녀 한 쌍을 형성한다. 마찬가지로 울슐라는 버킨의 수중에서 자기의 개성을 포기하고, 그들은 '별의 균형'에 도달한다. 그러나 로런스의 이상을 남김없이 전부 반영한 작품은 무엇보다 『날개 돋친 뱀』이다. 왜냐하면 돈 시프리아노는 "생명의 깃발을 들고 전진하는" 그런 남자 중 한 명이기 때문이다. 그는 자기가 전념하는 사명이 있기 때문에 그에게 남성성은 초월되고 신성으로까지 고양된다. 그가 자신을 신으로 떠받든다 해도 그것은 신비화가 아니다. 완전한 남자는 모두 신이기 때문이다. 따라서 그는 한 여자의 절대적 애정을 받을 만하다. 서양의 편견에 젖은 케이트는 처음에 이런 예속을 거부하고 자기의 인격과 자기의 제한된 실존에 애착을 갖는다. 그러나 그녀는 생명의 큰 흐름이 자신에게 점점 침투하게 내버려 두며 시프리아노에게 몸과 마음을 준다. 그것은 노예의 항복이 아니다. 그와 함께 머물러 있기를 결정하기 전에 그녀는 그에게 자기가 필요하다는 것을 인정할 것을 요구한다. 확실히 남자에게 여자가 필요하므로, 그는 그 사실을 인정한다. 그러자 그녀는 그의 반려자 이외의 결코 다른 아무것도 되지 않을 것에 동의한다. 그녀는 그의 목표, 그의 가치, 그의 세계를 공유한다. 이러한 복종은 에로티시즘 자체에 표현된다. 로런스는 여자가 그녀를 뒤흔드는 경련으로 인해 남자와 분리되어 쾌락을 추구함으로써 수축하는 것을 원치 않는다. 즉, 그는 여자에게 오르가슴을 단호히 거부한다. 돈 시프리아노는 여자 안에서 이런 신경성의 주이상스 jouissance[215]가 다가오는 것을 느낄 때 케이트에게서 멀어진다. 그녀는 이런 성적 자율성조차 단념해 버린다. "그녀의 여자로서의 열렬한 의지와 욕망은 땅속에서 소리 없이 솟아 나오지만, 그녀를 아주 부드럽고 순종적으로 내버려 두면 그 비밀스러운 힘에서 아주 활동적이고 매우 강력하고 뜨거운 샘물처럼 그녀 안에서 진정되어 사라져 버렸다."

이것으로 로런스의 소설이 무엇보다도 '여성 교육'인 이유를 알 수 있다. 우주의 질서를 따른다는 것은 남자보다도 여자에게 한없이 더 어렵다. 왜냐하면 남자는 자율적으로 따르지만, 여자는 남자의 매개가 필요하기 때문이다. **타자**가 낯선 의식과 의지의 모습을 취할 때, 거기에는 진정한 항복이 있다. 반대로 자율적인 순종은 기이하게도 지고한 결정과 닮아 있다. 로런스의 주인공들은 애초에 형을 선고받았거나 아니면 처음부터 지혜의 비밀을 보유하고 있다.[216] 우주에 대한 그들의 순종은 아주 오래전부터 완성되어 있어서 그들은 거기에서 수많은 내적 확신을 끌어낸다. 그 때문에 그들은 거만한 개인주의자와 마찬가지로 교만하게 보인다. 그들의 입을 통해서 말하는 신이 한 명 있다. 바로 로런스 그 자신이다. 반면에 여자는 그들의 신성 앞에 고개를 조아려야 한다. 남자는 두뇌가 아니라 남근이며, 남성성에 참여하는 개인은 자기의 특권을 보존한다. 여자는 악이 아니라 선하기까지 하다. 그러나 예속된 자로서다. 로런스는 '진정한 여자'의 이상理想, 다시 말해 자기를 **타자**로 규정하기를 망설임 없이 수락하는 여자를 이상으로 제시한다.

3. 클로델 또는 주의 여종

클로델Paul Louis Charles Marie Claudel(1868~1955)이 지닌 가톨릭주의의 독창성은 악조차 선으로 돌려놓는 지독히 완고한 낙관주의다.

"악조차도 그냥 버려서는 안 되는 그 자체의 선이 있다."[217] **창조주**의 관점과 어긋남이 없는 관점을 채택함으로써 – 창조주를 전지전능하며 자비하다고 상정하기 때문에 – 클로델은 창조 전체에 동조하고 있다. 지옥과 원죄가 없으면 자유도 구원도 없을 것이다. 무에서 이 세계를 창조했을 때, **신**은 과실過失과 속죄를 미리 숙고했다. 유대인과 기독교도들이 보기에, 이브의 불복종은 그 딸들을 대단히 불

---

216 모든 주인공 가운데 가장 생기 있는 『아들과 연인』의 폴만은 예외다. 그러나 이 작품은 남성의 인생 수업을 보여 주는 유일한 소설이다.

217 『정오의 분할Partage de midi』

「폴 클로델 초상화」자크 에밀 블랑슈, 1919

리한 처지에 놓이게 했다. 기독교회의 교부들이 여자를 얼마나 혹독하게 다루었는지는 잘 알려진 사실이다. 하지만 여자가 **신**의 섭리를 섬겼다는 것이 인정되면 여자는 정당화된다. "여자! 옛날에 여자가 에덴동산에서 불복종함으로써 지상의 낙원에서 신에게 한 봉사, 여자와 **신** 사이에 확립된 이 심오한 화합, 과실로 인해 여자가 속죄하도록 **신**의 처분에 맡긴 그 육체!"[218] 그리고 분명 여자는 죄의 원천이며, 여자로 인해 인간은 낙원을 상실했다. 그러나 세상은 인간의 죄를 속죄받아 다시 축복받고 있다.

"우리는 신이 애초에 우리를 살게 했던 환희의 낙원에서 한 발자국도 나가지 않았다."[219]

"이 세상은 모두 **약속의 땅**이다."[220]

신의 수중에서 나온 것 중 어느 것도, 주어진 것 중 어느 하나도 그 자체로 나쁜 것일 수 없다. "우리는 신의 모든 창조물과 더불어 신에게 기도한다! 신이 만들어 낸 것 가운데 어느 것도 헛되지 않으며, 어느 것도 다른 것에 낯설지 않다."[221] 그리고 필연적이지 않은 것은 아무것도 없다. "신이 함께 창조한 모든 것은 서로 통하고 모두 서로에게 필수적인 것이다."[222] 그래서 여자는 우주의 조화 속에 자기의 자리를 차지하고 있다. 그러나 평범한 자리는 아니다. "**영원**을 무無라는 이 덧없는 꽃에 연결하는, 악마의 눈에는 충격적인 일종의 기이한 정열이 있다."[223]

확실히 여자는 파괴적일 수 있다. 클로델은 남자를 파멸로 이끄는 나쁜 여자를 레시[224] 안에 구현하였다. 『정오의 분할』에서 이세는 남자들을 사랑의 함정에 빠뜨려 그들의 삶을 황폐화한다. 그러나 이런 파멸의 위험이 없다면, 구원 또한 없을 것이다. 여자는 "신이 그의 놀라운 건조물의 한가운데 일부러 짐짓 들여놓은 위험 요소다."[225] 남자가 육체의 유혹을 경험하는 것은 좋은 일이다. "우리의

---

218 『소피의 모험 Les Aventures de Sophie』
219 『세 목소리의 칸타타 La Cantate à trois voix』
220 『루아르에셰르에서의 대화 Conversations dans le Loir-et-Cher』
221 『비단 구두 Le Soulier de satin』
222 『마리아에의 수태고지 L'Annonce faite à Marie』
223 『소피의 모험』
224 『교환 L'Echange』
225 『소피의 모험』

삶에 그 극적인 요소를 주는 것은 우리 안에 들어 있는 이 적敵, 이 강렬한 소금이다. 만일 우리의 영혼이 그와 같이 심하게 공격받지 않는다면, 영혼은 잠들어 버릴 터이지만 그렇지 않아서 벌떡 일어난다. (…) 승리의 시련은 투쟁이다."[226] 남자는 자기 영혼을 자각하도록 단지 정신의 길을 통해서만이 아니라 육체의 길을 통해서도 소환된다. "그리고 남자에게 말을 걸기 위해서라면 여자의 육체보다 더 강력한 것이 있을까?"[227] 남자를 잠에서, 안일함에서 끌어내는 것은 모두 그에게 유익한 것이다. 사랑은 어떤 형태로 나타나든 간에 "우리의 초라한 이성에 의해 정돈된, 우리의 개인적인 작은 세계 속에 하나의 심각한 교란적 요소로서"[228] 나타나는 미덕이 있다. 대개 여자는 헛된 기대를 하게 만드는 기만자에 불과하다.

"나는 지켜질 수 없는 약속이고, 나의 매력은 바로 거기에 있다.

나는 현재 있지 않은 것에 대해 아쉬움과 더불어 현재 있는 것의 감미로움이다. 나는 오류의 얼굴을 한 진리이며, 나를 사랑하는 사람은 이것과 저것을 구별하려고 신경을 쓸 필요가 전혀 없다."[229]

그러나 환상이 유익할 때도 있다. 그것이 바로 수호천사가 도냐 프루에즈에게 알리는 것이다.

"― 죄조차도! 죄 또한 쓸모가 있다.

― 그러면 그가 나를 사랑하는 것이 좋은 일이었나?

― 네가 그에게 욕망을 가르쳐준 것이 좋은 일이었다.

― 환상에의 욕망? 영원히 그에게서 빠져나가는 환영에의 욕망?

― 욕망은 현실에 있는 것이며, 환상은 현실에 있지 않은 것이다. 환상을 통한 욕망은 있지 않은 것을 통하며 있는 것이다."[230]

신의 뜻에 따라 프루에즈는 로드리그에게 "그의 심장을 꿰뚫는 검"[231]이다.

그러나 여자는 신의 수중에서 오로지 이러한 검이나 화상火傷이기만 한 것이 아니다. 이 세상의 부는 항상 거부되기 위해 있는 것이 아니며 양식이기도 하다. 남자는 그 부를 취해서 자기 것으로 만들어야 한다. 사랑하는 여자는 그에게서

---

226 『일출 속의 검은 새 L'Oiseau noir dans le soleil levant』

227 『비단 구두』

228 『입장과 제안 Positions et Propositions』

229 『도시 La Ville』

230 『비단 구두』

231 『비단 구두』

우주의 감각적 미를 모두 구현할 것이다. 여자는 그의 입술에서 흘러나오는 예찬의 노래가 될 것이다. "그대는 얼마나 아름다운가, 비올렌. 그리고 당신이 있는 이 세상은 얼마나 아름다운가."[232]

"내 앞에 서 있는, 산들바람보다 더 부드럽고 어린 나뭇잎 사이로 보이는 달과 같은 여자는 대체 누구지? (…) 아직은 연약한 날개를 펼치고 있는 어린 꿀벌 같은, 커다란 암사슴 같은, 자신이 아름답다는 것을 알지 못하는 한 송이 꽃 같은 여자가 여기 있다."[233]

"나에게 그대의 향기를 맡게 해 주오. 물로 닦아 윤이 나는 제단처럼, 대지가 노랗고 푸른 꽃을 피어나게 할 때 발산하는 향기 같은,

또한, 밀짚과 풀 냄새를 발산하는 여름의 향기 같은, 그리고 가을의 향기 같은 그대의 향기를……."[234]

여자는 자연 전체의 축소된 모습이다. 장미, 백합, 별, 열매, 새, 바람, 달, 해, 분수대의 물줄기, "정오의 빛 속에 있는 커다란 항구의 평화로운 소요"[235]다. 그리고 여자는 그보다도 훨씬 더한 것, 즉 동류이다.

"그런데 밤의 생생한 모래 속에서 한 점의 빛인 별이, 이번에는 내게 별과는 아주 다른 것으로 변해 있었다.

나처럼 인간적인 누군가로……."[236]

"그대는 이제부터 외롭지 않을 것이다. 그대 안에는 그대와 함께 영원히 헌신적인 여자가 있다. 영원히 그대의 것이어서 다시는 도망치지 않을 사람, 그대의 여자."[237]

"나의 말에 귀 기울여 주고 나를 믿어 주는 사람.

우리를 품에 안고, 우리에게 한 여자가 있다고 확언해 주는 낮은 목소리의 반려자."[238]

여자의 육체와 혼을 자기 품에 안음으로써 남자는 이 세상에서 자기의 뿌리를

---

232 『마리아에의 수태고지』
233 『젊은 처녀 비올렌 La Jeune Fille Violaine』
234 『도시』
235 『비단 구두』
236 『비단 구두』
237 『도시』
238 『굳은 빵 Le pain dur』

발견하고, 거기에서 자기를 완성한다.

"나는 이 여자를 택했고, 그래서 그것이 나의 진가이며, 이 세상에서의 나의 몫이다."[239] 그녀는 가벼운 짐이 아니다. 그러나 남자는 제멋대로 살도록 태어난 것은 아니다.

"그래서 그 어리석은 남자는 자신이 이 부조리한 인간, 이 무겁고 귀찮은 커다란 물건과 함께 있는 것에 새삼 아주 놀란다.

수많은 옷과 많은 머리털을 어떻게 해야 할까?

그는 그것들을 이제 버릴 수도 없고, 버릴 생각도 없다."[240]

이 무거운 짐은 또한 보물이기도 하기 때문이다. "나는 커다란 보물이야"라고 비올렌은 말한다.

상호적으로, 여자는 남자에게 자기를 줌으로써 지상에서의 자기 운명을 실현한다.

"그도 그럴 것이, 꺾이기 위해서가 아니라면 여자라는 것이 무슨 소용이 있나?

그리고 이 장미라는 것이 먹어치우기 위해서가 아니라면? 하물며 여자로 태어난다는 것이 다른 사람의 것이 되고, 힘센 사자의 먹이가 되기 위한 것이 아니라면?"[241]

"남자의 품 안에서가 아니면 여자가 될 수 없고, 남자의 마음속에서가 아니면 포도주 잔이 될 수 없으니, 우리는 어찌하면 좋을까?"[242]

"그러나 너, 나의 영혼아 말해 다오. 나는 헛되이 만들어지지 않았다고, 그리고 나를 꺾기 위해 소환된 남자가 이 세상에 존재한다고!"

"나를 기다리고 있었던 이 마음, 아! 그 마음을 채워 준다는 것은 얼마나 기쁜 일인가."[243]

물론 이러한 남녀의 결합은 신 앞에서 실현되어야만 한다. 그것은 신성한 것이며 영원 속에 자리 잡고 있다. 그것은 마음 깊은 곳에서 우러나오는 의지로 동의되어야 하며, 개인의 자의에 의해 깨질 수 없다. "자유로운 두 인격이 서로

---

239 『도시』
240 『정오의 분할』
241 『세 목소리의 칸타타』
242 『세 목소리의 칸타타』
243 『세 목소리의 칸타타』

에게 자기를 주는 사랑과 동의가 신에게 아주 위대하게 보여서, 신은 그것을 성사聖事로 만들었다. 거기에서도 다른 여느 곳에서나 마찬가지로 성사는 기껏해야 마음의 지고한 욕망에 불과했던 것에 현실성을 부여하고 있다."[244] 게다가

"결혼은 쾌락이 아니라 쾌락의 희생이며, 이후로 영원히 그리고 자기 이외의 목적을 위하여 서로 만족하도록 두 영혼이 연마하는 것이다."[245]

이 결합으로 남자와 여자는 서로 기쁨만 나누는 것이 아니라, 각자가 자기 존재를 파악하게 된다. "내 영혼 내부에 있는 이 영혼, 이를 발견할 줄 안 자는 그다! (⋯) 나에게로 와서 내게 손을 내민 자가 그다. (⋯) 그는 바로 하늘이 내게 내려준 배필이다! 어떻게 말을 해야 좋을까? 그가 바로 나의 근원이었다! 그에 의해서, 그를 위해서 내가 이 세상에 온 것이다."[246]

"다른 데 정신이 팔려 생각하지 않았기 때문에 존재하지 않는다고 믿었던 나 자신의 일부분. 아! 신이여, 그것은 존재하고 있으며 열렬히 살고 있습니다."[247]

그리고 이 존재는 그가 완전하게 만드는 존재를 위해서 정당화되고, 필연적인 것처럼 보인다. "그의 내부에서 그대가 필요했다"라고 프루에즈의 천사가 말한다. 그리고 로드리그는,

"더는 필요한 존재가 되지 않는 것 이외에 무엇을 죽음이라 부르겠는가?
내가 그녀에게 그녀 자신이 되는 데 필요하지 않게 될 때는 언제일까?
언제부터 그녀가 나 없이 지낼 수 있게 되었는가?"[248]

"한 생애에서 그리고 신비하게도 타인과의 관계에서가 아닌 다른 곳에서 만들어진 영혼은 없다고 사람들은 말한다.

그러나 우리 둘은 그 이상의 것이다. 그대가 말을 함에 따라서 내가 존재한다. 두 사람 사이에는 하나의 같은 것이 응답하고 있다.

오리온이여, 누군가가 우리를 만들었을 때, 나는 당신이 사용하였던 재료가 조금 남았다고 생각하며, 나는 당신에게 부족한 그것으로 만들어졌다."[249]

이 결합의 경이로운 필연성 속에서 낙원은 회복되고 죽음은 극복된다.

---

244 『입장과 제안』 II
245 『비단 구두』
246 『토비와 사라의 서書 Livre de Tobie et de Sarah』
247 『모욕당한 아버지 Le Père humilié』
248 『비단 구두』
249 『모욕당한 아버지』

"이리하여 남자와 여자로, 마침내 일찍이 **낙원**에 존재했던 인간이 여기 다시 만들어졌다."[250]

"우리는 서로 의존하지 않고서는 결코 죽음에서 벗어날 수 없다.

보라색이 오렌지색과 섞이면 진홍색이 생겨나는 것처럼."[251]

결국, 각자는 다른 사람의 모습으로 완벽한 **타자**에게, 다시 말해 신에게 도달한다.

"우리가 서로 주고받는 것은 여러 다른 모습의 신이다."[252]

"만일 처음에 그대가 내 눈 속에서 신을 보지 못했더라면, 그대가 그토록 천국을 동경했을까?"[253]

"아! 여자이기를 그만두고, 당신이 감출 수 없는 그 신을 그대의 얼굴에서 보게 해 주시오."[254]

"신에 대한 사랑은 우리 안에 있는 피조물에 대한 사랑과 같은 능력에 호소하고, 우리가 우리 힘만으로는 불완전하다는 이 감정과 우리를 자기실현으로 이끄는 지고의 선은 우리 외부의 그 누구라는 이 감정에 호소한다."[255]

이처럼 각자는 상대방에게서 현세의 자기 삶의 의미를 발견하고, 이 삶의 부족함에 대한 부인할 수 없는 증거를 발견한다.

"내가 그에게 천국을 줄 수는 없지만 적어도 지상에서 그를 끌어낼 수 있다. 나만이 그에게 그의 욕망의 크기에 따른 결핍을 채워 줄 수 있다."[256]

"내가 그대에게 요구하던 것, 내가 그대에게 주려고 했던 것, 그것은 시간과 양립할 수 없고 영원과 양립할 수 있다."[257]

하지만 여자와 남자의 역할이 정확한 대칭을 이루지는 않는다. 사회적 면에서는 남자의 우선권이 명백하다. 클로델은 위계를, 특히 가족의 위계를 믿고 있다. 즉, 가족의 우두머리는 남편이다. 안 베르코르[258]는 그의 가정에 군림한다.

---

250 『성자의 노트 Feuilles de saints』

251 『비단 구두』

252 『성자의 노트』

253 『성자의 노트』

254 『비단 구두』

255 『입장과 제안』 I

256 『비단 구두』

257 『모욕당한 아버지』

258 *『젊은 처녀 비올렌』에서 비올렌의 아버지

돈 펠라즈[259]는 자신을 연약한 화초인 도냐 프루에즈를 돌보는 역할을 맡은 정원사로 간주한다. 그는 그녀에게 명령을 내리고, 그녀는 그 명령을 거부할 생각을 하지 못한다. 남자라는 사실 하나만으로 특권이 부여된다. "한집안의 남자에게 나를 비교하다니, 나는 대체 얼마나 주제넘은 여자인가?"라고 시뉴가 자신에게 묻는다.[260] 밭을 갈고, 대성당을 짓고, 칼을 들고 싸우고, 세계를 탐험하고, 땅을 정복하고, 행동하고, 일을 도모하는 것은 남자다. 지상에서 신의 섭리가 실현되는 것은 남자를 통해서다. 여자는 단지 조수처럼 보일 뿐이다. 여자는 그 자리에 남아 기다리고 유지하는 사람이다.

"나는 남아서 항상 그 자리에 있는 사람이야"라고 시뉴는 말한다.

그녀는 그가 멀리서 **대의**를 위해 싸우는 동안 쿠퐁텐의 유산을 지키며 가계를 차질 없이 관리한다. 여자는 전사에게 희망의 원조를 제공한다. "나는 저항할 수 없는 희망을 제공하고 있다."[261] 그리고 연민의 원조도.

"나는 그에 대해 연민의 정을 느꼈다. 왜냐하면 그가 자기 어머니를 찾아, 비밀과 수치심으로 모욕을 당한 그 여자 말고 달리 어디로 향할 것인가?"[262]

그리고 죽어 가는 **황금 머리**는 중얼거린다.

"이것이야말로 부상자의 용기, 불구자의 지지,

죽어 가는 자의 반려……."

여자가 이처럼 약점이 있는 남자를 잘 알고 있다는 데 대하여 클로델은 여자에게 불만을 품지 않는다. 오히려 그 반대다. 그는 몽테를랑과 로런스에게서 과시되는 남자의 오만함을 불경한 것으로 여기는 것 같다. 남자가 자신이 육체로 된 비참한 존재라는 것을 알고, 자기의 기원과 그 기원에 대응하는 죽음을 잊지 않는 것은 좋은 일이다. 어떤 아내든지 다음과 같은 마르트의 말을 할 수 있다.

"맞습니다. 당신에게 생명을 준 것은 내가 아닙니다.

그러나 나는 당신에게 그 생명을 되돌려 받기 위해 이 세상에 온 것입니다." 그러자 여자 앞에서 남자는,

---

259 *『비단 구두』의 등장인물, 프루에즈의 남편

260 『인질 L'Otage』

261 『도시』

262 『교환』

"채권자 앞에 있는 것처럼 의무감 같은 동요를 느낀다."[263]

그러나 이 약함은 힘 앞에서 고개를 숙여야만 한다. 결혼으로 아내는 그녀를 책임지는 남편에게 *자기를 준다*. 라라는 쾨브르 앞에서 바닥에 눕고, 그는 그녀 몸에 발을 올려놓는다. 남편에 대한 아내의, 아버지에 대한 딸의, 오라버니에 대한 누이의 관계는 군신의 관계. 시뉴는 조르주의 수중에서 봉건 군주에게 하는 기사의 서약을 한다.

"당신은 영주요, 나는 불을 지키는 천한 무녀입니다."[264]

"나에게 풋내기 기사처럼 서약하도록 해 주소서! 오 나의 영주여! 오 나의 오라 버니여, 당신의 수중에서 서원하는 수녀처럼 맹세하도록 해 주소서.

오 나의 가문의 남자여!"[265]

신하의 가장 큰 인간적인 덕목은 지조와 충성이다. 여자는 여자로서 온순하고 겸허하며 인종하지만, 자기 가문과 혈통의 이름으로서 거만하며 굴복할 수 없다. 쿠퐁텐의 시뉴가 그렇고, 살해당한 자기 아버지의 시체를 어깨 위에 들쳐 매고 고독하고 야성적인 삶의 비참함과 십자가의 고통을 수락하며, **황금 머리**의 임종을 지킨 다음 그의 곁에서 죽는 **황금 머리**의 왕비가 그렇다. 여자는 흔히 조정자와 중개자의 모습으로 우리에게 나타난다. 여자는 마르도케의 명령에 순종하는 에스테르이며, 사제들에게 복종하는 유디트다. 여자는 자기 주인의 것이기 때문에 자기 것이기도 한 **대의**에 충성함으로써 여자의 연약함, 소심함, 수치를 이겨낼 수 있다. 여자는 자기를 도구들 가운데 가장 귀중한 것으로 만드는 힘을 자기의 헌신 속에서 끌어낸다.

따라서 여자는 인간적인 면에서 자기의 종속으로부터 위대함을 끌어내는 것처럼 보인다. 그러나 신의 눈에 비친 여자는 완벽하게 자율적인 인격이다. 존재란 남자에게 자기 자신을 초월하는 반면에 여자에게 그대로 유지된다는 것은, 현세의 시선에서만 남녀 사이에 차이가 있을 뿐이다. 어찌 됐든, 초월이 실현되는 것은, 현세에서가 아니라 신의 품 안에서다. 그리고 여자는 자기 반려자와 마찬가지로 신과 직접적이고 더 친밀하기까지 하며, 더 비밀스러운 관계를 맺고 있다. 신이 시뉴에게 말하는 것은 남자 – 역시 신부 – 의 목소리를 통해서다. 그러나

---

263 『교환』

264 『인질』

265 『인질』

비올렌은 마음의 고독 속에서 자기 목소리를 듣고, 프루에즈는 수호천사와만 관계를 갖는다. 클로델의 가장 숭고한 인물들은 시뉴, 비올렌, 프루에즈와 같은 여자들이다. 클로델에 의하면, 체념 속에 부분적으로 성스러움이 있는 것이기 때문이다. 그리고 여자는 인간의 계획에 참여하는 예도, 개인적 의지를 갖는 경우도 비교적 적다. 빼앗기 위해서가 아니라 자신을 주기 위해 태어난 여자는 완벽한 헌신에 더 가깝다. 여자에 의해서 정당하고 훌륭한 지상의 기쁨이 초월된다. 하지만 그 기쁨을 희생시키는 것은 한층 더 좋은 일이다. 시뉴는 교황을 구한다는 명확한 이유로 희생을 감수한다. 로드리그에 대한 프루에즈의 사랑은 금지된 것이기 때문에 그녀는 처음부터 하는 수 없이 단념한다.

"내가 당신의 품에 부정한 여자로 안기기를 원했던 건가요? (…) 나는 당신이 동경하는 영원한 별이 아니라, 당신의 마음속에서 조만간 죽어 갈 한 여자에 불과할 뿐이에요."[266]

그러나 이 사랑이 합법적일 수 있을 때, 프루에즈는 이 세상에서 그것을 실현하기 위해 그 어떤 시도도 하지 않는다. 왜냐하면 천사가 그녀에게 이렇게 속삭였기 때문이다.

"프루에즈, 내 누이여, 찬란한 빛 속에서 내가 경배하는 신의 딸이여,

천사들의 눈에 비친 프루에즈는 그가 바라보고 있다는 사실을 알지 못하는 너이고, 너는 그에게 주기 위하여 그러한 너를 만들었다."[267]

그녀는 인간이며 여자다. 그래서 반발하지 않고서는 체념하지 못한다.

"그는 나의 이 기분을 알지 못할 것이다!"[268]

그러나 그녀는 로드리그와의 진정한 결혼이 거절에 의해서만 완성된다는 것을 알고 있다.

"이제 더는 달아날 수 있는 어떤 방법도 없을 때, 그가 이 불가능한 결혼에서 영원히 나에게 묶여 버릴 때, 나의 강력한 육체의 외마디와 냉혹한 공허에서 빠져나갈 방도가 더는 없을 때, 내가 그에게 나의 허무와 함께 그의 허무를 내보일 때, 그의 허무 속에 나의 허무가 확인할 수 있는 비밀이 이젠 하나도 남아 있지 않을 때,

---

266 『비단 구두』
267 『비단 구두』
268 『비단 구두』

그때 나는 더는 도망갈 곳 없어 몹시 고통스러워하는 그를 신에게 데리고 가 청천벽력을 맞게 할 것이다. 그때야 나는 남편이 생겨 그 신을 내 품에 안을 것이다."[269]

비올렌의 각오는 이보다 더 신비하고, 한층 더 부조리하다. 왜냐하면 서로 사랑했던 두 사람이 합법적 관계로 맺어지게 되었을 때, 그녀는 나병과 실명을 선택했기 때문이다.

"자크, 어쩌면 말이야,

우리가 서로의 것이 되는 게 정당한 일이기에는, 서로의 것이 되는 게 선한 일이기에는 서로 지나치게 사랑하고 있는지도 몰라."[270]

그러나 여자들이 이처럼 특이하게 신성성에 도달하기 위해 영웅적 행위에 헌신하는 이유는 무엇보다도 클로델이 남자의 관점에서 여자들을 파악하기 때문이다. 확실히 남녀 양성의 어느 쪽이나 보완적인 성이 보기에는 *타자*를 구현하고 있다. 그러나 남자인 그의 눈에 여자는 어찌 됐든 대개 *절대적 타자*로 나타나는 것이다. "우리가 우리 자신의 힘으로는 어찌할 수 없다는 것을 알고 있는" 일종의 신비스러운 초월이 존재하고 있다. "이것으로 말미암아 여자가 우리에게 행사하는, 신의 은총과 비슷한 힘이 생겨난다."[271] 여기서 그 *우리*는 남자들만을 나타낼 뿐 인류를 대표하지 않는다. 그리고 여자는 남자들의 불완전함에 대한 무한의 호소다. 어떤 의미로는 거기에 종속의 새로운 원칙이 있다고 할 수 있다. 성자들의 영적 교류에 의해서도 각 개인은 다른 모두를 위해 도구가 된다. 그러나 여자는 일방적으로 더욱더 분명하게 남자를 위한 구원의 도구다. 『비단 구두』는 로드리그의 구원의 서사시다. 극은 그의 형제가 그를 위해 신에게 올리는 기도로 막이 오르고, 프루에즈에 의해 신성성에 인도된 로드리그의 죽음으로 막을 내린다. 그러나 다른 의미에서는 여자가 이러한 방법으로 최고의 자율성을 획득한다고도 할 수 있다. 왜냐하면 여자의 사명은 자기 안에 내면화되고, 여자는 남자를 구원함으로써 혹은 남자에게 모범이 되는 데 소용됨으로써 고독 속에서 자기 자신을 구원하기 때문이다. 피에르 드 크라옹은 비올렌에게 그녀의 운명을 예언한다. 그리고 그는 마음속으로 그녀의 희생의 경이로운 과실을 거두어들인다. 그는

---

269 『비단 구두』
270 『젊은 처녀 비올렌』
271 『비단 구두』

대성당의 돌 속에서 남자들의 얼굴 앞에 대고 그녀의 덕을 찬양하게 된다. 그러나 비올렌은 그 일을 아무 도움 없이 혼자서 해낸 것이다. 클로델에게는 여자에 대한 신비주의가 있는데, 그 신비주의는 베아트리체 앞 단테의 그것과 그노시스교도들의 그것, 그리고 여자를 쇄신자刷新者라고 부른 생시몽주의 전통의 그것과도 유사하다. 그러나 남자와 여자는 똑같이 신의 창조물이기 때문에 그는 여자에게도 자주적인 운명을 부여했다. 그래서 여자는 자기를 타자로 만들면서 – 나는 **주主**의 **여종**이다 – 자기를 주체로 실현한다. 그리고 여자가 타자가 되는 것은 자기의 대자對自 존재 속에서다.

『소피의 모험』에는 클로델의 개념이 거의 모두 요약된 다음과 같은 글이 있다. 신은 여자에게 "아무리 별개의 것처럼 변했다 할지라도 신 자신의 완전함의 어떤 이미지인 그 얼굴"을 맡기었다. "그 얼굴은 그녀를 바람직스럽게 만들었다. 신은 끝과 시작을 함께 배치했다. 신은 여자를 그의 섭리의 수탁자로 만들었고, 여자가 그 속에서 만들어진 창조의 수면을 남자에게 돌려줄 수 있게 만들었다. 여자는 운명의 지주女柱다. 여자는 선물이다. 여자는 소유의 가능성이다. (…) 여자는 창조주와 피조물을 부단히 잇고 있는 애정의 연결고리다. 여자는 그를 이해한다. 여자는 보고 행하는 혼이다. 그녀는 말하자면 그와 함께 인내와 창조의 힘을 공유한다."

어떤 의미에서는, 여자가 이 이상으로 찬양될 수 없을 것 같다. 그러나 사실상 클로델은 약간 현대화된 가톨릭 전통을 시적으로 표현하는 데 지나지 않는다. 현세에서 여자의 소명은 그녀의 초자연적 자율성에 아무런 해도 끼치지 않는다고 이미 말한 바 있다. 그러나 거꾸로 여자에게 초자연적 자율성을 인정함으로써 가톨릭은 이 세상에서 남성의 특권을 유지할 권리가 있다고 생각한다. 여자를 **신 안에서는** 숭배하면서도 이 세상에서는 하녀로 취급한다. 게다가 여자에게 완전한 복종을 요구하면 할수록 그만큼 확실하게 여자를 구원의 길로 향하게 하는 것이 된다. 아이들에게, 남편에게, 가정에, 토지에, **조국**에, **교회**에 헌신하는 것은 여자의 몫이며, 또한 부르주아 계급이 여자에게 언제나 할당해 온 운명이다. 남자는 자기의 활동을 제공하고 여자는 자기의 인격을 제공한다. 신의 의지라는 이름으로 이런 계급제도를 신성화한다는 것은, 그런 차별을 조금이라도 변화시키는 것이 아니라 영원 속에 고착시키도록 주장하는 것이다.

4. 브르통 또는 시

브르통André Breton(1896~1966)의 시적 우주와 클로델의 종교적 세계를 분리하는 심연에도 불구하고, 그들이 여자에게 배당하는 역할에는 하나의 유사성이 있다. 즉, 여자는 교란의 요소라는 것이다. 여자는 남자를 내재의 잠에서 끌어낸다. 입, 열쇠, 문, 다리 등 비록 표현은 다를지라도 여자는 모두 단테를 천국으로 인도하는 베아트리체다. "감각 세계를 잠시 주의 깊게 관찰한다면, 여자에 대한 남자의 사랑은 하늘을 엷은 황갈색의 거대한 꽃으로 끈질기게 뒤덮으려 하는 것을 볼 수 있다. 그것은 자신이 안전한 곳에 있다고 믿고자 하는 정신에 가장 가공할 장애물이다." 하나의 다른 여자에 대한 사랑은 **타자**에 대한 사랑으로 이끈다. "인류에 대한 사랑의 수문水門이 활짝 열리는 것은 그와 같은 존재에 대한 선택적 사랑이 최고조에 이르렀을 때……." 그러나 브르통에게 천국은 어떤 낯선 하늘이 아니다. 천국은 바로 여기 이 세상이다. 천국은 일상의 진부함의 베일을 걷어낼 줄 아는 사람에게 얼굴을 드러낸다. 특히 에로티시즘은 잘못된 지식의 속임수를 일소한다. "오늘날 성의 세계는 (…) 내가 알기에 우리의 우주 탐구에 대한 의지에 타파하기 어려운 어둠의 핵을 끊임없이 대립시켜 왔다." 신비에 부딪히는 것, 그것은 신비를 발견하는 유일한 방법이다. 여자는 수수께끼이며, 또 몇 개의 수수께끼를 제시하고 있다. 여자의 수많은 얼굴은 겹쳐지면서 "그 안에서 스핑크스의 궁극적 화신을 볼 수 있는 유일한 존재"를 형성한다. 그러므로 여자는 계시다. "그대는 비밀의 모습 그 자체였다"라고 브르통은 사랑하는 한 여인에게 말한다. 그리고 조금 더 가서는 "그대가 나에게 가져온 계시는 내가 그것의 내용을 알기도 전에 계시였음을 알고 있었다"라고 했다. 즉, 여자는 시詩라는 것이다. 그것은 또한 제라르 드 네르발Gérard de Nerval(1808~1855)[272]에게도 여자가 하는 역할이다. 그러나 실비와 오렐리아[273]의 경우에 여자는 추억이나 유령과 같은 일관성을 가지고 있다. 왜냐하면 꿈은 현실보다 더 진실한데 현실과 정확하게 일치하지 않기 때문이다. 브르통에게 그 일치는 완벽하다. 즉, 하나의 세계밖에 없는 것이다. 시는 객관적으로 사물 속에 현존한다. 그리고 여자는 확실하게 살과 뼈의 존재다. 여자를 만나는 것은 반몽환 상태에서가 아니라 완전히 잠이 깬, 달력의 다

---

272 * 프랑스의 시인, 저널리스트. 꿈과 현실이 뒤섞인 환상적인 작품을 썼다.

273 * 네르발 작품 『실비』와 『오렐리아』의 여주인공들

「앙드레 브르통 초상화」 빅토르 브라우네르, 1934

른 날들과 마찬가지로 날짜가 있는 – 4월 5일, 4월 12일, 10월 4일, 5월 29일 – 평범한 하루의 한가운데서, 한 카페 혹은 길모퉁이라는 평범한 틀 속에서. 그러나 여자는 항상 어떤 기괴한 특징으로 구별된다. 나자[274]는 "다른 모든 행인과는 반대로 머리를 높이 쳐들고 걸어간다. (…) 기이하게 화장을 하고서. (…) 나는 전에 그런 눈을 한 번도 본 적이 없었다." 브르통이 그녀에게 다가간다. "여자는 미소를 짓는다. 그러나 그 미소는 마치 사정을 잘 알고 있다는 듯한 불가사의한 미소다." 『광기의 사랑L'Amour fou』에서 "이제 막 들어온 이 젊은 여자는 연무煙霧에 둘러싸인 것 같았다. – 불의 옷을 입고 있는 것일까? (…) 그리고 1934년 5월 29일 그곳에서 그 여자는 *파격적*[275]으로 아름다웠다고 나는 말할 수 있다." 시인은 즉시 여자가 자기 운명에서 하나의 역할을 할 것을 알아본다. 때로 그것은 덧없고 부차적 역할에 불과하다. 이를테면 『연통관Vases communicants』의 달릴라의 눈에 비친 아이처럼. 하지만 그럴 때도 소소한 기적들이 그녀 주위에서 일어난다. 달릴라와 밀회하는 그날, 브르통은 오랫동안 만나지 못한 삼손이라는 이름의 친구가 서명한 호의적인 기사 하나를 읽는다. 때로는 기적 같은 일들이 계속해서 일어난다. 5월 29일의 미지의 여자, 즉 뮤직홀에서 수중쇼를 하던 물의 요정에게는 전에 한 레스토랑에서 인기리에 공연한 적 있는 <물의 요정, 저녁 식사를 하다Ondine, on dine>라는 프로그램이 예정되어 있었다. 그리고 시인과 그녀의 최초의 장시간 데이트는 11년 전에 시인이 쓴 시 속에 상세하게 묘사되어 있다. 이런 마녀들 가운데 가장 놀라운 여자는 나자다. 그녀는 미래를 예언하는데, 그녀의 남자친구가 그 순간에 머릿속에서 생각하는 말과 이미지가 그녀의 입술에서 흘러나온다. 그녀의 꿈과 의지는 신탁이다. 그녀는 "나는 방황하는 혼이다"라고 말한다. 그녀는 인생에서 "순수한 직관에만 기초를 두고 끊임없이 기적을 일으키는 독특한 방식으로" 앞으로 나아간다. 그녀 주위에서는 객관적 우연성이 기이한 사건들의 씨를 다량으로 뿌려 대고 있다. 그녀는 외관에 대해서는 놀랍도록 무관심해서 규칙과 이성을 무시하고 있다. 그녀는 결국 정신병원에 들어가고 만다. 그것은 "자유로운 천재, 이를테면 어떤 마법을 행함으로써 일시적으로 불러올 수 있으나 절대로 예속시킬 수 없는 공기 중에 떠다니는 정령 중 하나인 그런 것이었다." 그러므

---

274 *브르통의 대표작 『나자』의 주인공

275 브르통이 강조한 것이다.

로 그녀는 자신의 여자 역할을 완전히 이행하는 데 실패한다. 예언자, 무녀, 영감을 받은 그녀는 네르발을 방문하였던 비현실적인 피조물들과 너무도 닮았다. 그녀는 초현실적인 세계의 문을 연다. 그러나 그녀는 자기 자신을 줄 수 없으므로 그 세계를 줄 수 없다. 여자가 완성되고 또 실제로 도달되는 것도 사랑 속에서다. 특이한 여자는 특이한 운명을 받아들임으로써 – 뿌리 없이 우주를 떠다니는 것이 아니라 – 비로소 모든 것을 집약해 낸다. 여자의 아름다움이 절정에 이르는 순간은 "일찍이 존재했던 모든 것, 존재하도록 요청된 모든 것이 바로 **지금** 존재하려는 것 속에 아름답게 잠겨 비침으로써 여자가 되는" 그런 밤의 한때다. 브르통에게서 "장소와 표현 방식을 발견하는 것"은 "한 영혼과 육체 속에 있는 진실을 소유하는 것"과 뒤섞인다. 그리고 이 소유는 상호적 사랑, 당연히 육체적 사랑에서만 가능할 뿐이다. "사랑하는 여자의 초상은 사람들이 미소를 보내는 이미지일 뿐만 아니라 질문을 던지는 신탁이어야만 한다." 그러나 그 초상은 여자 자체가 단순한 이념이나 이미지 이외의 다른 것이어야만 신탁될 것이다. 여자는 "물질세계의 초석"이어야만 한다. 견자見者에게는 이 세계가 시詩이며, 그는 이 세계에서 실제로 베아트리체를 소유해야만 한다. "상호적인 사랑은 아무것도 영향력을 미칠 수 없는 온전한 자력磁力을 발생시키는 유일한 것이며, 육체는 태양이고 그 육체에 찍힌 빛나는 흔적이며, 정신은 두고두고 솟아나는 한결같은 샘이 되어 금잔화와 백리향 사이를 영원히 흘러간다."

이러한 불멸의 사랑은 단 하나의 것일 수밖에 없다. 브르통은 『연통관』부터 『비약 17』에 이르기까지 여러 다른 여자들에게 유일하고 영원한 사랑을 고집스럽게 바치는 모순적 태도를 지닌다. 그러나 그에 의하면, 사회적 환경이 그의 선택의 자유를 방해하면서 남자가 잘못된 선택을 하도록 이끈다. 게다가 이런 오류를 통해서 그는 정말로 **한** 여자를 찾고 있다는 것이다. 그래서 그가 사랑하는 얼굴들을 회상한다면, "그 모든 여자의 얼굴에서 **한** 얼굴, 즉 **마지막**[276]으로 사랑한 얼굴밖에는 찾아내지 못할 것이다." "다른 관점에서 나는 그런 얼굴들이 전혀 다른 외관 아래에서 정말로 예외적인 하나의 공통점을 서로 찾으려 하는 것을 얼마나 많이 확인할 수 있었는가." 『광기의 사랑』에서 그는 물의 요정에게 이렇게 묻는다. "당신이 마침내 바로 그 여자인가? 겨우 오늘에서야 당신은 내게 올

---

276 브르통이 강조한 것이다.

수 있었던 것인가?" 그러나 『비약 17』에서는 이렇게 말한다. "내가 당신을 처음 보았을 때, 서슴없이 당신을 알아본 것을 당신도 잘 알고 있지." 새롭게 완성된 세계에서 상호 간의 절대적 주고받음의 결과로 남녀의 쌍은 그 관계가 파기될 수 없을 것이다. 왜냐하면 사랑하는 여자가 자기의 전부인 이상 어떻게 다른 여자를 받아들일 것인가? 그녀는 다른 사람이기도 하다. 그녀가 개성적이면 개성적일수록 더욱 그러하다. "기이함은 사랑과 분리될 수 없다. 당신은 유일하므로 나에게 항상 또 다른 여자, 즉 또 하나의 다른 당신 자신이 되지 않을 수 없다. 저기 있는 셀 수 없이 많은 꽃의 다양성을 넘어서 내가 사랑하는 것은 빨간색 블라우스로, 나체로, 회색 블라우스로 갈아입으며 각가지 색으로 변하는 당신이다." 그리고 다른 여자이지만 똑같이 유일한 여자에 대하여 브르통은 이렇게 쓰고 있다. "내가 생각하는 상호적 사랑이란, 미지의 것이 나를 위해 잡을 수 있는 모든 각도 아래서 나 자신의 욕망 때문에 신화神化된 언제나 더욱더 놀랍고 더욱더 선명한, 나의 사랑하는 여자의 충실한 이미지를 내게 비춰 보이는 그런 거울 장치다."

육체적인 동시에 인공적이며, 자연적인 동시에 인간적인 이 유일한 여자는 초현실주의자들이 즐겨 사용하는 여러 가지로 해석되는 물건들과 같은 마력을 지니고 있다. 그런 여자는 시인이 벼룩시장에서 발견하거나 꿈속에서 창조하는 구두 모양의 숟가락이나 늑대 모양의 테이블 혹은 대리석의 각설탕과 유사하다. 그녀는 돌연 그 진실한 모습을 드러내는 익숙한 사물들의 비밀을 갖고 있다. 그리고 식물과 동물의 비밀도. 그녀는 모든 것이다.

숲의 화재와 같은 머리카락을 가진 나의 여자
뜨거운 번개 같은 생각을 하는
모래시계 같은 체구를 가진
(…) 해초와 같고 옛날 사탕 같은 성기를 가진 나의 여자
(…) 메마른 대초원의 눈을 가진 나의 여자

그러나 무엇보다도 그녀는 모든 것을 넘어 **아름다움**이다. 브르통에게 아름다움이란 응시하는 개념이 아니라 정열을 통해서만 모습이 드러나는 – 따라서 존재하는 – 현실이다. 이 세상의 아름다움은 여자를 통해서만 존재한다.

"진정으로 서로를 선택한 두 존재의 융합이 옛 태양 시대의 상실된 가치를 모든

사물에 회복시키는, 하지만 알래스카의 분화구 주위의 화산재 밑에 눈을 묻어두고자 하는 자연의 판타지에 의해 고독이 맹위를 떨치는, 그와 같은 모순된 지대에 인간의 도가니의 맨 밑바닥, 그러한 곳에 벌써 몇 해 전에 새로운 미美를 찾으러 갈 것을, 오직 정열적인 결말을 위해서만 고려된 미를 찾으러 갈 것을 나는 요구하였다."

"경련적 미는 에로틱하고 베일에 가려 있으며 폭약이 장치되어 있고, 마법적 분위기를 가지고 있거나 그렇지 않으면 존재하지 않을 것이다."

존재하는 모든 것은 여자로부터 그 의미를 끌어낸다. "본질과 존재의 융화가 최고도로 실현되는 것은 바로 사랑에 의해서, 오직 사랑에 의해서만이다." 본질과 존재의 융화는 연인들을 위해서, 동시에 전 세계를 통해 실현된다. "사랑에 의해서 완성되는 것과 같은 유일한 존재가 이루어지는 세계의 영속적인 재창조와 재채색再彩色은 지상 세계를 무수한 광선으로 앞에서 환하게 밝혀 주고 있다." 모든 – 아니 거의 대부분 – 시인들에게 여자는 자연을 구현하고 있다. 그러나 브르통에 의하면 여자는 자연을 단지 표현하는 것만이 아니라 해방시킨다. 왜냐하면 자연은 분명한 언어로 말하지 않기 때문에 자연의 미와 동일한 진리를 포착하기 위해서는 자연의 비법을 뚫고 들어가지 않으면 안 되기 때문이다. 시는 단순히 자연을 반영한 것이라기보다는 그 열쇠다. 여기서 여자는 시와 구분되지 않는다. 그러므로 여자는 없어서는 안 되는 중개자다. 이 중개자 없이는 대지도 침묵할 것이다. "사랑, 유일한 사랑, 한 존재의 사랑인 용광로의 불꽃이 나를 위하여 불타오르고 잦아지는 정도에 따라서 여자, 즉 자연은 빛나거나 꺼지기도 하며, 나를 섬기기도 하고 해치기도 하는 경향이 있다. 이러한 사랑이 부재시에 나는 진정으로 텅 빈 하늘을 경험하였다. 존재하는 것에 가치를 부여하는 데는 오직 나에게서 출발하는 커다란 불꽃 무지개만이 부족했다. (…) 우리가 이제 막 불을 붙여 세차게 타는 잔가지의 불 위에 퍼진 당신의 두 손을, 당신의 매혹적인 손을, 내 생명의 불꽃 위를 떠도는 투명한 두 손을 정신이 혼미해질 때까지 바라보고 있다." 브르통에게 사랑하는 각각의 여자는 모두 자연의 경이다. "고색창연한 우물의 내벽을 기어오르는, 잊을 수 없는 한 포기의 조그만 고사리." "(…) 왠지 모르게 눈이 부시고 대단히 엄숙한 자연은 피어나기 시작한 늘씬한 꽃의 무사태평함을 더욱더 상냥하게 생각하도록 하면서도 자연의 위대한 물리적 필연을 연상하지 않을 수 없게 한다." 그러나 이와는 반대로 모든 자연의 경이는 사랑하는 여자와 뒤섞인다. 동굴, 꽃, 산을 보고 감동할 때 그가 찬양하는 것은 사랑하는 여자다. 테이데산山의 층계 위에서 두 손을 데우는 여자와 테이데 사이의 모든 거리距離는 사라진다. 시인은 단 한 번의 기도에서 여자와 산의 가호를 빈다. "놀라운 테이데여! 내 목숨을 가져가라! 지옥인 동시에 천국의 입이여, 나는 그러한 너의 수수께끼 같은 모습, 자연의 아름다움을 격찬할 수도 있고, 모든 것을 집어삼킬 수도 있는 너를 좋아한다."

아름다움은 아름다움 그 이상의 것이다. 아름다움은 "인식의 깊은 밤"과 뒤섞인다. 그것은 진리이자 영원이고 절대다. 여자가 해방하는 것은 세계의 일시적이며 우연적인 측면이 아니다. 그것은 세계의 필연적인 본질, 플라톤이 상상했던 것처럼 응고된 본질이 아닌 "폭약을 장치한" 그 본질이다. "당신을 안 이래로 내가 내 안에서 발견하는 보물은 나에게 이 끝없는 초원을 열어 주는 열쇠뿐이다. 그 초원은 단 하나의 식물의 반복으로 만들어졌고, 그 식물은 언제나 더 높이 자라서 언제나 더 커다랗게 된 그 진폭이 나를 죽음에까지 인도할 것이다. (⋯) 왜냐하면 시간의 끝까지 당신과 나여야만 하는 여자와 남자는 길이 끝날 때까지 결코 뒤돌아보는 일 없이, 희미한 빛 속에서 생명의 끝 그리고 생명의 망각 끝까지 미끄러져 들어갈 것이다. (⋯) 최대의 희망, 내가 말하는 희망은 다른 모든 희망을 집약시킨 것으로, 그것은 모두를 위하고, 모두를 위해 지속하는 것이며, 또한 상호성 없이는 존재할 수 없는 서로 간의 절대적 증여는 모두가 보기에 생명 위에 던져진 단 하나의 자연적이고 초자연적인 가교다."

그리하여 여자는 자신이 고취하고 공유하는 사랑에 의해 어떤 남자에게나 유일하고 가능한 구원이 되는데, 『비약 17』에서 여자의 사명은 확대되고 명확해진다. 즉, 여자는 인류를 구원해야만 하는 것이다. 브르통은 육체의 명예회복을 주장함으로써 여자를 에로틱한 대상으로 찬양하는 푸리에의 전통과 시종 맥락을 같이했다. 브르통이 여자를 쇄신자로 보는 생시몽의 사상에 귀착하는 것은 당연하다. 구르몽이 랭보를 "계집애의 기질"이라고 말하는 것이 모욕일 정도로. 현사회는 남자가 지배하고 있다. 하지만 "오늘날 꽤 소란스럽게 파산 쪽으로 기울어져 가는 남자의 사상을 물리치고 여자의 사상을 돋보이게 할 때가 온 것 같다. (⋯) 물론 그것은 역시 패배한 여자, 남자의 상상 속에서 노래하는 여자이지만, 여자에게서나 남자에게서나 그것은 몇 번의 시련 끝에 재발견된 여자여야 할 것이다. 그리고 무엇보다도 여자는 자기 자신을 되찾아야만 하고, 일반적으로 남자가 여자에게 갖는 견해 때문에 갇혀 있는 지옥을 빠져나와 자각하는 것을 배워야만 한다."

여자는 무엇보다도 평화롭게 만드는 사람의 역할을 이행해야 한다. "나는 여자의 목소리가 들리지 않는다는 데 대해서 언제나 깜짝 놀랐다. 그리고 여자들에게 주어진 저항할 수 없고 값을 매길 수 없는 매력적인 어조의 변화 ─ 하나는 남자에게 말하기 위해서, 다른 하나는 어린애와 같은 신뢰를 불러오기 위해서 ─ 에서 여자가 모든 가능하고 엄청난 해결책을 끌어내리 하지 않는다는 데 대해서도 놀랐다. 여자를 거부하고 경계하는 커다란 외침, 언제나 잠재적인 이 외침이 없는 미래, 기적은 어떤 것일까. (…) 단순히 여자일 뿐인 한 여자가 격투하려는 남자들에게 두 팔을 펼치며 당신들은 형제들이라고 말하는 다른 기적을 행할 미래는 언제일까" 만일 오늘날 여자가 환경 부적응자에다 균형을 잃은 듯 보인다면, 그것은 남자가 여자에게 가한 압제의 결과다. 그러나 여자는 남자가 그 비밀을 놓쳐 버린 생명의 살아 있는 원천에 뿌리를 내리고 있으므로 불가사의한 힘을 간직하고 있다. "멜뤼진, 불안한 삶에 반쯤 다시 사로잡힌, 자갈이나 수초 또는 밤의 솜털 같은 하찮은 것들을 지닌 멜뤼진, 내가 상기하는 것은 그녀이며, 이 야만의 시대를 극복할 수 있는 것은 그녀뿐이라고 생각한다. 그녀의 모습은 여자 전체다. 하지만 그녀는 또한 오늘날 있는 그대로의 여자다. 인간적인 기본권을 박탈당하고, 흔들리는 뿌리에 묶여 있다고도 말할 수 있는 여자, 그러나 그 뿌리를 통해 자연의 원시적 힘과 천우天祐의 소통이 가능한 여자. (…) 전설에 의하면 남자의 초조함과 질투로 인해 인간으로서의 기본 권리를 박탈당한 여자."

따라서 오늘날 여자의 편을 드는 것이 바람직하다. 인간의 삶에서 여자에게 그 진정한 가치가 회복될 때까지 "예술에서 남자에 대항해 여자를 위해 명확하게 자기 견해를 밝힐" 때가 왔다. "어린애 같은 여자. 예술이 체계적으로 준비해야만 하는 것은 감각적인 세력 전체에 그런 여자가 도래하도록 하는 것이다." 어째서 어린애 같은 여자인가? 브르통은 우리에게 이렇게 설명한다. "내가 어린애 같은 여자를 선택하는 것은 다른 여자와 대립시키기 위해서가 아니라, 그녀 안에 그리고 오직 그녀 안에만 시각이 **다른**[277] 프리즘이 절대적으로 투명한 상태로 깃들여 있는 것처럼 보이기 때문이다……."

여자가 단순히 한 인간존재로서 동일시되는 것만으로는 남자 인간들과 마찬가지로 몰락해 가는 이 세계를 구원할 수 없을 것이다. 여성성이 생명과 시의 진

---

277 브르통이 강조한 것이다.

실인 이 **다른** 요소를 문명 속에 들여오듯, 여성성만이 인류를 해방할 수 있다.

브르통의 관점은 전적으로 시적이기 때문에 여기서 여자는 전적으로 시로서
이며, 따라서 **타자**로서 고려된다. 여자의 운명에 대해 자문한다면, 그 대답은 상
호적 사랑의 이상 속에 포함될 것이다. 여자는 사랑 이외에 다른 소명이 있지 않
다. 남자의 소명 역시 사랑이기 때문에 이것은 아무런 열등감도 구성하지 않는
다. 하지만 여자에게도 사랑이 세계의 열쇠이며, 미의 계시인지 알고 싶다. 여자
는 자기 애인에게서 이 아름다움을 발견해 낼까? 아니면 자기 자신의 모습에서
발견해 낼까? 여자가 하나의 감각적인 존재를 통해서 시를 실현하는 시적 활동
을 할 수 있을까? 아니면 여자는 자기 남자의 작품을 인정하는 것만으로 만족할
까? 여자는 그 자체로서 시다. 즉, 남성을 위해 시다. 우리는 여자가 자기 자신을
위해서도 시인지 그 여부를 들은 일이 없다. 브르통은 주체로서의 여자에 대해서
는 말하지 않는다. 또한, 악녀의 이미지도 결코 상기시킨 일이 없다. 그는 작품 전
체에서 – 몇 차례의 선언과 몇 권의 소책자를 통해서 인간 집단을 매도하고 있음
에도 불구하고 – 세계의 피상적인 저항의 목록을 작성하는 것이 아니라 그 숨은
진실을 드러내는 데 전념하고 있다. 그가 여자에 대해 흥미를 갖는 이유는 오로
지 여자가 특권을 누리는 '입'이기 때문이다. 자연에 닻을 깊이 내리고 대지에 아
주 가까이 있는 여자는 내세의 열쇠처럼 보인다. 브르통에게는 **소피아**로부터 **속
죄**의 원리와 나아가 창조의 원리까지도 보았던 그노시스교도에게서나, 베아트
리체를 길 안내자로 선택한 단테에게서나, 라우라의 사랑으로 환하게 빛나는 페
트라르카에게서나 동일한 비교秘敎의 자연주의가 있다. 그리고 그 때문에 자연에
가장 깊이 닻을 내리고 대지에 가장 가까운 존재는 내세의 열쇠가 된다. **진리, 아름
다움, 시로서의 여자는 전체다.** 다시 한 번 타자의 모습 아래 전체이며, 자기 자신을
제외한 **전체**다.

5. 스탕달 또는 소설적 진실

현대를 떠나서 내가 이제 스탕달Stendhal(1783~1842)에게 돌아가는 것은, 여자가 악
녀로, 님프로, 아침의 별로, 마녀로 차례차례 변장하는 가장무도회에서 빠져나와
살과 뼈로 만들어진 현실의 여자들 속에서 사는 남자를 만나는 일이 마음 든든
하기 때문이다.

「스탕달의 초상화」 올로프 요한 쇠데르마르크, 1840

스탕달은 어린 시절부터 여자들을 관능적으로 사랑했다. 그는 여자들에게 청년기의 동경을 투사했다. 그는 아름다운 미지의 여자를 위험에서 구해 주고 그녀의 사랑을 얻는 상상을 즐겼다. 파리에 도착한 그가 가장 열렬히 원했던 것은 "매력적인 여자를 만나는 것이었다. 우리는 서로 사랑할 것이고, 그녀는 내 영혼을 알게 될 것이다……" 만년에 그는 먼지 속에다 자기가 가장 사랑했던 여자들의 이름의 머리글자를 썼다. "나는 무엇보다도 몽상을 좋아했던 것으로 생각한다"라고 그는 고백한다. 그의 몽상을 살찌운 것은 여자들의 이미지였다. 그녀들에 대한 추억은 풍경에 생명을 불어넣어 주었다. "돌르에서 큰길을 통해 아르부아에 접근할 때라고 생각되는데, 도중에 본 암석의 선線이 내게는 메틸드[278]의 영혼의 감각적이고 분명한 이미지였다." 음악, 그림, 건축…… 그가 지극히 사랑한 모든 것을 그는 불행한 연인의 혼으로 사랑했다. 그가 로마를 산책하면 가는 곳마다 한 여자의 이미지가 불쑥 나타난다. 그의 내부에 여자들이 일으키는 후회, 욕망, 슬픔, 기쁨 속에서 그는 자기 자신의 마음 상태를 알 수 있었다. 그는 여자들의 평가를 받고 싶어 했다. 그래서 여자들의 살롱에 출입하고, 그녀들에게 탁월해 보이려 애썼다. 그의 가장 큰 행복, 가장 큰 고통은 여자들에 달려 있었으며, 여자들은 그의 중요한 관심사였다. 그는 우정보다도 여자들의 사랑을 좋아했고, 남자들의 우정보다 여자들의 우정을 더 좋아했다. 여자들은 그가 책을 쓰는 데 영감을 주었고, 여성 인물들이 그의 책을 가득 채웠다. 그는 주로 여자들을 위해 글을 썼다. "나는 1900년에 롤랑 부인, 멜라니 길베르…… 같은 내가 사랑하는 영혼들에 읽힐 행운을 갈망한다." 여자들은 그의 삶의 실체였다. 도대체 그녀들의 이런 특권은 어디에서 오는 것인가?

이 다정다감한 여자들의 친구는 여자들을 그녀의 진실 속에서 사랑했기 때문에 여성의 신비라는 것을 믿지 않았다. 그 어떤 본질도 한 번에 결정적으로 여자를 규정하지 못한다. '영원한 여성'이라는 생각은 그에게 현학적이고 우스꽝스럽게 보였다. "현학자들은 2000년 전부터 우리에게 반복해 말하기를, 여자들이 더 예리한 정신을 가지고 있지만 남자들은 더 견고한 정신을 가지고 있다고 한다. 여자들은 사고에 보다 더 섬세하지만, 남자들은 더욱더 높은 주의력을 가지고 있다고 한다. 예전에 베르사유 궁전의 정원에서 산책하던 파리의 어느 어리석

278 *스탕달이 가장 사랑한 이탈리아 여자

은 남자는 당장 자기가 본 것만 가지고 모든 나무는 처음부터 손질이 잘된 채 태어난다고 결론지었다." 남자와 여자 사이의 눈에 띄는 차이는 그들 각각의 상황을 반영한다. 예를 들어, 여자들은 어째서 그녀들의 연인보다 더 몽상적이지 않을 수 있겠는가? "자수를 앞에 앉아 있는 여자는 따분한 일에 기계처럼 손만 움직이고, 머릿속으로 자기 애인을 꿈꾸고 있다. 한편 자기의 기병 대대와 함께 평원을 달리는 애인은 동작 하나라도 실수하면 영창에 갇혀 버리고 만다." 마찬가지로 사람들은 여자들이 양식이 없다고 비난한다. "여자들은 이성보다 감성을 선호한다. 그 이유는 아주 단순하다. 우리의 평범한 일상 습관에 따라 여자들이 가정에서 어떤 중요한 책임도 맡고 있지 않기 때문에 **이성은 여자들에게 전혀 소용이 없다.** (…) 당신의 소유지 중 두 자리쯤 선별해서 당신의 아내에게 관리를 맡겨 보라. 나는 그녀가 당신보다 장부를 더 잘 처리할 것이라 장담한다." 역사상 여자 천재가 극히 적은 이유는 사회가 여자들에게 자기를 표현할 수단 일체를 박탈했기 때문이다. "**여자로**[279] 태어나는 모든 천재는 공공의 행복을 위해 사라진다. 우연히 능력을 발휘할 수단이 주어진 순간, 여자들이 가장 어려운 재능에 도달하는 것을 보라." 여자들에게 최악의 핸디캡은 그녀들을 바보로 만드는 교육이다. 억압자는 언제나 피억압자를 쓸모없는 존재로 약화하는 데 몰두한다. 남자가 여자에게 기회를 차단하는 것은 고의적이다. "우리는 여자 자신은 물론이고 우리의 행복에 도움이 될 가장 탁월하고 풍부한 자질들을 여자들 속에서 그냥 잠자게 내버려 두고 있다." 열 살의 어린 소녀는 자기 남자 형제보다 더 활발하고 더 섬세하다. 스무 살에 개구쟁이 사내아이는 기지에 찬 남자가 되고, 여자아이는 "서툴고 소심하며 거미 한 마리도 무서워하는 바보"가 되어 버린다. 잘못은 그녀가 받은 교육에 있다. 여자들에게도 사내아이들이 받는 것만큼의 동등한 교육을 제공해야만 할 것이다. 반여성주의자들은, 교양 있고 똑똑한 여자들은 괴물이라는 구실을 대며 여성의 교육을 반대한다. 그러한 비난은 교육받은 여자들이 아직도 예외적인 존재로 머물러 있다는 데서 온다. 만일 여자들이 남자들과 마찬가지로 모두 자연스럽게 교양을 쌓을 수 있다면, 남자와 똑같이 자연스럽게 그것을 활용할 것이다. 여자들을 불구로 만든 뒤에, 자연에 반하는 법칙에 굴복시키고 있다. 즉, 여자들의 뜻에 반하는 결혼을 시켜놓고 여자들이 정숙하기를

---

279 스탕달이 강조한 것이다.

바라며, 이혼조차도 무슨 비행非行인 것처럼 여자들을 비난하는 것이다. 일 외에는 행복이 있을 수 없음에도 대다수 여자를 무위 속에 있도록 한다. 스탕달은 여자들이 놓여 있는 이런 조건에 분개했고, 거기서 여자들이 비난받는 모든 결점의 원천을 보았다. 여자들은 천사도, 악마도, 스핑크스도 아니며, 다만 어리석은 풍습이 반노예로 만들어 버린 인간일 뿐이다.

여자들 가운데 가장 우수한 여자들이 자기들의 억압자를 흥하게 만드는 결점으로부터 자신들을 지키려 하는 것은 바로 자기들이 피억압자이기 때문이다. 그녀들 자체는 남자보다 열등하지도 우월하지도 않다. 그러나 신기한 반전으로 여자들의 불행한 상황이 그녀들에게 유리하게 작용한다. 스탕달이 근엄한 정신을 얼마나 증오하는지는 다 아는 사실이다. 그에게는 돈, 명예, 지위, 권력 같은 것들이 가장 서글픈 우상처럼 보인다. 대다수 남자가 그것들을 위해 자신을 스스로 포기하고 있다. 현학자, 권세가, 부르주아, 남편은 자기들 속에서 삶과 진리의 모든 불꽃을 질식시킨다. 기존의 사상과 빌려 온 감정으로 뒤덮여서 사회적 인습에 복종하는 인물들의 내부는 텅 비어 있을 뿐이다. 이런 영혼 없는 피조물들로 가득 찬 세계는 권태의 사막이다. 불행하게도 많은 여자가 이런 침울한 늪 속에 빠져 있다. 그녀들은 "편협하고 파리Paris적인 생각"을 가진 인형이거나 아니면 위선적인 신앙인들이다. 스탕달은 "현숙한 여자들과 그녀들에게 필수불가결한 위선에 대해 심한 혐오"를 느꼈다. 그런 여자들은 자기네들의 하찮은 일에서 자기 남편들이 젠체하는 것과 동일한 진지함을 보인다. 하찮은 교육으로 인해 어리석고 시기심 많으며, 허영심이 많고 수다스러우며, 무위한 탓에 심술궂고 냉정하며, 인정 없고 건방지며 악의적인 여자들이 파리와 지방에 수두룩하다. 레날 부인[280]이나 샤스텔레 부인[281]의 고귀한 모습의 이면에는 그런 여자들이 우글거리는 것을 볼 수 있다. 스탕달이 증오심을 가지고 가장 공들여 그린 여자는 롤랑 부인이나 메틸드와는 정반대되는 그랑데 부인[282]이다. 아름답지만 표정이 없고, 건방지며 매력이 없는 그녀는 그 "이름난 미덕" 때문에 상대를 겁먹게 하지만, 영혼에서 우러나오는 진정한 수치심을 모른다. 자기 자신에 대한 감탄과 자기라는 인물에 취해 있는 그녀는 오직 위대함을 외면적으로 모방하는 것밖에 모른다. 사실

---

280 *『적과 흑』에 나오는 여성. 가정 교사로 일하는 쥘리앵의 유혹으로 사랑에 빠진다.

281 *『뤼시앵 뢰방 Lucien Leuwen』에 나오는 여성

282 *『뤼시앵 뢰방』에 나오는 여성

상 그녀는 비열하고 저속하다. "그녀는 개성이 없고 (…) 나를 따분하게 한다"고 뢰방[283] 씨는 생각한다. "완벽하게 분별력 있고, 자기 계획의 성공에 대해 근심하는" 그녀의 모든 야심은 남편을 장관으로 만드는 것이다. "그녀의 정신은 건조하였다." 신중하고 순응주의적인 그녀는 사랑을 항상 경계했고, 그녀의 마음이 관대하게 움직이는 것은 불가능했다. 이 메마른 영혼에 정열이 생겼을 때, 그녀는 그것을 환하게 비추지 않고 태워 버렸다.

스탕달이 여자들에게 요구하는 것을 찾으려면 이런 이미지를 전도시키기만 하면 된다. 우선 근엄함의 함정에 빠지지 않도록 한다. 세상에서 중요하다고 하는 것들은 여자들의 손에 미치지 않기 때문에, 여자들은 그것 때문에 자기를 포기하는 위험성이 남자들보다 적다. 여자들은 스탕달이 다른 모든 장점보다 더 높게 평가하는 이 자연스러움, 이 순진함, 이 관대함을 보존할 기회가 더 많다. 그는 오늘날 여자들의 진정성이라고 부르는 것을 여자들에게서 높이 평가한다. 이것이 바로 스탕달이 사랑했거나 혹은 애정을 가지고 작품 속에 만들어 낸 모든 여자에게 공통된 특징이다. 모든 여자는 자유롭고 참된 존재들이라는 점이다. 여자들의 자유는 몇몇 여자에게서 그 모습을 눈부시게 드러내고 있다. "이탈리아풍의, 루크레티아 보르지아풍의 고상한 창녀"였던 안젤라 피에트라과[284]나 혹은 "내가 만났던 여자들 가운데 가장 덜 인형 같았던 프랑스 여자 중 한 명인 뒤 바리 부인풍의 행실이 나쁜 여자……" 아쥐르 부인은 공개적으로 풍습을 비웃는다. 라미엘[285]은 인습과 풍습과 법률을 조롱한다. 산세베리나 부인[286]은 음모에 열렬히 가담하고 범죄 앞에서도 뒷걸음치지 않는다. 다른 여자들은 그 정신력으로 일반 대중 위에서 초연히 살아간다. 망타[287]나, 자기를 둘러싸고 있는 사회를 비판하고 비난하고 경멸하며 사회와 자기를 구별하고자 하는 마틸드 드 라 몰르[288]가 그런 여자들이다. 또 다른 여자들에게는 자유가 아주 부정적인 모습을 띤다. 샤스텔레 부인에게서는 일체의 부차적인 것에 대해 보이는 초연함이 놀랍다. 아버지의 의지와 의견에 순종하는 그녀이지만 아버지의 부르주아적 가치에는 무

---

283 *『뤼시앵 뢰방』 속 등장인물인 뤼시앵의 아버지
284 *스탕달이 젊었을 때 사랑했던 이탈리아 여성
285 *『라미엘』의 여주인공
286 *『파르마의 수도원』에 나오는 여성 인물
287 *스탕달의 연인. 망타 장군의 부인으로, 스탕달의 사랑 고백으로 둘은 밀회를 즐겼다.
288 *『적과 흑』에 나오는 도도한 귀족 처녀. 쥘리앵은 그녀를 임신시켜 신분 상승을 꾀한다.

심하게 이의를 제기한다. 사람들은 그녀의 무관심을 유치하다고 비난하지만, 그것은 그녀의 태평스러운 쾌활함의 원천이다. 클렐리아 콩티[289] 역시 그 신중함에서 구별된다. 무도회나 젊은 처녀들의 의례적인 오락 같은 것에도 그녀는 냉담하다. 그녀는 "자기 주위에 대한 경멸이나 어떤 막연한 공상에 대한 아쉬움 때문에" 언제나 멀리 떨어져 있는 것처럼 보인다. 그녀는 세상을 비판하고, 그 저속함에 대해 분노한다. 레날 부인은 영혼의 독립성이 가장 깊숙이 숨겨져 있는 경우다. 그녀는 자신이 운명을 체념하지 못하는 것을 자신도 모르고 있다. 그녀는 극도의 섬세한 마음과 예민한 감수성 때문에 주변 사람들의 저속함에 대해 혐오감을 나타낸다. 그녀는 조금도 위선적이지 않다. 그녀는 격렬하게 감동할 수 있는 관대한 마음을 가지고 있으며 행복을 즐길 줄 안다. 누구도 그녀 안에 품고 있는 이 불꽃의 열기를 못 느끼지만, 그녀가 완전히 불타오르기 위해서는 숨결 하나만으로도 족할 것이다. 이 여자들은 그저 단순하게 *살아 있는* 것이다. 진정한 가치의 원천은 외부의 사물이 아니라 마음속에 있다는 것을 그녀들은 알고 있다. 이것이 그녀들이 사는 세계를 매력적으로 만든다. 그녀들은 그 세계에서 자기들의 꿈과 욕망과 쾌락과 감동과 창의성을 가지고 산다는 단 하나의 사실로 인해 그 세계로부터 권태를 쫓아 버린다. "활동적인 영혼"인 산세베리나는 권태를 죽음보다 더 두려워한다. 따분함 속에서 활기를 잃는 것은 "죽는 것을 자제하는 것이지, 사는 게 아니다"라고 그녀는 말한다. 그녀는 "무언가에 대해 항상 열정적이고, 언제나 활동적이며, 늘 쾌활하다." 무의식적이고, 유치하든 생각이 깊든, 명랑하든 근엄하든, 대담하든 은밀하든 간에 여자들은 모두 인류가 빠져드는 무거운 잠을 거부한다. 그리고 자기들의 자유를 텅 빈 채로 보존할 줄 알았기에, 일단 자신들에게 어울리는 대상을 만나면 정열에 의해 영웅주의로까지 고양된다. 그녀들의 영혼의 힘과 에너지는 완전히 몰입된 야생의 순수성으로 나타난다.

그러나 그녀들에게 낭만적인 매력을 그토록 많이 부여하는 데 자유 하나만으로는 충분치 않을 것이다. 사람들은 순수한 자유를 높이 평가하지만, 그것에 감격지지는 않기 때문이다. 감동적인 것은 자유가 자기를 구속하는 장애물 너머로 자기 완성을 성취하려는 그 노력이다. 여성들의 투쟁은 더 힘겨운 만큼 그 노력

---

289 *『파르마의 수도원』에 나오는 여주인공. 귀족 가문에서 태어난 남자 주인공 파브리스와 사랑하지만 산세베리나 공작 부인의 방해로 불행에 휩쓸린다.

이 더욱더 비장하다. 외적인 구속을 물리친 승리는 스탕달을 매혹하기에 이미 충분하다. 그는 『이탈리아 연대기*Chroniques italiennes*』[290]에서 여주인공들을 수녀원 깊숙한 곳이나 그녀들을 질투하는 남편의 저택 안에 가두어 놓는다. 그녀들이 애인들을 만나려면 온갖 책략을 다 고안해 내야만 한다. 비밀의 문, 줄사다리, 피 묻은 상자, 유괴, 감금, 살인, 정열과 반항의 광분 등이 갖가지 기발한 수단에 의하여 총동원된다. 죽음과 가혹한 고문은 스탕달이 묘사하는 광포한 영혼의 대담성을 한층 더 선명하게 보여 준다. 더 원숙한 작품들에서도 스탕달은 눈에 띄는 비현실적인 것에 쉽게 빠져들고 있다. 그것은 마음에서 생겨나는 몽상적인 것의 뚜렷한 형상이라고 할 수 있다. 입과 그 미소를 구별할 수 없듯이 이 양자도 구별할 수 없다. 클렐리아는 파브리스와 서신을 교환할 수 있게 해 주는 알파벳을 고안해 내면서 새롭게 사랑을 만들어 낸다. 산세베리나는 "결코 신중하게 행동하지 않으며, 순간의 인상에 자기 자신을 완전히 내던져 버리는 언제나 참된 영혼"으로 묘사되고 있다. 이 영혼은 그녀가 음모를 기도하고 대공을 독살하고 파르마의 수도원을 침수시킬 때 전모를 드러낸다. 실행을 결의한 숭고하고 광기 어린 무모한 행동이야말로 정녕 그녀의 혼이다. 마틸드 드 라 몰르가 창가에 기대어 놓은 사다리는 극적인 소도구와는 전혀 별개의 것으로, 그녀의 자존심에 찬 무모함, 특별한 것에 대한 취미, 도발적인 용기의 물질적 형태다. 이러한 영혼들의 장점은 감옥의 벽, 한 군주의 의지, 가족의 엄격성과 같은 적들에 둘러싸이지 않았더라면 드러나지 않았을 것이다.

하지만 각자 자기 내부에서의 구속을 만났을 때 가장 극복하기 어렵고, 자유의 모험이 가장 불확실하고 가장 비통하며 가장 견디기 어려운 것도 그때다. 여주인공들이 더할 수 없이 가혹한 포로가 될수록 그녀들에 대한 스탕달의 공감은 분명히 더욱 커진다. 그는 확실히 숭고하든 그렇지 않든 간에 인습을 결정적으로 타파한 행실이 나쁜 여자들에게 호감을 느끼는 것이 분명하나, 조심성과 부끄러움으로 억제된 메틸드를 보다 더 상냥하게 지극히 사랑하고 있다. 뤼시앵 뢰방은 해방된 여성인 호캉쿠르 부인 곁에 있기를 좋아한다. 그러나 그가 정열적으로 사랑하는 사람은 정결하고 신중하며 우유부단한 샤스텔레 부인이다. 파브리스는 어떤 것 앞에서도 뒤로 물러서지 않는 산세베리나의 온 영혼을 감탄한다. 그러나

---

290 *이탈리아의 고대 기록을 소재로 삼은 단편소설

그는 그녀보다 클렐리아를 더 좋아하고, 그의 마음을 사로잡는 것은 이 젊은 처녀이다. 자부심과 편견과 무지에 얽매여 있는 레날 부인은 스탕달이 창조한 모든 여성 중에서 그를 가장 놀라게 하는 여성이다. 그는 여주인공들을 지방의 편협한 환경에서 어리석은 남편이나 아버지의 지배 아래에 있는 것으로 즐겨 묘사한다. 그리고 그녀들이 교양 없고 잘못된 사상에 젖어 있기까지 한 것을 좋아한다. 레날 부인과 샤스텔레 부인은 둘 다 완고한 정통 왕조 지지자들이다. 전자는 소심한 성격에다 아무 경험도 없는 여자이고, 후자는 아주 총명하지만 그 가치를 제대로 알지 못한다. 따라서 그녀들은 자기들의 과실에 책임 있는 것이 아니라, 제도와 풍습만큼이나 그 과실의 희생자들이다. 그리고 시가 좌절에서 탄생하는 것처럼 몽상은 과실에서 솟아 나온다. 사람들은 사정을 아주 잘 알고서 행동을 결정하는 명석한 정신을 냉정하게 인정하거나 비난한다. 반면에 어둠 속에서 자기의 길을 찾는 관대한 마음의 용기와 책략을 두려움과 동정심과 비웃음과 사랑으로 찬미한다. 따라서 기만당하는 여자들 안에서 그 수줍음이나 자존심이나 극도의 예민함 같은 무익하고 매력적인 덕목들이 개화하는 것을 볼 수 있다. 어떤 의미에서 그것은 결점들이다. 왜냐하면 거짓말이나 신경과민 혹은 분노를 자아내기 때문이다. 그러나 여자들이 놓인 상황에 의해서 그것들은 충분히 설명될 수 있다. 여자들이 사소한 것들 속에서, 적어도 "감정에 의해서만 중요성이 있는 것들" 속에서 자존심을 갖게 되는 것은 "이른바 중요한" 모든 대상이 그녀들의 손에 미치지 않기 때문이다. 여자들의 수치심은 그녀들이 고통스러워하는 의존 관계에서 생긴다. 행동으로 자기들의 능력을 발휘하는 것이 금지되어 있기 때문에 여자들은 자신의 존재 자체를 문제 삼는다. 그녀들에게는 타인의 의식, 특히 연인의 의식이 그녀들을 진실 속에서 드러나게 하는 것처럼 보인다. 여자들은 그것이 두려워 그것으로부터 도망치려 시도한다. 그녀들의 도피, 망설임, 반항, 거짓말에도 가치에 대한 참된 근심이 표현되어 있고, 그 점이 여자들을 존경할 만하게 만든다. 그러나 그것은 서투르고 기만적으로까지 표현되므로, 그 점이 여자들을 감동적이고 은근히 희극적이게까지 만든다. 자유는 자신의 함정에 빠져서 자신을 속일 때 가장 강렬하게 인간적이다. 그래서 스탕달에게도 가장 매혹적으로 보인다. 스탕달의 여자들은 마음에 예상치 못한 문제들이 일어났을 때 비장하다. 어떤 법도, 어떤 수단도, 어떤 분별력도, 외부에서 제시된 어떤 사례도 더는 그녀들을 인도하지 못한다. 그녀들은 홀로 결정하지 않으면 안 된다. 이러한 버림받은 고독의 상태는 자유의 극한 순간이다. 클렐리아는 자유주의 사상 속에서 키워진 명석하고 합리적인 여성이다. 그러나 그녀가 습득한 의견은 옳건 그르건 정신적 갈등을 겪을 때 아무런 도움이 되지 않는다. 레날 부인은 자신의 도덕에도 불구하고 쥘리앵을 사랑하고, 클렐리아는 자신의 이성에 반하여 파브리스를 구제한다. 두 경우에서 모두 인정된 일체의 가치가 초월되는 것을 볼 수 있다. 이런 대담성은 스탕달을 열광하게 만드나 감히 거의 고백되지 않았기 때문에 더욱 감동적이며, 한층 더 자연스럽고 자발적이며 진실하다. 레날 부인에게서 과감함은 순진함으로 감춰져 있다. 사랑을 알지 못하기 때문에 자각하지 못하고, 속수무책으로 사랑에 굴복하고 만다. 그녀는 어둠 속에서 살아왔기 때문에 번쩍이는 정열의 불빛 앞에서 무방비 상태에 있다고 할 수 있겠다. 비록 신의 뜻을 거역하고 지옥에 반反한다 할지라도 그녀는 눈부신 채로 그 불빛을 맞아들인다. 이 불빛이 흐려졌을 때, 그녀는 남편과 사제들이 지배하는 암흑 속에 다시 떨어진다. 그녀는 자신의 판단을 신뢰하지 않으나 명증함이 그녀를 제압한다. 쥘리앵과 재회하는 즉시 그녀는 자기의 혼을 다시 그에게 맡긴다. 그녀의 회한과 고해신부가 그녀에게서 빼앗은 편지는, 사회가 그녀를 가두었던 감옥에서 이 정열적이고 진실한 영혼이 탈출해 행복의 천상에 도달하려면 얼마나 먼 거리를 통과해야 하는지 가늠할 수 있게 해 준다. 클렐리아에게 갈등은 한층 더 자각적이다. 그녀는 아버지에 대한 충실함과 연인에 대한 연민 사이에서 망설인다. 그녀는 자기에게서 동기를 찾는다. 스탕달이 믿는 가치의 승리는 위선적인 문명의 희생자들이 패배라고 느끼는 만큼 더욱더 눈부시게 보인다. 그리고 그는 희생자들이 믿고 있는 거짓말에 반해 열정과 행복의 진실을 앞세워 책략과 기만을 사용하는 것을 보는 것을 기뻐해 마지않는다. 클렐리아가 성모 마리아에게 파브리스를 더는 *보지* 않겠다고 약속하고는, 눈을 감고 있는 조건으로 2년 동안 그의 키스와 포옹을 받아들이는 것은 우습기도 하고 충격적이기도 하다.

스탕달은 샤스텔레 부인의 망설임과 마틸드 드 라 몰르의 모순된 행위를 똑같이 다정한 아이러니로 바라보고 있다. 간단하고도 당연한 목적에 도달하는 데 수많은 우여곡절과 마음의 거리낌과 감춰진 승리와 패배가 있다는 것이 그로서는 가장 매혹적인 희극이다. 이런 드라마에는 익살스러움이 들어 있다. 왜냐하면 여배우가 심판자인 동시에 당사자이기 때문이고, 자신에게 속고 있기 때문이며, 어려운 문제를 해결하려면 법령 하나면 충분할 것을 자진해서 복잡한 길을 걸어가기 때문이다. 그러나 이런 복잡함은 고귀한 영혼에 커다란 고통을 줄 수 있는 존경할 만한 근심거리를 나타내는 것이기도 하다. 그녀는 자기에 대한 자신의 평가에 어울리는 사람이기를 원한다. 그녀는 타인의 평가보다도 자기 자신의 평가를 더높게 놓았다. 그리하여 자기 자신을 하나의 절대로서 실현한다. 메아리 없는 이 고독한 내부 갈등은 내각內閣의 위기보다도 더 중대한 심각성을 띤다. 샤스텔레 부인이 뤼시앵 뢰방의 사랑에 응할 것인가 말 것인가를 자문하는 것은 자기와 세계에관해서 결정하는 것이다. 다른 사람을 신뢰할 수 있을까? 자기 마음을 믿을 수 있을까? 사랑의 가치와 인간의 맹세 가치는 대체 무엇이란 말인가? 믿고 사랑한다는 것은 미친 짓인가 아니면 고귀한 일인가? 이러한 질문들이 인생의 의미를, 각자와 모두의 삶의 의미를 문제 삼고 있다. 사실 분별력 있다는 인간은 자기 인생에 대하여 기존의 정당성을 그대로 받아들이기 때문에 천박한 것이다. 반면에 열정적이고 사려 깊은 여자는 매 순간 기존의 가치를 재검토한다. 그녀는 의지할 데 없는 자유의 지속적인 긴장 상태를 알고 있다. 그 때문에 자신이 항상 위험에 처해 있다고느낀다. 즉, 그녀는 한순간에 모든 것을 얻거나 혹은 잃어버릴 수 있다. 불안 속에서받아들인 위험성은 여자의 이야기에 영웅적인 모험의 색채를 부여한다. 그래서 그성패 여부의 내기는 가장 고귀해지고, 실존의 의미는 각자의 몫이자 그의 유일한몫이 된다. 미나 드 방겔[291]의 과감한 생활방식은 어떤 의미에서 부조리하게 보일수도 있다. 그러나 그녀는 모든 윤리를 거기에다 걸고 있다. "그녀의 삶은 오산이었던가? 그녀의 행복은 여덟 달간 지속됐다. 그녀는 삶의 현실에 만족하기에는 너무나도 열렬한 혼이었다." 마틸드 드 라 몰르는 클렐리아나 샤스텔레 부인보다 덜 솔직하다. 그녀는 사랑과 행복의 명증함에 의해서보다 자신에 대한 생각에 따라 행동을 규제하고 있다. 사랑하는 남자 앞에서 자기를 잃는 것보다 지키는 것이, 저항하는 것보다 굴복하는 것이 더 자존적이며 더 위대한 것인가? 그녀 또한 이러한 의혹들 한가운데서 혼자이며 생명보다 더 소중히 여기는 자존감을 위태롭게 한다. 이는 무지와 편견과 기만의 어둠을 뚫고 정열의 흔들리는 뜨거운 빛 속에서 삶의 진정한 이유에 대해 열렬히 탐구하는 것이고, 여자의 이러한 운명에 행복이나 죽음,위대함 혹은 수치심의 끝없는 위험성은 소설적인 영광을 부여한다.

물론 여자는 자기가 발산하는 유혹에 대해서는 알지 못한다. 자신을 스스로관조하고 어떤 인물을 연기한다는 것은 언제나 진정성 없는 태도다. 그랑데 부인

---

291 * 스탕달의 중편소설 『미나 드 방겔 *Mina de Vanghel*』 속 여주인공

이 자신을 롤랑 부인과 비교하는 자체가 그녀를 닮지 않았다는 것을 증명하는 것이다. 마틸드 드 라 몰르가 흥미를 끈다면, 그것은 그녀가 자기의 코미디에서 혼란을 일으켜 자기 마음을 잘 통제하고 있다고 믿는 순간에 종종 자기 마음의 포로가 되기 때문이다. 감동은 그녀가 자기 의지에서 벗어나는 정도에 따라서 오지만, 가장 순수한 여주인공들은 자기 자신을 의식하지 못한다. 레날 부인은 자신의 장점을 모르고 있다. 샤스텔레 부인이 자신의 총명함을 모르는 것처럼. 그것이 작가와 독자가 동일시하는 작품 속 연인이 느끼는 매우 커다란 즐거움 가운데 하나다. 연인은 여주인공들의 이런 비밀스러운 풍요로움을 밝혀 주는 증인이기 때문이다. 사람들의 시선에서 멀리 떨어져 펼쳐 보이는 레날 부인의 발랄함과, 측근들이 보지 못하는 샤스텔레 부인의 "예민하고 변화무쌍하며 깊이 있는 정신"을 이 연인만이 감탄할 수 있다. 다른 사람들이 산세베리나의 정신을 높이 평가한다 할지라도 그녀의 영혼을 가장 깊이 꿰뚫어 보는 사람은 그다. 여자 앞에서 남자는 관조의 기쁨을 누린다. 그는 경치나 그림을 대할 때처럼 여자에게 도취된다. 여자는 남자의 마음속에서 노래하고, 하늘의 미묘한 변화의 차이를 표현한다. 이러한 직관적 인식은 남자가 자신을 발견하게 해 준다. 영혼이 섬세하고 감수성이 예민하며 열렬하지 않은 사람이라면 여자들의 섬세함, 감수성, 열렬함을 이해할 수 없다. 여자의 감정이 창조한 여러 뉘앙스와 요구의 세계를 발견하는 것은 연인을 풍요롭게 해 준다. 레날 부인 곁에서 쥘리앵은 자기가 되려 했던 야심가와 판이한 인간이 되고, 자신을 새로이 선택한다. 만일 남자가 여자에 대해 경박한 욕망만 있다면, 여자를 유혹하는 것이 재미있을 것이다. 그러나 진정한 사랑은 남자의 인생을 변화시킨다. "베르테르식의 사랑은 (…) **아름다움**에 대한 감정과 그것에 대한 향유를 영혼에 개방한다. 그 아름다움은 어떠한 형태로든 승복僧服 아래에서조차 나타나며 부富라는 것이 없어도 행복을 발견하게 해 준다……." "그것은 인생에서 모든 것이 관련되는 새로운 목표이며, 이 새로운 목표는 모든 것의 양상을 변화시킨다. 사랑의 열정은 한 남자의 눈에 온 자연을 마치 어제 만들어 낸 새로운 것처럼 숭고한 경관과 함께 비춰 준다." 사랑은 일상의 루틴을 깨트리고 권태를 쫓아 버린다. 스탕달은 권태 속에서 매우 뿌리 깊은 악을 보고 있다. 왜냐하면 거기에는 살기 위해서도 혹은 죽기 위해서도 일체의 이유가 없기 때문이다. 연인은 하나의 목표가 있고, 하루하루가 모험이 되려면 그것으로 충분하다. 스탕달에게는 망타의 지하실에서 사흘 동안 숨어 지낸다는 것이 얼마나 기쁜 일인지 모른다. 줄사다리와 피 묻은 상자는 그의 소설에서 이런 특별한 즐거움을 표현한다. 사랑은, 다시 말해 여자는 실존의 진정한 목적이 그 모습을 드러내게 해 준다. 즉, 아름다움, 행복, 감각과 세계의 신선함을. 이 사랑은 남자에게서 영혼을 앗아갔다가 그가 다시 소유하게 한다. 남자는 자기 애인과 마찬가지의 긴장과 위험을 인식하며, 신중한 행로 속에서 더욱더 진정성 있게 자기를 경험한다. 마틸드가 세운 사다리 밑에서 쥘리앵은 망설이다가 자기의 모든 운명을 건다. 그의 진정한 가치가 드러나는 것은 바로 그 순간이다. 여자들을 통해서, 여자들의 영향 아래, 여자들의 행동에 대해 반응하면서 쥘리앵과 파브리스와 뤼시앵은 세계와 자기 자신에 대한 경험을 쌓는다. 시련이자 보상이며 심판자이자 친구인 여자는 스탕달에게 진정 헤겔이 한때 그렇게 생각하고자 했던 그것이다. 즉, 여자는 바로 다른 의식인데, 이 의식은 상호 인정 속에서 다른 주체에게서 받는 것과 같은 진실을 다른 주체에게 부여한다. 사랑 속에서 서로를 인정하는 행복한 한 쌍의 남녀는 세계와 시간에 도전한다. 그들은 자기 자신들로서 족하며 절대를 실현한다.

그러나 이것은 여자가 온전한 타성他性이 아닌 것을 전제로 한다. 즉, 여자는 자기 자신이 주체. 스탕달은 자기 여주인공들을 결코 남주인공과의 관계에 따라서만 묘사하는 데 그치지 않았다. 그는 그녀들에게 독자적인 운명을 부여했다. 그는 어떤 소설가도 전혀 시도하지 않은, 한층 더 드문 기획을 시도했다. 즉, 그는 자기 자신을 여자 인물 속에 투사했다. 그는 마리보가 마리안느에게 혹은 리차드슨이 클라리스 할로라는 인물에게 한 것처럼 라미엘에게 몸을 굽혀 들여다본 정도가 아니라, 쥘리앵의 운명과 하나되었던 것처럼 라미엘의 운명과 하나되었다. 그 때문에 라미엘의 형상은 약간 이론적이지만, 특이하게 의미심장하다. 스탕달은 처녀 주위에 상상할 수 있는 온갖 장애물을 세워 놓았다. 그녀는 가난한 시골 처녀에다 무지하며, 온갖 편견에 젖어 있는 사람에 의해 거칠게 길러졌다. 그러나 "바보 같은 짓이야"라는 이 짤막한 말이 내포하는 범위를 이해하는 날부터 그녀는 가는 길에서 만나는 모든 도덕적 장벽을 걷어낸다. 그녀의 정신적 자유는 호기심, 야망, 쾌활함의 모든 움직임을 자신이 책임질 수 있게 한다. 그렇게 결연한 마음 앞에 물질적 난관은 장애가 될 수 없다. 단 하나의 문제라면, 보잘것없는 세계 안에서 자기 수준에 걸맞은 운명을 만들어 가는 것이다. 그녀는 범죄와 죽음 속에서 자신을 성취하지 않으면 안 되었다. 그러나 그것은 또한 쥘리앵의 운명이기도 하다. 있는 그대로의 사회에는 위대한 영혼들을 위한 자리가 없다. 즉, 남자도 여자도 동일한 곤경에 처해 있는 것이다.

스탕달이 그렇게 대단하게 소설적인 동시에 결연하게 페미니스트라는 것은 놀랍다. 페미니스트들은 일반적으로 모든 것에 보편적인 관점을 취하는 합리적인 정신이다. 그러나 스탕달은 단지 일반적인 자유뿐만 아니라 개인적인 행복도 고려해서 여성의 해방을 주장한다. 그는 여자들이 해방된다고 해도 사랑은 아무것도 잃을 게 없다고 생각한다. 반대로, 남자와 동등한 여자는 더 완전하게 남자를 이해할 수 있는 만큼 더욱더 진실한 사랑을 하게 된다. 여자들 안에 있는 자질들 가운데 어떤 것들은 마침내 사라질 것이다. 그러나 그런 자질들의 가치는 여자들에게서 표현되는 자유로부터 오고, 이 자유는 다른 모습으로 나타날 것이다. 다른 상황에 놓여 있는 별개의 두 존재는 자유 속에서 상충하며, 상대방을 통해 존재의 의미를 찾으면서 언제나 위험과 약속으로 가득 찬 모험을 감행할 것이다. 스탕달은 진실을 신뢰한다. 진실을 피하는 즉시 인간은 산 채로 죽지만, 진실이 빛나는 곳에는 의미를 지닌 아름다움과 행복과 사랑과 기쁨이 빛을 발한다. 그 때문에 진실을 가장한 기만을 물리침과 동시에 신화의 거짓된 시詩도 거부한다. 그에게는 인간의 현실만으로 충분하다. 그에 의하면 여자는 단지 인간일 뿐이고, 어떤 형태의 꿈도 그보다 더 매혹적인 것을 만들어 낼 수 없다.

6.

지금까지 몇 가지 실례를 통해 작가 개개인에게는 집단의 커다란 신화가 반영되어 있다는 것을 알 수 있다. 여자는 우리에게 **육체**로서 나타난다. 남자의 육체는 어머니의 배 속에서 생겨나 애인의 포옹 속에서 재창조된다. 그래서 여자는 **자연**과 같은 부류에 속하게 되어 자연을 구현하는 것이다. 즉, 짐승, 피의 계곡, 활짝 핀 장미, 마녀, 언덕의 곡선인 여자는 남자에게 부식토, 수액, 감각적 미와 세계의 혼을 부여한다. 여자는 **시**의 열쇠를 보유할 수 있다. 그녀는 현세와 내세의 **매개자**일 수 있다. 신의 은총 혹은 무녀, 별 또는 마녀인 여자는 초자연과 초현실의 문을 연다. 여자는 **내재**에 운명 지어진다. 여자는 그 수동성에 의해 평화와 조화를 방출한다. 그러나 여자가 이 역할을 거부하면 여자는 곧 암사마귀나 식인귀가 된다. 아무튼, 여자는 주체가 그녀를 통해 자기를 완성하는 **특권적인 타자**로서 나타난다. 즉, 남자가 갖는 여러 수단 가운데 하나로서 남자의 균형이자 구원, 그 모험이자 행복이다.

그러나 이런 신화들은 각자에게 매우 다른 양상으로 편성된다. *타자*는 특이하게도 **동일자**가 자기를 설정하려고 택하는 개별적 방식에 따라서 규정된다. 모든 인간은 자기 자신을 자유이자 초월로서 주장한다. 그러나 이 말에 모두 같은 의미를 부여하지 않는다. 몽테를랑의 경우, 초월은 하나의 상태다. 즉, 그가 초월자이며, 그는 영웅들의 하늘에서 비행한다. 여자는 지상에서, 그의 발아래에서 헤어나지 못한다. 그는 여자와 자기와의 거리를 측정하길 좋아한다. 이따금 그는 여자를 자기 쪽으로 들어 올려 잡아 보고는 다시 내던진다. 그는 끈적끈적한 암흑의 영역으로 절대 내려오지 않는다. 로런스는 초월을 남근에 위치시킨다. 남근은 오직 여자 덕택에 비로소 생명과 힘이 된다. 따라서 내재는 선하고 필수적이다. 땅에 닿지 않으려는 가짜 영웅은 반신이기는커녕 한 명의 인간도 되지 못한다. 여자는 경멸할 만한 존재가 아니라 심오한 풍요이며 뜨거운 샘물이다. 그러나 여자는 개인적 초월을 일체 단념하고, 자기 남자의 초월을 북돋는 일에 자신을 국한해야만 한다. 클로델 역시 여자에게 동일한 헌신을 요구한다. 그에게도 여자는 생명을 유지하는 존재지만, 남자는 행동으로 생명의 도약을 연장하는 존재다. 그러나 가톨릭 신자에게는 지상에서 일어나는 모든 것이 헛된 내재 속에 잠겨 있다. 즉, 신만이 유일한 초월자다. 신의 눈에는 행동하는 남자와 그를 섬기는 여자가 똑같이 평등하다. 자기의 지상의 조건을 초월하는 것은 각자에게 달려 있다. 아무튼, 구원은 독자적 기도다. 브르통의 경우, 양성의 위계는 전복된다. 남자가 자기의 초월을 위치시키는 행동이나 의식적인 사고는 전쟁, 우둔함, 관료주의, 인간성의 부정을 초래하는 터무니없는 기만으로 보인다. 진리는 오히려 내재이며 현실의 불투명하고 순수한 현전이다. 진정한 초월은 내재에의 회귀로 실현될 것이다. 브르통의 태도는 몽테를랑과 정반대다. 몽테를랑은 여자들에게서 벗어나기 때문에 전쟁을 좋아한다. 브르통은 여자가 평화를 가져오기 때문에 여자를 숭배한다. 전자는 정신과 주관성을 혼동하고 주어진 세계를 거부한다. 후자는 정신이 세계의 중심부에 객관적으로 현존한다고 생각한다. 여자는 그의 고독을 깨뜨리기 때문에 몽테를랑을 위태롭게 한다. 브르통에게 여자는 그를 주관성에서 끌어내기 때문에 계시다. 스탕달의 경우, 앞에서 본 것처럼 여자는 겨우 신화적 가치를 띠고 있을 뿐이다. 그는 여자 역시 하나의 초월로서 간주하고 있다. 이 휴머니스트에게는 자유와 자유가 상호적 관계를 이루는 데에서 자기완성을 실현한다. 그리고 그에 의하면 인생이 "짜릿한 맛의 소금"을 갖기 위해서는 *타자*가 단순히 타자인 것만으로 충분하다. 그는 "별과 같은 안정"을 찾지 않고, 혐오의 빵으로 배를 채우지도 않는다. 그는 기적을 기대하지 않는다. 그는 우주나 시 같은 것을 상대하려 하지 않으며, 오직 자유만을 상대하고자 한다.

즉, 그 역시 자기 자신을 투명한 자유로써 느끼고 있다. 다른 사람들―여기가 가장 중요한 점인데―은 자신을 초월로 설정하지만, 그들 자신의 한가운데에 있는 불투명한 어떤 것의 포로로 느끼기도 한다. 그들은 여자 속에 이 "깨어지지 않는 어둠의 핵"을 투사한다. 몽테를랑에게는 아들러적 콤플렉스가 있으며 거기서 밀도 높은 기만이 생겨난다. 그가 여자 속에 구현하는 것은 바로 이러한 자만심과 공포심의 총체다. 그가 여자에게 갖는 혐오감은 자기 자신에 대해 느끼거나 않을까 두려워하는 혐오감이다. 그는 언제나 나타날 수 있는 자기 자신의 부족함의 증거를 여자 속에서 짓밟아 버리려고 한다. 여자는 그의 마음속에 사는 온갖 괴물을 내던져 버리는 구덩이다.[292] 로런스의 생애는 그 역시 유사한 콤플렉스, 그러나 순전히 성적인 콤플렉스로 인해 고통스러워했다는 것을 보여 주고 있다. 그의 작품에서 여자는 보상의 신화의 가치를 지니고 있다. 작가가 그다지 확신을 두지 못했던 남성성이 여자에 의해서 고양된다. 그가 돈 시프리아노의 발치에 무릎을 꿇고 있는 케이트를 묘사할 때, 그는 남자가 프리다[293]를 이겼다고 생각한다. 그도 반려자가 자기에게 문제 제기하는 것을 허용하지 않는다. 만일 그녀가 그의 목표에 이의를 제기한다면 그는 필시 그 목표에 대해 신뢰하지 못할 것이다. 그녀는 남자가 자신감을 느끼게 하는 역할을 한다. 몽테를랑이 여자에게 그의 확실한 우월성을 요구하듯이, 로런스는 여자에게 평화, 휴식, 신념을 요구한다. 즉, 그들은 자기들에게 부족한 것을 여자들에게서 구하는 것이다. 클로델에게는 자신감이 없는 것이 아니다. 그가 소심하다 하더라도 그것은 신神의 비밀 속에서만 그렇다. 그러므로 그에게는 양성 간 투쟁의 흔적이 전혀 없다. 남자는 과감하게 여자라는 무거운 짐을 진다. 여자는 유혹이나 구원의 기회이기도 하다. 브르통에게 남자는 자기 속에 들어 있는 신비에 의해서만 진짜인 것처럼 보인다. 남자가 향하는 "마음이 없는 꽃 한 송이의 마음"과 같은 별을 나자가 보는 것을

---

292 스탕달은 몽테를랑이 즐기는 잔인성에 대해 사전에 평가했다. "무관심 속에서 무엇을 해야 할까? 취미 연애, 그러나 두려움 없이. 두려움은 언제나 자기 자신의 가치에 대해서 안심할 필요를 느끼는 소인배의 영혼에서 생겨나는 것이다."

293 *D. H. 로런스의 애인

그는 좋아한다. 남자의 꿈, 예감, 그의 내면의 언어에서 자연적으로 흘러나오는 것, 그런 것들은 그가 자기라고 인정하는 의지와 이성의 통제를 빠져나오는 활동 속에서 일어난다. 여자는 남자의 의식적인 인격보다 훨씬 더 본질적인 숨겨진 존재의 감각적 모습이다.

스탕달, 그는 자기 자신과 평온하게 일치한다. 그러나 그는 여자가 그를 필요로 하는 것처럼, 흩어진 자기 실존이 하나의 통일된 모습과 운명으로 정리되기 위해서 여자를 필요로 한다. 인간이 존재에 도달하는 것은 타인에 도달하려는 것과 같다. 단, 타인이 그에게 그 의식을 빌려 주어야만 한다. 타인들은 동류 인간들에게 너무나도 무심하기 때문에, 오직 사랑에 빠진 여자만이 자기 연인에게 마음을 열어 그의 전부를 받아들인다. 신에게서 훌륭한 증인을 발견한 클로델을 제외하고, 앞에서 본 모든 작가는 말로의 말에 의하면, 그들 속에서 그들만이 알고 있는 "비할 바 없이 뛰어난 괴물"을 여자가 지극히 사랑해 주기를 기대하고 있다. 협력하든 투쟁하든, 남자들은 그 일반성 속에서 서로 대결한다. 그의 동료들에게 몽테를랑은 작가이며, 로런스는 교조주의자이고, 브르통은 한 예술 유파의 지도자이며, 스탕달은 외교관이거나 기지가 풍부한 사람이다. 여자는 이 남자에게서는 잔인하고 멋진 왕자를, 저 남자에게서는 방심할 수 없는 야수를, 또 다른 남자에게서는 신이나 태양 혹은 "벼락을 맞고 스핑크스의 발치에 쓰러진 남자처럼 어둡고 차가운"[294] 존재를, 또 다른 남자에게서는 결국 호색가, 매혹하는 사람, 연인을 드러내 준다.

그들 각자에게 이상적인 여자란 그 자신에게 그를 드러내 줄 수 있는 *타자*를 가장 정확하게 구현하는 여자가 될 것이다. 태양의 정신인 몽테를랑은 여자에게서 순수한 동물성을 추구한다. 남근 숭배자인 로런스는 여자에게 여자의 성을 그 일반성 속에서 요약해 달라고 요구한다. 클로델은 여자를 영혼의 누이라고 정의한다. 브르통은 자연에 뿌리박고 있는 멜뤼진을 애지중지하며, 어린애 같은 여자에게 희망을 건다. 스탕달은 자기 애인이 총명하며 교양 있고 정신과 행동이 자유롭기를 바란다. 즉, 자기와 대등한 사람이기를 바라는 것이다. 그러나 대등한 사람, 어린애 같은 여자, 영혼의 누이, 성性으로서의 여자, 짐승으로서의 여자에게 남아 있는 지상의 유일한 운명, 그것은 언제나 남자다. 여자를 통해서 찾는 자아가 무엇이든 간에 남자는 여자가 그의 시련이 되어 줄 때만 자기 자신에 도달할 수 있다. 아

---

294 『나자』

무튼, 여자에게 강요되는 것은 자기에 대한 망각과 사랑이다. 몽테를랑은 그에게 남성적 힘을 가늠할 수 있게 해 주는 여자를 측은히 여기는 데 동의한다. 로런스는 그를 위해 자신을 포기하는 여자에게 뜨거운 찬사를 보낸다. 클로델은 남자에게 복종함으로써 신에게 복종하는 여 종복從僕, 하녀, 헌신적인 여자를 찬양한다. 브르통은 여자가 자식이나 애인에게 가장 완전한 사랑을 바칠 수 있으므로 여자에게서 인류의 구원을 희망한다. 그리고 스탕달에게조차 여주인공이 남주인공보다 더 감동적인 것은 그녀들이 더 격렬하게 열정에 몸을 내던지기 때문이다. 그녀들은 프루에즈가 로드리그의 구원에 이바지하는 것처럼 남자가 자기의 운명을 실현하는 것을 도와준다. 스탕달의 소설에서는 여자들이 종종 애인을 몰락이나 감옥 혹은 죽음에서 구해 주는 일이 일어난다. 몽테를랑이나 로런스는 여성의 헌신을 의무처럼 요구한다. 덜 오만한 클로델, 브르통, 스탕달은 여자의 헌신을 관대한 선택처럼 찬미한다. 그들은 자기들이 그런 헌신을 받을 만하다고 주장하지 않으면서 그러한 헌신을 바란다. 그러나 ─ 스탕달의 경이적인 『라미엘』 외에 ─ 그들의 모든 작품은 그들이 여자에게 이타주의를 기대한다는 것을 보여 준다. 이런 이타주의는 콩트가 여자 속에서 감탄하고 여자에게 강요했던 것이며, 그의 말에 따르면 그것은 명백한 열등함인 동시에 모호한 우월성을 구성하는 것이었다.

이런 실례들은 얼마든지 열거할 수 있지만 언제나 같은 결론에 도달하게 된다. 여자를 정의하면서 각각의 작가는 일반적 윤리와 자기에 대해 갖는 개별적인 생각을 정의한다. 또한, 자신의 세계관과 이기적인 꿈 사이의 거리를 종종 여자 안에 새긴다. 한 작가의 작품 전체에 여성적 요소가 부재하거나 무의미하게 나타나는 것은 그 자체로 징후적이다. 로런스의 경우처럼, **타자**의 모든 양상이 여성적 요소에 요약되어 있을 때 그 요소는 지극히 중요성을 띤다. 만일 여자가 단순히 타인으로 파악되긴 해도 작가가 그 여자의 삶의 개인적인 모험에 관심이 있다면 ─ 이것은 스탕달의 경우인데 ─ 여성적 요소는 중요성을 지닌다. 오늘날과 같이 각 개인의 문제가 부차적인 것으로 여겨지는 시대에는 그런 중요성이 상실되었다고 말할 수 있다. 하지만 타자로서의 여자는 각각의 남자가 자기 초월을 위한 것이라 할지라도, 자기에 대해 자각할 필요가 있는 정도에 따라서 아직 어떤 역할을 하고 있다.

3장

여자의 신화는 문학에서 커다란 역할을 하고 있다. 그러나 일상생활에서는 어떤 중요성이 있을까? 그 신화는 풍속이나 개인적 행위에 얼마나 영향을 끼치는가? 이런 물음에 답하기 위해서는 그 신화가 현실과 맺는 관계를 명확히 할 필요가 있다.

신화에도 여러 종류가 있다. 여자의 신화는 인류를 남녀 두 범주로 나누는 인간 조건의 불변하는 양상을 승화시키는 정태적 신화다. 이 신화는 경험 속에서 파악된 혹은 경험으로부터 개념화된 현실을 플라톤적 하늘에 투사하는 것이다. 사실, 의미, 개념, 경험적 법칙에 초월적이고 비시간적이며 불변적이며 필연적인 **관념**을 대치시킨다. 이 관념은 주어진 사실의 피안에 자리 잡고 있어서 도저히 실증할 수 없다. 이 관념은 절대적 진리를 지니고 있다. 그러므로 신화적 사고는 여자들의 분산되고 우연적이며 다양한 실존에 대하여 유일하고 고착된 **영원한 여성**을 대립시킨다. 이미 정해진 여자에 대한 정의가 현실의 살아 숨 쉬는 여자들의 행동으로 반박된다면 잘못은 이 여자들에게 있다. **여성성**이 하나의 실체라고 말하는 것이 아니라 여자들이 여성적이 아니라고 말한다. 경험은 부정될 수 있으나 신화는 결코 부정될 수 없다. 하지만 어떤 면에서 신화는 경험에 그 기원을 두고 있다. 그러므로 여자가 남자와 다르다는 것은 확실하며, 이타성異他性은 욕망·포옹·사랑 속에서 구체적으로 경험된다. 그러나 현실적인 관계는 상호성이다. 이처럼 그 관계는 진정성 있는 드라마를 야기한다. 즉, 에로티시즘·사랑·우정 그리고 그것들과 교차하는 실망·증오·경쟁을 통해서 그 관계는 각자 자기가 본질적이기를 원하는 의식 간의 투쟁이고, 상호 확인되는 자유와 자유의 인정이며, 적의에서 협력으로 무한히 옮겨 가는 과정이다. **여자**를 설정하는 것은 여자가 주체이며 동류라는 경험을 거부하면서 상호성 없이 절대적 **타자**를 설정하는 것이다.

　구체적인 현실에서 여자들은 다양한 모습으로 자신을 드러낸다. 그러나 여자들에 관해 만들어진 각각의 신화는 여자 전체를 요약한다고 주장한다. 그리고 모두 저마다 유일하다고 자처한다. 그 결과 양립 불가능한 다수의 신화가 존재하고, **여성성**이라는 관념의 기이한 모순 앞에서 남자들은 망연자실한다. 제각기 유일한 **진리**를 담고 있다고 주장하는 다수의 이러한 원형에 여자라면 누구나 관련이 있기 때문에, 남자들은 그들의 배우자들 앞에서 인간이 금발인 동시에 갈색 머리일 수도 있다는 것을 제대로 이해하지 못했던 소피스트들과 같은 놀라움을 다시 느낀다. 절대화하는 경향은 이미 사회적 표상에 나타나 있다. 즉, 어린애의 정신 구조에서는 관계가 곧 사물의 형태로 고정되듯이, 사회적 표상에서 관계는 쉽게 계급으로 고착된다. 예를 들면, 가부장제 사회는 재산 보유라는 것에 집중되어 있기 때문에 재산 소유자들 옆에 재산을 **빼앗아** 유통하려는 남자들과 여자들의 존재가 필연적으로 전제된다. 남자들 - 건달, 사기꾼, 강도, 투기꾼 - 은 일반적으로 집단에서 인정되지 않는다. 여자들은 합법성에서 이탈되는 일 없이 자신의 에로틱한 매력을 이용해 젊은이들이나 한 가족의 아버지들까지 유혹해 재산을 탕진하게 할 가능성이 있다. 여자들은 남자들의 재산을 착복하거나 상속권을 자기 것으로 만들어 버리기도 한다. 이러한 역할은 불길한 것으로 여겨지므로 그런 짓을 하는 여자들을 '악녀'라고 부른다. 사실 그녀들은 다른 가정 - 그녀들의 아버지, 남자 형제들, 남편, 애인의 - 에서는 반대로 수호천사처럼 보일 수도 있다. 부유한 재산가의 껍데기를 벗기는 창녀가 화가와 작가들에게는 예술의 보호자이기도 하다. 아스파시아나 퐁파두르 부인과 같은 인물의 모호함은 구체적인 경험에서 쉽사리 이해될 수 있다. 그러나 여자가 **사마귀·만드라고라**Mandragora[295]·**악마**라고 규정한다면, 여자에게서 **시의 여신·어머니 여신·베아트리체**를 발견하는 것 또한 이치에 맞지 않는다.

　집단의 표상, 그중에서도 사회적 유형은 일반적으로 대립어의 쌍으로 명확하게 표현되며, 양면성은 **영원한 여성**의 내재적 속성으로 보이게 된다. 상관어로서 성스러운 어머니는 잔인한 계모, 천사 같은 소녀는 타락한 처녀와 대비된다. 그래서 때로는 **생명과 같은 어머니**나 **죽음과 같은 어머니**라고 말하기도 하며, 모

295　*사람의 형상을 닮은 가짓과 약용식물로, 마법의 힘이 있다고 알려져 있다.

든 동정녀를 순수한 정신이라고도 하거나 악마에 바쳐진 육체라고도 한다.

물론 현실이 사회나 개인들에게 상반된 두 원리 가운데 선택하라고 명하는 것은 아니다. 각각의 시기, 개개의 경우에 사회와 개인은 그들의 필요에 따라서 결정하는 것이다. 대개 사회와 개인은 채택된 신화에 그들이 묶여 있는 제도와 가치들을 투영시킨다. 예를 들면, 여자를 가정에 붙잡아 두려는 가족주의는 여자를 감정, 내면성, 내재성으로 정의한다. 사실 실존자라면 누구나 내재인 동시에 초월이다. 실존자에게 목표를 제시하지 않거나 혹은 어떠한 목표에도 도달하지 못하도록 방해하고 승리감을 맛보도록 허락하지도 않을 때, 그의 초월은 헛되이 과거 속에, 즉 내재로 다시 떨어지고 만다. 이것이 바로 가부장제에서 여자에게 할당된 운명이다. 그러나 노예제가 노예의 소명이 아닌 것과 마찬가지로, 그것은 결코 여자의 소명이 아니다. 이런 신화가 오귀스트 콩트의 이론에 전개되고 있다는 것은 분명한 사실이다. **여자를 이타주의**와 동일시하는 것, 그것은 남자에게 여자의 헌신에 대한 절대적 권리를 보장하는 것이며, 여자에게 절대적 의무를 강요하는 것이다.

신화를 의미의 파악이라는 것과 혼동해서는 안 된다. 의미는 대상에 내재적이다. 그 의미는 살아 있는 경험에서 의식에 드러나는 것이다. 반면에 신화는 의식이 아무리 도달하려 해도 끝까지 달아나는 초월적 이념이다. 미셸 레리스가 『성년』에서 여성의 생식기를 묘사하면서 우리에게 의미를 전하고 있지만, 어떤 신화도 만들어 내지 않았다. 여성의 육체 앞에서 느끼는 경이, 월경에 대한 혐오는 구체적 현실에 대한 두려움이다. 여성 육체의 관능적 특질을 발견하는 경험 속에는 신화적인 것이 아무것도 없다. 그리고 그런 특질을 꽃이나 조약돌과 비교해 표현하려 해도 신화가 되는 것은 아니다. 그러나 **여자**, 그것은 **육체**이고 **육체는 밤**이며 **죽음**이라거나 **우주의 광채**라고 말하는 것은 지상의 진실을 떠나 텅 빈 하늘로 날아오르는 것이다. 왜냐하면 남자 역시 여자에게 육체이기 때문이다. 그리고 여자는 단순히 육체적 대상이 아니기 때문이다. 또한, 육체는 각자에게 그리고 각각의 경험속에 독특한 의미가 있기 때문이다. 마찬가지로 여자가-남자처럼-자연에 뿌리박고 있는 존재라는 것도 틀림없는 사실이다. 여자는 남자보다 더 種에 예속되어 있으며, 그 동물성이 더 뚜렷하다. 그러나 남자에게서와 마찬가지로 여자에게 자연적으로 주어진 조건은 실존으로 수용되고, 여자 역시 인간계에 속한다. 여자를 **자연**과 동일시하는 것, 그것은 단순한 편견일 뿐이다.

남성인 지배 계급에 이것보다 더 유리한 신화는 별로 없었다. 즉, 이 신화는 지배 계급의 모든 특권을 정당화하고, 그 특권을 남용하는 것조차 허용하고 있기 때문이다. 남자들은 여자들에게 생리적으로 운명 지어진 고통이나 부담을 덜어 주려고 걱정할 필요가 없다. 왜냐하면 그런 것들은 **자연**에 의해 의도된 것'이기 때문이다. 남자들은 여성 조건의 비참함을 더욱 증가시키려고 이를테면, 여자에게 성적 쾌락의 권리를 일절 인정하지 않고, 여자를 가축처럼 부리기 위하여 그것을 구실로 삼는다.[296]

이 모든 신화 가운데 여성의 '신비'라는 신화보다 남자의 가슴에 더 깊이 뿌리박고 있는 신화는 없다. 이 신화는 많은 이점을 가지고 있다. 우선, 설명될 수 없는 것처럼 보이는 모든 것을 비용을 들이지 않고서 설명할 수 있게 해 준다. 여자를 '이해하지' 못하는 남자는 자기의 무능력을 객관적 저항으로 대치시킨다. 그는 자신의 무지를 받아들이는 대신에 자기 밖에 있는 신비의 존재를 인정한다. 이것이야말로 나태와 허영심을 동시에 만족시키는 알리바이다. 여자에게 반한 남자는 이렇게 해서 수많은 실망에서 벗어나게 된다. 즉, 사랑하는 여자의 행동이 변덕스럽거나 말이 어리석거나 하면 신비라는 것이 구실이 된다. 요컨대 신비의 덕택으로, 키르케고르에게 현실적 소유보다 무한히 더 바람직한 것처럼 보였던 부정적 관계가 영속적인 것이 된다. 살아 있는 수수께끼 앞에서 남자는 홀로 고독하게 남아 있다. 그는 자기의 꿈, 희망, 두려움, 사랑, 허영심과 함께 혼자다. 악덕에서 신비로운 황홀까지 갈 수 있는 이 주관적 유희는 많은 사람에게 한 인간과의 진정한 관계보다도 더 매혹적인 경험이다. 그렇다면 그토록 유익한 환상은 대체 어디에 근거를 두고 있는 것인가?

확실히 어떤 의미에서 여자는 신비스럽다. 마테를링크Maurice Maeterlinck(1862~1949)[297]의 말에 의하면 "모든 사람이 그런 것처럼 신비스럽다." 각자는 자기에게만 주체이며, 각자는 자기의 내재 속에서 자기만을 파악할 수 있다. 이런 관점에서 타자는 언제나 불가사의하다. 남자들이 보기에 대자對自의 불투명성은 여성인 타자에게 더욱 명백하다. 그들은 어떤 공감의 효과에 의해서도 여자의 독특한 체험 속에 침투할 수 없다. 여자의 에로틱한 쾌락의 특질, 월경의 불편함, 출산의 고통

---

296 발자크의 『결혼 생리학』 참조. "여자의 불평, 외침, 고통에 대해 조금도 걱정하지 마시오. *자연은 여자를 우리의 쓰임새를 위해 만들었소.* 남자의 아이들, 슬픔, 주먹질, 고통을 다 짊어지게 했소. 가혹함을 염려하지 마시오. 소위 문명국의 모든 법전에, 남자는 여자의 운명을 규정하는 법률을 다음과 같은 핏빛의 제사題詞로 써 두었소. '약한 자여 불행할지어다!'"

297 *벨기에의 극작가, 시인

등을 아무리 노력해도 모를 수밖에 없다. 사실, 이런 신비에는 상호성이 있다. 타자로서, 남성 타자로서 모든 남자의 가슴 속에는 그 자체로 닫혀 있는, 여자가 침투할 수 없는 어떤 것이 있다. 여자는 남자의 에로티시즘이 무엇인지 모른다. 그러나 앞에서 확인한 보편적인 규칙에 따르면, 남자들이 세계를 생각하는 범주는 **그들의 관점에서 절대적인 것**으로 구성됐다. 즉, 남자들은 여기서도 다른 모든 곳에서와 마찬가지로 상호성을 무시하고 있다. 남자에게 신비스러운 여자는 그 자체로 신비스러운 것처럼 여겨진다.

사실을 말하자면 여자의 상황이 여자를 특이하게 이런 모습으로 보이도록 하는 것이다. 여자의 생리적 운명은 대단히 복잡하다. 여자 자신이 그것을 남의 이야기처럼 겪어 내고 있다. 그녀의 육체는 그녀에게 자기 자신의 분명한 표현이 아니다. 그녀는 자기 몸속에서 소외된 것처럼 느낀다. 모든 개인에게 육체적 삶과 정신적 삶을 잇는 관계, 더 잘 표현한다면, 한 개인의 사실성과 그 사실성을 책임지고 수용하는 자유 사이에 존재하는 관계는 인간 조건에 함축된 가장 풀기 어려운 수수께끼다. 그런데 그 관계가 여자에게 가장 혼란스러운 방식으로 놓여 있다.

그러나 신비라고 불리는 그것은 의식의 주관적인 고독도, 유기적인 생명의 비밀도 아니다. 그 말이 진정한 의미를 갖는 것은 소통의 차원에서다. 그것은 순수한 침묵이나 밤이나 부재로 축소되는 것이 아니라, 자기를 드러내는 데 실패하는 초보적 단계의 존재를 내포하는 것이다. 여자가 신비스럽다고 말하는 것은 여자가 침묵한다는 것이 아니라, 여자의 말이 들리지 않았다는 말이다. 여자는 거기에 있으나 베일 속에 숨겨져 있다. 여자는 이 불확실한 외관 저편에 존재하고 있다. 여자는 누구인가? 천사인가, 악마인가, 무녀인가, 배우인가? 사람들은 이런 질문들에 대한 답변을 찾을 수 없다거나, 그보다는 여성 존재에게는 근본적 모호성이 있으므로 어떤 대답도 꼭 들어맞지 않는다고 추정한다. 여자는 자기 마음속에서도 자기 자신에 대해 정의할 수 없는 스핑크스다.

사실 여자도 자기가 **누구인지** 단정하기가 아주 곤란할 것이다. 질문은 답변을 내포하지 않는다. 그러나 숨겨진 진실이 지나치게 유동적이어서 파악될 수 없다는 것이 아니다. 이 영역에는 진실이란 것이 없기 때문이다. 한 실존자는 그가 행하는 그것 이외에 아무것도 아니다. 가능성은 현실의 영역을 벗어나지 않으며, 본질은 실존에 선행하지 않는다. 그 순수 주관성 속에서 인간은 **아무것도 아니다.** 인간은 그의 행위에 따라서 측정된다. 농부의 아내에 대해서는 일을 잘한다든가 못한다든가 말할 수 있고, 여배우에 대해서는 재능이 있다든가 없다든가 평할 수 있다. 그러나 어떤 여자를 내재적 모습 그대로 본다면 그녀에 대해서는 절대 아무것도 말할 수 없으며, 그녀의 특질에 대해서도 무엇 하나 말할 수 없다. 그런데 연애 관계나 부부 관계 그리고 여자가 종속적이며 타자인 모든 관계에서는 여자를 내재 상태에서 파악한다. 친구, 동료, 일의 협력자로서의 여자는 조금도 신비스럽지 않다는 것은 놀라운 일이다. 그에 반해 남자가 종속적인 상황에 있는 경우, 예를 들어 자기보다 연장자이며 부유한 남자나 여자 앞에서 젊은이가 비본질적 객체로 되어 있을 때는 그 역시 신비에 싸일 것이다. 이런 것은 경제적 차원인 여성 신비의 하부구조를 우리에게 드러내는 것이다. 감정이라는 것 또한 아무것도 아니다. 지드André Gide(1869-1951)는 다음과 같이 쓰고 있다. "감정의 영역에서 현실적인 것은 상상적인 것과 구별되지 않는다. 사랑하기 위해서는 사랑한다고 상상하는 것만으로도 충분하다. 그러므로 사랑하고 있을 때, 조만간 조금 덜 사랑하기 위해서 자신에게 사랑하고 있다는 상상을 한다고 말하는 것만으로도 충분하다……." 상상과 현실 사이의 경계를 정하는 것은 행위를 통해서만 가능하다. 남자는 이 세계에서 특권적 상황을 점하고 있으므로 자기의 애정을 거침없이 밝힐 수 있다. 아주 흔하게 남자는 여자를 먹여 살리거나 적어도 도와준다. 결혼함으로써 그는 여자에게 사회적 지위를 부여한다. 여자에게 선물도 한다. 경제적이고 사회적인 독립이 남자에게 주도권과 창의력을 갖도록 해 준다. 빌파리지 부인과 별거 중인 노르푸아[298]는 그녀를 만나기 위해 24시간의 여행을 하곤 했다. 대개 남자는 바쁘고, 여자는 한가롭다. 남자가 여자와 함께 보내는 시간은 그가 그녀에게 *주는 것이다.* 그녀는 그 시간을 받는다. 즐겁게, 열렬히 아니면 기분전환을 위해서? 그녀는 이 은혜를 사랑에 의해서 아니면 이익 때문에 받는 것인가? 그녀는 남편을 사랑하는 것인가 아니면 결혼을 사랑하는 것인가? 물론 남자가 주는 증거 자체도 모호하다. 그가 그런 은혜를 사랑에 의해서 아니면 동정 때문에 주는 것인가? 그러나 보통의 경우, 여자는 교제에서 많은 이점을 발견하는 반면 남자는 그 여자를 사랑하는 데에 따라서만 이익이 된다. 그래서 그의 전반적인 태도에 따라서 그의 애착 정도를 대략 평가할 수 있다. 반면 여자는 자신의 마음의 깊이를 측정할 수단이 거의 없다. 여자는 기분 여하에 따라서 자신의 감정에 대한 여러 다른 관점

---

298 *마르셀 프루스트의 『잃어버린 시간을 찾아서』 속 인물

을 취할 것이고, 그런 감정을 수동적으로 겪는 한 어떤 해석도 다른 해석과 마찬가지로 더는 진실하지 않을 것이다. 매우 드물긴 하지만, 여자가 경제적·사회적 특권을 쥐고 있는 경우에는 신비가 역전된다. 이것은 신비라는 것이 어느 하나의 특정한 성에 관련된 것이 아니라, 하나의 상황과 관련된 것이라는 사실을 잘 보여 준다. 대다수 여자에게 초월의 길이 막혀 있다. 즉, 그녀들이 아무것도 *하지 않*기 때문에 아무것도 *되지* 못한다. 그녀들은 자기들이 무엇이 *될 수 있었을까*를 끊임없이 자신에게 묻는데, 이것은 스스로 *나는 무엇이냐*고 묻게 한다. 그것은 헛된 질문이다. 만일 남자가 여자의 이 비밀스러운 본질을 밝혀내는 데 실패한다면 그것은 아주 간단한 일이다. 결국, 그런 것은 존재하지 않기 때문이다. 세계 바깥에 놓여 있는 여자는 이 세계를 통해서 자기를 객관적으로 정의할 수 없다. 여자의 신비란 속이 텅 비어 있을 뿐이다.

게다가 여자는 모든 피억압자와 마찬가지로 자기의 객관적인 모습을 단호하게 숨기는 일도 있다. 노예, 하인, 토착민은 모두 주인의 변덕에 좌우되기 때문에 변함없는 미소나 수수께끼 같은 무감동으로 주인을 대하는 것을 배웠다. 그들은 자기들의 진정한 감정과 행동을 표 나지 않게 숨긴다. 여자에게도 청소년기부터 남자들에게 거짓말을 하고 계략을 쓰도록 가르친다. 여자는 남자들을 언제나 가면으로 대한다. 여자는 용의주도하고 위선자이며 배우다.

그러나 신비 사상이 인정하고 있는 것과 같은 **여성의 신비**는 한층 더 심오한 현실이다. 사실, 그것은 **절대적 타자**의 신화에 직접 내포되어 있다. 비본질적인 의식 또한 투명한 주체성이며 **코기토**Cogito를 작용시킬 수 있다는 것을 인정한다면, 그 비본질적 의식이 사실 주권자이며 본질로 돌아간다는 것을 인정하는 것이다. 모든 상호성이 불가능한 것으로 보이려면 **타자**가 자기 자신에게 타자이어야만 하고, 타자의 주체성 자체가 이타성異他性을 띠어야만 한다. 의식으로서 그 순수한 내재적 현존 속에서 소외되게 될 이러한 의식은 틀림없이 **신비**다. 그 의식은 자기에게 신비스러울 것이기 때문에 그 자체로 **신비**다. **절대적 신비**일 것이다. 이처럼 그들의 은폐가 만들어 내는 비밀 저쪽에 절대적으로 비본질적 **타자**로 간주되는 것으로서 흑인종과 황인종의 신비가 있다. 보통의 유럽인을 심히 당황케 하는 미국 시민이 조금도 '신비스러운' 것처럼 생각되지 않는다는 것을 주목해야 한다. 더 겸허하게는 그를 이해하지 못한다고 주장한다. 이와 마찬가지로 여자는 언제나 남자를 '이해하지' 못한다. 그러나 남자의 신비라는 것은 없다. 부유한 미국과 남자는 **주인** 쪽이고, **신비**는 노예의 소유물이라는 것이다.

물론 **신비**의 긍정적 현실에 대해 기만의 황혼 속에서만 꿈꿀 수밖에 없다. 신비를 고정시키려고 하는 즉시 그것은 어떤 주변적인 환각과 유사하게 사라지고 만다. 문학은 언제나 '신비스러운' 여자들을 그리는 데 실패한다. 그녀들은 단지 소설 초반에만 묘한 수수께끼의 인물처럼 나타날 수 있다. 그러나 이야기가 미완으로 남아 있지 않는 한 그녀들은 결국 자신의 비밀을 드러내고, 그렇게 되면 일관되고 투명한 인물이 된다. 예를 들어, 피터 체이니Peter Cheyney(1896~1951)[299]의 작품 속 주인공들은 여자들의 예기치 못한 변덕에 끊임없이 놀란다. 여자들이 어떻게 행동할 것인지는 전혀 예측할 수 없고, 그녀들은 모든 계산을 여지없이 빗나가게 한다. 사실 행위의 동기가 독자들에게 밝혀지면 그녀들은 아주 단순한 메커니즘으로 보인다. 말하자면, 이 여자는 스파이이고, 저 여자는 도둑이라는 식이다. 줄거리가 아무리 교묘하더라도 거기에는 항상 열쇠가 있다. 그리고 작가가 제 아무리 재능이 있고 상상력이 비상하다 할지라도 그렇게 하는 수밖에 달리 어쩔 도리가 없다. 신비는 그저 신기루에 불과하기 때문에 잡으려고 하면 곧 자취를 감추고 만다.

이처럼 신화는 대부분 그것을 다루는 남자의 사용법에 의해 설명된다는 것을 알 수 있다. 여자의 신화는 하나의 사치다. 그 신화는 남자가 긴급한 자기 욕구에서 벗어나야만 나타날 수 있다. 관계가 구체적으로 체험되면 될수록 덜 이상화된다. 고대 이집트의 농부, 베두인족의 농부, 중세의 장인, 현대의 노동자들은 노동의 필요성과 가난 속에서 그들의 반려자인 특정한 여자를 길하거나 불길한 오라aura로 장식하기에는 그녀와 지나치게 한정된 관계를 맺고 있다. 여성성의 흑상黑像과 백상白像은 꿈꿀 여가가 주어진 시대와 계급에서 세울 수 있다. 그러나 사치에도 역시 유용성이 있다. 이런 꿈들은 이해에 의해서 엄격히 관리되었다. 확실히 대부분의 신화는 자기의 실존과 자기를 에워싸고 있는 세계에 대한 남자의 자연발생적 태도에 뿌리박고 있다. 그러나 경험을 초월적 **이념**으로 높여 놓은 것은 가부장제 사회이며, 이는 자기 정당화의 목적으로 결연히 실행되었다. 그리고 그 사회는 신화를 통해서 법칙과 풍습을 다채롭고 감성적인 방식으로 개인들에게 강요했던 것이다. 집단의 명령은 신화의 형태로 각 개인의 의식에 침투하였다. 종교, 전통, 언어, 이야기, 노래, 영화 등을 매개로 해서 신화는 물질적인 현실에 가장 심하

---

299 *영국의 범죄 소설가

게 종속된 존재들에게까지 스며든다. 각자는 거기서 자기의 소박한 경험에 대한 숭고함을 길어 내온다. 사랑하는 여자에게 배신당한 남자는 그 여자가 미친 자궁이라고 떠들어 댄다. 자신의 성적 불능에 대해 강박적인 남자는 여자를 **사마귀 암컷**이라고 한다. 한편 자기 여자와 함께 있는 것을 좋아하는 남자는 여자를 **조화, 휴식, 풍요한 대지**라고 한다. 대부분의 남자에게서 볼 수 있는 값싼 영원성과 장식용 절대에 대한 취미는 신화에서 충족된다. 사소한 감동이나 불만도 시간을 초월한 **이념**의 반영이 된다. 이러한 착각은 즐거이 허영심의 비위를 맞춰 주고 있다.

신화는 상식과 사려를 가장한 정신이 무턱대고 달려드는 허위 객관성의 함정들 가운데 하나다. 삶의 체험과 그 체험이 요구하는 자유로운 판단을 다시 한 번 고정된 우상으로 바꾸어 놓는 것이 문제다. **여자**의 신화는 자율적인 실존자와 갖는 진정한 관계를 신기루에 대한 부동의 응시로 대체시킨다. "환상이여! 환상이여! 그것은 잡을 수 없는 것이니 죽이지 않으면 안 된다. 아니면 그것을 안심시키고 가르쳐서 그들에게 보석의 취미를 버리게 하고, 진정으로 우리의 동등한 배우자로, 친한 벗으로, 이 현세의 협력자로 만들고, 그에게 다르게 옷을 입히고 머리를 짧게 자르게 하고 모든 것을 말해 주어야만 한다……"라고 라포르그는 외치고 있다. 남자가 여자를 상징으로 위장하는 일을 단념해도 남자는 잃을 게 하나도 없고 오히려 그 반대다. 꿈이 집단적이고 관리된 것일 때, 그 꿈은 상투적이어서 살아 있는 현실 옆에서는 매우 빈약하고 단조롭다. 진정한 몽상가와 시인에게 살아 있는 현실은 낡은 경이보다 훨씬 더 비옥한 원천이다. 여자들을 가장 진정성 있게 소중히 여겼던 시대는 궁정풍 사랑의 봉건 시대도, 여자의 환심을 사려 한 19세기도 아니다. 그것은 - 예를 들면 18세기처럼 - 남자들이 여자들을 동류로 보았던 시대다. 바로 이때 여자들은 진정 몽상적으로 보였다. 그것을 이해하기 위해서는 『위험한 관계』, 『적과 흑』, 『무기여 잘 있거라』를 읽는 것으로 충분하다. 라클로, 스탕달, 헤밍웨이의 여주인공들은 신비스럽지 않다. 그렇다고 해서 그녀들에게 매력이 없는 것은 아니다. 여자를 한 인간으로 인정한다는 것이 남자의 경험을 빈약하게 하는 것은 아니다. 남자의 경험은 주체와 주체의 상호성 속에서 이루어진다면 그 다양성, 그 풍요로움, 그 강도에서 무엇 하나 잃는 게 없을 것이다. 신화를 거부하는 것, 그것은 양성 간의 모든 드라마틱한 관계를 파괴하는 것도 아니고, 여성의 현실을 통해서 남자에게 진실하게 드러나는 의미들을 부정하는 것도 아니다. 그것은 시, 사랑, 모험, 행복, 꿈을 없애 버리는 것도 아니다. 다만 행동, 감정, 정열이 진실 속

에 근거를 둘 것을 요구하는 것이다.[300]

"여자가 사라지고 있다. 여자들은 어디에 있는가? 오늘날의 여자는 여자가 아니다." 이런 수수께끼 슬로건의 의미가 무엇인지 우리는 앞에서 살펴보았다. 남자들의 눈에 - 그리고 남자들의 눈을 통해서 보는 일군의 여자들 눈에 - '진정한 여자'가 되기 위해서는 여자의 몸을 가지고, 애인이나 어머니로서 여자의 역할을 하는 것만으로 충분하지 않다. 주체는 섹슈얼리티와 모성을 통해서 자기의 자율성을 강력하게 요구할 수 있다. '진정한 여자'는 자기 자신을 타자로 받아들이는 여자다. 오늘날 남자들의 태도에는 이중성이 있다. 그 이중성은 여자에게 실로 대단한 고통을 안겨주고 있다. 남자들은 여자가 자기와 동류이고 동등한 존재라는 사실을 받아들이기는 하지만 여자에게 비본질적 존재로 남아 있기를 계속 요구한다. 여자에게는 이 두 운명이 양립할 수 없는 것이다. 그 어느 쪽에도 정확하게 적응 못하고 여자는 양자 사이에서 망설이고 있다. 여자의 불안정은 여기서 온다. 남자의 경우 공적 생활과 사생활 사이에 어떤 충돌도 없다. 남자는 행동과 일에서 세계에 대한 자기의 세력을 확인하면 할수록 더욱더 남성적으로 보인다. 그에게는 인간적 가치와 생명의 가치가 뒤섞여 있다. 반면에 '진정한 여자'에게는 객체가 되고 타자가 될 것을 요구하기 때문에 여자의 자주적 성공은 그녀의 여성성과 모순된다. 이 점에서 남자들의 감수성과 섹슈얼리티마저 변해 버릴 가능성이 아주 짙다. 새로운 미학이 이미 생겨났다. 납작한 가슴과 작은 골반의 유행 - 미소년 같은 여자 - 은 한시적이었지만 그렇다고 지난 세기의 풍만한 이상으로 되돌아가지는 않았다. 여자의 몸이 육적肉的이기를 요구하지만 그것을 조심스럽게 요구하고 있다. 여자의 몸은 날씬하고 지방으로 인해 무거워져서는 안 된다. 근육이 발달되고 유연하며 강건하여 초월성을 나타내야 한다. 온실의 식물처럼 창백하지 않으며 태양과 맞서서 노동하는 사람의 상체처럼 볕에 그을린 몸을 선호한다. 여자의 의복이 실용적으로 되었다고 해서 여자의 몸을 무성적으로 보이게 하지는 않았다. 오히려 짧은 치마는 이전보다 훨씬 더 허벅지와 종아리를 돋보이게 한다. 일한다는 것이 왜 여자의 에로틱한 매력을 잃게 한다는 것인지 그 이유를 모르겠다. 여자

---

300 라포르그는 여자에 관해서 또 이렇게 말하고 있다. "여자는 그 섹스 이외에 아무 할 일도, 무기도 없이 노예의 상태와 게으름 속에 놓여 있기 때문에 그것을 비대하게 해서 **여성**이 되었다. (⋯) 우리가 여자를 비대해지도록 두었다. 여자는 우리를 위해 이 세상에 있다. (⋯) 아니! 그것은 모두 거짓말이다. (⋯) 여자와 더불어 우리는 지금까지 인형놀음을 해 왔다. 그것이 너무나 오랫동안 계속되고 있다⋯⋯!"

를 사회적 인물인 동시에 육체적 먹이로 파악하는 것은 흥분시키는 일이 될 수 있다. 최근 발간된[301] 페네Raymond peynet(1908~1999)[302]의 소묘 시리즈에는 한 젊은 남자가 결혼식을 주재하러 식장에 나온 예쁜 여 시장에게 반해서 그 결혼을 취소하는 그림이 있었다. 여자가 '남자의 일'을 하면서도 성적 매력이 있다는 것은 오랫동안 다소간 외설적인 농담의 주제였다. 점차 스캔들이나 아이러니는 잠잠해졌고, 새로운 형태의 에로티시즘이 생겨나는 중인 것 같다. 거기에서도 어쩌면 새로운 신화들이 생겨날지 모른다.

확실한 것은 오늘날 여자들이 자기들의 자율적인 개인 조건과 여성의 운명을 동시에 수용하며 살아가는 것이 대단히 어렵다는 사실이다. 여자들을 때때로 '잃어버린 성'으로 간주하게 하는 서투름과 불편함이 그러한 사실에서 기원한다. 그리고 필시 해방되려고 애쓰는 것보다도 눈먼 노예 상태를 견뎌 내는 것이 한결 편할 것이다. 죽은 자들 또한 산 자들보다 대지에 더 잘 적응하고 있다. 어찌됐든 과거로 되돌아간다는 것은 바람직하지 않을 뿐 아니라 가능하지도 않다. 우리가 희망해야 하는 것은 현재 새로 태어나는 상황을 남자들 쪽에서도 기탄없이 받아들이는 것이다. 그러면 여자는 비로소 그 상황을 고통 없이 살아갈 수 있게 될 것이다. 그러면 라포르그의 기원이 성취될 수 있을 것이다. "오 젊은 처녀들이여, 그대들은 언제 우리의 형제, 우리를 착취하려는 저의 없이 우리의 친한 형제가 될 것인가? 우리는 언제 서로 진실된 악수를 하게 될 것인가?" 그러면 "남자만으로 인해 여자 위에 맹위를 떨치는 운명의 무게 아래서 멜뤼진 역시 더는 짓눌리지 않고, 해방된 멜뤼진……"이 "자기의 인간적인 기반"[303]을 되찾게 되리라. "남자 - 지금까지는 가증스러운 - 가 동의함으로 해서 여자의 끝없는 속박이 풀리고, 여자가 자신을 위해 자신에 의해 살게 될 때,"[304] 그때 여자는 완전히 한 인간이 될 것이다.

301 1948년 10월
302 * 프랑스의 만화가, 일러스트레이터
303 브르통, 『비약 17』
304 아르튀르 랭보, 『P. 드므니에게 보내는 편지Lettre à P. Demeney』, 1872. 5. 15.

제2권
체험

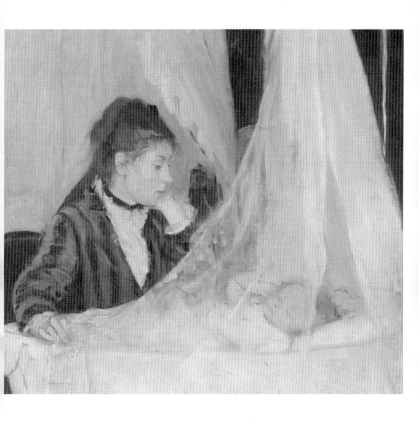

여자라는 것은 얼마나 불행한 일인가! 그러나 여자의 진짜 불행은 여자인 것이 불행이라는 사실을 모른다는 것이다. - 키르케고르Kierkegaard

절반은 희생자, 절반은 공모자, 모든 사람처럼. - 장 폴 사르트르Jean-Paul Sartre

서론

오늘날 여자들은 여성성의 신화가 차지하는 권위를 뒤엎고, 자신의 독립을 구체적으로 확립하기 시작했다. 그러나 여자들이 인간으로서의 조건을 완전히 성공적으로 수행한다는 것은 쉬운 일이 아니다. 여성의 세계 한가운데에서 여자들에 의해 키워진 그녀들의 통상적인 운명은, 여전히 그녀들을 남자에게 실질적으로 종속시키는 결혼이다. 남자의 위신은 아직도 공고한 경제적·사회적 기반 위에 서 있기 때문에 사라지려면 한참 멀었다. 그러므로 여자의 전통적인 운명을 면밀하게 연구하는 것이 필요하다. 나는 여자가 자기에게 주어진 조건을 어떻게 학습하는지, 그것을 어떻게 느끼는지, 어떤 세계 속에 갇혀 있는지, 그리고 여자에게 어떤 탈출이 허용되는지 서술하고자 한다. 우리는 오직 그런 연후에만, 무거운 과거를 물려받아 새로운 미래를 만들어 나가려고 노력하는 여자들에게 어떤 문제들이 제기되는지 이해할 수 있을 것이다. 나는 '여자'나 '여성적'이라는 단어를 사용할 때 당연히 어떤 원형도, 어떤 불변의 본질도 참조하지 않는다. 나의 주장 대부분에는 '현재의 교육과 풍습에서'라는 의미가 함의되어 있다. 여기에서 관건은 영원한 진리를 표명하는 것이 아니라, 모든 개별적인 여성 존재가 살아가는 공통된 배경을 서술하는 것이다.

제1부
형성

1장
유년기

우리는 여자로 태어나는 것이 아니라 여자가 되는 것이다. 어떤 생물학적·심리적·경제적 운명도 사회 속에서 인간의 암컷이 띠고 있는 모습을 규정하지 않는다. 문명 전체가 남자와 거세된 남자의 중간 산물을 공들여 만들어 내어, 그것에다 여자라는 이름을 붙인다. 오직 타인의 개입만이 한 개인을 *타자*로 구성할 수 있다. 어린아이가 자기를 위해 존재하는 동안에는 자신이 성적으로 구별되어 있다는 것을 알수 없을 것이다. 여자아이와 남자아이에게 신체는 우선 주관성의 발현이며 세계에 대한 이해를 실현하는 도구다. 그들이 세계를 파악하는 것은 눈과 손을 통해서이지 성적 부분을 통해서가 아니다. 출생의 드라마나 이유離乳의 드라마도 양성의 유아에게 같은 방식으로 전개된다. 즉, 그들은 모두 같은 흥미와 쾌감을 가지고 있다. 우선 입으로 빠는 행위가 그들에게 최대의 쾌감의 원천이다. 곧이어 항문기에 접어들어서도 남녀 모두 배설 기능에서 최대의 만족감을 끌어낸다. 그들의 생식기 발달도 유사하다. 그들은 같은 호기심과 무심함으로 자기의 몸을 탐색한다. 음핵과 페니스에서 똑같이 막연한 쾌감을 끌어낸다. 그들의 감각은 이미 객관화되는 데에 따라서 어머니에게로 향한다. 그 이유는 부드럽고 매끈하며 탄력적인 여성의 육체가 성적 욕망을 자극하고, 그 욕망은 대상을 파악하려는 성격을 가지기 때문이다. 여자아이도 남자아이처럼 공격적으로 어머니를 포옹하고 만져 보고 애무한다. 동생이 태어나면 그들은 똑같이 질투하고 같은 행동으로 질투를 나타낸다. 즉, 화를 내거나 토라지거나 배설작용에 이상을 가져온다. 그들은 어른들의 애정을 얻기 위해 똑같이 애교를 부린다. 열두 살까지는 여자아이도 남자 형제들만큼 튼튼하며, 그들과 같은 지적 능력을 나타낸다. 여자아이가 남자 형제들과 경쟁하는 것이 금지된 영역은 아무엇도 없다. 사춘기 훨씬 이전에 그리고 때로는 아주 어린 시절부터 여자아이가 이미 성적으로 특정된 것처럼 보인다면, 그것은 신비스러운 본능이 태어날 때부터 수동성, 애교, 모성애에 여자아이를 바친 것이 아니라, 거의 애초부터 어린아이의 삶속에 타인이 개입하여 아이에게 강압적으로 그러한 소명을 불어 넣었기 때문이다.

갓난아기에게 세계는 우선 내재적 감각의 형태로만 존재한다. 아기는 태내의 어두움 속에 있었을 때처럼 아직 **전체**의 한가운데에 잠겨 있다. 모유로 키워지든 젖병으로 키워지든 갓난아기는 어머니 신체의 온기에 에워싸여 있다. 그러다가 서서히 사물이 자기와는 별개라고 자각하는 것을 배우고, 곧 사물로부터 자기를 구분한다. 동시에 갑작스러운 방식으로 양육자의 신체로부터 떨어져 나간다. 때로 이 분리에 격렬한 발작으로 반응하기도 한다.[1] 어쨌든 분리가 완료될 무렵 – 생후 약 6개월경 – 에 그는 뒤이어 진짜 시위 행위가 되는 몸짓과 표정으로 타인을 유혹하려는 욕망을 나타내기 시작한다. 확실히 이런 태도는 의식적인 것이 아니다. 어떤 상황을 *살아가기* 위해 반드시 *생각해야* 할 필요는 없다. 유아는 모든 실존자가 겪는 근원적 드라마, 즉 **타자**와의 관계라는 드라마를 직접 살고 있다. 인간은 자기의 내쳐진 상태를 불안과 번민 속에서 경험한다. 자기의 자유와 주관성에서 도피해 **전체**의 한가운데서 자기 자신을 잊고 싶어 한다. 그의 우주적이고 범신론적인 몽상의 근원과, 망각이나 잠, 무아의 경지나 죽음에 대한 욕망의 근원이 거기에 있다. 그는 자기의 분리된 자아를 결코 없애 버릴 수 없다. 그래서 적어도 즉자即自 존재의 견고함에 도달하기를, 사물로 굳어지기를 희구한다. 그가 자기 자신에게 하나의 존재로서 보이는 것은 특이하게도 타인의 시선에 의해 응결될 때다. 어린아이의 행동도 이런 관점에서 해석해야 한다. 즉, 육체적 형태 아래서 그는 낯선 세계에 버려진 자신의 유한성과 고독을 발견한다. 그리고 타인이 그 실재성과 가치를 세워 줄 어떤 이미지에 자기의 실존을 소외시키면서 이 파국을 보상하려 한다. 어린아이가 자기를 식별하기 시작하는 것은 거울에 비친 자기 모습을 포착하는 시기 – 이유기와 일치하는 시기 – 인 것 같다.[2] 아이의 자아는 거

---

1 쥐디트 고티에는 회상기回想記에서, 자기가 유모에게서 떨어졌을 때 하도 애처롭게 울다 지쳐서 다시 유모 품에 안기게 되었다고 한다. 그래서 젖 떼는 시기를 훨씬 늦출 수밖에 없었다.

2 이는 자크 라캉 박사가 「개인 형성에서의 가족의 복합도Complexes familiaux dans la formation de l'individu」에서 제시한 이론이다. 이러한 사실은 매우 중요한 것으로, 개인의 성장 과정에서 "자아가 관조의 대상이라는 모호한 형태를 간직하고 있다"는 것을 설명하게 된다.

울 속에 비친 자기의 모습과 뒤섞이기 때문에 오직 자기를 그 모습 속에 소외시키는 방법으로만 형성된다. 이른바 거울이 하는 역할이 다소 중대하다 해도 어린아이는 여섯 달쯤 되면 부모의 몸짓과 표정을 이해하고, 그들의 시선 아래서 자기를 객체로 파악하기 시작한다는 사실이 분명하다. 그는 이미 세계를 향해 초월하는 자율적 주체다. 그러나 오직 소외된 형태로만 자기 자신과 맞닥뜨리게 될 것이다.

어린아이는 자라면서 세상에 내던져진 근원적 사실에 대해 두 가지 방식으로 싸운다. 우선 분리를 부정하려고 한다. 즉, 어머니 품에 몸을 웅크리고 앉아서 그 생생한 온기를 찾고, 그 어루만짐을 요구한다. 또한, 타인의 동의를 받아 자신을 정당화하려고 애쓴다. 아이에게 어른은 신神처럼 보인다. 왜냐하면 그들은 아이에게 존재를 부여하는 힘을 가지고 있기 때문이다. 아이는 자기를 어떤 때는 앙증맞은 어린 천사로, 어떤 때는 괴물로 변신시키는 시선의 마력을 느낀다. 두 가지 방어 양식은 서로 상쇄되지 않는다. 오히려 그 둘은 상호 보완하고 침투한다. 어른을 유혹하는 애교가 성공해서 정당화된 느낌은 뽀뽀나 어루만짐을 통해 육체적으로 확인받는다. 어머니의 품 안에서 자애로운 눈길을 받으면서 아이가 맛보는 것 또한 그와 같은 행복한 수동성이다. 태어나서 3, 4년 동안 여아와 남아의 태도 사이에는 차이가 없다. 그들은 모두 이유기 이전의 행복한 상태를 지속시키려 애쓴다. 여아들만큼이나 남아들에게서도 유혹이나 과시의 행동을 볼 수 있다. 남자아이들도 여자 형제들처럼 어른들의 귀염과 미소와 칭찬을 받고 싶어 한다.

분리의 고통을 극복하기보다는 부정하는 편이 더 만족스럽고, 타인의 의식에 의해 화석화되기보다는 **전체**의 한가운데에 잠기는 편이 더 완벽하다. 그러나 육체적 융합은 타인의 시선 아래서 하는 모든 포기보다도 더 깊은 자기소외를 만들어 낸다. 유혹과 과시의 행동은 어머니의 품속에 단순히 몸을 내맡기는 것보다 더 복잡하고 쉽지 않은 단계를 나타낸다. 어른의 시선의 마력은 종잡을 수 없다. 아이는 자기가 어른에게 보이지 않는다고 주장하고, 부모는 아이의 놀이에 장단을 맞추며 아이를 더듬거리면서 찾고 웃다가 갑자기 이렇게 소리친다. "인제 그만 좀 하자. 너는 아주 잘 보인단다." 또 아이는 자신의 한마디로 어른들이 재미있어 하면 그 말을 반복한다. 그러나 이번에는 어른들이 멋쩍다는 듯 어깨를 으쓱댄다. 카프카의 세계만큼 불안정하고 예측 불가능한 이 세계에서는 발걸음을 옮길 때마다 비틀거리게 된다.[3] 그 때문에 많은 아이가 성장하는 것을 두려워하고, 부모가 그들을 무릎에 앉히거나 부모의 침대에 받아들이기를 멈추면 절망한다. 이런 신체적인 욕구 불만을 통해서 아이들은 인간이 고뇌와 불안 없이는 결코 의식하지 못하는, 세상에 홀로 내던져진 사실을 점점 더 혹독하게 느낀다.

바로 이때에 여자아이에게 특권이 주어진 것처럼 보인다. 두 번째 이유離乳는 처음보다 덜 급작스럽고 더 완만하지만, 어쨌든 어린아이는 자신을 안아주는 엄마의 육체에서 분리된다. 특히 부모는 남자아이에게 서서히 뽀뽀하거나 쓰다듬어 주는 것을 거절한다. 여아에게는 계속 어루만져 주고 엄마의 치마폭에서 생활하는 것을 허락해 주며, 아버지의 무릎 위에 앉히고 머리를 쓰다듬어 준다. 그리고 뽀뽀처럼 부드러운 원피스를 입히고, 여아의 눈물과 변덕을 너그럽게 받아 주며 정성 들여 머리도 매만져 주고, 여아의 표정과 애교도 재미있어 한다. 육체적인 접촉과 상냥한 눈길이 여아를 고독의 불안과 번민으로부터 보호해 준다. 그와는 반대로 남아에게는 애교조차 금지하게 된다. 아양을 떨거나 개그를 하면 성가셔한다. "남자는 안아 달라고 하지 않아. (…) 남자는 거울을 보는 게 아니야. (…) 남자는 울면 안 돼"라고 면박을 준다. 어른들은 남자아이가 "꼬마 어른"이기를 바란다. 남자아이는 어른들에게서 벗어나야 지지를 받고, 어른들 마음에 들고 싶어 하지 않는 것처럼 보여야 귀염을 받는다.

많은 남자아이는 가혹한 독립을 선고받은 데 대해 겁을 먹고 여자아이가 되기를 희망한다. 남아에게 여아처럼 옷을 입히던 시기에 부모가 바지를 입히기 위해 원피스를 벗기고 긴 곱슬머리를 자르면, 남자아이들은 흔히 눈물을 흘렸다. 그중에는 완강하게 여자아이로 지내기를 고집하는 남아도 있는데, 이것은 동성애로 향하는 방식 중의 하나다. "나는 여자아이가 되기를 간절히 바랐고, 남자로 태어

---

3 『파란 오렌지L'Orange Bleue』에서 야쉬 고클레르Yassu Gauclère는 자기 아버지에 관해 다음과 같이 말하고 있다. "나는 그가 기분이 좋을 때나 조바심을 낼 때나 마찬가지로 무서웠다. 왜냐하면 그의 기분이 무엇에 따라 움직이는지 전혀 알 수 없었기 때문이다. (…) 신의 변덕과 마찬가지로 아버지의 기분에 확신을 가질 수 없던 나는 아버지를 무서워하면서 숭배하였다. (…) 나는 동전 던지기 놀이를 하듯이, 내 말이 어떤 반응을 일으킬지 자문하면서 말을 던졌다." 그리고 더 뒤에 가서는 다음과 같은 일화를 이야기한다. "하루는 야단을 맞고 나서 내가 오래된 식탁, 빗자루, 난로, 냄비, 우유병, 프라이팬 등을 중얼대며 늘어놓기 시작하였더니, 엄마가 듣고서 웃음을 터트렸다. (…) 며칠 후, 또 나를 야단치는 엄마를 누그러뜨리려 같은 행동을 되풀이하였다가 이번에는 화를 당했다. 나는 엄마를 웃기는 대신 갑절이나 엄한 가외의 벌을 받았다. 나는 마음속으로 어른들의 행동은 도무지 이해할 수 없다고 생각했다."

난 위대함도 모른 채 쭈그리고 앉아 소변을 보겠다고 떼를 쓰기까지 했다"[4]고 모리스 작스Maurice Sachs(1906~1945)[5]는 이야기한다. 하지만 남자아이가 처음에 여자형제들보다 냉대받는 것처럼 보인다면, 그것은 부모가 남아에게 더 큰 포부를 갖기 때문이다. 남자아이에게 주문하는 요구들은 직접적으로 더 높은 가치 부여를 내포하고 있다. 모라스Charles Maurras(1868~1952)[6]는 회상기에서 어머니와 할머니가 애지중지하던 누이동생을 질투했다고 이야기한다. 아버지는 아이를 방에서 데리고 나가 이렇게 말했다. "우리는 남자다. 여자들은 내버려 두자." 남자아이에게 더 많은 것을 요구하는 까닭은 우월성 때문이라는 식으로 부모는 남자아이들을 설득한다. 험난한 앞길을 가는 남자아이에게 어른들은 격려하기 위해 남성으로서의 긍지를 불어넣는다. 이런 추상적 개념은 남자아이에게 구체적 형태를 띤다. 즉, 그것은 페니스 속에 구현된다. 남아는 자발적인 것이 아니라 주위 사람들의 태도를 통해서 자기의 무기력한 작은 성기에 대해 자부심을 느낀다. 어머니와 유모들은 남근과 남자라는 개념을 동일시하는 전통을 반복한다. 그녀들이 그 위력을 사랑의 은혜나 복종 속에서 인정하든, 아니면 유아의 몸에서 풀죽은 모습을 보는 것이 그녀들에게 하나의 복수가 되든, 아무튼 그녀들은 유아의 성기를 야릇한 즐거움으로 다룬다. 라블레François Rabelais[7]는 가르강튀아의 유모들이 했던 못된 놀이와 이야기를 우리에게 전하고 있다.[8] 역사는 루이 13세의 유모들의 예를 기록하고 있다. 하지만 덜 무모한 여자들은 어린 남아의 성기에 친근한 이름을 붙이고, 아이에게 마치 그 아이 자신이기도 하고 동시에 다른 사람이기도 한 하나의 작은 인격자에 관해 이야기하듯이 그것에 관해 말한다. 앞에서 이미 인용한 단어를 빌리면, 그녀들은 그것을 "개인보다 보통 더 교활하고 더 영리하며 더 눈치 빠른 제2의 자아"[9]로 만들어 버린다. 페니스는 해부학적으로 이런 역할을 하

4 『안식일 Le Sabbat』

5 * 현대 프랑스 작가. 양차 대전 사이에 나온 흥미 있는 회고록 『안식일』을 썼다.

6 * 현대 프랑스 문인이자 정치가

7 * 16세기 프랑스 작가

8 "(…) 그리고 벌써 브라게트(braguette, 남성용 짧은 바지 앞에 붙인 삼각형의 천 조각 - 역주)를 사용하기 시작했다. 시녀들은 날마다 이 브라게트를 아름다운 꽃다발, 아름다운 리본, 아름다운 꽃으로 장식하고, 원통형 고약膏藥을 주무르듯 그것을 주무르며 시간을 보냈다. 바게트몽둥이가 귀를 곤두세우면 마치 놀이가 재미있다는 듯 그녀들은 웃음을 터트렸다. 어떤 시녀는 그 바게트를 '나의 귀여운 드릴'이라고 불렀고, 다른 시녀들은 제각기 '나의 판', '나의 산호 가지', '나의 봉오리', '나의 병마개', '나의 구멍 마개', '나의 쑤시개', '나의 방망이', '나의 송곳'이라고 불렀다."

9 A. 발린트, 『어린이의 내적인 삶』

기에 참으로 적합하다. 신체에서 떨어져 나와 그것은 자연의 조그만 장난감, 일종의 인형처럼 보인다. 따라서 그 분신의 가치를 높임으로써 아이의 가치를 높이게 된다. 어떤 아버지가 나에게 이야기하기를, 자기 아들 중 한 명이 세 살에 여전히 쭈그리고 앉아 소변을 보았다고 한다. 아이는 여자 형제와 사촌들에 둘러싸여 수줍어 하며 잘 울었다. 하루는 아버지가 아이에게 "남자들이 어떻게 하는지 이제부터 보여주마"라고 말하면서 화장실로 아이를 데리고 갔다. 그 이후로 아이는 서서 소변보는 것을 아주 자랑스러워하며 "구멍으로 오줌을 누는" 여자아이들을 경멸하였다. 애당초 그 아이의 경멸은 여자아이들이 신체 기관 하나가 없다는 사실에서가 아니라, 자기처럼 아버지에 의해 특별히 지도받지 못했다는 사실에서 왔다. 이처럼 페니스는 남자아이가 우월감을 끌어내는 직접적 특권처럼 모습을 드러내는 것이 아니라, 반대로 페니스에 대한 높은 가치 부여가 두 번째 이유離乳의 가혹함에 대한 하나의 보상 – 어른들에 의해 고안되고 아이가 열렬히 받아들인 - 같이 보인다. 그렇게 해서 남자아이는 이제 더는 아이도, 여자아이도 아니라는 아쉬움으로부터 보호를 받는다. 이후 그는 자기 성기 속에 자기의 초월과 자랑스러운 주권을 구현하게 된다.[10]

여자아이의 운명은 아주 다르다. 어머니와 유모들은 여아의 생식기에 대해 존경심도 애정도 보이지 않는다. 그녀들은 표면밖에 보이지 않고 손에 잡히지도 않는 그 은밀한 기관에 주의를 기울이지 않는다. 어떤 의미에서 여아는 성기가 없다고 할 수 있다. 여아는 이 부재를 결핍처럼 느끼지 않는다. 그녀의 신체는 그녀에게 당연히 하나의 완전체다. 그러나 그녀는 남자아이와는 다른 방식으로 이 세계에 놓여 있다는 것을 발견한다. 그리고 여러 요소가 복합되면, 그녀의 눈에 보이는 이런 차이가 열등함으로 변형될 수 있다.

정신분석학자들 사이에서 그 유명한 여성의 '거세 콤플렉스'만큼 크게 논란의 대상이 된 문제는 별로 없다. 오늘날 그들 대부분은 페니스의 선망이 경우에 따라 매우 다양하게 나타난다는 것을 인정하고 있다.[11] 우선 나이를 먹었어도 남자

<hr>

10 본서 제1권 제1부 2장, 91~92쪽 참조
11 프로이트와 아들러의 저서 외에도 이 주제에 관한 많은 문헌이 존재한다. 아브라함은 최초로, 여아가 자기 성기를 절제 때문에 생긴 상처로 여긴다는 견해를 발표했다. 카렌 허니, 존즈, 잔 랑 드 그루, H. 도이치, A. 발린트는 이 문제를 정신분석의 관점에서 연구했다. 소쉬르는 정신분석을 피아제와 뤼케의 관념들과 조화시키려고 시도했다. 폴락의 『성기 차이에 관한 어린이들의 생각』도 참조

의 신체 구조를 모르는 여자아이들이 많다. 아이는 해와 달이 있는 것처럼 남자와 여자가 있다는 사실을 자연스럽게 받아들인다. 아이는 말 속에 들어 있는 본질을 믿고 있는데, 왜냐하면 아이의 호기심이 원래 분석적이지 않기 때문이다. 다른 많은 여아에게 남자아이들의 다리 사이에 매달려 있는 이 조그만 살덩어리는 의미 없는 하찮은 것이거나 웃음거리이기까지 하다. 그것은 옷이나 머리 모양의 특이함과 다를 바 없는 하나의 특이함이다. 종종 새로 태어난 남동생에게서 그 작은 살덩어리가 발견되기도 하는데, H. 도이치Helen Deutsch(1884~1982)[12]가 말하기를 "여자아이가 아주 어릴 때는 남동생의 페니스에 관심을 두지 않는다"고 한다. H. 도이치는 그 예로, 페니스의 발견에 완전히 무관심하다가 훨씬 나중에야 개인적인 관심사와 관련하여 가치를 둔 생후 18개월 된 여자아이의 경우를 인용했다. 페니스를 이상한 것, 즉 혹이나 유두 혹은 물사마귀처럼 피부에 달린 돌기나 모호한 것으로 간주하는 일도 있고, 또 혐오를 불러일으킬 수도 있다. 요컨대 여아가 남자 형제나 친구의 페니스에 관심을 보이는 경우가 많다는 것은 사실이다. 그러나 이는 여아가 페니스에 대해 말 그대로 성적인 질투를 느낀다는 것을 의미하지 않으며, 이 기관의 부재로 인해 심히 타격을 받는다는 것은 더더욱 아니다. 여아는 무엇이든 가지고 싶어 하는 것처럼 페니스도 자기 것으로 만들고 싶어 한다. 그러나 그 욕망은 피상적인 것으로 머물러 있을 수 있다.

배설 작용, 특히 배뇨 작용이 어린아이들의 흥미를 몹시 끈다는 것은 확실하다. 잠자리에서 오줌을 싸는 것은 흔히 부모가 다른 아이를 편애하는 데 대한 항의의 표시다. 남자들이 앉아서 소변보는 나라도 있고, 여자들이 서서 소변보는 일도 있다. 그것은 특히 농촌의 여자들에게서 많이 볼 수 있는 관행이다. 그러나 현대 서구 사회에서 일반적으로 여자들은 쭈그려 앉고, 남자들은 서서 보는 것이 관례다. 이런 차이는 여아에게 가장 놀라운 성적 구분이다. 소변을 보기 위해 여아는 쭈그려 앉아서 엉덩이를 드러내야 하기 때문에 숨어서 일을 봐야 한다. 그것은 부끄럽고 불편한 속박이다. 예를 들면, 웃음보가 터져 의도치 않게 오줌이 나와 여아가 괴로워할 때가 많은데, 이런 때 부끄러움은 증가한다. 여아는 남아의 경우보다 그것을 통제하기가 더 어렵다. 남자아이들에게 배뇨 기능은 자유로운 유희처럼 보인다. 이 유희는 자유가 행사되는 모든 유희의 매력을 지니고 있다. 손으로 마음껏 조정되는 페니스를 통해서 행동할 수 있는데, 이것은 어린아이의 최대 관심사 중 하나다. 남자아이가 오줌 누는 것을 보고 어떤 여자아이는 "얼마나 편리할까!"[13]라고 환호성을 질렀다고 한다. 오줌 줄기는 어디로든 마음대로 향할 수 있고 멀리까지 뻗칠 수 있다. 남자아이는 거기서 전능감을 갖는다. 프로이트는 "오래전부터 있는 이뇨제에 대한 열망"에 대하여 이야기했고, 슈테켈은 양식 있게 이 문구를 문제 삼았다. 카렌 호나이Karen horney(1885~1952)[14]가 말한 것처럼[15] "특히 사디즘적 성격의 전능 환상이 종종 남자의 오줌 방출과 연결되어 있다"는 것은 사실이다. 일부 남자들 안에 남아 있는 이러한 환상은[16] 어린아이에게 중요하다. 아브라함Karl Abraham(1877~1925)[17]은 "여자들이 호스로 정원에 물을 줄 때 느끼는 커다란 쾌감"에 대해 이야기한다. 이 쾌감의 근원이 반드시 호스와 페니스를 동일시하는 데 있지 않다는 점에서[18] 나는 사르트르와 바슐라르의 이론에 동의한다.[19] 물의 분출은 모두 중력에 대한 도전으로 기적처럼 보인다. 그것을 조종하고 지배하는 것은 자연법칙에 대한 조그만 승리를 거두는 것이다. 어쨌든 거기에는 남자아이에게는 여자 형제들에게 금지된 일상의 즐거움이 있다. 게다가 특히 시골에서는 오줌 분출을 통해 여러 가지 사물, 즉 물, 대지, 이끼, 눈 등과 수많은 관계를 맺을 수 있게 해 준다. 이런 경험들을 알기 위해서 바닥에 드러누워 오줌을 '위쪽으로' 분출하게 하거나 서서 누는 여자아이들도 있다. 카렌 호니의 말에 따르면, 이 여아들은 남아에게 허용된 노출의 가능성도 부러워할 것이라고 한다. 길가에서 오줌 누는 남자를 본 한 여자 환자는 느닷없이 다음과 같이 외쳤다. "신에게 무엇이든 소원 하나를 들어주십사 빌 수 있다면, 나는 내 일생 단 한 번만이라도 남자처럼 소변을 볼 수 있게 해 달라고 빌겠다." 이것은 카렌 호니가 보고한 예다. 남자아이들은 자기 페니스를 만질 권리가 있으므로 그것을 장난감처럼 다룰 수 있지만, 여자아이들에게는 자신의 성기가 금기물처럼 보인다. 이런 요소들 전체가 많은 여아에게 남자 성기의 소유를 갈망하게 한다는

---

13 A. 발린트의 인용
14 * 독일 태생의 미국 정신분석학자
15 「여성에게 나타나는 거세 콤플렉스의 기원」, 「국제 정신분석 저널」, 1923~1924
16 몽테를랑의 「하지」에 나오는 '애벌레' 참조
17 * 독일의 정신분석학자
18 하지만 어떤 경우에는 그 동일시가 명백하다.
19 본서 제1권 제1부 2장 참조

것은, 심리학자들에 의해 실행된 많은 설문조사와 그들이 수집한 고백이 입증하고 있다. 해블록 엘리스Henry Havelock Ellis(1859~1939)[20]는 제니아라고 부르는 환자의 말을 다음과 같이 인용하고 있다. "물줄기 소리, 특히 긴 호스에서 나오는 소리는 어렸을 때 오빠와 다른 사람들에게서도 관찰한 오줌 줄기 소리를 회상시켜 늘 나를 흥분시켰다."[21] 또 다른 여성 R. S. 부인은 어렸을 때 어린 동무의 페니스를 양손으로 움켜쥐는 것을 한없이 좋아했다고 이야기한다. 하루는 그녀에게 살수기가 맡겨졌다. "마치 페니스를 움켜쥐는 것처럼 그것을 쥐고 있는 것이 아주 기분 좋게 느껴졌다." 그녀는 페니스가 그녀에게 어떤 성적 의미를 지니지 않았다는 사실을 강조한다. 그녀는 페니스에 대해 단지 배뇨 용도만 알고 있을 뿐이었다. 가장 흥미로운 경우는 해블록 엘리스[22]가 수집한 플로리의 경우인데, 슈테켈이 나중에 그에 대해 다시 분석했다. 자세한 내용은 다음과 같다.

이것은 매우 총명하고 예술적이며, 활동적이고 생리적으로 정상적이며, 성도착자가 아닌 한 여자에 관한 이야기다. 그녀는 배뇨 기능이 어린 시절에 커다란 역할을 했다고 이야기한다. 그녀는 남자 형제들과 오줌 누기 놀이를 하였고, 조금도 더럽다는 생각 없이 손에 오줌을 적셨다. "남자의 우월감에 대한 나의 최초의 생각은 배뇨 기관과 관련된 것이었다. 나는 그처럼 편리하고 장식적인 기관을 내게서 박탈한 자연을 원망하였다. 주둥이가 없는 어떤 찻주전자도 그처럼 비참하게 느껴지지 않는다. 아무도 나에게 남성의 우위와 우월성의 원리를 가르쳐줄 필요가 없었다. 나는 내 눈앞에 그에 대한 항구적인 증거를 가지고 있었다." 그녀는 들판에서 소변보는 것에 아주 큰 쾌감을 느꼈다. 그녀에게는 숲 한쪽 구석에서 낙엽 위에 오줌을 눌 때의 그 황홀한 소리와 비교할 만한 것이 아무것도 없는 것 같았고, 그녀는 그것이 흡수되는 것을 지켜보았다. 그러나 그녀를 가장 매혹한 것은 물에다 방뇨하는 것이었다. 그것은 많은 남자아이가 느끼는 쾌감으로, 연못이나 개울에 오줌을 누는 어린 소년들을 묘사한 유치하고 통속적인 판화가 많이 있다. 플로리는 바지의 형태 때문에 실험하고 싶은 것을 해볼 수 없는 것에 불평하고 있다. 그녀는 들에서 산책하는 동안에 가능한 한 오래 참았다가 갑자기 선 채로 오줌을 눠 버리는 일을 자주 벌였다. "나는 이런 쾌감의 이상한 금단의 감각과, 또 서 있을 때 오

20 * 영국의 심리학자, 성욕 심리에 관한 연구를 통해 알려졌다.

21 해블록 엘리스의 『배수증L'Ondinisme』 참조

22 해블록 엘리스의 『성 심리 연구Études de psychologie Sexuelle』 제13권

줌이 뻗쳐 나올 수 있다는 데 대한 놀라움을 완벽하게 기억하고 있다." 그녀는 어린아이의 복장 형태가 일반적으로 여자의 심리에 큰 영향을 끼친다고 생각한다. "먼저 바지를 내리고, 다음에 바지 앞쪽이 더러워지지 않게 쭈그리고 앉아야만 하는 것은 나에게 고민의 원인이었을 뿐만 아니라, 뒷자락을 걷어 올려 엉덩이를 드러낸다는 것은 많은 여자에게 수치심이 앞쪽이 아닌 뒤쪽에 자리 잡고 있는지를 설명해 준다. 내가 처음으로 알게 된 성적 구분, 사실상 그 커다란 차이는 남자아이들은 서서, 여자아이들은 앉아서 오줌을 눈다는 것이었다. 나의 가장 오래된 수치심이 음부보다 엉덩이와 연결된 것은 필시 그 때문일 것이다." 이 모든 소감은 플로리에게 대단히 중요한 것이다. 왜냐하면 그녀가 소변을 보게 하려고 아버지는 종종 그녀를 피가 나도록 채찍으로 때렸고, 하루는 가정부가 그녀의 볼기를 때린 적도 있었다. 그녀는 초등학교 전교생이 보는 앞에서 여교사에게 회초리를 맞고 오줌을 싸는 가학적 꿈과 환상에 사로잡혀 있었다. "이런 생각은 나에게 진정 기묘한 쾌감을 안겨주었다." 열다섯 살 때 그녀는 아주 급하게 인적이 없는 길에서 선 채로 소변을 본 적이 있었다. "나의 감각을 분석하면서 나는 그중 가장 중요한 것은 서 있다는 수치심과, 다음으로 나와 지면 사이에서 오줌 줄기가 땅에 도달하는 데 필요한 거리였다고 생각한다. 옷이 가리고 있었다 할지라도 이 일을 중요하고 우스운 무언가로 만든 것은 바로 이 거리였다. 평범한 자세 속에 친밀한 요소가 있었다. 어린아이로서는 키가 크다 할지라도 오줌 줄기가 멀리 갈 수 없었을 것이다. 그러나 열다섯 살에 나는 키가 큰 편이었고 오줌 줄기의 길이를 생각하면 부끄럽지 않을 수가 없었다. 내가 이야기했던,[23] 포츠머스에서 현대식 소변기에 질겁해 달아난 부인들은 여자가 치마를 걷어 올리고 다리를 벌리고 서서 아래로 길게 방뇨하는 것을 매우 외설적 행동으로 여겼을 것이 틀림없다." 그녀는 스무 살에 이 경험을 다시 시작했고, 그 후 종종 그렇게 했다. 그녀는 다른 사람에게 들켜 놀랄 수도 있고, 멈추지도 못할 것이라는 생각에 부끄러움과 관능이 뒤섞인 감정을 느꼈다. "오줌 줄기는 내 동의 없이 나에게서 나오는 것처럼 보였지만 *내가 한껏 원해서 배출했던 것보다도 더 큰 쾌감을 안겨주었다*.[24] 그것이 무엇인가 보이지 않는 힘에 의해 몸 밖으로 끌려나갔기 때문에 할 수밖에 없었다는 이 기묘한 감각은, 오로지 여성만이 느끼는 쾌감이며 미묘한 매력이다. 거기에는 자기 자신보다도 더 강한 의지에 따라 자기로부터 격류가 쏟아져 나오는 것을 느끼는 날카로운 매력이

---

23 그녀가 앞에서 이야기했던 어떤 일화에 대한 암시. 포츠머스에는 입식 소변기를 요구하는 여자들을 위한 현대식 화장실이 개설되어 있었다. 모든 고객이 들어가자마자 곧바로 뛰쳐나왔다.
24 플로리가 강조한 것이다.

있다." 그 후에 플로리는 여전히 배뇨 강박과 혼합된 피학적 성애를 개발했다.

이 사례는 유아기 경험의 여러 가지 요소를 밝혀 준다는 점에서 매우 흥미롭다. 그러나 이런 요소들이 그토록 중요성을 띠는 것은 당연히 특이한 경우에 한한다. 일반적으로 자란 여자아이들에게 남자아이의 배뇨할 때의 특권이 직접적으로 열등감을 자아내기에는 지나치게 미미한 것이다. 프로이트의 뒤를 이어, 단지 페니스의 발견만으로도 정신적 외상을 충분히 입을 것으로 추정하는 정신분석학자들은 유아의 심리를 전혀 모르고 있다. 유아의 심리는 그들이 추정하는 것보다 훨씬 덜 이성적이고, 뚜렷한 범주도 설정하지 않으며, 모순에 대해서 개의치 않는다. 아주 어린 여아가 페니스를 보면서 "나도 전에 있었어"라든가 "나도 나중에 가질 거야" 아니면 "나도 하나 있어"라고 외치면, 그것은 자기방어를 위한 속임수에서 그러는 게 아니다. 있는 것과 없는 것이 서로 배치되지 않는다. 어린아이는 – 그 그림이 증명하듯이 – 자기가 일단 그렇다고 고정해 버린 의미심장한 **유형**을 자기가 현재 눈으로 **보는** 것보다 훨씬 더 믿는다. 아이는 종종 실물을 보지 않고 그림을 그리며, 어찌 됐든 자기 지각 속에서 자기가 집어넣은 것만을 찾아낸다. 바로 이 점에 대해서 강조하는 소쉬르Ferdinand de Saussure(1857~1913)[25]는 뤼케Georges-Henri Luquet(1876~1965)[26]의 대단히 중요한 다음의 관찰을 인용하고 있다. "어린아이는 한 번 선線을 잘못 그었다고 인정하면 그 선이 존재하지 않는다고 생각한다. 아이는 잘못 그어진 선을 대체하는 새로운 선에 의해 어떻게 보면 최면이 걸려서 먼저 그은 선을 *정말로 더는 보지 못한다.* 그뿐만 아니라 종이 위에 우연히 있을 수도 있는 여러 개의 선도 더는 염두에 두지 않는다." 남자의 신체 구조는 여자아이에게 종종 강한 인상을 주는 강렬한 형태를 구성하고 있다. 그래서 여자아이는 자기 자신의 몸을 *더 이상 진정으로 보지 않는다.* 소쉬르는 남자아이처럼 방책의 창살 사이로 오줌을 누려 하면서 "물이 흘러나오는 조그맣고 기다란 것"을 갖고 싶다고 말하던 네 살배기 여아의 예를 인용하고 있다. 그 여자아이는 페니스를 가지고 있다는 동시에 갖고 있지 않다고도 주장했는데, 이것은 피아제Jean Piaget(1896~1980)가 묘사한 어린아이들에게서의 '참여'라는 사고와 일

---

25 「정신발생학과 정신분석」, 『프랑스 정신분석 잡지』 1933년호
26 * 프랑스의 철학자, 민족학자, 어린이 그림 연구의 선구자

치하는 것이다. 여자아이는, 모든 아이가 페니스를 가지고 태어나지만 곧이어 부모가 그들 가운데 몇 명은 여자아이로 만들기 위해 페니스를 잘라 버린다고 주저 없이 생각한다. 이런 생각은 자기 부모를 신격화하면서 "부모를 자기가 가지고 있는 모든 것의 원인인 것처럼 생각하는" 어린아이의 인위주의人爲主義를 만족시킨다고 피아제는 말하고 있다. 아이는 거세 속에서 처음에는 처벌을 보지 못한다. 거세가 욕구 불만의 성격을 띠기 위해서는 여아가 무슨 이유에서든 이미 자기 처지에 대해 불만족해야만 한다. H. 도이치가 정확하게 주의를 환기하고 있는 것처럼, 페니스의 목격과 같은 외부적 사건이 어떤 내면적 전개를 지시할 수는 없을 것이다. "남자의 성기를 보는 것은 정신적 외상을 초래할 수 있으나, 다만 이런 결과를 낳기에 적합한 일련의 사전 경험이 선행한다는 조건으로 가능하다"고 H. 도이치는 말한다. 만일 여자아이가 자위나 노출의 욕망을 채울 수 없다고 느끼거나 부모가 아이의 수음을 처벌하거나 혹은 남자 형제보다 사랑이나 인정을 덜 받는다고 느끼면, 그때 아이는 남자의 성기에 자신의 불만을 투사하게 된다. "여자아이가 남자아이와의 신체적 차이를 발견하는 것은 여아가 이전에 느낀 욕구의 확인, 말하자면 그 합리화다."[27] 그리고 부모와 주위 사람들에 의해 행해진 높은 가치 부여는 남자아이에게 권위를 부여하는데, 여자아이에게는 페니스가 그 권위의 이유와 상징이 된다는 사실에 대해 아들러가 적절하게 강조하고 있다. 사람들은 남자 형제를 우월한 것처럼 간주하고, 그 자신도 자기의 남자다움을 자랑스러워한다. 그때 여아는 남자 형제를 부러워하고 박탈감을 느낀다. 때로 여아는 그것 때문에 엄마에게, 더 드물게는 아버지에게 앙심을 품는다. 아니면 신체 일부를 훼손한 데 대해 자기 자신을 책망하거나 페니스가 자기 몸속에 숨겨져 있다가 어느 날 나오게 되리라 생각하면서 자신을 위로한다.

　　비록 여자아이가 페니스를 진정으로 소유하고 싶어 하지 않는다고 하더라도, 페니스의 부재는 여자아이의 운명에 중요한 역할을 하게 되리라는 것은 확실하다. 남자아이가 페니스에서 끌어내는 커다란 특권은, 눈에 보이고 손에 잡히는 기관을 갖추고 있으므로 적어도 부분적으로는 그것에 자신을 소외시킬 수 있다는 점이다. 남자아이는 자기 신체의 신비와 그 위협을 몸 밖으로 분출함으로써

27　H. 도이치, 『여성의 심리 *Psychology of Women*』. 그녀는 또한 R. 아브라함과 J. H. 람 오핑센의 권위 있는 학설을 인용하고 있다.

자기에게서 멀리 있게 할 수 있다. 확실히 그는 자기 페니스에서 위험을 느끼고 거세를 두려워하지만, 여자아이가 자기 '내부'에 대하여 느끼는 걷잡을 수 없는 두려움, 흔히 여자의 일생에 영속하게 될 두려움보다는 통제하기가 더 쉬운 공포다. 여자아이는 자기 안에서 일어나는 모든 것에 대해 극도의 불안을 느끼고, 자기가 보기에도 여자가 애초부터 남자보다 훨씬 더 불투명하며 생명의 불가사의한 동요에 의해 훨씬 더 깊이 둘러싸여 있다고 여긴다. 남자아이는 자기를 인식할 수 있는 분신 하나를 가지고 있어서 대담하게 자아를 감당할 수 있다. 그 속에 자기 자신을 소외시키는 대상 자체는 자율성, 초월성, 힘의 상징이 된다. 즉, 자기 페니스의 길이를 재고, 동무들과 오줌 줄기의 길이를 비교한다. 나중에는 발기와 사정이 만족감과 도전의 원천이 된다. 하지만 여자아이는 자기 몸의 어떤 부분에서도 자신을 소외시킬 수 없다. 그에 대한 보상으로 여자아이에게는 그 곁에서 **제2의 자아** 역할을 하도록 외부의 물체인 인형 하나를 손에 쥐여 준다. 여기서 상처 난 손가락에 감긴 붕대도 '인형'으로 부른다는 점은 특기할 만하다. 옷을 입힌 분리된 손가락은 흥겹게 일종의 자랑이 되고, 아이는 거기에다 소외의 과정을 시도해 본다. 그러나 페니스라는 분신이자 자연적인 장난감을 가장 만족스러운 방법으로 대신하게 되는 것은 인간의 얼굴을 한 조그만 像 − 그것이 없으면 옥수수술 또는 나뭇조각 하나 − 이다.

여기서 커다란 차이라면 인형이 한편으로 그 전체로서 신체를 나타내고, 다른 한편으로 수동적 물체라는 것이다. 이제 여자아이는 인형에 자기 인격을 송두리째 투영하고, 투영된 자기 인격 전체를 자력으로 움직일 수 없는 비활성체로 간주하도록 격려된다. 남자아이가 페니스 속에서 자율적인 주체로서 자신을 추구하는 데 반해, 여자아이는 자신이 치장되고 소중히 여겨지기를 꿈꾸는 것과 같이 인형을 꾸미고 애지중지한다. 역으로 여아는 자기 자신을 신비로운 인형처럼 생각한다.[28] 칭찬과 꾸중을 통해, 이미지와 말을 통해 여아는 '예쁜'과 '미운'이라는 단어의 의미를 발견한다. 조만간 여아는 다른 사람의 마음에 들기 위해서는 '그림처럼 예뻐야' 한다는 것을 알게 되어, 한 폭의 그림을 닮으려고 애쓰며 분장하고 거울을 들여다보며 동화 속의 공주와 요정에 자기를 비교한다. 어린아이의 이

---

28 여자와 인형 사이의 유사성은 성년기에도 계속된다. 프랑스어로 여자를 통속적으로 인형이라 부른다. 영어로는 치장한 여자를 '인형처럼 치장했다'고 한다.

러한 멋부림을 보여 주는 놀라운 실례가 마리 바시키르체프에 의해 전해진다. 늦게 젖을 뗀 그녀 – 세 살 반이었다 – 는 네다섯 살경에 칭찬을 받고 타인을 위해 존재하고 싶다는 욕구를 아주 강하게 느꼈는데, 그것은 결코 우연이 아니었다. 이유離乳의 충격은 분명히 보통의 경우보다 성숙한 아이에게 더 컸고, 틀림없이 그녀는 어머니에게서 떨어져야 하는 고통을 극복하기 위해 남다른 공을 들여야 했다. "나는 다섯 살에 엄마의 레이스를 입고 머리에 꽃을 꽂은 채 거실로 춤을 추러 가곤 했었다. 나는 위대한 무용수인 페티파Marius petipa였고, 가족 모두가 *나를 보기 위해* 거기에 있었다……"라고 그녀는 일기에 쓰고 있다.

여자아이의 경우에 이런 나르시시즘이 매우 조숙하게 나타나고 여자의 삶에 대단히 중요한 역할을 하여, 사람들은 기꺼이 나르시시즘을 여자의 신비한 본능에서 나오는 것처럼 간주한다. 그러나 우리가 이제껏 보았듯이, 여성에게 그런 태도를 부추기는 것은 해부학적 운명이 아니다. 여자아이를 남자아이들과 구별하는 차이는 여아가 많은 방식으로 수용할 수 있게 되는 사실에 있다. 페니스는 분명 하나의 특권을 구성하고 있다. 그러나 아이가 배변 기능에 흥미를 잃고 사회화될 때, 그 가치는 자연스럽게 감소한다. 만약 여덟아홉 살이 지나서도 아이에게 여전히 가치가 있다면, 그것은 사회적으로 높은 가치가 부여된 남성성의 상징이 되었기 때문이다. 사실, 여기서 교육과 주위 사람들의 영향은 지대하다. 모든 어린아이는 이유기의 분리를 유혹과 과시의 행동으로 보상받으려 애쓴다. 사람들은 남자아이에게 이 단계를 극복하라고 강요하고 아이가 자기 페니스에 집중하여 나르시시즘에서 빠져나오게 한다. 반면에 여자아이는 모든 어린아이가 공통적으로 자기 자신을 객체화하는 경향으로 확고해진다. 인형은 여아가 그렇게 되는 것을 도와주지만 결정적 역할을 하지 않는다. 남자아이 역시 자기 자신을 투영하는 곰이나 어릿광대 인형에 집착할 수 있다. 페니스나 인형이라는 개개의 요인이 큰 비중을 차지하는 것은 어린아이들 생활의 전체적 형태 속에서다.

이처럼 '여성적' 여자를 무엇보다 특징짓는 수동성은 그녀 안에서 생애 초기부터 전개되는 특질이다. 그러나 그것이 생물학적으로 주어진 것이라 주장하는 것은 잘못이다. 이는 교육자들과 사회가 그녀에게 강요한 운명이다. 남자아이는 그 존재 방식이 타인이 아닌 자기 자신을 위해 존재하도록 격려한다는 엄청난 행운을 가진다. 그는 세계를 향해 자유롭게 움직이도록 자기 존재에 대한 훈련을 쌓아 나간다. 그리고 다른 남자아이들을 상대로 강한 정신과 독립성을 경쟁하고, 여자아이들을 경멸한다. 나무 위에 기어오르거나 친구들과 격투하거나 격렬한 놀이 속에서 충돌하면서 자연을 지배하는 수단이자 투쟁의 도구로 신체를 파악한다. 자기의 성기와 마찬가지로 자기의 근육에 대해 자부심을 느낀다. 놀이와 운동, 싸움, 도전, 시련을 통해 자기 힘의 균형 잡힌 용도를 발견한다. 그와 동시에 폭력의 엄격한 교훈을 터득한다. 그는 구타를 견디고 고통에 굴하지 않으며, 어릴 적부터 눈물을 거부하는 것을 배운다. 그는 일을 도모하고 창조하고 감행한다. 확실히 자기가 '타인을 위해' 있는 것처럼 느끼고, 자기의 남성성에 대해 문제를 제기하며, 그 결과 어른들이나 친구들과 관련해 많은 문제점이 생길 수 있다. 그러나 이러한 자기의 객관적인 모습에 대한 근심과 자기를 구체적인 계획 속에서 확립하려는 의지 사이에 근본적인 대립이 없다는 것은 매우 중요하다. 그는 하나의 같은 동작으로 무언가를 하면서 자신을 존재하게 하는데, 이와 반대로 여자는 애초부터 이미 자율적인 자기 존재와 자기의 '타자 - 존재' 사이에 충돌이 있다. 사람들은 그녀에게 타인의 마음에 들기 위해 그 마음에 들도록 해야 하고, 자기를 객체로 만들어야 한다고 가르친다. 따라서 그녀는 자율성을 포기하지 않으면 안 된다. 사람들은 그녀를 살아 있는 인형처럼 취급하고 그녀에게 자유를 제한한다. 이러한 악순환은 되풀이된다. 왜냐하면 그녀가 자기를 둘러싸고 있는 세계를 이해하고 파악하며 발견하기 위해 자기의 자유를 행사하는 일이 적으면 그만큼 그녀는 세계 속에서 자원을 발견하는 일이 적어지며, 또 그만큼 자기를 주체로서 확립할 용기가 없어지기 때문이다. 만일 사람들이 자유로이 행동하라고 격려한다면, 여자아이는 남자아이와 대등하게 원기 왕성한 행동과 호기심, 솔선수범의 정신과 대담성을 보일 수 있을 것이다. 이런 일은 때때로 여자아이가 남성적인 교육을 받았을 때 일어난다. 그런 경우 여자아이는 많은 문제를 모면하게 된다.[29] 아버지가 딸을 쾌히 이런 식으로 교육하고 싶어 한다는 것은 흥미 있는 일이다. 남자 손에 키워진 여자는 여성성의 결점을 많은 부분에서 피하게 된다. 그러나 풍습은 여자아이들을 완전히 남자아이들처럼 다루는 것에 반대한다. 나는 한 마을에서 아버지가 서너 살의 여아들에게 반바지를 입히는 것을 보았다. 그런데 다른 모든 아이가 "계집애냐, 사내 녀석이냐?"라며 그 여아들을 괴롭히고 확인해 보자고 했다. 그래서 그 여아들은 부모들에게 원피스를 입혀 달라고

---

29 적어도 아주 어렸을 때는. 현 사회에서는 청소년기의 갈등이 그로 인해 오히려 심화될 수 있다.

간청했다. 비록 부모가 남자아이의 생활방식을 허용한다고 하더라도 여자아이가 매우 고독한 생활을 하지 않는 한, 여자아이의 주위 사람들, 아이의 여자친구, 선생님들은 그로 인해 충격을 받을 것이다. 아버지의 영향을 견제하기 위해 언제나 숙모, 조모, 사촌들이 있게 될 것이다. 보통 딸에 대한 아버지의 역할은 부차적이다. 여자를 짓누르는 저주 가운데 하나는 ― 쥘 미슐레가 정확히 지적하는 것처럼 ― 유년기에 여자의 손에 맡겨진다는 것이다. 남자아이 역시 처음에는 어머니에 의해 키워진다. 그러나 어머니는 남자아이의 남성성을 존중하고, 남자아이는 아주 빨리 그녀의 수중에서[30] 벗어난다. 반면에 어머니는 딸을 여성의 세계에 통합시키려고 한다.

　어머니와 딸의 관계가 얼마나 복잡한지는 뒤에 가서 보게 될 것이다. 어머니에게 딸은 자기 분신인 동시에 타인이기도 하다. 어머니는 딸을 격렬하게 사랑하는 동시에 딸에게 적대적이다. 그녀는 아이에게 자신의 운명을 강요하는데, 그것은 자기의 여성성을 자랑스럽게 강력히 주장하는 방식이면서 그에 대해 복수하는 방식이기도 하다. 이와 같은 과정은 남성 동성애자나 도박꾼이나 마약 중독자에게서 그리고 어떤 무리에 속해 있는 것을 자랑스러운 동시에 부끄럽게 여기는 모든 사람에게서 볼 수 있다. 추종자들을 열성적으로 끌어 모으려는 그들과 마찬가지로 여자들은 여자아이를 맡으면, 교만과 원한이 뒤섞인 감정 속에서 그 아이를 자신과 닮은 여자로 변형시키는 데 열중한다. 그리고 자기 딸의 행복을 진심으로 바라는 너그러운 어머니조차도 일반적으로 딸아이를 '진정한 여자'로 만드는 것이 안전하다고 생각한다. 왜냐하면 사회가 이를 가장 쉽게 받아들이기 때문이다. 그러므로 딸아이는 여자아이들을 친구로 사귀고, 여교사에게 맡겨지며, 고대 그리스 로마의 귀부인들 시대처럼 세상의 현모양처들 가운데서 생활하게 된다. 여자 어른들은 여아에게 여자로서의 운명에 입문시키는 책과 놀이를 선택해 주고, 귀에다 여자의 현명함에 대한 보물 같은 말을 쏟아붓고, 여성적 덕목을 제시하며 요리·바느질·살림과 함께 화장·매력·부끄러움을 가르친다. 또한, 주의를 기울여야만 하는 귀중하고 불편한 옷을 입히고, 복잡한 방식으로 머리 모양을 하게 하고, 자세를 똑바로 하고 오리처럼 걷지 말라는 등 지켜야 할 몸가짐의 규칙을 강요한다. 우아해지기 위해 여아는 자연스러운 동작을 억제해야만 하고, 선

30　물론 예외가 많다. 그러나 남자아이의 형성에서 어머니의 역할은 여기서 연구할 수 없다.

머슴 같은 태도를 보여서는 안 되며, 격렬한 운동은 물론 몸싸움도 금지된다. 요컨대, 여아는 언니들처럼 하녀이자 우상이 되기를 강요당하는 것이다. 오늘날 페미니즘의 쟁취 덕택에 여자아이가 공부하고 운동에 전념하도록 장려하는 것은 점점 더 당연시되고 있다. 그러나 그 분야에서 성공하지 못하더라도 여자아이는 남자아이보다 더 쉽게 용인된다. 왜냐하면 여자아이에게 요구하는 성취는 다른 종류이기 때문이며, 이는 그 분야에서의 성공을 더욱 어렵게 된다. 적어도 사람들은 여자아이가 **역시** 여자이기를 원하고, 그 여자다움을 **잃지** 않기를 바란다.

아주 초년기에 여자아이는 그다지 고통 없이 이런 운명을 감수한다. 어린아이는 유희와 꿈 차원에서 움직이고, 존재하는 놀이를 하고 행동하는 놀이를 한다. 그것이 상상의 실행일 경우에는 행동과 존재가 명확히 구분되지 않는다. 여자아이는 남자아이들의 현실적인 우월성에 대한 보상을 여자로서의 자기 운명 속에 들어 있고 이미 자기 유희 속에서 실현하고 있는 약속 가운데서 발견할 수 있다. 여아는 아직 자기의 어린이 세계밖에 알지 못하기 때문에 처음에는 어머니가 아버지보다 더 권위 있는 것처럼 보인다. 그녀는 세계를 모권제 사회의 일종으로 상상한다. 그녀는 어머니를 모방하고 어머니와 동일시한다. 그녀는 역할들을 자주 전도시킨다. "내가 커지고 엄마가 작아질 때는……"이라고 어머니에게 쉽게 말한다. 인형은 단지 여자아이의 분신만이 아니라 아이이기도 하다. 진짜 아이도 어머니에게는 **제2의 자아**인 만큼 두 가지 기능이 양립할 수 없는 것이 아니다. 인형을 야단치고 벌을 준 다음에 위로할 때, 여아는 어머니로부터 자신을 지키는 동시에 어머니의 권위를 자신에게 입히는 것이다. 즉, 여아는 모녀 한 쌍의 두 요소를 요약한다. 인형에게 비밀을 털어놓고 교육하며 인형 위에 자기의 절대권을 확립하고, 때로는 인형의 양팔을 잡아 뽑고 때리고 학대하기도 한다. 다시 말해 인형을 통해 주체성의 확립과 소외의 경험을 쌓는 것이다. 종종 이러한 상상의 생활에 어머니가 참여하기도 한다. 여아는 인형을 상대로 어머니와 함께 아버지와 어머니 역할을 하는데, 이 한쌍의 부부에게는 남자가 배제되고 그 어떤 선천적이고 신비한 '모성 본능'이 없다. 여자아이는 아이들을 돌보는 것이 엄마의 몫이라는 것을 인정하고, 사람들은 여아에게 그렇게 가르친다. 들은 이야기와 읽은 책 그리고 모든 사소한 경험이 이를 확인해 준다. 사람들은 그녀가 이러한 풍요로운 미래의 삶에 대해 황홀해 하도록 격려하고, 그 삶이 지금부터 구체적 모습을 띠도록 그녀에게 인형들을 안겨준다. 그녀의 '소명'은 강압적으로 그녀에게 주입된다. 여자아이는 아이를 기르는 것이 자기 몫처럼 보이기 때문에, 그리고 남자아이보다 자기의 '신체 내부'에 더 많이 관심을 두기 때문에 특히 생식의 신비에 대해 호기심을 갖는다. 여아는 아기들이 배춧속에서 태어난다거나 황새들이 데려온다는 말을 곧 믿지 않게 된다. 특히 어머니가 남동생이나 여동생을 낳아 주면 아이가 어머니의 배 속에서 생겨난다는 것을 알게 된다. 더욱이 오늘날의 부모들은 그 사실을 예전 부모들보다 덜 신비롭게 만든다. 여아는 이러한 현상을 마법처럼 여겨 일반적으로 두려워하기보다 감탄한다. 그리고 아직은 그 것의 생리적 원리를 모두 파악하지 못한다. 우선 아버지의 역할을 모르고, 여자가 어떤 음식물을 먹으면 임신한다고 추측한다. 이것이 전설의 주제이고(동화 속의 왕비가 어떤 과일이나 생선을 먹은 다음에 여자아이나 옥동자를 분만하는 것을 볼 수 있다), 나중에 이것이 원인이 되어 어떤 여자들은 잉태와 소화 기능 사이에 어떤 연관이 있는 것처럼 생각하게 된다. 이런 문제들과 발견이 모두 여자아이의 관심을 대부분 차지해서 상상력을 키운다. 나는 그 전형으로서 융[31]이 수집한 사례를 인용하겠다. 이 사례는 거의 같은 시기에 프로이트가 분석한 어린 한스의 사례와 여러 가지로 놀라운 유사점을 보여 주고 있다.

안나가 부모에게 갓난아기가 어디서 생기는지를 물어본 것은 세 살 무렵이었다. 갓난아기가 '어린 천사'라는 말을 들었기 때문에 안나는 처음에는 사람이 죽으면 천국으로 가서 아기의 모습으로 다시 태어난다고 상상하는 것 같았다. 아이가 네 살 때 남동생이 생겼다. 그녀가 어머니의 임신을 알아차린 것 같지는 않았으나, 출산 다음 날에 어머니가 누워 있는 것을 보고 어머니를 의심의 눈으로 걱정스럽게 바라보다가 마침내 이렇게 물어보았다. "엄마 죽지 않을 거지?" 그녀는 잠시 할머니 댁에 보내졌고, 집에 돌아왔을 때 간호사 한 명이 침대 곁에서 어머니의 시중을 들고 있었다. 처음에는 간호사를 아주 싫어했으나 곧 간호사 놀이를 즐거워했다. 그녀는 남동생을 질투해서 비웃고, 혼자 이야기를 만들어 내고, 말을 듣지 않으며, 다시 할머니 댁으로 돌아가겠다고 떼를 썼다. 그녀는 진실을 말해 주지 않는다고 어머니를 자주 비난했는데, 왜냐하면 어머니가 아기의 출생에 관해서 거짓말을 한다고 의심했기 때문이다. 간호사로서 아이를 '갖는 것'과 어머니로서 아이를 갖는 것 사이에는 차이가 있다는 것을 막연하게 느낀 그녀는 어머니

---

31 융, 『어린이의 갈등 심리』

에게 이렇게 물었다. "언젠가는 나도 엄마처럼 여자가 되는 거야?" 그녀는 밤중에 부모를 큰 소리로 부르는 습관이 생겼다. 사람들이 그녀 주위에서 메시나에서 일어난 지진에 대해 많은 이야기를 했기 때문에, 그녀는 무섭다는 핑계로 그것에 대해 끊임없이 질문해 댔다. 하루는 그녀가 단도직입적으로 물었다. "소피는 왜 나보다 어린 거야? 프리츠는 태어나기 전에 어디 있었어? 하늘나라에 있었어? 거기서 무얼 하고 있었어? 왜 지금에서야 내려온 거야?" 어머니는 마침내 남동생이 땅에서 자라는 식물처럼 자기 배 속에서 자랐다고 설명해 주었다. 안나는 이런 생각에 매혹된 것처럼 보였다. 그런 다음 이렇게 물었다.

"아기가 저 혼자서 나왔어?"

"그럼."

"하지만 어떻게, 아기가 걷지도 못하는데?"

"기어서 나왔단다."

"그럼, 여기에 구멍이 있는 거야? (안나는 자기 가슴을 가리켰다.) 아니면 입으로 나온 거야?"

답변을 기다리지도 않고 그녀는 황새가 아기를 데려왔다는 것을 자기도 잘 안다고 외쳤다. 그러나 저녁에 그녀는 뜻밖의 말을 했다. "우리 오빠[32]는 이탈리아에 있는데, 천과 유리로 된 부서지지 않는 집을 가지고 있어" 그러고는 지진에 대한 흥미를 잃고, 화산 분출 사진을 보겠다는 것도 그쳤다. 그녀는 다시 인형에게 황새에 관해 이야기했으나 별로 자신이 없는 듯했다. 하지만 조만간 그녀에게는 새로운 호기심이 생겼다. 침대에 누워 있는 아버지를 보고 물었다. "아빠 왜 누워 있어? 아빠도 배 속에 식물이 하나 자라고 있는 거야?"

그녀는 꿈 이야기를 하나 했다. 자기가 가지고 노는 노아의 방주 꿈이었다. "배 아래에 있는 뚜껑이 열려서 이 구멍을 통해서 조그만 동물들이 모두 밖으로 떨어져 버렸어." 사실 그녀의 노아의 방주는 지붕이 열리는 것이었다. 이 무렵에 그녀는 또 악몽을 꾸었다. 그녀가 아버지의 역할에 대해서 궁금해하고 있다는 것을 추측할 수 있었다. 한 임신부가 어머니를 보러 온 다음 날, 어머니는 안나가 자기 치마 속에 인형 하나를 넣었다가 다음과 같이 말하면서 인형 머리를 아래로 천천히 끌어내는 것을 보았다. "자, 아기가 나오고 있어. 이제 거의 완전히 밖으로 다 나왔어." 얼마 후에 오렌지 하나를 먹으면서 그녀는 이렇게 말했다. "이걸 삼켜서 배속 맨 밑바닥까지 내려가게 하고 싶어. 그러면 난 아기가 생길 거야." 어느 날 아

---

32 그녀의 유희에서 커다란 역할을 맡고 있던 허구의 오빠다.

침, 아버지는 회장실에 있었고, 그녀는 아빠의 침대 위로 뛰어 올라갔다. 그러고 는 거기다 배를 깔고 "그렇지, 아빠는 이런 식으로 하겠지?"라고 말하면서 두 다 리를 떨었다. 다섯 달 동안 그녀는 이에 관한 관심을 포기한 것 같았으나 이윽고 아버지에 대한 의심을 나타내기 시작했다. 아버지가 자기를 물속에 빠뜨리려 했 었다는 등등을 믿었기 때문이다. 하루는 정원사가 지켜보는 가운데 땅속에 씨를 심으며 놀던 안나가 아버지에게 물었다. "눈은 머릿속에 심겨 있는 거야? 머리카 락도?" 아버지는 자라기 전에 아이의 몸속에 이미 씨로 들어 있었다고 설명해 주 었다. 그러자 그녀는 또 물었다. "그런데 아기 프리츠는 어떻게 엄마 몸속으로 들 어갔어? 누가 아기를 엄마 몸속에 심었어?" 아버지는 미소 지으면서 말했다 "너 는 어떻게 생각하니?" 그러자 그녀는 자기 성기를 가리켰다.

"아기가 이리로 나왔어?"

"암, 그렇지."

"근데 아기가 어떻게 엄마 속으로 들어간 거야? 누가 거기다 씨를 뿌린 거야?" 그러자 아버지는 씨를 뿌리는 것은 아빠라고 설명해 주었다. 그녀는 아주 만족스 러워 보였고, 다음 날 어머니를 놀렸다. "아빠한테 들었는데 프리츠는 어린 천사 였고 황새가 데려왔대." 그녀는 이전보다 훨씬 차분해졌다. 하지만 그녀는 정원 사가 소변을 보는 중이고, 그들 가운데 아버지가 있는 꿈을 꾸었다." 또한, 정원 사가 서랍을 대패질로 다듬는 것을 본 뒤에는 그녀에게 생식기를 깎아 주는 꿈도 꾸었다. 그녀는 틀림없이 아버지의 정확한 역할을 알리는 데 열중해 있었다. 얼마 후, 다섯 살이 된 그녀는 완전히 깨우쳤고, 이후 그에 대해서 어떤 동요도 느끼지 않은 것 같다.

이 이야기는 전형적이다. 비록 여자아이가 아버지가 하는 역할에 대해 그다지 정확하게 알리려고 하지 않거나, 이 점에 관해서 부모가 몹시 회피하는 태도를 자 주 보였지만 말이다. 많은 여자아이가 임신한 흉내를 내기 위해서 앞치마 속에 방석을 감추거나, 인형을 치마 주름 속에 이리저리 넣었다가 요람 속에 떨어트리 고 인형에게 젖을 먹이는 시늉을 한다. 여자아이들처럼 남자아이들도 모성의 신 비에 감탄한다. 아이들은 모두 사물 속에 숨어 있는 풍요로움을 예감하는 '깊이 있 는' 상상력을 가지고 있다. 모든 아이는 더 작은 인형들을 품고 있는 인형들이나 다른 상자들을 담고 있는 상자들이나 한가운데 축소된 형태의 복제품이 붙은 삽 화들처럼, '끼워 넣기'의 기적에 민감하다. 어린아이들은 누구나 그들의 눈앞에

서 싹을 까 보이거나, 알 속에 있는 병아리를 보여 주거나, 대야 안에서 '수중화水
中花'의 경이가 펼쳐질 때 황홀해한다. 설탕으로 만든 조그만 알이 가득 찬 부활
절 달걀을 열면서 어린 남자아이는 황홀해서 소리쳤다. "와! 엄마다!" 자기 배 속
에서 아이를 나오게 한다는 것, 그것은 요술처럼 멋진 일이다. 엄마는 요정의 놀
라운 힘을 가지고 있는 것처럼 보인다. 많은 남자아이는 그와 같은 특권이 자기
들에게 거부된 것을 안타까워한다. 만일 남자아이들이 둥지에서 알을 꺼내거나
어린 식물들을 짓밟는 등 분노를 표현하는 방식으로 자기를 둘러싸고 있는 생명
을 파괴한다면, 이는 생명을 개화시키는 힘이 자신에게 없다는 데 대해 복수하는
것이다. 반면에 여자아이들은 언젠가는 생명을 창조한다는 생각에 몹시 즐거워
한다.

　인형 놀이로 구체화되는 이런 희망 외에 집안 살림 또한 여자아이에게 자기 확
립의 가능성을 제공해 준다. 가사노동의 많은 부분은 나이 어린 아이도 할 수 있
다. 남자아이들에게는 보통 가사가 면제된다. 그러나 누이에게는 비질하고 먼지
를 털고 채소를 다듬고 아기를 씻기고, 불에 올려놓은 냄비를 지켜보는 일이 허
용되고 요구되기까지 한다. 특히 맏딸은 어머니의 일을 자주 돕는다. 편리함 때
문인지 혹은 적의와 사디즘 때문인지, 어머니는 맏딸에게 자기 일의 많은 부분을
맡긴다. 그래서 맏딸은 일찍부터 어른들의 진지한 세계에 동화된다. 자기가 중요
한 사람이라는 인식은 그녀가 자기의 여성성을 받아들이는 것을 도와준다. 그러
나 아무 일도 하지 않고 얻어지는 무상의 행복이나 어린아이의 태평함은 그녀에
게 거부된다. 나이에 비해 일찍 성숙한 그녀는 이런 특수화가 인간에게 부과하는
한계들을 너무 일찍 알게 된다. 사춘기에 이미 성년에 도달한 그녀는 자기의 삶
에 특이한 성격을 부여한다. 일이 과중하게 부과된 어린아이는 일찍부터 노예가
되어 즐거움이 없는 생활에 처할 수 있다. 그러나 만약 자기의 능력에 맞는 노력
이 요구된다면 그녀는 자신이 어른처럼 유능하다는 데에 자부심을 느끼고, 어른
들과 굳게 결속된 데 대해 기뻐한다. 이런 결속의 감정은 아이와 주부 사이에 커
다란 거리가 없다는 사실에서 가능하다. 자기 직업에서 전문화된 남자는 여러 해
에 걸친 학습과 수련 기간을 통해 어린이 단계에서 분리되어 있다. 남자아이에게
아버지의 활동은 깊은 신비에 싸여 있다. 남자아이 내부에 이제 겨우 미래의 자
신인 성인 남자의 모습이 그려지기 시작할 뿐이다. 그와는 반대로 여자아이는 어
머니의 활동에 접근할 수 있다. 부모는 여자아이에게 "어려도 이미 어엿한 여자

네"라고 말한다. 그래서 때로 여자아이는 남자아이보다 조숙하다는 평가를 받곤한다. 사실 여자아이가 성인 단계와 더 가까이 있다면, 이는 전통적으로 성인 단계가 대부분 여자에게서 더 어린이 상태에 머물러 있기 때문이다. 사실 여자아이는 자신이 조숙하다고 느끼고, 갓난아이 곁에서 '작은 엄마'의 역할을 하는 것을 좋아한다. 그녀는 기꺼이 중요한 사람이 되고, 이치를 따져 가며 말하고, 어린이 세계에 갇혀 있는 남자 형제들에게 우월감을 느끼며, 어머니에게 대등한 처지에서 말한다.

이러한 보상이 있다고 해도, 여자아이가 자기에게 할당된 운명을 아쉬움 없이 받아들이는 것은 아니다. 커 가면서 그녀는 남자아이들의 남성성에 대하여 부러움을 느낀다. 부모와 조부모가 여자아이보다 남자아이를 더 좋아한다는 사실을 잘 감추지 못하거나 남자아이에게 더 많은 애정을 표시할 때가 있다. 여러 설문조사에 따르면, 대다수 부모는 딸보다 아들을 더 갖고 싶어 한다. 부모들은 남자아이에게 더 많은 진지함과 존중심을 가지고 이야기하고, 더 많은 권리를 인정해 준다. 남자아이들은 여자아이들을 경멸적으로 대하고, 자기들끼리만 놀며, 자기 무리에 받아들이지 않고, 그녀들을 모욕한다. 특히 여자아이들을 '오줌싸개'라고 부른다. 이 말은 어렸을 적 여자아이의 비밀스러운 굴욕감을 되살리는 것이다. 프랑스에서는 남녀공학에서 남학생 카스트가 여학생 카스트를 억압하고 단호하게 박해한다. 하지만 여학생들이 그들과 경쟁하고 싸우면 심한 꾸중을 듣는다. 여자아이들은 남자아이들이 유달리 눈에 띄는 활동을 할 때 이중으로 부러워한다. 여자아이들은 세계에 대한 자신들의 힘을 확립하고 싶다는 자연스러운 욕망을 갖는 동시에 자신들에게 강요된 열등한 상황에 대해 항의한다. 그녀들은 특히 나무, 사다리, 지붕에 올라가지 못하게 하는 것에 몹시 분해한다. 아들러는 많은 영웅 신화에서 보는 것처럼, 공간적 상승 관념은 정신적 우월성을 내포하므로 높은 것과 낮은 것의 개념이 커다란 중요성을 가진다고 지적한다. 나무나 바위 꼭대기 혹은 산 정상에 도달하는 것은 주어진 세계를 넘어 절대적 주체로 떠오르는 것이다. 그것은 남자아이들 사이에서는 흔한 도전의 핑계거리다. 이런 위업이 금지된 여자아이는 나무나 바위의 발치에 앉아서 자기 머리 위에서 의기양양해 하는 남자아이들을 보며 정신적·신체적으로 열등하게 느낀다. 여자아이가 달리기나 높이 뛰기 시합에서 *뒤처진다*든가 몸싸움에서 땅바닥에 내동댕이쳐진다거나, 혹은 단순히 한 쪽으로 밀린다거나 할 때도 마찬가지로 열등감을 느낀다.

어린아이가 성장해 갈수록 그 세계는 점점 더 넓어지고, 남자의 우위는 더 명확히 드러난다. 어머니에 동화된다는 것이 더 이상 만족스러운 해결책으로 보이지 않는 경우가 많게 된다. 여자아이가 여자로서의 소명을 처음에 받아들인다는 것은 포기한다는 것을 의미하지 않는다. 오히려 그 반대로 군림하기 위한 것이다. 주부들의 세계가 여자아이에게는 특권적으로 보이기 때문에 아이는 주부가 되고 싶어 한다. 그러나 교제, 학업, 놀이, 독서를 통해 어머니의 품을 떠나게 되면, 그녀는 여자들이 아니라 남자들이 세상의 주인이라는 것을 알게 된다. 이러한 깨달음은 - 페니스의 발견보다 훨씬 더 - 그녀가 자기 자신에 대해 갖는 의식을 절대적으로 변화시킨다.

우선 여자아이는 가정에서의 경험으로 양성의 위계를 발견한다. 아버지의 권위가 평소 일상에서 느껴지지 않았지만 절대적이라는 것을 점차 이해한다. 그 권위는 손상되지 않기 때문에 더욱 빛을 발한다. 비록 가정에서 실제로 지배력을 행사하는 사람이 어머니라 할지라도, 일반적으로 어머니는 아버지의 의지를 앞세우는 기술을 가지고 있다. 중요한 순간에 명령하거나 보상하거나 혹은 벌을 주는 것은 아버지의 이름으로 어머니가 행하거나 혹은 아버지를 통해서 이루어진다. 아버지의 삶은 신비한 위엄으로 에워싸여 있다. 아버지가 집에서 보내는 시간, 아버지가 일하는 방, 아버지 주위에 있는 물건들, 아버지가 하는 일, 아버지의 습성 등은 모두 하나의 신성한 성격을 띤다. 가족을 부양하는 것은 아버지이며, 그는 집안의 책임자이며 가장이다. 평소에 그는 집 밖에서 일하므로, 그를 통해서 가정과 세상의 나머지가 소통한다. 그는 모험으로 가득 차고 거대하며 힘들고 멋진 이 세계의 화신化身이다. 그는 초월이며 신이다.[33] 여자아이는 자기를 들어 올리는 강인한 두 팔에서, 자기 몸을 바짝 붙이고 의지하는 이 신체의 힘에서 바로 이러한 것들을 관능적으로 느낀다. 옛날에 이시스Isis가 라Rà에게, 대지가 태양에게 지위를 박탈당한 것처럼 어머니는 아버지에게 지위를 빼앗긴다. 그러나 그때 여자아이의 상황이 심히 변화한다. 그녀는 언젠가 전능한 어머니와 같은 여자가 되도록 요청받고 있었다. 이제 그녀는 결코 절대 권력자인 아버지가 될 수 없을 것이다. 그녀를 어머니에게 묶어둔 관계는 적극적인 경쟁심이었다. 그러나 이

---

33 "그의 너그러운 인격은 나에게 큰 사랑과 함께 극도의 공포심을 일으켰다……"라고 드 노아유 부인은 자기 아버지에 관해 이야기한다. "처음엔 아버지가 나를 놀라게 했다. 첫 번째 남자는 어린 소녀를 놀라게 한다. 나는 모든 것이 그에 의해 좌우된다는 것을 잘 느끼고 있었다."

제 그녀는 아버지에게서 더 높은 가치를 부여받기를 수동적으로 기다릴 수밖에 없다. 남자아이는 아버지의 우월성을 경쟁의식을 통해서 파악한다. 반면에 여자아이는 무력하게 감탄하며 견뎌 낸다. 프로이트가 '엘렉트라 콤플렉스'라고 부르는 것은 그가 주장하는 것처럼 성적 욕망이 아니라고 내가 이미 말한 바 있다. 그것은 복종과 숭배에서 자기를 객체화하는 데 동의하는 주체의 철저한 자기 포기다. 만약 아버지가 자기 딸에게 애정을 나타내면, 딸은 자기 존재가 훌륭하게 정당화된 것으로 느낀다. 그녀는 다른 사람들이 힘들게 쟁취해야 할 모든 장점을 겸비한 것이다. 그녀는 한껏 만족하고 신격화된다. 평생 그녀는 이 충만감과 평화를 그리워하고 추구하며 살아갈 수도 있다. 만일 그녀에게 이 사랑이 거부된다면 그녀는 영원히 죄책감을 느끼고 벌을 받는 것이라고 여길 수 있다. 혹은 자신에 대한 가치 부여를 다른 곳에서 찾을 수 있으며, 아버지에 대해서 무관심해지거나 적대감까지 품을 수 있다. 게다가 아버지는 세계를 여는 열쇠를 쥔 유일한 사람이 아니다. 보통 모든 남자가 남성적 위엄을 지니고 있다. 그들을 아버지의 '대용품'으로 삼을 필요는 없다. 할아버지, 오빠, 아저씨, 친구의 아버지, 가족의 친구, 교사, 신부, 의사는 남자로서 여자아이를 즉각적으로 매료시킨다. 성인 여자들이 **남자**에게 표시하는 감동 어린 존경은 남자를 우상으로 받들기에 충분하다.[34]

모든 것이 여자아이의 눈에 이런 위계를 확인시켜 주는 데 이바지한다. 여자아이가 받는 역사·문화 교육과, 여자아이를 달래는 데 쓰이는 노래나 전설은 남자에 대한 찬양 일색이다. 그리스, 로마 제국, 프랑스 그리고 모든 나라를 만든 것은 남자들이고, 지구를 발견하고 개발하는 도구를 발명하고 지구를 다스리면서 조각과 그림, 서적으로 가득 채운 것도 남자들이다. 어린이 문학, 신화, 동화, 이야기는 남자들의 오만과 욕망으로 창조된 신화를 반영하고 있다. 여자아이는 남자들의 눈을 통해서 세계를 탐험하고, 거기서 자기의 운명을 읽어 낸다. 남자의 우

---

34 아이들 가운데 특히 맏딸에게서 아버지 숭배를 볼 수 있다는 점은 주목할 만하다. 남자는 첫 아이에게 더 많은 부성을 보인다. 어머니가 나중에 태어난 아이들을 돌보느라 여력이 없을 때, 아버지가 아들을 위로하는 것처럼 딸을 위로하는 수가 있다. 그러면 그 딸은 아버지를 열렬히 따른다. 반대로 막내딸은 결코 아버지를 독점하지 못한다. 막내는 보통 아버지와 언니를 동시에 질투한다. 그리고 아버지의 호의로 대단한 후광을 받는 언니에게 집착하든가, 어머니에게로 향하든가 혹은 자기 가족에게 반항하며 밖에서 구원을 청하든가 한다. 아이가 많은 가정에서 막내딸은 다른 방법으로 특권적 자리를 찾아낸다. 물론 많은 경우에 아버지가 특이한 편애를 할 수도 있다. 그러나 내가 알고 있는 거의 모든 경우에서 맏딸과 막내딸의 상반된 태도에 관한 이런 관찰이 확인되고 있다.

월성은 압도적이다. 잔 다르크 한 명에 페르세우스, 헤라클레스, 다윗, 아킬레우스, 랜슬롯, 뒤게클랭, 바이야르, 나폴레옹 등 남자들은 그 수가 얼마나 많은가! 그런데 잔 다르크 배후에는 천사장인 성 미카엘이라는 위대한 남자의 모습이 나타나지 않는가! 유명 여성들의 전기만큼 따분한 것도 없다. 위대한 남자들의 모습과 나란히 놓으면 여자들의 모습은 아주 하찮다. 또한, 여성 대부분은 몇몇 남성 영웅들의 그늘에 있다. 이브는 그녀 자신을 위해 만들어진 것이 아니라 아담의 반려로서 그의 옆구리에서 끌어내어 만들어졌다. 성서에는 눈부신 활약을 하는 여자가 별로 없다. 룻Ruth[35]은 남편을 발견했을 뿐이다. 에스더는 페르시아 왕 아하수에로스 앞에 무릎을 꿇고 유대인의 용서를 얻어 냈다. 그러나 그녀는 모르드개의 수중에서 한낱 순종하는 도구에 불과했다. 유디트는 더욱더 대담했으나 그녀 역시 사제들에게 복종했고, 그녀의 위업도 뒷맛이 석연치 않아서 젊은 다윗의 순수하고 빛나는 승리에 비교할 수 없을 것이다. 신화의 여신들은 경박하거나 변덕스럽고, 모두 유피테르 앞에서 벌벌 떤다. 프로메테우스가 천국의 불을 기막히게 훔쳐 오는 데 반해, 판도라는 재앙의 상자를 열어 버린다. 동화 속에는 무시무시한 힘을 행사하는 몇몇 마녀와 노파가 있기는 하다. 특히 안데르센의 『천국의 정원』에 나오는 바람의 **어머니**의 모습은 원시적인 **위대한 여신**을 연상시킨다. 그녀의 장승 같은 네 아들은 무서워 떨면서 그녀에게 복종한다. 그녀는 아들들이 나쁜 행동을 하면 그들을 때리고 자루 속에 집어넣어 가둬 버린다. 이들은 매력적인 인물이 아니다. 남자의 지배를 벗어나는 요정, 인어, 물의 요정들이 한층 더 매혹적이다. 그러나 그녀들의 존재는 불확실하고 개성이 별로 뚜렷하지 않다. 그녀들은 자신의 고유한 운명을 갖지 않은 채 인간 세계에 개입한다. 안데르센의 작은 인어는 여자로 변신한 날부터 사랑의 멍에를 알게 되고, 고통은 그녀의 몫이 된다. 옛 전설과 마찬가지로 현대 이야기에서도 남자는 특권적인 영웅이다. 세귀르 부인의 저서들은 하나의 신기한 예외다. 작가가 책에서 묘사하는 모권 사회에서 남편은 부재하지 않을 때에 우스꽝스러운 역할을 한다. 그러나 보통 아버지의 이미지는 현실 세계와 마찬가지로 영광의 후광으로 둘러싸여 있다. 『작은 아씨들』 같은 여성 드라마는 부재로 인해 신성화된 아버지의 보호 아래서 전개된다. 모험 소설에서 세계 일주를 하고, 선원들처럼 배를 타고 여행하며, 정글 속에서 빵나무 열

---

35 *구약성서에 나오는 여자 인물

「불을 가져오는 프로메테우스」 얀 코시에르, 1637

「판도라」존 윌리엄 워터하우스, 1896

매로 연명하는 것은 소년들이다. 중요한 사건들은 모두 남자들에 의해서 일어난다. 현실은 이러한 소설과 전설을 확인시켜 준다. 만일 여자아이가 신문을 읽고 어른들의 대화를 듣는다면, 예나 지금이나 남자들이 세계를 이끌어 간다는 것을 알게 된다. 그녀가 존경하는 국가 원수, 장군, 탐험가, 음악가, 화가들은 남자들이다. 그녀의 가슴을 열정으로 뛰게 만드는 것은 남자들이다.

이러한 위엄은 초자연적 세계에도 반영된다. 일반적으로 여자들의 삶에서 종교가 하는 역할의 결과, 어머니에게 남자 형제보다 더 많이 지배받는 여자아이는 종교적 영향 또한 더 많이 감내한다. 그런데 서구 종교에서 **아버지 신**은 남자며, 전형적으로 남성적 특징, 즉 탐스러운 하얀 턱수염의 노인이다.[36] 그리스도는 기독교 신자들에게 한층 더 구체적인데, 긴 금발의 턱수염을 하고 살과 **뼈**로 된 남자다. 신학자들의 말에 의하면 천사들은 남자도 여자도 아니다. 그러나 남자 이름을 가지고 있으며, 아름다운 젊은 남자의 형상으로 나타난다. 지상에서 신의 사도는 모두 남자다. 즉, 교황과, 신자들이 그 반지에 입맞춤하는 주교, 미사를 드리고 설교를 하며 고해실의 비밀 속에서 신자들을 무릎 꿇리는 신부들이다. 신앙심이 두터운 어린 소녀에게 영원한 아버지와의 관계는, 그녀가 현세의 아버지와 갖는 관계와 유사하다. 그 관계가 상상의 차원에서 전개되기 때문에, 그녀는 더 완벽한 포기까지도 경험한다. 특히 가톨릭교는 가장 혼란스러운 영향력을 소녀에게 행사한다.[37] 성모는 무릎을 꿇고 천사의 말을 영접한다. 그녀는 "나는 **주의 종**입니다"라고 대답한다. 막달라 마리아는 그리스도의 발치에 엎드려 그의 발을 자신의 긴 머리카락으로 씻어 준다. 성녀들은 무릎을 꿇고 찬란하게 빛나는 그리스도에게 사랑을 맹세한다. 무릎을 꿇고 향내에 싸인 여자아이는 신과 천사들의 시선, 즉 남자의 시선에 자신을 내맡긴다. 사람들은 에로틱한 언어와 여자들이 사용하는 비의적인 언어 사이의 유사점에 대해 종종 강조했다. 예를 들어, 성 테레사는 **아기 예수**에 대해 다음과 같이 쓰고 있다.

---

36 "한편, 나는 신을 볼 능력이 없다는 데 대해 더는 괴로워하지 않았다. 왜냐하면 얼마 전부터 나는 돌아가신 나의 할아버지의 모습으로 신을 상상할 수 있었기 때문이다. 사실 말하자면 이 모습이 오히려 인간적이었다. 그러나 나는 할아버지의 흉상에서 머리를 떼어 내어 푸른 하늘을 배경으로 흰 구름이 목걸이가 되도록 하면서 일찍이 그를 신으로 만들었다"라고 야쉬 고클레르는 『파란 오렌지』에서 이야기한다.

37 이탈리아·스페인·프랑스 등의 가톨릭 국가에서는 스칸디나비아나 앵글로색슨 같은 신교 국가에서보다도 여자들이 한없이 더 수동적이며 남자에게 맡겨지고, 비굴하며 굴욕적인 존재라는 사실을 의심할 여지가 없다. 그리고 이는 대부분 그녀들의 태도에서 기인하고 있다. 성모 숭배, 고해 등이 여자들을 마조히즘으로 이끈다.

오, 사랑하는 이여, 당신의 인자한 시선을 이 세상에서 못 보는 것도, 형언할 수 없는 당신의 입맞춤을 못 느끼는 것도 당신의 사랑으로 받아들이겠으니, 부디 당신의 사랑으로 이 몸을 불태워 주기를 간청하나이다…….

사랑하는 이여,
당신의 부드러운 첫 번째 미소를 곧 느끼게 해 주소서.
아! 타오르는 환희 속에 나를 내버려 두소서,
당신의 품속에 내가 숨어 있게 해 주소서!

당신의 숭고한 시선에 매혹되고, 당신의 사랑의 먹이가 되고 싶습니다. 언젠가, 내 그것을 바라노니, 당신은 나를 사랑의 보금자리로 데려가 내 위에서 녹아내릴 것입니다. 끝내는 나를 이 불타는 심연 속에 빠트려 영원히 행복한 희생자가 되게 하겠지요.

그러나 이와 같은 감정의 토로가 항상 성적이라고 단정해서는 안 된다. 그보다는 여성의 섹슈얼리티가 발전되면서 여자가 유년기부터 남자에게 바치던 종교적 감정이 스며드는 것이다. 여자아이가 고해신부 곁에서, 인적 없는 제단 아래서, 그리고 나중에는 자기 연인의 품에서 느끼게 되는 전율과 매우 유사한 전율을 경험한다는 것은 사실이다. 여자의 사랑이란 한 의식이 자기를 초월하는 한 존재를 위하여 자신을 객체로 만드는 경험의 한 형태이기 때문이다. 그리고 그것은 신앙심 깊은 젊은 여신자가 교회의 그늘에서 맛보는 수동적인 희열감이기도 하다.
그녀는 무릎을 꿇고 엎드려 얼굴을 양 손에 파묻고 포기의 기적을 경험한다. 그녀는 무릎을 꿇은 채 하늘로 올라간다. 그녀는 신의 품속에 몸을 내맡김으로써 구름과 천사에 에워싸여 **승천**하는 보장을 받는다. 그녀는 이 놀라운 경험 위에다 지상에서의 자기의 미래를 투사한다. 아이는 그 밖의 많은 길을 통해서도 미래를 발견할 수 있다. 모든 것이 그녀가 영광된 하늘로 옮겨지기 위해서 남자들의 두 팔에 몸을 맡기라고 권유한다. 그녀는 행복하려면 사랑받아야만 한다는 것을 배운다. 사랑받기 위해서는 사랑을 기다려야만 한다. 여자는 잠자는 숲속의 미녀이고 당나귀 공주이며 신데렐라이고 백설 공주다. 사랑이 오기를 기다리며 참는 것이다. 노래나 동화 속에서 젊은 남자가 위험을 무릅쓰고 여자를 찾아 떠나는 것을 볼 수 있다. 그는 사나운 용을 단칼에 베어 버리고, 거인도 때려눕힌다. 여자는 탑이나 궁전 또는 동굴 속에 갇혀 있거나 바위에 사슬로 묶여 있거나, 포로가 되거나 잠들어 있다. 그녀는 기다린다. *언젠가는 나의 왕자가 찾아오리라……*. 대중가요의 후렴구는 그녀에게 인내와 희망의 꿈을 불어넣는다. 여자에게 최고로 긴급한 일은 남자의 마음을 사로잡는 것이다. 비록 대담하고 모험적인 성격이라 할지라도 모든 여주인공이 동경하는 대가가 바로 그것이다. 대개 그녀들에게 미모 이외의 다른 덕목은 요구되지 않는다. 신체적 외모에 대한 염려가 여자아이에게 진정한 강박관념이 될 수 있다는 것이 이해된다. 공주든 양치기 소녀든 간에 사랑과 행복을 쟁취하기 위해서는 반드시 예뻐야만 한다. 추하다는 것은 잔인하게도 심술궂다는 것과 결부되어 버린다. 그래서 추한 사람들에게 불행이 닥치는 것을 보면 운명이 그들의 범죄를 벌하는 것인지 아니면 그 볼품없음을 벌하는 것인지는 잘 알 수가 없다. 흔히 찬란한 미래를 약속받은 젊은 미녀가 희생자의 역할에 나타나는 것으로 시작한다. 준비에브 드 브라방이나 그리젤리디스[38] 이야기는 보이는 것처럼 순수하지 않다. 사랑과 고통이 그 속에서 불안한 방식으로 서로 얽혀 있다. 여자가 가장 달콤한 승리를 거두는 것은 비천한 신분의 밑바닥에 떨어졌을 때다. 상대가 신이 되었든, 한 남자가 되었든 여자아이는 가장 철저한 자기 포기에 동의함으로써 절대적 힘을 얻게 되리라는 것을 배운다. 즉, 그녀는 최고의 승리를 약속해 주는 마조히즘을 즐기는 것이다. 사자의 발톱에 할퀴어 하얀 살에 피가 낭자한 성녀 블랑딘Sainte Blandine, 유리관 속에 죽은 사람처럼 누워 있는 백설 공주, 잠자는 숲속의 미녀, 실신한 아탈라,[39] 멍들고 수동적이며 상처받고 굴욕과 모욕을 당하는 일군의 가련한 여주인공들은 후배들에게 학대당하고 버림받고 인종하는 미녀의 매혹적인 위엄을 가르쳐준다. 남자 형제가 영웅 놀이를 하는 데 반해 여자아이가 기꺼이 순교자 놀이를 하는 것은 놀랍지 않다. 이교도들은 그녀를 사자 우리에 던져 넣고, 푸른 수염은 그녀의 머리채를 잡아끌고, 그녀의 남편인 왕은 그녀를 깊은 숲속으로 추방해 버린다. 그녀는 체념하고 괴로워하며 죽고, 그녀의 이마는 영광의 후광으로 둘러싸인다. "나는 아직 어린아이에 불과한데, 남자들의 애정을 끌고 그들을 초조하게 만들고 그들에게 구원받고 그들의 팔에 안겨 죽기를 희망했다"라고 드 노아유 부인Anna

---

38 * 동화작가 샤를 페로의 「그리젤리디스」속 여주인공
39 * 샤토브리앙의 소설 『아탈라』의 여주인공

de Noailles(1876~1933)[40]은 쓰고 있다. 이런 마조히즘적 몽상의 훌륭한 실례는 마리아 르 아르두앵Maria Le Hardouin(1912~1967)의 『검은 돛La Voile noire』에서 발견된다.

일곱 살에 나는 어느 갈비뼈로 했는지 모르지만 내 최초의 남자를 만들었다. 그는 키가 크고 호리호리했으며 아주 젊고, 바닥까지 끌리는 긴 소매의 검은색 새틴의 사제복을 입고 있었다. 그의 아름다운 금발 곱슬머리가 어깨 위에 탐스럽게 드리워져 있었다. (…) 나는 그를 에드몽이라고 불렀다. 하루는 그에게 두 명의 남동생을 마련해 주었다. (…) 이 삼형제의 이름은 에드몽, 샤를르 그리고 세드릭이었는데, 셋 다 검은색 새틴의 사제복을 입고 있었고 금발에 훤칠했다. 그들은 나에게 기묘한 행복감을 알게 해 주었다. 명주 신발을 신은 그들의 발은 무척 아름다웠고, 그들의 손도 무척 연약해서 동작 하나하나가 모두 나의 영혼까지 스며들었다. (…) 나는 그들의 여동생 마르그리트가 되었다. (…) 나는 내가 오빠들의 횡포에 예속되어 완전히 그들 손아귀에 있다고 상상하는 것을 좋아했다. 나는 큰오빠 에드몽이 나에 대한 생살여탈권을 가지고 있다고 공상했다. 나에게는 그의 얼굴을 똑바로 바라보는 것이 허락되지 않았다. 그는 가장 하찮은 일로도 나를 매질했다. 그가 나에게 말을 건네면 나는 두려움과 존경심으로 기가 질려서 그에게 대답할 말을 찾지 못했고, "네, 예하", "아뇨, 예하"라고 지칠 줄 모르고 중얼거렸다. 나는 그 중얼거림에서 나 자신이 바보로 느껴지는 이상한 희열을 맛보고 있었다. (…) 그가 나에게 가하는 고통이 너무 심할 때, 나는 "감사합니다, 예하"라고 중얼거렸다. 그러다가 고통으로 거의 기절할 지경이 되어서 소리를 지르지 않으려고 그의 손 위에 내 입술을 대고 꽉 눌렀다. 그러는 동안에 어떤 충동이 결국 내 가슴을 찢어놓는 듯하며 나는 행복의 절정에서 죽어 버리고 싶은 그런 상태에 도달했다.

다소 이른 나이에 여자아이는 자기가 벌써 사랑할 나이에 이르렀다고 상상한다. 아홉, 열 살에 그녀는 화장하는 것을 재미있어 하고, 가슴에 패드를 넣어 부풀리며 자신을 여인으로 꾸민다. 하지만 그녀는 어린 소년들과 어떤 에로틱한 경험도 하려고 하지 않는다. 그녀가 그들과 함께 으슥한 곳에 가서 '서로 보여 주기' 놀이를 하는 일이 있지만, 그것은 단지 성적 호기심일 뿐이다. 그러나 사랑의 몽상 대상은 성인이다. 순전히 상상의 인물이거나 아니면 현실의 개인들로부터 연상하는 인물이기도 하

---

40 *프랑스 시인. 관능적 향락, 불안, 우수가 담긴 시를 썼다.

다. 후자의 경우, 어린아이는 그를 멀리서 사랑하는 것으로 만족한다. 콜레트 오드리 Colette Audry(1906~1990)[41]의 회상기[42]에서 이런 유년기 몽상의 아주 좋은 실례를 발견할 수 있다. 그녀는 자기가 다섯 살부터 사랑을 발견했다고 이야기하고 있다.

그것은 유년기의 사소한 성적 쾌감, 예를 들어 식당의 한 의자에 올라타거나 잠들기 전에 나의 몸을 애무하며 얻는 만족감과는 당연히 아무런 관계도 없었다. (…) 그 감정과 쾌감 사이의 유일한 공통점은 내가 두 가지 모두를 주위 사람들에게 철저히 감추고 있었다는 것이다. (…) 그 청년에 대한 내 사랑은 잠들기 전에 멋진 이야기들을 상상하면서 그를 생각하는 데 있었다. (…) 프리바[43]에서 나는 아버지 사무실에 있는 실장들을 차례대로 모두 사랑하게 되었다. (…) 나는 그들이 떠나도 단 한 번도 깊은 상처를 입지 않았다. 왜냐하면 그들은 내 연애의 몽상을 고정하기 위한 하나의 구실에 불과했기 때문이다. (…) 저녁에 자리에 누웠을 때 나는 나 자신이 너무 어리고 수줍어 한다는 데 대해 복수를 했다. 나는 모든 것을 정성 들여 준비했고, 그 청년을 내 눈앞에 나타나게 하는 것이 전혀 힘들지 않았다. 문제는 내가 내부에서 볼 수 있도록 나 자신을 변화시키는 것이었는데, 왜냐하면 내가 '그녀'가 되려면 '나'는 존재하기를 멈춰야 하기 때문이었다. 우선 나는 아름다웠고, 열여덟 살이었다. 납작하고 길고 네모난 사탕상자에는 비둘기에 둘러싸인 두 젊은 처녀의 그림이 그려져 있었는데, 그것이 나에게 많은 도움이 되었다. 나는 갈색의 짧은 곱슬머리에 긴 모슬린 드레스를 입고 있었다. 우리는 십 년간이나 떨어져 있었다. 그는 거의 옛날 그대로의 모습으로 돌아와 이 훌륭한 처녀를 보고 감격했다. 그녀는 그를 겨우 기억하는 듯했지만, 아주 자연스럽고 무심하며 기지에 찬 태도를 보였다. 나는 이 첫 만남을 위해 정말 뛰어난 대화를 만들어 냈다. 이어서 오해가 생겨나고 그가 그녀의 마음을 얻지 못해 낙담과 질투의 잔인한 시간을 보내게 되었다. 드디어 그가 참다못해 사랑을 고백했다. 그녀는 침묵 속에서 그의 말을 들었고, 그가 모든 것을 잃었다고 생각한 순간에 그를 단 한 번도 사랑하지 않은 적이 없다고 전했다. 잠시 그들은 서로 얼싸안았다. 이 장면은 보통 저녁에 공원의 한 벤치에서 일어났다. 나는 두 형상이 접근하는 것을 보았고 속삭이는 목소리를 들었으며, 동시에 두 육체의 뜨거운 접촉을

---

41 *현대 프랑스 여성 작가

42 『추억의 관점에서 *Aux yeux du souvenir*』

43 *파리 부근의 도시

느꼈다. 그러나 거기서부터 모든 것의 매듭이 풀려 버렸다. (…) 나는 결코 결혼에 이르는 법이 없었다.[44] (…) 이튿날 일어나면서 그것을 생각했다. 거울 속에서 바라보는 비누투성이의 내 얼굴이 왜 나를 황홀하게 하는지(여느 때에는 나 자신이 아름답다고 생각하지 않았다), 왜 나를 희망으로 가득 채우는지 나는 알 수 없었다. 멀리 미래로 가는 길 위에서 나를 기다리고 있는 것 같은 조금은 얼떨떨한 이 흐릿한 얼굴을 나는 몇 시간이라도 바라볼 수 있었을 것이다. 그러나 서둘러야만 했다. 일단 씻고 나니 모든 것이 끝났다. 나는 평범한 아이의 내 얼굴을 되찾았으며, 더는 그것에 흥미를 느끼지 못했다.

유희와 몽상은 여자아이를 수동성으로 향하게 한다. 그러나 여자아이는 한 사람의 여자가 되기 이전에 한 명의 인간이다. 그리고 자신을 여자로 받아들이는 것이, 자기를 포기하고 훼손하는 것임을 이미 알고 있다. 만약 자기 포기가 매력적이라 한다면 자기 훼손은 불쾌한 것이다. **남자**라든가 **사랑**이라든가 하는 것은 미래의 안개 속에 아직 멀리 있는 것들이다. 지금으로서는 여자아이는 남자 형제들처럼 능동성과 자주성을 추구한다. 자유의 짐은 어린아이들에게 무겁지 않다. 왜냐하면 책임을 내포하지 않기 때문이다. 그들은 어른들의 보호 속에서 안전하다는 것을 알고 있으므로 자기로부터 도피하려는 유혹을 느끼지 못한다. 삶을 향한 무의식적 충동과 놀이와 웃음과 모험에 대한 의욕은 여자아이가 어머니의 세계를 비좁고 숨 막히는 것으로 생각하게 한다. 그녀는 어머니의 권위에서 벗어나고자 한다. 그것은 남자아이들이 받아들여야 하는 권위보다 훨씬 더 일상적이고 긴밀하게 행사되는 권위다. 콜레트가 애정을 가지고 그린 '시도Sido'[45]에게서 볼 수 있는 것처럼, 이해심 많고 신중한 그런 어머니의 권위는 드물다. 어머니가 일종의 사형집행인처럼 아이에게 자기의 지배 본능과 사디즘을 만족시키는 거의 병적인 경우 – 그런 경우는 흔하다[46] – 를 이야기하지 않더라도, 딸은 절대적 주체처럼 자기를 주장하는 어머니에게 딱 알맞은 대상이다. 어머니의 이런 주

---

44 마리아 르 아르두앵의 마조히즘적 상상과는 반대로 콜레트 오드리의 상상은 사디즘형에 속한다. 그녀는 사랑하는 이가 상처 입고 위험에 처하기를 바라며, 그의 자존심을 상하게 하지 않으면서 그를 영웅적으로 구한다. 그것은 수동성을 절대 받아들이지 않고, 인간의 자주성을 쟁취하려 노력하는 한 여자의 특징을 나타내는 개인적 기록이다.

45 *콜레트 어머니의 애칭이자 콜레트가 그녀를 주인공으로 쓴 작품의 제목이기도 하다.

46 V. 르뒤크V. Leduc의 『질식L'Asphyxie』, S. 드 테르바뉴S. de Tervagne의 『어머니의 증오La Haine maternelle』, H. 바쟁H. Bazin의 『손에 쥔 독사Vipère au poing』 참조

장은 아이를 반항으로 이끈다. C. 오드리는 정상적인 한 어머니에 대해 정상적인 한 여자아이가 하는 반항을 다음과 같이 묘사하고 있다.

> 나는 아무리 결백한 것이라 할지라도 진실을 말할 수 없었다. 왜냐하면 어머니 앞에서는 나 자신이 절대로 결백하다고 느끼지 못했기 때문이다. 어린 나에게 어머니는 없어서는 안 될 어른이었고, 나는 아직 완전히 치유되지 않을 정도로 그녀를 원망했다. 내 마음 깊은 곳에는 격렬하고 사나운 상처 같은 것이 있어서, 그것이 언제 다시 쑤셔 댈지 알 수 없었다. (…) 내가 생각하고 있던 것은 어머니가 지나치게 엄하다거나 또 어머니에게 그럴 권리가 없다는 것도 아니다. 나는 전력을 다해 아니, 아니, 아니라고 생각했다. 내가 그녀를 비난하는 것은 그녀의 권위에 대한 것도, 그 독단적 명령이나 금지에 대한 것도 아닌 단순히 그녀가 *나를 정복하고자 하는 것* 때문이었다. 그녀는 때때로 그것을 말하곤 했다. 그녀가 그것을 말하지 않는 때는 그녀의 눈이, 그녀의 목소리가 그것을 말하고 있었다. 그렇지 않으면 어머니는 부인들에게, 아이들은 벌을 받고 나면 한결 유순해진다고 이야기했다. 이런 말은 잊히지 않은 채로 내 목에 걸려 있었다. 나는 그것을 토해 낼 수도 삼킬 수도 없었다. 이런 분노 때문에 어머니 앞에서 죄의식을 느꼈고, 나 자신 앞에서는 수치심을 느꼈다. (왜냐하면 결국 나는 그녀가 무서워서 약간의 폭력적인 말이나 불손한 태도 외에는 보복으로서의 행동을 취하지 않았기 때문이다.) 그러나 어쨌든 그것은 나의 영광이기도 했다. 그 이유는 상처가 존재하고, 나에게 단지·억압·순종·체벌·굴욕만을 되풀이하는 무언의 광포가 살아 있는 한 나는 정복되지 않을 것이기 때문이다.

어머니가 위신을 잃는 경우가 자주 있는 만큼 반항은 더욱 거세다. 어머니는 기다리고 견디고 불평하고 울고 부부싸움 하는 여자로 보인다. 매일의 현실에서 이런 고약한 역할이 존경받는 결과로 이어질 수 없다. 그녀는 희생자로서 경멸당하고 악녀로서 미움받는다. 그녀의 운명은 무미건조한 **반복**의 전형처럼 보인다. 그녀는 인생에서 갈 곳을 모른 채 어리석게 반복만 할 뿐이다. 주부의 역할에 집착하는 그녀는 존재의 확장을 멈추게 하는 장애물이자 부정이다. 딸은 그녀를 닮고 싶어 하지 않는다. 딸은 여자의 종속을 벗어난 여성들, 즉 배우, 작가, 교수를 숭배한다. 그녀는 운동과 학업에 열중하고, 나무에 오르다가 옷을 찢고, 남자아이들과 경쟁하려 한다. 대개 그녀는 속내를 터놓을 마음에 맞는 여자 친구를 사귄다. 그것은 사랑의 열정처럼 배타적 우정이며, 보통 성에 관한 비밀도 나

눈다. 즉, 여자아이들은 자기 손에 넣은 정보를 교환하고 논평한다. 그중 한 아이가 친구의 오빠를 사랑함으로써 삼각관계를 형성하는 일도 종종 있다. 『전쟁과 평화』에 나오는 소냐는 나타샤의 친한 친구이며 나타샤의 오빠인 니콜라이를 사랑한다. 아무튼, 이런 우정은 비밀에 둘러싸여 있으며, 일반적으로 아이는 이 시기에 비밀이 있는 것을 좋아한다. 여자아이는 가장 하찮은 것을 비밀로 만들어 자기의 호기심을 눌러 버리고 숨긴다. 그것은 자기에게 중요성을 부여하는 한 방법이기도 하다. 그녀는 모든 수단을 동원해 그 중요성을 획득하려 애쓴다. 어른들 생활에 끼어들려 하고, 그들을 주제로 해서 자신이 큰 역할을 하는 엉터리 소설을 지어낸다. 그녀는 남자아이들의 경멸에 대하여 여자 친구들과 함께 경멸로써 응하는 척한다. 자기네들끼리 떼를 지어 남자아이들을 조롱하고 비웃는다. 그러나 남자아이들이 그녀를 동등하게 대해 주자마자 그녀는 기분이 좋아 어쩔 줄 모르며, 그들의 동의를 구한다. 그녀는 특권 계급에 속하기를 간절히 원하는 것이다. 원시 유목민에게는 여자를 남자의 패권에 복종시키는 것과 같은 움직임이, 남자들 세계에 끼어들도록 허락받은 요즘 소녀들에게는 자기 운명을 거부하는 것으로 나타난다. 그녀 내부에서 초월성이 내재성의 부조리함을 단죄하는 것이다. 그녀는 예의범절의 규칙에 억압되고 의복에 의해 구속받고 가사에 얽매이고 모든 도약이 정지당한 데 대해 분개한다. 이 점에 관해서는 많은 설문조사가 이루어졌고, 대략 모두 같은 결과가 나왔다.[47] 즉, 모든 남자아이가 – 예전에 플라톤처럼 – 여자가 되는 것은 끔찍할 것이라고 단언하고 있다. 거의 대부분의 여자아이는 남자아이가 되지 못한 것을 한탄한다. 해블록 엘리스가 보고한 통계에 따르면, 여자아이가 되기를 바라는 남자아이는 100명 중 한 명이었던 반면에, 75퍼센트의 여자아이는 성을 바꾸기를 원했다. 칼 피팔Karl Pipal의 설문조사에 의하면(보두앵의 『아동의 영혼과 정신분석』에 보고된) 12세부터 14세까지 20명의 남자아이 중 18명이 세상에서 무엇보다 싫은 것은 여자가 되는 것이라고 말했다. 22명의 여자아이 가운데 10명이 남자아이가 되고 싶어 했다. 그 아이들은 그에 대해 다음과 같은 이유를 댔다. "남자아이들이 더 낫다. 왜냐하면 걔들은 여자들처럼 고통받을 일이 없기 때문이다. (…) 엄마가 나를 더 많이 사랑할 것이다. (…) 남자아이는 더 흥미 있

---

47 예외도 있다. 가령 쾌적하고 자유로운 특권적 환경에서 남녀공학으로 공부하는 스위스의 한 학교에서는 남자아이와 여자아이가 만족감을 표명했다. 그러나 그 같은 경우는 예외적이다. 분명 여자아이들은 남자아이들만큼 **행복할 수 있을 것이다**. 그러나 현 사회에서 여자아이들은 행복하지 않은 것이 사실이다.

는 일을 한다. (…) 남자아이가 공부를 더 잘할 수 있다. (…) 여자아이를 겁내 주는 놀이를 할 것이다. (…) 남자아이들을 더 이상 두려워하지 않을 것이다. 남자아이들이 더 자유롭다. (…) 남자아이들의 놀이가 더 재미있다. (…) 남자아이들은 옷에 구속받지 않는다……." 마지막 불만은 자주 표출된다. 여자아이들은 거의 대부분이 원피스 때문에 불편을 겪고 움직임이 자유롭지 못하며, 때가 잘 타는 밝은색 치마나 치장 때문에 신경을 써야만 하기 때문이다. 열 살이나 열두 살쯤의 여자아이는 대부분 말 그대로 '선머슴', 다시 말해 남자아이가 될 증표이 없는 아이들이다. 그녀들은 그것에 대해 박탈 행위나 부당 행위처럼 고통받을 뿐만 아니라, 그녀들에게 가해진 제도 자체가 건강하지 못하다고 생각한다. 여자아이들 안에서 생명의 넘치는 활력은 막혀 버리고, 사용되지 못한 그 생명력은 신경쇠약으로 떨어져 버린다. 그녀들의 소일거리는 지나치게 얌전해서 그 과잉된 에너지를 소모하지 못한다. 그녀들은 따분해한다. 권태로 인해 그리고 고통받는 열등감을 보상하기 위해 그녀들은 음울하고 소설적인 몽상에 빠져든다. 그녀들은 그런 손쉬운 도피 취미를 갖게 되어 현실 감각을 잃는다. 또한, 분별없이 흥분되어 자기감정에 몸을 내맡긴다. 행동할 수 없는 탓에 두서없는 말을 꽤히 진지한 말과 뒤섞으며 이야기한다. 홀로 남겨지고 '이해받지 못한' 그녀들은 자기도취의 감정에서 위안을 찾는다. 자신을 소설의 여주인공처럼 여기며 찬미하고 동정한다. 그녀들이 멋을 부리고 연극을 하는 것은 자연스러운 일이다. 이러한 결점들은 사춘기에 더욱 두드러지게 된다. 그녀들의 불안은 조바심, 분노의 발작, 눈물 등으로 나타난다. 그녀들은 눈물을 좋아하는데 – 이후 많은 여자가 간직하는 취향 – 대부분 그녀들이 희생자 역할을 하는 것을 좋아하기 때문이다. 그것은 운명의 가혹함에 대한 항의인 동시에 자기에게 연민을 불러일으키게 하려는 방식이다. "여자아이들은 울기를 아주 좋아해서 이런 상태를 이중으로 즐기기 위해 거울 앞으로 울러 가는 아이들도 있었다"라고 뒤팡루Félix Antoine Philibert Dupanloup(1802~1878) 주교[48]는 이야기한다. 여자아이들의 비극 대부분은 가족과의 관계와 관련된 것이다. 그녀들은 어머니와의 관계를 끊으려 한다. 어떤 때는 어머니에게 적대적이다가 또 어떤 때는 그녀의 보호를 간절히 바란다. 그녀들은 아버지의 사랑을 독차지하고 싶어 한다. 그녀들은 질투심 많고 성을 잘 내며 까다롭다. 또한, 자주 이야기를 지어낸다.

---

48 * 19세기 프랑스의 가톨릭 성직자이자 교육자. 오를레앙의 주교. 『여성 교육에 관한 서한』의 저자

즉, 자기들이 입양한 아이이며, 부모는 친부모가 아니라고 가정하는 것이다. 그리고 부모에게 은밀한 삶을 부여하고 자기와 그들의 관계에 대해 공상한다. 그녀들은 아버지가 아내에게 이해받지 못하고 불행하며, 자기라면 될 수 있을 이상적인 반려자를 만나지 못했다고 기꺼이 상상한다. 혹은 그와 반대로 어머니가 아버지를 무례하고 야만적이라고 생각하는 것은 옳은 일이며, 아버지와의 모든 육체적 관계를 끔찍해한다고 상상한다. 환상, 코미디, 유치한 비극, 거짓 열의, 별난 행동 등의 원인을 여자의 수수께끼 같은 영혼 속에서 찾을 것이 아니라 어린아이의 상황에서 찾아야만 한다.

자기를 주체며 자주체自主體이자 초월로서 또한 하나의 절대로서 느끼는 개인에게, 자기 안에서 열등함을 주어진 본질로써 발견한다는 것은 기이한 경험이다. 스스로 자기 자신을 **일자**一者[49]로 설정하는 사람에게, 자기 자신이 또한 타자로서 보인다는 것은 기묘한 경험이다. 이것이 바로 인생 수업을 쌓아 가는 과정에서 자기를 여자로서 파악하는 여자아이에게 일어나는 일이다. 그녀가 속해 있는 영역은 남자의 세계에 의해 사방이 막히고 제한되며 지배되고 있다. 그녀가 제아무리 높이 기어 올라가도, 위험을 무릅쓰고 제아무리 멀리 간다고 할지라도 그녀의 머리 위에는 언제나 천장이 있고, 그녀의 길을 가로막는 벽이 있을 것이다. 남자의 신들은 아주 먼 하늘에 있으므로, 사실 남자에게는 신이 없다. 하지만 어린 소녀는 인간의 얼굴을 한 신들 가운데 살고 있다.

이런 상황은 유일한 것이 아니다. 이는 미국의 흑인들이 경험하는 상황이기도 하다. 그들은 한 문명에 부분적으로 통합되어 있지만, 이 문명에서 열등한 계급으로 여겨지고 있다. 빅 토머스Big Thomas[50]가 인생의 여명기에 그토록 많은 원한을 품은 것은 그의 피부색에 새겨져 있는 이 결정적인 열등함, 저주받은 타성他性 때문이다. 그는 비행기가 날아가는 것을 바라보지만, 흑인이기 때문에 자기에게는 하늘이 금지되어 있다는 것을 알고 있다. 여자아이는 바다와 남북극, 수많은 모험과 기쁨이 여자이기 때문에 자기에게 금지되었다는 것을 알고 있다. 즉, 그녀는 운이 없는 쪽에 태어난 것이다. 여자와 흑인의 커다란 차이는, 흑인들은 반항 속에서 자신의 운명을 감내한다는 것이다. 즉, 어떤 특권도 그 혹독한 상황을

---

49 *'유일한 존재'를 뜻한다.
50 라이트R. Wright의 『토착민 아들Native Son』참조

보상하지 않는다. 반면에 여자는 남자와의 공모를 권유받는다. 내가 이미 환기했던 바와 같이,[51] 존재자에게는 절대적 자유이고자 하는 주체의 진정한 요구와 더불어 자기 포기와 도피라는 비본래적 욕망이 들어 있다. 부모와 교육자, 책과 신화, 남자와 여자들은 어린 소녀의 눈에 수동성의 희열감이 어른거리게 만든다. 그녀는 아주 어릴 때부터 그것을 맛보도록 교육받는다. 유혹은 점점 더 교묘해진다. 여자아이의 초월적 도약이 더욱 심각한 저항에 부딪히기 때문에, 그녀는 그만큼 더 숙명적으로 유혹에 굴복하게 된다. 수동성을 받아들인 그녀는 외부에서 과하는 운명을 저항 없이 감내하기를 수락하고, 이러한 숙명은 그녀를 공포에 떨게 한다. 야심적이든, 경솔하든, 소심하든 어린 소년은 열려 있는 미래를 향하여 돌진한다. 그는 선원 혹은 엔지니어가 될 것이고, 전원에 남아 있거나 도시로 떠날 수 있다. 그는 세계를 볼 것이고, 부자도 될 것이다. 예측하지 못한 기회들이 기다리는 미래 앞에서 그는 자유롭게 느낀다. 여자아이는 아내가 되고, 어머니가 되고, 할머니가 될 것이다. 그녀는 장차 자기 어머니가 한 것과 똑같이 집안 살림을 할 것이다. 어머니가 자신을 돌본 것처럼 자기 아이들을 돌볼 것이다. 그녀의 이야기는 열두 살에 벌써 하늘에 새겨져 있다. 그녀는 그 이야기를 결코 스스로 만들어 내는 일 없이 날마다 발견해 나갈 것이다. 그녀는 호기심에 가득 차 있지만 삶의 모든 단계가 예정되어 있어서, 하루하루가 가차 없이 그녀를 그 삶의 방향으로 나아가게 하는 것을 떠올릴 때면 공포에 사로잡힌다.

그 때문에 여자아이는 남자 형제들보다 훨씬 더 많이 성性의 신비에 몰두해 있다. 분명 그들 역시 그것에 대단한 관심을 둔다. 그러나 그들의 미래에 남편, 아버지는 가장 염려하는 역할이 아니다. 반면에 여자아이는 결혼에서도, 어머니가 될 때도 그 운명 전체가 문제된다. 그래서 성의 비밀을 예감하기 시작하는 즉시 자기 몸이 지독하게 위협당한 것처럼 생각한다. 어머니가 되는 마법은 사라져 버렸다. 다소 일찍, 일관성 있게 지식을 얻은 여자아이는 아기가 어머니의 배 속에 우연히 나타나는 것, 어머니의 배 속에서 지팡이로 한 번 쳐서 나오게 하는 것도 아니라는 것을 안다. 여아는 몹시 불안해하며 자문한다. 기생체 하나가 언젠가는 자기 몸속에서 번식해야만 한다는 것은 종종 그녀에게 더 이상 신기한 것이 아니고, 되레 무서운 일로 보인다. 이 무서운 부종浮腫에 관한 생각은 그녀를 겁에 질

51 본서 제1권 「서론」

리게 한다. 그런데 아기는 어떻게 나오는 것일까? 비록 출산의 외마디소리와 고통에 대해 누구에게서 한 번도 들어본 적이 없지만, 지나가는 말에 귀 기울이거나 "너는 진통 속에서 출산하리라"는 성경의 구절을 읽은 적이 있다. 그녀는 상상조차 할 수 없는 고통을 예감한다. 그녀는 배꼽 언저리에서 일어나는 기묘한 작용을 생각해 낸다. 가령 항문을 통해 태아가 밖으로 나온다고 추정하더라도 그녀의 불안은 여전히 가라앉지 않는다. 여자아이들이 출산의 과정을 발견했을 때 신경성 변비의 발작을 일으키는 일이 있다는 것을 앞에서 이미 보았다. 정확한 설명도 별로 도움이 되지 않는다. 부종, 찢어진 상처, 출혈의 이미지가 그녀의 머릿속을 떠나지 않는다. 여자아이는 상상력이 풍부한 만큼 이런 광경에 더욱더 예민해진다. 그러나 어떤 여자아이도 전율하지 않고서는 그런 광경을 정면으로 바라볼 수 없을 것이다. 콜레트는 졸라Émile Zola(1840~1902)의 작품에서 출산에 대해 묘사한 부분을 읽고 실신했다가 어머니에게 발견되었다고 이야기한다.

저자는 노골적이고 폭력적인 세부 묘사의 풍부함과 해부학적 정확성을 구사하여 색채, 자세, 비명을 즐기면서 출산을 그렸다. 그것은 시골 소녀인 내가 가지고 있는 지식으로는 상상할 수 없는 것이었다. 나는 어린 암컷으로서의 운명이 멍청하고 섬뜩하고 위태롭게 느껴졌다. (…) 또 다른 구절들은 내 눈앞에 갈기갈기 찢긴 육체, 배설물, 더러운 피를 묘사해 보여 주었다. (…) 나는 마치 밀렵꾼들이 방금 죽여서 부엌으로 가져온 작은 암토끼들 가운데 한 마리처럼 축 늘어진 채 잔디 위에 나동그라졌다.

어른들이 진정시켜 주어도 아이의 불안은 사라지지 않는다. 성장해 가면서 여자아이는 어른들의 말을 더 이상 그대로 믿어서는 안 된다는 사실을 깨닫게 된다. 그녀는 자기의 생식 기능의 신비에 관해 어른들이 자주 거짓말하는 것을 발견한다. 또한 어른들이 더할 나위 없이 가공할 일들을 당연한 것처럼 여긴다는 것도 알게 된다. 여자아이가 어떤 격렬한 육체적 고통, 즉 편도선을 절제하거나 이를 빼거나 생인손을 앓아 피부를 절개하는 등의 고통을 경험했다면, 그녀는 기억에 간직된 그때의 고통을 출산에 투사할 것이다.

임신과 출산의 육체적인 특징은 곧 부부 사이에 '육체적인 어떤 일'이 일어난다는 것을 암시한다. '같은 피의 아이, 순수한 피, 섞인 피'와 같은 표현에서 자주 마주치는 이 '피'라는 말은 때로 어린아이의 상상력의 방향을 결정한다. 바로 결혼에는 어떤 엄숙한 수혈이 수반된다고 추측하는 것이다. 그러나 더 흔하게는 '육체적인 것'이 대소변 기능에 결부된 것처럼 보인다. 특히 아이들은 남자가 여자 안에다 오줌을 눈다고 쉽사리 추측한다. 성적 활동은 **더러운 일**로 생각된다. '더러운 것들'이 엄격히 금지되어 있는 어린아이에게 그것은 놀랄 일이 아닐 수 없다. 대체 어른들은 어떻게 그 더러운 것을 자기들 생활 속에 끌어들일 수 있는 걸까? 아이는 우선 자기가 발견한 부조리함 때문에 추문에서 보호된다. 그가 듣는 이야기에서, 읽는 것에서, 쓰는 것에서 아이는 아무 의미도 발견하지 못한다. 모든 것이 그에게는 비현실적으로 보인다. 카슨 매컬러스Carson McCullers(1917~1967)의 매력적인 저서 『결혼식 멤버』에서 젊은 여주인공은 뜻하지 않게 벌거벗은 이웃집 남녀를 침대에서 발견한다. 그 사건의 기이함은 그녀가 거기에 중요성을 부여하는 것을 막는다.

> 여름의 어느 일요일이었고, 말로 씨 부부의 방문이 열려 있었다. 그녀는 오직 방 일부와 서랍장 일부와 말로 부인의 코르셋이 던져져 있는 침대 다리만을 볼 수 있었다. 그러나 조용한 방안에서는 그녀가 이해할 수 없는 소리가 났고, 문틱으로 다가갔을 때 그녀는 한 광경에 놀라 충격을 받았다. 그녀는 그 광경을 보는 즉시 "말로 씨가 발작을 일으켰어!"라고 외치며 부엌으로 달아났다. 베레니스가 급히 홀 쪽으로 달려가 방안을 바라보면서 입술을 꼭 물기만 하고, 문을 세게 닫아버렸다. (…) 프랭키는 무슨 일인지 알아보려고 베레니스에게 물어보려 했다. 베레니스는 단지 그들은 평범한 사람들이라고 말할 뿐이었고, 그들이 다른 사람들을 배려해 적어도 방문은 닫을 줄 알았어야만 했다고 덧붙였다. 프랭키는 다른 사람이란 바로 자기라는 것을 알았다. 하지만 그녀는 이해하지 못하고 있었다. 그래서 어떤 종류의 발작이었느냐고 물었다. 그러나 베레니스는 "애야, 단지 평범한 발작일 뿐이야"라고 대답했다. 프랭키는 베레니스의 목소리 톤으로 보아 그녀가 자기에게 다 말하지 않았다는 것을 알았다. 나중에 그녀는 단지 말로 씨 부부를 평범한 사람들로만 기억할 뿐이었다…….

어린아이들에게 모르는 사람을 조심하라고 주의를 주거나 아이들 앞에서 성적인 사건을 설명할 때, 어른들은 병자·변태·광인들이라고 쉽게 이야기한다.

그것은 편리한 설명법이다. 영화관에서 옆에 앉은 남자에게 추행을 당한 여자 아이나 길에서 바지 앞쪽을 풀어놓은 행인을 목격한 여자아이는 그들이 미쳤다고 생각한다. 확실히 미친 사람을 마주치는 것은 불쾌한 일이다. 간질이나 히스테리 발작, 격렬한 말다툼은 어른 세계의 질서의 결점을 보이는 것이며, 그것을 목격한 아이는 신변에 위험을 느낀다. 그러나 조화로운 사회 안에도 부랑자나 걸인이나 흉한 상처가 난 불구자가 있는 것과 마찬가지로, 몇 명의 비정상적인 사람이 있다고 해서 사회의 기반이 흔들리는 것은 아니다. 어린아이가 정말 무서워하는 것은 부모나 친구나 선생들이 몰래 악마를 찬양하는 의식을 거행한다는 것을 눈치챘을 때다.

사람들이 나에게 처음으로 남자와 여자 사이의 성관계를 이야기했을 때, 나는 그것이 불가능한 일이라고 단언했다. 우리 부모님 역시 그런 관계를 가졌을 것이 틀림없었으나, 나는 그들을 너무나 존경했으므로 믿을 수 없었다. 그것은 너무도 불결한 짓이기 때문에, 나는 절대로 그러하지 않으리라 말하곤 했다. 불행하게도 얼마 안 있어 나는 부모님이 하는 것을 들으면서 내가 잘못 알고 있었다는 사실을 깨달아야만 했다. (…) 그 순간은 무시무시했다. 나는 두 귀를 틀어막고 이불 속에 얼굴을 파묻었으며, 그곳에서 1천 킬로미터쯤 떨어진 곳으로 도망가 있고 싶었다.[52]

옷을 잘 차려입은 점잖은 사람들, 품위와 신중함과 이성을 가르치는 사람들의 모습에서 벌거벗은 두 마리 짐승이 맞붙어 싸우는 형국으로 어떻게 옮겨 갈수 있을까? 여기에는 어른들의 권위를 뒤흔들고 하늘을 암흑 속에 빠뜨리는, 어른 자신들이 초래한 어른에 대한 이의 제기가 있다. 어린아이는 종종 이 추악한 발견을 완강하게 거부한다. 아이는 "우리 부모는 그런 짓을 하지 않아"라고 표명한다. 혹은 성교에 고상한 이미지를 부여하려 애쓴다. "아이를 갖고 싶을 때는 의사한테 가서 옷을 벗고 눈을 가려요. 왜냐하면 보아서는 안 되니까요. 의사는 엄마와 아빠를 서로 맞붙여 놓고 모든 것이 잘되도록 도와줘요"라고 한 여자아이는 말했다. 이 아이는 애정 행위를 외과수술로 바꾸어 놓았다. 별로 유쾌한 일은 아니지만, 치과의사에게 치료받는 것과 같이 조금도 부끄러울 게 없는 것이다.

---

52 리프만W. Liepmann 박사의 『청춘과 섹슈얼리티 *Jeunesse et sexualité*』에서 인용

그러나 거부와 회피에도 불구하고 불안과 의혹이 아이의 마음속에 스며든다. 이 유離乳와 같은 고통스러운 현상이 일어난다. 즉, 아이를 이제 어머니의 몸에서 떼어 내는 것이 아니라, 그 주위에서 보호자의 세계가 무너져 내리는 것이다. 어린아이는 캄캄한 미래 앞에서 머리 위에 지붕 없이 완전히 혼자가 된, 버려진 자신을 발견한다. 여자아이의 불안은 자기를 짓누르는 정체불명의 저주가 어떤 것인지 정확하게 가려낼 수 없다는 것에서 더욱 심해진다. 책을 통해 입수한 정보는 일관성이 없고 모순적이다. 기술적인 설명도 어둠이 짙은 그늘을 일소시키지 못한다. 수백 가지의 질문이 쏟아진다. 성행위는 고통스러운 것일까 아니면 즐거운 것일까? 얼마 동안 지속하나? 5분간 아니면 밤새도록? 어떤 여자는 때로 한 번의 포옹으로도 엄마가 되고, 때로 몇 시간 동안 육체적 쾌락이 있고 난 뒤에도 임신하지 않는다는 내용을 읽기도 한다. 사람들은 매일 '그것을 하나' 아니면 드물게 하나? 어린아이는 성경을 읽고 사전을 뒤지고 친구들에게 물어보면서 지식을 얻으려 애쓰고, 어둠과 혐오 속에서 답을 모색한다. 이 점에 관한 흥미 있는 자료는 리프만 박사가 실시한 설문조사에 있다. 조사 대상인 젊은 처녀들이 자신의 성 입문과 관련해 제공한 몇 가지 답변은 다음과 같다.

나는 불분명하고 엉뚱한 생각을 품고 계속 방황했다. 엄마도 학교 선생님도 그 누구도 그 주제에 대해 입을 여는 사람이 없었다. 어떤 책도 그 문제를 근본적으로 다룬 것이 없었다. 처음에는 나에게 아주 자연스러워 보였던 행위 주변에 점차 일종의 위험하고 추한 신비의 막이 짜여 갔다. 열두 살의 상급생들은 자기와 우리 반 친구들 사이를 잇는 다리 하나를 놓기 위해 상스러운 농담을 이용했다. 아이들은 어디서 생기는가, 결혼식을 그렇게 요란스럽게 하는 것으로 보아 사람들이 그것을 한 번밖에 하지 못하는 것 아닌가 등등의 문제에 관해 얕은 지식을 토대로 한 아주 막연하고 불쾌한 농담이었다. 열다섯 살 때 시작된 생리는 나에게 새로운 놀라움이었다. 나는 어떻게 보면, 내 차례가 되어 원무를 추는 사람들 속에 이끌려 들어간 것이었다……

(…) 성교육! 이것은 우리 집에서 암시해서는 안 되는 표현이었다! (…) 나는 이 책 저 책을 뒤져 보았으나 어디서 찾아야 하는지 모른 채 길을 찾느라 고민하고 짜증이 났다. (…) 나는 남자 학교에 다니고 있었다. 선생님에게는 그 문제가 존재하지 않는 듯했다. (…) 마침내 오를람Horlam의 저서 『남자아이와 여자아이Garçonnet et fillette』가

나에게 진실을 전해 주었다. 그때 나는 대단히 불행했지만, 그리고 오직 에로티시즘과 섹슈얼리티만이 진정한 사랑을 구성한다는 사실을 인정하고 이해하는 데 많은 시간이 필요하긴 했지만, 나의 견딜 수 없는 짜증과 과도한 흥분 상태는 사라졌다.

내가 성에 눈뜬 과정은 다음과 같다. I. 초기의 여러 질문과 몇 개의 막연한 개념(조금도 만족스럽지 않은). 세 살 반부터 열한 살까지 (…) 그 후 수년 동안 내가 제기한 질문에 대한 답변이 없었다. 일곱 살 때, 토끼 암놈에게 먹이를 주면서 그 토끼 아래로 털 없는 새빨간 새끼 토끼들이 기어가는 것을 뜻하지 않게 보았다. (…) 동물의 경우나 사람의 경우나 새끼는 어미의 배 속에서 자라 옆구리로 나온다고 엄마가 말해 주었다. 옆구리를 통한 출생은 내게 비합리적으로 보였다. (…) 아이를 돌보는 하녀가 임신, 수태, 월경에 관해 많은 것을 이야기해 주었다. 결국 아버지에게 그의 진정한 역할에 관해서 마지막으로 질문하자, 그는 꽃가루와 암술의 모호한 이야기로 답변했다. II. 스스로 터득하기 위한 몇 가지 시도(열한 살부터 열세 살까지). 나는 백과사전 한 권과 의학서적 한 권을 꺼내 왔다. (…) 그것은 기이하고 엄청난 단어들로 형성된 이론적 지식에 불과했다. III. 습득한 지식의 정리(열세 살부터 스무 살까지). a) 일상생활에서, b) 과학적 저술에서.

여덟 살에 나는 나와 동갑인 남자아이와 자주 같이 놀았다. 한 번은 우리가 그 주제에 관해 이야기했다. 엄마가 나에게 말해 주었기 때문에, 나는 여자가 몸속에 많은 알을 지니고 있다는 것을 이미 알고 있었다. (…) 그리고 어머니가 되려는 여자가 아이를 몹시 갖고 싶어 할 때마다, 이 알들 가운데 하나에서 아이가 태어난다는 것도 알고 있었다. (…) 나의 어린 친구에게 같은 설명을 해 주었을 때, 그에게 이런 답변을 받았다. "너는 진짜 바보다! 정육점 주인과 그 아내가 아이 하나를 갖고 싶으면, 그들은 침대에 들어가 더러운 짓을 하는 거야." 나는 그 말에 분개했다. (…) 우리 집에는 그때(열두 살 반쯤 되었을 때) 하녀가 한 명 있었는데, 우리에게 온갖 종류의 추잡한 이야기를 해 주었다. 나는 부끄러웠기 때문에 엄마에게 한마디도 하지 않았다. 그러나 엄마에게 남자 무릎 위에 앉으면 어린애가 생기느냐고 물었다. 엄마는 나에게 모든 것을 가능한 한 잘 설명해 주었다.

나는 아이들이 어디서 나오는가를 학교에서 배웠고, 어떤 무시무시한 것이라는 느낌을 받았다. 대체 아기들이 어떻게 태어나는 거지? 우리는 둘 다 그것에 대해서 어찌 보면 끔찍한 생각을 하고 있었다. 특히 어느 겨울날 아침, 학교에 가는 중에 어두컴컴한 곳에서 우리에게 다가와 자기 성기를 보여 주며 "어때, 사랑스럽지 않아?"라고 말하는 어떤 남자를 함께 맞닥뜨린 후부터 그런 생각을 했다. 우리 둘의 혐오감은 말로 표현할 수 없었고, 글자 그대로 구역질이 났다. 스물한 살때까지 나는 아기들이 배꼽을 통해 세상에 나온다고 상상했다.

한 여자아이가 나를 한쪽으로 데려가 물었다. "아이들이 어디서 나오는지 알아?" 마침내 아이는 이렇게 외치기로 결심했다. "야, 넌 어쩜 그렇게 바보니! 아이들은 여자 배 속에서 나오는데, 아이들이 태어나려면 여자들이 남자들과 지독하게 역겨운 짓을 해야만 해!" 그런 다음에 아이는 나에게 몹시 역겨운 이 짓에 대해 자세히 설명했다. 나는 그와 같은 일이 일어날 수 있다는 것을 완강히 거부했기 때문에, 그 설명을 듣고 완전히 변해 버렸다. 우리는 부모님과 같은 방에서 잤다. (…) 어느 날 밤에 나는 있을 수 없다고 믿었던 일이 실제 일어나는 소리를 들었다. 그 모든 것이 나를 다른 사람으로 만들어 버렸다. 나는 끔찍한 정신적 고통을 경험했다. 나는 나 자신을, 그런 것을 벌써 알아 버린 심히 타락한 존재로 간주했다.

일관성 있는 교육조차도 문제를 해결할 수 없으리라는 것을 말해 두어야겠다. 부모와 선생들이 아무리 선의를 갖고 있다 해도 에로틱한 경험을 말과 개념으로 표현할 수 없을 것이다. 그것은 오직 체험을 통해서만 이해된다. 온갖 분석이 더 할 나위 없이 진지하다 해도 유머러스한 일면 때문에 진실을 전하는 데 실패할 것이다. 시적인 꽃의 사랑과 물고기의 결혼식에서 출발하여 병아리, 고양이, 염소를 거쳐 인류까지 올라가게 될 때, 생식의 신비를 이론적으로는 밝혀낼 수 있다. 그러나 관능과 성적인 사랑의 신비는 고스란히 남아 있다. 고요한 피를 지닌 아이에게 어떻게 애무와 키스의 즐거움을 설명할 것인가? 가족 간에는 서로 키스를 주고받고, 때로는 입술로도 주고받는다. 그런데 왜 어떤 경우에는 이 점막들의 접촉이 황홀감을 느끼게 하는가? 그것은 시각장애인에게 색채를 설명하는 것과 같다. 에로틱한 작용에 그 의미와 통일성을 부여하는 정신적 동요와 육체적 욕망의 직관이 결여되어 있는 한, 그 여러 가지 요소는 충격적이고 기괴하게 보인다. 특히 여자아이는 자기가 처녀이고 봉인되어 있으므로, 자기를 여자로 변화시키기 위해서는 남자의 성기가 자기에게 침투해야만 한다는 것을 이해할 때 반발한다. 노출증이라는 성도착이 세상에 퍼져 있어서 많은 여자아이가 발기한 페니스를 보아 왔다. 아무튼 여자아이들은 동물의 성기를 본 적이 있고, 유감스럽게도 말의 성기가 그녀들의 시선을 끄는 것은 무척 흔한 일이다. 그녀들이 그것에 대해 공포를 느낀다는 것은 쉽게 짐작이 간다. 출산에 대한 두려움, 남자 성기에 대한 두려움, 결혼한 사람들을 위협하는 '발작'에 대한 두려움, 불결한 성행위에 대한 혐오, 아무 의미 없는 행위에 대한 조롱, 그 모든 것이 여자아이가 다음과 같이 선언하도록 이끈다. "나는 절대 결혼 안 할 거야."[53] 이것이야말로 고통, 광기, 외설에 대한 가장 확실한 방어책이다. 때가 되면 처녀성 상실이나 아기를 낳는 것이 그렇게 끔찍해 보이지 않을 것이며, 수백만의 여자들이 그것을 감내해 왔고, 또한 그 때문에 건강이 별로 상하지 않는다는 것을 여자아이에게 아무리 설명하려 해도 소용이 없다. 어린아이가 외부의 사건에 공포를 느낄 때 사람들은 아이를 안심시키긴 하지만, 나중에 아이가 그것을 아주 자연스럽게 받아들일 것이라고 예언하면서 안심시키는 것은 아니다. 아이는 그때 미치광이로 길을 헤매는 미래의 자신을 상상하고 무서워하는 것이다. 번데기와 나비가 되는 애벌레의 변신은 어린아이를 불안하게 한다. 그렇게 긴 잠을 자고 난 뒤에도 여전히 같은 애벌레일까? 화려한 날개 밑에서 나비는 자신의 예전 모습을 알아볼까? 나는 번데기를 보고 몹시 놀라서 깊은 생각에 잠긴 여자아이 몇 명을 알고 있다.

하지만 어쨌든 변신은 일어난다. 여자아이 자신은 그것의 의미를 모르고 있다. 그러나 그녀는 자기와 세계와의 관계에서, 그리고 자기와 자기 신체와의 관계에서 감지할 수 없을 정도의 어떤 것이 변화하는 중이라는 것을 깨닫는다. 그녀는 지금까지 자기가 무관심했던 촉각, 미각, 후각에 민감해진다. 그녀의 머릿속에는 괴상야릇한 이미지들이 떠오른다. 그녀는 거울 속의 자신을 잘 알아보지 못한다. 자기 자신이 '괴상하게' 느껴지고, 사물도 '괴상한' 모습을 하고 있다. 리처드 휴스Richard Hughes(1900~1976)가 『자메이카의 열풍』에서 묘사한 에밀리가 바로 그러하다.

---

53 "나는 혐오감으로 가득 차서, 모성의 법칙을 전혀 따르지 않아도 되는 종교적 소명을 나에게 맡겨 주도록 신에게 간청했다. 그래서 나도 모르게 마음속에 품고 있던 불쾌한 수수께끼를 오랫동안 생각한 끝에, 신의 계시이기도 하지만, 나는 아주 큰 혐오감으로 인해 마음이 굳어져 '순결은 확실히 나의 소명이다'라는 결론을 내렸다'고 야쉬 고클레르는 『파란 오렌지』에 쓰고 있다. 특히 관통이라는 생각이 그녀를 두렵게 했다. "신혼의 밤이 끔찍한 것은 바로 그 때문이다! 이 발견은 내가 전부터 느끼고 있었던 혐오감에, 극히 고통스러운 것으로 스스로 상상해 왔던 이 작업에 대한 육체적 공포심을 더해 나를 혼란에 빠뜨렸다. 만일 내가 이런 과정을 통해 어린애를 낳는 것을 상상했다면, 나의 공포는 한층 더 커졌을 것이다. 그러나 오래전부터 아이는 어머니의 배 속에서 생겨난다고 알고 있었으므로, 나는 아이들이 배 속에서 분열되어 나오는 것이라고 믿고 있었다."

에밀리는 몸을 식히기 위해 배에 물이 차도록 앉아 있었다. 그런데 수백 마리의 작은 물고기들이 호기심 어린 입으로 그녀의 몸을 쪼아 대며 간지럽혔다. 그것은 마치 의미 없는 가벼운 키스 같았다. 최근에 그녀는 누가 자기를 만지는 것을 아주 싫어 하게 되었는데, 이것은 정말 고약한 일이었다. 그녀는 더는 참을 수가 없어 물에서 나와 옷을 입었다.

마거릿 케네디Margaret Kennedy(1896~1967)의 조화로운 테사[54]조차도 이런 기묘한 동요를 느낀다.

돌연 그녀는 몹시 불행하게 느껴졌다. 그녀의 눈은 열린 문을 통해서 파도처럼 밀려오는 달빛으로 두 동강 난 홀의 어두움을 뚫어지게 바라보고 있었다. 그녀는 견딜 수가 없었다. 그녀는 과장된 짧은 비명을 지르며 단숨에 일어났다. "오! 온 세상이 증오스러워!" 그리고 그녀는 고요한 집을 가득 채우는 듯한 서글픈 예감에 오싹해지고, 분노하며 쫓듯이 산속으로 숨기 위해 달렸다. 산길에서 비틀거리며 다시 중얼거리기 시작했다. "죽고 싶어, 죽은 사람이 되고 싶어."
그녀는 자기가 무의식중에 그런 말을 했다는 것을 알고 있었으며, 죽고 싶은 생각은 추호도 없었다. 그러나 자기의 격렬한 말이 그녀를 만족시켜 주는 것 같았다.

이미 인용한 카슨 매컬러스의 책에도 이런 불안한 순간이 길게 묘사되어 있다.

프랭키가 자신에 대해 진절머리가 나고 피로감을 느꼈던 여름이었다. 그녀는 자신을 증오하고 있었고, 부엌 안을 이리저리 어슬렁거리는 뜨내기이자 더럽고 굶주리고 가련하고 서글픈 아무짝에도 쓸모없는 사람이 되어 있었다. 게다가 범죄자였다. (⋯) 그해 봄은 끝이 안 나는 기이한 계절이었다. 사물은 변하기 시작했으나 프랭키는 그 변화를 이해하지 못했다. (⋯) 4월의 푸르른 나무와 꽃들 속에는 그녀를 슬프게 만드는 어떤 것이 있었다. 그녀는 자기가 왜 슬픈지 알 수 없었으나 그 특이한 슬픔 때문에 그 도시를 떠났어야만 했다고 생각했다. (⋯) 도시를 떠나 멀리 가 버렸어야 했다. 왜냐하면 그해에 늦봄은 무기력하고 달달했기 때문이다. 긴 오후는 천천히 흘렀고, 계절의 녹색의 감미로움이 그녀를 구역질나게 했다. (⋯) 많은 것이 갑자기 그녀를 울고 싶게 만들었다. 이른 아침 그녀는 때때로 마

---

54 *영국의 소설가 마거릿 케네디의 소설 『영원의 처녀The Constant Nymph』의 주인공

당에 나가 새벽을 바라보느라 오랫동안 머물러 있었다. 그녀의 마음속에서는 질문 같은 것이 일어났으나 하늘은 거기에 대답하지 않았다. 이전에는 그녀가 절대 주목하지 않았던 것들이 그녀의 마음을 움직이기 시작했다. 저녁 산책을 하는 동안 이 집 저 집에 켜진 불빛, 골목에서 올라오는 미지의 목소리, 불빛을 바라보고 목소리를 듣고 있노라면 그녀 속의 무언가가 기다림에서 단단해졌다. 그러나 불빛들이 꺼지고 목소리가 잠잠해지면 그녀의 기다림에도 불구하고 그게 전부였다. 그녀는 자기가 누구인지, 이 세계에서 무엇이 될 것인지, 왜 불빛 하나를 보거나 듣거나 혹은 하늘을 뚫어지게 바라보며 거기에 홀로 있는지, 느닷없이 자신에게 묻게 하는 그런 것들이 무서워졌다. 그녀는 무서워서 가슴이 이상스럽게 죄었다. (…) 그녀는 도시를 산책하면서 보고 듣는 것들이 미완성인 것 같았으며, 그녀 안에는 불안이 계속되었다. 그녀는 무엇인가를 하려고 서둘렀다. 그러나 그것은 결코 해야만 할 것이 아니었다. (…) 봄철의 긴 일몰 후에 도시 곳곳을 모두 거닐고 나면 그녀의 신경은 우울한 재즈곡처럼 떨렸고, 심장은 굳어져 멈추는 것 같았다.

이런 혼란기에 어린애에게는 여자의 몸이 되는 일이 일어난다. 주체가 유아 단계에 고착되어 머무는 선膁 장애의 경우를 제외하고 열두세 살 무렵에 사춘기의 위기가 시작된다.[55] 이 위기는 남자아이보다 여자아이에게 훨씬 일찍 시작되고, 한층 더 중요한 변화를 가져온다. 여자아이는 불안과 불쾌한 기분으로 사춘기를 맞게 된다. 유방과 모발 조직이 발달하는 시기에 때로는 자부심으로 변하는 감정이 생기긴 하지만, 근원적으로 수치의 감정이다. 아이는 갑자기 수치심을 나타내고, 자기 자매들이나 어머니에게조차 벗은 몸을 보이기를 거부하며, 공포심이 섞인 놀라움으로 자기 몸을 살핀다. 그리고 얼마 전까지도 배꼽과 마찬가지로 대수롭지 않던, 유두 밑에 나타난, 약간 통증이 있는 그 딱딱한 덩어리가 팽창하는 것을 탐색한다. 그녀는 자기 안에서 상처받기 쉬운 지점을 느끼며 불안해한다. 이 상처는 분명 불에 덴 상처로 인한 화상이나 치통보다는 가벼운 것이다. 그러나 다친 것이든 질병이든 통증이란 언제나 정상이 아니다. 젊은 여자의 가슴에는 보통 정체불명의 소리 없는 원한이 깃들어 있다. 무엇인가 일어나고 있다. 그것은 질병이 아니라 존재의 법칙 그 자체에 내포된 것이다. 하지만 그것은 투쟁이자 괴로움이기도 하다. 출생에서부터 사춘기까지 여자아이는 확실히 성장했으나, 자신이 성

---

55 우리는 본서의 제1권 1장에서 그 생리적 과정을 세밀하게 서술했다.

장하는 것을 단 한 번도 느끼지 못했다. 날마다 그녀의 눈에 그녀의 몸은 정확하고 완성된 것으로 비쳐졌다. 하지만 이제 그녀는 '형성되어 가고 있는' 것이다. 이 말 자체가 그녀에게 혐오감을 일으킨다. 생명 현상은 균형을 찾아내고, 싱싱한 꽃이나 윤기가 흐르는 짐승의 고정된 모습을 갖고 있을 때만 비로소 안심할 수 있는 것이다. 그러나 여자아이는 자기 가슴의 발아發芽 속에서 '살아 있는'이라는 말의 모호함을 느낀다. 그녀는 금도 다이아몬드도 아닌, 그 한가운데서 불순한 연금술이 일어나는 유동적이고 불확실하고 기이한 물질이다. 그녀는 명주실 타래같이 펼쳐져 있는 머릿결에 익숙해 있다. 그러나 겨드랑이와 하복부의 이 새로운 발모發毛는 그녀를 짐승이나 해초로 변신시키는 것 같다. 이런 것에 대해 다소 알고 있었다 할지라도 그녀는 이런 변화 속에서 자기를 자기 자신으로부터 끌어내는 어떤 결정적인 것을 예감한다. 그녀는 지금 자기 하나만의 존재 시기를 넘어서는 생명의 순환에 던져져 있다. 그녀는 남자에, 자식에, 무덤에 자기를 바치고 있는 종속성을 짐작한다. 유방은 그 자체로는 무용하고 제멋대로의 세포증식처럼 보인다. 지금까지는 팔, 다리, 피부, 근육, 둥근 엉덩이조차 모든 것이 각각 분명한 용도가 있었다. 다만 배뇨 기관으로 정의된 성기만이 조금 수상했으나 숨겨져 있어서 타인에게 보이지 않았다. 그런데 유방은 스웨터 아래서도 블라우스 아래서도 드러난다. 그래서 자기와 하나라고 여겼던 이 육체가 이제 그녀에게 새롭게 보이게 된다. 즉, 그것은 타인들이 눈여겨 바라보고 또 그들 눈에 띄기도 하는 대상이다. "2년 동안 나는 가슴을 감추기 위해서 케이프를 착용하고 다녔어요. 그만큼 나는 가슴이 부끄러웠어요"라고 어떤 여자가 내게 말했다. 또 한 여자는 이렇게 말했다. "나보다 빨리 성숙한 내 동년배의 여자 친구가 공을 줍기 위해서 몸을 굽혔을 때, 그녀의 벌어진 옷깃 사이로 이미 무겁게 늘어진 두 개의 유방을 알아보았을 때, 내가 느낀 기이한 혼란을 지금도 기억하고 있어요. 내 몸과 아주 비슷한 그 몸을 통해서, 그리고 그녀의 몸을 닮아 가는 내 미래의 몸을 상상하니 얼굴이 붉어졌어요." "열세 살에 나는 짧은 치마를 입고 다리를 드러낸 채 산책하고 있었어요"라고 다른 여자가 내게 말했다. "한 남자가 나의 장딴지가 굵다고 비웃으며 말하더군요. 이튿날 엄마는 내게 스타킹을 신게 하고 치마 길이를 늘여 주었어요. 그러나 나는 내가 **보였다는 것**을 돌연 느꼈을 때 받은 충격을 결코 잊지 못할 거예요." 여자아이는 자기 몸이 자기에게서 벗어나는 것을 느낀다. 그녀의 몸은 이제 더는 그녀 개인의 명확한 표현이 아니다. 그녀의 몸은 그녀에게 낯선 것이 된다. 그와 동시에 그녀는 타인에 의해 하나의 물체로서 파악된다. 즉, 거리에서 사람들은 그녀를 눈으로 좇으며 그녀의 몸매에 대해 논평한다. 그녀는 자신이 보이지 않기를 바란다. 그녀는 육체가 되는 것을 두려워하고, 자신의 육체가 보이는 것을 두려워한다.

이런 혐오감은 많은 젊은 처녀에게 여위고자 하는 의지로 나타난다. 그래서 그녀들은 더 이상 먹으려 하지 않는다. 억지로 먹이면 토해 버린다. 끊임없이 체중에 유의한다. 다른 처녀들은 병적으로 소심해진다. 객실에 들어가거나 거리에 나가는 것조차 고문이 된다. 거기에서 때로 정신병이 발전되기도 한다. 자네Pierre Janet(1859~1947)[56]가 『강박관념과 신경쇠약Les Obsessions et la psychasthénie』에서 묘사한 환자 나디아의 경우가 전형적인 예다.

나디아는 부유한 가정의 젊은 처녀로 뛰어나게 총명했다. 우아하고 예술적인 그녀는 특히 훌륭한 음악가였다. 그러나 어릴 때부터 고집이 세고 성질이 급했다. "그녀는 엄청나게 사랑을 받고 싶어 했고, 모든 사람의, 부모의, 자매의, 하인들의 맹목적인 사랑을 요구했다. 그러나 그녀가 약간의 애정을 얻는 즉시 어찌나 억지를 부리고 안하무인격으로 행동했던지, 사람들은 이내 그녀에게서 멀어져 갔다. 사촌들은 그녀의 끔찍하게 예민한 성격을 고쳐 주려고 놀려 댔는데, 그것이 그녀에게 수치심을 주었다. 그 수치심은 그녀의 몸 위에 제한되었다. 한편, 사랑받고자 하는 그녀의 욕구는 어린아이로 남아 있고 싶다는, 사람들에게 귀염받고 모든 것을 요구할 수 있는 여자아이가 되고 싶다는 욕망을 불러일으켰다. 한마디로 성장에 대한 생각이 그녀에게 공포를 불러일으켰다. 때 이른 사춘기의 도래는 성장의 공포에 수치의 공포를 뒤섞어 사태를 특이하게 악화시켰다. 즉, 남자들이 뚱뚱한 여자를 좋아하기 때문에 언제나 말라깽이로 남아 있고 싶다는 것이다. 음모와 가슴의 발달에 대한 공포가 앞선 공포에 더해졌다. 열한 살 때부터 짧은 치마를 입은 그녀는 모든 사람이 자신을 쳐다보는 것 같았다. 긴 치마를 입혔을 때는 자기 발과 볼기 부위 등을 부끄러워했다. 초경은 그녀를 반쯤 실성하게 했다. 음모가 자라기 시작하자 이런 기괴함을 가진 사람은 세상에서 자기 혼자뿐이라고 확신했고, '이런 미개인의 장식을 없애기 위하여' 제모를 하느라 스무 살까지 애를 먹었다. 가슴 발달은 이런 강박관념을 악화시켰는데, 왜냐하면 그녀는 항상 비만을 끔찍스러워 했기 때문이다. 그녀는 다른 사람의 비만은 싫어하지 않았으나, 자기에게는 결함이 될 것으로 생각했다. "나는 내가 예쁘기를 바라지는 않았지만, 만약 뚱뚱해진다면 너무나 *치욕스럽고* 혐오감을 일으킬 것이다. 만약 불행하게도 내가 살이 찐다면 나는 더 이상 누구에게도 감히 내 모습을 보이지 못할 것이다." 그래서 그녀는 성장하지 않을 모든 수단을 세우기 시작했다. 신중에 신중을 기하며 사는 한편, 자신을 맹세로 구속하고 주술에 걸었다. 다섯 번이든 열 번이든 기도를 다시 시작하고, 한 발로 다섯 번이나 뛰겠다고 맹세했다. "내가 만일 한 곡조에서 네 번의 같은 피아노 음을 치면, 나는 자라나도 좋고 더는 누구에게도 사랑받지 않아도 좋아." 그녀는 마침내 먹지 않기로 했다. "나는 언제까지나 어린 소녀로 남아 있고 싶었기 때문에, 살찌는 것도, 크는 것도, 어른을 닮는 것도 원치 않았다." 그녀는 음식을 더 이상 일체 입에 대지 않겠다고 엄숙하게 맹세했다. 이 맹세는 어머니의 애원에 못 이겨 오래가지 못했다. 하지만 그 후에도 몇 시간씩 무릎을 꿇고 서약서를 쓰고 찢어 버리기를 반복하는 그녀의 모습을 목격할 수 있었다. 열여덟 살에 어머니가 돌아가신 후, 그녀는 다음과 같은 섭생을 자신에게 과했다. 맑은 스프 두 그릇, 달걀노른자 하나, 큰 수저로 식초 한 숟갈, 레몬 한 개를 통째로 갈아 넣은 차 한 잔. 이것이 그녀가 하루에 섭취하는 전부였다. 허기가 그녀를 집어삼켰다. "때로 나는 온통 먹을 것만 생각하면서 몇 시간을 보낼 만큼 배고팠다. 나는 침을 삼켰고, 손수건을 씹어 댔으며, 바닥에 나뒹굴었다. 그만큼 몹시 허기졌다." 그러나 그녀는 유혹에 저항했다. 그녀는 예뻤는데도 자기 얼굴이 부었고 여드름투성이라고 우겼다. 의사가 그런 것은 눈에 띄지 않는다고 단언하면, 의사는 그것을 알 수 없다며 '피부와 살 사이에 있는 여드름을 알아볼' 줄 모른다고 말했다. 그녀는 결국 가족과 헤어져 조그만 아파트에 칩거하며 간호사와 의사 외에 아무도 만나지 않았다. 그녀는 단 한 번도 외출하지 않았고, 아버지의 방문만을 어렵게 받아들였다. 어느 날 아버지는 그녀에게 안색이 좋아졌다고 말했다. 그러나 이것이 그녀의 병세를 악화시켰다. 그녀는 살이 찐 얼굴, 윤기 있는 안색, 살집 있는 근육을 갖게 될까 봐 무서웠다. 그녀는 거의 대부분을 어둠 속에서 살 만큼 사람들에게 보이거나 혹은 *사람들 눈에 드러나*는 것조차 견딜 수 없었다.

대부분은 부모의 태도가 여자아이에게 신체적 외모에 대해 수치심을 갖게 한다. 어떤 여자는 이렇게 고백하고 있다.[57]

---

57 슈테켈, 『불감증의 여자 *La Femme frigide*』

나는 집에서 늘 들어오던 말들 때문에 신체적으로 심한 열등감에 시달렸다. (…) 어머니는 극도의 허영심에서 나를 언제나 유난히 돋보이게 하려고 했는데, 나의 결점인 처진 어깨, 너무 살찐 허리, 너무 납작한 엉덩이, 지나치게 풍만한 가슴 등등을 감추기 위해서 양재사에게 항상 감당할 수 없을 정도의 주문을 덧붙였다. 몇 년 동안은 나의 목이 굵어졌다는 이유로 어머니가 나에게 목을 드러내지 못하게 했다. (…) 나는 무엇보다 사춘기 때 몹시 못생겼던 발 때문에 자존심이 상했고, 사람들은 걸음걸이 때문에 나를 귀찮게 했다. (…) 그 모든 것에는 분명 뭔가 진실이 있었으나 사람들은 나를 너무나 불행하게 만들었고, 특히 내가 '말괄량이'였기 때문에 그랬던 것 같다. 때로는 내가 어찌나 주눅이 들었던지 어떻게 행동해야 할지 전혀 알 수가 없었다. 나는 누군가를 만날 때 항상 처음에 "발만 감출 수 있다면"이라는 생각을 한다.

이런 수치심은 여자아이를 서투르게 행동하고 걸핏하면 얼굴이 붉어지게 한다. 얼굴이 붉어지면 그녀의 수줍음은 더 커지고, 결국 얼굴 붉어짐 자체가 병적 공포의 대상이 된다. 슈테켈은 특별히 한 여자의 경우를 이야기해 준다.[58] "소녀 때 그녀는 아주 병적이고 심하게 얼굴이 붉어져서 1년 동안 이가 아프다는 핑계를 대고 얼굴 주위에 반창고를 붙였다."

전사춘기前思春期라 부를 수 있는 월경이 시작되기 이전의 시기에 여자아이는 아직 자기 몸에 대한 혐오감을 느끼지 않는다. 그녀는 여자가 되는 데 자부심을 느끼고, 자기 가슴이 성숙하는 것을 만족스럽게 살피며, 웃옷 속에 손수건을 넣어 부풀게 하고 손위 여자들 옆에서 뽐낸다. 그녀는 자기 안에서 일어나는 현상의 의미를 아직 파악하지 못한다. 그러다가 초경이 그녀에게 그 의미를 드러내면서 수치심이 나타난다. 수치심이 이미 존재했다면 이때부터 확고해지고 두드러져 보인다. 모든 증언은 다음과 같은 점에서 일치하고 있다. 즉, 여자아이가 월경에 대해 알고 있었든 모르고 있었든 간에, 그것은 언제나 그녀에게 불쾌하고 굴욕적인 사건이다. 어머니가 그것에 대해 미리 알리기를 소홀히 하는 것은 아주 흔한 일이다.

사람들은 어머니들이 딸에게 월경의 비밀보다는 임신과 출산의 비밀, 심지어는 성교의 비밀을 더 기꺼이 밝힌다는 사실에 주목했다.[59] 그것은 어머니들 자신

58 슈테켈, 『불감증의 여자』
59 H. 도이치가 『여성의 심리』에서 인용하는 데일리Daly와 채드윅Chadwick의 작업 참조

이 여성의 예속을 혐오하고 있기 때문이다. 이 혐오는 남자들에 대한 지난날의 비의적 공포를 반영하는 것으로, 어머니들이 자손들에게 전달하는 혐오이기도 하다. 여자아이는 속옷에서 수상한 얼룩을 발견하면, 자신이 설사나 치명적인 출혈이나 부끄러운 병에라도 걸린 것처럼 믿는다. 1896년에 헤블록 엘리스가 보고한 설문조사에 의하면, 미국 고등학생 125명 가운데 36명이 초경 때에 그것에 대해 전혀 모르고 있었고, 39명이 막연한 지식을 가지고 있었다. 다시 말해 그들 가운데 반수 이상은 무지했다. 헬렌 도이치의 말에 따르면, 1946년에도 상황은 별로 변한 것이 없었다. 헤블록 엘리스는 자신이 '알 수 없는 병'에 걸렸다고 믿었기 때문에 생투앙에서 센강에 투신한 어떤 소녀의 경우를 인용하고 있다. 슈테켈 역시 「한 어머니에게 보내는 편지」에서 월경의 출혈에서 영혼을 더럽히는 부도덕함의 표시와 응징을 보고서 자살을 기도한 어떤 여자아이에 관해 이야기한다. 소녀가 공포를 느끼는 것은 당연하다. 왜냐하면 생명이 그녀에게서 빠져나가는 것처럼 보이기 때문이다. 클라인과 영국의 정신분석학파에 따르면, 피는 소녀의 눈에 내장기관의 상처를 나타낸다는 것이다. 신중한 조언들 덕분에 지나치게 큰 불안을 품지 않게 된 경우에도, 그녀는 부끄러워하며 자신이 더럽다고 느낀다. 그래서 세면대로 급히 달려가 더러워진 속옷을 세탁하거나 감추려고 애쓴다. 콜레트 오드리의 저서 『추억의 관점에서』에 이 경험에 대한 다음과 같은 전형적인 이야기가 실려 있다.

이런 흥분의 절정에서 난폭한 드라마는 막을 내렸다. 어느 날 저녁, 옷을 벗으면서 나는 병에 걸렸다고 생각했다. 나는 두렵지 않았고, 이튿날이면 나을 것이라는 희망 속에서 아무것도 이야기하지 않기로 했다. 4주 후에 병이 재발했는데 이번에는 더 심해졌다. 나는 아주 조용하게 욕실로 가서 문 뒤에 있는 빨래 바구니에 팬티를 벗어 던졌다. 몹시 더운 날이라 복도의 마름모꼴 무늬로 장식된 타일이 맨발 밑에서 미지근하게 느껴졌다. 내가 돌아와서 침대에 들어갈 때, 엄마가 내 방문을 열었다. 그녀는 나에게 그것에 관해 설명해 주기 위해 온 것이었다. 나는 그 순간에 그녀의 말이 일으킨 효과를 기억할 수 없다. 그러나 엄마가 속삭이고 있는 동안에 카키가 갑자기 머리를 들이밀었다. 그 둥글고 호기심 많은 얼굴을 보자 나는 기겁했다. 내가 나가라고 소리 지르자 아이는 겁을 먹고 사라졌다. 나는 엄마에게 당장 가서 카키를 때려 주라고 애원했다. 왜냐하면 그녀가 방에 들어오기 전에 노크하지 않았기 때문이다. (…) 어머니의 차분함, 다 알고 있다는 듯이 조용히 행복해하는 그녀의 태도는 나를 완전히 혼란에 빠뜨렸다. 어머니가 내 방에서 나간 뒤에 나는 황량한 어둠 속에 잠겨 버렸다.

갑자기 두 가지 추억이 되살아났다. 몇 달 전에 카키와 산책에서 돌아오는 길에 엄마와 나는 나무꾼처럼 건장하고, 덥수룩한 하얀 턱수염의 프리바 노의사를 만났다. 그는 나를 바라보면서 "따님이 많이 컸군요, 부인"이라고 말했다. 그 순간 나는 까닭 없이 그를 증오했다. 그로부터 얼마 후, 엄마는 파리에서 돌아와 서랍장 속에 새로 산 작은 수건 한 다발을 넣어 두었다. "그게 뭐야?" 카키가 물었다. 엄마는 진실의 4분의 3은 감추고 일부만을 밝히는 어른들의 그런 자연스러운 태도로, "콜레트를 위한 거야, 조만간"이라고 말했다. 나는 단 한마디도 물어볼 용기가 없어서 잠자코 엄마를 증오했다.

그날 밤 내내 나는 침대에서 몸을 이리저리 뒤척였다. 그럴 리가 없었다. 나는 잠에서 깨어나려 했다. 엄마는 착각한 것이다. 그 일은 지나갈 거고 이제 다시 시작되지 않을 것이다. (…) 이튿날 남모르게 변해 버려 더러워진 나는 다른 사람들을 대면하지 않으면 안 되었다. 나는 앙심을 품은 채 동생을 바라보았다. 왜냐하면 그녀가 아직 모르고 있었기 때문에, 그리고 자기도 모르는 사이 갑자기 나에 대해 압도적 우위를 차지하게 되었기 때문이다. 또한, 나는 그 일을 절대 겪지 않으면서도 그것을 알고 있는 남자들을 증오하기 시작했다. 그리고 그것을 운명이라고 여기며 그토록 침착하게 받아들이고 있는 여자들도 몹시 미워했다. 나에게 일어난 일을 그녀들이 안다면 모두 기뻐할 것이라고 나는 확신했다. "드디어 네 차례가 왔구나"라고 그녀들은 생각할 것이다. 나도 한 여자아이를 보면, 저 아이도 곧 그렇게 되겠구나 하고 생각했다. 그리고 또 다른 저 아이도. 세상이 나를 놓아주지 않았다. 나는 걷는 것도 거북하고, 감히 뛰어가지도 못했다. 대지도, 태양에 뜨거워진 녹음도, 음식물도 수상한 냄새를 풍기는 것만 같았다. (…) 위기가 지나가자 그 위기가 다시는 재발하지 않으리라는, 모든 상식에 어긋나는 희망을 다시 품었다. 한 달 후에 나는 명백한 사실을 인정해야만 했고, 이번에는 망연자실한 채 그 재난을 결정적으로 인정하지 않을 수 없었다. 그 후 나의 기억 속에는 '이전'이 있게 되었다. 나의 여생은 이제 '이후'에 불과한 것이 될 것이었다.

대부분의 여자아이에게 상황은 비슷하다. 여자아이들은 몹시 두려워서 자신의 비밀을 주위 사람들에게 알리지 않는 경우가 많다. 한 친구는 나에게 이야기하기를, 자기가 어머니 없이 아버지와 여자 가정교사 사이에서 살았기 때문에 생리한다는 것이 발각되기 전까지 자기의 더러워진 속옷을 감추면서 석 달 동안을 공포와 수치 속에서 보냈다고 한다. 동물의 삶의 가장 가차 없는 측면들을 알고 있으므로 단련되었을 거라고 생각되는 농촌 여자들까지도, 월경이 시골에서 아직도 금기의 성격을 띠고 있는 이유로 인해 이런 저주에 공포를 느끼고 있다. 고백하기 어려운 비밀을 감추기 위해서, 겨울 한 철 내내 얼음이 언 개울물에 남몰래 자기 속옷을 빨아 젖은 옷을 다시 입는 한 젊은 농촌 아낙을 나는 본 일이 있다. 이와 유사한 사실을 100건도 인용할 수 있을 것이다. 이 놀라운 불행을 고백한다고 해도 해방감을 느끼는 것은 아니다. "멍청이! 머리에 피도 안 마른 것이" 하며 딸의 뺨을 사납게 때리는 그런 어머니는 아마 예외겠지만, 기분 나쁜 표정을 짓는 어머니가 적지 않을 것이다. 어머니 대부분이 아이에게 충분한 설명을 하지 않아, 아이는 초경의 위기가 시작되는 새로운 상태를 목전에 두고 불안에 가득 차 있게 된다. 아이는 미래가 자기에게 또 다른 뜻하지 않은 고통을 예비해 두고 있지 않을까 전전긍긍한다. 혹은 이제부터는 단순히 남자와 함께 있거나 접촉만 해도 임신할 수 있을 거라고 상상하며, 남자들에 대해 진정 극도의 공포를 느낀다. 이해할 만한 설명을 해서 불안을 덜어 준다고 하더라도 아이에게 그리 쉽사리 마음의 평안을 안겨주지는 못한다. 이전에 여자아이는 조금은 기만적으로 자기를 무성적無性的 존재라고 생각할 수 있었고, 생각하지 않을 수도 있었다. 아이는 어느 날 아침에 깨어 보니 자기가 남자로 변해 있었다고 공상하는 일까지 있다. 그러나 지금 어머니들과 숙모들은 흐뭇한 표정을 지으며 "이제 다 큰 처녀가 되었네" 하며 속삭인다. 부인협회가 승리한 것이다. 왜냐하면 여자아이가 그녀들에게 속하게 되었기 때문이다. 이제 아이는 속절없이 여자들 쪽에 서게 되었다. 여자아이가 그 사실에 대해 자랑스럽게 여기는 예도 있다. 이제 자기도 어른이 되어 자신의 삶에 커다란 변화가 일어날 것으로 생각한다. 예를 들어 티드 모니에Thyde Monnier(1887~1967)[60]는 다음과 같이 이야기한다. [61]

우리 가운데 몇 명이 방학 동안에 '다 큰 처녀'가 되었다. 다른 애들은 학교에서 그렇게 되어서, 우리는 그 애들이 신하를 맞이하는 여왕처럼 앉아 있었던 학교 화장실에 차례대로 '피를 보러' 갔었다.

---

60 *민중주의 작가에 속하는 프랑스 여성 소설가
61 『자아*Moi*』,

그러나 여자아이는 곧 실망한다. 왜냐하면 아무런 특권도 얻지 못하고 인생이 그저 흘러가고 있다는 것을 깨닫기 때문이다. 단 한 가지 새로운 것은 불결한 사건이 매달 반복된다는 것이다. 자신들이 이런 운명에 처했다는 것을 알았을 때, 몇 시간이고 계속 우는 여자아이들도 있다. 그녀들의 반감을 더욱 악화시키는 것은 이런 수치스러운 결함이 남자들에게도 이미 알려져 있다는 사실이다. 그녀들은 적어도 여성의 굴욕적인 조건이 남자들에게는 신비로 둘러싸여 있기를 바란다. 그러나 아버지, 남자 형제들, 사촌들, 남자들이 모두 알고 있을 뿐만 아니라 때로는 놀리기까지 한다. 여자아이가 너무나 성적인 자기의 신체에 대해 혐오감을 느끼고 또 그 감정이 과도해지는 것도 바로 이때다. 최초의 놀라움이 지나간다고 해도, 매달 생기는 불쾌감은 좀처럼 지워지지 않는다. 소녀는 자기 몸에서 올라오는 역겨운, 괴어서 썩은 냄새 – 늪이나 시든 제비꽃 냄새 – 앞에서, 어릴 때 입은 찰과상에서 흘러나오던 피처럼 빨갛지도 않은 되레 그보다 더 수상한 피를 앞에 두고 매번 똑같은 혐오감을 느낀다. 낮이나 밤이나 그녀는 옷 갈아입는 것을 생각해야 하고, 속옷과 침대 시트를 살펴보아야 하며, 수천 가지의 사소하고 실제적이며 귀찮은 문제들을 해결해야 한다. 절약하는 가정에서는 위생 수건을 매달 빨아서 손수건 더미 사이에 챙겨 두어야 한다. 그러므로 그녀는 자기 몸에서 나온 배설물이 묻은 것을 빨래하는 사람, 즉 세탁부·어머니·언니의 손에 넘겨야만 한다. 약국에서 '동백', '에델바이스' 같은 꽃 이름이 쓰여 있는 상자에 담아 파는 붕대 종류는 사용한 후 버리는 것이다. 그러나 여행 중이나 휴양지의 시골집이나 소풍 갔을 때, 화장실 변기에서는 그것의 사용을 명백하게 금지하고 있어서 처리하기가 쉽지 않다. 『정신분석적 일기*Journal psychanalytique*』[62]에서 어린 여주인공은 위생 수건에 대한 공포를 묘사하고 있다. 그녀는 생리 중에는 어두운 곳에서가 아니면 자기 언니 앞에서조차 옷을 벗으려 하지 않는다. 이 거북하고 거추장스러운 물건은 격렬한 운동 중에 벗겨지는 수가 있다. 이는 길 한가운데서 자기 팬티를 잃어버리는 것보다 더 심한 굴욕이다. 이런 끔찍한 상념은 때로 정신쇠약증을 유발하기도 한다. 초반의 출혈은 모르고 지나갈 수 있지만, 불안과 통증이 종종 출혈 후에 시작되기도 한다. 생리 불순은 소녀에게 흔히 일어난다. 산책 중에, 길에서, 친구 집에서 느닷없이 생리가 시작될 수도 있다. 소녀들은 –

---

62 클라라 말로Clara Malraux가 번역한 책

슈브뢰즈Chevreuse 부인처럼[63] – 자기 옷이나 좌석을 더럽힐 위험이 있다. 그런 가능성 때문에 끊임없이 전전긍긍하며 사는 여자들도 꽤 있다. 소녀가 이런 여성의 결함에 대해 혐오를 느끼면 느낄수록, 어쩌다가 혹은 남모르게 무서운 치욕을 당하지 않도록 주의하면서 그것에 더욱더 신경을 쓰지 않을 수 없게 된다.

청소년의 섹슈얼리티에 관한 설문조사를 하는 동안 리프만 박사[64]가 이 점에 관해서 얻은 일련의 답변은 다음과 같다.

열여섯 살에 처음으로 생리를 했는데, 어느 날 아침에 그것을 확인하고서 나는 몹시 두려웠다. 사실 언젠가는 그것이 오고야 말리라는 사실을 알고 있었다. 하지만 너무 부끄러워서 반나절이나 누운 채로 있었고, 어떠한 물음에도 "일어날 수가 없어요"라는 대답밖에 하지 못했다.

열두 살이 채 못 되어 처음으로 생리를 했을 때, 나는 놀라서 말문이 막힌 채 있었다. 나는 겁에 질렸고, 어머니는 나에게 달마다 있는 것이라고 한마디로 딱 잘라 말해 주었을 뿐이다. 그 때문에 나는 그것을 아주 불결한 것으로 간주했고, 남자들에게는 일어나지 않는다는 사실을 인정하지 않았다.

이런 일이 있자 어머니는 나에게 성교육을 해 주기로 결심했다. 동시에 월경에 관해서도 가르쳐주었다. 나는 생리를 시작하자 기쁨에 환하게 빛나는 얼굴로 아직 자고 있는 어머니에게 달려가, "엄마, 나 그게 시작됐어!"라고 외치며 어머니를 깨웠다. "그것 때문에 나를 깨우는 거니?" 어머니의 반응은 그게 전부였다. 아무튼 나는 그 일을 내 삶의 진정한 격변으로 간주했다.

내가 처음으로 생리를 시작했을 때, 몇 분이 지나도 출혈이 멈추지 않는 것을 확인하고는 가장 끔찍한 공포에 떨었다. 그런데도 내가 그것에 대해서 누구에게도, 심지어 어머니에게도 단 한마디 하지 않았다. 내가 막 열다섯 살이 되었을 때였다. 게다가 고통도 별로 느끼지 못했다. 단 한 번, 어쩌나 무시무시한 통증이 있었던지 실신한 채 나의 방바닥에 3시간 가까이 쓰러져 있었다. 그러나 그

63 프로이트의 난亂 중에 남자로 변장한 슈브뢰즈 부인은 말을 오랫동안 탄 뒤에 말안장에 묻은 피 얼룩이 발견되어 정체가 탄로 났다.

64 W. 리프만 박사, 『청춘과 섹슈얼리티』 참조

때도 나는 아무 말을 하지 않았다.

처음으로 생리를 했을 때가 거의 열세 살이었다. 나는 반 친구들과 이미 그것에 관해서 이야기한 적이 있어서, 이제 내 차례가 되어 어른이 된다는 것을 무척 자랑스럽게 느꼈다. 나는 아주 거만스럽게, 오늘은 몸이 좋지 않아서 수업에 참여할 수 없다고 체육 선생님에게 말했다.

나에게 그것을 가르쳐준 사람은 어머니가 아니었다. 어머니는 열아홉 살이 되어서야 생리를 시작했고, 속옷을 더럽혀 꾸중을 들을까 겁이 나서 그것을 묻으러 밭으로 갔다고 한다.

열여덟 살이 되어서 처음으로 생리를 했을 때,[65] 나는 아무런 사전 지식이 없었다. (…) 그날 밤, 심한 복통을 수반한 많은 출혈이 있었고, 한순간도 잘 수가 없었다. 아침이 되자마자 나는 두근거리는 가슴으로 어머니에게 달려가 계속 흐느끼며 조언을 구했다. 그러나 "좀 더 일찍 알아차려서 시트와 침대를 더럽히지 말았어야 할 거 아니냐" 하는 가혹한 질책만 들었다. 월경에 대한 설명 대신 이 말이 전부였다. 나는 당연히 내가 무슨 죄를 지었는지 알기 위해 머리를 쥐어짰고, 무시무시한 불안에 휩싸였다.

나는 그것이 어떤 것인지 이미 알고 있었다. 그래서 그것을 학수고대하기까지 했다. 왜냐하면 어머니가 나에게 아이들이 만들어지는 방법을 가르쳐주리라 기대하고 있었기 때문이다. 드디어 바로 그날이 왔다. 그러나 어머니는 침묵을 지켰다. 그래도 나는 아주 기뻤고, 나 자신에게 이렇게 말했다. "이제 너도 아이들을 만들 수 있어. 너도 한 사람의 어엿한 여자야."

이런 위기는 여자아이가 아직 마음이 여린 어린 나이에 나타난다. 남자아이는 열대여섯 살경에나 겨우 사춘기에 도달한다. 반면 여자아이가 여자로 되는 것은 열서네 살 무렵이다. 그러나 그들 경험의 본질적 차이는 나이에서 오는 것이 아니다. 또한, 차이는 소녀의 경우 자신에게 소름끼치는 충격을 주는 생리적 현상 속에 존재하는 것도 아니다. 사춘기는 남녀에게 근본적으로 다른 의미를 띠고 있

---

65 베를린에 사는 한 가난한 가정의 딸의 경우

다. 왜냐하면 사춘기는 그들에게 같은 미래를 예고하지 않기 때문이다.

확실히 소년들도 사춘기에 이르면 자기의 육체를 당혹스러운 존재로 느낀다. 그러나 유년기부터 남자다움을 자랑스러워했기 때문에 남자다움으로 향하는 자기 형성 시기를 의기양양하게 넘긴다. 그들은 자기들을 남자로 만드는 다리에 난 털을 서로에게 자랑스럽게 내보인다. 그 어느 때보다도 더욱 그들의 성기는 비교와 도전의 대상이 된다. 어른이 된다는 것, 그것은 남자들을 주눅 들게 하는 변신이다. 책임이 따르는 자유가 예고될 때, 많은 청소년이 불안을 느낀다. 그러나 그들은 희열을 느끼면서 남자의 위엄에 도달한다. 이와 반대로 여자아이는 어른으로 변신하기 위해서 여성성이 강요하는 한계에 갇혀 있어야만 한다. 소년은 돋아나기 시작한 털에서 무한한 약속을 발견하고 찬미한다. 소녀는 자기 운명을 가로막는 '갑작스럽고 출구 없는 드라마'에 맞닥뜨려 혼란스러워하며 어찌할 바를 모른다. 페니스가 사회적 맥락에서 그 특권적인 가치를 끌어내는 것과 마찬가지로 월경을 하나의 불운으로 만드는 것 또한 사회적 맥락이다. 페니스는 남성성을, 월경은 여성성을 상징한다. 여성성이 타성他性과 열등함을 의미하기 때문에, 그것이 드러났을 때 치욕적인 일로 받아들여진다. 소녀의 삶은 그녀에게 언제나 이 인지되지 않는 본질에 의해 결정되는 것처럼 보였다. 페니스가 없다는 사실이 그 본질에 명확한 형태를 부여하지는 못하고 있었다. 그런데 허벅지 사이로 흘러 나오는 붉은 피 속에서 발견되는 것이 바로 그 본질이다. 이미 소녀가 자기의 조건을 받아들였다면, 그녀는 그 사건을 기쁘게 맞이한다……. "이제 너는 어엿한 여자가 되었다." 만일 그녀가 자기 조건을 항상 거부했다면, 핏빛 선고宣告는 그녀를 아연실색하게 한다. 대개 소녀가 망설이고 있을 때, 월경의 오염은 그녀를 혐오와 공포 쪽으로 기울게 한다. "여자가 된다는 의미가 바로 이것이었구나!" 지금까지 막연하게 외부로부터 짐이 되어 온 숙명, 그것은 그녀의 배 속에 도사리고 있다. 달아날 방법이 없다. 그녀는 쫓기고 있는 느낌이다. 성적으로 평등한 사회에서라면 소녀는 월경을 단지 성인의 삶에 도달하는 여성의 특별한 방식으로만 생각했을 것이다. 인간의 육체는 남자든 여자든, 이보다 더 혐오스러운 많은 구속을 경험한다. 하지만 그들은 그것을 쉽게 있는 그대로 받아들인다. 왜냐하면 그것이 모두에게 공통된 것이어서 누구에게도 결함으로 나타나지 않기 때문이다. 월경이 소녀에게 끔찍스러운 것으로 여겨지는 것은 그녀를 열등하고 훼손된 범주 속으로 던져 넣기 때문이다. 이런 실추의 감정이 그녀를 무겁게 짓누른다. 그녀가 인간으로서의 자존심을 잃지 않는다면, 피 흘리는 자기의 육체에 대해 자부심을 간직할 것이다. 그리고 만약 그녀가 이 인간으로서의 자존심을 보존하는 데 성공한다면, 그녀는 자기 육체에 대한 굴욕을 훨씬 덜 느끼게 될 것이다. 운동·사회·학문·종교 등의 활동 분야에서 초월의 길을 개척해 나가는 여성은 여자라는 사실에서 훼손된 것을 보지 않을 것이며, 또한 그것을 쉽게 극복할 것이다. 만약 이 시기에 소녀가 매우 흔하게 정신병의 징후를 나타낸다면, 그것은 자기를 상상할 수 없는 시련에 처하게 하는 무거운 숙명 앞에서 자신이 무방비 상태라고 느끼기 때문이다. 그녀의 여성성은 그녀가 보기에 질병이나 고통, 죽음을 의미하고, 그녀는 이런 운명에 꼼짝없이 사로잡히게 된다.

이런 불안과 번민을 여실히 보여 주는 한 사례로, H. 도이치가 묘사한 환자 몰리에게서 찾아볼 수 있다.

몰리는 열네 살 때부터 정신질환을 앓았다. 그녀는 오남매 중에 넷째였다. 아버지는 매우 엄해서 식사 때마다 딸들을 나무랐고, 어머니는 행복하지 못했으며, 부모는 자주 서로 말하지 않았다. 오빠 한 명은 가출했다. 몰리는 재주가 뛰어났고 탭댄스를 아주 잘 추었지만, 소심해서 집안 분위기를 고통스럽게 느꼈다. 그녀는 남자아이들을 무서워했다. 그녀의 언니는 어머니의 반대를 무릅쓰고 결혼했고, 몰리는 언니의 임신에 큰 관심을 가졌다. 언니는 겸자鉗子를 사용해야만 하는 난산을 했다. 그에 대해서 자세히 알고 있었고, 또 아이를 낳다가 종종 죽기도 한다는 것을 알게 된 몰리는 심한 충격을 받았다. 그녀는 두 달 동안 갓난아기를 돌보았다. 언니가 집을 나가자 어머니가 기절하는 무서운 소란이 있었다. 몰리도 기절했다. 그녀는 학교 친구들이 교실에서 기절하는 것을 보았고, 죽음과 기절에 관한 생각이 그녀의 머리를 떠나지 않았다. 생리를 처음 시작했을 때 당황한 기색으로 어머니에게 "그게 나왔어"라고 말했고, 언니와 함께 위생 수건을 사러 갔다. 길에서 한 남자를 만났을 때는 고개를 숙였다. 일반적으로 그녀는 자기 자신에 대해서 혐오를 나타냈다. 생리 기간에는 고통을 느끼지 않았지만, 어머니에게 항상 그 사실을 숨기려고 했다. 한번은 시트 위에 얼룩이 있는 것을 알아본 어머니가 그녀에게 생리 중이냐고 물었다. 사실 생리 중이었지만 아니라고 했다. 어느 날 그녀는 언니와 이런 말을 주고받았다.

"이제 나에게는 모든 일이 일어날 수 있어. 나는 아기를 가질 수 있는 거야."

"어린애를 낳으려면 남자와 같이 살아야 해."

"내가 두 남자와 같이 살고 있잖아, 아빠와 형부하고 말야."

아버지는 딸들이 성폭행이라도 당할까 봐 저녁에 혼자 외출하는 것을 허락하지 않았다. 이런 염려는 남자들이 무서운 존재라는 몰리의 생각을 더욱 부추겼다. 임신의 두려움과 출산 중에 죽는다는 공포가 생리를 시작한 때부터 어찌나 강렬했던지 그녀는 점차 자기 방에서 나오기를 거부했고, 심지어는 온종일 침대에 머물러 있으려고 했다. 부모가 그녀를 억지로 나오게 하면, 그녀는 무서운 불안으로 발작을 일으켰다. 그리고 집에서 멀리 떨어져 있어야만 할 때는 발작을 일으키며 기절을 했다. 그녀는 자동차, 택시를 두려워했고, 더는 잠을 잘 수 없었으며, 밤에 강도가 집안에 들어온다고 믿고 비명을 지르며 울부짖었다. 또한 이상식욕이 생겨, 때로는 기절하지 않기 위해서라며 지나치게 먹어 댔다. 또 자기가 갇혀 있다고 느끼며 무서워할 때도 있었다. 그녀는 더 이상 학교에 갈 수도, 정상적인 생활을 할 수도 없었다.

월경 발작과는 관련 없으나 소녀가 자기 내면에 대해 느끼는 불안을 드러낸다는 점에서 이와 유사한 이야기가 있다. 낸시라는 소녀의 이야기다.[66]

소녀는 열세 살 무렵에 언니와 친하게 지냈다. 그녀는 언니가 몰래 약혼하고 나서 결혼했을 때, 그녀의 속내 이야기를 듣는 데 대해 매우 자부심을 느꼈다. 어른의 비밀을 공유한다는 것, 그것은 어른들 사이에서 인정받는 것이었다. 그녀는 얼마 동안 언니 집에서 살았다. 그러나 언니가 그녀에게 곧 아기 하나를 '사'겠다고 말했다. 낸시는 형부와 태어날 아기에게 질투했다. 또다시 자기를 어린애 취급해 대수롭지 않은 일을 숨기는 것을 견딜 수가 없었다. 그녀는 내장에 이상을 느끼기 시작했고, 맹장 수술을 받고 싶어 했다. 수술은 성공적이었으나 병원에 머무는 동안 낸시는 무서운 흥분 속에서 지냈다. 그녀는 자기가 무척 싫어 하는 간호사와 거친 언쟁을 했다. 그녀는 의사를 유혹하려 했고, 그에게 밀회를 청했으며, 자신을 요염하게 보이게 했고, 신경발작을 일으키며 의사에게 자기를 여자로 대우해 달라고 요구했다. 또한 수 년 전에 있었던 남동생의 갑작스러운 죽음이 자기에게 책임이 있는 것처럼 자신을 비난했다. 그리고 무엇보다도 의사들이 자기의 맹장을 절제하지 않았고, 자기의 위장 속에 해부용 칼을 넣어 둔 채 잊었다고 확신했다. 그녀는 동전 한 개를 삼켰다는 핑계로 엑스레이 사진을 찍겠다고 요구했다.

66 역시 H. 도이치의 『여성의 심리』에서 재인용

수술 받고자 하는 이런 욕구 – 특히 맹장 절제의 욕구 – 는 이 연령대의 소녀에게 흔한 일이다. 소녀들은 강간, 임신, 출산에 대한 공포를 이처럼 표명한다. 그녀들은 배 속에 알 수 없는 위협을 느끼고, 자기들을 노리고 있는 미지의 위험에서 외과의사가 구해 주기를 바란다.

소녀에게 여자로서의 자기 운명을 알리는 것은 단지 월경의 시작만이 아니다. 그 외에도 여러 수상쩍은 현상이 그녀 안에서 나타난다. 그때까지 그녀의 성감대는 음핵에 있었다. 자위행위가 남자아이보다 여자아이에게 더 적게 나타나는지의 여부는 알기가 어렵다. 여자아이는 처음 2년 동안, 아마도 생후 몇 개월이 안 된 때부터 자위행위를 하다가 두 살 무렵에 일단 그만두고, 나중에야 다시 하는 것 같다. 해부학적 구조상으로도 남자의 육체에 심어진 줄기가 숨어 있는 점막보다 접촉을 더 유발한다. 그러나 여자아이는 철봉이나 나무에 오르기, 자전거에 올라타기를 하면서 우연히 느끼는 마찰, 의복의 접촉, 놀이에서 몸과 몸의 우연한 스침 등에 의해, 또 친구·선배·어른들을 통해 배워서, 이런 감각을 빈번하게 발견하고 재현하려 애쓴다. 아무튼 쾌감은 이에 도달했을 때에는 자율적인 감각이 된다. 그것은 어린이의 모든 놀이에 들어 있는 경쾌함과 순수함을 지니고 있다.[67] 그녀는 이런 내밀한 희열과 여자로서의 자기 운명을 별로 연관 짓지 않았다. 만약 남자아이들과 성관계가 있었다 할지라도 그것은 대부분 호기심에 근거한 것이었다. 그런데 이제 그녀는 여태껏 경험하지 못했던 마음을 뒤흔드는 흥분에 온몸이 관통당하는 것을 느낀다. 성감대의 감수성이 발달하기 시작하는데, 그것이 여자에게는 너무 많아서 여자 몸 전체를 성감대로 간주할 수도 있다. 가족 간의 어루만짐이 순수한 입맞춤이, 재단사·의사·미용사의 무심한 스침, 머리털이나 목 위에 얹은 친절한 손길이 그것을 느끼게 한다. 그녀는 남자아이들 혹은 여자아이들과 놀고 싸우는 동안에 더욱더 깊은 동요를 경험하고, 종종 고의로 그런 동요를 추구하는 수도 있다. 샹젤리제에서 프루스트와 싸우는 질베르트가 그런 경우다. 춤추는 상대의 품 안에서, 순박한 어머니의 시선 아래서 그녀는 기묘한 나른함을 느낀다. 엄격하게 길러진 소녀는 이보다 더 뚜렷한 경험에 노출된다. 소위 '품위 있는' 계층에서는 이런 한심스러운 사건에 대해서 약속이라도

---

67 물론 부모나 종교적 고려가 직·간접적으로 개입해 그것을 하나의 허물로 만들어 버리는 제법 많은 경우는 예외다. 여자아이들을 '못된 버릇'에서 해방한다는 구실로 그 아이들에게 때때로 여러 가지 가공할 학대가 가해지기도 했다.

한 듯이 입을 다문다. 그러나 할아버지와 아버지의 쓰다듬기가 꼭 그렇다고는 말할 수 없지만, 집안의 친구들이나 숙부 또는 사촌들의 어떤 어루만짐은 어머니가 추측하는 것보다 훨씬 더 유해하다. 어떤 선생, 어떤 신부, 어떤 의사는 방약무인하고 파렴치하다. 그러한 경험담은 비올레트 르뒤크의 『질식』, S. 드 테르바뉴의 『어머니의 증오』와 야쉬 고클레르의 『파란 오렌지』에서 읽을 수 있다. 슈테켈은 특히 할아버지들이 종종 대단히 위험하다고 평가한다.

내가 열다섯 살 때였다. 장례식 전날 우리 할아버지가 집으로 자러 왔다. 이튿날 어머니는 벌써 일어나 있었고, 할아버지는 내 침대에 와서 같이 놀아도 되겠냐고 물었다. 나는 대답하지 않은 채 즉시 일어났다. (…) 나는 남자들이 무서워지기 시작했다. 이렇게 한 여자가 이야기하고 있다.[68]

또 한 소녀는 여덟 살 또는 열 살 때, 일흔 살 노인인 자기 할아버지가 자기 생식기를 주물럭거렸을 때 심한 충격을 겪은 일을 기억하고 있다. 그는 소녀를 무릎 위에 앉히고 질 속에 자기 손가락을 집어넣었다. 아이는 엄청난 불안과 공포를 느꼈으나 감히 그것에 대해 말하지 못했다. 그때 이후로 그녀는 성적인 모든 것에 대해 아주 두려워하게 되었다.[69]

이런 사건은 여자아이들이 수치심 때문에 발설하지 못하고 일반적으로 침묵속에 지나가 버린다. 게다가 만약 그 일을 부모에게 터놓고 이야기하면 그들의 반응은 그녀를 야단치는 경우가 흔하다. "바보 같은 소리 하지 마……. 넌 정신 상태가 나빠." 그녀는 어떤 낯선 사내들의 괴상한 행동에 관해서도 입을 다문다. 한 소녀가 리프만 박사에게 이런 이야기를 했다.[70]

우리는 구둣방 집 지하에 방 하나를 세내어 살고 있었다. 집주인은 내가 혼자 있을 때면 찾아와 나를 껴안고 몸을 계속 앞뒤로 흔들어 대면서 아주 오랫동안 내게 키스를 했다. 게다가 그 키스는 가볍게 하는 그런 것이 아니었다. 그가 자기 혀를 내 입속에 깊숙이 밀어 넣었기 때문이다. 그런 짓 때문에 나는 그를 증오했다.

---

68 『불감증의 여자』
69 『불감증의 여자』
70 리프만, 『청춘과 섹슈얼리티』

그러나 몹시 무서웠던 나는 그 일에 대해 단 한마디도 입 밖에 내지 못했다.

대담한 급우들이나 품행이 나쁜 여자 친구들 말고도 영화관에서 소녀의 무릎을 짓누르는 무릎, 야간열차에서 소녀의 다리를 더듬으며 올라오는 손, 소녀가 지나갈 때 젊은이들이 히죽거리며 놀려 대기, 사내들이 거리에서 소녀의 뒤를 따라붙기, 그리고 슬그머니 하는 껴안기와 스쳐대기가 있다. 소녀는 이런 행위들의 의미를 잘 이해하지 못한다. 열다섯 살의 머릿속에는 종종 이상한 혼돈 상태가 일어난다. 왜냐하면 이론적 지식과 구체적 경험이 서로 통합되지 않기 때문이다. 어떤 소녀는 이미 열에 들뜬 동요와 욕망을 남김없이 경험했어도, – 프랑시스 잠 Francis Jammes[71]이 창조한 클라라 델레뵈즈처럼 - 남자의 단 한 번의 키스가 자기를 애 엄마로 만들기에 충분하다고 상상하고 있다. 또 다른 소녀는 생식기의 구조에 관해 정확한 지식을 갖고 있으면서도, 춤 상대가 자기를 껴안을 때 느낀 흥분을 편두통으로 착각한다. 확실히 오늘날의 소녀들은 예전보다 성에 대해 더 잘 알고 있다. 하지만 몇몇 정신과 의사들은 생식기가 배뇨 이외의 다른 용도가 있다는 것을 모르는 소녀가 아직도 많다고 주장한다.[72] 어쨌든 그녀들은 자기들의 성적 흥분과 생식기 존재 사이의 관련성을 거의 인식하지 못하고 있다. 그것은 남성의 발기처럼 어떤 뚜렷한 표시로 그녀들에게 그 관련성을 알려주지 않기 때문이다. 남자나 사랑에 관한 그녀들의 낭만적 몽상과 그녀들에게 드러난 몇 가지 노골적인 사실 간에 그처럼 커다란 간극이 존재하기 때문에, 그녀들은 둘 사이에 어떤 종합도 이루어내지 못한다. 티드 모니에[73]는 남자의 몸이 어떻게 생겼는지를 본 다음에 이야기해 주기로 여자 친구들과 약속했던 일을 다음과 같이 이야기하고 있다.

나는 일부러 노크도 안 하고 아버지 방에 들어가 훔쳐본 것을 이렇게 설명했다. "그것이 넓적다리 고기를 먹을 때 뼈에 끼우는 손잡이를 닮았어. 즉, 두루마리 같은데, 그 끝에 둥근 것이 하나 붙어 있지." 설명하기가 어려웠다. 그래서 나는 그림을 그렸는데, 같은 것을 석 장이나 그렸다. 그리고 각자 자기 그림을 블라우스

71 *현대 프랑스 시인. 등장인물의 이름과 같은 목가적 소설 『클라라 델레뵈즈』를 썼다.
72 H. 도이치의 『여성의 심리』 참조
73 『자아』

속에 감추어 가져갔고, 이따금 그것을 들여다보면서 웃음을 터뜨렸다. 그런 다음엔 깊은 생각에 잠겼다. (…) 사랑이 온통 존경과 수줍음과 한숨과 손등에 하는 키스로 이루어져서 거세당한 것이 될 정도로 승화되어 있는 아름답고 낭만적인 이야기들, 그리고 감상적인 노래들, 이런 것들과 이 물체를 우리처럼 순진한 여자아이들이 어떻게 연관 지을 수 있단 말인가?

그런데도 소녀는 독서, 대화, 목격 장면, 불시에 들은 말들을 통해 자기의 육체적 동요에 하나의 의미를 부여한다. 그녀 자신이 호소가 되고 욕망이 된다. 그녀의 몸은 열기, 떨림, 가벼운 땀, 막연한 거북함 속에서 새롭고 불안한 차원에 놓이게 된다. 젊은 남자가 자기의 에로틱한 성향을 주장하는 것은 자기의 남성성을 즐겁게 받아들이기 때문이다. 남성에게 성욕은 공격적이며 곧바로 알아차릴 수 있다. 그는 성적 욕구에서 자기의 주체성과 초월성을 긍정하고 확인한다. 그는 자기 친구들에게 성욕을 자랑한다. 그의 성기는 그에게 여전히 당혹스러운 것으로 머물러 있지만, 그는 그것에 대해 의기양양해한다. 그를 여성에게로 내던지는 충동은, 그를 세계로 내던지는 충동과 같은 성질의 것이다. 그래서 그는 거기에서 자기를 인정한다. 이와는 반대로, 여자아이의 성적 생활은 언제나 은밀한 것이었다. 그녀의 에로티시즘은 변화하고 그녀의 온 몸을 침범하며, 그 비밀은 불안한 것이 된다. 그녀는 그 동요를 수치스러운 병처럼 감내한다. 그 동요는 능동적인 것이 아니다. 그것은 하나의 상태로, 상상 속에서조차 그녀는 어떤 자율적인 결단으로 그것으로부터 자신을 해방할 수 없다. 그녀는 붙잡고 짓이기며 짓밟는 것을 꿈꾸지 않는다. 그녀는 기다림이자 호소이기 때문이다. 그녀는 자신을 의존적 존재로 느끼고, 소외된 자신의 몸속에서 위태롭게 느낀다.

왜냐하면 그녀의 막연한 희망과 행복한 수동성의 꿈은 그녀의 몸이 다른 사람을 위해 존재하는 물체같이 그녀에게 확연히 드러나기 때문이다. 그녀는 성적 경험을 자기의 내재성 속에서만 알고 싶어 한다. 그녀가 청하는 것은 손과 입의 접촉, 또 하나의 육체의 접촉이지, 손과 입 그리고 다른 사람의 몸 자체가 아니다. 그녀는 상대의 이미지를 모호한 채로 내버려 두던가 아니면 이상理想의 안개 속에 잠기도록 한다. 하지만 그녀는 상대의 이미지가 자기에게 들러붙는 것을 막을 수 없다. 남자에 대한 그녀의 소녀다운 공포나 혐오는 이전보다 더 모호한, 또한 그 때문에 더욱 불안한 성격을 띠고 있다. 그 공포와 혐오가 이전에는 유아의 신체 구조와 성인의 미래 사이에 놓인 깊은 불일치에서 생겨났으나, 이제는 소녀의 몸속에서 느끼는 이런 복합성에서 원천을 갖는다. 그녀는 자신이 타인에게 소유될 운명인 이유가 스스로 그것을 청하기 때문이라는 것을 이해한다. 그래서 그녀는 자기의 욕망에 반항한다. 그녀는 요구에 응하여 먹이가 되는 수치스러운 수동성을 희망하는 동시에 꺼린다. 한 남자 앞에서 나체가 된다는 생각만 해도 그녀는 불안해서 어쩔 줄을 모른다. 하지만 그렇게 되면 그녀가 속수무책으로 남자의 시선에 넘겨진다는 것 또한 느낀다. 붙잡고 만지는 손은 눈보다도 한층 더 위압적인 존재다. 그래서 그녀는 더욱 무서워한다. 그러나 육체적 소유의 가장 명백하고 가장 고약한 상징은 남성 성기에 의한 침투다. 소녀는 자기 자신과 하나인 이 육체를 남자가 가죽을 뚫듯이 뚫고, 천을 찢듯이 찢을 수 있다는 것을 증오한다. 그러나 상처와 그에 수반되는 고통보다 소녀가 더 거부하는 것은 그 상처와 고통이 타인에 의해 *가해진다*는 사실이다. "한 남자에 의해 내 몸이 **관통된다**는 생각은 끔찍해요"라고 어느 날 어떤 소녀가 내게 말한 적이 있다. 페니스에 대한 공포가 남자에 대한 혐오를 낳는 것은 아니지만, 그것은 그 확증이며 상징이다. 관통이란 관념은 더 일반적인 하나의 형태 속에서 외설적이고 굴욕적인 의미가 있다. 그 반면 공포는 그런 의미의 본질적 요소다.

소녀의 불안은 그녀를 괴롭히는 악몽과 그녀를 떠나지 않는 환상으로 나타난다. 강간에 관한 생각이 대개 강박적이게 되는 것은 그녀가 자기 안에서 은밀한 쾌감을 느끼는 때다. 강간에 관한 생각은 꿈과 행동 속에서 다소 분명한 많은 상징을 통해서 나타난다. 소녀는 수상한 의도를 가진 도둑이 자기 방에 숨어들지 않았나 하고 잠자리에 들기 전에 두려움 속에서 방안을 뒤져 본다. 소녀는 집안에 강도가 들었다고 믿는다. 침입자가 창문으로 들어와 칼로 그녀를 찌른다고 생각한다. 남자들은 다소 날카로운 방식으로 소녀에게 공포를 불러일으킨다. 그녀는 자기 아버지에 대하여 어떤 혐오감을 느끼기 시작한다. 아버지의 담배 냄새를 더는 못 참고, 그가 나온 다음 바로 욕실에 들어가기를 아주 싫어한다. 그녀가 아버지를 계속 따른다고 해도 이런 신체적 반감은 자주 일어난다. 막내딸들에게 흔히 그렇듯이, 어린아이일 때 이미 자기 아버지에게 적대감을 품고 있었다면 이런 반감은 과장된 모습을 띤다. 정신과 의사들이 젊은 여자환자들로부터 자주 듣는 꿈 이야기가 하나 있다. 그녀들은 나이 많은 한 여자 앞에서 이 여자의 동의 아래 남자에게 강간당하는 상상을 한다. 그녀들은 욕망에 몸을 맡기는 데 대한 허락을 상징적으로 자기 어머니에게 구하는 것이 분명하다. 왜냐하면 그녀들을 가장 가증스럽게 짓누르는 속박 중의 하나가 위선이기 때문이다. 소녀는 자기 안에서 그리고 자기 주위에서 생명과 성의 혼란스러운 비밀을 발견하는 바로 그 순간 '순결'과 무구無垢에 바쳐지고 만다. 사람들은 그녀가 흰 담비처럼 하얗고 수정처럼 투명하기를 바라고, 그녀에게 얇고 가벼운 모슬린 천의 옷을 입히며, 그녀의 방에 당의糖衣 색깔의 벽지를 바른다. 그녀가 다가오면 목소리를 낮추고, 그녀에게 외설적인 책을 금한다. 그런데 '고약한' 이미지와 욕망을 마음속에 품고 있지 않은 동정녀 마리아의 딸은 단 한 명도 없다. 소녀는 그런 이미지와 욕망을 가장 친한 친구에게조차 심지어는 자기 자신에게도 감추려고 애쓴다. 이제 그녀는 그것을 자신에게 금지하면서 살아가고 생각하고 싶어 한다. 자기 자신에 대한 경계심은 그녀에게 음험하고 불행한 병적인 외양을 갖게 한다. 그리고 나중에는 이런 억제를 극복하는 것이 그녀에게는 더할 나위 없이 어렵게 된다. 그러나 스스로 모든 것을 억압한다고 해도, 그녀는 말로 다 할 수 없는 잘못의 중압감을 느끼게 된다. 그녀는 여자로의 변신을 수치로 여길 뿐만 아니라 회한 속에서 감내한다.

사춘기가 여자아이에게 고통스러운 혼란의 시기라는 것은 이해된다. 그녀는 어린아이로 남고 싶지 않으나, 어른의 세계도 공포감을 일으키거나 따분하게만 보인다. 콜레트 오드리는 이렇게 말하고 있다.

그래서 나는 어른이 되고는 싶었지만, 어른들이 하는 생활을 하겠다는 생각은 한 번도 진지하게 해 보지 않았다. (…) 이와 같이 내 마음속에는 어른의 조건을 절대로 받아들이지 않은 채 부모, 집안의 여주인, 가정주부, 가장 등과 절대로 연대하는 일 없이 어른이 되겠다는 욕망이 자라고 있었다.

그녀는 자기 어머니의 멍에에서 벗어나고 싶었다. 그러나 동시에 어머니의 보호를 받고자 하는 절실한 욕구가 있었다. 그녀에게 이런 피난처가 필요했던 것은 그녀의 양심을 짓누르는 과오, 즉 자위행위, 수상한 교제, 불량한 독서 때문이었다. 열다섯 살의 한 소녀가 여자 친구에게 쓴 다음의 편지[74]는 그 전형이다.

74 H. 도이치가 인용한 것

엄마는 내가 X 씨 댁의 대무도회에 긴 드레스를 입고 가길 원했어. (…) 나로서는 처음 입는 긴 드레스였지. 엄마는 내가 입으려 하지 않는 것을 보고 놀랐어. 나는 마지막으로 내 분홍색 귀여운 원피스를 입게 해 달라고 애원했어. 나는 정말 무서웠어. 만약 내가 긴 원피스를 입으면, 엄마가 오랜 여행을 떠나서 언제 돌아올지 모를 것 같았어. 바보 같지 않니? 이따금 엄마는 내가 마치 어린아이인 것처럼 바라보았어. 아! 만약 엄마가 안다면! 엄마는 내 두 손을 침대에 묶어 놓고 나를 경멸할 거야!

슈테켈의 저서 『불감증의 여자』에는 여성의 유년기에 관한 훌륭한 자료가 들어 있다. 스물한 살 무렵의 상세한 고백을 기록한, 빈에 사는 '깜찍한 소녀'의 이야기다. 이 고백은 지금까지 우리가 개별적으로 연구한 모든 시기를 구체적으로 종합한 것이다.

"다섯 살에 나는 처음으로 소꿉친구를 한 명 골랐다. 리하르트라는 이름의 예닐곱 살의 소년이었다. 나는 언제나 아이가 여자인지 남자인지를 어떻게 식별하는지 알고 싶어 했다. 사람들이 말하기를 귀걸이나 코로 구별한다고 했다. (…) 사람들이 나에게 무엇인가 숨기고 있다고 느끼면서도 나는 이런 설명에 만족해하곤 했다. 갑자기 리하르트가 오줌을 누고 싶어 했다. (…) 나는 그에게 내 변기를 빌려 주었다. 나는 대단히 놀라운 어떤 것인 그의 페니스를 보면서 완전히 감격해 소리쳤다. '너 그게 뭐니? 정말 예쁘다! 아, 나도 하나 갖고 싶어.' 동시에 나는 용감하게 그것을 만져 보았다……." 그 광경을 숙모에게 들켜, 그때부터 아이들은 엄중한 감시를 받았다. 아홉 살에 그녀는 여덟 살과 열 살의 다른 두 소년과 결혼 놀이와 의사 놀이를 했다. 소년들이 그녀의 성기를 만졌고, 하루는 한 소년이 자기 성기를 그녀에게 갖다 대고 나서, 자기 부모도 결혼했을 때 같은 것을 했다고 말했다. 그녀는 극도로 화가 났다. "오! 아냐, 그들이 그렇게 추한 짓을 했을 리가 없어!" 그녀는 오랫동안 이런 놀이를 계속했고, 두 소년과 성적인 깊은 연애 관계를 맺었다. 그녀의 숙모가 어느 날 이를 알게 되었고, 어른들은 그녀를 감화원에 집어넣겠다고 위협하는 큰 소동이 벌어졌다. 그녀는 자기가 무척 좋아하는 아르투르를 못 만나게 되자 몹시 고통스러워했다. 그녀는 공부를 잘하지 못하고 글씨도 비뚤어지게 쓰고, 사시斜視가 되었다. 그녀는 발터와 프랑크와 또 다른 교제를 시작했다. "발터가 나의 모든 생각과 모든 관능을 차지하고 있었다. 나는 그의 앞에 서거나 앉아서 글씨 쓰기 연습을 하면서 스커트 아래로 그가 나를 만지도록 했다. 엄마가 문을 여는 즉시 그가 재빨리 손을 빼내었고, 나는 계속 글씨 쓰기를 하는 체했다. 마침내 우리는 남녀 사이의 정상적인 관계를 갖게 되었으나 나는 그에게 많은 것을 허락하지는 않았다. 그가 나의 질 속에 들어왔다고 믿자마자 나는 거기에 누군가가 있다고 말하면서 그에게서 몸을 빼내었다……. 나는 그것이 죄를 짓는 행위라고 생각하지는 않았다.”

소년들과의 교제는 끝났고, 소녀들과의 우정만이 남았다. “나는 집안이 좋고 교양이 있는 소녀인 에미를 좋아했다. 열두 살 때 한 번은 크리스마스 날에 우리 이름이 새겨진 하트형의 조그만 금메달을 서로 주고받았다. 우리는 ‘영원한 정절’을 맹세하면서 그것을 일종의 약혼식으로 간주했다. 나의 교양의 일부는 에미 덕분이다. 그녀는 나에게 성 문제도 알려주었다. 초등학교 2학년 때 나는 벌써 아이를 데려온다는 황새 이야기를 의심하기 시작했다. 나는 아이들이 배 속에서 나오는 것이며, 아이가 나올 수 있도록 하기 위해서는 절개해야 한다고 생각했다. 에미는 특히 자위에 관해 이야기해 나를 두렵게 했다. 학교에서 복음서 몇 대목이 성 문제에 대해 눈을 뜨게 해 주었다. 가령 성모 마리아가 성녀 엘리자베스를 보러 왔을 때 ‘배 속 아기가 기뻐서 뛰어놀았다’는 문구를 비롯해 성서의 다른 신기한 대목들이 그러했다. 우리는 그런 대목들에 밑줄을 쳐 두었다가 그만 발각되어 반에서 나쁜 품행 점수를 받을 뻔하기도 했다. 그녀는 또 실러가 『도적 떼』에서 이야기하는 ‘9개월의 기억’이라는 구절도 가르쳐 주었다. 에미의 아버지가 전근하게 되어 나는 다시 혼자가 되었다. 우리는 함께 고안해 낸 암호 문구로 서신을 교환했다. 그러나 나는 외로웠기 때문에 에들이라는 귀여운 유대인 소녀를 좋아하게 되었다. 한번은 에미가 에들과 하교하는 나를 놀라게 했다. 에미는 질투로 인해 나에게 덤벼들었다. 나는 에들과 상업학교에 입학할 때까지 함께 있었고 대학생이었던 그녀의 오빠를 사랑했기 때문에, 우리는 나중에 시누이와 올케가 되기를 꿈꾸면서 가장 친한 친구로 지냈다. 그녀의 오빠가 내게 말을 걸어오면 나는 당황해서 엉뚱한 대답밖에 할 수 없을 정도였다. 해 질 무렵에 에들과 나는 작은 소파에 서로 꼭 붙어 앉아 있었는데, 그가 연주하는 피아노 소리를 들으며 이유 없이 뜨거운 눈물을 흘렸다.

에들과 친해지기 전에 나는 몇 주 동안 엘라라는 가난한 집 딸과 자주 어울렸다. 그녀는 침대에서 나는 소리에 잠이 깨어 ‘마주 대하고’ 있는 부모님을 보았다. 그녀가 나에게 와서 말하기를 자기 아버지가 무시무시하게 소리를 질렀던 어머니 위에 엎드려 있었고, 어머니에게 ‘아무것도 없게 빨리 가서 씻어’라고 말했다고 했다. 나는 그녀 아버지의 행동에 난감해져 길에서 그를 만나면 피해 버렸고, 그녀 어머니에게 깊은 동정심을 가졌다. (그녀가 그렇게나 소리를 질렀으니 그녀는 몹시 고통스러웠던 것이 틀림없었다.) 나는 또 다른 친구와 페니스 길이에 관해 이야기한 적이 있는데, 한 번은 12센티미터에서 15센티미터라는 말을 들었다. 재봉 수업시간에 우리는 자를 가지고 치마 위로 문제의 그곳에서부터 복부를 따라 길이를 재 보았다. 당연히 배꼽까지 당도했고, 우리가 결혼하게 되면 글자 그대로 몸에 말뚝이 박힌다는 생각에 우리는 공포에 사로잡혔다."

그녀는 수캐가 암캐와 교미하는 것을 바라보았다. "길에서 말이 오줌 누는 것을 보면 나는 거기서 눈을 뗄 수가 없었다. 내 생각에 그 페니스 길이가 나에게 깊은 인상을 준 것 같다." 그녀는 파리도 관찰하고 시골에서는 짐승들도 눈여겨보았다. "열두 살에 나는 심한 인후염을 앓아 주치의에게 진찰을 받았다. 의사는 내 침대 가까이에 앉더니 갑자기 자기 손을 내 이불 밑으로 집어넣어 거의 '그곳'을 만졌다. 나는 '부끄럽지도 않아요!'라고 소리치며 벌떡 일어났다. 어머니가 달려왔고, 의사는 몹시 당황해 하며 내가 좀 무례하다고, 자기는 단지 손가락으로 장딴지만 집어 보려 했을 뿐이라고 주장했다. 나는 그에게 억지로 사과를 해야만 했다……. 드디어 나는 생리를 시작했고, 아버지가 피 묻은 생리대를 발견했을 때는 난리가 났다. 왜 깨끗한 남자인 그가 '더러운 여자들 사이에서 살아야 한단 말인가.' 생리를 하는 내가 잘못인 것만 같았다." 열다섯 살에 그녀는 다른 여자 친구를 사귀었고, "집에서 아무도 우리의 편지를 읽지 못하도록 나는 그녀와 '속기'로 서신을 교환했다. 우리가 발견한 것들에 관해서 쓸 것이 아주 많았다. 그녀는 나에게 화장실 벽에서 발견한 많은 시구를 써 보냈다. 나는 그중 하나를 기억하고 있는데, 나의 상상 속에서 그토록 숭고한 사랑을 그 시가 쓰레기로 만들어 버렸기 때문이다. '사랑의 최상 목표는 무엇인가? 한 개의 줄기 끝에 매달린 네 개의 궁둥이.' 나는 결코 거기까지는 가지 않겠다고 결심했다. 한 처녀를 사랑하는 남자가 그와 같은 짓을 그녀에게 요구할 수는 없다. 열다섯 살 하고 여섯 달 되던 때 내게 남동생이 생겼다. 줄곧 외동딸로 자라왔기 때문에 나는 크게 질투했다. 내 여자 친구는 동생의 몸이 어떻게 생겼는지 보고서 알려 달라고 부탁했다. 그러나 나는 그녀가 알고 싶어 하는 정보를 결코 줄 수 없었다. 이 시기에 다른 여자 친구가 나에게 결혼 첫날밤을 묘사해 주었다. 그 이야기를 듣고 나서 나는 호기심 때문에 결혼하고 싶은 생각이 들었다. 그녀의 묘사에 의하면 '말처럼 헐떡거린다'고 했는데, 오직 그것만이 나의 미적 감각을 훼손했을 뿐이다……. 사랑하는 남편에 의해 옷이 벗겨지고 그의 품에 안겨 침대로 간다면, 우리 중 누가 결혼을 원치 않겠는가. 그것은 정말로 유혹적이었다……."

이 이야기는 병적인 것이 아니라 정상적인 경우이지만, 아마도 사람들은 이 여자아이가 예외적으로 '사악'하다고 할 것이다. 하지만 그녀는 단지 다른 소녀들보다 감시를 덜 받았을 뿐이다. '좋은 가정'의 소녀들의 호기심과 욕망은 행동으로 나타나지 않지만, 환상과 유희의 형태로 존재한다는 데에는 변함이 없다. 예전에 나는 매우 신앙심이 깊고 어이없을 정도로 순진한 소녀 - 나중에 모범적인 현모양처가 되었다 - 한 명을 알고 있었다. 어느 날 저녁, 그녀는 감정이 끓어오르면서 한 여자 선배에게 "남자 앞에서 옷을 벗는다는 것은 얼마나 멋진 일일까! 언니가 내 남편이라고 가정해 보자"라고 말하고는 감격해 몸을 떨면서 옷을 벗기 시작했다. 어떤 교육을 하더라도, 소녀가 자기 몸에 대해 의식하고 자기 운명에 대해 꿈꾸는 것을 막을 수 없다. 고작해야 그녀에게 엄격한 억압만을 강요할 수 있을 뿐이고, 그 억압은 이후 그녀의 모든 성생활을 무겁게 짓누를 것이다. 바람직한 것은 이와 반대로 자기 자신을 냉철하게 수치심 없이 받아들이도록 가르치는 것이다.

이제 우리는 어떤 비극이 사춘기 소녀의 가슴을 찢어놓고 있는지 이해한다. 소녀는 자기의 여성성을 받아들이지 않고서는 '어른'이 될 수 없다. 그녀는 자기의 성性이 자기를 거세되고 응고된 삶에 처하게 했다는 것을 이미 알고 있었다. 그녀는 지금 그 사실을 불순不純한 병과 이해하기 힘든 죄의 형태로 발견하고 있다. 그녀의 열등함은 처음에는 오직 상실로서만 파악되었다. 그런데 이제 페니스의 결여는 치욕과 결함으로 바뀌었다. 상처를 입고 수치심을 느끼며 불안과 죄의식을 지닌 채, 그녀는 미래를 향해 나아가고 있다.

2장
젊은 처녀

유년기 내내 어린 소녀는 구박을 받고 거세되었다. 그러나 그런 가운데서도 자신을 자율적인 개체로 파악하고 있었다. 부모와 친구들과의 관계에서, 그리고 학업과 놀이를 통해서 그녀는 자기를 하나의 초월로써 인식해 왔다. 미래의 수동적인 여자의 삶은 그저 꿈으로만 꾸어 왔을 뿐이다. 사춘기에 이르자, 미래는 가까이 다가오는 것뿐만 아니라 자기 몸속에 들어와 자리 잡고 가장 구체적인 현실이 된다. 미래는 늘 그래왔던 것처럼 숙명적인 성격을 간직하고 있다. 사춘기 소년은 활동적으로 성년기를 향해 나아가지만, 소녀는 이 새롭고 예측할 수 없는 시기가 시작되는 것을 불안한 마음으로 엿보고 있다. 그 새로운 시기의 날실은 지금부터 짜이기 시작해 그녀가 그곳에 도달하는 것은 시간문제가 된다. 어린이였던 과거로부터 이미 떨어져 나온 그녀에게 현재는 과도기로밖에 보이지 않는다. 그녀는 거기서 단지 시간만 보낼 뿐 가치 있고 이해할 만한 아무 목표도 발견하지 못한다. 그녀의 청춘은 다소간 은폐된 방식으로 기다림 속에서 소진된다. 그녀는 **남자**를 기다린다.

물론, 사춘기 소년도 여자를 꿈꾸고 여자를 욕망한다. 그러나 여자는 그의 삶에서 오로지 한 요소에 불과할 뿐이다. 여자가 그의 운명을 집약하지 않는다. 유년기부터 여자아이는 자기를 여자로서 실현하기를 바랐든 혹은 여성성의 한계를 뛰어넘기를 희망했든 간에, 결국 남자에게서 자신의 성취와 탈출을 기대해 왔다. 남자는 페르세우스[75]나 성 그레고리우스의 눈부신 얼굴을 가진데다가 해방자이기도 하다. 또한 부유하고 권력자이며, 행복의 열쇠를 손에 쥔 동화 속의 왕

---

75 * 그리스 신화에 나오는 제우스의 아들. 메두사를 죽이고 안드로메다를 구출해 결혼한 영웅이다.

자님이다. 여자는 남자의 애무 아래서 어머니의 품에 안겨 쉬던 때처럼 삶의 커다란 흐름에 실려 가게 될 자신을 예감한다. 남자의 온화한 권위에 복종하는 여자는 자기 아버지 품 안에서와 같은 안전을 되찾게 된다. 포옹과 눈길의 마법이 그녀를 다시 우상으로 화석화할 것이다. 여자는 언제나 남자의 우월성을 믿어 의심치 않는다. 남자들의 이 위력은 유치한 환상이 아니다. 그것은 경제적·사회적 기반을 갖추고 있다. 남자들은 정말로 세상의 주인이다. 모든 것이 사춘기 소녀에게 남자의 종이 되어야 유리하다고 설득한다. 부모가 그녀를 그렇게 유도한다. 아버지는 딸이 거둔 성공을 자랑스러워하고, 어머니는 거기서 번영된 미래에 대한 조짐을 본다. 친구들은 남자의 흠모를 가장 많이 받는 친구를 부러워하고 찬탄해 마지않는다. 미국 학교에서는 여학생을 그녀가 쌓아 가는 '데이트'의 횟수로 판단한다. 결혼은 명예로운 경력일 뿐만 아니라 다른 많은 일보다 덜 고되다. 결혼만이 유일하게 여자가 사회적 권위에 완전하게 도달할 수 있도록 허용하며, 애인과 어머니로서 성적으로 자기를 실현할 수 있게 해 준다. 이런 형태로 그녀도, 그녀 주위의 사람들도 그녀의 미래를 생각한다. 남편 – 어떤 경우에는 보호자 - 을 얻는다는 것은 그녀에게 가장 중요한 사업이라는 것을 누구 할 것 없이 만장일치로 인정한다. *타자*가 남자에게는 여자 속에 구현되어 있듯이 그녀의 눈에는 남자 속에 구현되어 있다. 그러나 이 *타자*는 그녀에게 본질적인 양상으로 나타나고, 그녀는 그 앞에서 자기를 비본질로써 파악한다. 그녀는 부모의 집에서, 어머니의 세력에서 벗어나게 될 것이다. 그러나 능동적인 쟁취를 통해서가 아니라 새로운 주인의 수중에 수동적이고 순종적인 자리로 옮겨 감으로써 자신의 미래를 열게 된다.

여자가 이런 자기 포기를 감수하는 것은 육체적·정신적으로 소년들보다 열등하고 그들과 경쟁할 수 없게 된 때문이라고 사람들은 흔히 주장한다. 헛된 경쟁을 포기하면서 그녀는 자신의 행복을 책임지는 책무를 우월한 계급의 일원에게 떠맡기는 것이라 한다. 사실상 여자의 겸양은 선천적 열등함에서 오는 것이 아니다. 반대로 이러한 겸양이 그녀의 모든 무능을 낳는다. 그 겸양의 근원은 사춘기 소녀의 과거와 그녀를 둘러싸고 있는 사회, 그리고 그녀에게 제시된 바로 그 미래 속에 있다.

분명 사춘기는 소녀의 몸을 변화시킨다. 소녀의 몸은 전보다 더 연약해진다. 여성의 생식기는 상처받기 쉬우며, 그 기능은 섬세하다. 야릇하고 거북한 유방은 짐이 되고, 격렬한 운동을 하면 그 존재를 환기하고 흔들리며 아프게 한다. 이제 부터 여자의 근력, 지구력, 민첩성은 남자에 비해 떨어진다. 호르몬 분비의 불균형이 신경과 혈관의 불안정을 초래한다. 생리할 때는 고통스럽다. 두통, 몸살, 복통이 정상적인 활동을 힘들게 하거나 불가능하게까지 만든다. 이런 신체적 불편함에 흔히 심리적 동요가 더해진다. 여자는 신경질적이고 불안해져서 매달 반(半)정신이상의 상태를 거치는 일이 자주 일어난다. 신경계통과 교감신경계통에 대한 신경중추의 조절이 더 확실하지 않다. 일종의 자가 중독인 순환 불순으로 인해 몸은 여성과 세계 사이에 놓인 장벽이 되고, 그녀를 짓누르는 뜨거운 안개가 되어 그녀를 질식시키고 이반시킨다. 불편하고 수동적인 이런 몸을 통해 세계 전체가 너무나도 무거운 짐이 된다. 짓눌리고 쇠약해진 그녀는 세계의 여타 부분에서 이방인이기 때문에 자기 자신에게도 낯설게 된다. 총합은 와해되고, 순간들은 더는 연결되지 않으며, 타인은 이제 추상적으로밖에 인지되지 않는다. 이성적 사유와 논리가 우울증에서처럼 아무 손상도 입지 않은 채 남아 있기만 한다면, 그 것들은 유기체의 혼란의 한가운데서 터져 나오는 정열적인 확실성에 활용된다. 이러한 사실들은 지극히 중요하다. 그러나 여자가 그 사실들에 중요성을 부여하느냐 마느냐는 그것을 의식하는 방식에 의해서 정해진다.

소년들은 열세 살 무렵부터 폭력을 실제로 배워 공격성, 권력욕, 도전정신이 발달한다. 바로 이때 여자아이는 난폭한 놀이를 포기한다. 여러 가지 운동을 할 수 있지만, 인위적인 규칙을 따르는 특수한 운동은 그녀들에게 자연적이고 익숙한 체력 사용의 등가물이 되지 못한다. 운동은 세계와 생활 바깥에 위치해서, 치고받는 싸움이나 예상치 못한 기어 올라가기처럼 자신에 대해서 내면 깊숙이 친밀하게 가르쳐주지 않는다. 운동하는 여자는 동료를 제압한 소년 정복자의 의기양양한 자부심을 결코 맛보지 못한다. 게다가 많은 나라에서 대부분의 소녀들이 아무런 스포츠 훈련을 받지 못한다. 몸싸움이나, 나무나 바위에 기어오르는 것이 금지되었기 때문에 자기의 몸을 수동적으로 견뎌 내기만 할 뿐이다. 그녀들은 어렸을 때보다도 한층 더 명확하게 주어진 세계를 넘어 *떠오르거나* 다른 사람들 *위에* 두각을 나타내는 것을 단념해야만 한다. 개척하고 감행하고 가능성의 한계를 밀어내는 것은 그녀들에게 금지되어 있다. 특히 젊은이들에게 대단히 중요한 도전적 태도를 그녀들은 거의 모르고 있다. 물론 여성들도 서로 비교하기는 하지만, 도전이란 이런 소극적인 대결과는 다른 것이다. 두 자유는 서로가 이 세계에서 세력의 경계를 넘으려고 주장하는 한 대결이 불가피하다. 동료보다 더 높이 기어오르고 상대의 팔을 휘게 하려는 것은 온 세상에 자기의 주권을 주장하는 것이다. 소녀에게는 이런 정복 행위와 특히 폭력이 허용되지 않는다. 확실히 어른들 세계에서 폭력은 평상시에 큰 역할을 하지 못한다. 그런데도 폭력은 어른들 세계를 떠나지 않는다. 남성의 많은 행위가 있을 수 있는 폭력을 배경으로 하여 일어난다. 거리 모퉁이마다 다툼이 일어나지만 대부분은 싸움으로 번지지 않고 그친다. 남자는 자기를 주장하려는 의지에서 주먹으로 자기 주권의 확립을 충분히 느낀다. 남자는 모든 모욕과 자기를 객체로 만들려는 모든 시도에 대해 상대를 때리거나, 상대방의 구타에 몸을 내맡길 수 있다. 그는 자기를 타인이 초월하게 놔두지 않으며 자기 주체성의 한가운데서 되찾는다. 폭력은 각자가 자기 자신에, 자기 열정과 자기 자신의 의지에 찬동하는 진정한 판단 기준이다. 폭력을 근본적으로 거부한다는 것은 스스로 일체의 객관적 진실을 거부하는 것이며, 추상적 주체성에 자신을 가두는 것이다. 근육을 통하지 않는 분노나 반항은 상상에 그친다. 자기 심장의 움직임을 지구 표면에 새길 수 없다는 것은 지독한 좌절이다. 미국 남부에서는 흑인이 백인들에 대해 폭력을 행사하는 것이 전적으로 불가능하다. 수수께끼 같은 '흑인 영혼'을 해명할 열쇠는 바로 이 금지령이다. 백인 세계에서 흑인이 자기를 느끼는 방법, 거기에 적응하기 위해 하는 행동, 찾고 있는 보상, 느끼고 행동하는 모든 방식은 그가 처한 수동성에서 설명된다. 독일군 점령 기간에 점령군에 맞서 심지어 점령군이 도발해도 폭력 행위를 하지 않기로 했던 프랑스인들은 - (그것이 이기적인 신중함에서든 혹은 그들이 그렇게 할 수밖에 없었기 때문이든) - 세계 안에서 자기들의 지위가 뿌리째 뒤엎어졌음을 느끼고 있었다. 그들이 객체로 변하느냐, 않느냐 하는 것은 타인의 기분에 달려 있었고, 그들의 주체성은 더 이상 구체적인 표현 수단이 없었으며 부차적 현상에 불과했다. 이처럼 세계는 자기 자신에 대해 표현하는 것이 절대적으로 허용된 소년과, 즉각적 효과를 박탈당한 감정을 지닌 소녀에게 전혀 다른 얼굴을 하고 있다. 남자는 끊임없이 세계를 재검토하고, 매 순간 주어진 것에 대해 항의할 수 있다. 그래서 그가 이 세계를 받아들일 때는 능동적으로 확인한다는 인상을 받는다. 여자는 세계를 그저 감내하기만 할 뿐이다. 세계는 그녀 없이도 정의되고, 변함없는 모습을 하고 있다. 이런 신체적 무력함은 더 일반적 소심함으로 나타난다. 여자는 자기 신체 안에서 시험해 보지 않은 힘을 믿지 않는다. 그녀는 감히 기도도 반항도 창조해 보지도 않는다. 순종과 체념에 바쳐진 여자는 사회에서 이미 다 만들어진 자리 하나를 받아들일 수밖에 없다. 그녀는 사물의 질서를 주어진 것으로 생각한다. 어떤 여자가 나에게 이야기하기를, 그녀는 젊은 시절 내내 자기의 신체적 연약함을 몹시 기만적으로 부인했다고 한다. 신체적 연약함을 인정하는 것은 지적이고 정치적인 영역에서 무엇인가를 기도하는 취미와 용기를 잃게 했을 것이라고 한다. 나는 남자처럼 키워지고 또 자기가 남자만큼 강하다고 믿었던, 예외적으로 원기 왕성한 젊은 처녀 한 명을 알고 있었다. 그녀는 무척 예뻤고, 매달 고통스러운 생리를 하는데도 불구하고 자기의 여성성에 대해 조금도 의식하지 않았다. 그녀는 거칠고 활기가 넘쳤으며, 소년과 같은 주도력을 가지고 있었다. 또한, 소년과 같은 대담성도 있었다. 길에서 누가 어린아이나 여자를 괴롭히는 것을 보면, 주먹질로 개입하기를 주저하지 않았다. 그러나 그녀는 한두 번의 불행한 경험을 통해서 난폭한 힘이 남자 쪽의 것임을 알았다. 그녀가 자기의 연약함을 알게 되었을 때, 그녀의 자신감 대부분이 무너져 내렸다. 그것은 그녀를 여자답고 수동적으로 만들며, 종속을 받아들이게 하는 변화의 시작이었다. 자기 몸을 더 이상 신뢰하지 않는다는 것은 자기 자신에 대한 신뢰를 잃는 것이다. 모든 주체가 자기 몸을 객관적 표현으로 파악한다는 것을 이해하려면, 젊은이들이 자기의 근육에 부여하는 중요성을 보면 된다.

젊은 남자의 에로틱한 충동은 그에게 자기 육체에서 끌어내는 자존심을 확인시켜 줄 뿐이다. 그는 거기서 초월과 자기 힘의 표시를 발견한다. 젊은 처녀는 자기의 육체적 욕망을 성공적으로 감당할 수 있으나, 대개 그 욕망은 수치스러운 성격을 지닌다. 그녀는 자기 몸 전체를 곤혹스럽고 불편한 것으로 경험한다. 그녀가 어렸을 때 자기 '내부'에 대해 느꼈던 불신은 월경에 월경의 고통을 지긋지긋한 것으로 만드는 수상쩍은 성격을 부여한다. 월경의 속박이 무거운 장애가 되는 것은 그것이 초래하는 심리적 태도 때문이다. 젊은 처녀를 일정 기간 짓누르는 그 위협은 너무나 견디기 힘든 것이어서, 그녀는 자기의 추한 모습이 알려질까 두려워 여행이나 오락을 포기하게 된다. 이 추한 모습이 일으키는 끔찍한 감정은 인체기관에 파급되어 기관의 혼란과 고통을 가중한다. 여성의 생리적 특징 가운데 하나가 내분비와 신경조절 사이의 긴밀한 관계다. 거기에는 상호작용이 있다. 여자의 몸 – 특히 처녀의 몸 – 은 정신생활과 그것의 생리적 실현 사이에, 이를테면 거리가 없다는 의미에서 '히스테릭한' 몸이다. 소녀가 사춘기의 여러 혼란을 새로 경험하므로 인해 받는 충격은 그 혼란을 더욱 격화시킨다. 그녀는 자기의 몸을 미심쩍어하며 불안한 마음으로 살펴보기 때문에 자기 몸이 병에 걸린 것처럼 생각하는데, 사실상 그 몸은 병을 앓고 있다. 이미 본 바와 같이 소녀의 몸은 연약해서 기관 장애가 생긴다. 그러나 산부인과 의사들은 그들을 찾아온 환자들 가운데 90퍼센트가 상상에 의한 환자들로, 그녀들의 불편함은 생리학적으로 전혀 증상이 없든가 아니면 기관 장애 자체가 심리적 태도에서 비롯된다는 데 의견이 일치한다. 여자의 몸을 괴롭히는 것은 대부분 여성이라는 사실에서 오는 불안과 공포다.

여자의 생물학적 상황이 그녀에게 장애가 된다면, 그것은 그녀가 놓여 있는 상황의 전망 때문이라는 것을 알 수 있다. 신경쇠약이나 혈액순환 중추의 불안정 정도는 병적으로 되지 않는 이상, 여자가 어떤 직업에 종사하든 지장을 주지 않는다. 남자들 사이에서도 체질은 매우 다양하게 존재한다. 한 달에 하루 이틀쯤 몸이 불편한 것은 괴롭긴 하더라도 장애가 되지는 않는다. 사실 많은 여자가 그것에 적응하고 있으며, 특히 달마다 겪는 '저주'가 더 많은 지장을 줄 수 있는 운동선수, 여행가, 고된 직업에 종사하는 여자들도 적응하고 있다. 직업 대부분은 여자가 제공할 수 있는 것보다 더 많은 에너지를 요구하지 않는다. 그리고 스포츠에서의 목표는 신체적 능력과 무관한 성공이 아니라, 신체의 각 기관에 고유한 완성도를 성취하는 것이다. 경량급 챔피언은 중량급 챔피언의 가치와 같고, 여자 스키챔피언은 그녀보다 더 빠른 남자 스키챔피언보다 열등하지 않다. 그들은 저마다 다른 두 범주에 속해 있기 때문이다. 자기 자신의 실현에 적극적으로 관심을 두고, 남자보다 핸디캡을 가장 덜 느끼는 사람은 바로 여자 운동선수들이다. 신체적 연약함이 여자에게 폭력을 배울 기회를 주지는 않는다. 그러나 만약 여자가 다른 방식으로 신체 속에서 자기를 주장할 수 있고 세계에서 두각을 나타낼 수 있다면, 이런 결함은 쉽게 보상될 것이다. 수영을 하든, 높은 산의 정상을 등반하든, 비행기를 조종하든, 원소元素와 싸움을 하든, 위험을 무릅쓰든, 모험을 하든 여자는 세계 앞에서 내가 말한 그런 소심함을 느끼지 않을 것이다. 여자들이 보이는 이러한 특성들은 여자에게 아주 작은 출구만을 남겨놓는 상황에서, 그것도 직접적 방식이 아니라 유년기를 통해 그녀 안에 뿌리내린 열등 콤플렉스를 강화하면서 그 의미를 갖는다.

여성의 지적 성취를 어렵게 하는 것 또한 이 콤플렉스다. 사춘기부터 젊은 처녀들은 지적·예술적 영역에서 뒤처진다고 흔히 지적되었다. 거기에는 많은 이유가 있다. 아주 흔한 이유 가운데 하나는, 소녀들은 남자 형제들이 받는 격려를 주변으로부터 받지 못한다는 것이다. 되레 사람들은 그녀 **역시** 한 명의 **여자**가 되기를 원한다. 그래서 그녀는 자기의 직업 활동에서 오는 책임과 여자이기 때문에 짊어져야 할 책임을 겸하지 않으면 안 된다. 어떤 직업학교의 여교장은 이 점에 대해 다음과 같이 지적했다.

> 젊은 처녀는 돌연 일을 해서 벌이를 하는 존재가 된다. 그녀는 이제 더는 가족과 아무 관련이 없는 새로운 욕망을 갖는다. 그녀가 상당히 큰 노력을 해야 하는 일이 아주 빈번하게 일어난다. (…) 그녀는 낮 동안에 있었던 온갖 일로 머릿속이 복잡한 채 엄청난 피로에 지쳐서 밤에 집으로 돌아온다. (…) 그때 그녀는 어떻게 맞아들여질까? 어머니는 그녀가 돌아오자마자 심부름을 보낸다. 또한, 밀린 집안일을 마쳐야 하고 자기 옷도 손질해야만 한다. 그녀를 계속 붙잡고 있는 온갖 생각을 떨쳐 버리는 것도 불가능하다. 그녀는 자기가 불행하다고 느끼고, 집에서 해야 하는 일이 아무것도 없는 오빠나 남동생의 처지와 자기를 비교하며 반항하게 된다.[76]

어머니가 여학생이나 갓 취직한 딸에게 마구 시키는 가사나 잡일은 결국 그녀를 지치게 만든다. 나는 전쟁 중에 세브르에서 내가 가르치던 여학생들이 학업에 가중되는 가사로 인해 시달리는 것을 보았다. 한 여학생은 포트 씨氏 병[77]에 걸렸고, 또 다른 여학생은 뇌막염에 걸렸다. 어머니 – 앞으로 보게 되겠지만 – 는 자기 딸이 해방되는 것에 은근히 적의를 품고 있으며, 다소 단호히 그녀를 가혹하게 대한다. 성인 남자가 되려는 청년의 노력은 존중받으며, 그에게는 이미 대단한 자유가 인정된다. 반면 젊은 처녀에게는 집에 있기를 요구하며, 그녀의 외출은 감시를 받는다. 즉, 그녀가 마음대로 오락이나 즐거움을 누리는 것을 허락하지 않는다. 여자들이 그들끼리만의 소풍이나 도보여행 혹은 자전거 여행을 계획한다든가 아니면 당구나 공놀이에 열중하는 것은 보기 드물다. 여자들 교육에서 오는 자발성의 결여 이외에 풍습 또한 그녀들이 독립하는 것을 어렵게 만든다. 만약 여자들이 거리에서 거닐기라도 하면, 남자들이 쳐다보고 무례하게 접근한다. 내가 아는 젊은 처녀들은 조금도 수줍어하는 사람들이 아니지만 파리 시내에서 자기들끼리 산책하는 것이 전혀 즐겁지 않다고 한다. 왜냐하면 남자들이 끊임없이 귀찮게 굴어서 늘 경계해야 하므로 즐거움을 모두 망친다고 한다. 만약 여학생들이 남학생들처럼 거리에서 떼를 지어 즐겁게 활보한다면 구경거리가 되고 만다. 그녀들이 성큼

---

76 리프만의 『청춘과 섹슈얼리티』에서 인용
77 *결핵성 추골염

성큼 걷거나 노래하거나 큰 소리로 말하거나 웃고 사과를 깨물어 먹거나 하면, 그것은 일종의 도발이므로 남자들에게 모욕을 당하거나 뒤따라오게 하거나 말을 걸며 접근하게 만드는 구실이 된다. 무사태평한 행동은 곧 단정치 못한 것이 된다. 여자에게 의무가 되고 '양갓집 처녀'에게는 제2의 천성이 된 이러한 자기 통제는 자발성을 죽게 만든다. 처녀의 넘치는 활력은 억제당한다. 그로부터 긴장과 권태가 생겨나고, 이 권태는 쉽게 전파되어 젊은 처녀들은 서로에게 빨리 싫증을 낸다. 그녀들은 자기들이 갇혀 있는 감옥에는 서로 간에 관심을 두지 않는다. 이것이 그녀들에게 남자 친구를 그토록 필요하게 만드는 여러 이유 중 하나다. 자기 자신으로 충족되지 못하는 이런 무능력이 소심함을 낳고, 이 소심함은 그녀들의 생활 전체에 퍼져 학업에서도 눈에 띄게 나타난다. 눈부신 승리는 남자들을 위한 것으로 생각해 그녀들은 목표를 감히 너무 높게 잡지 못한다. 열다섯 살의 여자아이들이 남자아이들과 자신을 비교하면서 "남자아이들이 더 낫다"고 분명히 밝힌 것을 앞에서 이미 보았다. 이런 확신은 의기소침하게 만들며 나태하고 초라한 삶을 살도록 부추긴다. 한 젊은 처녀 - 남자에게 어떤 특별한 존경심도 가지고 있지 않은 - 가 어떤 남자에게 비겁하다고 비난했다. 그러나 그녀에게 대단한 겁쟁이라고 사람들이 지적하면 그녀는 "오! 여자가 어디 남자와 같은가요" 하며 태연하게 응수했다.

이런 패배주의의 근본 원인은 소녀가 자기 미래에 대한 책임은 자신에게 있다고 생각하지 않는 데 있다. 그녀는 자기의 운명이 결국 자기 뜻대로 되지 않으므로, 자신에게 많은 것을 요구해 봤자 소용없다고 판단한다. 자기가 남자보다 열등하다는 것을 알기 때문에 남자에게 헌신하는 것이 아니라, 자신은 남자에게 바쳐졌기 때문에 스스로 열등하다는 생각을 받아들여 그렇게 되는 것이다.

사실 남자들이 보기에 여자의 가치를 높이는 것은 그녀가 인간적 가치를 증대하는 것보다 남자들의 꿈에 맞춰 자기를 만들어 내는 데 있다. 여자는 경험하기 전에 이런 사실을 좀처럼 이해하지 못한다. 그녀가 남자아이들과 같은 공격성을 드러내는 경우도 있다. 그녀는 노골적인 권위로, 또한 거만한 솔직함으로 그들을 정복하려 시도한다. 하지만 이런 태도 때문에 그녀는 거의 확실히 실패한다. 가장 비천한 여자부터 가장 고결한 여자에 이르기까지 그녀들은 모두 남자의 마음에 들기 위해서 자기를 포기해야만 한다는 것을 배운다. 어머니들은 그녀들에게 사내아이들을 더 이상 친구로 대하지 말고, 그들을 앞서지도 말고 수동적 역할을 감수하라고 엄명한다. 만약 그녀들이 남자들의 우정을 얻거나 환심을 사려 한다면, 자기들이 주도권을 쥐는 것처럼 보이지 않도록 세심하게 주의를 기울여야 한다. 남자들은 선머슴 같은 말괄량이도, 유식한 체하는 여자도, 지적인 여자도 좋아하지 않는다. 지나치게 대담하고 교양 있고 총명하고 개성 있는 여자는 그들을 두렵게 한다. G. 엘리엇George Eliot(1819~1880)이 지적하는 것처럼 소설에서는 보통 금발의 멍청한 여주인공이 남성적 성격의 갈색 머리 여자를 이긴다.『플로스 강의 물방앗간』[78]에서 매기는 역할을 뒤집으려고 헛되이 노력하다가 결국 죽어 버리고, 스티븐과 결혼하는 사람은 금발의 루시다.『모히칸족의 최후』[79]에서 주인공의 마음을 사로잡는 것은 꿋꿋한 클라라가 아니라 무미건조한 엘리스다.『작은 아씨들』에서 호감 가는 여성인 조는 로리에게 유년기 친구에 불과하다. 그는 자기의 사랑을 곱슬머리의 따분한 에이미에게 바친다. 여성적이라는 것은 신체가 부자유하고 경박하고 수동적이며 고분고분한 태도를 보이는 것이다. 젊은 처녀는 치장하고 준비되어 있어야 할 뿐만 아니라, 자기의 자발성을 억제하는 대신 손위 여자들이 알려준 우아함과 용의주도한 매력을 드러내야 한다. 일체의 자기주장은 그녀의 여자다움과 유혹의 기회를 감소시킨다. 청년에게 인간으로서의 소명과 남자로서의 소명은 서로 대립하지 않음으로써 그의 인생은 비교적 쉽게 출발한다. 이미 그의 유년기가 행복한 운명을 예고하고 있었다. 그는 자기를 독립과 자유로서 실현하면서 사회적 가치와 자기의 남성적 위엄을 동시에 획득한다. 라스티냐크[80]처럼 야심 있는 남자는 돈과 명예와 여자를 한꺼번에 얻으려고 한다. 그는 자신에게 여자들은 힘이 있고 유명한 남자를 좋아한다고 반복해서 말한다. 이와 반대로 젊은 처녀에게는 문자 그대로 그녀의 인간 조건과 여성적 소명 간에 불일치가 있다. 그 때문에 청소년기는 여자에게 무척이나 어렵고 결정적 시기이다. 지금껏 그녀는 자율적인 개인이었으나, 이제 자기의 주권을 포기해야만 한다. 그녀는 과거와 미래 사이에서 남자 형제들처럼 그리고 그들보다 더 심각하게 분열되어 있다. 그뿐만 아니라 주체이자 능동적이며 자유로운 존재로서 살아가고자 하는 그녀의 본래적인 권리 주장과, 그녀에게 수동적 객체가 될 것을 요구하는 그녀의 에로틱한 성향 및 사회적 압력 사이에서 갈등이 폭발한다. 그녀는 본능적으로 자신을 본질로써 파악한다. 그런데 어떻게 스스로 비본질이 될 결심을 하게 될

---

78 *G. 엘리엇의 소설. 빅토리아 시대의 가부장적 질서를 예리하게 비판한 페미니즘 문학의 고전

79 *제임스 페니모어 쿠퍼의 유명한 모험 소설

80 *발자크 소설『고리오 영감』에 나오는 젊은 야심가

까? 만일 **타자**로서밖에 자기 성취를 이룰 수 없다면, 어떻게 자기의 **자아**를 포기하게 되는 것일까? 젊은 여성은 몹시 불안한 딜레마 앞에서 몸부림치고 있다. 욕망에서 혐오로, 희망에서 공포로 오가면서, 자신이 바라는 것을 거부하면서 독립적인 유년 시절과 복종해야 하는 시기 사이에서 아직 망설이고 있다. 이 불확실성은 사춘기를 벗어나는 그녀에게 설익은 과실의 시큼한 맛을 보여 준다.

젊은 처녀는 지금까지 해 온 선택에 따라 자기의 상황에 대해 매우 다르게 반응한다. '어린 아내', 장래의 주부는 자기의 변신을 쉽게 체념하고 받아들일 수 있지만, '어린 어머니'로서의 조건에서 남자의 구속에 대해 분연히 맞서게 하는 권위의 맛을 끌어내었을 수도 있다. 그녀는 에로틱한 대상과 하녀가 되기보다는 모권제를 세울 준비가 되어 있다. 이것은 아주 어린 나이에 무거운 책임을 짊어진 맏딸들에게서 흔히 볼 수 있는 경우다. '선머슴 같은 말괄량이'는 자기가 여자라는 사실을 발견하고는 때로 심한 환멸을 느끼게 되어 곧바로 동성애에 빠지기도 한다. 하지만 그녀가 독립심과 난폭함 속에서 구하던 것은 세계를 소유하는 것이었다. 그녀는 자기의 여성성의 힘과 모성의 경험, 그리고 자기 운명의 일부를 포기하는 것을 원치 않을 수 있다. 일반적으로 젊은 처녀는 일정한 저항을 통해 자기의 여성성에 동의한다. 그녀는 이미 유년 시절의 애교 단계에서, 아버지 앞에서, 자기의 에로틱한 몽상 속에서 수동성의 매력을 알아 왔다. 그리고 그것의 위력을 발견한다. 자기의 몸이 일으키는 수치심에 조만간 허영심이 뒤섞인다. 그녀의 가슴을 두근거리게 했던 그 손, 그녀를 흥분하게 한 그 눈길, 그것은 애원이며 간청이었다. 그녀의 몸은 마법적인 덕목을 지닌 것처럼 보인다. 그것은 보물이며 무기다. 그녀는 그것에 대해서 긍지를 느낀다. 자주적 유년기 동안에 종종 사라졌던 그녀의 교태가 되살아난다. 그녀는 화장하고 머리도 매만지기 시작한다. 유방을 감추는 대신에 크게 만들기 위해 마사지를 하고, 거울을 들여다보며 미소 짓는 법을 연구한다. 마음의 동요와 유혹은 아주 밀접한 관계여서 에로틱한 감수성이 깨어 있지 않는 한, 주체 안에서 타인의 마음에 들고 싶다는 어떤 욕망도 찾아볼 수 없다. 갑상선 발육 부진으로 말미암아 무감각, 침울함을 앓고 있는 환자들에게 갑상선 추출물을 주사하면 바뀔 수 있다는 것이 실험을 통해 밝혀졌다. 환자들은 미소 짓기 시작하고 명랑해지며 애교를 부리게 된다. 유물론적 형이상학에 젖어 있는 심리학자는 대담하게도 교태가 갑상선의 작용에 따른 '본능'이라고 선언했다. 그러나 이런 모호한 설명은 유아기의 경우와 마찬가지로 여기서도 타당하지 않다. 사실 무기력증, 빈혈증 등의 모든 인체 장애의 경우에서 몸은 마치 무거운 짐을 짊어진 것 같다. 낯설고 적대적인 몸은 아무 희망도 약속도 품지 않는다. 몸이 균형과 활력을 되찾으면, 주체는 즉시 그 몸을 자기 몸으로 인식하고 그 몸을 통해 타인에게로 관심을 돌린다.

젊은 처녀에게 에로틱한 초월은 원하는 것을 얻기 위해 자기를 먹이로 삼는 것이다. 그녀는 하나의 객체가 되어 자기를 객체로 파악한다. 그녀는 자기 존재의 이 새로운 면을 뜻하지 않게 발견한다. 자기가 둘로 나뉜 것처럼 보인다. 그녀는 자신과 정확하게 일치하는 대신 자신의 *외부*에 존재하기 시작한다. 로저먼드 레만Rosamond Lehmann(1901~1990)[81]의 『왈츠에의 초대Invitation to the Waltz』에서 올리비아는 거울 속에서 낯모르는 얼굴을 발견한다. 그 얼굴은 그녀 자신 앞에 돌연 나타난 그녀의 객체다. 거기서 그녀는 곧 사라지지만 놀라운 감동을 느낀다.

얼마 전부터 그녀가 머리끝부터 발끝까지 자기를 바라보고 있을 때 특별한 감동이 뒤따랐다. 예기치 않게 그리고 드물게 그녀는 자기 앞에서 낯선 여자, 새로운 존재를 보게 되었다.
그런 일은 두세 차례 일어났다. 그녀는 거울 속에서 자기를 관찰하며 보고 있었다. 그런데 무슨 일이 일어난 걸까? (…) 오늘 그녀가 보고 있는 것은 전혀 다른 모습이었다. 어두운 동시에 밝게 빛나는 신비로운 얼굴, 전류가 흐른 듯이 힘차게 물결치는 머리카락이었다. 그녀의 몸은 – 드레스 때문이겠지만 – 균형 있고 날씬해 보였다. 중심이 잡혀 있고 활짝 피었으며, 유연한 동시에 안정적으로 보여 생기발랄했다. 그녀 앞에는 장밋빛 옷을 입은 젊은 처녀가 있었다. 초상화처럼 거울 속에 비친 방안의 모든 것이 이 젊은 처녀를 둘러싸고서 "당신입니다……"라고 속삭이며 소개하는 것처럼 보였다.

올리비아의 마음을 사로잡는 것은 자기의 어린애 같은 꿈을 알아보고 또 자기 자신이기도 한 그 이미지 속에서 그녀가 읽었다고 생각하는 약속들이다. 그러나 젊은 처녀는 다른 처녀의 몸처럼 자기를 황홀하게 하는 이 몸을 자기의 육체적 현존 속에서 지극히 사랑한다. 그녀는 자신을 애무하며, 둥근 어깨와 팔오금에 키스하고, 자기 가슴과 다리를 바라본다. 고독한 쾌락으로부터 몽상이 생겨나며,

---

81 *영국의 현대 여성 소설가

몽상 속에서 애정을 다해 자기를 소유하고 싶어 한다. 사춘기 소년의 경우에 소유해야 할 대상을 향해 자신을 내던지는 에로틱한 움직임과 자기애 사이에는 대립이 있다. 그의 나르시시즘은 일반적으로 성적 성숙기에 사라진다. 한편 여자는 자신에게처럼 애인에게도 수동적 객체이므로, 그녀의 에로티시즘에는 처음부터 모호함이 있다. 복잡한 움직임 속에서 자기를 바치는 남자들의 찬사를 통해 자기 몸이 칭송받는 것을 목표로 한다. 그래서 여자가 매혹하기 위해 아름다워지려 한다거나, 아름답다는 것을 확인받기 위해 매혹하려 한다고 말하는 것은 사실을 단순화하는 게 될 것이다. 자기 방의 고독 속에서, 그리고 사람들의 시선을 끌려 애쓰는 살롱에서 그녀는 남자의 욕망을 자기 자신에 대한 사랑과 분리하지 않는다. 이런 혼동은 마리 바시키르체프에게서 명백하게 나타난다. 앞에서 이미 본 것처럼, 그녀는 늦은 이유離乳로 인해 다른 어떤 아이보다 더 간절하게 타인의 시선을 끌고 또 칭찬받기를 원하게 되었다. 다섯 살 때부터 사춘기를 벗어날 때까지 그녀는 자기의 사랑을 모두 다 자기 이미지에 바쳤다. 그녀는 자기 손, 자기 얼굴, 자기의 매력을 미친 듯이 감탄했고, "나는 나 자신의 여주인공이야……"라고 썼다. 그녀는 현혹된 관중에게 **주목**을 받고, 그 **답례**로 그들을 긍지에 찬 시선으로 **경멸하듯이 위아래로 훑어 보기** 위해 가수가 되기를 원한다. 그러나 이 '자폐증'은 소설 같은 비현실적인 꿈으로 나타난다. 열두 살 때 그녀는 벌써 사랑에 빠진다. 그것은 그녀가 사랑받기를 원하고, 또 상대에게 불러일으키려는 열렬한 사랑 속에서 자기에게 바치는 열렬한 사랑의 확증만을 찾고자 하기 때문이다. 그녀는 한마디도 나누지 않은 채 사랑하고 있는 H. 공작이 자기 발치에 엎드리는 꿈을 꾼다. "그대는 나의 광휘에 눈이 부셔 나를 사랑하게 되리라. (…) 그대는 내가 되길 바라는 그런 여자에 어울릴 따름이요." 이는 『전쟁과 평화』의 나타샤에게서 보는 것과 같은 반대 감정의 병존이다.

'엄마도 나를 이해하지 못해. 세상에, 나는 어쩌면 이렇게 총명할까! 나타샤는 정말 매력 덩어리야!' 하고 그녀는 자기를 3인칭으로 부르면서 계속 생각했다. 그리고 자기를 극구 찬탄해 마지않는 어떤 남성의 입에서 그런 감탄이 새어 나온다고 생각했다. 그녀는 모든 것을 갖추고 있다. 총명하고 친절하며 예쁘고 솜씨 좋은 여자였다. 수영도 하고 말도 잘 타며, 넋을 잃게 노래를 한다. 그래, 그렇게 말할 수 있다. 넋을 잃게 할 정도로 노래를 잘한다. (…)

그녀는 그날 아침 다시 자기에 대한 사랑, 자기에 대한 경탄의 감정으로 되돌아갔다. 그녀의 정신 상태는 늘 그랬다. "나타샤는 얼마나 매력적인지!" 그녀는 3인칭 남성 집합명사의 입을 빌려 말했다. "그녀는 젊고 예쁘며 아름다운 목소리를 가지고 있고, 아무에게도 폐를 끼치지 않으니 그녀를 괴롭히지 마시오!"

캐서린 맨스필드Katherine Mansfield(1888~1923)[82] 역시 베릴이라는 인물에 나르시시즘과 여자의 운명에 대한 비현실적 욕망이 밀접하게 얽혀 있는 경우를 묘사했다.

식당에서는 반짝대며 타는 장작불 앞에서 베릴이 쿠션 위에 앉아 기타를 치고 있었다. 그녀는 자기 자신을 위해 기타를 치며 낮은 목소리로 노래하고, 자기를 지켜보고 있었다. 장작의 불빛이 그녀의 신발 위에서, 기타의 몹시 붉은 몸통 위에서, 그녀의 하얀 손가락 위에서 번쩍이고 있었다…….
"만약 내가 밖에서 창문으로 안을 들여다본다면, 이런 모습의 나를 보면서 퍽 강한 인상을 받을거야"라고 그녀는 생각했다. 그녀는 아주 조용하게 반주를 했고, 더 이상 노래는 하지 않았으며 듣고만 있었다.
"내가 그대를 처음 보았을 때, 오! 그대는 자신을 외톨이라고 생각했지! 그대는 조그만 발을 쿠션 위에 올려놓고 앉아 기타를 치고 있었어. 아! 나는 영영 잊을 수 없을 거야……." 베릴은 고개를 들고 다시 노래하기 시작했다.

　　달조차 지쳐 버렸네.

그런데 누군가 문을 요란하게 두드렸다. 하녀의 새빨간 얼굴이 나타났다……. 아 안 돼, 그녀는 이런 바보 같은 여자아이를 참을 수 없었다. 그녀는 어두운 살롱으로 달아나 이리저리 걷기 시작했다. 오! 그녀는 불안했다. 벽난로 위턱에 거울이 놓여 있었다. 그녀는 두 팔로 자기의 창백한 얼굴을 받치고 바라보았다. 이토록 아름다울 수가! 그러나 그 사실을 알아채는 사람은 아무도 없었다. 아무도……. 베릴이 미소지었고, 그 미소가 너무나 사랑스러워 그녀는 다시 미소지었다…….[83]

젊은 처녀의 자기 숭배는 단지 자신의 몸에 대한 찬미로만 나타나지 않는다.

---

82 *뉴질랜드 출신의 영국 소설가. 소설 「서곡」에 나오는 '베릴'은 해방을 갈구하는 여성 인물이다.
83 「서곡」

그녀는 자기 전체를 소유하고 예찬하기를 바란다. 그녀가 기꺼이 자기 영혼을 쏟아내는 일기를 통해 추구하는 목표도 바로 그것이다. 마리 바시키르체프의 일기는 유명하며, 그런 종류의 전형이다. 젊은 처녀는 예전에 인형에게 이야기하듯이 일기장에다 대고 이야기하고 있다. 일기장은 남자 친구이며 속내를 이야기하는 상대이고, 사람인 양 질문도 받는다. 일기장 속에는 부모, 친구들, 선생님에게 숨겨 온 진실이 기록되고, 글쓴이는 홀로 거기에 도취한다. 스무 살까지 일기를 써 온 열두 살의 어떤 여자아이는 일기장 첫머리에 이렇게 써 넣었다.

> 나는 귀여운 일기장
> 상냥하고 예쁘고 진중한
> 그대의 모든 비밀을 내게 고백해 줘요
> 나는 귀여운 일기장.[84]

다른 것들은 "내가 죽은 후에나 읽을 것", "내가 죽은 후 태워 버릴 것"이라고 적혀 있기도 하다. 전사춘기 단계에 있는 소녀에게 발달된 비밀의 의미는 점점 더 중요하게 될 뿐이다. 그녀는 타인의 접근을 허락하지 않는 고독 속에 파묻혀, 자기의 참된 자아로 간주하는 숨겨진 자아를 주위 사람들에게 터놓기를 거부한다. 그러나 이 숨겨진 자아는 사실상 상상의 인물이다. 그녀는 톨스토이의 나타샤처럼 무용수나 혹은 마리 르네뤼Marie Lenéru(1875~1918)[85]가 했던 것처럼 성녀聖女나 아니면 단순히 자기 자신이 개성 있는 멋진 여자 역할을 한다. 이런 여주인공과 그녀의 부모와 친구들이 인정하는 객관적인 얼굴 사이에는 대단한 차이가 있다. 그래서 그녀는 남들이 자기를 이해하지 못한다고 확신한다. 그로 인해 그녀와 그녀 자신과의 관계는 더욱 열정적이게 된다. 그녀는 자기의 고립에 도취해, 자기를 남들과는 다른 우월하고 예외적 존재라고 느낀다. 보잘것없는 현재의 삶은 미래가 보상해 줄 거라고 스스로에게 장담한다. 그녀는 꿈을 통해 이런 답답하고 옹색한 삶으로부터 탈출한다. 늘 꿈꾸는 것을 좋아한 그녀는 어느 때보다 더 이런 경향에 빠지게 된다. 자기를 위협하는 이 세계를 상투적인 시적 표현으로 감추며, 남성을 달빛과 장밋빛 구름과 벨벳 같은 밤의 후광으로 장식한다. 그녀는 자

---

84 드베스Maurice Debesse, 『젊은이다운 기발함의 위기La Crise d'originalité juvénile』에서 인용
85 *프랑스 현대 여성 극작가. 『일기Le Journal』로 유명하다.

기 몸을 대리석과 벽옥碧玉, 나전螺鈿의 전당으로 만들고, 자신에게 어리석은 요정 이야기를 들려준다. 그녀가 그런 바보 같은 짓에 그토록 자주 빠지는 것은 세계를 공략하지 못해서다. 만일 **행동**을 해야 한다면 그녀는 세계를 명확하게 보아야 할 것이다. 그런데 그녀는 안개 속 한가운데서 *기다릴* 수도 있다. 젊은 남자 역시 꿈을 꾼다. 그는 특히 능동적인 역할을 하는 모험을 꿈꾼다. 젊은 처녀는 모험보다 경이로운 것을 선호한다. 그녀는 사물과 사람들 위에 몽롱한 마법의 빛을 내뿜는 다. 마법에 관한 생각은 수동적 힘에 관한 생각이다. 그녀가 수동성에 바쳐졌어도 힘을 갖기를 바라기 때문에 마법을 믿는 것이 필요하다. 남자들을 자기 지배하에 두는 자기 몸의 마법, 그녀는 아무 일도 *하지* 않은 채 자기 욕망을 채워 줄 운명의 마법을 믿어야만 한다. 반대로 현실 세계에 관해서는 망각하려 애쓴다.

"때때로 나는 학교에서 어떻게 된 건지는 모르지만, 설명된 주제로부터 도망쳐 꿈의 나라로 날아오른다……"라고 어떤 젊은 처녀가 쓴다.[86] "그때 나는 즐거운 공상에 너무나 열중한 나머지 현실 감각을 완전히 잃어버린다. 나는 의자에 꼼짝도 않고 앉아 있다가 정신이 들면 네 벽에 갇힌 자신을 발견하고는 깜짝 놀란다."

"나는 시를 쓰는 것보다 몽상하는 게 훨씬 좋다"고 다른 처녀가 쓴다. "머릿속에서 두서없이 여러 가지 예쁜 이야기를 생각하거나 별빛이 비치는 산들을 바라보면서 전설 하나를 지어내는 것이 훨씬 더 재미있다. 왜냐하면 그것이 *더 막연하고* 편안하며, 상쾌한 휴식의 인상을 남기기 때문이다."

몽상은 병적 형태를 취할 수도 있고, 다음의 경우처럼 존재 전체를 잠식할 수도 있다.[87]

총명하고 몽상적인 소녀 마리 B는 열네 살 무렵에 사춘기를 겪으면서 과대망상증과 더불어 정신착란의 발작을 일으켰다. "그녀는 부모에게 갑작스레 자기가 스페인 여왕이라고 선언하며 위엄 있는 태도를 보이고, 커튼을 몸에 둘렀다. 웃고 노래하며 지휘하고 명령을 내렸다." 2년 동안 생리를 하는 중에 이런 상태가 반

---

86 마르그리트 에바르Marguerite Evard, 『사춘기 소녀 L'Adolescente』에서 인용

87 보렐Borel과 로뱅Robin의 공저, 『병적 몽상 Les Rêveries』 참조. 민코프스키Eugène Minkowski의 『정신분열증 La Schizophrénie』에서 인용되었다.

복되었다. 그런 다음 8년 동안은 정상적인 생활을 했으나 대단히 몽상적이고 사치를 아주 좋아했으며, 종종 "나는 한낱 직원의 딸이야"라며 신랄하게 말하곤 했다. 스물세 살 무렵에는 무기력증을 보이고, 자기 주위 사람들을 무시하며 여러 가지 야망을 드러냈다. 그녀는 생트안 병원에 입원할 정도로 쇠약해졌고, 그곳에서 8개월을 보냈다. 그 후 집으로 돌아와 3년 동안 병석에 누워 "불쾌하고 심술 궂으며 난폭하고 변덕스럽고 공허해서 자기 주변의 모든 사람에게 지옥과 같은 생활을 하게 했다." 사람들은 그녀를 재차 생트안 병원에 입원시켰고, 그녀는 그곳에서 더 이상 나오지 못했다. 그녀는 병석에 누운 채 아무것에도 흥미를 느끼지 않았다. 생리 기간에 해당하는 듯한 일정한 시기에는 자리에서 일어나 이불을 몸에 두르고, 연극적 태도와 여러 가지 포즈를 취하고, 의사들에게 미소를 짓거나 빈정거리며 그들을 바라보았다. (…) 그녀가 하는 말은 흔히 어떤 에로티시즘의 표현이었으며, 오만불손한 태도는 과대망상증을 드러내는 것이었다. 그녀는 점점 더 몽상 속으로 빠져들었고, 몽상하는 동안에는 얼굴에 만족스러운 미소가 지나갔다. 더 이상 화장을 하지 않았고, 침대를 더럽히기까지 했다. "그녀는 기이한 장신구를 보란 듯이 자랑했다. 환자복도 입지 않고, 종종 시트도 없이. 알몸을 드러내지 않을 때면 이불을 둘둘 감싼 채 머리에는 은종이로 된 왕관을 쓰고, 양팔과 손목, 양어깨와 발목에는 가는 끈과 리본으로 된 무수한 팔찌를 걸고 있었다. 같은 종류의 반지들이 손가락을 장식했다." 하지만 그녀는 때로 자기 상태에 대해 아주 또렷한 의식으로 속내를 드러낼 때도 있었다. "나는 예전에 발작을 일으킨 일을 기억하고 있어요. 그 일은 사실이 아님을 알고 있었지요. 인형 놀이를 할 때, 그 인형이 살아 있지 않다는 것을 잘 알았지만, 살아 있다는 것을 믿고 싶어 하는 어린아이 같았어요. (…) 나는 모자를 쓰고, 옷을 헐렁하게 걸쳤어요. 그런 것이 재미있었고, 점차 나도 모르게 마법에 걸린 것 같았어요. 사는 일이 꿈과 같았지요. (…) 나는 어떤 역을 맡은 배우 같았고, 상상의 세계 속에 있었어요. 여러 생生을 살고 있었고, *이 모든 生에서 주인공이었어요.* (…) 아! 수없이 다양한 삶을 살았는데, 한 번은 금테 안경을 쓴 아주 잘생긴 미국인과 결혼한 적이 있지요. (…) 우리는 저택에서 각자 방을 따로 쓰고 있었어요. 내가 베푼 연회들은 얼마나 근사했는지 몰라요! (…) 혈거인 시대에도 살아봤어요. (…) 나는 전에 방탕한 생활을 했죠. 동침한 남자들의 수를 모두 헤아려 보지 않았어요. 여기서는 사람들이 좀 뒤처져 있는 듯해요. 사람들은 내가 넓적다리에 금팔찌를 끼고 나체로 있는 것을 이해하지 못해요. 예전에 내가 무척 좋아했던 남자 친구가 여럿 있었어요. 우리 집에서 여러 차례 파티를 열었고, 집에는 꽃과 향수와 담비 모피가 있었어요. 친구들은 나에게 예술품과 조각상과 여러 대의 자동차를 선물했어요. (…) 내가 나체로 침대 시트를 몸에 두르면 예전 생활이 기억나요. **예술가로서 나는 거울에 비친 나 자신을 아주 사랑했어요.** (…) 마법 속에서 나는 내가 원했던 모든 것이었어요. 나는 어리석은 짓도 했어요. 모르핀 중독자, 코카인 중독자였고, 애인이 여러 명이었지요. (…) 그들은 밤중에 우리 집에 숨어들었어요. 둘이서 왔는데 미용사를 데리고 왔고, 우편엽서를 보고 있었어요." 그녀는 또한 의사 한 명을 사랑했고, 자기가 그의 정부情婦라고 공언했다. 그녀는 그와 세 살 난 딸이 있었을 것이다. 그녀는 또 여섯 살 된 딸이 있는데 아주 행복하게 여행을 하고 있었다. 그 애 아버지는 대단히 멋진 남자였다. 비슷한 또 다른 이야기가 열 가지나 더 있다. 그것 하나하나는 그녀가 상상 속에서 체험하는 꾸며 낸 삶의 이야기다.

이런 병적인 몽상은 본질적으로 자기가 격에 맞는 생활을 하지 못한다고 생각하고, 또 존재의 실상에 직면하는 것을 두려워하는 젊은 처녀의 나르시시즘을 만족시키기 위한 것임을 알 수 있다. 마리 B는 많은 사춘기 소녀에게 공통적인 보상의 과정을 극단적으로 경험한 것에 지나지 않는다.

하지만 젊은 처녀에게는 고독한 자기 숭배에 빠지는 것만으로는 충분치 않다. 자기완성을 위해서 그녀는 하나의 다른 의식에 존재할 필요가 있다. 그녀는 종종 자기 동무들에게 도움을 청한다. 더 어렸을 때는 마음의 벗이, 그녀가 어머니의 영향권에서 탈출하여 세계, 특히 성性의 세계를 탐색하기 위해 도움을 주었다. 이제 그 벗은 사춘기 소녀를 자기 자아의 한계에서 끌어내는 객체이자 그 자아를 그녀에게 되돌려주는 증인이기도 하다. 어떤 소녀들은 서로 자기의 나체를 내보이고 자기의 가슴을 비교해 보기도 한다. 사람들은 아마도 기숙사 여학생들의 이런 대담한 유희를 보여 주는 『제복의 소녀』[88]의 장면을 기억할 것이다. 그녀들은 막연한 혹은 정확한 애무를 주고받는다. 콜레트가 『학교에서의 클로딘*Claudine à l'école*』에서 지적하듯이, 또 그만큼 솔직하진 않지만 로저먼드 레만이 『모호한 대답*Dusty Answer*』에서 그러는 것처럼, 거의 모든 젊은 처녀에게는 동성애의 성향이 있다. 이런 성향은 나르시시즘의 희열과 거의 구분되지 않는다. 각각의 처녀가 상대방에게서 탐내는 것은 자기 살결의 부드러움과 자기 몸의 아름다운 곡선이다. 그리고 각자

---

88 *독일 소설가 크리스타 빈슬로의 소설로, 부모를 여읜 열여섯 살 소녀의 여선생님에 대한 사랑을 그렸다. 영화로도 만들어졌는데, 영화 제목은 <제복의 처녀>이다.

서로 자기 자신에게 바치는 열렬한 사랑 속에는 일반적으로 여성성에 대한 숭배가 내포되어 있다. 성적으로 남자는 주체다. 따라서 남자는 보통 다른 대상을 향해 자기를 밀어내는 욕망으로 인해 자기 자신과 분리되어 있다. 그러나 여자는 욕망의 절대적인 대상이다. 그래서 고등학교, 대학교, 기숙사, 작업장에서 수많은 '특별한 우정'이 꽃핀다. 그중 어떤 우정은 순수하게 정신적이지만 어떤 우정은 어설프게 육체적이다. 전자의 경우는 무엇보다 마음을 터놓고 속내 이야기를 주고받는 것이 관건이다. 가장 열렬한 신뢰의 증거는 선택된 친구에게 자기 일기를 보여 주는 것이다. 성적인 포옹 대신 친구들 간에 극도의 애정 표시를 나누고, 종종 우회적으로 자기 감정의 신체적 표식을 주고받는다. 나타샤는 소냐에게 자기의 사랑을 증명하기 위해 벌겋게 달궈진 자로 자기 팔을 지진다. 그녀들은 서로를 수많은 애칭으로 부르고, 열렬한 편지를 교환한다. 그 실례로 뉴잉글랜드의 청교도인 에밀리 디킨슨Emily Elizabeth Dickinson(1830~1886)이 사랑하는 동성 친구에게 써 보낸 편지가 여기에 있다.

나는 오늘 온종일 당신을 생각하고, 간밤에는 밤새도록 당신에 대한 꿈을 꾸었습니다. 가장 멋진 정원에서 당신과 함께 산책하고 있었습니다. 그리고 당신을 도와 장미꽃을 땄습니다. 나의 바구니는 절대 채워지지 않았습니다. 이처럼 온종일 당신과 산책하기를 기도합니다. 밤이 다가오면 나는 행복합니다. 나와 어둠과 꿈과 언제까지나 채워지지 않는 바구니 사이에 걸쳐 있는 시간을 초조하게 헤아립니다.

망두스Pierre Mendousse(1870~1933)는 저서 『사춘기 소녀의 영혼L'Âme de l'adolescente』에서 이와 유사한 수많은 편지를 인용하고 있다.

사랑하는 수잔…… 나는 『아가雅歌』의 몇 구절을 여기에 옮겨 놓고 싶었어요. 참으로 아름다운 그대여, 참으로 아름다운 나의 친구여! 신비로운 약혼자처럼 그대는 샤론[89]의 장미, 계곡의 백합을 닮았어요. 그녀처럼 그대는 나에게 여느 처녀와 다르게 소중하기만 해요. 그대는 상징, 수많은 아름답고 고귀한 것들의 상징이었어요……. 그래서 그 때문에 백옥 같은 수잔, 나는 어떤 종교적인 것이 깃들어 있는 순수하고 사심 없는 사랑으로 그대를 사랑합니다.

---

89 *이스라엘의 그림 같은 평원

다른 한 처녀는 이보다는 덜 고상하지만 여러 가지 감동을 일기에 고백하고 있다.

나는 그 조그맣고 하얀 손에 허리를 꽉 죄인 채, 그녀의 둥근 어깨 위에 손을 올려놓고 그녀의 드러난 따듯한 팔위에 팔을 얹고서, 그녀의 보드라운 가슴에 밀착시키며 거기에 있었다. 내 앞에서 그녀의 입술이 귀여운 치아를 내보이며 반쯤 열려 있었다……. 나는 몸을 바르르 떨며 얼굴이 달아오르는 것을 느꼈다.[90]

에바르 부인도 그녀의 저서 『사춘기 소녀』에 이런 애정 토로를 많이 수록하고 있다.

사랑하는 나의 요정, 나의 소중한 연인, 나의 깜찍한 요정. 오! 나를 여전히 사랑하고 있다고 말해 줘요. 내가 그대에게 언제나 헌신적인 친구라고 말해 줘요. 나는 슬프답니다, 그토록 그대를 사랑해요. 오 나의 L…… 나의 애정을 말로는 다 전할 수가 없어요. 내 사랑을 표현할 말은 없답니다. *열렬히 사랑하는 사람*, 그 말은 내가 느끼는 것과 비교하면 아무것도 아니에요. 때로는 내 가슴이 터질 것만 같아요. 그대에게 사랑받는 것은 너무나 아름다워 꿈만 같아요. 오 나의 사랑스러운 이여, 말해 줘요. 앞으로도 오래오래 나를 사랑해 줄 거죠……?

젊은 처녀들의 이토록 열렬한 애정이 청춘기의 죄 많은 사랑으로 미끄러지기는 쉽다. 때로 두 여자 친구 중에서 한 명이 상대를 지배하고 사디즘으로 자기 권력을 휘두르기도 한다. 그러나 대개는 굴욕도, 다툼도 없이 서로 주고받는 사랑이다. 주고받는 쾌락은 각자 홀로 자신을 사랑하던 때와 마찬가지로 커플 속에서 둘로 나뉘지 않은 채 순수하다. 그러나 이런 순수함 자체는 시시하다. 사춘기 소녀는 인생에 발을 들여놓고 **타자**에 접근하기를 바랄 때, 자기를 위해 아버지의 눈길이라는 마법을 되살리려 하고, 어떤 신성한 사랑과 애무를 갈망한다. 그녀는 남자만큼 낯설지 않고 두렵지 않으면서 남성적 위엄을 갖춘 여자에게 마음의 문을 열게 된다. 직업을 갖고 생계를 꾸리며 일정한 사회적 지위를 갖고 있는 여자는 남자만큼 쉽사리 처녀의 마음을 사로잡는다. 여학생들의 마음속에 여선생들

---

90 망두스가 『사춘기 소녀의 영혼』에서 인용

과 사감에 대한 정염의 불꽃이 얼마나 많이 불타오르고 있는지는 다 아는 사실이다. 클레멘스 데인Clemence Dane(1888~1965)[91]은 『여자 부대*Regiment of Women*』에서 불타는 사랑의 정열을 정숙하게 묘사하고 있다. 젊은 처녀는 때로 절친한 동성 친구에게 자기의 격정을 털어놓는 수가 있다. 그녀들은 그 격정을 공유하고 제각기 더욱더 생생하게 느끼려고 자극을 주는 일도 있다. 예를 들면, 한 여학생은 자기가 좋아하는 동성 친구에게 다음과 같이 쓰고 있다.

나는 감기가 들어 자리에 누워 있어. X양밖에는 생각할 수가 없어……. 내가 선생님을 이 정도까지 사랑한 적은 한 번도 없어. 이미 1학년 때 그녀를 무척 좋아했지. 그러나 지금은 진정한 사랑이야. 내가 너보다 더 정열적이라고 생각해. 내가 그녀를 포옹하고 있는 것만 같아. 나는 반쯤 정신이 나갔고, 그녀를 보기 위해 학교에 돌아간다고 생각하니 무척 즐거워.[92]

더 흔하게는 처녀가 자기의 감정을 자기 우상에게 직접 대담하게 고백한다.

친애하는 선생님, 저는 당신과 마주하면 형언할 수 없는 상태에 있게 됩니다. (…) 당신을 보지 못하게 되면 모든 것을 희생해서라도 당신을 만날 거예요. 당신을 한시도 잊은 적이 없답니다. 당신의 모습을 보면 저의 두 눈에는 눈물이 가득 차고 숨어 버리고 싶어져요. 당신 곁에서 저는 한없이 작아지고, 아무것도 모르게 되어 버려요. 당신이 말을 걸어오면 저는 당황하고 감격해서 요정의 감미로운 목소리와 표현할 수 없이 정답게 윙윙거리는 소리를 듣는 듯합니다. 저는 당신의 가장 작은 몸짓도 살피며 더 이상 대화에 집중하지 못해 바보 같은 소리를 중얼거립니다. 친애하는 선생님, 당신은 도대체 무슨 말인지 알 수 없다고 하시겠죠. 하지만 내게는 분명하기만 해요. 제 영혼 깊숙이 당신을 사랑하고 있다는 것을요.[93]

한 실업 학교의 여교장은 이렇게 이야기하고 있다.[94]

---

91 *영국의 소설가, 극작가
92 마르그리트 에바르의 『사춘기 소녀』에서 인용
93 마르그리트 에바르의 『사춘기 소녀』에서 인용
94 리프만의 『청춘과 섹슈얼리티』

청춘 시절에 젊은 여교사 한 명이 점심을 싸 왔던 종이를 우리가 서로 가지려고 다투다가 그 종잇조각을 20페니히나 주고 샀던 것을 나는 기억한다. 또한, 그녀가 이미 사용한 지하철 승차권도 우리의 수집벽의 대상이었다.

동성의 사랑을 받는 여성은 남성의 역할을 해야 하므로 미혼인 것이 바람직하다. 그렇다고 해서 결혼이 반드시 젊은 추종자를 낙담시키는 것은 아니지만, 그녀에게 방해가 되는 것만은 사실이다. 그녀는 자기의 숭배 대상이 남편이나 애인의 힘에 복종하는 것처럼 보이는 것을 싫어한다. 흔히 이런 정열은 비밀리에, 혹은 적어도 순수하게 정신적인 차원에서 전개된다. 그러나 여기서 구체적인 에로티시즘으로의 이행은 사랑받는 대상이 남성인 경우보다 훨씬 더 쉽다. 비록 그녀가 동년배의 동성 친구들과 그런 경험을 하지 않았다 해도 여성의 육체가 젊은 처녀를 겁먹게 하지는 않는다. 그녀는 종종 자매들이나 어머니를 상대로 애정 속에 관능이 섬세하게 스며든 친밀함을 경험해 왔다. <제복의 처녀>[95]에서 도로시 비크가 헤르타 틸의 입술에 키스했을 때, 이 키스는 모성적인 동시에 성적이었다. 여자들 사이에는 수줍음을 걷어 내는 공모 감정이 존재한다. 한 여자가 상대 여자에게 일깨우는 마음의 동요는 일반적으로 난폭함을 수반하지 않는다. 동성애의 애무는 처녀성의 상실도, 삽입도 없다. 그녀들은 유년기의 음핵 에로티시즘을 새롭고 불안한 변신을 요구하지 않은 채 충족시킨다. 젊은 처녀는 심각하게 소외되었다고 느끼지 않으면서 수동적 객체로서의 소명을 실현할 수 있다. 이것은 르네 비비앙 Renée Vivien(1877~1909)[96]이 다음과 같은 시에서 표현하는 것인데, 여기서 그녀는 '저주받은 여인들'과 그녀들의 동성 애인들과의 관계를 묘사하고 있다.

> 우리의 몸은 그녀들의 몸을 비추는 자매애의 거울이다.
> 달처럼 어스름한 우리의 키스는 창백한 부드러움이 있고,
> 우리의 손가락은 뺨의 솜털조차 스치지 않는다.
> 그리고 허리띠가 풀릴 때 우리는
> 동시에 애인도 자매도 다 될 수 있다.[97]

---

95 * 크리스타 빈슬로의 소설 『제복의 소녀』를 바탕으로 만든 독일 영화
96 * 프랑스 현대 여성 시인
97 「손을 맞잡을 때L'Heure des mains jointes」

또 이런 시도 있다.

우리는 우아함과 섬세함을 사랑하기 때문에
그리고 나의 소유는 그대의 젖가슴에 상처를 입히지 않으니……
내 입이 그대의 입을 모질게 깨물 리도 없다.[98]

그녀는 '젖가슴'과 '입'과 같은 부적절한 시어를 통해 여자 친구에게 난폭하게 다루지 않겠다고 분명히 약속한다. 사춘기 소녀가 종종 남자보다 오히려 손위의 여자에게 첫사랑을 고백하는 것은 부분적으로는 폭력이나 강간에 대한 두려움 때문이다. 남성적인 여자는 그녀에게 아버지인 동시에 어머니 같은 존재가 된다. 이 여자는 아버지의 권위와 초월성을 갖고, 가치의 원천과 기준이 되며, 현실 세계를 초월한 신과 같은 존재다. 그러나 한편으로 그녀는 어디까지나 여자다. 어렸을 때 어머니의 어루만짐에서 너무 일찍 떨어져 나왔거나 반대로 어머니에게서 너무 오랫동안 귀여움을 받은 사춘기 소녀는 남자 형제들처럼 따뜻한 젖가슴을 꿈꾼다. 자기 몸과 닮은 이 남성적인 여자의 몸에서 그녀는 어머니의 젖가슴으로부터 분리될 때 잃어버린 생명과의 직접적 융합을 거리낌 없이 되찾는다. 그녀를 감싸는 이 타인의 눈길에 의해 그녀를 개별화시키는 분리가 극복된다. 물론 모든 인간관계에는 갈등이, 모든 사랑에는 질투가 뒤따른다. 그러나 처녀와 그녀의 첫 남성 애인 사이에 일어나는 많은 어려움이 이 경우에는 일어나지 않는다. 동성애의 경험은 진정한 사랑의 모습을 띨 수 있다. 그 경험은 젊은 처녀에게 대단히 행복한 안정감을 가져다주기 때문에 그녀는 이를 지속하고 또 반복하고 싶어 하게 되며, 향수 어린 추억으로 간직하게 된다. 그녀는 더욱 에로틱한 동성애의 성향을 드러내거나 일으킬 수 있다.[99] 그러나 대개 그런 경험은 처녀 시절의 한 단계에 불과하다. 그런 경험은 너무 쉽기 때문에 오래가지 않는다. 손위 여자에게 바치는 사랑 속에서 젊은 처녀는 자신의 미래를 갈망한다. 그녀는 자기 우상과 일체가 되고 싶어 한다. 예외적으로 뛰어나지 않는 한, 우상은 곧 그 오라를 잃어버린다. 손아래 여자가 자기를 확립하기 시작하면, 손위의 여자를 평가하고 비교한다. 마침 자기와 닮았고 두렵게 하지 않기 때문에 선택된 그 타자는 오랫동안 경

---

98 「흔적Sillages」
99 본서 제2권 제1부 4장 「레즈비언」참조

「잠」귀스타브 쿠르베, 1866

외심을 갖게 할 정도로 아주 **다르지**는 않다. 남성 신들은 아득히 먼 그들의 하늘에 있으므로 그보다 더 확고하게 자리를 잡고 있다. 젊은 처녀의 호기심과 관능은 그녀에게 더욱 거친 포옹을 욕망하도록 부추긴다. 그녀들은 대부분 처음부터 동성애의 모험을 과도기적 단계나 통과의례나 대기 상태 정도로밖에 고려하지 않았다. 그녀는 자신이 꿈꾸면서도 아직 경험할 용기나 기회가 없었던 연애를 별다른 위험 없이 모방하고 있다는 생각을 다소나마 시인하면서 사랑, 질투, 분노, 자존심, 기쁨, 고통 등을 흉내 내고 있었다. 그녀는 남자에게 바쳐졌다. 그녀는 그 사실을 알고 있었으며, 평범하고 완전한 여자의 운명을 원하고 있다.

남자는 그녀를 감탄하게 하지만 또한 그녀를 두렵게 한다. 그녀는 남자에 대해 갖는 모순된 감정을 양립시키기 위해 남자 속에서 겁나는 남자와 경건하게 숭배하는 빛나는 신성神聖을 분리한다. 남자 친구들에게는 무뚝뚝하고 사나운 그녀는 멀리 있는 멋진 왕자들을 우상화한다. 그 멋진 왕자들이란 그녀가 자기 침대맡에 붙여 놓은 사진 속의 영화배우들, 사망하거나 생존해 있지만 접근 불가능한 영웅들, 우연히 만났지만 또다시 만날 가망이라곤 전혀 없다는 것을 아는 낯모르는 남자들이다. 그런 사랑들은 아무 문제도 일으키지 않는다. 그런 사랑의 대상은 주로 사회적 혹은 지적인 명성을 지녔으나 육체적으로 흥분을 일으키지 않는 남자, 예를 들면 약간 우스꽝스러운 노교수다. 이런 나이 든 남자들은 사춘기 소녀가 갇혀 있는 세계 저편에서 두각을 나타내기 때문에, 은밀하게 사모할 수 있고 신에게 몸을 바치는 것처럼 헌신할 수 있다. 그와 같은 헌신은 조금도 부끄러울 것이 없으며, 그들을 육체적으로 욕망하는 것이 아니므로 자유로이 동의한 것이다. 소설 같은 사랑에 빠진 여자는 선택된 남자가 볼품없거나 추하거나 조금은 하찮더라도 기꺼이 받아들인다. 그만큼 안전하다고 느끼기 때문이다. 그녀는 그에게서 자기를 떼어 놓는 장애물들을 개탄하는 체하지만, 실은 그와 자기 사이에 어떤 현실적인 관계도 가능하지 않다는 이유 때문에 그를 택한 것이다. 이처럼 젊은 처녀는 사랑을 순수하게 주관적으로, 자기의 순결을 해치지 않으면서 추상적인 경험으로 만들 수 있다. 그녀의 가슴은 뛰고 상대 남자가 없을 때의 괴로움과 있을 때의 공포·분노·희망·원한·열광을 경험하지만, 실속은 없는 것이다. 그녀는 자신의 그 무엇도 걸지 않는다. 우상이 멀리 있으면 있을수록 그만큼 더 훌륭한 우상이 선택된다는 것도 재밌는 일이다. 매일 만나는 피아노 교습 선생은 우스꽝스럽고 못생긴 남자가 유용하다. 그러나 머나먼 이국에서 사는 외국인에게 반했다면, 그때는 잘

생기고 남성적인 남자를 선택한다. 중요한 것은 어떻든 간에 성적 문제가 제기되지 않는 것이다. 이런 두뇌적 사랑은 에로티시즘이 **타자**의 현실적 존재 없이 그녀의 내재성 속에서만 나타나는 나르시시즘적 태도를 연장하고 확인시켜 준다. 사춘기 소녀가 상상의 생활을 비상한 강도로 전개하는 것은, 거기에서 구체적인 경험을 회피하도록 해 주는 알리바이를 발견하기 때문이다. 그녀는 현실과 환상의 혼동을 선택한다. 여러 실례 중에서도 H. 도이치[100]는 대단히 의미심장한 사례 하나를 보고하고 있다. 예쁘고 매혹적인 한 젊은 처녀의 이야기인데, 그녀는 쉽게 남자의 환심을 살 수 있었는데도 주위의 젊은 남자들과 교제하는 것을 거부했다. 하지만 열세 살 때 마음속에서 은밀하게 열일곱 살의 한 청년을 사모하기로 했다. 그 청년은 볼품이 없었고, 그녀에게 말 한마디 건네지 않았다. 그녀는 그의 사진 한 장을 구해 거기에 헌사를 썼으며, 3년 동안 매일 상상의 경험을 일기에 썼다. 즉, 그들은 정열적인 키스나 포옹을 나누며 때로 울며 싸우기도 하였는데, 그녀는 실제로도 눈이 빨개지고 부어 있었다. 그런 다음에 화해하고, 자신에게 꽃다발을 보내곤 했다는 등이다. 이사를 해서 그에게서 멀어지게 되자 그녀는 편지를 썼다. 그러나 그에게 보낸 적이 없으며 답장도 그녀가 썼다. 이 이야기는 그녀가 두려워하는 실제 경험에 대한 방어를 아주 명백하게 보여 준다.

앞의 사례는 거의 병적이다. 그러나 이 사례는 그 내용을 확대하면서 보통 만나게 되는 하나의 과정을 예시하고 있다. 마리 바시키르체프의 경우, 상상적인 감정생활의 놀라운 예를 볼 수 있다. 그녀가 사랑에 빠졌다고 주장하는 H 공작에게 그녀는 한 번도 말을 건넨 적이 없다. 사실 그녀가 바라는 것은 자기 자아를 드높이는 것이다. 그러나 여자이기 때문에, 특히 그 시대에 그녀가 속한 계급에서 자립해 성공한다는 것은 그녀로서 불가능했다. 열여덟 살에 그녀는 통찰력 있게 이렇게 쓴다. "나는 C에게 남자가 되고 싶다는 편지를 썼다. 나는 내가 어엿한 인물이 될 수 있다는 것을 안다. 그러나 치마를 두르고 어디를 갈 수 있단 말인가? 결혼이 여자들의 유일한 직업이다. 남자들은 서른여섯 번의 기회가 있지만, 여자들은 단 한 번의 기회, 은행 놀이[101]에서 제로 같은 것밖에 없다." 그러므로 그녀는 한 남자의 사랑이 필요하다. 그러나 남자가 그녀에게 최고의 가치를 부

---

100 『여성의 심리』
101 * 트럼프 놀이의 일종

여할 수 있으려면 그 자신이 최고의 의식意識이어야만 한다. "나보다 낮은 수준에 있는 남자는 결코 내 마음에 들 수 없을 것이다"라고 그녀는 쓰고 있다. "부유하고 독립적인 남자는 자부심과 어떤 편안한 태도를 지니고 있다. 자신감에는 어딘가 승리에 찬 태도가 있다. 나는 H의 변덕스럽고 교만하고 잔인한 태도를 좋아한다. 그는 네로Neron[102]와 같은 기질이 있다." 그리고 또 "사랑하는 남자의 우월함 앞에서 여자의 자기 소멸은 뛰어난 여자가 경험할 수 있는 자존심의 가장 커다란 환희임이 틀림없다." 이렇게 해서 나르시시즘은 마조히즘에 이른다. 이런 관계는 '푸른 수염', '그리젤리디스', 순교자 성녀들을 꿈꾸는 어린아이에게서 이미 발견되는 것이었다. 자아는 타인을 위해 타인에 의해 형성된다. 따라서 타인이 강하면 강할수록 자아는 점점 더 부와 권력을 갖게 된다. 자기 주인의 마음을 사로잡으면서 자아는 주인이 쥐고 있는 모든 덕목을 자기 속에 거둬들인다. 네로에게 사랑받는 마리 바시키르체프는 네로가 될 것이다. 타인 앞에서 자기를 무無로 돌리는 것은 자기 속에서 자기를 위하여 타인을 실현하는 것이다. 사실 이 무가 되려는 꿈은 존재에 대한 오만한 의지다. 실제로, 마리 바시키르체프는 남자를 통하여 자기를 완전히 잃는다 해도 개의치 않을 만큼 훌륭한 남자를 결코 만난 적이 없다. 자신이 만들어 낸 먼 곳에 있는 신 앞에 무릎을 꿇는 것과, 현실의 한 남자에게 몸을 맡기는 것은 별개의 것이다. 많은 처녀가 현실 세계를 통해서 오랫동안 자기들의 꿈을 추구하는 데 열중한다. 그녀들은 지위나 자질이나 지성에서 다른 모든 남자보다 월등해 보이는 한 남자를 찾는다. 그녀들보다 연상이며 이미 지위도 구축하고 있고 권위와 위엄을 누리는 그런 남자를 원하고 있다. 재산과 명성이 그녀들을 끌어당긴다. 선택된 남자는 사랑을 통해 그녀들에게 그의 영화榮華와 필연성을 전해 줄 절대적 주체처럼 보인다. 그의 우월성은 젊은 처녀가 그에게 쏟는 사랑을 이상화한다. 그녀가 자신을 그에게 바치고자 하는 까닭은 그가 남자이기 때문이 아니라 정선된 존재이기 때문이다. "나는 거인들을 원하지만, 보이는 것은 남자들뿐이다"라고 최근에 한 여자 친구가 나에게 말했다. 이런 높은 요구사항을 내걸며 젊은 처녀는 너무도 평범한 구혼자들을 경멸하고, 섹슈얼리티 문제를 회피한다. 또한 그녀는 꿈속에서 아무 위험 없이 매혹적인 이미지로 나타난 자기 자신의 모습을 소중히 여긴다. 그렇다고 해서 자기가

---

102 *로마 시대의 폭군 황제

그 모습처럼 되고 싶다는 것은 아니다. 예를 들면 마리아 르 아르두앵[103]은 실제로 독선적이지만, 자기를 한 남자에게 완전히 헌신하는 희생자로 생각하는 것이 맘에 들었다고 이야기한다.

> 나는 일종의 수줍음 때문에, 꿈속에서 그토록 많이 체험했던 내 천성의 숨은 성향을 현실에서 단 한 번도 표현할 수 없었다. 내가 아는 바로는, 나란 여자는 사실 독선적이고 거칠며 도무지 고분고분하지 않다.
> 나는 나 자신을 없애야 하는 필요성에 언제나 복종하며, 오직 의무를 다하면서 사는 내가 훌륭한 여자라고 때때로 상상했다. 나는 어리석을 정도로 한 남자와 사랑에 빠져 그의 가장 사소한 뜻도 거스르지 않으려 애썼다. 우리는 진저리나는 가난 속에서 몸부림쳤다. 그는 죽도록 일을 하였으며 저녁에는 해쓱하고 초췌해져서 집에 돌아왔다. 나는 창가에서 불빛도 없이 그의 옷을 깁느라 시력을 잃어 갔다. 나는 연기가 가득한 좁은 부엌에서 그에게 비참할 정도로 초라한 음식을 만들어 주었다. 하나밖에 없는 우리 아이는 병 때문에 끊임없이 생명의 위협을 받았다. 하지만 나의 입술에는 항상 온화함이 깃든 미소가 흘렀다. 그리고 사람들은 현실에서 혐오감 없이는 견딜 수 없었던, 침묵하는 용기의 처절한 표현을 내 눈에서 읽을 수 있었다.

이러한 나르시시즘의 만족 외에도 어떤 처녀들은 안내자나 스승의 필요성을 구체적으로 느끼기도 한다. 그녀들은 부모의 영향력에서 벗어날 때, 익숙하지 않은 독립성에 매우 당황하게 된다. 그런 독립성을 거의 부정적으로밖에 사용할 줄 몰라 변덕과 무절제함에 빠져들게 되고, 다시 자기의 자유를 포기하고 싶어 한다. 변덕스럽고 거만하며 반항적이고 뻔뻔스러운 젊은 처녀가 지각 있는 남자에 의해 정성껏 길들여진다는 이야기는 통속소설과 영화의 진부한 주제다. 이는 남자와 여자의 비위를 동시에 맞춰 주는 상투적인 이야기다. 특히 세귀르 부인이 『어린아이의 사랑Quel amour d'enfant』에서 한 이야기다. 지젤은 어렸을 때 지나치게 너그러운 아버지에게 실망해 엄격한 늙은 숙모를 좋아했다. 처녀가 되어서는 잔소리가 많은 청년 쥘리앵의 지배를 받는다. 쥘리앵은 그녀의 참모습을 낱낱이 파헤쳐 이야기하고, 면박을 주며 그녀의 소행을 고치려 한다. 그녀는 개성 없는 부

---

103 『검은 돛』

유한 공작과 결혼하는데, 그와의 결혼생활은 매우 불행하다. 남편과 사별한 후에는 자기를 이끌어주는 까다로운 사랑을 받아들였고, 마침내 기쁨과 지혜를 발견한다. 루이자 올컷Louisa May Alcott(1832~1888)의『좋은 아내들Good Wives』에서 독립적인 조는 장차 자기 남편이 될 사람에게 반하는데, 그 이유는 그녀의 실수를 그가 심하게 비난했기 때문이다. 그 역시 그녀를 꾸짖고, 그녀는 아주 사려 깊게 용서를 구하고 순종한다. 미국 여성들의 거센 자존심에도 불구하고, 할리우드 영화는 연인이나 남편의 건강한 난폭함으로 길들여지는 사나운 처녀들을 무수히 보여 주고 있다. 양쪽 따귀나 엉덩이를 때리는 것이 유혹의 확실한 수단처럼 보인다. 그러나 현실에서 관념적 사랑이 성적 사랑으로 이행하는 것은 단순하지 않다. 많은 여자가 환멸을 느낄까 봐 두려워서 자기들의 정열의 대상에 다가가는 것을 조심스럽게 피한다. 만약 영웅이나 거인이나 반신半信이 처녀의 마음에 싹튼 사랑에 응해 그 사랑을 현실의 경험으로 바꿔 놓는다면 젊은 처녀는 질겁한다. 우상이 하나의 수컷이 되어 버린 까닭에 그녀는 진저리를 치며 도망친다. '재미있다'든가 '매력적'으로 보이는 남자를 유혹하기 위해서 가능한 한 모든 수단을 동원하여 교태를 부리는 사춘기 소녀들이 있다. 그러나 남자가 너무 적극적으로 감정을 표명하면 모순되게도 그녀들은 화를 낸다. 왜냐하면 그녀들의 마음에 든 까닭은 다가가기 힘들게 보였기 때문이다. 그래서 그 남자가 사랑에 빠지면 그는 평범해진다. "다른 남자들과 진배없는 남자일 따름이야." 젊은 처녀는 그의 실추를 그의 탓으로 돌린다. 그녀는 처녀의 감수성을 불안하게 하는 신체적 접촉을 거부하기 위해 그것을 구실로 삼는다. 젊은 처녀가 자기의 **'이상적인 남자'**에 굴복하더라도 그녀는 그의 품 안에서 무감각한 채로 있다. 슈테켈[104]은 이렇게 말한다. "흥분한 처녀들은 그런 일이 있고 난 뒤에 자살하기도 하는데, '이상적인 남자'가 '난폭한 동물'의 형태로 본성을 드러냄으로써 그녀가 상상했던 사랑의 모든 구조가 무너져 내렸기 때문이다." 남자가 그녀의 친구 중 한 명에게 구애할 때 젊은 처녀는 그를 사랑하게 되고, 아주 흔하게 기혼 남자를 선택하는 것 또한 불가능한 사랑에 대한 취미에 의한 것이다. 그녀는 자진해서 돈 후안에게 매혹당한다. 어떤 여자도 결코 붙잡아두지 못한 이런 유혹자에게 복종하고 그를 좋아할 것을 꿈꾼다. 그녀는 그의 행실을 고치겠다는 희망을 품는다. 그러나 사실 그

---

104 『불감증의 여자』

녀는 자기의 기도가 실패하리라는 것을 알고 있고, 그것이 그녀가 선택한 이유 중 하나다. 어떤 처녀들은 현실적이며 완전한 사랑을 경험하기란 영원히 불가능하다는 사실을 깨닫는다. 그녀들은 일생 도달할 수 없는 이상을 추구할 것이다.

즉, 젊은 처녀의 나르시시즘과 그녀의 섹슈얼리티가 원하는 경험 사이에는 갈등이 있다. 여자는 자기 포기 한가운데서 자기를 본질로써 되찾는 조건에서만 자기를 비본질로써 수락한다. 자기를 객체로 만들면서 그녀는 우상이 되어 그 속에서 득의양양하게 자기를 인정한다. 그러나 그녀에게 비본질로 돌아갈 것을 촉구하는 가차 없는 변증법을 거부한다. 그녀는 마력적인 보물이 되기를 원하지, 사람들이 마음대로 취하는 물건이 되고 싶어 하지 않는다. 그녀는 마법의 향기를 지닌 멋진 숭배의 대상이 되기를 원한다. 보이고 만져지고 상처를 입는 하나의 육체로 여겨지는 것을 좋아하지 않는다. 그래서 남자는 먹잇감이 되는 여자를 극진하게 여기지만, 식인귀인 데메테르에게서는 도망가는 것이다.

남자의 관심을 끌고 남자를 감탄시키는 데 긍지를 느끼는 그녀는 역으로 그런 일을 당하면 격분한다. 사춘기를 겪으며 그녀는 수치라는 것을 배웠다. 그리고 그 수치는 그녀의 교태와 허영심에 뒤섞여 있다. 남자들의 시선은 그녀를 기분 좋게 하는 동시에 상처를 입힌다. 그녀는 자기를 보이고 싶은 범위 내에서만 보이기를 원한다. 그녀의 두 눈은 언제나 지나치게 날카롭다. 이런 일관성 없는 태도는 남자들을 좌절시킨다. 그녀는 어깨나 가슴, 다리를 드러내면서도 남자들이 자기를 바라보면 즉시 얼굴이 빨개지며 화를 낸다. 그녀는 남자를 도발하는 것을 재미로 여기지만, 만약 그에게 욕망을 불러일으켰다는 것을 알아채면 혐오를 느끼고 뒷걸음질한다. 남자의 욕망은 찬사인 만큼 모욕이기도 하기 때문이다. 그녀는 자기 매력에 대한 책임을 느끼고 매력을 자유로이 행사하는 것처럼 보이는 한에서 승리감에 도취한다. 그러나 자기의 용모, 태도, 육체가 남에게 알려져 수모를 당한다고 생각하면 이런 것들을 탐내는 타인의 낯설고 무례한 자유로부터 감추려고 한다. 그것이 이 본원적 수치심의 깊은 의미이며, 이 수치심은 가장 무모한 교태와 뜻하지 않게 충돌한다. 여자아이는 놀라운 대담성을 보일 수 있는데, 이는 자주적 행동이 수동성 속에서 자기를 드러나게 한다는 사실을 깨닫지 못하기 때문이다. 그녀가 그 사실을 알아차리는 즉시 겁을 먹고 화를 낸다. 시선보다 더 애매하고 불확실한 것은 없다. 시선은 떨어진 거리에 존재하고, 이 거리로 인해서 정중한 것처럼 보인다. 그러나 시선은 지각된 이미지를 음험하게 엄습

한다. 미숙한 여자는 이런 함정에 빠져 몸부림친다. 그녀는 굴복하는 것으로 시작하지만, 곧 진저리를 치고 자기 안의 욕망을 죽여 버린다. 아직도 모호한 그녀의 몸속에서 애무는 때로 부드러운 쾌감처럼, 때로 불쾌한 간지럼처럼 느껴진다. 키스는 그녀를 처음에 감동하게 하지만, 이후에 느닷없이 웃게 한다. 그녀는 초반에 하나하나를 흐뭇해하다가 이어서 반감을 일으킨다. 다소곳이 키스를 받아들이지만 보란 듯이 입을 닦아 버린다. 입가에 미소를 띠고 상냥하다가도 별안간 빈정대며 적의를 드러낸다. 약속했다가도 고의로 잊어버린다. 쥘리앵의 수려함과 드문 자질에 매혹된 마틸드 드 라 몰르가 그러하다. 쥘리앵의 사랑을 통해 예외적인 운명에 도달하기를 욕망하지만, 자기 관능이나 타인의 의식에 지배되기를 맹렬하게 거부하는 그녀는 비굴함에서 교만으로, 애원에서 경멸로 옮겨 간다. 그녀는 자기가 주는 모든 것을 다시 자기에게 갚도록 한다. 마르셀 아를랑Marcel Arland(1899~1986)[105]이 묘사한 '모니크' 또한 그러하다. 그녀는 마음의 동요와 죄를 혼동한다. 그녀의 경우, 사랑은 하나의 수치스러운 자기 포기다. 그녀의 피는 끓고 있지만, 그녀는 이 열정을 증오한다. 결국 그녀는 굴복하지만, 그때까지 언제나 반항한다.

'풋과일'은 유치하고 사악한 성질을 과시하면서 남자로부터 자기를 방어한다. 젊은 처녀는 흔히 절반은 거칠고 절반은 현명해진 모습으로 묘사된다. 특히 콜레트는 『학교에서의 클로딘』과 『청맥』에서 젊은 처녀를 매혹적인 뱅카의 모습으로 그리고 있다. 뱅카는 자기 앞에 놓인 세계에 대한 열렬한 관심을 가지고 여왕으로 군림한다. 그러나 그녀 또한 남자에 대한 호기심과 관능적이고 비현실적인 욕망이 있다. 뱅카는 가시덤불에 살을 긁히고 새우잡이를 하며 나무에도 오르지만, 남자 친구 필이 자기 손을 만지면 전율한다. 그녀는 한낱 몸이 비로소 육체가 되고, 처음으로 여자로서 직관적 인식을 하는 마음의 동요를 경험한다. 가슴이 설레어 비로소 예뻐지고 싶어 한다. 이따금 머리를 매만지고 화장하고 얇고 가벼운 모슬린 천의 옷을 입고, 교태를 부리며 유혹하는 것을 즐긴다. 그러나 그녀는 **타인을 위해서**뿐만 아니라 *자기를 위해서*도 존재하고 싶은 까닭에, 너절한 낡은 드레스나 어울리지 않는 바지를 입는 등의 보기 흉한 옷차림을 하기도 한다. 그녀 자신의 일부에서는 교태를 비난하고, 그것을 자기 포기처럼 간주한다. 그래서 그녀는 일

---

105 *프랑스 소설가

부러 손가락에 잉크를 묻히고 머리를 풀어헤치고 더러운 하녀의 모습으로 나타난다. 이런 반항심은 그녀가 분하다고 느끼는 실수를 하게 한다. 그녀는 그 때문에 짜증을 내고 얼굴을 붉히며 서투른 짓을 배가하고, 불발에 그친 유혹에 대해 혐오를 느낀다. 이 시점에서 젊은 처녀는 더는 어린아이이기를 원치 않지만, 그렇다고 어른이 되는 데 동의하는 것은 아니다. 그녀는 자기의 유치함과 여성으로서의 체념을 번갈아 자책한다. 그녀는 거부의 태도를 지속적으로 고수하고 있다.

이것이 젊은 처녀를 특징짓는 특성이며, 그 행위의 대부분을 이해하는 열쇠가 거기 있다. 그녀는 자연과 사회가 자기에게 할당하는 운명을 받아들이지 않는다. 그렇다고 그 운명을 적극적으로 거부하지도 않는다. 그녀는 세상과 싸움을 벌이기에는 내적으로 너무 분열되어 있다. 그러므로 현실에서 도피하거나 혹은 현실에 대해 상징적으로 이의 제기하는 데 그친다. 그녀의 각각의 욕망은 불안으로 배가되고, 그녀는 자신의 미래를 손에 넣기를 갈망한다. 그러나 자기의 과거와 단절되는 것을 두려워한다. 그녀는 한 남자를 '소유하기'를 바라지만, 그의 먹잇감이 되는 것을 혐오한다. 그리고 공포의 배후에는 욕망이 숨어 있다. 강간은 그녀를 소름 끼치게 하지만 수동성은 동경한다. 그래서 그녀는 기만과 온갖 술책을 동원하게 되고, 모든 종류의 부정적인 강박관념의 성향을 지닌다. 이것은 욕망과 불안의 양면성으로 나타난다.

사춘기 소녀에게서 매우 흔하게 볼 수 있는 항의 형태 중 하나가 조롱이다. 여고생들이나 여점원들은 감상적이거나 외설적인 이야기를 나눌 때, 자기의 가벼운 연애 이야기를 하거나 길에서 남자들을 마주칠 때, 연인들이 키스하는 것을 목격할 때 '웃음을 터트린다.' 나는 뤽상부르 공원에서 일부러 연인들의 오솔길을 지나가는 여학생들을 본 적이 있다. 어떤 여학생들은 터키탕에 드나들며, 거기서 마주치는 배가 나오고 유방이 늘어진 뚱뚱한 부인들을 놀려 댄다. 여자의 몸을 조롱하고, 남자들을 웃음거리로 만들고, 사랑을 비웃는 것은 성을 부인하는 한 방법이다. 이러한 빈정거림 속에는 어른에 대한 도전과 더불어 자기 자신의 불편함을 극복하려는 하나의 방식이 들어 있다. 성의 위험한 마법을 없애기 위해 이미지와 말로 장난을 치는 것이다. 나는 여고 1학년생들이 라틴어 교과서에서 *대퇴골*이란 단어를 발견하고는 웃음을 터트리는 것을 보았다. 하물며 소녀는 자기에게 키스하거나 자기 몸을 만지작거리게 하다가 상대가 보는 앞에서 웃거나 혹은 친구들과 웃어 젖히면서 보복하기도 한다. 어느 날 밤, 기차간에서 횡재한 듯 대단히 행복해하는 세일즈맨에게 감언이설로 번갈아 희롱당하던 두 처녀를 나는 기억하고 있다. 그녀들은 대화가 오가는 틈틈이 성본능과 수치심이 뒤엉킨 사춘기 특유의 태도를 보이면서 히스테릭하게 깔깔거렸다. 젊은 처녀들은 폭소를 터뜨리는 동시에 언어에 도움을 청하기도 한다. 어떤 처녀들은 남자 형제들조차 얼굴을 붉힐 정도로 상스러운 어휘를 입에 담기도 한다. 아마도 그녀들이 사용하는 표현들은, 반쯤은 무지한 까닭에 아주 명확한 이미지를 스스로 연상시키지 못해서 그런 말을 태연하게 쓰는지도 모른다. 게다가 그런 말을 쓰는 목적은 이미지가 나타나는 것을 방해하지는 않더라도, 적어도 그 이미지를 약화하는 데 있다. 여고생들이 주고받는 음담패설은 성적 본능을 만족시키려 하기보다 오히려 성을 부인하는 데 있는 것이다. 그녀들은 성을 기계적이고 거의 외과적인 수술처럼 익살스러운 면으로만 간주하려 든다. 그러나 웃음과 마찬가지로 음란한 언어 사용은 단순히 저항일 뿐만 아니라 어른들에 대한 도전이고, 일종의 신성모독이며 고의로 타락한 행위다. 젊은 처녀는 수많은 기발한 방법으로 자연과 사회를 도발하고 거기에 용감히 맞서면서 이 세계에 거부하는 몸짓을 보낸다. 젊은 처녀에게 기식벽寄食癖은 자주 지적되었다. 그녀는 연필심·봉함용 풀·나뭇조각·살아 있는 새우를 먹고, 아스피린 알약을 열 개씩 삼킨다. 심지어 파리나 거미까지도 먹는다. 나는 아주 참한 처녀가 커피와 백포도주를 끔찍하게 섞어 억지로 마시는 것을 보았다. 또 어떤 때는 각설탕을 식초에 담가 먹기도 했다. 내가 본 또 다른 처녀는 샐러드에서 발견한 애벌레를 과감하게 깨물어 먹었다. 어린아이들은 누구나 눈이나 손으로, 더 나아가서는 입과 위胃로 세계를 체험하는 데 애착을 갖는다. 그러나 사춘기 소녀는 더 특별하게 소화가 안 되는 것, 징그러운 것에서 세계를 탐험하고 싶어 한다. 아주 흔하게는 몹시 역겨운 것이 그녀의 구미를 당긴다. 한 소녀는 한창때 예쁘고 멋쟁이에다 꾸미길 잘했는데, 자기 눈에 '더러워' 보이는 모든 것에 진정 대단한 매력을 느끼고 있었다. 그녀는 벌레들을 만졌고, 더러워진 생리용품을 지켜보고, 자기 몸에 난 상처에서 흐르는 피를 빨아먹곤 했다. 불결한 것을 가지고 논다는 것은 확실히 혐오감을 극복하는 한 방법이다. 이런 감정은 사춘기에 대단히 중요하다. 너무나 육적인 자기 몸과 월경, 어른들의 성행위와 자기가 바쳐진 남자에 대하여 혐오를 느끼고 있는 소녀는, 자기에게 혐오감을 일으키는 모든 것과 친숙해짐으로써 그 혐오감을 부인하는 것이다. "나는 달마다 피를 흘려야만 하는 까닭에 내 몸에 난 상처의 피를 빨아먹으면서 내 몸의 피가 무섭지 않다는 것을 증명하고 싶다. 불쾌하기 이를 데 없는 시련에 굴복해야만 하는데, 애벌레 한 마리를 깨물어 먹지 못할 이유가 어디 있어?" 이러한 태도는 이런 나이에 아주 빈번한 자해에서 훨씬 더 명확하게 드러난다. 젊은 처녀는 면도칼로 넓적다리에 상처를 내고, 자기 몸을 담뱃불로 지지고 칼로 베고, 살갗을 벗기기도 한다. 내가 젊었을 때 여자 친구 한 명은 따분한 가든 파티에 가지 않으려고 자기 발을 도끼로 내려찍어 6주 동안이나 누워 있어야 했다. 이러한 사디즘적 마조히즘의 행위는 성 경험에 선행하는 행위인 동시에 그에 대한 반항 행위이기도 하다. 이런 시련을 견뎌 냄으로써, 앞으로 일어날 수 있는 모든 시련에 굳게 대비해야만 하고, 그렇게 해서 결혼 첫날밤을 포함한 모든 시련을 하찮은 것으로 만들어야 한다. 젊은 처녀가 민달팽이를 자기 가슴 위에 올려놓거나 아스피린 한 통을 삼킬 때나 자기 몸에 상처를 낼 때, 그녀는 미래의 자기 애인에게 도전하고 있는 셈이다. 즉, '당신은 내가 내 몸에 가한 것보다 더 가증스러운 짓을 절대로 할 수 없을 것이다'라는 의미다. 이런 것은 성적 모험에 대한 음울하고 오만한 입문이다. 수동적인 먹이로 바쳐질 그녀는 고통과 혐오감을 참아 내면서까지 자기의 자유를 주장한다. 그녀가 자기 몸을 칼로 긋고 불로 지질 때, 그녀는 자기의 처녀성을 빼앗는 침투에 대해 항의하는 것이다. 즉, 그런 항의로써 처녀성 박탈을 무효로 하는 것이다. 자기의 행위 속에서 고통을 맞아들이는 것이기 때문에 마조히스트인 그녀는 무엇보다도 사디스트다. 자율적 주체로서 그녀는 이 의존적 몸, 즉 굴종에 처한 이 몸을 호되게 공격하고 조롱하고 고문하면서도 이 몸에서 자기를 구분하지 않는다. 왜냐하면 이런 모든 계제에 자기의 운명을 진심으로 거부하지는 않기 때문이다. 사디즘적 마조히즘의 기벽에는 하나의 근본적인 기만이 내포되어 있다. 즉, 소녀가 그런 기벽에 빠지는 것은 자기 거부를 통해 여자로서의 미래를 수락하는 것이다. 우선 그녀가 자기를 몸으로 인정하지 않는다면, 증오심을 품고 자기의 몸을 훼손하지는 않을 것이다. 난폭함의 폭발조차도 체념의 토대 위에서 일어난다. 소년이 아버지와 세계에 대해 반항할 때, 그는 효과적인 폭력을 따른다. 친구와 싸움을 걸려 하고 몸싸움하며 주먹을 휘두르며 자기를 주체로서 주장한다. 그는 세계에 자기 존재를 부과하며 세계를 초월한다. 그러나 젊은 처녀에게는 자기주장과 자기를 내세우는 것이 금지되어 있다. 그녀의 가슴에 그토록 많은 반항심을 불어넣는 원인이 바로 거기에 있다. 그녀는 세계를 변화시키는 것도, 그곳에서 두각을 나타내는 것도 희망하지 않는다. 그녀는 자신이 결박된 것을 알고 있거나 적어도 그렇다고 믿고 있으며, 그리고 어쩌면 결박되어 있기를 원하는지도 모른다. 그러므로 그녀가 할 수 있는 것은 파괴뿐이다. 그녀의 격심한 고통, 격노, 격분 속에는 절망이 있다. 화가 치미는 파티가 열리는 동안에 그녀는 유리잔을 깨뜨리고 유리창을 부수고 화병을 깨뜨린다. 하지만 그것은 운명을 이기기 위해서가 아니라 상징적인 저항에 불과하다. 젊은 처녀는 현재의 무기력을 통해 미래의 자기 복종에 반항하는 것이다. 그런데 그녀의 헛된 분노 폭발은 구속에서 그녀를 해방하기는커녕 오히려 구속을 더욱 조일 뿐이다. 그녀 자신에 대한, 아니면 그녀를 둘러싸고 있는 세계에 대한 폭력은 언제나 부정적 성격을 띤다. 폭력은 효과적이기보다는 남들의 눈길을 끌기 때문이다. 바위를 기어오르거나 친구들과 싸우는 소년은 신체적 고통, 상처, 혹이 생기는 것을 그가 몰두하는 적극적인 활동의 무의미한 결과처럼 바라본다. 그는 그것들을 (자기를 여자의 상황과 유사한 상황 속에 놓는 열등감의 경우를 제외하고는) 그 자체로 추구하지도 피하지도 않는다. 젊은 처녀는 고통스러워하는 자기를 바라본다. 그녀는 폭력과 반항의 결과에 관심을 두기보다는 자기 마음속에서 그것들을 즐기고 있다. 그녀의 사악한 행위는 어린아이의 세계에 닻을 내린 채 머물면서 그곳에서 빠져나올 수 없거나 혹은 빠져나오기를 진정으로 원치 않든가 하는 데서 온다. 그녀는 새장에서 나오려고 하기보다는 오히려 그 속에서 몸부림치고 있다. 그녀의 태도는 부정적이고 반성적이며 상징적이다. 이런 사악한 행위가 불안한 형태를 취하는 경우가 있다. 상당히 많은 수의 젊은 처녀가 도벽 환자다. 이런 도벽은 대단히 모호한 성질의 '성적 승화'이다. 법을 어기고 금기를 위반하고자 하는 의지나, 금지된 행동에 현혹되어 느끼는 짜릿함은 도벽이 있는 여자에게는 분명 본질적이다. 그러나 거기에는 양면성이 있다. 권리도 없이 물건을 훔치는 것은 오만하게 자기의 자주성을 주장하는 것이고, 훔친 물건과 절도를 벌하는 사회 앞에서 주체로 자처하는 것이며, 기성질서를 거부하고 그 옹호자들에게 도전하는 것이다. 그러나 이러한 도전 역시 마조히즘적인 면이 있다. 절도를 범하는 그녀는 무릅쓴 위험과 붙잡히면 떨어지게 될 나락에 매혹되어 있다. 훔치는 행위에 그토록 매력적인 쾌감을 부여하는 것은 잡힌다는 위험이다. 붙잡혔을 때 그녀는 비난으로 가득 찬 시선 아래, 자기 어깨를 잡은 손 밑에서, 치욕 속에서 완전히 절망적인 객체로서 자기를 실현하게 될 것이다. 먹이가 된다는 끔찍한 불안 속에서 붙잡히지 않고 훔치는 행위는, 사춘기 여성 섹슈얼리티의 위험한 유희이다. 젊은 처녀들에게서 볼 수 있는 악의적이고 불법적인 모든 행위는 이런 의미를 띠고 있다. 어떤 처녀들은 익명으로 편지 보내기에 남다른 취미가 있고, 또 다른 처녀들은 자기 주위 사람들을 속이는 것을 재밌어한다. 그래서 열네 살의 한 소녀는 온 마을 사람들에게 어떤 집에 유령이 나온다고 믿게 했다. 그녀들은 자기들 힘의 은밀한 행사와 불복종과 사회에 대한 도전, 그리고 가면이 벗겨질 위험을 동시에 누린다. 그것은 쾌락의 매우 중요한 한 요소이기 때문에, 그녀들은 자주 스스로 가면을 벗고, 때로 자신들이 범하지 않은 과실이나 범죄를 자책하기도 한다. 객체가 되는 것에 대한 거부가 결국 자기를 객체로 재구성한다는 것은 놀라운 일이 아니다. 그것은 모든 부정적 망상에 공통된 과정이다. 히스테릭한 마비증 속에서 환자는 마비를 두려워하지만 동시에 그것을 바라고 결국 그렇게 된다. 그가 마비에 관한 생각을 중단해야만 병이 나을 수 있다. 신경쇠약 환자들의 괴벽 또한 마찬가지다. 젊은 처녀를 편집증, 괴벽, 음모, 사악 행위 등의 신경병 환자의 부류에 속하게 하는 것은 기만의 깊이다. 그녀에게는 우리가 이미 지적한 욕망과 끔찍한 불안의 양면성 때문에 많은 신경증 증세가 발견된다. 예를 들어, 그녀가 '가출'하는 것은 꽤 빈번한 일이다. 무턱대고 사라져 집에서 멀리 떨어진 곳을 방황하다가 2, 3일 후 제 발로 돌아온다. 이 경우는 정말로 집을 나간다든가 가족과 절연하겠다는 실제 행위가 아니라, 단지 탈출극에 불과하다. 그래서 젊은 처녀에게 주위 사람들과 영원히 헤어지는 게 어떻겠냐고 하면 매우 당혹스러워한다. 그녀는 그저 주위 사람들을 떠나 보고 싶었을 뿐, 그들과 영영 헤어지길 바란 것은 아니다. 가출은 때때로 매춘의 환상과 연결되기도 한다. 젊은 처녀는 자기가 매춘부라는 꿈을 꾸고, 다소 머뭇거리며 그 역할을 해 보기도 한다. 화장을 짙게 하고, 창가에 기대어 지나가는 사람들에게 추파를 던진다. 어떤 경우에는 집을 떠나 지나칠 정도로 연극을 해서 현실과 혼동하기도 한다. 이런 행위는 흔히 성적 욕망에 대한 혐오나 죄의식의 감정을 나타낸다. 즉, '나에게는 이런 생각, 이런 욕망이 있으니까 내가 매춘부보다 나을 게 없어. 나는 매춘부야'라고 젊은 처녀는 생각한다. 때로 그녀는 그런 생각에서 벗어나려고 한다. '결말을 짓자. 끝까지 가자' 하고 그녀는 생각한다. 그녀는 처음 만나는 아무에게나 자기 몸을 내주면서 성이란 별 대단한 것이 아님을 자신에게 증명하고 싶어 한다. 동시에 그러한 태도는 어머니의 엄격한 정조 관념에 혐오감을 느끼고 있든가, 아니면 어머니의 행실이 나쁘다고 의심하든가, 흔히 어머니에 대한 적대감을 나타내는 것이다. 혹은 지나치게 무관심한 태도를 보이는 아버지에 대한 원한의 표현이기도 하다. 어쨌든 이런 강박관념 속에는 – 이미 말한 바 있는, 그리고 종종 그것과 연관이 있는 임신망상에서와 같이 - 반항심과 신경쇠약의 현기증을 특징짓는 공범성이 복잡하게 뒤얽혀 있는 것을 볼 수 있다. 젊은 처녀가 이 모든 행위에서 자연적·사회적 질서를 극복하려 하지 않고, 가능성의 한계를 축소하거나 가치를 쇄신시키려 하지 않는다는 것은 주목할 만하다. 그녀는 그 경계와 법이 보존된 기성 세계의 한가운데서 자기의 반항을 표명하는 것에 만족한다. 이것이 흔히 '악마적'이라고 규정되는 젊은 여성의 태도이며, 선善은 조롱당하기 위해서 인정되고 규칙은 위반되기 위해서 마련되었으며, 신성은 모독을 범하는 것이 가능하기 위해서 존경받는다는 근본적 속임수를 내포하는 태도다. 젊은 처녀의 태도는 본질적으로 기만이라는 매우 불안한 암흑 속에서 그녀가 세계와 자기 자신의 운명을 받아들임과 동시에 거부하는 사실로써 정의된다.

하지만 그녀는 자기에게 부과된 상황을 부정적으로 항의하는 데 그치지 않는다. 또한 그 상황의 부족한 부분을 보상하려고 한다. 미래가 그녀를 두렵게 한다면, 현재는 그녀를 만족시키지 못한다. 그녀는 여자가 되기를 망설이지만, 자신이 아직 어린아이에 지나지 않는다는 사실에 짜증을 낸다. 과거와는 이미 결별했어도 새로운 삶에는 아직 들어가지 않았다. 시간을 보내기만 할 뿐 그녀는 아무것도 *하지* 않는다. 아무것도 하지 않기 때문에 아무것도 *가진 것이* 없고, *아무것도 아니다.* 그녀는 이런 공허함을 연극과 속임수로 채우려 애쓴다. 그녀는 음험하고 거짓말쟁이며 소란을 피우다가 자주 비난받는다. 사실 비밀과 거짓말은 그녀의 숙명이다. 여자가 열여섯 살이 되면 벌써 사춘기, 월경, 성에 눈뜨기, 최초의 마음 동요, 최초의 욕망, 공포, 혐오, 수상한 경험 등의 고통스러운 시련을 통과한다. 그녀는 이 모든 것을 마음속에 담아 둔다. 그녀는 자기의 비밀을 조심스럽게 간직하는 것을 배웠다. 자기의 생리대를 감추고, 생리하는 사실을 숨겨야만 하는 사실만으로도 그녀는 이미 거짓말을 하게 된다. 『오랜 죽음의 운명』이라는 중편소설에서 K. A. 포터Katherine Anne Porter(1890~1980)[106]는 1900년 무렵에 미국 남부의 젊은 여성들이 무도회에 갈 때 생리를 멈추게 하기 위해 소금과 레몬을 섞어

106　*미국의 현대 여성 소설가. 남성 중심적인 미국 남부에서 태어난 포터는 자기 삶의 경험을 바탕으로 한 사실주의적 이야기들을 썼다.

마셨다가 병났다는 이야기를 하고 있다. 그녀들은 젊은 남자들이 눈 밑의 눈그늘을 보거나 손을 만져 보거나 혹은 냄새로 자기들의 상태를 알아챌까 봐 겁을 냈고, 이런 생각은 그녀들을 심란하게 만들었다. 다리 사이에 피가 묻은 천을 느낄 때 그리고 더 일반적으로는 육체라는 근원적 비참함을 알 때, 우상이나 요정이나 먼 나라의 공주 역할을 한다는 것은 어려운 일이다. 자신이 육체로 파악되는 것에 대한 무의식적 거부인 수치심은 위선에 가깝다. 그러나 특히 사춘기 소녀에게 강요되는 거짓은, 그녀가 자신을 불확실하고 흩어진 존재처럼 느끼고 자기의 결점을 알고 있는데도 객체(대상물)로, 그것도 사람을 현혹하는 객체로 가장해야만 한다는 것이다. 화장, 퍼머넌트, 코르셋, '스펀지를 넣은' 브래지어 따위는 모두 거짓이다. 얼굴조차도 가면이 된다. 기교로 얼굴에 자연스러운 표정을 생기게 하고, 정말 감탄하는 것처럼 몸짓과 표정으로 수동성을 연기한다. 자기의 여성적 기능을 한창 발휘하는 도중에 느닷없이 평소의 낯익은 얼굴을 발견하는 때만큼 사람을 놀라게 하는 일도 없다. 그녀의 초월성은 부정되고, 그 초월성은 내면성을 모방한다. 시선은 더 이상 인지하지 못하고 반영하기만 한다. 육체는 이제 사는 것이 아니라 기다릴 뿐이다. 모든 몸짓과 미소는 호소가 된다. 무장을 해제당하고 딱히 할 일이 없는 젊은 처녀는 내맡겨진 꽃이자 곧 수확할 과실에 불과하다. 유혹당하기를 갈망하면서 여자에게 이런 속임수를 장려하는 것은 남자다. 그런 다음에 남자는 화를 내고 원망한다. 그러나 계략을 쓰지 않는 소녀에게 남자는 무관심할 뿐이며 적의마저 품고 있다. 그는 자기에게 함정을 파는 여자에게만 유혹된다. 제물로 바쳐진 여자가 먹이를 노리고 있다. 그녀의 수동성은 책략에 이용된다. 그녀는 자기 약점을 자기 힘의 도구로 만든다. 정정당당하게 공격하는 것이 그녀에게 금지되어 있으므로, 그녀는 술책과 계산에 의존하는 수밖에 없다. 그리고 자기가 공짜로 바쳐지는 것처럼 보이는 편이 그녀에게 유리하다. 그래서 그녀는 불성실하고 배신자라는 비난을 받기 마련이다. 이는 사실이다. 그러나 남자가 지배하겠다고 주장하는 까닭에 그녀는 부득이하게 복종의 신화를 그에게 제공하지 않을 수 없다는 것 또한 사실이다. 그때 사람들이 그녀에게 자기의 가장 본질적인 주장을 억누르라고 요구할 수 있을까? 그녀의 환심을 사려는 태도는 처음부터 타락한 것일 수밖에 없다. 게다가 그녀가 속이는 것은 단지 계획된 술책에 의한 것만이 아니다. 모든 길이 막혀 있어서 **행동**할 수 없는데도 **존재**해야만 한다는 저주가 그녀를 짓누르고 있다. 어렸을 때 그녀는 무용가

나 성녀聖女가 되는 놀이를 했다. 나중에는 그녀 자신이 되는 놀이를 한다. 진실이란 도대체 무엇인가? 그녀가 갇혀 있는 영역에서 그것은 의미가 없는 말이다. 진실이란 베일이 벗겨진 현실이고, 베일의 제거는 행동으로 이루어진다. 그러나 여자는 행동하지 않는다. 자신에 대하여 자기에게 들려주는 – 그리고 종종 타인에게도 이야기하는 – 상상의 이야기는, 그녀가 자기 안에서 느끼는 가능성을 자기 일상에 대한 무미건조한 보고보다 더 잘 표현하는 것처럼 보인다. 그녀는 자기의 진가를 알아볼 수단이 없다. 그래서 그에 대한 연극으로 자기를 위로한다. 그녀는 자기가 중요성을 부여하려고 하는 인물을 잘 묘사한다. 그녀는 기상천외한 행동으로 유별나게 보이려고 애쓰는데, 정해진 활동에서는 개성을 나타내는 게 허용되지 않기 때문이다. 그녀는 자기가 남자들의 이 세계에서 책임이 없고 무의미한 존재라는 것을 알고 있다. 그녀가 '말썽을 피우는' 이유는, 그녀가 해야 할 중요한 일이 아무것도 없기 때문이다. 지로두Jean Giraudoux(1882~1944)[107]의 엘렉트라Electra[108]는 쉽게 말썽을 일으키는 여자다. 왜냐하면 진짜 칼로 실제 살인을 하는 일은 오레스테스에게만 해당되기 때문이다. 젊은 처녀는 사람들의 주의를 끌고 **중요한** 사람이 되기 위해서 어린아이처럼 싸움이나 분노로 지쳐서 병이 나고 히스테리를 일으킨다. 그녀가 타인의 운명에 개입하는 것 또한 중요한 사람이 되기 위해서다. 모든 무기가 그녀에게 좋은 것이다. 그녀는 비밀을 털어놓고 비밀을 만들어 내며 배신하고 중상모략한다. 자기 삶에서 구원을 발견해 내지 못하므로, 자기가 산다는 것을 느끼기 위해 그녀에게는 비극이 필요하다. 그녀가 변덕스러운 것도 이와 같은 이유에서다. 우리가 만들어 내는 여러 가지 환상이나 우리가 품고 있는 이미지들은 모순적이다. 행동만이 유일하게 시간의 다양성을 통일한다. 젊은 처녀는 참된 의지가 아닌 여러 가지 욕망을 품고, 한 욕망에서 다른 욕망으로 두서없이 옮겨 간다. 이런 무분별한 행동은 때로 위험해지는 수가 있는데, 그녀가 매 순간 꿈속에서만 하는 행동이 실제 현실로도 나타나기 때문이다. 그녀는 자기를 비타협적인 까다로운 위치에 놓고, 결정적인 것과 절대적인 것을 좋아한다. 미래를 마음대로 할 수 없으므로 영원에 도달하고자 한다. "나는 절대 단념하지 않을 거야. 나는 언제나 모든 것을 원해. 나는 나의 삶을 받아들이기 위

---

107 * 프랑스 현대작가

108 * 소포클레스의 비극 『엘렉트라』에서 지로두가 타이틀과 주제를 빌려왔다. 엘렉트라는 아가멤논과 클리타임네스트라의 딸로, 동생 오레스테스와 아버지의 원수를 갚는다.

해 나의 삶을 더 좋아할 필요가 있어"라고 마리 르네뤼는 썼다. 이 말에 아누이 Jean Anouilh(1910~1987)[109]의 안티고네가 메아리처럼 "나는 모든 것을 원해, 지금 당장"이라고 말한다. 이런 유아적인 제국주의는 자기 운명을 꿈꾸는 개인에게서만 볼 수 있다. 꿈은 시간과 장애물을 철폐하기 때문에, 그 현실성 없음을 보상하기 위해서 개인은 감정을 고조시킬 필요가 있다. 진정한 계획이 있는 사람이라면 누구나 자기의 구체적인 힘을 담보하는 유한성을 알고 있다. 젊은 처녀는 자기에게 속한 것이 *아무것*도 없으므로 *모든 것*을 받고 싶어 한다. 거기에서 어른, 특히 남자 앞에서 그녀의 '무서운 아이'의 성격이 나온다. 그녀는 한 개인이 현실 세계에 투신할 때 그에게 과해지는 제한을 인정하지 않는다. 그녀는 그 개인에게 제한을 극복할 수 있으면 해보라고 말한다. 이리하여 힐다Hilde[110]는 솔네스가 자기에게 왕국을 주기를 기다린다. 왕궁을 차지할 사람은 그녀가 아니다. 그래서 그녀는 기약 없이 그것을 원하고 있다. 그녀는 그에게 미증유의 가장 높은 탑을 세워 달라고 요구한다. 그리고 그가 '세운 탑 높이까지 올라가기'를 요구한다. 하지만 그는 기어오르기를 망설이며 현기증을 무서워한다. 지상에 남아 바라보는 그녀는 우발적인 사태나 인간의 약함을 부정하고, 현실이 그녀의 위대한 꿈에 제한을 가하는 것을 받아들이지 않는다. 아무 위험도 무릅쓸 게 없는 까닭에 어떤 위험 앞에서도 뒤로 물러서지 않는 그녀로서는 어른들이 쩨쩨하고 소심해 보인다. 꿈속에서 더할 수 없는 대담성을 발휘하는 그녀는 사실 그들이 자기와 겨루도록 도발하는 것이다. 시련에 부딪힐 기회가 없는 그녀는 실패의 고배를 두려워하는 일 없이 실로 놀라운 미덕으로 자신을 치장한다.

하지만 이러한 자제력의 부재에서 그녀의 불안이 생긴다. 그녀는 자기를 무한한 존재로 꿈꾼다. 그녀는 타인에게 칭송받는 인물을 만들어, 그 속에 자기를 거짓되게 옮겨 놓고 있다. 그 인물은 낯선 의식들에 종속된다. 자기와 동일시하지만, 수동적으로 견뎌 내는 이 분신 속에서 그녀는 위험에 처한다. 그 때문에 그녀는 상처받기 쉽고 허영심이 강하다. 아주 사소한 비판이나 야유에도 쉽게 흥분한다. 그녀는 자신의 노력이 아니라 사람들의 변덕스러운 의견으로부터 자기의 가

---

109 * 프랑스의 현대 극작가. 아누이는 소포클레스의 비극 『안티고네』에서 타이틀과 주제를 빌려와 현대 감각에 맞게 소설을 썼다. 안티고네는 그리스 신화에서 오이디푸스 왕의 딸로 금지령을 어기고 오빠의 시체를 묻어 주었다가 자신도 생매장을 당한다.

110　입센Henrik Ibsen의 『건축가 솔네스 Solness le constructeur』 참조

치를 끌어낸다. 그녀의 가치는 독특한 활동으로 정의된 것이 아니라 평판이라는 세상의 목소리에 의해 형성된다. 따라서 그것이 양적으로 측정될 수 있는 것처럼 보인다. 상품의 가치란 너무 흔하면 떨어진다. 젊은 처녀는 누구도 그녀와 같지 않을 때만 귀하고 드물고 예외적이며, 훌륭하고 비범한 법이다. 그녀의 여자 친구들은 경쟁자이며 적이다. 그녀는 친구들의 가치를 떨어트리고, 그녀들의 존재를 부정한다. 그녀는 질투하며 악의적이다.

사춘기 처녀를 비난받게 하는 모든 결점이 단지 그녀가 처한 상황을 표현할 뿐이라는 것을 우리는 알 수 있다. 희망에 부풀고 야심으로 가득 찬 나이에, 삶에 대한 의지와 지상에 자리 하나를 차지하려는 의지가 왕성한 나이에, 자기가 수동적이고 의존적인 존재라는 사실을 아는 것은 고통스러운 일이다. 여자는 자신감이 충만한 시기에 자기에게는 그 어떤 정복도 허용되지 않고 자기를 부정해야만 하며, 자기의 미래가 남자들의 뜻에 달려 있다는 점을 터득한다. 성적인 면에서와 마찬가지로 사회적인 면에서도 새로운 갈망에 눈을 뜨지만, 그녀는 그 갈망을 채우지 못한 채 살아가도록 강요당한다. 생명이나 정신적 차원의 약동은 모두 곧 저지된다. 이러한 상황에서 그녀가 자기 균형을 회복하기는 힘들다는 것을 이해할 수 있다. 그녀의 불안정한 기분, 눈물, 신경의 발작은 생리적 허약함의 결과라기보다 심각한 부적응의 표시다.

하지만 젊은 처녀가 온당치 못한 많은 방법으로 도피하는 이 상황을 진정성 있게 받아들이는 일도 있다. 그녀는 자기의 결점으로 사람들을 짜증나게 하지만, 때로는 독특한 장점으로 사람들을 놀라게 하는 수도 있다. 이러한 결점과 장점은 같은 근원에서 나온다. 그녀는 세상에 대한 거부, 불안한 기대와 허무를 도약대로 삼아 자기의 고독과 자유 속에서 두각을 나타낼 수도 있다.

젊은 처녀는 은밀하고 불안해하며 힘든 갈등에 시달린다. 이런 복잡성은 그녀를 풍요롭게 하고, 그녀의 내면생활을 남자 형제들보다 더 심오하게 발달하도록 한다. 이로 인해 그녀는 한결 풍부하고 다양해진 뉘앙스로 자기 마음의 움직임에 더욱 주의를 기울인다. 그녀는 외적 목표를 지향하는 젊은 남자들보다 심리적인 감각이 더 풍부하고, 자기를 세계와 대립시키는 이러한 반항에 비중을 둘 수도 있다. 그녀는 엄숙함과 순응주의의 함정을 피한다. 주위 사람들의 합의된 거짓말은 그녀를 냉소적이고 통찰력 있게 만든다. 그녀는 날마다 자기가 처한 조건의 애매함을 느낀다. 결실을 보지 못하는 항의를 넘어서 기성의 낙관주의, 구태의연한 가치, 위선적이며 온건주의적인 도덕 따위를 재검토하는 용기를 가질 수 있다. 『플로스 강의 물방앗간』에서 매기가 보여 주는 감동적인 예가 그러하다. 조지 엘리엇은 이 인물을 통해 빅토리아조의 영국에 대한 젊은 시절의 회의와 용기 있는 반항을 재현했다. 남성 주인공들 – 특히 매기의 오빠인 톰 – 은 세간에서 받아들인 원칙을 고집스럽게 주장하며, 도덕을 형식상의 규칙으로 고정한다. 하지만 매기는 거기에 생생한 입김을 다시 불어 넣으려고 시도하고, 그런 것들을 뒤엎으며 고독의 끝까지 간다. 그리고 남자들의 경직된 세계를 넘어 순수한 자유로 떠오른다.

사춘기 소녀는 이 자유를 거의 소극적으로밖에 사용할 줄 모른다. 그렇지만 그녀의 정신적 개방성은 감수성이라는 귀중한 능력을 낳을 수도 있다. 그러면 그녀는 헌신적이며 주의 깊고 이해심 많은 다정다감한 사람이 된다. 로저먼드 레만이 그린 여주인공들은 이런 유순한 관대함이 특징이다. 『왈츠에의 초대』에서 독자들은, 아직 수줍고 서툴며 거의 애교를 떨지 않는 올리비아가 가슴 설레는 호기심으로 장차 자기가 들어가게 될 이 세계를 유심히 살펴보는 것을 볼 수 있다. 그녀는 자기 곁을 연달아 찾는 춤 상대들의 말을 마음을 다해서 듣고, 그들의 희망에 따라 대답해 주려 애쓴다. 그녀는 메아리가 되어 진동하며, 주어지는 모든 것을 맞이한다. 『모호한 대답』의 주인공 주디 역시 이와 같은 매력적인 자질이 있다. 그녀는 어린 시절의 즐거움을 부정하지 않았다. 밤중에 강물에서 나체로 목욕하기를 좋아하고, 자연과 책과 아름다움 그리고 삶을 사랑한다. 그녀는 나르시시즘의 자기 숭배에 빠지지 않는다. 거짓도 이기심도 없는 그녀는 남자들을 통해 자기의 자아에 대한 찬미를 찾지도 않는다. 그녀의 사랑은 선물이다. 그녀는 그 사랑을 남자든 여자든, 제니퍼든 로디든 자기 마음을 사로잡는 모든 존재에게 바친다. 그녀는 자기를 잃는 일 없이 자신을 준다. 독립적인 여학생의 생활을 하고, 자기 자신의 세계와 자기만의 계획이 있다. 그러나 그녀를 남자와 구별 짓는 것은 기다리는 태도와 부드러운 온순함이다. 미묘한 방식으로 그녀는 결국 자기를 **타자**에게 공여한다. 그녀가 이웃 가족의 모든 젊은이와 그들의 집, 그들의 누이, 그들의 세계를 한꺼번에 사랑할 정도로 그녀의 눈에 **타자**는 훌륭한 차원을 지니고 있다. 제니퍼는 그녀를 친구가 아닌 **타자**로서 매혹한다. 그리고 그녀는 로디와 그의 사촌들에게 자기 능력껏 순응하고, 그들의 욕망에 자기를 맞춤으로써 그들을 매혹한다. 그녀는 인내이자 온화함이며, 승복이자 소리 없는 괴로움이다.

마거릿 케네디의 『영원의 처녀』에 나오는 자발적이고 야성적이며 헌신적인 테사는 주디와는 다르긴 해도, 사랑하는 사람들을 자기식으로 마음속에 맞아들인다는 점에서 역시 대단히 매력적으로 보인다. 그녀는 자신의 어떤 것도 포기하기를 거부한다. 장신구, 화장, 변장, 위선, 부자연스러운 우아함, 조심성, 여성적 복종 따위는 그녀에게 혐오감을 일으킨다. 사랑받기를 원하지만 가면을 쓰지 않은 채 사랑받기를 바란다. 루이스의 기분에 자신을 맞추지만 비굴하지 않다. 그녀는 그를 이해하고 그와 더불어 감동한다. 혹여 그들이 다툰다면, 루이스는 그녀를 굴복시킬 수 있는 것은 애무가 아니라는 것을 알고 있다. 독선적이고 허영심 많은 플로런스는 키스로 정복되게 하지만, 테사는 자기의 사랑 속에서 자유롭게 머무는 비범함에 성공한다. 이런 사실은 그녀가 적대감이나 오만함을 품지 않고서도 사랑할 수 있게 해 준다. 그녀의 기질은 모든 기교적 매력을 지니고 있다. 즉, 타인의 마음에 들기 위해 결코 자기를 훼손시키는 일도 없고, 작아지거나 객체로 굳어 버리는 일도 없다. 그녀는 자기의 전 존재를 음악적인 창조에 건 예술가들에게 둘러싸여도 자기 속에 탐욕적인 악마를 느끼지 않는다. 그녀는 그들을 사랑하고 이해하며 돕는 데 전력을 다한다. 애를 쓰지 않아도 부드럽고 본능적인 관대함으로 그 일을 한다. 그 때문에 타인을 위해 자기를 잊어버리는 순간들에도 완벽하게 독립적으로 남아 있다. 이런 순수한 진정성 덕분에 사춘기를 큰 어려움 없이 보냈다. 세상의 혹독함에 대해 괴로워할 수는 있어도 그녀 자신의 내면에서는 분열이 없다. 걱정 없는 어린아이처럼, 동시에 매우 현명한 부인처럼 그녀는 조화가 잘 되어 있다. 섬세하고 관대하며 감수성이 예민하고 정열적인 젊은 처녀는 언제든지 위대한 연인이 될 수 있다.

그녀는 사랑을 만나지 못할 때 시를 만나는 수가 있다. 행동하지 않기 때문에 바라보고 느끼며 기록한다. 색깔 하나, 미소 하나가 그녀의 마음속에 깊은 반향을 일으킨다. 그 이유는 그녀의 외부에 이미 세워진 도시라든가, 성년에 이른 남자들의 얼굴 위에 그녀의 운명이 흩어져 있기 때문이다. 그녀는 정열적으로 그리고 젊은 남자보다 더 사심 없이 만져 보고 맛을 본다. 인간 세계에 잘 통합되지 못하고, 거기에 적응하는 데 어려움이 있으므로 그녀는 어린아이처럼 그 세계를 볼 수 있다. 사물을 공략하는 데만 관심을 두지 않고 사물의 의미에 집중해서 사물의 독특한 프로필이나 예기치 못한 변신을 포착한다. 그녀 안에서 창조적 대담성을 느끼는 일은 드물며, 자기를 표현할 수 있게 해 주는 기술도 모자라는 일이 흔하다. 그러나 대화, 편지, 수필, 소묘에서는 독창적 감수성을 나타내는 수가 있다.

젊은 처녀는 아직 자기의 초월성을 훼손당하지 않았기 때문에 사물을 향해 정열적으로 뛰어든다. 그녀가 아무것도 성취하지 못하고 아무것도 아니라는 사실은 그녀의 도약을 그만큼 더 정열적으로 만들게 된다. 비어 있고 제한되지 않은 그녀가 자기의 무無 한가운데서 도달하고자 하는 것은 **전체**다. 그 때문에 그녀는 자연에 독특한 사랑을 바치게 된다. 사춘기 소년보다 한층 더 **자연**을 숭배한다. 존재하는 것의 전체를 가장 확실하게 요약하는 것은 길들지 않은, 비인간적인 **자연**이다. 사춘기 소녀는 아직 세계의 단 한 조각도 소유하지 못했다. 이런 궁핍 덕분에 세계 전체가 그녀의 왕국이다. 그녀가 그것을 차지할 때, 그녀는 도도하게 자기 자신을 소유한다. 콜레트[111]는 이런 젊은 날의 향연에 대해 자주 우리에게 이야기했다.

내가 새벽을 무척 좋아하게 되었기 때문에 어머니는 상으로 그것을 허락해 주었다. 나는 어머니에게 3시 반에 깨워 달라고 해서, 양팔에 빈 바구니를 하나씩 걸고 하천의 좁은 습곡에 숨어 있는 채소밭으로 딸기며 까치밥나무 열매를 따러 갔다. 새벽 3시 반에 모든 것은 습하고 희미한 태초의 푸른빛 속에 잠들어 있었다. 내가 모랫길을 따라 내려갈 때는 그 무게 때문에 낮게 깔려 있던 안개가, 처음에는 나의 다리를, 다음엔 잘생긴 내 몸통을 적시고, 나의 입술, 나의 귀 그리고 나의 몸의 나머지 모든 부분보다 더 예민한 콧구멍에 이르렀다. (…) 이 길 위에서 이 시간에 나는 나의 가치를, 형언할 수 없는 행복의 절정을 의식했고, 또한 처음 불어오는 미풍, 처음 날아오르는 새, 이제 막 떠올라 이지러진 아직은 타원형인 태양과 나의 공모를 의식했다. (…) 나는 첫 미사의 종이 울릴 때 돌아왔다. 그러나 실컷 먹기 전에는 돌아오지 않았다. 혼자서 사냥하는 개처럼 숲속에서 크게 한 바퀴를 돌고, 내가 무척 좋아하지만 아무도 모르는 외딴곳에 있는 두 개의 샘물을 맛보기 전에는 돌아오지 않았다…….

메리 웨브Mary Webb(1881~1927)[112] 역시 『도머 숲의 집The House in Dormer forest』에서 낯익은 풍경의 친밀감 속에서 젊은 처녀가 경험할 수 있는 열렬한 기쁨을 묘사하고 있다.

---

111 『시도Sido』
112 *영국의 낭만주의 소설가

집안의 분위기가 너무 험악해지면 앰버의 신경은 끊어질 듯이 긴장되었다. 그래서 그녀는 언덕을 통해 숲까지 가곤 했다. 도머의 사람들이 법의 지배 아래 산다면 그녀에게 숲은 충동적으로만 사는 것처럼 보였다. 자연의 아름다움에 잠이 깬 그녀는 아름다움에 대한 특별한 지각에 이르렀다. 그녀는 유사점들을 보기 시작했다. 자연은 더 이상 세부적인 작은 것들의 우연한 조합이 아니라 하나의 조화이며, 엄격하고 위엄 있는 한 편의 시였다. 여기서는 아름다움이 지배하고 있었고, 꽃의 빛도 별빛도 아닌 어떤 빛이 반짝이고 있었다. (…) 마음을 사로잡는 가볍고 신비로운 진동이 빛처럼 숲속을 온통 달리고 있는 것 같았다. (…) 이 녹색 세계로의 앰버의 외출은 종교의식 같은 어떤 것이 있었다. 만물이 고요하던 어느 날 아침에 그녀는 '새들의 과수원'에 올라갔다. 초조하고 보잘것없는 하루가 시작되기 전에 그녀는 자주 그렇게 했다. (…) 그녀는 새들 세계의 부조리한 모순에서 어떤 위안을 길어내곤 했다. (…) 그녀는 드디어 '숲의 정상' 쪽에 도착해 이내 그 아름다움에 매혹되고 말았다. 거기 자연과의 대화 속에는 문자 그대로 그녀를 위해 옥신각신 다투는 어떤 것, 즉 "네가 나를 축복해 줄 때까지 나는 너를 떠나보내지 않을 거야……"라고 말하는 그런 기분의 어떤 것이 있었다. 그녀가 야생 사과나무에 기대고 있을 때, 그녀는 갑자기 일종의 내면의 청각에 의해 수액이 올라가는 소리를 의식하게 되었다. 그 움직임이 하도 생생하고 세차서 그녀는 그것이 밀물처럼 철썩거린다고 상상했다. 그런 다음 바람결이 나무의 꽃가지 아래로 지나갔고, 그녀는 소리의 현실에, 나뭇잎의 이상한 소곤거림에 다시 의식이 깨었다. (…) 꽃잎마다, 나뭇잎마다 제가 나온 깊은 곳을 회상하는 어떤 음악을 흥얼거리며 노래하는 것 같았다. 살그머니 부풀어 오른 저마다의 꽃들은 그 연약함에 비해 너무나 근엄한 메아리로 가득 차 있는 것 같았다. (…) 언덕의 정상으로부터 한 줌의 향기로운 바람이 불어와 나뭇가지 사이로 미끄러졌다. 하나의 형태를 가지고 있었던 사물들은 그 형태의 죽을 운명을 알고 있었고, 거기를 지나가는 형태도 없고 표현할 수도 없는 바람 앞에서 전율했다. 그녀 때문에 숲은 이제 단순한 집합체가 아니라 성좌와 같이 찬란한 통일체였다. (…) 숲은 항구적인 부동의 존재 속에서 자기 자신을 유지하고 있었다. 자연의 정기가 통하는 이곳에서 숨이 끊어지는 듯한 호기심에 사로잡혀 있는 앰버를 끌어당긴 것은 그것이었다. 그것이 지금 그녀를 기이한 황홀감 속에서 더 이상 꼼짝달싹하지 못하게 했다……

에밀리 브론테와 안나 드 노아유처럼 서로 다른 여성들도 청춘기에 — 이어서 평생 — 이와 유사한 정열을 경험했다.

내가 인용한 텍스트들은 사춘기 소녀들이 들과 숲에서 어떤 구원을 찾아내고 있는지를 잘 보여 주고 있다. 아버지의 집에서는 어머니, 법칙, 관습, 타성이 군림하고 있으며 그녀는 이런 과거에서 벗어나고 싶어 한다. 이번에는 그녀 자신이 절대적 주체가 되길 원한다. 그러나 사회적으로 아내가 됨으로써만 성인의 삶에 도달할 수 있기 때문에, 그녀는 자기 포기를 해방의 대가로 지불한다. 한편, 그녀는 식물과 동물들 한가운데에서는 한 인간이다. 그녀는 자기 가족과 남자들에게서 동시에 해방되어 주체이자 자유가 된다. 그녀는 숲의 비밀 속에서 자기 영혼의 고독한 이미지를 발견하고, 드넓은 평원의 지평선 속에서 초월성의 감각적 형태를 발견한다. 그녀 자신이 이 무한한 광야이고 하늘을 향해 솟아오른 나무와 산의 정점이다. 그녀는 미지의 미래를 향한 이 길을 따라갈 수 있으며 따라갈 것이다. 언덕 꼭대기에 앉아서 그녀는 자기 발밑에 펼쳐지고 제공된 세계의 모든 부富를 지배하고 있다. 출렁이는 물과 반짝이는 빛을 통해 그녀는 아직 모르고 있는 기쁨과 눈물과 황홀을 예감한다. 연못의 잔물결과 태양의 반점이 그녀에게 막연히 약속하는 것은 그녀 자신이 마음속으로 떠나는 모험이다. 향기와 색깔은 신비로운 언어를 이야기하지만, 그중 한 단어가 압도적으로 뚜렷하게 떠오른다. 바로 '삶'이라는 단어다. 삶이란 단지 관청의 장부에 기재되는 추상적인 운명만이 아니라 미래이며 물질적인 부다. 육체를 지닌다는 것이 더는 수치스러운 타락으로 보이지 않는다. 사춘기 소녀는 어머니의 눈길 아래서 거부했던 그 욕망에 나무 속에서 가지를 향해 올라가는 수액을 알아본다. 그녀는 더 이상 저주받은 존재가 아니다. 그녀는 자랑스럽게 나뭇잎과 꽃들과의 혈연관계를 주장한다. 그녀는 꽃부리를 짓이기고, 자기의 빈손에도 언젠가는 싱싱한 먹이가 가득 차리라는 것을 안다. 이제 육체는 더러운 것이 아닌 기쁨이며 아름다움이다. 하늘과 광야와 혼연일체가 된 젊은 처녀는 세계를 활기차고 뜨겁게 하는 묘연한 숨결이다. 그리고 그녀는 히드의 새싹 한 잎 한 잎이다. 땅에 뿌리박은 개인이자 무한한 의식인 그녀는 정신이자 생명이다. 그녀의 존재는 대지 자체의 그것과 마찬가지로 절대적이며 득의양양하다.

그녀는 때로 **자연**을 넘어서 더 멀리 있는, 한층 더 눈부신 경탄을 불러일으키는 현실을 찾고 있다. 그녀는 신비로운 황홀경 속에서 자신을 잊을 채비가 되어 있다. 신앙심이 두터웠던 시대에는 많은 젊은 여성의 영혼이 신에게 자기 존재의 공허를 채워 달라고 빌었다. 시에나의 카타리나Catherine de Sienne[113]나 아빌라의 테레사Teresa de Ávila[114]의 소명도 소녀 시절에 명확히 드러났다.[115] 잔 다르크는 젊은 처녀였다. 그 밖의 시대에 최고의 목적으로 지향되었던 것은 인류다. 그때에는 신비스러운 도약이 구체적인 계획 속에 흘러든다. 또한 절대에 대한 젊은 욕망이 롤랑 부인Mme Roland(1754~1793)[116]과 로자 룩셈부르크Rosa Luxemburg(1871~1919)[117]의 마음속에, 그녀들의 삶에 자양분을 준 불꽃을 낳았다. 젊은 처녀는 굴종과 궁핍 속에서도, 거부의 밑바닥에서도 가장 큰 대담성을 끌어낼 수 있다. 그녀는 시를 만나고 영웅주의도 만난다. 그녀가 사회에 잘 동화되지 못한 사실을 받아들이는 방법 중 하나는 사회의 제한된 지평선을 뛰어넘는 것이다.

타고난 성격의 풍요로움과 힘 그리고 행복한 정황들이 몇몇 여성들을 성인이 된 후에도 사춘기의 정열적인 계획을 영속시키며 살아갈 수 있도록 해 주었다. 그러나 그것은 예외적이다. 조지 엘리엇이 매기 털리버를, 마거릿 케네디가 테사를 죽게 하는 데에는 이유가 없지 않다. 브론테 자매는 가혹한 운명을 경험했다. 젊은 처녀는 비장하다. 왜냐하면 그녀는 연약한 몸으로 홀로 세계에 대항하고 있기 때문이다. 만약 그녀가 세계를 완강히 거부한다면 그녀는 산산조각이 난다. 신랄함과 정신의 독창성으로 온 유럽을 매혹한 벨레 판 죄일렌Belle van Zuylen(1740~1805)[118]은 구혼자 모두를 두려움에 떨게 했다. 모든 양보를 거부한 결과 그녀는 긴 세월 동안 독신으로 지내야 했고, 이 독신생활은 그녀에게 무거운 짐이 되었다. 왜냐하면 그녀가 '처녀와 순교자'라는 표현이 중복어법이라고 공언했으니까 말이다. 이렇게까지 완강하기는 드문 일이다. 대개 젊은 처녀는 싸움이 지나치게 불공정하다는 것을 이해하고 결국에는 양보하고 만다. "당신네는 모두 열다섯 살에 죽을 것입니다"라고 디드로가 소피 볼랑Sophie Volland[119]에게 편지를 써 보냈다. 싸움이 – 흔히 그런 것처럼 – 상징적인 반항에 불과하더라

---

113 *14세기 이탈리아 도미니크회의 수녀. 성녀
114 *16세기 스페인 카르멜 수녀회 성녀
115 여성의 비의적 경향의 특이한 성격에 관해서는 다시 다룰 것이다.
116 *프랑스 혁명기의 여걸
117 *폴란드 태생의 독일의 사회주의 이론가이자 여성 혁명가
118 *네덜란드에서 태어나 스위스에서 살면서 프랑스어로 글을 쓴 작가. 서른 살에 남동생의 가정교사인 다섯 살 연상의 사리에르와 결혼해 사리에르 부인으로도 알려져 있다.
119 *드니 디드로의 연인. 둘은 20년 넘게 애정을 나누었다.

도 패배는 확실하다. 꿈속에서는 까다로운 요구가 많고 희망으로 가득 차 있지만, 수동적인 젊은 처녀는 어른들에게 약간은 동정어린 미소를 자아낸다. 그들은 끝내 그녀를 체념시킨다. 그리고 실제로 헤어졌을 때는 반항적이고 심술궂은 어린아이였던 그녀가 2년 후에는 얌전해지고 여자의 생활에 동의할 준비가 되어 있다. 그것은 콜레트가 뱅카에게 예언한 운명이다. 모리아크의 초기 소설들의 여주인공들도 이런 식으로 나타난다. 사춘기의 위기, 그것은 의사 라가슈Daniel Lagache(1903~1972)[120]가 '상사喪事'라고 부르는 것과 유사한 일종의 '일'이다. 젊은 처녀는 자기의 유년 시절을 서서히 묻어 버린다. 그녀는 본디 자주적이고 절대적이었던 그때의 자기를 버리고 순종적으로 어른의 생활 속으로 들어간다.

물론, 단지 나이를 기준으로 구분된 범주를 세울 수는 없다. 일생 어린애로 머물러 있는 여자들도 있다. 우리가 묘사한 여러 가지 행동은 때로 나이가 들어서기까지 지속하기도 한다. 그런데도 전반적으로 열다섯 살의 '소녀'와 '성숙한 처녀' 사이에는 커다란 차이가 있다. 성숙한 처녀는 현실에 적응되어 있다. 그녀는 더 이상 상상의 차원에서 움직이지 않으며, 또 이전만큼 자기 분열을 일으키지도 않는다. 마리 바시키르체프는 열여덟 살 무렵에 다음과 같이 쓰고 있다.

내 나이가 청춘의 끝에 다가가면 갈수록 그만큼 나는 무관심해진다. 나를 불안하게 하는 것은 거의 없다. 전에는 모든 것이 나를 불안하게 했다.

이렌 르벨리오티Irène Reweliotty(1920~1945)[121]는 다음과 같이 적고 있다.

남자들에게 받아들여지기 위해서는 그들처럼 생각하고 행동해야만 한다. 그렇지 않으면 그들은 당신을 옴 오른 암양 취급을 하고, 고독은 당신의 몫이 된다. 그런데 나는 지금 고독에 지쳤다. 그래서 나는 군중이, 내 주위가 아니라 나와 함께 있기를 원한다. (…) 현재에 살 것, 그리고 이젠 존재하기를 그만둘 것, 기다리고 꿈꾸고 입을 다물고 몸을 움직이지 않은 채 모든 것을 자기 마음속에서 이야기할 것.

120　*프랑스의 정신분석가
121　*파리의 상류 부르주아지 출신의 시인, 기자

그리고 좀 더 나아가서 이렇게 썼다.

사람들이 나를 하도 비행기 태운 덕분에 나는 지독한 야심가가 되었다. 그것은
더는 열다섯 살 때의 떨리고 감탄을 자아내는 그런 행복이 아니다. 인생에 설욕
하고 그것을 거슬러 올라가는 식의 차고 매서운 일종의 취다. 나는 가벼운 연
애를 하고 사랑하는 체한다. 사랑하는 것이 아니다. (…) 나는 더 똑똑해지고 더
냉정해지고 더 분별력 있게 된다. 그러나 마음은 잃어만 가고 있다. 마치 마음에
금이 간 듯하다. (…) 두 달 전에 나는 소녀 시절과 작별했다.

열아홉 살의 젊은 처녀가 한 다음 고백도 거의 같은 어조다.[122]

옛날에는, 아! 이 시대와 양립할 수 없는 것처럼 보이던 정신 상태와 이 시대의 부
름에 반대하여 얼마나 많은 투쟁을 했던가! 반면에 지금은 내 마음이 진정된 듯
하다. 내 안에 들어오는 새롭고 위대한 사상 하나하나는 고통스러운 혼란과 파괴
와 부단한 재건을 초래하는 대신에, 이미 내 안에 존재하는 것에 훌륭하게 들어맞
는다. 지금 나는 서서히 이론적 사상에서 일상생활로 단절 없이 옮겨 가고 있다.

젊은 처녀 – 특별히 볼품없지 않은 한 – 는 마침내 여성성을 받아들고 만다. 그
리고 자기의 운명 속에 결정적으로 자리 잡기 전까지 여성성에서 끌어내는 쾌락
과 승리를 무상으로 누리는 것에 행복해한다. 아직 어떤 의무도 강요당하지 않았
기에 책임도 없이 여유로운 그녀에게 현재는 한낱 지나갈 단계에 불과하므로 공
허하지도 실망스럽지도 않아 보인다. 화장이나 가벼운 연애는 아직 무게감 없는
유희성을 띠고, 미래에 대한 그녀의 꿈은 그것의 하찮음을 위장하고 있다. 버지
니아 울프는 어느 날 저녁 파티에 참석한 한 멋쟁이 처녀의 인상을 다음과 같이
묘사하고 있다.

나는 어둠 속에서 나 자신이 빛을 발하는 것을 느꼈다. 내 비단 같은 다리는 서로
부드럽게 비벼 대고 있었다. 목걸이의 차가운 보석은 젖가슴 위에 놓여 있었다. 나
는 성장했고, 준비가 되어 있었다. (…) 나의 머리칼은 알맞게 컬이 지고, 내 입술 또

---

122 드베스의 『젊은이다운 기발함의 위기』에서 인용

한 이상적으로 붉다. 나는 계단을 올라오고 있는 남자들이나 여자들과 합류할 준비가 되어 있다. 그들은 나의 동료들이다. 그들이 나의 시선에 드러나는 것처럼 나는 그들의 시선에 노출되어 그들 앞을 지나간다. (…) 향기와 빛이 넘치는 분위기에서 나는 오그라든 잎을 펼치는 고사리처럼 활짝 피어난다. (…) 나는 내 안에서 무수한 가능성이 생겨나는 것을 느낀다. 나는 차례차례 장난꾸러기였다가 쾌활했다가 맥이 빠졌다가 침울해진다. 나는 한 자리에 깊이 뿌리박은 채 흔들리고 있다. 오른쪽으로 몸을 기울이고 전신에 빛을 발하며 그 젊은 남자에게 "가까이 와요……"라고 말한다. 그가 다가온다. 그가 내게로 온다. 내가 일찍이 경험했던 그 어떤 순간보다 더 흥분되는 순간이다. 나는 몸이 떨리고 흔들거린다. (…) 나는 새틴 드레스를 입고 그는 흰색과 검은 정장을 입고 있으니, 함께 앉아 있으면 우리가 어찌 매력적이지 않겠는가? 나의 동료들은 모두, 그들이 남자고 여자인 한 이제 내 얼굴을 뚫어지게 쳐다보아도 좋다. 나는 당신들에게 시선을 되돌려준다. 나는 당신들의 일원이다. 나는 여기 나의 세계에 있다. (…) 문이 열린다. 문이 쉴 없이 열린다. 다음번에 문이 열리게 될 때, 내 인생 전체가 어쩌면 그로 인해 변할 것이다. (…) 문이 열린다. 나는 커다란 황금꽃처럼 젊은 남자를 향해 몸을 기울이면서 그에게 "오, 가까이 와요"라고 말한다. 그러자 그는 내게로 온다.[123]

하지만 젊은 처녀는 성숙하면 할수록 그만큼 더 어머니의 권위에 짓눌린다. 만약 그녀가 집안일을 하고 있다면, 그녀는 자기가 조수에 지나지 않는 데 고통을 느끼며, 자기의 노동을 자신의 가정과 아이들에게 바치고 싶어 한다. 종종 어머니와의 경쟁이 격화된다. 특히 맏딸은 어머니가 남동생이나 여동생을 또 낳으면 화를 낸다. 그녀는 어머니가 "임무를 다했고," 이제는 자기가 아이를 낳고 살림을 주관할 때라고 생각한다. 만약 그녀가 집 밖에서 직업을 갖고 일한다면, 집에 돌아왔을 때 자주적인 한 개인으로서가 아니라 아직도 가족의 단순한 일원으로 취급받는 데 대해 불만스러워한다.

예전만큼 낭만적이지 않은 그녀는 사랑보다 결혼을 훨씬 더 많이 생각하기 시작한다. 그녀는 더 이상 미래의 남편을 화려한 후광으로 장식하지 않는다. 그녀가 소망하는 것은 이 세계에서 안정된 지위를 얻어 아내의 생활을 시작하는 것이다. 버지니아 울프는 시골 부잣집 처녀의 상상을 다음과 같이 묘사하고 있다.

---

123 『파도』

조만간 꿀벌들이 인동덩굴 주위에서 붕붕거리는 뜨거운 한낮이 되면 내 사랑하는 이가 올 거야. 그는 단 한마디밖에는 말하지 않을 것이고, 그러면 나 역시 그에게 단 한마디로 대답할 거야. 나는 내 안에서 성장한 모든 것을 그에게 선물로 주겠어. 아이들을 낳고, 앞치마를 두른 하녀와 손전등을 든 하인을 둘 거야. 사람들이 몸을 따뜻하게 해 주기 위해서 병든 양들을 바구니에 담아 부엌으로 데려올 것이고, 햄은 들보에 매달려 있을 것이며, 염주처럼 꿰어진 양파는 반짝이고 있을 거야. 나는 어머니와 마찬가지로 말없이 푸른 앞치마를 두르고, 손에는 찬장 열쇠를 쥐고 있을 거야.[124]

가엾은 프루 사안도 이와 유사한 꿈을 마음에 품고 있다.[125]

일생 결혼하지 않는다는 것은 참으로 끔찍한 운명이라고 나는 생각했다. 처녀들은 누구나 결혼한다. 처녀가 결혼하면 집 한 채와 등불을 손에 넣는다. 그리고 아마 저녁때 남편이 돌아올 시간이 되면 그 등불을 밝힐 것이다. 촛불밖에 없더라도 마찬가지다. 왜냐하면 그녀가 그것을 창문 가까이 둘 수 있으니까. 그러면 남편은 "내 아내가 저기 있군. 촛불을 켜 놓았네" 하고 생각한다. 그리고 베길디부인이 그녀에게 갈대 요람을 만들어 주는 날이 올 것이다. 언젠가는 그 안에서 예쁘고 무거운 아기를 볼 것이고, 세례식 초대장이 발송될 것이다. 이웃 사람들은 꿀벌들이 여왕벌 주위에 모이듯 어머니 주위에 모여들 것이다. 종종 일이 잘 풀리지 않을 때 나는 이렇게 생각했다. '괜찮아, 프루 사안! 언젠가 너는 너의 벌집에서 여왕이 될 거야.'

나이가 찬 처녀들 대부분은 부지런하든 경박한 생활을 하든, 아버지 집에 갇혀 있든, 그곳에서 일부 벗어났든, 남편 – 엄밀히 말해 진지한 연인 – 을 정복하는 것이 점점 더 긴급한 일이 된다. 이런 근심은 종종 여자의 우정에 해로운 결과를 낳는다. '마음의 친구'는 그 특권적 지위를 잃게 된다. 젊은 처녀는 친구가 공범자이기보다는 오히려 경쟁자로 보인다. 나는 총명하고 재능이 있으나 자기를 '먼나라의 공주'로 생각하기로 한 젊은 처녀 한 명을 알고 있다. 그녀는 시와 수필 속에서 자기를 그렇게 그렸다. 그녀는 어린 시절 친구들에게 어떤 애착도 없다고

124 『파도』
125 메리 웨브, 『사안Sarn』

솔직하게 고백했다. 못생기고 어리석은 친구들은 마음에 들지 않았고, 매력적인 친구들은 그녀를 두렵게 했다는 것이다. 남자를 기다리는 초조함은 흔히 책략과 술수와 굴욕감을 내포하며, 이는 젊은 처녀의 앞길을 막는다. 그녀는 이기적이고 냉혹해진다. 그리고 만약 '동화 속 왕자'의 출현이 지체되면 혐오감과 앙심이 생긴다.

젊은 처녀의 성격과 행동은 그녀가 처한 상황을 표현한다. 만약 그 상황이 변한다면, 그녀의 모습도 다르게 나타난다. 오늘날에는 젊은 처녀가 자기의 운명을 남자에게 맡기는 대신에 자기 손아귀에 쥐는 것이 가능해졌다. 만약 그녀가 학업, 운동, 직업 훈련, 사회적·정치적 활동에 몰두한다면, 그녀는 남자에 대한 강박관념에서 해방되고 감정적이고 성적인 갈등에 시달리는 일이 훨씬 덜해진다. 하지만 젊은 처녀는 독립적인 개체로서 자기를 성취하기가 젊은 남자보다 훨씬 더 어렵다. 이미 말한 바와 같이, 그녀의 가족도 사회적 풍습도 그녀의 노력에 도움을 주지 않는다. 게다가 그녀가 독립을 선택한다고 해도, 그녀는 자기 인생에 남자와 사랑이 차지할 자리를 비워두고 있다. 만약 그녀가 어떤 일에 자신의 전부를 바친다면, 그녀는 여자로서의 운명을 놓치지 않을까 두려워하게 된다. 이런 감정은 고백되지 않은 채로 있지만 엄연히 존재하고, 집중된 의지를 흩뜨려 놓으며 분명히 한계를 짓는다. 어쨌든 일하는 여성은 직업상의 성공과 순전히 여자로서의 성공을 조화시키고자 한다. 그것은 그녀가 많은 시간을 몸치장이나 미용에 할애해야 한다는 뜻이 아니다. 그러나 보다 심각한 것은, 그것이 그녀의 대단히 중대한 관심을 양분시키는 것을 전제로 한다는 것이다. 남학생은 공부 시간에 틈틈이 자유로운 사색의 유희를 즐기는데, 거기에서 최고의 독창적인 발상이 생겨날 수 있다. 여자의 몽상은 전혀 다른 방향으로 기울어져 있다. 그녀는 신체적 외모나 남자, 사랑에 대해 생각하고 학업과 경력에는 필요 이상의 시간과 노력을 할애하지 않는데, 이런 영역에서는 과잉만큼 필요한 것이 없다. 문제는 여자의 약한 정신력이나 부족한 집중력이 아니라 그녀의 관심이 양립될 수 없는 여러 가지 것들에 분산된다는 데 있다. 여기서 악순환이 생긴다. 사람들은 여자가 한 남자를 얻게 되는 즉시 얼마나 쉽게 음악, 학업, 직업을 포기할 수 있는지를 보며 흔히 놀란다. 이는 여자가 계획을 실행하는 데 자기 자신을 너무나 적게 내주어 그 계획을 성취하더라도 커다란 이익을 얻지 못하기 때문이다. 모든 것이 앞다투어 그녀의 개인적인 야망에 제동을 건다. 그리고 거대한 사회적 압력도 그녀에게 결혼을 통해 사회적 지위와 정당성을 발견하도록 권유한다. 따라서 그녀가 이 세계 안에 자기 자리를 스스로 만들려 하지 않거나, 또 그렇게 한들 소극적으로만 하려는 것은 당연하다. 완전한 경제적 평등이 실현되지 않는 한, 그리고 풍습이 일부 남자들이 쥐고 있는 특권의 득을 아내나 정부의 자격으로 보는 것을 허용하는 한, 수동적인 성공의 꿈은 여자 안에 그대로 유지될 것이고, 여자의 성취를 억누를 것이다.

하지만 젊은 처녀가 어떤 방식으로 성인 생활에 다가가든 그녀의 인생 학습은 아직 끝난 것이 아니다. 점진적으로든 급진적으로든 그녀는 성에 입문하는 과정을 거쳐야만 한다. 그런데 개중에는 그것을 거부하는 처녀들도 있다. 어린 시절에 성적으로 고통스러운 경험이 있었다든가, 서투른 성교육이 성에 대한 공포감을 서서히 심어 주었다든가 하면, 그녀들은 남자에 대해서 사춘기 소녀의 혐오감을 그대로 지니게 된다. 또한, 어떤 여자들에게는 본의 아니게 처녀성이 연장되는 수가 있다. 그러나 대다수의 경우 젊은 처녀는 어느 정도 나이를 먹으면 자기의 성적 운명을 성취하게 된다. 그녀가 자기의 성적 운명에 대처하는 방법은 당연히 그녀의 모든 과거와 밀접한 관련이 있다. 그러나 예기치 않은 상황에 등장하는 새로운 경험도 있으며, 그 경험에 따라 그녀는 자유로이 반응한다. 이제 우리가 검토해야 하는 것은 이 새로운 단계다.

3장
성 입문

어떤 의미에서 여자의 성性 입문은 남자와 마찬가지로 아주 어렸을 때부터 시작된다고 할 수 있다. 구순기, 항문기, 성기기, 성년기까지 이론적이고 실제적인 수련이 지속적으로 이어진다. 그러나 젊은 처녀의 에로틱한 경험은 이전의 성적 활동의 단순한 연장이 아니다. 그 경험은 대개 예기치 않은 난폭한 성격을 띠고, 언제나 과거와의 단절을 초래하는 새로운 사건을 형성한다. 이런 에로틱한 경험을 거치는 순간에 젊은 처녀에게 제기되는 모든 문제는 절박하고 날카로운 형태로 요약된다. 어떤 경우에는 위기가 수월하게 해결된다. 그러나 자살이나 광기로 해결되는 비극적인 경우들도 있다. 어쨌든 거기에 반응하는 방법에 따라서 여자의 운명은 많은 부분이 좌우된다. 정신과 의사들은 모두 에로틱한 경험의 첫걸음이 여자에게 극도로 중요하다는 데 의견이 일치한다. 즉, 그 첫걸음이 평생 영향을 끼친다는 것이다.

이러한 문제에 관해 생물학적·사회적·심리적 관점에서 동시에 살펴볼 때, 남자와 여자의 상황은 근본적으로 다르다. 남자의 경우, 유아의 섹슈얼리티에서 성숙기에 이르는 과정은 비교적 단순하다. 거기에는 에로틱한 쾌락의 객관화가 있는데, 이 에로틱한 쾌락은 내재적인 현전에서 실현되는 것이 아니라 초월적 존재에게로 지향된다. 발기는 이러한 욕구의 표현이다. 남자는 성기, 손, 입 등 온몸으로 상대를 향해 자기 자신을 내민다. 그러나 그는 이런 활동의 한가운데서도 자기가 지각하는 객체와 다루는 도구 앞에서 일반적으로 주체로서 머무르고 있다. 그는 자기의 자율성을 잃는 일 없이 타자를 향해 자신을 던진다. 여자의 육체는 남자에게는 먹이며, 남자는 자기의 관능이 모든 객체에 대하여 요구하는 특질들을 여성의 육체에서 포착한다. 확실히 그는 자기 소유로 하지 못한다. 하지만 적어도 그 특질들을 껴안는다. 애무나 키스는 반은 실패한다. 그러나 이 실패조차도 자극이며 기쁨이다. 사랑의 행위는 그 자연적 완성인 오르가슴에서 통일성을 발견한다. 성교는 명백한 생리적 목적이 있다. 남자는 사정을 통해 자기를 압박하고 있는 분비물을 쏟아낸다. 남자는 성적으로 흥분한 뒤에 반드시 쾌락이 수반되는 완전한 해방을 얻는다. 물론 쾌락만이 목적은 아니었다. 쾌락에는 종종 환멸이 뒤따른다. 욕구가 채워졌다기보다 그저 사라졌기 때문이다. 아무튼 정해진 행위는 이행되었고, 남자는 다시 온전한 몸이 된다. 그가 종種에게 한 봉사는 자신의 향락과 통합되었다. 여자의 에로티시즘은 여자가 처한 상황의 복잡성을 반영하기에 훨씬 더 복잡하다. 앞에서 본 바와 같이[126] 암컷은 종으로서의 힘을 자기의 개별적인 생활에 통합시키는 대신, 그 개별적 목적과 분리된 이해관계를 가진 종에 시달리고 있다. 이런 이율배반은 인간 여자에게서 그 정점에 이르고 있다. 그것은 특히 음핵과 질이라는 두 기관의 대립으로 표현된다. 유아 단계에서는 음핵이 여성 에로티시즘의 중심부이다. 일부 정신과 의사들은 어떤 여자아이들의 경우 질의 감각이 존재한다고 주장하지만, 그것은 논란의 대상이 되는 의견이다. 아무튼 질은 부수적인 중요성밖에 갖지 못할 것이다. 음핵 체계는 성년기에도 변화하지 않는다.[127] 그리고 여자는 일생 이 에로틱한 자율성을 보존하고 있다. 음핵의 경련은 남자의 오르가슴과 마찬가지로 거의 기계적으로 얻어지는 일종의 붓기와 가라앉기다. 그러나 그것은 정상적인 성교에 간접적으로만 연결되어 있으며, 생식에는 아무런 역할도 하지 않는다. 여자가 침투되고 수태되는 것은 질을 통해서다. 질은 남자의 개입을 통해서만 비로소 에로틱한 중심부가 되고, 이런 개입은 언제나 일종의 폭행 성질을 띤다. 옛날에 여자가 자기의 어린이 세계에서 뿌리 뽑혀 아내로 사는 삶에 던져진 것은 실제 또는 위장된 유괴에 의해서다. 그녀를 소녀에서 여자로 바꾸는 것은 폭력이다. 그래서 처녀성을 '빼앗는다'거나 처녀의 꽃을 '꺾는다'거나 하는 말이 있다. 이런 처녀성의 상실은 지속적 발전의 조화로운 결말이 아니라 과거와의 급격한 단절이며, 새로운 시기의 시작이다. 쾌락은 이때 질의 내부 표면이 수축함으로써 일어난다. 이런 수축이 명

126 본서 제1권 제1부 1장 참조
127 일부 원시 종족 사이에서 관례적인 음핵 절제가 시행되지 않는 한

확하고 결정적인 오르가슴으로 이어지는가? 그 점은 아직도 논의 중이다. 해부학의 자료도 대단히 모호하다. 그중에서도 「킨제이 보고서」는 "해부학과 임상은 질 내벽의 대부분에 신경이 분포되어 있지 않다는 것을 폭넓게 증명하고 있다. 질 안에서 이루어지는 많은 외과적 수술은 마취제의 힘을 빌지 않고서도 시행될 수 있다. 질 내의 신경은 음핵의 기저에 가까이 있는 내벽의 한 면에 국한되어 있다는 사실이 증명되었다"고 한다. 하지만 이 신경 분포 면의 자극 이외에 "여자는 질 안에 어떤 물체의 침입을 질 근육의 수축을 통해 지각할 수 있다. 그러나 그와 같이 얻어진 충족감은 아마도 신경의 에로틱한 자극보다는 근육의 탄력성과 관련이 있는 것 같다." 그런데도 질의 쾌감이 존재한다는 것은 의심할 여지가 없다. 그리고 질의 자위조차도 – 성인 여자에게 – 「킨제이 보고서」가 보고한 것보다 더 널리 퍼져 있는 것 같다.[128] 그러나 확실한 것은 질의 반응이 심리적·생리적인 것으로 규정지을 수 있는 매우 복잡한 반응이라는 것이다. 왜냐하면 그 반응은 신경 체계 전반에 관계될 뿐만 아니라, 주체가 경험하는 상황 전체에도 영향을 받기 때문이다. 그것은 개인의 뿌리 밑바닥으로부터의 동의가 필요하다. 최초의 성교로 인해 막을 여는 새로운 에로티시즘의 주기는 일종의 신경 체계의 '몽타주'가 만들어지기 위해서, 아직 나타나지 않고 음핵 체계도 덮어야 하는 하나의 형태가 생성되기를 요구한다. 이 형태의 생성은 실현되는 데 오랜 시간이 걸리며, 때로는 전혀 만들어지지 않을 수도 있다. 여성이 두 주기 사이에 선택의 여지가 있다는 것은 놀라운 일이다. 한 주기는 어린 시절의 독립성을 영속시키는 것이지만 다른 주기는 그녀를 남자와 아이에게 바치는 것이다. 정상적인 성행위는 사실상 여자를 남자와 종에 예속시킨다. 공격적 역할을 하는 것은 – 거의 모든 동물의 경우와 마찬가지로 – 남자지만 여자는 남자가 껴안는 것을 감내한다. 보통 여자는 남자에게 언제나 잡힐 수 있지만, 남자는 발기 상태가 아니면 여자를 취할 수가 없다. 여자를 처녀막보다 더 확실하게 봉封하는 질 경련과 같은 강한 반항의 경우가 아니라면, 여자의 거부는 극복될 수 있다. 질 경련의 경우라도 남자에게는 아직 완력으

---

128 인공 페니스의 사용은 고대, 심지어는 그 이전부터 현대에 이르기까지 줄곧 계속됐다. (…) 다음은 최근에 질 또는 방광에서 발견된 물건의 리스트다. 이것들을 끄집어내기 위해서 외과수술을 해야만 했다. 연필·봉납封蠟 덩어리·머리핀·실패·골제침骨制針·머리 고데기·바늘·뜨개바늘·바늘집·컴퍼스·유리 마개·양초·코르크 마개·컵·포크·이쑤시개·칫솔·포마드(병슈레더가 인용한 사례에는 병 속에 풍뎅이 한 마리가 들어 있었고, 그 결과 일본의 린노다마rinutama 같았다고 한다)·달걀 등등. 큰 물건들은 당연히 기혼 여성의 질에서 발견되었다.(H. 엘리스의 『성 심리 연구』 제1권)

로 좌우할 수 있는 육체를 상대로 해서 자기 욕구를 충족할 방법이 남아 있다. 여자는 객체이기 때문에, 그녀의 무기력은 그 본래의 역할을 심하게 변화시키지 않는다. 많은 남자가, 잠자리를 함께하는 여자가 성교를 원하는지 혹은 그저 거기에 복종하는지 알려고도 하지 않는다. 남자는 죽어 있는 여자와도 동침할 수 있다. 성교는 남자의 동의 없이 일어날 수 없으며, 자연적 종료도 남자의 충족에 의해서다. 여자가 아무런 쾌감을 느끼지 않아도 수태는 이루어질 수 있다. 한편, 여자에게 수태는 성적 과정의 완성을 나타내는 것과 거리가 멀다. 반대로 종이 여자에게 요구한 봉사는 이때부터 시작되는데, 서서히, 고통스럽게 임신, 출산, 수유 속에서 실현된다.

남자와 여자의 '해부학적 운명'은 이처럼 완전히 다르다. 도덕적·사회적 상황 역시 다르다. 가부장제 문명은 여자에게 순결을 강요했다. 남자에게는 성욕을 채우도록 다소 공공연하게 그 권리를 인정했지만, 여자는 결혼 속에 갇혀 있게 된다. 그녀에게 육체적 행위는 법이나 의식에 의해 신성화되지 않으면 과실이고 타락이며, 패배이자 약점이다. 그녀는 자기의 정조와 명예를 지켜야 할 의무가 있다. 만약 그녀가 '몸을 허락'하거나 '타락'하면 그녀는 멸시당하게 된다. 그녀를 정복한 남자에게 가해지는 비난에는 찬탄도 들어 있다. 원시 문명부터 오늘에 이르기까지 잠자리는 여자에게 '봉사'이며, 그에 대해서 남자는 여자에게 선물로 혹은 그녀를 부양하는 책임으로 감사를 대신해 왔다. 그러나 봉사한다는 것은 주인을 갖는다는 것이며, 이런 관계에는 어떤 상호성도 없다. 결혼의 구조가, 매춘부의 존재 또한 마찬가지로 상호성 없는 관계의 증거다. 여자는 *자신을 주고*, 남자는 여자에게 대가를 지불하고 그녀를 취한다. 남자가 열등한 존재들을 지배하고 소유하는 일을 금하는 것은 아무것도 없다. 하녀와의 정사는 언제나 허용됐지만, 운전기사나 정원사에게 자기를 내맡기는 부르주아 여자는 사회적으로 지위를 박탈당한다. 그토록 맹렬한 인종주의자인 남부 미국인들은 남북전쟁 이전이나 오늘날이나 변함없이 관습에 의해 흑인 여자들과 동침하는 것이 허용되어 있다. 그리고 그들은 이 권리를 귀족처럼 위풍당당한 교만함으로 행사한다. 백인 여자가 흑인 남자와 성관계를 하면 노예 시대에는 살해당했을 것이고, 오늘날에는 집단폭행을 당할 것이다. 남자들은 여자와 동침했다고 말하는 대신에 그녀를 '소유했다'거나 '가졌다'고 말한다. 역으로 사람들은 누군가를 '가졌다'고 말하는 대신에 때로 속된 말로 '먹었다'라고 말한다. 그리스인들은 남자를 모르는 여자를 가리켜 '복종하지 않는 처녀'라고 불렀다. 로마인들은 메살리나Messalina(22~48)[129]에게 '굴하지 않는'이란 호칭을 부여했는데, 그녀의 연인 중 누구도 그녀에게 쾌락을 준 자가 없었기 때문이다. 남자에게 사랑 행위는 정복이며 승리다. 남자는 발기에 대해 남의 경우라면 흔히 자발적 행위의 웃음거리밖에 안 되는 서투른 흉내처럼 보지만, 막상 자기의 경우가 되면 누구나 자랑스럽게 여긴다. 남자들의 섹스 용어는 군대 용어에서 착안한 것이다. 연인은 병사처럼 혈기가 왕성하고, 그의 성기는 활처럼 팽팽하며, 사정할 때는 '발사한다.' 그것은 기관총이며 대포다. 그는 공격이니, 습격이니, 승리니 하는 말을 지껄여 댄다. 그의 성적 흥분에는 알 수 없는 어떤 영웅주의적 취미가 있다. "한 존재에 대한 다른 존재의 점령으로 이루어지는 생식 행위는 한편으론 정복자라는 관념을, 다른 한편으로는 정복된 물건이라는 관념을 부과한다. 그래서 가장 문명화된 사랑 관계를 다룰 때도 사랑의 관념에 전쟁의 관념을 선명하게 투사해서 정복, 공격, 습격, 공방전, 패배, 항복이라는 말을 사용한다. 한 존재가 다른 존재에 의해 오염되는 것을 허용하는 이 행위는 오염시키는 쪽에는 일종의 자부심을, 오염당하는 쪽에는 비록 동의했을지라도 다소의 굴욕감을 준다"고 방다는 쓰고 있다.[130] 이 마지막 문장은 새로운 신화를 도입시킨다. 즉, 남자가 여자를 더럽힌다는 신화다. 사실 정액은 배설물이 아니다. '몽정'은 '야간 공해'라고도 말하는데, 자연적 목적에서 빗나갔기 때문이다. 그러나 커피가 깨끗한 옷을 더럽힌다고 해서 오물이라고, 위胃를 더럽히는 것이라고 말하는 사람은 없다. 어떤 남자들은 거꾸로 여자가 '성질이 더러워서' 남자를 오염시키기 때문에 불결하다고 주장한다. 아무튼 오염시키는 쪽이 된다는 사실은 아주 모호한 우월성밖에 부여하지 않는다. 사실, 남자의 특권적 상황은 생물학적으로 공격적인 그의 역할이 우두머리이자 주인으로서의 사회적 기능에 통합되는 데에서 오는 것이다. 생리적 차이에 그 모든 의미가 있는 것은 이 사회적 기능을 통해서다. 왜냐하면 이 세계에서 남자는 주권자이기 때문에, 그 절대권의 표시로서 자기 욕망의 난폭성을 주장하기 때문이다. 사람들은 말하기를 성적으로 큰 능력을 타고난 남자에 대해서 *강한* 남자라고도 하고 *센* 남자라고도 한다. 이것은 남자를 활동과 초월성으로 가리키는 수식어다.

---

129 * 로마 클라우디우스 황제의 세 번째 아내이자 로마 황후. 밤에 몰래 사창가에서 성욕을 즐기거나 궁궐 내에서 다른 남자와 결혼식을 올리기도 했다.

130 『위리엘의 보고』

반대로 여자는 단지 물체에 불과하므로, 여자에 대해서는 **뜨거운** 혹은 **차가운** 여자라고 말한다. 즉, 여자는 결코 수동적인 특질밖에는 나타낼 수 없을 것이라는 뜻이다.

그러므로 여성의 섹슈얼리티가 깨어나는 환경은 사춘기 소년이 자기 주위에서 만나는 환경과 완전히 다르다. 한편, 여자가 처음으로 남자와 부딪칠 때의 에로틱한 태도는 대단히 복잡하다. 사람들이 때때로 주장하는 것처럼, 욕망을 알지 못하는 처녀의 관능을 남자가 일깨운다고 하는 것은 사실이 아니다. 이런 전설은 남자의 지배욕을 다시 한 번 드러낸다. 남자는 삶의 반려자인 여자에 대하여 아무것도, 그녀가 그에 대해 갖는 욕구조차도 자주적이지 않기를 바라고 있다. 흔히 남자에게도 여자와의 접촉이 욕망을 불러일으킨다. 역으로 대부분의 젊은 처녀는 남자의 손길이 전혀 스치지 않았는데도 이미 간절히 애무를 기다리고 있다. 이사도라 덩컨Isadora Duncan(1878~1927)[131]은 자서전 『나의 생애』에서 이렇게 쓰고 있다.

전날까지만 해도 남자아이의 모습 같던 나의 엉덩이가 둥글어졌고, 내 존재 전체를 통해서 나는 무한한 기다림의 느낌, 내 안에서 올라오는 어떤 호소를 느꼈다. 그 호소의 의미는 너무도 분명하였다. 몸에 열이 나고 고통스러워 나는 더 이상 밤잠을 이루지 못하고 몸을 뒤척였다. 마음이 불안했다.

슈테켈에게 자기 인생을 길게 고백한 어떤 젊은 여인은 다음과 같이 이야기한다.

나는 열심히 추파를 던지기 시작했다. 나에게는 '신경의 간지럼힘'(원문 그대로)이 필요했다. 정열적인 무용수였던 나는 이런 쾌감에 완전히 빠져들기 위해 춤을 추면서 눈을 감았다. (…) 관능이 수치심을 압도했기에 일종의 노출증을 춤으로 표현했다. 처음 일 년 동안 나는 열정적으로 춤을 추었다. 나는 잠자는 것을 좋아해 많이 잤고, 날마다 종종 한 시간 동안이나 자위를 했다. (…) 자주 땀에 젖을 때까지 자위했고, 지쳐서 곯아떨어질 때까지 계속했다. (…) 나는 불타고 있었으므로, 진정시켜 주려는 남자가 있었다면 받아들였을 것이다. 나는

---

131 *미국의 무용가, 현대 무용의 선구자

공연 <한여름 밤의 꿈>에서의 이사도라 덩컨, 1896

특정한 상대가 아니라 남자를 찾고 있었다.[132]

처녀가 느끼는 마음의 동요는 대개 뚜렷한 욕구로 나타나지 않는 편이다. 처녀는 자기가 원하는 게 무엇인지 정확히 알지 못한다. 그녀 안에는 어린 시절의 공격적인 에로티시즘이 남아 있다. 그녀의 최초 충동은 붙잡는 것이었으며, 그녀는 아직도 껴안고 소유하고자 하는 욕망이 있다. 그녀는 미각, 후각, 촉각을 통하여 탐나는 먹이에게 자기가 인정한 가치의 특성이 있기를 바란다. 왜냐하면 섹슈얼리티는 고립된 영역이 아니라 꿈과 관능의 환희를 연장하기 때문이다. 어린이와 사춘기의 남녀 모두는 매끄러운 것, 크림 같은 것, 반들반들한 것, 폭신한 것, 탄력적인 것을 좋아한다. 즉, 무너지지 않고 부서지지 않은 채 압력에 휘는 것, 시선 아래나 손가락 밑으로 미끄러져 가는 것을 좋아한다. 남자와 마찬가지로 여자도 아주 흔히 유방에 비유되는 모래 언덕의 기분 좋은 온기, 명주의 감촉, 털 이불의 솜털 같은 부드러움, 꽃이나 과일의 부드러운 감촉에 황홀해한다. 특히 젊은 처녀는 엷은 파스텔 계통의 색상과 안개를 연상시키는 얇은 망사와 모슬린을 애지중지한다. 거친 천, 자갈, 조약돌, 쓴맛, 신 냄새는 좋아하지 않는다. 그녀도 처음에는 남자 형제들처럼 어머니의 몸을 애무하고 지극히 사랑했다. 자기의 나르시시즘 속에서, 희미하거나 명료한 동성애적 경험 속에서 자기를 주체로서 상정하고 여자의 몸을 소유하려고 애쓴다. 남자와 맞설 때는 손바닥과 입술로 먹이를 적극적으로 애무하려는 욕구가 있다. 그러나 단단한 근육과 꺼칠꺼칠한 털북숭이 피부, 독한 냄새와 거칠게 대충 다듬어진 얼굴 윤곽을 지닌 남자는 성욕을 자극하지 않는 것처럼 보이며, 혐오까지 일으킨다. 르네 비비앙의 다음 글은 그런 기분을 표현한 것이다.

나는 여자라서, 아름다움을 향유할 권한이 없고
(…) 나는 남자들의 추함을 상대해야 할 운명에 처했으며
그대의 머리카락과 그대의 눈동자는 내게 금지되었는바
그대의 머리카락이 길고 향기로 가득 차 있기 때문이다.

---

132 『불감증의 여자』

강한 기질의 여성에게 자신이 바라는 것을 취하고 소유하려는 경향이 남아 있으면, 르네 비비앙처럼 동성애로 기울게 된다. 아니면 그녀가 여자로 취급할 수 있는 남자들만 사랑하게 될 것이다. 라실드Rachilde[133]의 『비너스 씨Monsieur Vénus』에서 여주인공은 젊은 남자 연인을 사들여 정열적으로 애무하며 즐기지만, 그가 자기 처녀성을 빼앗도록 놔두지 않는다. 열서너 살의 소년이나 심지어는 어린아이까지 애무하기를 좋아하고, 성인 남자는 거부하는 여자들이 있다. 그러나 앞에서 본 바와 같이, 대다수 여자에게는 어린 시절부터 수동적인 섹슈얼리티 역시 발달했다. 즉, 여자는 안기고 애무받는 것을 좋아하며, 특히 사춘기 이후부터는 한 남자의 품 안에서 육체가 되기를 희망한다. 주체의 역할은 보통 남자에게 돌아온다. 여자는 그 사실을 알고 있다. "남자는 아름다울 필요가 없다"는 말을 몇 번이고 반복해서 들어왔다. 그녀는 남자에게서 객체의 무기력한 특징이 아닌 남성적 힘과 정력을 찾아야 한다. 그리하여 자기 내부에서 양분된다. 즉, 그녀는 몸을 떠는 물체로 자신을 변신시키는 강건한 포옹을 청한다. 거침과 완력은 그녀를 상처 입히는 고약한 방해물이기도 하다. 여자의 관능은 그녀의 피부와 손에 동시에 국지화되어 있다. 그리고 한쪽의 요구는 다른 한쪽의 요구와 부분적으로 대립하고 있다. 그래서 그녀는 자기에게 가능한 범위 내에서 타협을 택한다. 그녀는 남성적이기는 하지만, 탐나는 성욕을 자극하는 바람직한 대상으로서 아주 젊고 매력적인 남자에게 자신을 준다. 아름다운 청년에게서 그녀는 자기가 탐내는 모든 매력을 만날 수 있을 것이다. 『아가』에는 아내와 남편의 희열 사이에 대칭을 이룬 조화가 담겨 있다. 아내가 남편 속에서 얻는 것은 남편이 아내 속에서 구하는 것이다. 그것은 지상의 짐승과 꽃, 보석, 시내, 별이다. 그러나 아내는 이런 보배들을 *취할* 수단이 없다. 신체 구조상 여자는 거세된 내시처럼 서툴고 무력하게 남아 있을 수밖에 없다. 소유의 욕망은 구체화될 수 있는 신체 기관이 없으므로 좌절된다. 그리고 남자는 수동적인 역할을 거부한다. 게다가 상황은 흔히 젊은 처녀가 스스로 남자의 먹이가 되도록 이끈다. 남자가 애무하면 흔들리게 마련이지만 그녀에게는 그녀 쪽에서 바라보거나 애무를 되돌려주는 즐거움이 없다. 여자의 욕망에 섞여 있는 혐오에는 단지 남자의 공격성에 대한 공포만이 아니라 깊은 욕구 불만의 감정도 있다는 사실이 충분히 이야

---

133 *20세기 초엽 프랑스의 여성 소설가

기되지 않았다. 즉, 여자의 성적 쾌감이 관능의 자연발생적 충동을 억제함으로 써 얻어져야만 하는 것인데 반해 남자의 경우, 만지고 보는 기쁨은 엄밀한 의미 에서의 성적 쾌락과 하나가 된다.

수동적인 에로티시즘의 요소들도 애매하다. **접촉**만큼 의심스러운 것도 없다. 양손으로 어떤 물질이든 혐오감 없이 주무르는 많은 남자가 식물이나 짐승이 자 기들 몸에 닿는 것을 아주 싫어한다. 명주나 벨벳에 스치면 여자의 몸은 때로 기 분 좋게 떨고, 때로 곤두서기도 한다. 나는 젊은 시절에 복숭아를 보는 것만으로 도 소름이 돋았던 한 여자 친구를 기억한다. 홍분에서 쾌감으로, 짜증에서 쾌락 으로 미끄러져 가기는 쉽다. 몸을 껴안는 두 팔은 피신처와 보호막이 될 수 있으 나, 또한 몸을 가두기도 하고 질식시키기도 한다. 처녀에게 이러한 모호성은 그 녀가 처한 상황의 모순 때문에 지속된다. 그녀의 변신이 완성될 기관이 아직 봉 인되어 있기 때문이다. 그녀의 육신의 막연하고 불타는 듯한 호소는 성교가 이뤄 져야 할 그곳을 제외한 몸 전체에 퍼져 있다. 어떤 기관도 처녀에게 능동적 에로 티시즘을 충족시키지 못한다. 그리고 그녀는 자기를 수동성에 바치는 기관에 대 한 실제의 경험도 없다.

하지만 이 수동성은 완전히 무기력한 것이 아니다. 여자가 홍분되기 위해서는 그녀의 기관에 여러 가지 적극적인 현상이 일어나야만 한다. 성감대의 신경 분 포, 몇몇 발기 조직의 팽창, 분비 작용, 체온의 상승, 맥박과 호흡의 항진 등이 그 것이다. 정욕과 관능은 남자와 마찬가지로 여자에게도 생명력의 소비를 요구한 다. 감수성이 예민한 여성의 욕구는 어떤 의미에서 능동적이며, 신경 및 근육 긴 장의 증가로 나타난다. 무기력하고 쇠약한 여자들은 항상 냉랭하다. 체질적인 불 감증이 존재하는지는 의문이지만, 분명 심리적 요인이 여자의 에로틱한 능력에 지배적인 역할을 한다. 그러나 생리적 결함이나 생명력의 감퇴가 특히 성적 무 관심으로 표현된다는 것은 확실하다. 역으로 생명의 에너지가 스포츠와 같은 의 지적인 활동으로 소모된다면 성적 욕구에는 통합되지 않는다. 스칸디나비아 여 자들은 건강하고 강건하며 냉정하다. '정열적 기질'의 여자들은 이탈리아 여자 나 스페인 여자들처럼 무기력 상태와 '정염'을 조화시키는, 즉 그 열렬한 생명력 이 남김없이 육체 안으로 흘러 들어가는 여자들이다. 자기를 객체로 **만들고** 수동 적으로 **만드는 것**은 수동적 객체**인 것**과는 전혀 별개의 것이다. 사랑에 빠진 여 자는 잠자는 여자도 죽은 여자도 아니다. 그녀 안에는 끊임없이 약화했다가 쉴 새 없이 쇄신되는 격정이 있다. 약화한 격정이 매혹을 창조하고, 그 매혹 속에서 욕망이 영속된다. 그러나 열정과 포기 사이의 균형은 파괴되기 쉽다. 남자의 욕망은 긴장이다. 그 욕망은 신경과 근육이 긴장된 육체를 침입할 수 있다. 신체 기관에 자발적 참여를 요구하는 여러 가지 자세나 동작은 남자의 욕망을 저지하지 못하며, 그와는 반대로 대개 그 욕망을 불러일으킨다. 모든 의지적 노력은 도리어 여자의 육체가 '잡히는 것'을 방해한다. 여자가 자기에게 노력과 긴장을 요구하는 성교 형태를 무의식적으로 거부하는 이유는 그 때문이다.[134] 체위를 너무 많이 급격하게 변화시키고, 행위를 - 동작이나 말로 - 의식적으로 이끄는 것은 황홀 상태를 깨뜨린다. 맹위를 떨치는 난폭함은 경련, 수축, 긴장을 일으킬 수 있다. 여자들은 할퀴거나 깨물고, 자기들의 몸을 놀라운 힘으로 활처럼 휘게 한다. 그러나 이러한 현상은 어떤 일정한 정점에 도달했을 때만 일어나고, 그 정점은 우선 모든 금지 - 정신적인 것과 마찬가지로 신체적인 - 의 부재가 살아 있는 모든 에너지의 성적인 집중을 허용할 때만 도달된다. 그 말은 젊은 처녀가 **남자가 하는 대로 자기를 내맡기는 것**만으로는 충분치 않다는 것이다. 여자가 유순하고 무기력하고 멍하게 있으면 상대도 자기 자신도 만족시키지 못한다. 그녀의 젊은 육체도, 금기와 금지와 편견과 요구로 가득 찬 그녀의 의식도 적극적으로 원하지 않는 하나의 모험 속에서 능동적인 참여가 요구되고 있다.

우리는 지금까지 기술된 조건에서 여성의 에로티시즘은 그 시작이 쉽지 않다는 것을 알 수 있다. 이미 본 바와 같이, 유년 시절이나 청춘기에 예기치 않게 들이닥친 사건들이 여자의 내부에 뿌리 깊은 저항을 낳게 한 경우도 꽤 빈번하다. 이런 저항은 때로 극복될 수 없다. 젊은 처녀는 대개 무시해 버리려고 애쓰지만, 그러면 그럴수록 그녀 안에 심한 갈등이 생겨난다. 엄격한 교육, 죄에 대한 공포, 어머니에 대한 죄의식이 강력한 장벽을 만들어 낸다. 처녀성은 많은 계층에서 매우 높은 가치로 평가되기 때문에, 합법적인 결혼을 하지 않은 채 처녀성을 상실한다는 것은 진정한 재난처럼 보인다. 유혹에 넘어갔든 기습을 당했든, 몸을 빼앗긴 젊은 처녀는 명예가 손상되었다고 생각한다. 보통 그녀가 진정으로 선택하

---

134 여자의 즉각적 태도를 순식간에 변화시키는 심리적 차원의 이유가 있을 수 있다는 것을 이후에 고찰할 것이다.

지 않았고, 또한 몇 시간 이내에 ─ 혹은 한순간에 ─ 성 입문 일체를 개괄해 버리려는 한 남자에게 처녀를 넘겨 주는 '첫날밤'도 쉽지 않은 경험이다. 일반적으로 모든 '단계'는 결정적이고 돌이킬 수 없는 성격 때문에 불안하다. 여자가 된다는 것은 과거와 영원히 절연하는 것이다. 그러나 지금 단계는 다른 어떤 단계보다 극적이다. 그것은 어제와 내일 사이의 간격을 만들 뿐만 아니라, 젊은 처녀를 그녀의 삶 대부분이 전개되던 상상의 세계에서 끌어내어 현실 세계로 내던진다. 미셸 레리스는 신혼의 잠자리를 투우에서 유추해 '진실의 장場'이라고 부른다. 이 표현은 처녀에게 가장 충실하고 또 가장 가공할 의미를 지닌다. 비록 그녀가 약혼이나 연애나 구애 기간에 아무리 어린애 같았더라도, 그녀는 의례와 꿈으로 익숙한 자기 세계 속에서 살아 왔다. 구혼자는 로맨틱한 혹은 적어도 정중한 언어로 말을 했다. 아직은 속임수가 가능했다. 그런데 돌연 그녀는 진짜 눈에 보이게 되고, 진짜 손에 붙잡히게 되었다. 이런 시선과 이런 포옹의 냉혹한 현실은 그녀를 겁에 질리게 한다.

해부학적 운명과 사회 풍습은 동시에 남자에게 선도자의 역할을 부여한다. 동정인 젊은 남자에게는 분명 첫 애인이 선도자다. 그러나 남자는 발기가 분명하게 드러내는 에로티시즘의 자율성을 소유하고 있다. 그의 애인은 그가 이미 탐내는 대상인 여자의 육체를 현실적으로 그에게 넘겨줄 뿐이다. 젊은 처녀는 그녀 자신의 육체를 발견하기 위해서 남자를 필요로 한다. 그녀의 의존성은 훨씬 더 깊은 것이다. 남자의 경우에는 보통 첫 경험부터 활동성과 결단성이 있다. 그것은 남자가 상대 여자를 돈으로 사는 경우나, 어떻게든 여자에게 구애해서 유혹하는 경우나 마찬가지다. 이와 반대로 젊은 처녀는 대부분 구애를 받고 유혹을 당한다. 비록 그녀가 먼저 남자를 도발했다 하더라도 그들의 관계를 뒷수습하는 것은 남자다. 남자가 대개 나이가 더 많고 경험도 풍부하다. 여자는 일반적으로 새로운 이 모험에 대한 책임을 남자가 지는 것이라고 생각한다. 그의 욕망은 더욱더 공격적이고 절대적이다. 애인이든 남편이든 잠자리까지는 남자가 이끌며, 여자는 잠자리에서 자기 몸을 내맡기고 복종하는 수밖에 없다. 그녀가 비록 생각 속에서 이런 권위를 받아들였다 할지라도 그것을 구체적으로 견뎌 내야 하는 순간에는 공포에 사로잡힌다. 그녀는 우선 자기를 삼키는 듯한 그 시선을 두려워한다. 그녀의 부끄러움은 부분적으로 교육된 것이지만, 또한 깊은 뿌리를 가지고 있다. 남자와 여자는 모두 자기의 몸에 대해 수치심을 갖고 있다. 몸은 그 순수한 부동의 현전, 그 정당화되지 못한 내재성 속에서 타인의 시선 아래 사실성의 부조리한 우연으로 존재한다. 그러면서도 그것은 *자기 자신*이다. 사람들은 그것이 타인을 위해 존재하는 것을 막고 싶어 한다. 또한 몸을 부정하고 싶어 한다. 발기 상태가 아니면 여자 앞에서 알몸이 되는 것을 견딜 수 없다는 남자들이 있다. 사실 몸은 발기 때문에 활력과 힘이 되며, 성기는 더는 무기력한 객체가 아니라 손이나 얼굴처럼 주체성의 자랑스러운 표출이다. 바로 이 때문에 여자들보다 젊은 남자들이 수치심으로 인해 마비되는 경우가 훨씬 덜하다. 남자들은 자기들의 공격적인 역할 덕분에 주목받는 상황에 덜 노출되어 있다. 그리고 주목받는다고 해도 비판받을 염려가 거의 없다. 왜냐하면 그들의 애인이 요구하는 것은 무기력한 자질이 아니기 때문이다. 그래서 그들의 의식은 오히려 성관계에서 박력과 쾌락을 줄 수 있는 기교로 쏠린다. 적어도 그들은 자기방어를 할 수 있고 승부에서 이기려고 노력할 수 있다. 여자에게는 자기 몸을 의지로 바꾸는 것이 허락되지 않는다. 여자는 자기 몸을 더 이상 숨기지 못하게 되면 즉시 무방비 상태에 내맡긴다. 그녀는 속으로 애무를 욕망한다고 해도, 보이고 만져진다는 생각에 반항한다. 특히 유방과 엉덩이는 육체적으로 발달한 부분이기 때문에 더욱 그러하다. 많은 성인 여자는 옷을 입고 있을 때라도, 남이 등 뒤에서 보는 것을 좋아하지 않는다. 사랑에 빠진 순진한 여성이 자기 몸을 보이는 데 동의하기까지 어떤 저항을 이겨내야 하는지 상상할 수 있다. 아마도 프리네 같은 여성은 사람들의 시선을 두려워하지 않고, 오히려 당당하게 발가벗을 것이다. 그녀의 아름다움이 곧 옷이 된다. 그러나 프리네만큼 아름답다고 하더라도 젊은 처녀는 결코 그런 사실에 대해 확신을 갖지 못한다. 남자들의 칭찬이 그녀의 젊은 허영심을 긍정해 주지 않는 한, 그녀는 자기 몸에 대한 오만한 자존심을 가질 수 없다. 그리고 바로 이것이 그녀를 겁에 질리게 한다. 남자 애인은 다른 어떤 시선보다 한층 더 무서운 존재다. 그는 심판관이다. 그는 그녀의 모습을 그녀 자신에게 여실히 드러내 보여 줄 것이다. 자기 용모에 한껏 도취한 젊은 처녀는 누구라도 남성의 판결이 내려지는 순간 자신 없어 한다. 그 때문에 그녀는 어둠을 고집하며, 이불 속으로 몸을 감춘다. 그녀가 거울 속 자신에게 도취해 있을 때는 아직 자신에 대해 꿈을 꾸는 데 지나지 않았다. 그녀는 남자의 눈을 통해서 자신을 꿈꾸고 있었다. 이제 남자의 눈이 목전에 있다. 속임수도 통하지 않고 반항도 불가능하다. 불가사의의 한 자유가 결정을 내리고, 이 결정은 번복될 수 없다. 에로틱한 경험의 현실적인 시련에서 유년기와 사춘기의 강박관념이 마침내 사라지거나 아니면 영원히 확실해질 것이다. 많은 젊은 처녀가 너무 굳건한 장딴지, 너무 빈약하거나 무거운 유방, 마른 엉덩이나 무사마귀 때문에 괴로워한다. 혹은 신체 어느 부위에 있는 남모르는 기형을 염려한다. 슈테켈은 다음과 같이 말하고 있다.[135]

젊은 처녀라면 누구나 마음속에 감히 고백하지 못하는 온갖 종류의 우스꽝스러운 걱정거리를 가지고 있다. 얼마나 많은 젊은 처녀가 신체적으로 비정상이라는 강박관념에 괴로워하고, 자기들이 정상적인 신체라는 확신을 가질 수 없어서 남모르게 불안해하고 있는지 그 수를 상상할 수 없을 것이다. 예를 들어 한 젊은 처녀는 자기의 '아래 입'이 제자리에 있지 않다고 믿고 있었다. 그녀는 성교가 배꼽을 통해 이루어진다고 생각했다. 그런데 자기 배꼽이 닫혀 있고, 거기에 손가락을 밀어 넣을 수 없어서 불행했다. 다른 처녀는 자기가 자웅동체라고 믿고 있었다. 또 다른 처녀는 자기가 장애인이라서 결코 성교할 수 없을 것이라고 믿고 있었다.

이러한 강박관념들을 가지고 있지 않아도 그녀들은 이제까지 자기나 그 누구를 위해서 존재하지 않았던 부분, 그러므로 절대로 존재하지 않았던 자기 신체의 어떤 부분들이 돌연 빛을 보게 된다는 생각에 두려워한다. 젊은 처녀가 자기 것으로 받아들여야 하는 이런 미지의 모습은 혐오감을 일으키게 될까? 무관심을 초래할까? 아이러니를 일으킬까? 그녀는 남자의 심판을 감내하는 수밖에 없다. 달리 도리가 없다. 남자의 태도가 그토록 깊은 반향을 갖게 되는 것은 그 때문이다. 남자의 열정과 애정은 여자에게 모든 부정否定에 맞서는 자신감을 줄 수 있다. 그녀는 여든 살이 되어도 자기가 남자의 하룻밤 욕망이 피어나게 한 섬의 꽃이며 새라고 믿을 것이다. 이와 반대로 만약 애인이나 남편이 서투른 남자라면, 그녀 안에 열등 콤플렉스를 생기게 할 것이며, 이 열등 콤플렉스에 때로 만성적 신경증이 더해질 것이다. 그러면 그녀는 그것에 대해 원한을 품게 되고, 고집스러운 불감증으로 나타나게 될 것이다. 이 문제에 대해서 슈테켈은 충격적인 실례들을 보고하고 있다.

서른여섯 살의 한 부인은 14년 전부터 심한 요통으로 고생하며 몇 주 동안이나

---

135 『불감증의 여자』

병석에 누워 있어야만 했다. (…) 그녀가 이 지독한 통증을 처음 느낀 것은 신혼 초야였다. 처녀성을 상실하는 동안 몹시 고통스러웠는데, 그녀의 남편이 "네가 나를 속였어. 너는 처녀가 아니야……" 하고 소리쳤다. 통증은 이 참기 어려운 장면이 고착되어 발병한 것이다. 이 병은 남편에 대한 징벌이 되어, 그 후 남편은 셀 수 없는 치료를 위해 거금을 지불해야만 했다. (…) 이 여성은 첫날밤 동안 무감각한 채로 있었고, 또 결혼생활 전체를 무감각하게 보냈다. (…) 결혼 초야는 그녀에게 모든 미래의 삶을 결정한 끔찍한 트라우마였다.

한 젊은 여성은 여러 가지 신경증과 무엇보다 완전한 불감증 때문에 나에게 치료를 받고 있다. (…) 첫날밤에 남편이 그녀의 이불을 젖히더니 "오! 당신 다리가 왜 그리 짧고 굵어!" 하고 외쳤다. 그런 다음에 그가 성교를 시도했는데, 그녀는 완전히 무감각해졌고 통증밖에 느끼지 못했다. (…) 그녀는 그 첫날밤의 모욕이 불감증의 원인이라는 것을 잘 알고 있었다.

또 다른 불감증 여성의 이야기에 따르면, 첫날밤에 남편에게 심한 모욕을 당했다. 그녀가 옷 벗는 것을 보면서 남편이 "세상에 정말 말랐군!" 하고 말했다는 것이다. 그런 다음에 남편은 덤벼들어 애무하기 시작했다. 그녀로서는 그 순간이 잊을 수 없이 끔찍한 순간이었던 것 같다. 이 무슨 만행인가!

Z. W. 부인도 완전히 불감증이다. 첫날밤의 트라우마가 컸다. 남편이 첫 번째 성교를 하고 난 후, "구멍이 크군, 나를 속였어"라고 말했다는 것이다.

시선은 위험하며, 손은 또 다른 위협이다. 여자는 일반적으로 폭력의 세계에 접근하지 않는다. 젊은 남자가 유년기와 청소년기의 싸움을 통해 극복한 시련을 그녀는 한 번도 경험하지 못했다. 즉, 타인에게 몸을 물건처럼 잡히는 시련을 겪은 일이 없다. 그러나 이제 그녀는 붙잡혀서 남자가 월등하게 강한 육탄전에 말려들었다. 그녀는 이제 자유로이 꿈꾸거나 후퇴할 수도, 술책을 쓸 수도 없다. 그녀는 남자에게 넘겨졌고, 남자는 그녀를 마음대로 할 수 있다. 그녀는 한 번도 싸워 본 적이 없으므로, 싸울 때 상대방을 껴안는 것과 유사한 남자와의 포옹이 그녀를 공포에 떨게 한다. 그녀는 약혼자나 남자 친구, 남자 동료 또는 교양 있고 예의 바른 한 남자의 애무에 몸을 맡긴 적이 있었다. 그러나 지금 그는 낯설고 이기적이며 완강한 모습을 하고 있다. 그녀는 이 알 수 없는 남자에게서 도망칠 수가 없다. 젊은 처녀의 첫 경험은 사실상 강간이며, 남자는 추악하고 난폭한 모습을 드물지 않게 드러낸다. 특히 풍습이 거친 시골에서는 농부의 딸들이 반승낙, 반

강제로 후미진 구석에서 수치심과 공포 속에서 처녀성을 잃는 일이 자주 일어난다. 어떤 계층과 계급에서든 자기의 쾌락을 허겁지겁 구하는 이기적인 애인에게, 혹은 결혼의 권리를 방패삼아 신부의 저항을 모욕처럼 불쾌하게 여기고 목적을 이루기 어려우면 분통을 터트리기까지 하는 남편에게, 처녀성을 난폭하게 빼앗기는 일이 아주 흔하게 일어난다.

더욱이 남자가 공손하고 정중하다 할지라도 최초의 삽입은 언제나 겁탈이다. 왜냐하면 여자는 입술, 유방을 애무해 주기를 바라고, 어쩌면 허벅지 사이에서 이미 알고 있거나 혹은 예감하고 있는 쾌락을 갈망하고 있는데, 이제 남자의 성기가 젊은 처녀를 찢고 초대받지 않은 곳에 침입하기 때문이다. 남편이나 애인의 품 안에서 마침내 자기의 관능적인 꿈이 성취된다고 믿는 순간, 성기의 은밀한 부분에 예기치 않은 통증을 느끼며 멍해진 처녀의 고통스러운 놀라움은 그동안 많이 묘사되었다. 꿈은 자취를 감추고 흥분은 사라진 자리에 사랑이 외과적 수술의 모습을 띤다.

리프만 박사가 수집한 여러 고백[136]에서 다음과 같은 전형적인 이야기 하나가 눈에 띈다. 가난하고 보잘것없는 계층에 속하는, 성적으로 대단히 무지한 한 처녀의 경우다.

"키스를 한 번만 주고받아도 아이를 가질 수 있다고, 나는 자주 그렇게 생각했다. 내 나이 열여덟 살 때 한 남자를 알게 되었는데, 사람들이 말하는 것처럼 나는 정말 그에게 홀딱 반해 버렸다." 그녀는 그와 자주 데이트를 했다. 그러는 동안 그는 그녀에게, 처녀가 한 남자를 사랑하면, 자기를 주어야 한다고 설명했다. 왜냐하면 남자들은 성관계 없이는 살아갈 수 없고 남자들이 결혼하기에 충분한 지위를 가질 수 없는 한, 처녀들과 관계를 해야만 하기 때문이라고 했다. 그녀는 그의 말을 듣지 않았다. 어느 날 그가 하룻밤을 같이 보낼 수 있는 여행 계획을 세웠다. 그녀는 그에게 '그것은 나에게 너무나 심각한 피해가 될 것'이라고 거듭 말하기 위해 편지를 썼다. 약속한 날 아침에 그에게 편지를 주었으나, 그는 읽지도 않고 그것을 주머니에 넣은 채 그녀를 호텔로 데려갔다. 그는 그녀를 정신적으로 지배하고 있었고, 그녀는 그를 사랑하고 있었으므로 따라갔다. "나는 마치 최면에 걸린 것 같았다. 가는 도중에 그에게 나를 너그럽게 봐 달라고 간청했다. (…) 내가

136 프랑스어로 『청춘과 섹슈얼리티』라는 표제로 출간되었다.

어떻게 호텔에 도착했는지는 전혀 알 수 없다. 내게 남아 있는 단 한 가지 기억은, 내 몸 전체가 격렬하게 떨고 있었다는 것이다. 그 남자는 나를 진정시키려고 애썼다. 그러나 오랜 저항이 있고 난 뒤에나 그는 성공할 수 있었다. 그때 나는 더 이상 내 의지의 주인이 아니었으며, 어쩔 도리 없이 그가 무슨 짓이든 하게 내버려두었다. 나중에 거리로 나왔을 때, 모든 것이 꿈만 같았고 그제야 정신이 드는 듯했다." 그녀는 그런 경험을 두 번 다시 되풀이하고 싶지 않았다. 그녀가 한 남자를 만나 구혼을 받고 승낙한 것은 그로부터 9년 뒤의 일이었다.

이런 경우에 처녀성 상실은 일종의 성폭행이다. 물론 그것은 동의한 것일지라도 고통스러울 수 있다. 어떤 신열身熱이 젊은 이사도라 덩컨을 괴롭히고 있었던지는 앞에서 이미 보았다. 그녀는 뛰어나게 아름다운 남자 배우를 만나 첫눈에 반해 버렸고, 그 또한 그녀에게 열렬한 구애를 했다.

나 역시 마음의 동요를 느꼈다. 머리가 어지러워서 그를 한층 더 꼭 껴안고 싶은, 억제할 수 없는 욕망이 내 안에 솟아올랐다. 드디어 어느 날 저녁, 그가 완전히 모든 자제력을 잃고 미친 듯이 나를 들어 올려 소파 위로 갔다. 공포에 떨며 황홀감에 취했고, 이어 고통으로 소리를 지르면서 나는 사랑 동작의 기초를 배웠다. 내가 받은 최초의 인상은 끔찍한 공포와 마치 몇 개의 이를 한꺼번에 잡아 뽑는 듯한 무시무시한 통증이었다. 그러나 그 자신도 고통을 겪고 있는 듯한 모습이 내게 커다란 연민을 일으켜서, 처음에는 단지 신체 일부를 절단하는 듯하고 고문에 불과했던 것을 나는 피할 수가 없었다. (…) 이튿날 그때 나에게는 오직 고통스러운 경험이었던 것이 순교자 같은 나의 신음과 비명 한가운데서 거듭되었다. 나는 마치 불구자가 된 느낌이었다.

이윽고 그녀는 이런 경험 뒤에 처음에는 이 연인과 함께, 다음에는 다른 애인들과 더불어 낙원을 알게 되었다. 그녀는 그것을 격정적으로 묘사하고 있다.

그러나 현실의 경험에서 예전에 처녀의 상상 속에서와 마찬가지로 통증이 가장 큰 역할을 하는 것은 아니다. 삽입이라는 사실이 훨씬 더 중요하다. 남자는 성교에서 외부 기관만을 사용한다. 그러나 여자는 내부까지 침범당한다. 물론 남자 쪽에서도 여자의 비밀스러운 암흑 속으로 위험을 무릅쓰며 들어가는 것을 불안해하는 경우도 많다. 그들은 동굴의 입구나 무덤 앞에서 느끼는 어린이의 공포를, 또는 톱니바퀴나 낫, 늑대 함정 앞에서 느끼는 공포를 또다시 느낀다. 그들은 자기의 부푼 페니스가 점막의 칼집 속에 박힌 채 있게 될 거라고 상상한다. 여자는 일단 관통당하면 위험의 느낌은 없다. 그러나 그 대신 자기가 육체적으로 소외된 것처럼 느낀다. 지주는 자기 땅에 대한 권리를 주장하고, 주부는 '출입 금지'라고 선언함으로써 자기 집에 대한 권리를 주장한다. 특히 여자들은 초월성이 박탈당했기 때문에 사생활을 조심스럽게 보호한다. 그녀들의 침실, 장롱, 함函은 신성한 것이다. 콜레트는 어느 날, 한 늙은 창녀에게서 들은 이야기를 이렇게 적고 있다. "부인, 내 방에는 어떤 남자도 절대 들어오지 못했습니다. 내가 남자들을 상대하기에 파리라는 도시는 아주 큽니다." 나이가 들어 몸을 쓸 수 없었지만, 그녀는 적어도 타인에게 금지된 땅 한 평쯤은 소유하고 있었다. 이에 반해 젊은 처녀는 자기 몸 외에는 자기만의 소유가 거의 없다. 그래서 몸은 그녀의 가장 귀중한 보물이다. 그녀 안으로 들어오는 남자는 그녀에게서 그 보물을 **빼앗아간다**. 앗아간다는 통속적인 말은 산 경험으로 확인된다. 그녀가 강하게 느꼈던 굴욕감, 그녀는 그것을 생생하게 경험한다. 그녀는 지배당하고 굴복되며 패배당한다. 거의 모든 암컷과 마찬가지로 그녀는 성교하는 동안에 남자 **밑에** 있다.[137] 아들러는 거기서 결과하는 열등감을 매우 강조했다. 유년 시절부터 상위·하위의 관념은 지극히 중요하다. 나무 위에 오르는 것은 굉장히 멋진 일이다. 하늘은 땅 위에 있고, 지옥은 땅 밑에 있다. 떨어지고 내려가는 것은 실추하는 것이고, 올라가는 것은 고양하는 것이다. 레슬링에서의 승리는 상대의 어깨를 바닥에 닿게 하는 사람에게 돌아간다. 그런데 여자는 침대에서 패배의 자세로 누워 있다. 만약 남자가 고삐나 재갈이 물린 짐승을 올라타듯 여자 위에 올라탄다면 한층 더 나쁜 상황이다. 아무튼 그녀는 자기를 수동적으로 느낀다. 그녀는 애무를 받고 침투당하며, 남자가 능동적으로 자기를 소비하는 동안 성교를 참아 내고 받아들인다. 물론 남자의 성기는 그의 의지에 따라 움직이는 가로무늬 근육이 아니다. 그것은 쟁기도 검도 아닌 살덩이에 지나지 않는다. 하지만 남자는 그 살덩이에 임의의 운동을 부여한다. 남자는 가고 오고, 멈췄다가 다시 움직이는 데 반해, 여자는 그 임의의 운동을 고분고분하게 받아들인다. 사랑의 체위를 선택하고 성교

---

137 물론 위치는 전도될 수 있다. 그러나 최초의 경험에서는 남자가 정상적이라고 말해지는 성교를 하지 않는 일은 극히 드물다.

의 시간과 횟수를 결정하는 것은 - 특히 여자가 무경험자라면 - 남자다. 그녀는 자기를 도구로 느낀다. 자유가 전적으로 상대에게 있기 때문이다. 여자를 바이올린에, 남자는 그것을 켜는 활대에 비유하는 것은 시적으로 표현한 것이다. 발자크는 이렇게 말했다. "사랑에서 정신적인 것을 별개로 하고, 여자는 칠현금처럼 그것을 켤 줄 아는 남자에게만 자기의 비밀을 털어놓는다."[138] 남자는 여자를 상대로 해서 쾌락을 **얻고**, 그녀에게 쾌락을 **준다**. 이 말 자체는 상호성을 내포하지 않는다. 여자는 남자의 발정에 영광스러운 성격을 부여하고 여자의 성적 흥분을 수치스러운 자기 포기로 만드는 집단적 표상들에 젖어 있다. 여자의 내밀한 경험은 이런 불균형을 확인시켜 준다. 사춘기 남녀가 각각 자기의 육체를 매우 다르게 느낀다는 것을 잊어서는 안 된다. 남자는 자기 몸을 태연하게 받아들이고 자랑스럽게 육체의 욕망을 주장한다. 여자에게는 그 나르시시즘에도 불구하고 자기 육체가 낯설고 불안한 짐이다. 남자의 성기는 손가락처럼 깨끗하고 단순하다. 그는 순진하게 그것을 드러내 보이고, 남자아이들은 그것을 종종 자부심과 도전하는 기분으로 친구들에게 보인다. 여자의 성기는 감추어져 있고, 불안하며 점액질이고 습해서 여자 자신에게도 불가사의하다. 다달이 출혈이 있고 때때로 체액이 흘러 더러워지기도 하며, 그것에는 비밀스럽고 위험한 생활이 있다. 여자가 그 욕망을 자기의 욕망으로 인정하지 않는 커다란 이유는 그 속에서 자기를 인정하지 않기 때문이다. 그 욕망은 수치스러운 방식으로 표현된다. 남자는 '팽팽해지는' 반면에 여자는 '적신다.' 단어에는 젖은 침대나 소변을 잘못 보아 야단을 맞던 어린 시절의 기억이 들어 있다. 남자도 무의식적인 몽정 앞에서 똑같은 혐오를 느낀다. 액체를 발사하는 것은, 그것이 오줌이든 정자든 굴욕감을 주지 않는다. 그것은 능동적 행위이기 때문이다. 그러나 만약 액체가 수동적으로 새어 나온다면 굴욕감이 생긴다. 왜냐하면 신체는 그때 근육이나 괄약근이나 신경이 더 이상 뇌의 지휘를 받아 의식적 주체를 표현하는 유기체가 아니라, 하나의 그릇, 즉 무기력한 물질로 만들어지고 기계적인 변덕에 좌우되는 하나의 용기에 불과하기 때문이다. 만약 몸에서 물이 나오면 - 낡은 벽이나 시체에서 물

---

138 『결혼 생리학』. 쥘 기요 Jules Guyot 도 『실험 연애 지침서 *Bréviaire de l'amour expérimental*』에서 남편에 대해 다음과 같이 말하고 있다. "남편은 손과 활로 조화음과 부조화음을 만들어 내는 악사다. 이런 관점에서 본다면 아내는 진정 여러 개의 줄을 가진 악기로서, 음이 잘 또는 잘못 조율되었느냐에 따라서 조화로운 또는 조화롭지 못한 소리를 내기도 할 것이다."

이 나오는 것처럼 - 몸이 액체를 배출하는 것이 아니라 자기를 용해하는 것처럼 보인다. 해체 과정이 혐오를 일으키는 것이다. 여자의 발정은 조개의 물렁물렁한 꿈틀거림이다. 남자는 혈기를 가졌지만, 여자는 조바심만을 갖고 있을 뿐이다. 그녀의 기다림은 수동적이기를 그치지 않으면서 열렬할 수 있다. 남자는 독수리와 솔개와 같이 자기 먹이 위로 습격해 간다. 여자는 식충식물이나 곤충, 어린아이들이 빠지는 늪과 마찬가지로 기회를 엿보고 있다. 그녀는 빨아들이고 들러붙고 부식시킨다. 그녀는 송진이며 끈끈이다. 움직이지 않고 미끄러지듯 스며드는 점착성의 호소다. 적어도 그녀는 은밀하게 자기를 그렇게 느끼고 있다. 그녀 안에 그녀를 복종시키려는 남자에 대한 저항만이 아니라 내적 갈등이 있는 것은 그 때문이다. 그녀가 받은 교육과 사회에서 유래하는 금기나 금지에, 에로티시즘의 경험 자체에서 비롯된 혐오나 거부가 겹쳐진다. 두 부분이 서로를 강화하기 때문에 최초의 성교 이후 많은 여자가 자기의 성적 운명에 대해서 이전보다 더 반항적으로 된다.

마지막으로 종종 남자에게 적대적인 얼굴을 부여하고, 성행위를 중대한 위험으로 변형시키는 또 하나의 요인이 있다. 바로 어린애를 낳는다는 공포다. 대부분 문명에서 혼외자는 결혼하지 않은 여자에게 커다란 사회적·경제적 걸림돌이 되기 때문에, 젊은 처녀들은 자기네가 임신했다는 사실을 알게 되면 자살하고, 미혼모들은 갓난아기를 목 졸라 죽이는 일을 볼 수 있다. 그와 같은 위협은 아주 강력한 성적 억제 역할을 해서 많은 젊은 처녀가 풍습이 요구하는 혼전 순결을 지키고 있다. 성적 억제가 충분치 못할 때는 젊은 처녀가 애인에게 몸을 맡기는데, 남자가 자기 허리 속에 감추고 있는 무시무시한 위험 때문에 공포를 느낀다. 슈테켈이 인용하는 실례 중의 하나로는, 성교하는 동안 내내 "제발 아무 일도 없기를! 아무 일도 없기를!" 하고 외쳐 댄 젊은 처녀가 있다. 결혼하고서도 종종 여자가 어린아이를 원치 않는 경우가 있는데, 여자의 건강이 좋지 않다든가, 젊은 부부에게 어린애는 너무 무거운 부담이 된다든가 하는 경우다. 애인이든 남편이든 만약 여자가 상대 남자를 전적으로 신뢰할 수 없으면, 그녀의 에로티시즘은 신중함으로 인해 마비되게 된다. 아니면 남자의 행위를 불안하게 감시하거나 혹은 성교가 끝나자마자 원치 않음에도 불구하고 그녀 배 속에 뿌려진 살아 있는 씨앗을 추출하기 위해 화장실로 부리나케 가야만 할 것이다. 이런 위생적 작업은 애무의 관능적 마법을 급작스럽게 부정하고, 기쁨으로 하나가 된 두 개의 육체를 완전히 분리한다. 남자의 정액이 해로운 씨앗처럼 불순물같이 보이는 것은 바로 그때다. 그녀는 더러워진 화병을 닦듯이 자기 몸을 씻지만, 남자는 침대에서 더할 나위 없이 온전한 상태로 휴식을 취하고 있다. 이혼한 한 젊은 여성이 자기가 겪은 끔찍한 기분을 나에게 이야기한 적이 있다. 기쁨조차 불확실한 결혼 첫날밤을 치른 뒤에, 그녀가 욕실에 틀어박혀 있어야만 하는 동안 남편은 태연하게 담배에 불을 붙이고 있었다. 그 순간부터 결혼 파탄이 결정되어 있었던 것 같다고 한다. 스포이트나 관주기, 비데에 대한 혐오감은 여성 불감증의 흔한 원인 가운데 하나다. 가장 확실하고 적합한 피임법의 존재는 여성의 성적 해방에 많은 도움이 된다. 미국과 같은 나라에서는 이러한 피임법이 널리 보급되어 있어서 처녀의 몸으로 결혼하는 젊은 신부의 수가 프랑스에서보다 훨씬 적다. 그녀들은 애정 행위를 하는 동안 더 자유로울 수 있다. 그러나 거기서도 젊은 여자는 자기 몸을 물건처럼 취급하기 전에 이겨 내야 할 혐오가 있다. 한 남자에게 '뚫림을 당할' 때 떨지 않고서는 받아들일 수 없었던 것 이상으로, 여자가 남자의 욕망을 만족시키기 위해 '막혀 있는' 것도 유쾌한 일이 못 된다. 육체와 성의 모호성에 대해 의식하고 있는 여자는 자궁을 밀봉하고, 정자에 치명적인 어떤 마개를 자기 속에 집어넣는 이런 냉정한 예비 행위에 불편해질 것이다. 콘돔 사용에 대해 혐오감을 느끼는 남자들도 많다. 성적 행동의 다양한 순간을 정당화하는 것은 그 행동 전체다. 분석할 때는 역겨워 보이는 행위들도 육체가 지니는 에로틱한 덕목에 의해서 변모될 때 자연스럽게 보인다. 그러나 역으로 육체와 행위를 의미 없는 분리된 요소로 분해하는 즉시 이런 요소들은 불결하고 외설적인 것이 된다. 사랑에 빠진 여자가 사랑하는 남자와 융합하고 일치하는 것으로서 기쁘게 느낄 삽입은, 만약 그것이 흥분, 욕망, 쾌락과 무관하게 이루어진다면, 어린이들의 눈에 비친 것처럼 외과적이고 추잡한 성격을 지니게 된다. 합의에 따른 콘돔 사용으로 인해 야기되는 점도 바로 그것이다. 어쨌든 이러한 대비는 모든 여자가 할 수 있는 것은 아니다. 많은 젊은 처녀는 임신의 위협에 대해 어떤 방어책도 알지 못하며, 자기의 운명은 자기가 몸을 맡기는 남자의 선의에 달려 있다고 불안스럽게 느낀다.

이와 같이 많은 저항을 통해 경험되고 대단히 무거운 의미를 띠는 젊은 처녀의 시련이, 종종 가공할 만한 정신적 외상을 일으킨다는 것을 이해할 수 있다. 첫 경험의 충격으로 인해 잠재적인 조기 치매가 발병하는 경우가 많다. 슈테켈이 그 몇 가지 실례를 들고 있다.

열아홉 살의 M. G. 양은 돌연 심한 정신착란에 빠졌다. 나는 그녀가 자기 방에서 언제나 "싫어요. 아냐! 난 싫어요!"라고 되풀이하면서 울부짖는 것을 보았다. 그녀는 자기 원피스를 잡아 뜯고, 알몸인 채 복도로 뛰어나가려고 했다. (…) 그녀를 정신병원에 입원시켜야만 했다. 거기서 정신착란은 가라앉았고, 긴장병 상태로 변화했다. 이 처녀는 속기 타이피스트로서 일하던 직장의 지배인을 사랑하고 있었다. 하루는 그녀가 여자 친구 한 명과 두 명의 남자 동료와 시골에 놀러 갔다. 그중 한 남자가 '그냥 장난일 뿐'이라고 약속하면서 자기 방에서 밤을 보내자고 했다. 그는 처녀성은 건드리지 않은 채 사흘 밤을 연이어 그녀를 애무했던 것 같다. (…) 그녀는 '개의 주둥이처럼 차가운' 태도로 있었고, 그것은 더러운 짓이라고 욕설을 퍼부었다. 몇 분 동안 그녀는 흥분된 듯이 알프레드, 알프레드!(지배인의 이름) 하고 외쳐 댔다. 그녀는 후회했다(어머니가 안다면 뭐라고 할까?). 집으로 돌아오자 그녀는 두통이 난다고 짜증내며 침대에 누워 버렸다.

LX 양은 (…) 매우 의기소침해져서 자주 울며 침식을 전폐하고 있었다. 그녀는 환각에 사로잡히기 시작했고, 더 이상 주위 사람들을 알아보지 못했다. 그녀는 창틀에 뛰어올라 거리로 몸을 내던지려고도 했다. 그래서 정신병원에 보내졌다. "나는 스물세 살의 이 처녀가 침대 위에 앉아 있는 것을 발견했다. 그녀는 내가 들어가는 것을 알아채지 못했다." (…) 표정은 불안과 공포를 나타내고 있었다. 두 손은 마치 자기 몸을 방어라도 하려는 듯 앞으로 내밀었고, 두 다리는 꼬아진 채 경련을 일으키듯이 흔들리고 있었다. "안 돼! 안 돼! 안 돼! 짐승 같으니! 이런 사람은 체포해야 해! 아파! 아!" 하고 그녀는 소리쳤다. 그다음 알 수 없는 말을 지껄였다. 갑작스레 그녀의 표정이 변했고, 두 눈은 빛이 났으며, 입은 키스할 때처럼 앞으로 내밀어졌고, 두 다리는 진정되어 서서히 벌어졌다. 그녀는 관능을 표현하는 말들을 내뱉었다. (…) 그녀의 발작은 조용히 멈추지 않는 눈물 속에서 끝이 났다. (…) 환자는 마치 드레스나 되는 것처럼 속옷으로 몸을 감쌌으며, 여전히 "안돼!"를 되풀이했다. 알고 보니 결혼한 남자 동료 한 명이 그녀가 아플 때 자주 보러 왔고, 그녀는 처음에는 행복해했으나 이윽고 자살 시도와 함께 환각에 사로잡혔다. 그녀는 병이 나았지만 더 이상 어떤 남자도 다가오는 것을 허용하지 않았으며 진지한 결혼 신청도 거절했다.

같은 이유에서 발생한 병이 그처럼 중대하지 않은 경우들도 있다. 다음의 사례는 잃어버린 처녀성에 대한 회한이 최초의 성교 결과로서 나타나는 동요 속에서 중요한 역할을 하는 경우다.

스물세 살의 한 처녀는 여러 다른 극심한 공포증으로 고통을 받고 있다. 그 병은 한 번의 키스나 화장실에서 한 번 스치는 것으로 임신한다는 공포로 인해 프란티 슈코비라즈네[139]에서 시작되었다. (…) 어떤 남자가 자위한 뒤 변기통 물속에 정액을 남겨두었을지도 모른다는 생각에 그녀는 자기가 보는 앞에서 변기를 세 번이나 닦도록 요구했고, 정상적인 자세로는 감히 배변을 보지 못했다. 얼마 후에는 처녀막이 찢어진다는 극도의 공포증이 생겨서 춤추거나 뛰거나 장애물을 건너뛰지도 못하고, 종종걸음으로밖에는 걷지도 못했다. 말뚝이 눈에 띄면 그녀는 서투른 동작으로 처녀막이 찢어질까 봐 두려워 몸을 떨면서 멀리 돌아갔다. 또 다른 공포증은 기차 안이나 군중 속에서 남자가 뒤로 성기를 집어넣어 처녀성을 빼앗고 임신하게 하지 않을까 하는 것이었다. (…) 병의 말기에는 침대 속이나 속옷에 핀이 들어 있어서 질 속으로 들어올 수도 있다는 걱정을 했다. 환자는 매일 저녁 방 한가운데에 나체로 서 있었고, 불쌍한 어머니에게 억지로 속옷 검사를 하게 했다. (…) 그녀는 언제나 약혼자에 대한 사랑을 다짐했다. 분석 결과에 의하면, 그녀는 처녀가 아니었으며, 약혼자가 이 사실을 알면 불행해질까 봐 두려워 결혼을 연기하고 있었다. 결국 그녀는 어떤 테너 가수에게 유혹당한 일을 약혼자에게 고백하고, 그와 결혼해 병이 나았다.[140]

또 하나의 사례는 후회가 – 관능적 쾌락의 만족으로는 보상되지 않아서 – 정신질환을 일으킨 경우다.

스무 살인 H. B. 양은 여자 친구 한 명과 이탈리아 여행을 한 후 심각한 우울증을 드러냈다. 그녀는 자기 방에서 한 발짝도 나오지 않으려 했고, 한마디도 하지 않았다. 그래서 요양소로 보내졌는데, 그곳에서 상태가 더 악화되었다. 그녀는 누가 자기에게 욕설을 퍼붓는 소리가 들린다, 모두 자기를 비웃고 있다는 등의 말을 했다. 다시 집으로 돌아왔지만, 그녀는 자기 방에서 움직이려고 하지 않았다. 그녀는 의사에게 "왜 나는 범죄가 일어나기 전에 오지 않았을까요?" 하고 물었다. 그녀는 죽었다. 모든 것이 사라졌고, 모든 것이 파괴되어 버렸다. 그녀는 더러

---

139 *인구 5,600명이 사는 체코 서부의 온천마을

140 슈테켈, 『불감증의 여자』

웠다. 그녀는 이제 더 이상 노래 한 곡조도 부를 수 없을 것이며, 세계와의 다리는 끊어져 버렸다. (…) 그녀의 약혼자는 로마에서 그녀를 다시 만났다고 고백했다. 로마는 전에 그녀가 오랜 저항 끝에 그에게 몸을 주었던 곳이다. 그녀는 갑자기 울음을 터뜨렸다. (…) 그녀는 약혼자와 한 번도 쾌감을 느껴 본 적이 없다고 고백했다. 그녀는 자기를 만족시키는 새 애인을 만나 그와 결혼하였고, 병이 나았다.

내가 앞서 그 유년 시절의 고백을 요약 소개한 '귀여운 빈의 소녀' 역시 성인으로서의 최초의 경험들에 대해 자세하고 인상적인 이야기를 했다. 그녀의 소녀시절 모험이 대단히 조숙한 성경험이었음에도 불구하고, 그녀의 '성 입문' 또한 완전히 새로운 성격의 것임에 주목하게 된다.

"열여섯 살에 나는 어느 사무실에 취직했다. 1년 후인 열일곱 살에 첫 휴가를 받았다. 나로서는 좋은 시절이었다. 이 사람 저 사람 모두 나에게 구애를 했다. (…) 나는 사무실의 한 남자 동료와 사랑에 빠졌다. (…) 우리는 공원에 갔다. 그때가 1909년 4월 15일이었다. 그가 나를 벤치 위 자기 옆에 앉게 했다. 그는 나에게 입을 벌리라고 간청하면서 키스를 했다. 그러나 나는 경련을 일으키듯이 입을 다물고 있었다. 그런 다음, 그는 나의 재킷 단추를 열기 시작했다. 그가 하는 대로 내버려 두고 싶었으나, 그때 내 유방이 작다는 사실이 떠올랐다. 그래서 그가 나를 건드리기만 하면 느꼈을 쾌감을 단념했다. (…) 4월 7일에 결혼한 남자 동료가 함께 전시회를 보러 가자고 초대했다. 저녁 식사 때 우리는 포도주를 마셨다. 나는 약간 조심성을 잃고 애매한 농담을 지껄이기 시작했다. 나의 간청에도 불구하고 그는 소리쳐 마차를 불러 거기에 나를 밀어 넣었으며, 말들이 움직이기 시작하자마자 나에게 키스했다. 그는 점점 더 대담해져서 손으로 몸을 더듬기 시작했다. 나는 있는 힘을 다해 방어했으나 그가 목적을 이루었는지는 더 이상 기억나지 않는다. 이튿날 나는 마음이 동요된 채 출근했다. 그는 내가 할퀸 상처로 가득한 두 손을 보여 주었다. (…) 그는 나에게 더 자주 자기를 보러 오라고 요청했다. (…) 나는 마음이 편치 않았지만 호기심에 가득 차 승낙했다. (…) 그가 내 성기를 더듬으려는 찰나에 나는 뿌리치고 나와 내 자리로 돌아갔다. 그러나 한번은 나보다 더 교활한 그가 나를 덮치더니 자기 손가락을 내 질 속에 집어넣었다. 나는 고통스러워 울었다. 그때가 1909년 6월이었다. 나는 휴가차 떠난 곳에서 내 여자 친구와 소풍을 갔다. 두 명의 관광객이 불시에 나타났다. 그들은 우리에게 동행하기를 권했다. 나와 상대가 된 남자가 내 친구에게 키스하려 하자 친구가 주먹을 날렸다. 그는 나에게 다가와 뒤에서 나를 잡고 강제로 키스를 했다. 나는 저항하지 않았다. (…) 그가 함께 가자고 유혹했다. 그의 손을 잡고 우리는 숲 한가운데로 갔다. 그가 나에게 키스했다. (…) 그가 나의 성기에다 키스해서 몹시 화가 났다. 그에게 "어떻게 그런 더러운 짓을 할 수 있어요?"라고 말했다. 그는 내 손에다 자기 음경을 놓았고 (…) 나는 그것을 애무했다. 돌연 그가 내 손을 잡아 빼냈고, 내가 무슨 일이 일어났는지 보는 것을 막기 위해 거기에다 손수건을 갖다 대었다. (…) 이틀 후에 우리는 함께 리징으로 갔다. 인적 없는 어떤 벌판에서 그가 갑자기 외투를 벗어 풀밭에 깔았다. (…) 그는 다리 하나를 나의 두 다리 사이에 놓이도록 하고 나를 바닥에 눕혔다. 나는 아직 내가 처한 상황의 심각성을 모르고 있었다. 나는 그에게 '나의 가장 아름다운 장식품'을 빼앗으니 차라리 나를 죽여 달라고 간청했다. 그는 매우 거칠어졌고 나에게 욕설을 하며 경찰에 알리겠다고 위협했다. 그가 나의 입에 손을 대고 자기 페니스를 집어넣었다. 나는 죽는 줄로만 알았다. 배 속이 뒤집히는 느낌이었다. 그가 마침내 일을 끝냈을 때, 나는 그것을 묵인할 수 있을 것처럼 생각하기 시작했다. 내가 누운 채로 있었기 때문에 그는 나를 다시 일으켜야만 했다. 그는 나의 두 눈과 얼굴을 키스로 뒤덮었다. 나는 아무것도 보지 못하고, 아무것도 듣지 못하고 있었다. 만약 그가 나를 부축해 주지 않았다면, 나는 시각장애인처럼 넘어져 차에 치였을 것이다. (…) 우리는 2등 열차 칸에 단둘이 있었다. 그가 다시 바지 앞섶을 벌리고서 내게 다가왔다. 나는 소리를 질렀고, 열차 안을 가로질러 마지막 발판까지 급히 뛰어갔다. (…) 그는 결국 내가 절대 잊지 못할 난폭하고 쉰 듯한 웃음을 지으며, 나를 무엇이 좋은지 모르는 어리석은 거위같이 취급하면서 내버려 두었다. 그는 내가 빈에 혼자 돌아가게 놔두었다. 빈에 도착해서 나는 급히 화장실로 갔다. 뭔가 뜨거운 것이 넓적다리를 따라 흐르는 것을 느꼈기 때문이다. 두려움에 떨며 나는 핏자국을 보았다. 집에서 그것을 어떻게 감추지? 나는 가능한 한 일찍 자리에 누웠고 몇 시간 동안이나 울었다. 나는 페니스 삽입이 내 안에 일으킨 압박감을 여전히 느끼고 있었다. 어머니는 나의 이상한 태도와 식욕 부진 때문에 무슨 일이 있었다는 것을 알게 되었다. 나는 어머니에게 모든 것을 털어놓았다. 어머니는 나에게 그렇게 걱정할 것 없다고 했다. (…) 나의 남자 동료는 나를 위로하기 위해 최선을 다했다. 그는 어두운 저녁나절을 이용해 나와 공원에서 산책하며 내 치마 밑을 애무했다. 나는 그가 하는 대로 내버려 두었다. 다만 질이 축축해지는 것을 느끼자마자 몹시 부끄러웠기 때문에 간신히 몸을 빼내었다."

그녀는 때때로 그와 호텔에 갔지만 그와 동침하지는 않았다. 그녀는 아주 부유한

한 젊은 남자를 알게 되어 그와 결혼하기를 원했다. 그녀는 그 남자와 동침했지만, 아무것도 느끼지 못하고 불쾌하기만 했다. 그녀는 사무실 동료와 관계를 다시 시작했다. 그러나 그에게 싫증이 났고, 그녀는 사시가 되고 마르기 시작했다. 그녀는 요양소로 보내졌고, 거기서 한 러시아 젊은이를 만나 동침 단계에까지 이르렀으나 마지막 순간에 그를 침대에서 쫓아냈다. 의사 한 명과 장교 한 명과도 관계를 갖기 시작했지만 완전한 성관계는 동의하지 않았다. 그때 그녀는 정신적으로 병이 나서 치료를 받기로 했다. 건강이 회복된 후 그녀는 자기를 사랑하는 한 남자에게 몸을 허락했고, 그 뒤 그와 결혼했다. 결혼 생활 중에 그녀의 불감증은 사라졌다.

유사한 많은 사례 가운데 선택한 위의 몇 가지 경우에서 상대의 난폭함이나 적어도 사건의 돌발성은 정신적 외상이나 혐오를 결정하는 요인이 된다. 가장 바람직한 성 입문은 폭력이나 놀라는 일 없이, 또 정해진 지시나 명확한 유예기간도 없이 젊은 처녀가 서서히 자기의 수치심을 극복해 상대 남자와 친숙해지고, 그의 애무를 좋아하게 되는 것이다. 이런 의미에서 미국의 젊은 처녀들이 누리고 있고, 프랑스 처녀들이 오늘날 획득하려고 하는 풍속의 자유를 받아들일 수밖에 없다. 프랑스 처녀들은 '네킹necking'[141]이나 '페팅petting'[142]을 거의 알지 못한 채 완전한 성관계에 미끄러져 들어간다. 성 입문은 금기의 성격을 띠는 것이 덜 할수록, 젊은 처녀가 상대에 대해 더 자유롭게 느낄수록, 그리고 상대 남자의 지배적 성격이 사라지면 사라질수록 그만큼 더 쉽다. 만약 애인 역시 젊고 초심자이며 소심하고 그녀와 동등한 사람이면 처녀의 저항은 덜 세다. 그러나 그러한 조건에서는 그녀의 여자로의 변신 또한 철저하지 않을 것이다. 『청맥』에서 콜레트의 뱅카는 상당히 난폭하게 처녀성을 잃은 이튿날에 평온한 태도를 보여 친구 필을 놀라게 한다. 그것은 그녀가 '소유되었다'고 느끼지 않았기 때문이며, 오히려 그녀는 처녀성에서 해방되었다고 자부하고 있었다. 그녀는 정신착란을 일으키지 않았다. 사실 필이 놀라는 것은 잘못이고, 그의 여자 친구는 남자와의 성 경험이 없었다. 클로딘은 르노의 팔에 안겨 한 차례 춤을 추고 나서는 그보다 더 충격을 받았다. 나는 '풋과일' 단계의 발달이 부진한 어떤 프랑스 여고생 이야기를 들은 적이 있다. 그녀는 남자 친구 한 명과 하룻밤을 보낸 뒤, 이튿날 아침에 한 여

---

141 * 목을 껴안고 하는 애무
142 * 성적인 애무

자 친구에게 달려가 "C와 잤는데, 아주 재미있었어" 하고 알려주었다. 미국 중학교의 한 교사는 내게 말하기를, 학생들이 여자가 되기 훨씬 전에 처녀성을 잃는다고 했다. 그녀들의 상대는 그녀들을 무척 존중하기 때문에 그 수치심을 함부로 해치려 하지 않는다. 그녀들 마음속에 어떤 악마를 일깨우기에는 그들이 너무 어리고, 또 그들 자신이 지나치게 수줍어한다. 일부 젊은 처녀들은 성적 불안에서 벗어나기 위해 에로틱한 경험 속에 스스로 몸을 던지고 그 경험을 되풀이하기도 한다. 그렇게 해서 호기심과 강박관념에서 해방되기를 희망하는 것이다. 그러나 대개 그녀들의 행위는 이론적 성격을 띠고 있고, 이는 다른 처녀들이 미래에 대해 품고 있는 환상과 마찬가지로 그런 행위들을 비현실적으로 만든다. 도전이나 두려움이나 청교도적인 합리주의에 따라 자기 몸을 내맡기는 것은 진정한 성적 경험을 하는 것이 아니다. 그것은 기껏해야 위험도 없고 그다지 풍취도 없는 유사 경험에나 도달할 뿐이다. 이런 성행위는 불안도 부끄러움도 수반되지 않는데, 왜냐하면 마음의 동요가 피상적인 것으로 머물고 쾌락이 온 육체를 뒤덮지 않기 때문이다. 이런 식으로 처녀성을 잃은 처녀들은 변함없이 젊은 처녀 그대로다. 그리고 그녀들이 육감적이고 강압적인 남자를 상대하게 되었을 때 처녀와 같은 저항을 시도할 가능성이 충분하다. 이 시점에서 그녀들은 다시 한 번 일종의 사춘기에 머물러 있다. 애무가 그녀들을 간지럽게 하고, 키스는 때때로 그녀들을 웃게 하기도 한다. 또한 육체적 사랑을 유희처럼 바라보지만, 자기들이 그것을 즐기려는 기분이 아니면 애인의 요구는 귀찮고 무례하게 보인다. 그녀들은 혐오와 공포 그리고 사춘기 소녀의 수치심을 간직하고 있다. 이 단계를 영영 뛰어넘지 못한다면 ― 미국 남자들의 말에 따르면, 많은 미국 여성이 이런 경우에 놓여 있다 ― 그녀들은 반불감증 상태로 일생을 보내게 될 것이다. 자기를 흥분과 쾌락 속의 육체로 만드는 데 동의하는 여자에게만 진정한 성적 원숙함이 있을 수 있다.

하지만 뜨거운 기질의 여자들에게 곤란한 일이 전혀 없으리라고 생각해서는 안 된다. 반대로 그러한 여성들의 어려움이 악화하는 수도 있다. 여성의 성적 흥분은 남자가 알지 못하는 강도에 도달할 수 있다. 남자의 욕망은 격렬하지만 국지화되어 있다. 그리고 남자는 욕망 때문에 ― 아마 경직의 순간을 제외하고는 ― 자의식을 잃는 일이 없다. 반대로 여자는 완전히 자기를 떠나 육체화된다. 많은 여자에게 이런 변신은 사랑의 가장 관능적이고 결정적인 순간이다. 그러나 이 변신은 또한 마법적이고 소름 끼치게 하는 성격이 있다. 남자는 자기 팔에 안고 있는 여자 앞에서 두려움을 느끼는 일이 있다. 그만큼 여자가 자신의 부재 속에 착란의 포로가 된 것처럼 보인다. 그녀가 느끼는 흥분은 남자의 공격적인 열중보다 훨씬 더 철저한 변모다. 이러한 열정은 그녀를 수치심에서 해방한다. 그러나 정신이 들었을 때 그녀는 이 열정이 수치스럽고 불쾌하게 느껴진다. 그녀가 이 열정을 행복하게 – 혹은 자랑스럽게까지 – 받아들이려면 적어도 관능의 정염으로 만개했어야만 한다. 그녀가 자기의 욕망을 찬란하게 충족시켰다면, 그 욕망을 자기 것으로 주장할 것이다. 그렇지 않으면 분노해서 그 욕망을 거부한다.

여기서 우리는 여성 에로티시즘의 근본적인 문제를 건드리게 된다. 여자의 에로틱한 생활의 초기에 여자의 자기 포기는 격렬하고 확실한 쾌락으로 보상되지 않는다. 만약 그렇게 해서 낙원의 문이 열린다면, 그녀는 훨씬 더 쉽게 수치심과 자존심을 희생할 것이다. 그러나 이미 본 바와 같이 처녀성 상실은 청춘의 에로티시즘의 행복한 성취가 아니다. 그것은 반대로 아주 이상한 현상이다. 질의 쾌감은 즉시 일어나는 것이 아니다. 수많은 성과학자와 정신분석의가 확증하고 있는 슈테켈의 통계에 따르면, 겨우 4퍼센트의 여성만이 최초의 성교부터 쾌락을 느끼고, 50퍼센트는 몇 주, 몇 달, 몇 년 후에나 질의 쾌감을 느낀다. 심리적 요인이 여기서 핵심적 역할을 한다. 여자에게 의식적인 사실과 그것의 생체 표현과의 사이에는 종종 어떤 거리도 없다는 의미에서 여자의 육체는 유달리 '히스테릭'하다. 여자의 정신적 저항은 쾌락의 출현을 방해한다. 아무것으로도 보상되지 않기 때문에, 그 정신적 저항은 영속되고 점점 더 강력한 장애가 된다. 많은 경우에 그 장애는 하나의 악순환을 만든다. 애인의 최초의 서투른 짓이, 말 한마디가, 미숙한 동작 하나가, 오만한 미소가 신혼 기간 내내 혹은 부부 생활에까지도 영향을 끼친다. 쾌락을 곧바로 알지 못한 데 대해 실망한 젊은 여성은 그것에 대한 원한을 갖고 있어서 보다 행복한 경험을 하지 못하게 된다. 정상적인 충족을 하지 못하면 남자는 언제든지 그녀에게 음핵 자극에 의한 쾌감을 줄 수도 있다. 이 쾌감은 도덕적인 가르침과는 달리 그녀의 긴장을 이완시키고 마음을 가라앉혀 줄 수 있다. 그러나 많은 여자가 그것을 거부하는데, 그것이 질의 쾌감보다 몸에 더 **고역을 치르게** 하는 것처럼 보이기 때문이다. 왜냐하면 만약 여자가 자기 자신의 만족만을 생각하는 남자들의 이기주의로 고통을 당한다면, 그녀는 자기에게 쾌락을 주려는 노골적 의지에도 감정을 상하기 때문이다. "타인을 즐겁게 하는 것은 그를 지배한다는 것을 의미하며, 누군가에게 몸을 내맡기는 것은 자기의 의지를 포기하는 것이다"라고 슈테켈은 말하고 있다. 성공한 정상적인 성교에서 그렇듯이, 여자는 남자 자신이 취하는 쾌락에서 자연스럽게 흘러나오는 것처럼 보이는 쾌락을 훨씬 더 쉽게 받아들일 것이다. "여자들은, 상대 남자가 자기들을 굴복시키는 것을 '*원하지*' 않는다는 것을 이해하는 즉시 기쁘게 복종한다"고 슈테켈은 또한 말하고 있다. 그러나 역으로 여자들은 이런 의지를 느끼면 반발한다. 많은 여자가 손으로 애무받는 것을 싫어한다. 손은 그것이 주는 쾌감과 관계없는 하나의 도구이며 활동이지 육체가 아니기 때문이다. 그리고 성기조차도 욕망이 침투된 육체가 아니라, 능숙하게 사용된 하나의 도구처럼 보인다면 여자는 역시 반감을 느끼게 될 것이다. 게다가 어떤 보상이든 간에 그녀가 정상적인 여자의 감각을 알지 못한다는 것을 확인시켜 주는 것처럼 보일 것이다. 슈테켈은 수많은 관찰 결과, 소위 불감증인 여자들의 욕망이 모두 다음과 같은 규범을 향해 간다고 적고 있다. "그녀들은 정상적인 여자처럼 오르가슴을 얻고자 하며, 다른 모든 방법은 그녀들을 정신적으로 만족시키지 못한다."

　그러므로 남자의 태도는 지극히 중요하다. 만약 그의 욕망이 격렬하거나 난폭하면, 상대 여자는 그의 품 안에서 자기가 하나의 단순한 물건으로 되어 버렸다고 느낀다. 그러나 남자가 지나치게 자제하고 너무 초연하면, 그는 육체가 되지 못한다. 남자는 여자에게 객체가 되기를 요구하며 자기 자신은 여자에게 잡힐 틈을 주지 않는다. 두 경우 모두 여자의 자존심은 반항한다. 그녀가 육체적 객체로의 자기 변신과 자기 주체성의 주장을 양립시킬 수 있으려면, 남자를 위해 자기를 먹이로 만들면서 그녀 역시 그를 자기의 먹이로 만들어야 한다. 그런데 대개는 이렇게 되지 않아 여자가 불감증에서 헤어나지 못하는 것이다. 만약 애인이 매력이 부족하든가, 냉정하고 무심하며 서투르든가 하면, 그는 그녀의 성욕을 일깨우는 데 실패하거나 혹은 그녀를 만족시키지 못한 채 내버려 둔다. 그러나 그가 남성적이고 노련하더라도 거부반응을 일으킬 수 있다. 여자는 그의 지배를 무서워한다. 어떤 여자들은 소심하고 재능이 없거나 반은 무력하기까지 한 남자들하고만 쾌락을 발견할 수 있는데, 이는 그들이 그녀들을 겁먹게 하지 않기 때문이다. 남자가 여자 안에 앙심과 원한을 일깨우는 것은 쉬운 일이다. 원한은 여성의 불감증에 가장 보편적 원인이다. 여자는 자기가 참아왔다고 여기는 모든 굴욕을 잠자리에서 모욕적인 쌀쌀함으로 남자에게 보복한다. 여자의 태도에는 흔히 공격적인 열등 콤플렉스가 들어 있다. '네가 나를 사랑하지 않으니까, 내가 결점이 있어서 너의 마음에 들지 못하니까, 그리고 나는 경멸할 만하니까, 나 역시 사랑에도, 욕망에도, 쾌락에도 빠져들지 않을 것이다.' 만약 남자가 무심함으로 그녀를 모욕했거나 그녀의 질투심을 자극했거나 너무 늦게 의사를 표명했거나 혹은 그녀는 결혼을 희망하는데 남자가 그녀를 정부로 만들었다면, 그녀는 이런 식으로 남자와 자기 자신에게 동시에 복수한다. 불만은 느닷없이 나타날 수도 있고, 행복하게 시작한 관계 중에 나타날 수 있다. 이런 적개심을 일으킨 남자가 이를 무너뜨리는 데 성공한 경우는 드물다. 그렇긴 하지만 사랑이나 존경의 납득할 만한 증거로 상황을 변화시킬 수도 있다. 애인의 품 안에서 의심하며 경직되어 있던 여자들이 손가락에 약혼반지를 끼자 일변하는 것을 이미 보아 왔다. 행복하고 만족해서 마음이 평화로워진 그녀들은 모든 저항을 내려놓았다. 그러나 화가 난 여자를 정부나 행복한 아내로 가장 잘 변모시킬 수 있는 사람은 새롭게 나타난 공손하고 사랑에 약하고 섬세한 남자다. 만약 그가 여자를 열등 콤플렉스에서 벗어나게 해 준다면, 그녀는 그에게 진심으로 자기를 내맡길 것이다.

슈테켈의 저서 『불감증의 여자』는 여성 불감증의 심리적 요인의 역할을 입증하는 데 출간 목적이 있다. 다음의 사례들은 불감증이 대개 남편이나 애인에 대한 원한의 행동이라는 것을 잘 보여 준다.

G. S. 양은 남자가 자기와 결혼할 것을 기대하면서도 "자기는 결혼에 집착하지 않으며, 구속당하는 것도 원치 않는다"는 사실을 강조하며 그 남자에게 자기 몸을 허락했었다. 그녀는 자유로운 여자인 체하고 있었다. 사실 그녀는 가족 모두와 마찬가지로 도덕의 노예였다. 그러나 애인은 그녀의 말을 믿었고, 결혼에 대해서 전혀 이야기하지 않았다. 그녀의 고집은 점점 더 세져서 결국 그녀는 불감증을 얻고 말았다. 그가 마침내 청혼했을 때, 그녀는 자기가 신경쇠약이라고 고백하고 결혼 이야기는 더 이상 듣고 싶지 않다면서 복수했다. 그녀는 더 이상 행복해지고 싶지 않았다. 애인의 구혼을 너무나 기다려 왔던 때문이다. (…) 그녀는 그동안 질투에 사로잡혀, 그의 청혼에 거만하게 거절할 날만을 초조하게 기다리고 있었다. 그런 다음에 그녀는 오로지 자기 애인을 세련되게 벌하겠다는 생각만으로 자살하려고 했다.

질투가 아주 심한 어떤 여자는 그때까지 남편과 쾌락을 나누어 왔지만, 자기가 병을 앓고 있는 동안에 남편이 자기를 속인다고 상상했다. 그래서 퇴원해 집에 돌아가면서 남편을 냉정하게 대하겠다고 결심했다. 그녀는 이제 남편에게서 흥분을 느끼고 싶지 않았다. 남편이 그녀를 존중하지 않고 필요한 경우에만 이용하기 때문이다. 집에 돌아온 이후 그녀는 불감증을 갖게 되었다. 처음에는 흥분되지 않기 위해 작은 술수들을 썼다. 그녀는 자기 여자 친구에게 잘 보이려 애쓰는 남편을 머릿속에 떠올렸다. 그러자 곧 오르가슴이 고통으로 바뀌었다.

열일곱 살 난 젊은 처녀는 한 남자와 관계를 맺어 강렬한 쾌락을 맛보았다. 열아홉 살에 임신한 그녀는 애인에게 결혼해 달라고 청했다. 결단력이 없던 그가 낙태하라고 권했으나 그녀는 거부했다. 3주 후에 그가 결혼할 준비가 되었다는 의사를 표명했고, 그녀는 그의 아내가 되었다. 그러나 그녀는 그 3주 동안의 고통 때문에 그를 절대 용서하지 않았으며 불감증을 갖게 되었다. 나중에 남편과 서로 해명한 뒤에 불감증은 해소되었다.

N. M. 부인은 결혼 이틀 뒤에 남편이 옛 애인을 만나러 갔다는 것을 알았다. 그녀가 이전에 느꼈던 오르가슴은 영영 사라졌다. 그녀는 자기가 남편을 실망하게 했고, 더는 남편 마음에 들지 않게 되었다는 생각이 굳어졌다. 그녀의 불감증의 원인은 거기에 있었다.

여자가 자기의 저항을 극복하고 다소 긴 시간이 지난 뒤에 질의 쾌감을 안다고 할 때라도 모든 어려움이 사라진 것은 아니다. 왜냐하면 그녀와 남자의 섹슈얼리티의 리듬이 일치하지 않기 때문이다. 여자가 남자보다 쾌감을 느끼는 것이 훨씬 더 느리다.

성관계가 시작된 지 2분 이내에 아마도 모든 남자의 4분의 3이 오르가슴을 경험한다고 「킨제이 보고서」가 전하고 있다. 그 상태가 성적인 상황에 매우 불리해서 오르가슴을 느끼려면 10분에서 15분의 가장 활발한 자극이 필요한 지식인 계층의 많은 여성을 고려하면, 그리고 일생 오르가슴을 한 번도 경험하지 못하는 상당수의 여성을 고려하면, 남성은 상대 여성과 조화를 이룰 수 있기 위해 사정하지 않고 성적 활동을 연장하는 대단히 예외적인 능력을 갖추는 것이 당연히 필요하다.

인도에서는 남편이 부부 간의 의무를 이행하는 도중에 자신의 쾌락에서 잠시 벗어나 아내의 쾌락을 지속시켜 주기 위해 스스로 파이프 담배를 피워 문다고 한다. 서양에서 카사노바 같은 남자는 오히려 그 횟수를 자랑한다. 그의 최고의 자부심은 상대 여자가 고맙다고 울부짖는 것이다. 에로티시즘의 전통에 의하면, 이런 쾌거가 흔히 있는 일은 아니다. 남자들은 반려자의 끔찍한 요구에 대해 미친 자궁이고 식인 마녀이며 굶주린 여자라고 불만을 자주 토로한다. 그녀는 결코 만족할 줄 모른다. 몽테뉴는 이런 견해를 『수상록』 제3권 제5장에서 피력하고 있다.

사랑 행위에서 여자들이 남자들보다 훨씬 유능하고 뜨겁다는 것을 우리는 알고 있다. 때로는 남자였다가 때로는 여자였던 고대의 신관이 그것을 증언하고 있다. (…) 게다가 우리는 이 방면에 정통한 로마의 어떤 황제와 황후가 각각 다른 시대에 이에 대한 증거를 보여 주었다는 말을, 여자들의 입을 통해서 들었다. (황제는 포로가 된 사르마티아의 처녀를 하룻밤에 열 명이나 짓밟았다. 그런데 황후는 실제로 자신의 욕구와 취미에 따라 상대를 바꾸어 가면서 하룻밤에 스물다섯 번이나 했다.)

육욕에 불타는 그녀가 지쳐 버리긴 했지만,
아직도 싫증을 느끼지는 않는다.[143]

카탈루냐에서는 이런 재판이 있었다. 어떤 여자가 와서 자기 남편이 각고의 노력을 한다고 불만을 토로했다. 내 생각으로 그녀는 그것이 귀찮아서가 아니다(왜냐하면 나는 신앙 속에서만 기적을 믿기 때문이다). (…) 아라곤 여왕이 그 유명한 판결을 내렸다. 그 판결에 의하면, 이 현명한 여왕은 신중히 토론한 끝에 (…) 정당하고 필연적인 한계로서 하루 여섯 번으로 제한하는 명령을 내렸다. 여왕은 말하기를 "하루 여섯 번의 정사는 여성의 욕구와 욕망을 억제하고 실행하기 쉬운, 따라서 영원불변의 규칙이다"라고 했다.

사실 여성에게 관능의 양상은 남성의 경우와 전혀 같지 않다. 앞에서 이미 말한 바와 같이, 질의 쾌감이 결정적 오르가슴에 도달하는지는 정확히 알 수 없다. 이 점에 관해서는 여성들의 고백이 흔치 않고, 정확성을 기하려는 경우에도 그녀들은 지극히 모호한 채로 있다. 반응은 개개인에 따라서 매우 다른 것 같다. 확실한 것은, 남자에게 성교는 명확한 생물학적 목적인 사정을 수반한다는 것이다.

---

143 유베날리스Decimus Junius Juvenalis

그리고 대단히 복잡한 수많은 다른 의도를 통해 이 목적이 조준된다는 것이다. 그러나 일단 목적이 달성되면 그것은 결말처럼 보이고, 그렇지 않으면 욕망의 충족이나 적어도 그것의 소멸처럼 보인다. 이와 반대로 여자에게는 목표가 처음에는 불확실하고, 생리학적이라기보다 심리학적 성격을 띤다. 여자는 일반적으로 흥분과 관능적 쾌감을 원하지만, 그녀의 육체는 사랑 행위의 어떤 명확한 결론도 투사하지 않는다. 그 때문에 여자에게 성교는 결코 완전히 끝난 것이 아니다. 그 것은 아무런 목적을 수반하지 않는다. 남자의 쾌감은 화살처럼 상승하다가 어떤 일정한 문턱에 다다르면 완성된다. 그리고 오르가슴 속에서 불시에 죽어 버린다. 성행위의 구조는 완결되고 중단된다. 여성의 쾌락은 생식 체계에 늘 집중된 것이 아니라 온 육체에 퍼져 있다. 진정한 오르가슴보다는 오히려 질의 수축이 리듬에 맞추어 사라졌다가 다시 형성되고, 때때로 극점에 도달했다가 그다음 헝클어지지만, 결코 완전히 죽지 않은 채 만들어지는 파동 체계를 형성한다. 여성에게는 어떤 최종 단계도 주어져 있지 않기 때문에 쾌락이 무한을 겨냥한다. 여성 에로티시즘의 가능성을 제한하는 것은 뚜렷한 만족감보다는 흔히 신경이나 심장의 피로 혹은 심리적 포만 상태다. 만족하거나 또한 기진맥진하더라도 여자는 결코 완전히 해방되는 일이 없다.

유베날리스의 말에 의하면, "피로하긴 하지만 아직도 싫증이 나지 않는다"는 것이다.

남자는 상대 여자에게 자신의 리듬을 강요하거나 그녀에게 악착같이 오르가 슴을 일으키려고 할 때 중대한 실수를 범한다. 왜냐하면 남자는 대개 여자가 자기 나름대로 독특하게 체험하고 있는 쾌락의 형태를 깨뜨리는 결과만을 가져오기 때문이다.[144] 이 특유의 형태는 상당히 유연한 것으로, 여자가 자신에게 하나의 결말을 부여하기 위한 것이다. 즉, 질 안에 또는 생식 체계 전반에 국한된 경련이나 온몸에서 일어나는 경련이 가라앉을 수 있다. 어떤 여자들에게는 이러한 경련이 오르가슴과 동일시될 만큼 꽤 규칙적으로 상당히 격렬하게 일어난다. 그러나 사랑에 빠진 여자는 남자의 오르가슴에서 자기를 진정시키고 만족시키는 결

---

144 로런스는 에로티시즘의 두 가지 형태의 대립을 잘 간파하고 있다. 그러나 그가 언명하듯 여자는 오르가슴을 경험해서는 안 된다고 하는 것은 자의적이다. 만약 무슨 수를 써서라도 오르가슴을 일으키려고 노력하는 것이 잘못이라면, 『날개 돋친 뱀』에서 돈 시프리아노가 그러는 것처럼 여하간 그것을 거부하는 것 또한 잘못이다.

론을 발견할 수도 있다. 그리고 마찰 없이 연속적인 방식으로도 에로티시즘의 형태가 조용히 해소될 수 있다. 성공적인 성교를 위해서는, 치밀하지만 지나치게 단순한 많은 남자가 생각하는 쾌락의 수학적 동시화가 아니라 복합적 에로티시즘의 형태를 수립하는 것이 필요하다. 많은 남자가 여자를 '즐겁게 하는' 것은 시간과 기교, 즉 '격렬함'의 문제라고 생각한다. 그들은 여성의 섹슈얼리티가 상황 전체에 의해 얼마나 좌우되는지를 모르고 있다. 이미 말한 바와 같이 여자에게 성적 쾌감은 일종의 마술 걸기다. 그것은 자기를 완전히 내던져 버릴 것을 요구한다. 만약 어떤 말이나 동작이 애무의 마법에 거슬리면 마술은 그 즉시 사라진다. 여자가 그토록 자주 눈을 감는 이유 중 하나는 그 때문이다. 그것은 생리학적으로 동공 확대를 보상하기 위한 용도로 마련된 반사작용이다. 그러나 어둠 속에서도 그녀는 자기 눈꺼풀을 내린다. 그녀는 모든 배경을 없애 버리고, 순간과 자기 자신 그리고 자기 애인의 개별성도 없애 버리고 싶어 하며, 오래전 어머니의 품처럼 분간되지 않는 육체적 어둠의 한가운데서 자기를 잃어버리고 싶어 한다. 그리고 더 특별하게 그녀는 남자와 자기를 정면으로 대립시키는 그 분리를 소멸시키기를, 그리하여 그와 하나가 되기를 희구한다. 이미 말한 바와 같이, 여자는 자신을 객체로 만들면서 주체로 머물러 있기를 욕망한다. 자기 온 육체 속에서 욕망이자 동요이기 때문에 남자보다 더 깊이 소외된 여자는 오로지 상대 남자와의 결합에 의해서만 주체로 머물 수 있다. 두 사람 모두를 위해서 주는 것과 받는 것이 뒤섞여야만 한다. 만약 남자가 주지 않고 취하기만 한다든지 혹은 즐기지 않고 여자에게만 쾌락을 준다든지 하면, 여자는 조종당했다고 느낀다. 그녀가 자기를 **타자**로서 실현하자마자, 그녀는 비본질적인 타자가 된다. 그녀는 타성他姓을 부인할 필요가 있다. 육체가 분리되는 순간 거의 언제나 고통스러운 이유는 그 때문이다. 성교 후에 남자는 슬프게 느끼든 즐겁게 느끼든, 자연에 우롱당했다고 느끼든 혹은 여자를 정복했다고 느끼든 간에 어쨌든 육체적인 것을 부인한다. 그는 다시 온전한 몸으로 돌아가 잠을 자고 목욕하고 담배 한 대를 피우고 바람을 쐬러 밖으로 나가고 싶어 한다. 여자는 자기를 육체화한 마법이 완전히 사라질 때까지 육체적인 접촉을 연장하고 싶어 한다……. 분리는 새로운 이유離乳와 마찬가지로 고통스럽다. 그녀는 자기에게서 너무 급작스럽게 떨어져 나간 애인에게 감정을 품는다. 그러나 그녀를 더 많이 상처 입히는 것은 그녀가 한동안 믿었던 두 사람 간의 융합을 부인하는 의문을 제기하는 말이다. 마들렌 부르두스Madeleine Bourdouxhe(1906~1996)[145]가 이야기한 '질르의 아내'는 남편이 "기분 좋았어?" 하고 물으면 움츠러들며 남편의 입을 손으로 막는다. 그 말은 많은 여자에게 혐오감을 일으킨다. 왜냐하면 그 말이 쾌락을 내재적이고 분리된 감각으로 축소하기 때문이다. "충분해? 더 할까? 좋았어?" 질문을 던지는 자체가 분리를 나타내고, 사랑의 행위를 남자가 책임을 맡아 지휘하는 기계적 작업으로 변화시킨다. 그리고 바로 그 때문에 남자가 질문하는 것이다. 남자는 두 사람의 융합과 상호성보다 훨씬 더 지배를 추구한다. 결합이 풀렸을 때 그는 다시 유일한 주체가 된다. 이런 특권을 포기하기 위해서는 많은 사랑이나 관용이 필요하다. 남자는 여자의 의도와는 달리 그녀가 스스로 모욕당하고 소유된 것으로 느끼기를 좋아한다. 그는 항상 그녀가 주는 것보다 조금 더 많이 그녀를 갖고 싶어 한다. 만약 남자가 사랑 행위를 하나의 투쟁처럼 간주하게 하는 수많은 콤플렉스를 끌고 다니지 않는다면, 여자는 많은 어려움을 피할 수 있을 것이다. 그러면 여자는 침대를 투기장처럼 생각하지 않을 수 있을 것이다.

하지만 젊은 처녀에게는 나르시시즘과 자존심과 더불어 지배당하고 싶다는 욕망이 있다. 어떤 정신분석학자들에 의하면, 마조히즘은 여자의 특징 중 하나이며, 이런 성향 덕분에 여자가 자기의 에로틱한 운명에 적응할 수 있으리라고 한다. 그러나 마조히즘의 개념은 얽히고설켜 매우 뒤죽박죽이므로 우리는 그것을 자세히 검토해야만 한다.

정신분석학자들은 프로이트의 학설에 따라서 마조히즘을 세 유형으로 구분한다. 하나는 고통과 성적 쾌감의 결합 속에서 이루어지고, 다음은 여자가 성적으로 남자에게 의존하는 것을 수락하는 경우며, 마지막은 자기 징벌의 메커니즘 위에 근거한다는 것이다. 쾌감과 고통이 처녀성의 상실과 분만을 통해 연결되어 있고, 여자가 자기의 수동적 역할에 동의하고 있어서 마조히스트라는 것이다.

고통에 에로틱한 가치를 부여한다고 해서, 곧 수동적인 복종의 태도를 구성하는 것은 아니라는 점에 우선 주목할 필요가 있다. 고통은 그것을 겪고 있는 개인에게 활력을 불어넣어 주고, 흥분과 쾌락의 격렬함으로 인해 마비된 감수성을 일깨우는 데 사용된다. 그것은 육체의 어둠 속에서 빛나는 예리한 빛이다. 그 빛은 연인이 실신해 있던 명부冥府에서 구출해 내어 다시 그곳에 뛰어들 수 있도록 해

145 *벨기에 작가

준다. 고통은 정상적으로는 성적 흥분의 일부를 이루고 있다. 서로에게 환희를 주는 육체임을 기뻐하는 두 사람의 육체는 모든 가능한 방법으로 만나고 결합하고 대결하고자 한다. 에로티시즘에는 자기 망각과 격정과 황홀이 있다. 고통 역시 자기의 한계를 파괴하는 것이어서, 일종의 초월이며 극도極度다. 고통은 언제나 요란한 연회에서 큰 역할을 했다. 섬세한 것과 고통스러운 것이 서로 인접한다는 것은 누구나 알고 있다. 애무가 고문이 될 수 있고 형벌도 쾌락을 줄 수 있다. 껴안는 것은 깨물고 꼬집고 할퀴는 것을 쉽게 끌어들인다. 이런 행동들이 전반적으로 사디즘적인 것은 아니다. 이런 행동들은 파괴하려는 것이 아니라 융합하고자 하는 욕망의 표현이다. 그리고 그런 행동을 견디는 주체도 자기를 부인하고 굴복하려는 것이 아니라 결합하기를 바라고 있다. 게다가 이런 행동은 전형적으로 남성적인 것이 아니며, 오히려 그것과는 거리가 멀다. 사실 고통이 예속의 표명으로서 파악되고 원해진 경우에만 마조히즘적 의미가 있다. 처녀성 상실의 고통에는 정확히 말해 쾌락이 수반되지 않는다. 모든 여자는 분만의 고통을 무서워하는데, 현대적 의술이 그 고통을 없애 주는 데 대해서 행복해한다. 여자들의 섹슈얼리티에서 고통은 남자들의 섹슈얼리티에서와 똑같은 자리밖에 차지하지 못한다.

여성의 유순함은 대단히 애매한 개념이다. 대부분 젊은 처녀는 *상상계* 속에서 반신이나 영웅이나 한 남자의 지배를 받아들인다. 그러나 아직 나르시시즘적 유희에 불과하다. 그녀는 현실에서 이런 권위의 육체적 표현을 감내할 준비가 전혀 되어 있지 않다. 그와 반대로 대개 자기가 숭배하고 존경하는 남자를 거부하고, 보잘것없는 남자에게 몸을 맡긴다. 구체적인 행동의 열쇠를 환상에서 찾는 것은 오류다. 왜냐하면 환상이란 주체가 환상으로서 만들어 내어 마음속에 품는 것이기 때문이다. 공포와 흐뭇함이 뒤섞인 상태에서 강간을 꿈꾸는 어린 소녀는 강간당하기를 **욕망하는** 것이 아니다. 만약 그런 사건이 일어난다면 그야말로 견딜 수 없는 재앙이 될 것이다. 마리아 르 아르두앵에게서 이런 전형적인 분열의 실례를 이미 보았다. 그녀는 또 다음과 같이 쓰고 있다

그러나 스스로 사라지는 도중에 아직 한 영역이 남아 있어서, 거기에 들어갈 때에는 콧구멍을 막고 가슴이 두근거리지 않을 수 없었다. 그것은 사랑의 관능을 넘어 단순한 관능적 쾌락으로 이끌어가는 영역이었다. (…) 꿈속에서 나는 남몰

래 저지르지 않은 파렴치한 행위가 하나도 없다. 나는 가능한 모든 방법으로 나를 긍정하고자 하는 욕구로 괴로워했다.[146]

마리 바시키르체프의 경우도 다시 한 번 상기할 필요가 있다.

나는 일생 어떤 *헛된 지배*하에 놓이기를 *의도적으로* 애썼다. 그러나 내가 시험해본 그 모든 사람은 나와 비교해 너무나 평범해서 그들에게 혐오를 느꼈을 뿐이다.

한편, 여자의 성적 역할이 대부분 수동적이라는 것은 사실이다. 그러나 남자의 정상적인 공격성이 사디즘적인 게 아닌 것처럼, 이런 수동적인 상황을 직접 경험한다는 것이 마조히즘적인 것은 아니다. 여자는 자기 주체성의 확립을 유지하면서 애무나 흥분이나 삽입을 자신의 쾌락으로 이끌어 갈 수 있다. 또한 연인과의 결합을 추구할 수도 있고 그에게 자신을 맡길 수도 있는데, 이것은 자기 초월을 의미하는 것이지, 자기 포기를 의미하는 것이 아니다. 개인이 타인의 의식意識을 통해 자기를 순수한 물체로 만들고, 또 자신에게도 물체로 표상하며 물체인 척할 때 마조히즘이 나타난다. "마조히즘은 나의 객체성으로 타자를 매혹하기 위해서가 아니라, 타인을 위한 나의 객체성에 나 스스로가 매혹되기 위한 시도다."[147] 사드의 쥘리에트[148]나 『규방철학』[149]에서 젊은 처녀는 모든 가능한 방법으로 남자에게 몸을 내맡기지만, 그것은 그녀들 자신의 쾌락을 위해서기 때문에 두 사람은 전혀 마조히스트가 아니다. 채털리 부인이나 케이트[150]는 전적으로 자기를 상대방에게 내맡기는 데 동의하고 있으므로 마조히스트가 아니다. 마조히즘을 말할 수 있으려면 *자기*가 자기의 밖에 *놓여 있어야* 하고, 이 소외된 제2의 자기가 타인의 자유에 의해 확립된 것처럼 생각해야 한다.

이런 의미에서 사실상 어떤 여자들에게서는 진정한 마조히즘을 볼 수 있을 것이다. 젊은 처녀는 마조히즘적 경향이 있다. 그녀는 쉽게 나르시시즘에 빠지는데, 나르시시즘이란 자신의 자아 속에 자기를 소외시키는 데 있기 때문이다. 에

---

146 『검은 돛』

147 J.-P. 사르트르, 『존재와 무』

148 *사드의 소설 『미덕의 불운』 속 인물

149 *사드의 소설 『규방철학』에서는 방탕한 귀족들이 규방에서 한 젊은 처녀를 유혹한다.

150 *로런스의 『날개 돋친 뱀』의 주인공

로티시즘 입문 초기부터 흥분과 격렬한 욕망을 느낀다면, 그녀는 자기의 경험을 진정성 있게 체험할 것이며, 그 경험을 그녀가 자기 자신이라고 부르는 그 관념적 극점을 향해 투사하는 것을 멈출 것이다. 그러나 불감증 속에서 자아는 자기를 계속 주장하고 있다. 그래서 자기를 한 남자의 물건으로 만드는 것이 잘못된 것처럼 보인다. 그런데 "마조히즘은 사디즘과 마찬가지로 죄의식의 인수引受다. 나는 죄가 있다. 내가 객체라는 사실 하나만으로도 확실히 죄가 있다." 사르트르의 이런 생각은 자기 징벌이라는 프로이트의 개념과 일치한다. 젊은 처녀는 자기 자아를 타인에게 넘기는 것을 죄 짓는 것으로 생각하며, 그에 대해서 자발적으로 굴욕과 복종을 가중하면서 자기를 벌한다. 앞에서 본 바와 같이, 처녀들은 미래의 애인에게 할 수 있으면 해 보라고 하며, 자신에게 다양한 고문을 가함으로써 미래의 복종에 대해 스스로 벌한다. 애인이 현실적으로 눈앞에 나타났을 때, 그녀들은 이런 태도를 바꾸지 않는다. 불감증도 우리에겐 이미 여자가 자신의 상대만큼이나 자기에게도 과하는 징벌처럼 보였다. 자기의 허영심에 상처 입은 여자는 상대 남자와 자신에게 원한을 갖고 자기에게 쾌락을 금지한다. 마조히즘 속에서 그녀는 정신없이 스스로 남자의 노예가 되어, 그에게 숭배의 말을 하고 굴욕당하며 매 맞기를 바라게 된다. 자기소외에 동의한 것에 대해 분노해 점점 더 심각하게 자신을 소외시킬 것이다. 이런 일은 예를 들면, 마틸드 드 라 몰르[151]의 행동에도 아주 분명하게 나타난다. 그녀는 쥘리앵에게 몸을 허락한 데 대해 자기를 원망한다. 그 때문에 때때로 그의 발치에 엎드리거나 그의 온갖 변덕에 복종하려 하거나, 자기의 머리카락을 그에게 제물로 바친다. 그러나 동시에 자기 자신에 대해서와 마찬가지로 그에게 반항하는데, 그녀가 그의 품 안에서 얼음처럼 차디차다는 것을 짐작할 수 있다. 마조히즘적인 여자가 남자에게 거짓으로 몸을 맡기는 것은 그녀에게 쾌락을 금하는 새로운 장벽을 만들어 낸다. 그리고 동시에 쾌락을 알지 못하는 무능력으로 인해 자기 자신에게 보복한다. 불감증에서 마조히즘으로 가는 악순환은 그 보상으로 사디즘적인 행동을 끌어들이면서 영구히 반복될 수 있다. 여자가 에로티시즘에서 성숙해지면 불감증이나 나르시시즘에서 해방되고, 자기의 성적 수동성을 받아들임으로써 그 수동성을 유희하는 대신에 직접 체험할 가능성도 있다. 마조히즘의 역설은 주체가 자기 포기를 위

---

151 *『적과 흑』의 여성 인물

해 노력할 때조차도 끊임없이 자기를 재확인하기 때문이다. 자기를 무의식적으로 주는 행동과 타자에게로 향하는 본능적인 행동 속에서 주체는 자기를 잊을수 있다. 그러므로 여자가 남자보다 더 마조히즘적인 유혹에 끌리는 것이 사실이다. 수동적 객체로서의 여자의 에로틱한 상황은 여자에게 수동성의 유희를 하도록 강요한다. 이 유희는 그녀의 나르시시즘적 반항과 그 결과인 불감증이 초래하는 자기 징벌이다. 많은 여자가, 특히 젊은 처녀들이 마조히스트인 것은 사실이다. 콜레트는 자기 첫사랑의 경험에 관해 이야기하면서 『나의 인생 수업Mes apprentissages』에서 다음과 같이 고백하고 있다.

젊음과 무지 탓으로 나는 우선 도취로부터 시작했다. 그것은 비난받아 마땅한 도취였으며, 사춘기 소녀의 끔찍하고 불순한 충동이었다. 성인 남자의 구경거리가 되고 장난감이 되고 방탕한 걸작이 되기를 꿈꾸는, 이제 겨우 결혼 적령기 될까 말까 한 여자들이 많다. 그녀들은 그런 추한 욕망을 충족시키면서 그 욕망에 대해 속죄한다. 그 욕망은 사춘기의 신경증, 즉 분필과 숯을 조금씩 갉아먹고 양칫물을 마시고 추잡한 책을 읽고, 손바닥에 핀을 찔러 넣는 습관과 어깨를 나란히 하는 것이다.

마조히즘은 젊은이의 성도착에 속하고, 여자의 성적 운명으로 인해 빚어진 갈등의 진정한 해결책이 아니라 오히려 그 속에 깊이 빠져듦으로써 갈등을 회피하려고 하는 하나의 태도라고 말하는 편이 가장 적절하다. 그것은 절대로 여성 에로티시즘의 정상적이고 행복한 개화開花가 아니다.

이런 개화는 ─ 사랑·애정·관능 속에서 ─ 여자가 자기의 수동성을 성공적으로 극복하고, 상대 남자와 대등한 관계를 수립하는 데 성공한다는 것을 전제로 한다. 남자와 여자의 에로티시즘의 불균형은 양성 간의 투쟁이 있는 한 해결할 수 없는 문제들을 일으킨다. 이런 문제들은 여자가 남자에게서 욕망과 존중을 동시에 느낄 때 쉽게 해결된다. 남자가 여자의 자유를 인정하면서 여자의 육체 속에서 그녀를 탐한다면, 그녀는 자신이 객체가 되는 순간에 자기를 본질로 되찾으며, 자기가 동의하는 복종 속에 자유로이 머물게 된다. 그때 연인들은 각자 고유한 방식대로 쾌락을 공유할 수 있다. 쾌락은 상대 속에 원천을 두지만, 각자에 의해 자기 것으로 체험된다. 받는다는 말과 준다는 말은 서로 그 의미를 교환하며,

기쁨은 감사이고 쾌락은 애정이다. 자아와 타자의 상호 인정은 구체적이고 육적인 형태로 타자와 자아의 가장 예리한 의식 속에서 실현된다. 그래서 어떤 여자들은 자기 안에 들어 있는 남자의 성기를 자기 신체의 일부처럼 느낀다고 말한다. 어떤 남자들은 자신을 자기들이 침투하고 있는 그 여자인 것처럼 생각한다. 이런 표현들은 물론 부정확한 것이다. *타자*의 차원은 그대로 남아 있다. 다만, 타성이 더는 적대적 성격을 띠지 않는다고 할 수 있다. 분리 속에서 육체의 결합에 대한 이런 의식은 성행위에 감동적인 성격을 부여한다. 자기들의 한계를 함께 부정하고 또 긍정하는 두 사람은 닮았지만, 서로 다른 존재인 만큼 더욱더 놀라운 것이다. 그들을 너무나 자주 고립시키는 이런 차이는 그들이 재회할 때 뜻밖에도 기쁨의 원천이 된다. 여자는 남자의 격정 속에서 여자를 불태우는 부동의 정념의 전도된 모습을 감탄하면서 바라본다. 남자의 위력은 곧 그녀가 남자에게 행사하는 힘이다. 생명으로 팽창된 남자의 성기는 쾌락을 주는 남자에게 보내는 그녀의 미소가 남자에게 속한 것처럼 그녀에게 속해 있다. 서로에게 반사되는 남성성과 여성성의 모든 부富는 서로를 통해 재확인되면서 동적으로 황홀한 결합을 이루어 나간다. 이와 같은 조화에는 기교적 세련됨이 아니라 오히려 직접적인 성적 매력에 바탕을 둔 육체와 영혼의 상호적 관대함이 필요하다.

이런 관대함은 남자의 경우에 흔히 그 허영심 때문에 저지되고, 여자의 경우는 수줍음 때문에 저지된다. 여자가 자기에 대한 억제를 극복하지 않는 한 그녀의 관대함은 충분히 발휘될 수 없을 것이다. 일반적으로 여자에게서 성적인 만개가 상당히 늦어지는 이유는 그 때문이다. 여자의 성적 성숙은 서른다섯 살 무렵에 절정에 이른다. 불행하게도 만약 여자가 결혼했다면 그때쯤엔 이미 그녀의 남편이 아내의 불감증에 너무 익숙해져 있다. 그녀는 아직 새로운 애인들을 유혹할 수 있지만, 곧 시들기 시작한다. 그녀의 앞날은 길지 않다. 많은 여자가 성적 매력을 잃어 갈 즈음에야 겨우 자기의 욕망을 받아들이기로 한다.

여자의 성생활의 전개는 단지 이런 여건들에만 좌우되는 것이 아니라, 그녀의 사회적·경제적 상황 전체에 달려 있다. 이런 맥락을 고려하지 않고, 여자의 성생활을 더 깊이 연구한다고 주장하는 것은 추상적인 것이 될 것이다. 그러나 지금까지 해 온 검토에서 보편적으로 유효한 몇 가지 결론을 끌어낼 수 있다. 에로티시즘의 경험은 아주 애절한 방법으로 사람들의 인간 조건의 모호성을 발견하게 하는 경험 중 하나다. 그들은 그 속에서 자신을 육체로, 정신으로, 타자로, 그리고 주체로 경험한다. 여자에게 이런 충돌이 가장 극적인 성격을 띠는 것은 여자가 자기를 우선 객체로 파악할 뿐, 쾌락 속에서 확실한 자주성을 즉시 발견하지 못하기 때문이다. 그녀는 자기의 육체적인 조건을 받아들이면서 초월적이고 자유로운 주체로서의 권위를 되찾지 않으면 안 된다. 그것은 힘들고 위험이 가득한 기도다. 그 기도는 대개 좌절된다. 그러나 그녀가 처한 상황의 어려움이 남자 스스로 기꺼이 걸려드는 속임수들로부터 그녀를 지켜준다. 남자는 자기의 공격적 역할과 오르가슴으로 충족된 고독이 내포하는 거짓 특권에 자발적으로 속고 있다. 그는 자기를 완전히 육체로 인정하는 데 망설이고 있다. 여자는 자기 자신에 대해 그보다 더 진정성 있는 경험을 한다.

여자는 자기의 수동적 역할에 다소 정확하게 적응하더라도 능동적 개인으로서는 언제나 욕구 불만에 차 있다. 여자가 남자를 선망하는 이유는 소유의 기관 때문이 아니라 그 먹이 때문이다. 남자는 온화하고 다정하고 부드러운 관능의 세계인 여자의 세계에서 사는 데 반해, 여자는 거칠고 혹독한 남자의 세계에서 살아가고 있다는 것은 신기한 역설이다. 여자의 손은 소년·여자·꽃·모피·어린아이 같이 매끄러운 살이나 녹아내리는 듯한 속살을 껴안고 싶은 욕망을 간직하고 있다. 자신의 일부가 그런 역할을 하는 그녀는 자기가 남자에게 주는 것과 흡사한 보물을 소유하길 희망한다. 많은 여성에게 다소 잠재적 방식으로 동성애의 경향이 남아 있다는 것은 이로써 설명된다. 어떤 여성에게는 전체적이고 복잡한 원인으로 인해 이런 경향이 특별히 강하게 드러나기도 한다. 여자들이 모두 자기의 성적 문제에 대해 사회가 유일하게 공인한 고전적 해결책만을 받아들이는 것은 아니다. 따라서 우리는 단죄받는 길을 택하는 여자들에 대해서도 고찰해야만 한다.

4장
레즈비언

레즈비언이라고 하면, 펠트 모자를 쓰고 짧은 머리에 넥타이를 맨 모습의 여자를 곧잘 상상하게 된다. 그녀의 남성성은 호르몬 분비의 이상을 나타내는 기형이라는 것이다. 동성애 여자와 남자 같은 여자를 혼동하는 것은 매우 잘못된 것이다. 회교국 하렘의 여자, 특히 터키 황제의 처첩이나 창부들처럼 가장 '여성적인 여자들' 가운데에도 많은 동성연애자가 있다. 역으로 다수의 '남성적인' 여자들은 이성애자들이다. 성과학자와 정신분석학자들은 흔히 관찰되는 사실을 확증하고 있다. 즉, '저주받은 여자들'의 대다수는 생리적 구조가 다른 여자들과 조금도 다름이 없다. 어떤 '해부학적 운명'도 그녀들의 섹슈얼리티를 결정하지 못한다.

물론, 생리적인 여건이 특이한 상황을 만들어 내는 경우들도 있다. 남녀 양성 사이에는 엄밀한 생물학적 구분이 존재하지 않는다. 같은 체세포가 원형적으로 방향이 결정된 호르몬 작용 때문에 변화된다. 그런데 그 방향은 태아가 성장하는 동안에 빗나갈 수 있다. 그 결과 남자와 여자의 중간적 개체가 나타나게 된다. 어떤 남자들은 남성적 기관의 성숙이 늦게 이루어지기 때문에 여성의 외관을 갖추고 있다. 따라서 여자아이가 – 특히 운동을 좋아하는 – 소년으로 변하는 것을 때때로 볼 수 있다. H. 도이치는 결혼한 여자에게 열렬한 구애를 하고, 그녀를 납치해서 그녀와 함께 살고 싶어 했던 한 젊은 처녀에 관해 이야기한다. 그런데 그 처녀가 어느 날 사실은 자기가 남자라는 것을 알고, 사랑하는 여자와 결혼해 아이들을 가질 수 있었다고 한다. 이러한 사실에서 동성애 여자가 모두 거짓된 외관 아래 '숨겨진 남자'라고 결론을 내려서는 안 될 것이다. 양성의 생식 체계를 희미하게 나타내고 있는 남녀양성구유자는 대개 여성 섹슈얼리티를 갖고 있다. 내가 아는 한 여성은 나치에 의해 빈에서 추방되었는데, 그녀는 자기가 남자밖에 사랑하지 않지만, 이성애자든 동성애자든 남자에게 호감을 주지 못한다고 가슴 아파했다. 남성 호르몬의 영향으로 '남성화한' 여자들은 남성적인 이차성징을 나타낸다. 또 어린애 같은 여자들은 여성 호르몬이 부족해서 그 발달이 불완전한 상태로 머물러 있다. 이러한 특징은 다소간 레즈비언 성향을 초래하는 직접 원인이 될 수 있다. 거침없고 공격적이며 원기 왕성한 생명력을 타고난 사람은 적극적으로 자기의 활력을 소비하길 희망하며, 보통 수동성을 거부한다. 볼품없고 못생긴 여자는 남성적 자질을 획득함으로써 자기의 열등함을 보상하려 노력할 수 있다. 만약 그녀에게 성욕을 자극하는 감각이 발달해 있지 않으면, 그녀는 남자의 애무를 욕망하지 않는다. 그러나 해부학적 구조와 호르몬은 하나의 상황만을 규정하고, 이 상황을 초월하여 주체가 향해 갈 대상을 설정하지는 않는다. H. 도이치는 1914년부터 1918년까지 제1차 세계 대전 중에 그녀가 돌보았던 한 폴란드인 부상병의 경우를 인용한다. 그는 사실 뚜렷하게 남성화된 특징을 지닌 젊은 처녀였다. 그녀는 간호사로 종군했다가 군복을 입는 데 성공했다. 그리고 한 병사와 사랑에 빠졌으며 – 후에 그 병사와 결혼했다 – 이런 사실은 그녀를 동성애 남자로 여기게 했다. 그녀의 남성적 행동은 여성적 유형의 에로티시즘과 모순되지 않았다. 남자조차도 배타적으로 여자만을 욕망하지 않는다. 남성동성애의 생리 기관이 완벽하게 남성적일 수 있다는 사실은, 한 여자의 남성성이 그녀를 반드시 동성애로 향하게 하지 않는다는 것을 함축하고 있다.

생리적으로 정상적인 여자들에게서도 때때로 '음핵형'과 '질형'을 구분해야 한다는 주장이 있었는데, 이것은 전자가 동성애로 기울어지기 때문이라는 이유에서다. 그러나 이미 본 바와 같이, 여자아이의 성감은 모두 음핵과 관계되어 있다. 그 성감이 이 단계에 고정되느냐 혹은 변화하느냐 하는 것은 해부학적 조건과는 아무 관련이 없다. 어린아이의 자위행위는 나중에 음핵 체계가 특권을 갖게 되는 원인이라고 흔히 주장됐지만, 그것 또한 사실이 아니다. 오늘날 성과학은 어린이의 자위행위가 완전히 정상적이고 보편적으로 널리 퍼져 있는 현상임을 인정하고 있다. 여성 에로티시즘의 발달은 – 앞에서 본 바와 같이 – 생리적인 요인들이 포함된 하나의 심리적인 역사이지만, 존재 앞에서 주체의 포괄적인 태도에 달려 있다. 마라뇽은 섹슈얼리티가 '일방통행'이며, 그것이 남자의 경우 완성된 형태에 도달하는 반면 여성의 경우에는 '중도'에 머물러 있다고 생각했다. 오직 레즈비언만이 남자의 리비도만큼 풍부한 리비도를 소유할 것이며, 따라서 여성의 '탁월한' 전형일 것이라고 한다. 사실상, 여성의 섹슈얼리티는 독창적인 구조로 되어 있고, 남자와 여자의 리비도를 서열화한다는 생각은 터무니없는 것이다. 성적 대상의 선택은 여자가 지닌 에너지의 양과 아무 관련이 없다.

정신분석학자들이 동성애를 신체기관적인 것이 아니라 심리적 현상으로 본 것은 커다란 공적이다. 그렇긴 하지만, 그들 역시 동성애를 외부적 상황에 의해 결정되는 것으로 생각하고 있다. 게다가 그것을 그다지 연구하지도 않았다. 프로이트에 의하면, 여성 에로티시즘의 성숙은 음핵 단계에서 질 단계로의 이행이 필요하다. 이런 이행은 여자아이가 처음에 어머니에게 느낀 사랑을 아버지에게로 옮기는 그런 추이와 유사한 것이다. 다양한 원인이 이런 발달을 막을 수 있다. 여자는 자기가 거세되었다고 인정하지 않는다. 그녀는 페니스가 없는 사실을 자신에게 숨기며, 대체할 만한 대상을 추구하면서도 어머니에게 마음을 고정한 채 머물고 있다. 아들러에게 이런 정체 상태는 수동적으로 겪는 사고가 아니다. 즉, 권력에 대한 의지로 인해 자기의 거세 상태를 단호하게 부정하며, 남자의 지배를 거부하면서도 그 남자와 동일시하고자 하는 주체인 여자가 원한 것이다. 어린이의 고착이든 남성적 항의든 간에 어쨌든 동성애는 하나의 미완성으로 보일 것이다. 사실 레즈비언은 '월등한' 여자도 아니고 '모자람이 있는 여자'도 아니다. 개인의 역사란 숙명적 발전이 아니다. 매 순간 과거는 새로운 선택으로 재파악되고, 선택의 '정상성'이라는 것은 선택에 어떠한 특권적 가치도 부여하지 않는다. 즉, 그 진정성에 의하여 선택을 판단해야만 한다. 여자에게 동성애는 자기가 처한 조건을 피하는 한 방법이거나 받아들이는 한 방법일 수 있다. 정신분석학자의 커다란 오류는 도덕주의적 순응주의에 따라 동성애를 결국 비본질적 태도로만 고려한 데 있다.

여자는 객체가 될 것을 요구받는 존재다. 주체로서의 그녀는 남자의 육체 위에서는 충족되지 못하는 공격적인 관능을 가지고 있다. 거기에서 그녀의 에로티시즘이 극복해야만 하는 충돌이 생겨난다. 그녀를 한 남자에게 먹이로 넘겨 주고 그녀의 품에 아이를 안겨줌으로써 여자의 주권을 회복시키는 체제를 세상 사람들은 정상적이라고 간주한다. 그러나 이 '자연주의'는 그럭저럭 이해된 사회적 이해관계에 의해 지배된다. 이성애도 다른 해결책들이 가능하다. 여자의 동성애는 여자의 자주성과 육체의 수동성을 조화시키기 위한 여러 시도 가운데 하나다.

그리고 만약 사람들이 자연을 원용한다면, 본래 모든 여자가 동성애자라고 말할 수 있다. 레즈비언은 확실히 남성을 거부하고 여성의 육체를 좋아하는 것을 특징으로 한다. 그러나 모든 사춘기 소녀는 남자의 성기 삽입이나 지배를 두려워하며, 남자의 육체에 대하여 어떤 혐오감을 느낀다. 반면에 여자의 몸은 남자에게서와 마찬가지로 그녀에게서도 욕망의 대상이다. 이에 대해서는 이미 말한 바와 같이 남자들은 자신들을 주체로서 설정하면서 동시에 분리된 존재로서 설정한다. 다른 남자를 취해야 할 하나의 물건으로 간주하는 것은 그 남자 안에서 그리고 그와 맞물려 자기 안에서 남성적 이상을 해치는 것이다. 이와 반대로 자신을 객체로 인정하는 여자는 같은 여자들 안에서나 자기 안에서 일종의 먹잇감을 보고 있다. 남성 동성애자들은 이성애 남녀에게 적대감을 일으킨다. 왜냐하면 이성애 남녀는 남자가 지배적 주체일 것을 요구하기 때문이다.[152] 반대로 일반 남녀는 자발적으로 레즈비언들을 너그럽게 대한다. 틸리 백작은 이렇게 말하고 있다. "솔직히 말해 그녀들은 내 기분을 조금도 상하게 하지 않는 경쟁자들이다. 오히려 나를 즐겁게 하고, 나는 부도덕하게도 그녀들에 대해 웃어 버리고 만다." 콜레트도 클로딘과 레지 커플 앞에서 르노가 이와 같은 무관심한 태도를 보이는 것을 묘사했다.[153] 남자는 공격적이지 않은 동성애 여자보다도 활동적이고 독립적인 이성애 여자로 인해 더 짜증을 낸다. 남자의 특권에 이의를 제기하는 것은 이런 이성애 여자뿐이다. 여성 동성애는 양성을 구분하는 전통적인 형태를 반대하지 않는다. 대개 여성 동성애는 여성성의 인수이지 거부가 아니다. 이미 본 바와 같이, 여성 동성애는 흔히 사춘기 소녀들에게 아직 경험할 기회나 대담성이 없는 이성애 관계의 모조품으로서 나타난다. 그것은 인생의 한 과정이자 수업이며, 가장 열렬하게 동성애에 빠진 여자가 장래 가장 열렬한 아내나 애인이나 어머니가 될 수도 있다. 따라서 동성애 여자에 대해 설명해야 하는 것은 그 선택의 긍정적 측면이 아니라 부정적 면이다. 동성애 여자의 특징은 여자를 사랑한다는 데 있는 것이 아니라 전적으로 여자만을 사랑한다는 데 있다.

---

152 이성애 여자는 어떤 남성 동성애자들에게 쉽게 호의를 느낀다. 왜냐하면 이런 무성無性의 관계 속에서 그녀는 안전과 재미를 발견하기 때문이다. 그러나 그녀는 최고의 남자를 자기 또는 타인 안에서 수동적인 존재로 타락시키는 동성애 남자들에 대해 적의를 품는다.

153 영국 민법이 남자들의 동성애는 처벌하고 있지만, 여자들 사이의 동성애는 범죄로 간주하지 않는 것은 주목할 만하다.

흔히 ─ 존스Alfred Jones(1879~1958)[154]와 헤스나드Angelo Hesnard(1886~1969)[155]의 설에 따라 ─ 레즈비언을 두 타입으로 구분한다. 하나는 '남자를 모방하고 싶어 하는' '남성형' 레즈비언이고, 다른 하나는 '남자를 무서워하는' '여성형' 레즈비언이다. 동성애에서 대체로 두 경향을 고찰할 수 있다는 것이 사실이다. 어떤 여자들은 수동성을 거부하는 반면에 어떤 여자들은 수동적으로 자신을 내맡기기 위해서 여자의 품을 선택한다. 그러나 이러한 태도들은 서로 반응한다. 선택된 대상과 거부된 대상의 관계는 서로를 통해서 설명된다. 언급된 구분은 우리에게 상당히 자의적으로 보이는데, 지금부터 그 원인을 살펴보기로 하자.

'남성적'인 레즈비언을 '남자를 모방'하려는 의지로 정의하는 것은 그녀를 진짜가 아닌 것으로 규정짓는다. 정신분석학자들이 현 사회가 정의하는 대로 남녀의 범주를 받아들임으로써 얼마나 많은 애매함을 초래하는지는 이미 언급한 바와 같다. 오늘날 남자는 적극적인 것과 중립적인 것, 다시 말해서 남성과 인간을 나타내지만, 여자는 단지 소극적인 것과 여성일 뿐이다. 그러므로 여자가 인간으로 행동할 때마다 사람들은 그녀가 남자와 동일시한다고 말한다. 여자의 스포츠적·정치적·지적 활동이나 다른 여자들에 대한 욕망은 '남성적 항의'로 해석된다. 사람들은 여자가 자기를 초월해 여러 가치를 지향한다는 것을 고려하기를 거부하며, 이것은 당연히 여자가 주관적 태도로 비본질적 선택을 한다고 생각하도록 이끈다. 이런 해석 체계가 근거하고 있는 커다란 오해는, 인간 여성이 **여자다운** 여자가 되는 것이 **자연스럽다**고 세상이 인정하는 데 있다. 이런 이상을 실현하기 위해서는 이성애자인 것으로도, 어머니인 것으로도 충분치 않다. '진정한 여자'는 예전에 거세된 남자들이 만들어졌던 것처럼 문명이 만들어 내는 인공적 산물이다. 교태나 온순함 같은 이른바 여자의 '본능'은 남근의 자존심이 남자에게 불어 넣어진 것처럼 여자에게 불어 넣어진 것이다. 남자가 언제나 남성적 소명을 받아들이지 않듯이 여자는 자기에게 지정된 소명을 그보다 한층 덜 순종적으로 받아들일 만한 당연한 이유가 있다. '열등 콤플렉스'나 '남성성 콤플렉스'라는 개념은 드니 드 루즈몽Denis de Rougemont(1906~1985)[156]이 『악마의 몫La Part du diable』에서 이야기하고 있는 일화를 생각나게 한다. 어떤 부인이 시골에서 산책하고 있을

---

154 * 영국의 심리학자, 정신분석가
155 * 프랑스의 정신과 의사, 정신분석가
156 * 스위스의 문화사가, 정치사상가

때, 새들이 그녀를 공격한다고 상상했다. 몇 달 동안 정신분석 치료를 받았지만, 그녀는 그 강박관념에서 치유되지 못했다. 그러던 중에 이 부인과 함께 병원 뜰을 거닐고 있던 의사가 *새들이 그녀를 공격하고 있었다*는 것을 알아챘다. 여자답기 위해서 지켜야 하는 지침이 여자를 축소하기 때문에 여자는 자기가 축소되었다고 느낀다. 여자는 본능적으로 자기 앞에 세계와 미래가 열린 완전한 한 개인이며 주체이고 자유이기를 선택한다. 이러한 선택이 남성성을 선택하는 것과 혼동된다면, 그것은 여성성이 오늘날 거세를 의미하는 범위 내에서다. 헤블록 엘리스와 슈테켈이 수집한 동성애 여자들의 고백 - 첫 번째 경우는 플라토닉한 것, 두 번째 경우는 선언된 것 - 에서 두 환자가 분노하는 것은 자신들이 여자로 취급되는 데 대한 것이라는 것을 분명히 알 수 있다.

그중 한 사람은 이렇게 말하고 있다. "내가 기억하는 한 나는 나를 결코 여자아이로 생각한 적이 없으며 끊임없는 동요 속에 있었다. 대여섯 살 무렵에는 세상 사람들이 뭐라고 하든 내가 사내아이가 아니라면…… 아무튼 나는 여자아이가 아니라고 마음속으로 외쳤다. (…) 나는 내 몸의 형태, 구조를 수수께끼의 재난처럼 바라보았다. (…) 겨우 걸음마를 할까 말까 할 때, 망치와 못에 흥미를 느꼈으며 말을 타고 싶어 했다. 일곱 살 무렵에는 내가 좋아하는 모든 것이 여자아이에게는 나쁘다는 것을 알게 되었다. 나는 조금도 행복하지 않아서 자주 울었으며 화를 냈다. 사내아이와 계집아이에 관한 대화를 듣기만 해도 화가 났다. (…) 일요일마다 나는 오빠들이 다니는 학교의 남자아이들과 외출했다. (…) 열한 살 무렵 (…) 그런 나를 벌하기 위해서 부모님은 나를 기숙사에 집어넣었다. (…) 열다섯 살 무렵, 내 생각이 어느 방향으로 가든 나의 관점은 언제나 사내아이의 관점이었다. (…) 나는 여자들에 대해 연민을 느꼈다. (…) 나는 그녀들의 보호자와 조력자가 되었다.

슈테켈이 수록한 남장여자의 경우는 다음과 같다.

여섯 살이 될 때까지 그녀는 주위 사람들의 단언에도 불구하고 알 수 없는 이유로 인해 자기를 여자아이 옷을 입은 사내아이로 생각했다. (…) 여섯 살 때에는 '나는 중위가 될 거야. 그리고 만약 하느님이 오래 살게 해 준다면 원수元帥가 될 거야' 하고 생각했다. 그녀는 말을 타고, 군대의 선두에 서서 시외로 나가는 꿈을 자주 꿨다. 매우 총명한 그녀는 사범학교에서 한 고등학교로 전학하게 되어 불행했고, 자기가 *여자다워질까 봐 두려워했다.*

이런 반항심이 동성애의 숙명을 내포하는 것은 전혀 아니다. 대부분의 어린 소녀들은 자기 몸의 우연적인 구조가 자기의 취향과 희망을 강요한다는 것을 알게 될 때 똑같은 분노와 절망을 느낀다. 콜레트 오드리[157]는 열두 살 때 자기가 결코 선원이 될 수 없을 것이라는 사실을 알고 대단히 분노했다. 미래의 여자가 자기의 성이 강요하는 제한들에 대해서 분노하는 것은 지극히 당연한 일이다. 그녀에게 그런 제한을 왜 거부하는지 이유를 묻는 것은 질문이 잘못되었다. 그보다 문제는 그녀가 왜 그런 제한을 받아들이는지를 이해하는 것이다. 그녀의 순응주의는 유순함이나 소심함에서 온다. 그런데 이런 체념은 사회가 보상을 충분히 제공하지 않는다고 판단되면 쉽게 반항심으로 돌아간다. 사춘기 소녀가 자기를 여자로서는 볼품없다고 생각할 때 그런 일이 일어날 수 있다. 해부학적 조건이 중요성을 띠는 것은 특히 이런 우회에 의해서다. 못생기거나 체격이 안 좋거나 혹은 그렇다고 믿으면서 여자는 자기가 소질 없다고 느끼는 여자의 운명을 거부한다. 그러나 여성성의 결여를 보상하기 위해 남성적 태도를 취한다는 것은 틀린 말일 것이다. 그보다는 사람들이 포기하라고 요구하는 남성적 특권의 대가로 부여된 가능성이 그녀에게는 너무 빈약해 보이는 것이다. 여자아이들은 모두 남자아이들의 편리한 복장을 부러워한다. 그러나 거울에 비친 자기 모습이나 거기서 추측되는 미래의 약속들이 여성복의 지나친 장식을 점차 귀중하게 만든다. 만약 거울이 일상적인 얼굴을 메마르게 반사하고 아무것도 약속하지 않는다면, 레이스와 리본은 거추장스럽고 게다가 우스꽝스러운 징후로 남아 있게 된다. 그래서 '사내아이 같은 여자아이'는 언제까지나 사내아이로 남아 있기를 고집한다.

잘나고 예쁘다 하더라도 개별적인 계획에 몸담거나 일반적으로 자기 자유를 주장하는 여자는, 다른 한 인간에게 이익이 되도록 자기를 포기하는 것을 거부한다. 그녀는 내재적 상태에서가 아니라 행위에서 자신을 인식한다. 그녀를 육체의 한계 내에 축소하려는 남자의 욕망은, 젊은 남자가 그런 지경을 당한다면 불쾌감을 느끼는 것과 마찬가지로 그녀를 불쾌하게 만든다. 순종적인 여자 동료들에 대해서 그녀는 남성적인 남자가 수동적인 동성애 남자에 대해 느끼는 것과 같

---

157 『추억의 관점에서』

은 혐오를 느낀다. 그녀가 남성적 태도를 보이는 것은 부분적으로는 여자들과의 모든 복잡함을 거부하기 위한 것이다. 그녀는 복장과 태도와 언어를 변장시키고, 여성적인 여자 친구와 짝을 이뤄 남성 인물을 구현한다. 이런 연극은 확실히 '남성적 항의'다. 그러나 그것은 부수적 현상처럼 나타난다. 무엇보다 그녀는 자신이 육체적 먹이로 변한다는 생각에 대해 자신만만한 주권적 주체로서 자연발생적 분노를 느낀다. 여자 운동선수들 가운데는 동성애자가 상당히 많다. 그녀들은 근육, 운동, 이완, 도약인 이 몸을 수동적인 몸처럼 느끼지 않는다. 이 몸은 애무를 마법적으로 호소하지 않는다. 몸은 세계에 대한 점유이지 세계의 한 사물이 아니다. 이 경우, 대자적對自的 몸과 대타적對他的 몸 사이에 존재하는 단절은 넘을 수 없는 것처럼 보인다. 행동하는 여성에게서나, 육체적 형태에서라도 자기 포기가 불가능한 '지적인' 여자에게서나 유사한 저항을 발견할 수 있다. 만약 양성평등이 구체적으로 실현된다면, 이런 장애물은 대부분 사라질 것이다. 그러나 남자는 아직도 자기의 우월성에 젖어 있어서, 만약 여자가 그 우월성에 동의하지 않는다면, 그 우월성은 여자에게 불쾌한 자신감이 된다. 하지만 가장 의지적이고 지배욕이 강한 여자들은 남자들에 맞서기를 별로 주저하지 않는다는 점에 주목해야 한다. 이른바 '사내 같은' 여자는 흔히 의심의 여지가 없는 이성애자다. 그녀는 인간으로서의 자기주장을 부인하려 하지 않는다. 그러나 자기의 여성성을 손상할 의도 또한 없다. 그녀는 남성 세계에 접근하여 여성성을 자기에게 병합시킬 것을 택한다. 그녀의 활기찬 관능은 남자의 신랄함을 두려워하지 않는다. 남자의 몸속에서 기쁨을 맛보기 위해 수줍은 처녀처럼 저항감을 극복할 필요도 없다. 아주 거칠고 동물적인 여자는 성교의 굴욕감을 느끼지 못할 것이고, 과감한 정신의 지적인 여자는 그런 굴욕감에 저항할 것이다. 전투적인 기질의 자신에 찬 여자는 자기가 이길 확신이 있는 결투에 기꺼이 참여할 것이다. 조르주 상드는 젊은 남자들이나 '여성적인' 남자들을 특히 좋아했다. 스탈 부인Germaine de Staël(1766~1817)[158]은 애인들 속에서 젊음과 아름다움을 뒤늦게야 추구했다. 지성의 힘으로 남자들을 지배하고 그들의 찬탄을 오만하게 받아들이던 스탈 부인은, 그들의 품 안에서 자기를 그들의 먹이로 거의 느끼지 않았음이 틀림없다. 러시아의 예카테리나 여제 같은 여성 군주는 마조히즘의 도취에 빠질 수도 있었다. 그러

---

158 *프랑스 낭만주의 소설가, 비평가

나 이런 유희 속에서 자기만이 유일한 지배자로서 머물러 있었다. 남장을 한 채 말을 타고 사하라 사막을 달렸던 이자벨 에버하르트Isabelle Eberhardt(1877~1904)[159]는 어느 건장한 저격병에게 자기를 내맡겼을 때 조금도 위축되지 않았다. 남자에 게 종속되기를 원치 않는 여자라고 해서 반드시 남자를 피할 이유는 없다. 그런 여자는 오히려 남자를 자기 쾌락의 도구로 삼으려 한다. 적절한 상황에서는 — 그것은 대개 상대편 남자에 달린 것이지만 — 경쟁이라는 생각마저도 사라지게 되고, 남자가 자기의 남성 조건을 체험하는 것처럼 그 충만함 속에서 자기의 여 성 조건을 체험하는 자신에 만족할 것이다.

그러나 여자의 활동적인 개성과 수동적인 암컷 역할 사이에 조화를 이루는 것 은 어쨌든 남자보다 여자에게 훨씬 더 어렵다. 결국 이런 노력에 지치기보다 차 라리 노력을 단념해 버리는 여자들이 더 많게 된다. 여성 예술가와 작가 중에는 동성애자가 많다. 그녀들의 성적 특이성이 작품을 창조하는 에너지의 원천이거 나 우월한 에너지의 존재를 드러내 주는 것은 아니다. 그보다는 진지한 작업에 몰두해 있는 그녀들은 여자의 역할을 하거나 남자들과 싸우는 데 시간을 빼앗기 고 싶지 않을 뿐이다. 그녀들은 남자의 우월함을 인정하지 않는다. 때문에 남자 의 우월성을 인정하는 체하는 것도, 그것에 반론을 제기하는 데 정력을 소모하는 것도 원치 않는다. 그녀들은 관능적인 쾌락 속에서 휴식, 안정, 기분 전환을 찾는 다. 적의 모습으로 나타나는 상대에서 관심을 다른 데로 돌려 여성성이 내포하는 구속에서 벗어나는 편이 더 낫다고 생각한다. 물론 '남성적인' 여자가 자기 성을 인수하느냐 혹은 거부하느냐를 선택하는 동기는 그녀의 이성애적 체험의 성질 에 따라 결정되는 수가 많다. 못생긴 여자는 남자에게 경멸을 당하면 자기가 볼 품없다고 확고하게 느낀다. 애인의 거만함은 자존심 강한 여자에게 상처를 입힌 다. 우리가 검토한 불감증의 모든 동기, 즉 원한, 분노, 임신의 두려움, 낙태로 야 기된 정신적 외상 등은 여기서도 발견된다. 여자가 남자를 더 많은 경계심을 품 고 대할수록 이런 동기들은 더욱더 중요해진다.

하지만 지배욕이 강한 여자의 경우, 동성애가 언제나 전적으로 만족스러운 해 결책으로 보이는 것은 아니다. 그런 여자는 자기주장을 관철하려 애쓰기 때문에 여성으로서의 가능성을 완전히 실현하지 못하는 것을 불만스럽게 여긴다. 그녀에

---

159 *스위스의 탐험가, 작가, 기자

게 이성애 관계는 자기를 축소하는 동시에 풍요롭게 하는 것처럼 보인다. 자기의 성에 내포된 한계를 거부하면서 그녀는 다른 방식으로 자기 자신을 한계 짓게 된다. 불감증의 여자가 쾌락을 거부하면서도 쾌락을 희구하는 것과 마찬가지로, 레즈비언은 그렇게 되길 원치 않으면서도 종종 정상적이고 완전한 여자가 되고 싶어 한다. 이런 망설임은 슈테켈이 연구한 남장여자의 경우에서 뚜렷이 나타난다.

앞에서 본 바와 같이, 그녀는 남자아이들하고만 놀기를 좋아했고 '여자같이 되고' 싶지 않았다. 열여섯 살 때에는 젊은 처녀들과 처음으로 관계를 맺었다. 그녀는 그 처녀들을 심히 경멸했다. 그 때문에 그녀의 에로티시즘은 즉시 사디즘적인 성격을 띠었다. 그녀는 자기가 존중하는 한 여자 친구에게 열렬한 구애를 했다. 그러나 그것은 플라토닉한 것이었다. 그녀는 자기가 소유한 처녀들에게 혐오감을 느꼈다. 그녀는 어려운 학업에 맹렬하게 몸을 던졌다. 최초의 열렬한 동성애에 실망한 그녀는 온전히 육감적인 경험들에 몰두했고 술을 마시기 시작했다. 열일곱 살 때 한 젊은 남자를 알게 되어 그와 결혼했다. 그러나 그녀는 그를 아내로 여겼다. 남자처럼 옷을 입었고 계속 술을 마시고 학업을 계속했다. 처음 성교 때 질경련을 일으켜 오르가슴을 전혀 느끼지 못했다. 그녀는 자신의 체위를 '굴욕적인' 것으로 생각했다. 공격적이고 적극적인 역할을 한 것은 언제나 그녀였다. 그녀는 남편을 '미친 듯이 사랑하면서'도 그를 버렸고, 여자들과의 관계를 다시 시작했다. 이후 어떤 예술가를 알게 되어 그에게 몸을 맡겼으나 역시 오르가슴을 느끼지 못했다. 그녀의 생활은 명확하게 몇 시기로 나누어져 있었다. 한동안 글을 쓰며 창작가로서 작업했고, 자기를 완전히 남자로 느꼈다. 그 기간에 간헐적이며 사디즘적으로 여자들과 동침했다. 그런 다음에 여성이 되는 기간이 있었다. 그녀는 오르가슴에 도달하기를 희망했기 때문에 정신분석을 받았다.

레즈비언이 만일 여성성의 상실을 통해서 자신감에 넘치는 남성성을 획득한다면, 여성성을 상실하는 데 쉽게 동의할 수 있을 것이다. 그러나 실제로는 그렇지 못하다. 당연히 그녀는 남성의 성기가 없는 채로 있다. 그녀는 손을 가지고 자기 여자 친구의 처녀성을 빼앗거나 남자의 여자 소유를 모방하기 위해서 인공적인 페니스를 사용할 수 있다. 그런데도 그녀는 거세된 인간임이 틀림없다. 그것으로 인해 그녀가 심히 고통스러워할 수도 있다. 여자로서는 미완성이고, 남자로서는 무능한 그녀의 불편함은 때로 정신병적 증상으로 나타날 수 있다. 한 여자

환자가 달비에게 이렇게 말했다.[160] "삽입하기 위해서 내게 무언가가 있다면, 더 좋을 거예요." 또 다른 환자는 자기 유방이 굳어지기를 바라고 있었다. 레즈비언은 자기의 남성적 열등감을 거만한 태도와 노출증으로 보상하려고 애쓰게 되는데, 이런 태도는 사실상 내적인 불균형을 나타내는 것이다. 또한, 그녀는 때로 다른 여자들과, '여성적인' 남자나 아직 남성성이 미숙한 소년이 여자를 상대할 때와 완전히 유사한 관계를 만들어 내는 데 성공하게 된다. 이와 같은 운명의 가장 뚜렷한 예는 크라프트에빙Richard von Kraft-Ebing(1840~1902)[161]이 보고하는 '상도르'의 경우다. 그녀는 이런 방법을 통해 완벽한 균형에 도달했다. 다만 이 균형은 사회의 개입으로 파괴되었다.

사롤타는 기벽으로 이름난 어느 헝가리 귀족 가문의 출신이었다. 그녀의 아버지는 그녀를 사내아이로 키우려고 했다. 그녀는 말을 타고 사냥 등을 했다. 이런 방식은 학교 기숙사에 들어가는 열세 살 때까지 계속되었다. 그때 그녀는 한 귀여운 영국 소녀를 사랑하게 되었고, 자기를 남자라고 주장하며 그 소녀를 사로잡았다. 그녀는 어머니 집으로 돌아왔으나 곧 '상도르'라는 이름으로 남장을 하고 아버지와 함께 여행을 떠났다. 그녀는 남성적 스포츠에 열중하며 술을 마시고 사창가에 출입했다. 그녀는 특히 여배우들이나 외로운 여자들에게 마음이 끌렸는데, 가능한 한 나이가 듬직한, 정말 '여성적인' 여자들을 좋아했다. 그녀는 다음과 같이 말했다. "나는 시적인 베일 아래 드러나는 여성적인 정열을 좋아했다. 여자의 뻔뻔함은 나에게 혐오감을 일으켰다. (…) 나는 여자 옷 그리고 일반적으로 여성적인 모든 것에 대해 말로 표현할 수 없는 반감을 품고 있었다. 그러나 단지 내가 입은 옷과 내 안에 있는 것만을 싫어했을 뿐이다. 왜냐하면 반대로 나는 아름다운 성에 대한 열정을 가지고 있었기 때문이다." 그녀는 여자들과 수많은 애정 관계를 맺었으며, 그녀들을 위해 숱하게 돈을 썼다. 그동안 그녀는 주요 신문 두 곳에 기사를 쓰고 있었다. 그녀는 자기보다 10년 연상의 여자와 3년 동안 부부처럼 살다가, 마침내 결별하면서 애를 먹었다. 그녀에게 격렬한 애정을 바치는 여자들이 적지 않았다. 한 젊은 여교사와 사랑에 빠진 그녀는 모의 결혼을 통해 여교사와 맺어졌다. 그녀의 약혼자와 가족은 그녀를 남자라고 생각했다. 약혼자의 아버지는 자기의 미래 사위에게서 발기한 남근을 보았다고 믿었다(필시 인조 음경이었

---

160 『정신분석 방법과 프로이트의 학설 La Méthode Psychanalytique et la doctrine freudienne』
161 *독일의 정신의학자

을 것이다). 그녀는 그저 형식상으로 수염을 면도질하곤 했다. 그러나 어느 날 하녀가 그녀의 속옷에서 핏자국을 발견했고 열쇠 구멍을 통해서 상도르가 여자라는 사실을 확인했다. 정체가 탄로 난 그녀는 감옥에 갇혔으나 이후 풀려났다. 그녀는 사랑하는 마리와 헤어지게 되어 한없는 슬픔을 겪었으며, 감방에 있을 때 마리에게 아주 열정적인 편지를 써 보내었다. 그녀의 체격은 완전히 여성적이지 않았다. 골반이 아주 좁았고, 허리도 없었다. 유방은 잘 발달했고, 생식기관은 분명 여자의 것이었지만 발육이 불완전했다. 상도르는 열일곱 살에야 월경을 시작했고, 월경 현상에 대해 진저리쳤다. 남자들과 성관계를 한다는 생각은 그녀에게 소름 끼치는 일이었다. 여자보다 남자와 잠자리를 할 때 부끄러움을 덜 느낄 만큼 편했다. 그 정도로 그녀의 감각은 여자를 향해 발달했다. 사람들이 여자로 취급하면 아주 거북해지는 그녀는, 여자 옷을 다시 입어야 했을 때는 불안에 떨며 어쩔 줄 몰라 했다. 그녀는 '스물네 살부터 서른 살까지 자석에 이끌리듯 여자들에게 끌리는 것'을 느꼈다. 그녀는 오직 여자 친구를 애무할 때만 성적 만족을 느꼈고, 애무받을 때는 전혀 만족하지 못했다. 필요할 경우 그녀는 천 부스러기를 채운 스타킹을 발기한 음경처럼 사용하기도 했다. 그녀는 남자들을 아주 싫어했다. 타인의 도덕적 평가에 매우 민감했던 그녀는 수준 높은 문학적 재능을 소유했으며, 깊이 있는 교양과 비범한 기억력을 가지고 있었다.

상도르는 정신분석을 받지 않았지만, 여러 가지 사실에 대한 간단한 보고에서 몇 가지 점이 뚜렷하게 눈에 띈다. 그녀가 받은 교육과 타고난 몸의 구조 덕분에, 그녀는 '남성적인 항의'를 하지 않은 채 아주 자연스럽게 자기를 언제나 남자로 생각하고 있었던 것 같다. 그녀의 아버지가 그녀를 자기의 여행과 삶에 참여시킨 방식은 명백하게 결정적인 영향을 미쳤다. 그녀의 남성성은 아주 확실해서 그녀가 여자들에게 양면적 감정을 품는 일은 전혀 없었다. 그녀는 여자들로 인해 위태롭게 느끼는 일 없이 남자가 사랑하듯이 여자들을 사랑했으며, 대등한 관계는 받아들이지 않은 채 여자들을 온전히 지배적이고 능동적인 방식으로 사랑했다. 하지만 '남자를 아주 싫어했고' 특이하게 나이 든 여자들을 사랑했다는 것은 눈길을 끈다. 이것은 상도르가 자기 어머니에 대해 **남성적** 오이디푸스 콤플렉스를 가지고 있었다는 것을 암시한다. 그녀는 자기 어머니와 짝을 이루면서 어머니를 보호하고 언젠가는 어머니를 지배하려는 희망을 품는 아주 어린 여자아이의 유아적 태도를 영속시켜 왔다. 어린아이가 어머니의 애정을 받지 못했을 때, 이런 애정의 욕구는 성인이 되어서도 평생 따라다니는 경우가 아주 흔하다. 아버지에 의해 길러진 상도르는 지극히 사랑하는 상냥한 어머니를 꿈꾸며 다른 여자들을 통해서 그러한 어머니를 추구했음이 틀림없다. 이것은 다른 남자들에 대한 그녀의 심한 질투를 설명해 주는데, 즉 그녀의 눈에 신성한 성격을 띠고 있는 '외롭고' 나이 든 여자들에 대한 존경심과 '시적詩的' 사랑과 관련되어 있다. 그녀의 태도는 정확히 바랑 부인을 향한 루소의 태도이며, 샤리에르 부인을 향한 젊은 벵자맹 콩스탕의 태도였다. 예민하고 '여성적인' 청소년들 역시 모성적인 정부를 목표로 삼는다. 다소 비난받는 모습 아래 이런 유형의 레즈비언을 종종 볼 수 있는데, 이런 레즈비언은 자기 어머니와 절대 동일시하지 않았다. 왜냐하면 어머니를 너무 좋아했거나 너무 싫어했기 때문이다. 그러나 그녀는 여자가 되기를 거부하면서도 자기 주위는 여성적인 상냥함으로 둘러싸이기를 바란다. 이런 따뜻한 모성의 품에서 그녀는 사내아이 같은 대담함으로 세계 속에 뛰어들 수 있다. 그녀는 남자처럼 행동하지만, 남자로서는 약한 데가 있어서 연상의 여자 애인의 사랑을 희구하게 된다. 동성애 커플은 고전적인 이성애 커플, 즉 중년 부인과 청년 커플을 재현하게 된다.

정신분석학자들은 동성애 여자가 자기 어머니와 일찍이 맺었던 관계의 중요성을 잘 지적했다. 소녀가 어머니의 지배를 벗어나기 힘든 두 가지 경우가 있다. 즉, 근심 걱정이 많은 어머니에 의해 애지중지 길러진 경우와 깊은 죄의식을 불어 넣어준 '나쁜 어머니'에게서 학대받은 경우다. 첫 번째 경우, 모녀의 관계는 동성애와 비슷하다. 그녀들은 함께 자고 서로 어루만지거나 서로의 유방에 뽀뽀한다. 젊은 처녀는 다른 사람의 품속에서 이와 같은 행복을 구하게 된다. 두 번째 경우, 그녀는 친어머니로부터 자기를 지켜주고 자기 머리 위에서 느끼는 저주를 없애 주는 '착한 어머니'에 대한 열렬한 욕구를 품게 된다. 헤블록 엘리스가 이야기하는 환자들 가운데 한 명은 어린 시절 내내 어머니를 아주 싫어했는데, 열여섯 살 때 연상의 여자에 대해 느꼈던 사랑을 다음과 같이 말한다.

나는 고아로 있다가 갑작스레 어머니를 얻은 것처럼 느껴졌다. 그리고 어른들에게 전과 같은 적대감을 품지 않고 그들을 존경하기 시작했다. (⋯) 그녀에 대한 나의 사랑은 완전히 순수했으며, 그 사랑을 어머니에 대한 사랑처럼 생각했다. (⋯) 나는 그녀가 나를 만지는 것을 좋아했고, 때때로 그녀는 나를 자기 품에 껴안은 나 무릎 위에 앉게 했다. (…) 내가 잠자리에 들면 그녀는 내게 와서 잘 자라고 하며 입술에 키스해 주곤 했다.

연상의 여자가 원하면 젊은 처녀는 더욱 열렬한 포옹에 기쁘게 몸을 맡기게 된다. 보통 그녀는 수동적 역할을 맡게 되는데, 여자아이처럼 상대에게 지배되고 보호받으며 귀염받고 애무되기를 바라기 때문이다. 이런 관계가 정신적인 것에 그치든 육체적인 것이 되든, 이는 흔히 진정한 사랑의 감정의 성격을 띤다. 그러나 이런 관계는 소녀의 성장 과정에서 하나의 고전적 단계로 나타나는 것이기 때문에, 이것만으로는 동성애에 대한 단호한 선택을 충분히 설명할 수 없을 것이다. 젊은 처녀는 동성애에서 해방과, 동시에 남자의 품에서도 찾아낼 수 있을 안전을 추구한다. 열정적 사랑의 시기가 지나면, 젊은 처녀는 흔히 연상의 여자에 대해 자기 어머니에게 느끼던 양면적 감정을 느낀다. 그녀는 연상 여자의 힘에서 벗어나기를 무척 바라면서도 그 힘을 참아 낸다. 만약 상대가 그녀를 붙잡아 두려 고집한다면, 그녀는 한동안 '포로가 된 여자'로 남아 있게 된다.[162] 그러나 크게 싸우든 합의를 하든, 그녀는 마침내 이 상황에서 벗어난다. 드디어 사춘기를 청산한 그녀는 자신이 정상적인 여자의 삶에 과감히 맞설 수 있을 만큼 성숙했다고 느낀다. 그녀의 레즈비언 성향이 확실해지기 위해서는 – 상도르처럼 – 그녀가 자기의 여성성을 거부하든지, 아니면 그녀의 여성성이 여성의 품에서 가장 행복하게 개화하든지 해야만 한다. 즉, 유년시절에 어머니에게의 고착은 동성애를 설명하는 데 충분치 않다는 말이다. 그리고 동성애는 전혀 다른 동기들 때문에 선택될 수도 있다. 여자는 완전한 혹은 미성숙한 경험을 통해 자기가 이성애 관계에서 쾌락을 끌어내지 못하리라는 것과 오직 다른 여자만이 자기를 만족시켜 줄 수 있다는 것을 발견하거나 예감할 수 있다. 특히 자기의 여성성을 몹시 중요하게 여기는 여자에게 동성애적 포옹은 가장 만족스러운 사실로 나타난다.

다음의 사실은 대단히 중요하다. 즉, 자기를 객체화하는 데 대한 거부가 여자를 언제나 동성애로 이끄는 것은 아니라는 점이다. 대다수 레즈비언은 반대로 자기의 여성성이라는 보물을 자기 소유로 하려고 한다. 자기를 수동적인 물체로 변신시키는 데 동의하는 것이 주체적인 주장을 모두 포기하는 것은 아니다. 여자는

---

162 도로시 베이커Dorothy Baker의 소설 『트리오Trio』에서처럼 말이다. 하지만 이 소설은 대단히 피상적이다.

이처럼 즉자 존재의 형태로 자기를 발견할 것을 염원한다. 그러나 그때 그녀는 자기의 타성에서 자기를 되찾으려 노력하게 된다. 혼자 있을 때 그녀는 현실적으로 자기를 둘로 나눌 수 없다. 그녀는 자기 가슴을 애무하지만, 그 가슴이 다른 사람의 손에는 어떻게 그 모습을 드러낼지 또한 다른 사람의 손 아래서는 어떻게 살아 있음을 느낄지 알지 못한다. 한 남자는 그녀에게 그녀의 살의 **대자적** 실존을 발견할 수 있게 해 준다. 그러나 그 살이 **타자에게** 무엇인지를 발견할 수 있게 해 주는 것은 아니다. 오직 그녀의 손가락이 한 여자의 몸을 어루만지고 확인할 때, 또 그 여자의 손가락이 자기 몸을 애무할 때 비로소 거울의 기적이 완전히 나타난다. 남자와 여자 사이에 사랑은 하나의 행위다. 각자는 자기를 떠나서 타자가 되어 버린다. 사랑에 빠진 여자의 마음을 사로잡는 것은 그녀 육신의 수동적인 무기력이 남성적 격정의 모습 아래 반사된다는 것이다. 그러나 나르시시즘에 빠진 여자는 발기한 성기에서 그 매력을 너무나 막연하게 인정하고 있을 뿐이다. 여자들 간의 사랑은 관조다. 애무는 상대를 자기 것으로 만들기 위한 것이라기보다는 상대를 통해서 서서히 자기를 재창조하기 위한 것이다. 분리는 사라지고, 투쟁도 승리도 패배도 없다. 서로 정확히 주고받음으로써 각자는 주체인 동시에 객체이고, 지배자인 동시에 노예다. 이런 이중성은 암묵적 합의다. 콜레트가 말하기를, "꼭 닮은 것은 성적 쾌감을 안정시키기도 한다. 여자 친구는 자신이 그 비밀을 알고 있는 육체, 자기 자신의 육체가 선호하는 상대의 육체를 확신에 차서 애무하기를 좋아한다"라고 했다.[163] 또 르네 비비앙은 이렇게 말하고 있다.

우리의 마음은 대단히 소중한 우리 여자의 젖가슴처럼 닮았다!
우리의 육체는 똑같이 만들어졌고
하나의 같은 무거운 운명이 우리의 영혼에 실려 있다.
나는 그대의 미소와 그대의 얼굴 위의 그림자를 표현한다.
나의 상냥함은 그대의 고귀한 상냥함과 다를 바 없다.
때로는 우리가 같은 핏줄을 타고난 것처럼 생각되어
나는 그대 안에 있는 나의 아이, 나의 친구, 나의 자매를 사랑한다.[164]

---

163 『이런 쾌락들······*Ces plaisirs······*』
164 『마법 *Sortilèges*』

이런 분열은 모성적 모습을 취할 수도 있다. 딸 속에서 자기를 알아보고 자기를 소외시키는 어머니는 딸에게 성적 애착을 갖는 일이 종종 있다. 자기 품 안에 연약한 육체적 대상을 안아 보호하며 어르고 싶은 그녀의 심정은 레즈비언과 공통적이다. 콜레트는 『포도덩굴 *Les Vrilles de la vigne*』에서 다음과 같이 그 유사성을 강조하고 있다.

그대는 모성의 근심 가득한 눈을 하고 내 위에 몸을 기울여 나에게 관능의 쾌락을 줄 것이다. 그대는 정열적인 여자 친구를 통해 그대가 가져보지 못한 아이를 찾고 있다.

그리고 르네 비비앙도 같은 감정을 표현하고 있다.

오라, 나는 그대를 병든 어린아이처럼 데리고 갈 것이다.
투정 부리며, 겁이 많고, 몸이 아픈 어린아이처럼
나의 신경질적인 두 팔로 야윈 그대의 몸을 껴안는다.
그대는 알게 될 것이다, 내가 병을 낫게 할 수도 보호할 수도 있다는 것을.
그리고 나의 두 팔은 그대를 더 잘 보호하기 위해 있다는 것을.[165]

또 이런 글도 있다.

나는 내 품 안에 있는 연약하고 조용한 그대와
그대가 쉬게 될 포근한 요람을 사랑한다.

모든 사랑 속에는 – 성적 사랑이든 모성적 사랑이든 – 탐욕과 관대함, 타자를 소유하고 싶은 욕망과 그에게 모든 것을 주고 싶은 욕망이 동시에 들어 있다. 그러나 어머니와 레즈비언은 양자가 모두 어린아이와 여자 애인 속에서 자기들의 연장된 부분이나 반사된 모습을 애무하는 나르시시스트라는 범주에서 특별히 만난다.

하지만 나르시시즘이 언제나 동성애로 인도되는 것도 아니다. 마리 바시키르

체프의 예가 이를 증명한다. 그녀의 글에서는 여자에 대한 애정 어린 감정의 흔적이 전혀 발견되지 않는다. 관능적이라기보다는 오히려 지적이고 극도로 허영심이 강한 그녀는 어린 시절부터 남자를 통해 자신의 가치를 높일 것을 꿈꾸어 왔다. 그녀의 명성에 이바지할 수 있는 것 외에 아무것도 그녀의 관심을 끄는 것은 없다. 전적으로 자기만을 우상화하고 추상적인 성공을 노리는 여자는 다른 여자들과 따뜻한 공모 관계를 가질 수 없다. 그녀는 다른 여자들에게서 경쟁자와 적밖에는 보지 못한다.

사실 어떤 요인도 결코 결정적 역할을 하지 않는다. 언제나 복합적인 전체의 한가운데서 이루어지는, 그리고 자유로운 결정에 근거한 선택이 관건이다. 어떠한 성적 운명도 개인의 삶을 지배하지 않는다. 개인의 에로티시즘은 오히려 실존에 대한 그의 포괄적 태도를 나타내고 있다.

하지만 여러 가지 상황적 요인 또한 이런 선택에서 중요한 부분을 차지한다. 오늘날도 여전히 양성은 대부분 따로 떨어져 생활하고 있다. 그래서 기숙사나 여학교에서 친교 관계가 성적인 관계로 재빨리 발전된다. 소녀와 소년의 우애가 이성애의 경험을 촉진하는 환경에서는 레즈비언의 수가 훨씬 적다. 작업장이나 사무실에서 여자들끼리만 일하고 남자들을 만날 기회가 별로 없는 여자들은 동성끼리 애정 어린 우정 관계를 맺게 된다. 그녀들에게는 물질적으로나 정신적으로나 자기들의 생활을 결합하는 것이 편리하다. 여기에 이성애 관계의 부재나 실패가 그녀들을 동성애로 이끌 것이다. 체념과 선호 사이에 한계를 긋는다는 것은 어려운 일이다. 남자에게 실망한 나머지 여자를 사랑하는 예도 있다. 그러나 때로는 그녀가 남자에게서 찾은 것이 원래는 여자이기 때문에 남자에게 실망하는 수도 있다. 이런 모든 이유로 이성애 여자와 동성애 여자 사이에 엄격한 구분을 짓는 것은 잘못된 일이다. 사춘기의 불확실한 시기를 지나면 정상적인 남자는 더는 동성애의 사소한 실수를 하지 않는다. 그러나 여자는 정상적이라 할지라도 종종 자기의 젊은 시절을 매혹했던 사랑 – 정신적이든 그렇지 않든 간에 - 으로 되돌아가곤 한다. 남자에게 실망한 그녀는 여자의 품 안에서 자기를 배신한 남자 애인을 추구하게 된다. 콜레트는 『방랑하는 여인』에서 금기의 쾌락이 여자의 인생에서 종종 위안의 역할을 하는 것을 보여 준다. 어떤 여자들은 이런 위안으로 일생을 보내는 일도 있다. 남자의 포옹으로 충족된 여자들조차 더 조용한 관능의 쾌락을 무시하지 못할 수 있다. 여자 친구의 애무는 단순히 몸을 내맡기고 만족감을 느끼기만 하면 되기 때문에, 수동적이며 관능적인 여자는 그 애무에 반감을 갖지 않게 된다. 활기차고 열정적인 여자는 '양성구유자'로 보이게 되는데, 그것은 호르몬의 신비한 결합 때문이 아니라, 단지 공격성과 소유욕을 남성의 특질로 간주하기 때문이다. 르노를 사랑하는 클로딘은 레지의 매력에도 끌린다. 그녀는 완전한 여자이지만 또한 부단히 상대를 얻어 애무하고 싶어 한다. 물론 '정숙한 여자들'에게는 이런 '사악한' 욕망이 용의주도하게 억압된다. 하지만 그런 욕망은 순수하지만 정열적인 우정의 형태로 혹은 모성애라는 형태 아래 은밀히 나타난다. 이런 욕망은 때때로 정신병을 앓는 중에 혹은 폐경으로 인해 심리적 불안정을 보이는 기간에 격렬하게 나타나기도 한다.

말할 것도 없이 레즈비언을 완전히 다른 두 범주로 구분하려는 시도는 무의미하다. 사회에서 일어나는 희극이 종종 그녀들의 실제 관계에 겹쳐지기 때문에, 남녀 양성 커플을 모방하는 것을 즐기면서 그녀들 자신이 '남성적인 것'과 '여성적인 것'으로 분류하는 것을 제안하고 있다. 그러나 한쪽이 검소한 양복을 입고, 다른 쪽이 헐렁한 드레스를 입고 있더라도 속아서는 안 된다. 잘 살펴보면 – 극단적인 경우를 제외하고는 – 그들의 섹슈얼리티가 모호하다는 것을 알아챌 수 있다. 남자의 지배를 거부하기 때문에 레즈비언이 된 여자는 다른 여자에게서 자기와 같은 기세등등한 여전사를 알아보는 기쁨을 자주 맛본다. 예전에 남자들에게서 멀리 떨어져 함께 생활하던 세브르의 여학생들 사이에서는 많은 금단의 사랑이 꽃을 피웠다. 그녀들은 여성 엘리트에 속하는 것을 자랑스러워했으며, 언제까지나 자율적인 주체로 남아 있고 싶어 했다. 특권적인 계급에 대항해 그녀들을 결합해 주는 이러한 복합성은, 그녀들 각자에게 자신 안에 소중히 간직하고 있던 매혹적인 존재를 한 여자 친구에게서 발견하고 찬탄하게 했다. 서로 포옹하면서 그녀들 각자는 남자인 동시에 여자였고, 자신의 남녀 양성적 덕목에 즐거워했다. 역으로 여자의 품 안에서 자기의 여성성을 누리고자 하는 여자 역시 어떤 주인에게도 복종하지 않는 자존심을 경험한다. 르네 비비앙은 여성의 미를 열렬히 사랑했으며 자기도 아름다워지고 싶어 했다. 그녀는 몸을 곱게 단장하고 자기의 긴 머리를 자랑스러워했다. 그러나 그녀는 또한 자신이 자유롭고 순결하게 느끼기를 좋아했다. 그녀는 시詩 속에서, 결혼을 통해 한 남자의 노예가 되는 데 동의하는 여자들에 대한 경멸을 표현했다. 독한 술을 좋아하는 것이나 때때로 상스러운 말을 내뱉는 것은 남성성에 대한 그녀의 욕망을 나타내는 것이었다. 사실

압도적인 다수의 커플에게 애무는 상호적이다. 결과적으로 역할은 매우 불확실하게 분배된다. 어린애 같은 여자가 보호자 같은 부인 앞에서 청년의 역할을 할 수도 있고, 혹은 남자 연인의 팔에 기댄 정부情婦의 역할을 할 수도 있다. 그녀들은 평등한 가운데 서로 사랑할 수 있다. 상대가 동성이기 때문에 모든 결합, 치환, 교환, 연극이 가능하다. 관계는 여자 연인들 각자의 심리적 경향에 따라서 그리고 상황 전체에 따라서 평형을 이룬다. 한 편이 상대를 돕거나 부양을 한다면, 그녀는 남자의 역할을 맡는다. 즉, 전제적 보호자나 이용당하는 인물이나 존경받는 군주 혹은 때로는 기둥서방 역할까지도 한다. 정신적·사회적·지적 우월성이 그녀에게 흔히 권위를 부여한다. 하지만 사랑받는 여자는 그녀를 사랑하는 상대 여자의 정열적인 애정이 주는 특권을 누린다. 한 남자와 한 여자의 결합과 마찬가지로 두 여자의 결합은 수많은 다양한 모습을 취한다. 그 결합은 감정이나 이해관계 혹은 습관 위에 구축된다. 또한 부부간의 결합이거나 비현실적인 결합이기도 하다. 그리고 사디즘에, 마조히즘에, 관대함에, 성실함에, 헌신에, 변덕에, 이기주의에, 배신에 자리를 내주기도 한다. 동성애 여자들 가운데에는 정열적인 연인들이 있는 것처럼 매춘부들도 있다.

하지만 어떤 사정 때문에 이런 관계는 특이한 성격을 띠기도 한다. 동성애는 제도나 습관에 의해서 인정되지 않으며, 인습에 의해서도 규정되어 있지 않다. 그래서 동성애는 더 진정성 있게 영위되고 있다. 남자와 여자는 ─ 그들이 부부일지라도 ─ 상대방 앞에서 다소 체면을 차린다. 특히 여자는 남자로부터 항상 명령을 받고 사는 처지이기 때문에 더욱 그러하다. 즉, 모범이 되는 덕성, 매력, 교태, 어린애 같은 행동이나 엄숙한 태도를 보이도록 요구받고 있다. 여자는 남편과 애인이 있는 데서 완전히 자기 자신이 되지 못한다. 여자 친구 옆에서는 으스대지 않고 본심을 감추지 않아도 되며, 그녀들이 서로 닮았기 때문에 숨김없이 서로를 보여 줄 수 있다. 이런 유사성은 가장 완전한 친밀성을 낳는다. 이러한 결합에서 에로티시즘은 아주 작은 부분에 불과한 경우가 많다. 관능적 쾌락은 남녀 간의 결합에 존재하는 쾌락만큼 격렬하지도 현혹적이지도 않으며, 그와 같은 아주 놀라운 변신을 일으키지도 않는다. 그러나 남녀 애인들은 육체를 분리할 때 다시 이방인이 된다. 그리고 남자의 육체는 여자에게 불쾌하게 보이기까지 한다. 또 남자는 때때로 상대 여자의 육체 앞에서 일종의 무미건조한 구토감을 느끼기도 한다. 하지만 여자들 간의 육체적 애정은 한층 더 동등하고 지속적이다. 여자들은 강렬한 황홀경 속으로 빠져들지는 않지만, 그렇다고 적대적 무관심 속으로 떨어지는 일도 결코 없다. 서로 마주 보고 서로의 몸을 만지는 것은 침대의 쾌락을 조용히 연장하는 평온한 기쁨이다. 사라 폰슨비Sarah Ponsonby(1755~1831)[166]와 여자 애인과의 결합은 구름 한 점 없이 50여 년 동안 지속됐다. 그녀들은 세상에서 떨어져 나와 평화로운 낙원을 창조할 줄 알았던 것 같다. 그러나 진정성에도 약점이 있다. 그녀들은 감추거나 통제하려는 고민 없이 자기의 모습을 완전히 드러내기 때문에, 유례없이 서로에게 난폭하게 흥분할 수도 있다. 남자와 여자는 서로 다르다는 이유에서 상호 주눅이 든다. 남자는 여자 앞에서 연민과 불안을 느낀다. 남자는 여자를 정중하게, 너그럽게, 신중하게 대하려고 애쓴다. 여자는 남자를 존중하고, 어느 정도는 두려워하며, 남자 앞에서 자제하려고 애쓴다. 각자는 그 감정과 반응을 잘 파악할 수 없는 수수께끼 같은 상대를 상처 입히지 않으려고 배려한다. 그런데 여자들끼리는 서로 가차 없다. 서로 상대의 허를 찌르고 도발하며, 서로 집요하게 뒤쫓고, 심한 증오심을 품고서 비열함의 밑바닥으로 상대방을 끌어내린다. 남자의 냉정함 – 그것이 무관심이든 자제이든 간에 – 은 여자의 성화가 부딪쳐 부서지는 방파제다. 그러나 두 여자 친구 사이에는 경쟁적으로 눈물과 발작이 격화된다. 비난과 변명을 중언부언하는 그녀들의 끈질김은 한이 없다. 억지 부리기, 비난, 시샘, 횡포, 부부 생활에 따르는 이런 모든 재앙이 격한 형태로 터져 나온다. 그와 같은 사랑이 종종 파란을 일으키는 것은 보통 그녀들이 이성애의 사랑보다도 더 위협을 받기 때문이기도 하다. 그녀들은 사회로부터 비난을 받고 사회에 잘 통합되지 못한다. 남성적 태도를 보이는 여자는 – 그 성격이나 상황 혹은 그 정열의 힘으로 – 자기 여자 친구에게 정상적이며 존중할 만한 삶을 마련해 주지 못하고, 그녀와 결혼할 수 없으며, 색다른 길로 그녀를 이끄는 데 대해 후회하게 된다. 래드클리프 홀Radclyffe Hall(1880~1943)[167]이 『고독의 우물』에서 여주인공에게 부여하는 것이 이런 감정이다. 이러한 회한은 병적인 불안과 특히 그녀를 괴롭히는 질투로 나타난다. 한편 보다 더 수동적이거나 사랑이 덜한 여자 친구는 사회의 비난에 괴로워하게 된다. 그녀는 자신이 타락하고 사악하며 욕구 불만이 쌓인 여자라고 생각하게 되고, 자기에게 이런 운명을 강요한 여자에 대한 원

166　* 18세기 영국에서 호화로운 삶을 뒤로한 채 여자 애인 엘리너 버틀러Eleanor Butler(1739~1829)와 사랑의 도피를 해서 50년 동안 함께 살았다. '랭골렌의 귀부인들'로 유명하다.

167　* 영국의 소설가. 『고독의 우물』은 현대 영문학사 최초의 레즈비언 소설이다.

「랭골렌의 귀부인, 사라 폰슨비와 엘리너 버틀러」 제임스 헨리 린치, 20세기

한을 갖는다. 두 여자 중 한 명이 아이를 갖고 싶어 할 수도 있다. 아니면 아이를 못 낳는 것을 슬퍼하면서 체념하거나 둘이서 아이를 입양하거나, 혹은 어머니가 되기를 희망하는 여자가 한 남자에게 도움을 청하거나 한다. 어린아이가 때로 두 사람 사이의 유대를 강화할 수도, 때로 마찰의 새로운 원인이 될 수도 있다.

동성애에 갇힌 여자들에게 남성적인 성격을 부여하는 것은 그녀들의 에로틱한 생활이 아니다. 에로틱한 생활은 도리어 그녀들을 여성적인 세계 속에 가두어 둔다. 그녀들에게 남성적인 성격을 부여하는 것은 그녀들이 남자 없이 지내는 이유로 인해 수용해야만 하는 모든 책임 때문이다. 그들의 상황은 남자들 가운데서 살아야 하므로 때로 남성적 정신을 갖기도 하는 고급 창녀 ─ 예를 들면, 니농 드 랑클로 같은 ─ 의 상황과는 반대다. 이런 여성은 남자들에게 의존하고 있다. 레즈비언들 주위를 맴도는 특이한 분위기는 그녀들의 사생활이 펼쳐지는 규방적 풍토와 공적 생활에서 나타나는 남성적인 독립성 사이의 대비에서 유래한다. 그녀들은 남자 없는 세계에서 남자들처럼 행동한다. 여자뿐이라는 것은 언제나 조금은 색다르게 보인다. 남자들이 여자들을 존중한다는 것은 사실이 아니다. 그들은 자기 여자들 ─ 아내, 정부, '후원받는' 여자 ─ 을 통해서 자기들끼리 서로 존중한다. 남자의 보호가 더는 미치지 못하게 될 때, 여자는 공격적·조소적 혹은 적대적 태도를 보이는 우월한 계급 앞에서 속수무책이다. '성도착'으로서의 여성 동성애는 별문제가 되지 않는다. 그러나 하나의 생활 양식을 내포하는 것으로서의 여성 동성애는 경멸이나 추문을 일으킨다. 레즈비언들의 태도 속에 많은 도발과 가식이 있는 것은 그녀들이 자기네 상황을 자연스럽게 살아갈 수 있는 어떠한 수단도 가지고 있지 않기 때문이다. 자연스럽다는 것은 자기반성을 하지 않는다는 것과 자기 행위에 대해 생각하지 않고 행동한다는 것을 의미한다. 그러나 타인의 행동은 레즈비언이 자기 자신에 대해 끊임없이 의식하게 한다. 그녀가 평온한 무심함으로 자기의 길을 갈 수 있게 되는 것은 오직 나이가 꽤 들었거나 사회적으로 커다란 권위를 갖추었을 때 한해서다.

예를 들어, 레즈비언은 아주 흔하게 남장을 하는데, 취향 때문인지 혹은 방어적 반응 때문인지는 단정하기가 어렵다. 대부분은 분명 자발적인 선택으로 이루어지는 것이다. 여자 옷을 입는 것만큼 부자연스러운 것은 없다. 물론 남자 옷 역시 인공적이기는 마찬가지지만 더 편리하고 간단하다. 행동을 방해하지 않으며 움직이기 편하게 만들어졌다. 조르주 상드나 이자벨 에버하르트는 남자 정장을 입고 다녔다. 티드 모니에는 최근 저서[168]에서 바지 착용을 특히 좋아한다고 말한다. 활동적인 여자는 누구나 굽이 낮은 신발과 질긴 옷을 좋아한다. 여자가 화장하는 의미는 명백하다. 즉, 자기 몸을 '꾸미는 것'이며, 자신을 제공하겠다는 것이다. 이성애 페미니스트들은 최근 이 점에 관해 레즈비언들과 마찬가지로 강경한 태도를 보였다. 그녀들은 진열해 놓은 상품이 되기를 거부했고, 남자 복장과 장식 없는 펠트 모자를 착용했다. 가슴과 어깨가 드러나는 장식이 달린 드레스는 그녀들이 맞서 싸우는 사회 질서의 상징처럼 보였다. 오늘날 그녀들은 현실을 제압하는 데 성공했고, 그 상징은 그녀들 눈에 덜 중요해 보인다. 하지만 여전히 권리를 주장하는 상황에 놓여 있는 레즈비언에게 그 상징은 중요성을 간직하고 있다. 만약 육체적 특징이 동성애 성향에 동기를 부여했다면 장식 없는 간소한 복장이 그녀에게 더 잘 어울릴 수도 있다. 몸치장의 역할 중 하나가 여자의 촉각적 관능성을 만족시킨다는 점을 덧붙여야만 한다. 그러나 레즈비언은 벨벳이나 실크의 위안을 경멸한다. 상도르처럼 그녀는 자기 여자 친구들이 그런 천을 몸에 걸친 것을 좋아하거나 혹은 여자 친구의 육체가 그녀를 대신하게 된다. 레즈비언이 과음하고 독한 담배를 피우며, 거친 언사를 쓰고 난폭한 운동을 하는 것도 이런 이유에서다. 그녀는 관능적인 면에서 타고난 여성의 온화함을 지니고 있다. 하지만 대조적으로 강렬한 분위기를 좋아한다. 이렇게 해서 그녀는 남자들과 함께 있는 것을 좋아할 수도 있다. 그러나 여기에는 새로운 요소가 개입된다. 그것은 그녀가 남자들과 유지하는 종종 모호한 관계다. 자기의 남성성을 대단히 확신하고 있는 여자는 친구나 동료로서 오직 남자들만을 원하게 된다. 이러한 확신은 거의 남자들과 공통된 관심사를 가지고 있는 여자에게서만 발견되고, 그런 여자는 - 사업이나 투쟁 혹은 예술에서 - 남자들 가운데 한 사람으로 일하고 성공한다. 거트루드 스타인Gertrude Stein(1874~1946)[169]은 친구들을 초대했을 때 남자들하고만 담소했고, 여자 친구들의 접대는 앨리스 토클라스Alice B. Toklas(1877~1967)[170]에게 맡겨 버렸다.[171] 지극히 남성적인 동성애 여자가 여자들에게 양면성을 지닌 태도를 보이게 된다. 그녀는 여자들을 경멸한다. 그러나 여자

---

168 『자아』

169 *미국 시인 겸 소설가

170 *미국 출신으로 파리에서 활동한 작가. 거트루드 스타인과 40년 가까이 함께한 친구이자 연인

171 자기의 가치로 성차를 초월한다고 믿는 - 또는 그렇게 믿고 싶어 하는 - 이성애 여자도 기꺼이 같은 태도를 보이게 된다. 스탈 부인이 그 예다.

들 앞에서는 여자로서도, 남자로서도 열등 콤플렉스를 가지고 있다. 그녀는 자신이 부실한 여자나 불완전한 남자로 보일까 봐 두려워 여자들에게 거만한 우월감을 과시하든가 – 슈테켈이 이야기한 남장여자처럼 – 사디즘적 공격성을 나타낸다. 그러나 이런 경우는 무척 드물다. 앞에서 본 것처럼, 대부분 레즈비언은 소극적으로 남자를 거부한다. 그녀들에게는 불감증 여자의 경우와 마찬가지로 혐오, 원한, 소심함, 자존심이 있다. 그녀들은 자기네가 정말 남자들과 같다고 느끼지 않는다. 그녀들이 여자로서 품고 있는 원한에는 남성적인 열등 콤플렉스가 추가된다. 남자들은 자기들이 손에 넣고 싶은 먹이를 유혹하고 소유하고 지키기 위해 더 잘 무장된 경쟁자들이다. 그녀들은 남자들이 여자에게 휘두르는 권력을 증오하며, 여자들에게 가하는 '오욕'을 증오한다. 또한 남자들이 사회적 특권을 쥐고 자기들보다 강하다고 느끼는 데 분노한다. 경쟁자와 맞서 싸울 수 없다는 사실이나, 그 경쟁자가 자기를 한 주먹에 쓰러뜨릴 수 있다는 사실을 아는 것은 심한 굴욕이다. 이런 복잡한 적개심은 어떤 동성애 여자들이 자기를 과시하도록 이끄는 이유 중 하나다. 그녀들은 자기들끼리만 어울린다. 그녀들은 사회적으로나 성적으로나 남자를 필요로 하지 않는다는 것을 시위하기 위해 여러 종류의 클럽을 조직한다. 그래서 불필요한 허장성세나 모든 허위의 연극에 쉽게 빠져든다. 레즈비언은 우선 남자인 체 연기한다. 다음에는 레즈비언인 것이 하나의 유희가 된다. 가장과 변장은 제복으로 바뀐다. 남자의 억압에서 벗어난다는 구실로 여자는 자기가 연기하는 인물의 노예가 되어 버린다. 그녀는 여성의 상황에 갇히고 싶지 않았지만, 레즈비언의 상황에 틀어박혀 버린다. 이런 해방된 여자들의 분파만큼 정신이 편협하고 신체가 훼손된 듯한 아주 해로운 인상을 주는 것은 없다. 많은 여자가 단지 어떤 타산적 목적으로만 자신을 동성애자라고 선언한다는 점을 잊어서는 안 된다. 그런 여자들은 더 의식적으로 모호한 태도를 보일 뿐이며, 게다가 '성도착적인' 여자들을 좋아하는 남자들을 유혹하려 든다. 추문을 일으키는 이런 열렬한 옹호자들 – 이들은 명백히 가장 눈에 잘 띈다 – 은 여론이 악덕과 허식처럼 여기는 것에 대해 악평을 하도록 조장한다.

사실 동성애는 심사숙고한 성도착, 숙명적인 저주도 아니다.[172] 그것은 **상황에 맞게 선택된**, 다시 말해 정당한 이유가 있는 동시에 자유롭게 채택된 하나의

---

172 『고독의 우물』은 심리적·생리적 숙명을 짊어진 한 여주인공을 보여 준다. 그러나 이 소설의 자료적 가치는 세간의 호평에도 불구하고 매우 낮다.

태도다. 주체가 이러한 선택 때문에 받아들이는 요인들 – 생리적 조건, 심리적 역사, 사회적 상황 – 이 모두 그런 선택을 설명하는 데 이바지한다고 할지라도 그것만으로는 결정적이지 않다. 동성애는 여자에게 일반적으로 그녀가 처한 조건, 특히 에로틱한 상황에 의해 제기된 문제들을 해결하는 여러 방법 가운데 하나다. 인간의 모든 행위와 마찬가지로 동성애는 기만과 나태와 허위 속에서 사느냐, 아니면 명석함과 관대함과 자유 속에서 사느냐에 따라서 희극과 불균형, 실패와 환상을 초래하기도 하고, 반대로 풍요로운 경험의 원천이 되기도 한다.

제2부
상황

5장
결혼한 여자

사회가 여자에게 전통적으로 제시하는 운명은 결혼이다. 오늘날에도 여전히 대부분의 여자가 결혼한 상태이거나 결혼한 적이 있거나 결혼할 준비를 하고 있거나 혹은 결혼하지 못해 괴로워하고 있다. 독신녀는 결혼이라는 제도에 대하여 실망하고 반항하고 무관심하더라도, 반드시 결혼과 연관해 정의된다. 그러므로 이 연구는 결혼에 대한 분석을 통해 계속해야만 한다.

경제적으로 발전한 여성의 조건이 현재의 결혼제도를 크게 변화시키고 있다. 이제 결혼은 자율적인 두 개인이 합의한 자유로운 결합이 되었다. 배우자 간의 계약은 개인적이고 상호적이다. 간통은 쌍방 계약의 파기이며, 양자 모두 같은 조건으로 이혼할 수 있다. 여자는 더 이상 재생산 기능에 갇혀 있지 않다. 임신·출산의 재생산 기능은 자연이 부과한 의무라는 성격을 대부분 상실하고, 자신의 의지로 수락한 임무의 형태로 나타난다.[1] 그리고 생산노동과 동일시된다. 왜냐하면 많은 경우, 국가나 고용주가 임신·출산으로 인한 휴직 기간의 급여를 산모에게 지급해야 하기 때문이다. 소련에서 몇 년 동안 결혼은 오로지 부부간의 자유에만 기초한 개인 상호 간의 계약으로 여겨져 왔으나, 이는 오늘날 국가가 두 사람에게 부과하는 공적인 의무인 것 같다. 그중 어느 경향이 미래 세계에서 주류가 될지는 사회의 전반적인 구조에 달려 있다. 아무튼, 남자의 후견은 사라져 가고 있다. 하지만 여성 해방의 관점에서 현대는 아직도 과도기다. 여성들 가운데 단지 일부만이 생산에 참여하고 있고, 이런 여성들조차도 낡은 구조와 가치가 잔존한 사회에 속해 있다. 현

---

1 본서 제1권 참조

대의 결혼은 거기에 남아 있는 과거에 비추어 볼 때만 이해될 수 있다.

결혼의 양상은 항상 남자와 여자에게 철저하게 다른 방식으로 존재해 왔다. 남녀 양성은 서로에게 필요한 존재이지만, 이런 필요성이 그들에게 상호성을 가져다준 적은 없다. 여자들은 남성 계급과 대등한 위치에서 교환과 계약을 성립시키는 하나의 계급을 구성한 적이 한 번도 없었다. 사회적으로 남자는 자율적이고 완전한 한 개인이다. 그는 무엇보다 생산자로 생각되며, 그의 존재는 그가 집단에 제공하는 노동으로 정당화되고 있다. 여자에게는 그녀가 갇혀 있는 생식과 가사의 역할이 어떤 이유로 동등한 존엄성을 부여해 주지 않는지 앞에서 이미 보았다.[2] 확실히 남자는 여자를 필요로 한다. 어떤 원시 부족들의 경우에 혼자서 자기의 생존을 보장할 수 없는 독신 남자는 일종의 천민이 되는 수가 있다. 농촌에서 농부에게는 여자 협력자가 없어서는 안 될 존재다. 대다수 남자는 어떤 힘든 일을 자신에게 유리하도록 배우자에게 떠넘긴다. 개인은 안정적인 성생활과 자손을 욕망하며, 사회는 개인이 사회를 영속시킬 것을 요구한다. 그러나 남자가 여자에게 도움을 청하는 것이 아니라 남자들의 사회가 구성원 각자에게 남편이자 아버지로서 자기를 실현하도록 허용한다. 아버지와 남자 형제들이 지배하는 가족 집단에 노예나 가신으로서 통합된 여자는 언제나 결혼을 통해 한 남자 집단에서 다른 남자 집단에게 주어졌다. 원시 시대에 부족이나 부계의 씨족은 여자를 거의 물건처럼 마음대로 처분했다. 여자는 두 집단이 상호 합의해 증여하는 제공물의 일부였다. 여자의 사회적 신분은 결혼이 진화되어 계약 형태였을 때도 크게 변하지 않았다.[3] 지참금이 부여되고 유산을 상속하게 되자 여자는 시민이 된 것처럼 보였다. 그러나 지참금과 유산은 여자를 더욱더 가족에 예속시켰다. 오랫동안 계약은 아내와 남편 사이가 아니라 장인과 사위 간에 성립되었다. 그때에는 오직 남편과 사별한 부인만이 경제적 자율성을 누렸다.[4] 젊은 처녀에게 선택의 자유는 언제나 매우 제한적이었다. 그리고 독신생활 - 신성한 성격을 띠는 예외적 경우를 제외하고 - 은 여자를 기생적인 천민의 신분으로 떨어뜨렸다. 결혼은 여자에게 유일한 생계 수단이며, 자기 존재를 사회적으로 정당화하는 유일한 방법이다. 결혼은 여자에게 이중의 지위를 부과한다. 우선 여자는 공동체에 아이

---

2 본서 제1권 참조
3 이런 결혼의 진화는 이집트, 로마, 근대 문명권에서 단속적 형태로 되풀이되었다. 제1권 제2부 「역사」참조
4 에로틱한 문학 속에 그려진 남편과 사별한 젊은 부인의 야릇한 성격은 여기서 기인한다.

들을 제공해야만 한다. 그러나 국가가 여자를 직접적으로 후견하고 여자에게 어머니 역할만 요구하는 경우 - 스파르타에서 그리고 얼마간 나치 치하에서 그랬던 것처럼 - 는 드물다. 아버지의 생식 역할을 모르던 문명에서조차 여자가 남편의 보호 아래 있기를 강력히 요구했다. 또한 여자는 남자의 성적 욕구를 만족시키고 가사를 돌보는 기능을 한다. 사회가 여자에게 부과하는 임무는 남편에 대한 **봉사**로 여겨진다. 그러므로 남편은 아내에게 선물을 하거나 사망 시 그 재산에 대한 아내의 권리를 인정하고, 아내를 부양할 책임을 져야 한다. 그리고 이렇게 공동체는 남편을 통해 사회에 헌신하는 아내에게 그 대가를 지급하는 것이다. 아내가 자기의 의무를 이행함으로써 얻는 권리는 남자가 따르는 여러 가지 책무로 나타난다. 남자는 자기 마음대로 부부 관계를 깨뜨릴 수 없다. 결혼의 파기나 이혼은 국법의 결정에 의해서만 가능하며, 그런 경우 때로 남편은 돈으로 보상해야만 한다. 이런 관례가 보코리스의 이집트에서는 남용되는 일까지 있었으며, 오늘날 미국에서는 이혼 수당의 형식으로 행해지고 있다. 일부다처제는 늘 다소간 공공연하게 용인되었다. 남자는 자기 잠자리에 노예, 제2부인, 첩, 정부, 매춘부를 들여놓을 수 있다. 그러나 본부인의 모종의 특권은 침범될 수 없다. 만약 본부인이 학대를 받거나 피해를 본다면, 그녀는 친정으로 돌아간다든가, 자기 편에서 별거나 이혼을 요구하는 - 다소 구체적으로 보장된 - 방책을 강구할 수 있다. 이처럼 배우자 두 사람에게 결혼은 짐인 동시에 이익이다. 그러나 이 양자의 상황에는 유사성이 없다. 젊은 처녀들에게 결혼은 집단에 통합되는 유일한 수단이며, 만약 '팔리지 않는다면' 그녀들은 사회적으로 쓰레기가 된다. 그래서 어머니들은 어떻게 해서든지 딸들을 결혼시키려고 언제나 혈안이 되어 있다. 19세기 부르주아 계급에서 딸의 의견은 거의 듣지 않았다. 미리 정해 놓은 '맞선 보는' 자리에서 잠재적 구혼자에게 딸을 내주었다. 졸라Émile Zola는 『살림』에서 이런 풍습을 묘사하고 있다.

"실패야, 실패하고 말았어" 하고 조스랑 부인은 의자에 몸을 내던지면서 말했다. 조스랑 씨는 단지 "아!"라고만 할 뿐이었다. "아니, 도대체 당신 모르겠어요, 혼담이 또 깨졌단 말이에요. 이번이 네 번째라고요!" 하고 조스랑 부인은 새된 목소리로 떠들었다.
"내 말 듣고 있니? 너 어떻게 또 이번 결혼을 망쳤냐 말이야?" 하고 조스랑 부인이 딸에게 걸어가며 말했다.
베르트는 자기 차례가 왔다는 것을 알았다.

"모르겠어, 엄마" 하고 베르트가 중얼거렸다.

"부국장이야, 서른도 안 됐고, 장래가 유망하지 않니. 매달 너에게 돈을 가져올 거고. 착실하지, 그게 제일이거든…… 너 또 어리석은 짓 했지, 다른 때처럼?"

"맹세코 아니라니까, 엄마."

"춤추면서 둘이 옆방으로 들어갔잖아?"

베르트는 당황했다. "네, 엄마…… 그리고 우리 둘만 있을 때 그가 못된 짓을 하려고 했어요. 그가 이렇게 나를 끌어안고 키스를 했어요. 그때 무서워서 그를 가구 쪽으로 떠밀어 버렸어요."

어머니는 화를 내며 딸의 말을 가로막았다. "가구에다 떠밀어 버렸다고! 아! 맹추 같으니, 가구에다 떠밀어 버리다니!"

"하지만 엄마, 그가 나를 놓지 않았는걸."

"그래서? 그가 너를 놓지 않았다고…… 별 등신 같은 소리를 다 듣겠네! 이 바보를 기숙사에라도 집어넣어야 하나! 대체 지금까지 뭘 배웠니……! 문 뒤에서 키스 한 번 한 게 뭐 어떻고! 정말 그게 네 부모한테 할 소리야? 남자를 가구에다 떠밀고, 그래 혼담을 몇 번씩이나 망치다니!"

어머니는 짐짓 거드름을 피우며 말을 이어갔다.

"끝났다. 이제 다 그만두자. 넌 정말 멍청이야…… 넌 재산이 없으니까 다른 것으로 남자를 잡아야 한단 말이야. 상냥하게 굴고, 다정한 눈으로 손을 잡아도 내버려 두고, 유치한 장난을 쳐도 모른 체하면서 마침내 남편을 낚는 거야…… 글쎄 내가 화를 안 내게 됐나고. 제가 좋아할 때는 아주 완벽하게 잘해 내면서 말이야. 자, 눈물 닦고 날 봐. 내가 구혼하는 남자라고 생각하고 말이야. 자, 네가 부채를 떨어뜨리는 거야. 그러면 남자가 부채를 줍다가 네 손을 살짝 스치면서…… 몸이 굳어지면 안 되고 나긋나긋해야 해. 남자들은 널빤지처럼 뻣뻣한 여자를 좋아하지 않거든. 특히 남자들이 너무 멀리 나가도 맹추같이 굴지 말란 말이다. 그런 남자는 몸이 달아오른 거니까, 알겠니."

거실의 시계가 두 시를 알렸다. 밤을 새우는 흥분, 당장 결혼을 시키고 싶은 욕망 속에서 어머니는 딸을 종이 인형처럼 이리 돌리고 저리 돌리며 자기도 모르게 본심을 그대로 지껄이고 있었다. 딸은 기운 없이 얼빠진 사람처럼 어머니가 하는 대로 몸을 맡겼다. 그러나 그녀는 몹시 서글펐고, 공포와 수치심이 목구멍을 죄었다.

이처럼 젊은 처녀의 모습은 완전히 수동적으로 나타난다. 그녀는 부모에 의해서 **혼담이 이루어지고**, 결혼이란 형식으로 남에게 **주어진다.** 총각은 스스로 결혼하고 아내를 **얻는다.** 남자들은 결혼 속에서 자기 존재의 확장과 확신을 구하지, 존재하기 위한 권리 자체를 구하는 것이 아니다. 그것은 그들이 자유로이 받아들이는 임무다. 따라서 그들은 그리스나 중세의 풍자 작가들이 했던 것처럼 그 이점과 불리한 점을 자문해 볼 수 있다. 그들에게는 결혼이 하나의 생활 양식이지 운명이 아니다. 독신생활의 고독을 선택하는 것도 허용되며, 어떤 남자들은 늦게 결혼하거나 혹은 결혼하지 않는다.

여자는 결혼하면서 세계의 한 작은 부분을 영지로 받는다. 법적 보증이 그녀를 남자의 변덕으로부터 보호해 준다. 그러나 그녀는 남자에게 예속된다. 경제적으로 공동체의 우두머리는 남자이며, 따라서 사회의 눈에 공동체를 구현하는 것은 남자다. 여자는 남자의 성姓을 따른다. 여자는 남자의 종교에 결합하고 남자의 계급이나 계층에 통합된다. 여자는 남자의 가정에 속하며 남자의 '반쪽'이 된다. 여자는 남자의 직장이 명한 곳으로 따라간다. 부부의 주거는 무엇보다 남자의 직장에 따라 정해진다. 여자는 다소 급격하게 자기의 과거와 단절되고, 남편의 세계에 병합된다. 여자는 남편에게 자기의 인격을 바친다. 즉, 처녀성과 엄격한 정조를 바쳐야 할 의무가 있다. 여자는 민법이 인정하는 독신녀의 권리 일부를 상실한다. 로마법은 여자를 남편의 손에다 넘겨 주었다. 19세기 초에 보날드는 아이가 어머니에 속하듯이 여자는 남편의 것이라고 선언했다. 1942년에 새롭게 제정된 법에 이르기까지 프랑스 민법은 여자가 남편에게 복종할 것을 요구했다. 법과 풍습은 여전히 남편에게 커다란 권위를 부여하고 있다. 그 권위는 남자가 부부의 공동생활에서 차지하는 위치 자체에서 나온다. 왜냐하면 생산자가 남자고, 가족의 이익을 사회의 이익으로 초월시키는 것도 남자이고, 집단의 미래 건립에 협력함으로써 미래를 여는 것도 남자이기 때문이다. 즉, 초월을 구현하는 것은 남자다. 여자는 종種의 유지와 가정을 돌보는 일, 즉 내재에 바쳐지고 있다.[5] 사실 모든 인간 존재는 초월인 동시에 내재다. 자기를 초월하기 위해서 자기를 유지하는 것이 필요하다. 미래를 향해 나아가기 위해서는 과거를 통합시켜야만 하고, 타인과 소통하면서 자기 내부에서 자기 자신을 확인해야만 한다. 두 순간은 살아 있는 모든 움직임에 내포되어 있다. 결

---

5 본서 제1권 참조. 이런 주장은 성 바울, 초기 교회의 교부들, 루소, 프루동, 오귀스트 콩트, D. H. 로런스 등에게서 발견된다.

혼은 **남자**에게 바로 두 순간의 행복한 통합을 가능하게 해 준다. 남자는 직업과 정치적 생활에서 변화와 발전을 경험하고, 시간과 우주를 통해 자기의 발현을 느낀다. 그리고 이런 방황에 싫증 날 때, 가정을 꾸리고 정착해서 세계 속에 닻을 내린다. 저녁이면 아내가 가구와 아이들을 돌보고 또 소중히 간직해 둔 과거를 지키는 가정에서 그는 자기 자신을 다진다. 그러나 아내는 자기의 순수하고 동일한 일반성 속에서 삶을 유지하고 보존하는 일밖에 하지 않는다. 그녀는 불변의 종을 영속시키며, 매일 매일의 같은 리듬과 자기가 문을 닫고 지키는 가정의 항구성을 보장한다. 그녀에게는 미래나 세계에 대한 어떤 직접적인 점유도 허용되지 않는다. 여자는 남편의 중개에 의해서만 자기를 넘어 집단으로 나아갈 수 있다.

오늘날 결혼은 이런 전통적인 모습을 많이 보존하고 있다. 우선 결혼이 젊은 남자보다 젊은 처녀에게 훨씬 더 강압적으로 부과된다. 아직도 여자에게 결혼 이외에 다른 어떤 전망도 제시되지 않는 사회 계층이 많다. 농민층에서 독신녀는 최하층 사람이다. 그녀는 아버지나 남자 형제들 혹은 형부의 하녀로 머문다. 그녀가 도시로 탈출하는 일은 거의 불가능하다. 결혼은 그녀를 한 남자에게 예속시키면서 한 가정의 주부로 만든다. 어떤 중산층에서는 아직도 젊은 처녀가 자기 생활비를 벌지 못하도록 하고 있다. 그녀는 아버지의 집에서 기생적으로 살든가, 아니면 남의 가정에서 종속적 위치를 받아들이는 수밖에 없다. 남자들이 쥐고 있는 경제적 특권은 더 해방된 여자에게도 직업보다 결혼을 선호하도록 한다. 그래서 자기보다 더 우월한 지위를 가진 남편을 구해서 자기가 할 수 있는 것보다 더 빨리 더 높이 남편이 '출세하기'를 바란다. 예전과 마찬가지로 성행위는 남자를 위한 여자의 **봉사**라고 인정된다. 남자는 쾌락을 **취하고** 그 대신에 대가를 지불해야 한다. 여자의 몸은 매매 대상이다. 그녀에게 자기 몸은 활용할 수 있는 자본을 나타낸다. 여자가 남편에게 지참금을 가져올 때도 있다. 흔히 여자는 가사노동을 제공할 의무가 있다. 즉, 집을 돌보고 아이를 양육하게 된다. 아무튼 그녀는 부양될 권리가 있으며, 이는 전통적인 도덕에서도 권장한다. 여자의 직업이 대개 보람이 없고 급료도 적으므로, 이런 안이함에 여자가 이끌리는 것은 당연하다. 결혼은 다른 많은 직업보다 훨씬 더 유리한 직업이다. 풍습은 아직도 독신녀의 성 해방을 어렵게 만들고 있다. 프랑스에서 아내의 간통은 오늘날까지도 범죄 행위지만, 어떤 법률도 여자에게 자유 연애를 금지하지 않는다. 여자가 애인을 원한다면 우선 결혼해야

된다. 엄격한 구속을 당하는 많은 중산층 젊은 여성은 현재에도 '자유롭기 위해서' 결혼을 하고 있다. 상당히 많은 미국 여성이 성적 자유를 쟁취했다. 그러나 그녀들의 경험은 말리노프스키가 묘사하는 것처럼 **독신자들의 집**에서 하찮은 쾌락을 맛보는 젊은 원시인들의 경험과 비슷하다. 사람들은 그들이 결혼하기를 기대하고, 결혼해야 비로소 그들을 완전한 성인으로 바라본다. 미국에서 혼자 사는 여자는 비록 스스로 생계를 유지해 나가더라도, 프랑스에서보다 한층 더 사회적으로 불완전한 존재다. 그녀가 한 개인으로서 온전한 존엄성과 완전한 권리를 얻기 위해서는 손가락에 결혼반지가 끼워져 있어야 한다. 특히 모성은 결혼한 여자의 경우에만 존중된다. 미혼모는 추문의 대상으로 남고, 아이는 그녀에게 무거운 핸디캡이 된다. 이런 모든 이유로 **구세계**와 **신세계**[6]의 많은 처녀가 자기의 장래 계획에 대해 질문을 받으면 오늘날도 예전과 마찬가지로 "결혼하고 싶어요"라고 대답한다. 하지만 젊은 남자는 누구도 결혼을 삶에서 가장 중요한 근본적인 계획으로 여기지 않는다. 그에게는 경제적 성공이 성인의 품격을 부여한다. 이 품격에는 결혼이 내포될 수 있다. 특히 농민에게 그렇다. 그러나 결혼을 배제할 수도 있다. 현대생활의 조건 – 예전보다 더 불안정하고 더 불확실한 – 은 젊은 남자에게 결혼을 유난히 부담스럽게 만들고 있다. 결혼이 주는 이득은 오히려 감소되었다. 남자는 쉽사리 자기 부양을 할 수 있고, 일반적으로 성적 충족도 가능하기 때문이다. 확실히 남자에게 결혼은 물질적 편의 – ("음식점보다 자기 집에서 먹는 것이 더 낫다") – 와 성적 편의 – ("그렇게 해서 남자는 집에 매음굴을 갖게 된다") – 를 가져다주고 고독에서 해방시켜 주며, 가정과 아이들을 줌으로써 공간과 시간 속에 개인을 정착시킨다. 이는 그라는 존재의 결정적 성취다. 그렇지만 전체적으로 결혼을 희망하는 남성의 수요가 청혼을 기다리는 여성의 공급을 따라가지 못한다. 아버지는 딸을 준다기보다는 차라리 딸을 치워 버린다. 남편을 구하는 젊은 처녀는 남성의 부름에 응하는 것이 아니라 그 부름을 유발한다.

중매결혼은 사라지지 않았다. 보수주의적인 부르주아 계층 전체가 그것을 존속시키고 있다. 나폴레옹의 묘석 주위에서, 오페라 극장에서, 무도회에서, 해변에서, 차茶 모임에서 신랑감을 구하는 처녀는 머리를 새로 손질하고, 새 드레스를 입고서 수줍게 우아한 용모와 겸손한 대화를 선보이고 있다. "이제까지 혼담으로 돈이 얼

---

6 *구세계는 유럽을, 신세계는 미국을 가리킨다.

마나 들었는지 모른다. 결정해, 괜찮은 자리니. 다음엔 네 동생 차례다" 하며 부모들은 딸을 볶아 댄다. 가련한 후보자는 혼기가 꽉 찰수록 기회가 줄어든다는 것을 알고 있다. 구혼자는 많지 않다. 선택의 자유가 별로 없다는 점에서 그녀는 한 떼의 양과 교환되는 베두인족 처녀와 그리 다를 바가 없다. 콜레트는 다음과 같이 말하고 있다.[7] "재산도 없고 직업도 없이 남자 형제들의 짐이 되는 젊은 처녀는 그저 잠자코 자기에게 주어진 기회를 받아들이고, 신에게 감사하는 수밖에 없다!"

젊은 남녀는 사교계 생활을 통해서 그다지 노골적이지 않은 방식으로 어머니들의 주의 깊은 감시하에 만날 수 있다. 좀 더 자유가 주어진 젊은 처녀들은 자주 외출하고 대학에 다니며, 남자들을 알 기회를 주는 직업을 갖는다. 1945년과 1947년 사이에 클레르 르플래Claire Leplae 부인이 벨기에 중산계급에서의 결혼 선택에 관한 조사를 시행했다.[8] 이 조사는 인터뷰로 이루어졌는데, 아래 질문과 답변 몇 개를 인용해 본다.

문 중매결혼은 빈번한가?
답 중매결혼은 이제 없다. (51퍼센트)
　　중매결혼은 극히 드물어 겨우 1퍼센트 정도다. (16퍼센트)
　　결혼의 1~3퍼센트는 중매결혼이다. (28퍼센트)
　　결혼의 5~10퍼센트는 중매결혼이다. (5퍼센트)

질문을 받은 사람들은 1945년 이전에 많았던 중매결혼이 거의 사라졌다고 지적한다. 하지만 "이해관계, 교류의 부재, 수줍음 혹은 나이, 좋은 결합을 실현하려는 욕망 등이 몇몇 중매결혼의 동기가 된다." 이런 결혼은 흔히 신부神父들의 주선으로 이루어진다. 때로 젊은 처녀는 편지를 주고받아 결혼하기도 한다. "그녀들이 쓴 자기소개서는 번호가 매겨져 특수 간행물에 실린다. 이 간행물은 자기소개서가 실린 사람 모두에게 보내진다. 이를테면 200명의 구혼 여성과 거의 같은 수의 구혼 남성이 소개되어 있다. 남자들도 자기소개서를 써서 게재한다. 모든 사람이 간행물을 통해 서신교환할 상대를 자유로이 선택할 수 있다."

문 최근 10년 동안 젊은이들은 어떤 상황에서 약혼했는가?

7　『클로딘의 집 *La Maison de Claudine*』
8　클레르 르플래, 『약혼 *Les Fiançailles*』

답 사교 모임. (48퍼센트)

공부나 일하는 곳이 같았다. (22퍼센트)

사적 모임이나 체류지. (30퍼센트)

모두가 "어린 시절 친구와의 결혼은 대단히 드물고, 사랑은 예상치 못한 곳에서 싹튼다"는 사실에 의견 일치를 보인다.

문 결혼 상대를 선택하는 데 돈이 가장 중요한 역할을 하는가?

답 결혼의 30퍼센트는 오로지 돈 문제다. (48퍼센트)

결혼의 50퍼센트는 오로지 돈 문제다. (35퍼센트)

결혼의 70퍼센트는 오로지 돈 문제다. (17퍼센트)

문 부모들은 딸을 결혼시키기를 갈망하는가?

답 부모들은 딸을 결혼시키기를 갈망한다. (58퍼센트)

부모들은 딸을 결혼시키기를 원한다. (24퍼센트)

부모들은 딸이 곁에 있기를 바란다. (18퍼센트)

문 젊은 처녀들은 결혼하기를 갈망하는가?

답 젊은 처녀들은 결혼하기를 갈망한다. (36퍼센트)

젊은 처녀들은 결혼하기를 원한다. (38퍼센트)

젊은 처녀들은 잘못된 결혼을 하기보다는 차라리 결혼 안 하기를 택한다. (26퍼센트)

"젊은 처녀들은 젊은 총각들에게 달려든다. 그녀들은 처녀 시절에 종지부를 찍고 싶어서 아무하고나 결혼한다. 그녀들 모두는 결혼하기를 희망하며, 그 목적을 달성하기 위해서 애를 쓴다. 남자가 찾아주지 않는다는 것은 젊은 처녀에게 굴욕이다. 그러므로 이런 굴욕을 모면하기 위해 그녀는 흔히 아무하고나 결혼한다. 젊은 처녀들은 결혼을 위한 결혼을 한다. 그녀들은 기혼자가 되기 위해 결혼한다. 결혼이 더욱더 많은 자유를 보장해 주리라는 점 때문에 결혼을 서두른다." 이 점에 대해서는 거의 모든 증언이 일치하고 있다.

문 구혼에서 젊은 처녀들이 젊은 총각들보다 더 적극적인가?

답 젊은 처녀들은 젊은 총각에게 자기의 감정을 표명하고 결혼을 요구한다. (43퍼센트)

젊은 처녀들은 젊은 총각보다 결혼하는 것에 더 적극적이다. (43퍼센트)

젊은 처녀들은 신중하다. (14퍼센트)

이 점에서도 의견이 대체로 일치한다. 보통 결혼의 주도권은 젊은 처녀들이 쥔다. "젊은 처녀들은 인생을 헤쳐 나갈 능력이 자신에게 없다는 것을 잘 알고 있다. 먹고 살기 위해 어떻게 일해야 하는지 모르기 때문에, 구원 수단을 결혼에서 찾는다. 젊은 처녀들은 사랑을 고백하며 젊은 남자들에게 접근한다. 처녀들의 기세는 무섭다! 그녀들은 결혼하기 위해 필사적이다⋯⋯. 말 그대로 여자가 남자를 쫓는 것이다."

프랑스에는 이와 유사한 자료가 없다. 그러나 프랑스나 벨기에나 중산계급의 상황은 유사하므로, 필시 근접한 결론에 도달할 것이다. 프랑스에서는 '중매결혼'이 다른 어느 나라에서보다 항상 많았다. 그리고 남녀가 서로 쉽게 접근할 수 있도록 마련된 야회, 그 유명한 '녹색 바이어스 클럽Club des liserés verts'은 여전히 성황을 이루고 있다. 결혼 광고는 수많은 신문에서 많은 지면을 차지한다.

미국과 마찬가지로 프랑스에서도 어머니와 언니들, 여성 주간지들이 끈끈이로 파리 잡듯이 남편을 '잡는' 기술을 처녀들에게 파렴치하게 가르치고 있다. 그 기술은 대단한 솜씨가 있어야 하는 '낚시'이자 '사냥'이다. 목표가 너무 높아도 안 되고 너무 낮아도 안 된다. 공상적이어서도 안 되고 현실적이어야 한다. 겸손에 교태를 적당히 섞어라. 너무 많이 요구하지도, 너무 적게 요구하지도 말아⋯⋯. 젊은 남자들은 '결혼하고 싶어 몸이 단' 여자들을 경계한다. 어떤 벨기에 젊은이는 이렇게 공언하고 있다.[9] "남자에게는 여자가 자기를 집요하게 쫓아다닌다고 느끼거나 자기에게 갈고리를 던졌다는 것을 알아채는 것보다 더 불쾌한 일은 없다." 남자들은 여자의 함정을 피하려고 안간힘을 쓴다. 젊은 처녀의 선택은 대개 극히 제한되어 있다. 그녀 역시 결혼하지 않아도 된다고 생각해야만 남자가 진정 자유로워질 것이다. 보통 그녀는 열정보다 계산과 혐오와 체념으로 결심한다. "그녀에게 구혼하는 젊은 남자가 대략 조건(계층·건강·직업)이 맞으면, 그를 사랑하지 않아도 수락한다. 다소 이의가 있더라도 구혼을 받아들이고 냉정을 유지한다."

하지만 처녀는 결혼을 원하는 동시에 종종 두려워한다. 결혼은 남자보다 여자에게 더 큰 이익을 주기 때문에 여자가 더 탐욕스레 희망하지만, 또한 여자에게 더 많은 희생을 요구한다. 특히 훨씬 더 급격한 과거와의 단절을 내포한다. 이미

---

9 클레르 르플래, 『약혼』 참조

본 바와 같이, 많은 처녀가 아버지의 집을 떠난다는 생각에 불안해한다. 떠날 날이 가까워지면 이 불안은 격화된다. 이때 많은 신경증 환자가 생겨난다. 신경증은 자신이 감당해야 할 새로운 책임에 두려움을 느끼는 젊은 남자들에게서도 볼수 있으나, 처녀들에게 훨씬 더 많이 나타난다. 앞에서 이미 보았던 여러 가지 이유가 이런 위기 속에서 더욱 심화되기 때문이다. 슈테켈은 신경증의 여러 징후를 나타내는 한 양가의 처녀를 치료해야만 했다. 그가 밝힌 사례 하나만 아래에 인용해 보겠다.

슈테켈이 그녀를 처음 보았을 때, 그녀는 구토로 고생하며 저녁마다 모르핀을 복용했다. 히스테리를 일으키고 씻는 것을 거부하며, 식사도 침대에서 하고 자기 방안에 처박혀 있었다. 그녀는 약혼한 상태였고, 약혼자를 열렬히 사랑한다고 주장했다. 그녀가 그 남자에게 몸을 주었다고 슈테켈에게 고백하였다. (…) 나중에는 그때 어떤 쾌락도 느끼지 못했다고 말했다. 상대의 키스에 대한 혐오스러운 기억이 있다고 했으며, 그것이 구토의 원인이었다. 이후 자기를 그다지 사랑해 주지 않는 어머니에 대한 반감으로 남자에게 몸을 맡겼다는 사실이 밝혀졌다. 어렸을 때 그녀는 남동생이나 여동생이 생길까 봐 두려워서 밤이면 몰래 부모를 엿보았다. 그녀는 어머니를 무척 사랑했다. '그런데 이제 그녀가 결혼해야 하고, 아버지의 집을 떠나야 하며, 부모의 침실을 단념해야만 하는 건가? 그것은 불가능한 일이었다.' 그녀는 일부러 뚱뚱해지고, 양손을 긁어서 흉하게 만들었다. 우둔해지고, 병에 걸려 갖은 방법으로 약혼자의 감정을 상하게 하려고 애썼다. 의사가 그녀의 병을 낫게 했으나, 그녀는 어머니에게 혼사를 단념하라고 애원하였다. '그녀는 영원히 아이로 남아 있기 위해 집에 있고 싶어 했다.' 어머니는 그녀에게 결혼할 것을 끈질기게 요구했다. 결혼을 한 주 앞두고 침대 위에 죽어 있는 그녀가 발견되었다. 그녀는 권총으로 자살했다.

다른 사례는 젊은 처녀가 장기간 병을 앓는 경우다. 이런 상태 때문에 그녀는 '열렬히 사랑하는' 남자와 결혼하지 못하는 것을 비관하고 있었다. 그러나 사실 그녀는 그와 결혼하지 않기 위해 병을 앓는 것이며, 약혼을 파기해야만 정신적 안정을 되찾는다. 때로 결혼에 대한 공포는 이전에 강한 인상을 남긴 에로틱한 경험에서 오기도 한다. 특히 자기의 처녀성 상실을 들킬까 봐 두려워할 수 있다. 그러나 대개는 아버지·어머니·자매에 대한 깊은 애정이나 혹은 아버지의 집에 대한 애착이 한 낯선 이방인에게 복종해야 한다는 생각을 참을 수 없게 만든다. 또한 결혼을 결심하는 많은 젊은 처녀도 결혼해야 하기 때문에, 주위의 압력 때문에, 그것이 유일하고 분별 있는 해결책이라는 것을 알기 때문에, 그리고 아내와 어머니라는 정상적인 생활을 원하기 때문에, 마음 깊은 곳에 은밀하고 끈질긴 저항감을 간직하고 있다. 바로 이런 저항감이 부부 생활의 초기를 어렵게 만들고, 부부 생활에서 행복한 균형을 절대 찾을 수 없게 할 수도 있다.

그러므로 결혼은 일반적으로 사랑에 의해서 결정되는 것이 아니다. 프로이트는 "남편은 말하자면 사랑하는 남자의 대용품이지, 사랑하는 그 남자가 아니다"라고 말하고 있다. 이런 분리는 조금도 우연이 아니며, 결혼제도의 성격에 내포되어 있다. 남자와 여자의 경제적이고 성적인 결합은 집단 이익을 향해 초월하는 게 관건이지 그들의 개인적 행복을 보장하는 데 있지 않다. 족장 체제 안에서는 ─ 어떤 회교도 집단에서는 오늘날에도 그렇지만 ─ 부모의 권위에 의해서 선택된 약혼자들이 결혼 당일까지 서로 얼굴을 볼 수 없었다. 사회적 측면에서 고려해 볼 때 개개인이 감정이나 성적 자의恣意에 기초해 자기의 삶을 설계한다는 것은 있을 수 없는 일이다. 몽테뉴는 다음과 같이 말하고 있다.

이 현명한 거래에서 욕망은 그렇게 쾌활하지 않다. 그것은 침울하고 한결 무디다. 사랑은 자기와는 다른 관점에서 자기를 붙잡아 두는 것을 증오한다. 그리고 예컨대 결혼과 같은 사랑 이외의 다른 명목으로 이루어지고 유지되는 관계에는 별로 관심이 없다. 그런 관계에는 친족 관계나 재산 따위가 우아함이나 아름다움과 마찬가지로 혹은 그 이상으로 중요시된다. 뭐니 뭐니 해도 사람들은 자기를 위해서 결혼하는 것이 아니다. 자손이나 가족을 자신만큼 혹은 그 이상으로 생각해서 결혼한다.[10]

남자가 여자를 '얻기' 때문에 ─ 그리고 특히 여성의 공급이 많을 때는 ─ 남자에게 좀 더 많은 선택의 여지가 있다. 그러나 성행위가 여자에게 부과된 **봉사**로 여겨지고 그 봉사를 통해 여자의 이익이 성립되기 때문에, 여자의 고유한 선택을 무시하는 것은 당연하다. 결혼은 남자의 자유로운 행동에 대하여 여자를 보호하기 위한 것이다. 그러나 자유가 없으면 사랑도 개성도 없으므로 한 남자의 보호를 일생

---

10 『수상록』 제3권 제5장

보장받기 위해서 여자는 한 개인의 사랑을 포기해야만 한다. 나는 신앙심이 두터운 한 가정의 어머니가 딸들에게 "사랑이란 남자들이나 갖는 천한 감정이므로, 조신한 여자들은 그런 것을 몰라도 된다"고 가르치는 것을 들었다. 그것은 헤겔이 『정신현상학』 제2권에서 표현하는 이론을 소박한 형태로 표현한 것이다.

그러나 *어머니*의 관계나 *아내*의 관계에도 개별성을 가지고 있다. 부분적으로는 쾌락에 속하는 자연적인 무엇과 같은 개별성을, 또 부분적으로는 쾌락에서 오직 자기 자신의 소멸을 관조하는 부정적인 무엇과 같은 개별성을 가지고 있다. 바로 그 때문에 이런 개별성은 부분적으로 다른 한 개별성에 의해 항상 대치될 수 있는 우연적인 무엇이다. 성애가 지배하는 가정에서는 *바로 이 남편*이 아니라 일반적인 *어떤 남편*과 일반적인 아이들이 관건이다. 여자의 *이런 관계는 감수성이 아니라 보편성 위에 세워진다.* 여자의 윤리적 생활이 남자의 그것과 구별되는 점은 바로 여자가 개별성에 따른 자기의 구별 속에서나 자기의 쾌락 속에서 직접적으로 보편적이며, 욕망의 개별성과는 무관하다는 데 있다. 이에 반해 남자의 경우에 이 두 가지 측면은 서로 분리되어 있다. 남자는 시민으로서 자기를 의식하는 *힘*과 *보편성*을 소유하고 있으므로, 그는 *욕망*의 권리를 사는 동시에 이 욕망에 대한 자기의 자유를 지킨다. 이렇게 해서, 만약 여자와의 이런 관계에 개별성이 섞여 있다면 윤리적 성격은 순수하지 못하다. 그러나 윤리적 성격이 그러한 이상 개별성은 아무래도 좋은 것이며, 여자에게는 자기에 대한 의식도, 타자 속에서의 자기의식도 결여되어 있다.

즉, 여자는 개별성 속에서 선택된 남편과의 관계를 세우는 것이 아니라, 일반성 속에서 여성적 기능의 행사를 정당화시키는 것이다. 여자는 개별화된 형태가 아니라 오로지 종의 형태하에서만 쾌락을 알아야 한다. 이로부터 여자의 에로틱한 운명에 관련된 두 가지 중요한 결과가 나온다. 우선, 여자는 결혼 이외의 성적 활동에 어떤 권리도 없다. 부부에게 육체적 거래는 제도화되어 있으므로 욕망과 쾌락은 사회적 이익을 위해 희생된다. 그러나 노동자와 시민으로서 보편적인 것을 향해 초월하는 남자는 결혼 전에도, 부부 생활 밖에서도 우연적인 쾌락을 맛볼 수 있다. 어쨌든 그는 다른 여러 가지 방법으로 자기의 욕망을 채운다. 반면에 여자가 본질적으로 암컷으로 규정된 세계에서 여자는 어디까지나 온전히 암컷으로서 정당화되어야만 한다. 한편, 이미 보았듯이 일반적인 것과 개별적인 것의 관계가 남자와 여자는 생물학적으로 서로 다르다. 남자는 남편 및 생식자로서 종種의 임무를 실행하면서 확실하게 쾌락을 얻는다.[11] 이에 반해 여자는 대개 생식 기능과 관능적 쾌락 사이에 분열이 있다. 그래서 결혼은 여자의 성생활에 윤리적인 존엄성을 부여해 준다고 주장하면서 실제로는 여자의 성생활을 말살한다.

남자들은 여자의 이런 성적 욕구 불만을 뻔뻔스럽게 받아들였다. 앞에서 보았듯이, 남자들은 낙천적 자연주의에 기대어 여자들의 고통을 아무렇지 않게 감수甘受했다. 즉, 그것이 여자의 운명이라는 것이다. 성서의 저주가 남자들의 이런 편리한 견해를 공고히 해 주고 있다. 임신의 고통 - 짧고 불확실한 쾌락의 대가로 여자에게 가해진 이 과중한 몸값 - 은 수많은 농담의 주제가 되어 왔다. "5분의 쾌락, 아홉 달의 형벌…… 나오는 것보다는 들어가는 것이 훨씬 쉽다." 이런 대조는 종종 남자들을 흥겹게 했다. 여기에는 사디즘의 철학이 들어 있다. 많은 남자가 여자의 불행을 즐기며 그 불행이 경감되는 것을 싫어한다.[12] 그러므로 남자들이 배우자에게 성적인 행복을 아무 거리낌 없이 부인해 왔다는 것을 잘 알 수 있다. 남자들은 배우자에게 쾌락의 자율성과 더불어 욕망의 본능을 거부하는 것이 유리하다고까지 생각했던 것 같다.[13]

몽테뉴는 유쾌한 냉소주의로 그것을 다음과 같이 표현하고 있다.

---

11 물론 "구멍은 언제나 구멍이다"라는 격언은 상스럽게 해학적이다. 남자는 거친 쾌락 이외의 것을 구한다. 그런데도 여러 종류의 '매음굴'이 번창하는 것은 남자가 아무 여자와도 어느 정도 만족을 얻을 수 있다는 것을 충분히 증명하고 있다.

12 이를테면, 분만의 고통이 모성 본능의 출현에 필수적이라고 주장하는 남자들이 있다. 마취제 효과로 새끼를 낳은 암사슴은 새끼에게 등을 돌릴 것이라고 한다. 인용된 사실들은 가장 애매한 것들이다. 그리고 무엇보다 여자는 암사슴이 아니다. 여자의 짐이 경감되는 것을 달갑게 여기지 않는 남자들이 있다는 것이 사실이다.

13 오늘날에도 여전히 여자가 쾌락을 바라면 남자가 화를 낸다. 이 점에 관한 놀라운 자료는 그레미용 Grémillon 박사의 소논문 「여성의 성적 오르가슴에 관한 진실」이다. 이 논문의 서문에 따르면, 저자는 독일인 포로 54명의 생명을 구한 1차 세계 대전의 영웅으로, 가장 고결한 인격의 소유자다. 그는 슈테켈의 저서 『불감증의 여자』를 공격하면서, 특히 다음과 같이 주장하고 있다. "*정상적인 여자인 다산의 여자는 성적 오르가슴을 안 느낀다.* 놀라운 경련을 한 번도 느껴 보지 못한 어머니들이 많다. (…) 가장 잠재적 성감대는 자연적인 것이 아니라 인공적인 것이다. 여자들은 인공적인 성감대를 뽐내지만, 그것은 타락의 흔적이다. 이 모든 것을 향락적인 남자에게 일러두시라." 그는 그것에 대해 고려하지 않을 것이다. 그는 파렴치한 상대 여자가 성적 오르가슴을 느끼기를 원하고, 그녀는 그것을 느끼게 될 것이다. 그것이 존재하지 않는다면 그것을 생겨나게 할 것이다. 현대 여성은 자기를 흥분시켜 주기를 바란다. 우리는 그녀에게 이렇게 대답한다. "부인 우리는 그럴 시간이 없습니다. 그리고 위생상 그것은 금지된 일입니다!" (…) 성감대를 찾아낸 사람은 스스로 화를 초래했다. 그는 만족을 모르는 여자들을 만들어 냈다. 음탕한 여자는 지칠 줄 모르고 무수한 사내들을 진이 빠지게 할 수 있다. (…) '성감에 눈뜬 여자'는 새로운 정신 상태를 가진 새로운 여자가 되고, 때로는 끔찍한 여자가 되어 범죄까지 저지를 수 있게 된다. (…) '등을 두 개 가진 짐승 노릇을 하는' 것이 먹고 대소변보고 잠자는 것처럼 아무것도 아닌 행위라고 생각하게 되면 신경증이나 정신병은 없어질 것이다…….

이 존엄하고 신성한 친족관계에 방탕한 연애의 수고와 기상천외함을 사용하려 하는 것은 일종의 근친상간이다. "너무 음탕하게 즐겁게 함으로써 쾌락이 이성의 한계를 벗어나지 않도록 신중하고 엄격하게 아내를 다루어야 한다"고 아리스토텔레스가 말하고 있다. 나는 아름다움과 애욕으로 유지되는 결혼보다 더 일찍 파탄을 초래하는 결혼을 보지 못했다. 더욱 견고하고 변함없는 원칙이 필요하며, 신중하게 걸어 나가야만 한다. 그 화려한 환희는 아무 가치도 없다. (…) 좋은 결혼은, 만약 그런 결혼이 있다면 사랑의 동반과 그 조건을 거부하는 것이다.[14]

그는 또 이렇게 말하고 있다.

아내와의 접촉에서 얻는 쾌락도 절제하지 않으면 비난받는다. 혼외 교제에서와 마찬가지로 방종과 무절제에 빠질 위험이 있다. 최초의 정열로 인해 우리를 이런 유희에 빠지게 하는 후안무치한 애무는 우리 아내들에게 무례할 뿐만 아니라 유해하기도 하다. 적어도 이런 방식으로 그녀들이 후안무치를 배워서는 안 된다. 그녀들은 우리 남자들의 욕구로 언제나 깨어 있다. 결혼은 종교적이고 경건한 결합이다. 그러므로 결혼에서 얻는 쾌락은 절제되고 진지하며 다소 근엄함이 깃들어 있어야 한다. 점잖고 양심적인 쾌락이어야 한다.[15]

사실 남편이 아내의 관능을 깨운다면, 그 일반성 속에서 눈뜨게 하는 것이다. 왜냐하면 그가 특별히 선택된 것이 아니기 때문이다. 남편은 자기 아내가 다른 남자들의 품에서 쾌락을 찾을 수 있게끔 준비시키는 것이다. 아내를 지나치게 애무하는 것은, 몽테뉴의 말처럼 "바구니에 똥을 받아서 그것을 머리에 뒤집어쓰는 것이다." 게다가 그는 남자의 신중함이 아내를 배은망덕한 상황에 밀어 넣는다는 것을 정직하게 인정하고 있다.

세상이 받아들인 생활 규칙을 여자들이 거부한다 해도 전혀 잘못이 없다. 그것은 남자들이 여자들과 의논하지 않고 일방적으로 만든 것이기 때문이다. 여자들과 우리 남자들 사이에는 당연히 음모와 다툼이 있다. 우리는 여자들을 다음과 같이 경솔하게 다룬다. 여자들이 우리보다 사랑의 효과에 월등하게 더 유능하고 더 열

---

14 『수상록』제3권 제5장
15 『수상록』제1권 제30장

렬하다는 것을 알고 있으면서도 (…) 우리는 절제를 여자 특유의 것으로, 그것도 극형으로 위협하면서 강요해 왔다. (…) 우리는 여자들이 건강하고 튼튼하고 원기 왕성하고, 알맞게 영양이 공급되고 아울러 순결한, 즉 뜨거우면서도 차갑기를 원한다. 왜냐하면 여자들이 타오르는 것을 억제할 의무가 있다고 우리가 믿는 결혼은, 우리의 풍습에 따르면 여자들을 별로 시원하게 해 주지 못하고 있다.

프루동은 그처럼 세심하지 못하다. 그에 의하면, 결혼에서 사랑을 배제하는 것은 '정의'와 일치한다.

사랑은 정의 속에 잠겨 있어야만 한다. (…) 약혼자 사이에서든, 부부 사이에서든 모든 사랑의 대화는 가정의 존중, 노동에 대한 사랑 그리고 사회적 의무 실행에 부적합하고 파괴적이다. (…) (사랑의 임무가 일단 수행되고 나면) 목동이 우유를 엉기게 한 다음에는 압착기를 떼어 버리듯이 우리는 사랑을 제거해야만 한다.

하지만 19세기에는 중산계급의 견해가 조금 바뀌었다. 중산계급은 결혼을 열렬히 옹호하고 유지하려고 노력했다. 한편, 개인주의의 진보로 여성의 요구사항들을 무조건 억압할 수 없게 되었다. 생시몽, 푸리에, 조르주 상드 그리고 모든 낭만주의자가 사랑의 권리를 맹렬하게 부르짖었다. 그때까지 태연하게 배제했던 개인적 감정을 결혼에 통합시키는 문제가 제기되었다. 전통적인 타산적 결혼에서 '부부애'라는 모호한 개념이 만들어진 것은 이때의 일이다. 발자크는 보수적인 중산계급의 사고방식을 온갖 모순에 표현하고 있다. 그는 기본적으로 결혼과 사랑이 서로 아무런 관계가 없다는 것을 인정하지만, 존중할 만한 제도와 여자가 물건으로 취급되는 단순한 거래를 동일시하는 것을 혐오했다. 그래서 『결혼 생리학』에서와 같은 곤혹스러운 자기모순에 빠지고 말았다.

결혼은 정치적으로, 민법상으로, 도덕적으로 하나의 법과 계약 그리고 제도로 여겨질 수 있다. (…) 그러므로 결혼은 일반적인 존경의 대상이 되어야만 한다. 사회는 부부 문제를 관리하는 최고 권위의 것들을 사회를 위해서 고려할 수밖에 없었다.

남자 대부분은 결혼을 통해 생식과 아이의 소유권만을 계획할 뿐이다. 그러나 생식도 재산도 아이도 행복을 만들어 내지 못한다. **"많이 낳아서 번식시키라"**는 말에는 사랑이 내포되어 있지 않다. 보름 동안 날마다 육체 관계를 가진 여자에게 법과 왕과 정의의 이름으로 사랑을 요구하는 것은 실로 이만저만한 부조리가 아닐 수 없다.

여기까지는 헤겔의 이론만큼이나 명료하다. 그러나 발자크는 곧 비약해서 이렇게 말을 이어가고 있다.

사랑은 욕구와 감정의 화합이며, 결혼에서의 행복은 두 영혼의 완벽한 조화에서 생겨난다. 그 결과 남자는 행복하기 위해서 신의와 섬세함의 규칙에 따라야만 한다. 남자는 욕구를 인정하는 사회법의 이익을 행사한 후에 감정을 개화시키는 자연의 비밀스러운 법칙에 복종해야만 한다. 만일 그가 행복을 사랑받는 데서 찾는다면 그는 진심으로 사랑해야만 한다. 무엇도 진정한 정열에 저항할 수 없다. 정열적이라는 것은 언제나 욕망하는 것이다. 남자가 항상 아내를 욕망할 수 있을까?
욕망할 수 있다.

이어서 발자크는 결혼학을 펼친다. 그러나 남편에게는 아내에게 사랑받는 것이 아니라 배신당하지 않는 것이 문제임을 곧 알 수 있다. 남편은 자기의 명예를 보전하려는 유일한 목적으로 주저 없이 아내에게 모든 교양 교육을 거부하고 사기를 저하하는 규칙을 과하여 그녀를 우둔하게 만든다. 이것도 사랑인가? 이런 모호하고 기이한 생각에서 의미를 발견하고자 한다면, 남자는 그 일반성 – 아내의 정조의 증거인 일반성 – 속에서 자기의 욕구를 만족시켜 주는 한 여자를 선택할 권리가 있는 것처럼 보인다. 그다음에 남자가 어떤 비결을 사용해서 아내의 사랑을 깨어나게 한다는 것이다. 그러나 남자가 재산과 자손을 갖기 위해 결혼한다면 그는 진정 사랑하는 것일까? 그리고 사랑하지 않는다면, 어떻게 그의 정열은 상대의 정열을 끌어낼 만큼 충분히 강한 것이 될까? 발자크는 짝사랑이 상대를 필연적으로 유혹하기는커녕 오히려 귀찮고 진저리나게 한다는 것을 정말 모르는 것일까? 서간체 소설 『두 젊은 신부의 회고록*Mémoires de deux jeunes mariées*』에서 그의 모든 기만이 분명히 드러나고 있다. 루이즈 드 숄리외는 결혼이 사랑에 기초한다고 주장한다. 자기의 과도한 열정으로 그녀는 첫 남편을 죽인다. 그녀는 둘째 남편에게 느끼는 질투심 강한 흥분의 결과로 죽는다. 르네 드 레스토라드는 이성을 따르기 위해 감정을 희생시켰다. 그러나 모성의 기쁨이 충분한 보상이 되어 안정된 행복을 이룬다. 독자는 우선 어떤 저주 – 작가 자신의 의도가 아니라면 – 가 사랑에 빠진 루이즈에게 그녀가 소망하는 모성을 금지하게 하는지 의문을 품는다. 사랑이 결코 임신을 방해하지 않았기 때문이다. 그리고 르네에게는 남편의 포옹을 즐겁게 받아들이기 위해 스탕달이 증오한 '정숙한 부인들'의 그 '위선적 태도'가 필요했으리라고 생각된다. 발자크는 신혼의 밤을 다음과 같이 묘사하고 있다.

> 르네는 여자 친구에게 편지를 썼다. "네 표현대로 우리가 남편이라고 부르는 짐승이 사라졌어. 어느 기분 좋은 파티에서였는지 모르겠으나 나는 한 애인을 보았어. 그의 말은 내 영혼에 스며들었고, 나는 말로 표현할 수 없는 기쁨을 느끼며 그의 팔에 기대어 있었지. (…) 내 마음속에 호기심이 일어났어. (…) 하지만 부족한 게 아무것도 없었단다. 가장 은은한 사랑이 원하는 것도, 어떻게 보면 그 순간의 명예이기도 한 이 예기치 않았던 것까지. 우리의 상상이 그리는 신비한 은혜, 용서할 수 있는 이끌림, 억지 승낙, 현실로 돌아가기 전에 우리의 영혼을 사로잡는, 오랫동안 막연히 예감되었던 상상의 관능, 모든 유혹이 매혹적인 형태를 띠고 거기에 있었단다."

이 아름다운 기적은 자주 반복되지 않았던 것 같다. 왜냐하면 나중에 보낸 몇 통의 편지에서 르네가 눈물에 젖어 있었기 때문이다. "전에는 내가 한 인간이었지만 지금은 물건일 뿐이야." 그녀는 '부부의 사랑'의 밤을 보낸 뒤 보날드의 책을 읽으면서 위로받고 있다. 그러나 우리는 여성의 성 입문에서 가장 어려운 시기에 남편이 어떤 비결로 매혹적인 사람으로 변했는지 무척 알고 싶다. 발자크가 『결혼 생리학』에서 보여 주는 비결은 아주 간략하다. 즉, "결혼을 결코 강간으로 시작하지 마시오"라거나 혹은 "쾌락의 뉘앙스를 교묘하게 파악하고 발전시켜, 거기에 새로운 스타일이나 독창적인 표현을 부여하는 것이 남편의 재능이다"라는 등의 막연한 것이다. 게다가 그는 곧 이렇게 덧붙이고 있다. "서로 사랑하지 않는 두 사람 사이에 이런 재능은 방종이다." 그런데 마침 르네는 루이를 사랑하지 않는다. 발자크가 소설에서 묘사하고 있는 루이 같은 남자에게 이런 '재능'은 어디서 생겨나는 것인가? 사실 발자크는 그 문제를 파렴치하게 건너뛰고 있다. 그는 중립적인 감정이란 없다는 것을, 그리고 사랑의 부재·강요·권태가 부드러운 우정보다 원한·초조·적대감을 낳기가 더 쉽다는 것을 무시했다. 『골짜기의 백합』에서 그는 한결 엄정하다. 그리고 불행한 모르소프 부인의 운명에서 교훈적인 부분은 많이 사라졌다.

결혼과 사랑을 조화시키는 것은 대단히 어려운 일이어서 성공시키려면 신의 개입이 필요하다. 이는 키르케고르가 복잡한 우회를 통해서 도달한 해결책이다. 그는 결혼의 역설을 고발하기를 좋아했다.[16]

결혼이란 얼마나 기이한 발명품인가! 그런데 한층 더 기이하게 만드는 것은 그것이 자발적인 행동으로 여겨진다는 것이다. 하지만 어떤 행위도 그처럼 결정적이지는 않다. (…) 그러므로 그처럼 결정적인 행위는 자발적으로 이루어져야 하리라.[17]

어려움은 여기에 있다. 사랑과 애정은 완전히 자발적인 것이고 결혼이란 하나의 결정이다. 하지만 애정은 결혼이나 결정을 통해서 깨어나야만 한다. 결혼하기를 원하는 것, 그것은 가장 자발적인 동시에 가장 자유로운 결정이어야 한다는 것을 의미한다. 그리고 이것은 자발성 때문에 대단히 설명하기 어려운 것이므로, 신성으로 돌려야 하는 동시에 신중한 반성을 통해 이루어져야 한다는 것을 의미한다. 이 반성은 힘을 대단히 소모하는 신중한 것이어서 결정은 그것에서 유래한다. 더욱이 하나가 다른 것을 따라가서는 안 된다. 결정은 천천히 뒤에서 오는 것이 아니라 모든 것이 동시에 일어나야만 하고, 두 가지가 종국에는 하나로 결합해 있어야만 한다.[18]

즉, 사랑하는 것이 결혼하는 것은 아니며, 사랑이 어떻게 의무가 될 수 있는지를 이해하는 것은 대단히 어려운 일이다. 그러나 키르케고르는 역설을 두려워하지 않는다. 결혼에 관한 그의 모든 시론은 이런 수수께끼를 밝히기 위해 쓰였다. 그는 다음과 같은 사실을 인정하고 있다.

'숙고는 자발성을 근절시키는 천사다. (…) 숙고의 방향이 애정으로 바뀌어야 한다는 것이 사실이라면, 결혼이란 결코 없을 것이다.' 그러나 '결정은 숙고를 통해 얻은, 순수하게 관념적으로 느껴지는 새로운 자발성이며, 바로 애정의 자발성과 상응하는 자발성이다. 결정은 윤리적 기초 위에 세워진 종교적 인생관이며, 애정

---

16 *키르케고르의 『인생길의 여러 단계』(1845)에 포함되는 두 챕터를 인용했다.
17 「술 속에 진실이 있다In vino veritas」
18 「결혼에 관한 약간의 성찰 Adskilligt om Egteskabet」

에 길을 열어 주어야만 하고, 외부 혹은 내부의 모든 위험에 대항하여 그 길을 보장해 주어야만 한다.' 그 때문에 '남편, 진정한 남편은 그 자신이 하나의 기적이다! (…) 존재의 엄숙함이 있는 힘을 다해 그와 연인을 덮치는 동안에 사랑의 기쁨을 언제까지나 간직할 수 있다니!'

여자로 말하자면, 이성은 그녀의 몫이 아니다. 여자는 '숙고'하지 않는다. 그래서 '여자는 사랑의 직접성에서 종교적인 것의 직접성으로 옮겨 간다.' 알기 쉽게 풀이하면, 이 이론은 사랑하는 남자가 감정과 의무의 일치를 보증해 주는 신앙이란 행위에 따라 결혼을 결심한다는 것을 의미한다. 그러나 여자는 사랑하자마자 결혼하기를 희망한다는 것을 의미한다. 내가 알고 있는 가톨릭 신자인 한 노부인은 더 고지식하게 '준성사準聖事 때 한눈에 반하기'를 믿고 있었다. 그녀는 신랑·신부가 제단 아래서 "네"라고 선서할 때, 그들의 심장이 불타오르는 것을 느낀다고 주장하였다. 키르케고르는 결혼 전에 '애정'이 있음 직하다는 것을 인정했다. 그러나 이 애정이 평생 지속되기를 약속하는 것 또한 기적이라는 것을 인정했다.

하지만 프랑스에서는 세기말의 소설가와 극작가가 혼인성사의 미덕을 그다지 신뢰하지 않고, 더 인간적인 방법으로 부부의 행복을 확보하려고 노력했다. 그들은 발자크보다 더 대담하게 에로티시즘을 합법적 사랑에 통합시키는 가능성을 고려했다. 포르토리슈는 『사랑하는 여자』에서 성적 사랑과 가정생활의 양립 불가능성을 확언했다. 아내의 열정에 진이 빠진 남편은 더 절도 있는 정부 곁에서 평화를 구한다. 그러나 폴 에르비외Paul Hervieu(1857~1915)[19]의 사주를 받아 부부간의 '사랑'은 의무라는 것을 법전에 새겼다. 마르셀 프레보Marcel Prévost(1862~1941)[20]는 젊은 남편에게 아내를 정부처럼 대해야 한다고 장려했으며, 부부 사이의 관능적 쾌락을 조심스럽게 색정적 용어로 환기했다. 베른슈타인은 합법적인 사랑을 그리는 극작가다. 그는 부도덕하고 거짓말을 일삼으며 관능적인 데다 심술궂고 도둑질하는 아내 곁에서 남편을 현명하고 관대한 존재로 그린다. 그 남편에게서는 강하고 능숙한 애인의 모습도 엿보인다. 간통 소설에 대한 반동으로 수많은 결혼 예찬 소설이 나타났다. 콜레트조차 이런 도덕적 물결을 타고 『천진한 탕녀L'Ingénue libertine』에서 처녀성을 서툴게 상실한 젊은 신부의 추

---

19 *프랑스의 소설가, 극작가
20 *프랑스의 소설가

잡한 경험을 묘사한 후에, 그녀가 남편의 품 안에서 관능의 쾌락을 알게끔 했다. 마찬가지로 마르탱 모리스Martin Maurice(1861~1941)[21]도 약간의 반향을 일으킨 책에서, 젊은 여자를 능숙한 애인의 침대에서 잠시 외도하게 한 뒤에 남편의 침대로 돌아와 남편에게 자기의 경험을 활용하게 한다. 이와는 다르게, 다른 여러 가지 이유로 결혼제도를 존중하는 동시에 개인주의적인 오늘날의 미국인들은 결혼에 섹슈얼리티를 통합시키려는 노력을 다방면으로 기울이고 있다. 부부가 상대방에게 맞추는 것이나 특히 남자에게 여자와 행복한 조화를 어떻게 이룰 수 있는지를 가르쳐주는 수많은 부부 생활 입문서가 해마다 출간되고 있다. 정신분석학자와 의사가 '부부 생활 상담사' 역할을 한다. 여자 역시 쾌락을 누릴 권리가 있고, 남자는 여자에게 쾌락을 줄 수 있는 기술을 알아야 한다는 사실이 인정되고 있다. 그러나 이미 보았듯이 성적 만족은 단지 기술 문제가 아니다. 젊은 남자가 『모든 남편이 알아야 할 것』, 『행복한 결혼의 비밀』, 『두려움 없는 사랑』과 같은 참고서를 스무 권이나 줄줄 외운다 해도, 아내로부터 사랑을 받을 수 있을지는 확실치 않다. 아내는 심리적인 상황 전체에 대해서 반응하기 때문이다. 그리고 전통적인 결혼은 여성 에로티시즘의 각성과 개화에 가장 적절한 조건을 만들어 내는 것과 거리가 멀다.

예전에 모권제 사회에서는 신부의 처녀성이 요구되지 않았다. 게다가 비의적인 여러 이유로 신부는 보통 결혼 전에 처녀성을 상실해야만 했다. 프랑스의 어떤 시골에서는 이런 낡은 풍습이 아직도 남아 있다. 거기서는 젊은 처녀에게 혼전 순결을 요구하지 않는다. 오히려 '몸을 맡긴' 처녀, 심지어 미혼모들이 다른 처녀보다 더 쉽게 남편감을 발견하기도 한다. 한편, 여자의 해방을 수락하는 사회에서는 젊은 처녀들에게 청년들과 똑같은 성적 자유를 인정한다. 하지만 부권사회의 윤리는 약혼한 여자가 남편에게 처녀로 넘겨지도록 엄격히 요구하고 있다. 남편은 아내가 다른 남자의 씨를 품지 않았다는 것을 확신하고 싶어 한다. 남편은 자기 것으로 삼은 이 육체의 완전하고 독점적인 소유권을 원한다.[22] 처녀성은 도덕적·종교적·신비적 가치를 띠고 있었고, 이 가치는 오늘날에도 여전히 매우 일반적으로 인정되고 있다. 프랑스에서는 몇몇 지방에서 신랑이 의기양양하게

---

21 *프랑스의 시인, 기자
22 본서 제1권 제3부 「신화」 참조

피 묻은 시트를 보여 줄 때까지 신랑의 친구들이 신방 문 뒤에서 웃고 노래하면서 머물러 있거나, 혹은 부모가 아침에 그 시트를 이웃 사람들에게 보여 주기도 한다.[23] 이 정도로 적나라한 형태는 아니지만, '첫날밤'의 관습은 아직도 매우 널리 퍼져 있다. 그런 관습과 온갖 외설 문학의 탄생은 우연이 아니다. 사회적인 것과 동물적인 것의 분리는 필연적으로 외설을 낳는다. 휴머니즘의 도덕은 모든 살아 있는 경험이 인간적인 의미를 가지고 그 경험에 자유가 깃들어 있기를 요구한다. 진정으로 도덕적인 에로틱한 삶에는 욕망과 쾌락의 자유로운 수락이 있거나, 혹은 적어도 섹슈얼리티 한가운데서 자유를 되찾기 위한 비장한 투쟁이 있다. 그러나 이것은 사랑이나 욕망 속에서 타자에 대한 **개별적인** 인식이 행해졌을 때만 가능하다. 섹슈얼리티는 더 이상 개인에 의한 구제가 아니라 신이나 사회에 의해 정당화된다고 주장할 때, 두 당사자의 관계는 단지 동물적 관계에 지나지 않는다. 보수주의적인 중년 여자들이 육체적 행위를 혐오감을 가지고 이야기하는 것도 이해된다. 그녀들은 그 행위를 분뇨 기능으로 격하시켰다. 결혼식 연회에서 그 많은 음탕한 웃음소리를 들을 수 있는 것도 그 때문이다. 노골적인 현실의 동물적 기능에다 화려한 의식을 겹쳐 놓는 데에는 외설적 역설이 있다. 결혼식은 그 보편적이고 추상적인 의미를 공공연하게 나타낸다. 즉, 한 남자와 한 여자가 모든 사람의 눈앞에서 상징적인 의식에 따라서 결합한다. 그러나 그들은 은밀하게 침대에서 서로 맞서는 구체적이고 개별적인 두 개인이며, 모든 사람은 그들의 포옹에서 시선을 돌려 버린다. 콜레트는 열세 살 때 농민의 결혼식에서 여자 친구가 그녀에게 신방을 보여 줬을 때 몹시 당황했다.

신혼부부의 방…… 붉은색의 싸구려 무명 커튼 아래, 비좁고 높은 침대가 있다. 깃털이 가득 찬 침대, 거위 솜털 베개로 부풀어 오른 침대, 땀과 향과 가죽 냄새와 음식 소스의 탕기로 김이 가득 찬 오늘 하루의 종착지인 침대…… 머지않아 신혼부부가 이곳으로 오게 된다. 나는 그것을 생각해 본 적이 없었다. 그들은 이 깊은 깃털 속에 파묻힐 것이다…… 그들 사이에는 어둠 속의 투쟁이 있을 것이다. 이 어둠 속의 투쟁에 관해서는 우리 어머니의 경솔하고 거침없는 입담과 짐승의 생태가 나에게 너무 많이 혹은 너무 적게 가르쳐 주었다. 그런 다음에는? 나는 이 방

23 "오늘날 미국의 어떤 지역에서는 아직도 1세대 이주민들이 유럽에 남아 있는 가족들에게 피 묻은 속옷을 결혼이 완료되었다는 증거로 보낸다"고 「킨제이 보고서」가 밝히고 있다.

과 내가 생각해 본 적 없는 이 침대가 무섭다.[24]

　소녀는 가족 잔치의 성대함과 폐쇄된 커다란 침대의 동물적 신비 사이에 대비를 느꼈고, 어린이 특유의 비탄에 빠졌다. 결혼의 희극적이고 외설적인 측면이 여자를 개인화하지 않는 동양과 그리스와 로마 문명에서는 거의 드러나지 않는다. 거기서는 동물적 기능이 사회적 의식과 마찬가지로 일반적인 것으로 나타난다. 그러나 오늘날 서양에서는 남자와 여자가 개인으로 파악된다. 그리고 결혼식의 하객들이 조소하는 이유는 바로 이 남자와 이 여자가 의식과 연설과 화환으로 위장된 행위를 아주 개별적인 경험으로 이행하기 때문이다. 물론 화려한 장례식과 무덤의 부패 사이에도 기괴한 대조가 있다. 그러나 죽은 사람은 땅에 묻힐 때 깨어나지 않는다. 반면에 신부는 시장市長이 어깨에 두르는 의식용 삼색 현장 띠나 교회의 결혼식이 약속한 **현실** 체험의 개별성이나 우연성을 발견할 때 소스라치게 놀란다. 젊은 여자가 결혼 첫날밤에 울면서 자기 어머니 집으로 돌아갔다는 이야기는 가벼운 희극에서나 볼 수 있는 것이 아니다. 정신의학 책들 속에는 이런 종류의 이야기가 차고 넘친다. 나는 몇 가지 경우를 직접 들은 적이 있다. 성교육을 전혀 받지 않은 양갓집 처녀들이 에로티시즘을 갑작스레 발견하고는 충격을 받았다는 것이다. 지난 세기에 아당 부인은 자기 입에 키스한 남자와 결혼하는 것이 의무라고 생각했다. 키스가 성적 결합의 완성된 형태라고 믿고 있었기 때문이다. 보다 최근에 슈테켈은 어떤 신부에 대해서 이렇게 이야기하고 있다. "신혼여행 중에 남편이 그녀의 처녀성을 빼앗자 그녀는 그를 미치광이로 취급했고, 정신병자를 상대하는 것이 두려워서 감히 말 한마디 하지 못했다."[25] 동성애 여자와 결혼해 소위 남편이란 자와 오랫동안 살면서도 상대가 남자가 아니라는 것을 모를 정도로 순진한 젊은 처녀도 있었다.

　결혼식 날 집으로 돌아와서, 밤중에 신부를 우물 속에 빠트리면 그녀는 얼이 빠진다. 그녀가 막연한 불안감을 가진다 해도 소용없다…….
　'세상에, 세상에, 결혼이 바로 이런 거구나. 그래서 결혼이 어떤 것인지 그토록 비밀로 해 왔던 거야. 내가 그 위험에 빠져 버렸어' 하고 그녀는 생각한다.

24 『클로딘의 집』
25 『불안의 신경 증상 Les États nerveux d'angoisse』

그러나 기분이 상했어도 그녀는 일언반구 없다. 그래서 당신은 그녀를 오랫동안 몇 번이고 우물에 집어넣을 수 있을 것이다. 이웃에 아무런 추문도 일으키지 않은 채.

위의 "신혼의 밤"이란 제목의 미쇼Henri Michaux(1899~1984)[26]의 시[27] 한 단장短章은 상황을 아주 정확하게 설명한다. 오늘날의 많은 젊은 처녀가 사정을 더 잘 알고 있지만, 그녀들의 동의는 여전히 막연하다. 그래서 처녀성 상실은 강간의 성격을 잃지 않았다. "결혼 밖보다 결혼 안에서 행해지는 강간이 확실히 더 많다"고 헤블록 엘리스는 말한다. 노이게바우어Franz Ludwig Neugebauer(1856~1914)[28]는 1899년에 저서 『출산에 대한 월간 잡지Monatsschrift für Geburtshilfe』 제9권에서 성교 때 여자가 페니스에 당한 부상 사례를 150건 이상 수집했다. 부상의 원인은 난폭, 만취, 나쁜 체위, 성기의 불균형이었다. 헤블록 엘리스의 보고에 의하면, 영국에서 어떤 부인이 중산층의 지적인 기혼 여성 여섯 명에게 첫날밤에 관해 물어보았다. 모두에게 성교는 쇼크처럼 돌발적이었다고 했다. 두 명은 성교에 대해 전혀 모르고 있었고, 나머지 사람들은 안다고 믿었지만 그렇다고 해서 정신적으로 상처를 덜 받은 것은 아니었다. 아들러 역시 처녀성 상실의 심리적 중요성에 관해 강조했다.

남자가 자기의 모든 권리를 획득하는 이 최초의 순간이 대개 여자의 일생을 결정한다. 경험이 없고 과도하게 흥분된 남편은 그때 여성에게 불감증의 씨를 뿌릴 수 있다. 그의 미숙함과 난폭성이 계속되면 불감증이 영구적인 지각 마비로 변할 수도 있다.

우리는 앞에서 이런 불행한 성 입문의 사례를 많이 보았다. 여기 슈테켈이 보고한 또 하나의 사례가 있다.

H. N. 부인은 (…) 아주 정숙하게 자라서 첫날밤을 생각만 해도 몸을 떨었다. 남편은 그녀가 잠을 못 자게 한 채 거의 폭력적으로 옷을 벗겼다. 그리고 자기도 옷

---

26 *벨기에 태생의 프랑스 시인, 화가

27 『감동의 밤La nuit remuée』 참조

28 *폴란드 출생이며 러시아 제국의 부인과 의사

을 벗어 던졌고, 그녀에게 자기 나체를 바라보고 페니스를 찬미하라고 요구했다. 그녀는 두 손으로 얼굴을 가렸다. 그러자 그가 외쳤다. "그러려면 네 집에 있지 왜 시집을 왔어, 이 멍청아!" 그는 그녀를 침대에 집어 던지고 난폭하게 처녀성을 빼앗았다. 당연히 그녀는 그 후 영원히 불감증을 갖게 되었다.

앞에서 보았듯이, 처녀가 자기의 성적 운명을 이행하기 위해 극복해야 할 저항은 실로 다양하다. 성 입문에는 생리적인 동시에 정신적인 '작업'이 온전히 요구된다. 그러므로 이 입문을 단 하룻밤에 해치우려 하는 것은 어리석고 야만적인 일이다. 그토록 어려운 최초의 성교 행위를 하나의 의무로 변형시키려는 것도 터무니없는 짓이다. 여자가 따라야 하는 이 기묘한 작업은 신성시되고, 사회·종교·가족·친구들이 그녀를 마치 주인에게 넘겨 주듯 성대하게 남편에게 넘겨 주는 까닭에, 여자는 그만큼 더 공포에 떤다. 또한 결혼이 결정적인 성격을 띠므로, 이 행위가 그녀의 모든 미래를 속박하는 것처럼 보인다. 그때 그녀는 자기가 정말 완전히 드러난 것처럼 느낀다. 자기 일생을 바칠 이 남자는 그녀의 눈에 **남자** 전체를 구현하고 있다. 그리고 남자 역시 그녀에게 미지의 모습으로 자신을 드러낸다. 남자가 그녀의 평생의 반려자가 될 것이기 때문에, 그 미지의 모습은 대단히 중요하다. 하지만 남자 자신도 자기에게 지워지는 구속 때문에 불안해한다. 그에게도 어려움과 콤플렉스가 있고, 그 때문에 소심해지고 서툰 행동을 하고 혹은 반대로 난폭해지기도 한다. 결혼식의 성대함 때문에 첫날밤에 무능해지는 남자들이 많이 있다. 피에르 자네는 『강박관념과 신경쇠약』에서 이렇게 쓰고 있다.

부부 행위를 완전히 이행할 수 없어서 자기들의 운명을 매우 부끄러워하고, 이에 대해서 치욕과 절망의 강박관념에 쫓기는 젊은 부부를 누가 모르는가? 우리는 작년에 아주 괴상한 희비극적인 장면을 보았다. 분노한 장인이 몹시 풀이 죽은 사위를 살페트리에르 병원으로 데리고 왔다. 장인은 이혼을 청구할 수 있는 의학 증명서를 요구하였다. 사위가 설명하기를, 전에는 정상이었지만 결혼한 이후 거북하고 수치스러운 느낌 때문에 불능이 되었다는 것이다.

지나친 욕정은 처녀를 두렵게 하고, 지나친 존중은 그녀에게 모욕감을 준다. 여자들은 자기의 고통을 대가로 하여 혼자만 이기적으로 쾌락을 맛보는 남자를 평생 증오한다. 그러나 자기를 경멸하는 것처럼 보이는 남자에 대해서는 두고두고 원한을 품는다.[29] 그리고 첫날밤에 처녀성을 빼앗으려 하지 않았거나 혹은 그것이 불가능했던 남자에 대해서도 흔히 그런 원한을 품는다. 헬렌 도이치는 기형을 핑계로 아내의 처녀막을 외과적 수술을 통해 제거해 달라고 의사에게 부탁하는, 소심하거나 서투른 남편들에 대해서 특기하고 있다.[30] 그 동기는 일반적으로 타당하지 않다. 정상적으로 삽입하는 행위가 불가능했던 남편에 대해서 여자들은 두고두고 경멸과 원한의 감정을 갖는다고 그녀는 말한다. 프로이트의 관찰 중 하나[31]는 남편의 성적 불능이 아내에게 정신적 외상을 낳게 할 수 있다는 것을 보여 주고 있다.

어떤 여자 환자는 한 방에서 한가운데에 테이블이 놓여 있는 다른 방으로 달려가는 습관이 있었다. 환자는 테이블보를 일정한 방법으로 깔아 놓고, 테이블에 가까이 오도록 하녀를 불렀다가 돌려보내곤 했다. (…) 그녀가 이 강박관념을 설명하려 했을 때, 테이블보에 보기 흉한 얼룩이 있고, 매번 하녀의 눈에 얼룩이 확 띄도록 깔아 놓았다는 것을 기억해 냈다. (…) 그 모든 것은 남편이 남성적인 모습을 보이지 않았던 첫날밤을 재현하는 것이었다. 남편은 다시 시도해 보려고 자기 방에서 아내의 방으로 수도 없이 달려갔다. 침대를 정리하러 오는 하녀 보기가 부끄러워서, 남편은 피가 있는 것처럼 믿게 하려고 시트에다 빨간 잉크를 묻혔다.

'첫날밤'을 제대로 치러 낼 수 없을까 봐 불안해하는 부부에게 에로틱한 경험은 시련으로 바뀐다. 상대방을 너그럽게 생각할 여유를 갖기에는 부부 각자가 자기 문제로 너무나 바쁘다. 첫날밤은 에로틱한 경험에 성대함이 부여되어 무서운 것이 되어 버린다. 그래서 여자가 흔히 첫날밤 때문에 영원히 불감증을 갖는 것도 놀라운 일이 아니다. 남편에게는 '아내를 너무 음란하게 자극하면' 그녀가 분노하고 모욕감을 느낄지도 모른다는 것이 어려운 문제다. 이런 두려움은 특히 미국의 남편들, 그 가운데서도 대학 교육을 받은 부부의 남편들을 주눅 들게 하는 것 같다고 「킨제이 보고서」는 지적하고 있다. 왜냐하면 여자가 자의식이 강할수록 더 억압적이기 때문이다. 하지만 남편이 아내를 '존중하면' 아내의 관능

---

29 앞 장에서 인용된 슈테켈의 관찰 참조
30 『여성의 심리』
31 슈테켈의 『불감증의 여자』에 따라 요약했다.

을 일깨우는 데 실패한다. 이런 딜레마는 여자의 모호한 태도에서 비롯된다. 즉, 젊은 여자는 쾌락을 원하는 동시에 거부한다. 그녀는 신중함을 요구하면서도 그 때문에 괴로워한다. 예외적인 행복이 없는 한 남편은 필연적으로 난봉꾼 아니면 서툰 사람처럼 보일 것이다. 따라서 '부부의 의무'가 흔히 여자에게 혐오스러운 고역에 불과하다는 것은 놀라운 일이 아니다.

디드로는 말하고 있다.[32]

마음에 들지 않는 주인에게 복종하는 것은 여자에게 형벌이다. 나는 한 정숙한 아내가 남편이 다가오자 혐오감으로 몸서리치는 것을 보았다. 그녀는 물에 들어가 몸을 씻어도 의무의 더러움을 결코 충분히 씻어 낼 수 없다고 생각했다. 이런 종류의 혐오는 우리 남자들에게 거의 알려지지 않았다. 우리의 기관은 더 관대하다. 많은 여자가 극도의 쾌락을 맛보지 못하고 죽을 것이다. 내가 쾌히 일시적인 간질처럼 생각하는 이런 감각은 여자들에게는 드물지만, 우리는 원하면 틀림없이 그 감각에 도달한다. 몹시 사랑하는 남자의 품에서도 여자들은 지고의 행복을 놓치고 만다. 하지만 우리는 마음에 들지 않는 여자 옆에서도 그것을 발견한다. 여자들은 우리보다 감각을 잘 통제하지 못하기 때문에 그 보상 역시 더 느리고 더 불확실하다. 그녀들의 기대는 수없이 기만당한다.

실제로 많은 여자가 쾌락이나 흥분조차 결코 알지 못한 채 어머니와 할머니가 된다. 그녀들은 의학증명서나 다른 구실을 만들어 "의무의 더러움"에서 벗어나려고 애쓴다. 「킨제이 보고서」는 미국에서 상당수의 아내가 "성교의 빈도수가 이미 너무 많다고 여기며, 남편이 그토록 잦은 관계를 원치 않기를 바란다"고 쓰고, "극소수의 여자만 더 빈번한 성교를 원한다"고 지적했다. 하지만 앞에서 본 바와 같이, 여자의 에로티시즘의 가능성은 거의 무한하다. 이러한 모순은 결혼이 여자의 에로티시즘을 규제하려다가 오히려 그 에로티시즘을 죽인다는 것을 잘 보여 주고 있다.

모리아크François Mauriac(1885~1970)[33]는 『테레즈 데케루』에서 '분별 있게 결혼한' 젊은 여자의 결혼 전반에 대한, 특히 부부의 의무에 대한 반응을 묘사했다.

---

32 『여성에 대하여』
33 *프랑스의 시인, 소설가

테레즈는 어쩌면 결혼에서 지배나 소유보다 피난처를 찾고 있었던 것은 아닐까? 그녀를 결혼으로 몰아넣은 것은 일종의 공포가 아니었을까? 어릴 적부터 현실적이고 살림을 도맡았던 그녀는 속히 자기의 지위를 확보하고, 확고한 자기 자리를 찾아내고 싶어 했다. 그녀는 정체를 알 수 없는 어떤 위험에서 벗어나고 싶었다. 그녀가 약혼의 시기만큼 더 분별력 있게 보였던 적은 한 번도 없었다. 그녀는 가족이라는 테두리 안에 잘 틀어박혀 있었다. '자리를 잡았고' 하나의 질서 속에 들어갔다. 그녀는 도망친 것이다. 숨 막히는 듯한 결혼식 날, 부인들의 재잘거림이 헐떡거리는 오르간 소리를 덮어 버리고 그녀들의 체취가 제단의 향내를 압도하던 비좁은 생클레르 교회에서, 테레즈는 어찌할 바를 몰랐다. 몽유병자처럼 우리 속으로 걸어 들어가 무거운 덧문이 닫히는 큰 소리를 듣는 순간, 그 불쌍한 처녀는 돌연 깨어났다. 아무것도 변한 것이 없었다. 그러나 그녀는 이후 더 이상 혼자 파멸할 수 없다는 느낌이 들었다. 나뭇가지 아래 맴도는 음험한 불과 같이, 이제부터 그녀는 한 가정에 깊숙이 은신해 있으려 한다. (…)

반은 농민적이고 반은 부르주아적인 결혼식 날 저녁, 처녀들의 드레스가 눈부시게 화려한 가운데 사람들이 신랑·신부의 차를 에워쌌고, 속도를 늦출 수밖에 없었던 신랑·신부는 박수갈채를 받았다. (…) 그런 다음에 찾아온 밤을 생각하면서 테레즈는 "끔찍했어"라고 중얼거렸다가 자신의 말을 정정했다. "아냐…… 그렇게 끔찍한 건 아니었어." 이탈리아의 호수 지방에서 신혼여행을 보내는 동안 그녀가 많이 고통스러워했나? 아니, 그렇지 않았다. 그녀는 자신의 마음을 감추는 유희를 하고 있었다. (…) 테레즈는 자기의 몸을 이런 눈속임에 길들일 줄 알았다. 그리고 거기서 씁쓸한 쾌락을 맛보고 있었다. 한 남자가 그녀를 강제로 끌고 간 그 미지의 감각 세계, 어쩌면 거기에 그녀를 위한 행복도 있었을지 모른다고 상상했다. 그러나 어떤 행복이었던가? 우리가 빗속에 가려진 풍경 앞에서, 이 풍경이 햇빛 아래에서는 어떠했을까를 상상하듯이, 테레즈는 관능적인 쾌락을 그와 같이 발견하고 있었다. 베르나르, 멍청한 눈빛의 사내…… 얼마나 쉽게 속아 넘어가던지! 돼지우리 사이로 보이는 여물통 앞에서 행복에 겨워 코를 킁킁거리는 유쾌한 새끼 돼지들처럼 그는 자기의 쾌락 속에 갇혀 있었다. '내가 바로 여물통이었어' 하고 테레즈는 생각한다. 육체에 관한 모든 것을 분류하는 법과, 성실한 남자의 애무와 호색의 애무를 구별하는 법을 그는 어디서 배웠단 말인가? 조금도 주저함 없이. (…) 가엾은 베르나르, 다른 남자보다 더 고약하진 않다! 그러나 욕망의 화신이 되어 다가오는 그의 모습은 괴물과 다를 바 없었다. "조금만 움직여도 그 미치광이, 그 간질환자가 내 목을 조를까 봐, 나는 죽은 체하고 있었다."

다음은 한층 더 적나라한 증언이다. 이것은 슈테켈이 수록한 고백인데, 그중에서 나는 부부 생활과 관련된 대목만을 인용한다. 세련되고 교양 있는 계층에서 자란 스물여덟 살 여자의 경우다.

나는 행복한 약혼자였다. 말하자면 나는 안식처에 있는 느낌이었고, 갑자기 주목받는 사람이 되었다. 나는 사랑을 듬뿍 받았고, 약혼자는 나에게 찬사를 아끼지 않았으며, 그 모든 것이 나로서는 새로웠다. (…) 키스(약혼자는 결코 다른 애무는 시도하지 않았다)는 결혼식 날을 기다릴 수 없을 정도로 나를 달아오르게 하였다. (…) 결혼식 날 아침에는 몹시 흥분된 상태여서 입고 있던 브라우스가 땀에 금방 흠뻑 젖었다. 그토록 갈망했던 미지의 것을 이제 드디어 알게 된다는 생각뿐이었다. 나는 남자가 여자의 질 속에 오줌을 눈다는 어린애 같은 생각을 하고 있었다. (…) 침실에서 남편이 내게 저쪽에 가 있는 것이 좋겠느냐고 물었을 때 나는 이미 약간의 실망을 했다. 그 앞에서는 정말 부끄러웠기 때문에 그렇게 해 달라고 부탁했다. 옷을 벗는 장면은 그때까지 내 상상 속에서 중요한 역할을 했다. 내가 침대에 들어가 있을 때 남편은 매우 당황해서 다시 내게 왔다. 나중에 그는 내 모습이 그를 주눅 들게 했다고 고백했다. 그에게 나는 눈부시고 기대에 찬 청춘의 화신이었던 것이다. 그는 옷을 벗자마자 불을 껐다. 그리고 나를 끌어안고 곧바로 나를 점령하려고 했다. 나는 몹시 겁이 나서 나를 조용히 내버려 두어 달라고 부탁했다. 그에게서 아주 멀리 떨어져 있고 싶었다. 나는 사전에 애무도 없이 그렇게 하는 것에 대해 소름이 끼쳤다. 그가 난폭하다고 생각했고, 나중에 그에게 그것을 비난했다. 남편의 행동은 난폭한 것이 아니라 커다란 실수였고 감수성의 결여였다. 밤새 그가 한 시도는 모두 헛된 것이었다. 나는 대단히 불행해지기 시작했다. 그리고 내 어리석음에 대해 부끄러웠다. 나는 내게 잘못이 있고, 몸에도 결함이 있다고 생각했다. (…) 결국 나는 그의 키스에 만족하기로 했다. 열흘이 지나서 그는 마침내 나의 처녀성을 빼앗는 데 이르렀다. 성교는 단 몇 초에 불과하였으며 가벼운 통증 외에 아무것도 느끼지 못했다. 그것은 커다란 환멸이 아닐 수 없었다! 그러고나서 나는 성교 때 약간의 즐거움을 느꼈으나 성공하더라도 힘들었으며, 남편은 자기의 목적에 도달하기 위해 여전히 애를 썼다. (…) 프라하에 사는 독신자인 시동생의 아파트 방 침대에서 내가 잤다는 것을 안 시동생의 감각이 어떠했을지를 상상했다. 그러자 나는 나를 매우 행복하게 해 준 최초의 오르가슴을 느꼈다. 처음 몇 주 동안 남편은 나와 매일 섹스했다. 나는 다시 오르가슴에 이르렀으나 너무 짧아서 만족스럽지 못했고, 울고 싶을 정도로 흥분되었다. (…) 두 번의 출산 후에 (…)

성교는 점점 만족스럽지 않았다. 드물게 오르가슴에 이르렀으나 남편은 항상 나보다 먼저 거기에 도달했다. 걱정스럽게 나는 매번 그 귀추를 주목했다(그가 얼마 동안 계속할까?). 그가 나를 어중간하게 놔두고 혼자만 만족하면 그를 증오했다. 때때로 성교하는 동안에 나의 사촌이나 출산을 도와준 의사를 상상했다. 남편은 손가락을 가지고 나를 자극하려 했다. (…) 나는 대단히 흥분했지만 동시에 그 방법이 부끄럽고 비정상적인 것으로 생각되어 조금도 쾌감을 느끼지 못했다. (…) 결혼생활 내내 그는 내 몸의 단 한 군데도 애무한 적이 없었다. 하루는 그가 더 이상 나와 아무것도 하지 않겠다고 말했다. (…) 그는 나의 나체를 본 적이 한 번도 없었다. 우리는 언제나 잠옷을 입고 있었고 그가 밤에만 성교했기 때문이다.

사실 대단히 관능적이었던 이 여자는 그 후 애인의 품에서 완전히 행복해졌다. 약혼이란 바로 젊은 처녀에게 성교육의 입문을 점진적으로 행하기 위한 것이다. 그러나 흔히 풍습은 약혼자들에게 극도의 순결을 강요한다. 약혼 기간에 처녀가 장래의 남편을 '알게 되는' 경우에도 신부의 상황과 크게 다르지 않다. 그녀는 자기의 맹세가 결혼만큼 결정적으로 보일 경우에만 몸을 허락하며, 최초의 성교는 실험적인 성격을 띤다. 일단 몸을 주었다면-비록 임신하지 않았더라도, 이것은 끝내 그녀를 속박하게 될 것이지만-그녀 쪽에서 약혼을 취소하는 일은 아주 드물다.

사랑이나 욕망이 두 당사자에게서 완전한 동의를 끌어낸다면, 첫 경험의 어려움은 쉽게 극복된다. 애인들이 서로의 자유에 대한 상호 인식 속에서 기쁨을 주고받으면, 육체적 사랑은 그 기쁨으로부터 힘과 품위를 끌어낸다. 그때 그들의 행위는 어느 하나 부끄러울 게 없다. 왜냐하면 두 사람 중 누구에게도 그 행위는 강요된 것이 아니라 관대하게 바란 것이기 때문이다. 그러나 결혼의 원리는 자연발생적인 충동 위에서 이루어져야 하는 교류를 권리와 의무로 변형시키기 때문에 외설적이다. 결혼의 원칙은 서로의 육체를 그 일반성 속에서 파악하도록 하므로 육체에 도구적 성격, 따라서 타락시키는 성격을 부여한다. 남편은 흔히 의무를 이행한다는 생각 때문에 얼어붙고, 아내는 자기 몸에 권리를 행사하는 누군가에게 자신이 넘겨졌다고 느껴 수치심을 갖는다. 물론 부부 생활 초기부터 관계가 개별화되는 일도 일어날 수 있다. 성적 수련이 때로는 아주 점진적으로 이루어지기도 한다. 첫날밤부터 부부 사이에 행복한 육체적 매력이 발견될 수도 있다. 결혼은 아직도 육체에 그토록 흔하게 결부된 죄의식을 제거해 줌으로써 여자가 편하게 몸을 내맡길 수 있게 해 준다. 규칙적이고 안정적인 동거는 성적 성숙에 유리한 육체적 친밀감을 낳는다. 결혼 초기에 완전한 만족을 느끼는 아내들이 있다. 그런 아내들은 그 만족감에 대해 남편에게 감사한 마음을 잊지 않으며, 나중에 남편이 어떤 잘못을 저지르더라도 그를 용서하게 된다는 것은 주목할 만하다. "불행한 결혼생활에서 벗어나지 못하는 여자들은 언제나 남편에게서 성적 만족을 얻었던 여자들이다"라고 슈테켈은 말하고 있다. 하지만 젊은 처녀가 성적으로 접촉해 보지 않은 한 남자와 일생 동침하기로 약속한다는 것은 끔찍한 위험을 무릅쓰는 것이다. 그녀의 에로틱한 운명이 본질적으로 상대의 인격에 달려 있기 때문이다. 이것은 레옹 블룸*Léon Blum*(1872~1950)[34]이 『결혼*Mariage*』에서 온당하게 규탄했던 역설이다.

관습에 기초한 결합에서도 사랑이 싹틀 기회가 많다고 주장하는 것은 위선이다. 실제적·사회적·도덕적 이해관계에 의해 맺어진 부부에게 평생 서로에게 관능적 쾌락을 제공하라고 요구하는 것은 지극히 부조리하다. 하지만 이런 타산적 결혼의 지지자들은 연애결혼이 부부의 행복을 반드시 보장하는 것은 아니라고 주장하는 데 유리한 조건에 있다. 우선 젊은 처녀가 흔히 경험하는 이상적인 사랑은 성적 사랑을 반드시 경험하도록 준비시키지는 않는다. 젊은 처녀가 어린이의 혹은 청춘의 강박관념을 투사시키는 열렬한 정신적 사랑, 몽상, 열정, 이런 것들은 일상생활의 시련을 감내하기 위한 것도, 오래도록 지속되기 위한 것도 아니다. 그녀와 약혼자 사이에 솔직하고 격렬한 성적 매력이 존재한다고 해도, 그것은 인생을 계획하기 위한 견고한 토대가 되지 못한다. 콜레트는 이렇게 쓰고 있다.[35]

관능의 쾌락은 사랑의 무한한 사막 속에 열렬하지만 극히 작은 자리를 차지한다. 그 작은 것이 너무도 불타고 있어서 우리는 처음에 그것밖에 보지 못한다. 이 불안정한 불꽃 주위에는 그야말로 미지의 세계이자 위험이 있다. 우리가 짧은 포옹에서 혹은 긴 밤에서 깨어났을 때, 우리는 서로의 곁에서 서로를 위해 살기 시작해야만 할 것이다.

게다가 육체적 사랑이 결혼 전에 존재하거나 결혼 초기에 깨어난다 해도 오랜

---

34 * 프랑스의 정치가, 문예평론가
35 『방랑하는 여인』

세월 지속되는 것은 극히 드물다. 분명 서로 사랑하는 두 연인의 욕망에는 그들의 개별성이 내포되어 있으므로 성애에는 반드시 정조가 필요하다. 그들은 이 개별성이 외부의 경험으로 부인되는 것을 거부하며, 서로를 위해서 유일무이한 존재이길 원한다. 그러나 이런 정조는 오로지 자발적이기 때문에 의미 있다. 그리고 에로티시즘의 마법은 상당히 빨리 사라진다. 경이롭게도 에로티시즘은 연인 각자에게 육체적 현전 속에서 저마다 무한한 초월성으로서 실존하는 하나의 존재를 순간적으로 넘겨준다. 그리고 필시 이 존재를 **소유하는 것**은 불가능하지만, 이 존재에 적어도 특권적이고 애절한 방식으로 도달할 수는 있다. 그러나 개인들이 서로 적의를 품고 혐오하며 무관심하므로 서로에게 더 이상 다다르기를 바라지 않을 때는 에로티시즘의 매력이 사라진다. 그것은 존경과 우정 속에서도 거의 확실하게 소멸한다. 왜냐하면 초월성의 움직임 속에서, 그리고 세계나 공동의 기획을 통해서 서로 다시 만나는 두 사람은 더 이상 육체적으로 결합할 필요가 없기 때문이다. 이 결합이 그 의미를 잃었을 때 그들은 그것을 혐오한다. 몽테뉴가 말한 **근친상간**이란 말은 의미심장한 것이다. 에로티시즘은 **타자**를 향한 움직임이고, 거기에 그 본질적인 성격이 있다. 그러나 부부는 그 결합의 내부에서 서로 **동일자**가 된다. 그들 사이에는 더 이상 어떤 교환도, 어떤 증여贈與도, 어떤 정복도 가능하지 않다. 그러므로 그들이 연인으로 머물러 있다면, 흔히 부끄러운 마음으로 그렇게 있는 것이다. 부부는 더 이상 성행위가 각자 그 안에서 자기 초월의 상호주관적 경험이 아니라 함께하는 자위행위 같은 것으로 느낀다. 그들이 서로 상대를 자기의 욕구를 만족시키는 데 필요한 도구로 여긴다는 것은 평소 부부의 예의가 감추고 있는 사실이지만, 이 예의가 거부되는 즉시 그 사실은 명백하게 드러난다. 라가슈 박사가 저서 『질투의 성질과 형태*Nature et forme de la jalousie*』에서 보고한 관찰의 사례가 그것을 잘 보여 주고 있다. 아내는 남자의 성기를 자기에게 소유권이 있는 쾌락의 저장고처럼 여기고, 벽장 속에 넣어둔 통조림처럼 탐한다. 만약 남자가 그것을 다른 여자에게 주면, 자기 몫이 더는 남아 있지 않게 된다. 그녀는 귀중한 정액을 낭비하지 않았는지 보기 위해서 남편의 팬티를 의심의 눈초리로 살핀다. 주앙도Marcel Jouhandeau(1888~1979)[36]도 『남편의 연대기*Chroniques maritales*』에서 "당신의 셔츠와 당신의 수면에서 외도의 흔적을 발견하려고 염탐

---

36 *프랑스 작가

하는 아내가 행사하는 일상의 검열"을 지적하고 있다. 한편 남자는 아내의 의견도 묻지 않은 채 그녀에게서 자기 욕망을 채운다.

하지만 이 난폭한 욕구 충족은 인간의 섹슈얼리티를 충분히 만족시키지 못한다. 그 때문에 가장 적법한 것처럼 보이는 포옹에는 종종 타락의 뒷맛이 있게 된다. 여자가 에로틱한 환상을 이용하는 것은 흔한 일이다. 슈테켈은 "연상의 힘센 남자에게 욕을 당하는 것을 상상하면서 남편과 함께 가벼운 오르가슴을 느낄 수 있는" 스물다섯 살 여자의 사례를 인용하고 있다. 그녀는 누군가가 자기를 강간하고 때리는 것을 마음속에 그리면서 남편을 *다른 남자*라고 상상한다. 남편도 같은 꿈을 꾼다. 아내의 육체 위에서 뮤직홀에서 본 댄서의 넓적다리나 사진에서 눈여겨본 나체 여인의 유방 또는 그런 기억이나 이미지를 소유한다. 아니면 아내가 다른 남자의 욕망의 대상이 되어 소유되거나 강간당하는 것을 상상하는데, 이것은 아내에게 잃어버린 타성을 돌려주는 방식이다. "결혼은 기괴한 치환置換과 도착倒錯, 세련된 연기자, 가상과 현실 사이의 모든 한계를 무너뜨리려는 두 파트너가 연기한 희극이다"라고 슈테켈은 말하고 있다. 극단적인 경우에 명확한 성적 도착이 모습을 드러낸다. 남편은 스스로 변태 성욕자가 된다. 즉, 그는 약간의 마술을 되찾기 위하여 아내가 애인과 동침하는 것을 보거나 아는 것이 필요하다. 혹은 아내가 거절하도록 사디즘적으로 그녀를 집요하게 괴롭힌다. 이런 행위를 통해 결국 아내의 의식과 자유가 나타나면, 자기가 소유하는 것이 분명 인간이라는 것을 확인하는 것이다. 이와 반대로, 남편을 주인이나 폭군으로 만들려는 아내에게서는 마조히즘적인 행동이 보인다. 내가 알던 한 부인은 수녀원에서 자란 아주 독실한 사람인데, 낮에는 독선적이고 강압적이었다가 밤이면 남편에게 자기를 때려 달라고 진심으로 애원했다. 남편은 끔찍스러워하면서도 그것을 이행했다. 결혼생활에서는 성적 도착까지도 조직적이고 냉혹하며 엄숙한 양상을 띠는데, 이는 더없이 서글픈 궁여지책이 된다.

육체적 사랑은 절대적인 목적도 단순한 수단도 될 수 없다는 것이 진리다. 육체적 사랑은 존재를 정당화할 수 없을 것이나, 외부의 어떤 정당화도 받아들일 수 없다. 즉, 모든 인간 생활에서 삽화적이고 자율적인 역할을 해야 할 것이다. 그 말은 육체적 사랑이 무엇보다 자유로워야 한다는 것이다.

그러므로 부르주아적 낙관주의는 젊은 아내에게 사랑을 약속하지 않는다. 그녀의 눈에 어른거리게 하는 것은 행복이라는 이상, 즉 내재와 반복의 한가운데에 있는 조용한 안정의 이상이다. 평화와 번영의 시기에 이런 이상은 부르주아지 전체, 특히 지주 계급의 이상이었다. 그들은 미래와 세계의 정복이 아니라 과거의 평화로운 보존, 즉 **현상 유지**만을 목표로 하고 있었다. 야망도 열정도 없는 금빛의 평범함, 방향 없이 무한히 반복되는 날들, 삶의 이유에 관해 탐구하지 않은 채 죽음을 향해 조용히 미끄러져 가는 인생, 이런 것들이 예를 들면 『행복의 소네트Sonnet du bonheur』의 저자가 찬양하는 것이다. 에피쿠로스와 제논 사상에 나약하게 고취된 사이비 지혜는 오늘날 신망을 잃어버렸다. 세계를 있는 그대로 보존하고 반복한다는 것은 바람직하지도 가능하지도 않은 것처럼 보인다. 남자의 소명은 행동이다. 생산하고 싸우고 창조하고 진보하고 우주 전체와 무한한 미래를 향해 자기를 초월해야만 한다. 그러나 전통적인 결혼은 여자에게 남자와 더불어 자기를 초월하도록 권하지 않는다. 결혼은 여자를 내재 속에 가두어둔다. 그러므로 여자는 과거의 연장인 현재에 머물며 미래에 대해 두려움을 느낄 필요가 없는 안정된 생활을 이룩하는 것, 다시 말해 행복을 이룩하는 것 외에는 다른 것을 목표로 세울 수 없다. 사랑이 없더라도 여자는 남편에 대해 부부애라고 불리는 다정하고 공손한 감정을 느낄 것이다. 그녀는 자기가 관리 책임을 맡게 될 가정 속에 세계를 가둘 것이다. 그리고 미래 너머로 인류를 영속시킬 것이다. 하지만 어떤 실존자도 결코 자기의 초월성을 포기하지 않는다. 그가 초월성을 아무리 부정하려 해도 그것은 불가능하다. 옛날의 부르주아지는 기존 질서를 보존하고 자기의 번영으로 질서의 미덕을 과시하면서 신과 나라, 체제와 문명에 봉사한다고 생각했다. 행복하다는 것은 남자의 직능을 다하는 것이었다. 여자에게도 가정의 조화로운 생활은 궁극의 목적을 향하여 초월되어야만 한다. 여자의 개성과 세계 사이의 중개자 역할을 하는 것은 남자다. 남자는 여자의 우연적인 사실성에 인간적인 가치를 부여해 준다. 아내 곁에서 일을 도모하고 행동하고 싸우는 힘을 끌어내면서 남자는 아내를 정당화시켜 준다. 여자는 남자가 의미를 부여해 주기 때문에 그의 수중에 자기 실존을 맡기기만 하면 된다. 이는 여자의 겸허한 체념을 전제로 하고, 그녀는 그에 대한 보상을 받는다. 그녀는 남자의 힘으로 인도되고 보호받음으로써 근원적인 고독에서 벗어나게 되기 때문이다. 그녀는 불가결한 존재가 된다. 벌집 속의 여왕이며, 자기 영지에서 평화롭게 휴식하면서 남자의 중개로 무한한 우주와 시간을 가로질러 실려가는 아내이자 어머니이며 주부인 여자는 결혼을 통해 살아가는 힘과 자기 삶의 의미를 동시에 발견한다. 우리는 이러한 이상이 현실에서 어떻게 나타나고 있는지 살펴보아야 한다.

행복의 이상은 초가든 저택이든 언제나 집 안에서 구체화되었다. 집은 영구불변과 분리를 구현한다. 가정은 고립된 세포로 형성되고, 집에서 수많은 세대교체를 뛰어넘어 자기 동일성을 확보한다. 가구와 선조들의 초상화 형태로 보관된 과거는 안전한 미래를 예시한다. 정원에서는 식용 채소들이 규칙적인 사계의 순환을 보여 준다. 해마다 똑같은 꽃으로 꾸며진 똑같은 봄은 부동의 여름과 한결같은 과실을 맺는 가을이 돌아옴을 약속한다. 공간도 시간도 무한을 향하여 이탈하지 않고 얌전히 선회하고 있다. 토지 소유권 위에 세워진 모든 문명에서는 집에 대한 시와 미덕을 노래하는 문학이 풍성하다. 앙리 보르도Henry Bordeaux (1870~1963)[37]의 『집La Maison』이라는 소설에서는 과거에의 충실, 인내, 저축, 선견지명, 가정과 고향에 대한 사랑 등 모든 부르주아적 가치를 집에 요약하고 있다. 집의 예찬자는 여자들인 경우가 많다. 가족 집단의 행복을 보장하는 것은 여자들의 임무이기 때문이다. 고대 로마의 '귀부인'이 저택에서 그랬던 것처럼 그녀들의 역할은 '집의 여주인'인 것이다. 오늘날 집은 가부장제의 빛을 잃었다. 대다수 남자에게 집은 더 이상 지난 여러 세대의 기억이 압도하지 않고, 앞으로 올 여러 세기를 가두어 두지 않는 단순한 주거지에 불과하다. 그러나 여자는 예전에 진정한 집이 지녔던 가치와 의미를 여전히 자기 '집 내부'에 부여하려고 애쓴다. 존 스타인벡은 『통조림공장 골목』에서 남편과 기거하는 버려지고 낡은 실린더 속을 카펫과 커튼으로 장식하려 기를 쓰는 방랑자 여자를 그리고 있다. 창문이 없어서 커튼은 쓸데없다고 남편이 반대해도 소용없다.

이런 관심은 여성 고유의 것이다. 정상적인 남자는 자기를 둘러싸고 있는 물건들을 도구로 간주한다. 그는 물건들을 용도에 따라 사용한다. 그의 '질서' ─ 여자는 흔히 거기서 무질서밖에 보지 못하지만 ─ 는 손이 닿는 곳에 담배, 종이, 연장이 놓여 있는 것이다. 특히 하나의 물질을 통해 세계를 재창조하는 일이 주어진 예술가 ─ 조각가와 화가 ─ 들은 자기가 사는 환경에 완전히 무관심하다. 릴케Rainer Maria Rilke(1875~1926)는 로댕Auguste Rodin(1840~1917)에 대하여 이렇게 쓰고 있다.

---

37 * 프랑스의 작가, 변호사

내가 처음으로 로댕의 집에 갔을 때, 그에게 집은 단순히 필요 이외의 아무것도 아니라는 것을 알았다. 즉, 추위를 피하는 장소이며 잠자기 위한 지붕이었다. 그는 집에 무관심했고, 집은 그의 고독과 몰입에 조금도 방해되지 않았다. 로댕은 자기 안에서 그늘이고 은신처이며 평안을 주는 집을 발견하였다. 그는 자기 자신의 하늘이자 숲이며 더 이상 아무것도 멈추지 못하는 큰 강이 되어 있었다.

그러나 자기 안에서 집을 발견하려면 먼저 작품이나 행위에서 자기를 실현해야만 한다. 남자가 집안일에 별로 관심을 보이지 않는 것은 그가 우주 전체에 도달하기 때문이고, 계획 속에서 자기를 확립할 수 있기 때문이다. 한편 여자는 부부공동체에 갇혀 있다. 그녀에게는 이 감옥을 하나의 왕국으로 바꾸는 것이 관건이다. 집에 대한 그녀의 태도는 일반적으로 그녀가 처한 조건을 규정하는 변증법과 동일하다. 즉, 자신을 먹이로 만들면서 잡아들이고 단념함으로써 해방된다. 그녀는 세계를 포기함으로써 세계를 쟁취하고자 한다.

그녀가 가정의 문을 회한 없이 닫아 버리는 것은 아니다. 처녀시절에는 온 세상을 조국으로 삼았다. 숲은 그녀의 것이었다. 지금 그녀는 좁은 공간 속에 갇혀 있다. **자연**은 제라늄 화분 하나의 크기로 축소되었고, 집의 벽들은 지평선을 가리고 있다. V. 울프의 한 여주인공은 이렇게 중얼거린다.[38]

나는 이제 여름과 겨울을 들풀이나 황야의 히스의 상태를 보고서 구별하지 않고, 유리창에 서린 김이나 결빙으로 구별한다. 예전에는 어치의 깃털이 떨어지면 그 아름다운 푸른빛을 감탄하면서 너도밤나무 숲속을 걷고, 도중에 방랑자와 양치기를 만나곤 했던 내가…… 이제는 손에 새틸 빗자루를 들고 이 방 저 방을 오락가락하고 있다.

그러나 그녀는 이런 제약을 부정하려고 애쓸 것이다. 그녀는 다소 비용을 들여 지상의 동물과 식물, 이국적인 나라들, 지나간 시대들을 집안에 가두어 놓는다. 그리고 거기에 그녀를 위해 인류 공동체를 집약해 주는 남편과 미래 전체를 휴대 가능한 형태로 부여해 주는 아이를 가두어둔다. 가정은 세계의 중심이며 또한 유일한 진리가 된다. 바슐라르가 정확히 쓰고 있듯이, 그것은 "일종의 반세계

---

38 『파도』

反世界 혹은 반대되는 것의 세계"다. 피신처, 은신처, 동굴, 태내로서의 가정은 외부의 위험을 막아준다. 비현실적으로 되는 것은 혼란스러운 외재성이다. 특히 저녁에 덧문이 닫히면 여자는 여왕처럼 느낀다. 정오에 온 세상에 퍼진 햇빛은 그녀를 불편하게 한다. 밤이 되면 그녀는 더 이상 아무것도 빼앗기지 않는다. 왜냐하면 그녀가 소유하지 않은 것은 모두 보이지 않기 때문이다. 그녀는 전등갓 아래서 오로지 자기 집만을 밝히며 빛나는 자기의 불빛을 본다. 자기 집 외에는 아무것도 존재하지 않는 것이다. V. 울프의 한 텍스트는 외부 공간이 붕괴되는 동안 집안에 집중한 현실을 보여 준다.

> 밤은 이제 유리창 너머로 멀리 떨어져 있었다. 이 유리창은 외부 세계를 정확하게 보여 주는 대신에 질서, 안정, 견고한 지면이 집안에 자리 잡은 것처럼 보이게끔 이상한 방식으로 외부 세계를 뒤틀어 버리고 있었다. 반대로 밖에는 유동성이 된 사물이 흔들리고 사라지고 하는 단 하나의 반사反射가 있을 뿐이었다.

여자는 자기를 둘러싸고 있는 벨벳, 실크, 도자기 덕분에 평소 만족하지 못하는 에로틱한 생활을 손에 넣을 수 있는 관능으로 어느 정도 충족할 수 있을 것이다. 또한 이런 장식물을 자기 인격의 표현으로 여긴다. 가구와 자질구레한 장식물들을 선택하고 만들고 '발굴한' 자는 여자이며, 일반적으로 조화의 배려가 크게 나타나는 미의식으로 그것들을 배치한 자도 여자다. 그것들은 여자의 생활 수준을 사회적으로 나타냄으로써 여자에게 개성적 이미지를 돌려준다. 그러므로 가정은 지상에서 여자에게 배당된 몫이고 여자의 사회적 가치의 표현이며, 그녀의 가장 내밀한 진실의 표현이다. 여자는 아무것도 *하지 않기* 때문에 자기가 *가지고 있는* 것에서 탐욕스레 자기를 탐구한다.

여자는 가사노동을 통해 '보금자리'의 점유를 실현한다. 그러므로 비록 그녀가 '도움을 받는다' 할지라도 손수 일하고 싶어 한다. 적어도 감독하고 점검하고 비평하면서 하인들이 일해서 얻은 결과를 어떻게든 자기 것으로 만들려고 애쓴다. 여자는 주거 관리에서 자기의 사회적 정당화를 끌어낸다. 또한 그녀의 임무는 먹거리와 의복 등 일반적으로 가족공동체가 유지되려면 필요한 것들을 잘 보살피는 것이다. 이렇게 해서 여자도 자기를 하나의 활동성으로 실현한다. 그러나 앞으로 보겠지만, 이는 여자를 내재성에서 끌어내지 못하고 여자의 개별적 확립을 허용하지 않는 활동성이다.

사람들은 가사노동에 대해 시를 써 가며 높이 찬양했다. 사실 여자는 가사노동으로 여기저기 놓인 물건들과 씨름하며 여러 가지 사물과 친밀성을 실현하는데, 이 친밀성은 존재를 드러내 주므로 결과적으로 그녀를 풍요롭게 한다. 마들렌 부르두스는 『마리를 찾아서À la recherche de Marie』에서 여주인공이 오븐을 닦기위해 그 위에 마분을 펼쳐 놓는 쾌감을 묘사하고 있다. 그녀는 잘 닦인 금속이 보내는 자유와 힘의 빛나는 이미지를 손가락 끝으로 느낀다.

그녀는 지하실에서 올라올 때, 층계참에 이를 때마다 더 무거워지는 가득 찬 양동이의 무게를 좋아한다. 그녀는 언제나 그 특유의 냄새나 꺼칠꺼칠한 촉감 혹은곡선으로 된 단순한 물건들이 좋았다. 그리고 그때부터 그것들을 어떻게 다루어야 하는지 알고 있었다. 마리는 한 치의 망설임도 물러섬도 없이 열이 식은 오븐속 비눗물에 손을 담가 금속의 녹을 벗겨 내고 기름칠하여 윤을 내고, 팔을 크게휘둘러 테이블에 뒤덮인 이물질을 그러모은다. 그녀의 손바닥과 그녀가 만지는물건들 사이에는 완전한 화합이나 우의 같은 것이 있다.

많은 여성 작가가 막 다림질된 옷, 비눗물의 푸른 기가 도는 빛, 새하얀 시트, 번쩍거리는 구리그릇에 대해 애정을 품고 이야기했다. 주부가 가구를 닦고 윤을 낼 때 "침윤의 꿈은 밀랍으로 목재를 아름답게 하는 손의 부드러운 인내심을 받쳐주고 있다"고 바슐라르는 말한다. 일이 끝나면 주부는 그 성과를 바라보는 즐거움을 경험한다. 그러나 귀중한 특질들, 즉 테이블의 광택, 촛대의 윤, 풀 먹인속옷의 순백이 드러나기 위해서는 먼저 부정적 행동이 이루어져야만 한다. 나쁜원리는 모두 배제되었어야만 한다. "그것이야말로 주부가 빠져드는 본질적인 몽상이다"라고 바슐라르는 쓰고 있다. 그것은 활동적인 청결함의 꿈, 즉 불결에 대항해 쟁취한 청결함의 꿈이다. 그는 그것을 이렇게 묘사한다.[39]

따라서 청결을 위한 투쟁의 상상력은 도발이 필요해 보인다. 이 상상력은 심술궂은 분노 속에서 흥분하는 것이 틀림없다. 구리 수도꼭지에 마분을 묻힐 때 어떤심술궂은 미소를 지을까. 기름 묻은 더러운 헌 걸레에 끈적거리고 지저분한 마분

---

39 바슐라르, 『대지 그리고 휴식의 몽상』

을 묻혀서 수도꼭지를 문지른다. 일하는 사람의 마음속에는 쓰라린 감정과 적의가 쌓인다. 어째서 그토록 험한 일을 한단 말인가? 그러나 걸레가 마르는 순간이 오면 유쾌한 심술, 억세고 수다스러운 심술이 나타난다. 수도꼭지야, 너는 거울이 될 것이다. 냄비야, 너는 태양이 될 것이다! 마침내 구리그릇이 반짝거리고 순박한 소년처럼 거칠게 웃어젖힐 때 평화가 이루어진다. 주부는 번쩍거리는 승리를 물끄러미 바라본다.

퐁주Francis Ponge(1899~1988)[40]는 세탁통 속에서 일어나는 불결과 정결 사이의 투쟁을 다음과 같이 상기시켰다.[41]

적어도 한 겨울을 세탁통과 친하게 지내지 않은 사람은 극히 감동적인 어떤 종류의 특성이나 기분을 전혀 알지 못한다.

우선 - 비틀거리면서 - 더러운 빨랫감이 가득 담긴 세탁통을 단번에 땅에서 들어올려 화덕 위로 갖다 놓고, 거기서 이렇게 저렇게 움직여서 화로의 둥근 쇠에 꼭 맞도록 고정해 놓아야 한다.

세탁통 아래에 있는 불을 쑤셔 일으켜 점점 세게 불기운을 돋워야 한다. 미지근한지 혹은 뜨거운지 세탁통을 자주 만져본다. 그런 다음에 통 안 깊숙이에서 나는 끓는 소리에 귀를 기울이고, 그때부터 몇 번이고 뚜껑을 열어 분출의 강도와 물 붓는 정도를 확인해야 한다.

마지막으로 끓는 통을 다시 들어 올려 땅 위에 내려놓아야 한다. (…)

세탁통은 다음과 같이 고안되었다. 세탁통에 더러운 빨랫감이 가득 채워지면 내부의 감정, 즉 끓어오르는 분노가 상층부로 올라와 구역질나는 더러운 빨래 더미 위에 비처럼 떨어진다. 그것은 거의 끊임없이 반복되고 마지막에는 정화 단계에 이른다. (…)

확실히 빨래는 통에 넣어졌을 때 이미 때가 어느 정도 빠져 있었다. (…)

그래도 역시 자기 안에 들어 있는 것을 더럽게 생각하거나 느끼는 세탁통은 흔들고 끓어오르고 분투해, 마침내 천들을 이기고 얼룩과 때를 빼는 데 성공한다. 그 뒤 이 천들은 냉수에 헹구어져 새하얀 모습으로 나타난다.

이렇게 해서 기적이 이루어졌다.

---

40 * 프랑스의 수필가, 시인. 초현실주의에 영향을 받아 일상적인 사물을 면밀히 관찰해 산문시를 썼다.

41 원고 뭉치 형태로 출간된 『세탁통 La Lessiveuse』 참조

수많은 하얀 깃발이 갑자기 펼쳐진다. – 이것은 항복이 아니라 승리를 증명한다 – 그리고 어쩌면 단지 그곳 주민들의 물질적인 청결의 표시만이 아니다. (…)

이런 변증법은 가사노동에 유희의 매력을 부여할 수 있다. 여자아이는 은그릇을 윤나게 하고, 문의 손잡이에 광을 내면서 즐겁게 논다. 그러나 여자가 거기서 긍정적 만족감을 발견하기 위해서는 그녀가 자랑스러워하는 집안에 정성을 바쳐야 한다. 그렇지 않으면 자기의 노력을 보상할 수 있는 유일한 것, 즉 나중에 바라보는 기쁨을 절대 경험하지 못한다. 미국의 한 탐방 기자[42]는 미국 남부의 '가난한 백인들' 사이에서 몇 개월을 살아본 후, 빈민굴을 살 수 있는 곳으로 만들려고 헛되이 노력하다 지쳐 버린 여자들 가운데 한 사람의 비장한 운명을 묘사했다. 그녀는 남편과 일곱 명의 아이들과 빈대가 우글거리며 벽에 그을음이 뒤덮인 판잣집에서 살고 있었다. 그녀는 '집을 예쁘게 만들려고' 애썼다. 중심이 되는 방 안에는 푸르스름하게 초벽이 발라진 난로, 테이블 한 개, 그리고 벽에 걸린 몇 점의 그림이 일종의 재단을 연상시켰다. 그러나 빈민굴은 여전히 빈민굴이었고, G. 부인은 눈물을 글썽이며 말했다. "아! 나는 이 집이 정말 싫어요! 무슨 짓을 해도 예쁠 수 없을 것 같아요!" 다수의 여자가 이처럼 결코 승리를 장담할 수 없는 전투에서 무한히 다시 시작되는 피로밖에는 제 몫으로 가져가는 것이 없다. 더 특권적인 혜택을 누릴 때도 승리는 결코 결정적이지 않다. 주부의 일만큼 시지프스의 형벌을 닮은 것도 별로 없다. 날이면 날마다 그릇을 씻고 가구의 먼지를 털고 속옷을 기워야 한다. 이런 것들은 내일이면 다시 더러워지고 먼지가 앉을 것이며 헤져 버릴 것이다. 주부는 그 자리에서 발을 동동 구르느라 지쳐 버린다. 그녀는 아무것도 하지 않는다. 단지 현재를 영속시키고 있을 뿐이다. 그녀는 긍정적인 선을 쟁취하는 것이 아니라 악에 대항해 끝없이 싸우고 있다는 인상을 받는다. 날마다 되풀이되는 싸움이다. 주인의 장화를 닦는 것을 우울하게 거부한 하인의 이야기는 널리 알려져 있다. "닦아서 뭐 합니까? 내일 또 닦아야 하는데요"라고 하인은 말했다. 여전히 체념하지 못하는 많은 젊은 처녀들이 이런 실의에 빠져 있다. 나는 열여섯 살의 한 여학생의 작문을 기억하고 있는데, 대략 이런 말로 시작한다. "오늘은 대청소 날이다. 나는 엄마가 거실 이곳저곳으로 끌고 다니는

---

42 제임스 에이지James Agee, 『이제 유명한 사람들을 칭찬합시다Let us Now Praise Famous Men』

청소기 소리를 듣는다. 정말 도망가고 싶다. 맹세컨대 내가 어른이 되면, 내 집에는 절대 대청소 날이 없을 것이다." 어린아이는 미래를 어딘지 알 수 없는 정상을 향해 끝없이 올라가는 것으로 생각한다. 어머니가 설거지하는 부엌에서 여자아이는 돌연, 몇 년 전부터 오후마다 같은 시간에 기름 낀 물속에 두 손을 담갔고, 꺼칠꺼칠한 행주로 그릇을 훔쳤다는 것을 깨닫는다. 그리고 죽을 때까지 두 손은 이런 의식儀式을 따를 것이다. 먹고 자고 청소하고……. 세월은 더 이상 하늘로 올라가지 않고, 수평면 안에 똑같은 모습으로 우중충하게 펼쳐진다. 하루하루가 그 전날과 똑같다. 무익하고 희망 없는 영원한 현재가 끝없이 이어진다. "모호한 답변"[43]이라는 제목의 중편소설에서 콜레트 오드리는 시간에 대항해 악착같이 싸우는 일의 서글픈 공허함을 섬세하게 묘사하고 있다.

이튿날 그녀는 소파 밑으로 빗자루를 밀어 넣어 무엇인가를 쓸어내었다. 그녀는 처음에 헌 솜덩어리나 새털 뭉치로 여겼다. 그러나 그것은 오랫동안 털어 내지 않아 높은 장롱 위나 가구 뒤, 벽과 목재 사이에 쌓이는 먼지덩어리에 불과했다. 그녀는 이 신기한 물체 앞에서 생각에 잠겼다. 이 집에서 산 지 벌써 8주에서 10주가 되었다. 쥘리에트가 신경 썼음에도 불구하고 이런 먼지덩어리는 그녀가 어렸을 때 무서워했던 잿빛 짐승들처럼 구석에 숨어 살아 오를 여유가 있었던 것이다. 고운 재 같은 먼지는 소홀함과 돌보지 않음의 시작을 나타낸다. 그것은 사람들이 호흡하는 공기나 스치는 옷자락, 열려 있는 창문을 통해서 들어오는 바람이 남긴 보이지 않는 퇴적물이다. 그러나 이 덩어리는 이미 먼지의 두 번째 상태, 득의만면하게 형태를 갖춘 두께를 나타내고 쌓여서 쓰레기가 된다. 그것은 보기에 제법 예뻤고, 가시덤불 타래처럼 투명하고 가볍지만 색깔은 더 희미했다.
(…) 먼지가 형태를 이루는 속도는 어떤 청소기도 따라가지 못한다. 먼지는 세계를 점령해 버렸다. 그리고 청소기는 인류가 어쩔 수 없는 오염에 대항해 싸우다가 노동과 물질과 재능을 망칠 수 있다는 것을 보여 주는 증거물에 불과하다. 청소기는 도구로 만들어진 쓰레기다.
(…) 그들의 공동생활이 모든 것의 원인이었다. 부스러기를 만들어 내는 그들의 소박한 식사, 어디에서나 뒤섞이는 두 사람의 먼지 (…) 어느 가정에서나 처치 곤란한 오물을 계속 배출하고 있다. (…) 지나가는 사람들의 시선을 끄는 깨끗한 셔츠

를 입고 외출하기 위하여, 엔지니어인 남편의 인상이 좋게 보이기 위하여 여자는 어떤 생활을 하고 있는가. 마르그리트의 머릿속에는 이런 문구가 다시 지나갔다. 마룻바닥을 정결히 해둘 것. (…) 놋그릇을 깨끗이 닦기 위해 (…) 사용할 것. (…) 보잘것없는 두 사람의 생활을 죽을 때까지 깨끗이 유지하는 게 그녀의 임무다.

세탁하고 다림질하고 비질하고 어두운 장롱 아래 숨어 있는 먼지를 찾아내는 일은 삶을 거부하면서 죽음을 막는 것이다. 왜냐하면 시간은 단번의 동작으로 창조하고 파괴하기 때문이다. 주부는 거기에서 부정적인 면만을 포착한다. 그녀의 태도는 마니교도의 태도. 마니교의 특성은 선과 악의 두 원리를 인정하는 것만이 아니다. 선이 긍정적 운동에 의해서가 아니라 악의 소멸을 통해 도달되는 것을 상정하기도 한다. 이런 의미에서 기독교는 악마의 존재에도 불구하고 별로 마니교적이지 않다. 신에게 자기를 바침으로써 악마와 가장 잘 싸우는 것이지, 악마를 무찌르기 위해서 악마에게 몰두하는 것이 아니기 때문이다. 초월과 자유의 모든 교리는 악의 패배를 선을 향한 진보에 종속시킨다. 그러나 여자는 더 나은 세계를 건설하는 데 초대받지 못했다. 집, 방, 더러운 속옷, 마루는 응결된 사물이다. 여자는 거기에 스며드는 나쁜 원리를 끝없이 쫓아내는 일만 할 수밖에 없다. 그녀는 먼지, 얼룩, 찌꺼기, 때를 공격한다. 여자는 죄와 싸우고 사탄과 싸운다. 긍정적 목표를 향하는 대신에 적을 쉴 새 없이 격퇴해야 한다는 것은 서글픈 운명이다. 흔히 주부는 그 운명을 격렬한 분노 속에서 참아 낸다. 바슐라르는 그에 대해서 '심술'이란 단어를 쓰고 있다. 이 단어는 정신분석학자들의 글에서도 발견된다. 그들에게 주부의 편집증은 사도마조히즘의 한 형태다. 편집증과 악행은 자신이 원하지 않는 것을 스스로 원하도록 하는 특성을 지닌다. 소극성·불결함·악이 자기 몫이 되는 것을 싫어하기 때문에, 편집증적인 주부는 자기에게 혐오감을 일으키는 신세를 투덜대고 외쳐 대면서 맹렬한 기세로 먼지에 달려든다. 팽창하는 온갖 생명이 만들어 내는 쓰레기를 공격하면서 그녀는 인생 자체를 공격한다. 살아 있는 존재가 그녀의 영역 안으로 들어서는 즉시 그녀의 눈에서는 험상궂은 불꽃이 튄다. "신발을 닦아. 어지르지 마라. 그것에 손대지 마라." 그녀는 주변 사람들을 숨도 못 쉬게 한다. 가장 작은 숨결도 위협이 되기 때문이다. 어떤 사건이건 지금까지의 노동을 물거품으로 만들어 버릴 위험이 있다. 아이들의 난장판은 회복시켜야 할 오점이다. 삶에서 부식과 해체의 조짐이나 끝없는 노력의 요구만을 보느라 주부는 살아갈 기쁨을 모두 잃는다. 그녀는 냉혹한 눈과 엄격하고 근심에 찬, 언제나 긴장한 얼굴을 하고 있다. 그녀는 조심성과 인색함으로 자신을 방어한다. 햇빛과 더불어 벌레, 풀씨, 먼지가 날아들 것이기 때문에 창문을 닫아 버린다. 게다가 햇빛은 실크 벽지를 망쳐 놓는다. 오래된 안락의자에는 덮개가 씌워 있고 나프탈렌 냄새가 난다. 햇빛에 의자 색깔이 바래기 때문이다. 그녀는 방문객들에게 이런 보물들을 과시하는 기쁨조차 느끼지 못한다. 그들의 찬사가 그것들을 더럽히기 때문이다. 이런 경계심은 원한이 되어서 살아 있는 모든 것에 대하여 적대감을 품게 된다. 가구 위에 눈에 보이지 않는 먼지가 남아 있지 않나 확인하기 위해 흰 장갑을 끼는 시골 부르주아 계층의 주부에 관한 이야기는 자주 화제에 오른다. 몇 년 전에 파팽 자매가 살해한 자도 이런 부류의 여자들이다.[44] 불결함에 대한 그녀들의 증오는 하인들과 세상과 그녀 자신에 대한 증오와 구분되지 않는다.

젊은 시절부터 이토록 침울한 악행을 선택하는 여자는 그다지 많지 않다. 삶을 너그럽게 사랑하는 여자들은 그것으로부터 보호받는다. 콜레트는 시도Sido에 대해서 이렇게 말하고 있다.

그녀는 민첩하고 활동적이지만, 부지런한 주부는 아니었다. 청결하고 분명하며 까다롭긴 하지만, 냅킨이나 각설탕과 트지 않은 술병의 수를 세는 편집광적이고 고독한 귀재鬼才와는 거리가 멀다. 플란넬 천을 손에 들고서 이웃과 시시덕거리며 오래도록 유리창을 닦고 있는 하녀를 감독하다가 그녀의 입에서 무심코 신경질적인 고함이나 자유에 대한 참을성 없는 호소가 새어 나오곤 했다. "도자기 찻잔을 오랫동안 공들여 닦고 있을 때면 내가 늙어 가는 느낌이 들어요"라고 그녀가 말했다. 그녀는 충실하게 자기 일을 끝냈다. 그러고나서 문턱의 두 계단을 넘어 정원으로 들어갔다. 그 즉시 그녀의 **침울한 흥분과 한스러움**은 사라져 버렸다.

불감증이나 욕구 불만의 여자, 노처녀, 배신당한 아내, 권위적인 남편 때문에 고독하고 공허한 생활을 하지 않을 수 없는 여자들은 이런 신경병과 원한 속에서 만족해한다. 특히, 나는 날마다 아침 5시에 일어나 장롱 속을 살펴보고, 그것

---

44 * 1933년 프랑스에서 파팽 자매가 결벽증이 심한 고용주 부인과 말다툼을 하다가 부인과 딸을 잔혹하게 살해한 사건

재판을 받는 파팽 자매, 1933

을 다시 정리하는 노부인을 알고 있었다. 스무 살 때 그녀는 쾌활하고 멋쟁이였던 것 같다. 그녀를 돌아보지 않는 남편과 외아들과 함께 외딴 소유지에 갇혀 사는 그녀는 남들이 술을 마시듯 물건을 정리하기 시작했다. 『남편의 연대기』[45]에서 엘리즈의 살림에 대한 의욕은 하나의 세계에 군림하고자 하는 극단적 욕망과 과도한 생활 의욕과 대상 없이 헛도는 지배욕에서 기인하고 있다. 또한 그것은 시간에, 세계에, 삶에, 인간에 존재하는 모든 것에 대한 도전이다.

저녁 식사 후 9시부터 그녀는 씻는다. 자정이다. 나는 잠이 왔으나 그녀의 용기가 마치 나의 휴식을 게으름이라고 모욕하는 듯해 기분이 나쁘다.
엘리즈: 청결해지려면 먼저 손을 더럽히는 것을 두려워하지 말 것.
집은 곧 아주 깨끗해져서 사람들이 더 이상 감히 그 집에 살려 하지 않을 것이다. 거기에는 휴식을 위한 침대들이 있으나, 휴식하기 위해서는 그 옆 마루 위에 눕는 게 낫다. 쿠션은 너무 깨끗하다. 거기에 머리를 기대거나 발을 올려놓아 더럽힐까 봐 걱정이다. 내가 양탄자를 밟을 때마다 내 발자국을 지우기 위해 기계나 천 하나를 든 손이 내 뒤를 따른다.
저녁:
'끝마쳤다.'
일어나서부터 잠들 때까지 그녀에게 무엇이 문제인가? 물건 하나하나와 가구 하나하나를 옮겨 놓는 일과 집안의 마루와 벽, 그리고 천정의 모든 구석구석을 만져 보는 일.
현재로서는 그녀 안의 가정부가 승리하고 있다. 벽장 속의 먼지를 떨고 나면 그녀는 창가의 제라늄의 먼지를 턴다.
그녀의 어머니: 엘리즈는 항상 어찌나 바쁜지 자기가 존재한다는 것조차 알아차리지 못한다.

여자에게 집안일은 사실상 자기 자신으로부터 한없이 멀리 도피하도록 허락한다. 샤르돈Jacques Chardonne(1884~1968)[46]은 정확히 이렇게 말하고 있다.

그것은 한도 끝도 없이 이어지는 자질구레하고 무질서한 일이다. 집안에서 타인

---

45 주앙도, 『남편의 연대기』
46 *프랑스의 소설가. 부부간의 미묘한 감정 변화를 잘 포착해서 분석했다.

의 마음에 들 자신이 있는 여자는 금방 기진맥진하여 방심 상태, 자기를 없애 버리는 정신적 공허 상태에 도달한다…….

이런 도피, 여자가 사물과 자신을 동시에 공격하는 사도마조히즘은 종종 정확하게 성적 특성이 있다. "육체적 활동을 요구하는 집안일, 그것은 여자가 접근할 수 있는 매음굴이다"라고 비올레트 르뒤크가 말하고 있다.[47] 여자들이 냉랭한 네덜란드나 육체의 즐거움에 질서와 순결의 이상을 대립시키는 청교도 문명에서 여자들에게 청결에 대한 취향이 최고의 중요성을 차지한다는 것은 주목할 만하다. 지중해 연안의 프랑스 남부지방 사람들이 불결함 속에서도 즐겁게 사는 까닭은 단지 물이 귀해서만은 아니다. 육체와 그 동물성에 대한 사랑은 인간의 냄새와 때 그리고 벼룩, 이따위의 해충까지도 용인하도록 한다.

식사 준비는 청소일보다 더 긍정적이고 종종 더 즐거운 노동이다. 그 일은 우선 많은 주부에게 하루의 특권적 순간인 시장 보는 시간을 포함한다. 판에 박힌 집안일은 머리를 쓰게 하지 않기 때문에 가정의 고독은 여자에게 힘겹다. 프랑스 남부의 도시에서 문간에 앉아 수다를 떨면서 바느질하고 빨래하고 채소껍질을 벗길 수 있을 때 여자는 행복하다. 냇가에 가서 물을 길어오는 것은 반쯤 갇혀 사는 회교도 여자들에게는 커다란 모험이다. 나는 카빌리의 한 작은 마을에서 관청이 광장에 마련해 준 샘터를 여자들이 망가뜨린 것을 보았다. 매일 아침 언덕 아래로 흐르는 개울까지 모두 함께 내려가는 것이 그녀들의 유일한 심심풀이였기 때문이다. 여자들은 물건을 사려고 줄지어 기다리는 동안이나 상점 안에서 길모퉁이에서 환담하면서 '주부의 가치'를 확인하고, 거기서 자기가 중요하다는 의미를 끌어낸다. 본질적인 것이 비본질적인 것에 반대하는 것처럼 여자들은 남자들 사회에 - 잠시 - 반대하는 공동체의 일원임을 느낀다. 그러나 무엇보다도 물건을 사는 것은 깊은 즐거움이다. 그것은 하나의 발견이며 거의 발명에 가깝다. 지드는 『일기』에서 유희를 알지 못하는 회교도들이 보물찾기로 그것을 대체시켰다는 사실에 주목한다. 그것은 상업주의 문명의 시詩이고 모험이다. 주부는 유희의 무상성을 모르고 있다. 그러나 속이 가득 찬 배추나 잘 만들어진 치즈는 상인이 약삭빠르게 감추는 보물들이기 때문에 가로채야만 한다. 파는 사람과 사는

47 『굶주린 여자 L'Affamée』

사람 사이에는 투쟁과 계략의 관계가 성립된다. 사는 사람에게는 가장 싼 가격으로 가장 좋은 상품을 손에 넣는 것이 중요하다. 어려운 예산의 균형을 맞추기 위해 잔돈푼까지도 신경을 쓰기 때문만은 아니다. 승부에서 이겨야 한다. 진열대를 의심쩍게 살펴보는 동안에 주부는 여왕이다. 세계는 그녀가 진열대에서 노획물을 차지할 수 있도록 부와 함정과 더불어 그녀의 발치에 엎드려 있다. 그녀는 집으로 돌아와 테이블 위에다 장바구니를 쏟아놓을 때 순간적인 승리를 맛본다. 찬장 속에 통조림이나 미래와 대항해 그녀를 지켜주는 상하지 않는 식료품들을 정리해 둔다. 그리고 자기의 권능에 굴복할 채소와 육류의 적나라한 모습을 만족스럽게 바라본다.

가스와 전기가 불의 마술을 죽여 버렸다. 그러나 시골에서는 아직도 많은 여자가 장작 땔감에서 살아 있는 불꽃을 끌어내는 즐거움을 경험하고 있다. 불이 붙으면 여자는 요술쟁이로 변한다. 단순한 손의 움직임으로 – 달걀을 거품 낼 때나 밀가루로 반죽할 때 – 혹은 불의 마술을 부려 물질을 변형시킨다. 재료는 음식물이 된다. 콜레트는 이런 연금술의 마법도 묘사하고 있다.

모든 것이 신비이자 마법이며 요술이다. 불 위에 냄비, 주전자, 솥과 그 내용물을 올려놓는 순간과 김이 나는 음식을 식탁 위에 내려 놓으며 느끼는 기분 좋은 불안감과 달콤한 희망이 가득 찬 순간 사이에 모든 것이 완성된다.

특히 콜레트는 뜨거운 재 속에서 비밀리에 일어나는 변신을 즐겁게 그려내고 있다.

장작불의 재는 그 속에 맡겨 놓은 것들을 맛있게 구워 낸다. 뜨거운 재 속에 파묻어 두었던 사과와 배는 쭈글쭈글해지고 그을렸지만, 두더지의 뱃가죽 같은 껍질 속에서 물렁물렁하게 익어서 나온다. 부엌의 화덕으로 사과를 아무리 '마음씨 좋은 여자'처럼 구워 내도 원래의 껍질 속에 갇혀 풍미로 새빨개지고 – 만약 만드는 법을 제대로 안다면 – 꿀이 단 한 방울 배어 나왔을 뿐인 이 잼에는 아득히 미치지 못한다. (…) 세 발 달린 솥에는 불길이 전혀 보이지 않는 고운 재가 들어 있었다. 그러나 서로 닿지 않게 놓여 있는 감자로 가득 찬 솥은 숯불로 까매진 다리 위에 버티고 서서 우리에게 눈처럼 하얗고 뜨거운 비늘로 덮인 구근을 낳아 주었다.

여성 작가들은 특히 잼에 대한 찬가를 불렀다. 구리냄비에서 딱딱하고 순수한 설탕과 과일의 물렁물렁한 과육을 결합하는 것은 대대적인 일이다. 거품이 일고 끈적끈적하고 뜨겁게 공들여 만들어지는 물질은 위험하다. 주부가 잘 처리해서 자랑스럽게 단지 속에 부어 넣는 것은 끓고 있는 용암이다. 그 단지를 종이에 싸서 승리한 날짜를 기록해 둘 때, 그녀는 시간을 정복한 것이다. 지속 시간을 설탕의 함정에 잡아 두었고, 생명을 병 속에 넣어 두었다. 요리는 물질의 내면성에 침투해 드러내는 그 이상의 것을 한다. 여자는 물질을 새롭게 만들고 재창조한다. 밀가루 반죽을 하는 일에서 자기 힘을 느낀다. "손도 시선과 마찬가지로 몽상과 시가 있다"고 바슐라르는 말한다.[48] 그리고 이 "충만의 유연성, 손을 가득 채우고 끝없이 물질에서 손으로, 손에서 물질로 반사되는 이 자유"에 대하여 이야기한다. 밀가루 반죽에 이기는 요리사의 손은 "행복한 손"이고, 빵이 익으면 반죽에 새로운 가치가 더해진다. "빵이 구워지는 것은 이처럼 물질의 위대한 생성, 즉 창백함에서 노릇노릇한 색깔로, 반죽에서 빵 껍질로 변화하는 생성이다."[49] 여자는 성공적으로 구워 낸 케이크와 파이에서 독특한 만족을 발견할 수 있다. 그런 성공은 모두에게 허용된 것이 아니기 때문이다. 거기에는 천부적인 재능이 필요하다. 쥘 미슐레는 "반죽의 기술만큼 복잡한 것은 없다. 이처럼 일정한 방법이 없고 배우기 어려운 것도 없다. 재주를 타고나야만 한다. 모든 것이 어머니로부터 물려받은 것이다"라고 쓰고 있다.

이 분야에서도 어린 소녀가 열성적으로 여자 어른들을 모방하며 즐기는 것이 이해된다. 소녀는 흙이나 풀잎으로 모조품을 만드는 놀이를 한다. 그녀는 아주 작은 화덕 장난감을 갖거나 혹은 어머니가 허락한 부엌에서 손바닥으로 케이크 반죽을 밀거나 따끈한 캐러멜을 자르면 한층 더 행복해한다. 그러나 이 경우에도 반복은 가사와 마찬가지로 이런 기쁨을 재빨리 사라지게 한다. 토르티야를 주식으로 하는 인디언들의 경우에 여자들은 각 가정에서 하루의 반나절을 똑같은 옥수수 크레이프를 반죽하고 굽고 데우고, 다시 가루를 반죽하는 일로 보낸다. 이와 똑같은 일이 몇 세기에 걸쳐 반복되고 있다. 여자들은 화덕의 마법에 별로 예민하지 않다. 장 보는 일을 보물찾기로 매일 변화시키거나 빛나는 수도꼭지에 날

48 바슐라르, 『대지 그리고 휴식의 몽상』
49 바슐라르, 『대지 그리고 휴식의 몽상』

마다 황홀해할 수는 없다. 이런 승리를 서정적으로 찬양하는 것은 집안일을 하지 않거나 드물게 하는 남자들과 여자 작가들이다. 이 일은 일상적이고 단조롭고 기계적이며 기다리는 일로 점철되었다. 물이 끓는 것을 기다려야 하고, 소고기가 알맞게 구워지기를, 빨래가 마르기를 기다려야만 한다. 비록 여러 가지 일들을 계획해 벌여 보아도 수동적이고 공허한 시간은 길기만 하다. 그 일들은 대개 지루함 속에서 행해지고, 현재의 생활과 내일의 생활 사이에서 비본질적 중개를 할 뿐이다. 만일 이 일들을 행하는 개인 자신이 생산자이고 창조자라면 이 일들은 개인 생활에 생리 작용처럼 자연스럽게 통합된다. 그 때문에 일상의 궂은일이 남자들에 의해 행해지면 훨씬 덜 서글프게 보인다. 남자들에게 이 일은 그들이 서둘러 벗어나는 부정적이고 우연적인 모멘트를 나타내는 데 불과하다. 그러나 하녀인 여자의 운명을 보람 없는 것으로 만드는 것은 그녀를 완전히 일반적인 것과 비본질적인 것에 바치는 노동의 분할이다. 주거와 음식은 삶에 유익한 것이지만 거기에 의미를 부여하지 않는다. 주부가 하는 일들의 직접적인 목표는 단지 수단일 뿐 참된 궁극의 목적이 아니다. 거기에는 오로지 특징 없는 계획만이 반영될 뿐이다. 그녀가 일에 열의를 보이기 위해서 거기에 자기의 특이성을 반영하고, 결과에 절대적 가치를 부여하려 하는 것도 이해된다. 그녀는 자기만의 의식과 미신이 있으며, 상을 차리고 거실을 정돈하고 뜯어고치고 요리하는 데 자기 방식을 고집한다. 그녀는 자기 대신 아무도 그렇게 고기를 잘 구울 수 없고 윤기도 잘 낼 수 없다고 확신한다. 만약 남편이나 딸이 자기를 도와주려 하거나 자기 손을 빌리려 하지 않는다면, 그녀는 그들의 손에서 바늘이나 빗자루를 빼앗아 버릴 것이 된다. "너는 단추 하나 달 줄 모른단 말이야." 도로시 파커[50]는 가정을 자기만의 방법으로 정돈해야 한다고 믿으면서도 어떻게 해야 할지 몰라 당혹해하는 젊은 여자의 혼란을 동정 어린 아이러니를 담아 이렇게 묘사했다.

어니스트 웰튼 부인은 잘 정돈된 아파트에서 여자답게 여기저기를 매만지면서 돌아다니고 있었다. 그녀는 그런 매만지는 기술에서 특별히 전문가는 아니었다. 다만 생각이 예쁘고 유혹적이었다. 결혼하기 전에 그녀는 새로운 집에서 조용히 오가며, 장미 한 개를 여기로 옮기고 꽃 한 송이를 저기로 고쳐 세우면서 집을 '보

---

50 『너무 나쁘다!Too bad』

금자리'로 변화시키는 구상을 했었다. 결혼한 지 7년이 된 지금도 이런 우아한 일에 몰두하고 있는 자신을 상상하기를 좋아했다. 그러나 비록 성실하게 노력하고 있지만, 그녀는 매일 저녁 분홍색 갓의 전등이 켜지는 즉시 집안에 남다른 특색을 만드는 사소한 기적을 실행하기 위해서 어떻게 해야 하는지를 조금 서글프게 자문했다. (…) 여자의 손길을 주는 것, 그것은 아내의 역할이었다. 웰튼 부인은 책임을 회피하는 여자가 아니었다. 그녀는 거의 안쓰럽고 불안한 표정으로 벽난로 위를 더듬어 작은 일본산 화병을 들어 올렸다가 손에 든 채 절망적인 눈길로 방을 살펴보았다. (…) 그런 다음에 뒤로 물러서서 자기가 새롭게 한 일을 바라보았다. 그런 쇄신이 방에 가져온 얼마 안 되는 변화는 실로 놀라운 것이었다.

이런 독창성이나 특이한 완벽성을 탐구하는 데 여자는 많은 시간과 노력을 낭비하고 있다. 이것이 여자의 노동에 '한도 끝도 없이 자질구레하고 무질서한 일'이라는 성격을 부여하는 점이라고 샤르돈은 지적했고, 가사노동의 진정한 부담을 평가하기도 몹시 어렵게 만든다. 최근의 설문조사(C. 에베르의 서명하에 1947년 잡지 『전투Combat』에서 발표한)에 의하면, 결혼한 여자는 평일에 약 3시간 45분, 휴일에 약 8시간으로, 주당 약 30시간을 집안일에 바친다. 이는 여성 노동자나 여직원의 주간 노동시간의 4분의 3에 해당한다. 따라서 이 일은 직업에 추가된다면 막대한 것이고, 만약 여자가 다른 할 일이 없다면 대단치 않은 것이다(여자 노동자나 여직원이 장소 이동에 시간을 버리지만, 가정주부는 그렇지 않으므로). 자식이 많으면 돌봄 노동은 여자의 피로를 엄청나게 가중한다. 가난한 가정의 어머니는 온종일 무질서한 노동에 힘을 소모한다. 이에 반해 일하는 사람의 도움을 받는 부르주아 여성은 거의 한가하다. 이런 여가의 대가는 무료함이다. 많은 부르주아 여성은 무료하므로 자기들의 의무를 무한정 복잡하게 만들고 그 양을 늘린다. 그 결과 숙련 노동보다 더 과도한 것이 되어 버린다. 신경쇠약에 걸렸던 한 여자 친구가 말하기를, 자기가 건강했을 때는 거의 무의식적으로 살림했고 그보다 훨씬 더 힘든 일도 할 시간이 있었다고 했다. 신경쇠약증 때문에 다른 일을 할 수 없게 되자, 그녀는 집안일에만 매달렸으나 온종일 꼬박 일해도 완전히 끝마치기가 힘들다고 했다.

가장 서글픈 것은 이런 노동이 지속적인 창조에 이르지 못한다는 것이다. 여자는 ― 거기에 더 많은 정성을 쏟기 때문에 ― 자기 일 자체를 목적으로 여기고 싶어

한다. 그녀는 오븐에서 케이크를 꺼내 바라보면서 한숨을 쉰다. 먹어 버리기에
는 정말 아깝다! 왁스로 닦아 놓은 마루 위를 남편과 아이들이 흙 묻은 발로 다니
는 것은 정말 유감스럽다. 사물들은 사용되는 즉시 더럽혀지거나 파괴된다. 이미
본 바와 같이 여자는 그런 사물들을 일체 어떤 용도로도 사용하지 않으려 한다.
어떤 여자는 곰팡이가 필 때까지 잼을 보존한다. 또 어떤 여자는 거실을 자물쇠
로 잠가 둔다. 그러나 시간을 멈출 수 없다. 식료품에는 쥐가 모여들고 벌레도 생
긴다. 이불과 커튼, 의복은 좀먹는다. 세계는 돌로 만들어진 꿈이 아니다. 세계는
분해 작용의 위협을 받는 석연치 않은 물질들로 이루어져 있다. 식자재는 달리
Salvador Dali(1904~1989)의 고기로 된 괴물만큼 불확실하다. 그것은 무기물처럼 죽은
듯이 보이지만 숨어 있던 유충이 시체로 변신시킨 것이다. 사물에 자기를 투영한
주부는 사물이 온 물질세계에 의존하듯 거기에 의존한다. 빨래는 눌어붙고 로스
구이는 불에 타고 도자기는 깨진다. 그것은 절대적 재난이다. 사물은 한번 망가
지면 다시는 돌이킬 수 없기 때문이다. 사물을 통해서 영속성과 안전을 얻는 것
은 불가능하다. 약탈과 폭탄을 수반하는 전쟁이 장롱과 집을 위협한다.

그러므로 가사노동의 산물은 소비되어야 한다. 어느 것이나 파괴를 통해서만
끝나는 일을 하는 여자에게는 끊임없는 체념이 요구된다. 이 같은 현실을 미련
없이 받아들이기 위해서는 하찮은 희생들이 적어도 어디에선가 하나의 기쁨, 하
나의 즐거움이 되어 활활 타올라야만 한다. 그러나 가사노동은 **현상 유지**를 확보
하는 데만 이바지하기 때문에, 집에 돌아온 남편의 눈에 무질서와 태만은 쉽게
드러나지만 질서와 청결은 당연한 것처럼 보인다. 남편은 잘 차려진 식사에 더
긍정적인 관심을 보인다. 요리사는 식탁 위에 성공한 요리를 놓는 순간 승리한
다. 남편과 아이들은 말로만 칭찬하는 게 아니라 즐겁게 먹으면서 열렬히 그 음
식을 받아들인다. 요리의 연금술은 계속되고, 음식은 유미乳糜[51]가 되고 피가 된
다. 신체의 보존은 마루의 보존보다 더 구체적이고 생명 유지에 필수적인 의미
가 있다. 요리하는 여자의 노력은 분명 미래를 향해 초월되었다. 하지만 타인의
자유에 의존하는 것이 사물에서 자기를 소외시키는 것보다 덜 헛되다 해도 위험
하기는 마찬가지다. 음식을 만드는 여자의 노동이 그 진실을 발견하는 것은 오
직 함께 식사하는 사람들의 입속에서뿐이다. 그녀는 그들의 지지가 있어야 한다.

---

51 *지방분이 섞여 젖빛으로 된 임파액

그래서 그들이 자기가 만든 음식을 좋아하고 더 먹기를 바란다. 식욕이 없어 보이면 그녀는 화를 낸다. 감자튀김이 남편을 위해 마련된 것인지 남편이 감자튀김을 위한 것인지 더는 알 수 없을 정도로 말이다. 이런 애매함은 가정주부의 태도 전체에서 발견된다. 그녀는 남편을 위하여 집안을 정돈한다. 그러나 남편이 버는 돈을 모두 가구나 냉장고를 사는 데 내어 주기를 요구한다. 그녀는 그를 행복하게 해 주고 싶어 한다. 그러나 남편의 활동 중에서 그녀가 만든 행복의 범위 안에 들어오는 것 말고는 인정하지 않는다.

아내의 이런 포부가 대체로 만족되던 시대가 있었다. 그때는 행복이 남자의 이상이었고, 무엇보다도 남자가 자기 집과 가족에 묶여 있었다. 아이들도 부모나 전통이나 과거에 의해 규정되기를 선택했다. 당시에는 가정에 군림하고 식탁을 주재하는 여자는 여왕으로 인정되었다. 아직도 일부 지주계급이나 가부장 문명을 산발적으로 영속시키는 부농들에게서 여자가 이런 영광스러운 역할을 하고 있다. 그러나 전체적으로 결혼은 오늘날 사라진 풍습의 잔재이며, 아내는 예전보다 더 보람 없는 상황에 처해졌다. 왜냐하면 아내는 아직도 같은 의무를 지고 있지만, 이전과 같은 권리를 더 이상 갖지 않기 때문이다. 같은 일을 하는 데도 보상도 명예도 주어지지 않는다. 오늘날 남자가 결혼하는 것은 내재 속에 닻을 내리기 위해서지, 거기에 자신을 가두기 위해서가 아니다. 그는 한 가정을 갖고 싶어 하지만, 거기에서 언제든지 자유롭게 벗어날 수 있다. 정착했으나 마음속에서 방랑자로 남아 있는 것이다. 그가 행복을 무시하는 것은 아니지만 행복 자체를 목적으로 삼지는 않는다. 반복은 남자를 지루하게 만든다. 그는 새로운 것, 위험, 무너뜨려야 할 저항, 동료애, 그리고 부부 관계에서 느끼는 둘만의 고독에서 자기를 끌어내 주는 우정을 추구한다. 아이들은 남편보다 한층 더 가정의 경계선을 뛰어넘으려 한다. 아이들의 생활은 다른 곳, 즉 미래에 있기 때문에 아이는 언제나 다른 것을 욕망한다. 여자는 항구적이고 연속적인 세계를 만들려 애쓴다. 그러나 남편과 아이들은 그녀가 만들었으나 그들에게는 주어진 것에 불과한 상황을 초월하고 싶어 한다. 그 때문에 여자는 자기 생애를 바치는 활동의 불안정성을 인정하기 싫어서 자기의 봉사를 억지로 강요하기에 이른다. 평범한 어머니와 주부에서 못된 어머니와 심술궂은 악처가 된다.

이와 같이 여자가 가정에서 하는 노동은 그녀에게 자율성을 부여하지 않고 집단에 직접적으로 유익하지 않으며, 미래로 나아가지 못하고 아무것도 생산하지 않는다. 노동은 생산이나 행동 속에서 사회를 향해 자기 자신을 초월하는 존재들에게 통합될 때에만 의미와 존엄성을 갖는다. 즉, 가사노동은 주부를 해방하기는커녕 남편과 아이들에게 의존하게 만든다. 그녀는 그들을 통해 자기를 정당화한다. 그녀는 그들의 인생에서 비본질적 매개자에 불과하다. 민법이 아내의 의무에서 '복종'을 지워 버렸다고 해도 그녀의 처지는 아무것도 변한 것이 없다. 아내의 처지는 부부의 의지가 아닌 부부 공동체의 구조에 기초한다. 여자에게는 긍정적인 일을 *하는 것*이 허용되지 않았고, 그 결과 완성된 한 사람으로 자기를 알리는 것이 허용되지 않았다. 여자는 아무리 존중받는다고 해도 예속되고 부차적이며 기생하는 존재다. 그녀를 짓누르는 무거운 저주는 자기 존재의 의미가 자기 수중에 없다는 것이다. 그 때문에 부부 생활의 성공과 실패가 남자보다 여자에게 훨씬 더 중대성을 띤다. 남자는 남편이기 이전에 한 사람의 시민이며 생산자다. 여자는 대개 전적으로 아내다. 여자의 노동은 여자를 여자라는 신분에서 벗어나지 못하게 하고, 되레 그 신분에서 대가를 끌어내기도 하고 혹은 끌어내지 못하기도 한다. 사랑에 약하고 너그럽게 헌신적인 여자는 자기의 의무를 즐겁게 이행할 것이다. 만약 원한을 품으면 의무 이행은 무미건조한 고역으로 보이고, 의무는 여자의 운명에서 비본질적 역할만 하게 될 것이다. 또한 부부 생활의 뜻밖의 재난에서도 도움이 되지 못할 것이다. 그러므로 우리는 여자가 주로 침대의 '봉사'와 가사 '봉사'에 의해서 정의되고, 자기의 예속을 수락함으로써만 자기의 존엄을 발견하는 이런 조건을 구체적으로 어떻게 살아가고 있는지를 살펴볼 필요가 있다.

유년기에서 사춘기로 넘어가는 것은 젊은 처녀에게 하나의 위기다. 젊은 처녀를 성인의 삶으로 몰아넣는 것은 한층 더 심각한 위기다. 조금은 노골적인 성적 입문이 여자에게 일으키기 쉬운 혼란과, 다른 상황으로 옮겨 가는 모든 '과도기'에 내재하는 불안이 겹쳐진다. 니체는 다음과 같이 쓰고 있다.

무시무시한 벼락을 맞은 듯 결혼을 통해 현실을 깨닫는 것, 사랑과 수치의 모순을 간파하는 것, 신과 짐승의 뜻밖의 인접성 때문에 오직 하나의 대상 속에서 법열, 희생, 의무, 연민 그리고 공포를 느껴야만 하는 것……. 자기와 동등한 사람을 헛되이 찾는 영혼의 착잡함이 여기에서 생겨났다.

전통적인 '신혼여행'의 소란은 부분적으로 이런 혼란을 숨기기 위해 마련된 것이었다. 몇 주 동안 일상적인 세계 밖에 던져져 사회와의 모든 연결이 일시적으로 단절된 신부는 더 이상 공간과 시간과 현실 속에 있지 않았다.[52] 그러나 신부는 조만간 그곳으로 되돌아가지 않으면 안 되었다. 그리고 신혼집으로 돌아올 때는 반드시 불안에 휩싸인다. 그녀에게 친정과의 유대는 젊은 남자가 아버지의 집과 갖는 관계보다 훨씬 더 긴밀하다. 가족에게서 떨어져 나간다는 것은 결정적 이유離乳라 할 수 있다. 그때 그녀는 버림받은 상태의 불안과 자유의 아찔함을 알게 된다. 결별은 경우에 따라서 다소간 고통스럽다. 아버지, 형제자매, 특히 어머니에게 결부시키던 관계가 이미 깨져 버린 상태라면, 그녀는 큰 슬픔 없이 그들을 떠난다. 만약 여전히 그들의 지배를 받고 있어서 실제로 그들의 보호 아래 머물러 있을 수 있다면, 그녀의 처지는 그다지 크게 변하지 않을 것이다. 그러나 통상 아버지의 집을 벗어나길 원했다 하더라도, 그녀는 일원이었던 작은 사회를 떠나 자신의 과거, 믿을 만한 원칙과 보증된 가치를 지닌 어린 시절의 세계로부터 단절되었을 때 당황하게 된다. 열렬하고 충만한 성적 생활만이 그녀를 다시 내재의 평화 속에 잠기게 할 수 있을 것이다. 그러나 보통 처음에는 만족하기보다 혼란에 빠진다. 성적 입문에 다소간 성공했다 하더라도 그녀의 혼란은 가중되기만 할 뿐이다. 결혼식 이튿날에는 초경에서 보였던 많은 반응이 발견된다. 그녀는 이런 경험이 다시 반복될 거라는 생각에 여성성의 최고의 계시 앞에서 자주 혐오감과 공포를 느낀다. 또한 그 이튿날에 대한 쓰라린 환멸도 경험한다. 초경 당시 소녀는 자기가 어른이 아니라는 것을 서글프게 깨달았다. 처녀성을 상실한 지금 그녀는 어엿한 성인 여자이며, 마지막 단계를 극복했다. 그럼 이제는? 게다가 이런 불안한 환멸은 처녀성의 상실만이 아니라 결혼의 본질과도 결부되어 있다. 약혼자를 이미 '경험한' 여자나, 혹은 다른 남자들을 '경험'했더라도 성인 생활에 완전히 도달하려면 결혼해야 한다고 생각하는 여자는 흔히 같은 반응을 보인다. 계획의 시작을 경험하는 것은 흥분되는 일이다. 그러나 자기가 제어할 수 없는 운명을 깨닫는 것보다 더 참담한 일은 없다. 자유는 이 결정적이고 요지부동의 바탕 위에서 가차 없는 무상성을 가지고 솟아오른다. 그동안 부모의 권위 아래 보호받

---

52 세기말의 문학은 처녀성 상실의 장소를 보통 침대차로 했다. 이것은 그 장소가 '그 어디도' 아닌 곳으로 설정하는 기법이다.

던 젊은 처녀는 반항과 희망 속에서 자유를 행사했었다. 그리고 하나의 조건을 거절하고 극복하는 데 사용한 자유 속에서 안전을 발견했다. 이제 그녀는 결혼한 여자이고, 그녀 앞에는 더 이상 **다른** 미래가 없다. 가정의 문이 다시 그녀를 안에 가둔 채 닫혀 버렸다. 이 지상에서 그녀에게 부여된 평생의 몫은 거기가 될 것이다. 그녀는 어떤 임무가 자기를 기다리는지 정확히 알고 있다. 그것은 자기 어머니가 했던 일이다. 날마다 같은 의식이 반복될 것이다. 처녀 시절에는 두 손이 비었어도 희망과 꿈속에서 모든 것을 소유했다. 지금 그녀는 세계의 작은 한 부분을 획득했고, 불안스럽게 '이것뿐이다, 영원히'라고 생각한다. 영원히 이 남편, 이 집뿐이다. 그녀는 이제 기대할 것도, 대단하게 욕망할 것도 없다. 하지만 자기의 새로운 책임을 두려워하고 있다. 남편이 나이가 많고 권위가 있다 해도 그와 성관계를 갖는다는 사실은 그에게서 위엄을 제거해 버린다. 남편은 아버지와 어머니를 대신할 수 없고, 그녀를 자유롭게 해방해 줄 수도 없다. 새로운 가정의 고독 속에서 다소간 낯선 남자에게 맺어진 그녀는, 이제 아이가 아닌 아내이며, 어머니가 될 운명에 바쳐져 몸이 얼어붙는 것을 느낀다. 어머니의 품에서 결정적으로 떨어져 나와 어떤 목적도 없이 세상의 한가운데서 길을 잃고 차가운 현재에 버려진 그녀는, 순수한 사실성의 권태와 무미건조를 발견한다. 이런 비탄은 젊은 톨스토이 백작 부인의 일기에서 충격적인 방식으로 표현된다. 그녀는 자기가 찬미하는 위대한 작가와의 약혼을 매우 반겼다. 그러나 야스나야 폴리아나의 나무 발코니 위에서 격렬한 포옹을 받은 뒤 육체적 사랑에 구역질을 느낀다. 일주일 전에 열일곱 살 연상과 약혼한 그녀는 가족에게서 멀리 떨어져 과거와 단절된 채 자기와는 완전히 다른 과거와 관심거리를 가진 한 남자의 곁에 있다. 그녀에게는 모든 것이 공허하고 얼어붙은 것처럼 보인다. 이제 그녀의 인생은 잠자는 것에 불과할 뿐이다. 그녀가 적은 결혼 초기와 처음 몇 해 동안의 일기 몇 쪽을 인용하겠다.

1862년 9월 23일, 소피아Sophia Tolstoy(1844~1919)는 결혼하고 그날 저녁에 친정을 떠난다.

가슴이 아프고 고통스러운 감정이 나의 목을 죄고 나의 몸을 휘감았다. 그때 나는 가족을 깊이 사랑했고, 늘 함께 살아 왔던 모든 사람을 영원히 떠나야 할 순간이 왔다는 것을 느꼈다. (…) 작별 인사가 시작되었다. 끔찍스러웠다. (…) 이윽고 최후의 순간이 왔다. 나는 의도적으로 어머니와의 인사를 맨 뒤로 밀어놓았다. (…) 어머니의 포옹에서 몸을 빼내어 뒤를 돌아보지 않고 마차에 올라타려 했을 때, 어머니는 내가 일생 잊어버릴 수 없는 가슴이 찢어지는 외마디 소리를 질렀다. 가을비가 끊임없이 내리고 있었다. (…) 구석에 몸을 웅크리고 앉아, 피로와 고통에 지쳐서 나는 마음껏 울었다. 레프 니콜라예비치는 매우 놀란 듯했으며 불만스러운 기색마저 보였다. (…) 우리가 도시를 벗어났을 때, 나는 어두움 속에서 공포감을 느꼈다. (…) 어두움이 나를 짓누르고 있었다. 우리는 첫 번째 역인 - 내 기억이 틀리지 않았다면 - 비리울레프까지 거의 한마디도 나누지 않았다. 레프 니콜라예비치는 매우 다정했고 나를 자상하게 돌봐주었다는 것을 기억한다. 비리울레프에서 사람들은 우리에게 황제의 방이라 불리는 객실을 내어 주었다. 빨간색의 레프스reps[53]로 장식한 가구들이 있는 커다란 방들인데, 조금도 정이 가지 않았다. 우리에게 주전자를 가져왔다. 나는 소파 한구석에 몸을 웅크리고 앉아서 죄인처럼 침묵을 지키고 있었다. "자! 당신, 나에게 차 한 잔 주겠소" 하고 레프 니콜라예비치가 말했다. 나는 순종하며 차를 따랐다. 나는 당황해 어떤 두려움에서 벗어날 수 없었다. 감히 레프 니콜라예비치에게 말을 놓을 수 없었고, 그의 이름을 부르는 것을 피했다. 오랫동안 나는 그에게 존댓말을 썼다.

24시간 후에 그들은 야스나야 폴리아나에 도착한다. 소피아는 10월 8일에 다시 일기를 쓴다. 그녀는 불안에 사로잡혀 있다. 남편이 과거가 있는 것에 대해 괴로워한다.

내가 기억하는 한, 나는 언제나 완전하고 신선하며 *순수한* 한 존재를 사랑하리라 꿈꾸었다. (…) 어린아이의 꿈을 단념하는 것이 어렵다. 그가 나를 안을 때, 이렇게 안는 사람이 내가 처음은 아닐 거라는 생각이 든다.

이튿날 그녀는 이렇게 쓰고 있다.

마음이 답답했다. 지난밤에 나쁜 꿈을 꾸었다. 내가 계속해 그 꿈을 생각하는 것은 아니지만, 마음이 무겁다. 꿈에 엄마가 나타났고, 그것이 나를 무척 괴롭게 했다. 마치 내가 깨어나지 못한 채 잠을 자는 것 같았다. (…) 무엇인가가 나를 짓누르고 있다. 나는 줄곧 죽을 것만 같다. 지금은 남편이 있는데, 이상한 일이다. 남편

---

53 *이렇게 짠 질긴 천. 커튼, 쿠션, 가구 포장 등의 실내 장식품의 재료로 사용된다.

이 자는 소리를 들으니, 혼자서 무섭다. 그는 나를 마음속에 받아들이지 않는다. 그것이 나를 몹시 슬프게 한다. 그 모든 육체적 관계는 혐오스럽다.

10월 11일. 끔찍하다! 소름 끼치게 슬프다! 나는 언제나 더욱더 나 자신의 세계에 틀어박힌다. 남편은 몸이 아프고 기분이 안 좋으며 나를 사랑하지 않는다. 그것을 예상했으나 그처럼 끔찍할 거라고는 생각하지 않았다. 누가 나의 행복에 대해 걱정해 주나? 그를 위해서도, 나를 위해서도 내가 행복을 만들 줄 모른다는 것은 의심의 여지가 없다. 나는 슬플 때 이런 생각을 하기도 한다. 나에게도, 다른 사람들에게도 일이 그토록 잘못되어 가는데 살아서 무엇 하나? 기이하게도 이런 생각은 머릿속에서 떠나지 않는다. 날이 갈수록 남편은 더 냉정해지는 반면, 나는 반대로 그를 점점 더 사랑한다. (…) 나는 친정 식구들의 추억을 떠올린다. 그때는 삶이 얼마나 가벼웠던가! 하지만 지금은, 오 하느님! 나의 영혼은 찢어질 것 같습니다! 아무도 나를 사랑하지 않는다. (…) 사랑하는 엄마, 사랑하는 타니아, 그녀들은 얼마나 다정했던가!

내가 왜 그녀들을 떠났지? 슬프고 끔찍하다! 그렇지만 리오보치카[54]는 훌륭한 사람이다. (…) 예전에 나는 살고 공부하고 가사를 돌보는 일에 열정을 쏟았다. 이제 그것은 끝났다. 나는 몇 날 며칠이고 온종일 팔짱을 끼고 지난 세월을 되새기면서 침묵을 지킬 수 있을 것이다. 일하고 싶었지만 할 수가 없다. (…) 피아노를 치는 것은 즐겁겠지만 여기서는 대단히 불편하다. (…) 리오보치카는 자신이 오늘 니콜스코에에 가 있는 동안 나에게 집에 머물러 있으라고 했다. 그가 나에게서 해방되도록 그의 제안에 찬성해야만 했으나 그럴 힘이 없었다. (…) 가엾은 사람! 그는 나를 피하려고 곳곳에서 기분 전환 거리와 구실을 찾고 있다. 나는 왜 이 세상에 있는가?

1863년 11월 13일. 나는 시간을 보낼 줄 모른다고 고백한다. 리오보치카는 총명하고 재능이 있어 행복하다. 하지만 나는 이도 저도 아니다. 할 일을 찾아내는 것은 어렵지 않으며, 일이 없는 것도 아니다. 그러나 이런 하찮은 일에 취미를 가져야만 하고, 그런 일을 좋아하도록 훈련을 해야 한다. 가축 돌보기, 피아노 두들기기, 어리석은 것은 많고 흥미 있는 것은 조금밖에 없는 책 읽기, 오이 절이기…… 하도 깊이 잠에 떨어져서 우리의 모스크바 여행에도, 태어날 아기에 대한 기대에도 조금도 감동되거나 즐거움을 느끼지 못했다. 누가 나에게 잠에서 깨어나 되살아나는 방법을 가르쳐줄까? 이런 고독은 나를 짓누른다. 나는 거기에 익숙하지 않다. 친정집에서는 그토록 활기가 넘쳤는데 여기서는 남편이 없으면 모든 것이 우울하다. 그는 고독에 익숙하다. 그는 나처럼 친한 친구들에게서 기쁨을 얻는 것이 아니라 자신의 활동에서 기쁨을 끌어낸다. (…) 그는 가족 없이 자랐다.

11월 23일. 확실히 나는 무기력하다. 그러나 천성적으로 그런 것이 아니다. 다만 무슨 일을 해야 할지 모를 뿐이다. 때때로 나는 그의 영향에서 미치도록 도망치고 싶은 욕망을 느낀다. (…) 어째서 그의 영향이 나에게 짐이 되는 것일까? (…) 나는 감정을 자제하지만, 그이처럼 될 수는 없다. 내 인격을 잃어버리기만 할 것이다. 이미 나는 같은 사람이 아니다. 그 점이 나에게는 삶을 한층 더 어렵게 한다.

4월 1일. 나 자신 안에서 자원을 찾아내지 못하는 것이 나의 큰 결점이다. (…) 리오바[55]는 자기 일과 영지 관리에 대단히 몰두해 있다. 반면에 나는 아무 근심이 없다. 나는 무엇에도 재능이 없다. 할 일이 더 많았으면 한다. 그러나 진정한 일을 하고 싶다. 예전에는 이런 아름다운 봄날이면 무엇인가에 대한 욕구나 갈망을 느꼈다. 내가 무엇을 꿈꾸었는지 신은 안다! 오늘 나는 아무것도 필요하지 않고, 무엇인지 모르는 것에 대한 막연하고 어리석은 동경을 이제 더는 느끼지 않는다. 모든 것을 찾아내었으므로 더 이상 아무것도 찾을 것이 없기 때문이다. 그런데도 나는 지루할 때가 있다.

4월 20일. 리오바는 나에게서 점점 더 멀어진다. 그에게는 사랑에서 육체적 면이 큰 역할을 하지만 나에게는 아무 역할도 하지 않는다.

처음 여섯 달 동안 젊은 아내는 가족과의 이별, 고독, 자기 운명의 결정적 양상에 고통스러워하는 것을 볼 수 있다. 그녀는 남편과의 육체적 관계를 아주 싫어하고 권태로워한다. 콜레트의 어머니가 남자 형제들에 떠밀려 한 첫 번째 결혼 직후에 눈물이 나도록 겪은 것도 이런 권태다.

그러므로 그녀는 따뜻한 벨기에식 집, 가스 냄새가 나는 지하 부엌, 따끈한 빵과 커피를 떠났다. 피아노, 바이올린, 아버지가 물려준 위대한 살바토르 로자 Salvator Rosa(1615~1673)의 그림, 담배합, 대가 긴 섬세한 도자기 파이프들……, 펼쳐진 책, 그리고 구겨진 신문들과 헤어져 신부가 되어, 숲으로 덮인 지방의 혹독한 겨울이 에워싸고 있는 낮은 돌층계 집으로 들어갔다. 그녀는 그 집의 아래층에

---

55 *레프 톨스토이의 애칭

서 뜻밖의 흰색과 금색의 거실을 발견했다. 그러나 겨우 애벌만 바른 2층은 다락방이나 곳간처럼 버려져 있었다. (…) 얼음장 같은 침실들은 사랑도 달콤한 잠의 온기도 느낄 수 없었다. (…) 친구들과의 순진하고 쾌활한 사교성을 찾던 시도는 저택에서 하인과 교활한 소작인들밖에 만나지 못했다. (…) 그녀는 커다란 집을 꽃으로 장식하고 어두운 부엌을 흰색으로 칠하게 했으며, 자신이 플랑드르식 요리를 감독하고 포도 케이크를 반죽하고 첫 아이를 갖기를 희망했다. 르 소바즈는 긴 나들이에서 돌아와 그녀에게 미소를 지었고 다시 떠났다. (…) 맛있는 요리를 하고 인내하며 가구에 왁스칠을 하는 데 지친 시도는 고독으로 몸이 여위어 울었다……[56]

마르셀 프레보는 『결혼한 프랑수아즈에게 보내는 편지Lettres à Françoise mariée』에서 신혼여행에서 돌아온 젊은 아내의 혼란한 마음 상태를 묘사하고 있다.

그녀는 나폴레옹 3세풍과 맥마흔풍의 가구, 거울에 걸쳐 놓은 벨벳, 검은 자두나무로 만든 장롱, 모든 것이 낡아빠지고 아주 우스꽝스럽게 여겨졌던 어머니의 집을 생각한다. 기억 속에서 한순간 그 모든 것이 모든 악천후와 모든 위험에서 보호받던 보금자리처럼 현실의 안식처, 진정한 *보금자리*, 헌신적 애정으로 떠오른다. 새 양탄자 냄새, 커튼이 없는 창, 아무렇게나 놓인 의자들이 있는 즉흥적이며 불안정한 모습의 이 아파트는 보금자리가 아니다. 단지 보금자리를 만들 장소에 불과하다. (…) 그녀는 느닷없이 무섭도록 슬프게 느껴졌다. 마치 사막에 버려진 것 같았다.

이러한 혼란에서 젊은 여자에게 흔히 장기적 우울증과 여러 가지 정신병이 생겨난다. 특히 그녀는 다양한 신경쇠약적 강박관념의 형태로 공허한 자유에 대한 현기증을 느낀다. 가령, 앞서 젊은 처녀에게서 보았던 매춘의 환상을 전개한다. 피에르 자네[57]는 창가에 서서 지나가는 사람들에게 추파를 던지고 싶은 유혹 때문에 아파트에 홀로 남아 있는 것을 견디지 못하는 어떤 젊은 신부의 예를 들고 있다. 이 밖에도 '더 이상 진짜 같지 않은' 세계, 유령과 색칠한 마분지 장식으로만 가득 찬 세계 앞에서 의지 결핍증에 걸려 무기력하게 머물러 있는 여자들의

---

56 『클로딘의 집』

57 『강박관념과 신경쇠약』

사례가 있다. 또한 어른이 된 것을 부정하려 애쓰는 여자들도 있다. 그녀들은 평생 그 사실을 부정하려고 고집부릴 것이다. 자네가 Qi라는 머리글자로 표시하는 다음의 환자[58]도 그런 경우다.

서른여섯 살의 Qi라는 여성은 자기가 열 살에서 열두 살쯤의 어린아이라는 생각에 사로잡혀 있다. 특히 혼자 있을 때는 뛰고 웃고 춤추고, 머리를 풀어 헤쳐 어깨 위에 찰랑대게 하고 일부분을 잘라 버리기도 한다. 그녀는 자기가 어린아이라는 꿈에 완전히 빠져들 수 있기를 바란다. "모두가 보는 앞에서 숨바꼭질하거나 장난칠 수 없는 것은 아주 불행한 일이다. (⋯) 나는 사람들이 나를 예쁘게 생각해 주기를 바라고, 내가 해충처럼 보기 싫을까 봐 겁난다. 사람들이 나를 좋아하고, 나와 이야기하고, 나를 쓰다듬어 주기를 원한다. 어린아이를 사랑해 주는 것처럼 사랑한다는 말을 항상 듣고 싶다. (⋯) 어린아이는 깜찍스러운 짓, 천진난만한 마음, 상냥함 때문에 사랑받는다. 대신 사람들은 아이에게 아무것도 요구하지 않는다. 오직 사랑을 줄 뿐이다. 그 점이 좋은 것이지만 그것을 남편에게 말할 순 없다. 그는 나를 이해하지 못할 것이다. 이보세요, 나는 정말 어린 아이가 되고 싶고, 나를 무릎 위에 앉혀 머리를 쓰다듬어 줄 아버지나 어머니가 있으면 좋겠어요. (⋯) 하지만 아니, 난 부인이고 어머니다. 가정을 꾸려나가야 하고, 성실해야 하며, 혼자서 깊이 생각해야 한다. 오 얼마나 괴로운 삶인가!"

남자에게도 결혼은 종종 하나의 위기다. 많은 남성 정신병이 약혼 기간에, 혹은 부부 생활 초기에 생긴다는 것이 이를 증명한다. 자매들만큼 가정에 매이지 않은 젊은 남자는 어떤 집단에 속해 있다. 즉, 그랑제콜, 대학교, 직업훈련소, 작업반, 동아리 같은 것이 그를 고독에서 지켜 준다. 그런데 이제 진정한 성인으로 살아가기 위하여 그런 집단을 떠나야 한다. 그는 앞으로 올 고독을 두려워하며, 대개는 고독을 쫓아내기 위해 결혼을 한다. 그러나 그는 공동체가 유지하는 환상, 곧 부부라는 것을 '부부 *사회*'처럼 나타내는 환상에 속고 있다. 사랑의 정열이 불붙는 짧은 시간 동안을 제외하고는, 두 개인은 세상에 맞서 그들 각자를 보호해 주는 하나의 세계를 형성할 수 없을 것이다. 이는 결혼 직후에 두 사람 모두가 느끼는 사실이다. 조만간 익숙해져 격식을 차리지 않게 되고 예속되어 버

---

58 『강박관념과 신경쇠약』

린 아내는 남편에게 자유를 숨기지 않는다. 아내는 짐이지, 변명거리가 아니다. 아내는 남편의 책임의 무게를 덜어 주는 것이 아니라 되레 가중한다. 남녀의 차이에는 흔히 어떤 현실적 화합도 허용하지 않는 나이, 교육, 살아온 환경의 차이를 내포하고 있다. 서로 익숙해지긴 하지만, 부부는 타인이다. 예전에는 자주 그들 사이에 진정한 심연이 있었다. 무지하고 순진한 상태에서 길러진 젊은 처녀는 아무 '과거'도 가지고 있지 않았다. 반면에 그녀의 약혼자는 '경험'을 해 봤고, 남자의 할 일은 젊은 처녀를 생활 현실에 입문시키는 것이었다. 어떤 남자들은 이런 까다로운 역할에 대해 자랑스럽게 느꼈다. 더 명철한 남자들은 불안해하며 자기와 미래의 반려자를 갈라놓는 거리를 재고 있었다. 이디스 워튼Edith Wharton(1862~1937)[59]은 『순수의 시대』에서 1870년대의 한 젊은 미국인이 자기 아내가 될 여자 앞에서 느끼는 불안감을 묘사하고 있다.

> 그는 일종의 정중한 공포심으로 자기에게 영혼을 맡기려는 젊은 피조물의 맑은 이마와 진지한 눈, 순진하고 쾌활한 입을 바라보았다. 그가 속하고 또 믿고 있는 사회 체계의 이 가공할 산물 – 아무것도 모르는 젊은 처녀는 모든 것을 희망하고 있었다 – 은 그에게 지금 이방인처럼 보였다. (…) 남자의 의무가 여자의 환심을 사려고 약혼녀에게 과거를 숨기는 것이고 처녀의 의무는 과거가 없어야 하는 것이라면, 그들은 서로에 대해 정말 무엇을 알고 있다는 말인가? (…) 탁월하게 만들어진 이 기만 체계의 중심에 있는 젊은 처녀는 솔직함과 대담성으로 인해 한층 더 불가해한 수수께끼가 되었다. 가엾고 사랑스러운 그녀는 솔직했다. 아무것도 숨길 것이 없었기 때문이다. 그녀는 마음을 놓고 있었다. 자신을 지켜야 한다고 생각하지 않았기 때문이다. 다른 준비도 없이 그녀는 하룻밤 만에 '인생의 현실'이라 불리는 것에 잠겨야만 했다. 이 단순한 영혼을 수도 없이 살펴본 그는 낙담한 채 다시 이런 생각을 떠올렸다. 어머니와 숙모와 할머니와 먼 청교도 조상들의 음모로 그토록 교묘하게 만들어진 이 부자연스러운 순결은, 오로지 그의 개인적 취향을 만족시키기 위해 그리고 그가 순결 위에 영주권을 행사해 눈의 이미지처럼 순백인 그것을 훼손시키기 위해 존재할 뿐이라고.

오늘날 젊은 처녀들은 그렇게 부자연스러운 존재가 아니기 때문에 부부의 격

---

59 * 미국의 소설가. 『순수의 시대』를 발표하여 여성 최초로 풀리처상을 수상했다.

차가 그렇게 크지 않다. 젊은 처녀는 인생에 대해 더 잘 알고 더 잘 준비되어 있다. 그러나 대개는 아직도 남편보다 여자가 훨씬 더 젊다. 이 점의 중요성은 충분히 강조되지 않았다. 실제로는 불평등한 성숙의 결과인데도 성별의 차이 탓으로 돌리는 경우가 많다. 많은 아내가 어린애 같은 것은 그녀가 여자이기 때문이 아니라 사실상 아주 젊기 때문이다. 남편과 그 친구들의 엄숙한 태도는 아내를 짓누른다. 소피아 톨스토이는 결혼한 지 약 1년 후에 이렇게 쓰고 있다.

그는 늙었고, 일에 너무 몰두해 있다. 나는 오늘 아주 젊게 느낀다. 그래서 정말로 미친 짓을 하고 싶다! 잠자는 대신 빙빙 돌며 춤을 추고 싶다. 하지만 누구와? 노쇠의 분위기가 나를 에워싸고, 주변 사람 모두가 늙었다. 나는 젊음이 약동칠 때마다 매번 억누르려고 애쓴다. 분별을 따지는 환경에서 젊음의 약동은 몹시 부적절하게 보일 것이다.

한편, 남편은 아내 속에서 한 명의 '아기'를 본다. 그녀는 기대한 반려자가 아니며, 그는 그녀가 그 사실을 느끼게 한다. 아버지의 집을 나설 때 필시 그녀는 인생의 안내자를 재발견하고 싶지만, 또한 '어른'으로 보이고 싶기도 하다. 그녀는 어린아이로 남아 있기를 바라는 동시에 여자가 되기를 원한다. 그러나 연장자인 남편은 결코 그녀가 완전히 만족하는 방식으로 대해 줄 수 없다.

비록 나이 차가 미미하다고 해도, 젊은 처녀와 젊은 남자가 보통 전혀 다른 방식으로 자랐다는 사실에 변함은 없다. 여자는 여자다운 얌전함, 여성적 가치의 존중을 주입하는 여성 세계에서 나오지만, 남자는 남성적 윤리 원칙에 젖어 있다. 두 사람이 서로를 이해한다는 것은 종종 대단히 어려우며 머지않아 두 사람 사이에 여러 가지 갈등이 나타난다.

결혼은 보통 아내를 남편에게 종속시키기 때문에 부부 관계의 문제는 특히 아내에게서 매우 첨예하게 제기된다. 결혼은 에로틱한 기능과 사회적 기능을 동시에 지닌다는 역설이 있다. 이런 양면성은 젊은 아내의 눈에 비치는 남편의 모습에 반영되고 있다. 남편은 남성적 위엄을 갖춘, 아버지를 대신하는 반신半神이다. 즉, 보호자, 부양자, 후견인, 인도자다. 아내의 인생은 남편의 그림자 속에서 개화해야 한다. 그는 가치의 담지자, 진리의 보증인, 부부의 윤리적 정당화다. 또한 흔히 수치스럽고 기괴하며 추악하거나 충격적인, 아무튼 우연적인 경험을 공유해야만 하는 수컷이기도 하다. 그는 아내가 확고한 발걸음으로 이상을 향하도록 이끄는 동시에 자기와 함께 동물성 속에서 뒹굴도록 권한다.

어느 날 저녁 여행에서 돌아오는 길에 멈춘 파리에서 베르나르는 뮤직홀의 공연을 보고 분개해, 보란 듯이 그곳을 나와 버렸다. "외국인이 그런 것을 본다니! 얼마나 수치스러운 일인가. 그런 것 때문에 우리가 비판을 받는 거야……." 테레즈는 이 순결한 사나이가 한 시간도 못 되어 어둠 속에서 자기에게 끈질기게 수작을 강요하는 남자와 동일 인물이라는 데 매우 놀랐다.[60]

멘토와 호색한 사이에는 많은 잡종 형태가 가능하다. 남자는 아버지인 동시에 애인이기도 하며, 때로 성행위는 신성한 향연이 된다. 아내는 남편의 품에서 결정적 구원을 발견하는 사랑에 빠진 여자다. 결정적 구원은 완전한 자기 포기를 통해 얻어진다. 부부 생활의 한가운데서 이런 열정적 사랑은 극히 드물다. 때로 아내가 남편을 정신적으로 사랑하게 되지만, 지나치게 존경한 나머지 그의 품에 몸을 맡기는 것을 거부하게 된다. 슈테켈이 보고하는 여자의 경우가 그렇다. "매우 위대한 예술가인 남편과 사별한 D. S. 부인은 지금 마흔 살이다. 남편을 열렬히 사랑하면서도 그를 대할 때는 완전히 불감증이 되었다." 이와 반대로 아내는 남편과 더불어 공유된 타락처럼 겪는 쾌락을 경험할 수 있고, 이런 쾌락은 남편에게 품고 있던 경외심과 존경심을 죽여 버린다. 한편 에로티시즘의 실패는 남편을 영원히 짐승으로 격하시킨다. 육체적으로 증오받는 그는 정신적으로도 무시당하게 될 것이다. 역으로, 경멸이나 반감이나 원한이 여자를 어떻게 불감증으로 만드는지 앞에서 이미 보았다. 상당히 자주 일어나는 일은 성 경험 이후에 남편은 존경받는 윗사람으로 머물러 있으며, 그의 동물적 약점이 용서받는다는 것이다. 특히 아델 위고Adèle Hugo[61]가 그랬던 것 같다. 어떤 경우에는 남편이 위엄은 없지만 기분 좋은 상대이기도 하다. K. 맨스필드는 중편소설 「서곡」에서 이런 양면성이 취할 수 있는 형태들 가운데 하나를 묘사했다.

그녀는 그를 진정으로 사랑했다. 그를 소중히 여기고 찬탄하며 몹시 존경했다.

---

60 모리아크, 『테레즈 데케루』참조
61 *프랑스의 시인, 소설가인 빅토르 위고의 부인

오! 이 세상 누구보다도. 그녀는 그를 완전히 알고 있었다. 그는 솔직함과 존엄성 자체였다. 그 모든 실제적 경험에도 불구하고 그는 단순하고 절대적으로 천진난 만하며, 아주 작은 것에도 만족하고 아주 작은 일에도 괴로워했다. 다만 그가 그녀에게 그렇게 덤벼들어 짐승처럼 큰 소리를 내며, 그렇게 탐욕스럽고 욕정에 불타는 눈으로 그녀를 바라보지 않았다면! 그는 너무 힘이 세 당할 수가 없었다. 어린 시절부터 그녀는 자기에게 달려드는 것은 무엇이든 아주 싫어했다. 그가 무서워져서, 정말 무서워져서 온 힘을 다해 소리를 지를 뻔했던 적이 여러 번 있었다. "당신 나를 죽일 거야!"라고. 그럴 때 그녀는 거칠고 싫은 말들을 하고 싶어진다. (…) 그렇다, 그렇다, 그것은 진실이었다. 그녀는 스탠리에 대한 모든 사랑, 존경 그리고 찬탄과 더불어 그를 몹시 싫어했다. 그 사실을 그처럼 분명하게 느꼈던 적은 한 번도 없었다. 그에 대한 그 모든 감정은 뚜렷하고 결정적이며 똑같은 진실이었다. 그리고 이 증오, 이것 또한 다른 감정처럼 현실적이었다. 그런 감정들을 그만큼의 작은 꾸러미들에 담아 스탠리에게 줄 수도 있었다. 그에게 증오라는 마지막 꾸러미를 깜짝 선물로 전하고 싶었고, 그가 그것을 열 때의 눈을 상상해 보았다.

젊은 여자가 자기감정을 이렇게 솔직하게 시인하는 것은 쉬운 일이 아니다. 남편을 사랑하고 행복해지는 것은 자기와 사회에 대한 의무다. 이는 가족이 그녀에게 기대하는 것이다. 만일 부모가 반대한 결혼을 했다면, 그녀는 그들의 반대가 잘못된 것이라고 반증하고 싶어 한다. 보통은 부부 생활을 기만 속에서 사는 것으로 시작한다. 그녀는 남편에게 커다란 사랑을 느끼고 있다고 자진해 믿으려 한다. 그리고 이 정열은 아내가 성적으로 만족하지 못하는 만큼 더욱더 편집광적이고 독점적이며 질투에 찬 형태를 취한다. 처음에는 시인하지 않으려던 실망감에서 자신을 스스로 위로하기 위해 남편이 곁에 있어 주기를 무작정 바란다. 슈테켈은 이런 병적인 집착의 많은 사례를 인용하고 있다.

한 여성은 소아적 고착의 결과로 결혼 초기 몇 년 동안 불감증으로 있었다. 남편이 자기에게 무관심한 것을 모른 체하려는 여자들에게서 흔히 볼 수 있는 것처럼, 그녀에게도 과도한 사랑이 발달했다. 그녀는 남편만을 위해 살고 생각했다. 그녀에게 더 이상의 의욕은 없었다. 남편은 매일 아침에 하루의 프로그램을 짜고 그녀가 사야 하는 것 등을 말해 줘야만 했다. 그녀는 그 모든 것을 성실히 이행했다. 만약 그가 아무것도 지시하지 않으면, 그녀는 남편을 그리워하면서 아무것도 하지 않은 채 자기 방에 머물러 있었다. 그녀는 남편이 어디를 가든지 혼자 가게 두지 않았다. 그녀는 혼자 있지 못했고, 그의 손을 잡는 것을 좋아했다. (…) 그녀는 불행했다. 그래서 몇 시간 동안이나 울어 댔다. 남편을 위해 걱정했고, 걱정할 일이 없으면 걱정거리를 만들어 냈다.

두 번째 사례는 혼자 외출하는 것이 무서워서 감옥에 갇혀 있는 것처럼 자기 방에 틀어박혀 있는 여자의 경우다. 나는 그녀가 남편의 두 손을 잡고, 늘 자기 곁에 있어 달라고 애원하는 것을 보았다. (…) 결혼한 지 7년이 되었지만, 남편은 아내와 한 번도 관계를 갖는 데 성공하지 못했다.

소피아 톨스토이도 이와 유사하다. 앞에서 인용한 일기의 부분과 이어서 쓴 일기로 보아, 결혼 직후 그녀는 남편을 사랑하지 않는다는 사실을 깨달았음을 알 수 있다. 남편과 갖는 육체적 관계는 그녀를 구역질나게 했다. 그녀는 남편의 과거를 비난했고, 그를 늙고 따분하다고 생각했으며, 그의 사상에 대해서도 적대감만을 가졌다. 게다가 침대에서 탐욕스럽고 난폭한 그는 그녀를 등한시하고 모질게 대한 것 같다. 하지만 소피아의 절망적인 외침과 권태와 슬픔과 담담함의 고백에는 정열적 사랑의 항의가 섞여 있다. 그녀는 끊임없이 사랑하는 남편이 곁에 있어 주기를 원하고 있다. 그가 멀리 가 버리면 곧 질투에 사로잡혀 커다란 고통을 받는다. 그녀는 이렇게 쓰고 있다.

1863년 1월 11일. 나의 질투는 선천적 병이다. 어쩌면 이 병은 내가 그를 사랑하고, 그만을 사랑하면서 오직 그와 더불어 그에 의해서만 행복할 수 있다는 사실에서 기인하는지도 모른다.
1863년 1월 15일. 그가 나를 통해서만 꿈꾸고 생각하기를, 그리고 나만을 사랑하기를 원한다. (…) '나는 또한 이것도 좋고, 저것도 좋다'고 생각하기 무섭게 곧 그 생각을 거둬들여서, 내가 리오보치카 말고는 좋아하는 게 아무것도 없다고 느낀다. 그러나 그가 자기 일을 사랑하는 것처럼 나도 다른 것을 좋아해야만 한다. (…) 하지만 그가 없이는 정말로 불안하다. 그를 떠나지 말아야 한다는 욕구가 날마다 커 가는 것을 느낀다. (…)
1863년 10월 17일. 나는 그를 잘 이해할 수 없다고 느낀다. 그 때문에 질투에 사로잡혀 그를 몰래 감시하고 있다. (…)

50대 중반의 소피아 톨스토이, 1900년경

1868년 7월 31일. 그의 일기를 다시 읽는 것은 우스운 일이다. 얼마나 모순투성이인가! 마치 내가 불행한 여자인 듯하다! 우리보다 더 금실이 좋고 행복한 부부가 존재하기나 할까? 내 사랑은 커 가기만 한다. 나는 언제나 불안하고 정열적이며 질투에 차고, 시적인 한결같은 사랑으로 그를 사랑하고 있다. 그의 고요함과 침착함이 때로 나를 화나게 한다.

1876년 9월 16일. 사랑에 관한 내용이 적힌 그의 일기의 부분을 탐욕스레 찾고 있다. 그것을 발견하자마자 곧 질투에 사로잡혔다. 리오보치카가 떠나 버린 것이 원망스럽다. 나는 잠을 자지 못하고, 거의 아무것도 먹지 못한다. 눈물을 삼키거나 혹은 남몰래 운다. 매일 저녁 조금씩 열이 나고 오한이 난다. (…) 그토록 사랑한 것에 대해 벌을 받는 것일까?

일기의 이 모든 부분에서 진정한 사랑의 부재를 도덕적 혹은 '시적' 고양을 통해 보상받으려는 헛된 노력이 느껴진다. 강한 요구나 불안, 질투는 그녀의 마음속 이런 공허를 나타낸다. 많은 병적 질투는 그와 같은 조건에서 쌓여 간다. 질투는 여자가 가공의 연적을 만듦으로써 객관화시키는 불만족을 간접적으로 나타낸다. 남편 곁에서 결코 충만한 감정을 느끼지 못하기 때문에, 그녀는 남편이 속인다고 상상함으로써 어떻게 보면 실망을 합리화한다.

여자는 도덕성, 위선, 자존심, 소심함 때문에 거짓말을 고집하는 일이 아주 흔하다. "사랑하는 남편에 대한 반감이 일생 동안 자각되지 않는 경우도 많다. 이를 사람들은 우울 혹은 다른 이름으로 부른다"고 샤르돈은 말하고 있다.[62] 그러나 분명하게 이름 지을 수 없다 해도 적대감이 실재한다는 사실은 달라지지 않는다. 적대감은 남편의 지배를 거부하려는 젊은 아내의 노력으로 다소 난폭하게 표현된다. 밀월과 뒤이어 오는 혼란의 시기가 지나가면, 그녀는 자주성을 회복하려 노력한다. 그것은 쉬운 기도가 아니다. 대개 남편이 연장자이고 남성적 위엄이 있고 법률상 '가장'이기 때문에, 정신적으로나 사회적으로나 우월성을 점하고 있다. 또한 대개 – 적어도 외관상으로 – 지적으로 우월하다. 그는 교양이나 적어도 직업적 교육에서 아내보다 우위에 있다. 청년기부터 세상 물정에 관심이 많은데, 그것은 자기와 관련된 일이다. 법률 지식도 조금 있고, 정치에 대해 알고 있으며, 정당이나 조합이나 여러 단체에 속해 있다. 그는 노동자와 시민으로서의

<hr />

62 『이브Ève』

생각이 행동에 결부되어 있고 현실의 시련을 알며, 그것으로 속임수를 쓸 수 없다는 것을 안다. 즉, 보통의 남자는 추론 기술, 사실과 경험에 대한 취미, 다소간의 비판적 감각을 갖추고 있다. 바로 이런 것들이 아직도 많은 젊은 처녀에게 부족하다. 그녀들이 독서하고 강연을 듣고 여러 가지 예능을 배워도, 아무렇게나 축적된 그런 지식은 교양을 형성하지 못한다. 그녀들이 제대로 추론하지 못하는 것은 지능이 모자라서가 아니라 실생활에서 할 필요가 없었기 때문이다. 그녀들에게 생각은 도구라기보다 하나의 유희다. 총명하고 예민하고 진지하다 한들 지적인 기술이 없기 때문에, 자기 의견을 논증하고 거기서 결과를 끌어낼 줄도 모른다. 남편은 — 그녀보다 훨씬 더 무능한 사람일지라도 — 쉽사리 아내를 압도하게 된다. 그는 자기가 옳다는 것을 비록 틀리더라도 증명할 줄 안다. 남자의 수중에서 논리는 흔히 폭력이다. 샤르돈은 『축혼가』에서 이런 음험한 형태의 억압을 잘 묘사했다. 베르트보다 나이가 더 많고 더 교양 있으며 더 교육을 받은 알베르는 아내가 자기와 다른 의견을 내면, 이런 우월성에 기대어 그 모든 가치를 부인한다. 그는 자기가 옳다는 것을 지칠 줄 모르고 **증명**한다. 아내 쪽에서 반항하고 남편의 어떤 추론적 내용도 동의하기를 거부한다 해도 남편은 자기 생각을 완고하게 고집한다. 이처럼 그들 사이에는 심각한 오해가 더해진다. 남편은 표현하는 데 능숙하지 않은, 아내 안에 깊이 뿌리박힌 감정이나 반응을 이해하려고 하지 않는다. 아내는 자기를 짓누르는 남편의 현학적 논리 아래 무엇이 살아남을 수 있을지 이해하지 못한다. 남편은 아내가 전혀 숨긴 적 없는 무지에 대해 화를 내기까지 하고, 넌 모른다는 식으로 천문학에 대해 질문한다. 그러나 그는 아내의 독서를 지도하고, 아내가 자기 말을 경청하는 것에 대단히 만족해한다. 지식이 부족한 탓에 싸움에서 언제나 질 수밖에 없는 젊은 아내에게는 침묵이나 눈물 혹은 거친 태도 외에 다른 방도가 없다.

베르트는 발작적이고 날카로운 저 목소리를 듣고 있노라면 얻어맞은 것처럼 멍해진 머리로 더 이상 생각할 수 없었다. 알베르는 모욕당해 정신적으로 혼란한 아내를 얼떨떨하게 하고 상처 입히기 위해 계속 오만한 잔소리를 해댔다. (…) 인간의 이해력을 초월하는 논증 앞에서 패배당한 그녀는 어쩔 줄 몰랐다. 그녀는 이 부당한 위력에서 벗어나기 위해 소리를 질렀다. "나 좀 가만히 내버려 둬!" 그러나 이 말은 너무 약한 것 같았다. 그녀는 화장대 위에 있는 유리병을 바라보았고, 갑자기 작은 상자를 알베르에게 던져 버렸다……

여자는 때로 싸우려고 시도한다. 그러나 대개 『인형의 집』의 노라처럼,[63] 싫든 좋든 간에 남자가 대신 생각한 것을 받아들인다. 남편이 부부의 의식意識이 되는 것이다. 수줍음, 서투름, 태만으로 인해 그녀는 모든 일반적이고 추상적인 주제에 관해 공동 의견을 만드는 수고를 남자에게 일임한다. 그녀는 자신도 똑똑하고 교양 있고 독립적이지만 자기보다 우월하다고 여긴 남편을 15년 동안이나 존경했다. 그래서 남편이 죽고 나서 자기 스스로 신념과 행동을 결정해야 할 처지에 놓이자 얼마나 혼란스러웠는지를 이야기했다. 그녀는 아직도 남편이 매사에 어떻게 생각하고 결정했을지 짐작하려고 애쓴다. 보통 남편은 이런 멘토와 지도자의 역할을 좋아한다.[64] 온종일 동료들을 상대하느라 어려움을 겪고 윗사람들에게 복종해야 했던 남편은 저녁에 집에 돌아와 절대적 우월자라 느끼며, 이론의 여지없는 여러 가지 진실을 쏟아내기를 좋아한다.[65] 그는 그날 있었던 일들을 이야기하고, 반대자들이 아닌 그가 옳다고 주장함으로써 자신감을 확고하게 해 주는 아내에게서 또 하나의 자아를 발견하고는 행복해한다. 그는 신문 기사나 정세를 설명해 주고, 문화 전반에서 아내가 자율성을 갖지 못하도록 큰 소리로 기꺼이 신문을 읽어 준다. 남편은 권위를 드높이기 위해 까닭 없이 여자의 무능을 과장한다. 그녀는 다소 순종적으로 이 종속적인 역할을 받아들인다. 남편의 부재를 진심으로 아쉬

---

63 "내가 아빠 곁에서 살 때, 아빠는 사물을 보는 자신의 방식을 모두 일러 주셨어요. 그래서 나도 아빠와 같은 방식을 가지고 있었지요. 내가 다른 방식을 가지고 있을 때는 그것을 숨겼어요. 아빠가 안 좋아하실 것이기 때문이에요. (…) 나는 아빠의 수중에서 당신 수중으로 넘어왔어요. (…) 당신은 모든 것을 당신 취향대로 마음껏 처리했고, 나는 당신과 같은 취향을 갖게 되었거나 아니면 그런 척했지요. 잘 모르겠지만, 두 가지 다였다고 생각해요. 때로는 이랬다가, 때로는 저랬다가. 당신과 아빠, 두 사람은 나에게 커다란 잘못을 저질렀어요. 내가 아무짝에도 쓸모없다면, 그건 당신들 잘못이에요."

64 헬머는 노라에게 말했다. "당신이 당신 의지대로 행동할 줄 모른다고 해서 내게 덜 소중하다고 생각하오? 천만에. 당신은 내게 기대기만 하면 돼요. 내가 당신에게 조언하고 당신을 이끌어 주겠소. 이런 여성적 무능함이 내 눈에 한층 매력적으로 보이지 않는다면 나는 남자가 아닐 거요…… 편히 쉬고 안정을 취하시오. 내게는 당신을 보호하기 위한 커다란 날개가 있소…… 남자는 자기 아내를 용서했다는 충만한 의식 속에 말로는 표현할 수 없는 온화함과 만족감을 느낀다오…… 아내란 어찌 보면 아내인 동시에 자식이지. 이제부터 당신은 나에게 그렇게 될 것이오, 이성을 잃고 당황한 어린아이. 아무것도 걱정하지 마오, 노라. 단지 마음을 열고 내게 이야기해 주오. 내가 당신의 의지와 양심이 되어 주겠소."

65 로런스의 『무의식의 환상』 참조. "아내가 당신에게서 진정한 남자, 진정한 선구자를 보도록 노력해야 한다. 아내에게 선구자라고 여겨지지 않으면 남자가 아니다…… 아내가 자기 목적을 당신의 목적에 종속시키도록 당신은 치열하게 싸워야 한다…… 그러면 얼마나 멋진 인생일 것인가! 저녁에 아내에게로 돌아와 당신을 걱정하며 기다리는 그녀를 보는 것은 얼마나 달콤한 일인가! 집에 돌아와 그녀 곁에 앉는 것은 얼마나 다정한 일인가…… 온종일 일하느라 고생하고 집으로 돌아오는 길에 자신이 얼마나 풍요롭게 느껴지겠는가…… 당신은 당신을 사랑하고, 당신의 일을 믿는 아내에게 헤아릴 수 없는 고마움을 느낀다.

위하면서도 그 기회를 통해 자기 안의 생각지도 못한 가능성을 발견하고는, 아내들이 얼마나 놀라며 기뻐하는지를 사람들은 잘 알고 있다. 그녀들은 다른 사람의 도움 없이도 일을 처리하고 아이들을 양육하고 결정하고 관리한다. 여자들은 남편이 돌아오고 다시 무능력해져 버릴 때에 고통스러워한다.

결혼은 남자가 지배적 성격을 멋대로 휘두르도록 장려한다. 지배욕은 가장 보편적이고 가장 저항하기 힘든 것이다. 아이를 어머니에게 넘기고 아내를 남편에게 넘기는 것은 지상에서 폭정을 키우는 것이다. 흔히 남자는 남편으로서 인정받고 찬탄받으며 조언하고 인도하는 것으로 충분하지 않다. 그는 명령하며 군주의 역할을 한다. 유년 시절에 쌓인 원한과 일생 그를 가혹하게 대하고 상처 입힌 다른 남자들 사이에서 일상적으로 쌓인 모든 원한을 아내에게 위력을 가하면서 집안에서 푼다. 그는 폭력이나 권력이나 완고한 태도를 흉내 낸다. 준엄한 목소리로 명령하거나 소리를 지르고 탁자를 내려친다. 이런 희극은 여자에게는 일상적인 현실이다. 남편은 자기 권리에 대해 대단히 확신하고 있으므로 아내가 조금이라도 자율성을 가지면 반란처럼 느낀다. 그는 아내가 자기 없이는 숨도 못 쉬게 하고자 한다. 하지만 아내는 반란을 일으킨다. 처음에 남자의 권위를 인정했다 하더라도 그녀의 경탄은 재빨리 사라진다. 아이는 어느 날 아버지가 우연적인 한 개인에 불과하다는 것을 깨닫는다. 아내도 자기 앞에 있는 사람이 **영주**나 **지도자** 혹은 **지배자**의 위대한 모습이 아니라 한 남자라는 것을 조만간 발견한다. 그녀는 이 남자에게 예속된 이유를 전혀 알지 못한다. 그녀에게 이 남자는 그저 헛되고 부당한 의무로밖에 보이지 않는다. 때로 아내가 마조히즘적인 온정으로 복종하는 수도 있다. 그녀는 희생자 역할을 하고, 그녀의 인종은 단지 긴 침묵의 비난일 뿐이다. 그러나 종종 아내는 자기 주인에 대항해 공개적인 싸움에 돌입하기도 하며, 역으로 그를 괴롭히려고 애쓴다.

아내를 자기 의지에 따라 쉽사리 복종시키고 자기 마음대로 '만들 것'이라고 상상하는 남자는 순진한 사내다. "아내는 남편이 만드는 것"이라고 발자크는 말했으나, 몇 쪽 더 가서 그 반대로 말하고 있다. 추상과 논리의 영역에서 여자는 흔히 남자의 권위를 받아들이는 것을 감수한다. 그러나 자기 마음에 진정으로 새겨져 있는 생각이나 습관이 관건일 때, 그녀는 겉으로 드러나지 않는 집요함으로 남편에게 저항한다. 유년기와 청년기의 영향은 남자보다 여자에게 훨씬 더 깊다. 여자가 개인적인 역사에 더 많이 갇혀 있기 때문이다. 그녀는 이 시기에 체득한 대부분을 결코 버리지 못한다. 남편은 아내에게 정치적 견해를 강요할 수 있겠지만, 그녀의 종교적 신념을 바꾸거나 미신을 흔들지 못할 것이다. 이는 믿음이 깊은 어리석고 보잘것없는 여자를 아내로 삼아, 그녀에게 실질적 영향을 미치려 했던 장 바루아Jean Barois가 확인한 바다. 그는 낙담한 나머지 이렇게 말한다. "한 지방 도시의 그늘에서 찌들어 버린 어린 처녀의 두뇌, 무지한 우둔함에서 오는 모든 확신은 때가 벗겨지지 않는다." 가르침을 받은 견해나 앵무새처럼 말을 따라 하는 원칙에도 불구하고, 여자는 세상에 대한 자기만의 생각을 보존하고 있다. 이런 저항은 그녀가 자기보다 더 현명한 남편을 이해하지 못하게 만들 수도 있고, 반대로 스탕달이나 입센의 여주인공들처럼 여자를 남성의 진지함 이상으로 높이 끌어올릴 수도 있다. 때로 그녀는 남편에 대한 적의로 인해 – 그에게 성적으로 실망했든지 혹은 자기를 지배하는 그에게 복수하고 싶어서든지 - 자기 것이 아닌 가치들을 일부러 고집하기도 한다. 남편을 꺾기 위해서 그녀는 어머니나 아버지, 오빠나 누구든지 '뛰어나' 보이는 남성 인물, 고해신부, 수녀의 권위에 의존한다. 혹은 남편에게 정면으로 항변하는 대신 무조건 반대하고 공격하고 상처를 주는 데 매달린다. 그녀는 남편에게 열등감을 주입하려고 노력한다. 물론 능력이 있으면 남편을 현혹해 자기 견해나 의견, 방침을 강요하기를 좋아할 것이다. 그녀는 모든 정신적 권위를 독점할 것이다. 남편의 정신적 우위에 이의를 제기하기가 어렵다면 성적 보복을 시도할 것이다. 혹은 알레비Ludovic Halévy(1834~1908)[66]가 이야기하는 미슐레 부인처럼 성관계를 거부한다.

그녀는 어디서나 지배하길 원했다. 잠자리에서도 책상에서도. 그녀가 노린 것이 책상이어서 미슐레는 우선 그것을 방어했지만, 그녀는 침대를 방어했다. 몇 달 동안 부부 생활은 정결했다. 결국 미슐레가 침대를 점령했고, 아테나이스 미알라레는 곧 책상을 점령했다. 그녀는 여성 문사로 태어났고, 책상은 그녀의 진정한 자리였다⋯⋯.

아내는 남편의 품 안에서 뻣뻣해지며 불감증으로 그를 모욕하든가, 변덕을 부리거나 아양을 떨어 그가 애원하는 태도를 보이도록 강요한다. 혹은 바람을 피워 남편을 질투하게 만들고 배신한다. 어떻든 간에 여자는 남편의 남성성을 모욕

66 * 프랑스의 극작가, 소설가

하고자 한다. 만약 남편을 극단까지 밀어붙이는 것에는 신중해야 한다면, 적어도 마음속에 자기의 오만한 냉혹함의 비밀을 자랑스럽게 감추어 둔다. 여자는 그 비밀을 때로 일기장이나 더 쉽게는 친구들에게 토로한다. 많은 기혼 여성은 쾌락을 느끼지 못하면서도 마치 느끼는 체하기 위해 사용하는 '속임수'를 서로에게 털어놓고 공유하는 것을 즐긴다. 그리고 자기들에게 속고 있는 허영심 많은 남편의 어리숙함에 대해 가차 없이 웃어 댄다. 이런 고백은 어쩌면 또 하나의 희극일지도 모른다. 불감증과 불감증이고자 하는 의지 사이의 경계는 확실치 않다. 어쨌든 여자들은 자신이 불감증이라고 생각하며, 이런 식으로 한을 푼다. 여자들 - '사마귀 암컷'에 비유되는 여자들 - 중에는 밤에도 낮에도 승리자이길 원하는 부류가 있다. 그녀들은 포옹 속에서는 아주 차갑고 대화에서는 경멸적이며, 태도에서는 폭군적이다. 프리다Frieda[67]가 D. H. 로런스에게 하는 행동 - 메이블 다지 Mabel Dodge Luhan(1879~1962)[68]의 증언에 따르면 - 이 바로 이와 같았다. 로런스의 지적인 우월성을 부인할 수 없었던 그녀는 오직 성적인 가치만이 중요하다는 세계관을 그에게 강요하려고 했다.

그는 그녀를 통해서 인생을 보아야만 했다. 그녀의 역할은 인생을 성의 관점에서 보는 것이었다. 그녀는 이런 관점에 입각해 인생을 수락하거나 단죄했다.

그녀는 어느 날 메이블 다지에게 분명히 말하였다.

"그는 모든 것을 나에게서 받아야만 해요. 내가 없으면 그는 아무것도 느끼지 못하지요. 아무것도. 그는 나에게서 자기 책을 받아 갑니다." 그녀는 보란 듯이 말을 계속 이어나갔다. "아무도 모르고 있어요. 내가 그를 위해서 그의 책 여러 쪽을 다 썼답니다."

하지만 그녀는 로런스가 자기를 필요로 한다는 것을 끊임없이 증명할 필요가 있었다. 그에게 줄곧 자기를 돌볼 것을 요구했고, 그가 자발적으로 그렇게 하지

---

67 * 유부녀였으나 로런스와 사랑에 빠져 이혼 후 그의 아내가 되었다.
68 * 뉴욕의 부유한 은행가의 딸이었고, 작가이며, 사교계를 주름잡았다. 로런스, 헉슬리, 오키프 등 당대 예술가들을 후원했다.

않으면 꼼짝없이 그렇게 하도록 그녀 쪽에서 몰아넣었다.

프리다는 로런스와의 관계가 보통 결혼한 사람들 사이에 자리 잡는 평온함 속에서 전개되는 일이 절대 없도록 대단히 세심한 노력을 기울였다. 그가 습관 속에서 졸고 있다는 것을 느끼면, 그녀는 즉시 그에게 폭탄을 던져 자기를 한시도 잊지 못하게 만들었다. 이렇게 끊임없이 주의를 끌려는 욕구는 (…) 내가 두 사람을 만났을 때 적에 대항하는 무기가 되어 있었다. 프리다는 그의 예민한 곳을 찌를 줄 알았다. (…) 낮 동안에 그가 그녀에게 관심을 기울이지 않았다면, 저녁에 그녀는 그를 모욕했다.

그들의 결혼생활은 누구도 굽히지 않으려는, 영원히 다시 시작되는 싸움의 연속이었다. 아주 사소한 다툼에도 거창한 모습으로 **남자** 대 **여자**의 결투가 벌어졌다. 이와는 매우 다르지만, 주앙도가 묘사한 엘리즈에게서도 가능한 한 남편을 많이 깎아내리려는 사나운 지배욕을 똑같이 볼 수 있다.[69]

엘리즈: 일단 내 주위의 모든 것을 경멸하고 본다. 그런 다음에야 마음이 편해진다. 나는 이제 몹시 추한 여자들이나 괴상망측한 자들만 상대하니까.
그녀는 잠에서 깨어 나를 부른다.
"나의 못생긴 남자."
그것은 전략이다.
그녀는 나를 모욕하고 싶은 것이다.
내가 나에게 가진 환상을 하나씩 하나씩 모두 단념하게 하는 것을 그녀는 얼마나 통쾌하게 여겼던가. 깜짝 놀라는 내 친구들 앞에서나 당황해하는 우리 하인들 앞에서, 그녀는 내가 이러저러한 가련한 존재라고 나에게 내뱉는 기회를 단 한 번도 놓치지 않았다. 그렇게 해서 나도 결국에는 그녀의 말을 믿게 되었다. (…) 나를 경멸하기 위하여, 그녀는 내 작품보다 그것이 가져다줄 수 있는 물질적 수입에 더 관심이 있다는 것을 느끼게 하는 기회를 놓치지 않았다.
참을성 있게 서서히 적절하게 나의 의욕을 꺾으면서, 체계적으로 나를 모욕하면서, 정확하고 침착하고 냉혹한 논리로 자존심을 버리게 함으로써 내 사상의 원천을 고갈시켜 버린 것은 그녀였다.

---

69 『남편의 연대기』와 『신新 남편의 연대기』

"말하자면, 당신은 노동자보다 돈을 못 버니까"라고 그녀는 어느 날 마루 닦는 청소부 앞에서 나를 공격했다. (…)

그녀는 우월하게 아니면 적어도 동등하게 보이려고, 또한 이런 경멸로 내 앞에서 자기의 고지를 지키기 위하여 나를 깎아내리고 싶어 한다. (…) 그녀는 내가 하는 일이 자기에게 발판이나 상품으로 소용되는 만큼만 나를 호의적으로 평가한다.

프리다와 엘리즈는 남자 앞에서 자신들을 본질적 주체로 자처하기 위해 남자들이 종종 고발한 전략을 사용하고 있다. 즉, 그녀들은 남자들의 초월성을 부인하려고 애쓴다. 남자들은 여자가 자기들을 거세하려는 꿈을 키운다고 기꺼이 추정한다. 사실, 여자의 태도는 모호하다. 여자는 남자를 말살하려기보다 차라리 남자의 성을 모욕하고 싶어 한다. 여자가 남자의 계획이나 미래를 망치려 한다는 편이 훨씬 더 정확하다. 남편이나 아이가 병나고 지쳐서 육체적 존재로 축소될 때 여자는 승리감을 느낀다. 그때 그들은 그녀가 군림하는 집안에서 다른 물건들 가운데 하나처럼 보일 뿐이다. 그녀는 주부로서의 역량으로 그를 취급한다. 깨진 접시를 다시 붙이듯이 붕대를 감아 주고, 항아리를 문질러 닦듯이 몸을 닦아 준다. 채소껍질과 설거지물에 익숙한 천사 같은 그녀의 두 손을 물러서게 하는 것은 아무것도 없다. 로런스는 프리다의 이야기를 하면서 메이블 다지에게 이렇게 말했다. "병났을 때, 몸에 닿는 이 여자의 손이 어떤 느낌을 주는지 상상도 못 할 겁니다. 무겁고 육적이고 독일적인 손이지요." 여자는 남자에게 그 역시 육체적 존재에 불과하다는 것을 느끼게 하려고 의식적으로 자기의 온 무게를 손에 가한다. 주앙도가 이야기하는 엘리즈만큼 이런 태도를 철저히 보일 수 있는 여자는 없다.

예를 들면 나는 결혼 초에 톈진天津의 이虱에 대한 것을 기억하고 있다. (…) 내가 한 여자와 진정으로 친밀한 관계를 경험한 것은 오직 이 덕분이었다. 그날, 엘리즈는 양털을 깎듯이 털을 깎기 위해 나를 발가벗겨 무릎 위에 올려놓고 촛불로 내 몸 구석구석을 비추었다. 겨드랑이, 가슴, 배꼽, 그녀의 손가락 사이에 북 가죽처럼 팽팽히 당겨진 고환의 피부까지도 찬찬히 살펴보았다. 넓적다리를 따라 두 발 사이에 이르고 다시 항문의 언저리를 면도로 깎았다. 그녀는 이가 숨어 있던 노란 털 뭉치를 쓰레기통에 버리고 불에 태워 버렸다. 나는 해충으로부터 해방됨과 동시에 대번에 더더욱 발가벗겨져 고독한 사막에 내던져졌다.

여자는 남자가 주체성이 표현되는 하나의 몸이 아니라 수동적인 하나의 살肉이라는 것을 좋아한다. 실존에 대항해 생명을, 정신적인 가치에 대항해 육체적 가치를 주장한다. 그녀는 남자가 시도하는 것들에 대해 파스칼 같은 유머러스한 태도를 보인다. 또한 "남자들의 모든 불행은 단 한 가지, 방 안에서 휴식을 취할 줄 모르는 것으로부터 온다"고 생각한다. 그래서 남자들을 기꺼이 집에 가두려고 한다. 가정생활에 이익이 되지 않는 일체의 활동은 그녀에게 적대감을 일으킨다. 베르나르 팔리시Bernard Palissy(1510~1590)[70]의 아내는 남편이 지금까지 세상에 없어도 괜찮았던 새로운 에나멜을 발명하기 위해 가구들을 불태우는 데 대해 분개한다. 라신Jean Racine(1639~1699)[71]의 부인은 남편이 정원의 까치밥나무 열매에만 관심을 두게 하고, 남편의 비극 작품을 읽으려 하지 않는다. 주앙도는 『남편의 연대기』에서 엘리즈가 그의 문학작품을 오직 물질적 수익원으로만 고집스럽게 여기기 때문에 자주 격노한 모습을 보인다.

나는 그녀에게 말했다. "오늘 아침에 내 최근 중편소설이 출간되오." 그녀는 비아냥거리려는 것은 아니었지만, 사실 그것만을 생각하고 있었기 때문에 이렇게 대답했다. "그럼 이번 달에는 적어도 삼백 프랑은 더 들어오겠군요."

이런 충돌이 심해져 파경까지 초래하는 수도 있다. 그러나 일반적으로 아내는 남편의 지배를 거부하면서도 그를 '붙들고 있고' 싶어 한다. 그녀는 자기의 자율성을 지키기 위하여 남편에 대항해서 싸우지만, 자기가 의존하는 '상황'을 보존하기 위해서 나머지 세계에 대항해 싸운다. 이런 이중의 유희는 감당하기 쉽지 않다. 이는 많은 여자가 불안과 신경과민 상태에서 살아가는 이유를 부분적으로 설명해 준다. 슈테켈은 그중 대단히 의미심장한 한 예를 들고 있다.

성적 쾌감을 한 번도 누리지 못한 Z. T. 부인은 아주 교양 있는 남자와 결혼한 사람이다. 그녀는 남편의 우월성을 견딜 수 없어 그의 전공을 연구하여 남편과 동등해지려고 했다. 하지만 그것이 너무 힘들었기 때문에 약혼하고부터는 학업을 중단했다. 남편은 명성이 대단했고 그를 따르는 학생들이 많았다. 그녀는 이런 우스

70 * 16세기 프랑스의 유명한 도예가
71 * 17세기 프랑스 고전주의의 대표적 극작가, 시인

꽝스러운 숭배를 하지 않을 작정이었다. 그녀는 결혼 초기부터 부부 생활에서 불감증이었다. 남편이 만족해 그녀에게서 떨어져 나갈 때, 그녀는 자위에 의해서만 오르가슴에 도달했다. 이를 남편에게 이야기했고, 남편은 애무로 그녀를 흥분시키려 했으나 그녀가 이를 거부했다. (…) 머지않아 그녀는 남편의 일을 우습게 여기고 과소평가하기 시작했다. 그녀는 '그를 따라다니는 바보들을 이해하지 못했다. 자기는 위대한 사람의 사생활의 이면을 잘 알고 있었다.' 그들의 일상적인 말다툼 속에는 이러한 말들이 나왔다. "당신의 졸작으로 나를 굴복시킬 수 없어요!" 혹은 "당신이 글줄이나 쓴다고 해서 당신이 나를 마음대로 할 수 있다고 생각하는군요." 남편은 점점 더 학생들에게 전념했고, 그녀는 젊은 남자들에게 둘러싸여 지냈다. 남편이 다른 여자와 사랑에 빠질 때까지 몇 년 동안이나 계속 이렇게 지냈다. 그녀는 언제나 남편의 사소한 여자관계를 참아 왔고, 버림받는 '가엾은 어리석은 여자들'의 친구가 되기까지 했다. (…) 그러나 이제 그녀는 태도를 바꾸었다. 청년들 아무에게나 몸을 맡겼지만 오르가슴을 느끼지 못했다. 그녀는 남편에게 자신이 속였다고 고백했다. 그는 그녀를 완벽하게 용인했다. 둘은 조용히 헤어질 수도 있었을 것이다. (…) 그녀는 이혼을 거부했다. 오랜 대화 끝에 화해가 이루어졌다. (…) 그녀는 울면서 몸을 맡겼고, 처음으로 강렬한 오르가슴을 느꼈다…….

그녀가 남편과 싸우면서도 한 번도 헤어지겠다고 생각한 적이 없다는 것을 알 수 있다.

'남편을 붙잡는 것'은 대단한 기술이다. 즉, 남편을 '억류하는 것'은 하나의 직무다. 거기에는 많은 기량이 필요하다. 잔소리가 심한 신부에게 신중한 자매가 이런 말을 했다. "조심해. 마르셀과 너무 싸우다가는 너의 **지위**를 잃게 될 거야." 인생의 가장 중요한 것들이 걸려 있는 것이다. 즉, 물질적·정신적 안정, 자기의 가정, 아내의 품격, 사랑의 다소 성공한 대용품, 행복. 여자는 성적 매력이 자신의 무기 중에서 가장 약하다는 것을 빨리 알아차린다. 그런 매력은 익숙해지면 사라진다. 그리고 유감스럽게도 세상에는 성적 매력이 뛰어난 여자들이 많다. 하지만 그녀는 남편에게 매력적으로 보이려고 노력한다. 종종 자기를 불감증에 빠뜨리는 자존심과 관능적인 정열로 남편의 비위를 맞추고 그를 묶어 놓으려는 생각으로 분열되어 있다. 또한 습관의 힘과 남편이 쾌적한 집에서 발견하는 매력, 맛있는 음식에 대한 남편의 취향, 자식들에 대한 그의 애정에 의지한다. 손님 접대나 옷매무새로 '남편에게 영광이게 하고', 여러 가지 조언과 감화로 남편에게 영향력을 끼치려고 애쓴다. 그녀는 남편의 사교계나 사업 성공에 없어서는 안 될 사람이 되려고 최선을 다한다. 그러나 무엇보다 모든 전통이 아내들에게 '남자를 손아귀에 넣을 줄 아는' 기술을 가르치고 있다. 남자의 약점을 발견해서 어루만져야 하고, 아첨과 경멸, 순종과 저항, 감시와 관대함을 교묘하게 배합해야만 한다. 이 마지막 배합이 특별히 어렵다. 남편에게 자유를 너무 많이 주어도, 너무 안 주어도 안 된다. 아내가 너무 관대하면 남편은 아내에게서 벗어난다. 즉, 남편이 다른 여자들과 쓰는 돈이나 사랑의 열정은 아내에게서 빼돌린 것이다. 그녀는 정부가 이혼을 얻어내기 위해 혹은 남편의 생활에서 첫 번째 자리를 차지하기 위해 남편에게 영향력을 행사하는 위험을 무릅쓰기도 한다. 하지만 남편에게 모든 바람기를 금지하거나 감시와 싸움과 요구로 귀찮게 몰아붙이면, 남편은 아내에게 악감정을 품을 수 있다. 합당하게 '양보할' 줄 아는 것이 관건이다. 남편이 어느 정도 '계약 불이행'을 하더라도 눈을 감거나 때로 눈을 크게 뜰 필요가 있다. 특히 기혼 여성은 자기의 '지위'를 훔치려는 – 그녀는 그렇게 생각한다 – 묘령의 젊은 처녀들을 경계한다. 마음을 놓을 수 없는 연적으로부터 남편을 떼어놓기 위해 아내는 남편을 여행에 데려가든가, 남편의 기분을 전환해 주려고 노력할 것이다. 필요한 경우에는 – 퐁파두르 부인Marquise du Pompadour[72]을 본받아 – 그다지 위험하지 않은 다른 연적을 끌어들일 것이다. 만약 아무것도 성공하지 못하면, 그녀는 눈물을 터뜨리거나 히스테리를 부리고 자살 소동을 일으키는 등의 수단을 동원한다. 그러나 너무 잦은 싸움과 비난은 남편을 가정 밖으로 내몰게 된다. 아내는 남편을 매혹할 필요가 있는 가장 긴급한 때에 자기를 참을 수 없는 존재로 만들어 버린다. 내기에서 이기려면 마음을 움직이는 눈물, 영웅적인 미소, 공갈 협박과 애교를 능란하게 조합해야 할 것이다. 본심을 드러내지 않을 것, 계략을 쓸 것, 침묵 속에서 증오하고 두려워할 것, 한 남자의 허영심과 약점에 기댈 것, 남자의 허를 찌르고 남자를 속이고 조종할 줄 알 것, 이런 것들은 아주 서글픈 지식이다. 여자의 커다란 변명은 결혼에 자신의 모든 것을 걸도록 강요당했다는 것이다. 즉, 여자는 직업도 능력도 개인적 인맥도 없으며, 자기 이름조차 더는 자기 것이 아니라는 것이다. 요컨대 그녀는 남편의 '절반'이라는 것 외에 아무것도 아니다. 남편이 버리면, 대개 그녀 안에서도 밖에서도 어떤 구원의 손길도 발견하지 못하게 된다. A. 드 몽지와 몽테를랑처럼 소피아 톨스토이에게 돌을 던지는 것은 쉽다. 그러나 그녀가 부부 생활의 위선을 거부했다면 어디로 갈 수 있었겠는가? 어떤 운명이 그녀를 기다리고 있었을까? 확실히 그녀는 대단히 불쾌감을 주는 심술궂은 여자였던 것 같다. 그러나 그녀에게 폭군을 사랑하고 자기의 노예 신분을 축복하라고 요구할 수 있을까? 부부 사이에 성실함과 우정이 존재하려면 서로에 대해 자유롭고 구체적으로 평등해야 한다. 남자만이 경제적 자주성과 남성성이 부여하는 특권을 ─ 법과 풍습을 통해 ─ 쥐고 있는 한 당연히 그는 폭군의 모습을 드러낼 것이고, 이는 여자에게 반항하고 책략을 꾸미도록 부추긴다.

부부 생활의 비극과 비열함을 부인하려는 사람은 아무도 없다. 그러나 결혼의 수호자들은 부부의 충돌이 제도가 아닌 개인들의 악의에서 온다고 주장한다. 특히 톨스토이는 『전쟁과 평화』의 에필로그에서 이상적인 한 쌍의 남녀를 그리는데, 바로 피에르와 나타샤다. 나타샤는 멋 부리기를 좋아하고 공상적인 젊은 처녀였다. 그녀는 결혼한 후에 주위 사람들을 모두 놀라게 한다. 전적으로 남편과 아이들에게 헌신하기 위해서 옷치장이나 사교계, 일체의 오락을 포기했기 때문이다. 그녀는 현모양처의 표본이 된다.

그녀는 예전의 매력이었던 언제나 불타는 생명의 불꽃을 더 이상 가지고 있지 않았다. 지금 그녀에게서는 얼굴과 몸밖에 보이지 않는다. 그녀의 영혼은 보이지 않고 강하고 아름다운 다산의 여자만 보일 뿐이다.

그녀는 피에르에게 자기가 바치는 것과 같은 독점적 사랑을 요구한다. 그녀는 그에게 질투한다. 그 역시 자기를 완전히 가족에게 바치기 위하여 모든 외출 및 친구와의 교제를 단념한다.

그는 감히 클럽에 저녁 식사를 하러 가지도, 긴 여행을 하지도 못했다. 그러나 자기 업무를 위해 외출하는 것은 예외였다. 아내는 그의 과학 연구를 업무에 포함했다. 그녀는 아무것도 이해하지 못하면서도 그의 과학 연구는 대단히 중요시했다.

피에르는 '아내에게 눌려 지냈는데' 그 대신,

나타샤는 가정에서 완전히 남편의 노예가 되어 있었다. 집안은 온통 남편의 명령에 따라서, 즉 나타샤가 알아채려고 애쓰는 피에르의 욕망에 따라 좌우되었다.

피에르가 먼 곳으로 외출했을 때면 나타샤는 그가 돌아오는 것을 학수고대하며 맞이한다. 남편의 부재가 몹시 고통스럽기 때문이다. 그러나 부부 사이에는 훌륭한 화합이 존재하고 있다. 그들은 반쯤 말해도 서로를 이해한다. 그녀는 아이들과 집과 사랑받고 존경받는 남편 사이에서 거의 더할 나위 없는 행복을 맛본다.

이 목가적인 그림은 더 가까이에서 연구할 가치가 있다. 나타샤와 피에르는 영혼과 육체처럼 결합해 있다고 톨스토이는 말한다. 그러나 영혼이 육체를 떠나면, 오직 죽음만이 있을 뿐이다. 만약 피에르가 나타샤를 더 이상 사랑하지 않는다면 어떤 일이 일어날까? 로런스 역시 남자의 변심이라는 가정을 거부한다. 돈 라몬[73]은 자기에게 영혼을 바친 인디언 소녀 테레사를 영원히 사랑할 것이다. 하지만 유일하고 절대적이며 영원한 사랑의 열렬한 지지자 중 한 명인 앙드레 브르통은 적어도 현 상황에서 이런 사랑이 대상을 착각할 수도 있다는 사실을 받아들여야만 했다. 착오든 변심이든 간에 여자가 버림받는 데는 차이가 없다. 피에르는 건장하고 관능적이어서 육체적으로 다른 여자들에게 끌릴 것이다. 나타샤는 질투가 강하다. 조만간 두 사람의 관계는 나빠지게 된다. 아니면 피에르가 나타샤를 떠날 것이고, 이는 그녀의 삶을 파멸시킬 것이다. 혹은 피에르가 거짓말을 하고 나타샤에게 원한을 품지만 참고 견디면 그의 삶은 망가질 것이다. 또는 타협과 임시변통으로 적당히 둘러대는 생활을 하면, 두 사람은 모두 불행해질 것이다. 나타샤는 적어도 아이들이 있지 않느냐고 반박하는 사람이 있을 것이다. 그러나 아이들은 안정된 형태 안에서만 기쁨의 원천이 된다. 버림받고 질투하는 아내에게 아이들은 고약한 짐이 된다. 톨스토이는 피에르의 사상에 맹목적으로 충성하는 나타샤를 찬탄한다. 그러나 여자에게 맹목적인 헌신을 요구하는 또 한 명의 남자 로런스는 피에르와 나타샤를 비웃는다. 그러므로 남자는 다른 남자들의 의사에 따라서 흙으로 만들어진 우상일 수도 있고, 진짜 신이 아닐 수도 있다. 남자를 신처럼 숭배하는 것은 그를 구제하기보다는 생명을 잃게 하는 것이다. 어떻게 알 수 있을까? 남자들의 주장은 서로 간의 차이로 인해 더 이상 권위가 없다. 여

---

73 *D.H. 로런스의 소설 『날개 돋친 뱀』의 등장인물

성이 판단하고 비판해야 하는데 여자는 유순한 메아리일 수밖에 없다. 게다가 여자가 자유 의지로 동조하지 않는 원칙과 가치를 여자에게 강요하는 것은 여자를 가치 없게 만드는 것이다. 아내는 오직 자율적인 판단을 통해서만 남편의 생각을 공유할 수 있을 것이다. 자기에게 낯선 것은 찬성도 거부도 해서는 안 된다. 그녀는 자신의 존재 이유를 다른 사람에게서 빌려올 수 없다.

피에르-나타샤 신화에 대한 가장 근본적인 비난은 레프-소피아 부부[74]가 제공하고 있다. 소피아는 남편에게 혐오감을 가지고 있고, 그를 '진절머리 나는 사람'이라 생각한다. 그가 근처에 사는 모든 시골 여자들에게 집적거리고 아내를 속인 까닭에 그녀는 질투하며 지긋지긋해한다. 그녀는 여러 번의 임신을 신경과민 속에서 보낸다. 그리고 아이들은 그녀의 마음과 일상의 공허를 채워 주지 못한다. 가정은 그녀에게 무미건조한 사막이고, 남편에게 지옥이다. 결국 두 사람은 밤이슬에 젖은 숲속에 반나체로 누워 있는 히스테릭한 노파와, 평생의 '결합'을 부정하면서 가출해 쫓기는 노인의 신세가 되고 만다.

물론 톨스토이의 경우는 예외적이다. '순조롭게 잘 되어 가는' 가정도 얼마든지 많다. 그런 가정에서는 부부가 타협에 도달해 서로를 너무 가혹하게 대하거나 속이지 않으면서 사이좋게 살아간다. 그러나 그들도 웬만해서는 피할 수 없는 불운이 하나 있다. 바로 권태다. 남편이 아내를 자신의 메아리로 만드는 데 성공하든가, 각자가 자기 세계 속에 피신해 있다 하더라도, 몇 개월 혹은 몇 년 후에 그들은 더 이상 서로 아무것도 말할 것이 없게 된다. 부부란 구성원이 자기의 고독에서 해방되지 못한 채 각자의 자율성을 상실한 공동체다. 그들은 상대와 역동적이고 살아 있는 관계를 지탱하는 대신에, 정지 상태로 서로에게 동화된다. 그 때문에 정신적인 영역에서나 에로틱한 영역에서나 서로에게 무엇 하나 줄 수 없고, 교환할 것이 없다. 도로시 파커는 그녀의 가장 뛰어난 중편소설 중 하나인 『너무 나쁘다!』에서 많은 부부 생활의 서글픈 이야기를 요약했다. 저녁때, 웰튼 씨가 집으로 돌아온다.

초인종 소리에 웰튼 부인이 문을 열었다.
"어서 와요!" 그녀는 쾌활하게 말했다.

---

74 * 톨스토이 부부

그들은 활기찬 표정으로 미소를 주고받았다.

"다녀왔소. 집에만 있었소?" 그가 말했다.

그들은 가볍게 포옹했다. 그가 외투와 모자를 벗어 걸고, 주머니에서 신문을 꺼내 그중 하나를 그녀에게 건네는 모습을 그녀는 공손한 태도로 바라본다.

"신문을 가져왔군요!" 그녀가 신문을 받으면서 말했다.

"근데, 당신 종일 뭘 했소?" 그가 물었다.

그녀는 이 질문을 기다리고 있었다. 그가 돌아오기 전에 그에게 그날의 자질구레한 일들을 모두 어떻게 이야기할 것인지 생각해 두었다. (…) 그러나 지금은 그것이 따분하고 장황한 이야기처럼 보였다.

"오! 아무것도요. 당신은 좋은 오후 보냈어요?" 그녀는 명랑한 웃음을 지으며 물었다.

"그럼!" 그는 이렇게 서두를 떼었다. (…) 그러나 그가 이야기를 시작하기도 전에 그녀의 흥미는 사라졌다. 게다가 그녀는 방석의 술 장식에서 털실 한 올을 뽑는데 몰두해 있었다.

"오, 별일 없었소." 그가 말했다.

(…) 그녀는 다른 사람들에게 이야기를 꽤 잘하는 편이었다. (…) 어니스트 역시 사람들 틈에서는 꽤 말이 많았다. (…) 그녀는 결혼 전 약혼 기간에 둘이서 무슨 이야기를 했는지 기억하려고 애썼다. 대단한 화젯거리는 한 번도 없었다. 그러나 그녀는 그에 대해 걱정하지 않았다. (…) 키스가 있었고, 정신을 쏟는 것들이 있었다. 그러나 7년 후에 저녁 시간이 지나가게 하려고 키스와 나머지 것들에 의지할수는 없었다.

7년이면 익숙해지고 그러려니 하며 체념하고 받아들인다고 생각할 수도 있다. 그러나 그렇지 않다. 결국엔 신경이 날카로워진다. 사람들 사이에 이따금 생기는 그런 포근하고 다정한 침묵이 아니다. 그것은 뭔가 할일이 있는데 의무를 이행하고 있지 않다는 인상을 준다. 마치 손님을 초대해 베푼 저녁 파티가 순조롭게 진행되지 않을 때 집안의 여주인이 느끼는 그런 느낌이다. (…) 어니스트는 애써서 신문을 읽으려 하지만, 절반쯤 읽었을 때 하품하기 시작할 것이다. 그가 그리하고 있을 때 웰튼 부인의 마음속에 어떤 생각이 일었다. 그녀는 델리아에게 말해 두어야한다고 중얼거리며 서둘러 부엌으로 갔다. 그녀는 항아리 속을 멍하니 들여다보고, 세탁물 리스트를 확인하면서 한참 동안 그곳에 남아 있을 것이다. 그리고 그녀가 돌아오면, 그는 이미 잠자리에 들 준비를 하고 있다.

1년이면 300일의 저녁나절이 그렇게 지나갔다. 300 곱하기 7은 2,000도 더 된다.

사람들은 때로 이런 침묵이 그 어떤 말보다 더 깊은 친밀감의 표시라고 주장하기도 한다. 물론 부부 생활이 친밀감을 만들어 낸다는 것을 아무도 부정하지 않는다. 증오나 질투나 원한을 숨기지 않는 모든 가족관계도 마찬가지다. 주앙도는 이런 친밀감과 진정한 인간적 우애의 차이를 다음과 같이 강렬하게 쓰고 있다.

엘리즈는 나의 아내이고, 필시 나의 친구들 가운데 누구도, 가족 중 누구도, 내 팔다리 중 어느 것도 그녀보다 더 친밀하지 않다. 그러나 나의 가장 사적인 세계 속에 그녀가 만들고 내가 그녀에게 만든 자리가 아무리 가깝다고 하더라도, 그것이 나의 영혼과 육체 속에 아무리 깊이 뿌리박고 있다 하더라도 지금 큰길 위를 지나가는 모르는 사람, 나의 창문에서는 거의 보이지도 않는 그 미지의 인간이 내게는 그녀보다 인간적으로 덜 낯설다.

다른 곳에서 그는 이렇게 말하고 있다.

사람들은 독毒의 희생자이지만 그것에 익숙해져 있다는 것을 깨닫는다. 자기를 버리지 않고서 어떻게 독을 버릴 수 있겠는가?

또 그는 말한다.

그녀를 생각하면, 부부의 사랑이 공감이나 관능 혹은 정열이나 우정, 아니 사랑과도 아무 관계가 없다는 것을 느낀다. 부부의 사랑은 그 자체에만 꼭 들어맞고, 이런 다양한 감정의 어떤 것으로도 치환될 수 없다. 그리고 부부에 따라서 제각기 고유한 성질, 독특한 본질, 유일한 양식을 지닌다.

부부애[75]의 옹호자들은 사랑이 아니지만, 그런 사실이 부부애에 놀라운 특징을 부여한다고 주장하려 한다. 부르주아 계층이 최근에 하나의 서사시적 양식을 고안해 냈기 때문이다. 즉, 타성惰性은 모험의 형태, 정절은 숭고한 광기의 형태를 취하고, 권태는 현명함이 되었으며, 가족 간의 증오는 사랑의 가장 심오한 형태

---

75 결혼 안에서도 사랑이 있을 수 있다. 그러나 이때는 '부부애'에 대하여 말하는 것이 아니다. 이 말을 할 때는 사랑이 부재한다는 것을 의미한다. 어떤 남자가 '대단히 공산주의적'이라고 말할 때, 그 말은 그가 공산주의자가 아님을 의미한다. '대단한 신사'는 정직한 신사라는 단순한 범주에 속하지 않는 사람이다.

다. 사실상, 두 개인이 상대방 없이는 지낼 수 없으면서도 서로를 증오하는 것은 모든 인간관계 중에서 가장 참되고 감동적인 것이 결코 아니다. 그것은 가장 가련한 관계다. 이와 반대로 각자 완전히 자족하는 인간들이 사랑의 자유로운 동의에 의해서만 서로에게 구속되는 것이 이상적일 것이다. 톨스토이는 나타샤와 피에르의 관계가 "정의할 수 없으나 정신과 육체의 결합처럼 확고부동한 무엇"이라고 찬탄한다. 정신과 육체를 분리하는 이원론적 가정을 받아들인다면, 육체는 정신의 순수한 사실성에 불과하다. 이처럼 부부의 결합 속에서 각자는 상대에 대해서 우연히 부여된 것의 불가피한 무게를 갖게 될 것이다. 선택된 것이 아닌 부조리한 존재로서 존재의 필수적 조건이며, 물질로서의 상대를 책임지고 떠맡아 사랑해야 할 것이다. 두 단어 사이에 일부러 혼동을 일으키는 사람이 있다. 거기서 속임수가 생겨난다. 즉, 사람은 떠맡는 것을 사랑하지 않는다. 사람은 자기 육체와 과거와 현재 상황을 책임지고 떠맡는다. 그러나 사랑은 타자를 향한, 자기 존재와 분리된 한 존재, 목적, 미래를 향한 움직임이다. 무거운 짐이나 횡포를 떠맡는 방식은 사랑하는 것이 아니라 반항하는 것이다. 인간관계는 직접적으로 겪는 한에서 가치가 없다. 예를 들어 부모에 대한 아이들의 관계는 그 관계가 의식 속에서 숙고될 때만 비로소 가치를 갖는다. 부부 관계에서도 직접성 속에 서로의 자유를 침몰시키는 것을 찬탄할 수 없을 것이다. 부부애라 불리는 애착, 원한, 증오, 명령, 체념, 나태, 위선의 복잡한 조합을 사람들이 존중하려는 이유는, 오직 그것이 변명이나 구실로 사용되기 때문이다. 그러나 우정도 육체적 사랑과 마찬가지다. 즉, 참된 우정이 되려면 우선 자유로워야 한다. 자유는 변덕을 의미하지 않는다. 감정은 순간을 초월하는 것이다. 그러나 자기의 결정을 유지하거나, 반대로 그 결정을 파기하는 방식으로 자기의 일반적 의지와 개별적 행위를 대립시키는 것은 오직 개인에게만 속한다. 감정은 어떤 외적인 지시에도 기대지 않고, 두려움 없이 솔직함 속에서 체험될 때 자유롭다. 반대로 '부부애'의 수칙은 모든 정신적 억압과 온갖 허위로 이끈다. 그리고 우선 부부애의 수칙은 부부가 서로를 진정으로 알 수 없게 한다. 일상의 친밀성은 이해도 공감도 만들어 내지 못한다. 남편은 아내를 너무나 존중한 나머지 그녀의 심리 생활의 변화에 관심을 기울이지 않는다. 그렇게 하는 것은 아내에게 거북하고 위험한 것으로 드러날 수 있는 은밀한 자율성을 인정하는 것이 될 것이다. 잠자리에서 그녀는 정말 쾌감을 느낄까? 그녀가 진정 남편을 사랑하고 있을까? 남편에게 복종하는 것이 정말 기뻘까? 남편은 그런 것들을 자문하지 않기로 한다. 이런 질문들이 그에게는 불쾌하게까지 보인다. 그는 '정숙한 여자'와 결혼했다. 본질적으로 그녀는 덕이 있고, 헌신적이며 충실하고, 순결하며 행복하다. 그리고 그녀는 생각해야 할 것을 생각한다. 어떤 환자는 친구들, 친척들, 간호사들에게 감사 인사를 한 후에 6개월 동안 그의 병상을 떠나지 않았던 아내에게 이런 말을 한다. "당신에겐 고맙다고 말하지 않겠소. 당신은 당신의 의무를 이행한 것뿐이오." 그녀의 어떤 자질도 칭찬받지 못한다. 그 자질은 사회가 보증한 것이며 결혼제도에 포함된 것이다. 그는 아내가 보날드의 책에서 나온 것이 아니라, 살과 뼈로 된 한 개인이라는 사실을 깨닫지 못한다. 그는 아내가 스스로 과하는 수칙에 충실한 것을 당연하게 생각한다. 그녀에게도 극복해야 할 유혹이 있고, 어쩌면 그 유혹에 굴복할 수도 있으며, 아무튼 그녀의 인내심, 정조, 정숙함이 쉽게 지켜지는 것이 아니라는 사실을 남편은 고려하지 않는다. 남편은 그보다 더 근본적으로 아내의 꿈, 환상, 향수, 그녀가 하루하루를 보내고 있는 감정적 분위기를 모른다. 샤르돈은 『이브』에서 수년간 부부 생활에 관한 일기를 쓰는 남편을 보여 준다. 남편은 아내에 대해 이야기하지만, 자유로운 개인적 차원은 절대 들려주지 않고 오직 그가 본대로의 아내, 그를 위한 그녀의 모습에 대한 것뿐이다. 그러다가 아내가 자기를 사랑하지 않는 것을 돌연 알게 되고, 그녀가 떠났을 때 마치 벼락을 맞은 듯 기절초풍한다. 순진하고 충직한 남자가 여자의 배신 앞에서 심한 환멸을 느낀다는 이야기는 새삼스럽지 않다. 베른슈타인의 작품에 나오는 남편들은 일생의 반려자가 심술궂고 돈을 빼돌리며 간통하는 것을 발견하고 격분해 마지않는다. 그들은 그런 타격을 남자다운 용기로 꾹 참는다. 그러나 작가는 이러한 남편들을 관대하고 강한 인물로 보이게 하려다가 실패한다. 그들은 특히 감수성과 선의가 없는 상스러운 인간으로 보인다. 남자는 여자의 위선을 비난하지만 그렇게 끈질기게 속아 넘어가려면 자기만족이 강해야 한다. 여자가 부도덕할 수밖에 없는 것은 도덕이 그녀에게 비인간적인 본질, 즉 강인한 여성, 경탄할 만한 어머니, 정숙한 아내 등을 구현하기 때문이다. 여자가 지시 없이 생각하고 꿈꾸고 잠자고 욕망하고 숨을 쉬면, 그 즉시 남자의 이상을 배반하는 것이 된다. 그 때문에 많은 여자가 남편의 부재 시에만 엉겁결에 '자기 자신'이 되는 것이다. 한편, 아내도 남편을 알지 못한다. 아내는 매일 마주치는 우연성 속에서 남편을 파악하기 때문에 그의 참된 얼굴을 보고 있다고 생각한다. 그러나 남자는 우선 세계 속의 다른 남자들의 한가운데서 **행동하는** 사람이다. 그의 초월적 움직임을 이해하지 않으려는 것은 그를 왜곡시키는 것이다. "시인의 아내가 되어 우선 알아차리는 것은 남편이 화장실의 물을 내리는 것을 잊는다는 사실이다"라고 엘리즈는 말한다.[76] 그래도 그는 여전히 시인임에 변함이 없고, 그의 작품에 관심이 없는 아내는 멀리 있는 독자만큼 그를 알지 못한다. 아내가 공감하지 못하는 것은 아내의 잘못이 아니다. 아내는 남편의 일이 돌아가는 사정을 알 수 없다. 그녀는 남편을 '쫓아가기' 위한 경험이나 필요한 교양이 없다. 매일 이어지는 단조로운 반복보다 남편에게 훨씬 더 본질적인 계획을 통해서 그와 결합하는 데 실패한다. 어떤 특별한 경우에 아내는 남편을 위해 진정한 반려가 되는 데 성공할 수 있다. 즉, 그녀는 남편의 계획을 의논하고 그에게 조언해 주며, 그의 작업에 참여하기도 한다. 그러나 그녀가 그런 일을 통해서 개인적인 작품을 실현한다고 생각한다면 그것은 착각이다. 단지 그만이 행동하고 책임지는 유일한 자유로 머물러 있다. 그에게 봉사하는 기쁨을 발견하기 위해서는 그녀가 그를 사랑해야만 한다. 그렇지 않으면 그녀는 자기 노력의 산물을 빼앗겼다고 느끼기 때문에 결국 원한만을 품게 된다. 남자들 – 아내를 여왕이라고 설득하면서 노예로 취급하라는 발자크의 지시에 충실한 – 은 여자들이 행한 영향력의 중요성을 제멋대로 과장한다. 사실 그들은 자기들이 거짓말한다는 것을 아주 잘 알고 있다. 조르제트 르블랑Georgette Leblanc(1869~1941)은 마테를링크Maurice Maeterlink(1862~1949)[77]에게 둘이 함께 쓴 – 그녀는 그렇게 믿고 있었다 – 책의 표지에 두 사람의 이름을 모두 넣자고 요구했을 때 이 속임수에 넘어갔다. 그라세Bernard Grasset(1881~1955)[78]는 여성 성악가에 대한 『추억Souvenirs』의 서문에서 다음의 사실을 가차 없이 설명한다. 남자는 모두 일생을 함께하는 여자에게 협력자나 영감을 주는 사람으로서 쉽게 감사해한다. 그래도 자기 일이 자기에게만 속한 것으로 여긴다. 그것은 말할 필요도 없다. 모든 행동이나 일에서 중요한 것은 선택과 결정의 순간이다. 여자는 일반적으로 여자 예언자가 들여다보는 유리알과 같은 역할을 하고 있다. 다른 여자들도 그 일을 똑같이 잘할 수 있을 것이다. 그 증거로 남자는 흔히 다른 조언자나 협력자를 똑같이 신뢰하며 맞아들인다는 것이다.

---

76 주앙도, 『남편의 연대기』

77 *벨기에의 극작가 마테를링크는 프랑스의 유명한 배우이자 작가인 르블랑을 만나 사랑에 빠지면서 그녀의 도움으로 많은 작품을 남겼다.

78 *프랑스 출판인

소피아 톨스토이는 남편의 원고를 정서했으나 톨스토이는 나중에 그 일을 딸들 중한 명에게 맡겼다. 그러자 소피아 톨스토이는 자기가 아무리 열심히 해도 남편에게꼭 필요한 사람이 될 수 없다는 것을 이해하였다. 여자에게 진정한 자율성을 보장할 수 있는 것은 오로지 자주적인 일이 있을 때뿐이다.[79]

부부 생활은 경우에 따라서 다양한 모습을 취한다. 그러나 많은 여자의 하루는 대개 같은 방식으로 전개된다. 아침에 남편은 아내를 서둘러 떠난다. 남편 뒤로 문 닫히는 소리를 듣는 아내는 기꺼워한다. 그녀는 다시 자유를 되찾고, 구속 없이 자기 집에서 여왕이 되는 것을 좋아한다. 다음 차례로 아이들이 학교로 떠난다. 그녀에게는 종일 집에 혼자 남게 된다. 요람에서 움직이는 아기나 뜰에서 놀고 있는 아이는 친구가 아니다. 그녀는 한동안 몸치장과 가사에 시간을 보낸다. 하녀가 있으면 일을 시키거나 잔소리를 하고 수다를 떨면서 부엌에서 조금 시간을 보낸다. 그렇지 않으면 그녀는 장 보러 가서 이웃 여자들이나 상인들과 물가에 대해 몇 마디를 주고받는다. 남편과 아이들이 점심을 먹으러 집으로 돌아와도 그들과 즐길 시간이 별로 없다. 그녀는 식사를 준비하고, 상을 차리고 치우기에 할 일이 너무 많다. 그들은 점심을 먹으러 집에 오지 않는 때가 아주 많다. 어쨌든 그녀에게는 자기 앞에 텅 빈 긴 오후가 있다. 어린아이들을 공원에 데려가 노는 것을 돌보며 뜨개질이나 바느질을 한다. 아니면 집에서 창가에 앉아 옷을 수선한다. 손은 일해도 머리는 쓰지 않는다. 그래서 여러 걱정을 되풀이해서 한다. 그녀는 이런저런 계획을 세워 보기도 한다. 몽상도 하고 따분해한다. 그녀는 자기가 하는 일의 어느 것에도 만족을 못 느낀다. 그녀의 생각은 자기가 손질한 옷들을 입고 자기가 만든 음식을 먹게 될 남편과 아이들에게 쏠려 있다. 그녀는 그들을 위해서만 산다. 그들이 그녀의 수고에 대해서 조금이라도 고마워할까? 그녀의 따분함은 점점 조바심으로 변하고, 그녀는 그들이 집에 돌아오는 것을 걱정스럽게 기다리기 시작한다. 아이들은 학교에서 돌아오고, 그녀는 그들에게 키스해 주며 학교에서 있었던 일들을 물어본다. 그러나 아이들은 해야 할 숙제가 있고, 자기들끼리 놀고 싶어 달아난다. 아이들은 그녀의 낙이 되지 못한다.

---

79 남자와 여자가 동등하게 자율적으로 진정한 협력을 하는 경우도 이따금 있다. 예를 들어 졸리오-퀴리 부부가 그러하다. 그러나 그 경우는 아내가 남편과 똑같은 능력이 있어서 아내라는 관습적인 역할에서 벗어날수 있었다. 그들 관계는 더 이상 부부의 차원이 아니다. 또한 자기의 개인적인 목적을 달성하기 위해 남자를 이용하는 여자들도 있다. 그런 여자들은 결혼한 여자의 조건에서 벗어난다.

게다가 그들은 낮은 성적을 받거나 목도리를 잃어버리고 오기도 한다. 떠들어 대고 야단법석을 떨며 서로 싸운다. 그래서 항상 그들을 어느 정도 야단쳐야만 한다. 아이들이 옆에 있는 것은 어머니의 마음을 진정시키기보다 오히려 지치게 한다. 그녀는 점점 더 초조하게 남편을 기다린다. 그가 무엇을 하고 있지? 왜 아직 돌아오지 않을까? 그는 일하고 고객을 만났으며 사람들과 이야기하고, 그녀에 대해서 생각하지 않았다. 그녀는 그런 남자에게 청춘을 희생한 것이 어리석었다고 신경과민이 될 정도로 곰곰이 생각하기 시작한다. 그는 그녀를 고맙게 생각하지 않는다. 남편은 아내가 갇혀 있는 집으로 돌아오며 막연히 죄책감을 느낀다. 결혼 초기에는 꽃다발이나 자그마한 선물을 사서 집에 들어왔다. 그러나 이런 의식은 곧 모든 의미를 잃었다. 지금은 빈손으로 집에 들어온다. 아내가 어떻게 맞이하는지 잘 알고 있으므로 걸음을 재촉하지 않는다. 사실 아내는 낮 동안의 무료함이나 기다림을 싸움으로 복수하는 일이 종종 있다. 그것으로 그녀는 기다림의 희망을 채워 주지 못하는 남편에 대한 실망을 알린다. 그녀가 불만을 토로하지 않는다고 해도 남편은 남편대로 실망해 있다. 그도 직장에서 재미있었던 것은 아니다. 그는 피곤한 상태에서 자극과 휴식의 모순된 욕망을 품고 있다. 아내의 너무나 친숙한 얼굴은 그를 그 자신에게서 끌어내지 못한다. 아내가 남편과 근심을 나누고 남편에게서 기분 전환과 휴식을 기대한다는 것을 남편도 느낀다. 아내의 존재는 남편에게 만족보다 되레 무거운 짐이 된다. 그는 아내 곁에서 진정한 위안을 발견하지 못한다. 아이들도 즐거움이나 평화를 가져다주지 않는다. 가족과 함께하는 식사와 저녁나절은 막연히 좋지 않은 기분 속에서 지나간다. 신문을 읽고 라디오를 듣고 실없는 잡담을 하면서 친밀감을 구실삼아 각자 홀로 머무른다. 하지만 아내는 불안한 희망 – 혹은 초조함이 덜 하지 않은 두려움 – 을 가지고 오늘 밤에 – 마침내! 다시 한 번! – 무슨 일이 일어나지 않을까 하고 생각한다. 그녀는 실망하거나 화나거나 혹은 안도한 채 잠이 든다. 내일 아침에 그녀는 기쁘게 문소리가 나는 것을 듣게 될 것이다. 아내의 처지는 가난하고 일이 많을수록 더욱더 가혹해지고, 여가 활동과 기분 전환 거리가 있을 때 밝아진다. 그러나 권태, 기다림, 실망이라는 공식은 대부분 반복된다.

몇 가지 도피 방법[80]이 여자에게 제시된다. 그러나 실제로 그런 방법들이 모든

---

80 본서 제2권 제2부 7장 참조

여자에게 허용된 것은 아니다. 특히 지방에서는 결혼의 사슬이 무겁다. 여자들은 벗어날 수 없는 상황을 어떻게든 짊어지고 나갈 방법을 찾아야만 한다. 앞에서 본 바와 같이, 자신의 중요성을 부풀려서 포악한 중년 여자나 악녀가 되는 여자들이 있다. 또 어떤 여자들은 희생자의 역할에 만족하며 스스로 남편과 아이들의 고통스러운 노예가 되어, 거기서 마조히즘적 기쁨을 느낀다. 또 다른 여자들은 내가 젊은 처녀에 대해 묘사한 것과 같은 나르시시즘적 태도를 영속시키고 있다. 그녀들 역시 어떤 계획에서도 자기를 실현할 수 없다는 데 대해, 그리고 아무것도 될 수 없고 아무것도 아니라는 것에 대해 고통스러워하고 있다. 불확정적인 그녀들은 자신이 무한하다고 느끼고, 자기의 가치가 인정받지 못한다고 생각한다. 그녀들은 자기 자신에게 우울한 숭배를 바친다. 꿈이나 희극, 병이나 괴벽 또는 언쟁 속으로 도피한다. 그녀들은 자기 주위에 비극을 만들거나 상상의 세계 속에 틀어박힌다. 아미엘Denys Amiel(1884~1977)[81]이 그린 '상냥한 뵈데 부인souriante madame Beudet'은 이런 종류의 여자다. 시골 생활의 단조로움에 갇혀 거칠고 천박한 남편 곁에서 활동할 기회도 사랑할 기회도 얻지 못한 채, 그녀는 인생의 공허함과 무용지물이란 느낌으로 심신이 타들어 간다. 그녀는 비현실적인 몽상 속에서, 자기를 둘러싸고 있는 꽃 속에서, 몸치장이나 자기가 연출해 내는 인물 속에서 그에 대한 보상을 발견하려고 애쓴다. 하지만 남편은 이런 위안까지도 방해한다. 결국 그녀는 그를 죽이려고 시도한다. 도피를 위해 아내가 선택하는 상징적인 행위는 패덕을 일으킬 수 있고, 그녀의 강박관념은 범죄에 이를 수도 있다. 이해관계보다는 단순한 증오가 동기가 되는 부부간의 범죄가 있다. 그래서 모리아크는 전에 라파르주 부인Marie-Fortunée Lafarge(1816~1852)[82]이 했던 것처럼 남편을 독살하려는 테레즈 데케루를 우리에게 보여 준다. 20년간 악랄한 남편을 참아오다가 어느 날 장남의 도움을 받아 냉혹하게 남편을 목 졸라 죽인 마흔 살 여자가 최근 석방된 예가 있었다. 그녀로서는 견딜 수 없는 상황에서 해방될 수 있는 다른 방법이 없었다.

자신이 처한 상황을 냉철함과 진정성을 갖고 살아가려는 여자에게 의연한 자존심 이외에 다른 구제책은 남아 있지 않은 경우가 많다. 그녀는 모든 것을 모든 사람에게 의존하고 있어서 극히 내면적인, 따라서 추상적인 자유밖에 알 수 없

---

81 * 프랑스의 극작가, 평론가
82 * 1840년에 비소 중독으로 남편을 살해한 프랑스 여성

라파르주 부인의 초상화, 1841

다. 그녀는 기성의 원칙과 가치를 거부하고 판단하며 질문한다. 그렇게 해서 부부 생활의 예속에서 벗어난다. 그러나 그녀의 고결한 신중함과 "참아라, 아무것도 하지 말라"라는 방책은 소극적인 태도에 불과하다. 체념과 냉소주의에 굳어진 그녀는 자기의 힘을 적극적으로 사용하지 못한다. 그녀가 열정이 넘치고 활동력이 있는 한에는 그 힘을 사용하려고 애쓴다. 그래서 타인을 돕고 위로하고 보호하기도 하며 일거리를 늘려 간다. 그러나 자기를 정말로 필요로 하는 일을 만나지 못하는 것에, 자기 활동이 어떤 목적에도 쓰이지 못하는 것에 괴로워한다. 종종 자기의 고독과 헛된 수고 때문에 황폐해진 그녀는 결국 자기를 부정하고 파괴해 버린다. 그와 같은 운명의 주목할 만한 사례가 샤리에르 부인Isabelle de Charrière(1740~1805)[83]의 경우다. 조프레 스코트Geoffrey Scott(1886~1928)는 그녀에 대해 다룬 매력적인 책[84]에서 그녀를 "불의 이목구비, 얼음 같은 이마"로 묘사하고 있다. 그러나 에르망슈Constant d'Hermenches(1722~1785)가 "북극 사람의 심장도 덥혔을" 거라고 말한 그 생명의 불꽃을 그녀 안에서 꺼 버린 것은 이성이 아니었다. 벨레판 죄일렌Belle van Zuylen[85]을 서서히 죽인 것은 결혼이었다. 그녀는 체념하는 것이 도리라고 생각했다. 다른 해결책을 찾아내기 위해서는 영웅적 행위나 정령이 필요했을 것이다. 그녀의 고상하고 드문 자질이 그녀를 구해 내는 데 충분치 않았다는 것은 역사상 결혼제도의 결함을 가장 분명하게 보여 주는 한 예다.

지적으로 뛰어나고 교양이 높고 총명하며 정열적인 죄일렌 양은 온 유럽을 놀라게 했다. 그녀는 구혼자들을 두렵게 했다. 열두 번 이상 구혼을 거절했고 승낙 가능성이 있는 구혼자들도 뒤로 물러서게 했다. 그녀의 관심을 끈 유일한 남자인 에르망슈도 남편으로 삼을 생각은 없었다. 그녀는 그와 12년 동안 서신을 주고받았다. 그러나 이 우정이나 지적 성취도 결국 그녀를 충족시키지 못했다. '처녀와 순교자'는 중복어법이라고 그녀는 말했다. 죄일렌 생활의 속박을 그녀는 견딜 수 없었다. 그녀는 여자가 되기를 원했고, 자유로워지고 싶었다. 서른 살에 드 샤리에르 씨와 결혼했다. 그녀는 남편에게서 발견한 '마음의 성실성', '공정한 정신'을 높이 평가했다. 처음에는 그를 "세상에서 가장 다정하게 사랑받는 남편"으

---

83 * 네덜란드에서 태어나 스위스에서 살며 프랑스어로 활동한 작가. 18세기 프랑스어권의 대표적인 작가. 『아돌프』의 저자인 뱅자맹 콩스탕의 애인

84 『젤리드의 초상화 Le Portrait de Zélide』

85 * 샤리에르 부인의 결혼 전 이름

「결혼 전 벨레 판 죄일렌」 모리스 캉탱 드 라투르, 1766

로 만들겠다고 결심했다. 나중에 뱅자맹 콩스탕Benjamin Constant(1767~1830)은 "그녀가 남편에게 자기와 같은 적극성을 갖게 하려고 그를 괴롭혔다"고 이야기한다. 그녀는 남편의 체계적인 침착함을 무너뜨리는 데 성공하지 못했다. 성실하고 침울한 남편과 노쇠한 시아버지, 애교 없는 두 시누이와 콜롱비에에 갇혀 살면서 샤리에르 부인은 지루해하기 시작했다. 뇌샤텔의 시골 사교계는 그 편협한 사고로 인해 그녀의 마음에 들지 않았다. 그녀는 낮에는 빨래를 하고 저녁이면 카드놀이를 하면서 하루하루를 보냈다. 한 젊은 남자가 그녀의 인생에 잠시 거쳐 갔으나 그녀를 전보다 한층 더 고독하게 만들었다. '권태를 뮤즈 삼아' 그녀는 뇌샤텔의 풍속에 관한 네 편의 소설을 썼고, 교제 범위가 더 줄어들었다. 그 소설 중 한 작품에서 그녀는 감수성이 예민하고 발랄한 여자와 선량하지만 냉정하고 둔한 남자의 결혼생활에 대한 긴 불행을 그리고 있다. 부부 생활은 그녀에게 오해와 실망과 하찮은 원한의 연속처럼 보였다. 그녀 자신이 불행하였다는 것은 명백했다. 그녀는 병을 앓고 회복했으며 그녀의 삶이었던 긴 고독 속으로 되돌아왔다. "콜롱비에 생활의 단조로운 반복과 남편의 소극적이고 유순한 온화함이 어떤 활동으로도 채울 수 없는 지속적인 공허함을 만들어 내고 있었음이 분명했다"고 그녀의 전기 작가는 쓰고 있다. 바로 이때 뱅자맹 콩스탕이 나타나 8년 동안 그녀의 마음을 정열적으로 사로잡았다. 그러나 그를 두고 스탈 부인과 다투기에는 자존심이 너무 강했던 그녀는 그를 단념했다. 그때 그녀의 자존심이 굳어져 버렸다. 어느 날 그녀는 그에게 편지를 썼다. "전에는 콜롱비에에 머무는 것이 지긋지긋해서, 절망 없이 돌아온 적이 한 번도 없었습니다. 이제 저는 더 이상 그곳을 떠나고 싶지 않고, 그곳을 견딜 수 있는 곳으로 만들었습니다." 그녀는 그곳에서 칩거했고, 15년 동안 자기 집 뜰 밖으로 나가지 않았다. 이와 같이 그녀는 "운명을 이기려 하기보다는 차라리 자기 마음을 극복하라"는 스토아철학의 가르침을 실행했다. 포로가 된 그녀는 자기의 감옥을 선택함으로써만 자유를 발견할 수 있었다. "그녀는 알프스산맥을 받아들이듯, 드 샤리에르 씨의 존재를 자기 곁에 받아들였다"고 스코트는 말한다. 그러나 그녀는 너무나 명석해서 이런 체념이 결국에는 속임수에 불과하다는 것을 잘 알고 있었다. 그녀는 한사코 감정을 밖으로 드러내지 않으며 완고해져서 사람들은 그녀가 지극히 절망하고 있다고 추정했고, 이는 사람들을 두려움에 떨게 만들었다. 그녀는 뇌샤텔에 밀려드는 망명 귀족들에게 자기 집을 개방했고, 그들을 보호하고 구제하고 이끌어 주었다. 한편 인생에 환멸을 느낀 우아한 작품들을 썼고, 당시 빈곤했던 독일 철학자 휘버Hüber가 이 작품들을 번역했다. 그녀는 한 모임의 젊은 여자들에게 조언해 주고, 자기가 총애하는 앙리에트Henriette L'Hardy[86]에게 로크 철학을 가르쳤다. 또한 근처에 사는 농민들에게 기꺼이 구세주 역할을 했다. 뇌샤텔의 사교계를 점점 더 철저하게 피하면서 그녀는 자기 삶을 도도하게 축소했다. 그녀는 "이제 판에 박힌 일을 만드는 데만, 그 생활을 견디는 데만 애쓰고 있었다. 그녀의 한없이 선한 행적조차도 무서운 어떤 것이 서려 있었다. 그런 행적에 동기를 부여하는 침착함은 그만큼 얼음같이 차가웠다. (…) 주위 사람들에게 그녀는 텅 빈 방을 지나가는 그림자의 인상을 주었다."[87] 때로 드물게 – 예를 들면, 누가 방문했을 때 – 생명의 불꽃이 깨어날 때가 있다. 그러나 "세월은 무미건조하게 지나갔다. 드 샤리에르 씨 부부는 전혀 다른 세계에서 나란히 늙어 가고 있었다. 방문객은 집 밖으로 나왔을 때 안도의 한숨을 내쉬면서 닫힌 무덤을 빠져나온 듯한 인상을 받았다. (…) 시계추는 똑딱거리고 드 샤리에르 씨는 아래층에서 수학 연구를 하고 있었다. 헛간에서는 도리깨질의 규칙적인 소리가 올라오고 있었다. (…) 도리깨가 인생의 낟알을 완전히 털어 버렸음에도 불구하고 삶은 계속되고 있었다. 하루의 가장 작은 균열을 절망적으로 메우는 의미밖에 없는 알량한 사건들로 이루어진 삶, 초라함을 아주 싫어했던 젤리드가 이렇게 되어 버렸다."

어쩌면 드 샤리에르 씨의 삶도 아내의 삶 이상으로 즐겁지 않았을 것이라고 말하는 사람도 있을 것이다. 그러나 적어도 그는 그런 삶을 선택했다. 그리고 그런 삶은 이 평범한 사람에게 어울렸던 것 같다. 오히려 '벨레 판 죄일렌'과 같은 보기 드문 자질을 갖고 태어난 남자를 상상해 본다면, 그런 남자는 콜롱비에의 메마른 고독 속에서 소진하지 않았을 게 확실하다. 그런 남자라면 세상에 나가 자기 자리를 만들어 기획하고 싸우고 행동하고 살았을 것이다. 얼마나 많은 여자가 결혼생활에 매몰되어 스탕달의 말처럼 '인류를 위해 사라졌던가!' 사람들은 결혼이 남자를 작아지게 한다고 말한다. 이는 사실인 경우가 많다. 그러나 결혼은 여자를 거의 대부분 소멸시킨다. 결혼 수호자인 마르셀 프레보도 그것을 인정한다.

나는 미혼의 젊은 처녀일 때 알았던 젊은 여성을 몇 달 혹은 몇 년 후에 다시 만나면서, 그녀의 성격의 진부함과 생활의 무의미함에 충격받은 적이 수없이 많았다.

---

86 *스위스 화가
87 조프레스코트

결혼 6개월 후 소피아 톨스토이가 일기에 쓴 것도 거의 같은 말이다.

나의 생활은 실로 평범하다. 그것은 일종의 죽음이다. 반면에 그는 충만한 삶, 내면적인 삶, 재능, 불후의 명성을 가지고 있다. (1863년 12월 23일)

그보다 몇 달 전에 그녀는 또 다른 하소연을 하고 있다.

남편이 자기를 사랑하지 않으며 영원히 노예로 만들었다고 생각하면, 여자는 어떻게 온종일 손에 바늘을 들고 앉아 있고, 피아노를 치며 혼자서 완전히 혼자서 만족할 수 있을까? (1863년 5월 9일)

12년 후, 그녀는 오늘날에도 여전히 많은 여자가 동의하는 이런 말을 쓴다.

오늘, 내일, 달이 가고 해가 가도 언제나, 언제나 같은 일이 반복된다. 아침에 잠에서 깨면 침대 밖으로 나갈 엄두를 못 낸다. 내가 용기를 내도록 누가 나를 도울 수 있을까? 무엇이 나를 기다리고 있나? 그래, 난 알아. 요리사가 올 것이고, 다음은 니아니아 차례다. 그런 다음 나는 말없이 앉아 영국 자수를 집어 들 것이다. 그러고 나서 아이들에게 문법과 음계 연습을 시킬 것이다. 저녁이 되면 숙모와 피에르가 늘 하는 카드놀이를 하는 동안, 나는 다시 영국 자수를 놓을 것이다……. (1875년 10월 22일)

프루동 부인의 탄식도 정확히 같은 어조다. "당신은 당신의 사상이 있어요. 그런데 나는 당신이 일하고 아이들이 학교에 가 있는 동안 아무것도 할 게 없어요" 하고 남편에게 말했다.

처음 몇 년 동안 아내는 모든 것이 원하는 대로 이루어질 거라 상상하는 경우가 많다. 남편을 무조건 찬미하고 아낌없이 사랑하며, 남편과 아이들에게 자기가 없어서는 안 될 존재처럼 느끼려고 애쓴다. 그런 다음 그녀의 숨김없는 감정이 드러난다. 그녀는 남편이 자기 없이도 지낼 수 있으며, 아이들은 자기에게서 떨어져 나갈 존재라는 것을 깨닫는다. 그들은 언제나 다소 은혜를 모르는 존재들이다. 가정은 그녀를 그 공허한 자유로부터 더 이상 보호해 주지 않는다. 그녀는 다시 고독하고 버림받은 주체가 된다. 그리고 자기 자신이 아무 쓸모없다는 것을 느낀다. 애정이나 습관은 커다란 도움이 될 수 있지만 구원이 될 수 없다. 공정한 여성 작가들은 모두 '서른 살의 여자들'의 마음에 깃드는 우수에 주목했다. 이는 캐서린 맨스필드, 도로시 파커, 버지니아 울프의 여주인공들에게 나타나는 공통된 특징이다. 결혼생활 초기에 그토록 쾌활하게 결혼과 모성을 노래했던 세실 소바주Cécile Sauvage(1883~1927)[88]는 나중에 섬세한 비탄을 표현한다. 독신 여성과 기혼 여성의 자살 수를 비교하면, 기혼 여성은 스물과 서른 사이(특히 스물다섯 살부터 서른 살까지)에 삶에 대한 혐오감으로부터 굳건히 보호받지만, 그 이후에는 그렇지 않다는 것에 주목할 만하다. 알박스Maurice Halbwachs(1877~1945)[89]는 이렇게 쓰고 있다. "결혼은 지방에서나 파리에서나 똑같이, 특히 서른 살까지 (자살에 대하여)[90] 여자들을 보호해 주지만 서른 살 이후에는 점점 덜해진다."[91]

결혼의 비극은 약속한 행복을 보장하지 않는 데 있는 것이 아니라 – 행복에 관해서는 보장이란 것이 없다 – 여자를 불구로 만든다는 것이다. 결혼은 여자를 반복과 매너리즘에 빠뜨려 버린다. 여자 인생의 최초 20년은 실로 대단히 풍요롭다. 여자는 월경, 섹슈얼리티, 결혼, 모성이라는 경험을 통과한다. 여자는 세계와 자기의 운명을 발견한다. 그러나 스무 살에 한 가정의 주부가 되어 평생 한 남자에 매이고 아이를 품에 안으면, 그녀의 삶은 그것으로 영원히 끝난다. 진정한 행동, 진정한 일은 남자의 전유물이다. 여자에게는 종종 몹시 지치게 할 뿐 마음을 결코 채워 주지 못하는 일거리만 있을 뿐이다. 세상은 그녀에게 체념과 헌신의 미덕을 찬양했다. 그러나 '생애 마지막까지 부부 두 사람의 생활을 유지하는 데' 자기를 바친다는 것이 그녀에게는 대단히 무의미한 것처럼 보인다. 자기를 잊어버린다는 것은 대단히 아름다운 일이다. 그러나 누구를 위하여, 무엇 때문인지는 알아야 하지 않겠는가. 그리고 가장 고약한 것은 여자의 헌신이 성가신 것처럼 생각된다는 것이다. 남편의 눈에는 아내의 헌신이 압제로 바뀌어 남편은 어떻게 해서든지 그것에서 빠져나오려고 한다. 하지만 헌신의 태도를 최고의 유일한 정당성으로서 아내에게 강요한 것은 남편이다. 그는 결혼하면서 아내에게 그녀의 모든 것을 자기에게 주도록 강제한다. 그는 이 선물을 받아들인다는 상호

---

88 * 프랑스의 여성 시인
89 * 프랑스의 철학자, 사회학자
90 * 괄호 안은 옮긴이의 추가 설명이다.
91 『자살의 원인Les Causes du suicide』, 195~239쪽. 인용된 구절은 프랑스와 스위스에 적용되고, 헝가리나 올덴부르크에는 적용되지 않는다.

적 의무를 수락하지 않는다. 소피아 톨스토이의 "나는 그에 의해 그를 위해 살고 있다. 나는 같은 것을 그에게 요구한다"라는 말은 확실히 불쾌하기 짝이 없다. 톨스토이는 아내가 그를 위해 그에 의해서만 살 것을 요구했다. 이것은 부부가 서로 그렇게 함으로써만 정당화될 수 있는 태도다. 그러나 아내를 불행하게 만들고 나서 그런 불행에 자신도 희생자라고 불평하는 것이 남편의 이중성이다. 남편은 아내가 침대에서 뜨거운 동시에 쌀쌀하기를 바라는 것과 마찬가지로 자기를 완전히 바치되 그 무게로 짓누르지 말기를 주장한다. 그는 아내에게 자신을 지상에 안착시키되 자유롭게 놓아둘 것을, 그날그날 단조로운 반복을 거듭하면서도 자신을 무료하게 하지 말 것을, 언제나 옆에 있되 결코 성가시게 굴지 말 것을 요구한다. 그는 그녀를 전적으로 소유하기를 원하면서도 자신은 그녀의 소유가 되기를 원치 않는다. 부부로 살면서 홀로 머물러 있기를 원한다. 이처럼 그는 그녀와 결혼하는 순간부터 그녀를 기만하고 있다. 그녀는 이 배신의 범위를 가늠하는 것으로 인생을 보낸다. 성적인 사랑에 관한 D. H. 로렌스의 말은 일반적으로 타당하다. 만약 두 사람의 결합이 서로 상대에 의해 보완되기 위한 노력이라면 이는 실패로 끝날 것이다. 이런 노력은 근원적 결합을 전제로 하기 때문이다. 결혼은 자율적인 두 존재의 공유여야지, 은둔이나 병합이나 도피나 구제책이 되어서는 안 될 것이다. 이는 바로 노라[92]가 아내나 어머니가 되기 전에 우선 한 인격체가 되어야겠다고 결심할 때 이해한 것이다. 부부는 자기들을 하나의 폐쇄된 공동체나 밀실처럼 간주해서는 안 된다. 개인으로서 각자는 한 사회에 통합되어 있으면서, 그 속에서 도움 없이도 개화할 수 있어야 한다. 그래야만 역시 그 집단에 적응된 다른 개인과 순수한 관대함으로 관계를 만들어 내는 것이 가능해질 것이다. 그 관계는 자유로운 두 개인의 상호 인정에 입각한 것이다.

이런 균형 잡힌 남녀 한 쌍은 유토피아가 아니다. 그런 커플은 때로 결혼의 테두리 안에서 존재할 수도 있으나 대개는 그 밖에서 존재한다. 어떤 커플은 커다란 성적 사랑에 의해서만 결합되어 있고, 우정과 일에서는 서로 자유롭다. 또 어떤 커플은 각자의 성적 자유를 구속하지 않는 우정으로 맺어져 있다. 더 드물게는 연인인 동시에 친구인 커플도 존재하지만, 각자가 상대 속에서 자기의 배타적인 삶의 이유를 찾지 않는다. 한 남자와 한 여자의 관계 속에는 수많은 뉘앙스

---

92 입센, 『인형의 집』

가 가능하다. 우정, 쾌락, 신뢰, 애정, 공모, 사랑에서 그들은 각자 서로에게, 한 인간에게 주어지는 희열, 풍요, 힘의 가장 비옥한 원천이 될 수 있다. 결혼의 실패에 대한 책임은 개인들에게 있지 않다. 그것은 – 보날드, 콩트, 톨스토이가 주장하는 것과는 반대로 – 제도 자체가 근원적으로 타락한 것이다. 서로 선택조차 하지 않은 한 남자와 한 여자가 평생 온갖 방법으로 서로를 충족시켜야 한다는 선포는 필연적으로 위선, 거짓, 적의, 불행의 결과를 낳는 끔찍한 것이다.

결혼의 전통적 형태는 현재 변하고 있다. 그러나 부부는 아직도 결혼의 압박감을 다양하게 느끼고 있다. 부부가 누리는 추상적 권리만을 고려한다면, 그들은 오늘날 거의 평등하다. 그들은 예전보다 더 자유롭게 배우자를 고르고 훨씬 쉽게 헤어질 수 있다. 특히 미국에서는 이혼이 흔한 일이다. 부부 사이에는 예전보다 나이와 교양의 차이도 덜하다. 남편은 아내가 주장하는 자율성을 흔쾌히 인정한다. 부부가 평등하게 가사를 분담하는 일도 있다. 캠핑, 자전거, 수영 등 여가 활동도 함께한다. 아내는 남편의 귀가를 기다리는 것으로 하루를 보내지 않는다. 운동하고 단체나 클럽에 가입하고 밖에서 시간을 보내고, 때로는 약간의 수입을 올리는 단순한 일까지도 한다. 많은 젊은 부부를 보면, 완전한 평등을 누리는 듯한 인상을 준다. 그러나 부부의 경제적 책임을 남자가 유지하는 한, 그것은 환상에 불과하다. 남편이 하는 일의 요구에 따라서 부부의 주거지가 정해진다. 아내는 지방에서 파리로, 파리에서 지방으로, 식민지로, 외국으로 남편을 *따라간다*. 생활 수준은 남편의 소득에 따라 정해진다. 매일의, 매주의, 한 해의 리듬은 남편의 일에 따라 결정된다. 교제와 우정도 대개는 남편의 직업에 따라 정해진다. 아내보다 더 적극적으로 사회에 통합된 남편은 지적·정치적·도덕적 영역에서 부부의 생활을 주도해 나간다. 만약 아내가 자기 생활비를 벌 수단이 없으면 이혼은 아내에게 추상적 가능성에 불과하다. 미국에서는 '위자료'가 남자에게 큰 부담이 되지만, 프랑스에서는 극히 적은 금액을 받고 버려진 아내나 어머니는 비참한 운명을 맞는다. 그러나 심각한 불평등은 구체적으로 노동이나 행동에서 자기를 실현하는 남자와 달리 여자는 아내로서 자유를 부정적인 모습만으로 취한다는 사실에서 기인한다. 특히 젊은 미국 여성들의 상황은 로마 퇴폐기의 해방된 여성들의 상황을 연상시킨다. 이미 본 것처럼, 로마의 여성들은 두 유형의 행동 사이에서 하나를 선택하고 있었다. 그녀들은 할머니의 생활 양식과 덕목을 따르든가, 무의미한 소란을 피우며 시간을 보내든가 했다. 그와 마찬가지로 미국에서도 많은 여자가 전통적 규범에 맞는 '가정적 여자'로 머물러 있고, 다른 여자들도 대부분 정력과 시간을 낭비하기만 한다. 프랑스에서는 남편이 아무리 호의적이라 하더라도 젊은 아내가 일단 어머니가 되면, 이전과 마찬가지로 가사 노동을 비롯한 가정의 온갖 부담을 짊어져야 한다.

현대의 가정에서, 특히 미국에서는 통념적으로 여자가 남자를 노예 상태에 몰아넣었다고 말한다. 이는 새로운 사실이 아니다. 그리스 시대부터 남자들은 크산티페의 횡포를 하소연하였다. 사실은 이제까지 폐쇄된 영역에 여자가 간여하게 된 것이다. 예를 들어, 나는 대학생 남편의 성공을 위해 열광적으로 극성을 떠는 여자들을 알고 있다. 그녀들은 남편의 시간표와 식단을 조정하고 공부까지 감독한다. 그리고 남편의 오락을 모두 금지한다. 남편을 자물쇠로 채운 방에 가두지 않는 게 그나마 다행이다. 이러한 전횡 앞에서 남자가 이전보다 더 무장해제된 것은 사실이다. 그는 여자에게 추상적 권리를 인정한다. 그러나 여자는 남자인 자기를 통해서만 그 권리를 구체화할 수 있다는 것을 알고 있다. 여자에게 강요된 무능과 불모성을 남자는 자기를 희생해 보상할 것이다. 그들 두 사람의 협력 속에 눈에 띄는 평등이 실현되기 위해서는, 남자가 더 많이 소유하고 있으므로 더 많이 주어야 한다. 여자가 받고 빼앗고 요구하는 것은 여자가 더 가난하기 때문이다. 주인과 노예의 변증법이 여기서 가장 구체적으로 나타난다. 즉, 사람은 억압함으로써 피억압자가 된다. 남자들은 자기들의 지배력을 통해서 예속된다. 아내가 수표를 요구하는 것은 그들만이 돈을 벌기 때문이고, 아내가 남편에게 성공하라 강요하는 것은 그들만이 직업에 종사하기 때문이다. 아내가 남편의 계획이나 성공을 자기 것으로 만듦으로써 남자들에게서 초월성을 훔치려고 하는 것은 남자들만이 초월성을 구현하고 있기 때문이다. 역으로, 여자의 횡포는 여자의 예속성을 나타낼 뿐이다. 그녀는 부부 생활의 성공, 자기의 미래와 행복, 정당화가 다른 사람의 수중에 있다는 것을 알고 있다. 그녀가 악착같이 남자를 자기 의지에 복종시키려고 하는 것은 자신이 남자 속에 소외되어 있기 때문이다. 여자는 자기의 약점을 무기로 삼는다. 하지만 여자가 약하다는 것은 사실이다. 부부 간의 노예 상태는 남편에게 더 일상적이고 더 화나는 일이다. 그러나 여자에게는 더 심각한 것이다. 자기가 무료하므로 남편을 몇 시간씩 자기 곁에 붙들어 놓는 아내는 남편을 구속하는 것이며 그에게 짐이 된다. 요컨대 아내가 남편 없이 지내는 것보다 훨씬 수월하게 남편은 아내 없이 지낼 수 있다. 그가 아내를 떠나면,

아내의 삶은 파멸하게 된다. 남녀 간의 커다란 차이는 여자에게 의존이 내면화되어 있다는 것이다. 눈에 띄는 자유를 가지고 행동할 때조차 여자는 노예*이다.* 반면에 남자는 본질적으로 자율적이고 구속을 외부로부터 받는다. 남자가 희생자는 자기 쪽이라는 인상을 받는다면, 그것은 견뎌 내는 부담이 더 분명하게 보이기 때문이다. 여자는 기생충처럼 남자가 먹여 살린다. 그러나 기생충은 자신감 넘치는 주인이 아니다. 생물학적으로 수컷과 암컷은 결코 상대의 희생물이 아니라 다 같이 종種의 희생이 되는 것이다. 그와 마찬가지로 부부 역시 본인들이 만들지 않은 제도의 억압을 함께 견디고 있다. 누가 **남자들**이 **여자들**을 억압한다고 말하면 남편은 분개한다. 억압받는 쪽은 자기라고 느끼기 때문이다. 그렇다, 그는 억압받고 있다. 그러나 사실은 남성적 민법, 즉 남성에 의해 남성의 이익을 위해 만들어진 사회가 오늘날 남녀 모두에게 고통의 원천이 되는 형태로 여성의 조건을 규정해 버린 것이다.

남녀 모두의 이익을 위해, 결혼이 여자에게 하나의 '직업'이 되는 것을 지양하면서 상황을 변화시키는 것이 필요하다. 안티페미니스트를 자처하는 남자들은 '여자는 이미 충분히 넌더리 나는 존재다'라는 구실로 당치않은 이론을 늘어놓고 있다. 결혼은 여자를 '사마귀 암컷'으로, '거머리'로, '독'으로 만들어 버리기 때문에, 결혼의 형태를 바꾸고 여성의 조건을 전반적으로 개선해야 한다. 세상이 여자의 자립을 금하기 때문에, 여자는 남자에게 그토록 무거운 짐이 된다. 여자를 해방함으로써, 다시 말해 여자에게 이 세계에서 **할 일**을 부여함으로써 남자는 해방될 것이다.

벌써 이런 적극적인 자유를 쟁취하려고 노력하는 젊은 여성들이 있다. 그러나 학업이나 직업에서 오랫동안 끈질기게 계속하는 여성들은 드물다. 대개 그녀들은 자기 노동의 이득이 남편의 경력을 위해 희생되리라는 것을 알고 있다. 그녀들은 가정에 잔돈에 불과한 급료만을 가져올 뿐이다. 무슨 일을 하더라도 소극적인 정도에 그치므로, 여자들은 부부 생활의 예속에서 해방되지 못한다. 견실한 직업을 가진 여자들조차 직업에서 남자들과 같은 사회적 이득을 끌어내지 못한다. 예를 들어 변호사의 아내는 남편이 사망하면 연금을 받을 권리가 있다. 그러나 여성 변호사가 사망하면 남편은 연금을 받지 못한다. 즉, 일하는 여자를 남자와 동등하게 배우자를 부양하고 있다고 인정하지 않는 것이다. 자기의 직업에서 진정한 독립을 발견하는 여자들이 있다. 그러나 많은 여성에게 '밖에서' 하는 일은 결혼이라는 테두리 안에서 단지 피로를 추가하는 것에 불과하다. 게다가 대개 여자들은 아이가 생기면 현모의 역할에 갇혀 있어야 한다. 현재로서는 노동과 모성의 양립이 대단히 어렵다.

전통에 따르면, 자식이야말로 어떤 다른 목적에 자신을 바치는 것을 면제해 여자에게 구체적인 자율성을 보장한다. 여자는 아내로서는 완전한 개인이 아니더라도 어머니로서는 완전한 개인이 된다. 아이는 여자의 기쁨이자 존재의 정당화다. 여자는 아이를 통해서 성적으로, 사회적으로 자기실현을 완성한다. 따라서 결혼제도라는 것도 아이를 통해 의미를 갖고 그 목적을 달성한다. 그러므로 여성 발전의 이 최고 단계를 검토해 보기로 하자.

6장
어머니

여자는 자기의 생리적 운명을 모성에 의해 완전히 성취한다. 여자 몸의 모든 기관이 종種의 존속으로 방향이 정해져 있으므로, 여자의 '자연적' 소명은 바로 모성에 있다. 그러나 이미 말한 바와 같이, 인간 사회는 결코 자연 그대로가 아니다. 특히 약 1세기 전부터 재생산 기능은 단지 생물학적 우연에만 지배되지 않고, 의지로 통제되어 왔다.[93] 몇몇 나라들은 '산아제한'의 적확한 방법을 공식적으로 채택했다. 가톨릭교의 영향 아래에 있는 나라에서도 불법이지만 행해지고 있다. 혹은 남자가 사정을 중단하든가, 관계가 끝난 뒤에 여자가 정자를 체외로 배출한다. 이는 연인이나 부부 사이에서 흔히 싸움과 원한의 원천이 된다. 남자는 자기의 쾌락을 자제해야만 하는 데 대해 분개하고, 여자는 세정의 번거로움을 싫어한다. 남자는 여자의 너무 다산적인 자궁을 원망하고, 여자는 남자가 자기 체내에 남겨둘 위험이 있는 생명의 씨를 두려워한다. 그러므로 조심했음에도 불구하고 여자가 '걸려들었을' 때는 두 사람 모두 망연자실한다. 피임 방법이 초보적인 나라에서 그런 경우는 빈번하다. 그래서 반反 자연적 방법은 특별히 중대한 형태를 띤다. 그것은 낙태다. '산아제한'을 허용하는 나라에서도 이 방법은 금지되어 있어서 실행 기회가 아주 적다. 그러나 프랑스에서는 많은 여성이 궁지에 몰려 어쩔 수 없이 선택하는 방법으로, 여성 대부분의 연애 생활에 어른거리고 있다.

부르주아 사회가 이 이상으로 위선을 드러내는 주제는 많지 않다. 낙태는 암

---

93 본서 제1권 제2부 「역사」의 5 참조. 독자는 거기서 '산아제한'과 낙태에 관한 연대기적 설명을 읽을 수 있을 것이다.

시하는 것조차 외설적이고 혐오스러운 범죄다. 어떤 작가가 출산의 기쁨과 고통을 묘사하는 것은 괜찮지만, 낙태한 여자에 대해 이야기하면 지저분하고 인간성을 비열하게 쓴 것에 대해 비난한다. 그런데 프랑스에서는 매년 출생 수만큼의 낙태가 이뤄지고 있다. 이것은 대단히 널리 퍼진 현상이므로, 여성이 일반적으로 감수하는 위험 중 하나로 간주할 필요가 있다. 그런데도 민법은 낙태를 완강하게 범죄로 다루고 있다. 즉, 이런 까다로운 수술이 불법적으로 행해지기를 요구하고 있다. 낙태 합법화를 반대하는 논거만큼 불합리한 것은 없다. 사람들은 그것이 위험한 수술이라고 주장한다. 그러나 양심적인 의사들은 마그누스 히르슈펠트Magnus Hirschfeld(1868~1935)[94]와 뜻을 같이하며 이렇게 인정하고 있다. "필요한 예방 조치를 한 뒤에 병원에서 진정한 전문의가 행하는 낙태는 형법이 주장하는 것과 같은 그런 중대한 위험이 따르지 않는다." 이와 반대로 현재와 같은 형태로 낙태가 이루어진다면, 여성에게 커다란 위험을 무릅쓰게 하는 것이다. '낙태 전문 산파'의 역량 부족과 그녀들이 수술하는 조건은 때로 치명적인 사고를 많이 발생시킨다. 무리한 출산은 키울 능력이 없는 부모들에게 허약한 아이들을 세상에 버리게 만들고, 이런 아이들은 '빈민구제사업'의 희생양이 되거나 '피학대 아동'이 된다. 게다가 태아의 권리를 옹호하는 데 그토록 열성적인 사회가, 아이들이 태어나는 즉시 그들에게 무관심해진다는 사실에 주목해야 한다. 사회는 '빈민구제사업'이라 불리는 이 수치스러운 제도를 개혁하려고 애쓰는 대신에 낙태한 여자만 뒤쫓는다. 고아들을 잔인한 고문자에게 넘긴 책임자도 풀어 주고, 아동학대자가 '감화원'이나 개인 집에서 행하는 끔찍한 전횡에도 눈을 감는다. 사람들은 태아가 여자에게 속함을 인정하지 않으면서 태어난 아이가 그 부모의 것이라는 데에는 동의한다. 한 주 동안에 두 가지 사건, 즉 낙태 수술을 한 외과 의사가 유죄를 받고 자살한 사건과 자기 아들을 거의 죽을 정도로 때린 아버지를 금고 3개월의 *집행유예*에 처한 사건이 발생했다. 최근에는 어떤 아버지가 위막성 후두염에 걸린 아들을 치료해 주지 않고 죽게 내버려 두었다. 한 어머니는 신의 뜻에 무조건 맡긴다는 구실로 죽어 가는 딸을 의사에게 보이는 것을 거부했다. 그 아이의 무덤에서 다른 아이들이 그 어머니에게 돌을 던졌다. 그러나 몇 명의 기자가 이 어머니의 태도에 분노하자, 일군의 신사들이 아이들은 부모에게 속

---

94 *독일의 유대인 의사, 성과학자. 성소수자의 권리를 위해 활동한 바 있다.

해 있어 외부의 간섭을 일체 허용할 수 없다고 항의하였다. 『스 수아르Ce soir』지는 오늘날 "100만의 아이들이 위험에 빠져 있다"고 알린다. 『프랑스 수아르France-Soir』지도 "50만의 아이들이 신체적 혹은 정신적 위험에 처해 있다"고 쓰고 있다. 북아프리카에서 아랍 여성은 낙태할 가능성이 없다. 10명의 태어난 아이 중에 7, 8명이 죽고, 아무도 그에 대해 신경을 쓰지 않는다. 고통스럽고 무의미한 출산이 반복되어 모성적 감정을 죽여 버렸기 때문이다. 이런 것이 도덕적이라고 한다면, 그런 도덕을 어떻게 생각해야 할까? 태아의 생명을 가장 존중하는 사람들이 전쟁에서 성인 남자들을 죽음으로 내모는 데 가장 열의를 보이는 사람들이라는 것을 알아야 한다.

합법적 낙태에 반대하는 실제적 이유는 전혀 타당성이 없다. 도덕적 이유로 말하자면, 가톨릭교의 낡은 논법으로 귀착된다. 즉, 태아에게도 영혼이 있는데 세례도 받지 않고 죽으면 천국에 들어갈 수 없다는 것이다. 가톨릭교회가 때에 따라서 성인 남자의 살해를 허용한다는 것은 주목할 필요가 있다. 즉, 전쟁이나 사형수의 경우가 그러한데, 태아에게는 대단히 인도주의적이다. 태아는 세례를 통해 정화되지 않았다. 이교도에 대항한 성전 시대에 이교도들 역시 정화되지 않았는데, 그들을 학살하는 것은 공공연하게 장려되었다. 종교재판의 희생자들은 아마도 모두 죄가 없지 않았고, 오늘날 사형당하는 범죄자들과 전장에서 죽은 병사들도 마찬가지다. 이 모든 경우를 교회는 신의 은총에 맡긴다. 교회는 인간을 자기 수중에 있는 도구로, 한 영혼의 구제를 신과 교회 간에 이루어지는 것으로 인정하고 있다. 그렇다면 왜 신이 태아를 하늘로 맞아들이는 것을 막는 것일까? 종교회의가 그것을 허용한다면, 경건한 인디언 학살의 호시절과 마찬가지로 신은 항의하지 않을 것이다. 사실 여기서 사람들은 도덕과는 아무 관계없는 완고하고 낡은 전통에 맞닥뜨리게 된다. 또한 앞에서 이미 이야기한 남성의 사디즘도 고려해야 한다. 1943년 루아Roy 박사가 페탱Henri Philippe Pétain(1856~1951)[95]에게 헌정한 책이 그 생생한 실례다. 그것은 악의적인 기념비다. 그는 낙태의 위험에 관해 아버지처럼 인자하게 역설한다. 그러나 그에게는 제왕절개 수술만큼 위생적인 것은 없는 것 같다. 그는 낙태를 경범죄가 아니라 중대한 범죄로 여기기를 원한다. 그리고 낙태는 치료 요법 형태하에서조차 금지되기를, 다시 말해 임신이

---

95 * 프랑스의 군인, 정치가. 제2차 세계 대전 때에 나치스에 협력하고 비시 정부를 수립하여, 종전 후에 반역죄로 종신 금고형을 받았다.

산모의 생명이나 건강을 위험하게 할 때도 금지되기를 바란다. 즉, 한 생명과 다른 한 생명을 놓고 그중 어느 한 편을 선택하는 것은 부도덕하다고 선언하며, 이런 논법에 강한 그는 산모를 희생시킬 것을 권하고 있다. 태아는 어머니에 속한 것이 아니라 자율적 존재라는 것이다. 하지만 이런 '보수적 생각의' 의사들이 모성을 찬양할 때는, 태아는 모체의 일부분이지 모체를 희생시켜서 양육되는 기생물이 아니라고 단언한다. 이와 같은 남자들이 여자를 해방할 수 있는 모든 것을 격렬히 거부하는 것을 보면, 아직도 안티페미니즘이 얼마나 활발한지 알 수 있다.

더구나 다수의 젊은 여성을 죽음이나 불임이나 질병으로 몰아넣는 법은 출산율 증가를 절대 보장할 수 없다. 합법적 낙태의 찬성자와 반대자는 단속이 근본적으로 실패했다는 점에서 의견 일치를 보인다. 돌레리스, 발타자르, 라카사뉴 등 여러 교수에 따르면, 프랑스에서는 1933년 무렵 연간 50만 건의 낙태가 있었을 것이라고 한다. 1938년에 작성된 통계(루아 박사가 인용한)에 의하면 100만 건을 헤아린다. 오베르탱 드 보르도 박사는 1941년에 80만에서 100만 건으로 추정했다. 진실에 가장 가깝게 보이는 것은 이 마지막 숫자다. 1948년 3월 『전투』지에 실린 한 논문에서 데플라 박사는 다음과 같이 쓰고 있다.

낙태는 풍속화되었다. (…) 단속은 사실상 실패했다. (…) 센도道에서 1943년에 1,300회 검거 중 750건이 기소되었고, 그중 360명의 여성이 구속되었으며, 513명이 1년 이하 5년 이상의 형을 받았다. 이것은 도내에서 추정된 1만 5천 건의 낙태와 비교하면 매우 적은 수다. 전국적으로는 1만 건의 소송을 헤아린다.

이에 덧붙여서,

이른바 범죄적 낙태는 위선적인 우리 사회가 받아들인 피임 정책과 마찬가지로 모든 사회 계층에 익숙한 것이다. 낙태한 여성의 3분의 2가 기혼 여성이다. (…) 프랑스에서는 대략 출산과 같은 수의 낙태가 행해진다고 볼 수 있다.

수술은 대개 참담한 조건에서 행해지기 때문에 많은 낙태가 임신부의 죽음으로 끝나고 있다.

파리의 법의학연구소에는 낙태로 사망한 여자의 시신이 매주 두 구 정도 도착한다. 또 낙태로 인해 치명적인 질환을 일으키는 경우도 많다.

낙태를 때로 '계층 범죄'라고 말하기도 한다. 이는 대체로 사실이다. 부르주아 계층에는 피임법이 더 많이 보급되어 있다. 화장실 설비 덕에 그들은 수도시설이 없는 노동자나 농민보다 피임하기가 더 쉽다. 부르주아 계층의 젊은 처녀들은 다른 계층의 처녀들보다 더 신중하다. 부부 생활에서도 아이에 대한 부담이 덜하다. 가난이나 주택난, 여성이 밖에서 일해야 하는 필요성이 낙태의 가장 큰 원인이 된다. 대개 부부는 아이를 두 명 정도를 낳은 후에 출산 제한을 결정하는 것 같다. 그래서 흉측한 모습의 낙태한 여자가 금발의 두 천사를 품에 안고 어르는 훌륭한 어머니이기도 하다. 즉, 같은 여자다. 1945년 10월 『현대Les Temps Modernes』지에 "공동 병실"이라는 제목으로 발표한 글에서 쥐느비에브 사로Geneviève Sarreau 부인은 자신이 입원한 병실을 묘사하고 있다. 그 병실에는 소파 수술을 받은 지 얼마 안 된 환자가 많이 있었다. 18명 가운데 15명이 유산했는데, 그 반수 이상이 고의적이었다. 9번 환자는 시장 인부의 아내였다. 그녀는 두 번의 결혼에서 열 명의 아이를 낳았는데, 그중 세 명만 살아남았다. 일곱 번이나 유산했고, 그중 다섯 번이 고의였다. 그녀는 '트랭글tringle' 기술을 쉽게 사용했다고 친절하게 설명했다. 또 사용한 알약 이름도 동료들에게 알려주었다. 열여섯 살이고 결혼한 16번 환자는 여러 번의 정사를 경험했고, 낙태로 인해 나팔관염을 앓고 있었다. 서른다섯 살의 7번 환자는 이렇게 설명했다. "결혼한 지 20년이 됐어요. 나는 남편을 한 번도 사랑한 적이 없었고, 20년간 깨끗하게 처신했어요. 석 달 전에 애인이 생겼어요. 딱 한 번, 호텔 방에서. 임신했어요. (…) 그래, 별수가 없었어요. 그렇지 않아요? 지워 버렸어요. 아무도 몰라요, 남편도…… 그도. 이젠 다 끝났어요. 두 번 다시 그런 짓은 안 할래요. 너무 고통스러워요……. 소파 수술을 이야기하는 게 아니에요……. 아니, 아니, 전혀 다른 거예요. 그것은…… 그것은 자존심이란 거예요, 아시겠어요?" 14번 환자는 5년에 걸쳐 다섯 아이를 낳았다. 마흔 살의 그녀는 노파처럼 보였다. 어떤 여자에게나 절망에서 생긴 체념이 있었다. "여자는 고통받기 위해 태어났다"고 그녀들은 서글프게 말하고 있었다.

이러한 시련의 심각성 정도는 상황에 따라 많은 차이가 있다. 유복한 결혼으로 편안하게 부양받고 한 남자에 의지해 돈과 인맥이 많은 여자는 대단한 혜택

을 받는다. 우선 그녀는 다른 여자보다 훨씬 쉽게 '치료 요법'으로 낙태 허가를
받는다. 필요한 경우에는 낙태가 너그럽게 용인된 스위스로 여행하는 방법도 있
다. 현재 위생이 완전히 보장된 산부인과 상황에서 필요하다면 마취를 통해 전
문의의 손을 거치면 수술은 간단하다. 공적 승인이 없더라도 그녀는 역시 안전한
비공식적 도움을 받는다. 즉, 적합한 연락처도 알고 있고, 양심적 치료에 대한 보
수를 지불할 충분한 돈도 있다. 그래서 임신 초기에 손을 쓸 수 있다. 의사도 그녀
를 정중하게 대한다. 이런 특권을 가진 여자들 가운데는 이런 작은 사고가 건강
에 유익하고 혈색도 좋게 한다고까지 주장한다. 이에 반해, 돈 없이 고독한 젊은
처녀가 주위에서 용서하지 않을 '과실'을 지우기 위해 '범죄'를 저지를 수밖에 없
는 처지에 내몰리는 것보다 비참한 것은 별로 없다. 매년 프랑스에서는 약 30만
명의 종업원, 비서, 학생, 공장노동자, 농촌 처녀들이 이런 일을 당하고 있다. 혼
외출산은 아직도 몹시 추하고 끔찍한 오점으로 여겨져, 많은 여자가 미혼모 상
태에 놓이느니 차라리 자살이나 영아살해를 택한다. 즉, 어떠한 형벌도 여자들이
'아이를 유산하는 것'을 막을 수 없을 것이다. 수없이 많은 아주 흔한 실례 가운
데 하나가 리프만 박사가 수집한 고백 속에 기술되어 있다.[96] 구두 수선공과 하녀
사이에서 혼외자로 태어난 한 베를린 처녀의 이야기다.

나는 나보다 열 살 많은 이웃집 아들을 알게 되었다. (…) 그의 애무가 나로서는
처음 경험해 보는 것이어서 그가 하는 대로 내버려 두었다. 그러나 그것은 전혀
사랑이 아니었다. 그는 나에게 여자에 관한 책을 읽으라고 주면서 나를 입문시켰
다. 결국 나는 그에게 처녀성을 바쳤다. 두 달을 기다린 끝에 스피즈 유치원에 보
모로 취직했을 때 나는 임신해 있었다. 두 달 동안 월경이 없었다. 나를 유혹한 남
자는 내게 편지를 보내어, 반드시 달거리가 돌아오도록 해야 하니 석유를 마시고
검은 비누[97]를 먹으라고 강하게 권했다. 내가 겪은 고통을 지금 당신에게 이야기
한다는 것은 더 이상 불가능하다. (…) 나 혼자서 이런 비참한 생활의 끝까지 가야
만 했다. 아이가 태어난다는 두려움으로 인해 나는 끔찍한 일을 저질렀다. 그때
남자에 대한 증오를 알게 되었다.

---

96 『청춘과 섹슈얼리티』
97 *올리브기름과 올리브나무 재로 만든 비누

미친 듯이 쓰인 편지 한 통으로 사정을 알게 된 유치원 목사가 그녀에게 긴 설교를 했고, 그녀는 그 젊은이와 헤어졌다. 사람들은 그녀를 타락한 여자로 대했다.

나는 마치 18개월 동안 감화원에서 사는 것 같았다.

그 후 그녀는 한 교수의 집에서 아이를 돌보는 하녀가 되어 4년을 머물렀다.

이 시기에 나는 우연히 한 사법관을 알게 되었다. 사랑할 만한 진짜 남자를 만나게 되어 행복했다. 나는 사랑과 더불어 그에게 모든 것을 주었다. 우리의 관계에서 나는 스물네 살에 건강한 사내아이를 낳았다. 아이는 지금 열 살이다. 나는 그 애 아버지를 9년 반 동안이나 보지 못했다. (…) 나는 2,500마르크라는 액수가 부족하다고 생각했고, 그는 아이에게 자기 성을 주는 것을 거절함으로써 자기 아들이라는 것을 부정했기 때문에 우리 사이는 모든 것이 끝났다. 이제 어떤 남자도 나의 욕망을 불러일으키지 않는다.

여자에게 아이를 낳지 말라고 설득하는 사람은 대개 유혹자 자신이다. 그렇지 않으면 여자가 임신해 있을 때는 남자가 이미 그녀를 버린 상태거나, 여자가 자기 몸의 이상을 스스로 아량 있게 남자에게 감추려고 하거나, 아니면 남자에게서 어떤 도움도 받지 못한 경우다. 때로는 여자가 마지못해 임신한 채 있는 일도 있다. 그 즉시 아이를 유산시켜 버릴 결심을 하지 못하든가, 유산시켜 줄 사람을 단 한 명도 모른다거나, 여윳돈이 없어서 효과 없는 약만 쓰다가 시간만 낭비하든가 하는 경우가 그렇다. 드디어 처치하려 할 때는 이미 임신 3개월이나 4개월이나 5개월이 되어 있다. 그때 시도하는 유산은 임신 초기 몇 주 동안과는 비교가 안 될 정도로 위험하고 고통스럽다. 여자는 그것을 알고 있다. 불안과 절망 속에서 여자는 자기를 구하려고 한다. 시골에서 소식자[98]의 사용은 거의 알려지지 않았다. '실수한' 농촌 여자는 곳간 사다리에서 일부러 떨어지든가, 계단 위에서 뛰어내린다. 효과도 없이 부상만 당하는 경우가 많다. 또한 울타리나 덤불이나 거름통 속에서 목이 졸린 작은 시신이 발견되는 일도 있다. 도시에서는 여자들끼리 서로 돕는다. 그러나 '낙태 전문 산파'를 찾아내는 일은 언제나 쉽지 않으며, 요

---

98 *진단이나 치료를 위하여 체강, 장기 조직 속에 삽입하는 대롱 모양의 기구

구한 금액을 장만하기는 더더욱 쉽지 않다. 임신한 여자는 친구에게 도움을 청하거나 스스로 처리한다. 이때 임시방편의 외과의는 대개 유능하지 못하다. 그녀들은 금속 막대기나 뜨개바늘로 후벼 파낸다. 어떤 의사에게서 들은 이야기로는, 무지한 식모가 자궁에 식초를 주입하려다 방광에 잘못 주입해 몹시 고생했다고 한다. 빨리 진행되고 잘못 치료되는 경우가 많아서 유산은 정상적인 출산보다 훨씬 더 고통스럽고, 간질 발작 근처까지 갈 수 있는 신경 불안을 동반하고, 때로 심각한 내장질환을 일으켜 사망에 이르는 출혈을 초래할 수 있다. 콜레트는 『그리비슈Gribiche』에서 무지한 어머니의 손에 내맡겨진 뮤직홀의 한 어린 댄서가 가혹한 고통 속에서 죽어 가는 모습을 이야기한다. 흔히 사용되는 치유책은 농축된 비눗물을 마신 다음 15분간 뛰어다니는 것이다. 그와 같은 치료법 때문에 흔히 어머니를 죽이면서 아이를 지우게 된다. 자기 방에서 나흘 동안 피투성이가 되어 먹지도 마시지도 않고 틀어박혀 있었던 한 타이피스트에 대한 이야기를 누가 나에게 들려주었다. 그녀는 감히 사람을 부를 용기가 없었다. 죽음의 위협이 범죄와 치욕의 위협과 뒤섞이는 가운데 버림받았다는 끔찍한 절망감은 다른 무엇보다도 상상하기 어려운 감정이다. 가난한 여자들의 경우, 남편과 합의해 일을 치르고 쓸데없는 가책으로 불안해하지 않아 견디기가 한결 수월하다. 한 사회복지사가 나에게 말하기를, 가난한 여자들은 간단하게 틴을 빼내듯이 서로 조언하고 기구를 빌려 주며 도와준다고 한다. 그러나 그녀들은 심한 신체적 고통을 겪는다. 병원에서는 이미 유산이 시작된 여자를 맞아들여도 그런 고통을 겪는 동안, 그리고 소파 수술이 진행되는 동안에 진통제를 일절 투여하지 않음으로써 그녀를 사디즘적으로 벌한다. 특히 G. 사로가 수집한 증언에서 볼 수 있는 것처럼, 고통에 너무나 익숙해 있는 여자들은 이런 박해에 화를 내지도 않는다. 그러나 자기들이 당하는 굴욕에는 민감하다. 이 수술이 불법이고 범죄라는 사실은 그 위험을 증대시키고 비천하고 불쾌한 성격을 부여한다. 고통, 질병, 죽음은 징벌의 모습을 띤다. 고통과 고문 혹은 사고와 징벌 사이에는 커다란 차이가 있다. 감수하는 위험을 통해서 여자는 자기 자신을 죄인으로 파악한다. 고통과 과실에 대한 이런 해석 때문에 유난히 힘겹다.

이런 비극의 도덕적 양상은 상황에 따라서 강도가 세거나 약하게 느껴진다. 즉, 재산이나 사회적 지위나 자신들이 속해 있는 자유로운 환경 덕택에 '해방된' 여자들과 가난이나 불운 때문에 부르주아 도덕에 경멸을 느끼는 여자들에게는 이런 비극의 도덕적 양상이 별로 문제되지 않는다. 거쳐야만 하는 다소 불쾌한 순간이 있지만, 그것만 지나면 그뿐이다. 그러나 많은 여자가 이에 순응할 수 없지만, 여전히 위력을 가진 듯 보이는 도덕에 주눅 들어 있다. 그녀들은 자신이 위반한 법을 마음으로는 존중하기 때문에 죄를 범하는 것에 괴로워한다. 또한 공범자를 구해야 하므로 더욱더 괴로워한다. 그녀들은 일단 상대에 간청하는 굴욕을 참아 내야 한다. 즉, 의사나 산파에게 도와달라고 애걸해야 하고, 그들로부터 거만하게 냉대받을 위험을 각오해야 한다. 혹은 품위를 떨어뜨리는 은밀한 합의에 노출되기도 한다. 고의로 타인을 범죄에 끌어들이는 상황을 남자는 대부분 알지 못하며, 여자는 그 상황을 두려움과 치욕 속에서 경험한다. 여자는 다른 사람에게 도움을 청하면서도 마음속에서 대개 그런 청탁을 밀어낸다. 그녀의 마음이 분열되어 있는 것이다. 그녀의 자연스러운 욕망은 그녀가 태어나지 못하도록 하는 그 아이를 지키고자 하는 것일 수 있다. 모성을 적극적으로 원하지 않는다고 해도, 그녀는 자기 행위의 모호성을 불편하게 느낀다. 낙태가 살인은 아니지만 단순한 피임법과도 동일시할 수 없기 때문이다. 하나의 절대적 시작인 한 사건이 일어났으나 그 발전을 멈춰야 한다. 어떤 여자들은 태어나지 못한 아이의 기억에 사로잡히게 된다. 헬렌 도이치[99]는 심리적으로 정상적이지만 생리적 조건 때문에 두 차례나 3개월 된 태아를 잃어버린 한 기혼 여성이 두 개의 작은 무덤을 만들게 하더니, 아이를 여럿 낳은 후에도 그것을 경건하게 보살핀 경우를 인용하고 있다. 더욱이 인위적으로 유산되었다면 여자는 죄를 지었다는 느낌을 자주 갖게 된다. 어렸을 적에 질투로 인해 갓 태어난 남동생이 죽기를 바라면서 생긴 양심의 가책이 되살아나고, 실제로 한 아이를 죽인 것에 대해 죄의식을 느낀다. 병적 우울감은 이런 죄의식을 표현하는 것일 수도 있다. 다른 생명을 해쳤다고 생각하는 여자들이 있는가 하면, 자신의 신체 일부를 절단했다고 생각하는 여자들도 많다. 그로부터 이 절단을 수락하거나 요청한 남자에 대한 원한이 생긴다. H. 도이치는 한 젊은 처녀의 사례도 들고 있다. 그녀는 애인을 깊이 사랑한 나머지 그들의 행복에 장애가 될 것이라며 아이를 지우자고 주장했다. 그러나 병원을 나설 때 그녀는 사랑했던 남자를 영원히, 다시는 보지 않기로 했다. 이와 같은 결정적 파탄은 드물지만, 여자가 모든 남자에 대해서 혹은 자기를 임신시킨 남자에 대해

---

99 『여성의 심리』

서 불감증이 되는 일은 빈번하다.

　남자들은 낙태를 가볍게 여기는 경향이 있다. 그들은 그것을 자연의 간교함이 여자에게 가하는 여러 가지 사고들 가운데 하나라고 보고 있다. 즉, 거기에 관련된 가치를 헤아리지 못한다. 남자의 윤리가 가장 철저하게 이의 제기될 때, 여자는 여성성이나 자기의 가치를 부정한다. 그녀의 모든 도덕적 미래는 그것으로 인해 흔들린다. 사실 어린 시절부터 여자는 아기를 낳기 위해 태어났다는 말을 수도 없이 들어왔다. 모성을 찬양하는 노래도 들어왔다. 여성 조건의 불리한 점 － 월경·질병 등 -과 가사 임무의 지겨움, 이 모든 것은 여자가 아이를 낳는다는 놀라운 특권으로 정당화된다. 그런데 이제 남자는 자기의 자유를 지키려고, 자기 장래를 불리하지 않게 하려고, 자기 직업상의 이익을 지키려고 여자에게 여자로서의 승리를 포기하라고 요구하고 있다. 아이는 전혀 보배로운 존재가 아니며, 아이를 낳는 것은 더 이상 신성한 일도 아니다. 여자의 몸에 생긴 이 조그만 살덩어리는 우연적이고 성가신 존재다. 또한 여성성의 여러 가지 결함 중 하나다. 그에 비하면 매달 있는 월경의 고역은 축복인 것처럼 보인다. 어린 소녀를 공포 속에 몰아넣었던 그 붉은 피가 다시 흐르기를 걱정스럽게 기다리고 있다. 전에 사람들은 그것이 아이를 낳는 기쁨을 가져다준다면서 그녀를 위로했다. 낙태에 동의하고 원하면서도 여자는 그것을 여성성의 희생처럼 느낀다. 여자는 결정적으로 자기 성 속에서 저주와 일종의 불구, 위험을 보아야만 한다. 이러한 부정의 끝까지 가면서 어떤 여자들은 낙태의 트라우마로 인해 동성애자가 된다. 하지만 남자로서의 자기 운명을 더욱 성공시키려고 여자에게 육체적 가능성을 희생하라고 요구하는 남자는, 같은 시간에 남자의 도덕적 규범이 위선이라는 것을 명확히 드러낸다. 그 규범은 낙태를 보편적으로 금하고 있다. 그런데 그것을 특별히 편리한 해결책으로 받아들이는 것이다. 그들은 경솔하고 파렴치하게 자가당착에 빠지는 것이 가능하다. 그러나 여자는 이러한 모순을 상처 입은 자기 몸속에서 느낀다. 여자는 일반적으로 너무 소심해서 남자의 악의에 대해 단호하게 반항하지 못한다. 자기를 자기 의지에 반해 범죄자로 선고하는 불의의 희생자로 여기는 그녀는 더럽혀지고 모욕당한 것처럼 느낀다. 여자는 남자의 잘못을 구체적이고 직접적 형태로 자기 속에 구현하고 있다. 남자는 잘못을 저지른다. 그러나 그것을 여자에게 떠넘긴다. 그는 애원하듯, 위협하듯, 따지듯 분노에 찬 어조로 말만 늘어놓을 뿐이다. 그러고는 곧 잊어버린다. 고통과 피 속에서 이런 말들을 해석하는 것은 여자의 몫이다. 어떨 때는 남자가 아무 말도 없이 가 버리기도 한다. 그러나 그의 침묵과 도피는 남자들이 세워 놓은 모든 도덕 규범을 다시 한 번 확실하게 부정하는 것이다. 여성 혐오자들이 즐겨 쓰는 테마인 여자의 '부도덕성'이라 불리는 것에 대해 놀랄 필요가 없다. 남자들이 공공연하게 과시하다가 암암리에 파기하는 그 오만한 원칙들을 여자들이 어떻게 마음속으로 불신하지 않겠는가? 여자들은 남자들이 여자를 칭찬할 때도, 남자를 칭찬할 때도 그들의 말을 더이상 믿지 않는 것을 배우게 된다. 다만, 이 쭈글쭈글하고 피 흘리는 복부, 이 붉은 생명의 단편, 이 어린아이의 부재는 확실하다. 여자는 최초로 낙태할 때 '이해하기' 시작한다. 많은 여자에게 이제 세상은 더 이상 같은 모습이 아니게 된다. 피임법이 보급되지 않은 오늘날 프랑스에서 낙태는 비참하게 죽을 운명인 아이들을 낳고 싶지 않은 여자에게 열려 있는 유일한 길이다. 슈테켈[100]은 그 점을 정확하게 말하고 있다. "낙태 금지는 부도덕한 법이다. 그것은 날마다 시간마다 필연적으로 위반될 수밖에 없는 법이기 때문이다."

*

산아제한과 합법적 낙태는 여자에게 임신과 출산을 자유로이 받아들일 수 있게 할 것이다. 여자의 임신을 결정하는 것은 부분적으로 확고한 의지이고, 부분적으로 우연이다. 인공수정이 일반화되지 않으면 여자는 어머니가 되고 싶어도되지 못하는 수가 있다. 이는 남자와 관계를 갖지 않았거나 혹은 남편이 불임이거나, 아니면 그녀의 몸에 이상이 있거나 하기 때문이다. 이와 반대로 여자가 자기 의사에 반해 아이를 낳아야 하는 경우도 흔히 있다. 임신과 모성은 반항이나체념 속에서 진행되느냐, 만족이나 환희 속에서 진행되느냐에 따라 매우 다른 방식으로 체험하게 된다. 여기서 젊은 어머니가 고백한 감정과 결정이 그녀의 마음속 깊은 욕망과 항상 일치하는 것은 아니라는 점에 유의할 필요가 있다. 미혼모는 갑자기 자기에게 부과된 짐 때문에 물질적으로 쪼들릴 수 있고, 그에 대해 숨김없이 가슴 아파할 수도 있다. 하지만 은밀하게 품어 온 꿈에 대한 만족감을 아이에게서 발견할 수도 있다. 역으로 임신을 기쁘고 자랑스럽게 반기는 젊은 아내

---

100 『불감증의 여자』

가 침묵 속에서는 두려워하고, 강박관념이나 환상이나 자기 자신도 인정하길 거부하는 유아기의 기억으로 인해 몹시 싫어할 수도 있다. 이것이 이 주제에 관해 여자들이 대단히 비밀스러워지는 이유 중 하나다. 여자들의 침묵은 부분적으로 여자들이 전적으로 자기의 고유한 경험을 신비로 에워싸길 좋아하는 데서 기인한다. 그러나 자기 속에서 일어나는 모순과 갈등으로 인해 당황하기 때문이기도 하다. "임신에 대한 걱정은 분만의 고통과 마찬가지로 완전히 잊히는 꿈이다"[101] 라고 한 여성이 말했다. 여자들은 그때 자기에게 드러나는 복합적인 진실을 망각 속에 묻어 두려고 애쓴다.

앞에서 보았듯이, 유년기와 사춘기에 여자는 모성과 관련해 몇 가지 단계를 거친다. 아주 어려서는 모성이 하나의 기적이자 놀이다. 여자아이는 인형 속에서 소유하고 지배할 대상을 발견하고 태어날 아이에게서 모성을 예감한다. 사춘기 소녀는 반대로 모성에서 자기의 소중한 자아의 온전함이 위협당하는 것을 본다. 혹은 콜레트 오드리[102]의 여주인공이 우리에게 고백하는 것처럼 모성을 맹렬히 거부한다.

모래 위에서 놀고 있는 어린아이들을 볼 때면 나는 그 아이들이 여자에게서 나왔다는 생각에 소름이 끼쳤다. (…) 아이들을 지배하고 씻기고, 궁둥이를 때리고, 옷을 입히고, 온갖 방법으로 타락시키는 어른들 역시 증오했다. 즉, 물렁물렁한 육체로 언제나 갓난아기를 만들 준비가 되어 있는 여자들이나, 자기 여자와 아이들의 그 모든 부드러운 살을 만족스럽고 자유로운 표정으로 바라보는 남자들을. 내 몸은 나 혼자만의 것이었다. 나는 햇볕에 그을리고 바닷소금이 달라붙고 가시 양골담초에 긁힌 그 육체만을 좋아했다. 이 육체는 단단하게 봉인된 채로 있어야만 했다.

혹은 사춘기 소녀는 마음속으로 모성을 희망하면서도 대단히 두려워한다. 그 결과 임신에 대한 환상과 온갖 종류의 불안이 초래된다. 모성이 부여하는 권위를 행사하는 것은 마음에 들지만, 그 책임을 전적으로 이행할 준비가 되지 않은 젊은 처녀들이 있다. H. 도이치가 인용한 리디아의 경우가 그렇다. 이 처녀는 열여섯 살에 남의 집에 하녀로 가서 자기에게 맡겨진 아이들을 대단히 헌신적으로 돌

101 N. 알르N. Hale
102 『지는 놀이』 중의 「어린아이L'Enfant」

보았다. 그것은 그녀가 아이를 기르기 위해 어머니와 일체가 되었던 유아기 몽상의 연장이었다. 그러다가 돌연 데이트와 연애를 하면서 임무를 소홀히 하고, 아이들에게 무관심해졌다. 유희의 시간은 끝나고, 그녀는 모성의 욕망이 사소한 자리를 차지하는 자기의 진정한 삶에 대해 근심하기 시작했다. 어떤 여자들은 아이들을 평생 지배하려는 욕망을 품지만, 분만이라는 생물학적 노동에 대해서는 혐오스러워한다. 그런 여자들은 산파나 간호사나 여교사가 된다. 그녀들은 헌신적인 아주머니이지만, 아이를 낳는 것은 거부한다. 또 다른 여자들은 임신과 출산을 혐오하진 않지만, 연애나 직업에 정신을 온통 빼앗긴 나머지 삶에 모성이 들어설 자리가 없다. 혹은 자기나 남편에게 아이가 지울 부담을 두려워하는 여자들도 있다.

여자는 대개 모든 성관계를 피하거나 피임법을 사용해 불임을 단호하게 수용하기도 한다. 그러나 아이에 대한 두려움을 고백하지 않는 경우와 어떤 심리적 방어기제가 임신을 방해하는 예도 있다. 이런 여성에게는 신경성 기능장애가 일어난 것이며, 의학적 검진으로 발견할 수 있다. 아르튀스Arthus 박사[103]는 이 가운데 특히 놀라운 한 사례를 인용하고 있다.

H. 부인은 어머니의 영향으로 여자로서의 삶에 대한 준비를 제대로 하지 못했다. 어머니는 그녀에게 임신은 가장 큰 재앙이라고 항상 말해 왔다. H. 부인은 결혼 그 다음 달에 임신했다고 믿었다. 그녀는 착오였다는 것을 인정했다. 석 달 뒤에 또 한 번 새로운 착오를 일으켰다. 1년 뒤에 그녀는 부인과 의사에게 검진을 받으러 갔다. 의사는 부인에게서도 남편에게서도 불임의 원인을 찾아내지 못했다. 3년 뒤에 다른 의사를 찾아갔고, 의사는 이렇게 말했다. "당신이 임신에 대해서 신경을 덜 쓴다면 임신하게 될 것입니다……" 결혼한 지 5년 만에 H. 부인과 남편은 아이를 갖지 못할 것이라는 사실을 받아들였다. 6년 뒤에 아기가 태어났다.

수태의 수락이나 거부는 일반적으로 임신과 같은 요인에 의해서 영향을 받는다. 임신 기간에 유아기의 몽상과 사춘기의 불안이 되살아난다. 임신은 여자가 어머니와 남편, 자기 자신과 갖는 관계에 따라서 매우 다른 방식으로 경험된다.

여자는 이제 어머니가 되면서 어떻게 보면 자기를 낳은 여자를 계승하는 것이다. 그녀에게 이것은 완전한 해방이 된다. 그녀가 이를 진심으로 희망한다면 임

---

103 『결혼 Le Mariage』

신을 기뻐할 것이고, 도움 없이 혼자서 해나가는 데 열렬한 관심을 둘 것이다. 반면 여전히 지배받은 상태로 있는 것에 동의한다면, 여자는 어머니가 하라는 대로 하고 갓난아기를 자신의 열매라기보다 남동생이나 여동생처럼 생각한다. 해방되기를 원하지만 그럴 용기가 없는 여자라면 아이가 자기를 구원하는 대신 다시 어머니의 지배하에 들어가게 할까 봐 두려워한다. 이런 불안은 유산을 초래할 수도 있다. H. 도이치는 남편의 여행에 동반하기 위해 아이를 어머니에게 맡겨야 했던 한 젊은 여자가 사산한 경우를 인용하고 있다. 아이를 몹시 원한 여자는 자신이 크게 슬퍼하지 않은 것에 놀랐다. 그러나 그녀는 아이를 어머니에게 맡기면, 어머니가 아이를 통해 자기를 지배할 것이 끔찍스러웠던 것이다. 이미 보았듯이, 사춘기 소녀에게는 흔히 어머니에 대한 죄의식이 있다. 이런 감정이 성인이 되어서도 강하다면, 여자는 자기 아이나 혹은 자신에게 저주가 내린다고 상상한다. 즉, 아이가 세상에 나오면서 자기를 죽게 하거나 혹은 태어나면서 죽을 거라고 믿는다. 출산을 무사히 수행하지 못할 것이라는 불안감은 젊은 여자들에게 흔히 일어나는 감정이며, 이는 마음의 가책에서 비롯된다. H. 도이치가 보고한 다음 사례에서 어머니와의 관계가 나쁘면 얼마나 위험한지 그 중요성을 볼 수 있다.

아이들이 많지만 사내아이는 한 명밖에 없는 가정의 막내딸인 스미스 부인은 태어났을 때, 아들을 원했던 어머니에게 환영받지 못했다. 그녀는 그 사실에 대해서 아버지와 언니의 애정 덕분에 별로 괴로워하지 않았다. 그러나 그녀가 결혼하고 임신했을 때, 아이를 열렬히 원했지만 예전에 어머니에게 품었던 증오의 감정이 어머니가 된다는 생각을 증오하게 했다. 그녀는 예정보다 한 달 일찍 사산했다. 두 번째로 임신했을 때 그녀는 또다시 실패할까 봐 두려웠다. 다행히도 친한 친구들 가운데 한 명이 그녀와 동시에 임신했다. 이 친구에게는 두 명의 젊은 임산부를 보호해 준 애정이 매우 깊은 어머니가 있었다. 친구는 스미스 부인보다 한 달 일찍 임신했기 때문에 스미스 부인은 혼자 임신을 마쳐야 한다는 생각에 불안해했다. 그런데 놀랍게도 친구는 출산이 예정일보다 한 달 더 늦어졌으며,[104] 결국 두 여자는 같은 날에 해산했다. 두 친구는 다음에 생길 아이도 같은 날 수태하자고 결정했다. 스미스 부인은 걱정 없이 다시 임신했다. 그러나 친구는 석 달째에 그 도시를 떠나야만 했다. 그 사실을 알게 된 날 스미스 부인은 유산을 했다.

---

104 H. 도이치는 아이가 정말로 잉태된 지 열 달 만에 태어났다는 것을 확인했다고 한다.

그 후 그녀는 더 이상 아이를 가질 수 없었다. 어머니에 대한 기억이 그녀를 너무나 무겁게 짓누르고 있었던 것이다.

여자는 어머니와의 관계 못지않게 아이 아버지와 갖는 관계도 중요하다. 성숙하고 독립적인 여자는 자기만의 아이를 갖고 싶어 할 수 있다. 내가 아는 어떤 여자는 잘생긴 남자를 보면 눈에 불이 켜지는데, 그것은 관능적 욕망 때문이 아니라 종마種馬로서 그 남자의 능력을 판단했기 때문이다. 이런 여자들은 인공수정의 기적을 열렬히 환영하는 모성적 여장부들이다. 그녀들은 아이의 아버지와 함께 생활하더라도 아이에 대한 그의 모든 권리를 거부하고, - 『아들과 연인』에서 폴의 어머니처럼 - 아이와 둘만의 폐쇄적 결합을 이루려고 한다. 그러나 대다수의 경우에 여자는 자기의 새로운 책임을 수락하기 위해 남자의 지지가 필요하다. 그녀는 한 남자가 자신에게 헌신적이어야만 갓 태어난 아이에게 기쁘게 헌신하게 된다.

그녀가 유아적이고 소심할수록 이런 욕구는 더욱 절박해진다. H. 도이치는 이와 같은 한 사례를 이야기한다. 어떤 젊은 여자가 자기를 임신시킨 열여섯의 소년과 열다섯 살에 결혼했다. 어렸을 적에 그녀는 항상 아기들을 좋아했고, 어머니를 도와 동생들을 돌보았다. 그러나 자신이 두 아이의 엄마가 되자 공황 상태에 빠졌다. 그녀는 남편이 늘 자기 곁에 있기를 요구했다. 남편은 가정에서 오랫동안 시간을 보낼 수 있는 일을 찾아야만 했다. 그녀는 아이들의 싸움을 과장해서 말하고, 아이들의 일상에서 사소한 사건도 지나치게 중요시하면서 지속적인 불안 속에서 살고 있었다. 많은 젊은 어머니가 이와 같이 남편에게 도움을 청하고, 때로는 자기의 근심으로 남편을 질식시켜 집 밖으로 쫓아버린다. H. 도이치는 다른 희한한 경우들도 인용하고 있는데, 그중 하나는 다음과 같다.

한 젊은 아내는 자신이 임신했다고 믿었고 지극히 행복해했다. 남편이 여행을 떠나 혼자 있었던 그녀는 아주 짧은 외도를 했다. 그녀가 외도한 이유는 임신으로 만족한 상태였고, 외도 흔적이 남지 않을 것으로 보였기 때문이다. 남편 곁으로 돌아온 그녀는 얼마 후 자신이 임신을 착각한 사실을 알게 되었다. 임신 날짜는 남편이 여행하던 때였다. 그녀는 태어난 아이가 남편의 아이인지, 잠깐의 애인의 아이인지 걱정하기 시작했다. 그녀는 원하던 아이에게 어떤 감정도 느낄 수 없었다. 불안에 떨며 애태우다가 정신과 의사에게 도움을 청했고, 남편을 갓난아기의 아버지로 여기자고 결심했을 때 비로소 아기에게 관심을 쏟게 되었다.

남편에게 애정이 있는 아내는 남편이 느끼는 감정에 따라 자기 감정을 맞추는 경우가 많다. 남편이 아내의 임신을 자랑스러워 하느냐 혹은 귀찮아 하느냐에 따라서 아내는 임신과 모성을 기쁘게 맞이하거나 혹은 기분 나쁘게 여기기도 한다. 때로 애정 관계나 결혼생활을 공고히 하기 위해 아이를 바라는 수도 있다. 그리고 어머니가 아이에게 갖는 애정은 그녀의 계획이 성공하느냐 실패하느냐에 달려 있다. 남편에 대한 감정이 적대감이면 상황은 또 달라진다. 즉, 아이에 대한 아버지의 소유권을 부정하고, 아이에게 격렬하게 헌신할 수 있다. 반대로 아이를 몹시 싫어하는 남자의 자식으로 여기고 증오의 눈길로 바라볼 수 있다. 앞에서 본 슈테켈의 결혼 첫날밤의 이야기에서 H. N. 부인은 첫날 밤 곧바로 임신이 되었고, 그 난폭한 경험의 공포 속에서 잉태된 딸을 평생 미워했다고 한다. 소피아 톨스토이의 『일기』에서도 남편에 대한 감정의 양면성이 첫 번째 임신에 반영된 것을 볼 수 있다.

이런 상태는 육체적으로나 정신적으로나 견딜 수가 없다. 육체적으로는 끊임없이 아프고, 정신적으로는 무시무시한 권태와 공허와 불안을 겪는다. 그리고 나는 리오바에게 있으나 마나 한 존재가 되었다. (…) 내가 임신해 있어서 그에게 아무 기쁨도 줄 수 없다.

이런 상태에서 그녀가 발견하는 유일한 기쁨은 마조히즘적이다. 아마도 애정 관계의 실패가 자기 징벌의 유아적인 욕구를 부여한 것 같다.

어제부터 몹시 아파서 유산할까 봐 두렵다. 배 속의 이 고통은 나에게 쾌감마저 느끼게 한다. 어릴 적 나의 어리석은 짓에 어머니는 용서했으나, 나는 나를 용서하지 않았을 때와 같다. 그때 나는 손을 꼬집거나 고통을 견딜 수 없을 때까지 손을 몹시 찔러 댔다. 그렇지만 고통을 참아 냈고, 거기서 무한한 기쁨을 발견했다. (…) 아이가 나오면 *그것이* 다시 시작될 것인데, 역겨운 일이다! 모든 것이 지겹게 보인다. 시간을 알리는 시계 소리가 슬프게 들린다. 모든 것이 우중충하다. 아! 만일 리오바가……!

그러나 임신은 특히 여자에게 자기와 자기 사이에 거행되는 한 편의 드라마다. 그녀는 임신이 자기를 풍요롭게 하는 동시에 손상하는 것처럼 느낀다. 태아는 자기 몸의 일부이며, 자기 몸을 잠식하는 기생물이다. 그녀는 태아를 소유하고 있으며, 또 태아에게 소유당하고 있다. 태아는 미래 전체를 압축하고 있어서, 임신해 있는 동안 여자는 자기를 세계와 같이 드넓게 느낀다. 그러나 이러한 풍요조차도 그녀를 무無로 돌려버려서 그녀는 자기가 더 이상 아무것도 아니라는 인상을 받는다. 새로운 존재가 모습을 드러내 그녀의 존재를 정당화해 주려 한다. 그녀는 이를 자랑스럽게 여긴다. 그러나 어두운 힘에 농락당한 것처럼 느끼기도 한다. 그녀는 휘둘리고 괴롭힘당한다. 임신한 여자에게는 그녀의 몸이 초월하는 바로 그 순간에 내재로서 파악되는 특이함이 있다. 즉, 구토와 불편함 속에서 몸은 자기 안에 움츠러든다. 몸은 자기만을 위해 존재하기를 멈추고, 일찍이 그래본 적이 없었던 큰 부피를 갖게 된다. 장인이나 행동하는 남자의 초월은 주체성이 깃들어 있다. 그러나 장래의 어머니에게서는 주체와 객체의 대립이 사라진다. 그녀는 자기의 몸을 팽창시키는 이 아이와 함께 생명에 휩싸인 모호한 한 쌍을 이룬다. 자연의 올가미에 걸려든 그녀는 식물이자 동물이고 아교질의 저장소이며, 알을 품은 암탉이자 알이다. 그녀는 이기적 몸을 가진 아이들을 겁먹게 하고, 젊은 사람들을 비웃게 만든다. 왜냐하면 한 명의 인간이자 의식이고 자유인 그녀가 생명의 수동적 도구가 되었기 때문이다. 생명은 통상 존재의 한 조건일 뿐이다. 잉태에서 생명은 창조적으로 보인다. 그러나 우연과 사실성 속에서 실현되는 기묘한 창조다. 임신과 수유의 기쁨이 아주 강렬해서 이를 무한 되풀이하고 싶어 하는 여자들이 있다. 그녀들은 아기가 이유離乳를 하자마자 바로 욕구 불만을 느낀다. 이런 여자들은 어머니라기보다 차라리 '아이 낳는 여자'이며, 자기 몸을 위해 자유를 소외시킬 가능성을 탐욕스레 추구한다. 즉, 그녀들에게는 자기 존재가 몸의 수동적 다산성에 의해 정당화되는 것처럼 보인다. 만일 몸이 전적으로 활기가 없이 무기력하다면, 훼손된 형태의 초월조차 구현할 수 없다. 몸은 나태이고 권태다. 그러나 몸은 싹을 틔우는 즉시 그루터기·샘·꽃이 되고 자기를 초월하며, 충실한 현재인 동시에 미래를 향한 움직임이 된다. 여자는 자신이 유아 시절에 이유할 때 느꼈던 이별의 고통을 보상받는다. 여자는 다시 생명의 흐름 속에 잠기고, 끝없이 이어지는 세대라는 사슬 속의 한 고리로서 전체에 다시 통합되어 다른 몸을 위해, 그리고 다른 몸에 의해 존재하는 몸이 된다. 남자의 품 안에서 구하던 융합, 주어지자마자 거부된 그 융합을 어머니는 자기의 무거운 배 속에서 아기를 느낄 때 혹은 부풀어 오른 젖가슴에 아기를 품을 때 실현한다. 이제 여자는 더 이상 한 주체에 복종하는 객체가 아니다. 또한 자기의 자유로 인해 불안해하는 주체도 아니다. 그녀는 이 모호한 현실, 즉 생명이다. 그녀의 몸은 결국 그녀의 것이다. 그녀의 몸은 아이의 것이고, 아이는 그녀의 것이기 때문이다. 사회는 여자에게 몸의 소유를 인정하고, 게다가 그 몸에 신성한 성격을 부여한다. 예전에 에로틱한 대상이었던 유방은 이제 보여 줄 수 있으며, 생명의 원천이 된다. 종교화에서도 가슴을 열어젖힌 **성모**가 **아들**에게 인류를 구원해 줄 것을 간청하는 모습을 묘사할 정도다. 자기의 몸과 사회적 권위로부터 소외된 어머니는 자기를 *즉자卽自* 존재로, 하나의 완성된 *가치*로 느끼는 마음을 평화롭게 하는 환상을 품는다.

그러나 그것은 환상에 불과하다. 왜냐하면 그녀가 진정으로 아이를 만드는 것은 아니기 때문이다. 아이는 그녀 속에서 만들어진다. 그녀의 몸은 오로지 아이의 몸만을 낳을 뿐이다. 그녀는 스스로 자기 자신을 구축해야 할 하나의 실존을 구축하는 것이 불가능하다. 자유로부터 유래하는 창조는 대상을 하나의 가치로 설정하고, 그 대상에 필연성을 부여한다. 그러나 어머니의 태내에서 아이의 존재 이유는 정당화되지 않았고, 아직 무상의 번식에 불과하다. 그리고 그 우연성은 죽음의 우연성과 대칭을 이루는 순수한 사실일 뿐이다. 어머니는 *한* 아이를 원하는 *자기*의 이유가 있을 수 있다. 그러나 그녀는 장래 존재하게 될 *이* 타자에게 자신의 존재 이유를 부여할 수 없을 것이다. 그녀는 아이를 자기 몸의 일반성 속에서 낳는 것이지, 자기 실존의 개별성 속에서 낳는 것이 아니다. 그 사실을 이해한 콜레트 오드리의 여주인공은 이렇게 말하고 있다.

나는 그 아이가 내 삶에 의미를 줄 수 있을 거라는 생각을 한 번도 한 적이 없다. (…) 그 아이의 존재는 내 속에서 싹텄고, 나는 무슨 일이 일어나도 그 때문에 죽어야만 할지라도 서두르는 일 없이 끝까지 잘해 나가 열매를 맺어야만 했다. 그런 다음 그가 태어나 여기에 있게 되었다. 이처럼 그는 내가 삶에서 만들어 낼 수 있었을 작품을 닮았다. (…) 그런데 결국 그는 그렇지 않았다.[105]

---

105 『지는 놀이』 중의 「어린아이」

「젖 먹이는 성모」 바르톨로메 베르메호, 15세기 후반

어떤 의미에서 화신化身이라는 신비는 개개의 여자 속에서 되풀이되고 있다. 태어나는 아이는 모두 인간이 되는 신이다. 아이가 세상에 태어나지 않는다면 자기를 의식과 자유로서 실현할 수 없을 것이다. 어머니는 이러한 신비에 참여하지만, 그것을 지휘하지 않는다. 그녀는 자기 배 속에서 만들어지는 이 존재의 최상의 진실을 알지 못한다. 그녀는 이런 모호성을 두 가지 모순적 환상으로 표현한다. 즉, 어머니는 모두 자기 아이가 영웅이 될 것이라 생각하는데, 이는 하나의 의식과 하나의 자유를 낳는다는 생각에 대한 감탄을 표현한 것이다. 그러나 불구자나 기형아를 출산하는 데 대한 두려움도 가지고 있다. 그녀가 몸의 끔찍한 우연성을 알기 때문이기도 하고, 자기 속에 사는 이 태아가 단지 몸에 불과하기 때문이기도 하다. 이러한 두 환상 가운데 어느 한쪽이 승리하는 경우들이 있다. 그러나 여자는 흔히 둘 사이에서 흔들린다. 또한 또 다른 모호성에 민감하다. 종種이라는 커다란 순환 속에 붙잡혀 있는 그녀는 시간과 죽음에 대항해 생명을 긍정한다. 그리하여 그녀는 불멸에 약속되어 있다. 그러나 자기 육체 속에서 헤겔의 말의 진실성을 절실히 느끼고 있다. "아이의 탄생은 부모의 죽음이다." 헤겔은 부모에게 아이는 "그들 바깥으로 떨어져 분리되는 그들 사랑의 대자對自 존재다"라고 말한다. 그리고 역으로 아이는 자기의 대자 존재를 "원천과의 분리, 그리하여 이 원천이 고갈되어 버리는 이별 속에서" 획득하게 된다고 했다. 이러한 자기 초월은 여자에게 자기 죽음의 전조이기도 하다. 그녀는 분만을 상상할 때 느끼는 공포로 이 진실을 표현한다. 그녀는 분만하면서 자기 생명을 잃을까 봐 두려워한다.

이처럼 임신의 의미가 모호하므로, 여자의 태도가 양면적인 것은 당연하다. 게다가 그 태도는 태아가 진화하는 여러 단계에서 변화한다. 우선 초기 과정에서 아이는 존재하지 않는다는 것을 강조할 필요가 있다. 아이는 아직 상상의 존재일 뿐이다. 어머니는 몇 달 후에 태어날 이 조그만 개체에 대해 꿈꿀 수 있고, 그 아이를 위해 요람이나 배냇옷을 준비하느라 바삐 움직일 수도 있다. 그러나 그녀는 자기 몸속에서 일어나고 있는 기관의 희미한 현상밖에는 구체적으로 파악하지 못한다. **생명**과 **생식력**에 대해 말하는 사람들은, 여자는 자기가 느낀 쾌락의 특성에 따라 남자가 자기를 어머니로 만들었음을 알 수 있다고 신비적으로 주장한다. 이러한 신비설은 폐기해야 마땅하다. 여자는 임신으로 일어나는 일에 대해 결코 결정적 직감이 없다. 그녀는 불확실한 징후에서 결론을 끌어낸다. 월경이 멈추고 뚱뚱해지며 유방이 커지고 아프며, 현기증과 구토를 느낀다. 때로 아주 단순히 병이 났다고 생각했다가 의사가 알려주기도 한다. 그때서야 비로소 자기 몸이 자기 초월의 소명을 지닌 것을 알게 된다. 자기 몸에서 생겨났지만, 자기 몸에 낯선 살덩어리 하나가 날마다 자기 속에서 자라나고 있다. 그녀는 불가사의한 법칙을 자신에게 강요하는 종의 먹이이며, 이러한 소외는 일반적으로 그녀를 두렵게 한다. 그녀의 공포는 입덧으로 나타난다. 입덧은 부분적으로는 그때 일어나는 위 분비작용의 변화로 야기된다. 그러나 다른 포유동물의 암컷에서 볼 수 없는 이러한 반응은 정신적 이유 때문에 중요성을 지닌다. 이런 반응은 인간 여성에게 종과 개체 사이에 일어나는 분쟁의 첨예한 성격을 나타내는 것이다.[106] 비록 여자가 아이를 몹시 원한다고 해도, 막상 아이를 낳아야 할 때는 우선 그녀의 몸이 반항한다. 슈테켈은 『불안의 신경 증상』에서 임신한 여자의 입덧은 언제나 아이에 대한 일정한 거부를 표현하는 것이라고 단언하고 있다. 그리고 아이를 적대적으로 맞아들일 때는 — 대개 여자 자신도 모르는 이유로 — 위장 장애가 심해진다.

"정신분석학은 임신이나 태아에 대한 반감을 나타낼 때만 심리적 원인으로 인해 입덧이 심해진다는 것을 우리에게 가르쳐 주었다"고 H. 도이치는 말한다. 그녀는 "임신기에 입덧의 심리적 내용은 정확히 임신망상에서 기인하는 젊은 처녀들의 히스테리성 구토와 똑같다"[107]고 덧붙인다. 두 경우 모두 입을 통한 임신이라는 어린이들에게서 볼 수 있는 낡은 생각이 부활한 것이다. 특히 유아적인 여자들에게 임신은 예전에 그랬던 것처럼 소화기의 질병과 동일시된다. H. 도이치가 인용하는 한 여자 환자는 자기 토사물 속에 혹시나 태아의 파편이 있지 않나 해서 불안하게 살펴보았다고 한다. 하지만 그 환자는 이런 망상이 터무니없다는 것을 *알고 있었다*고 한다. 병적인 허기증, 식욕 부진, 혐오도 태아를 보존하려는 욕망과 없애버리고 싶은 욕망 사이에서 똑같이 망설이고 있음을 표시한다. 내가 알고 있는 한 젊은 여성은 심한 구토와 악성 변비로 고생하고 있었다. 하루는 그녀가 나에게 말하기를, 자기가 태아를 토해 내려고 하는 동시에 붙잡아 두려고 애쓰는 것 같다고 했다. 이는 그녀가 고백한 욕망을 정확히 대변하고 있다.

내가 요약한 다음 사례는 아르튀스 박사가 그의 저서 『결혼』에서 인용한 것이다.

---

106 본서 제1권 제1부 1장 참조
107 때마침 누군가 내게, 아내의 임신 초기 몇 달 동안 임신한 여자들에게 볼 수 있는 구토, 현기증, 토악질의 증상을 보였던 한 남자의 사례를 들었다. 그런 증상은 명백히 무의식적 갈등을 히스테릭하게 표출하는 것이다.

T. 부인은 억제할 수 없는 입덧과 함께 심각한 임신 장애를 겪고 있었다. (…) 상태가 대단히 염려스러운 것이어서 임신중절 수술을 생각해야만 했다. (…) T. 부인은 애석해했다. (…) 간단한 정신분석을 했는데 다음의 사실이 밝혀졌다. T. 부인은 그녀의 정서에 대단히 큰 역할을 했던 학창 시절의 기숙사 친구 가운데 한 명과 무의식적인 동일시를 하고 있었다. 그 친구는 첫 임신이 잘못되어 사망했다. 이런 원인이 밝혀지자 곧 증상이 호전되었다. 2주 뒤에도 때때로 입덧이 있었지만, 더 이상 아무 위험도 나타나지 않았다.

변비, 설사, 구토는 언제나 욕망과 불안이 혼합되어 나타나는 것이다. 그 결과 때때로 유산되기도 한다. 거의 모든 자연 유산은 심리적 요인을 가지고 있다. 이런 병적 증상은 여자가 거기에 더 많은 중요성을 부여하고 '자기 목소리를 듣는 일'이 많아질수록 더 심해진다. 특히 임신부의 지독한 '입덧'은 유아기에 기원을 두고 있는 강박관념이다. 이 강박관념은 음식으로 임신한다는 낡은 생각의 결과로 항상 식품과 관련이 있다. 자기 몸속의 변화를 느낀 여자는 신경쇠약일 때 흔히 그러는 것처럼 그 이상한 감정을 욕망으로 표현하는데, 때로 그녀 자신이 이 욕망에 매혹되어 버린다. 게다가 예전에 히스테리의 문화가 있었듯이 전통적으로 입덧의 문화도 있다. 여자는 입덧하기를 기대하고 동정을 살피고 만들어 낸다. 나는 한 어린 미혼모 이야기를 들었는데, 그녀는 시금치가 어찌나 먹고 싶었던지 그것을 사러 시장으로 달려갔고, 그것이 익는 것을 바라보면서 조바심으로 발을 동동 굴렸다고 한다. 그녀는 고독의 불안을 이렇게 표현한 것이다. 자기 자신 외에는 아무에게도 기댈 수 없다는 것을 알기 때문에, 그녀는 미친 듯한 초조함으로 욕망을 충족시키는 데 열의를 보였다. 다브랑테스 공작부인Laure Junot d'Abrantès(1784~1838)[108]은 『회고록Mémoires』에서 주위 사람들이 여자에게 입덧을 명령적으로 제시한 경우를 아주 재미있게 묘사했다. 여자는 임신 기간 동안 주위의 너무 많은 배려에 대해 불평했다.

이런 보살핌과 세심한 배려는 임신 초기에 거의 언제나 수반되는 몸의 불편함, 메스꺼움, 신경병 그리고 온갖 고통을 심화시킨다. 나는 그것을 경험했다. (…) 그것은 어느 날 어머니 집에서 저녁 식사를 하고 있을 때, 어머니가 이런 말을 한 데서

---

108 *프랑스의 작가

시작했다. (…) "아! 저런" 하면서 어머니는 갑자기 포크를 내려놓고, 아연실색한 표정으로 나를 바라보았다. "아! 저런! 네가 뭘 *먹고 싶어* 하는지 물어보는 것을 생각하지 못 했구나."

"아니, 먹고 싶은 게 없어요" 하고 나는 대답했다.

"먹고 싶은 게 없다고? 먹고 싶은 게 없다고! 세상에 그런 법은 없단다. 네가 착각하고 있는 거야. 네가 거기에 주의를 기울이지 않아서 그런 거란다. 네 시어머니에게 이야기해 보마."

그래서 두 어머니는 의논하기 시작했다. 그리고 쥐노는 내가 멧돼지 머리를 지닌 아이를 낳지나 않을까 공포에 떨며 아침마다 물었다. "로르, 뭘 먹고 싶어?" 베르사유에서 돌아온 시누이도 질문의 합창에 끼어들었다. (…) 먹고 싶은 것을 제대로 먹지 못해서 모습이 흉해진 사람을 수없이 보았다고 했다. (…) 나 자신도 결국 불안해지고 말았다. (…) 나는 머릿속으로 가장 먹고 싶은 것이 무엇인지 찾아보았지만, 아무것도 찾아내지 못했다. 마침내 하루는 파인애플 사탕을 먹으면서 파인애플이 아주 훌륭한 것일 수 있겠다고 생각했다. (…) 일단 파인애플이 *먹고 싶다*는 생각을 하자. 나는 먼저 아주 강렬한 욕망을 느꼈다. 그다음 그 욕망이, 코르슬레가 "지금은 때가 아니야"라고 언명하자 더 강렬해졌다. 오! 그때 나는 그 욕망을 채우느냐 아니면 죽느냐 하는 상태에 놓여 미친 듯한 고통을 느꼈다.

(쥐노는 백방으로 알아본 끝에 마침내 보나파르트 부인의 손에서 파인애플 한 개를 받아냈다. 다브랑테스 공작부인은 그것을 기쁘게 받아들고는, 냄새를 맡고 만지며 밤을 보냈다. 의사가 그녀에게 아침에만 먹으라고 지시했기 때문이다. 막상 쥐노가 그것을 먹으라고 건네자,)

나는 접시를 멀리 밀어냈다. "그런데…… 웬일인지 모르겠어요. 파인애플을 못 먹겠어요." 그는 그 저주받은 접시에 내 코를 가까이 대도록 했다. 그러자 내가 파인애플을 먹을 수 없다는 확증이 일었다. 단지 그것을 가져가는 것뿐만 아니라 창문을 열고 방에 향수를 뿌려서 냄새를 완전히 없애기 위해서……. 이 사건에서 가장 특이한 일은, 이후 나는 어느 정도 무리하지 않으면 정말로 파인애플을 먹을 수 없게 되었다는 것이다…….

사람들이 지나치게 보살피는 여자나, 자기 자신을 너무 돌보는 여자가 병적 현상을 가장 많이 드러낸다. 임신의 시련을 가장 여유 있게 건너가는 여자는 한편으로 아기 낳는 기능에 전적으로 헌신하는 모성형이며, 다른 한편으로 자기 몸에서 일어나는 예상치 못한 일에 현혹되지 않고 쉽게 극복해 내는 데 열렬한 관심을 두는 남성적인 여자들이다. 스탈 부인은 임신을 마치 대화하는 것처럼 효과적으로 이끌어갔다.

임신 기간에 어머니와 태아의 관계는 변한다. 태아가 어머니의 배 속에 안정적으로 자리 잡으면서 두 유기체는 서로에게 적응해 간다. 그들 사이에는 여자에게 안정을 되찾게 해 주는 생물학적 교환이 있다. 여자는 자기가 더는 종에 사로잡혀 있지 않다고 느낀다. 배 속의 열매를 소유하는 것은 이제 그녀다. 초기 몇 달 동안 그녀는 하찮은 여자에 불과했고, 자기 몸속에서 진행되는 은밀한 작용으로 인해 심신이 쇠약해져 있었다. 나중에 그녀는 자명하게 한 어머니가 되며, 쇠약해진 몸은 그녀가 누리는 영광의 이면이다. 고통받던 신체 장애는 점점 심해지면서 하나의 구실이 된다. 많은 여자가 임신 중에 놀라운 평화를 발견한다. 즉, 자기들이 정당화되었음을 느낀다. 그녀들은 늘 자신을 관찰하고, 자기 몸을 탐색하는 것을 좋아했다. 그런데 자기들의 사회적 의무감 때문에 감히 자기 몸에 지나치게 관심을 두지 못하고 있었다. 이제 그녀들은 그렇게 할 권리가 있다. 자기의 안녕을 위해 하는 것은 모두 아이를 위한 것이기도 하다. 노동도 노력도 더 이상 요구되지 않는다. 자기 이외의 일은 전혀 걱정하지 않아도 된다. 그녀가 품고 있는 미래에 대한 꿈은 현재에 의미를 부여한다. 그녀는 삶을 기분 좋게 영위하기만 하면 된다. 휴가 중인 것이다. 그녀의 존재 이유는 바로 그녀의 배 속에 있고, 그것은 그녀에게 완벽한 충만감을 준다. "그것은 꼭 당신만을 위해서 당신의 뜻에 완전히 복종한 채 쉼 없이 불타오르며, 거기에 있는 겨울의 작은 난로와 같다. 또한 여름 동안 쉬지 않고 떨어지는 시원한 샤워 물줄기와 같이 거기에 있다"라고 H. 도이치가 인용한 사례에서 어떤 여자가 말한다. 마음이 흡족해진 여자는 자기를 '흥미 있게' 느끼는 만족감도 경험하는데, 이것은 소녀 시절부터 그녀의 가장 깊은 욕망이었다. 아내로서 그녀는 남자에 대한 자기의 의존성을 괴로워하고 있었다. 지금 그녀는 더 이상 성적인 대상도 하녀도 아니다. 그녀는 종을 구현하고 있으며, 이는 생명과 영원의 약속이다. 주위 사람들은 그녀를 존경한다. 그녀의 변덕조차 신성한 것이 된다. 앞에서 본 바와 같이, 이것은 그녀가 '먹고 싶은 것'을 생각해 내도록 장려한다. "임신은 평소 같으면 터무니없어 보일 행동들을 합리화시켜 준다"고 헬렌 도이치는 말한다. 자기 몸속에 있는 다른 존재에 의해서 정당화된 그녀는 마침내 완전히 자기 자신인 것을 누린다.

콜레트는 『저녁별 *L'Étoile Vesper*』에서 자기가 임신했을 때의 이런 국면을 다음과 같이 묘사했다.

충만한 여자가 느끼는 황홀감이 은밀하게 유유히 나를 휘감았다. 나는 더 이상 어떤 불편함이나 불행에도 얽매이지 않았다. 행복에 도취했다고나 할까, 가르랑거리는 소리를 내는 만족한 고양이 같다고나 할까. 이렇게 보호받고 있다는 느낌을 과학적으로 혹은 속된 말로 어떻게 불러야 할까? 내가 그것을 잊지 않을 정도이니, 매우 만족해했던 것만은 틀림없다. (⋯) 한 번도 말한 적이 없는 것에 대해, 이 경우에 내가 맺을 열매를 준비하기 위해 맛보던 진부한 너그러움에 대해 침묵하는 것이 싫증이 난다. (⋯) 매일 저녁 나는 내 인생의 좋은 시절 중 한때에 작별을 고했다. 그것을 그리워하리라는 것을 잘 알고 있었다. 그러나 환희, 안식, 행복감이 모든 것을 덮어 버렸다. 그리고 부드러운 동물성과 늘어난 몸무게와 내가 만들고 있던 피조물의 둔탁한 부름에 나를 맡겼던 무사태평함이 내 위에 군림하고 있었다.

여섯째, 일곱째 달⋯⋯. 첫 딸기, 첫 장미. 나의 임신을 오래 지속되는 축제가 아닌 다른 무엇이라 부를 수 있을까? 분만의 고통은 잊어버리지만, 한 번밖에 없는 긴 축제는 잊어버리지 않는다. 나는 아무것도 잊어버리지 않았다. 특히 졸음이 변화무쌍한 시간에 나를 덮쳐서, 어릴 때처럼 땅바닥에서, 풀 위에서, 따뜻해진 흙 위에서 자고 싶은 욕구에 사로잡혔던 것을 기억한다. 유일한 '욕망', 건강한 욕망이었다.

임신 끝 무렵이 되자, 나는 훔친 알을 끌고 가는 쥐와 같았다. 몸을 주체하기가 힘들고 너무나 피곤해서 잠이 오지 않는 수도 있었다. 피로감에도 불구하고 몸무게에 눌려 나의 긴 축제는 아직 중단되지 않고 있었다. 사람들은 나를 특권과 보살핌으로 상찬했다.

콜레트는 이런 행복한 임신을 그녀의 친구가 '남자의 임신'이라 불렀다고 말한다. 사실 그녀는 임신 상태를 용감하게 견디는 여자의 전형처럼 보인다. 왜냐하면 그녀가 그 속에 매몰되지 않기 때문이다. 그녀는 임신 기간에도 작가의 일을 계속해 나갔다. "아이는 자기가 맨 먼저 도착했다고 알렸다. 그래서 나는 만년필 뚜껑을 닫았다."

그렇지 않은 다른 여자들은 더욱 둔해진다. 그녀들은 자기들의 새로운 중요성을 끝없이 되새긴다. 주위로부터 조금이라도 격려를 받으면 남자들이 만든 신화를 자기 것으로 한다. 즉, 정신의 명철함에 **생명**을 다산하는 밤을, 밝은 의식에 내면성의 신비를, 생식 능력 없는 자유에 놀라운 사실성 속에 있는 이 자궁의 무게를 대립시킨다. 미래의 어머니는 자신을 부식토이자 경작지, 원천이며 뿌리라고 느낀다. 그녀가 졸고 있을 때, 그녀의 잠은 삼라만상이 들끓고 있는 혼돈의 잠이다. 그중에는 더욱더 자기를 잊어버리고 자기 속에서 자라고 있는 생명의 보배에 특히 황홀해하는 여자도 있다. 세실 소바주가 그녀의 시 「새싹의 영혼」에서 내내 표현하는 것은 이러한 기쁨이다.

> 새벽이 평원의 것인 것처럼 너는 나의 것이다
> 나의 생명은 네 주위를 감싸는 따뜻한 털실이고
> 그 속에서 추위를 많이 타는 너의 사지四肢가 비밀리에 자라난다.

그리고 더 나아가서는 이렇게 표현한다.

> 오, 내가 조심조심 애무하는 솜 속에 있는 너
> 나의 꽃에 매달린 새싹의 작은 영혼
> 내 마음 한 조각으로 너의 마음을 만든다
> 오, 솜처럼 보드라운 나의 열매, 어여쁜 촉촉한 입.

그리고 남편에게 보낸 편지에는 이렇게 썼다.

신기해요, 나는 작은 유성 하나가 만들어지는 것을 지켜보는 것 같고, 그것으로 가냘픈 지구를 빚어 내는 것만 같아요. 생명을 이토록 가까이 느꼈던 적은 한 번도 없어요. 내가 식물과 수액이 있는 대지의 자매라는 것을 그렇게 분명히 느껴 본 적도 결코 없었어요. 내 두 발은 살아 움직이는 짐승 위를 걷는 것처럼 대지 위를 걷고 있어요. 피리 소리, 잠이 깬 꿀벌과 이슬로 가득 찬 날을 꿈꾸고 있어요. 왜냐하면 아이가 내 속에서 일어서고 움직이고 있기 때문이에요. 이 새싹의 영혼이 내 가슴에 얼마나 봄의 신선함과 젊음을 주는지 당신이 안다면! 그리고 피에로의 어린애 같은 그 영혼이 내 존재의 어두움 속에서 자기 두 눈과 닮은 커다란 무한의 눈을 만들어 간다고 생각하면.

반면에 몹시 교태를 부리는 여자들, 자기를 본질적으로 에로틱한 대상으로 여기며 자기 몸의 아름다움을 사랑하는 여자들은 몸이 변형되고 추해지며 욕정을 일으킬 수 없는 모습으로 되는 것을 보며 괴로워한다. 그런 여자들에게 임신은 축제나 풍요로움 같은 것이 아니라 자기 자아를 축소하는 것처럼 보인다.

   그중에서도 이사도라 덩컨의 『나의 생애』에서는 다음과 같은 내용을 읽을 수 있다.

   아이는 지금 자기의 존재를 느끼도록 하고 있다. (…) 대리석 같은 내 아름다운 몸은 늘어지고 부서지고 흉해졌다. (…) 바닷가를 거닐면서 나는 때때로 넘치는 힘과 활력을 느꼈다. 또 때로는 이 어린 피조물이 나의 것, 오직 나만의 것이 되리라고 생각할 때도 있었다. 그러나 어떤 날은…… 내가 함정에 빠진 가엾은 동물이 된 듯했다. (…) 희망과 절망이 교차하는 가운데 나는 자주 젊은 날의 순례와 방랑과 예술의 발견 같은 것을 생각했다. 그러나 그 모든 것은 어린아이를 기다리는 것으로 귀결되어 버린, 안개 속으로 사라진 한낱 오래된 서막에 불과한 것이었다. 아이란 어느 농부의 아내라도 만들 수 있는 걸작이다. (…) 나는 온갖 종류의 두려움에 사로잡히기 시작했다. 여자라면 누구나 아이를 갖는다고 나 자신에게 타일러 보았으나 소용없었다. 그것은 무언가 자연스러운 것이었지만 무서웠다. 무엇이 무섭다는 말인가? 분명 죽음이나 고통에 대한 공포는 아니었다. 알지 못하는 것에 대한 미지의 공포였다. 내 아름다운 몸은 놀랍게도 점점 더 흉하게 변해 가고 있었다. 나이아스Naias[109] 같은 우아하고 싱싱한 모습은 어디에 있는가? 내 야망, 내 명성은 어디로 갔는가? 본의 아니게 나는 자주 나 자신이 비참하게 패배한 것처럼 느껴졌다. 삶이라는 이 거인과의 싸움은 불평등한 것이었다. 하지만 그때 태어날 아이를 생각하자 나의 모든 슬픔은 사라졌다. 어둠 속에서 잔인한 기다림의 시간. 어머니가 되는 영광에 우리는 얼마나 비싼 값을 치르고 있는지!

   임신의 마지막 단계에 이르면 어머니와 아이의 분리가 시작된다. 태아의 그 첫 번째 움직임, 세계의 문을 두드리는, 자기를 가두고 있는 자궁 내벽을 차는 태아의 발길질을 여자들은 각각 다르게 느낀다. 어떤 여자들은 자율적 생명의 존재를 알리는 이 신호를 감탄하며 맞아들인다. 다른 여자들은 혐오를 느끼며 자기를

---

109 * 그리스 신화에 나오는 강이나 샘에 산다고 전해지는 물의 요정

다른 개체를 담는 용기처럼 생각한다. 다시 태아와 모체의 결합이 흔들린다. 자궁이 내려앉고, 여자는 압박감과 긴장감, 호흡 곤란을 느낀다. 이번에는 구분이 안 되는 종種에게 소유되는 것이 아니라, 조만간 태어날 아이에게 소유된다. 아이는 그때까지 하나의 이미지나 희망에 불과했으나 이제 무겁게 현존하고 있다. 그 현실은 여러 가지 새로운 문제를 발생시킨다. 모든 통과의례는 불안하다. 분만은 특히 무서운 것으로 보인다. 해산날이 다가올수록 그녀의 유아기 공포는 모두 되살아난다. 그녀가 어떤 죄의식의 결과로 어머니에게서 저주를 받는다고 생각하면, 자기가 죽든지 아니면 아이가 죽게 될 것이라고 믿는다. 톨스토이는 『전쟁과 평화』에서 리즈라는 인물 속에 분만할 때 죽을 것으로 생각하는 유아적인 여성을 묘사했다. 그리고 그녀는 실제로 죽는다.

분만은 경우에 따라서 매우 다른 성격을 띠게 된다. 어머니는 자기 자아의 귀중한 일부인 보물 같은 아이를 배 속에 지니고 있기를 바라는 동시에 귀찮은 것을 떨쳐내 버리기를 희망한다. 오랫동안 꿈꿔 오던 것을 두 손안에 쥐고 싶다가도, 그 꿈의 실현이 만들어 낼 새로운 책임이 두렵다. 두 욕망 중 어느 하나가 이길 수 있지만, 대개 그녀는 분열되어 있다. 또 그녀가 불안한 시련에 단호하게 임하지 못하는 경우도 흔히 있다. 그녀는 자기 자신과 주위 사람들 – 어머니나 남편 – 에게 도움받지 않고도 불안한 시련을 극복할 수 있다는 것을 증명하고자 한다. 그러나 동시에 자기에게 가해진 고통에 대해 세상이나 인생 혹은 측근들을 원망한다. 그리고 항의하는 의미로 수동적 태도를 보인다. 독립적 여자들 – 모성형이나 남성적 여자들 – 은 분만에 이르는 시기나 분만하는 동안에 적극적인 역할을 하는 데 열렬한 관심을 기울인다. 대단히 유아적인 여자들은 산파나 어머니의 보살핌에 수동적으로 자기를 맡긴다. 어떤 여자들은 소리를 지르지 않는 것에 자부심을 품는다. 다른 여자들은 모든 수칙을 거부한다. 일반적으로 여자들은 해산의 위기에서 대체로 세상에 대한, 특히 모성에 대한 자기의 본질적 태도를 표현한다고 말할 수 있다. 즉, 그녀들은 의연하든가 체념적이든가 권리주장을 하든가 강압적이든가 반항적이든가 무기력하든가 긴장되어 있다……. 이러한 심리적 상태는 분만이 지속되는 시간과 어려움에 지대한 영향을 끼친다(물론 분만은 순전히 생리적 요인에 좌우되기도 한다). 정상적인 경우라도 여자는 – 일부 가축의 암컷처럼 – 자연이 부여한 기능을 수행하려면 도움이 필요하다는 것은 의미심장하다. 거친 풍습 아래 살아가는 농촌의 여자들과 수치심을 갖는 미혼모들은 도움을 받지 않은 채 혼자서 분만한다. 그러나 혼자서 아이를 낳다가 흔히 아이를 죽게 하든가, 혹은 산모도 불치의 병을 앓게 된다. 여자로서의 운명의 실현을 완성하는 순간에서조차 여자는 아직도 의존적이다. 이는 인류에게 자연은 인공과 절대로 구별되지 않는다는 것을 증명한다. 자연적으로 여성 개인과 종의 이해 간 충돌이 대단히 첨예해서, 이 충돌은 종종 어머니나 아이의 죽음을 야기하기도 한다. 예전에는 아주 빈번했던 사고를 현저하게 감소시킨 – 그리고 거의 근절시킨 – 것은 의학과 외과수술이라는 인간의 개입이다. "너는 고통 속에서 아이를 낳으리라"라고 한 성서적 확언을 부정하고 있다. 미국에서 널리 사용되는 이 방법은 프랑스에도 보급되기 시작했다. 영국에서는 1949년 3월 법령으로 이 방법을 의무적으로 시행하도록 했다.[110]

무통분만법이 제거해 주는 고통이 정확히 어떤 것인지는 알기 어렵다. 때로는 24시간 이상 해산이 지속되기도 하고, 때로는 두세 시간 안에 해산하는 사실로 보아 일반화될 수는 없다. 어떤 여자들에게는 해산이 일종의 수난이다. 이사도라 덩컨의 경우가 그렇다. 그녀는 임신 기간을 불안 속에서 보냈는데, 아마도 정신적 저항이 해산의 고통을 한층 심화시킨 것 같다. 그녀는 이렇게 쓰고 있다.

> 사람들은 스페인의 종교재판에 대해서 제멋대로 말할 수 있으나, 아이를 낳은 여자라면 누구나 그런 것쯤은 무서워하지 않을 것이다. 그런 것과 비교하는 것은 장난이다. 전혀 멈추지 않고, 인정사정없이, 그 보이지 않는 잔인한 악마는 자기 발톱으로 나를 잡고서 뼈와 신경을 갈기갈기 찢고 있었다. 그와 같은 고통은 곧 잊힌다고 한다. 그 말에 내가 답할 수 있는 것은 눈을 감기만 해도 나의 비명과 탄식을 다시 듣기에 족하다는 것이다.

이와 반대로 어떤 여자들은 비교적 견디기 쉬운 시련이라고 여긴다. 극소수의

---

110 내가 이미 말한 바와 같이, 안티페미니스트들은 분만의 고통을 없애야 한다는 주장에 대해 자연과 성서의 이름으로 분개했다. 분만의 고통은 모성 '본능'의 원천 가운데 하나라는 것이다. H. 도이치는 이런 의견에 찬성하는 것처럼 보인다. 어머니가 분만의 수고를 느끼지 않았을 때, 아이를 처음 본 순간 마음속 깊이 자기 아이로 인정하지 않는다고 H. 도이치는 말한다. 하지만 그녀는 고생한 산모에게서는 공허하고 야릇한 감정이 엇갈린다는 것을 시인하고 있다. 또한 자기 책에서 모성애는 의식적인 감정이나 태도이지 본능이 아니라는 주장을 내세 펼치고 있다. 그리고 모성애는 임신과 필연적으로 결부되어 있지 않다는 것도 주장하고 있다. 그녀에 따르면, 여자는 입양한 아이나 전실 자식 등을 친어머니처럼 사랑할 수 있다고 한다. 이러한 모순은 명백히 H. 도이치가 여자를 마조히즘적으로 다루는 데서, 또한 여자의 고통에 높은 가치를 부여하도록 하자는 주장에서 오는 것이다.

여자들은 거기서 관능적 쾌락을 발견하기도 한다.

"나는 대단히 성적인 존재이기 때문에 분만조차 나에게는 하나의 성행위다"라고 어떤 여자가 쓰고 있다.[111] 나의 산파는 매우 아름다운 여자였다. 그녀는 나를 목욕시키고 나에게 주사를 놔 주었다. 그것만으로도 나를 고도의 흥분 상태에 집어넣는 데 충분했다.

해산하는 동안 창조의 힘 같은 것을 느꼈다고 말하는 여자들도 있다. 그런 여자들은 진정 의지가 강하고 생산적인 일을 실현한 것이다. 이와 반대로 자기를 수동적으로 고통받고 고문당하는 하나의 도구로 느낀 여자들도 많이 있다.
어머니가 갓난아기와 갖는 최초의 관계 역시 다양하다. 어떤 여자들은 자기 몸에서 느끼는 공허감에 힘들어한다. 그녀들에게는 자기의 보물이 도둑맞은 것과 같다.

> 나는 소리 없는 벌집
> 꿀벌 떼는 공중으로 날아갔다
> 이젠 나의 피 한 방울도
> 너의 연약한 몸에 주지 못한다
> 내 존재는 빈집이 되었다
> 거기서 방금 죽은 사람을 가져가 버렸으니,

위의 시를 쓴 세실 소바주는 또 이렇게 썼다.

> 너는 더 이상 나의 것이 아니다. 네 얼굴에는
> 벌써 다른 하늘이 비치고 있다.

또 이렇게도 쓰고 있다.

> 그가 태어났다, 나는 어린 연인을 잃어버렸다

---

111 슈테켈이 수록한 이 여자의 고백 일부를 앞서 요약 소개했다.

지금 그는 태어났고, 나는 이제 외톨이
내 속에서 피의 빈자리가 공포에 사로잡힌 것을 느낀다⋯⋯.

하지만 동시에 아주 젊은 어머니에게는 놀라움에 가득 찬 호기심이 있다. 자기 속에서 만들어져 나온 살아 있는 한 존재를 보거나 품에 안는 것은 신기한 기적이다. 그러나 지상에 새로운 존재 하나를 던져 놓는 그 놀라운 사건에서 대체 어머니는 정확히 무슨 일을 한 것일까? 그녀는 그것을 알지 못한다. 아이는 어머니 없이 존재하지 못할 것이다. 하지만 어머니는 그 아이를 붙잡아 둘 수 없다. 아이가 몸 밖으로 나와 자기와 떨어져 있는 것을 보며 생각지 못한 슬픔을 느낀다. 그리고 거의 언제나 실망을 느낀다. 여자는 아이를 자기 손만큼이나 확실하게 *자기 것*으로 느끼고 싶어 한다. 그러나 아이가 느끼는 모든 것은 그 아이 속에 갇혀 있다. 아이는 불투명하고 침투할 수 없는 별개의 존재다. 그녀는 아이를 알지 못하기 때문에 알아볼 수조차 없다. 그녀는 임신 기간을 아이가 없는 채 살아 왔다. 그녀는 이 작은 이방인과 어떤 공통된 과거도 없다. 그녀는 아이와 즉시 친해질 것이라 기대했었다. 그러나 기대는 어그러졌다. 아이는 새로 온 사람이고, 그녀는 아이를 무심하게 맞아들이는 자신에게 어리둥절해 있다. 임신 중 몽상하는 동안 아이는 하나의 이미지였고 무한했으며, 어머니는 마음속에서 자신의 미래 어머니 상像을 그리고 있었다. 지금 아이는 아주 작고 유한한 개체다. 실제로 거기에 있는, 우연적이고 연약하며 까다로운 존재다. 아이가 마침내 태어나 현실적으로 거기 있다는 기쁨에는 단지 그뿐이라는 아쉬운 감정이 뒤섞여 있다.

수유를 통해서 많은 젊은 어머니가 아이와 분리 이전에 가졌던 친근한 동물적 관계를 되찾는다. 그것은 임신 이상으로 지치게 하는 일이지만, 젖을 주는 어머니에게 임신부가 맛보았던 '휴가'·평화·충만감의 상태를 이어가도록 해 준다.

콜레트 오드리는 『지는 놀이』의 여주인공 중 한 명에 대해서 이렇게 말하고 있다.

아기가 젖을 빠는 동안에는 달리 할 일이 없었다. 젖 주는 일은 몇 시간이고 지속될 수 있었다. 그녀는 그 뒤에 올 일을 생각조차 하지 않았다. 아기가 배를 가득 채운 꿀벌처럼 젖에서 떨어지기를 기다릴 뿐이다.

그러나 자신이 젖을 먹여 키울 수 없고 아이와 구체적인 관계를 회복하지 못해서, 출산 초기의 놀라움에 가득 찬 무심함이 계속되는 여자들도 있다. 딸에게 젖을 줄 수 없었던 콜레트도 그런 경우였다. 그녀는 평소의 진솔함으로 자기가 느낀 초기의 모성 감정을 이렇게 묘사하고 있다.[112]

그다음은 집안에 들어온 새로운 인물을 바라보는 것이다. (…) 내가 충분히 애정을 담아 바라보았던가? 감히 그렇다고 단언하지 못한다. 확실히 나는 감탄하는 습관이 있었다. - 그런 습관은 지금도 여전하다 - 나는 갓난아기라는 경이의 집합체에 대해 그 습관을 실행했다. 분홍빛 새우껍데기처럼 투명한 그 손발톱, 땅을 밟지 않고 우리에게로 온 그 발바닥. 뺨 위로 내려온, 지상의 풍경과 눈의 푸르스름한 꿈 사이에 놓인 가벼운 깃털 같은 그 속눈썹. 겨우 절개되어 두 음순이 서로 맞닿아 꽉 아문 아몬드 같은 조그만 성기. 그러나 나는 내 딸에게 헌정한 세세한 찬사에 이름을 짓지 않았고, 그것을 사랑이라 느끼지 않았다. 나는 지켜보고 있었다. (…) 나의 삶이 그렇게 오랫동안 기다려 왔던 광경을 보아도, 거기서 현혹된 어머니들의 경계나 경쟁심을 끌어내지는 않았다. 대체 언제 나에게 두 번째의 더 어려운 침입을 이행하는 신호가 올 것인가? 여러 가지 경고, 순간적인 질투심의 반란, 거짓된 그리고 진정한 예감, 그 보잘것없는 채권자였던 한 생명을 자유로이 처분할 수 있다는 자부심, 타인에게 겸손의 교훈을 준다는 조금은 불성실한 의식, 그런 것들의 합이 결국 나를 한 평범한 어머니로 바꾸어 놓았고, 나는 그 사실을 받아들이지 않을 수 없었다. 게다가 앙증맞게 예쁜 입술 위에 이해할 수 없는 말이 꽃피울 때, 지식과 심술과 애정조차 표준적인 아기인형을 딸로 만들고 그 딸을 내 딸로 만들었을 때 나는 다시 평온해졌다!

또한 새로운 책임을 두려워하는 어머니도 많이 있다. 그녀들은 임신 중에 자신을 자기 몸에 맡기기만 하면 되었다. 어떤 일을 솔선할 필요가 없었다. 그런데 지금 그녀들 앞에는 그녀들에게 권리가 있는 한 사람이 있다. 어떤 여자들은 병원에 있는 동안 아이를 쾌활하고 걱정 없이 기분 좋게 보듬어 주다가 집에 돌아오자마자 짐처럼 바라보기 시작한다. 그녀들은 수유에서조차 아무 기쁨도 얻지 못하고 오히려 자기 가슴이 보기 싫게 될까 봐 두려워한다. 유방의 살갗이 트고 젖

112 콜레트, 『저녁별』

샘이 아픈 것을 고통스럽게 느낀다. 아이의 입이 가슴에 상처를 낸다. 아이가 자기의 힘과 생명과 행복을 빨아먹는 것처럼 보인다. 고된 노동을 과하는 아이는 더 이상 자기의 일부가 아니다. 아이가 폭군처럼 보인다. 그녀들은 자기의 육체, 자유, 자아 전체를 위협하는 이 작은 타인을 적대감을 가지고 바라본다.

이밖에도 다른 많은 요인이 있다. 여자와 자기 어머니의 관계는 여전히 그 중요성을 모두 간직하고 있다. H. 도이치는 어머니가 자기를 보러 올 때마다 매번 젖이 나오지 않는 한 젊은 엄마의 예를 들고 있다. 그녀는 자주 도움을 청하지만, 다른 사람이 아기를 돌보는 것에 대해 질투하고, 아기에 대하여 처량함을 느낀다. 아이 아버지와의 관계나 아버지 자신이 품고 있는 감정 또한 큰 영향을 미친다. 경제적·감정적 이유의 전체가 아이를 무거운 짐이나 구속 혹은 해방이나 보배나 안전으로 규정한다. 어떤 경우에는 적대감이 명백한 증오가 되어 극단적 무관심이나 학대로 나타나는 일도 있다. 대개는 어머니가 자기 의무를 의식하고 이런 악감정과 싸운다. 이에 대해서 그녀가 느끼는 양심의 가책은 임신 기간에 가졌던 두려움이 연장되는 불안을 낳는다. 자기 아이에게 해를 끼칠지도 모른다는 강박관념에 사로잡혀 사는 어머니나 끔찍한 사고를 상상하는 어머니들이 억제하려 노력하면서도 아이들에게 증오감을 품는다는 것을 모든 정신분석학자가 인정한다. 아무튼 이 관계는 다른 모든 인간관계와 달리 관계 초기에 아이 자신은 개입하지 않는다는 것에 주목할 필요가 있다. 아이의 미소나 더듬는 말투는 어머니가 부여하는 의미 외에 아무 의미도 없다. 아이가 매력적이고 유일무이하게 보이거나 혹은 귀찮고 신통치 않고 밉게 보이는 것은 아이가 아닌 어머니에 따라 그런 것이다. 그 때문에 불감증이거나 만족하지 못하고 우울한 여자들은 아이에게서 친한 친구·따스함·자극을 기대했다가 심히 낙담한다. 사춘기와 성적 입문 그리고 결혼의 '통과의례'처럼 모성의 통과의례도 어떤 외적 사건이 자기의 삶을 일신하고 정당화할 수 있기를 희망하는 사람들에게는 침울한 실망감을 가져온다. 소피아 톨스토이에게서 그런 감정을 볼 수 있다. 그녀는 이렇게 쓰고 있다.

이 아홉 달은 내 인생에서 가장 끔찍한 시기였다. 열 달째에 관해서는 말을 안 하는 편이 더 낫다.

그녀는 일기에 상투적인 기쁨을 기록하려고 애썼지만 허사였다. 슬픔과 책임에 대한 그녀의 두려움은 우리에게 강한 인상을 준다.

> 모든 것이 끝났다. 나는 해산했다. 내 몫의 고통을 겪었고, 아이에 대하여, 특히 남편에 대하여 변함없는 두려움과 초조함을 안고 조금씩 생활로 돌아간다. 내 안에서 무엇인가가 부서졌다. 내가 끊임없이 고통받을 것이라고 무엇인가가 나에게 말한다. 그것은 내가 내 가족에 대한 의무를 이행하지 못할 것이라는 데 대한 두려움이다. 암컷의 제 새끼에 대한 상스러운 사랑이 두려워서 그리고 남편을 지나치게 사랑하는 것이 두려워서 나는 이제 자연스럽지 못하게 되었다. 남편과 아이들을 사랑하는 것이 미덕이라고 사람들은 주장한다. 이런 생각이 때로 나를 위로해 주기도 한다. (…) 모성적인 감정이 얼마나 강한 것인지, 어머니가 된다는 것이 얼마나 자연스럽게 보이는지. 이 아이는 리오바의 아이이다. 그래서 나는 그 아이를 사랑한다.

그러나 소피아 톨스토이가 남편에 대한 사랑을 그토록 과시하는 것은, 그녀가 그를 사랑하지 않기 때문이라는 것을 우리는 알고 있다. 이러한 반감은 그녀를 구역질 나게 한 포옹에서 생긴 아이에게 파급된다.

K. 맨스필드는 남편을 지극히 사랑하면서도 그의 애무를 혐오감 속에서 견뎌 내는 한 젊은 어머니의 망설임을 묘사했다. 이 젊은 어머니는 아이들 앞에서 애정과 공허함을 동시에 느끼는데, 이를 완전한 무관심으로 침울하게 연기하고 있다. 린다는 정원에서 막내 아이 곁에서 휴식을 취하면서 남편 스탠리를 생각하고 있다.[113]

> 이제 그녀는 그와 결혼했다. 그리고 무엇보다도 그를 사랑하고 있었다. 모든 사람이 알고 있는 그 스탠리가 아니고, 일상의 그 스탠리도 아니다. 소심하고 감수성이 예민하고 순진하며 매일 저녁 기도를 드리기 위해 무릎을 꿇는 스탠리다. 그러나 불행하게도…… 그녀는 자기의 스탠리를 보는 일이 극히 드물다. 섬광 같은 고요의 순간들이 있으나 그런 순간 외에는 항상 금방이라도 불이 붙을 듯한 집 안에서, 매일 난파하는 배 위에서 사는 것 같았다. 위험의 한가운데에 있는 것은 언제나 스탠리였다. 그녀는 그를 구하고 돌보고 안정시키며 그의 이야기에 귀 기울이는 데 모든 시간을 들였다. 그리고 남는 시간은 아이를 갖게 될까 봐 두려워

---

113 「만에서」

하며 보냈다. (…) 아이를 갖는 것은 여자들의 공통된 운명이라고 하는 그 말이 아름답게 들리긴 하지만, 사실은 아니다. 예를 들면, 그녀는 그 말이 거짓이라는 것을 증명할 수 있을 것이다. 그녀는 임신으로 무력해지고 쇠약해지고 의기소침해졌다. 자기 아이들을 사랑하지 않는다는 것은 가장 견디기 힘들었다. 사랑하지 않으면서도 사랑하는 체할 필요는 없다. (…) 아니, 무서운 여행을 할 때마다 차디찬 바람이 그녀를 얼어붙게 했다고나 할까. 그녀에게는 아이들에게 줄 온기가 더 이상 남아 있지 않았다. 그 조그만 사내아이로 말할 것 같으면, 자! 다행스럽게도 그 아이는 그녀 어머니의 것이며, 베릴의 것이며, 원하는 사람 누구나의 것이다. 그녀는 그 아이를 자기 품에 안아 본 적이 거의 없었다. 아이가 자기 발치에서 자는 동안에도 그녀는 아주 무심했다. 아이의 미소 속에는 무언가 아주 괴상하고 예상치 못한 것이 있어서 린다 자신도 미소 지었다. 그러나 그녀는 곧 다시 침착해지고 아이에게 쌀쌀하게 말한다. "나는 아기들을 좋아하지 않아. - 아기들을 좋아하지 않는다고요?" 아이는 그 말을 믿을 수가 없었다. "나를 좋아하지 않나요?" 아이는 어머니 쪽으로 바보같이 두 팔을 휘젓고 있었다. 린다는 풀 위에 주저앉았다. "너는 왜 계속 웃고 있는 거니?" 그녀는 나무라듯 말했다. "내가 생각하고 있는 것을 네가 안다면, 너는 웃지 않을 거야……." 린다는 이 아이의 크나큰 신뢰에 매우 놀랐다. 아, 아니다, 솔직해지자. 그녀가 느낀 것은 그것이 아니었다. 그것은 무언가 완전히 다른, 무언가 아주 새로운, 아주……. 그녀의 눈에서 눈물이 춤을 추었고, 그녀는 아이에게 부드럽게 속삭였다. "안녕, 나의 맹랑한 아가야……."

이와 같은 모든 예는 모성 '본능'이라는 것이 존재하지 않는다는 것을 보여 주기에 충분하다. 모성 본능이란 말은 어떤 경우에도 인류에게 적용되지 않는다. 어머니의 태도는 그녀의 상황 전체에 의해서, 그녀가 그 상황을 받아들이는 방식에 의해서 정해진다.

하지만 사정이 확실히 불리하지만 않다면 어머니는 아이에게서 자기를 풍요롭게 하는 것을 발견할 것이다.

그것은 마치 자기 존재의 현실에 대한 답변과 같았다. (…) 아이를 통해서 그녀는 모든 것에, 먼저 자기 자신에 대한 영향력을 갖게 되었다.

C. 오드리는 어떤 젊은 어머니에 대해서 위와 같이 쓰고 있다.

그녀는 또 다른 어머니의 다음과 같은 말을 인용하고 있다.

아이는 세상에서 가장 무거운 무엇처럼 내 힘이 다할 때까지 나의 두 팔과 가슴 위에 자기 무게를 싣고 있었다. 아이는 침묵과 어둠 속에서 나를 땅속에 처박았다. 그리고 단번에 세상의 무게를 내 양어깨에 얹어 놓았다. 바로 그 때문에 나는 그 아이를 원했던 것이다. 나 혼자로는 너무 가벼웠다.

어머니라기보다는 차라리 '애 낳는 여자'인 어떤 여자들은 아이가 젖을 떼자마자 혹은 태어나자마자 아이에게 무관심해지고, 다음번 임신만을 바란다. 이와 반대로 많은 여자는 아이가 자기 몸에서 완전히 떨어져 나갈 때 자기에게 주어진다는 것을 느낀다. 아이는 이제 어머니의 자아와 구분되지 않는 한 조각이 아니라 세계의 한 작은 부분이다. 아이는 더 이상 어머니의 몸에 암암리에 들러붙어 있는 존재가 아니라 눈으로 볼 수 있고, 손으로 만질 수도 있는 존재다. 산후우울증이 지나간 후에 세실 소바주는 아이를 소유하는 모성의 기쁨을 다음과 같이 표현하고 있다.

> 나의 귀여운 연인, 네가 여기
> 네 엄마의 커다란 침대 위에 있구나
> 나는 너에게 입 맞추고, 너를 안고,
> 너의 아름다운 미래를 헤아릴 수 있다.
> 안녕, 피와 기쁨과 맨살의
> 나의 귀여운 조각아,
> 나의 조그만 분신, 나의 감동…….

여자가 다행스럽게도 아이에게서 페니스의 등가물을 발견한다는 말은 늘 되풀이되었다. 이 말은 전혀 정확하지 않다. 사실, 성인 남자는 자기 페니스를 훌륭한 장난감으로 보지 않는다. 그 기관이 지니는 가치는, 그것이 소유할 수 있는 욕망의 대상들의 가치다. 이와 마찬가지로 성인 여자가 남자에게 부러워하는 것은 그가 합병하는 먹이이지, 합병의 도구가 아니다. 아이는 남자의 포옹이 채워 주지 못하는 이런 공격적 에로티시즘을 충족시켜 준다. 아이는 여자가 남자에게 넘겨 주고 남자에게서 얻지 못하는 정부情婦에 필적하는 것이다. 물론 정확하게 같은 것은 아니다. 모든 관계는 독창적이다. 그러나 어머니는 아이로부터 – 남자가 사랑하는 여자에게서 그러는 것처럼 – 항복이 아닌 지배 속에서 육체적 충만을 발견한다. 여자는 아이를 통해 남자가 여자에게서 추구하는 것을 손에 넣는다. 즉, 자기의 먹이이자 **분신**, 자연인 동시에 의식인 타자 한 명을 손에 넣는 것이다. 아이는 자연 전체를 구현하고 있다. C. 오드리의 여주인공은 자기 아이에게서 발견한 것을 다음과 같이 말한다.

내 손가락의 감촉을 위해서 존재하는 살결, 그것은 모든 새끼 고양이와 모든 꽃의 약속을 지켜주었다…….

아기의 살은, 여자가 어린아이일 적에 어머니의 살을 통하여, 나중에는 세상 곳곳에서 갈망한 그 부드러움과 따뜻한 탄력성을 지니고 있다. 아이는 식물이며 동물이고, 아이의 두 눈에는 비와 강물, 하늘과 바다의 쪽빛이 있다. 아이의 손발톱은 산호이고, 머리카락은 비단같이 부드러운 식물이다. 아이는 살아 있는 인형이고 새이며 새끼고양이다. 나의 꽃, 나의 진주, 나의 병아리, 나의 어린 양…….. 어머니는 연인이 쓰는 듯한 말을 속삭이고, 연인처럼 탐욕스레 소유 형용사를 사용한다. 그녀는 애무와 키스의 똑같은 소유 양식을 사용한다. 아이를 자기 몸에 꼭 껴안고, 자기 품과 침대의 온기로 감싼다. 때로 이런 관계는 뚜렷하게 성적인 특성을 띠기도 한다. 내가 앞에서 인용한, 슈테켈이 수록한 고백에서 이와 같은 것을 읽을 수 있다.

나는 아들에게 젖을 주고 있었다. 그러나 즐겁지 않았다. 왜냐하면 아이가 자라지를 않았으며, 우리 둘 다 체중이 줄어들고 있었기 때문이다. 젖을 주는 것은 나에게 성적인 무언가를 나타내었고, 나는 아이에게 가슴을 내어 주면서 부끄러운 감정을 느꼈다. 내 몸에 꼭 달라붙는 따뜻하고 조그만 몸을 느끼면서 사랑스러운 감각을 경험했다. 그 조그만 손이 나를 만지는 것을 느꼈을 때는 몸이 떨렸다. (…) 나의 모든 사랑은 내 아들에게 가기 위해 나의 자아에서 떨어져 나갔다. (…) 아이는 너무나 자주 나와 함께 있었다. 내가 침대에 있는 것을 보자마자 아이는, 그때 두 살이었는데, 침대로 와서 내 위에 올라타려고 했다. 아이는 조그만 손으로 내 가슴을 어루만졌고, 손가락으로 아래를 더듬고 싶어 했다. 그것은 물리치기가 힘들 정도로 나에게 쾌감을 주었다. 나는 그 애의 페니스를 가지고 놀고 싶은 유혹과 자주 싸워야만 했다.

아이가 성장하면 모성은 새로운 양상을 띤다. 처음에 아이는 '표준적 아기인 형'에 불과하고, 그 일반성에서만 존재한다. 아이는 조금씩 개인화되어 간다. 지 배욕이 매우 강하거나 대단히 관능적인 여자들은 그때 아이에게 냉정해진다. 이 와 반대로 어떤 여자들은 – 콜레트처럼 – 이때 아이에게 관심을 두기 시작한다. 어머니와 아이의 관계는 점점 더 복잡해진다. 아이는 어머니의 분신이고 때로 그 녀는 아이 속에 자신을 완전히 소외시키고 싶은 유혹에 빠지지만, 아이는 자율적 인 주체이므로 반항한다. 아이는 지금 아주 현실적이다. 그러나 미래 저쪽에서는 한 명의 청소년이며 상상의 성인이다. 그것은 부翽이고 보물이다. 또한 부담이자 폭군이기도 하다. 어머니가 아이에게서 발견할 수 있는 기쁨은 관대한 기쁨이다. 어머니는 봉사하고 주고 행복을 창조하는 데 만족해야만 한다. C. 오드리가 그 리는 그런 어머니처럼.

그래서 아이는 책에 나오는 것처럼 행복한 어린 시절을 보냈다. 그러나 이 어린 시절을 책에 나오는 어린 시절과 비교하는 것은 진짜 장미를 그림엽서의 장미와 비교하는 것과 같았다. 그리고 아이의 이 행복은 내가 그를 키운 젖과 마찬가지 로 역시 나에게서 나온 것이다.

사랑에 빠진 여자처럼, 어머니는 자기를 필요한 존재로 느끼는 것에 매우 기뻐 한다. 그녀는 자기가 응하는 강한 요구를 통해서 존재 이유를 얻는다. 그러나 모 성애의 어려움과 위대함은 그것이 상호성을 내포하지 않는다는 데 있다. 여자가 상대하는 것은 한 명의 남자·영웅·반신半神이 아니라, 연약하고 우연적인 육체 속에 잠겨 있는, 말을 더듬는 조그만 의식이다. 아이는 어떤 가치도 지니고 있지 않으며, 어떤 가치도 부여할 수 없다. 아이 앞에는 오로지 여자 혼자만 있다. 그녀 는 자기가 주는 것에 대해서 아무 보상도 기대하지 않는다. 그녀 자신의 자유의 지가 그것을 정당화할 뿐이다. 이런 관대함은 남자들의 한없는 찬사를 받는다. 그러나 **모성**의 종교가 어머니는 모두 모범적이라고 선포할 때, 속임수는 시작된 다. 왜냐하면 어머니의 헌신이 완벽한 진정성 속에서 이루어질 수도 있지만, 사 실 그런 경우는 드물기 때문이다. 일반적으로 모성은 나르시시즘, 이타주의, 꿈, 솔직함, 기만, 헌신, 냉소주의와의 기묘한 타협이다.

우리의 풍속은 아이를 대단히 큰 위험에 빠트리고 있다. 아이는 손발이 묶여 어머니에게 맡겨지는데, 그 어머니는 거의 언제나 불만에 차 있는 여자라는 것이다. 그녀는 성적으로 불감증이거나 욕망을 채우지 못하고 있다. 사회적으로는 남자에게 열등감을 느낀다. 세계에 대해서도, 미래에 대해서도 발붙일 곳이 없다. 그녀는 이 모든 욕구 불만을 아이를 통해 보상하려고 한다. 여자의 현재 상황이 어느 정도로 그녀의 완전한 개화를 어렵게 하는지를 이해한다면, 얼마나 많은 욕망·반항·허세·주장이 암암리에 그녀 마음속에 깃들어 있는지를 이해한다면, 무방비 상태의 아이들이 그런 여자에게 맡겨진다는 사실에 공포를 느낄 것이다. 자기 인형을 어르고 못살게 굴던 때와 같이 그녀의 행동은 상징적이다. 그러나 이러한 상징은 아이에게 가혹한 현실이 된다. 자기 아이에게 매질하는 어머니는 단지 아이를 때리는 것이 아니다. 어떤 의미에서 그녀는 아이를 전혀 때리지 않는다. 즉, 그녀는 한 남자나 세계 혹은 자기 자신에게 복수하는 것이다. 그러나 실제로 구타를 당하는 것은 아이다. 물루지Marcel Mouloudji(1922~1994)[114]는 『엔리코 *Enrico*』에서 이런 참기 어려운 오해를 독자들에게 느끼게 했다. 엔리코는 어머니가 그렇게 광적으로 때리는 것이 그가 아니라는 것을 잘 알고 있다. 광기에서 깨어난 그녀는 후회와 애정으로 흐느껴 운다. 아이는 그녀에게 원한을 품지 않지만 구타로 인해 모습이 흉해졌다. 이와 마찬가지로 비올레트 르뒤크의 『질식』에 묘사된 어머니는 딸에게 불같은 감정을 폭발시킴으로써 자기를 유혹하고 떠나 버린 남자와 비참해진 자기 삶에 복수한다. 모성의 이런 잔인한 양상은 언제나 잘 알려져 왔다. 그러나 위선적 신중함으로 '악한 어머니'라는 생각은 무장 해제시키고, 계모라는 유형을 만들어 냈다. 계모는 죽은 '선량한 어머니'의 아이를 학대한다. 사실 세귀르 부인이 현모형인 플뢰르 부인과 대조적으로 묘사한 피시니 부인이야말로 그런 어머니다. 쥘 르나르Jules Renard(1864~1910)의 『홍당무』이래로 어머니에 대한 비난의 소리가 높아졌다. 『엔리코』, 『질식』, S. 드 테르바뉴의 『어머니의 증오』, 에르베 바쟁의 『손에 쥔 독사』 등이 그렇다. 이런 소설에서 그려진 유형이 조금 예외적이긴 해도 대다수 여자가 도덕심과 절제로 자기의 자연발생적 충동을 억압하고 있다. 그러나 이런 억압된 충동은 신경질적인 싸움, 따귀, 분노, 모욕, 체벌 등을 통해서 번개처럼 표출된다. 이론의 여지없이 가학적인 어머니를 제쳐놓더라도 유별나게 변덕스러운 어머니는 얼마든지 있다. 지배하는 것

---

114 *프랑스의 소설가, 샹송 가수

은 그녀들을 기쁘게 한다. 어린 아기는 장난감이다. 사내아이라면 그녀는 아무렇지도 않게 그 성기를 가지고 논다. 여자아이라면 인형으로 만든다. 나중에는 작은 노예가 자기에게 맹목적으로 복종하기를 바란다. 허영심 많은 그녀들은 아이를 재주 부리는 동물처럼 자랑한다. 질투심이 많고 독점적이기 때문에 아이가 자기 이외의 다른 사람에게 가지 못하도록 한다. 또한 대개 아이에게 해 주는 보살핌에 대한 대가를 단념하지 못한다. 그녀는 아이를 통해 상상의 존재를 하나 만든다. 그녀는 이 상상의 존재가 훌륭한 어머니로서 그녀의 은혜에 감사할 것이고, 그 존재에게서 자기와 닮은 점을 발견하게 되리라 생각한다. 코르넬리아가 자기 아들들을 보여 주면서 "자, 내 보물들이요"라고 자랑스럽게 말했을 때, 그녀는 후세에 가장 해로운 선례를 남겼다. 너무도 많은 어머니가 자부심에 가득 찬 이 제스처를 언젠가는 자기도 할 수 있다는 희망 속에서 살고 있다. 그리고 그녀들은 이 목표를 위하여 살과 뼈로 된 작은 개인을 주저 없이 희생시킨다. 우연적이고 불확실한 이 작은 개인의 존재는 그녀들을 만족시키지 못한다. 그녀들은 아이에게 아버지를 닮으라고 혹은 반대로 닮아서는 안 된다고 가르친다. 또는 아버지나 어머니나 존경받는 선조의 화신이 되라고 강요한다. 그녀들은 본보기가 되는 권위 있는 인물을 모방한다. H. 도이치는 독일의 한 여성 사회주의자가 릴리 브라운Lily Braun(1865~1916)[115]을 몹시 숭배했다고 이야기한다. 유명한 선동가인 브라운에게는 일찍 죽은 천재적인 아들이 하나 있었다. 브라운을 모방하던 여자는 고집스럽게 자기 아들을 미래의 천재로 취급했고, 그 결과 아들은 강도가 되었다. 아이에게 해로운 이런 횡포는 어머니에게 언제나 실망의 원천이 된다. H. 도이치는 몇 년 동안 추적 관찰한 이탈리아 여자를 또 다른 놀라운 사례로 인용하고 있다.

마제티 부인은 많은 자녀를 두었는데, 그중 이 아이 혹은 저 아이와 관계가 좋지 않은 것을 끊임없이 불평했다. 그녀는 도움을 청했으나, 자기가 모든 사람보다 특히 남편과 아이들보다 우월하다고 생각했기 때문에 그녀를 돕는 것은 어려웠다. 그녀는 가정 밖에서는 대단히 신중하고 거만하게 행동했다. 그러나 집에서는 반대로 대단히 흥분되어 있어서 격렬한 말다툼을 하곤 했다. 그녀는 가난하고 교양이 없는 계층 출신이어서 항상 '올라가는 것'이 소원이었다. 그녀는 야간 강의를 들었고, 열여섯 살에 성적으로 이끌려 그녀를 어머니로 만든 남자와 결혼하지 않

115 *독일의 페미니스트 작가, 사회민주당 정치가

았다면 어쩌면 자기의 야망을 만족시켰을지도 모른다. 그녀는 강의를 들으면서 자기 계층에서 벗어나려고 계속 노력했다. 남편은 유능한 노동자였으나, 아내의 공격적이고 우월적인 태도에 대한 반발로 알코올중독자가 되었다. 그가 아내를 수없이 임신시킨 것도 어쩌면 복수하기 위해서인지도 모른다. 남편과 헤어진 그녀는 자기 신분에 한동안 체념했고, 이후 남편에게 한 것과 같은 방식으로 아이들을 대하기 시작했다. 어릴 때는 아이들이 그녀를 만족시켜 줬다. 공부를 잘하여 학교에서 성적이 좋았다. 그러나 장녀인 루이즈가 열여섯 살이 되자, 어머니는 딸이 자신의 경험을 되풀이하지 않을까 두려웠다. 그녀가 어찌나 엄격하고 완고해졌던지 루이즈는 그 복수로 혼외자를 낳았다. 전체적으로 아이들은 강압적이고 까다로운 훈계로 자기들을 못살게 구는 어머니에 대항해 아버지 편을 들었다. 어머니는 한 번에 한 아이에게만 애정을 쏟았고, 그 아이에게 모든 희망을 걸었다. 그런 다음에 아무 이유 없이 다른 아이를 편애했다. 이것이 아이들에게 심한 반발과 질투를 일으켰다. 딸들은 차례로 여러 남자와 어울려 매독에 걸리고 혼외자들을 집으로 데려오기 시작했다. 사내아이들은 도둑이 되었다. 그런데 어머니는 자신의 터무니없는 요구가 아이들을 그런 길로 몰아갔다는 것을 이해하려고 하지 않았다.

이런 완고한 교육과, 앞에서 말한 변덕스러운 사디즘은 흔히 혼합되어 있다. 어머니는 자기의 분노에 아이를 '사람이 되게끔' 하려 한다는 구실을 댄다. 그리고 자기의 시도가 실패하면 역으로 적의를 더욱 격화시킨다.

아이에게 해로운 또 하나의 태도는 아주 빈번하게 일어나는 자학적 헌신이다. 어떤 어머니들은 마음의 공허를 보상하기 위해, 그리고 인정하고 싶지 않은 자기의 적대감을 벌하기 위해 스스로 자녀들의 노예가 된다. 그녀들은 병적인 근심을 한없이 배양하고, 아이가 자기에게서 멀어지는 것을 참을 수 없어 한다. 그녀들은 모든 쾌락이나 개인적인 삶을 단념한다. 이것은 그녀들을 희생자의 모습으로 보이게 해 주고, 이러한 희생에서 아이의 독립을 일체 부정할 권리를 끌어낸다. 이러한 자기 포기는 쉽게 폭군적인 지배 의지를 획득한다. 비애의 어머니는 자기의 고통을 가학적 무기로 삼는다. 어머니의 이러한 체념의 모습은 아이에게 죄의식을 안겨 주고, 이 죄의식은 일생 그를 힘들게 하는 경우가 많다. 이는 공격적인 싸움보다 한층 더 해롭다. 이리저리 휘둘리고 당혹스러워하는 아이는 아무런 방어 자세도 취하지 못한다. 때로는 구타로, 때로는 눈물로 아이를 죄인으로 만드는 어머니의 커다란 변명은, 유년 시절부터 약속된 자신의 행복한 자아 실현을 아이가 이루어 주지 못한다는 것이다. 그녀는 아이가 속임수의 희생자임을 천진스럽게 알려주기 때문에 아이에게 화풀이를 한다. 전에는 인형을 자기 마음대로 할 수 있었고, 다음에는 자매나 친구를 도와 아기를 돌봤기에 책임이 따르지 않았다. 지금은 이 낯설고 조그만 생명이 마치 그녀의 작품이나 되는 듯 사회와 남편, 어머니 그리고 자신의 자존심이 그녀에게 책임을 묻는다. 특히 남편이 아이의 결점을 실패한 요리나 아내의 비행처럼 화를 낸다. 남편의 추상적인 요구는 흔히 어머니와 아이의 관계에 무거운 짐이 된다. 독립적인 여자는 — 고독이나 여유 혹은 가정에서의 권위 덕분에 — 남편의 지배 의지에 어쩔 수 없이 복종하는 한편 아이를 자기에게 복종시키는 여자들보다 훨씬 더 차분하다. 짐승 존재처럼 신비로우며 자연의 힘처럼 소란스럽고 무질서한, 그러면서도 인간인 한 존재를 예정된 틀 속에 가둔다는 것은 대단히 어려운 일이다. 개를 훈련하듯이 아이가 잠자코 있도록 훈련할 수 없으며, 어른처럼 설득할 수도 없다. 아이는 말에 대해 울음과 몸의 떨림과 같은 동물성으로 대항하고, 구속하면 불손한 말로 대항하면서 그런 모호성을 잘 조작한다. 확실히 이처럼 제기된 문제는 대단히 흥미로워서 여유가 있는 어머니는 교육자가 되는 것을 좋아한다. 아기는 공원에서 얌전하게 있을 때, 어머니의 배 속에 자리 잡고 있던 때와 마찬가지로 또 하나의 구실이 된다. 어머니에게도 다소간 어린애 같은 것이 남아 있으므로, 지난날의 유희·말·관심사·기쁨을 되살리면서 아이와 어리석은 짓을 하고 즐거워한다. 그러나 어머니가 세탁하고 음식을 하고 다른 아이에게 젖을 주고 장을 보러 가고 손님을 접대하고, 특히 남편 뒷바라지를 하고 있을 때, 아이는 귀찮고 성가신 존재에 지나지 않는다. 그녀는 아이를 제대로 키울 여유가 없다. 우선 아이가 방해하지 못하도록 해야 한다. 물건에 대해서나 자신에 대해서나 깨뜨리고 찢고 더럽히는 아이는 끊임없는 위험이다. 가만히 있지 못하고 소리치고 말하고 소음을 낸다. 아이는 자기를 위해 산다. 이런 삶은 부모의 삶을 방해한다. 부모의 관심과 그의 관심은 서로 일치하지 않는다. 거기서 비극이 생긴다. 아이에게 부단히 방해받는 부모는 아이가 이유를 이해하지 못하는 희생을 끊임없이 치르게 한다. 즉, 그들은 자기의 평온을 위하여, 아이의 장래를 위하여 아이를 희생시킨다. 아이가 반항하는 것은 당연하다. 아이는 어머니가 설명하려는 것을 이해하지 못한다. 어머니는 아이의 의식 속에 파고들어 갈 수 없다. 아이의 꿈, 극도의 공포증, 강박관념, 욕망은 하나의 불투명한 세계를 형성하고 있다. 그러한 추상적인 법칙을 부조리한 폭력처럼 느끼는 한 존재를 어머니는 밖에서 암중모색해 규제할 수밖에 없다. 아이가 성장해도 몰이해는 계속된다. 아이는 어머니가 배제된 가치나 이해의 세계로 들어간다. 그로 인해 아이는 종종 어머니를 경멸한다. 특히 사내아이는 남성적 특권을 자랑스러워하며 한 여자의 명령쯤은 웃어넘긴다. 어머니는 아이에게 숙제하라고 요구하지만, 아이가 다루는 문제를 해결할 수 없고 라틴어 원문도 번역해 줄 수 없다. 그녀는 아이를 '따라갈' 수 없다. 때로 어머니는 이런 보람 없는 일에 눈물이 날 정도로 화를 낸다. 의사소통이 안 되는 존재이긴 하지만, 한 인간을 감독·지도하는 일, 오직 반항함으로써만 자기를 규정하고 확립하는 한 낯선 자유에 개입하는 일의 어려움을 남편이 헤아리는 경우는 아주 드물다.

아이가 남아냐 여아냐에 따라서 상황은 달라진다. 어머니는 일반적으로 남아가 더 '힘들다' 할지라도 더 잘 적응한다. 여자가 인정해 주는 위력 때문에, 그리고 남자들이 구체적으로 쥐고 있는 특권 때문에 많은 여자가 아들을 원한다. "남자 한 명을 낳는다는 것은 훌륭한 일이다!"라고 그녀들은 말한다. 앞에서 본 바와 같이 여자들은 '영웅'을 낳기를 꿈꾸고 있고, 영웅은 당연히 남성이다. 아들은 우두머리, 지도자, 군인, 창조자가 될 것이다. 그는 지상에다 자기 의지를 관철할 것이며, 그 어머니는 그의 불멸성에 함께할 것이다. 그녀가 세우지 못한 집, 탐험하지 못한 나라, 읽지 못한 책, 그것들을 아들이 주게 될 것이다. 그녀는 아들을 통해 세계를 소유하게 될 것이다. 단, 자기 아들을 소유하고 있다는 조건에서 말이다. 여기서 그녀에게 태도의 역설이 생긴다. 프로이트는 어머니와 아들의 관계야말로 양면성이 가장 덜하다고 생각한다. 그러나 여자는 결혼과 사랑에서처럼 모성에서도 남자의 초월성에 대하여 모호한 태도를 지니고 있다. 만약 부부 생활이나 애정 생활에서 남자에게 적의를 가지고 있다면, 유아 모습으로 축소된 남자를 지배하는 것이 그녀로서는 만족스러울 것이다. 그녀는 장차 아이가 뽐낼 성기를 빈정거리는 친숙함으로 대할 것이다. 때로는 얌전히 굴지 않으면 사람들이 성기를 떼 버릴 것이라며 아이를 두렵게 한다. 그보다 더 겸손하고 온화한 어머니가 아들에게서 미래의 영웅을 소중히 다루더라도, 아들을 진정 자기 것으로 만들기 위하여 그를 그의 내재적 현실에 가두려고 노력한다. 남편을 아이로 취급하는 것과 마찬가지로 아이를 아기로 취급한다. 어머니가 자기 아들을 거세하려 한다고 믿는 것은 지나치게 합리적이고 단순하다. 그녀의 꿈은 더 모순적이다. 즉, 아들이 무한하기를 원하지만 자기 손안에 있기를 원하고, 세계를 지배하기를 원하지만 자기 앞에 무릎 꿇기를 원한다. 그녀는 아들이 여리고 잘 먹고 이기적이고 수줍어하고 집에만 틀어박혀 있도록 장려한다. 그에게 운동을 금하고 친구와의 교제를 금하며, 그가 자신에 대해 의심하게 만든다. 왜냐하면 **아들을 자기의 것으**로 갖고 싶기 때문이다. 그와 동시에 그가 자랑스러워할 만한 모험가나 챔피언이나 천재가 되지 못하면 실망한다. 어머니의 영향이 얼마나 해로운지는 – 몽테를랑이 확언한 것처럼 그리고 모리아크가 『제니트릭스』에서 보여 준 것처럼 – 의심할 여지가 없다. 다행스럽게도 사내아이는 이런 지배에서 쉽게 벗어날 수 있다. 풍습이나 사회가 이를 격려한다. 어머니 자신도 체념한다. 그녀는 남자에 대항한 싸움이 승산 없다는 것을 잘 알고 있다. 그녀는 비애의 어머니 역할을 하거나, 자기를 이기는 한 명의 승리자를 낳았다는 자존심을 되새기면서 자신을 위로한다.

여자아이는 그보다 더 전적으로 어머니에게 넘겨진다. 그 때문에 어머니의 주장은 강해진다. 그녀들의 관계는 훨씬 더 극적인 성격을 띤다. 어머니는 딸에게서 선택된 계급의 일원 같은 것을 인정하지 않고 자기의 **분신**을 찾는다. 그리고 자기 자신과의 관계의 모호성을 딸에게 모두 투사한다. 이 분신의 이타성異他性이 확립되면 그녀는 배신당했다고 느낀다. 앞에서 이야기한 어머니와 딸 사이의 갈등이 극단적 형태를 취한다.

개중에는 자기 인생에 상당히 만족하여 딸에게서 다시 한 번 자신이 구현되기를 바라거나, 적어도 아들이 아니라고 실망하지 않고 딸을 맞이하는 여자들도 있다. 그런 여자들은 딸에게 자기가 가졌던 기회 또는 갖지 못했던 기회도 주고 싶어 한다. 그녀들은 자기 딸에게 행복한 청춘을 만들어 줄 것이다. 콜레트는 이러한 안정되고 너그러운 어머니 가운데 한 명의 초상화를 그렸다. 시도는 딸을 애지중지하며 자유롭게 키운다. 그녀는 마음속 깊이 기쁨을 느끼기 때문에, 딸에게 아무것도 요구하지 않은 채 딸이 바라는 대로 모두 들어준다. 어머니는 딸에게서 자기의 이미지를 보고, 또 자기를 초월하는 이 분신에게 헌신함으로써 종국에는 딸 안에 자기를 완전히 소외시켜 자아를 잃어버릴 가능성도 있다. 그녀는 자기 자아를 포기하고, 딸의 행복을 유일한 근심으로 삼는다. 그러나 세계의 다른 부분에 대해서는 이기주의적이며 냉혹하기까지 하다. 그녀를 위협하는 위험은 세비녜 부인이 딸인 드 그리냥 부인에게 그랬던 것처럼, 열렬히 사랑하는 딸에게 성가신 사람이 되는 것이다. 딸은 기분이 언짢아 전제적 헌신에서 벗어나려고 애쓰지만, 실패하는 경우가 많다. 그녀는 너무 '응석받이'로 자랐기 때문에 일생 어린애처럼 자기 책임에 대하여 소심한 인간으로 남게 된다. 특히 젊은 딸에게 모성의 자학적인 형태는 무거운 부담을 줄 위험이 있다. 어떤 여자들은 자기의 여성성을 절대적 저주처럼 느낀다. 그런 여자들은 또 다른 희생자 속에서 자기를 만나는 쓰라린 기쁨을 느끼며 딸을 바라거나 맞이한다. 동시에 딸을 낳은 데 대해 죄를 지었다고 평가한다. 그녀들이 딸을 통해 자신에 대해 느끼는 회한과 연민은 한없는 불안과 근심으로 나타난다. 그녀들은 아이에게서 단 한 발자국도 떠나려 하지 않고, 딸과 같은 침대에서 15년, 20년을 함께 자려고 할 것이다. 이런 초조한 열정의 불꽃에 의해 여자아이는 소멸해 버릴 것이다.

대다수 여자는 자기의 여성 조건을 강력하게 요구하는 동시에 그 조건을 혐오한다. 그녀들은 적개심 속에서 여성 조건을 경험한다. 자기 성에 대해 느끼는 혐오감은 딸들에게 남성적 교육을 하도록 부추길 수 있을 것이다. 딸에게 관대한 어머니는 그리 많지 않다. 여자를 낳은 데 대해 화가 난 어머니는 "너도 여자가 되어야 해"라는 애매한 저주로 딸을 맞이한다. 그녀는 자기의 분신으로 여기는 딸을 우월한 존재로 만듦으로써 자신의 열등함을 보상하기를 희망한다. 그리고 자기를 괴롭힌 결점을 딸에게도 과하려고 한다. 때로는 자신의 운명을 아이에게 똑같이 강요하려고 한다. "나에게 좋았던 것은 너에게도 좋은 것이야. 내가 그렇게 자랐으니 너도 나와 운명을 같이해야 해." 때로는 이와 반대로, 딸이 자기를 닮는 것을 맹렬히 금한다. 어머니는 자기의 경험이 경종이 되기를 원하는데, 그것은 일종의 반동이다. 품행이 좋지 않은 여자는 딸을 수녀원에 집어넣고, 무지한 여자는 딸에게 교육받게 한다. 『질식』에서는 젊은 시절의 과실로 견디기 힘든 결과를 본 어머니가 딸에게 격렬하게 말한다.

잘 생각해 봐라. 만약 너에게 그런 일이 일어난다면 나는 너와 의절할 테다. 나는 아는 게 아무것도 없었다. 죄라고! 애매하지만 죄라고! 만약 남자가 너를 부르더라도 가면 안 된다. 너는 가던 길을 계속 가야 해. 뒤돌아보지 말고. 내 말 듣고 있니? 경고하는데, 너한테 그런 일이 생기면 안 돼. 그리고 만약 그런 일이 생긴다면 너를 용서하지 않을 거다. 너를 헐벗고 비참한 처지에 그냥 내버려 둘 거야.

마제티 부인이 자신의 실수를 딸이 되풀이하지 않게 하려다가 오히려 그러도록 몰아넣는 것을 우리는 앞에서 보았다. 슈테켈은 딸에 대한 "어머니의 증오"의 복잡한 일례를 다음과 같이 이야기하고 있다.

내가 아는 한 어머니는 넷째 딸의 출생 때부터 견딜 수 없어 했다. 딸은 예쁘고 착
하고 귀여운 아이였다. (…) 그녀는 딸이 남편의 모든 결점을 이어받았다고 비난
했다. (…) 아이는 다른 한 남자가 그녀에게 구애하던 시기에 태어났다. 그 남자는
시인이었으며, 그녀는 그를 열렬히 사랑했다. 그녀는 ─ 괴테의 『친화력』에서처
럼 ─ 아이가 사랑하는 남자의 모습을 갖기를 희망했다. 그러나 태어날 때부터 딸
은 자기 아버지를 닮았다. 더욱이 아이는 열의, 온화함, 신앙심, 관능성에서 어머
니를 쏙 빼닮았다. 그녀는 강하고 단호하고 단단하고 순수하고 활력적인 사람이
되고 싶었다. 그래서 아이에게 나타나는 남편의 모습보다 자기의 모습을 훨씬 더
증오하고 있었다.

딸아이가 성장하면 진정한 갈등이 생긴다. 앞에서 본 바와 같이, 딸은 어머니
에게 반항해 자율성을 확립하고자 한다. 어머니가 보기에 그것은 고약하고 배은
망덕한 행위다. 그녀는 빠져나가려는 딸의 의지를 '꺾어 버리는 데' 열중한다. 자
기의 분신이 한 명의 **타인**이 되는 것을 받아들이지 않는다. 남자가 여자들에게
서 맛보는 쾌감, 즉 자기가 절대적으로 우월하다고 느끼는 것, 이런 쾌감을 여자
는 자기 아이들, 특히 딸들을 통해서만 경험한다. 자기의 특권이나 권위를 단념
해야 한다면 그녀는 욕구 불만을 느낀다. 정열적인 어머니든 적의에 찬 어머니든
간에 아이의 독립은 그녀의 희망을 좌절시킨다. 그녀는 이중으로 질투한다. 즉,
자기에게서 딸을 빼앗아 가는 세계에 대해, 그리고 세계의 일부분을 쟁취하면서
자기에게서 그것을 훔쳐 가는 딸에게 질투한다. 이런 질투는 우선 딸아이가 아
버지와 갖는 관계로 향한다. 때때로 어머니는 남편을 가정에 묶어 두기 위해 아
이를 이용한다. 술책이 실패할 경우에 분해하지만, 성공하면 반대로 재빨리 자기
의 유아적 콤플렉스를 되살아나게 한다. 즉, 예전에 자기 어머니에게 했던 것처
럼 딸에게 화를 낸다. 토라지고, 자기가 버림받고 이해받지 못한다고 생각한다.
자기 딸들을 무척 사랑하는 외국인과 결혼한 어떤 프랑스 여자가 하루는 화를
내며 이런 말을 했다. "외국인과 사는 게 진절머리 난다!" 아버지의 사랑을 한 몸
에 받는 맏딸은 특히 어머니의 학대를 받는 경우가 많다. 어머니는 고된 일을 시
키며 딸을 못살게 굴고, 딸의 나이에 비해 무리한 성실성을 요구한다. 딸이 경쟁

자이기 때문에 성인 취급을 하는 것이다. '인생은 소설이 아니고, 모든 것이 장밋빛은 아니다. 원하는 대로 되는 것이 아니며, 즐기기 위해 이 세상에 있는 것도 아니다……'라는 것을 딸도 알게 될 것이다. 어머니는 단순히 '가르치기 위한 것'이라며 함부로 아이의 뺨을 때린다. 특히 자기가 집안의 안주인이라는 것을 딸에게 증명하고 싶어 한다. 왜냐하면 자기에게는 열한두 살 먹은 아이에게 내세울 만한 진정한 우월성이 아무것도 없다는 것이 그녀를 화나게 하기 때문이다. 딸은 이미 집안일을 완벽하게 해낼 수 있는 '조그만 여자'다. 그 아이는 여러 면에서 다른 성인 여자들보다 월등한 민첩성, 호기심, 명석함까지 갖추고 있다. 어머니는 자기의 여성적 세계에 이의 없이 군림하는 것을 좋아한다. 그녀는 유일하고 대체 불가능한 사람이 되고 싶어 한다. 그런데 이 젊은 조수가 이제 자신을 직능의 단순한 일반성으로 축소해 버리고 있다. 이틀간 집을 비웠다가 돌아와 어지럽혀진 집을 보면 딸을 엄하게 나무란다. 그러나 자기가 없어도 가정생활이 완벽하게 돌아갔다는 것이 드러나면 분노로 이성을 상실한다. 그녀는 딸이 정말로 자신의 분신이나 대리인이 되는 것을 용납하지 못한다. 하지만 딸이 주저 없이 한 타인으로서 자기를 확립하는 것은 한층 더 견디기 어려워한다. 어머니는 딸이 가정의 억압에 대항하기 위해 도움을 구하는 딸의 친구들을 철저하게 싫어한다. 그 친구들이 '딸을 부추기는 것이다'. 어머니는 친구들을 비난하고, 딸이 친구들을 자주 만나지 못하게 한다. 딸이 친구들과 교제하는 것을 철저히 금지하기 위해 친구들의 '나쁜 영향'을 구실로 삼기까지 한다. 어머니는 딸이 친하게 지내는 자기 또래의 여자들 – 딸의 교사나 친구의 어머니들 – 에 대하여 특별한 적개심을 품는다. 그녀는 이런 친밀감이 터무니없고 불건전하다고 언명한다. 때때로 아이의 즐거움, 태평함, 놀이, 웃음만으로도 어머니를 충분히 화나게 한다. 사내아이가 그런다면 어머니는 기꺼이 용서한다. 사내아이들은 남자의 특권을 행사하기 때문에 그것은 자연스러운 일이다. 그녀는 오래전부터 불가능한 경쟁을 단념했다. 그러나 자신이 아닌 다른 여자가 왜 자기에게 거부된 특권을 더 많이 누리려고 하는가? 근엄함의 함정에 갇힌 어머니는 가정에서의 단조로운 일상을 잊게 해 주는 딸의 모든 활동과 놀이를 부러워한다. 이러한 탈출은 어머니가 자기를 희생시켜 헌신해 온 모든 가치를 부정하는 것이다. 아이가 성장할수록 원한은 어머니의 마음을 더욱더 괴롭힌다. 해마다 어머니는 사양길로 접어들고 있다. 그러나 해를 거듭할수록 딸의 젊은 육체는 명확히 드러나고 개화한다. 딸 앞으로 열리는 이 미래는 어머니가 보기엔 자기의 미래를 가로챈 것 같다. 어떤 여자들은 월경을 시작한 딸에게 화를 내는 경우가 있는데, 바로 그런 이유에서다. 그래서 그녀들은 딸이 이제부터 보잘것없는 한 명의 여자가 되는 것에 대해 못마땅하게 생각한다. 나이먹은 여자들의 몫이었던 반복적이고 진부한 생활에 비해 이 새로운 여자에게는 또한 무한한 가능성이 주어진다. 어머니가 부러워하고 몹시 싫어하는 것이 바로 이러한 가능성이다. 그 가능성을 자기 것으로 만들 수 없으므로, 대개 축소하거나 없애 버리려고 한다. 어머니는 딸을 집에 있도록 하고, 감시하고 억압한다. 일부러 딸에게 보기 흉한 옷을 입히고, 잠시도 쉴 틈을 주지 않는다. 청소년이 된 딸이 화장하거나 '외출'을 하면 노발대발한다. 어머니는 자기 인생에 대한 모든 원한을 새로운 미래를 향해 도약하는 이 젊은 인생에 돌린다. 그녀는 딸에게 창피를 주려 하고, 딸의 솔선 행위를 웃음거리로 만들며 딸을 구박한다. 어머니와 딸사이에는 종종 공공연한 싸움이 벌어지는데, 보통 젊은 쪽이 이긴다. 시간은 젊은 사람 편이기 때문이다. 그러나 승리의 뒷맛은 개운치 않다. 어머니의 태도는 딸에게 반항심과 동시에 후회를 낳게 하기 때문이다. 어머니는 존재만으로도 딸을 죄인으로 만든다. 이런 감정이 딸의 장래 전체에 무거운 부담을 지울 수 있다는 것을 앞에서 보았다. 좋든 싫든 어머니는 결국 패배를 인정하고 만다. 딸이 성인이 되면 그녀들 사이에는 다소 우여곡절이 많은 우애가 회복된다. 그러나 한사람은 영원히 실망하고 욕구 불만인 채 남게 되고, 또 한 사람은 자기에게 저주가 뒤따른다고 흔히 생각하게 된다.

여기서 나이 든 여자가 다 자란 아이들과 맺는 관계로 되돌아가 보자. 아이들이 어머니의 인생에서 가장 큰 자리를 차지하는 것은 당연히 처음 20년 동안이다. 일반적으로 받아들여진 두 가지 편견의 위험한 오류가 이제까지 한 서술에서 확연히 드러난다. 우선, 모성이라는 것이 여하한 경우라도 여자를 충족시키는 데충분하다는 생각이다. 그것은 사실이 아니다. 불행하고 실망과 불만으로 신경이날카로워진 어머니들이 많이 있다. 열두 번도 더 출산한 소피아 톨스토이의 예는의미심장하다. 그녀는 일기를 쓰는 동안 내내 세계에서나 자신 속에서나 모든 것이 무용하고 공허하게 보인다고 끊임없이 반복하고 있다. 아이들은 그녀에게 일종의 마조히즘적 안정감을 주고 있다. "아이들과 함께 있으면 내가 더 이상 젊지않다는 느낌이다. 나는 마음이 편안하고 행복하다." 자기의 젊음, 아름다움, 개인적인 생활을 단념하는 것이 그녀에게 약간의 안정을 가져다준다. 그녀는 자신이

나이가 들었고, 자기 삶의 의미가 정당화되었다고 느낀다. "아이들에게 내가 없어서는 안 된다는 느낌이 나에게는 커다란 행복이다." 아이들은 그녀에게 남편의 우월성을 거부할 수 있게 해 주는 무기다. "우리들 사이에 평등을 회복하기 위한 유일한 방편, 유일한 무기는 아이들, 활력, 기쁨, 건강이다……." 그러나 권태가 갉아먹는 생활에 의미를 주기 위해서는 아이들만으로는 결코 충분하지 않다. 1875년 1월 25일, 한순간 감정이 고양된 뒤에 그녀는 이렇게 쓰고 있다.

> *나 역시 모든 것을 원하고, 모든 것을 할 수 있다.*[116] 그러나 이런 감정이 일단 지나가 버리면, 곧 내가 아무것도 원하지 않고 아무것도 할 수 없다는 것을 확인한다. 단지 아기를 돌보고 먹고 마시고 자고, 남편과 아이들을 사랑하는 것 외에는 아무것도. 이것이 요컨대 행복임이 틀림없을 것이다. 그러나 이런 생각은 나를 슬프게 하고, 어제처럼 울고 싶게 한다.

그리고 11년 후에 다음과 같이 쓰고 있다.

> 나는 힘차게, 잘하겠다는 열렬한 욕망을 가지고 아이들 교육에 몰두하고 있다. 그러나 아! 나는 얼마나 인내심이 없고 성마르고, 얼마나 소리를 질렀던가! (…) 아이들과의 이 영원한 싸움은 얼마나 슬픈 일인가!

어머니와 아이들의 관계는 그녀의 삶이 전체적으로 어떤 형태를 띠는가에 따라 정해진다. 즉, 남편과 그녀의 과거와 일, 그리고 그녀 자신과의 관계에 좌우된다. 아이 안에서 만병통치약을 보려 하는 것은 해로운 동시에 터무니없는 오류다. H. 도이치 역시 내가 자주 인용한 저서에서 그와 같은 결론에 도달하고 있다. 그녀는 정신의학자로서의 경험을 통해 모성 현상을 연구하고 있다. 그녀는 모성의 기능을 아주 높이 평가한다. 여자가 전적으로 자기를 실현하는 것은 모성을 통해서라고 주장한다. 다만 모성이 *자유롭게* 수용되고 *진심으로* 원했을 때라는 조건이 붙는다. 젊은 여자는 반드시 심리적·도덕적·물질적으로 그 짐을 감당할 수 있는 상황에 있어야만 한다. 그렇지 않으면 결과는 처참해질 것이다. 특히 우울증이나 신경병을 앓는 여자에게 치유책으로 아이 갖기를 권하는 것은 범죄다.

---

116 소피아 톨스토이가 강조한 것이다.

그것은 여자와 아이를 모두 불행하게 만든다. 균형 잡히고 건전하며 자기 책임을 의식하는 여자만이 '좋은 어머니'가 될 수 있다.

결혼을 짓누르는 저주는 대개 두 사람이 그들의 힘이 아닌 약함 속에서 결합해 있다는 것이고, 서로 상대에게 주는 것을 싫어하고 받기만을 원했을 때라고 앞에서도 말한 바 있다. 자기 자신이 창조할 수 없었던 충만함, 열정, 가치를 아이를 통해 얻겠다고 꿈꾸는 것은 기대에 한층 더 어긋나는 환상이다. 아이가 안겨주는 기쁨은 타인의 행복을 사심 없이 바랄 수 있는 여자만 얻을 수 있고, 자기에게 얽매이지 않고 자기 존재를 초월하려고 노력하는 여자만이 누릴 수 있다. 확실히 아이를 낳아 키우는 것은 여자가 온 힘을 기울여 노력할 만한 가치가 있는 일이다. 그러나 그 일은 다른 어떤 일보다도 이미 만들어진 정당화를 나타내지 않고, 확실치 않은 이익 때문이 아니라 그 자체를 위해 바람직해야 한다. 이에 대해 슈테켈이 아주 정확하게 말하고 있다.

아이들은 사랑의 대용품이 아니다. 그들은 망가진 인생의 목표를 대신하지 않는다. 그들은 우리 인생의 공허를 메우기 위해 마련된 물질도 아니다. 아이들은 책임이며 무거운 의무다. 그들은 자유로운 사랑의 가장 관대한 꽃무늬 장식이다. 부모의 장난감도 아니고, 삶에 대한 부모의 욕구 실현도 아니며, 충족되지 않은 부모의 야망을 대신하는 대용품도 아니다. 아이들은 행복한 존재로 만들어야 하는 우리의 책무다.

그와 같은 책무에는 *자연적인 것*이 아무것도 없다. 즉, 자연은 도덕적인 선택을 결코 강요할 수 없을 것이다. 도덕적인 선택은 약속을 내포한다. 아이를 낳는 것은 맹세하는 것이다. 그러고나서 어머니가 그것을 회피한다면, 그녀는 인간존재에 대해, 한 자유에 대해 잘못을 저지르는 것이다. 그러나 아무도 그녀에게 그것을 강요할 수 없다. 부모가 자식과 갖는 관계는 부부 관계처럼 자유롭게 원한 것이어야 한다. 그리고 아이는 여자에게 자기실현을 이룰 수 있게 해 주는 특권이라는 것도 사실이 아니다. 사람들은 한 여자에 대해 '아이가 없어서' 애교가 많다느니, 사랑에 빠졌다느니, 동성애자라느니, 야심적이라느니 하는 말을 쉽게 한다. 그녀의 성생활, 그녀가 추구하는 목표나 가치가 아이를 대신할 거라고 한다. 사실 그런 말에는 원래 명확한 것이 없다. 사랑도 없고, 일도 없고, 자기의 동성애 성향을 만족시킬 수도 없어서, 여자가 아이를 원하는 것이라고 말할 수도 있다. 이런 사이비 자연주의 아래 숨어 있는 것이 사회적·인위적 도덕이다. 아이가 여자의 최고의 목적이라고 주장하는 것은 기껏해야 어떤 광고의 슬로건 같은 의미만 있다.

첫 번째 편견에 직접적으로 내포된 두 번째 편견은 아이가 어머니의 품 안에서 확실한 행복을 발견한다는 것이다. 모성애란 하등 타고난 것이 아니기 때문에, '자연적인 것에 어긋난' 어머니는 없다. 그러나 바로 그런 이유로 나쁜 어머니들이 있는 것이다. 정신분석학은 '정상적인' 부모가 아이에게 위험을 만들어 낸다는 중요한 진리를 밝혀냈다. 어른들이 고통받는 콤플렉스, 강박관념, 신경병은 그 뿌리를 가족의 과거에 두고 있다. 그들 자신의 갈등, 분쟁, 드라마를 가지고 있는 부모는 아이를 위해 전혀 바람직하지 않은 동반자다. 자기가 태어난 가정생활로 인해 강한 인상을 받은 그들은 콤플렉스와 욕구 불만을 통해 그들의 아이들에게 접근한다. 그리고 이러한 불행의 사슬은 한없이 계속된다. 특히 어머니의 사도마조히즘적 행위는 딸에게 죄의식을 만들어 내고, 이 죄의식은 딸이 자기 아이들에게 사조마조히즘적 행위를 드러내게 하므로 그 악순환은 끝이 없다. 여자에게 보내는 경멸과 어머니를 에워싸는 존경심이 양립하는 것에는 기상천외한 기만이 있다. 여자에게 모든 사회적 활동을 금하고 남성의 직업에 접근조차 못하게 하여, 모든 영역에서 여자의 무능함을 공언하면서도 여자에게 '인간 형성'이라는 가장 섬세하고 가장 막중한 일을 맡기는 것은 모순으로 가득 찬 범죄 행위다. 풍습과 전통은 아직도 많은 여자가 남자들의 특권인 교육, 문화, 책임, 활동을 취하지 못하게 거부하고 있다. 그리고도 세상은 여자들의 품에 거리낌 없이 아이를 안긴다. 예전에 남자아이와 비교해 여자아이의 열등함을 여자아이에게 인형을 쥐여 주며 위로했던 것처럼, 여자들에게 삶을 허용하지 않고 그 보상으로 살과 뼈로 된 장난감을 가지고 놀게 한다. 이것으로 여자는 완전히 행복할 것이라든가, 혹은 자기의 권리를 남용하려는 유혹에 저항하기 위해서는 성녀가 되어야 한다고 생각한다. 여자들에게 가정 살림을 맡기는 것보다는 국가의 통치를 맡기는 편이 나을 것이라는 몽테스키외의 말은 어쩌면 옳을지도 모른다. 왜냐하면 그런 기회가 주어지는 즉시 여자는 남자와 마찬가지로 합리적이고 효과적으로 일을 처리하기 때문이다. 즉, 여자는 추상적 사고나 협의에 기초한 활동에서 자기성을 가장 쉽게 극복한다. **현재로서는** 여자로서의 과거에서 해방되고, 자기가 처한 상황에서 감정의 안정을 발견하기가 대단히 어렵다. 남자 역시 가정에서보다 자기 일을 할 때 훨씬 더 균형 잡히고 합리적이다. 그는 수학적 정확성으로 계산을 이끌어간다. 하지만 여자에게는 '제멋대로 행동하고,' 여자 곁에서는 비논리적이고 거짓말쟁이며 변덕쟁이가 된다. 마찬가지로 여자는 아이에게 '제멋대로 행동한다.' 그런데 이러한 안이함은 여자가 남편에게보다 아이가 어머니에게 자기방어하기가 더 어려우므로 한층 더 위험하다. 아이의 행복을 위해서는 어머니가 훼손되지 않은 완전한 한 인격체이고, 일에서 그리고 집단과 갖는 관계 속에서 자기실현을 하는 것이 당연히 바람직할 것이다. 그래야 아이를 통해 그것을 포악하게 구하려 하지 않을 것이다. 또한 아이는 지금보다 더 부모를 떠나 있고, 전혀 개인적이지 않은 순수한 관계만 갖는 어른의 감독하에 다른 아이들과 함께 학업과 오락을 행하는 것이 바람직할 것이다.

행복하거나 적어도 안정된 삶의 한가운데서 아이가 자신을 풍요롭게 해 주는 존재로 보이는 경우조차도, 아이는 어머니의 미래에 대한 전망을 보장하지 못할 것이다. 아이는 어머니를 그 내재성에서 끌어내 주지 않는다. 어머니는 아이의 육체를 만들고 양육하고 돌본다. 그녀는 단지 하나의 사실적 상황밖에 만들 수 없으며, 아이의 자유만이 그 사실적 상황을 초월할 수 있다. 그녀는 아이의 미래에 기대를 걸 때 또다시 대리인을 내세워 공간과 시간을 통해 자기를 초월한다. 즉, 다시 한 번 그녀는 자신을 의탁하는 것이다. 아들의 배은망덕뿐만 아니라 실패도 그녀의 모든 희망을 부정하는 것이 된다. 이는 그녀가 결혼이나 사랑에서처럼 자기 삶의 의미를 정당화하는 책임을 타인에게 돌리는 것이다. 유일하게 진정성 있는 행위는 그 책임을 스스로 자유롭게 인수하는 것이다. 앞에서 본 바와 같이, 처음부터 여자의 열등함은 반복되는 삶에 여자 스스로 국한한 데서 근원적으로 기인한다. 반면 남자는 존재 그대로의 사실성보다 자기 눈에 더 본질적이라고 생각되는 삶의 이유를 창조해 왔다. 여자를 모성에 가두는 것은 이러한 상황을 영속시키는 것이다. 여자는 오늘날 인류가 자기 초월을 하면서 끊임없이 자기 존재를 정당화하려는 움직임에 참여하기를 요구하고 있다. 그녀는 삶이 의미가 있지 않은 한 아기를 낳는 데 동의할 수 없다. 경제적·정치적·사회적 생활에서 한 역할을 하려는 시도 없이 어머니가 될 수 없을 것이다. 총알받이,[117] 노예, 희생자

---

117 일개 병졸

혹은 자유로운 인간을 낳는 것은 같은 것이 아니다. 적절히 조직된 사회에서는 집단이 아이를 대부분 책임질 것이고, 어머니는 보살핌과 지원을 받을 것이며, 모성은 여자의 일과 절대로 양립 불가능하지 않을 것이다. 반대로 일하는 여자 - 농부나 화학자 혹은 작가 - 는 자신에게 도취되어 있지 않기 때문에, 임신을 감당하기가 더 쉬울 것이다. 개인적 생활이 가장 풍요로운 여자가 아이에게 가장 많은 것을 주고 가장 적게 요구할 것이며, 노력과 투쟁 속에서 참다운 인간 가치에 대한 지식을 획득하는 여자가 가장 훌륭한 교육자가 될 것이다. 오늘날 여자를 가정 밖에 오랜 시간 붙잡아 놓고 모든 힘을 빼앗는 직업과 아이의 양육을 양립하기가 그토록 어려운 것은, 한편으로 여자의 일이 아직도 노예 노동이기 때문이고, 다른 한편으로 가정 밖에서 아이들의 보살핌, 보호, 교육을 확보하려는 노력이 조금도 이루어지지 않기 때문이다. 이는 사회적 태만이다. 하늘이나 땅속 가장 깊은 곳에 기록되어 있는 법에 따라 어머니와 아이가 전적으로 서로에게만 속한다고 주장하면서 그런 사회적 태만을 정당화하는 것은 궤변이다. 이러한 상호 간의 구속은 이중으로 해로운 억압을 구성할 뿐이다.

여자는 어머니가 됨으로써 남자와 구체적으로 동등해진다는 주장은 하나의 기만이다. 정신분석학자들은 아이가 여자에게 페니스의 등가물을 가져다준다고 증명하기 위해 많은 수고를 했다. 그러나 이러한 속성이 아무리 부러운 것이라 할지라도, 그것을 소유하는 것만으로 한 존재를 정당화할 수 있다거나 혹은 그 소유가 최고 목적이라고 주장할 사람은 아무도 없다. 또한 사람들은 여자의 신성한 권리에 대해서도 엄청나게 떠들어 댔다. 그러나 여자들이 어머니로서 투표권을 쟁취한 것은 아니다. 미혼모는 여전히 멸시당하고 있다. 오직 결혼 속에서만 어머니는 찬양받는다. 즉, 여자가 남편에게 종속된 한해서다. 여자가 훨씬 더 많이 아이들을 돌보는데도 불구하고 남편이 가정 경제의 우두머리로 남아 있는 한 아이들은 어머니보다 아버지에게 더 많이 의존한다. 그 때문에 앞에서 본 바와 같이 어머니와 아이의 관계는 그녀가 남편과 갖는 관계에 따라 긴밀하게 영향을 받는다.

이와 같이 부부 관계, 가정생활, 모성은 그 모든 요소가 상호 영향을 받는 하나의 전체를 이루고 있다. 남편과 애정으로 결합해 있는 여자는 경쾌하게 가사 부담을 질 수 있다. 아이들 속에서 행복한 여자는 남편에게 관대할 것이다. 그러나 이런 조화는 실현하기가 쉽지 않다. 왜냐하면 여자에게 할당된 여러 기능이 상호 잘 조화되지 않기 때문이다. 여성잡지들은 가정주부에게 부엌일을 하면서도 성적 매력을 간직하는 기술을, 임신 기간에도 우아하게 남아 있는 비결을, 교태와 모성과 경제를 조화시키는 방법을 폭넓게 가르치고 있다. 그러나 그러한 권고를 주의 깊게 따르려 애쓰는 여자는 근심 때문에 곧 미칠 지경이 되고 보기 흉해질 것이다. 터진 손과 임신, 출산으로 인해 달라진 몸매에 성적 매력을 간직하기란 몹시 어려운 일이다. 그러므로 남편을 무척 사랑하는 여자는 아이들 때문에 매력도 없어지고 남편의 애무도 잃게 되므로 아이들에게 종종 원한을 갖는다. 이와 반대로, 여자가 내면 깊숙이 어머니인 경우, 아이들을 자기 것이라 주장하는 남자에게 질투한다. 한편, 앞에서 본 바와 같이, 가정생활의 이상은 생명의 움직임에 어긋난다. 아이는 왁스칠한 마룻바닥의 적이다. 흔히 잘 유지된 가정을 지키려는 근심에서 나오는 질책과 분노 속에서 모성애는 사라진다. 이러한 여러 가지 모순 가운데서 발버둥 치는 여자가 그날그날을 신경과민과 원한으로 보내는 것은 놀라운 일이 아니다. 그녀는 언제나 실패하고 있다. 승리도 일시적이어서 무엇 하나 확실한 성공으로 기록되지 않는다. 여자는 결코 가사일로 자기를 구원할 수 없다. 이 일이 온통 그녀의 삶을 차지하고 있지만, 그녀의 삶을 정당화하지 못한다. 그 정당화는 타인들의 자유에 의존하고 있기 때문이다. 가정에 갇혀 있는 여자는 스스로 자기 실존을 세워나갈 수 없다. 그녀는 개별성 속에서 자기를 확립할 수단을 가지고 있지 않다. 따라서 이 개별성이 그녀에게는 인정되지 않는다. 아랍인, 인도인, 또 많은 시골 사람에게 여자는 그녀가 제공하는 노동에 따라 평가되고, 만일 사라진다 해도 미련 없이 교체되는 잘 길든 암컷에 불과하다. 현대 문명에서 여자는 남편의 눈에 다소 개인화되었다. 그러나 그녀가 나타샤처럼 자기 가정에 열정적이고 포악하고 헌신적으로 몰두하면서 자아를 완전히 단념하지 않는 한, 그녀는 자기가 단순한 일반성[118]에 축소되어 버린 데 대해 고통스러워한다. 그녀는 공통적이고 구별되지 않는 모습의 가정주부, 아내, 어머니다. 나타샤는 이러한 절대 소멸 속에서 만족해하며, 온갖 대적을 물리치면서 **다른 사람들**을 부정한다. 그러나 현대 서구의 여자는 이와 반대로 *이* 주부, *이* 아내, *이* 어머니, *이* 여자로 인정받기를 희망한다. 그녀가 사회생활에서 구하려는 것은 이런 충족감이다.

---

118 *비개성적인 것

7장
사교 생활

가족은 폐쇄된 공동체가 아니다. 그 경계를 넘어서 다른 사회 집단들과 소통한다. 가정은 단지 부부가 틀어박혀 있는 하나의 '내부'가 아니다. 그것은 부부의 생활 수준과 재산, 취미의 표현이기도 하다. 그러므로 가정은 타인의 눈에 자신을 보여 주어야만 한다. 이러한 사교 생활을 지휘하는 것은 주로 여자다. 남자는 분업에 따른 유기적 연대 관계를 통해 생산자이자 시민으로서 집단과 연결되어 있다. 부부는 두 사람이 속해 있는 가족·계층·환경·인종에 의하여 규정되고, 사회적으로 유사한 방식으로 자리 잡은 다른 그룹들과 기계적인 연대의 관계로 연결된 사회적 인격체다. 이것을 가장 순수하게 구현할 수 있는 것은 아내다. 남편이 직업상 맺는 관계는 종종 그의 사회적 가치의 표명과 일치하지 않는다. 반면 직업이 없는 여자는 자기와 사정이 같은 사람들과 빈번히 교제할 수 있다. 게다가 그녀는 실질적으로는 무용한 이러한 관계를 '방문'과 '초대' 형식으로 확보할 여유가 있다. 이러한 관계는 물론 사회적인 계급에서 자기의 지위를 지키는 데 적용한 범주, 다시 말해서 자신을 다른 사람들보다 우월하다고 평가하는 부류에서만 중요성이 있다. 자기의 내면이나 자기의 모습까지도 – 남편과 아이들은 그것에 둘러싸여 있어서 보지 못한다 – 여자는 밖으로 드러내 보이기를 좋아한다. 가정을 '대표하는' 그녀의 사교적 의무는 자기를 내보이는 데서 느끼는 기쁨과 뒤섞이게 된다.

우선 그녀는 자기 자신을 나타내야만 한다. 집에서 자기 일에 열중하다 보니 그녀는 옷을 아무렇게나 입고 있다. 그런데 외출하거나 손님을 맞으려면 옷을 '차려입는다.' 화장은 이중의 의미가 있다. 여자의 사회적인 품격(생활 수준, 재산,

그녀가 속한 계층)을 나타내면서 동시에 여자의 나르시시즘을 구체화하게 된다. 화장은 제복이자 장신구다. **할 일**이 없어 고통받는 여자는 화장을 통해 자기 **존재**를 표현한다고 믿는다. 가사노동으로 가정을 소유하는 것처럼 자기의 아름다움을 가꾸고 옷을 차려입는 것은 자기 인격을 자기 것으로 만들어 주는 일종의 노동이다. 그러므로 그녀는 자아를 스스로 선택하고 재창조한 것처럼 생각한다. 이처럼 세간의 풍습은 그녀가 자기 이미지에 자신을 소외하도록 부추긴다. 남자의 의복은 그의 몸과 마찬가지로 그 초월성을 표시해야만 하고, 남의 시선을 끌어서는 안 된다.[119] 남자에게 우아함이나 아름다움은 자기를 객체로 구성하는 데 있는 것이 아니다. 따라서 남자는 외관을 자기 존재의 반영처럼 간주하지 않는다. 이와 반대로 사회가 여자에게 자신을 에로틱한 대상으로 만들 것을 요구한다. 여자가 뒤좇는 유행의 목적은 그녀를 자율적인 한 개인으로 드러나게 하는 데 있는 것이 아니라, 남성의 욕망의 먹이로 제공하기 위해 그 초월성을 제거하는 데 있다. 사람들은 여자의 계획을 돕기는커녕 방해하려고 한다. 치마는 바지만큼 편리하지 않고, 하이힐은 걷기에 불편하다. 가장 우아한 것은 가장 비실용적인 드레스와 무도화, 그리고 가장 망가지기 쉬운 것 모자와 스타킹이다. 의상은 몸을 감추든가 변형시키든가 혹은 몸에 꼭 끼게 해서 시선을 끈다. 그 때문에 화장은 자기 모습을 바라보고 싶어 하는 여자아이들에게 매혹적인 유희가 된다. 나중에 아이가 성장해서 자주성을 갖게 되면 얇은 모슬린과 에나멜 구두의 거북함을 느끼고 이에 반항한다. 사춘기가 되면 자신을 드러내고 싶은 욕망과 거부하고자 하는 욕망 사이에서 양분된다. 성적 대상이라는 자기의 소명을 받아들이고 나면 그녀는 몸치장하는 것을 기꺼워한다.

이미 말한 것처럼[120] 자연에 인공의 필요성을 제공하면서 여자는 몸치장을 통해 자연과 유사해진다. 여자는 남자에게 꽃과 보석이 된다. 자기 자신을 위해서 그렇게 되는 것이다. 남자에게 물결의 파동과 모피의 따스한 부드러움을 주기 전에 여자는 그것들을 자기 것으로 만든다. 자질구레한 실내 장식품·양탄자·쿠션·꽃다발에 대한 것보다 더 친밀하게, 그녀는 깃털 장식·진주·화려한 비단·견직물

---

119 본서 제1권 참조. 자신을 성적 대상으로 파악하는 남성 동성애자들은 예외다. 또한 별도로 연구할 필요가 있는 댄디들dandys도 예외다. 오늘날 특히 미국 흑인들의 '주트슈티즘zuitsuitisme'은 눈에 띄는 재단에 밝은색 옷을 입는 것인데, 이를 설명하는 이유는 매우 복잡하다.
120 본서 제1권 제3부 「신화」 1장 참조

을 자기 살과 뒤섞이게 한다. 그것들의 영롱하게 빛나는 외관과 부드러운 감촉은 그녀의 몫인 에로틱한 세계의 혹독함을 보상해 준다. 육체적 쾌락을 채우지 못하면 못할수록 그녀는 더욱더 이러한 것에 가치를 부여한다. 많은 동성애 여자가 남성적으로 옷을 입는 것은 단지 남자를 모방하고 사회에 도전하기 위한 것이 아니다. 그녀들은 벨벳과 새틴의 부드러운 애무가 필요하지 않다. 왜냐하면 여자의 몸에서 그러한 수동적 특질을 느끼기 때문이다.[121] 남자의 거친 포옹에 내맡겨진 여자는 – 쾌감 없이 응한 경우는 말할 것도 없고, 비록 즐기고 있다 하더라도 – 자기 몸 이외에 다른 어떤 관능의 먹이도 포옹할 수 없다. 그녀는 자기 몸을 꽃으로 만들기 위해 향수를 뿌린다. 목에 건 다이아몬드의 광채는 그녀의 피부 광채와 구별되지 않는다. 이런 것들을 소유하기 위해서 그녀는 세계의 모든 부富에 동화된다. 그녀는 세계의 감각적인 재물만 탐내는 것이 아니라, 때로는 감상적이고 이상적인 가치도 갈망한다. 어떤 보석은 추억이고, 어떤 보석은 상징이다. 자기들을 꽃다발로, 새장으로 만드는 여자들이 있고, 박물관인 여자들, 해독하기 어려운 기호들인 여자들도 있다. 조르제트 르블랑은 『회고록』에서 자기의 젊은 시절을 회고하면서 이렇게 말한다.

나는 언제나 그림 옷을 입고 있었다. 나는 반에이크의 그림, 루벤스의 우화寓畵 그림 혹은 멤링의 동정녀 마리아 그림 옷을 입고 산책하고 있었다. 나는 아직도 사제복에서 떼어 온 낡은 은장식의 줄로 돋보이게 한 자수정빛 벨벳 드레스를 입고서, 어느 겨울날 브뤼셀의 어떤 길을 건너가고 있는 나를 본다. 긴 꼬리를 질질 끌면서 그것에 신경도 쓰지 않은 채 나는 보도를 살살 쓸면서 걸어가고 있었다. 노란색 모피 두건이 내 금발 머리를 둘러싸고 있었으나, 가장 파격적인 것은 내 이마 한가운데에 보석 장신구로 붙인 다이아몬드였다. 왜 그런 차림을 했을까? 단지 내 마음에 들었기 때문이다. 그렇게 하는 것이 모든 인습에서 벗어나 사는 것으로 생각했기 때문이다. 내가 지나가는 모습을 보고 사람들이 웃으면 웃을수록 나는 우스꽝스러운 고안물을 더욱더 배가시켰다. 사람들이 비웃는다고 해서 내 모습의 어떤 것을 바꾸었다면 나는 수치스럽게 생각했을 것이다. 그것은 불명예스러운 항복처럼 보였기 때문이다. (…) 집에서는 아주 달랐다. 고촐리와 프라 안젤리코의

---

121 크라프트에빙이 이야기한 상도르는 성장盛裝한 여자들을 무척 좋아했으나, 정작 자기 자신은 '잘 차려입지' 않았다.

천사들, 번존스나 와트의 그림이 내 모델이었다. 나는 언제나 쪽빛과 새벽 빛깔의 옷을 입고 있었고, 통이 넓은 드레스가 내 주위에 기다랗게 펼쳐져 있었다.

정신병원에서 우주에 대한 이러한 마술적 소유의 가장 훌륭한 예들을 발견할 수 있다. 귀중한 물건과 상징에 대한 사랑을 통제하지 못하는 여자는 자신의 모습을 망각하고, 옷을 기상천외하게 입을 위험이 있다. 그래서 아주 어린 소녀에게 화장이라 하면 자기를 요정이나 여왕이나 꽃으로 변신시키는 변장이라고 생각한다. 여자아이는 꽃 장식과 리본을 다는 즉시 자기가 아름답다고 믿는다. 자기를 이런 멋진 장식들에 동화하기 때문이다. 옷감의 색깔에 매혹된 순진한 젊은 처녀는 자기 얼굴에 반영되는 창백한 얼굴빛을 알아차리지 못한다. 이런 과하고 나쁜 취향은 자신의 모습을 의식하기보다 외부 세계에 더 사로잡혀 있는 여자 예술가나 지식인들에게서도 발견된다. 그녀들은 고대의 직물이나 오래된 보석에 반해서 중국이나 중세를 환기하는 것을 좋아한다. 그리고 거울을 재빨리 혹은 선입관을 갖고서 흘끗 한 번 보고 만다. 사람들은 때로 나이 든 여자들이 좋아하는 기이한 옷차림에 놀라기도 한다. 왕관형 머리 장식, 레이스, 번쩍거리는 드레스, 이상야릇한 목걸이는 유감스럽게도 그녀들의 초췌한 모습을 두드러지게 할 뿐이다. 그녀들이 그리하는 이유는 유혹을 단념한 그녀들에게 화장이 유년기에서처럼 다시 무상의 놀이가 되어 버렸기 때문이다. 이와 반대로 우아한 여자는 화장에서 부득이하게 관능적이거나 심미적인 기쁨을 구하려 할 수 있다. 그러나 이런 경우에 그녀는 그 기쁨을 자기 이미지의 조화와 양립시켜야만 한다. 즉, 그녀의 드레스 색깔이 얼굴빛과 잘 맞고, 옷의 재단은 몸의 선을 강조하든가 교정하든가 해야 할 것이다. 그녀가 만족해 극진히 사랑하는 것은 그녀 자신이지 그녀를 꾸미고 있는 물건들이 아니기 때문이다.

화장은 단지 장식이 아니다. 앞에서도 말했듯이, 화장은 여성의 사회적 지위를 표현하고 있다. 이러한 측면에서 오직 매춘부만이 화장을 통해 자기를 나타내야 한다. 매춘부의 직능은 전적으로 성적 대상이다. 예전에 사프란색으로 머리를 물들이고 드레스 여기저기에 꽃을 꽂아 장식한 것처럼, 오늘날에는 하이힐, 몸에 붙는 새틴 옷, 야한 화장, 짙은 향수가 그녀의 직업을 알려준다. 다른 여자가 그런 치장을 한다면 '매춘부 같은' 차림을 한다고 비난받는다. 여염집 여자의 에로틱한 덕목은 사회생활에 통합되어 있어서 현명한 모습이 아니고서는 나타내서는 안 된다. 그러나 엄격하고 조심스러운 옷차림을 한다고 해서 품행이 단정한 것은 아님을 강조할 필요가 있다. 너무 솔직하게 남자의 욕망을 불러일으키는 여자는 나쁜 부류다. 그러나 남자의 욕망을 거부하는 것처럼 보이는 여자도 바람직하지 않다. 사람들은 그런 여자가 남성이 되고 싶어 하는 여자, 즉 레즈비언이라고 생각한다. 유달리 눈에 띄는 행동을 하는 여자는 특이한 여자다. 객체화된 대상의 역할을 거부함으로써 사회에 도전하는 여자는 무정부주의자다. 여자가 주목받지 않으려면 여자다움을 간직하고 있어야만 한다. 여자의 노출욕과 수치심 사이의 타협을 규제하는 것은 풍습이다. '정숙한 여자'가 감추어야 하는 것이 때로는 앞가슴이고 때로는 발목이다. 또 어떤 때는 결혼한 여자가 몸치장을 일절 하지 않는 한편, 젊은 처녀는 구혼자들을 유혹하기 위해 매력을 강조할 권리가 있다. 이러한 관례는 농촌사회에서 많이 볼 수 있다. 또는 젊은 처녀에게는 눈에 띄지 않는 재단에 은은한 빛깔의 수수한 의상을 입게 하는 데 반해, 나이 먹은 여자들은 도발적인 재단에 화려하고 다채로운 빛깔의 무거운 천으로 만들어진 몸에 달라붙는 옷을 입을 권리가 있다. 열여섯의 소녀가 검정 옷을 입으면 화려해 보인다. 이 나이에는 검은색 옷을 입지 않는 것이 관례이기 때문이다.[122] 당연히 이러한 규칙들을 따르지 않으면 안 된다. 그러나 여하한 경우라도, 그리고 가장 엄격한 계층에서조차 여자의 성적 특징은 강조될 것이다. 목사의 아내도 머리를 곱슬하게 하고 가볍게 화장하며 은근히 유행을 따르고, 자기의 육체적 매력에 대한 근심을 나타내면서 여자로서의 역할을 받아들인다. 이처럼 에로티시즘이 사회생활에 통합되는 것은 특히 '야회복'에서 두드러진다. 파티가 열린다는 것, 즉 사치와 낭비가 있다는 것을 의미하기 위해 옷은 값나가고 약한 것이어야만 하고, 될 수 있는 한 불편하기를 원한다. 치마는 길고 폭이 아주 넓거나 좁아서 걸을 수 없게 한다. 여자는 보석, 치맛단 장식, 금박, 꽃, 깃털, 가발에 싸여서 살로 만들어진 인형으로 탈바꿈된다. 그리고 살이 노출된다. 이유 없이 꽃이 피는 것처럼 여자는 어깨, 등, 가슴을 드러내 보인다. 요란한 연회를 제외하고는 남자가 여자를 갈망하는 듯한 표시를 해서는 안 된다. 즉, 남자는 춤출 때 눈으로 보고 포옹하는 권리밖에 없다. 그러나 그는 그렇게 부드러운 보물들의 세계에서 왕이 된 것에 즐거워할 수 있다. 여기

---

122 지난 세기를 배경으로 한 한 편의 졸렬한 영화에서 베티 데이비스Bette Davis는 결혼 때까지 흰색 옷을 입어야 하는데도 빨간색 드레스를 입고 무도회에 나타남으로써 물의를 일으켰다. 그녀의 행위는 기성 질서에 대한 반항으로 여겨졌다.

서 파티는 남자에게서 남자에게로, 포틀래치의 모습을 띤다. 여자는 저마다 다른 사람들 모두에게 자기 재산인 몸의 이미지를 선물로 준다. 모든 남자의 쾌감과 자기 소유자의 자존심을 위해 야회복을 입고 여자로 아름답게 꾸미고 있다.

화장의 이런 사회적 의미는 여자가 옷 입는 방식을 통해 사회에 대한 태도를 표현할 수 있게 해 준다. 기성 질서에 복종하는 여자는 자신에게 신중하고 품위 있는 인격을 부여한다. 많은 뉘앙스가 가능하여, 여자는 그 선택에 따라서 자기를 연약하고 어린애 같고 신비스럽고 순진하고 엄격하고 쾌활하고 침착하고 조금은 대담하고 잊힌 여자로 만들 수 있다. 혹은 반대로 자기의 독창성으로 인습에 대한 거부를 표명할 수도 있다. 주목할 만한 것은 많은 소설에서 묘사된 '해방된' 여자는 성적 대상으로서의 특징, 즉 자기의 종속성을 강조하는 대담한 화장으로 기발한 모습을 보인다는 것이다. 이디스 워튼의 『순수의 시대』에서 파란 많은 과거와 대담함을 지닌 젊은 이혼녀는 지나치게 가슴을 드러낸 옷을 입은 여자로 소개되고 있다. 그녀가 일으킨 전율할 추문은 순응주의에 대한 그녀의 경멸을 반영하고 있다. 이처럼 젊은 처녀는 성인 여자로, 나이 든 여자는 여자아이로, 매춘부는 사교계 여자로, 그리고 사교계 여자는 요부로 옷을 입고 즐기게 된다. 저마다 자기 신분에 맞춰 옷을 입는다고 해도 거기에는 여전히 유희가 있다. 예술과 마찬가지로 기교는 상상계에 위치한다. 거울, 브래지어, 머리 염색, 화장은 얼굴과 몸만 변화시키는 것이 아니다. 아무리 꾸미지 않는 여자도 일단 '성장'하게 되면 그 정체를 파악할 수 없게 된다. 그런 여자는 그림이나 조각상, 무대 위의 배우처럼 유동대리물과 같다. 유동대리물을 통해 실제로 존재하지 않는 한 인물, 그녀 자신이 아니라 그녀가 연기하는 어떤 인물이 암시된다. 소설의 주인공이나 초상화나 흉상처럼 비현실적이고 필연적이며 완벽한 하나의 대상과의 혼동은 그녀를 흡족하게 한다. 그녀는 이 대상 속에 자기를 소외시키고 화석화시켜 정당화된 것처럼 보이려고 노력한다.

마리 바시키르체프가 『내면의 기록Écrits intimes』에서 페이지마다 자기 모습을 지칠 줄 모르고 늘려 가는 것을 볼 수 있다. 그녀는 자기 드레스에 대해 하나도 빼놓지 않고 이야기한다. 새 옷으로 갈아입을 때마다 다른 사람이 되었다고 생각하고 새롭게 자기를 열렬히 사랑한다.

나는 엄마의 커다란 숄을 가져다가, 머리를 내놓기 위해 구멍을 내고 양 끝을 꿰매었다. 고전적인 주름을 지으며 늘어진 이 숄은 나를 동양적이고 성서풍의 기이한 모습으로 만든다.

나는 라페리에르 의상실에 간다. 카롤린이 세 시간이나 걸려 나에게 옷 한 벌을 지어주었다. 그 옷을 입으니 구름에 둘러싸여 있는 것처럼 보였다. 그녀가 나에게 입혀 준 것은 모두 영국제 크레이프 한 장인데, 날씬하고 우아하고 키가 커 보이게 했다. 주름이 조화롭게 잡힌 따뜻한 모직 옷에 싸여 있는, 르페브르가 만든 피규어 같았다. 르페브르는 주름진 얌전한 천으로 유연하고 젊은 몸매의 선을 잘 나타낼 줄 안다.

다음의 후렴구가 날마다 되풀이된다. "검정 옷을 입은 나는 매력적이었다. (…) 회색 옷을 입어도 매력적이었다. (…) 하얀 옷을 입었다. 매력적이었다."
몸치장을 대단히 중요하게 여기는 드 노아유 부인도 자기 『회고록』에서 실패한 드레스 사건을 다음과 같이 슬프게 상기하고 있다.

나는 색채의 선명함, 그 대담한 대조를 사랑했다. 한 벌의 드레스는 나에게 풍경처럼, 운명적인 유혹처럼, 모험의 약속처럼 보였다. 서툰 솜씨로 만들어진 드레스를 다시 입는 순간, 모든 결점이 드러나서 괴로워하지 않을 수 없었다.

많은 여자에게 화장이 그토록 중요한 까닭은, 그녀들에게 세계와 그녀들 자신의 자아를 눈속임으로 동시에 넘겨 주기 때문이다. 『인조견 옷을 입은 젊은 처녀 *La Jeune Fille en soie artificielle*』[123]라는 독일 소설에서 한 젊은 처녀가 회색 다람쥐 모피 외투에 대해 느낀 열정을 이야기한다. 그녀는 모피 외투의 애무하는 듯한 포근함을 관능적으로 사랑한다. 값비싼 모피 아래서 그녀가 극진히 사랑하는 것은 변모된 그녀 자신이다. 그녀는 마침내 한 번도 껴안아 보지 못했던 세상의 아름다움과 한 번도 자기 것이 아니었던 눈부신 운명을 소유한다.

나는 옷걸이에 걸려 있는 외투 한 벌을 보게 되었다. 말할 수 없이 폭신하고 부드럽고 온화한 무척 고운 회색의 수줍어하는 듯한 모피. 나는 키스하고 싶을 만큼 그 모피가 마음에 들었다. 그것은 하늘과 같은 위로와 만성절의 모습과 더할 바 없는 안전한 모습을 하고 있었다. 진짜 회색 다람쥐 모피였다. 나는 가만히 비웃

---

123 I. 코인 Irmgard Keun(1905~1982)

「드 노아유 부인의 초상화」이그나치오 술로아가, 1913

을 벗고 모피 외투를 걸쳤다. 모피는, 그것을 사랑하는 내 피부에는 다이아몬드와 같았다. 사랑하는 것은 일단 수중에 넣으면 돌려주지 않는 법이다. 안감은 본견 모로코 크레이프로 자수가 놓여 있었다. 외투는 나를 감쌌고, 나보다 더 많이 휘버트의 마음에 말하고 있었다. (…) 그 모피를 입은 나는 말할 수 없이 우아했다. 그것은 사랑을 통해서 나를 소중한 사람으로 만들어 줄 흔치 않은 남자와 같았다. 그 외투는 나를 원하고, 나는 그 외투를 원한다. 우리는 서로를 소유하고 있다.

여자는 하나의 대상물이기 때문에, 어떻게 치장하느냐에 따라서 그 고유한 가치가 달라진다. 실크 스타킹, 장갑, 모자에 그토록 많은 중요성을 부여하는 것은 단순한 경박함이 아니다. 자기 지위를 지키는 것은 긴박한 의무이기 때문이다. 미국에서는 여자 노동자의 예산 대부분이 화장품과 의복에 들어간다. 프랑스에서는 이런 부담이 그처럼 크지 않다. 그렇지만 여자가 '모양을 더 잘 낼'수록 그만큼 더 존중을 받는다. 일자리를 찾을 필요가 절실하면 할수록 번듯한 외모를 갖는 것이 더 유용하다. 우아함은 무기이고 간판이며, 경외심을 느끼게 하는 것이자 추천서다.

멋 내는 것은 일종의 굴종이다. 거기에 부여하는 가치는 값을 치른다. 하도 비싼 값을 치러서 때때로 백화점의 감시인은 현장에서 향수, 실크 스타킹, 속옷을 훔치고 있는 사교계 여자나 여배우를 적발하기도 한다. 많은 여자가 몸치장을 위해서 매춘을 하거나 '원조를 받는다.' 그녀들이 돈을 필요로 하는 까닭은 화장 때문이다. 옷치장을 잘하기 위해서는 시간과 수고도 필요하다. 이러한 일은 때로 긍정적인 기쁨의 원천이기도 하다. 이 영역에는 '숨겨진 보물의 발견', 흥정, 계략, 배합, 창조가 있다. 능숙한 여자는 창조자가 될 수도 있다. 대매출 기간은 ─ 특히 특가판매 경우에는 더욱더 ─ 열광적인 모험의 기간이다. 새 드레스는 그것 하나만으로도 축제다. 화장과 머리 모양은 예술 작품의 대용품이다. 오늘날 여성은 운동, 체조, 목욕, 마사지, 식이요법으로 몸을 가꾸는 기쁨을 예전보다 더 많이 알고 있다.[124] 여자는 체중, 몸매, 피부색에 관해 결정한다. 현대 미학은 여자가 자기의 아름다움에 활동적인 특성을 통합시키도록 해 준다. 여자는 근육을 단련할 권리가 있고, 지방이 몸에 쌓이는 것을 막는다. 신체 문화에서 여자는 주체로서

---

124 하지만 최근 설문조사에 의하면, 프랑스에서는 여성 체육관이 오늘날 거의 황폐해지고 있는 것 같다. 그리고 프랑스 여성들은 특히 1920년에서 1940년 사이에 신체 문화에 열중했다. 지금은 가사 부담이 그녀들을 너무 짓누르고 있다.

자신을 입증하고 있다. 그것은 그녀에게 우연적인 몸에 대한 일종의 해방이다. 그러나 이러한 해방은 쉽게 종속으로 회귀한다. 할리우드 스타는 자연을 이겨낸다. 그러나 제작자의 수중에서 다시 수동적인 대상이 된다.

여자가 정당하게 만족을 느낄 수 있는 이런 승리와 함께 멋 부리는 행위에는 - 가사 돌봄과 같이 - 시간과의 싸움이 내포되어 있다. 왜냐하면 그녀의 몸 역시 세월이 좀먹는 하나의 물체이기 때문이다. 콜레트 오드리는 가정주부가 집에서 먼지와 다투는 싸움과 맞먹는 이 투쟁을 이렇게 묘사하고 있다.[125]

더 이상 젊은 시절의 탄탄한 몸이 아니었다. 그녀의 팔과 넓적다리를 따라서 근육이 약간 늘어진 피부와 지방층 아래로 유난히 드러나 보였다. 불안해진 그녀는 다시 한 번 일과를 뒤엎어 버렸다. 그리하여 하루는 반 시간의 체조로 시작될 것이고, 밤에는 잠자리에 들기 전에 15분간 마사지를 할 것이다. 허리둘레를 관리하기 위하여 의학서나 유행잡지를 참조하기 시작했다. 과일주스를 준비하고, 이따금 설사제를 복용했으며, 설거지는 고무장갑을 끼고 했다. 그녀의 두 가지 근심은 결국 하나로 귀결되었다. 즉, 열심히 몸을 젊게 하고, 열심히 집을 닦다가 결국 언젠가는 일종의 휴식기, 일종의 죽음과 같은 지점에 다다르는 것이다. (…) 그때 세상은 노쇠와 소모를 잊은 듯 멈추고 중단될 것이다. (…) 지금 그녀는 스타일을 개선하기 위하여 제대로 된 수영 강습을 받고 있다. 미용 잡지들은 무한정 새로워진 처방으로 그녀를 숨 가쁘게 했다. 진저 로저스는 이렇게 고백하고 있다. "나는 아침마다 머리를 백 번씩 브러시로 빗어요. 정확히 2분 30초가 걸려요. 그래서 비단결 같은 머릿결을 가지고 있답니다……." 발목을 예쁘게 다듬는 법은 매일 발뒤꿈치를 바닥에 대지 않고 발끝으로 삼십 번씩 일어서는 것이다. 이런 운동은 1분밖에 걸리지 않는다. 하루에 1분쯤은 아무것도 아니다. 다른 때는 발가락을 향유에 담근다. 손에는 레몬을 넣은 밀가루 팩을 하고, 뺨에는 딸기를 짓이겨 바른다.

미용이나 의상 손질이 타성이 되면 그것 또한 고역이 된다. 모든 생성에 따르게 마련인 쇠퇴에 대한 공포는 불감증이나 욕구 불만의 여자들에게 삶에 대한 공포를 일으킨다. 다른 여자들이 가구나 잼을 보존하듯이 그녀들은 자기 자신을 보존하려고 애쓴다. 이런 부정적인 집착으로 인해 그녀들은 자기 존재의 적이 되고 타

---

125 『지는 놀이』

인에게도 적대적이다. 맛있는 식사는 몸매를 망치고, 포도주는 얼굴빛을 안 좋게 하며, 너무 많이 웃으면 얼굴에 주름이 생긴다. 햇빛은 피부를 상하게 하고 휴식은 몸을 무겁게 한다. 노동은 쇠약하게 하고, 사랑은 눈가에 눈늘을 만든다. 키스는 뺨에 염증을 일으키며, 애무는 유방의 모양을 망가뜨린다. 포옹은 육체를 시들게 하며, 임신과 출산은 얼굴과 몸을 추하게 만든다. 얼마나 많은 젊은 어머니가 자기의 야회복에 매혹당한 아이를 매몰차게 밀어내는가는 잘 알려진 사실이다. "만지면 안 돼, 네 손이 젖어 있어서 내 옷을 더럽힐 거야." 멋쟁이 여자는 남편이나 애인의 배려를 똑같이 퇴짜 놓는다. 가구에 덮개를 씌우듯이, 여자는 남자에게서, 세계에서, 시간에서 벗어나고 싶어 한다. 그러나 아무리 주의를 해도 흰머리와 눈가의 잔주름을 막을 재간이 없다. 여자는 젊은 시절부터 이런 운명을 피할 수 없다는 것을 알고 있다. 그래서 아무리 신중하다 해도 사고가 생기기 마련이다. 포도주 한 방울이 드레스에 떨어지고, 담뱃불이 그것을 태우기도 한다. 그러면 살롱에서 미소 지으며 으스대고 걷던 호사스러운 여자는 사라진다. 그녀의 얼굴은 가정주부의 진지하고 딱딱한 표정으로 바뀐다. 사람들은 여자의 화장이 한순간 주위를 환히 밝히기 위한 꽃다발, 불꽃, 소멸하기 마련인 무상의 광채가 아니었다는 것을 돌연 깨닫는다. 그것은 재산이며 자본이며 투자다. 화장은 희생의 대가를 치렀다. 그것의 손실은 돌이킬 수 없는 재앙이다. 드레스가 얼룩지고 찢어지고 못쓰게 되는 것, 실패한 파마머리는 타 버린 고기나 깨진 화병보다 한층 더 심각한 대참사다. 왜냐하면 멋쟁이 여자는 사물 속에 단지 자기를 소외시켰을 뿐만 아니라 사물 자체가 되려 했기 때문이다. 그리고 매개되지 않고 세계 속에서 위험에 처해 있다고 느끼기 때문이다. 그녀가 재단사와 모자 제조인에게 조바심치거나 무리하게 요구하는 것을 보면, 얼마나 진지하고 불안한 상태에 있는지를 알 수 있다. 드레스가 잘 만들어지면 그녀는 자신이 꿈꾸어 온 인물이 된다. 그러나 의상이 퇴색하거나 망쳐 버리면 자신도 실추했다고 느낀다.

"내 기분, 내 태도, 내 표정은 모두 옷에 좌우되었다……"고 마리 바시키르체프는 쓰고 있다. 또 이렇게도 쓴다. "알몸으로 산책을 하든지, 아니면 자기 신체, 취향, 성격에 따라 옷을 입어야 한다. 이런 조건에 있지 않으면 나는 어색하고 평범하게, 따라서 모욕적으로 느껴진다. 기분과 정신은 어떤가? 누더기 같은 생각이 들어 얼간이 같고 따분해 몸 둘 바를 모르겠다."

많은 여자가 옷을 제대로 입지 않은 채 파티에 가느니 차라리 안 가는 편을 택한다. 사람들의 시선이 자기에게 쏠리지 않더라도 말이다.

하지만 어떤 여자들이 "나는 나 자신만을 위해 옷을 입어요"라고 단언해도, 나르시시즘에서조차 타인의 시선이 내포되어 있다는 것을 앞에서 이미 보았다. 봐주는 사람이 없는데도 고집스럽게 신조를 지키는 멋쟁이는 거의 정신병원에서나 볼 수 있는 사람이다. 보통 여자들은 자기를 봐 주는 사람을 필요로 한다. 결혼한 지 10년이 지난 후 소피아 톨스토이는 이렇게 쓰고 있다.

나는 사랑받고 싶고, 아름답다는 말을 듣고 싶다. 사람들이 그렇게 말하는 것을 리오바가 보고 들었으면 좋겠다. (…) 아름다운 것이 무슨 소용이 있나? 나의 예쁘고 귀여운 페치아는 아름다운 여인을 사랑하듯 생글거리며 냐니아 할멈을 따른다. 리오보치카는 가장 보기 흉한 얼굴에 익숙해진 것 같다. (…) 나는 머리에 웨이브를 주고 싶다. 아무도 알아주지 않겠지만, 역시 아름다울 것이다. 나는 왜 남이 보아 주기를 바라는가? 리본이나 매듭 장식은 나를 즐겁게 해 준다. 새 가죽띠를 매고 싶다. 그리고 이것을 글로 쓰고 있는 지금, 울고 싶은 심정이다…….

남편은 이런 역할을 잘 이행하지 못한다. 여기서도 남편의 요구는 이중적이다. 아내가 너무 매혹적이면 남편은 질투한다. 하지만 모든 남편은 어느 정도 칸다울레스 왕과 같다. 남편은 아내가 자기에게 영광을 안겨주기를 바란다. 아내가 우아하고 예쁘기를 원하고, 아니면 적어도 '괜찮은' 여자이기를 바란다. 그렇지 않으면 그는 유머러스하게 위비 영감[126] 같은 말을 할 것이다. "당신 오늘 정말 보기 흉하군! 집에 손님이라도 오나?" 앞에서도 보았지만, 결혼생활에서 에로틱한 가치와 사회적 가치는 서로 조화롭기 어렵다. 이러한 상충은 여기서도 반영되고 있다. 성적 매력을 돋보이려는 아내는 남편이 보기에 나쁜 부류의 여자다. 남편은 모르는 여자가 자기를 유혹하려는 대담성을 비난하고, 이런 비난은 남자에게서 모든 욕망을 사라지게 한다. 만일 아내가 옷을 점잖게 입으면 남편은 이를 승인하지만, 태도는 냉담해진다. 즉, 그는 아내가 매력적이지 않다고 생각하며, 그 점에 대해 애매하게 비난한다. 그 때문에 남편이 자신을 위해 아내를 바라보는 일은 드물다. 그는 타인의 눈을 통해 아내를 살핀다. "사람들이 그녀에 대해 뭐라고

---

126 *알프레드 자리의 희곡 『위비왕』에서 익살스러운 주인공

할까?" 하지만 그는 타인에게 남편으로서의 관점을 부여하기 때문에 제대로 보지 못한다. 아내에게는 남편이 자기 옷이나 태도를 비판하면서도 다른 여자의 그러한 모습을 즐겁게 바라보는 것보다 더 화나는 일이 없다. 더구나 남편은 너무 가까이 있어서 아내를 잘 보지도 못한다. 남편에게 아내는 변함없이 한결같은 얼굴을 하고 있다. 그는 아내의 몸치장이나 머리 모양의 변화도 알아차리지 못한다. 애처가인 남편이나 사랑에 빠진 애인조차도 대개 여자의 화장에 무관심하다. 남자가 여자를 가식 없이 열렬히 사랑한다면, 아무리 몸치장이 잘 어울린다 해도 그것은 가장假裝에 불과하다. 그리고 여자가 옷을 잘 입지 못하고 피로해 보이더라도 눈부시게 아름다울 때와 마찬가지로 여자를 극진히 사랑할 것이다. 남자가 여자를 더 이상 사랑하지 않는다면, 아무리 그가 좋아하는 옷을 입고 있다 한들 사랑이 돌아올 가망은 없다. 화장은 정복의 도구가 될 수 있으나 방어 무기는 될 수 없다. 화장 기술은 여러 가지 신기루를 만들어 내는 데 있으므로, 사람들의 시선에 상상의 대상을 제공한다. 육체적 포옹 속에서, 일상의 교제 속에서 모든 신기루는 사라진다. 부부의 감정은 육체적 사랑과 마찬가지로 현실의 땅 위에 서 있다. 여자가 몸치장하는 것은 사랑하는 남자를 위해서가 아니다. 도로시 파커는 그녀의 중편소설 가운데 하나에서,[127] 휴가를 받고 돌아오는 남편을 학수고대하면서 그를 맞이하기 위해 몸단장하기로 마음먹는 젊은 아내를 다음과 같이 묘사하고 있다.

> 그녀는 새 원피스를 한 벌 샀다. 검은색이었다. 그는 검은색 원피스를 좋아했다. 수수한 원피스, 그는 수수한 원피스를 좋아했다. 값이 너무 비싸서 가격은 생각하고 싶지 않았다…….
> "……당신, 내 원피스, 맘에 들어요?"
> "그럼! 나는 언제나 당신이 이 원피스를 입는 것을 좋아했다오."
> 그녀는 마치 자기가 나무토막이 된 것 같았다.
> "이 원피스는 아주 새것이에요. 한 번도 입은 적이 없어요. 언젠가 당신을 기쁘게 해 주려고 그때를 위해 일부러 사 두었던 거예요"라고 그녀는 모욕적인 명료함으로 또박또박 말했다.
> "미안하오, 여보. 오, 참 그렇군. 이제 알겠는데, 그 옷이 다른 옷과 전혀 다르군.

127 『사랑스러운 에바The Lovely Eva』

멋있는 옷이오. 나는 검은색 옷을 입은 당신이 항상 좋아."

"이런 때라면, 다른 이유로 검은색 옷을 입고 싶군요."

흔히 말하기를, 여자가 옷을 잘 차려입는 것은 다른 여자들의 질투를 자극하기 위해서라고 한다. 이런 질투는 확실히 그 목적을 달성했다는 명백한 증거가 된다. 그러나 그것만이 유일한 목적은 아니다. 부러워하고 감탄하는 칭찬을 통해 여자는 자기의 아름다움, 세련됨, 취향, 즉 자기 자신에 대한 절대적 긍정을 추구한다. 그녀는 자기를 보이기 위해 옷을 차려입는다. 자기를 존재하게 하려고 자기를 내보인다. 그리하여 그녀는 고통스러운 종속 상태에 들어간다. 가정주부의 헌신은 비록 인정받지 못하더라도 유익하다. 그러나 멋 부리는 여자의 노력은 어떤 사람의 마음속에 새겨지지 않는다면 헛된 것이 된다. 그녀는 자기 자신의 가치가 결정적으로 높아지기를 기대하고 있다. 절대에 대한 이런 포부는 그녀의 추구를 몹시 고단한 것으로 만든다. 단 한마디의 비난은 그녀의 모자를 아름답지 않게 만든다. 한마디 찬사로 그녀의 비위를 맞출 수 있지만, 한마디 부정으로 그녀를 실추시킬 수도 있다. 그리고 절대라는 것은 오직 무한히 계속되는 등장을 통해서만 나타나기 때문에 그녀는 결코 완전하게 승리하지 못한다. 멋 부리는 여자가 그토록 상처받기 쉬운 것은 그 때문이다. 예쁘다는 찬사를 받는 여자들 역시 자기들이 아름답지도 우아하지도 않다는 것, 정확히 말해서 자기들이 알지 못하는 심판자의 최고의 칭찬을 받지 못한다는 것을 서글프게 확신할 수 있는 것도 그 때문이다. 그녀들은 실현 불가능한 하나의 즉자를 목표로 삼고 있다. 우아함의 법칙을 스스로 구현하며, 누가 어디서 보더라도 결점을 잡을 수 없는 더할 나위 없이 훌륭한 멋쟁이는 드물다. 왜냐하면 이런 여자들은 자기 스스로 법칙을 만들어 성공과 실패를 규정하기 때문이다. 그리고 자기의 전성시대가 지속되는 한 자기를 모범적인 성공 사례로 생각할 수 있다. 불행한 것은 이러한 성공이 무엇에도 누구에게도 소용되지 않는다는 것이다.

화장은 곧 외출과 손님 초대를 전제로 한다. 거기에 화장의 본래 목적이 있다. 여자는 새 옷을 입고 이 살롱 저 살롱으로 다니며 이를 과시하고, 자기가 집 '내부'를 얼마나 훌륭히 꾸려 나가는가를 보이기 위해 다른 여자들을 초대한다. 특별히 격식을 갖춘 어떤 경우에는 남편이 '방문'에 아내를 동반한다. 그러나 대부분은 남편이 일에 종사하는 동안 아내가 '사교계 의무'를 이행한다. 이런 사교계

모임을 짓누르는 가차 없는 권태는 수없이 묘사되었다. '사교계의 의무'로 모여 있는 여자들은 서로 소통할 게 아무것도 없기 때문이다. 변호사의 아내와 의사의 아내를 연결하는 공통된 관심사는 아무것도 없다. 그뿐만 아니라 같은 의사인 뒤퐁 박사의 아내와 뒤랑 박사의 아내도 별반 다를 것이 없다. 일반적인 대화에서 아이들의 엉뚱한 짓과 살림 걱정에 관해 이야기하는 것은 품위 없는 태도다. 그러므로 화제를 날씨나 최근 유행하는 소설, 남편에게서 얻어들은 몇몇 의견 등으로 국한하게 된다. '부인의 손님 접대 날'의 풍습은 점점 사라지는 추세다. 그러나 프랑스에서는 다양한 형태로 '방문'의 고역이 아직도 남아 있다. 미국 여성들은 보통 대화를 카드놀이로 대체하는데, 이 놀이를 좋아하지 않는 여자들에게는 달갑지 않은 일이다.

하지만 사교계 생활은 쓸데없는 인사치레보다 더 매혹적인 형태를 띤다. 초대한다는 것은 단지 자기 집에 타인을 맞이하는 것만이 아니다. 그것은 자기가 사는 집을 마법의 영역으로 변화시키는 것이다. 사교술의 발휘는 축제인 동시에 포틀래치다. 그 집의 주부는 자기의 보물, 즉 은그릇, 리넨 제품, 크리스털 제품을 전시하고 집을 꽃으로 장식한다. 덧없고 무익한 꽃은 낭비와 사치인 파티의 무상성을 구현한다. 화병 속에서 피었다가 요절하는 꽃들은 환희의 불꽃이며, 향이고 몰약沒藥이며, 신주이고 제물이다. 식탁에는 맛있는 음식과 값진 포도주가 가득 차려진다. 손님들의 식욕을 채워 주면서 그들의 욕망을 미리 알아차려 멋있는 선물을 마련하는 것이 중요하다. V. 울프는 『댈러웨이 부인』의 다음 대목에서 이러한 특징을 강조하고 있다.

그때 문이 열리자 앞치마를 두르고 흰 모자를 쓴 하녀들이 매력적인 침묵의 왕래를 시작했다. 그녀들은 욕망의 시녀들이라기보다 신비의 여제관들이었다. 이것은 메이페어Mayfair[128]의 주부들이 한 시 반부터 두 시까지 집행하는 커다란 의식이다. 손짓 한 번으로 거리의 움직임은 멈추고, 그 대신 착각을 일으키는 환상이 올라온다. 우선 무료로 제공하는 식사가 나온다. 이어서 식탁에는 크리스털 그릇, 은그릇, 바구니, 빨간 과일이 담긴 그릇이 꽉 찬다. 갈색 크림이 마치 베일처럼 가자미를 가리고 있다. 스튜 냄비 속에는 잘게 자른 닭고기가 국물에 잠겨 있고, 불은 아름다운 빛깔로 격식 있게 이글거리고 있다. 그리고 포도주와 커피가 나오

128 *런던의 하이드 파크 동쪽 상류 주택지

자 꿈을 꾸고 있는 눈앞에 즐거운 환상이 떠오른다. 조용히 생각에 잠겨 있는 그 눈에는 인생이 음악처럼 신비롭게 보인다.

이러한 신비를 주재하는 여자는 자기를 삶의 완벽한 순간의 창조자, 행복과 유쾌함을 분배해 주는 사람이라고 느끼며 자랑스러워한다. 손님들을 한자리에 모이게 한 것도 그녀이며, 어떤 사건도 그녀를 통해서 일어난다. 그녀는 기쁨과 조화의 무상의 원천이다.

이것이 바로 댈러웨이 부인이 느끼는 것이다.

그러나 피터가 그녀에게 이런 말을 한다고 가정해 보자. "좋소! 좋소! 그러나 당신이 파티를 여는 이유가 대체 무엇이오?" 그녀는 기껏해야 이렇게 답할 수 있다 (아무도 이해하지 못한다 해도 할 수 없다). "파티는 희사하는 거예요……." 자, 누구는 남부 켄싱턴에 살고, 누구는 베이스워터에 살고, 또 누구는 메이페어에 살고 있다고 하자. 그녀는 끊임없이 그들의 존재를 느끼고 있다. 그러고는 '참 아쉽다! 정말 유감이다!'라고 생각한다. 또한 '그들을 모이게 할 수 없을까?' 하고 생각한다. 그러고는 그들을 모이게 한다. 이것이 희사다. 화합시키는 것이며, 창조하는 것이다. 그러나 이는 누구를 위한 것인가?

아마도 희사하는 즐거움 때문에 하는 것이리라. 아무튼 그것은 선물이다. 그녀는 다른 것은 아무것도 가진 게 없다.

다른 누구라도 그만큼 잘 할 수 있었을 것이다. 하지만 자기가 한 것은 조금 훌륭한 것이었다고 그녀는 생각했다. 그녀가 그렇게 되도록 만든 것이다.

타인에게 표한 이러한 경의에 순수한 관대함이 들어 있다면, 파티는 진정 하나의 축제다. 그러나 사회의 관례적 행사가 되면, 곧 포틀래치는 하나의 제도로, 선물은 의무로 바뀌게 되고, 파티는 의식의 태를 내게 된다. '외식'을 음미하면서도 초대받은 여자는 그것을 갚아야 할 것으로 생각한다. 그래서 때로는 지나친 대접을 받았다고 불평하기도 한다. "X 부부가 우리를 기죽이려고 그랬던 거예요" 하고 남편에게 앙칼지게 말한다. 나는 특히 이런 이야기를 들었다. 2차 세계 대전 중에 포르투갈의 한 작은 도시에서의 다과회는 포틀래치 가운데에 가장 값비싼 것이 되었다. 매번 모임에서 여주인은 이전 모임보다 더 다양하고, 더 많은 양의 케이크를 대접해야만 했다. 이러한 부담을 견딜 수 없게 되자, 어느 날 여자들이 더 이상 차 이외에는 아무것도 제공하지 않기로 만장일치를 보았다. 그런 상황에서는 파티가 너그럽고 멋진 성격을 상실한다. 그것은 여러 고역 가운데 하나다. 축연을 표현하는 장식물은 근심의 원천에 불과하다. 크리스털 식기나 식탁보에 주의를 기울여야 하고, 샴페인과 디저트의 양을 헤아려야 한다. 깨진 찻잔 하나, 불에 탄 안락의자의 실크 천은 재난이다. 내일은 청소하고 정돈하고, 다시 제자리에 돌려놓아야 할 것이다. 여자는 이런 부가 노동을 두려워한다. 그녀는 주부의 운명을 규정하는 많은 의존 관계를 실감한다. 즉, 수플레,[129] 구운 고기, 정육점 주인, 요리사, 임시 고용인에게 의존하고 있다. 그녀는 뭔가 잘못되어 가는 즉시 눈살을 찌푸리는 남편의 눈치를 본다. 가구와 포도주를 품평하고 파티의 성공 여부를 결정하는 초대객의 눈치도 살핀다. 오직 너그럽고 자신감 있는 여자들만이 차분한 마음으로 그와 같은 시련을 통과하게 된다. 성공했다고 생각되면 그녀들은 대단한 만족감을 느낄 수 있다. 그러나 많은 여자가 이 점에 관해서는 V. 울프가 보여 주는 댈러웨이 부인과 유사하다. "그녀는 이러한 성공 (…) 그리고 그 광채와 흥분을 좋아하면서도 그 공허와 가식을 느끼고 있었다……." 여자는 이러한 성공을 지나치게 중요시하지 않을 때만 진정으로 즐거워할 수 있다. 그렇지 않으면, 영원히 충족되지 않는 허영심에 괴로움을 겪게 될 것이다. 게다가 '사교계 생활'에서 자기 인생의 쓰임새를 발견할 만큼 충분한 재산이 있는 여자는 별로 없다. 사교계 생활에 완전히 몰두하는 여자는 보통 이를 통해 자신을 숭배의 대상으로 삼으려 할 뿐만 아니라, 이 사교계 생활을 여러 가지 목적에 이용하려고 한다. 진정한 '살롱'은 문학적 혹은 정치적 성격을 띤다. 여자들은 이것을 수단으로 해서 남자들에 대해 영향력을 갖고, 자기들도 개인적인 역할을 하려고 노력한다. 그녀들은 결혼한 여자의 조건을 벗어난다. 결혼한 여자는 일반적으로 쾌락이나 일시적 승리감에 만족하지 못한다. 그런 것은 결혼한 여자에게 드물게 주어지고, 주어진다고 해도 기분 전환은 되지만 그만큼 피로를 느끼게 하는 수가 많다. 사교계 생활은 여자가 당당한 태도를 지니고 자기를 타인에게 '드러낼' 것을 요구한다. 그러나 그녀와 타인 간의 진정한 소통을 만들어 내지는 못한다. 사교계 생활은 그녀를 고독에서 끌어내지 못한다.

---

129 *거품을 낸 달걀 흰자 위에 치즈와 감자 따위를 섞어 구운 요리 또는 과자

쥘 미슐레는 이렇게 쓰고 있다. "생각하면 고통스러운 일이지만, 여자는 둘이서가 아니면 살 수 없는 상대적 존재로 남자보다 더 자주 고독하다. 남자는 곳곳에서 사회를 발견하고 새로운 관계를 만든다. 여자는 가족이 없으면 아무것도 아니다. 그렇지만 가족은 그녀를 짓누른다. 모든 짐이 그녀 위에 실린다." 그리고 여자는 갇히고 격리되어 있어서 어떤 목적을 공동으로 추구하는 동지애의 기쁨을 알지 못한다. 여자의 일은 정신을 사용하는 일이 아니다. 성장하는 동안 그녀는 독립에 대한 취향이나 습관을 지녀 볼 기회가 없었다. 하지만 그녀는 고독 속에서 나날을 보낸다. 이미 보았듯이, 그것은 소피아 톨스토이가 한탄하고 있었던 불행 중 하나다. 결혼함으로써 그녀는 아버지의 집에서 멀리 보내졌고, 젊은 날의 친구들에게서 멀리 떨어져 살게 되었다. 콜레트는 『나의 인생 수업』에서, 지방에서 파리로 옮겨 와 뿌리 뽑힌 삶을 사는 젊은 아내를 묘사하고 있다. 그녀는 어머니와 주고받는 긴 편지에만 의지해 살아간다. 그러나 편지는 만남을 대신하지 못한다. 그녀는 시도Sido에게 자기의 실망을 고백할 수 없다. 젊은 여자와 가족 간에는 진정한 친밀감이 없는 경우가 흔하다. 어머니도 자매도 친구는 아니다. 오늘날에는 주택난 때문에 많은 젊은 부부가 남편의 혹은 아내의 가족과 살고 있다. 그러나 이렇게 어쩔 수 없이 함께 사는 사람들이 여자에게 언제나 진정한 벗이 되어 주는 것은 아니다.

여자들 간에 형성되고 유지되는 우정은 여자에게 귀중하다. 여자들의 우정은 남자들이 경험하는 관계와는 전혀 다른 성격을 지니고 있다. 남자들은 자기들의 사적인 생각이나 계획을 개인 자격으로 자기들끼리 소통한다. 여자들은 여자의 운명이라는 일반성 속에 갇혀 있어서 일종의 내재적 공모의식으로 결합해 있다. 우선 여자들이 저마다 다른 여자에게서 찾는 것은 자기에게 공통된 세계를 확인하는 것이다. 그녀들은 의견을 두고 토론하지 않는다. 자기의 속내와 대처 방안에 관한 이야기를 주고받는다. 여자들은 일종의 반세계反世界를 창조하기 위해 결속한다. 그 반세계의 가치는 남자들의 가치를 날려 보낸다. 이렇게 결합한 여자들은 자기들이 받는 억압을 뒤흔들어 버릴 힘을 발견한다. 여자들은 서로에게 자기의 불감증을 털어 놓으면서, 그리고 자기 남자의 성욕이나 서툰 솜씨를 냉소적으로 놀려 대면서 남자의 성적 지배를 부정한다. 또한 남편과 남자들 일반의 도덕적·지적 우월성에 대해서도 빈정거리며 부인한다. 여자들은 자기의 경험을 견줘 보기도 한다. 즉, 임신, 출산, 자녀들의 질병, 자신의 질병, 가사 임무가 인간사의 주요 사건이 된다. 여자의 일은 기술이 아니다. 요리법이나 살림 방법을 과거에서 미래로 전달하면서 여자들은 자기 일에다 구전에 근거한 비밀 과학의 품격을 부여한다. 때로는 도덕적 문제를 함께 검토하기도 한다. 여성잡지들의 '독자란'은 이런 의견 교환의 좋은 표본이다. 남자들에게 할애된 '마음의 편지' 같은 것은 거의 상상할 수 없다. 남자들은 *그들의* 세계인 *이* 세상에서 서로 만나고 있다. 이에 반해 여자들은 자기들만의 영역을 규정하고 측정하고 탐색해야만 한다. 특히 여자들은 아름다워지는 법, 요리법과 뜨개질법에 대해 서로 터놓고 이야기하고 의견을 구한다. 때로는 여자들의 수다와 과시하기 좋아하는 취향을 통해 진정한 불안이 뚫고 나오는 것을 느끼게 된다. 여자는 남자의 법규가 자기 것이 아니라는 것을 알고 있다. 여자가 그 법규를 준수하지 않으리라는 것을 남자도 예상한다는 점을 여자는 알고 있다. 왜냐하면 남자는 여자에게 자기들이 공식적으로 처벌하는 낙태, 간통, 과실, 배신, 거짓말을 하도록 압력을 가하기 때문이다. 그러므로 여자는 다른 여자들의 협력을 구해 일종의 '절충법'이나 여성 고유의 도덕적 법규를 정하려고 한다. 여자들이 여자 친구들의 행실을 그토록 장황하게 언급하고 비판하는 것은 단지 악의에서 그러는 것만이 아니다. 다른 여자들의 행실을 심판하고 자신들의 행동을 규정하기 위해서는 남자들보다도 더 많은 도덕규범을 만들어 낼 필요가 있기 때문이다.

이 같은 여자들의 관계에 가치를 부여하는 것은 그 관계가 내포하는 진실이다. 남자 앞에서 여자는 언제나 자기를 가장하고 있다. 그녀는 자기를 비본질적 타자로서 받아들이는 체하면서 거짓말을 한다. 그녀는 몸짓, 화장, 신중한 말을 통해 남자 앞에 상상의 인물 하나를 내세우면서 거짓말을 하고 있다. 이런 연극은 지속적인 긴장을 요구한다. 남편 가까이에서, 애인 가까이에서 여자는 모두 다소간 '나는 나 자신이 아니다'라고 생각하고 있다. 남자의 세계는 냉혹하다. 거기서는 각(角)이 예리하고, 목소리는 너무 울리며 빛은 너무 강해 눈이 부시고, 접촉은 거칠다. 그러나 다른 여자들 곁에서 여자는 무대 뒤쪽에 있는 것과 같다. 그녀는 전쟁 준비를 하지만 싸우지는 않는다. 옷치장을 조합하고 화장을 고안해 내며, 여러 가지 술수를 준비한다. 무대 위에 오르기 전에 실내화와 실내복을 입고 무대 뒤에서 서성인다. 그녀는 이런 포근하고 부드럽고 긴장이 이완된 분위기를 좋아한다. 콜레트는 자기 여자 친구 마르코와 함께 보낸 시간을 이렇게 묘사하고 있다.

간단한 속내 이야기, 세상에서 멀리 떨어져 둘만이 공유하는 놀이, 때로는 수녀원의 작업실에서 보내는 시간 같기도 하고, 때로는 병후 회복기의 한가로운 때 같기도 한 시간……[130]

콜레트는 자기보다 나이 많은 여자들 곁에서 조언자 역할을 하는 것을 좋아했다.

더운 날 오후, 마르코는 블라인드를 친 발코니에서 속옷을 꿰매고 있었다. 그녀는 바느질이 서툴렀지만 정성 들여 바늘을 놀리고 있었다. 나는 그녀에게 조언해 주는 것이 자랑스러웠다. (…) "셔츠에는 하늘색 리본을 달면 못써요. 피부와 가까운 속옷에는 분홍색이 더 예쁘지요." 그녀의 분, 립스틱 색깔, 눈꺼풀을 아름답게 그리는 아이라인에 대해서도 바로 조언해 주었다. "그래요? 그래요?"라고 그녀는 말했다. 나는 어렸지만 권위를 굽히지 않았다. 빗을 집어 들고 그녀의 앞머리에 작고 귀여운 틈새를 내주었다. 그녀의 눈초리를 붉게 물들이고, 관자놀이 가까이 광대뼈 위에 엷은 립스틱을 칠해 주면서 나의 노련한 솜씨를 보여 주었다.

좀 더 뒤에 가서는 마르코가 과감히 맞서야 하는 어떤 청년을 만나기 위하여 초조하게 준비하고 있는 장면이 있다.

……그녀는 눈물에 젖은 눈을 닦으려고 했다. 나는 말렸다.
"내버려 둬요"라고 그녀가 말했다.
금방이라도 흘러내릴 듯한 눈물이 잦아들고 속눈썹의 마스카라가 눈물에 녹아내리지 않게 하려고, 나는 두 엄지손가락으로 그녀의 위 눈꺼풀을 이마 쪽으로 치켜올렸다.
"자! 잠깐만요, 아직 안 끝났어요."
나는 그녀의 화장을 다시 손봐 주었다. 그녀의 입술이 약간 떨리고 있었다. 그녀는 한숨을 내쉬면서 참을성 있게 마치 붕대라도 감아 주는 것처럼 내가 하는 대로 내버려 두었다. 끝으로 분첩에 핑크빛 분을 찍었다. 우리는 서로 아무 말도 하지 않았다.

---

130 『군모 Le Képi』

"무슨 일이 있어도 울면 안 돼요. 이를 악물고 눈물 나는 것을 참아야 해요"라고 내가 말했다. (…) 그녀는 앞머리와 이마 사이에 손을 집어넣어 머리를 다듬었다.

"지난 토요일에 재고품점에서 본 검정 원피스를 샀어야 했어요……. 저기요, 고급 스타킹 좀 빌려줄 수 있겠어요? 이제 더는 시간이 없어서요.

"그럼요, 그럼요."

"고마워요. 꽃을 꽂으면 내 옷이 환해 보일 것 같지 않아요? 아니지, 가슴에 꽃을 꽂으면 안 되지. 붓꽃 향수는 유행이 지난 게 사실인가요? 당신에게 물어봐야 할 게 너무 많은 것 같아요. 산더미처럼…….

그리고 『투투니에 La Toutounier』라는 다른 책에서도 콜레트는 여자들의 삶의 이면을 묘사했다. 사랑 때문에 불행하거나 불안해하는 세 자매는 어릴 적부터 정들었던 낡은 소파 주위에 밤마다 모여 앉는다. 거기서 그날 있었던 근심 걱정을 되새기면서 다음 날의 싸움에 대비하고, 세심한 휴식, 푸근한 잠, 따뜻한 목욕, 갑작스러운 눈물의 덧없는 쾌감을 맛보면서 긴장을 푼다. 그녀들은 서로 말이 별로 없다. 그러나 저마다 다른 두 사람을 위하여 일종의 보금자리를 만들어 준다. 그리고 그녀들 사이에 일어나는 모든 것은 진실하다.

어떤 여자들에게는 이러한 하찮고 따뜻한 친교가 남자들과의 교제에서 느껴지는 엄숙함과 성대함보다 더 소중하다. 나르시시즘에 빠진 여자는 사춘기 시절처럼 다른 여자에게서 특권적 분신을 발견한다. 주의 깊고 유능한 상대의 눈을 통해서 그녀는 자기의 재단이 잘된 의상과 세련된 집 내부를 감탄할 수 있게 된다. 결혼한 뒤에도 마음을 터놓는 친구는 선택받은 증인으로 남아 있다. 그런 여자 친구는 계속해서 욕망의 대상, 바람직한 대상으로 보인다. 이미 말했듯이, 거의 모든 젊은 처녀에게는 동성애 성향이 있다. 남편의 포옹이 종종 서투르면 그런 성향은 사라지지 않는다. 그래서 여자는 동성과의 교제에서 관능적인 부드러움을 느끼지만, 이와 맞먹는 것이 정상적인 남자에게는 없다. 두 여자 친구 사이에는 관능적인 애착이 고양된 감상으로 승화되든가, 막연하거나 분명한 애무로 나타날 수도 있다. 또한 그녀들의 포옹은 심심풀이 유희에 불과할 수도 있고, ─ 터키 후궁의 경우가 그렇다. 그녀들의 중요한 관심은 시간을 어떻게 죽이냐는 것이다 ─ 그녀들에게 첫째가는 중요성을 띨 수도 있다.

하지만 여자와 여자의 친밀한 관계가 진정한 우정으로까지 가는 일은 드물다. 여자들은 남자들보다 더 자발적으로 서로에게 연대감을 느낀다. 그러나 이런 연대감에서 여자들은 각자 다른 여자를 향해 초월하지 않는다. 여자들은 다 같이 남성의 세계로 향하고 있다. 그리고 그 남성 세계의 가치를 저마다 자기 것으로 독차지하기를 희망한다. 여자들의 관계는 저마다의 유일성에 근거해 구축된 것이 아니라, 여자라는 일반성 속에서 직접적으로 경험된 것이다. 그래서 적의라는 요소가 곧 개입된다. 『전쟁과 평화』의 나타샤는 여자 가족들 앞에서 자기 아기들의 기저귀를 드러내 보일 수 있었기 때문에 그녀들을 소중히 여겼다. 하지만 그녀들에게 질투를 느끼고 있었다. 피에르의 눈에 그녀들 개개인이 여자로 보일 수 있기 때문이다. 여자들의 화목은 서로를 동일시하는 데서 기인한다. 그러나 개개의 여자가 동료를 부인하는 것 또한 그 때문이다. 여주인은 남자보다 자기 집 하녀와 훨씬 더 친밀한 관계를 갖는다. 남자는 ─ 남색가가 아니라면 ─ 자기 하인이나 운전기사와 그런 친밀한 관계를 결코 갖지 못한다. 여주인과 하녀는 속내 이야기도 나누고, 때로 공모자가 되기도 한다. 그러나 그녀들 사이에는 적대적인 경쟁심도 있다. 왜냐하면 일하지 않은 여주인이 그 일에 대한 책임과 공적을 확보하려 하기 때문이다. 그녀는 자기를 대체 불가능하고 없어서는 안 되는 존재로 생각하고 싶어 한다. "내가 집에 없으면, 그 즉시 모든 것이 엉망이야." 그녀는 악착같이 하녀가 잘못을 저지르는 현장을 덮치려고 한다. 하녀가 의무를 너무 잘 이행하면, 여주인은 더는 자기가 유일하다는 자부심을 느낄 수 없게 된다. 이와 마찬가지로, 그녀는 아이들을 보살피는 보모, 가정교사, 유모, 그리고 자기 일을 돕는 친척 여자나 친구들에게도 공연히 화를 낸다. 그리고 그 여자들이 '자기 의지'를 존중하지 않는다거나 '자기 생각'을 무시한다는 등의 구실을 댄다. 사실 그녀는 특별한 의지도, 특별한 생각도 없다. 반대로 다른 여자들이 자기 방식 그대로 정확하게 직분을 이행하는 것이 그녀를 짜증나게 한다. 그것이 가정생활을 어둡게 하는 가족과 피고용인의 모든 말다툼의 중요한 원인 중 하나다. 여자는 자기의 독특한 재능을 인정받을 아무 수단도 갖고 있지 않은 만큼 더욱더 격렬하게 최고가 될 권리를 주장한다. 특히 교태와 사랑의 영역에서 여자들은 저마다 다른 여자를 적으로 본다. 젊은 처녀들에게 있는 이러한 경쟁심에 대해 내가 이미 주의를 환기한 바 있다. 그러한 경쟁심은 종종 평생 계속되기도 한다. 앞에서 본 바와 같이, 멋쟁이 여자와 사교계 여자의 이상은 자기에게 절대적으로 더 높은 가치를 부여하는 데 있다. 그런 여자는 자기 머리 주위에 어떤 영광도 전혀 느끼지 못하는 데 대해 괴로워한다. 다른 여자의 이마 주위에서 실오라기 같은 영광의 그림자를 감지하는 것도 그녀에게는 불쾌한 일이다. 다른 여자가 얻는 찬사는 모두 자기에게서 훔친 것이라고 생각한다. 유일하지 않은 절대성이란 대체 무엇인가? 진솔하게 사랑하는 여자는 한 사람의 마음속에서 찬양받는 데 만족하고, 자기의 여자 친구들이 거두는 표면적 성공을 부러워하지 않을 것이다. 그러나 그런 여자도 자기의 사랑 속에서 위험을 느낀다. 가장 친한 여자 친구에게 애인을 빼앗긴다는 주제는 단지 진부한 문학적 주제만은 아니다. 두 여자가 친하면 친할수록 두 사람의 공존은 더욱더 위험해진다. 속내 이야기를 듣는 여자는 사랑하는 여자의 눈을 통해서 보고, 그녀의 마음과 육체로 느끼도록 초대된다. 그래서 자기의 여자 친구를 유혹하는 그 남자에게 끌리고 매혹당하게 된다. 친구에 대한 의리 때문에 감정에 넘어가지 않겠다고 생각하지만, 또한 자신이 그림자 같은 역할만 하는 데 대해 짜증이 난다. 이윽고 그녀는 넘어가 자기를 줄 준비가 되어 있다. 신중한 여자들은 대개 사랑하는 즉시 '친한 친구들'을 피한다. 이러한 양면성은 여자들에게 서로의 감정을 신뢰하지 않도록 만든다. 남자의 그림자가 언제나 여자들을 짓누르고 있다. 여자들이 남자에 대해서 이야기하지 않을 때조차 생존 페르스Saint-John Perse (1887~1975)[131]의 다음과 같은 시를 남자에게 적용할 수 있다.

태양은 그 이름을 부르지 않아도, 우리 가운데 엄연히 존재하고 있다.

여자들은 힘을 합해 남자에게 복수하고, 그를 함정에 빠뜨리며 저주하고 모욕한다. 그러나 여자들은 남자를 기다리고 있다. 규방에서 침체해 있는 한, 그녀들은 우연성, 무미건조함, 따분함에 잠겨 있다. 이런 깊고 어두운 세계는 모태의 온기를 약간 간직하고 있다. 그러나 유명幽冥[132] 세계다. 여자는 조만간 여기서 떠오를 거라는 기대가 없으면, 더는 유유자적하게 늑장을 부리지 못한다. 이처럼 그녀가 잠시 후에 들어가게 될 환하게 밝혀진 거실을 상상하지 않는다면, 축축한 욕실에서 기분 좋게 있을 수 없다. 여자들은 서로 감금 상태에 있는 동료들이다.

---

131 *프랑스의 시인, 외교관
132 *사람이 죽은 뒤에 그 혼이 가서 산다고 하는 세상

자기들의 감옥을 견뎌 나가고 탈출까지도 준비하도록 서로 돕는다. 그러나 구원자는 남성 세계에서 올 것이다.

대다수 여자에게 이 남성 세계는 결혼 후에도 그 빛을 간직하고 있다. 오직 남편만이 그 위엄을 잃는다. 여자는 남편 속에서 남자의 순수한 본질이 쇠퇴해 있는 것을 발견한다. 그러나 남자는 우주의 진리, 최고의 권위, 경이, 모험, 주인, 시선, 먹이, 쾌락, 구원임에 변함없다. 남자는 초월성을 구현하고 있고, 모든 의문에 대한 해답이다. 아무리 신의 있는 아내라도 이런 남자를 단념하고 속된 한 개인과 침울하게 마주 보며 일생을 보내는 데 동의하지 않는다. 여자는 유년 시절부터의 습성대로 인도자를 갖고 싶어 한다. 남편이 이런 역할에 실패한다면, 다른 남자에게로 향한다. 때로 아버지, 남자 형제, 숙부, 친척, 오랜 친구가 옛날의 위신을 그대로 간직하고 있다. 여자는 그런 남자에게 의지하게 된다. 상담 상대와 멘토로 적합한 직업에는 두 가지가 있다. 신부와 의사다. 전자는 무료로 의논할 수 있다는 커다란 이점이 있다. 고해실에서 신부는 여신도의 수다를 순순히 들어주어야만 한다. 신부들은 '제의실祭衣室의 빈대'나 '성수반聖水盤의 개구리'는 될 수 있는 대로 피한다. 그러나 신자들을 도덕의 길로 인도하는 것이 그들의 의무이고, 여자들이 사회적·정치적으로 더 많은 중요성을 차지하고 있으며, 교회가 그런 여자들을 자기의 도구로 삼으려 노력하는 만큼 신부의 의무는 더욱더 절박하다. '양심의 지도자'는 고해하는 여신도에게 자기의 정치적 의견을 주입해 투표를 좌우한다. 그리고 많은 남편이 자기의 부부 생활에 신부가 끼어드는 것을 화낸다. 신부는 침실에서 하는 합법적 혹은 불법적인 일을 규정하고 아이들 교육에도 관심을 둔다. 또 남편을 대하는 행동 전반에 걸쳐서 아내에게 일일이 충고한다. 남자에게서 항상 신을 맞이한 여자는 지상에서 신의 대리자인 남자의 발치에 무릎을 꿇는다. 사례금을 요구한다는 의미에서 의사는 더욱 잘 방어한다. 의사는 지나치게 무례한 환자에게 문을 닫아 버릴 수도 있다. 그러나 보다 정확하고 보다 집요한 구애의 표적이 되기도 한다. 색정광 여자들이 괴롭히는 남자의 4분의 3이 의사다. 남자 앞에서 자기 몸을 드러내는 일은 많은 여자에게 대단한 노출증의 쾌감을 준다.

자기들에게 호의적인 의사의 진찰에서만 유일하게 만족을 느낀다는 여자 몇 명을 알고 있다고 슈테켈은 말한다. 특히 노처녀들 가운데는 대수롭지 않은 일로 '아주 세밀하게' 검사해 달라고 하면서 의사를 보러 오는 환자가 많다. 또는 암이나 (화장실을 통한) 감염의 공포에 떨며, 그것을 구실로 진찰받으러 오기도 한다.

그 가운데 슈테켈은 다음의 두 경우를 예로 들고 있다.

노처녀인 B. V.는 마흔세 살의 부유한 여자로 매달 한 번씩 생리 후에 의사를 보러 간다. 그녀는 어딘가 좋지 않다고 생각하기 때문에 아주 세밀한 검사를 해 달라고 요구한다. 그녀는 매달 의사를 바꾸고, 매번 같은 연극을 한다. 의사는 그녀에게 옷을 벗고 테이블이나 소파 위에 누우라고 한다. 그녀는 자기가 너무 수줍어서 그렇게는 할 수 없으며, 도리에 어긋나는 일이라고 하면서 의사의 요구를 거절한다. 의사는 그녀에게 억지로 그렇게 하도록 하거나 조용히 타이르고, 그녀는 자기가 처녀이므로 상처를 내서는 안 된다고 의사에게 설명하면서 결국 옷을 벗는다. 의사는 그녀에게 내진內診할 것이라고 약속한다. 의사의 진찰이 시작되면 대개 바로 오르가슴이 일어난다. 내진 중에 그것이 반복되고 강렬해진다. 그녀는 언제나 가명으로 나타나서 진찰이 끝나면 곧 돈을 지불한다. (…) 그녀는 의사에게 강간당하고 싶은 희망에서 그렇게 한 것이라고 고백하고 있다.

서른여덟 살의 기혼 여성인 L. M. 부인은 남편과는 완전히 불감증이라고 나에게 말했다. 그녀는 정신분석을 받으러 왔다. 단지 두 차례 받고 나서 애인이 있다고 고백했다. 그러나 애인은 그녀에게 오르가슴에 도달하게 해 주지 못했다. 그녀는 한 산부인과 의사의 검진을 받으면서 비로소 오르가슴을 맛보았다. (그녀의 아버지가 산부인과 의사였다!) 한 의사에게 대략 두서너 번 진찰을 받은 후에 다른 의사에게 진찰을 받으러 가고 싶은 욕구를 느꼈다. 이따금 그녀는 치료를 받았고, 그때가 가장 행복한 시기였다. 마지막으로 어떤 산부인과 의사가 자궁의 위치를 교정한다는 구실로 오랫동안 마사지를 해 주었다. 매번 마사지를 받을 때마다 여러 차례의 오르가슴이 일어났다. 그녀가 이런 진찰을 그토록 좋아하는 이유는 처음 진찰받았을 때, 일생 처음으로 오르가슴을 느꼈기 때문이라고 설명한다……

여자는 자기 몸을 드러내 보여 준 상대 남자가 자기의 육체적 매력이나 영혼의 아름다움에 강한 인상을 받았다고 쉽게 상상한다. 그래서 여자가 병적이면 신부나 의사에게 사랑받고 있다고 믿는다. 비록 정상적일지라도, 자기와 그 남자 사이에 미묘한 관계가 존재한다는 느낌을 갖는다. 그래서 공손하게 복종하는 것을 좋아한다. 때로는 자기의 삶을 받아들이는 안정감을 그 공손한 복종에서 끌어내기도 한다.

자기들의 삶을 어떤 도덕적 권위에 기대는 데 만족하지 않는 여자들도 있다. 그런 여자들에게는 이 삶의 한가운데서 낭만적인 고양이 필요하다. 만일 자기 남편을 속이거나 떠나기를 원치 않는다면, 현실의 남자들에게서 위협을 느낀 젊은 처녀들이 했던 것과 같은 수단을 동원할 것이다. 즉, 상상의 정열에 빠져드는 것이다. 슈테켈은 그에 대한 몇 가지 예를 들고 있다.[133]

대단히 단정한 상류사회의 한 기혼 여성은 신경쇠약으로 괴로워하고 있다. 어느 날 저녁, 오페라 극장에서 자기가 테너 가수를 미치도록 사랑하고 있다는 것을 깨닫는다. 그녀는 그의 노래를 들으면서 자기가 몹시 흥분해 있는 것을 느낀다. 그녀는 그 가수의 열렬한 팬이 되었다. 빠짐없이 공연에 참석하고, 그의 사진을 사 모으고, 그의 꿈을 꾸고, '감사의 뜻을 표하는 미지의 여성으로부터'라는 헌사와 함께 장미꽃다발까지 보낸다. 그녀는 그에게 편지 한 통을 써 보낼 결심을 하기도 한다(역시 '미지의 여성'이라는 서명으로). 그러나 실제로는 그를 가까이하지 않는다. 그 가수를 만날 기회도 생겼다. 그러나 자기가 그를 만나러 가지 않으리라는 것을 곧 안다. 그를 가까이에서 알기를 원치 않는 것이다. 그녀는 그의 현존이 필요하지 않다. 그녀에게는 그를 열렬히 사랑하며 충실한 아내로만 남아 있는 것이 행복한 것이다.

어떤 부인은 빈의 대단히 유명한 배우인 카인츠를 열렬히 숭배하고 있었다. 그녀는 자기 아파트에 그 위대한 예술가의 수많은 초상화가 있는 카인츠의 방을 만들어 놓았다. 그 방의 한쪽 구석에는 카인츠 문고가 있었다. 그녀가 수집할 수 있는 모든 것, 즉 자기 영웅에 관해서 이야기하는 책, 소책자 혹은 신문들이 카인츠의 초기와 50년 기념제의 연극 프로그램과 함께 정성스레 보존되어 있었다. 그리고 그 위대한 예술가의 서명이 있는 사진이 걸려 있었다. 자기의 우상이 죽었을 때 그 여자는 1년 동안 상복을 입었고, 카인츠에 관한 강연을 듣기 위해 장기 여행을 시도했다. 카인츠에 대한 숭배가 그녀의 에로티시즘과 관능을 무감각하게 만들었다.

---

133 슈테켈, 『불감증의 여자』

루돌프 발렌티노Rudolph Valentino(1895~1926)[134]의 죽음이 얼마나 많은 눈물을 자아냈는지 사람들은 기억하고 있다. 젊은 처녀들만큼이나 기혼 여성들도 영화의 영웅들을 숭배한다. 그녀들이 자위행위를 할 때나 혹은 부부간에 포옹할 때에 떠올리는 환상은 그런 영웅들의 모습이기도 하다. 또한 영웅들은 종종 할아버지, 남자 형제, 선생님 등의 모습 아래 어린 시절의 어떤 기억을 되살리기도 한다.

하지만 여자의 주변에는 살과 뼈로 된 남자들도 있다. 성적으로 만족하거나 불감증이거나 욕구 불만이거나 해도 – 완전하고 절대적이며 배타적인 사랑의 매우 드문 경우를 제외하고는 – 여자는 이런 남자들의 찬사에 가장 큰 가치를 부여한다. 지나치게 일상적인 남편의 시선은 그녀의 모습에 더 이상 생명력을 불어넣지 못한다. 그녀는 여전히 신비에 가득 찬 눈이 자신을 신비롭게 봐 주는 것을 필요로 한다. 그녀에게는 속내 이야기를 귀담아 듣고 빛바랜 사진을 소생시켜 주고, 그녀 입가의 보조개와 그녀 특유의 깜빡거리는 속눈썹을 존재하게 하는 최고의 의식意識이 필요하다. 사람들이 그녀를 욕망하고 사랑해야만 그녀는 바람직하고 사랑스럽게 된다. 결혼생활에 대략 적응하고 있다면, 그녀는 다른 남자들 가까이에서 무엇보다 허영심의 만족을 구한다. 그녀는 그들도 자기를 숭배하는 데 참여하도록 권유한다. 남자들을 유혹하고 환심을 사며 금지된 사랑을 꿈꾸고, '내가 원하기만 한다면……'이라고 생각하며 만족해한다. 한 사람과 정을 깊이 맺기보다는 많은 숭배자를 매혹하는 편을 더 좋아한다. 젊은 처녀보다 더 열렬하고 한층 세련된 그녀의 교태는 남자들에게 자기의 가치와 권력을 확인시켜 달라고 요구한다. 가정에 뿌리를 내리고, 한 남자를 쟁취하는 데 성공한 만큼 더욱더 대담해지는 경우가 많다. 그녀는 대단한 희망이나 큰 위험 없이 주도해 나간다.

다소 긴 정절의 기간을 보낸 후에 여자는 더는 이러한 가벼운 사랑과 교태에 국한되지 않는다. 흔히 원한 때문에 남편을 속이려 결심하기도 한다. 아내의 배신은 언제나 일종의 복수라고 아들러는 주장하고 있다. 그의 주장은 너무 멀리 갔다. 사실 여자는 애인의 유혹에 넘어가는 것보다 남편에게 도전하고 싶은 욕망에 더 끌린다. "그가 이 세상에서 단 한 명의 남자는 아니야. – 나를 마음에 들어 하는 남자들은 많아 – 나는 그의 노예가 아니야. 그는 자기가 영리하다고 생각하

---

134 * 이탈리아 태생의 미국 영화배우. 무성영화 시대에 섹시 스타였다.

지만, 한 번 속아 보라지." 조롱당한 남편은 여자의 눈에 가장 중요한 의미를 간직하고 있는지도 모른다. 젊은 처녀가 때때로 어머니에 대한 반항심에서, 부모에 대한 불만 때문에, 부모에게 거역하고 자기를 주장하기 위하여 애인을 갖는 것처럼 말이다. 이처럼 원한 때문에 남편에 매여 있는 아내는 애인에게서 속내 이야기 상대를 구하고, 희생자가 된 자기 모습을 보아 줄 증인을 찾으며, 남편의 품격을 떨어뜨리는 것을 도와줄 공모자를 구한다. 그녀는 남편을 경멸할 거리를 제공한다는 구실로 애인에게 끊임없이 남편에 대해 이야기한다. 만일 애인이 그 역할을 제대로 못 하면, 그녀는 화가 나서 애인을 떠나 남편에게 돌아가거나 혹은 다른 위안자를 찾아간다. 그러나 대개는 원한 때문이라기보다 실망 때문에 애인의 품에 몸을 던지는 여자가 많다. 그런 여자는 결혼생활에서 사랑을 찾아내지 못한다. 젊은 시절에 기대한 감각적 쾌락과 기쁨을 결코 경험하지 못하고 체념하기란 어려운 일이다. 결혼은 여자들에게서 모든 에로틱한 만족을 박탈하고, 감정의 자유와 개성을 부인함으로써 필연적이고 냉소적인 변증법에 의해 여자들을 간통으로 인도한다. 몽테뉴는 다음과 같이 말하고 있다.

우리는 여자들을 유년 시절부터 사랑이라는 것에 익숙해지도록 훈련한다. 그녀들의 고상함, 화장, 지식, 언사 및 모든 교육은 오로지 이것만을 목적으로 한다. 가정교사는 그녀들에게 사랑의 얼굴 이외에 다른 것을 마음속에 새겨 주지 않는다. 그녀들에게 쉴 새 없이 사랑에 대한 것만을 이야기해서 싫증을 느끼게 할지도 모르지만…….

조금 더 나아가 그는 이렇게 덧붙이고 있다.

그러므로 여자들에게서 그토록 절실하고, 그토록 자연스러운 욕망을 억압하려는 것은 미친 짓이다.

그리고 엥겔스는 이렇게 언명하고 있다.

일부일처제와 더불어 두 가지 사회적 특징을 나타내는 인간형이 항구적으로 나타나고 있다. 즉, 아내의 정부情夫와 오쟁이 진 남편. (…) 간통은 일부일처제와 매춘 풍습의 한편에서 불가피하지만, 금지되고 엄격하게 처벌되는 그러면서도 폐지 불가능한 하나의 사회제도가 된다.

　부부간의 포옹이 콜레트의 『천진한 탕녀』에서처럼 아내의 감각을 만족시키지 못하고 호기심만 자극했다면, 그녀는 다른 남자의 침대에서 자기가 받은 교육을 완성하려고 한다. 남편이 아내의 섹슈얼리티를 일깨우는 데 성공했다 해도 남편에 대해 특별한 애착을 두지 않기 때문에, 아내는 남편이 일깨워 준 쾌락을 다른 남자들과 맛보고 싶어 할 것이다.

　도덕주의자들은 아내가 정부를 선호하는 데 대해 분개해 왔다. 남편像의 명예 회복을 위한 부르주아 문학의 노력을 내가 앞에서 특기한 바 있다. 그러나 흔히 사회의 - 즉, 다른 남자들의 - 눈에 남편이 연적보다 더 가치 있다는 것을 제시함으로써 남편을 옹호하는 것은 터무니없는 일이다. 여기서 중요한 것은 남편이 아내에게 어떻게 보이느냐는 것이다. 그런데 남편을 지긋지긋하게 만드는 두 가지 본질적 특징이 있다. 우선, 아내에게 성에 대해 가르쳐주는 보람 없는 역할을 남편이 하고 있다. 폭행당하는 동시에 존중받기를 꿈꾸는 처녀의 모순된 요구는 남편을 거의 필연적으로 실패하게 한다. 그래서 그녀는 남편의 품 안에서 영원히 불감증으로 머물게 된다. 애인 곁에서라면 처녀성 상실의 공포도, 수치스러운 최초의 굴욕도 경험하지 않는다. 또한 갑자기 당하는 심적 외상도 겪지 않는다. 자기를 기다리는 게 무엇인지 대략 알기 때문이다. 신혼 첫날밤보다 더 솔직하고 덜 예민하며 덜 순진한 그녀는 이상적 사랑과 육체적 욕망, 감정과 흥분을 더는 혼동하지 않는다. 애인으로 취하는 남자라면 그녀가 원하는 애인이다. 이런 명석함이야말로 그녀가 선택한 자유의 한 측면이다. 왜냐하면 그것은 남편을 짓누르는 또 하나의 오점이기 때문이다. 보통 남편은 참고 받아들여졌지, 선택한 상대가 아니다. 혹은 그녀가 체념하고 그를 받아들였거나, 가족이 그녀를 그에게 넘긴 경우다. 아무튼 그와 사랑으로 결혼했다고 해도, 그녀는 그와 결혼함으로써 그를 자기 주인으로 만들었다. 그들의 관계는 의무가 되었고, 그는 종종 그녀에게 폭군의 모습을 드러낸다. 물론 애인을 선택하는 것은 여러 상황으로 인해 제한된다. 그러나 이런 관계에는 자유의 차원이 있다. 결혼하는 것은 책무이고, 애인을 갖는 것은 사치다. 남자가 여자를 유혹하고 여자가 스스로 남자에게 굴한 것이기 때문이다. 여자는 자기 사랑에 대해서는 아니지만 적어도 자기 욕망에 대해서는 확실히 알고 있다. 그 욕망의 실현은 법에 순종하기 위해서가 아니다. 또한 애인은 일상생활의 너무 잦고 밀접한 접촉에서 자기의 매력과 위신을 행사하지 않아도 되는 특권을 가지고 있다. 그는 멀리 머물러 있는 타자다. 그래서 여자는 애인과의 만남에서 자기로부터 빠져나와 새로운 부ⓘ를 얻는 느낌을 받는다. 즉, 그녀는 자기를 다른 사람으로 느낀다. 바로 그 점이 이러한 애정 관계에서 여자들이 추구하는 바다. 즉, 타자에 의하여 점유되고 경이를 느끼고 자신에게서 벗어나기를 원한다. 애인과의 이별은 그녀들 안에 절망적인 공허감을 남겨놓는다. 자네[135]는 이러한 우울증의 여러 가지 경우를 인용하고 있다. 이 우울증은 여자가 애인에게서 추구하고 발견한 것이 무엇인지를 은연중에 보여 주고 있다.

서른아홉 살의 한 여자가 어떤 문학가의 일을 도와준 뒤에 버림받은 것이 원통해 자네에게 편지를 보냈다. "그는 너무나 부유한 생활을 하고 있었고 대단히 폭군적이어서, 나는 다른 것을 생각할 여유 없이 그의 일에만 몰두할 수밖에 없었습니다."

서른한 살이 된 또 한 여자는 무척 사랑하던 애인과 헤어진 뒤에 병이 났다. "그를 보고 그의 목소리를 듣기 위해 그의 책상 위에 있는 잉크병이 되고 싶다"고 그녀는 쓰고 있다. 그리고 이렇게 설명한다. "혼자서는 지루하다. 남편은 나의 두뇌를 충분히 활동하게 해 주지 않는다. 그는 아무것도 모르고, 나에게 아무것도 가르쳐주지 않으며, 나를 *놀라게* 하지도 않는다. (⋯) 그는 다만 뻔한 상식만 갖고 있을 뿐이다. 그것이 나를 질리게 한다." 이와는 반대로 애인에 대해서는 이렇게 쓰고 있다. "그는 *놀라운* 남자다. 나는 한 번도 그가 동요하거나 격해지거나 들뜨거나 태만한 것을 본 적이 없다. 그는 언제나 자제력 있고 빈정거리며 상대가 슬퍼서 죽게 할 정도로 냉정하다. 그러면서 대담하고 냉정하고 섬세한 영혼에 지성이 번뜩여서 내 정신을 얼떨떨하게 만들었다⋯⋯."

이런 충만한 느낌과 즐거운 흥분의 감정을 애정 관계 초기에만 맛보는 여자들이 있다. 애인이 자기에게 즉시 쾌락을 주지 않으면 – 이는 당사자들이 멋쩍어서 서로에게 잘 적응이 안 된 초기에 빈번하게 있는 일이다 – 그녀들은 애인에게 원한과 환멸을 느낀다. 이런 '메살리나'형의 여자는 몇 번이고 경험을 거듭하면서

135 『강박관념과 신경쇠약』

애인을 차례차례 떠나 버린다. 그러나 부부 생활의 실패로 인해 영리해진 여자가 이번에는 자기에게 꼭 맞는 남자에게 이끌려서, 둘 사이에 지속적인 관계가 새로 만들어지는 수도 있다. 애인이 남편과는 철저히 반대되는 유형이라서 그녀의 마음에 드는 수가 많다. 생트뵈브Charles Sainte-Beuve(1804~1869)[136]가 아델[137]의 마음을 끈 것도 필시 빅토르 위고와 대조적인 성격이었기 때문일 것이다. 슈테켈은 다음과 같은 사례를 인용하고 있다.

> P. H. 부인은 8년 전에 한 체육클럽의 회원과 결혼했다. 그녀는 가벼운 나팔관염으로 산부인과에 진찰받으러 가서 남편이 자기를 가만히 놔두지 않는다고 하소연했다. (…) 그녀는 통증밖에 느끼지 못한다는 것이다. 남자는 거칠고 난폭했다. 결국 그는 정부 한 명을 얻었고, 아내는 이에 대해 행복해했다. 그녀는 이혼하기를 원해 변호사 사무실에 찾아갔는데 그곳에서 마침 남편과 정반대되는 비서를 알게 되었다. 그는 날씬하고 연약하며 야위었지만 대단히 상냥하고 부드러웠다. 그들은 친밀해졌다. 남자는 그녀에게 사랑을 고백하고 다정한 편지를 써 보내며, 그녀에게 수많은 사소한 존경의 표시를 했다. 그들은 공통된 정신적 관심사를 발견했다. (…) 첫 키스가 그녀의 무감각한 상태를 사라지게 했다. (…) 이 남자의 비교적 약한 체력이 여자에게 가장 강렬한 오르가슴을 일으켰다. (…) 이혼 후에 두 사람은 결혼하여 아주 행복하게 살았다. (…) 그는 키스와 애무만으로도 오르가슴을 일으킬 수 있었다. 체력이 극도로 강한 남편이 불감증이라고 비난한 여자가 바로 같은 그 여자 아닌가!

모든 애정 관계가 이와 같이 동화처럼 끝을 맺지는 않는다. 젊은 처녀가 아버지 집에서 벗어나게 해 줄 구원자를 꿈꾸는 것과 마찬가지로, 아내가 결혼생활의 멍에에서 해방해 줄 애인을 기다리는 수도 있다. 정부가 결혼 이야기를 꺼내자 지금까지 열렬하던 애인이 얼음장같이 차가워지고 도망가는 이야기는 자주 활용된 주제다. 흔히 여자는 애인의 망설임에 상처받고, 그들의 관계는 원한과 반감에 의해 변질되어 버린다. 결국 애정 관계가 안정되면 가정이나 부부와 같은 성격을 띠는 수가 많다. 여기서도 권태, 질투, 신중함, 계략, 결혼에 따르는 모든

---

136 *프랑스의 문예평론가
137 *빅토르 위고의 부인

결함이 발견된다. 그리고 여자는 이런 매너리즘에서 자기를 끌어내 줄 또 다른 남자를 꿈꾸게 된다.

더구나 간통은 풍습과 환경에 따라 매우 다른 성격을 띤다. 가부장제 전통이 남아 있는 우리 문명에서는 부부간의 부정은 여전히 남자보다도 여자에게 훨씬 더 중대한 것으로 보인다. 몽테뉴는 이렇게 말하고 있다.

악덕에 대한 평가를 잘못하고 있다! 우리는 자연이 아닌 우리의 이익에 따라서 악덕을 낳으며 악화시킨다. 그 때문에 악덕은 수없이 많은 불공정한 형태를 취한다. 우리 법령의 가혹함은 여자들을 여자의 조건이 초래하는 것보다 더 고약하고 사악한 악덕에 열중하게 만든다. 그래서 여자의 조건을 그 원인보다 더 나쁜 결과로 이끌어 간다.

우리는 이미 이런 가혹함의 근본적인 원인을 살펴보았다. 여자의 간통은 가족 안에 외간 남자의 아들을 들임으로써 적출 상속자에게서 재산을 빼앗을 위험이 있다. 남편은 주인이고 아내는 남편의 소유물이다. 사회의 변화와 '산아제한'의 실시는 그런 동기들을 적잖이 사라지게 했다. 그러나 여자를 종속 상태에 유지하려는 의지가 여자를 아직도 에워싸고 있는 금기들을 영속시키고 있다. 여자는 대개 그런 금기들을 내재화한다. 여자는 부부간의 일탈 행위에 대해서 눈을 감는다. 종교, 도덕관념, '부덕婦德'은 여자가 남자와 똑같은 짓을 하는 것을 허락하지 않는다. 주위 사람들이 여자에게 행사하는 통제 – 특히 구세계와 신세계의 '소도시'에서 – 는 남편에게 가해지는 통제보다 훨씬 더 가혹하다. 남편은 더 많이 외출하고 여행하며 탈선 행위를 해도 보다 더 너그럽게 용인된다. 여자는 결혼한 여자로서의 평판과 지위를 상실할 위험이 있다. 여자가 이러한 감시를 속여 넘기는 술수는 자주 묘사되었다. 내가 알고 있는 포르투갈의 한 소도시는 시대에 뒤떨어진 엄격한 곳이었다. 거기서는 젊은 여자가 외출할 때 시어머니나 시누이가 반드시 따라간다. 그런데 미용사가 자기 가게의 위층에 있는 방을 세내어 쓰고 있어서, '파마'와 빗질하는 사이에 연인들은 그곳에서 허겁지겁 포옹한다. 대도시에서는 여자들이 좀 더 자유롭다. 하지만 종전에 실행되어 온 '5시에서 7시'의 데이트도 부정한 감정을 행복하게 꽃피우도록 하지 못했다. 서둘러 행한 은밀한 간통은 인간적이고 자유로운 관계를 만들어 내지 못한다. 간통이 내포하고 있는 거짓말은 부부 관계에서 모든 품격을 부정해 버리고 만다.

오늘날 많은 계층에서 여자들은 부분적으로나마 성적 자유를 획득했다. 그러나 부부 생활과 성적 만족을 조화시키는 것은 여자들에게 여전히 어려운 문제다. 결혼이 일반적으로 육체적 사랑을 함축하지 않기 때문에, 그 둘을 명료하게 분리하는 것이 합리적일 것 같다. 훌륭한 남편으로 인정받는 남자도 바람기가 있을 수 있다. 남자의 성적인 변덕은 아내와 공동생활을 사이좋게 해 나가는 데 방해되지 않는다. 이러한 우정은 구속을 나타내지 않는 만큼 더욱더 순수하고 덜 위선적일 것이다. 아내에게도 이와 같은 것을 인정할 수 있을 것이다. 그녀는 대개 남편의 삶을 공유하기를 바라고, 자식들을 위하여 남편과 한 가정을 이루고 싶어 한다. 하지만 다른 사람과의 포옹도 경험하기를 희망한다. 간통을 비천하게 만드는 것은 신중함과 위선의 타협이다. 따라서 자유와 성실성의 계약은 결혼의 결함 하나를 없애 줄 것이다. 하지만 뒤마 피스의 『프랑시용 *Francillon*』에서 나오는 "여자와 남자는 다르다"라는 불쾌한 말은 **오늘날** 어느 정도 진리를 내포하고 있다. 남녀의 차이에 *자연적인* 것은 아무것도 없다. 여자는 남자보다 성적 활동을 덜 필요로 한다고 사람들은 주장하지만, 이런 주장보다 더 불확실한 것은 없다. 성적으로 억압된 여자들은 성을 잘 내고 잔소리가 심한 아내, 가학적인 어머니, 편집광적인 주부, 그리고 불행하고 위험한 인간이 된다. 아무튼 여자들의 욕망이 남자들보다 크지 않다고 해도, 여자는 욕망을 만족시킬 필요가 없다고 생각할 아무런 이유가 없다. 남녀의 차이는 전통과 현 사회가 규정하는 남자와 여자의 에로틱한 상황 전체에서 오는 것이다. 사람들은 아직도 성행위를 여자가 남자에게 하는 **봉사**처럼 간주한다. 그래서 이런 봉사는 남자를 여자의 주인처럼 보이게 한다. 이미 본 바와 같이 남자는 언제나 자기보다 못한 여자를 취할 수 있으나, 여자는 자기와 대등하지 않은 남자에게 *자기를 내맡기면* 품위를 잃게 된다. 그녀의 수락은 어떤 경우에도 항복이나 타락의 성격을 띤다. 어떤 여자는 종종 다른 여자들을 소유하는 남편을 기꺼이 받아들이고 기뻐하기까지 한다. 아델 위고는 혈기 왕성한 남편이 그 정력을 다른 침대로 옮겨 가는 것을 미련 없이 보고 있었던 것 같다. 어떤 여자들은 퐁파두르 부인을 모방해서 스스로 알선책이 되기까지 한다.[138] 반대로 포옹에서 여자는 객체

---

138 나는 여기서 결혼에 관해 이야기하고 있다. 사랑에서는 커플의 태도가 정반대인 것을 보게 될 것이다.

이자 먹이로 변한다. 남편에게는 아내가 외부세계의 마나가 스며든 것처럼 보이고, 이제 자기 소유가 아니며 다른 사람이 빼앗아 간 것처럼 생각된다. 그리고 여자는 잠자리에서 흔히 자기가 지배된다고 느끼고, 그렇게 되기를 원하므로 지배되는 것이 사실이다. 또한 남자의 위력 때문에 여자는 자기를 소유했다는 이유로해서 남자 전체를 구현하고 있는 사내를 지지하고 모방하는 성향이 있는 것도 사실이다. 남편이 다른 남자에게서 나온 생각의 메아리를 아내의 입에서 듣고 화를 내는 것도 일리가 있다. 샤리에르 부인이 젊은 뱅자맹 콩스탕 — 그는 남성적인 두 여자 사이에서 여성적인 역할을 하고 있었다 — 과 헤어진 것은 그에게서 두드러지게 나타나는 스탈 부인의 혐오스러운 영향을 느끼고 견딜 수 없었기 때문이다. 여자가 '자기 몸을 주는' 남자의 노예가 되고 그의 그림자가 되는 한, 그녀의 부정은 상호 간의 부정보다 남편에게서 그녀를 더 철저하게 떼어 낸다는 것을 인정해야만 한다.

그녀가 온전한 상태를 지킨다고 하더라도, 그녀는 남편이 애인의 의식 속에서 그 평판이 위태로워질까 봐 두려워할 수 있다. 한 남자와 동침함으로써 — 비록 단 한 번, 서둘러서, 소파 위에서라고 해도 — 여자는 그 즉시 자신이 본처보다 우위를 점했다고 생각한다. 하물며 정부情婦를 소유한다고 믿는 남자는 그 남편을 골탕 먹인다고 생각할 것이다. 그 때문에 바타유의 『애정 *La Tendresse*』과 케셀Joseph Kessel(1898~1979)[139]의 『밤의 미녀 *Bell de nuit*』에서 여자는 신경을 써서 낮은 신분의 애인을 선택한다. 여자는 애인을 상대로 감각적인 만족을 구하지만, 자기가 존경하는 남편에 대해서 애인이 우월감을 느끼는 것은 원하지 않는다. 『인간의 조건』에서 말로는 남자와 여자가 상호 자유의 계약을 맺은 한 커플을 보여 준다. 메이가 키요에게 동지 한 명과 동침했다고 이야기하자, 키요는 그 남자가 그녀를 '가졌다'고 상상했을 것을 생각하면서 괴로워한다. 키요는 메이의 독립성을 존중하는 편을 택했다. 왜냐하면 그 누구도 다른 누구를 결코 **소유하지** 못한다는 사실을 잘 알고 있기 때문이다. 그러나 다른 남자가 흡족해하며 자기만족에 빠져 있다는 생각은 메이를 통해 그를 상심시키고 굴욕감을 느끼게 한다. 사회는 자유로운 여자와 쉬운 여자를 혼동한다. 애인마저도 자기가 누리는 상대 여자의 자유를 쉽사리 인정하지 않는다. 남자는 정부가 유혹에 넘어

---

139 *프랑스의 작가

가 끌려왔으며, 자기가 그녀를 정복했고 유혹했다고 믿고 싶어 한다. 자존심이 강한 여자는 개인적으로 상대남의 허영심을 감수할 수 있다. 그러나 존경받는 남편이 애인의 오만함을 참고 견딘다는 것은 대단히 불쾌할 것이다. 남녀평등이 보편적으로 인정되지 않고 구체적으로 실현되지 않는 한, 여자가 남자와 동등하게 행동하는 것은 극히 어려운 일이다.

어쨌든 간통, 우정, 사교계 생활은 부부 생활에서 기분전환 거리가 될 뿐이다. 부부 생활의 구속 상태를 견디는 데 도움은 될 수 있어도 깨뜨리지는 못한다. 요컨대 그것은 거짓 도피법에 불과하며, 여자가 운명을 진정성 있게 재수습할 수 있는 길을 조금도 허용하지 않는다.

8장
매춘부와 고급 창녀

우리가 앞에서 본 바와 같이,[140] 결혼은 직접적인 상관물로서 매춘을 수반하고 있다. "창녀 풍습은 가정에 던져진 어두운 그림자로서 문명에서까지 인류를 따라다닌다"고 모건Lewis Morgan(1818~1881)[141]은 말한다. 남자는 아내가 순결과 정조를 지키도록 용의주도하게 운명지어 놓지만, 본인은 여자에게 강요하는 체제에 만족하지 못한다. 몽테뉴는 페르시아 왕들의 지혜를 칭찬하며 이렇게 말하고 있다.

> 페르시아 왕들은 아내들을 불러 자기의 주연에 참석시켰다. 그러나 술이 거나하게 취해 욕정을 마음대로 발산해야 할 때는 아내들을 사실私室로 보내어 자기의 무절제한 욕망에서 벗어나게 해 주었다. 그리고 이러한 배려를 하지 않아도 되는 여자들을 불러들였다.

화려한 궁전의 위생을 보장하기 위해서는 하수구가 필요하다고 가톨릭 교부들은 말했다. 그리고 맨더빌Bernard de Mandeville(1670~1733)[142]도 논란을 일으킨 한 저작물에서 이렇게 말하고 있다. "여자들을 지키고 혐오감을 한층 더 일으키는 불결함을 방지하기 위해 일부 여자들을 희생시킬 필요성이 존재한다는 것은 명백하다." 미국의 흑인 노예제도 지지자들이 노예제도 찬성을 위해 언급한

---

140 본서 제1권 제2부
141 *미국의 인류학자
142 *영국의 의사, 사상가, 경제학자

768 제2권 체험

논거 가운데 하나는, 남부 백인은 노예제도를 통해 노동에서 면제되었기 때문에 상호 간에 더 민주적이고 더 세련된 관계를 유지할 수 있었다는 것이다. 그와 마찬가지로 '타락한 여자' 계급의 존재는 '정숙한 여자'를 가장 기사도다운 존경심으로 대우할 수 있게 한다는 것이다. 매춘부는 속죄양이다. 남자는 매춘부에게 파렴치한 욕망을 분출하면서도 그녀들을 부정한다. 법적 신분 규정에 따라 경찰의 감독 아래 활동을 하든, 은밀하게 활동하든 아무튼 그녀는 천민 취급을 받는다.

경제적 관점에서 매춘부의 상황은 결혼한 여자의 상황과 대칭을 이룬다. "매춘으로 자기를 파는 여자들과 결혼으로 자기를 파는 여자들 간의 유일한 차이는 계약의 금액과 기간에 있다"라고 마로Marro는 말한다.[143] 양쪽 모두에게 성행위는 하나의 서비스다. 후자는 한 남자와 종신계약하는 것이고, 전자는 돈을 지불하는 여러 명의 고객이 있는 것이다. 후자는 한 남자를 통해 다른 모든 남자로부터 보호되고, 전자는 모든 남자를 통해 각 남자의 배타적 횡포에 대해 방어된다. 아무튼 그녀들이 자기 육체를 제공함으로써 얻는 이익은 경쟁을 통해 제한된다. 남편은 자기가 다른 남자의 아내와 계약했을 수도 있다는 것을 알고 있다. '부부의 의무'의 이행은 은혜가 아니라 계약의 실행이다. 매춘에서 남자의 욕망은 개별적인 것이 아니라 종種의 본능이므로, 그 어떤 육체에 대해서나 만족할 수 있다. 아내나 창녀는 둘 다 남자에게 독특한 영향력이 없으면 남자를 활용하는 데 성공하지 못한다. 양자 간의 차이라면 합법적인 아내가 결혼한 여자로서 억압당하기는 하지만, 인간적으로는 존중받는다는 것이다. 이러한 존중은 실제로 억압을 저지하기 시작한다. 한편 창녀는 한 인격체의 권리를 갖지 못하며, 그녀 속에 여성 노예제의 모든 양상이 동시에 요약되어 있다.

어떤 동기가 여자를 매춘에 밀어 넣는지를 따지는 것은 순진한 일이다. 오늘날에는 롬브로소Cesare Lombroso(1836~1909)[144]의 학설을 더 이상 믿지 않는다. 그는 매춘부와 범죄자를 동일시하고, 이 양자를 타락한 인간으로 보았다. 통계가 보여주듯이 일반적으로 매춘부의 지적 수준은 평균보다 약간 아래에 있고, 그중 어떤 여자들은 분명히 지적장애일 수 있다. 정신적 능력이 부진한 여자들은 아무런 특

---

143 『사춘기 *La Puberté*』
144 *이탈리아의 범죄학자

기도 요구하지 않는 직업을 쉽게 선택한다. 그러나 매춘부의 대부분은 정상이며, 어떤 여자들은 대단히 총명하다. 그녀들에게서 어떤 유전적 숙명도, 어떤 생리적 결함도 발견되지 않는다. 사실, 빈곤과 실업이 맹위를 떨치는 세계에서는 직업이 생기면 바로 덤벼드는 사람들이 있다. 경찰과 매춘이 존재하는 한 경찰관과 창녀는 계속 있게 될 것이다. 이런 직업들은 다른 많은 직업보다 평균적으로 수입이 더 높은 만큼 더욱더 번창할 것이다. 남성의 수요가 일으킨 공급에 대해 놀라는 것은 매우 위선적이다. 이는 초보적이고 보편적인 경제적 과정이다. 19세기 파랑 뒤 샤틀레Alexandre Parent du Chatelet(1790~1836)[145]는 설문조사에 이렇게 쓰고 있다. "매춘이 일자리의 부족과 불충분한 급료에서 오는 불가피한 결과라는 것은 명백하다." 보수적인 도덕주의자들은 매춘부들의 가련한 사연이 순진한 손님을 속이기 위해 지어 낸 이야기라고 답한다. 사실 많은 경우에 창녀는 다른 수단으로 생계를 마련할 수도 있었을 것이다. 그러나 스스로 선택한 직업을 가장 나쁜 것으로 생각하지 않는다고 해서, 그녀가 본래부터 타락했다는 것을 증명하지 않는다. 오히려 아직도 많은 여자에게 이 직업이 그다지 혐오스러워 보이지 않는 사회를 단죄한다. 그녀에게 왜 그것을 택하느냐고 묻기보다는 차라리 그녀가 왜 그런 직업을 선택하지 않을 것인가를 물어야 한다. 대다수의 '매춘부'가 하녀들 가운데서 나왔다는 것은 특히 주목할 만하다. 그것은 파랑 뒤 샤틀레가 모든 나라에서 확인한 것이며, 독일에서는 릴리 브라운이, 벨기에에서는 리케르Ryckère가 조사한 결과다. 매춘부의 약 50퍼센트가 하녀 출신이다. '하녀의 방'을 한 번 훑어보는 것만으로도 그 사실을 설명하기엔 충분하다. 착취당하고 예속되고 인간이 아닌 물건으로 취급받는 만능 하녀나 가정부는 장래 자기 운명에 대하여 어떤 희망도 걸지 않는다. 때로 그녀는 집주인의 바람기를 견디지 않으면 안 되기도 한다. 즉, 가정의 노예 상태나 하녀의 상황에서 그녀는 그 이상 더 타락할 수도 없고, 더 행복한 것이라 꿈꾸는 노예 상태로 미끄러져 들어간다. 게다가 고용살이 하는 여자들은 대개 고향을 떠나온 사람들이다. 파리 매춘부의 80퍼센트가 지방이나 시골에서 올라온 것으로 평가된다. 가족 가까이 있거나 자기에 대한 세상의 평판을 꺼리는 여자는 일반적으로 나쁘게 여기는 직업을 택하지 않는다. 그러나 대도시에서 길을 잃고 사회에 더 이상 동화되지 못했다면, '도덕성'이라는 추상적 관념

---

145 *프랑스 의사, 위생학자

은 그녀에게 아무런 장벽이 되지 못한다. 부르주아 계급이 성행위를 – 특히 처녀성을 – 무시무시한 금기로 에워싸고 있는 것만큼이나 대다수 농부와 노동자 계층에서는 그런 것들이 아무렇지도 않아 보인다. 이 점에 대해서 많은 설문조사의 결과가 일치하고 있다. 즉, 상당히 많은 처녀가 처음 만나는 남자한테 아무렇지도 않게 처녀성을 상실하고, 그다음에 또 아무 남자에게나 몸을 맡기는 것을 자연스럽게 생각하게 된다. 100명의 매춘부에게 실시한 설문조사에서 비자르Bizard 박사는 다음과 같은 사실을 지적했다. 1명은 열한 살에 처녀성을 상실했고, 2명은 열두 살에, 또 다른 2명은 열세 살에, 6명은 열네 살에, 7명은 열다섯 살에, 21명은 열여섯 살에, 19명은 열일곱 살에, 17명은 열여덟 살에, 6명은 열아홉 살에, 나머지 여자들은 스물한 살 이후에 처녀성을 잃었다고 한다. 그러니까 이들 가운데 5퍼센트가 성숙하기 전에 강간당했다. 반수 이상이 사랑해서 몸을 주었다고 말한다. 나머지는 모르는 상태에서 동의한 것이다. 최초의 유혹자는 대개 젊은 남자다. 그들은 가장 흔하게는 작업장의 동료, 사무실 동료, 어릴 적 친구다. 그다음은 군인, 작업 감독, 하인, 학생들이다. 비자르 박사의 리스트에는 그 외에도 두 명의 변호사, 한 명의 건축가, 한 명의 의사, 한 명의 약사가 포함되어 있었다. 흔히 말하듯이, 성 입문자의 역할을 하는 자는 고용주인 경우는 꽤 드물고, 대개 그의 아들이나 조카 또는 그의 친구 중 한 명인 경우가 많다. 코망주commenge도 자신의 연구에서 열두 살부터 열일곱 살까지의 젊은 처녀 45명이 모르는 남자들한테 처녀성을 빼앗기고, 두 번 다시 그들을 만나지 못한 사실에 주의를 환기하고 있다. 그녀들은 조금도 쾌락을 느끼지 못한 채 무심하게 남자의 뜻에 응했다. 비자르 박사는 그 가운데 다음과 같은 경우를 더 명확하게 지적했다.

보르도의 G. 양은 열여덟 살 때, 수녀원에서 돌아오는 길에 나쁜 일이 생길 거라는 생각은 하지 않은 채 호기심으로 마차 안에 끌려 들어갔다가 모르는 장사꾼에게 처녀성을 잃었다.

열세 살의 한 소녀는 길에서 만난 처음 보는 남자에게 얼떨결에 몸을 주었고, 두 번 다시 그를 만나지 못했다.

M……이 우리에게 이야기한 바에 따르면, 그녀는 열일곱 살에 모르는 한 젊은 남자에게 처녀성을 빼앗겼다고 한다. (…) 그녀는 완전히 모르는 상태에서 남자가 하는 대로 내버려 두었다는 것이다.

R……은 열일곱 살 때 전에 한 번도 본 적 없는 어떤 젊은 남자에게 처녀성을 잃었다. 그녀는 병이 난 여동생을 위해 이웃에 있는 병원에 의사를 찾으러 갔다가 그곳에서 그 남자를 우연히 만났다. 그는 그녀가 집에 빨리 도착할 수 있도록 차를 태워 주겠다고 하고는 사실상 욕정을 채운 뒤에 그녀를 길 한가운데에 내버리고 가 버렸다.

B……는 열다섯 살 반에 '자기가 무엇을 하는지도 모르고' 두 번 다시 만나지 못하는 어떤 젊은 남자에게 처녀성을 잃었다. 아홉 달 뒤에 그녀는 아주 튼튼한 아이를 낳았다.

S……는 열네 살 때 자기 여동생을 소개해 주겠다는 구실로 자기 집에 끌어들인 젊은 남자에게 처녀성을 빼앗겼다. 그 남자는 사실 여동생이 없었고, 그녀에게 매독을 옮겼다.

R……은 기혼자인 사촌오빠와 전쟁터를 방문했다가 오래된 전선의 참호 속에서 그에게 처녀성을 잃었다. 그는 그녀를 임신시켰고, 그녀에게 가족을 떠나라고 강요했다.

C……는 열일곱 살의 어느 여름날 저녁, 호텔에서 막 알게 된 한 젊은 남자에게 해변에서 처녀성을 잃었다. 그런데 백 미터 떨어진 곳에서는 그 두 사람의 어머니들이 잡담하고 있었다. 그녀는 임질에 걸렸다.

L……은 열세 살에 라디오를 듣던 중에 숙부에게 처녀성을 빼앗겼다. 숙모는 일찍 자는 것을 좋아해서 옆방에서 평온하게 자고 있었다.

이렇게 수동적으로 아무렇지도 않게 몸을 허락한 젊은 처녀들은 그 때문에 처녀성 상실에 대한 정신적 외상을 입었음에 틀림없다. 사람들은 이런 난폭한 경험이 그녀들의 장래에 어떤 심리적 영향을 미쳤는지 알고 싶어 하겠지만, '매춘부'들을 정신분석하지는 않는다. 그녀들은 자기를 표현하는 데 서툴뿐더러 상투적인 표현 뒤에 숨어 버리곤 한다. 어떤 여자들의 경우, 아무에게나 쉽게 몸을 내주는데, 그것은 앞에서 이야기한 매춘에 대한 환상으로 설명될 수 있다. 즉, 가정불화와 싹트기 시작하는 성 본능에 대한 공포, 그리고 어른 노릇을 하고 싶은 욕망으로 인해 매춘부를 흉내 내는 아주 나이 어린 소녀들이 있다. 그녀들은 격하게 화장하고, 남자아이들과 어울리며 교태를 부리고 도발적인 태도를 보인다. 아직 어린애 같고 중성적이며 성감이 발달하지 않은 그녀들은 아무 탈 없이 불장난을 할 수 있으리라 생각한다. 언젠가는 자신의 말을 곧이들을 남자가 나타나리라고 착각해 환상을 행동으로 옮긴다.

"문이 한 번 열렸다면, 그 문을 계속 닫아두기란 어려운 일이에요"라고 열네 살의 어린 매춘부가 말했다.[146] 하지만 젊은 처녀가 처녀성을 상실한 직후에 거리에서 손님을 데려올 결심을 하는 경우는 드물다. 어떤 경우에는 첫 애인에게 매인 채 머물러 있고, 그 남자와 계속 같이 살며 '떳떳한' 직업을 갖는다. 애인이 그녀를 버리면, 다른 남자가 그녀를 위로해 준다. 더는 단 한 명의 남자에 속해 있지 않기 때문에, 그녀는 모든 남자에게 자기를 줄 수 있다고 생각한다. 때로는 애인이 — 첫 번째나 두 번째 애인이 — 이런 식으로 돈 버는 방법을 권하기도 한다. 부모 때문에 매춘부가 된 처녀들도 많다. 어떤 가정에서는 — 저 유명한 미국의 주크가 Juke Family[147] — 모든 여자가 이 직업에 종사하고 있다. 젊은 여자 부랑자 가운데도 근친에게 버림받은 소녀가 많이 있다. 그녀들은 거지부터 시작해서 거리로 나서게 된다. 1857년에 파랑 뒤 샤틀레는 조사를 통해 5천 명의 매춘부 중에 1,441명이 빈곤 때문에, 1,425명이 유혹에 넘어간 뒤 버림을 받고, 1,255명이 부모로부터 버림받아 그렇게 되었다는 것을 발견했다. 현대의 설문조사도 거의 같은 결론을 제시하고 있다. 병나서 제대로 된 일을 할 수 없게 되거나 실직한 여자는 흔히 매춘에 내몰리게 된다. 질병은 근근이 이어가는 가계의 균형을 파괴하여 여자에게 새로운 대책을 시급히 마련하도록 강요한다. 출산도 마찬가지다. 생라자르 갱생원에 수용된 여자들의 반수 이상이 적어도 아이 한 명씩은 데리고 있었다. 세 명에서 여섯 명의 아이를 키운 여자들도 많았다. 비자르 박사는 그 가운데 열네 명의 아이를 낳은 한 여자에 대한 보고에서, 그가 이 여자를 알게 되었을 때 아이 중 여덟 명이 아직 살아 있었다고 한다. 아이를 버리는 여자는 거의 없다고 그는 말한다. 그리고 미혼모가 아이를 양육하기 위해 창녀가 되는 일도 있다. 비자르 박사는 이런 경우를 인용하고 있다.

> 그녀는 열아홉 살 때 지방에서 예순 살의 주인에게 처녀성을 빼앗겼다. 그때는 가족들과 함께 살고 있었으나 임신을 했기 때문에 가족을 떠나야만 했다. 그녀는 아주 튼튼한 여아를 낳아 대단히 바르게 키웠다. 출산 후에 파리로 와서 유모 자리를 얻었는데, 스물아홉 살에 방탕한 생활을 시작했다. 그리고 35년 전부터 매

---

146 마로의 『사춘기』에서 인용
147 *2천여 명의 범죄자, 거지, 매춘부 등을 배출한 뉴욕주의 일가

춘하고 있다. 힘도 용기도 한계에 다다른 그녀는 지금 생라자르 갱생원에 들어가기를 원하고 있다.

전쟁 중에 그리고 전후 혼란기에 다시 매춘이 만연한다는 것은 잘 알려진 사실이다.

『현대』지에 일부가 실린 『어느 창녀의 삶*Vie d'une prostituée*』의 저자[148]는 그 시작을 이렇게 이야기하고 있다.

나는 열여섯 살에 나보다 나이가 열세 살 더 많은 남자와 결혼했다. 내가 결혼한 것은 부모님 집에서 나오기 위해서였다. 남편은 나에게 아이를 낳게 하는 것만 생각하고 있었다. "그렇게 되면 너는 집에 머물러 있고, 밖에 나가지 못할 거야"라고 그는 말했다. 그는 내가 화장하는 것도 원하지 않았고, 나를 영화관에 데려가고 싶어 하지도 않았다. 내게는 참고 견디어야 할 시어머니가 있었다. 시어머니는 매일 우리 집에 와서 언제나 그 못된 자기 아들 편만 들었다. 나의 첫 아이는 사내아이로 이름이 자크였다. 14개월 뒤에 나는 피에르라는 아들을 또 낳았다. (…) 너무나 따분해서 간호사가 되는 수업을 듣기 시작했고, 그것은 내 마음에 들었다. (…) 나는 파리 교외에 있는 병원의 부인과 병동에 들어갔다. 애송이 간호사 한 명이 내가 전에 알지 못했던 여러 가지를 가르쳐주었다. 남편과 자는 것은 고역이었다. 나는 남자 병동에서 6개월 동안 단 한 명의 애인 없이 지냈다. 하루는 북아프리카의 오지에서 근무하는 망할 놈의 프랑스 군인이, 그러나 잘생긴 녀석이 내 개인 침실에 들어왔다. (…) 그는 내가 팔자를 고칠 수 있다며 나를 꾀었다. 내가 그와 함께 파리에 가면 더 이상 일하지 않아도 된다고 했다. (…) 나는 그에게 깜빡 속아 넘어갔고 (…) 그와 함께 떠날 결심을 했다. (…) 한 달 동안은 정말 행복했다. (…) 하루는 그가 옷을 잘 차려입은 멋쟁이 여자를 데려나 나를 보이며 "자, 이 여자는 자기방어를 잘해요"라고 말했다. 처음에 나는 거리에 나가지 않았다. 손님을 낚을 생각이 없다는 것을 그에게 보여 주기 위해 지역의 한 병원에 간호사 일자리 하나를 얻기까지 했다. 그러나 오랫동안 저항할 수가 없었다. 그는 이렇게 말하곤 했다. "너는 나를 사랑하지 않아. 여자가 남자를 사랑한다면, 그 남자를 위해서 일해야 하는 거야." 나는 울었다. 병원에서도 아주 슬펐다. 결국 미장원에 끌

---

148 저자는 본명을 감추고, 마리테레즈라는 가명으로 이 이야기를 발표했다. 여기서는 그녀를 이 이름으로 부르기로 한다.

려갔다. (…) 나는 손님을 낚기 시작했다! 쿨로는 내가 방어를 잘하는지를 살피고, 경관이 나를 잡으러 오면 미리 알려주기 위해서 내 뒤를 따라다녔다…….

이 사례는 여러 면에서 기둥서방이 시키는 대로 거리에서 손님을 낚아야 하는 창녀의 고전적 이야기에 부합하고 있다. 기둥서방의 역할을 남편이 하는 경우도 있다. 때로는 여자가 그런 역할을 하기도 한다. L. 페브르는 1931년에 510명의 젊은 창녀에 대하여 설문조사를 하였다.[149] 그중 284명이 혼자 살고 있고, 132명은 남자 친구와 살고 있었다. 94명은 동성애 관계로 맺어진 여자 친구와 살고 있었다. 그는 (그녀들이 쓴 철자 그대로) 다음과 같은 편지 요약문을 인용하고 있다.

수잔, 열일곱 살. 나는 특히 창녀들을 상대로 매춘을 했다. 나를 오랫동안 데리고 있었던 창녀는 질투가 대단히 심했다. 그래서 나는 그 거리를 떠났다. (…)
앙드레, 열다섯 살 반. 무도회에서 만난 여자 친구와 살기 위해 부모 곁을 떠났다. 나는 곧 그녀가 나를 남자처럼 사랑하고 싶어 한다는 것을 알아챘고, 그녀와 넉 달 동안 같이 지냈다. 그리고 (…)
잔느, 열네 살. 나의 가엾은 아빠는 이름이 X……인데 전쟁에서 입은 부상으로 1922년에 병원에서 사망했다. 어머니는 재혼했다. 나는 졸업장을 받기 위해 학교에 다녔고, 졸업장을 받은 뒤에 재봉을 배워야만 했다. (…) 다음엔 수입이 너무 적어서 계부와 말다툼이 시작되었다. (…) 나는 (…) 거리에 있는 X……부인 집에 하녀로 들어가야 했다. 열흘 뒤부터 나는 스물다섯 살 정도 되었음 직한 그 집 딸과 단둘이 있게 되었다. 나는 그녀에게서 대단히 이상스러운 점을 발견했다. 그리고 하루는 그녀가 마치 젊은 남자처럼 나에게 사랑을 고백했다. 나는 망설이다가 쫓겨날까 봐 두려워 결국 그녀의 뜻에 따랐다. 이제까지 몰랐던 것들을 그때 알게 되었다. (…) 나는 일을 했고, 일자리가 없어졌을 때는 숲에 가야 했으며 거기서 여자들을 상대로 매춘을 했다. 나는 대단히 너그러운 한 부인을 알게 되었다.

매춘을 오로지 재원을 늘리기 위한 일시적 방편으로만 생각하는 여자도 꽤 많다. 그러나 한번 시작하면 그대로 발이 묶여 사슬에서 빠져나오지 못하는 경우를 수없이 볼 수 있다. 폭력이나 거짓 약속, 속임수 등에 의해 연쇄적 상황에 끌려 들

149 『감옥의 젊은 창녀들 Les Jeunes Prostituées vagabondes en prison』

어간 '백인 부녀자 인신매매'의 경우가 비교적 드물다 해도, 본인 의지에 반해 그 일에 억류된 경우가 빈번하다. 그 직업을 시작하는 데 필요한 자본은 기둥서방이나 포주가 제공하고, 그리하여 그들은 그녀에 대해 권리를 갖는다. 그리고 그들은 그녀가 번 돈의 대부분을 거두어들이지만, 그녀는 거기에서 벗어날 수가 없다. '마리테레즈'는 거기에서 빠져나올 때까지 몇 년 동안이나 힘겨운 투쟁을 계속했다.

결국 쾰로가 내 돈만을 원한다는 것을 이해했고, 내가 그를 떠난다면 약간의 돈을 모을 수 있으리라 생각했다. (…) 집에서는 처음에 수줍어서 손님에게 감히 가까이 다가가지 못하고 "올라타요"라고 말할 용기가 없었다. 쾰로의 친구 마누라가 나를 옆에서 감시하며, 내가 버는 돈의 액수까지 세고 있었다. (…) 그러자 쾰로는 내가 번 돈을 매일 저녁 여주인에게 맡겨야 하고, "그렇게 해야, 누가 네 돈을 훔쳐 가지 않을 거야……"라고 나에게 편지를 써 보냈다. 내가 옷 한 벌을 사 입으려 하자, 포주는 쾰로가 나에게 내 돈을 주지 말라고 했다는 것이다. (…) 나는 될 수 있는 한 빨리 이 창가를 떠날 결심을 했다. 내가 떠나고 싶어 한다는 것을 여주인이 알았을 때, 그녀는 다른 때처럼 검진 전에 나에게 솜뭉치[150]를 주지 않았다. 그래서 나는 잡혔고 병원으로 보내졌다. (…) 나는 여비를 벌기 위해 창가로 돌아가야만 했다. (…) 그러나 사창가에는 4주밖에 더 있지 않았다. (…) 나는 이전처럼 바르베스에서 며칠간 일했다. 그러나 쾰로가 너무도 원망스러워 파리에 남을 수가 없었다. (…) 우리는 서로 욕지거리를 했다. 그가 나를 때리고, 한 번은 나를 거의 창밖으로 내던지려고까지 했다. (…) 나는 지방으로 가기 위해서 알선업자 한 명과 조정을 했다. 이 알선업자가 쾰로와 아는 사이라는 것을 눈치채고 약속 장소에 가지 않았다. 그 후에 벨롬 거리에서 그 알선업자가 데리고 다니는 두 여자와 마주쳐 흠씬 두들겨 맞았다. (…) 이튿날 나는 짐을 싸서 혼자 T.섬으로 떠났다. (…) 3주 후에 사창가에 질려 버린 나머지 의사가 검진을 왔을 때 편지를 써서, 내가 일을 그만둘 수 있도록 처방을 해 달라고 부탁했다. (…) 쾰로가 마장타 대로에서 나를 알아보고 손찌검을 했다. (…) 나는 쾰로가 지긋지긋했다. 그러므로 독일로 떠나기 위해 계약을 했다…….

문학은 '쾰로'라는 유형의 인물을 대중화시켰다. 그는 창녀의 생활에서 보호자 역할을 한다. 그녀에게 몸치장할 돈을 빌려 주고, 그런 다음에 그녀를 다른 여

---

150 "임질을 속이기 위해 국부를 틀어막는 데 쓰였던 솜뭉치로, 검진 전에 포주가 매춘부에게 주었다. 포주가 그녀를 내쫓으려 하지 않는 한, 의사는 성병이 있는 여자를 찾아내지 못하게 되어 있었다."

자들과의 경쟁이나 경찰로부터 ─ 때로는 그 자신이 경찰관이 되어 ─ 그리고 손님들로부터 보호해 준다. 손님들은 돈을 내지 않고 즐길 수 있음에 행복해할 것이다. 개중에는 여자를 상대로 사디즘의 욕망을 만족시키려는 자들도 있다. 몇 년 전에 마드리드에서 돈 많은 파시스트 젊은이들이 추운 밤에 창녀들을 강물에 던져 넣고 즐거워한 일이 있다. 프랑스에서는 때때로 거나하게 취한 학생들이 여자들을 시골로 데려가서, 한밤중에 완전히 벌거벗겨 버리고 오는 일도 있다. 창녀는 돈을 받아 내고 학대를 모면하기 위해 남자가 필요하다. 그는 그녀에게 정신적 지지자의 역할을 하기도 한다. "혼자서는 일도 잘 안 되고, 일에 별로 흥미가 없어서 그냥 되는 대로 살아가요"라고 어떤 여자들은 말한다. 그녀가 기둥서방을 사랑하는 일도 자주 있다. 이 일을 하거나 정당화하는 것은 사랑 때문이다. 이 세계에서는 남자가 여자에 대해 엄청난 우월성을 가지고 있다. 남녀 간의 이런 차이는 종교적 사랑에 유리하게 작용하고, 이것은 어떤 매춘부들의 열정적인 자기희생을 설명해 준다. 그녀들은 자기 남자의 폭력에서 남성성의 징후를 보고 그만큼 더 온순하게 복종한다. 그의 곁에서 질투와 고통을 경험하지만, 사랑하는 여자의 기쁨도 경험한다.

하지만 이따금 그녀들은 그에 대해서 단지 적대감과 원한만을 품기도 한다. 마리테레즈의 경우에서 본 것처럼, 그녀들이 남자에게 꼼짝 못하고 남아 있는 것은 공포심 때문이며, 남자가 그녀들을 완전히 장악하고 있기 때문이다. 그래서 그녀들은 대개 손님 가운데서 고른 '연인'으로 자신을 위로한다. 마리테레즈는 다음과 같이 쓰고 있다.

모든 여자가 저마다 쥘로 같은 남자 외에 연인들이 있었고, 나 역시 그랬다. 내 연인은 무척 잘생긴 선원이었다. 그가 나를 무척 사랑해 주었지만, 그와 살림을 차릴 수는 없었다. 그러나 우리는 서로를 깊이 신뢰했다. 종종 그는 나와 동침하지 않고 이야기만 하러 내 방에 올라왔다. 그는 나에게 이런 데서 나와야 한다고 말했고, 내가 있을 곳은 여기가 아니라고 했다.

그녀들은 또한 여자들과 함께 자신을 위로하기도 한다. 매춘부 상당수가 동성애자다. 앞에서 보았듯이, 그녀들이 애초에 이 일을 하게 된 데에는 동성애 모험이 있었고, 많은 여자가 계속해서 여자 친구와 살고 있었다. 아나 륄링Anna

Rüling(1880~1953)[151]에 의하면, 독일에서는 매춘부의 약 20퍼센트가 동성애자라고 한다. L. 페브르는 감옥에서 젊은 여죄수들이 열정적인 어조의 외설적인 편지를 교환하고 '평생을 바쳐 맺어진 친구'라고 서명한다고 지적하고 있다. 이런 편지는 여학생들이 가슴 속에 '정념'을 불태우면서 쓰는 편지와 유사하다. 후자의 편지에는 어딘가 풋내가 나고 한결 수줍은 데가 있지만, 전자의 경우는 말과 행동에서 그 감정을 한껏 적나라하게 드러내고 있다. 마리테레즈의 삶 속에서 – 그녀는 어떤 여자에게서 관능의 쾌락을 배웠다 – 경멸할 만한 손님이나 강압적인 기둥서방과 비교할 때 '여자 친구'가 얼마나 특권적 역할을 하는가를 알 수 있다.

쿨로가 어떤 여자아이를 데려왔다. 신발조차 없는 불쌍한 어린 하녀였다. 벼룩시장에서 그녀에게 이것저것 다 사 주었고, 그녀는 나와 함께 일을 하러 나왔다. 아주 착했고 게다가 여자들을 좋아했기 때문에 우리는 서로 마음이 잘 맞았다. 그녀는 내가 전에 간호사에게서 배운 모든 것을 나에게 상기시켜 주었다. 우리는 종종 우스갯소리를 했고, 일하러 가는 대신 영화관에 가기도 했다. 나는 그녀가 우리와 함께 있어서 만족스러웠다.

이런 여자 친구는 대체로 여자들 속에서 파묻혀 지내는 정숙한 여자에게 흉금을 털어놓는 여자 친구의 역할을 맡는다. 그녀는 쾌락을 함께하는 동료이고, 그 관계는 자유롭고 부담이 없으므로 이쪽에서 원하게 될 수 있다. 남자들에게 시달리고 혐오를 느껴 기분전환을 원하는 매춘부는 흔히 다른 여자의 품 안에서 휴식과 쾌락을 구하게 된다. 아무튼 내가 앞서 이야기한 대로, 여자들을 곧바로 연결하는 공모성은 다른 어떤 경우보다도 이 경우에 한결 강하게 존재한다. 인류의 반을 차지하는 남자들과의 관계가 상업적인 성격을 띠고, 사회 전체가 그녀들을 천민 취급하기 때문에 매춘부들은 자기들 간에 긴밀한 연대감이 있다. 서로 간에 경쟁상대가 되고 질투하고 모욕하고 싸우는 일도 있다. 그러나 자기들의 인간적 존엄성을 되찾을 수 있는 하나의 '반세계反世界'를 구성하기 위해 서로를 간절히 필요로 한다. 동료는 속내 이야기의 상대이며, 누구도 대신할 수 없는 증인이다. 남자를 유혹하기 위한 수단인 옷과 머리 모양을 평가해 주는 것도 그 동료들이다. 그러나 다른 여자들의 부러움과 찬미의 시선 속에서는 그런 옷과 머리 모양이 목적처럼 보인다.

---

151 * 독일 언론인

매춘부와 손님과의 관계에 대해서는 의견이 매우 엇갈리고 사례도 다양하다. 매춘부는 마음의 애인을 위해 자유로운 애정 표현인 입술에 하는 키스를 보존해 두고, 사랑의 포옹과 직업상의 포옹을 별개의 것으로 간주한다는 사실은 흔히 알려져 있다. 남자들의 증언은 의심쩍다. 왜냐하면 매춘부의 성적 쾌락의 연극에 속아 넘어가도록 그들의 허영심이 그들을 부추기기 때문이다. 흔히 고된 육체적 피로를 동반하며 숨 돌릴 틈도 없는 '손님 마구 받기'나 '숏타임', '올나이트'나 단골 손님들이 겹치는 관계일 때는 사정이 매우 다르다는 것을 말해 두어야겠다. 마리 테레즈는 보통 자기 직업에 무덤덤하게 종사해 왔다. 그러나 황홀하게 보낸 어떤 밤들은 회상하고 있다. '연인들'이 있었고, 동료들도 모두 그런 연인이 있었다고 한다. 마음에 든 손님에게는 돈을 거절하는 수도 있고, 이따금 어려운 처지에 있는 손님에게는 도와주겠다고 제안하기도 한다. 하지만 전반적으로 여자는 '냉담하게' 일을 한다. 어떤 여자들은 자기 손님 전체에 대해 약간의 경멸 어린 무관심밖에는 가지고 있지 않다. "오, 남자들이란 얼마나 멍청한 족속인지! 여자들은 자기가 원하는 건 무엇이든 남자들 머릿속에 가득 심어 줄 수 있지!"라고 마리테레즈는 쓰고 있다. 그러나 많은 여자가 남자들에 대하여 진저리나는 원한을 느끼고 있다. 그녀들은 특히 남자들의 악습에 역겨워한다. 아내나 정부에게 감히 고백하지 못하는 변태적 성욕을 채우러 매음굴에 가기 때문인지, 혹은 매음굴에 있다는 사실이 변태적 행위를 하도록 그들을 조장하기 때문인지, 많은 남자가 여자에게 '여러 가지 색다른 것'을 요구한다. 마리테레즈는 프랑스 남자들이 지칠 줄 모르는 상상력을 소유하고 있다는 데 특히 개탄하고 있었다. 비자르 박사가 치료한 환자들은 "남자들은 모두 어느 정도 변태적이다"라고 토로했다. 나의 여자 친구 한 명은 보종병원에서 아주 총명한 한 젊은 창녀와 길게 담소했다. 그 창녀는 처음에는 하녀 생활을 했고, 당시에는 무척 사랑하는 기둥서방과 살고 있었다. "모든 남자는 변태적이에요. 내 남자만 빼고요. 그를 사랑하는 것은 그 때문이지요. 혹여 그에게서 나쁜 버릇 하나라도 발견하면, 나는 그를 떠날 거예요. 손님도 처음에는 감히 그런 짓을 못 하고, 정상적인 것처럼 보여요. 그러나 다시 오게 되면, 여러 가지 것들을 요구하기 시작하지요. (…) 당신 남편은 그런 악취미가 없다고 하지만, 두고 보세요. 남자들은 다 마찬가지예요." 그런 악취미 때문에 그녀는 남자들을 몹시 싫어했다. 나의 또 다른 여자 친구는 1943년에 프렌느에서 어떤 창녀와 친해졌다. 이 창녀는 자기 손님의 90퍼센트가 변태였고, 약 50퍼센트는 파렴치한 남색가라고 주장했다. 창녀들은 지나친 상상력을 발휘하는 남자들을 두려워했다. 한 독일 장교는 그녀에게 나체로 품에 꽃을 안고 방안을 걸어 다니라고 요구했다. 그동안 그는 새가 날아다니는 흉내를 내고 있었다. 그 남자는 정중하고 관대했지만, 그녀는 그가 눈에 띄기만 하면 매번 도망갔다. 간단한 성교보다 훨씬 더 수입이 많고 때로 힘도 덜 들었지만, 마리테레즈는 '색다른 것'을 끔찍스러워했다. 이 세 명의 여자는 유달리 총명하고 예민했다. 그녀들은 직업상의 관례를 통해 더는 보호받지 못하게 되거나, 남자가 일반적 손님이기를 멈추고 개별화되는 즉시 자기들이 하나의 의식意識이나 변덕스러운 자유의 먹잇감이 된다는 것을 십중팔구 이해하고 있었다. 그렇게 되면 이제 더 이상 단순한 거래의 문제가 아니기 때문이다. 하지만 어떤 창녀들은 '색다른 것'에 전문화된다. 수입이 많기 때문이다. 손님에 대한 그녀들의 적대감 속에는 계층에 대한 원한의 감정이 스며드는 경우가 많다. 헬렌 도이치는 안나라는 창녀의 이야기를 상세히 하고 있다. 안나는 금발의 예쁜 창녀로, 어린애 같고 대체로 아주 온화한 성격이었다. 그러나 어떤 남자들에 대해서는 격노해서 발작을 일으켰다. 그녀는 노동자 가정 출신이었다. 아버지는 술꾼이었고, 어머니는 몸이 아팠다. 이 같은 불행한 가정은 그녀에게 가정생활에 대해 큰 혐오감을 주었다. 그래서 이런 직업에 종사하는 동안에 여러 번 구혼을 받았지만, 절대 승낙하지 않았다. 동네 젊은이들이 그녀를 타락시켜 놓았기 때문이다. 그녀는 자기 직업을 좋아하고 있었다. 그러나 결핵에 걸려 병원에 보내졌을 때 의사들에게 맹렬한 증오감을 표시했다. 그녀로서는 '훌륭한' 남자들이 가증스러웠다. 그녀는 주치의의 예의나 성의를 견딜 수 없었다. "이런 남자들이 친절과 품위와 자제의 가면을 쉽게 벗어던지고 짐승처럼 행동한다는 것을 우리가 모르는 줄 아나 봐"라고 그녀는 말했다. 그 점을 제외하면, 그녀는 정신적으로 완전히 안정되어 있었다. 그녀는 유모에게 맡긴 아이가 있다고 거짓말을 했지만, 그 외에는 거짓말을 하지 않았다. 그녀는 결핵으로 죽었다. 또 한 명의 젊은 창녀 쥘리아는 열다섯 살부터 자기가 만나는 모든 남자에게 몸을 주었으나, 오직 가난하고 약한 남자만 사랑했다. 그런 남자들하고는 부드럽고 친절했다. 그녀는 다른 남자들을 '가장 형편없는 취급을 받아 마땅한 야수'처럼 간주했다. (그녀에게는 충족되지 못한 모성 본능을 드러내는 매우 뚜렷한 콤플렉스가 있었다. 그녀 앞에서 어머니나 아이 혹은 그와 비슷한 어감의 단어를 말하는 즉시 그녀는 격노해 이성을 잃어버렸다.)

매춘부 대부분은 정신적으로 자기의 사회적 신분에 적응되어 있다. 그러나 그것은 그녀들이 유전적으로나 선천적으로나 부도덕하다는 것을 의미하는 것이 아니라, 자기들의 서비스를 요구하는 사회에 정당하게 통합되어 있다고 느낀다는 것을 의미한다. 그녀들은 자기의 신상을 카드에 기록하는 경찰관의 훈계가 무의미한 객설이라는 것을 잘 알고 있다. 그리고 자기 고객이 매음굴을 나가 밖에서 과시하는 고상한 감정에 별로 주눅 들지도 않는다. 마리테레즈는 베를린에 있을 때 살았던 빵집 여주인에게 다음과 같이 설명한다.

나는 누구든 다 좋아해요. 돈만 생긴다면 말이죠, 부인⋯⋯. 돈을 받지 않고 남자와 자도, 그 남자는 마찬가지로 생각해요. 저 계집은 갈보라고 말이죠. 돈을 받을 때나 받지 않을 때나 똑같이 갈보라고 생각하거든요. 아주 깜찍스러운 갈보라고요. 남자에게 돈을 요구하면 곧이어 반드시 "오! 나는 당신이 그런 일을 하는 줄 꿈에도 몰랐어"라든가 "기둥서방이 있나?" 하고 물어요. 그래서 돈을 받든 안 받든 나에겐 마찬가지예요. "아! 그래, 당신 말이 옳군" 하고 여주인이 대답하더군요. 그녀에게 이런 말도 했어요. 당신은 신발 배급표를 받기 위해 반 시간이나 줄을 서야죠. 나는 반 시간이면 한 놈 낚아요. 나는 돈을 지불하지 않아도 신발이 있어요. 그런데 내가 애교만 잘 부리면 그 값도 받아내죠. 그러니, 내 말이 옳다는 것을 아시겠지요.

매춘부들의 생활을 고통스럽게 만드는 것은 도덕적·심리적 상황이 아니다. 대부분 그 물질적 조건이 비참한 처지에 있다. 기둥서방이나 포주에게 착취당하는 그녀들은 불안 속에서 살고 있고, 그중 4분의 3은 돈이 한 푼도 없다. 그 일을 하고 5년이 지나면, 약 75퍼센트가 매독에 걸린다고 비자르 박사는 말한다. 그는 다수의 매춘부를 치료해 왔다. 특히 그 가운데 경험이 없는 미성년자들은 무서운 속도로 감염된다. 임질 합병증으로 인해 수술을 받아야만 하는 경우가 25퍼센트 가까이 된다. 스무 명 가운데 한 명은 결핵을 앓고 있으며, 60퍼센트는 알코올 중독자나 마약중독자가 된다. 40퍼센트는 마흔 살 이전에 죽는다. 여기서 덧붙여야 할 것은 신중을 기하는데도 이따금 임신하는 여자들이 생기고, 일반적으로 악조건에서 수술을 받는다는 것이다. 하급 매춘은 괴로운 직업이다. 여기서 여성은 성적으로나 경제적으로나 억압당하고, 경찰의 횡포와 굴욕적인 의료 검사, 손님들의 변덕에 복종해야 하고, 세균과 질병과 빈곤에서 벗

어날 수 없으며, 진정 말 그대로 물건 취급을 받는다.[152]

하급 창녀에서 고급 창녀에 이르기까지 매춘에는 많은 등급이 있다. 핵심적 차이라면 전자는 완전한 일반성 속에서 거래하므로 경쟁으로 인해 비참한 생활 수준에 놓이는 데 반해, 후자는 개별성 속에서 인정받으려고 노력한다는 점이다. 후자는 잘만하면 높은 신분도 바라볼 수 있다. 미모나 매력 혹은 성적 매력도 필요하지만, 그것만으로는 충분하지 않다. 즉, *세상의 인정을 받아야* 한다. 흔히 여자의 가치는 남자의 욕망을 통해 드러난다. 남자가 세상 사람들이 보는 앞에서 그녀의 가치를 선언하면, 그때 비로소 여자는 '팔리게' 될 것이다. 19세기에는 저택과 마차, 진주 장신구가 자기 보호자에 대한 '화류계 여성'의 영향력을 표시하는 것이었으며, 그녀를 고급 창녀의 반열에 올려놓았다. 남자들이 그녀를 위해 돈을 물 쓰듯 하는 한 그녀의 가치는 확실했다. 사회적·경제적 변화는 블랑슈 당티니Blanche d'Antigny[153] 같은 유형의 여자들을 사라지게 했다. 이제는 더 이상 자신의 평판을 확고히 할 수 있는 '반사교계demi-monde'[154]란 없다. 야망에 불타는 여자가 명성을 획득하려면 다른 방법에 의존해야 한다. 고급 창녀의 마지막 화신은 스타, 곧 영화배우다. 남편 – 할리우드에 의해 엄격하게 요구된 – 이나 착실한 남자 친구를 대동한 그녀는 프리네Phryne,[155] 임페리아Imperia,[156] 황금투구Casque d'Or[157]와 비슷하다. 그녀는 남자들의 꿈에 **여자**를 넘겨 주고, 남자들은 그 대가로 재산과 명성을 준다.

매춘과 예술 사이에는 어느 시대를 막론하고 불확실한 통로가 있다. 이는 미와 관능을 모호하게 결합하고 있기 때문이다. 사실 욕망을 낳는 것은 **아름다움**이 아니다. 그러나 플라톤의 연애론은 외설을 위선적으로 정당화하고 있다. 프리네는 자기 가슴을 노출함으로써 아테네 최고 법원의 고관들에게 순수 이념을 관조하게 했다. 베일을 벗은 육체의 전시는 예술적 구경거리가 된다. 미국의 '스트립

---

152 소극적이고 위선적인 조치로는 당연히 상황을 변화시킬 수 없다. 매춘이 사라지기 위해서는 두 가지 조건이 필요할 것이다. 즉, 모든 여성에게 온당한 직업을 보장할 것과 풍속이 연애의 자유를 전혀 가로막지 않아야 한다. 매춘의 필요성을 제거해야 비로소 매춘이 폐지될 것이다.

153 * 19세기 프랑스 작가 에밀 졸라의 소설『나나』의 모델이 된 고급 창녀

154 * 알렉상드르 뒤마 피스의 동명 희곡에서 유래하는 것으로, 사교계에 기생하는 여성 및 이들과 교제하는 남성들의 세계를 이른다.

155 * 기원전 4세기 그리스 아테네의 고급 창녀

156 * 16세기 초 이탈리아의 고급 창녀

157 * 19세기 말 파리의 고급 창녀

블랑슈 당티니를 모델로 그린 「참회하는 막달라」 폴 자크 에메 보드리, 1858

「판사들 앞의 프리네」 장레옹 제롬, 1861

쇼'는 옷 벗기는 것을 하나의 드라마로 만들었다. 노신사들은 '나체는 순결하다'고 주장하며 '예술적 나체'란 이름 아래 외설적인 사진을 수집하고 있다. 창가娼家에서 '고르는' 순간은 이미 볼거리가 펼쳐지는 때다. 고르는 것이 복잡해지는 즉시 '살아 있는 그림'과 '예술적 포즈'가 손님들에게 제시된다. 개별적 가치를 획득하길 희망하는 창녀는 자기 육체를 수동적으로 보여 주는 데 그치지 않고, 특별한 재능을 보여 주려 노력한다. 그리스의 '피리 부는 여자들'은 음악과 춤으로 남자들을 매혹하고 있다. 울레드나일[158]의 무희들이 배꼽춤을 추고, 스페인 여자들이 바리오치노[159]에서 춤추고 노래하는 것도 남자들의 선택을 받으려는 세련된 방식에 불과하다. 나나Nana가 무대 위에 올라가는 것 역시 '후원자'를 찾아내기 위한 것이다. 예전의 카페-콘서트처럼 어떤 뮤직홀은 창가와 다를 바 없다. 여자가 자기 몸을 드러내는 모든 직업은 연애의 목적에 이용될 가능성이 있다. 물론 '걸girl'이라는 이름이 붙는 여자들, 택시 걸, 스트립쇼 걸, 유흥장 손님 끄는 걸, 핀업 걸, 모델, 가수, 여배우 중에는 자기들의 에로틱한 생활과 직업을 분명히 구별하는 여자들도 있다. 기술이나 창의성을 내포하면 할수록 직업은 더욱더 그 자체가 목표로 여겨질 수 있다. 그러나 생계를 위해 대중들에게 '알려진' 여자는 종종 자기의 매력을 더욱 비밀리에 거래하도록 유혹받기가 쉽다. 반대로 화류계 여자는 자기에게 어떤 구실이나 기회를 제공해 주는 직업을 희망한다. 콜레트의 작품 『셰리』에 나오는 레아처럼 '친애하는 예술가'라고 부르는 한 남자 친구에게 "예술가라고? 정말, 내 연인들은 너무 형편없단 말야"라고 대답하는 여자들은 드물다. 앞에서도 말한 바와 같이 그녀에게 상품 가치를 부여하는 것은 그녀의 명성이다. 즉, 상업 자본이 될 '명성'을 만들 수 있는 곳은 무대 위나 영화 스크린이다.

신데렐라가 언제나 **멋진 왕자**만을 꿈꾸는 것은 아니다. 남편이든 애인이든, 그녀는 그가 폭군으로 변하지나 않을까 두려워한다. 그녀는 큰 영화관 입구에 걸려 있는 자신의 웃는 모습을 꿈꾸기를 더 좋아한다. 그러나 여자가 자기의 목표를 이루는 것은 대개 남자의 '후원' 덕분이다. 그리고 남자들 – 남편, 애인, 팬 – 은 자기의 재산이나 명성에 그녀를 참여시킴으로써 여자의 성공을 뒷받침해 준다.

---

158 *알제리 남부의 산악 지역
159 *홍등가

'인기 연예인'을 고급 창녀와 같은 부류에 속하게 하는 것은 둘 다 어떤 개인들이나 군중의 *마음에 들어야* 하는 필요성 때문이다. 그녀들은 사회에서 유사한 역할을 한다. 여기서 나는 고급 창녀라는 단어를 자신의 육체뿐만이 아니라 자신의 인격 전체를 활용해야 할 자본으로 취급하는 모든 여자를 지칭하기 위해 사용하겠다. 그녀들의 태도는 한 작품에서 자신을 초월함으로써 주어진 조건을 극복하고, 타인의 자유에 호소하여 그에게 미래를 열어주는 창조자의 태도와는 전혀 다르다. 고급 창녀는 세계의 베일을 벗기지 않으며, 인간의 초월성에 어떤 길도 열어주지 않는다.[160] 이와 반대로 자기 이익을 위해 그 초월성을 교묘한 수단으로 삼고자 손에 넣으려고 한다. 자기를 찬미하는 남자들의 인기에 영합함으로써 자신을 남자에게 바치는 수동적인 여성성을 부인하지 않는다. 그녀는 그런 여성성에 마력을 부여해 자기 존재감을 드러내고, 그 함정에 남자들을 빠지게 해 그들을 자기의 먹이로 삼는다. 그녀는 자기와 더불어 남자들을 내재內在 속으로 침몰시켜 버린다.

이런 길을 통해서 여자는 어느 정도의 독립성을 획득하는 데 성공한다. 그녀는 여러 남자에게 몸을 팔면서 결정적으로 어떤 남자에게도 속하지 않는다. 축적한 돈과 상품을 팔듯 그녀가 '파는' 이름은 그녀에게 경제적 자립을 보장해 준다. 고대 그리스에서 가장 자유롭게 살았던 여자들은 가정주부도 하급 매춘부도 아닌 바로 고급 창녀였다. 르네상스 시대의 유녀나 일본의 게이샤는 동시대 여자들보다 무한히 큰 자유를 누렸다. 프랑스에서 가장 활기차게 독립적으로 보이는 여자는 아마도 니농 드 랑클로Ninon de Lenclos[161]일 것이다. 자기의 여성성을 철저하게 이용하는 여자들은 역설적으로 자신에게도 남자와 거의 동등한 지위를 만들어 낸다. 그녀들은 남자에게 물건처럼 내맡기는 자기의 성性으로 자기들을 다시 주체로서 발견한다. 그녀들은 남자들처럼 자기 생계를 꾸릴 뿐만 아니라, 거의 전적으로 남자들을 상대해서 살아간다. 품행과 발언에서도 자유로운 ─ 니농 드 랑클로처럼 ─ 그녀들은 가장 드문 정신의 자유에까지 올라갈 수 있다. 이런 부류에서 가장 뛰어난 여자들 주위에는 '정숙한 여자들'이 지루하게 만드는 예술가와 작가들이

---

160 그녀 역시 한 사람의 예술가일 수 있고, 인기를 얻으려고 노력함으로써 창작도 하고 창조하는 수가 있다. 그런 경우 그녀는 이 두 가지 기능을 겸할 수도 있고, 혹은 환심을 사려는 태도의 단계를 지나서 여배우·가수·무용가 등등의 부류에 포함될 수도 있다.

161 *17세기 파리 태생의 프랑스 여성 문인, 그녀의 살롱에는 자유사상가들이 출입했다.

많이 모여든다. 남자들은 자기 마음에 그리는 여성의 신화를 이런 고급 창녀 속에서 가장 매혹적인 화신으로 발견한다. 이런 여자는 그 어떤 여자보다 더 육체적이고, 의식이며 우상이고 영감을 주는 여신이다. 화가와 조각가들은 그녀를 모델로 원하게 된다. 그녀는 시인의 꿈을 키워 준다. 지식인은 그녀 속에 있는 여성의 '직관'이라는 보물을 탐색하게 된다. 그녀는 위선 속에서 젠 체하며 사는 것이 덜하므로 가정주부보다 더 쉽게 영리해진다. 재능이 뛰어난 여자들은 에게리아Egeria[162]와 같은 내조 역할에만 만족하지 않을 것이다. 그녀들은 타인의 동의를 받아 얻은 가치를 자율적으로 발휘하고 싶은 욕구를 느끼게 된다. 그래서 자기의 수동적인 덕목을 능동적인 활동으로 표현하려고 한다. 주권을 가진 주체로서 세계에 떠오르는 그녀들은 시와 산문을 쓰고 그림을 그리며 음악을 작곡한다. 그리하여 임페리아는 이탈리아의 유녀들 가운데서 유명해졌다. 그녀는 남자를 도구로 이용함으로써, 그런 매개체를 통하여 남성적 직능을 행사할 가능성이 있었다. 즉, '위대한 애첩들'은 자기의 막강한 애인들을 통해 세계를 통치하는 데 참여하기도 했다.[163]

이러한 해방은 특히 에로틱한 차원에서 나타날 수 있다. 남자에게서 강탈하는 돈이나 서비스에서 여자는 여성의 열등감에 대한 보상을 발견하는 수도 있다. 돈은 정화 역할을 하여 성의 투쟁을 없애 버린다. 화류계에 있지 않은 많은 여자가 애인에게서 수표와 선물을 우려내려고 하는 것은 단지 욕심에서만이 아니다. 즉, 남자에게 돈을 지불하게 하는 것은 - 뒤에 가서 보는 것처럼 남자에게 돈을 지불하는 것 역시 - 남자를 하나의 도구로 만드는 것이다. 그렇게 함으로써 여자는 자기가 도구가 되는 것을 방지한다. 아마도 남자는 '그녀를 가졌다'고 생각할지 모르지만, 이런 성적인 소유는 허망한 것이다. 경제라는 훨씬 더 공고한 기반 위에 남자를 '손에 넣고' 있는 것은 여자이며, 그녀의 자존심은 충족된다. 여자는 애인의 포옹에 자기를 내맡길 수 있다. 그렇다고 그녀가 타인의 의지에 자기를 양보하는 것은 아니다. 쾌락은 그녀에게 '억지로 주어질' 수 없을 것이고, 오히려 여분의 이익처럼 보인다. 그녀는 '잡히지' 않을 것이다. 왜

---

162 * 로물루스를 계승한 로마 왕정의 제2대 왕 누마 폼필리우스의 아내이자 조언자
163 결혼을 자신의 목적을 위해 이용하는 여자가 있는 것과 마찬가지로, 애인을 정치적·경제적 등등의 목적을 달성하기 위한 수단으로 사용하는 여자도 있다. 전자가 가정주부의 입지를 초월하는 것처럼 후자는 고급 창녀의 입지를 초월하고 있다.

냐하면 그녀에게는 돈이 지불되기 때문이다.

하지만 유녀는 불감증이라는 정평이 나 있다. 자기의 마음과 복부를 제어할 수 있다는 것은 유녀에게 유익한 일이다. 감정적이거나 관능적이라면, 그녀를 착취하거나 독점하거나 괴롭게 할 남자의 영향력을 참고 견뎌야 할 위험이 있다. 그녀가 받아들이는 포옹 중에는 – 특히 처음에는 – 굴욕감을 느끼게 하는 것이 많다. 남자의 방약무인한 태도에 대한 그녀의 반항심은 불감증으로 나타난다. 고급 창녀들은 가정주부들과 마찬가지로 '쾌감을 가장'하는 '묘책'을 서로 전수해 준다. 남자에 대한 이런 경멸과 혐오는 서로 이용하는 내기에서 그녀들이 그들을 이길 자신이 전혀 없음을 잘 보여 주고 있다. 그리고 사실, 대다수의 경우에 그녀들의 운명은 여전히 남자에게 의존하는 것이다.

어떤 남자도 이런 여자들의 결정적인 주인이 되지 못한다. 그러나 그녀들은 남자를 가장 절박하게 필요로 한다. 만일 남자가 그녀에 대한 욕망을 멈추면, 유녀는 자기의 모든 생활 수단을 상실한다. 초보자는 자기의 모든 장래가 남자들의 수중에 있는 것을 알고 있다. 남자의 뒷받침을 잃는다면 스타조차도 인기의 빛을 잃는다. 오손 웰스가 떠나버리자 리타 헤이워스Rita Hayworth(1918~1987)[164]는 알리 칸을 만나기 전까지 고아와 같은 병약한 기색으로 유럽 전역을 떠돌아다녔다. 천하의 미인도 내일에 대해서 결코 확신하지 못한다. 왜냐하면 그녀의 무기는 마법적이며, 마법은 변덕스러운 것이기 때문이다. 그녀는 자기 보호자 – 남편이나 애인 – 에게 '정숙한' 아내가 남편에게 매여 있는 것과 마찬가지로 긴밀하게 매여 있다. 잠자리에서 그에게 봉사해야 할 뿐만 아니라 그의 곁에 있어야 하고, 그의 이야기 상대가 되어야 하며, 그의 친구들을 맞아들여야 하고, 무엇보다도 그의 허영심에 찬 요구를 들어주어야 한다. 기둥서방이 정해 놓은 여자에게 하이힐과 새틴 스커트를 사 주는 것은 자기에게 정기 수입을 가져다주도록 투자하는 것이다. 남자가 실업가나 생산업자라면 여자 친구에게 진주나 모피를 선물하면서 그녀를 통하여 재산과 권력을 확인한다. 여자가 돈을 벌기 위한 수단이 되었든 돈을 써 버리기 위한 구실이 되었든, 이는 같은 예속이다. 그녀에게 마구 뿌려지는 금품은 그녀를 묶어놓는 사슬이다. 그녀가 몸에 지니는 의상과 패물은 진정 그녀의 것인가? 예전에 사샤

---

164 * 미국의 배우, 댄서, 할리우드 스타

기트리Sacha Guitry(1885~1957)[165]가 우아하게 그랬던 것처럼, 때로 남자는 헤어진 후에 그런 것들의 반환을 주장한다. 여자가 자기의 쾌락을 포기하지 않은 채 후원자를 '지키기' 위해서는 평범한 부부 생활이라면 수치를 안겨줄 만한 간계와 술책과 거짓말과 위선을 사용할 것이다. 그녀가 단지 꾸며 보일 뿐이라고 하더라도, 꾸며 보인다는 자체가 비열한 것이다. 아름답고 유명한 그녀에게 현재의 주인이 가증스러운 짓을 하면 그녀는 다른 주인을 선택할 수 있다. 그러나 미모라는 것은 근심거리이며 부서지기 쉬운 보물이다. 고급 창녀는 시간이 가차 없이 망가뜨리는 자기 육체에 단단히 의존하고 있다. 그래서 그녀의 노화에 대한 투쟁은 가장 처절한 모습을 띤다. 만약 대단한 인기를 누린다면 그녀는 자기 얼굴과 몸매가 쇠퇴한 뒤에도 살아남을 수 있을 것이다. 그러나 가장 확실한 재산인 이러한 명성을 관리하려면 그녀는 전제專制 중에서도 가장 가혹한 여론의 전제에 복종해야만 한다. 할리우드 스타들이 얼마나 노예 같은 상황에 놓여 있는지는 아는 사람은 다 알 것이다. 그녀들의 육체는 더 이상 그녀들의 것이 아니다. 제작자는 그녀들의 머리 색깔, 몸무게, 몸매, 유형까지도 결정한다. 뺨의 곡선을 변화시키기 위해 그녀들의 치아까지도 뽑는다. 다이어트, 체조, 의상, 화장은 일상적 고역이다. 사생활의 완전 공개라는 명목으로 외출은 물론 연애까지도 폭로된다. 이제 사생활은 공적 생활의 한순간에 불과할 따름이다. 프랑스에서는 아직 그렇게까지 확실히 하고 있지 않다. 그러나 신중하고 눈치 빠른 여자는 자기 '홍보'가 자신에게 무엇을 요구하는지 알고 있다. 이러한 요구에 복종하기를 거부하는 스타는 즉시 혹은 서서히, 그러나 피할 수 없는 인기의 하락을 겪게 된다. 어쩌면 자기 몸만을 넘겨 주는 매춘부는 인기를 직업으로 하는 여자보다 노예 상태가 덜할지도 모른다. 진정한 직업을 가지고 있어서 그 재능이 인정된 '성공한' 여자 – 여배우, 성악가, 무용가 – 는 고급 창녀의 신분에서 벗어나 있다. 그녀는 진정한 독립을 경험할 수 있다. 그러나 그녀들 대부분은 평생 위험한 상태에 머물러 있다. 그녀들은 쉴 새 없이 새롭게 대중과 남자들을 유혹해야만 한다.

남의 첩이 된 여자는 자기의 종속을 내재화한다. 여론에 복종하는 그녀는 여론의 가치를 인정한다. '상류 사회'를 동경하며 그 풍습을 취한다. 부르주아의 규범으로 존경받고 싶어 한다. 상류 부르주아지의 기생충이라 분류되는 그녀는 그

---

165 *프랑스의 연극과 영화 배우이자 작가

사상에 동조한다. 그녀는 '사상이 온건하다.' 그녀는 최근까지 자기 딸들을 쾌히 수녀원에 집어넣었고, 늙어서는 버젓이 개종함으로써 미사에 참석한다. 그녀는 보수주의자들 편에 서 있다. 이 세상에 자기 자리를 만드는 데 성공한 것을 너무나도 자랑스러워하는 그녀는 세상이 변하는 것을 바라지 않는다. '출세하기' 위한 그녀의 투쟁은 그녀에게 형제애나 인류 연대의 감정을 생각할 여유를 주지 않는다. 남의 환심을 사기 위해 노예와 같은 애교를 수없이 떨면서 성공에 이른 그녀가 보편적인 자유를 진정으로 원할 리가 없다. 에밀 졸라는 이러한 특징을 나나Nana라는 인물을 통해 강조했다.

책과 연극에 관하여 나나는 매우 확고한 의견을 가지고 있었다. 즉, 그녀는 온화하고 고상한 작품, 자기를 꿈꾸게 하고 영혼을 키워 주는 그런 것을 원하고 있었다. (…) 그녀는 공화주의자들에 대해서는 격분했다. 한 번도 자기 몸을 씻어 본 적이 없는 그 더러운 자들이 대체 뭘 어쩌겠다는 거야? 사람들이 행복하지 않았다는 거야? 황제가 민중을 위해 아무것도 하지 않았다는 거야? 민중이란 정말 더러운 자들이지! 그녀는 민중을 알고 있었고, 민중에 대해 말할 수 있었다. "안 될 말이다. 봐라, 그들이 만든 공화국은 모두에게 크나큰 불행이 될 것이다. 아! 가능한 한 오래도록 황제에게 신의 가호가 있기를."

전쟁 기간에는 고급 창녀만큼 열렬한 애국심을 과시하는 사람도 없다. 그녀들은 고상한 감정을 가장함으로써 자신을 공작부인의 수준으로 끌어올리기를 희망한다. 하지만 상투적인 말과 생각, 편견, 관례적 감정이 그녀들의 대화 내용을 공공연하게 채운다. 그리고 그녀들은 마음 구석구석까지 모든 성실성을 잃었다. 거짓과 과장 사이에서 언어는 무너진다. 고급 창녀는 일평생 과시한다. 그녀의 말과 표정은 생각을 표현하는 것이 아니라 하나의 효과를 일으키는 것이 목적이다. 그녀는 후원자를 상대로 하여 사랑이라는 연극을 한다. 때로는 자신에게도 연극을 한다. 여론에 대해서는 품위와 위신의 연극을 한다. 그러는 중에 결국 자신을 미덕의 전형처럼, 신성한 우상처럼 믿게 된다. 완고한 기만이 그녀의 내적 생활을 지배하고, 그녀의 계산된 거짓말을 진실처럼 자연스럽게 보이도록 한다. 때로 그녀의 생활 속에도 자연발생적인 감정이 있다. 그녀가 사랑을 전혀 모르지는 않기 때문이다. 그녀에게도 '연정'이 있고, '일시적인 사랑'이 있고, 때로 '홀딱 빠질 때'가 있다. 그러나 변덕이나 감정이나 쾌락에 너무 많은 자리를 내주는 여자는 곧 자기의 '입지'를 잃어버리게 된다. 일반적으로 그녀가 바람났을 때는 간통한 아내처럼 신중해진다. 후원자나 여론에 대해 몸을 숨긴다. 그러므로 그녀는 '마음의 애인들'에게 자신의 많은 것을 줄 수가 없다. 그들은 기분 전환이나 휴식에 지나지 않는다. 게다가 그녀는 일반적으로 자기의 성공에 대한 근심에 사로잡혀 있어서 진정한 사랑 속에서 자신을 잊어버릴 수가 없다. 고급 창녀가 다른 여자들을 관능적으로 사랑하는 경우도 꽤 많다. 자기들에게 지배를 강요하는 남자들을 혐오하는 그녀는 여자 친구의 품에서 육감적인 휴식과 보상을 동시에 발견하게 된다. 나나가 그렇게도 사랑하는 사탱의 곁에서 느끼는 것이 바로 그것이다. 자기의 자유를 적극적으로 사용하기 위해 세상에서 능동적인 역할을 하기를 희망하는 것과 마찬가지로 그녀는 다른 존재들을 소유하기를 좋아한다. 어린 사람들을 '도와주는 것'을 즐기고 젊은 여자들을 기꺼이 부양하려 한다. 아무튼 그녀는 그들 곁에서 남성적인 인물이 된다. 동성애자이든 아니든 그녀는 여성 전체와 내가 앞에서 말한 바 있는 복잡한 관계를 갖게 된다. 즉, 남자에게 억압받는 모든 여성이 요구하는 '반세계'를 만들기 위해 심판자이자 증인으로서, 상담가이자 공모자로서 여성들을 필요로 한다. 그러나 여기서 여자들 간의 경쟁이 절정에 달한다. 자기의 일반성으로 거래하는 매춘부에게는 여러 명의 경쟁 상대가 있다. 하지만 모두에게 충분하게 일이 있다면, 자기들의 다툼을 통해서조차 그녀들은 연대감을 느낀다. '구별되고자' 애쓰는 고급 창녀는 자기처럼 특권적인 지위를 탐내는 여자에게는 선험적으로 적대적이다. 여자의 '악의적인 언행'에 관해 널리 알려진 주제들이 완전 진실이라는 것은 이런 경우에서다.

고급 창녀의 가장 큰 불행은 그녀의 독립성이 실은 수많은 의존의 거짓된 이면일 뿐만 아니라, 이런 자유조차도 부정적이라는 것이다. 라셸Rachel(1821~1858)[166] 같은 여배우나 이사도라 덩컨 같은 무용가는 비록 남자들의 도움을 받는다고 해도 그녀들을 필요로 하고 정당화해 주는 직업이 있다. 그녀들은 자기가 원하고 좋아하는 일에서 구체적인 자유에 도달한다. 그러나 대다수 여자에게 예술이나 직업은 하나의 수단에 불과할 뿐이다. 그녀들은 그 예술이나 직업에 대한 진정한 계획이 없다. 특히, 인기 여배우를 감독의 의지에 따르게 하는 영화계에서는 그녀에게 창의성이나 창조적인 활동의 발전을 허용하지 않는다. 그녀가

---

166 *프랑스 여배우. 고전주의 비극을 부활시키는 데 공헌했다.

현재 가지고 있는 것을 다른 사람들이 활용하는 것이다. 그녀는 새로운 것을 창조하지 않는다. 게다가 인기 여배우가 된다는 것은 아주 드문 일이다. 이른바 '환심을 사려는 태도'에는 초월로 가는 어떤 길도 열리지 않는다. 또한 내재 속에 갇혀 있는 여자에게는 권태가 따른다. 졸라는 이러한 특징을 나나의 경우에서 지적했다.

나나는 궁전과 같은 곳에서 호사스러운 생활을 하고 있지만 못 견디게 따분해했다. 그녀는 밤새 끊임없이 남자들을 곁에 두고 있었고, 화장대 서랍 속에까지 돈을 쟁여 두고 있었다. 그러나 그것은 더 이상 그녀를 만족시키지 못했다. 그녀는 어딘가 빈 것처럼 느껴졌으며 그녀를 권태롭게 하는 구멍 같은 것을 느꼈다. 그녀는 늘 똑같이 단조로운 시간을 보내고 하는 일 없이 빈둥대며 살았다. (⋯) 먹고 사는 것이 확실히 보장되었기 때문에, 매춘부의 직업에 갇혀 있는 것 같은 그런 두려움과, 수도원에서와 같은 그런 복종의 후미진 곳에서 졸린 듯이 종일 누워서 아무 노력도 하지 않는 것으로 보냈다. 그녀는 오직 남자를 기다리는 어리석은 쾌락에 시간을 죽이고 있었다.

미국 문학은 도착 즉시 여행자들을 숨 막히게 하고 할리우드를 짓누르는, 이런 불투명한 권태를 수도 없이 묘사해 왔다. 더욱이 여자들의 처지를 공유하는 남자배우와 단역 배우들이 여자들만큼이나 따분해하고 있다. 프랑스에서조차 공식적인 외출은 흔히 고역의 성격을 띤다. 신인 여배우의 인생을 지배하는 후원자는 나이가 많은 남자이고, 그의 친구들도 나이 든 사람들이다. 젊은 여자들에게 그들의 관심사는 낯설기 그지없고, 그들의 대화는 따분하기 이를 데 없다. 밤이나 낮이나 항상 붙어서 지내는 스무 살의 신인 여배우와 마흔다섯 살의 은행가 사이에는 부르주아 계층의 결혼생활에서보다 한층 더 깊은 심연이 가로놓여 있다.

고급 창녀가 쾌락과 사랑과 자유를 희생 제물로 삼아 추구하는 것은 출세다. 가정주부의 이상은 남편과 아이들과의 관계를 에워싸고 있는 정태적 행복이다. '출세'란 시간을 통해 전개되는 것이지만, 하나의 이름에 요약되는 내재적인 것임에 변함이 없다. 이름은 사회적 단계에서 점점 더 높은 신분으로 올라감에 따라 광고물이나 사람들 입에서 부풀려진다. 여자는 기질에 따라서 자기의 기획을 신중하게 혹은 대담하게 관리한다. 어떤 여자는 아름다운 속옷을 옷장 속에 개커 넣으면서 가정주부의 만족감을 맛보기도 하고, 다른 여자는 모험에 대한 도취감을 맛보기도 한다. 때로 여자는 끊임없이 위협받고 이따금 무너지기도 하는 지위의 균형을 유지하기만 한다. 또 어떤 때는 하늘을 목표로 해서 헛되이 올라가는 바벨탑처럼 끝없이 명성을 쌓아 올리기도 한다. 어떤 여자들은 환심 사려는 태도를 다른 활동과 섞으면서 진정한 모험가처럼 보이게 한다. 그런 여자들은 마타 하리Mata Hari(1876~1917)[167]처럼 스파이거나 비밀 정보요원이기도 하다. 그녀들은 일반적으로 자기 계획에서 주도권이 없고 되레 남자들 수중에 있는 도구다. 그러나 전체적으로 고급 창녀의 태도는 모험가의 태도와 여러 가지 유사점이 있다. 모험가처럼 *신중함*과 진정한 의미의 *모험* 사이의 중간에 있는 경우가 많다. 틀에 박힌 가치, 즉 돈과 영광을 목표로 하지만, 그것들을 쟁취한다는 사실에 소유하는 만큼의 가치를 부여한다. 그리고 최종적으로 그녀에게 최고의 가치는 자기의 주관적인 성공이다. 그녀 역시 다소 일관된 허무주의로 이런 개인주의를 정당화하고 있다. 그러나 그녀가 남자들에게는 적대적이고 다른 여자들에게서는 적을 보는 만큼, 이 허무주의는 더 많은 신념으로 체험된 것이다. 만일 그녀가 도덕적 정당화의 욕구를 느낄 만큼 충분히 지적이라면, 그녀는 다소 잘 동화된 니체주의[168]를 내세울 것이다. 즉, 평범한 사람에 대한 엘리트 존재의 권리를 주장할 것이다. 그녀의 인격은 그녀에게 단순히 그 존재만으로도 은혜로운 보물처럼 보일 것이다. 그래서 자신에게 헌신하면서 집단에 봉사한다고 주장할 것이다. 남자에게 바쳐진 여자의 운명은 사랑에 사로잡혀 있다. 남자를 이용하는 여자는 자기 숭배에 빠져 있다. 그녀가 자기 영광에 그토록 많은 가치를 부여하는 것은 단지 경제적 이익에서만이 아니다. 그녀는 거기서 나르시시즘의 찬란한 개화를 찾고 있다.

---

167 * 1차 세계 대전 전후에 독일을 위해 활동한 스파이. 댄서로서 네덜란드 장교와 결혼하고 프랑스에 거주했다가 체포되었다.
168 * 초인주의

9장
성숙기에서 노년기로

여자의 일생은 ─ 여자가 아직도 암컷 기능에 갇혀 있으므로 ─ 남자보다 생리적 운명에 훨씬 더 많이 좌우되고, 이 운명의 곡선은 남자보다 더 거칠고 불연속적이다. 여자의 일생의 각 시기는 저마다 평온하고 단조롭지만, 단계별로 옮겨 갈 때는 급격하고 위험하다. 이런 이행 과정은 사춘기와 최초의 성 경험과 폐경처럼 남자보다 훨씬 더 결정적 위기로 나타난다. 남자는 서서히 늙어 가는 데 반해 여자는 갑작스럽게 여성성을 박탈당한다. 그녀가 에로틱한 매력과 생식 능력을 잃는 것은 비교적 젊을 때이다. 사회적으로도, 자기 자신이 보기에도 그녀는 두 가지에서 자기 존재의 의미와 행복의 기회를 끌어내고 있다. 그런데 그 이후 성인 생애의 약 절반의 기간은 모든 미래를 빼앗긴 채 살아가야 한다.

'위험한 연령'[169]의 특징은 몇 가지 기관의 장애로 나타난다.[170] 여기서 그 장애가 중대한 의미를 갖는 것은 그것의 상징적 가치 때문이다. 자기의 여성성에 특별히 희망을 걸지 않았던 여자들은 이 위기를 그다지 예리하게 느끼지 않는다. 가정 안팎에서 고되게 일하는 여자들은 월경의 구속에서 벗어난 것을 안도감으로 맞이한다. 새로운 임신에 끊임없이 위협받는 농부의 아내와 노동자의 아내는 마침내 이런 위험이 사라진 데 대해 행복해한다. 다른 많은 경우처럼 이 경우에도 여자의 불편함은 육체에서 온다기보다 그것을 불안하게 생각하는 데서 기인한다. 정신적 드라마는 보통 생리적 현상이 나타나기 전에 시작되어서 그것이 청

---

169 *갱년기
170 본서 제1권 1장 참조

산되고 오랜 후에야 비로소 종결된다.

신체의 결정적 기능 장애가 있기 훨씬 전부터 여자는 노화에 대한 공포에 사로잡힌다. 성숙한 남자에게는 연애 사업보다 더 중요한 사업들이 있다. 그의 에로틱한 열정은 젊은 시절만큼 왕성하지 못하다. 그러나 그에게는 대상으로서의 수동적인 자질이 요구되지 않기 때문에, 얼굴과 육체가 손상된다고 하더라도 유혹의 가능성이 소멸되지 않는다. 이와 반대로 여자는 일반적으로 서른다섯 살 무렵에 마침내 모든 억제를 극복하고 완전한 성적 개화에 도달한다. 즉, 이때에 여자는 욕망이 가장 맹렬해지고, 욕망을 가장 격렬하게 채우려 한다. 그녀는 자기의 성적 가치에 남자보다도 훨씬 더 많은 것을 건다. 남편을 붙잡아 두기 위해, 그녀가 수행하는 대부분 직업에서 후원자를 확보하기 위해 그녀는 남자의 마음에 들어야 한다. 여자는 남자를 매개로 해서만 세계에 힘을 발휘할 수 있게 되어 있다. 그녀는 무너져 가는 육체를 속수무책으로 바라보며 고뇌에 빠져, 이제 더 이상 남자에게 영향력을 미치지 못할 때 자신은 어떻게 될지 자신에게 묻고 있다. 그녀는 저항한다. 그러나 머리 염색, 얼굴 피부 박리수술, 화장술은 그녀의 죽어 가는 청춘을 연장하는 데 불과할 뿐이다. 그녀는 적어도 거울을 속일 수는 있다. 그러나 돌이킬 수 없는 치명적인 과정이 시작되어 성숙기 동안에 쌓아 올려진 모든 체계가 그녀 속에서 무너지려고 할 때, 그녀는 죽음의 숙명에 인접해 있음을 느낀다.

대부분 자기의 아름다움과 젊음에 가장 열렬히 도취했던 여자가 가장 심한 타격을 받는다고 생각할 수 있다. 그러나 실은 그렇지 않다. 나르시시즘에 빠진 여자는 자기 자신에 대해 지나치게 마음을 쓰고 있어서, 불가피한 기일의 도래를 예상하고 미리 피신처를 마련한다. 물론 그녀도 자신의 신체 손상에 대해 괴로워할 것이다. 그러나 적어도 불시에 당하지는 않을 것이고, 상당히 빨리 적응할 것이다. 자기 자신을 망각하고 헌신하며 희생했던 여자가 뜻밖의 새로운 발견으로 훨씬 더 많이 당황하게 된다. '하나뿐인 인생인데, 이 지경이 되다니 내 꼴이 말이 아니군!' 그때 주위 사람들을 깜짝 놀라게 하는 근본적인 변화가 그녀 안에서 일어난다. 자기의 피난처에서 쫓겨나고 자기의 계획에서도 뿌리 뽑힌 그녀는 갑작스럽게 아무 도움 없이 자신과 대면하게 된다. 불시에 부딪힌 이 경계선을 지나가자, 그녀에게는 더 이상 살아남는 일밖에는 없어 보인다. 그녀의 육체는 희망이 없다. 그녀가 실현하지 못한 꿈이나 욕망은 영원히 미완성으로 남을 것이다. 이런 새로운 전망에서 그녀는 과거를 돌아본다. 선을 그을 때가 왔고, 결산의 순간이 왔다. 그녀는 종합 평가를 한다. 그리고 인생이 자기에게 부과한 협소한 한계에 대해 공포에 사로잡힌다. 자기 것이었던 이 짧고 실망스러운 생애 앞에서 그녀는 아직 접근 불가능한 미래의 문턱에 있는 사춘기 소녀의 행동을 되찾는다. 즉, 그녀는 자기의 유한성을 거부한다. 자기 존재의 초라함에 자기 인격의 모호한 풍부함을 대립시킨다. 여자로서 다소 수동적으로 자기의 운명을 참고 견뎌 왔기 때문에, 기회를 빼앗기고 속고 부지불식간에 청춘을 흘려보내고 이렇게 나이들어 버린 것으로 생각한다. 그녀는 남편, 환경, 직업이 자기에게 어울리지 않았음을 알아차린다. 남들이 자기를 이해하지 못한다고 느낀다. 그리고 자신은 주위 사람들보다 뛰어나다고 생각하기에 그들로부터 고립된다. 그녀는 마음속에 비밀을 간직한 채 갇혀 있다. 이 비밀은 그녀의 불행한 운명을 푸는 신비로운 열쇠다. 그래서 일기를 쓰기 시작한다. 이해심 많은 마음의 상대를 만나면 그녀는 끝없는 대화 속에서 자기 심정을 토로한다. 그리고 밤낮없이 후회나 비탄을 되새긴다. 젊은 처녀가 미래에 **그렇게 되기**를 꿈꾸는 것처럼, 그녀는 자기의 과거도 **그럴 수 있었으리라** 상상한다. 그녀는 자기가 놓친 기회들을 떠올리고 회고적인 아름다운 이야기를 지어 낸다. H. 도이치가 인용한 어떤 여자는 아주 젊어서 불행한 결혼생활을 청산하고, 두 번째 남편 곁에서 오랫동안 평온한 날을 보냈다. 그러다가 마흔다섯 살 때 첫 번째 남편을 못 견디게 그리워하다가 우울증에 걸렸다. 여자는 유년기와 사춘기의 관심거리가 되살아나면서 젊은 시절의 이야기를 한없이 되풀이한다. 그리고 부모와 형제자매, 어릴 적 친구들에 대해 잠들어 있던 감정이 다시 고양된다. 때로 그녀는 몽상적이며 수동적인 침울함에 빠지기도 한다. 그러나 대개는 분발하여 자기의 실패한 삶을 구하려고 노력한다. 쩨쩨한 자기 운명과는 대조적으로, 그녀가 자기에게서 막 발견한 이 중요한 인물을 과시하고 전시하며 그 가치를 자랑하고, 자기를 정당하게 평가해 줄 것을 강압적으로 주장한다. 경험을 통해 성숙해진 그녀는 드디어 자신이 이목을 끌 수 있다고 생각한다. 그녀는 다시 일어서기를 간절히 원한다. 그래서 비장한 노력으로 시간을 멈추려고 애쓴다. 모성적인 여자는 자기가 아직도 아이를 낳을 수 있다고 단언한다. 그녀는 열정적으로 생명을 다시 한 번 창조하려고 노력한다. 관능적인 여자는 새로운 애인을 쟁취하려고 노력한다. 요염한 여자는 그 어느 때보다도 더 남자의 마음에 들려고 갈망한다. 그녀들은 모두 이제껏 이렇게 젊게 느껴 본 적이 한 번도 없었다고 선언한다. 시간의 흐름이 자기에게 진정으로 영향을 미치지 않았다는 것을 타인에게 이해시키려고 한다. 그녀들은 '옷을 젊게 입기' 시작하고, 어린애 같은 표정이나 동작을 취한다. 늙어 가는 여자는 자신이 더 이상 에로틱한 대상이 되지 못하는 까닭은 자기 육체가 남자에게 싱싱한 풍만함을 주지 않기 때문만이 아니라, 자기의 과거나 경험이 싫든 좋든 자기를 하나의 인격체로 만들었기 때문이라는 것을 잘 알고 있다. 그녀는 자기를 위해 싸웠고 사랑했고 원했고 고통받았고 누렸다. 이러한 자율성은 위압감을 준다. 그녀는 이런 자율성을 부인하려고 애쓴다. 자기의 여성성을 과장하고 몸치장하며 향수를 뿌린다. 자기를 아주 매력적이고 우아하게 가꾸며 순수한 내재성으로 만든다. 천진한 눈초리와 어린애 같은 어조로 대화 상대인 남자를 감탄하고, 소녀 시절의 추억을 수다스럽게 회고한다. 이야기하는 대신 새처럼 지저귀고 손뼉을 치며 폭소를 터트린다. 그녀는 일종의 진실함으로 이런 코미디를 연기한다. 왜냐하면 자신에 대해 갖는 새로운 관심과 낡은 관습에서 벗어나 새롭게 출발하고 싶은 욕망이 그녀에게 다시 시작하는 것 같은 느낌을 주기 때문이다.

그러나 그것은 진정한 출발이 아니다. 그녀는 자유롭고 효과적인 움직임에 자기를 던져 이루려는 목표를 이 세상에서 발견하지 못한다. 그녀의 부산함은 엉뚱하고 기이하며 무의미한 형태를 띤다. 왜냐하면 그것은 과거의 실수와 실패를 상징적으로 보상하는 용도로만 마련된 것이기 때문이다. 특히 여자는 너무 늦기 전에 자기의 어린 시절과 처녀 시절의 욕망을 모두 실현하려고 노력한다. 어떤 여자는 피아노를 다시 시작하고, 어떤 여자는 조각, 창작, 여행을 시작하며, 또 어떤 여자는 스키나 외국어를 배운다. 그때까지 그녀는 자신이 거부해 온 모든 것을 – 여전히 너무 늦기 전에 – 받아들일 결심을 한다. 이제까지 참아 왔던 남편에 대한 혐오를 인정하고, 그의 품안에서 불감증이 된다. 혹은 이와 반대로, 그동안 억눌렀던 정열에 몸을 맡긴다. 그녀는 격렬한 요구로 남편을 짓누른다. 유년 시절 이래 포기한 자위행위의 습관도 되찾는다. 동성애 성향 – 거의 모든 여자에게 잠재적으로 나타나는 – 도 표명한다. 종종 그런 성향을 딸에게 쏟아내기도 한다. 그러나 그런 놀라운 감정이 이따금 여자 친구에게서 생기는 수도 있다. 롬 랜다우Rom Landau(1899~1974)[171]는 저작 『성, 인생 그리고 신앙Sex, Life and Faith』에서 자기가 들은 다음과 같은 이야기를 하고 있다.

---

171 *폴란드 태생의 영국 작가, 교육자, 외교관, 조각가

X부인은 쉰 살에 가까워지고 있었다. 25년 전에 결혼해 성인이 된 자식이 셋이나 있는 어머니였다. 자기가 사는 도시의 사회 자선단체에서 두드러진 지위를 차지하고 있는 그녀는 런던에서 열 살 아래의 젊은 여자를 만났다. 이 여자도 X부인처럼 사회사업에 헌신하고 있었다. 그녀들은 친구가 되었고, Y양은 X부인에게 다음 여행 때 자기 집에 머물 것을 제안했다. X부인은 수락했고, 체류 이틀째 되는 날 저녁에 돌연 그 집 여주인을 정열적으로 포옹하는 자신을 발견했다. 그녀는 그런 일이 생기리라고는 꿈에도 생각지 않았다고 여러 번에 걸쳐 주장했다. 그녀는 여자 친구와 그날 밤을 보내고 공포에 떨며 자기 집으로 돌아왔다. 그때까지 그녀는 동성애에 대해 전혀 몰랐고, '그와 같은 것'이 존재할 수 있다는 것조차 알지 못했다. 그녀는 Y양을 정열적으로 생각했으며, 자기 인생에서 처음으로 남편의 애무와 일상적인 키스가 별로 마음에 들지 않았다. '사태를 분명히 밝히기' 위해 여자 친구를 다시 만나기로 했으나, 그녀의 정열은 커지기만 할 뿐이었다. 이런 관계는 그녀를 이때까지 한 번도 경험하지 못한 희열로 가득 채웠다. 그러나 그녀는 죄를 범했다는 생각으로 불안해하고 있었다. 그래서 자기 상태에 대한 '과학적 설명'이 있는지, 그러한 상태가 도덕적인 어떤 논거로 정당화될 수 있는지를 알기 위해 의사에게 문의했다.

이 경우에 당사자는 자연발생적 충동에 몸을 맡겼고, 자신이 그에 대해 심히 당황해했다. 그러나 종종 여자는 결연하게 자기가 지금까지 알지 못했던, 조만간 더는 알 수 없게 될 그런 소설적인 삶을 살아 보려고 애쓴다. 그녀는 가정에서 멀어진다. 가정이 자기에게 어울리지 않는 것처럼 보이기 때문이기도 하고, 그녀가 고독을 원하기 때문이기도 하지만, 동시에 모험을 추구하려 하기 때문이기도 하다. 따라서 그녀는 모험을 만나면 거기에 탐욕스레 몸을 던진다. 슈테켈이 보고한 다음의 이야기에서와 같이.

B. Z. 부인은 마흔 살이고, 아이가 셋이었다. 결혼한 지 20년이 되었을 때 그녀는 자기가 이해받지 못했고, 자기 인생이 실패했다고 생각하기 시작했다. 그녀는 새로운 여러 가지 활동에 몰두했으며, 특히 스키를 타러 산으로 떠났다. 거기서 서른 살의 한 남자를 만나 그의 정부가 되었다. 그러나 얼마 후에 그는 B. Z. 부인의 딸을 사랑하게 되었다. 부인은 애인을 자기 곁에 두기 위하여 두 사람을 결혼시키는 데 동의했다. 어머니와 딸 사이에는 입 밖에 내지 못하지만 매우 발랄한 동

성애가 있었는데, 이것이 부분적으로 그러한 결정을 설명해 주고 있다. 하지만 상황은 곧 용납할 수 없는 것이 되었다. 때로 애인이 밤중에 어머니의 침대에서 빠져나와 딸을 만나러 가곤 했기 때문이다. B. Z. 부인은 자살을 시도했다. 그때 - 그녀는 마흔여섯 살이었다 - 슈테켈의 치료를 받았다. 그녀는 애인과 헤어질 결심을 했고, 그녀의 딸 역시 결혼 계획을 단념했다. B. Z. 부인은 다시 모범적인 아내가 되었고, 신앙심에 몰입했다.

절제와 정숙함의 전통에 눌려 있는 여자는 언제나 행동으로까지는 옮기지 못한다. 그러나 그녀의 꿈은 밤낮으로 그녀가 불러일으키는 에로틱한 환상들로 가득 차 있다. 그녀는 아이들에게 강렬하고 관능적인 애정을 표시하고, 아들에게는 근친상간적인 강박관념을 품는다. 또 젊은 남자들과 잇따라 은밀한 사랑에 빠진다. 사춘기 소녀처럼 강간당한다는 생각을 떨치지 못하며 매춘에 현혹되기도 한다. 욕망과 두려움의 양면성이 그녀에게 때로 신경증을 일으키는 심리적 불안 상태를 낳기도 한다. 그래서 기이한 행동으로 가까운 사람들에게 빈축을 사기도 하는데, 그런 행동은 사실 그녀의 상상 속의 삶을 표현하는 것에 불과하다.

상상과 현실의 경계는 사춘기보다 이런 중년의 혼란한 시기에 한층 더 모호해진다. 늙어 가는 여자에게는 인격 붕괴의 느낌이 가장 눈에 띈다. 이것은 그녀에게 모든 객관적 지표를 상실하게 한다. 매우 건강한 상태에서 죽음을 아주 가까이 목격한 사람들은 양분되는 기묘한 느낌을 경험했다고 말한다. 자신을 의식, 활동, 자유라고 느낄 때에 운명의 놀림감이 된 수동적 객체는 필연적으로 타자처럼 보인다. 자동차에 치인 사람은 *내*가 아니다. 거울에 비친 이 늙은 여자는 *내*가 아니다. '그토록 젊게 느껴 본 적 없고' 또 그토록 나이 들었다고 느껴 본 적 없는 여자는 자신의 두 측면을 양립시키는 데 이르지 못한다. 시간이 흐르고, 그 흐르는 시간 동안 자기가 쇠락하는 것 또한 꿈속에서의 일이다. 이처럼 현실은 멀어지고 작아진다. 그와 동시에 자기와 환상을 더 이상 잘 구별하지 못한다. 시간이 뒷걸음질 치고, 자기의 분신이 더는 자기를 닮지 않았으며, 사건들이 그녀를 배신해 버린 이 이상한 세계보다는 오히려 자기 내면의 명백함을 신뢰한다. 그래서 도취, 계시, 망상에 끌리게 된다. 그리고 사랑이 그 어느 때보다도 그녀의 핵심적인 관심사이기 때문에, 그녀가 사랑받고 있다는 환상에 빠지는 것은 당연하다. 열 명의 색광 중 아홉이 여자다. 거의 모두가 마흔에서 쉰 살 사이의 여자다.

하지만 모두가 그토록 대담하게 현실의 벽을 뛰어넘을 수 있는 것은 아니다. 꿈속에서조차 모든 인간적인 사랑에 실망한 많은 여자는 신의 곁에서 구원을 찾는다. 요염한 여자, 사랑에 빠진 여자, 방탕한 여자는 폐경기에 신앙심이 깊어진다. 노후 가까이에 있는 여자가 품는 운명이니, 비밀이니, 이해받지 못한 인격이니 하는 모호한 생각들은 종교 속에서 합리적인 일관성을 발견한다. 신앙에 빠진 여자는 자기의 실패한 인생을 **구세주**가 내린 시련처럼 생각한다. 그녀의 영혼은 불행 속에서 신의 은총이 특별히 그녀에게 발현된 가치 있는 예외적 공덕을 끌어낸다. 그녀는 하늘이 그녀에게 계시를 내렸다고 기꺼이 믿거나 혹은 - 크뤼데너 부인Mme de Krüdener(1764~1824)[172]처럼 - 하늘이 그녀에게 긴급하게 종교적 사명을 맡겼다고 믿기까지 한다. 현실감각을 다소 상실한 여자는 이러한 위기 동안 어떤 제안에도 민감하다. 그래서 정신적 지도자는 여자의 영혼에 강한 영향력을 미치기에 유리한 입장이다. 그녀는 이론의 여지가 있는 불확실한 권위를 열렬히 맞아들이게 된다. 여러 종파, 심령술사, 예언자, 병을 고치는 사람, 모든 협잡꾼에게 여자는 아주 적합한 먹이다. 이는 그녀가 현실 세계와의 접촉을 상실함으로써 모든 비판적 감각을 잃었을 뿐만 아니라, 결정적 진리를 갈망하고 있음을 말해 준다. 우주를 구원함으로써 돌연 자기를 구원하게 될 약과 방책과 열쇠가 그녀에게 필요하다. 그녀는 자기의 특수한 경우에 명백히 적용될 수 없는 논리를 어느 때보다도 더 경멸하고 있다. 그녀에게는 오직 그녀를 위해 특별히 마련된 논거들만이 설득력 있게 보인다. 그래서 계시, 영감, 신의 말씀, 예시, 게다가 기적이 그녀 주위에서 꽃피기 시작한다. 때로 그녀의 발견은 그녀를 행동으로 인도하기도 한다. 즉, 그녀는 어떤 조언자나 내부의 목소리가 생각을 불어넣은 사업이나 기획이나 모험에 투신한다. 이따금 그녀는 자신을 진리와 절대 지혜의 소지자로 떠받들기만 할 뿐이다. 그녀의 태도는 활동적이든 관조적이든 열에 들뜬 흥분을 수반한다. 폐경기의 위기는 여자의 인생을 가혹하게 둘로 절단시켜 버린다. 이러한 불연속은 여자에게 '새로운 삶'이라는 환상을 일으킨다. 그녀 앞에는 **다른** 시간이 열린다. 그녀는 개종자의 열정으로 거기에 접근한다. 사랑에, 인생에, 신에, 예술에, 인류에 새로운 관심을 기울이며, 이러한 실체 속에 몰두하여 자기를 승화

---

172 * 리가 출신의 신비주의자, 작가. 러시아 대사를 지낸 크뤼데너 백작과 결혼했다가 이혼 후 방종한 생활을 하다가 모라비아교에 심취해 신비스러운 예언자로 명성을 떨쳤다.

시킨다. 한 번 죽었다가 부활한 것이다. 그리하여 지하 세계의 비밀을 꿰뚫은 시선으로 지상을 관찰한다. 그리고 누구도 밟아 보지 않은 정상을 향하여 날아간다고 믿는다.

하지만 지상은 변함이 없다. 정상은 여전히 손닿을 수 없는 곳에 머물러 있다. 신의 전갈은 받았지만 – 비록 눈이 부시도록 명료한 전갈이었지만 – 그 뜻은 해독하기가 어렵다. 내면의 빛은 꺼져 가고 있다. 거울 앞에는 전날보다 하루만큼 더 늙은 여자가 남아 있다. 열정의 순간 뒤에는 침울한 낙담의 시간이 온다. 호르몬 분비의 감소는 뇌하수체의 과도한 기능항진으로 보상되기 때문에 신체 기관은 이런 리듬을 표시한다. 그러나 이런 교체를 지휘하는 것은 무엇보다도 심리적 상황이다. 왜냐하면 부산함이나 환상이나 열정은 요컨대 과거의 숙명에 대한 하나의 방어책에 지나지 않기 때문이다. 또다시 불안이 그녀의 목구멍을 쥔다. 그녀의 생명은 이미 쇠진되었건만, 죽음은 아직 그녀를 맞아들이지 않는다. 그녀는 절망에 대항하는 대신 흔히 중독되기를 택한다. 그래서 불만과 아쉬움과 비난을 되풀이하고, 이웃과 근친에게서 음모를 상상한다. 그녀가 자기 생활과 연결된 또래의 자매나 여자 친구가 있다면, 그녀들은 함께 피해망상을 만들어 내는 수도 있다. 특히 남편에 대해 병적인 질투를 펼치기 시작한다. 남편의 친구들, 남편의 누이들, 심지어 그의 직업까지 질투한다. 그리고 옳든 그르든 간에 자기의 모든 불행의 책임이 어떤 연적에게 있다고 비난한다. 질투의 병리학적 사례는 쉰에서 쉰다섯 살 사이에 가장 많다.

늙는 결심을 하지 않은 여자들에게 폐경기의 어려움은 – 때로 죽을 때까지 – 연장되게 된다. 자기 매력을 개발하는 것 외에 다른 방편이 없다면, 그녀는 그 매력을 보존하기 위하여 결사적으로 싸울 것이다. 성욕이 아직 왕성하다면 그 싸움 역시 맹렬할 것이다. 이런 경우는 드물지 않다. 메테르니히 부인Mme de Metternich [173]은 몇 살이면 여자가 육체로 인해 고통받지 않게 되느냐는 물음에 "모르겠어요. 나는 예순다섯밖에 되지 않았거든요"라고 대답했다. 몽테뉴의 말에 따르면, 여자에게 '약간의 청량제'만 제공하는 결혼은 여자가 나이 듦에 따라서 점점 더 불충분한 만족밖에 주지 않는다고 한다. 흔히 여자는 나이가 들면서 젊은 시절에 남편에게 드러낸 저항과 쌀쌀함의 대가를 지불한다. 여자가 드디어 욕망의 열

---

173 * 19세기 오스트리아의 재상 메테르니히의 아내

기를 알기 시작할 때는 남편도 그녀의 냉담함에 오래전부터 체념하고 이미 냉담해져 있다. 오랜 습관과 시간을 통해 매력이 없어진 아내에게는 부부간의 정염을 깨어나게 할 가능성이 거의 없다. 원통스러워하며 '자기 인생을 살기'로 결심한 그녀는 - 만일 애인이 있었다면 - 전보다 더 애인을 얻는 데 서슴지 않을 것이다. 그렇다고 해서 애인이 쉽사리 얻어지는 것은 아니다. 그래서 남자를 사냥하게 된다. 그녀는 온갖 계략을 다 쓴다. 몸을 주는 체하면서 자기 쪽에서 강요한다. 예의와 우정과 감사로 함정을 파놓는다. 그녀가 젊은 남자들을 공략하는 것은 단지 싱싱한 육체에 대한 취향 때문만이 아니다. 오직 그들에게서만 청년이 때때로 모성적인 정부情婦에게 느끼는, 이해관계 없는 애정을 기대할 수 있기 때문이다. 따라서 그녀 자신도 공격적이고 지배적이게 된다. 레아를 만족시키는 것은 셰리의 아름다움만큼이나 있는 그 온순함이다.[174] 마흔이 넘은 스탈 부인은 그녀의 위엄에 압도된 시동들을 거느리고 있었다. 게다가 소심한 풋내기 남자가 손아귀에 넣기 쉬운 것이다. 유혹과 술책이 진정 효과가 없는 것으로 드러나면, 고집 센 여자는 최후의 수단인 돈으로 매수하는 것이다. 중세의 '사랑의 증표'라는 민간설화는 이렇게 만족할 줄 모르는 탐욕스러운 여자의 말로를 그림으로 보여 주고 있다. 한 젊은 여자가 자기의 몸을 허락해 준 데 대한 사례의 표시로 애인 각자에게 조그만 '사랑의 증표'를 요구하여 장 속에 정리해 두곤 했다. 드디어 장 속이 가득 차는 날이 왔다. 그러나 그때, 남자들이 사랑의 밤을 보낸 후에 그녀에게 사랑의 증표를 하나씩 요구하기 시작했다. 장은 얼마 안 가서 텅텅 비어 버렸고, 받았던 사랑의 증표를 모두 되돌려 주게 되었다. 그녀는 다른 사랑의 증표를 더 사야만 했다. 어떤 여자들은 그런 상황을 냉소적으로 생각한다. 즉, 이제 쓸모없어진 그녀들이 '사랑의 증표를 돌려줄' 차례다. 그녀들이 보기에 돈은 창녀들과 반대역할을 할 수도 있다. 그러나 정화 역할에는 변함이 없다. 즉, 돈은 남성을 하나의 도구로 변화시켜 여자가 일찍이 젊은 시절의 오만함으로 거부했던 성적 자유를 그녀에게 허용해 준다. 그러나 통찰력이 있기보다는 낭만적 은혜를 베푸는 여자는 종종 애정과 찬미와 존경의 환상을 사려고 시도한다. 그녀는 상대에게 아무것도 요구하지 않은 채, 단지 주는 기쁨을 위해 준다고 믿기까지 한다. 여기서도 젊은 남자는 정선된 애인이다. 왜냐하면 젊은 남자에게는 어머니 같은 아량을 과

174 * 콜레트의 『셰리』

시할 수 있기 때문이다. 그리고 젊은 남자는 약간의 '신비스러운 점'을 가지고 있다. 남자도 자기가 '돕는' 여자에게 그런 신비스러운 점을 요구한다. 그러면 거래의 노골성이 수수께끼로 위장되기 때문이다. 그러나 그런 속임수가 오랫동안 관용을 베푸는 경우는 드물다. 남녀 양성의 투쟁은 여성이 실망하고 우롱당해 잔인한 패배를 당할 위험이 있는, 빼앗는 자와 빼앗기는 자의 결투로 변한다. 신중한 여자는 비록 모든 정열이 아직 꺼지지 않았다 하더라도 너무 많은 것을 기대하지 않은 채 '무장해제'를 감수한다.

여자가 늙는 것을 받아들이는 날부터 그녀의 상황은 달라진다. 지금껏 여전히 젊었던 그녀는 불가사의하게 자기를 추하게 변형시키는 재난에 대항해 악착같이 싸웠다. 그녀는 무성의 다른 존재가 된다. 하지만 완성된 존재, 즉 나이 든 여자가 된다. 그때 갱년기의 위기는 청산되었다고 생각할 수 있다. 그렇다고 해서 이제부터 살아나가는 것이 쉬울 것이라고 결론지어서는 안 될 것이다. 그녀가 시간의 숙명에 대항해 싸울 것을 단념했을 때 또 다른 싸움이 시작된다. 바로 지상에 자리 하나를 보존해 두는 것이다.

여자가 자기의 사슬에서 해방되는 것은 인생의 가을과 겨울에서다. 그녀는 자기를 힘겹게 하는 고역을 피하려고 나이를 핑계 삼는다. 그녀가 남편을 무서워하기에는 그를 너무도 잘 알고 있다. 포옹을 피하고, 남편 곁에서 – 우정이나 무관심이나 혹은 적의를 품고 – 자기만의 생활을 잘해 나간다. 남편이 자기보다 더 빨리 쇠잔해지면, 그녀가 부부의 주도권을 잡는다. 또한 유행이나 여론에 용감히 맞설 수 있고, 사교계의 의무와 섭생과 미용에서도 면제된다. 셰리가 다시 만난 레아처럼 양재사, 코르셋 제조인, 미용사에게서 해방되어 아주 만족스럽게 식도락에 자리를 잡고 편안하게 지낸다. 자식들은 성장해 그녀를 더 이상 필요로 하지 않으며, 결혼하고 집을 떠난다. 의무에서 벗어난 그녀는 마침내 자유를 발견한다. 불행하게도 어느 여자에게서나 여자의 역사 속에서 확인한 사실이 반복되고 있다. 즉, 여자는 자유가 쓸모없어졌을 때 자유를 발견한다. 이런 반복은 결코 우연이 아니다. 가부장제 사회는 여자가 하는 모든 역할에 예속의 형태를 부여했다. 여자는 모든 효력을 잃는 순간에서야 비로소 노예 상태에서 벗어난다. 쉰 살 경에 여자는 자기 힘을 완전히 소유하고, 경험을 통해 자기가 풍요해진 것을 느낀다. 이 연령대의 남자는 가장 높은 지위나 가장 중요한 자리에 오른다. 그런데 여자는 퇴임 상태에 놓인다. 세상은 여자에게 헌신할 것만을 가르쳐 왔는데 이제 더 이상 아무도 그녀의 헌신을 요구하지 않는다. 필요치도 않고 쓸모도 없어진 그녀는 아무 희망 없이 살아야 할 그 긴 세월을 지켜보며 이렇게 중얼거린다. "나는 아무에게도 필요하지 않아!"

그렇다 하더라도 그녀가 곧바로 체념하는 것은 아니다. 때로 그녀는 남편에게 비참하게 매달리기도 한다. 그녀는 전에 없이 강압적으로 시중을 들어 남편을 숨 막히게 한다. 그러나 부부 생활의 타성은 너무나도 뿌리가 깊다. 오래전부터 그녀는 남편에게 자기가 필요하지 않다는 것을 알고 있었거나, 남편이 더 이상 그녀에게 대단한 존재는 아니라고 느낀다. 부부의 공동생활 유지를 보장하는 일은 자신에 대해 홀로 신경 쓰는 것과 마찬가지로 사소한 일이다. 그녀가 희망을 품고 목표로 삼는 것은 아이들이다. 그들에게는 아직 승부가 정해지지 않았다. 그들에게는 세계와 미래가 열려 있다. 그녀는 그들의 뒤를 따라서 거기로 달려가고 싶어 한다. 나이가 들어 아이를 낳은 행운을 가진 여자는 자기가 특혜를 누린다고 생각한다. 다른 여자들이 할머니가 되는 때에 아직도 젊은 어머니이기 때문이다. 그러나 일반적으로 마흔 살과 쉰 살 사이의 어머니는 아이들이 성인으로 변하는 것을 본다. 아이들이 그녀를 벗어나는 순간에 그녀는 그들을 통해 살아남으려고 열정적으로 노력한다.

자기의 구원을 아들에게 기대하느냐 혹은 딸에게 기대하느냐에 따라서 그녀의 태도는 달라진다. 보통 그녀는 아들에게 더 탐욕스러운 희망을 품는다. 예전에 지평선에 멋지게 나타날 것을 고대했던 그 남자, 그가 과거 깊은 곳으로부터 드디어 나타난 것이다. 갓난아기의 첫 울음소리를 들었을 때부터 그녀는 아기의 아버지가 줄 수 없었던 모든 보물을 이 아이가 안겨 줄 그날을 기대하고 있었다. 그 사이에 그녀는 아이의 뺨도 때리고 매질도 했다. 그러나 그런 것은 다 잊어버렸다. 그녀가 배 속에 잉태한 그 아기는 이미 세계와 여자들의 운명을 좌지우지하는 반신半神 가운데 한 명이 되었다. 이제 아들은 모성의 영광 속에서 그녀를 인정하려고 한다. 아들은 남편의 패권에 대항해 그녀를 보호해 줄 것이며, 그녀가 가졌던 그리고 갖지 못했던 애인들에게 복수해 줄 것이다. 아들은 그녀의 해방자이며 구세주가 될 것이다. 그녀는 아들 앞에서 **동화 속 왕자**를 고대하는 젊은 처녀의 유혹과 과시의 행동을 다시 보인다. 아들 곁에서 산책할 때, 그녀는 자신이 아직도 우아하고 매력이 있어서 아들의 '누나'처럼 보일 것이라고 생각한다. 아들이 ― 미국 영화의 주인공들을 본떠서 ― 자기를 놀리고 떠밀고 웃고 존경해 주면, 그녀는 황홀해한다. 그녀는 자기 태내에 지니고 있던 아들의 남성적 우월성을 오만한 겸손함으로 인정한다. 이런 감정에 근친상간의 특성을 얼마나 부여해야 할까? 그녀가 아들의 팔에 몸을 기대고 있는 것을 흐뭇해하며 마음속에 떠올릴 때, '누나'라는 말은 모호한 환상을 완곡하게 표현하고 있음이 확실하다. 잠을 잘 때나 자기를 감시하지 않을 때, 그녀의 몽상은 때때로 그녀를 아주 멀리 실어 나른다. 그러나 앞에서 내가 이미 말한 것처럼 꿈과 환상이 언제나 현실적 행위의 숨겨진 욕망을 표현하는 것은 아니다. 꿈과 환상은 흔히 그 자체로 충분하고, 상상의 만족 이외에 다른 것을 요구하지 않는 욕망의 완전한 성취다. 어머니가 다소 모호한 방식으로 아들에게서 애인을 보려고 할 때, 이는 단지 유희에 불과하다. 엄밀한 의미에서의 에로티시즘은 이런 남녀 관계에서 설 자리가 별로 없다. 그러나 남녀 관계임은 틀림없다. 아들 안에 있는 최고 권한을 가진 남성에게 어머니는 자기의 여성성 깊은 곳으로부터 경의를 표한다. 그녀는 사랑에 빠진 여자 못지않은 정열로 자기를 아들의 손에 맡기고, 이 선물의 대가로 신의 오른편[175]에 오르기를 기대한다. 이런 승천을 달성하기 위해 사랑에 빠진 여자는 애인의 자유에 호소한다. 즉, 그녀는 너그럽게 위험을 감수한다. 하지만 그 대가로 초조하고 안달해하며 여러 요구를 한다. 어머니는 아이를 낳았다는 한 가지 사실만으로 자기에게 신성한 권리가 부여되었다고 생각한다. 그녀는 아들을 자기의 창조물처럼, 자기의 재산처럼 간주하기 위해 아들이 그녀 속에서 그 자신을 알아볼 때까지 기다리지 않는다. 그녀는 사랑하는 여자만큼이나 많은 것을 요구하지 않는다. 왜냐하면 그를 누구보다도 신뢰하기 때문이다. 그녀는 하나의 육체를 만들어 내어 그 존재를 자기 것으로 한다. 그 존재의 행위, 작품, 장점을 가로챈다. 자기의 열매를 찬양하면서 자신을 격찬하는 것이다.

대리인을 세워서 살아간다는 것은 언제나 일시적인 방책이다. 사태는 바랐던 대로 돌아가지 않을 수 있다. 아들이 아무 쓸모없거나, 불량배나 낙오자나 열등생이나 배은망덕한 인간밖에 되지 못하는 경우도 많다. 아들이 구현해야만 하는 영웅에 관해 어머니는 자기만의 생각을 하고 있다. 자기 아이를 인간으로서 진정으로 존중하고, 실패하더라도 그의 자유를 인정하며, 무슨 일에나 뒤따르기 마련인 위험을 그와 함께 감당하는 어머니는 보기 힘들다. 반면 아들을 대범하게 영광이나 죽음에 몰아넣어 모두에게서 찬양받았던 스파르타의 어머니에 버금가는 어머니들을 흔히 볼 수 있다. 지상에서 아들이 해야 할 일은 어머니가 존중하는 가치를 두 사람의 공동 이익을 위해 손에 넣음으로써 어머니의 존재를 정당화하는 것이다. 어머니는 신인 아들의 계획이 자신의 이상에 부합할 것과 그것이 꼭 성공할 것을 요구한다. 여자는 누구나 영웅이나 천재를 낳기를 원한다. 그러나 영웅이나 천재들의 어머니는 하나같이 자기들 가슴에 못을 박았다고 외치는 것으로 시작했다. 대개 남자는 어머니가 갖기를 꿈꾸는 전리품을 어머니의 뜻을 거슬러 획득한다. 그러나 그가 그 전리품을 그녀의 발치에 던질 때 어머니는 알아보지도 못한다. 비록 원칙적으로는 아들이 시도하는 일을 인정한다고 하더라도, 그녀는 사랑에 빠진 여자를 괴롭히는 것과 유사한 모순 때문에 가슴이 찢어진다. 자기 인생 - 그리고 어머니의 인생 - 에 의미를 부여하기 위해서 아들은 여러 가지 목적을 향하여 자기 인생을 초월해야만 한다. 그래서 그런 목적에 도달하기 위해 자기의 건강을 위태롭게 하거나 위험을 무릅쓰게 된다. 그러나 어떤 목적을 단순히 사는 것 이상으로 높이 두고자 할 때, 그는 어머니가 자기에게 한 선물의 가치에 의문을 제기한다. 그녀는 그것에 대해 격분한다. 자기가 낳은 이 육체가 그에게 최고의 재산이어야만 그녀는 남자에 대해 지배자로서 군림한다. 아들은 그녀가 고통 속에서 실현한 이 작품을 파괴할 권리가 없다. "피곤하겠구나, 그러다가 병나겠다, 네게 불행한 일이 생기면 어쩌니"라고 귀에 못 박히도록 그를 타이른다. 하지만 그러면서도 그녀는 단지 사는 것만으로 충분치 않음을 잘 알고 있다. 그렇지 않으면 아이를 낳는 것조차도 불필요한 일이 될 것이다. 자식이 게으름뱅이거나 비겁한 자라면 제일 먼저 화를 내는 사람은 그녀다. 그녀는 한시도 편안할 때가 없다. 아들이 전쟁에 나갈 때는 그가 살아서 훈장 받고 돌아오기를 바란다. 자기의 일에서는 그가 '출세하기'를 원한다. 그러면서도 그녀는 그가 과로하지나 않을까 두려워 벌벌 떤다. 그가 무엇을 하든지, 그녀는 자기 것이면서도 자기 마음대로 되지 않음을 언제나 근심하면서 무력하게 바라보게 된다. 그녀는 그가 길을 잘못 들지 않을까 두렵고, 그가 성공하지 못할까 봐 겁내며, 성공하면 그가 아프지나 않을까 걱정한다. 그녀가 아무리 그를 신뢰한다고 하더라도 나이와 성의 차이는 그녀와 아들 사이에 진정한 공모가 이루어지는 것을 허용하지 않는다. 그녀는 그의 일을 알지 못한다. 그는 그녀에게 어떠한 협력도 요구하지 않는다.

그 때문에 어머니가 자기 아들을 더할 수 없이 자랑스럽게 여긴다고 해도 그녀의 불만은 사라지지 않는다. 단지 한 육체만을 낳은 것이 아니라 절대적으로 필요한 한 존재의 기초를 만들었다고 믿는 그녀는, 과거를 돌이켜 보아도 자기의 존재가 정당화되었다고 느낀다. 그러나 권리가 일거리가 되는 것은 아니다. 하루하루를 채우기 위해 그녀는 자기에게 이로운 활동을 영구화하는 것이 필요하다. 그녀는 자기 신에게 자기가 없어서는 안 된다고 느끼고 싶어 한다. 그러나 이 경우에 헌신의 속임수는 가장 적나라하게 드러난다. 즉, 며느리가 그녀에게서 그 직책을 빼앗아 버리는 것이다. 어머니에게서 자식을 '빼앗는' 외부 여자에게 느끼는 적대감은 자주 묘사되었다. 어머니는 분만의 우연적인 사실성을 신적인 신비의 높이까지 올려놓았다. 즉, 그녀는 인간의 결정에 더 많은 무게가 실릴 수 있다는 것을 받아들이기를 거부한다. 그녀가 보기에 가치는 기성의 것으로 자연이나 과거에서 유래한다. 그녀는 자유롭게 행하는 참여의 가치를 도외시한다. 아들은 자기에게 생명을 빚지고 있다. 어제까지도 모르고 지낸 이 여자에게 그가 무엇을 빚졌단 말인가? 지금까지 **존재하지** 않았던 유대가 존재하는 것처럼 그에게 확신을 준 것은 어떤 마법을 통해서다. 그녀는 모사꾼이자 사욕을 챙기는 위험한 여자다. 어머니는 그 협잡이 드러나기를 학수고대한다. 악녀에게서 입은 상처를 붕대로 감아 주는 위로의 손을 가진 착한 어머니의 옛 신화로 용기를 얻은 어머니는, 아들의 얼굴에 불행의 표시가 나타나기를 기다리고 있다. 아들이 그런 것은 없다고 해도, 그녀는 기어코 그것을 찾아낸다. 그가 아무것도 불평하지 않을 때라도 그녀는 그를 불쌍히 여긴다. 그녀는 며느리를 몰래 감시하고 비판하며, 며느리의 새로운 방식에 대해 하나하나 과거와 습관을 대립시켜 침입자의 존재를 단죄한다. 사람들은 각자 나름대로 사랑하는 사람의 행복을 이해한다. 아내는 자기가 세계를 지배하는 데 통로가 될 그런 남자를 사랑하는 사람에게서 보고 싶어 한다. 어머니는 아들을 지키기 위해 그의 어린 시절로 되돌아오게 하려고 애쓴다. 남편이 부자나 중요한 사람이 **되기**를 기다리는 젊은 여자의 계획에 어머니는 아들의 변함없는 본질의 법칙을 대립시키고 있다. 즉, 그는 연약하니까 과로해서는 안 된다는 것이다. 새로운 여자가 임신했을 때는 과거와 미래 사이의 다툼이 격화된다. '아이들의 출생은 부모의 죽음이다.' 이때 이 진리가 그 잔인한 힘을 갖는다. 아들 속에서 살아남는 것을 희망했던 어머니는 그가 자기에게 사형선고를 내린다는 것을 이해한다. 그녀는 생명을 주었다. 그러나 생명은 그녀 없이도 계속 이어지게 될 것이다. 그녀는 더 이상 **그 어머니**가 아니다. 단지 사슬의 한 고리에 지나지 않는다. 그녀는 시간을 초월한 우상의 하늘에서 추락한다. 그녀는 유한하고 시대에 뒤진 한 개인에 불과하다. 이때 그녀의 증오가 병적으로 되어 신경병을 일으킬 만큼 격화되거나 범죄를 저지르게 된다. 르페브르 부인은 오랫동안 며느리를 미워하다가 며느리의 임신이 알려졌을 때 살해를 결심한다.[176]

보통 할머니 나이대의 여자는 적대감을 극복한다. 때로 그녀는 갓난아기에게서 자기 아들만의 아이를 보려고 고집하기도 한다. 그리고 그 아이를 폭군처럼 사랑한다. 그러나 일반적으로 젊은 어머니나 외할머니는 아이에 대한 권리를 강력히 요구한다. 질투하는 할머니는 증오감이 숨겨져 있는 불안한 모습으로 아기에 대해 모호한 애정을 품는다.

장성한 딸에 대한 어머니의 태도는 매우 양면적이다. 즉, 그녀는 아들에게서 신을 구하지만, 딸에게서 자기의 분신을 발견한다. '분신'이란 애매한 인물이다. 에드거 포의 단편소설에서나 『도리언 그레이의 초상』에서나 마르셀 슈보브 Marcel Schwob(1867~1905)가 한 이야기에서 보는 것처럼 분신은 원래의 인물을 살해한다. 이와 같이 딸은 여자가 되면서 어머니에게 사형을 선고한다. 하지만 딸은 어머니에게 살아남도록 허락한다. 어머니의 행동은 자기 아이의 성장에서 파멸의 약속을 보느냐 부활의 약속을 보느냐에 따라 크게 달라진다.

많은 어머니가 적대감 속에서 경직된다. 그녀들은 자기로부터 생명을 부여받은 딸이 배은망덕하게 자기 자리를 빼앗는 것을 용납하지 않는다. 멋 부리는 여자가 기교를 드러내는 싱싱한 처녀를 질투하는 것은 자주 지적되었다. 여자를 모두 경쟁자로 여기고 미워한 여자는 자기 아이까지도 그렇게 증오하게 될 것이다. 그녀는 자기 아이를 멀리하거나 격리하거나 혹은 아이로부터 기회를 빼앗을 궁리를 하거나 한다. 완벽하고 유일한 방식으로 **아내**나 **어머니**가 되는 것을 영광으로 삼았던 여자는 자기 권위를 빼앗기는 것을 맹렬히 거부한다. 계속해서 딸

---

176 1925년 8월, 북부의 한 중산계급 여성인 르페브르 부인은 예순 살이었고, 남편과 자녀들과 함께 살고 있었다. 그런데 아들이 자동차 여행을 하는 동안에 그녀가 임신 6개월의 며느리를 죽였다. 그녀는 사형선고를 받았으나 특사를 받아 감옥에서 생을 마감했다. 거기서 그녀는 참회의 빛을 조금도 보이지 않았다. '나쁜 풀이나 나쁜 씨를 뽑아 버리듯, 맹수를 죽여 버리듯' 며느리를 죽였을 때, 그녀는 신에게서 승인받았다고 생각하고 있었다. 이런 잔혹한 행위에 대해서 그녀는 어느 날 며느리가 그녀에게 했던 다음과 같은 말을 유일한 증거로 들고 있다. "이제 당신에게 제가 있으니, 저를 고려해 주셔야 합니다." 그녀가 강도에 대한 호신용이라는 구실로 권총을 산 것은 며느리의 임신을 의심했을 때였다. 폐경 이후 그녀는 자기의 모성에 필사적으로 매달렸고, 12년 동안 상상 임신을 상징적으로 표현하는 불편함을 경험해 왔다.

이 어린아이에 불과하다고 단언하고, 딸이 하는 일을 유치한 장난으로 간주한다. 딸이 결혼하기에는 너무 어리고, 아이를 낳기에는 너무 약하다고 생각한다. 딸이 남편과 가정과 아이들을 끈질기게 원해도 결국 가식일 뿐이라고 생각한다. 어머니는 지칠 줄 모르고 비판하거나 비웃거나 불행을 예언한다. 가능하다면 그녀는 딸을 영원히 어린애로 머물러 있게 할 것이다. 그렇게 하지 않는다면 그녀는 딸이 제 것이라고 주장하는 성인의 삶을 무너뜨리려고 애쓴다. 앞에서 보았지만, 어머니는 대개 성공한다. 이런 불길한 영향 때문에 많은 젊은 여자들이 아이를 못 낳고 유산하고, 아이에게 젖을 먹일 수도 없고 기를 수도 없으며, 가정을 이끌어 나가지도 못한다. 그녀들의 결혼생활이 불가능하다는 것이 드러난다. 불행하고 고독해진 그녀들은 최고 권한을 가진 어머니의 품속에서 피난처 하나를 발견하게 될 것이다. 그녀들이 어머니에게 저항한다면, 지속적인 충돌로 두 사람은 대립할 것이다. 욕구 불만에 가득 찬 어머니는 딸의 불손한 독립적 태도로 인한 분노를 대부분 사위에게 쏟아낸다.

딸과 정열적으로 동일시하는 어머니 역시 폭군적이다. 그녀는 자기의 성숙한 경험을 무기 삼아 청춘을 다시 살아보고자 한다. 즉, 자기의 과거에서 도망쳐 나옴과 동시에 그 과거를 구제하려 한다. 자기가 갖지 못한, 꿈꿔 왔던 그런 남편과 일치하는 사위를 그녀 자신이 자기를 위하여 선택하게 된다. 멋쟁이에다 다정한 그녀는 마음 한 귀퉁이에서 사위의 결혼 상대는 자기라고 기꺼이 상상하게 된다. 딸을 통해서 부와 성공과 명예에 대한 자기의 오래된 욕망을 만족시키게 된다. 딸을 정사情事나 영화나 연극의 길로 맹렬하게 '밀어 넣는' 여자들은 자주 묘사되었다. 딸아이를 감독한다는 구실하에 딸의 생활을 자기 것으로 가로챈다. 나는 딸의 구애자들을 자기들 침대로 끌어넣기까지하는 여자들의 이야기를 들은 적이 있다. 그러나 이런 어머니의 후견을 딸이 무한정 참고 견디는 일은 드물다. 딸은 남편이나 진지한 보호자를 발견하는 날부터 반항할 것이다. 처음에는 사위를 극진히 사랑했던 장모는 그때 그에게 적의를 품게 된다. 그녀는 인간의 배은망덕을 개탄하며 희생자를 자처한다. 이제 자신은 적으로서의 어머니가 된다. 많은 여자가 이러한 실망을 예감하면서 자식들이 성장해 가는 것을 보며 무관심한 체한다. 그때 그녀는 아이들에게서 별로 기쁨을 느끼지 못한다. 자식들의 생활에서 풍요로운 자신을 발견하려면, 어머니는 그들의 폭군도 되지 않고, 그들이 잔인한 인간으로 변하지 않도록 관대함과 초연함의 흔치 않은 조화를 이루어야 한다.

손주들에 대한 할머니의 감정은 딸에 대한 감정의 연장선이다. 대개 그녀는 손주들에게 적개심을 쏟아낸다. 많은 여자가 유혹에 넘어간 딸에게 낙태하게 하고 아이를 버리거나 없애도록 강요하는 것은 단지 세상의 소문을 걱정해서가 아니다. 딸이 어머니가 되는 것을 달갑지 않게 여기기 때문이다. 그녀들은 끈질기게 자기들만 특권을 독점하기를 원한다. 합법적으로 결혼한 딸에게까지도 아이를 유산하고, 젖을 주지 말고 멀리하라고 쾌히 충고할 것이다. 그녀는 이 조그만 존재를 냉담하게 부정하거나, 아이를 나무라고 벌하고 게다가 학대하느라 여념이 없을 것이다. 이와 반대로 딸과 동일시하는 어머니는 딸의 아이들을 젊은 어머니보다도 더 욕심을 내서 맞이한다. 젊은 여자는 미지의 꼬마가 태어남으로써 당황하지만, 할머니는 꼬마를 알아본다. 할머니는 시간을 통해 20년 전으로 되돌아가 다시 젊은 산부가 된다. 자식들이 아주 오래전부터 주지 않았던 소유와 지배의 모든 즐거움이 그녀에게 되돌아온다. 폐경의 순간에 단념했던 모성에 대한 모든 욕망이 기적적으로 채워진다. 진짜 어머니는 그녀이며, 아기를 당당히 책임진다. 자기에게 아기가 맡겨지면 정성을 다해 아기에게 헌신할 것이다. 그러나 불행하게도 젊은 어머니가 자기 권리를 주장하는 데 애착을 갖는다. 즉, 할머니에게는 조력자의 역할밖에 허용되지 않는다. 예전에 그녀 곁에서 연장자들이 하던 역할이다. 그녀는 자리에서 쫓겨난 느낌이 든다. 그리고 그녀가 당연히 질투를 느끼는 사위의 어머니가 있다는 것도 고려해야만 한다. 그녀가 느끼는 분통은 대개 처음에 아이에게 가졌던 자연발생적인 사랑을 변질시킨다. 할머니들에게서 흔히 볼 수 있는 불안은 그녀들의 감정의 양면성을 표현한다. 즉, 아기가 자기에게 속해 있는 한 지극히 사랑한다. 그러나 아기가 자기들에게도 낯선 꼬마라는 사실에 적의를 품는다. 그녀들은 이런 적의에 대해 부끄러워한다. 하지만 손자들을 완전히 소유하는 것을 단념하고 그들에게 따뜻한 애정을 품는다면, 할머니는 손자들의 생활에서 수호신으로서의 특권적인 역할을 할 수 있다. 즉, 권리도 책임도 인정되지 않는 할머니는 그들을 순전히 너그러운 마음으로 사랑하는 것이다. 그녀는 그들을 통해서 나르시시즘의 꿈을 키우지 않고, 그들에게 아무것도 요구하지 않으며, 자기가 살아 있지 않을 어떤 미래를 위하여 손자들을 희생시키지 않는다. 그녀는 오늘날 여기 자기들의 우연성과 무상성 속에 있는 살과 뼈로 된 작은 존재들을 소중히 여긴다. 그녀는 교육자가 아니다. 그녀는 추상적인 정의나 법을 구현하지 않는다. 때로 할머니와 부모가 대립하는 갈등은 바로 여기에서 올 것이다.

여자가 자손이 없거나 혹은 자기의 후손이라는 것에 관심이 없는 예도 있다. 자식이나 손주와의 자연적인 혈연관계가 없는 경우, 때로 그에 상응하는 것을 인위적으로 만들려고 시도한다. 그녀는 젊은이들에게 어머니와 같은 애정을 제공한다. 그녀의 애정이 정신적이건 아니건 간에, 자기의 젊은 피보호자를 '아들처럼' 사랑한다고 표명하는 것이 단지 위선에 의한 것이라고만 할 수 없다. 역으로 어떤 어머니의 감정은 연애의 감정이다. 바랑 부인Françoise-Louise de Warens[177]과 같은 여자들이 젊은이를 관대한 마음으로 돌보고 도와주며, 어른이 될 때까지 뒷바라지하기를 즐겼던 것도 사실이다. 그녀들은 자기들을 초월하는 존재의 원천이나 필요한 조건이나 토대가 되기를 원하고 있다. 어머니의 역할을 하고, 애인에게 정부보다 어머니로서의 자기를 보려고 한다. 모성적인 여성이 여자아이들을 양녀로 삼는 것 역시 아주 흔한 일이다. 거기서도 그녀들의 관계는 다소 성적인 형태를 띤다. 그러나 정신적이든 육체적이든 그녀가 딸들에게서 찾는 것은 기적같이 회춘한 자기의 분신이다. 여자 배우, 무용가, 성악가들은 교육자가 된다. 그런 여자들은 학생들을 양성한다. 지식인 – 콜롱비에의 고독 속에 있는 샤리에르 부인과 같이 – 은 제자들을 가르친다. 신앙심이 깊은 여자는 자기 주위에 정신적인 딸들을 모이게 한다. 화류계 여자는 창가娼家의 여주인이 된다. 그녀들이 후배 육성에 대단한 열의를 보인다면, 그것은 결코 순수한 관심으로 그러는 것이 아니다. 그녀들은 열정적으로 되살아나려고 애쓰는 것이다. 그녀들의 전제적 관대함은 혈연으로 결합한 어머니와 딸 사이에서와 대략 같은 충돌을 낳는다. 손주들을 입양하는 것 역시 가능하다. 대고모들이나 대모들은 자진해서 할머니들과 유사한 역할을 한다. 그러나 여자가 후세에게서 – 자연적이든 선택된 것이든 – 쇠퇴하는 자기 인생의 의미를 발견하는 것은 아무튼 아주 드문 일이다. 그녀는 그런 젊은 사람 중에 한 사람이 품고 있는 기획을 자기 것으로 하는 데 실패한다. 아니면 자기 것으로 만들려고 고집스럽게 노력하다가 그녀를 실망과 좌절에 방치하는 투쟁과 비극 속에서 소진해 버린다. 혹은 대수롭지 않은 참여를 감수한다. 그것이 가장 일반적인 경우다. 어머니는 늙어 가고, 할머니는 지배욕을 억제하며 그 한恨을 숨기고 있다. 그녀들은 자식들이 자기들에게 주고자 하는 것에 만족한다. 그러나 그때 자식들에게서 많은 도움을 기대하지는 못한다. 사막과 같은 미래를 앞에 두고 그녀

---

177   *루소를 어머니처럼 돌봐 준 후원자, 스위스의 저술가

1770년경의 바랑 부인

들은 달리 할 일 없이 고독과 후회와 권태에 시달리고 있다.

여기서 우리는 나이 든 여자의 애통한 비극을 언급하게 된다. 즉, 그녀는 자기가 쓸모없다는 것을 알고 있다. 중산계급의 여자는 일생 하찮은 문제를 해결해야 하는 경우가 많다. '어떻게 시간을 보내지?' 그러나 일단 아이들이 크고 남편이 출세하거나 적어도 지위가 안정되었다고 해서 그녀들이 곧 죽어 버리는 것은 아니다. '수예품'은 이러한 끔찍한 무위無爲를 감추기 위해서 고안된 것이다. 양손은 수를 놓고 뜨개질하고 움직인다. 그러나 그것은 진정한 의미의 일이 못 된다. 왜냐하면 만들어진 물건이 목적한 바가 아니기 때문이다. 그것은 별 중요성을 가지고 있지 않고, 대개는 무엇에 쓰느냐 하는 것이 문제다. 그것을 여자 친구에게 줘 버리든가 어떤 자선단체에 보내 버리든가, 벽난로나 조그만 원탁 위에 늘어놓든가 해서 처분한다. 그것은 또한 존재한다는 순수한 기쁨을 무상성 속에서 발견하는 유희도 아니다. 그리고 정신이 비어 있는 상태이므로, 겨우 기분 전환이나 될까 말까 한 정도다. 파스칼이 말한 것처럼 터무니없는 심심풀이다. 바늘이나 뜨개바늘을 가지고 여자는 서글프게 그날그날의 허무를 짜 나가고 있다. 수채화, 음악, 독서도 하나같이 똑같은 역할을 한다. 일하지 않는 여자가 그런 것에 전념하는 것은 세계에 대한 자기 세력을 넓히기 위해서가 아니라 오로지 무료함을 달래기 위해서다. 미래를 열지 않는 행동은 내재의 공허 속으로 다시 떨어진다. 한가한 여자는 책을 읽기 시작하다가 집어던지고, 피아노를 열었다가 다시 닫는다. 자수를 다시 집어 들고는 하품을 하고, 결국에는 전화 수화기를 든다. 그녀는 확실히 사교 생활에서 가장 쉽게 도움을 구한다. 외출하고 방문하고 손님 접대에 – 댈러웨이 부인처럼 – 엄청난 중요성을 부여한다. 그녀는 모든 결혼식과 장례식에 참석한다. 더 이상 자기 생활이 없으므로 타인의 존재에 기대어 살아간다. 교태 부리는 여자에서 수다스러운 여자가 된다. 그녀는 관찰하고 논평한다. 자기 주위에 비판과 충고를 퍼뜨림으로써 자기의 무위를 보상한다. 자기의 경험을 요청하지도 않는 모든 사람을 위해 활용한다. 형편이 되면 살롱을 운영하기 시작한다. 이와 같이 그녀는 타인의 기획과 성공을 자기 것으로 만들기를 희망한다. 뒤 데팡Marquise du Deffand 부인[178]이나 베르뒤랭 부인[179]이 살롱에 모이는 사

178　* 18세기 프랑스의 유명한 살롱 주인
179　* 마르셀 프루스트의 『잃어버린 시간을 찾아서』 속 등장 인물

람들을 어떤 전횡으로 다스렸는지 잘 알려져 있다. 인기의 중심이 되고 교차로가 되고 영감을 주는 여자가 되고 '분위기'를 조성하는 것, 그것은 이미 행동의 대용물이다. 세계의 흐름에 개입하는 보다 직접적인 다른 방법들이 있다. 프랑스에는 몇몇 '자선단체'와 약간의 '협회'가 존재한다. 그러나 특히 미국에서는 여자들이 클럽에 모여 브리지 게임을 하고 문학상을 수여하며 사회 개량을 궁리한다. 두 대륙에서 이런 조직은 대부분 그 자체로 존재 이유를 지니는 특징이 있다. 이런 조직이 표방하는 목적은 단지 그 구실에 불과하고, 사정은 정확하게 카프카Franz Kafka(1883~1924)의 교훈적인 우화에서처럼 돌아간다.[180] 아무도 바벨탑을 세울 생각이 없다. 그 공상적인 부지 주위에 거대한 주거 밀집 지역이 들어서서 스스로 관리하고 확장하고, 사회적 대립을 해결하는 데 모든 힘을 쏟아붓는다. 이와 같이 자선사업을 하는 부인들은 대부분의 시간을 자기들의 조직을 만드는 데 보낸다. 그녀들은 간부들을 선정하고 회칙을 토론하고 상호 말다툼하고 경쟁 상대의 협회와 권위를 다툰다. 즉, *자신들의* 가난뱅이, *자신들의* 환자, *자신들의* 부상자, *자신들의* 고아들을 자신들에게서 훔쳐 가서는 안 된다. 그래서 그들을 경쟁자들에게 양보하느니 차라리 죽게 내버려 둘 것이다. 그리고 사회의 부정이나 악습을 제거함으로써 자기들의 헌신을 무용하게 만드는 체제를 절대로 원하지 않는다. 오히려 자기들을 인류의 선행자로 만들어 주는 전쟁이나 기아를 축복한다. 그녀들의 눈에는 방한복이나 소포 꾸러미가 병사들이나 굶주린 사람들을 위한 것이 아니라, 이들이 오히려 뜨개질 제품이나 소포를 받기 위해 특별히 준비된 것처럼 보임이 분명하다.

어쨌든 이런 단체들 가운데 어떤 것들은 긍정적인 결과에 도달한다. 미국에서 숭앙받는 '맘스Moms'의 영향력은 강력하다. 이런 영향력은 여성의 기생 생활이 낳은 여가로 설명된다. 그런 영향력이 해로운 이유는 여기에 있다. 필립 와일리[181]는 미국의 맘에 대하여 이렇게 말하고 있다. "그녀는 의학·예술·과학·종교·법률·건강·위생……에 대해 아무것도 모르기 때문에, 그런 수많은 조직 가운데 한 조직의 회원으로서 자기가 하는 일에 별로 관심을 두지 않는다. 그 일이 소일거리가 된다면 그녀에겐 그것으로 충분하다." 그녀들의 노력은 일관된 건설적인 계획에

---

180 『도시 문장Das Stadtwappen』
181 『독사의 세대』

통합되어 있지 않고, 객관적인 목적을 겨냥하지 않는다. 그녀들은 자기들의 기호나 편견을 강압적으로 표명하거나 자기들의 이익에 봉사하려고만 할 뿐이다. 예를 들면, 문화적인 영역에서 그녀들은 대단한 역할을 한다. 그녀들이 책을 가장 많이 소비하기 때문이다. 그러나 그녀들은 혼자 트럼프놀이 하듯이 독서를 한다. 문학은 여러 계획에 참여하고 있는 개인들에게 말을 건넬 때, 그들이 더 넓은 지평을 향해 자기를 초월하도록 도와줄 때 그 의미와 품격을 갖는다. 문학은 인간의 초월적인 움직임에 통합되어야만 한다. 반면에 여자는 책과 예술 작품을 자기의 내재성 속에 집어삼킴으로써 격하시킨다. 회화는 장식품이 되고, 음악은 누구나 다 아는 후렴이 되고, 소설은 갈고리에 걸려 있는 말굴레와 마찬가지로 헛된 몽상일 뿐이다. 미국 여성들은 베스트셀러가 실추하는 데 책임이 있다. 베스트셀러는 독자의 마음에 들기만을 열망할 뿐만 아니라, 기분전환 거리에 고심하는 유한마담들의 마음에 들기를 희망한다. 그녀들의 활동 전반에 관해서 필립 와일리는 이렇게 정의하고 있다.

그녀들은 정치인들이 질질 짜는 노예 근성에 떨어질 정도로 공포에 떨게 만들고, 목사들을 부들부들 떨게 한다. 은행장들을 난처하게 하고, 학교장들을 산산조각 내 버린다. 조직의 수를 늘리지만, 그 조직의 현실적 목적은 자기들의 이기적인 욕망에 측근들이 비굴하게 머리를 숙이도록 하는 데 있다. (…) 그녀들은 가능하다면 도시에서, 주州에서 젊은 창녀들을 몰아낸다. (…) 노동자를 위해서라기보다 오히려 자기들을 위해서 편리한 곳에 버스노선을 배치하기 위해 분쟁을 해결한다. (…) 자선 바자회나 축제를 성대하게 열고, 그 이튿날 아침에 주정뱅이 조직위원들을 보살피기 위해 맥주를 살 수 있도록 경비원에게 수익 일부를 건네준다. (…) 클럽은 그녀들에게 다른 사람의 일에 끼어들고 참견할 수많은 기회를 제공하고 있다.

이런 신랄한 풍자에는 많은 진실이 담겨 있다. 정치나 경제, 또는 어떤 전문 분야에서도 전문가가 아닌 나이 든 부인들은 구체적인 사회활동을 아무것도 할 수 없다. 그녀들은 행동을 취함으로써 일어나게 될 문제들을 모른다. 또한 어떤 건설적인 계획도 세울 수 없다. 그녀들의 도덕은 칸트의 명령처럼 추상적이고 형식적이다. 그녀들은 진보의 길을 발견하려는 대신 금지의 의사 표명을 한다. 새로운 상황을 적극적으로 창조해 보려고 하지 않고, 악을 제거하기 위해 이미 존재하는 것을 공격한다. 그것이 바로 그녀들이 무언가에 대항해, 즉 알코올, 매춘, 포르노그라피 등에 대항해 언제나 결속하는 까닭을 설명해 준다. 미국에서 금주법 시대[182]의 실패나 프랑스에서 마르트 리샤르Marthe Richard[183]가 통과시킨 법안의 실패가 증명하는 것처럼, 순전히 부정적인 노력은 성공을 거두지 못하게 되어 있다는 것을 그녀들은 이해하지 못한다. 여성이 기생적인 존재로 머물러 있는 한, 여성은 더 나은 세계의 건설에 효과적으로 참여할 수 없다.

그러나 어떤 기획에 전적으로 참여하는, 진정으로 활동적인 여자들이 일부 있다. 그녀들은 단지 시간만 보내려는 게 아니라 구체적인 결과를 목표로 한다. 자율적인 생산자가 되어 우리가 여기서 고찰하는 기생적 범주에서 벗어난다. 그러나 이러한 전환은 드물다. 사적 또는 공적인 활동에서 대다수 여자는 도달해야 할 결과가 아닌 시간을 보내는 방식을 목표로 하고 있다. 그래서 어떤 일이든 단지 시간을 보내기에 불과하다면 그 일은 모두 헛된 것이다. 많은 여자가 그 때문에 고통받고 있다. 자기 뒤에 인생이 이미 마무리된 여자들도 인생이 아직 시작되지 않은 청년들과 똑같은 불안을 느낀다. 그들에게 절실하게 요구하는 것은 아무것도 없다. 그들의 주위는 사막이다. 모든 행동 앞에서 그들은 중얼거린다. "무슨 소용이 있지?"라고. 그러나 청년은 좋든 싫든 남자의 삶 속으로 끌려 들어간다. 남자는 삶 속에서 책임과 목적과 가치를 발견한다. 그는 세계 속에 던져져 결심하고 참여한다. 나이 든 여자는 미래를 향해 새롭게 출발하라는 권유를 받으면 너무 늦었다고 서글프게 대답한다. 그녀에게 미래라는 시간이 한정되어 있기 때문이 아니다. 여자는 너무 일찍 은퇴해 버린다. 아니, 그보다는 그녀가 추진력도 자신감도 희망도 없고 분노도 하지 않는 까닭에, 자기 주위에서 새로운 목적을 발견하지 못하기 때문이다. 그녀는 언제나 자기 몫이었던 반복되는 생활 속으로 도피한다. 반복을 하나의 체계로 삼아 편집증적으로 가정생활에 투신한다. 그리고 신앙심에 점점 더 깊이 파묻히고, 샤리에르 부인처럼 금욕주의 속에서 젠체한다. 그녀는 메말라 가고 무심해지며, 이기주의자가 된다.

일반적으로 나이 든 여자는 생애가 완전히 끝나갈 무렵, 그녀가 투쟁을 단념할 때, 가까이 다가온 죽음이 미래에 대한 불안에서 그녀를 해방할 때에 평온을

---

182 *1913~1933년을 말한다.
183 *사창가 폐쇄와 매춘 금지 입법을 주도한 여성 운동가

찾는다. 남편은 대개 연상인 경우가 많아서 그녀는 남편의 노쇠를 말없이 흐뭇하게 지켜본다. 그것은 그녀의 복수다. 남편이 먼저 죽으면 아내는 그 상심을 즐겁게 견딘다. 남자들이 늘그막에 상처하면 훨씬 더 괴로워한다는 것은 수없이 주목되어 왔다. 남자들은 여자들보다 결혼생활에서 더 많은 이로움을 얻고 있다. 특히 만년에는 더욱 그러하다. 그때쯤에는 세계가 가정의 테두리 안에 집중되기 때문이다. 현재의 나날은 더 이상 미래를 향하여 흐르지 않는다. 그날그날의 단조로운 리듬을 보장해 주고 그 위에 군림하는 것은 아내다. 공적 활동을 잃었을 때 남자는 완전히 쓸모없게 된다. 여자는 적어도 가정의 통솔권을 지니고 있다. 남편에게는 그녀가 필요한 데 반해 그녀에게 남편은 단지 귀찮은 존재일 뿐이다. 여자들은 자기의 독립성에 자부심을 느낀다. 세계를 마침내 자기들의 눈으로 바라보기 시작하고, 평생 속고 현혹되어 왔다는 것을 깨닫는다. 통찰력 있고 경계하는 그녀들은 자주 흥미 있는 냉소주의에 도달한다. 특히 '인생을 살아 본' 여자는 어떤 남자도 공유하지 못하는 남자들에 대한 지식을 가지고 있다. 왜냐하면 그녀는 남자들의 공적인 모습이 아니라, 그들 각자가 동료들이 없을 때 되는 대로 살아가는 사소한 개인을 보아 왔기 때문이다. 그녀는 또한 여자들도 알고 있다. 여자들은 다른 여자들에게만 자기의 모습을 솔직하게 보인다. 그녀는 무대의 이면을 아는 것이다. 그러나 그 경험이 그녀에게 거짓과 기만을 폭로하게 하더라도 경험만으로는 진리를 발견하기에 충분치 않다. 나이 든 여자의 지혜는 재미있건 씁쓸하건 간에 아직도 완전히 부정적으로 머물러 있다. 이의 제기이고 규탄이며 거부인 그 지혜는 결실을 보지 못한다. 행동에서나 생각에서나 기생적인 여자가 알 수 있는 자유의 최고 형태는, 금욕적인 도전이나 회의적인 아이러니뿐이다. 생애 어떤 나이에서도 그녀는 유능한 동시에 독립적으로 되는 데 성공하지 못한다.

10장
여자의 상황과 성격

그리스 시대부터 오늘까지 여자에게 가해진 비난에는 여러 가지 공통점이 있는데, 우리는 이제 그 이유를 알 수 있다. 표면적으로는 여러 가지 변화가 있었지만 여자의 삶의 조건은 변하지 않은 채 그대로 있어서, 이 삶의 조건이 여자의 '성격'이라는 것을 규정하고 있다. 여자는 '내재 속에서 뒹굴고' 반대하기를 좋아하며, 지나치게 조심성 있고 인색하며 진리나 정확성에 대한 감각이 없다. 또 도덕성이 없고, 치사하게 실리를 추구하고, 거짓말쟁이에다 연극을 잘하며 이해관계에 밝다……. 이런 모든 주장에는 일리가 있다. 다만 이렇게 비난받는 여자의 품행이 호르몬 작용 탓은 아니며, 여자의 두뇌 내부에 미리 예시된 것도 아니다. 그것은 그녀가 처한 상황 때문에 은연중에 나온 것이다. 이러한 관점에서 우리는 여자의 상황에 대해 종합적으로 살펴보려고 한다. 이제까지의 내용과 중복되는 부분도 있겠지만, 이러한 시도를 통해 우리는 여자의 경제적·사회적·역사적 조건 전체에서 '영원한 여성'을 파악할 수 있게 될 것이다.

　사람들은 때로 '여자의 세계'를 남자의 세계와 대립시키기도 하지만, 여자들은 한 번도 자율적이고 폐쇄적인 사회를 구성한 적이 없다는 점을 다시 한 번 강조할 필요가 있다. 여자들은 남자들이 지배하는 집단에 통합되어 있고, 거기서 종속된 자리에 위치해 있다. 여자들은 단지 동류로서 서로 간에 기계적인 결속으로 결합해 있다. 즉, 여자들 사이에는 모든 통합된 공동체의 바탕이 되는 유기적인 연대가 없다. 여자들은 - 엘레우시스 신비의식[184] 시대에서처럼 오늘날의 클

---

[184] * 고대 그리스의 대지의 여신 데메테르를 제사하는 의식이며, 그것은 곧 그리스 연극의 기원이 된다.

럽이나 살롱, 직장에서 - 언제나 하나의 '반세계'를 확립하기 위해 결속하려는 노력을 해 왔다. 그러나 그것을 세우는 것 또한 남성 세계 안에서다. 여기에서 여자들의 상황의 모순이 생긴다. 즉, 그녀들은 남성 세계와 이 남성 세계가 문제시되고 있는 영역에 동시에 속해 있다. 전자에 의해서는 지위를 부여받고 후자 속에는 갇혀 있어서 어디에서도 편안하게 자리를 잡을 수 없다. 여자들의 순종의 이면에는 언제나 거부가 뒤따르고, 그 거부의 이면에는 언제나 수락이 뒤따른다. 이런 점에서 그녀들의 태도는 젊은 처녀의 태도와 흡사하다. 그러나 그런 태도는 지탱하기가 더 어렵다. 왜냐하면 성인 여자는 처녀들처럼 단지 상징을 통해 인생을 꿈꾸면 되는 것이 아니라 인생을 살아가는 것이 문제이기 때문이다.

세계가 전체적으로 남성적이라는 것을 여자 자신이 인정하고 있다. 세계를 만들고 규제하고 오늘날도 여전히 지배하는 것은 남자들이다. 여자는 자기가 이 세계에 대한 책임이 있다고 생각하지 않는다. 물론 여자는 열등하고 의존적이다. 그녀는 폭력의 교훈을 배우지 않았고, 집단의 다른 구성원들 앞에서 한 번도 주체로서 떠오른 적이 없었다. 자기 몸에, 자기의 거처에 갇혀, 인생의 목적과 가치를 규정하는 인간의 얼굴을 한 신들 앞에서 자신을 수동적인 존재로 파악하고 있다. 이런 의미에서 여자를 '영원한 어린아이'로 머무르게 하는 구호에는 진실이 들어 있다. 노동자나 흑인 노예, 식민화된 원주민들에 대해서도 그들을 무서워하지 않았던 동안에는 '커다란 어린아이'라고 말했다. 이는 그들이 다른 사람들이 제시하는 진리와 법을 군말 없이 받아들여야만 한다는 것을 의미하고 있었다. 여자의 운명은 복종과 존경이다. 그녀는 생각에서조차 자기를 에워싸고 있는 이 현실을 점유하지 못하고 있다. 현실은 여자의 눈에 불투명한 존재다. 사실 여자는 물질을 지배하게 해 줄 기술을 습득하지 못했다. 여자로 말하자면, 그녀는 물질과 싸우는 것이 아니라 생명과 싸우고 있다. 그리고 생명은 도구로 다스려지지 않는다. 오직 생명의 불가해한 법칙을 감내할 수 있을 뿐이다. 여자에게 세계는 하이데거Martin Heidegger(1889~1976)가 정의하는 것처럼, 그녀의 의지와 목적 사이에 매개적인 '도구의 전체'로 보이지 않는다. 그와 반대로 세계는 복종시킬 수 없는 완강한 저항이다. 세계는 숙명에 지배되고 불가해한 변덕에 침투되어 있다. 어머니의 태내에서 한 인간으로 변화되는 한 덩어리 피의 신비는 어떤 수학도 방정식화할 수 없고, 어떤 기계도 촉진하거나 지연시킬 수 없다. 여자는 아무리 정밀한 기계로도 나누거나 곱할 수 없는 시간의 저항을 느끼고 있다. 그녀는 그것을 달의 리듬에 순종하는 자기의 몸속에서, 그리고 세월이 처음에는 성숙시키다가 이윽고 부식시키는 자기의 몸에서 느낀다. 일상적으로 음식을 만드는 일은 인내와 수동성을 가르친다. 그것은 연금술이다. 불과 물에 복종하고, '설탕이 녹는 것을 기다려야' 하며, 밀가루 반죽이 부풀고 빨래가 마르는 것도 기다려야 하고, 과실이 익는 것도 기다려야 한다. 가사노동은 기술적인 활동과 유사하다. 그러나 기계적 인과 관계의 법칙을 여자에게 이해시키기에 가사노동은 너무나 초보적이고 단조롭다. 게다가 이러한 영역에서도 사물에는 저마다의 예기치 못한 변화가 있다. 빨아서 줄어드는 천이 있고 줄지 않는 천이 있으며, 지워지는 얼룩이 있고 좀처럼 지워지지 않는 것도 있다. 저절로 부서지는 물건이 있는가 하면 식물처럼 싹이 나는 먼지도 있다. 여자의 의식 상태는 대지의 마술적인 덕목을 숭배하는 농경문화의 의식 상태를 영속시키고 있다. 여자의 수동적인 에로티시즘은 그녀의 욕망을 의지와 공격이 아닌 지하 수맥 탐사가의 진자를 흔들리게 하는 것과 유사한 인력引力처럼 발견하게 한다. 남자의 성기는 단지 여자의 몸만으로도 팽창하고 발기하는데, 땅속에 숨겨져 있는 물이 왜 개암나무 지팡이를 흔들리게 하지 않겠는가? 여자는 물결이나 방사선이나 유체流體에 둘러싸여 있다고 느낀다. 그녀는 텔레파시, 점성술, 자기감지磁氣感知, 메스머Friedrich Auton Mesmer[185]의 나무통, 접신론, 호구리狐狗狸,[186] 점쟁이, 엉터리 치료사를 믿는다. 또한 종교에 원시적인 미신을 도입한다. 양초나 봉헌물 등이 그것이다. 그녀는 성자들 속에 고대인들의 자연의 정령을 구현시킨다. 즉, 성자는 여행자들을 보호하고, 성녀는 임산부를 지켜주며, 또 다른 성자는 잃어버린 물건을 찾아준다. 당연히 어떤 기적도 그녀를 놀라게 하지 않는다. 그녀는 주술과 기도로 대한다. 그녀는 어떤 결과를 얻기 위해 시험을 거친 의식에 복종하게 된다. 그녀가 관례를 지키는 까닭을 이해하기는 쉽다. 그녀에게 시간은 새로운 차원을 갖지 않는다. 그것은 창조의 용솟음이 아니기 때문이다. 그녀는 늘 반복만 하고 있어서 미래에서 과거의 복제물밖에 보지 못한다. 만일 말과 관례적인 표현을 알고 있다면 시간은 생식 능력의 힘과 결합한다. 그러나 생식 능력조차도 달과 계절의 리듬에 복종하고 있다. 임신과 개화의 주기는 매번 이전과 똑같이 되풀이된다. 이런 주기적인 움직임에서 시간의 유일한 생성은 완만

---

185 * 독일의 의학자, 동물의 자력 이론의 창시자. 메스머 최면술은 현대의 정신 요법 가운데 하나인 최면 요법으로 받아들여지고 있다.

186 * 신령의 힘으로 테이블을 움직이는 영기술靈氣術의 일종

한 파괴뿐이다. 시간은 얼굴을 망가뜨리는 것처럼 가구나 의복을 갉아먹는다. 풍요롭고 생산적인 힘은 세월의 흐름에 따라서 조금씩 파괴되어 간다. 그러므로 여자는 시간이라는 이 가차 없이 파괴하는 힘을 신뢰하지 않는다.

여자는 세계의 양상을 변화시킬 수 있는 진정한 행동이 무엇인지 모를 뿐만 아니라, 거대한 혼돈의 성운 속에 놓인 것처럼 이 세계의 한가운데서 길을 잃고 헤맨다. 그녀는 남자의 논리를 잘 사용할 줄 모른다. 스탕달은 여자도 필요하다면 남자와 마찬가지로 논리를 능숙하게 다룬다는 점에 주목했다. 그러나 논리는 여자가 거의 사용할 기회가 없는 도구다. 삼단논법은 마요네즈를 성공적으로 만드는 데도, 우는 아이를 달래는 데도 소용없다. 남자들의 이성적 사유는 여자가 경험하는 현실에 적합하지 않다. 그리고 남자의 왕국에서 여자는 아무것도 *하지* 않기 때문에, 그녀의 생각은 어떤 기획에도 작용할 수 없으므로 꿈과 다를 바 없다. 실효성이 없는 까닭에 그녀는 진실에 대한 감각이 없다. 이미지와 말을 상대로 하고 있을 뿐이다. 그래서 아무리 모순된 주장도 거리낌 없이 받아들인다. 어쨌든 자기 능력 밖에 있는 영역의 수수께끼를 밝히려는 걱정은 별로 하지 않는다. 그런 것에 관해서는 지독하게 막연한 지식에 만족한다. 여자는 정당, 견해, 장소, 사람, 사건들을 혼동하고 있다. 여자의 머릿속은 기묘한 혼란 상태다. 그러나 결국 명확히 사물을 보는 것은 여자의 일이 아니다. 여자는 남자의 권위를 받아들이도록 교육받았다. 따라서 자신을 위하여 비판하고 검토하고 판단하는 것을 포기하고, 자기보다도 우월한 계급에 일임한다. 그 때문에 남자의 세계는 여자에게 초월적 현실, 하나의 절대처럼 보인다. "남자는 신들을 만들고 여자는 신들을 숭배한다"고 제임스 프레이저는 말한다. 남자들은 자기들이 만든 우상 앞에서 전적으로 확신하며 무릎을 꿇지 못한다. 그러나 여자들은 길에서 그 거대한 조각상들을 마주치면, 그것들이 누군가의 손으로 만들어졌다는 것을 생각하지 않은 채 순순히 엎드려 머리를 조아린다.[187] 여자들은 특히 **'질서'**와 **'법'**이 한 사람의 지도자 속에 구현되는 것을 좋아한다. 올림푸스 전체를 통해 최고의 신은 하나다. 위엄 있는 남성적 본질은 하나의 원형에 모여 있어야만 하고, 아버지나 남편이나 애인은 불확실한 반영일 뿐이다. 여자들이 이런 위대한 토템에 드리는 의

---

187 장 폴 사르트르의 『더러운 손』 참조. 외드레르가 말했다. "여자들은 고집불통이야. 너도 알겠지만, 여자들은 기성의 관념을 받아들여서 신을 믿듯이 그것을 믿어. 관념은 우리가 만들고, 우리는 그 관념이 어떻게 만들어졌는지 알고 있지. 우리는 우리가 옳다고 결코 완전히 확신하지 않아."

식이 성적이라고 말하는 것은 얼마쯤은 유머러스한 이야기다. 그러나 그러한 대
상물 앞에서 그녀들이 자기 포기와 복종이라는 유아적 꿈을 한껏 만족시킨다는
것은 사실이다. 프랑스에서 불랑제Georges Boulanger, 페탱Philippe Pétain, 드골Charles de
Gaulle[188] 같은 장군들은 언제나 자기들의 편이 되어 주는 여자들이 있었다. 또한
최근에는 『위마니테L' Humanité』[189]지의 여기자들이 얼마나 감격에 떨리는 펜으로
티토Josip Broz Tito(1892~1980)[190]와 그의 훌륭한 유니폼을 묘사했는지 사람들은 기억
하고 있다. 장군, 독재자 – 독수리의 눈매, 결연한 턱 – 는 근엄한 세계가 요구하
는 하늘의 아버지이며, 모든 가치의 절대적 보증자다. 여자들이 영웅과 남성 세
계의 규범에 보내는 존경은 무능과 무지에서 나온다. 그녀들은 영웅과 규범을 판
단이 아니라 신앙으로 인정한다. 신앙은 지식이 아니기 때문에 광신적인 힘을 끌
어낸다. 신앙은 맹목적이고 열정적이며 완고하고 어리석다. 신앙이 설정하는 것,
신앙은 무조건적으로 이성과 역사와 모든 반증에 반하여 설정한다. 이런 완강한
숭배는 사정에 따라서 두 가지 형태를 취할 수가 있다. 즉, 여자가 어떤 때는 법의
내용에, 또 어떤 때는 법의 공허한 형식에만 정열적으로 동조하는 수가 있다. 그
녀가 기성 사회질서에서 이익을 얻는 특권적 엘리트에 속한다면, 질서가 흔들리
지 않기를 바라며 완고한 보수파의 태도를 보인다. 남자는 자기가 다른 제도, 다
른 윤리, 다른 법률을 만들 수 있다는 것을 안다. 자기를 초월적 존재로 파악하므
로 역사 또한 하나의 생성으로 생각한다. 가장 보수적인 남자도 일정 정도의 진
화는 불가피한 것이며, 자기의 행동과 생각을 거기에 적응시켜야 한다는 것을 알
고 있다. 여자는 역사에 참여하지 않으므로 역사의 필연성을 이해하지 못한다.
여자는 미래를 의심하고 시간을 정지시키기를 바란다. 만일 아버지나 형제나 남
편이 제시한 우상들이 쓰러진다면, 그녀는 하늘에 다시 신들을 거주하게 할 어떠
한 방법도 예견하지 못한다. 그래서 그녀는 그 우상들을 악착같이 지키려고 한
다. 미국 남북전쟁 중에 남부 연합파의 누구도 여자들만큼 열렬히 노예제도를 주

---

188 "장군이 지나가는 길가에 나온 사람들은 특히 여자들과 아이들로 구성되어 있었다." (1948년 9월 사부아
     에서의 순회에 관하여-신문)
     "남자들은 장군의 연설에 박수갈채를 보냈으나 여자들은 열광했다. 개중에는 글자 그대로 황홀함을 표현
     하는 여자들도 눈에 띄었다. 거의 하는 말마다 찬사를 보내고, 얼굴이 양귀비꽃 색깔로 빨개지도록 열정적
     으로 소리를 지르며 박수갈채를 보냈다." (1947년 4월 11일-라디오)
189 * 프랑스 공산당 기관지
190 * 유고슬라비아의 정치가

장한 사람은 없었다. 영국에서는 보어 전쟁 때에, 프랑스에서는 코뮌에 반대해 가장 열광적인 태도를 보인 사람도 여자들이다. 여자들은 강렬한 감정을 내세워 자기들의 무기력을 보상하려고 한다. 승리하면 그녀들은 쓰러뜨린 적의 몸 위에 올라선 하이에나처럼 맹위를 떨치고, 패배하면 모든 화해를 완강하게 거부한다. 그녀들의 이념은 단순한 태도에 불과하므로, 시대에 가장 뒤진 여러 주의나 주장을 지키는 일은 그녀들에게 별것이 아니다. 그녀들은 1914년에는 정통 왕조의 지지파가 될 수 있었고, 1949년에는 제정 러시아의 지지자가 될 수 있었다. 남자는 때때로 미소 지으면서 그녀들을 격려하기도 한다. 남자는 절도 있게 표현한 자기 의견이 광신적 형태로 여자에게 반영된 것을 보고 좋아한다. 그러나 때로는 자신의 생각이 그와 같이 어리석고 완고한 양상을 띠는 것에 짜증을 내기도 한다.

여자는 이처럼 오직 견고하게 통합된 문명이나 계급 안에서 타협을 모르는 사람으로 여겨진다. 일반적으로 법이 단순히 법이기 때문에 존중하는 그녀의 신앙은 맹목적이다. 법은 바뀌어도 그 위신은 남는다. 여자의 눈에는 힘이 권리를 만들어 낸다. 그녀들이 인정하는 권리가 남자들의 힘에서 나오기 때문이다. 그 때문에 한 집단이 해체될 때, 여자들이 맨 먼저 정복자들의 발치에 엎드린다. 일반적으로 여자들은 현재의 있는 것을 그대로 받아들인다. 여자들의 성격을 나타내는 특징 가운데 하나는 체념이다. 폼페이의 폐허에서 시신을 발굴했을 때 남자는 하늘을 향해 도전하거나 도망가려고 하면서 반항하는 자세로 죽어 있는 것을 볼 수 있었다. 반면에 여자는 몸을 굽히고 얼굴을 땅으로 향하고 있었다. 그녀들은 자신들이 화산, 경찰관, 주인, 남자 같은 것에 대해 무력하다는 것을 알고 있다. "여자들은 고통받기 위해 만들어졌다. 그것이 인생이야…… 어쩔 수 없어"라고 그녀들은 말한다. 이런 체념은 종종 놀랄 만한 인내를 낳는다. 여자들은 남자보다 육체적 고통을 훨씬 더 잘 견딘다. 필요한 경우에는 금욕적인 용기를 낼 수 있다. 남자와 같은 공격적인 대담성이 없는 대신에 많은 여자가 수동적으로 저항하는 조용한 강인함으로 두각을 나타낸다. 그녀들은 남편들보다도 더 정력적으로 위기와 가난과 불행에 대항한다. 아무리 서둘러도 결코 이길 수 없는 시간을 존중하여 절대 서두르지 않는다. 어떤 기획에 여자들의 침착한 완고함을 적용하면 여자들은 때로 놀라운 성공을 거두기도 한다. "여자들은 언제나 원하는 것을 얻고 만다"라는 격언도 있다. 관대한 여자에게서 이런 체념은 관용의 형태를 취한다. 즉, 그녀는 모든 것을 수용하고 아무도 단죄하지 않는다. 사람도 사물도 있는 그대로 존재인 것 외에는 다를 수 없다고 생각하기 때문이다. 자존심이 강한 여자는 금욕주의 속에서 경직된 샤리에르 부인과 같이 그러한 태도를 고귀한 덕목으로 만들 수 있다. 그러나 그것은 결실을 보지 못하는 조심성을 낳기도 한다. 여자들은 파괴하고 새로 재건하려 하기보다는 차라리 언제나 보존하고 손질하고 정돈하려고 노력한다. 그녀들은 혁신보다 타협과 화해를 더 좋아한다. 19세기에 여자들은 노동자 해방 운동에 아주 큰 걸림돌 중 하나였다. 얼마나 많은 소심한 주부들이 남편에게 플로라 트리스탕Flora Tristan(1803~1844)[191]이나 루이즈 미셸 같은 여자들을 위해 위험한 짓을 감행하지 말라고 애원했던가! 그녀들은 파업이나 실업이나 빈곤을 무서워했을 뿐만 아니라 반항하는 것이 잘못은 아닐까 두려워했다. 인종忍從을 위한 인종, 그녀들은 모험보다 인습을 따르는 쪽을 택했다. 길 위에서보다는 집에서 보잘것없는 행복이나마 만드는 것이 훨씬 쉬웠기 때문이다. 그녀들의 운명은 소멸하기 마련인 덧없는 것들의 운명과 하나가 된다. 그런 것들을 잃어버림으로써 그녀들은 모든 것을 잃어버리게 될 것이다. 오직 자유로운 주체만이 시간을 초월해 자기를 확립함으로써 모든 파괴를 저지할 수 있다. 이러한 최상의 방책이 여자에게는 금지되어 있다. 무엇보다도 여자는 자유의 힘을 한 번도 경험하지 못했기 때문에 해방을 믿지 않는다. 세계는 그녀에게 보이지 않는 운명에 의해 지배되고 있어서 그 운명에 반항하는 것은 주제넘은 일처럼 보인다. 그녀를 억지로 가게 하려는 이 위험한 길은 그녀 스스로 닦아 놓은 것이 아니므로, 그녀가 열의를 가지고 그곳으로 재빨리 움직이지 않는 것은 당연하다.[192] 여자에게 미래를 열어 주면 그녀는 더 이상 과거에 매달리지 않는다. 여자들에게 행동하기를 구체적으로 호소할 때, 그리고 그녀들에게 지정된 목표 속에서 자신들을 알아볼 때, 그녀들은 남자들 못지않게 대담하고 용감해질 것이다.[193]

191 * 프랑스의 19세기 전반기 여성 및 노동자 해방 운동의 선구자
192 앙드레 지드의 『일기』참조. "크리즈 혹은 로트의 아내. 한 여자는 뒤처지고, 다른 여자는 뒤를 돌아다본다. 늑장을 부리는 한 방식이다. 다음과 같은 구절보다 더 큰 정열의 외침은 없다.

그래서 페드르는 당신과 더불어 미궁에 내려가서
길을 찾는 것도 잃는 것도 당신과 함께하리라.

그러나 정열이 그녀를 눈멀게 했다. 사실 몇 발짝 걷고 나면 그녀는 주저앉을 것이다. 아니면 뒤로 되돌아가려 하리라 - 혹은 결국 자기를 엎혀 가게 하리라."
193 그리하여 한 세기 전부터 프롤레타리아 여성들의 태도는 현저하게 변화되었다. 특히 북부 탄광에서 최근에 일어난 파업 중에 여자들은 남자들과 함께 시위하고 투쟁하면서 남자들 못지않은 열정과 에너지를 보여 주었다.

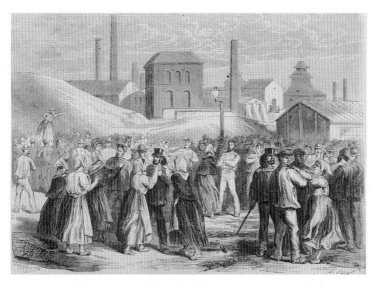

프랑스의 크뤼조에서 파업 중 여성들의 시위 모습, 『유니버스 일러스트레 *L'Univers illustré*』, 1870

여자들이 비난받는 많은 결점, 즉 보잘것없음, 옹졸함, 소심함, 치사함, 게으름, 경박함, 비굴함은 여자들에게 앞길이 막혀 있다는 사실을 단순하게 표현하는 것이다. 여자는 관능적이며 내재 속에서 뒹굴고 있다고들 한다. 그러나 남자들이 먼저 여자를 내재 속에 가두었다. 하렘에 갇힌 여자 노예는 장미로 만든 잼이나 향수를 푼 목욕에 대해서 어떠한 병적인 열정도 느끼지 않는다. 그러나 어떡해서든지 남아도는 시간을 죽여야만 한다. 침울한 규방 속에서 – 닫힌 집이나 부르주아 가정에서 – 얼마나 숨이 막히느냐에 따라 여자는 안락함이나 유복함을 찾아 도피하게 된다. 게다가 육체적 쾌락을 탐욕스럽게 추구한다면, 대개는 그에 대한 욕구 불만 상태에 있기 때문이다. 성적으로 충족되지 못하고, 남자의 횡포에 바쳐지며, '남자의 추함을 견뎌야 하는' 여자는 크림소스로, 독한 포도주로, 벨벳으로, 물이나 태양의 간지럼힘으로, 여자 친구나 젊은 애인의 애무로 자신을 위로한다. 여자가 매우 '육체적' 존재로 보인다면, 그녀의 삶의 조건이 동물성에 극도로 중요성을 부여하도록 남자가 자극했기 때문이다. 여자라고 해서 남자보다 육체의 외침이 더 강한 것은 아니다. 그러나 그녀는 자기 몸의 가장 작은 소리도 귀담아듣고 증폭시킨다. 성적 쾌감은 고통의 예리함과 마찬가지로 전격적인 즉각적 승리다. 순간적인 난폭성으로 미래와 우주는 부정된다. 육체의 타오르는 불길 바깥에는 아무것도 없다. 이 잠깐의 화려한 개화에서 여자는 자기를 더 이상 불구나 욕구 불만 상태로 느끼지 않는다. 그러나 거듭 말하지만, 그녀가 내재적 승리에 그토록 많은 가치를 부여하는 것은 오로지 내재성이 자기의 유일한 몫이기 때문이다. 여자의 경박함은 그녀의 '비열한 물질주의'와 그 원인이 똑같다. 여자는 큰 것에 접근하지 못하므로 사소한 것들에 중요성을 부여한다. 게다가 그날 그날을 채우는 하찮은 일들이 대개는 매우 중요한 일들이다. 여자는 자기의 매력과 기회를 옷치장이나 화장에서 끌어낸다. 그리고 대개 게으르거나 무기력한 태도를 보인다. 여자들이 하는 일은 순수한 시간의 흐름과 마찬가지로 무의미하다. 여자가 수다쟁이거나 엉터리 삼류 작가거나 한 것은 자기의 한가함을 속이기 위해서다. 즉, 여자는 행동할 수 없으니 말로 대체하는 것이다. 사실 인간다운 기획에 참여할 때에 여자는 남자와 마찬가지로 적극적이고 효과적이며 과묵한 태도를 보이고, 어떠한 괴로움도 견디어 낸다. 여자는 비굴하다는 비난을 받는다. 언제나 주인의 발치에 엎드리고, 자기를 때리는 손에 키스할 준비가 되어 있다고 흔히들 말한다. 일반적으로 여자에게 진정한 자존심이 없는 것은 사실이다. 독자의 사연을 상담해 주는 칼럼에서 남편에게 배신당한 아내나 애인에게 버림받은 여자에게 하는 조언은 비열한 복종의 정신으로 고취된 것이다. 여자는 경멸하는 듯한 싸움에서 지친 나머지 결국 남자가 던져 주려는 빵부스러기를 주워 담는다. 하지만 남자가 유일한 수단인 동시에 삶의 유일한 이유인 여자가 남자의 지지 없이 무엇을 할 수 있는가? 여자는 모든 굴욕을 참아낼 수밖에 없다. 노예는 '인간 존엄'의 감각을 가질 줄 모른다. 그로서는 용케 궁지를 벗어나는 것만으로도 충분하다. 요컨대 여자가 '저속하고' '가정적'이고 치사하게 타산적이라면, 그것은 그녀가 음식이나 만들고 오물이나 청소하는 데 자기 생활을 바치도록 강요당하고 있기 때문이다. 그런 것에서 그녀가 대단하다든가 위대하다는 의미를 끌어낼 수는 없다. 여자는 자기의 우연성과 사실성 속에서 생활의 단조로운 반복을 보장해야만 한다. 그녀 자신이 거듭하고 되풀이할 뿐 결코 아무것도 창조하지 못하는 것도, 시간이 둥글게 회전하여 어디로도 인도하지 않는 것처럼 보이는 것도 당연하다. 여자는 결코 아무것도 *하지* 않고 소일한다. 그러므로 그녀는 자기가 **가지고 있는** 것 속에 자기를 소외시킨다. 사물에 대한 이런 의존성은 남자들이 여자를 붙잡아두는 의존성의 결과이며, 그녀의 조심성 많은 절약이나 인색함을 설명한다. 여자의 삶은 목적을 향해 나아가지 않는다. 오직 수단에 불과한 것들, 즉 먹거리, 의복, 주거를 생산하거나 유지하는 데만 열중한다. 그런 것은 동물적 삶과 자유로운 존재 사이에 있는 비본질적 매개물이다. 비본질적 수단에 결부된 유일한 가치는 유용성이다. 주부는 유용성의 차원에서 생활하기 때문에 그녀 자신도 측근들에게 유용하게 되는 것만을 자랑스럽게 생각한다. 그러나 어떤 존재도 비본질적 역할에 만족할 수 없을 것이다. 그녀는 이내 수단을 목적으로 삼고, - 특히 정치가들에게서 볼 수 있는 것처럼 - 그녀의 눈에 수단의 가치는 절대적 가치가 된다. 이와 같이 유용성은 주부의 하늘에서는 진리나 아름다움이나 자유보다도 더 높게 군림한다. 그리고 여자는 이러한 관점에서 세계 전체를 바라본다. 그 때문에 그녀는 중용이나 범용이라는 아리스토텔레스적 도덕을 채택한다. 그런 여자에게서 어떻게 대담성, 열의, 초연, 위대함을 발견한단 말인가? 이러한 자질은 오로지 자유가 열린 미래를 통해 투신해 모든 여건을 넘어 떠오르는 경우에만 나타나는 것이다. 사람들은 여자를 부엌이나 규방에 가두어 두고서 여자의 시야가 좁은 것에 놀란다. 여자의 날개를 잘라놓고는 그녀가 날 줄 모른다고 개탄한다. 여자에게 미래를 열어 준다면, 그녀는 더 이상 현재에 정착해 있지만은 않을 것이다.

여자를 그 자아나 가정의 한계에 가두어 두면서 그녀의 나르시시즘과 이기주의 및 허영, 신경과민, 악의 등을 비난하는 것은 모순이다. 또한 여자에게서 타인과의 구체적 소통의 가능성을 모두 제거하는 것이다. 여자는 분리된 채 가정의 일에 온통 전념하고 있어서 연대의 호소나 이익을 경험으로 느끼지 못한다. 따라서 그녀가 일반적 이익을 향해 자기를 초월하는 것을 기대할 수 없을 것이다. 여자는 친숙하고 사물을 지배할 수 있으며 일시적 주권을 재발견할 수 있는 유일한 영역에서 완강하게 틀어박혀 있다.

하지만 여자가 문을 닫아걸고 창문을 가린다고 하여도 소용없다. 그녀는 자기 가정에서 절대적인 안전을 발견하지 못한다. 여자가 감히 들어가려 하지 못한 채 멀리서 떠받드는 남자의 세계가 여자를 둘러싸고 있다. 그리고 바로 이 남자의 세계를 기술이나 확실한 논리나 분명한 지식을 통해서 파악할 수 없으므로 자기가 어린아이와 원시인처럼 위험한 신비에 둘러싸여 있다고 느낀다. 그녀는 현실에 자기의 마법적 개념을 투사한다. 그녀에게는 일의 흐름이 숙명적인 것처럼 보인다. 하지만 모든 것이 일어날 수 있다. 여자는 가능과 불가능을 잘 구별하지 못하고, 누구라도 믿을 준비가 되어 있다. 모든 소문을 받아들이고 퍼뜨리며 공황 상태를 일으킨다. 무사평온한 때라도 걱정 속에서 산다. 밤에 꼼짝하지 않고 누워 있는 사람은 선잠 속에서 현실이 덮어 버린 악몽의 얼굴들을 맞닥뜨리고 무서워한다. 이처럼 수동성에 처한 여자에게 불투명한 미래는 전쟁, 혁명, 기아, 빈곤의 유령들로 가득 차 있다. 그녀는 행동할 수 없으므로 불안해한다. 남편이나 아들은 위험한 짓을 강행해서라도 어떤 기획에 뛰어들거나 어떤 사건에 말려든다. 남자들의 계획이나 그들이 따르는 규칙은 어두움 속에서 확실한 길을 내준다. 그러나 여자는 혼돈의 어둠 속에서 몸부림친다. 아무것도 하지 않기 때문에 '걱정만 하고 있다.' 상상 속에서는 모든 가능성이 같은 현실성을 갖추고 있다. 즉, 기차는 탈선할 수 있고, 수술은 실패할 수 있으며, 사업은 성공하지 못할 수도 있다. 여자는 장시간의 우울한 반추 속에서 무력함의 망령을 헛되이 물리치려 한다.

근심은 주어진 세계에 대한 여자의 불신을 나타낸다. 여자에게 이 세계가 위협으로 가득해서 까닭 모를 재앙 속에 몰락할 것처럼 보인다면, 그것은 그녀가 거기서 행복하지 않기 때문이다. 대부분의 여자는 시간에 체념하고 받아들이지 않는다. 자기가 참고 견디는 것이 무엇인지 잘 알고 있고, 본의 아니게 그것을 참고 있다. 즉, 그녀는 자기 의사와는 상관없이 여자이다. 그녀는 감히 반항하지 못하고 마지못해 복종하는 것이다. 그녀의 태도는 끈기 있는 항의를 담고 있다. 여자들의 속내를 듣는 의사, 신부, 사회복지 요원 같은 사람들은 모두 여자에게 가장 익숙한 양태가 불평이라는 것을 알고 있다. 여자 친구들끼리도 저마다 자신의 불행을 한탄한다. 그리고 이구동성으로 운이 없는 것과 세상과 남자 전체에 대해 불평한다. 자유로운 개인은 실패를 자기 탓으로 돌리며, 그것에 대해 책임진다. 그러나 여자에게 일어나는 모든 일은 타인 때문이며, 그녀의 불행은 타인에게 책임이 있다. 그녀의 미칠 듯한 절망은 어떤 구제책도 거부한다. 고집스럽게 불평을 늘어놓는 여자에게 해결책을 제시하는 것은 아무런 도움이 되지 않는다. 그녀에게는 어떤 것도 받아들일 만한 것으로 보이지 않는다. 그녀는 바로 자기가 사는 그대로, 즉 자기의 상황을 무력한 분노 속에서 살고 싶어 한다. 사람들이 그녀에게 어떤 변화를 제시하면, 그녀는 하늘을 향해 두 팔을 쳐들고 "결국 그런 말을 하는군요"라고 한다. 그녀는 자기의 불편함이 자기가 그것에 대해서 말하는 구실보다 더 뿌리 깊다는 것을 알고 있으며, 그것에서 벗어나려면 임시방편으로는 부족하다는 것을 알고 있다. 그래서 그녀는 세계 전체에 책임을 돌린다. 왜냐하면 세계가 그녀 없이, 그리고 그녀에 반해 세워졌기 때문이다. 사춘기부터, 유년 시절부터 그녀는 자기가 처한 조건에 대해 이의를 제기하고 있다. 사람들은 그녀에게 보상을 약속했다. 그리고 그녀가 기회를 포기하고 남자의 손에 맡긴다면, 그 기회는 그녀에게 백배로 돌아오리라고 장담하였다. 그러나 그녀는 이제 자기가 기만당했다고 생각한다. 그녀는 남성 세계 전체를 규탄한다. 원한은 의존의 이면이다. 여자는 모든 것을 다 주어도 결코 충분하게 보상받지 못하지만, 남자의 세계를 존중할 필요가 있다. 만일 남자의 세계 전체를 의심하고 부인한다면, 그녀는 머리 위에 지붕이 없는 위험에 처해 있다고 느낄 것이다. 그래서 그녀는 주부의 경험으로 암시받은 마니교Manichaeism[194] 신도들의 태도를 채택한다. 행동하는 개인은 타인들과 마찬가지로 자기도 선과 악에 대한 책임이 있다는 것을 인정한다. 그는 어떤 이상을 세우고 실현하는 자는 자기 자신이라는 것을 알고 있다. 그는 행동 속에서 모든 해결책의 모호성을 느끼고 있다. 정의와 불의, 이득과 손실은 서로

---

194 * 세계를 광명과 암흑, 선과 악으로 나누고 대립시키면서 광명과 선이 암흑과 악을 제압한다는 철저한 이원론을 제창한 종교

복잡하게 얽혀 있다. 그러나 수동적인 태도를 취하는 사람은 누구든지 게임을 단호하게 거부하고, 생각에서조차 윤리적 문제를 설정하는 것을 거부한다. 선은 실현**되어야만 한다**. 그렇지 않으면 잘못이 있는 것이며, 잘못을 저지른 사람은 벌해야 한다. 여자는 어린아이처럼 마음속에 선과 악을 단순한 에피날 판화[195]로 떠올린다. 마니교는 선택의 불안을 없앰으로써 정신을 안정시킨다. 하나의 재해와 더 작은 재해, 현재의 이익과 미래의 더 큰 이익 사이에서 결정하는 것, 패배인 것과 승리인 것을 스스로 결정해야 하는 것, 그것은 너무나 위험한 짓을 감행하는 것이다. 마니교도에게 좋은 곡식은 나쁜 이삭과 분명하게 구별되어 있어서 단지 나쁜 이삭을 뽑아 버리면 된다. 먼지는 그 자체가 나쁜 것이다. 청결함은 더러움이 전혀 없는 상태. 청소하는 것은 쓰레기와 진창을 제거하는 것이다. 이런 사고방식과 똑같이 여자는 모든 것이 유대인이나 프리메이슨 단원[196]이나 볼셰비키나 정부의 잘못이라고 생각한다. 여자는 언제나 누구에게 또는 무엇에 반대한다. 반드레퓌스파anti-dreyfusards들 가운데서 여자들이 남자들보다 훨씬 더 많은 증오심을 품었다. 그녀들이 언제나 악의 원리가 어디에 있는지 알고 있는 것은 아니다. 그러나 그녀들은 '착한 정부'가 집에서 먼지를 털어 버리듯 악을 제거해 주기를 기대한다. 열렬한 드골주의자 여성들에게 드골은 청소부의 왕처럼 보인다. 그녀들은 '깨끗한' 프랑스를 만들기 위해 깃털 비와 걸레를 손에 들고 문질러 닦고 광내는 드골의 모습을 상상하고 있다.

그러나 이러한 희망은 항상 불확실한 미래에 있다. 그동안에 악은 계속해서 선을 갉아먹고 있다. 그래서 여자는 수중에 유대인과 볼셰비키와 프리메이슨 단원을 쥐고 있지 못하기 때문에 그만큼 더 구체적으로 분노를 터뜨릴 상대를 찾는 것이다. 즉, 남편이 그렇게 선정된 희생자다. 남자의 세계는 남편 속에 육화되어 있고, 남성 사회는 그를 통해 여자를 부양하고 여자를 속여 왔다. 그는 이 세상의 무게를 견디고 있다. 그리고 일이 잘못되면 그것은 그의 탓이다. 남편이 저녁에 집에 돌아오면 여자는 아이들, 상인, 살림, 물가, 류머티즘, 날씨에 대해 불평을 늘어놓는다. 즉, 여자는 남편이 죄책감을 느끼기를 원한다. 그녀는 종종 남편에 대해서 특별한 불만을 품을 수 있다. 그러나 남편은 무엇보다 자기가 남자

---

195 * 19세기 프랑스 에피날 지역에서 만들어진 교훈적인 내용의 통속화
196 * 1723년 런던에서 성립된 세계주의 운동의 비밀 결사. 성실, 신의, 국제적 형제애를 신조로 하는 종교적 단체다.

라는 사실에 죄가 있다. 그 역시 질병과 근심이 있을 수 있다. 그러나 '그것은 경우가 다르다.' 남편은 특권을 쥐고 있고, 아내는 끊임없이 그 특권을 부당한 것으로 강하게 느끼고 있다. 아내가 남편이나 애인에게 느끼는 적의는 그녀를 그들에게서 멀어지게 하기는커녕 오히려 묶어 놓는 것임에 주목할 필요가 있다. 남자는 아내나 정부가 싫어지면 도망가려고 한다. 그러나 여자는 증오하는 남자를 보복하기 위해 손아귀에 넣으려고 한다. 상대를 신랄하게 비난하는 것은 자기의 불행을 떨쳐 버리는 게 아닌 그 속에서 뒹굴기를 택하는 것이다. 그녀의 최고의 위안은 자기 자신을 순교자로 여기는 것이다. 남자들이 인생을 무너뜨렸다. 그녀는 이 패배 자체를 승리로 만들 것이다. 그 때문에 그녀는 어릴 때처럼 눈물과 언쟁의 광란에 그토록 쾌활하게 빠져들게 된다.

여자가 그토록 쉽게 우는 것은 그녀의 삶이 무력한 반항에 근거를 두고 있기 때문임이 틀림없다. 여자는 생리적으로 교감신경계를 통제하는 힘이 남자보다 약할 수 있다. 그러나 무엇보다 교육이 그녀에게 되는 대로 살아가도록 가르쳤다. 디드로나 뱅자맹 콩스탕도 눈물을 많이 흘렸으나 규율이 커다란 역할을 했다. 풍습이 남자들에게 우는 것을 금지한 이래로 남자들은 울지 않게 되었다. 여자는 항상 세상에 대해 실패의 태도를 취할 채비를 갖추고 있다. 이는 한 번도 세상을 진정으로 떠맡아 본 적이 없기 때문이다. 남자는 세상에 동의한다. 불행조차 남자의 태도를 바꾸지 못할 것이다. 남자는 불행에 정면으로 부딪치며 '쉽게 쓰러지지' 않을 것이다. 한편, 여자가 세상의 적의와 자기 운명의 부당함을 새롭게 자각하는 데는 장애물 하나로 충분하다. 그때 그녀는 가장 믿을 만한 피난처인 자기 자신에게로 서둘러 도망간다. 그녀의 두 뺨 위에 흐르는 미지근한 눈물 자국, 눈구멍의 그 욱신거림은 괴로워하는 그녀의 영혼을 보여 준다. 또한 피부에는 부드럽고 혀에는 거의 짠맛이 감돌게 하는 눈물은 연하고 쓰린 애무다. 얼굴은 온화한 물의 흐름 밑에서 작열하고 있다. 눈물은 탄식인 동시에 위안이고, 열기인 동시에 진정시키는 시원함이다. 또한 최고의 변명이기도 하다. 눈물은 뇌우처럼 갑작스럽게 단속적으로 오는가 하면, 태풍이나 파도나 바람, 우박, 눈을 동반한 소나기가 되어 여자를 구슬픈 샘물로, 요동치는 하늘로 변신시킨다. 그녀의 두 눈은 더 이상 보지 못하고 안개로 뒤덮인다. 그 눈은 이제 시선이 아닌 비가 되어 녹아 내린다. 눈이 멀어 버린 여자는 자연물의 수동성으로 되돌아간다. 사람들은 여자가 정복되기를 원한다. 여자는 자기의 패배 속에 가라앉는다. 여자는 수직으로 가라앉아 익사하며, 떨어지는 폭포 앞에 있는 듯 어찌할 바를 몰라 여자를 바라보기만 하는 남자에게서 벗어난다. 남자는 이런 방식이 비열하다고 판단한다. 그러나 여자는 싸움이 출발부터 비열했다고 생각한다. 왜냐하면 그녀의 손에는 어떤 효과적인 무기도 주어져 있지 않았기 때문이다. 여자는 다시 한 번 마법적 주술에 호소한다. 흐느낌이 남자를 짜증 나게 한다는 사실에 그녀는 그것에 더욱더 달려든다.

　눈물만으로 반항을 표현하기가 충분치 않다면, 여자는 남자를 한층 더 좌절시키게 될 언쟁의 장면으로 앞뒤가 맞지 않는 난폭함을 연기할 것이다. 어떤 계층에서는 아내를 정말로 때리는 경우가 있다. 또 다른 계층에서는 그의 주먹이 여자보다 더 강하고 효과적인 도구임이 확실하므로 오히려 폭력을 일체 자제한다. 그러나 여자는 아이처럼 상징적인 감정의 분출에 자기를 내맡긴다. 즉, 남자에게 덤벼들고 그를 할퀼 수도 있다. 그러나 그것은 제스처에 불과하다. 특히 여자는 구체적으로 실현할 수 없는 거부를 신경 발작을 통해 몸짓으로 나타낸다. 여자가 경련성 시위를 자주 하는 것은 단지 생리적인 이유 때문만은 아니다. 경련은 세계를 향해 던져진 에너지가 그 대상물을 파악하는 데 실패해 일어나는 내면화의 한 현상이다. 그것은 상황에 의해 야기된 모든 부정적인 힘의 헛된 사용이다. 어머니는 어린 자식들 앞에서 신경 발작을 일으키는 일이 드물다. 왜냐하면 어머니는 그들을 때릴 수도 있고 벌할 수도 있기 때문이다. 여자는 그녀의 영향력이 미치지 못하는 장성한 아들이나 남편이나 애인 앞에서 격앙된 절망에 빠진다. 톨스토이의 부인 소피아의 히스테릭한 발작은 의미심장하다. 확실히, 그녀가 한 번도 남편을 이해하려 하지 않은 것은 커다란 잘못이었다. 그리고 그녀의 일기에서 보면 그녀는 관대하지도, 감성적이지도, 진심 어린 것 같지도 않다. 그녀는 우리에게 조금도 매력적인 인물로 보이지 않는다. 그러나 그녀가 옳았든 틀렸든 간에 그녀의 상황이 끔찍했다는 것에는 변함이 없다. 그녀는 평생 지속적인 불평 속에서 부부간의 포옹, 임신과 출산, 고독, 남편이 강요하는 생활방식을 어쩔 수 없이 따르기만 했다. 톨스토이의 새로운 결정으로 충돌이 격화되었을 때, 그녀는 자기의 모든 무력한 의지로 거부했던 적의 의지에 대항해 싸울 무기가 없었다. 그녀는 거부의 연극 - 거짓 자살, 거짓 가출, 꾀병 등 - 속에 몸을 던졌다. 주위 사람들에게는 가증스러운 짓이었고, 자신에게는 진이 빠지는 일이었다. 그러나 그녀에게는 다른 어떤 해결 방법이 없었다. 반항의 감정을 잠재울 어떤 명백한 동기도 없었고, 그런 감정을 표현할 효과적인 수단도 갖고 있지 않았다.

거부의 막바지에 이른 여자에게 열리는 출구 하나가 있는데, 바로 자살이다. 그러나 여자는 남자보다 자살하는 수가 적은 것 같다. 이 점에서는 통계가 대단히 모호하다.[197] 성공한 자살을 고찰해 보면, 여자보다 남자가 훨씬 많다. 그러나 자살 시도는 여자의 경우가 훨씬 더 빈번하다. 그것은 여자들이 그런 체하는 연극에 더 만족하기 때문일 수 있다. 즉, 여자들은 남자보다 더 자주 자살을 **연기한다**. 그러나 자살을 **원하는 일은** 훨씬 드물다. 그것은 한편으로는 여자들이 잔인한 수단을 싫어하기 때문이기도 하다. 즉, 여자들은 칼이나 총기를 거의 사용하지 않는다. 여자들은 오필리어[198]처럼 생명이 그대로 녹아들 수 있을 듯이 보이는 수동적이며 어둠에 가득 찬 물과 여자의 친화성을 드러내는 투신자살을 훨씬 더 선호한다. 전체적으로 여기서도 내가 이미 지적했던 모호성을 볼 수 있다. 즉, 여자는 자기가 싫어하는 것을 진심으로 떠나려 하지 않는다. 결별을 연기하지만 결국 자기를 고통스럽게 하는 남자의 곁에 머무른다. 자기를 괴롭히는 삶을 떠나는 체하지만 자살하는 경우는 비교적 드물다. 여자는 결정적인 해결책을 좋아하지 않는다. 여자는 남자에, 인생에, 자기의 조건에 대해 항의하지만, 거기서 탈출하지는 않는다.

여자의 행위 중에는 항의로 해석해야 하는 경우가 많다. 이미 본 바와 같이, 여자는 흔히 쾌락 때문이 아니라 도전으로서 남편을 배신한다. 여자가 고의로 경솔해지고 낭비벽이 있게 되는 것은 남자가 빈틈이 없고 절약가이기 때문이다. 여성을 혐오하는 남자들은 '항상 시간에 늦는다'고 여자를 비난하며, 여자에게는 '정확성의 감각'이 없다고 생각한다. 사실 여자가 시간의 요구에 얼마나 순종적인가는 앞에서 이미 보았다. 여자가 시간에 늦는 것은 고의로 그러는 것이다. 어떤 교태를 부리는 여자들은 그럼으로써 남자들의 욕망을 고조시키고, 자기 존재에 가치가 더 부여된다고 믿고 있다. 그러나 무엇보다도 여자는 남자에게 얼마간의 기다림으로써 자신의 생활인 그 긴 기다림에 대해 항의하는 것이다. 어떤 의미에서 여자의 일생은 기다림이다. 왜냐하면 여자는 내재와 우연의 모호한 상태 속에 갇혀 있어서 그녀의 존재 의미가 항상 다른 사람의 수중에 들어 있기 때문이다.

---

197 모리스 알박스의 『자살의 원인』 참조
198 *『햄릿』의 등장인물

즉, 여자는 남자들의 경의나 지지를 기다리고 사랑을 기다리며, 남편이나 애인으로부터 감사의 마음과 찬사를 기다리고 있다. 여자는 그들에게서 자기가 사는 이유와 자기의 가치와 존재 자체를 기다리고 있다. 여자는 그들로부터 생활비를 기다리고 있다. 여자가 수표책을 손에 쥐고 있거나 남편이 주는 금액을 매주 혹은 매달 받는다고 하더라도, 그 금액은 남편이 벌어야 한다. 여자가 식료품상에 셈을 치르고 새 옷 한 벌을 사 입기 위해서는 남편이 그만큼의 돈을 벌지 않으면 안 된다. 여자는 그들이 나타나기를 기다린다. 여자는 경제적 예속 때문에 남자들에게 좌우된다. 여자는 남자의 삶의 한 요소에 불과한 데 반해, 남자는 여자의 인생 전체다. 남편은 가정 밖에서 자기 일을 하지만, 여자는 온종일 남편의 부재를 참아 낸다. 애인은 – 비록 그가 열정적이라 하더라도 – 자기 일에 지장이 없도록 만나고 헤어지는 것을 결정한다. 침대에서도 여자는 남자의 욕망을 기다리고, 자신의 쾌락을 – 때로는 불안해하며 – 기다린다. 여자가 할 수 있는 모든 것은 기껏해야 애인이 정한 약속에 늦게 도착하는 것이며, 남편이 지정한 시간에 준비되지 않은 정도다. 그렇게 해서 자신의 일도 중요하다는 것을 확언하고, 자기의 독립성을 주장하며, 잠깐이나마 본질적인 주체가 되어 상대가 자기의 의지를 수동적으로 어쩔 수 없이 따르게 한다. 그러나 그것은 소심한 앙갚음이다. 여자가 아무리 완강하게 남자들을 기다리게 한들 동정을 살피느라, 희망하느라, 남자의 뜻에 복종하느라 보내는 끝없는 시간을 결코 보상받을 수 없을 것이다.

대체로 여자는 남자들의 우위를 인정하고 그들의 권위를 받아들이고 그들의 우상을 숭배하고는 있지만, 그들의 지배에 대해 필사적으로 이의 제기하려 한다. 여자가 종종 비난받아 왔던 그 유명한 '반대하기를 좋아하는 성미'는 여기서 기인한다. 여자는 자율적인 영역을 전혀 갖고 있지 않기 때문에, 남자들이 주장하는 진리나 적극적인 가치에 맞설 수가 없다. 단지 그런 것들을 부정할 수 있을 뿐이다. 여자의 부정은 남자에 대한 존경과 원한이 섞인 정도에 따라 더 체계적이거나 덜 체계적이다. 그러나 여자는 남자가 만든 체계의 모든 결함을 알고 있으므로 그것을 고발하기에 여념이 없다.

여자들은 생활 경험에서 논리와 기술을 다루는 법을 배우지 못하기 때문에 남자들의 세계에 영향력을 갖지 못한다. 역으로 남자들의 도구의 위력은 여성 영역에 접근하면 사라지고 만다. 그래서 이 영역은 남자들이 고의로 무시하는 인간 경험의 한 분야다. 왜냐하면 그들이 그것에 대해 *생각하는 데* 실패하기 때문이다. 여자는 *실제로* 그 경험을 *하고 있다.* 자기의 기획을 수립할 때는 그토록 정확한 엔지니어도 자기 집에서는 조물주처럼 행동한다. 말 한마디로 식사가 차려지고, 풀 먹인 셔츠가 준비되고, 자녀들은 침묵을 지킨다. 아이를 낳는 것은 모세가 지팡이를 두드리는 것과 같이 신속한 행위다. 남자는 이러한 기적들에 대해 놀라지 않는다. 기적의 개념은 마술과는 다르다. 기적의 개념은 합리적으로 결정된 어떤 세계의 한 가운데서 원인 없는 한 사건의 철저한 비연속성을 설정하며, 그 원인 없는 사건에 대항하면 어떤 생각도 깨지고 만다. 한편, 마술적 현상은 비밀스러운 힘으로 통합되고, 순종적인 의식은 - 그것을 이해하지는 못하지만 - 그 힘의 지속적인 생성을 따른다. 갓난아기는 조물주 아버지에게는 기적이며, 아기의 성숙을 자기의 배 속에서 참고 견디어 온 어머니에게는 마술이다. 남자의 경험은 명료하게 이해하기 쉬운 것이지만 공백으로 구멍이 나 있다. 여자의 경험은 그 자신의 한계 속에서 어둡긴 하지만 꽉 차 있다. 이런 불투명성이 여자를 둔중하게 만든다. 여자와의 관계에서 남자는 여자에게 가볍게 보인다. 즉, 남자는 독재자, 장군, 재판관, 관료, 법전, 추상적 원칙 등에 있는 가벼움을 지니고 있다. 어느 날, 주부가 어깨를 으쓱하면서 "남자들은 생각이 없어!" 하고 중얼거릴 때는 필시 그런 가벼움을 의미했을 것이다. 또 여자들은 "남자들은 몰라. 도대체 인생이 뭔지 몰라"라고 말하기도 한다. 여자들은 사마귀 암컷의 신화에 경박하고 귀찮은 수벌의 상징을 대립시킨다.

이런 견지에서 여자가 남자의 논리를 거부하는 것은 이해된다. 남자의 논리는 여자의 인생 경험과 합치되지 않을 뿐만 아니라, 이성은 남자들의 수중에서 폭력의 음험한 형태가 된다는 것도 알고 있다. 반론의 여지가 없는 남자들의 주장은 여자를 현혹하는 데 목적이 있다. 남자들은 여자를 어떤 딜레마에 가두고 싶어 한다. 여자에게 동의하든가 거부하든가 하게 하려 한다. 여자는 공인된 원칙이라는 온갖 체계의 이름으로 동의해야만 한다. 동의하기를 거부하면 체계 전체를 거부하는 것이 된다. 그녀로서는 도저히 그와 같은 굉음을 낼 수가 없다. 그녀는 다른 사회를 다시 만들 수단을 가지고 있지 않다. 그렇다고 해서 그녀가 다른 사회에 동조하는 것도 아니다. 반항과 노예 상태의 중도에서 여자는 울며 겨자 먹기로 남자의 권위를 체념하고 받아들이는 것이다. 남자는 매번 폭력으로 여자의 불확실한 복종의 결과를 여자에게 떠맡겨야만 한다. 남자는 여자가 자유 의지로 노예가 된 반려라는 망상을 추구하고 있다. 남자는 여자가 자기 뜻에 따르면서 정리定理의 명증성을 따르기를 바란다. 그러나 남자의 엄밀한 추론의 기초가 되는 전제를 남자 자신이 선택했다는 것을 여자는 알고 있다. 여자가 그런 전제를 문제 삼지 않는다면 남자가 여자의 입을 닫게 하기는 쉽다. 하지만 남자는 그런 것이 자의적이라는 것을 아는 여자를 설득하지 못하게 된다. 그래서 남자는 화를 내며 여자가 고집을 피운다느니 비논리적이라느니 하며 비난한다. 여자는 속임수가 있다는 것을 알기 때문에 원칙에 따라 행동하기를 거부한다.

여자는 진리가 남자가 주장하는 것과 실제로 **다르다**고 생각하지 않는다. 그보다는 오히려 진리가 **없다**고 믿는다. 여자에게 생명의 생성이 동일성의 원리를 의심하게 한다든가, 그녀를 에워싸고 있는 마술적 현상이 인과율의 개념을 상실하게 한다든가 하는 것만이 아니다. 여자는 남성 세계 한가운데서 그 세계에 속해 있는 존재로서 자신 안에 온갖 원리와 가치, 그리고 존재하는 모든 것의 모호성을 파악하는 것이다. 여자는 그녀와 관련된 남자의 도덕이 하나의 커다란 기만이라는 것을 알고 있다. 남자는 여자에게 자기의 덕과 명예의 법전을 거창하게 밀어붙이면서 슬그머니 불복하도록 유혹하고 있다. 남자는 이런 불복종을 기대하기까지 한다. 그런 불복종이 없다면 그가 배후에 몸을 숨기고 있는 그 모든 아름다운 외관은 무너질 것이다.

남자는 시민이 보편적인 것을 향해 초월함으로써 자기의 윤리적 존엄성을 획득한다는 헤겔 사상의 권위에 기꺼이 기댄다. 특정한 개인으로서 남자는 욕망이나 쾌락을 누릴 권리가 있다. 따라서 그가 여자와 갖는 관계는 도덕이 더 이상 적용되지 않고 어떠한 행동을 해도 관심을 끌지 않는 그런 사소한 지대에 위치한다. 그는 다른 남자들과는 가치가 걸려 있는 여러 관계를 맺고 있다. 그 자신이 자유이며, 그 자유는 모두가 보편적으로 인정하는 법칙에 따라 다른 자유들에 과감히 맞서고 있다. 그러나 여자 곁에서 – 여자는 이런 의도로 고안되었다 – 남자는 자기의 존재에 대해 책임지는 것을 멈추고, 즉자존재卽自存在의 환영 속에 빠져들며, 비본래적 차원에 위치한다. 그는 전제적이고 가학적이며 난폭해지거나 혹은 유치하고 자학적이며 애처로운 모습을 보인다. 그는 자기의 강박관념이나 편집증을 만족시키려고 한다. 그는 공적 생활 속에서 취득한 권리의 이름으로 '긴장을 풀기'도 하고 '느슨해지기'도 한다. 그의 아내는 – 테레즈 데케루처럼 – 남편의 말이나 공적 행위의 고결함과 '그의 끈질긴 어둠의 날조' 사이의 대비를 보고 놀라는 경우가 많다. 그는 입으로는 인구 증가를 장려한다. 그러나 실제로는 교활하게도 자기에게 필요한 이상의 아이를 낳지 않는다. 그는 정숙하고 정조가 있는 여자들을 찬양한다. 그러나 이웃의 아내에게는 간통을 부추긴다. 앞에서 보았듯이, 매년 프랑스에서는 100만 명의 여자들이 남자 때문에 낙태하는 상황에 놓이지만, 남자들은 위선적이게도 낙태가 범죄라는 것을 법령으로 공포하고 있다. 남편이나 애인은 그녀들에게 이런 해결책을 아주 흔히 강요한다. 필요한 경우에는 이러한 방법이 채택되리라는 것도 암암리에 상정한다. 그들은 여자가 가벼운 죄를 짓는 데 동의하리라고 표면상으로 기대한다. 즉, 여자의 '부도덕'은 남자들이 존경하는 도덕적인 사회의 조화에 필요한 것이다. 이러한 이중성의 가장 명백한 실례는 매춘에 대한 남자의 태도다. 남자의 수요는 공급을 창출한다. 일반적으로 악덕을 규탄하면서도 자기들의 개인적인 괴벽에 대해서는 몹시 관대한 태도를 보이는 훌륭한 신사들을 매춘부들이 어떤 혐오에 찬 회의주의로 생각하고 있는지는 이미 말한 바와 같다. 하지만 사람들은 자기의 육체로 살아가는 여자들을 사악하고 타락한 것으로 간주하면서도 그녀들의 육체를 이용하는 남자들은 그렇게 생각하지 않는다. 이러한 사고방식을 보여 주는 일화가 하나 있다. 지난 세기말에 경찰이 어느 매음굴에서 열두서너 살 된 두 창녀를 발견했다. 소송이 있었고 그녀들이 증언했다. 자기의 고객들에 대해 진술했는데, 그들은 상당한 지위에 있는 신사들이었다. 한 소녀가 신사의 이름을 대려고 입을 열었다. 검사는 *"점잖은 분의 이름을 더럽히지 마시오!"*라고 말하며 황급히 발언을 중지시켰다. 레지옹도뇌르 훈장을 받은 신사는 어린 소녀의 처녀성을 빼앗았어도 여전히 신사였다. 그는 약점을 지니고 있다. 그러나 누군들 약점이 없겠는가? 반면에 보편적인 윤리 지대에 접근하지 못한 소녀 – 사법관도, 장군도, 위대한 프랑스인도 아닌, 단지 한 소녀에 불과한 – 는 자기의 도덕적 가치를 섹슈얼리티라는 사소한 지대에서 내걸고 있다. 그녀는 타락한 여자이고 탈선한 여자이며 감화원에 들어가야 마땅한 불량소녀다. 남자는 많은 경우, 여자와 공모해 자기의 체면은 더럽히지 않은 채 여자에게 치욕스러운 행위를 저지를 수 있다. 여자는 이러한 교묘함을 잘 감지하지 못한다. 남자는 자신이 공표하고 여자에게 불응하도록 요구하는 원칙에 따라서 행동하지 않는다는 것을 그녀는 이해하고 있다. 남자는 자기가 원한다고 말하는 것을 실은 원하고 있지 않다. 그래서 여자는 자기가 주는 체하는 것을 남자에게 주지 않는다. 그녀는 정숙하고 정조 있는 아내가 될 것이다. 그런데 비밀리에 자기의 욕망을 따른다. 그녀는 경탄할 만한 어머니가 될 것이다. 그러나 조심스럽게 '산아제한'을 실천할 것이다. 그리고 필요에 따라서는 낙태할 것이다. 남자는 공식적으로는 그녀의 그런 행위를 인정하지 않는다. 그것이 게임의 규칙이다. 그러나 내심으로는 이 여자에게는 '흐릿한 정조 관념'을, 저 여자에게는 불임에 대해 고마워한다. 여자는 붙잡히면 총살당하고, 성공하면 후하게 보상받는 첩자의 역할을 하는 셈이다. 남자들은 자신이 저지른 모든 부도덕한 행위의 결과를 여자에게 떠맡기고 있다. 점잖은 신사들이 사는 화려하고 건전한 궁전을 위하여 하수구 역할을 하는 것은 창녀만이 아니라 여자들 전체. 그렇게 만들어 놓았기 때문에, 품위나 명예나 올바름이나 온갖 남성적인 고결한 미덕을 들려주어도 여자들이 '고지식하게 믿기'를 거부하는 것은 조금도 이상하지 않다. 여자들은 특히 덕망 있는 남자들이 자기에게 타산적이고 연극쟁이에다 거짓말쟁이라고 비난할 때 비웃는다.[199] 여자들은 자기들에게 다른 어떤 출구도 열려 있지 않다는 것을 잘 알고 있다. 남자 역시 돈이나 출세에 '관심을 둔다.' 그러나 남자는 자기의 일을 통해서 그것들을 획득할 수단을 가지고 있다. 여자에게는 기생적 역할만 부여되었다. 기생하는 모든 사람은 필연적으로 착취자다. 여자는 인간의 존엄성을 얻기 위해, 먹고 즐기고 아이를 낳기 위해 남자가 필요하다. 그녀는 성적 서비스를 통해서 자기의 이익을 확보한다. 그리고 그런 기능에 갇혀 있으므로 철저히 착취의 도구가 된다. 거짓말에 관해 말하자면, 매춘의 경우를 제외하고는 그녀와 그녀의 보호자 사이에 솔직한 거래가 이루어지지 않는다. 남자가 여자에게 연극을 하도록 요구한다. 그는 여자가 *타자*이기를 바라는 것이다. 그러나 모든 실존자는 아무리 필사적으로 자신을 부정하려고 해도 주체임에는 변함이 없다. 남자는 여자가 객체이기를 바란다. 여자는 자신을 객체로 **만든다.** 여자는 자신을 그렇게 만드는 순간 하나의 자유로운 활동을 실행하는 것이다. 그것이 여자의 근원적인 배신이다. 가장 유순하고 수동적인 여자도 여전히 의식이다. 남자는 여자가 자기에게 몸을 맡기면서 자기를 바라보고 판단하고 있다는 것을 알아채는 것만으로 충분히 속고 있다고 느낀다. 그녀는 단지 제공된 것, 즉 먹이가 되어야만 한다. 남자는 여자가 그 먹이를 자기에게 자유로이 넘길 것을 강하게 요구한다. 침대에서는 쾌락을 느껴야 하고, 가정에서는 진심으로 그의 우월성과 장점을 인정해야만 한다. 그러므로 그녀는 복종하는 그 순간에

199 "어떤 여자도 과거의 오랜 노예 생활에서 축적된 저 연약하고 수줍은 태도, 마음에도 없이 가만히 기다리는 유혹적인 태도 이외에 구원받고 생계를 이어가기 위한 무기를 가지고 있지 않다."(쥘 라포르그)

독자성이 있는 체해야만 한다. 다른 때에는 그녀가 적극적으로 수동적인 역할의 연극을 하고 있는데도 말이다. 그녀는 자기에게 일상의 빵을 보장해 주는 남자를 붙잡아두기 위해 거짓말을 한다. 언쟁과 눈물, 사랑의 격정, 신경 발작이 그것이다. 그리고 그녀가 이익 때문에 받아들이는 압제에서 벗어나기 위해서도 거짓말을 한다. 남자는 여자가 자기의 지배력과 허영심을 만족시켜 주는 연극을 하도록 장려한다. 그런데 여자는 자기의 은폐 능력을 역이용한다. 이렇게 해서 이중으로 달콤한 보복을 한다. 남자를 속임으로써 개별적인 욕망을 만족시키고, 남자를 우롱하는 쾌감도 맛보기 때문이다. 아내나 창녀는 자신들이 느끼지 않는 관능의 희열을 느끼는 체하면서 거짓말을 한다. 그런 다음에 그녀들은 애인이나 여자 친구들과 함께 속아 넘어간 남자들의 순진한 허영심을 재미있어 한다. "그들은 우리를 만족시켜 주지 못할 뿐만 아니라, 우리가 쾌락으로 소리 지르다가 지쳐 버리기를 원하고 있어" 하고 앙심을 품고 말한다. 이런 대화는 식당 옆에서 주인을 욕하는 하인들의 대화와 비슷하다. 여자도 같은 결점이 있다. 같은 가족주의적 억압의 희생자이기 때문이다. 또한 같은 냉소주의도 가지고 있다. 왜냐하면 하인이 주인을 보듯 아래에서 위로 남자를 보기 때문이다. 그러나 이러한 특징 중 어느 것도 본원적으로 타락한 본성이나 의지를 나타내는 것이 아님은 분명하다. 즉, 그런 특성은 하나의 상황을 반영하는 것이다. "강압적인 체제가 있는 곳이라면 어디든 허위가 있다"라고 푸리에는 말한다. "사랑에서도 상품에서처럼 금지와 밀수입을 분리할 수 없다." 그리고 여자의 결점이 그녀의 처지를 나타낸다는 것을 잘 알고 양성의 위계를 유지하는 데 마음을 쓰고 있는 남자들은, 여자를 경멸하도록 허용하는 이러한 특징을 반려자들에게 장려하고 있다. 아마도 남편이나 애인은 자기와 함께 사는 여자가 가지고 있는 여러 결함에 대해 화를 낼 것이다. 하지만 일반적으로 그들은 여성성의 매력을 추켜올리면서도 여성성과 여자의 결함을 불가분의 것으로 생각한다. 불성실하고 경박하며 비겁하고 나태하지 않다면 여자는 매력을 상실한다. 『인형의 집』에서 헬메르는 여자의 미숙한 잘못을 용서해 줄 때, 자기가 얼마나 정당하고 강하며 이해심이 깊고 너그러운 사람으로 느껴지는지를 설명하고 있다. 이와 마찬가지로 베른슈타인의 작품에 나오는 남편들은 – 작가와 공모해서 – 도벽이 있고 심술궂으며 불륜을 저지르는 여자에 대해 측은하게 생각한다. 그들은 너그럽게 여자 위에 몸을 숙이고 남성적 현명함을 헤아려 본다. 미국의 인종주의자들이나 프랑스의 식민지 경영자들 역시 흑인이 소매치기에다 게으른 거짓말쟁이기를 바란다. 그러면 흑인이 자기의 무능력을 스스로 증명하고 억압자 쪽에 정당한 권리를 부여하게 되기 때문이다. 흑인이 정직하고 올바르기를 고집하면, 그를 괴팍한 사람으로 여긴다. 그러므로 여자의 결점은 여자가 극복하려고 노력하지 않고 반대로 장식으로 삼는 만큼 더욱더 과장된다.

논리적 원리나 도덕적 명령을 거부하며 자연법칙 앞에서 회의적인 여자는 보편에 대한 감각이 없다. 그녀의 눈에 세계는 개별적인 경우들이 모인 어수선한 전체처럼 보인다. 그 때문에 그녀는 과학적인 설명보다도 이웃 여자의 험담을 더 쉽게 믿어 버린다. 필시 그녀는 인쇄된 책을 존중할 것이다. 그러나 이러한 존중은 책의 내용을 파악하지 못한 채 글이 써진 페이지를 따라 미끄러질 뿐이다. 반대로 줄 서서 기다리다가 혹은 사교장에서 모르는 사람에게서 들은 일화는 곧 의심할 바 없는 권위를 누리게 된다. 그녀의 영역에서는 모든 것이 마술이다. 그 영역의 밖에서는 모든 것이 수수께끼다. 그녀는 개연성의 판정 기준을 모르고 있다. 오직 직접적 경험에만 확신을 두고 있다. 그녀 자신의 경험이라도 좋고, 혹은 매우 강력하게 주장된다면 다른 사람의 경험이라도 무방하다. 그녀로 말하자면 가정에 고립되어 있어 다른 여자들과 능동적으로 대면하지 못한 까닭에 자발적으로 자신을 특이한 경우로 간주한다. 그녀는 언제나 운명과 남자들이 자기에게 유리하게 예외를 만들어 줄 것을 기대하고 있다. 모두에게 타당한 이성적 사유보다는 마음속에서 일어나는 영감을 훨씬 더 믿는다. 그것이 신이나 혹은 세계의 어떤 신비한 정령에 의해 보내진 것이라고 쉽사리 인정한다. 모종의 불행이나 사고에 관해서도 태평하게 '나에게는 그런 일이 일어나지 않을 거야' 하고 생각한다. 역으로 그녀는 '사람들이 나를 예외로 해 줄 것'이라고 상상한다. 그녀는 특별대우를 좋아한다. 상인은 그녀에게 할인해 주고, 경찰은 자유 통행증이 없어도 그녀를 통과시켜 줄 것이다. 그녀는 자기 미소의 가치를 과대평가하도록 배웠다. 그러나 여자라면 누구나 미소를 짓는다고 그녀에게 말해 주는 사람은 없었다. 자신이 이웃 여자보다 더 뛰어나다고 생각하는 것은 아니다. 그보다는 자기를 비교하지 않는 것이다. 그 때문에 경험을 쌓아도 그녀가 무엇을 부인하는 일은 드물다. 한두 번 실패를 겪는다고 해도 그녀는 그것을 고려하지 않는다.

그래서 여자들은 남자들에게 도전할 수 있는 '반세계'를 확고하게 구축하는 데 성공하지 못한다. 그녀들은 산발적으로 남자들 일반에 대해 거세게 비난하고, 자기들끼리 잠자리나 분만 이야기, 별자리로 점을 치는 일이나 미용법 같은 것을 이야기한다. 그러나 원한이 쌓인 여자들이 희구하는 '울분의 세계'를 진정으로 세우기에는 그녀들에게 확신이 부족하다. 남자에 대한 여자들의 태도는 지나치게 양면성을 띤다. 사실 남자는 어린아이이고, 상처받기 쉬운 우연적인 육체이며, 순진한 존재이고, 귀찮은 수벌이며, 치사한 폭군에다 이기주의자이며, 허영심이 많은 존재다. 또한 해방해 주는 영웅이며, 가치를 부여하는 신이다. 남자의 욕망은 거친 욕정이고, 그 포옹은 품위를 떨어뜨리는 고역이다. 하지만 그 혈기나 남성적 정력은 조물주의 에너지처럼 보인다. 여자가 황홀해하며 "남자다!"라고 말할 때, 그녀는 남자의 성적인 정력과 그녀가 감탄해 마지않는 남자의 사회적 유능함을 동시에 상기시키고 있다. 두 가지 안에는 모두 같은 창조적 지배력이 표현되고 있다. 그녀는 남자가 위대한 예술가나 사업가나 장군이나 지도자일 때, 반드시 정력적인 애인일 것이라는 상상을 한다. 즉, 남자의 사회적 성공에는 언제나 성적 매력이 따른다. 역으로 자기의 욕망을 만족시켜 주는 남자에게 천재를 인정할 준비가 되어 있다. 여기서 여자는 남성적 신화를 되찾고 있다. 로런스와 다른 많은 남자에게 발기한 팔루스phallus[200]는 왕성한 에너지인 동시에 인간의 초월성을 의미한다. 그래서 여자는 침대의 쾌락에서 세계의 정령과 영성체를 볼 수 있다. 여자는 남자를 광신적으로 숭배하면서 남자의 영광 속에서 자기를 잃고 또 되찾는다. 여기서 모순은 남성성에 참여하는 여러 개인의 다원성 덕분에 쉽사리 제거된다. 어떤 남자들 – 여자가 일상생활에서 그 우연성을 느끼고 있는 남자들 – 은 인간의 비참함을 구현한다. 다른 남자들에게서는 인간의 위대함이 찬양된다. 그러나 여자는 이러한 두 가지 모습이 단 하나의 모습으로 통합되는 것조차 동의하고 있다. 자기보다 우월하다고 여기는 남자를 사랑하고 있는 한 처녀는 이렇게 썼다. "내가 유명해진다면, R……은 분명히 나와 결혼할 것이다. 그의 허영심이 채워질 테니까. 그는 나와 팔짱을 끼고 산책하면서 우쭐해할 것이다." 하지만 그녀가 그 남자를 미친 듯이 사랑하고 있었다. 같은 남자가 그녀의 눈에는 대단히 인색하거나 쩨쩨해 보일 수도, 허영심이 많거나 하찮아 보일 수도 또는 신으로 보일 수도 있다. 신이라고 해도 약점은 있으니까. 우리는 그 자유와 인간성에서 사랑하는 개인을 진정한 존중과 더불어 까다로운 엄격성으로 대한다. 하지만 자기 남자 앞에서 무릎을 꿇는 여자는 '그 남자를 손아귀에 넣을 줄 알고' '그를 조종하는 것'을 대단히 자랑할 수 있으나, 실제로는 남자의 위력에 굴복하면서 '남자의 약점'에 아양을 떨고 있는 것에 지나지 않는다. 이는 현실적인 행위에서 완성되는 남자의 고유한 인격에 대해서는 우정을 느끼지 않는다는 증거다. 여자는 우상이 참여하는 일반적인 본질 앞에서 맹목적으로 엎드리는 것이다. 즉, 남성성은 신성한 후광이고 응결된 기성의 가치여서, 그것을 가지고 있는 개인이 보잘것없는 인간임에도 불구하고 빛나 보인다. 그러한 개인은 고려되지 않는다. 이와 반대로 남자의 특권을 질투하는 여자는 남자에 대해 악의적인 우월감을 느끼기를 좋아한다.

여자가 남자에 대해 갖는 감정의 모호성은 자신과 세계에 대한 여자의 일반적인 태도에서도 발견된다. 그녀가 갇혀 있는 영역은 남자의 세계로 포위되어 있다. 그러나 그 영역은 알 수 없는 힘에 사로잡혀 있고, 남자들 자신도 그 힘의 노리개다. 여자가 이런 마술적 힘과 동맹관계를 맺는다면, 그녀 역시 권력을 쟁취할 것이다. 사회는 **자연**을 굴복시킨다. 그러나 **자연**이 사회를 지배하고 있다. **정신**은 **생명**을 넘어서 명확히 드러난다. 그러나 생명이 정신을 더 이상 감당하지 못한다면, 정신은 소멸하고 만다. 여자는 도시보다는 정원에, 사상보다는 질병에, 혁명보다는 출산에 더 많은 진실을 부여하기 위해 이러한 모호성에 기댄다. 여자는 다시 비본질적인 것 앞에 있는 본질적인 것이 되기 위하여 바흐오펜Johann Jakob Bachofen(1815~1887)[201]이 꿈꾸었던 대지나 **어머니**의 지배를 회복하려고 노력한다. 그러나 그녀 역시 자기 안에 초월성을 지닌 실존자이기 때문에 자기가 갇혀 있는 이 영역을 변형시킴으로써만 비로소 그 가치를 높일 수 있을 것이다. 그래서 그녀는 거기에 초월적인 차원을 부여한다. 남자는 하나의 사고된 현실이라는 일관성 있는 세계 속에 살고 있다. 여자는 사고되도록 하지 않는 마술적인 현실과 싸우고 있다. 즉, 실질적 내용이 없는 사고를 통해 그러한 현실에서 벗어나려 한다. 그녀는 자기 실존의 책임을 감당하는 대신 자기 운명의 순수한 **이념**을 허공에서 바라보고 있다. 행동하는 대신에 상상 속에 자기의 조상을 세우고, 추론하는 대신에 꿈을 꾸고 있다. 여자가 그토록 '물리적'이면서도 그토록 인공적이고, 그토록 지상적인 동시에 천상적인 이유는 거기에서 나온다. 그녀의 인생은 냄비를 씻고 닦는 데 보내지지만, 그것은 멋진 소설이다. 남자의 가신인 여자는 자기를 남

---

201 * 스위스의 로마 법학자, 인류학자, 문화사가. 인류의 가장 원시적인 단계에서의 난혼제와 모권제 사회의 존재를 주장한 『모권론』을 썼다.

자의 우상이라고 믿는다. 자기의 육체 속에서 굴욕을 당하며 여자는 **사랑**을 찬양한다. 그녀는 생명의 우연적 사실성밖에는 알지 못하게 되어 있어서 **이상**에 봉사하는 여사제가 되는 것이다.

이러한 양면성은 여자가 자기 몸을 파악하는 방법에 나타나고 있다. 몸은 무거운 짐이다. 즉, 종種에 의해 잠식되고 매달 피를 흘리면서 수동적으로 부풀어 오르는 그 몸은, 여자에게 세계를 점유하는 순수한 도구가 아니라 하나의 불투명한 존재다. 몸은 확실하게 쾌락을 보장하지 않으며, 자기를 후비는 고통을 만들어 낸다. 몸은 위협을 가두고 있다. 여자는 자기의 '내부'에서 위험에 놓여 있음을 느낀다. 그것은 근육과 내장을 지휘하는 교감신경계와 내분비 작용의 밀접한 관계 때문에 '히스테릭한' 몸이다. 몸은 여자가 감당하기를 거부하는 반응을 표현한다. 몸은 흐느낌, 경련, 구토 속에서 그녀의 통제를 벗어나 그녀를 배신한다. 몸은 그녀의 가장 친근한 진실이다. 그러나 가장 부끄러운 진실이므로 그녀는 그것을 숨기려고 한다. 하지만 몸은 그녀의 훌륭한 화신이기도 하다. 그녀는 거울 속에 비친 몸을 경탄하며 응시한다. 그녀의 몸은 행복의 약속이자 예술품이며 살아 있는 조각상이다. 그녀는 그것을 조형하기도 하고 치장하기도 하고, 사람들에게 드러내 보이기도 한다. 그녀는 거울 속 자신에게 미소 지을 때에 육체적 우연성을 잊어버린다. 그녀의 이미지는 사랑의 포옹 속에서, 모성 속에서 소멸해 버린다. 그러나 그녀는 종종 자기 자신에 관하여 꿈을 꾸면서 자기가 그런 여주인공인 동시에 그러한 몸이라는 데 놀란다.

자연은 여자에게 대칭적으로 이중의 얼굴을 제공한다. 즉, 포토프pot-au-feu[202]를 제공하고, 비의적 감정의 토로를 부추긴다. 주부가 되고 어머니가 되면서 여자는 들과 숲으로 자유로이 달아나는 것을 단념한다. 그 대신에 들이나 숲보다는 조용히 채소밭 가꾸기를 선호하고, 꽃을 가꾸어 그것을 화병에 꽂는다. 하지만 그녀는 여전히 달빛 아래서, 그리고 해가 지는 것을 보면서 고양된다. 지상의 동물과 식물에서는 무엇보다도 양식거리나 장식품을 본다. 하지만 거기에는 자연의 관대함과 마법인 생명의 수액이 순환하고 있다. **생명**은 단지 내재와 반복이 아니다. 생명은 빛의 눈부신 얼굴도 갖고 있다. 생명은 꽃이 만발한 초원에서 **아름다움**으로 자신을 드러낸다. 다산성으로 자연과 조화를 잘 이루는 여자는 활기를 불어

---

202 *고기와 야채를 삶은 스튜

넣는 자연의 정령의 입김에 자기도 쓸려 간다고 느낀다. 그리고 그녀가 불만족 상태에 머무르는 한, 그리고 자기를 제한되지 않은 미완성의 처녀로 느끼는 한, 그녀의 영혼은 끝없이 전개되는 길 위에서 한없는 지평선을 향해 휩쓸려 들어갈 것이다. 남편에게, 아이들에게, 가정에 매여 있는 여자는 언덕의 중턱에서 도취한 기분으로 홀로 주권을 되찾게 된다. 그녀는 이제 더는 아내도, 어머니도, 주부도 아닌 한 사람의 인간이다. 그녀는 수동적인 세계를 응시하고 있다. 그리고 자기가 하나의 완전한 의식이며, 환원 불가능한 자유라는 것을 기억해 낸다. 물의 신비와 산 정상의 웅장한 모습 앞에서 남자의 패권은 자취를 감춘다. 히스heath[203]의 풀밭을 가로질러 걸어갈 때, 강물 속에 손을 담글 때, 여자는 타인이 아닌 자기를 위해서 사는 것이다. 온갖 예속을 통해서 자기의 독립성을 유지해 온 여자는 **자연** 속에서 자기 자신의 자유를 열렬히 사랑하게 될 것이다. 다른 사람들은 거기서 단지 고상한 황홀함에 대한 구실만을 발견할 것이다. 그리고 그녀들은 석양에 감기가 들지 않을까 하는 걱정과 영혼의 도취 사이에서 망설일 것이다.

이와 같이 육체적 세계와 '시적詩的' 세계에 이중으로 속해 있는 것은 여자가 다소 명백하게 동조하는 형이상학이나 지혜가 어떤 것인지를 명확하게 규정한다. 여자는 생명과 초월성을 혼동하려고 애쓴다. 즉, 그녀는 데카르트 철학과 그와 유사한 모든 학설을 거부한다. 그녀는 스토아학파 철학자나 16세기의 신플라톤학파 철학자의 자연주의와 유사한 자연주의에서 편안해한다. 여자들이 나바르의 여왕 마르그리트를 선두로 해서 그토록 물질적인 동시에 그토록 정신적인 철학에 심취한 것은 놀라운 일이 아니다. 사회적으로 마니교도인 여자는 존재론의 관점에서는 낙관주의자가 되려는 깊은 욕구를 품고 있다. 행동의 윤리는 그녀에게 적합하지 않다. 왜냐하면 그녀에게는 행동하는 것이 금지되어 있기 때문이다. 그녀는 주어진 것을 감내한다. 그러므로 주어진 것은 **선善**이어야만 한다. 그러나 스피노자가 이성으로 인정하는 **선**이나 라이프니츠가 계산으로 인정하는 그런 **선**은 여자의 마음을 움직일 수 없을 것이다. 여자는 살아 있는 **조화**의 선, 살고 있다는 유일한 사실을 통해서 그녀가 그 한가운데에 자리하고 있는 그런 선을 요구하고 있다. 조화의 개념은 여성 세계를 이해하는 열쇠 중 하나다. 그것은 부동 속에서의 완전성과 전체에서 시작하는 개별 요소의 직접적 정당화, 그리고 총체에 대한 그녀의 수동적 참여가 내포되어 있다. 이처럼 조화로운 세계에서 여자는 남자가 행동 속에서 구하는 것에 도달한다. 그녀는 세계와 관계를 맺고, 세계로부터 요청을 받으며, **선**의 승리에 협력한다. 여자들이 계시처럼 간주하는 순간들은 자신들이 평화롭게 휴식하고 있는 현실과 화합하는 것을 발견하는 순간들이다. 즉, 그것은 V. 울프 - 『댈러웨이 부인』이나 『등대로의 산책』에서 - 와 K. 맨스필드가 자기의 전 작품을 통해서 여주인공들에게 최고의 보상처럼 부여하는 그 빛나는 행복의 순간들이다. 자유의 도약이라는 기쁨은 남자를 위해 마련된 것이다. 여자가 경험하는 것은 기분 좋은 충만감이다.[204] 여자는 보통 거부나 항의, 요구라는 긴장 속에서 살고 있어서, 그녀의 눈에는 단순한 마음의 평정이 커다란 가치를 띤다는 것을 이해할 수 있다. 그리고 그녀가 아름다운 오후나 온화한 저녁 한때를 누린다고 해서 비난할 수는 없을 것이다. 그러나 거기에서 세계의 숨겨진 영혼에 대한 진정한 규정을 찾는 것은 환상이다. **선**은 *존재하는 것이* 아니다. 세계는 조화가 아니며, 개인도 거기에 필연적인 자리를 갖고 있지 않다.

사회가 여자에게 제공하는 자기 존재의 정당화와 최고의 보상이 있다. 바로 종교다. 민중에게 종교가 필요한 것처럼, 정확히 같은 이유로 여자에게도 종교가 필요하다. 즉, 어떤 성이나 계급을 내재 속에 가두려고 할 때, 그들에게 초월의 환상을 제공하는 것이 필요하다. 남자는 자기가 만들어 낸 법을 신에게 떠맡기는 데 아주 유리한 위치에 있다. 특히 그가 여자에게 절대적 권위를 행사하기 때문에, 이러한 권위를 지고한 존재가 부여했다고 하기에도 유리하다. 그중에서도 유대인이나 회교도나 기독교도의 경우에 남자는 신권을 통한 주인이다. 그러므로 신에 대한 외경은 피억압자의 반항 의사를 모두 질식시켜 버린다. 사람들은 피억압자의 쉽게 믿는 고지식함에 기대를 걸 수 있다. 여자는 남자의 세계 앞에서 존경과 신앙의 태도를 보인다. 그녀에게 하늘에 있는 신은 거의 장관만큼 멀리 생

---

204 수많은 텍스트 가운데 메이블 다지의 다음의 글을 인용하겠다. 거기에는 포괄적인 세계관에 대한 대목이 명료하지 않지만 분명하게 제시되어 있다. "때는 금빛과 자줏빛의 고요한 가을의 어느 날이었다. 프리다와 나는 과일을 고르고 있었다. 우리는 땅바닥에 앉아 있었으며, 우리 주위에는 빨간 사과가 가득 쌓여 있었다. 우리는 잠시 쉬고 있었다. 태양과 비옥한 대지는 우리를 따뜻하게 해 주었고 향내를 뿜어 주었다. 사과는 충만함과 평화와 풍요의 살아 있는 표시였다. 대지에는 수액이 넘쳐흘러 우리의 혈관 속에도 흐르고 있었다. 그래서 우리는 우리 자신이 억제할 수 없이 흥겹게, 그리고 과수원처럼 풍요로 가득 차 있음을 느꼈다. 잠시 우리는 여자들이 때때로 갖는 완전하다는 느낌과 전적으로 자기 자신들로 충분하다는 느낌, 그리고 우리의 풍부하고 행복한 건강에서 오는 그런 느낌 속에 결합해 있었다."

각되지 않으며, 창세기의 신비는 전기 발전소의 신비와 결부된다. 무엇보다도 여자가 종교에 몸을 기꺼이 던지는 것은 종교가 깊은 욕구를 채워 주기 때문이다. 자유에 이바지한 바가 있는 근대 문명에서 - 여자에게서도 - 종교는 구속의 도구보다 기만의 도구로 나타난다. 여자에게 신의 이름으로 자기의 열등함을 받아들이라고 요구하기보다는, 신 덕분에 자신을 주권자인 남자와 동등한 사람으로 믿으라고 요구한다. 불공정성을 극복하기를 주장하면서 반항의 욕구조차 제거해 버린다. 여자는 신에게 자기의 내재성을 바치려고 하므로 더 이상 그 초월성을 빼앗기지 않는다. 영혼의 우열이 측정되는 것은 오직 하늘에서만 있는 일이며, 영혼의 가치가 지상에서 실현되는 것은 아니다. 도스토옙스키의 말에 따르면, 이 지상에는 허드렛일만 있을 뿐이다. 구두 닦는 일이나 다리를 놓는 일은 똑같이 덧없다. 사회적인 차별을 넘어 양성의 평등은 회복된다. 그 때문에 나이어린 소녀와 사춘기 소녀는 남자 형제들보다 한없이 더 큰 열정으로 신앙 행위에 몰두한다. 그의 초월성을 초월하는 신의 시선은 사내아이에게 굴욕감을 준다. 즉, 이런 강력한 보호 아래 그는 영원히 어린아이로 머물러 있게 될 것이고, 그것은 아버지의 존재에서 느껴지는 거세보다 더 철저한 거세다. 한편 '영원한 어린아이(여자)'는 자기를 천사들의 자매로 변신시켜 주는 이 시선에서 구원을 발견한다. 그 시선은 페니스의 특권을 부정한다. 성실한 신앙은 어린 소녀가 모든 열등감을 피할 수 있도록 크게 도와준다. 그녀는 남자도 여자도 아닌 신의 창조물이기 때문이다. 그 때문에 많은 위대한 성녀들에게서는 남성과 다름없는 확고부동한 정신이 발견된다. 즉, 성녀 브리지트와 시에나의 성녀 카타리나는 오만하게 세계를 지배하기를 열망했다. 그녀들은 남자의 권위를 조금도 인정하지 않았다. 카타리나는 고해신부들을 몹시 거칠게 통솔하기까지 했다. 잔 다르크와 성녀 테레사는 어떤 남자도 능가하지 못한 대담함으로 자기 길을 갔다. **가톨릭교회**는 여자들이 남자의 보호에서 벗어나는 것을 신이 절대로 허락하지 않는다는 점에 유의했다. 그리고 사면의 거부나 파문 같은 무서운 무기는 오로지 남자들의 수중에 넘겼다. 자기에게 나타난 환영을 믿고 끝까지 완강하게 버텼던 잔 다르크는 화형을 당했다. 하지만 신의 의지에 따라 남자들의 법에 복종하기는 해도, 여자는 신 안에서 남자들에 대항하는 견고한 수단을 발견한다. 남자의 논리는 신비라는 것에 의해서 부인된다. 남자들의 자존심은 죄가 되고, 그들의 소란은 터무니없을 뿐만 아니라 온당치 못하다. 즉, 신이 창조한 이 세상을 왜 새로이 개조하려 하는가?

여자가 바쳐지는 수동성은 신성화된다. 불 옆에서 묵주 알을 돌리며 기도를 하는 그녀는 자기가 정치 집회에 달려가는 남편보다 하늘에 더 가깝다는 것을 알고 있다. 그녀의 영혼을 구제하기 위해서는 아무것도 **할** 필요가 없다. 불응하지 않고 *사는 것*으로 충분하다. 어머니는 단지 육체만 낳은 것이 아니라 신에게 영혼을 주었으므로, 생명과 정신의 종합은 완성된다. 그것은 원자原子의 쓸데없는 비밀을 알아내는 것보다 더 고귀한 일이다. 하늘의 아버지와 공모하여, 여자는 남자에게 대항해 여성성의 영광을 공공연하게 주장할 수 있다.

이처럼 신은 여성 일반의 존엄성을 회복시킬 뿐만 아니라 여성 개개인을 하늘로 도피시키면서 자기의 버팀목을 발견할 수 있게 한다. 인격으로서 여자는 커다란 비중이 없다. 그러나 여자가 일단 신적인 영감의 이름으로 행동하게 되면 그녀의 의지는 신성한 것이 된다. 귀용 부인Mme Guyon(1648~1717)[205]은 어느 수녀가 걸린 병에 대하여 "**신의 말씀**으로 명령하고, 그와 똑같은 **말씀**에 따라 복종한다는 것이 무엇인지"를 배웠다고 한다. 이처럼 독실한 신앙을 가진 여성은 자기의 권위를 겸손한 복종으로 위장한다. 아이들을 기르고 수녀원을 운영하고 자선 사업을 하면서도 그녀는 초자연적인 손안에서 하나의 순종적인 도구에 불과하다. 그런 그녀에게 불복하는 것은 신을 모욕하는 것이다. 물론 남자들도 이러한 지지를 경멸하지 않는다. 그러나 남자들이 그것을 똑같이 주장할 수 있는 동료들과 맞설 때, 그러한 지지는 별로 견고하지 않다. 즉, 남자들의 충돌은 결국 인간적 차원에서 해결된다. 여자는 본래 이미 자기에게 종속된 사람들의 눈에 자기의 권위를 절대적으로 정당화하기 위해, 그리고 자신의 눈에 그것을 정당화하기 위해 신의 의지를 내세운다. 이러한 협력은 그녀가 특히 자기 자신과의 관계에 몰두해 있기 때문에 그녀에게 대단히 유익하다. 이러한 관계가 타인과 관련 있을 때라도 오로지 내면적 갈등에서 최고의 침묵은 법의 힘을 가질 수 있다. 사실 여자는 자기의 욕망을 채우기 위해 종교를 구실로 삼는다. 불감증이고 마조히스트이며 사디스트인 여자는, 육체를 포기하고 희생자를 가장하면서 자기 주위의 생의 도약을 질식시킴으로써 자기를 신성화한다. 그녀는 자신을 훼손하고 없애 버리면서 선민 계급에 자리를 차지한다. 그녀는 남편과 아이들에게서 지상의 모든 행복을 박탈하면서 그들을 학대할 때, 그들을 위해 천국에 선택된 자리를 마련해 준다. 코르

---

205 *프랑스 작가, 정관 신비주의자

토나의 성녀 마르가리타Margherita da Cortona(1247~1297)는 "죄를 지은 자신을 벌하기 위하여" 자기의 잘못으로 아이를 학대했다고 그녀의 독실한 전기 작가는 말한다. 그녀는 지나가는 모든 거지를 먹이고 나서야 아이에게 먹을 것을 주었다. 이미 살펴본 바와 같이, 원하지 않았던 아이에 대한 증오는 흔하다. 맹렬한 도덕주의적 위세로 울분을 터뜨릴 수 있는 것은 뜻밖의 행운이다. 한편, 별로 도덕적이지 않은 여자는 신과 편리하게 해결한다. 사면赦免으로 장차 죄에서 정화된다는 확신은 종종 믿음이 깊은 여자가 불안감을 극복하도록 도와준다. 그녀가 선택한 것이 금욕주의이든 관능이든 오만이든 겸손이든 간에, 구원에 대한 염려는 그녀가 선호하는 쾌락, 즉 자기 자신에게 몰두하는 것에 전념하도록 격려한다. 그녀는 마음의 움직임에 귀를 기울이고 몸의 전율을 살피며 임신한 여자가 태아의 존재를 통해 정당화되는 것처럼, 자기 내부에 있는 신의 은총으로 정당화되고 있다. 그녀는 자신을 부드럽고 주의 깊게 관찰하고 고해신부에게 마음을 털어놓는다. 옛날에는 군중 앞에서 하는 고백의 도취를 맛볼 수도 있었다. 코르토나의 마르가리타는 *자기의 허영심의 움직임을 벌하기 위하여* 자기 집의 테라스에 올라가서 출산하는 여자처럼 소리를 지르기 시작했다. "일어나시오, 코르토나의 주민들이여. 촛불과 등불을 들고 일어나시오. 그리고 죄지은 여자의 말을 들으러 밖으로 나오시오!" 그녀는 하늘을 향해 자기의 비참함을 큰소리로 외치면서 자기의 모든 죄를 열거했다. 이처럼 소란스럽게 자기를 낮춤으로써 그녀는 나르시시스트 여자들에게서 많이 발견되는 노출증의 욕구를 채우고 있었다. 종교는 여자에게 자기만족을 허용하고 있다. 종교는 그녀가 향수에 젖은 욕구를 품는 인도자, 아버지, 애인, 후견인 역할의 신을 여자에게 부여해 준다. 종교는 그녀의 꿈을 키워 주며, 그녀의 공허한 시간을 메워 준다. 무엇보다도 종교는 세계의 질서를 확인해 주고, 성性이 없는 하늘에 더 나은 미래가 있다는 희망을 품게 함으로써 체념을 정당화하고 있다. 그 때문에 오늘날에도 가톨릭교회의 수중에서 여자는 대단히 강력하게 으뜸가는 패이고, 교회는 여자들을 쉽게 해방할 수 있는 모든 대책에 그토록 적대적이다. 여자들에게는 하나의 종교가 필요하고, 종교를 영속시키기 위해서는 여자들, '진정한 여자들'이 필요하다.

여자의 '성격' 전체, 즉 여자의 신념, 가치, 지혜, 도덕, 취향, 행동은 여자의 상황에 의해 설명된다는 것을 알 수 있다. 여자에게 초월이 거부된다는 사실은 영웅주의, 반항, 초연, 발명, 창조와 같은 보다 높은 인간적 태도에 접근하는 것을 금한다는 것이다. 그러나 이는 남자들에게도 흔한 것이 아니다. 여자처럼 매개자의, 비본질적 수단의 영역 속에 갇혀 있는 남자들도 많다. 노동자는 혁명적 의지를 표현하는 정치적 행동으로 그 영역에서 탈출한다. 그러나 정확히 말해서 '중간 정도'라고 불리는 계층의 남자들은 일부러 거기에 정착해 있다. 여자처럼 일상적인 일의 반복에 바쳐지고, 기성 가치에서 소외되고, 여론을 존중하고, 지상에서 어떤 막연한 안락만을 구하는 월급쟁이·장사꾼·관리는 아내에 대해 어떤 우월감도 느끼지 않는다. 음식을 만들고 빨래하고 가정을 이끌어나가고 아이들을 키우는 여자는 지시를 따르는 남자보다 더 많은 주도권과 독립성을 드러낸다. 남자는 상관에게 온종일 복종해야 하고, 거북한 양복을 입고 다녀야 하며, 사회적 지위를 확보해야만 한다. 그러나 여자는 집안에서 가벼운 실내복을 입고 돌아다닐 수 있고, 노래를 부를 수도 이웃 여자들과 웃고 즐길 수도 있다. 여자는 마음 내키는 대로 행동하고 사소한 위험도 감행할 수 있으며, 어떤 결과에 효과적으로 도달하려고 한다. 여자는 남편보다 인습과 체면에 훨씬 덜 구애받는다. 카프카가 묘사한 관료의 세계, 의식儀式과 부조리한 몸짓과 목적 없는 행위의 그 세계는 본질적으로 남자의 세계다. 여자는 현실에 훨씬 더 밀착되어 있다. 남자가 숫자를 늘어놓거나 정어리 통조림을 돈으로 바꾸어 놓았을 때, 그는 추상적인 것밖에는 아무것도 파악하지 못했다. 배불리 먹고 요람 속에 누워 있는 어린아이, 흰 내의, 구운 쇠고기 등은 만져서 알 수 있는 더 확실한 재산이다. 하지만 바로 이런 목적들을 구체적으로 추구하는 중에 그 우연성을 — 그리고 상관적으로 자신의 우연성을 — 느끼기 때문에 여자는 그것들 안에 자신을 소외시키지 못하는 일이 자주 일어난다. 즉, 그녀는 달리 할 일이 없는 상태로 있다. 남자의 기도는 계획인 동시에 도피다. 남자는 자기의 이력이나 자기가 연기하는 인물로 자기를 소모한다. 남자는 쾌히 중요하고 근엄한 인물인 체한다. 남자의 논리와 도덕에 이의 제기하는 여자는 이러한 함정에 빠지지 않는다. 이는 스탕달이 여자에게서 그토록 강하게 음미했던 점이다. 여자는 자기가 처한 조건의 모호성을 자존심 속으로 피하지 않는다. 그녀는 인간적 품위의 가면 뒤로 숨지 않는다. 그녀는 자기의 반항적인 생각, 자기의 감동, 자기의 자연발생적 반응을 발견하고 있다. 그 때문에 여자가 남편의 충실한 반쪽으로서가 아니라 자기 자신으로서 이야기하는 즉시, 여자와의 대화는 남편과의 대화보다 훨씬 덜 지루해진다. 남자는 이른바 일반적인 사상, 다시 말해 신문 기사나 혹은 전문 서적에서 발견되는 단어나

문구를 지껄인다. 여자는 제한되어 있으나 구체적인 경험을 전달한다. 많이 언급
된 '여성적 감수성'은 얼마쯤은 신화를, 얼마쯤은 희극을 포함한다. 그러나 여자
가 남자보다 자기 자신과 세계에 더 주의 깊다는 것도 사실이다. 성적으로 여자
는 거친 남성적 풍토에서 살고 있다. 그에 대한 보상으로 여자는 '아름다운 것'에
대한 취미를 가지고 있다. 여기에서 여자의 아양 떨기가 생겨날 수 있지만, 또한
섬세함도 생겨날 수 있다. 여자의 영역이 제한되었기 때문에 그녀의 손이 미치
는 대상들은 그녀에게 소중하게 보인다. 여자는 그것들을 개념이나 계획 속에 가
두어 두지 않으므로 그것들의 풍요로움을 드러낸다. 그녀의 도피 욕망은 축제에
대한 취향으로 표현된다. 여자는 꽃다발이나 케이크나 잘 차려진 식탁을 베푸는
것에 즐거워한다. 자기 여가의 공허를 후한 선물로 변화시키기를 좋아한다. 웃음
이나 노래, 장식품이나 자질구레한 실내 장식품을 좋아하는 그녀는 자기 주위에
서 요동치는 모든 것을 맞아들일 준비가 되어 있다. 즉, 거리의 풍경이나 하늘의
광경이나 그 어느 것이라도. 초대나 외출은 그녀에게 새로운 전망을 열어 준다.
남자는 대개 이런 즐거움에 참여하기를 거부한다. 남자가 집에 들어오면 쾌활했
던 목소리는 잠잠해지고, 가정의 여자들은 남자가 기대하는 따분하고 정숙한 태
도를 보인다. 고독과 분리의 한가운데서 여자는 자기 삶의 독특한 의미를 끌어낸
다. 과거, 죽음, 시간의 흐름에 대해 여자는 남자보다 더 친근한 경험이 있다. 여
자가 자기 마음과 몸, 자기 정신의 모험에 관심을 두는 것은 자기가 이 지상에서
이런 운명밖에는 가지고 있지 않다는 것을 알기 때문이다. 그리고 수동적이기 때
문에, 그녀를 엄습하는 현실을 야망이나 직업에 정신을 온통 빼앗긴 개인보다 더
정열적이고 더 비장한 방식으로 감내하고 있다. 여자는 자기의 감동에 빠져들고
자기의 격한 감정을 연구하며 그 의미를 끌어낼 여가와 취미를 가지고 있다. 여
자의 상상력이 헛된 몽상 속에서 헤매지 않을 때 공감이 된다. 즉, 타인을 그 특성
속에서 이해하고 자기 속에서 재창조하려고 노력한다. 남편이나 애인에 대해서
여자는 진정한 동일시가 가능하다. 즉, 남자가 모방할 수 없는 방법으로 그녀는
남자의 계획이나 걱정을 자기 것으로 만든다. 여자는 전 세계에 근심에 찬 주의
를 기울이고 있다. 그녀에게 세계는 하나의 수수께끼처럼 보인다. 개개의 존재나
물체는 하나의 대답이 될 수 있다. 여자는 열심히 질문한다. 여자가 늙게 되면,
그녀의 배신당한 기대는 흔히 아이러니나 재미있는 냉소주의로 변한다. 남자의 속
임수를 거부하고, 남자들이 세운 웅장한 건축물의 사소하고 부조리하며 공허한

이면을 본다. 여자의 종속은 그녀가 초연해지는 것을 금한다. 그러나 그녀는 자기에게 강요된 헌신 속에서 때로 진정한 관대함을 끌어내기도 한다. 여자는 남편이나 애인이나 아이를 위해 자기를 잊어버린다. 더는 자기를 생각하지 않고, 그녀의 몸과 마음 전체는 완전히 선물이고 증여가 된다. 여자는 남자들 사회에 잘 적응하지 못하므로 종종 자기의 품행을 스스로 생각해 내야 한다. 기성의 상투적인 방법에는 덜 만족할 수 있다. 여자가 자발적이라면, 그녀에게는 남편의 엄숙한 자신감보다 진정성에 더 가까운 불안이 있다.

그러나 여자는 남자가 제시하는 속임수를 물리치는 조건에서만 남자에 대한 이런 특권을 갖게 된다. 상류 계층에서 여자들은 자기의 주인 편에 열렬히 가담한다. 왜냐하면 그들이 보장해 주는 이익을 이용하는 데 집착하기 때문이다. 이미 본 것처럼 상류 부르주아 여자들과 귀족 여자들은 언제나 남편들보다 한층 더 완강하게 자기 계급의 이익을 옹호했다. 그 때문에 인간으로서의 자율성을 철저히 희생시키는 것도 주저하지 않는다. 그녀들은 자기 속에 있는 모든 사고력과 비판적 판단력과 자연발생적인 모든 도약을 질식시켜 버린다. 허락받은 의견을 앵무새처럼 반복하고, 남자의 법을 자기에게 부과하는 이상과 일체화한다. 그 결과 그녀들 마음속이나 얼굴 위나 그 어디에서도 솔직함을 찾아볼 수 없다. 주부는 자기 일이나 아이들을 돌보는 데서 독립성을 되찾는다. 거기서 제한적이지만 구체적인 경험을 끌어낸다. '시중을 받는' 여자는 세계에 대해 어떤 점유도 하지 못한다. 그녀는 꿈과 추상과 공허 속에서 살고 있다. 자기가 과시하는 생각이 미치는 영향력을 알지 못한다. 그녀가 지껄이는 말은 그녀의 입속에서 그 의미를 모두 상실한다. 금융가, 기업가, 때로는 장군조차도 피로와 근심에 대한 책임을 지며 위험을 무릅쓴다. 그들은 불공정한 거래로 특권을 얻고 있지만, 적어도 자기들의 인격을 지불한다. 그들의 아내는 자기가 받는 모든 것의 대가로 아무것도 주지 않고 아무것도 하지 않는다. 그리고 그만큼 더 맹목적인 신앙으로 시효에 의하여 소멸하지 않는 자기의 권리를 믿고 있다. 그 헛된 오만과 절대적 무능 그리고 완고한 무지는, 그녀들을 인류가 일찍이 낳은 가장 무익하고 무능한 존재로 만들고 있다.

그러므로 '여자'에 대해 일반적으로 말하는 것은 영원한 '남자'에 대해 말하는 것과 마찬가지로 터무니없는 일이다. 그래서 여자가 남자보다 우월하다든가, 열등하다든가 혹은 동등하다든가 하는 것을 결정하려고 애쓰는 모든 비교론이 어째서 무익한지를 이해할 수 있다. 왜냐하면 그들의 상황이 크게 다르기 때문이다. 만일 이런 상황을 대조해 본다면, 남자의 상황이 한없이 더 낫다는 것은 명백하다. 다시 말해 남자는 세계 속에 자기의 자유를 투사할 구체적인 가능성을 훨씬 더 많이 가지고 있다. 그 결과 남자들이 실현한 것들이 여자들의 경우보다도 필연적으로 월등하다. 여자들에게는 무엇을 *하는 것이* 거의 금지되어 있다. 하지만 남자들과 여자들이 그들의 한계 속에서 어떤 방법으로 자유를 행사하는지를 비교하는 것도 무의미하다. 그 이유는 정확히 그들이 그것을 자유로이 행사하기 때문이다. 악의에 찬 함정과 성실을 가장한 기만은 다양한 형태로 남자든 여자든 노리고 있다. 자유는 각자 속에 완전한 상태로 있다. 다만 여자에게서는 자유가 추상적이고 공허하게 머물러 있기 때문에, 여자는 반항 속에서만 진정성 있게 자신을 책임질 수 있을 것이다. 이것이 아무것도 이룰 가능성이 없는 사람들에게 열려 있는 유일한 길이다. 그들은 자기 상황의 한계를 거부하고 미래의 길을 여는 데 노력해야 한다. 체념은 자기 포기이며 도피에 지나지 않는다. 여자에게는 해방을 위해 애쓰는 것 외에 다른 출구가 없다.

이런 해방은 집단적일 수밖에 없고, 무엇보다도 여성 조건에서 경제적 변화가 완전히 이루어지기를 요구한다. 하지만 단독으로 고독하게 개인적 구원을 실현하기 위해 애쓰는 여자가 과거에도 많이 있었고, 현재에도 있다. 그런 여자들은 자기 내재성의 한가운데서 자기의 실존을 정당화하려고 노력한다. 즉, 내재성 속에서 초월을 실현하려고 한다. 그것은 감옥에 갇혀 있는 여자가 그 감옥을 영광의 하늘로, 자기의 예속을 최고의 권위를 가진 자유로 바꾸려는 – 때로 우스꽝스럽고 흔히 비장한 – 궁극적인 노력이다. 우리는 그러한 노력을 나르시시즘의 여자에게서, 정열적인 사랑을 하는 여자에게서, 신비주의적인 여자에게서 발견한다.

제3부
정당화

11장
나르시시즘의 여자

나르시시즘은 간혹 모든 여자의 근본적인 태도라고 주장되었다.[1] 그러나 이런 개념을 함부로 지나치게 확대하는 것은 라로슈푸코François de La Rochefoucauld[2]가 이 기주의 개념을 크게 실추시킨 것처럼 그 개념을 훼손시킨다. 사실, 나르시시즘은 아주 명확한 자기소외의 한 과정이다. 즉, 주체가 절대 목표로 설정된 자아 속으로 도피해 버린다. 여자에게서는 다른 여러 가지 태도 – 진정성 있는 것이든 허위의 것이든 – 가 발견된다. 우리는 그중 몇 가지를 이미 검토해 보았다. 여자는 환경 때문에 자기에게로 돌아서고 자기에게 사랑을 바치는 일이 남자보다 더 많다.

모든 사랑은 주체와 객체의 이원성을 요구한다. 여자는 하나로 합치는 두 길을 통해서 나르시시즘에 인도된다. 주체로서 여자는 욕구 불만을 경험한다. 그녀는 어린 소녀일 때 사내아이의 페니스에 해당하는 *제2의 자아*를 박탈당한다. 나중에 그녀의 공격적인 성적 충동은 만족하지 못한 채로 머물러 있다. 그리고 훨씬 더 중요한 것은 남성적 활동이 그녀에게 금지되어 있다는 것이다. 그녀는 시간을 보내지만 아무것도 **하는** 것이 없다. 아내나 어머니나 주부의 직능을 통해서도 자기의 개별성에서 인정되지 않는다. 남자의 진실은 그가 건축하는 집에, 그가 개척하는 숲에, 그가 치료하는 환자들에게 있다. 여자는 계획과 목표를 통해서 자기를 실현할 수 없으므로, 자기 인격의 내재 속에서 자기를 파악하려고 노력하게 된다. 시에예스Emmanuel Sieyès(1748~1836)[3]의 말을 패러디해 마리 바시키르체

---

1 헬렌 도이치의 『여성의 심리』 참조
2 * 17세기 프랑스의 고전 작가
3 * 프랑스의 정치가. 프랑스 혁명 당시 국민의회의 중심인물로 크게 활약했다.

프는 "나는 무엇인가? 아무것도 아니다. 나는 무엇이 되기를 원하는가? **모든 것이 되기**를"이라고 쓰고 있다. 여자들은 아무것도 아니므로 많은 여자가 오직 자기들의 자아에만 관심을 국한하고, 그것을 **전체**와 혼동할 수 있도록 확장한다. 마리 바시키르체프는 "나는 나 자신의 주인공이다"라고 말하기도 하였다. 필연적으로 행동하는 남자는 자기 자신과 맞서 싸운다. 여자는 무능하고 고립되어 있어서 자기의 위치를 정할 수도, 자기를 평가할 수도 없다. 어떤 중요한 대상에도 접근할 수 없으므로 여자는 자기에게 최고의 중요성을 부여한다.

이처럼 여자가 *자기*를 자신의 욕망에 제시할 수 있는 것은 어린 시절부터 자신을 객체로 보아 왔기 때문이다. 그녀가 받은 교육은 자기를 자기 몸속에서 완전히 소외시키도록 부추겼으며, 사춘기에 자기 몸이 수동적인 욕망의 대상이라는 것을 알려 주었다. 몸은 여자가 새틴이나 벨벳을 만지며 감각하는 자기 손을 그쪽으로 내밀고, 애인의 눈길로 바라볼 수 있는 것이다. 여자는 고독한 쾌락 속에서 남자 주체와 여자 객체로 양분되는 일이 일어난다. 그래서 달비가[4] 연구한 사례인 이렌이란 인물은 이렇게 말한다. "나는 나를 사랑하려 한다" 혹은 더 정열적으로 "나는 나를 소유하겠다" 혹은 감정의 절정 속에서 "나는 나를 임신시키려 한다"라고. 마리 바시키르체프가 "하지만 아무도 나의 팔과 가슴을 보지 않는 것은 유감이다. 이렇게나 싱싱하고 젊음이 넘치는데"라고 쓰고 있을 때, 그녀 역시 주체인 동시에 객체다.

사실, *자기에게* 실제로 *타자*가 되고, 의식의 깨달음 속에서 자기를 객체로 파악한다는 것은 불가능하다. 이렇게 둘로 나뉘는 것은 단지 꿈에 불과하다. 어린아이의 경우에는 이 꿈이 인형으로 구체화된다. 여자아이는 자신의 몸보다 인형 속에서 한결 구체적으로 자기를 인정한다. 왜냐하면 이 양자 사이에는 분리가 있기 때문이다. 자기와 자기 사이에 다정한 대화가 이루어지기 위하여 둘이 될 필요성을 드 노아유 부인은 『내 인생의 책Le Livre de ma vie』에서 다음과 같이 표현하고 있다.

나는 인형들을 좋아했고, 움직이지 않는 인형에게 나의 생명을 불어넣었다. 인형

---

4 『정신분석La Psychanalyse』. 유년 시절에 이렌은 사내아이들처럼 오줌 누는 것을 좋아했다. 그녀는 자기가 물의 요정이 된 꿈을 자주 꾸었다. 이것은 나르시시즘과 해블록 엘리스가 명명한 '배수증', 즉 일종의 배뇨 색정증(물이나 오줌을 보거나 접촉해 성적 쾌감을 느끼는 증세-역주)과의 관련성에 대한 그의 학설을 뒷받침한다.

「마리 바시키르체프 자화상」 1880년경

들이 모포나 새털 이불로 푹 싸여 있지 않으면 나는 따뜻한 이불 아래서 잠을 이루지 못했다. (…) 나는 둘로 나눠진 순수한 고독을 진정으로 맛보는 꿈을 꾸고 있었다. (…) 어릴 적에 언제까지나 순수하고, 이중으로 나 자신이 되고 싶은 욕구를 열렬히 느꼈다. (…) 아! 나의 달콤한 몽상이 모욕적인 눈물에 농락되는 비극적인 순간에, 나의 목에 두 팔을 감고 나를 위로하고 이해해 줄 또 하나의 귀여운 안나가 내 곁에 있어 주길 얼마나 바랐던가. (…) 일생 마음속에서 그녀를 만나 꼭 붙잡고 있었다. (…) 그녀는 내가 희망했던 위안의 형태가 아니라 용기의 형태로 나를 보호해 주었다.

사춘기 소녀는 인형들이 잠을 자게 놔둔다. 여자는 평생에 걸쳐 자기를 떠나고 자기와 재회하기 위한 노력에서 거울의 마법에 큰 도움을 받게 된다. 랑크Otto Rank(1884~1939)[5]는 신화와 꿈속에 나타난 거울과 분신 사이의 관계를 밝혀냈다. 특히 여자에게서 거울에 비친 모습과 자아를 동일시하는 경향이 나타난다. 남성미는 초월성의 표시이고, 여성미는 내재의 수동성을 지니고 있다. 여성미만이 시선을 멈추게 되므로 거울의 부동의 함정에 빠질 수 있다. 자기를 능동성, 주체성으로 느끼고 또 그렇게 되기를 원하는 남자는 자기의 응결된 모습에서 자기를 인정하지 않는다. 그런 모습은 그에게 별로 매력이 없다. 남자의 몸은 그에게 욕망의 대상으로 보이지 않기 때문이다. 반면에 여자는 자기를 객체로 알고 객체로 만들기 때문에 거울 속에서 정말로 자기를 본다고 생각한다. 수동적으로 거울에 비친 모습은 그녀 자신처럼 하나의 물체다. 그리고 그녀는 여자의 몸, 즉 자기의 몸을 갈망하기 때문에, 거울 속에서 발견하는 생기 없는 덕목에 자기의 찬미와 욕망으로 생명력을 불어넣는다. 그런 것에 정통했던 드 노아유 부인은 우리에게 다음과 같이 토로하고 있다.

나는 내 안에 있는, 의심의 여지가 없었던 매우 강력한 정신적 재능보다 자주 들여다본 거울에 비친 모습에 더 강한 자만심을 느꼈다. (…) 오직 신체적 기쁨만이 영혼을 완전히 만족시켜 준다.

'신체적 기쁨'이라는 말은 여기서 막연하고 적절하지 않다. 영혼을 만족시킨

---

5 * 오스트리아의 정신분석학자, 작가, 교사

다는 말은, 지성은 장차 그 진가를 발휘해야 하지만, 바라본 얼굴은 오늘 여기에 의심할 여지없이 있다는 것이다. 하나의 우주를 만드는 거울의 틀 속에 온 미래가 집약되어 있다. 이 협소한 한계 바깥에 있는 사물들은 무질서한 혼돈에 지나지 않는다. 세계는 **유일자**唯一者라는 한 개의 이미지가 빛나는 하나의 유리 조각으로 축소된다. 거울에 비친 자기 모습에 빠져 버린 여자는 시간과 공간 위에 유일한 절대자로 군림한다. 그녀는 남자들에 대하여, 재산·영광·관능적 쾌락에 대하여 모든 권리를 갖는다. 마리 바시키르체프는 자기의 아름다움에 도취한 나머지 그 아름다움을 불멸의 대리석에 새겨 두고 싶어 했다. 그녀는 이와 같이 자기 자신을 불멸에 바치고자 했다.

나는 집에 돌아오면 옷을 벗고 나체가 되어, 마치 전에는 한 번도 본 적이 없는 것처럼 내 몸의 아름다움에 사로잡힌다. 나의 조각상을 만들어야 한다. 그러나 어떻게? 결혼하지 않고서는 거의 불가능하다. 한데 조각상은 절대로 만들어야만 한다. 나는 틀림없이 추하고 못쓰게 될 것이다. (⋯) 남편을 얻어야 한다, 오직 나의 조각상을 만들게 하기 위해서라도.

세실 소렐Cécile Sorel(1873~1966)[6]은 데이트 준비를 하는 자기 모습을 이렇게 그리고 있다.

나는 거울 앞에 있다. 더 아름다워지고 싶다. 나는 나의 긴 머리카락과 싸우고 있다. 나의 머리빗 아래서는 섬광이 발한다. 황금빛 광선처럼 뻗친 머리카락 한가운데서 나의 얼굴은 태양과 같다.

또한 나는 어느 날 아침, 한 카페의 화장실에서 보았던 어떤 젊은 여자를 기억한다. 그녀는 손에 장미 한 송이를 쥐고 있었으며, 약간 취한 것 같았다. 그녀는 마치 자기 모습을 들이마실 듯이 거울에 입술을 가까이 가져갔고, 미소를 지으면서 "사랑스러워, 내가 보기에도 사랑스러워"라고 속삭였다. 여사제인 동시에 우상인 나르시시스트는 영광의 후광으로 둘러싸여 영원의 한가운데를 날고 있고, 구름 저 너머에는 무릎을 꿇은 인간들이 그녀를 숭배하고 있다. 그녀는 자기 자신을 바

6 * 프랑스의 유명 여배우. 화려한 의상을 자주 입었다.

라보는 신이다. "나는 나를 사랑한다. 나는 나의 신이다!"라고 메제로프스키 부인은 말했다. 신이 된다는 것은 즉자卽自와 대자對自의 불가능한 통합을 실현하는 것이다. 한 개인이 그 실현에 성공했다고 상상하는 순간은 그에게 기쁨, 고양, 충만의 특권적인 순간이다. 열아홉 살 때 루셀Raymond Roussel(1877~1933)[7]은 어느 날 다락방에서 자기 머리 주위에서 영광의 후광을 느꼈다. 이후 그는 그런 느낌에서 결코 벗어나지 못했다. 거울 안쪽에서 그녀 자신의 모습을 한 – 그녀가 생각하기에 자신의 의식이 생명을 부여한 – 아름다움, 욕망, 사랑, 행복을 본 젊은 처녀는 일생에 이 눈부신 깨달음의 약속을 다 써 보려고 한다. '내가 사랑하는 것은 바로 너야'라고 마리 바시키르체프는 어느 날 거울에 비친 자기 모습에다 고백한다. 또 어떤 날에는 이렇게 쓰고 있다. "나는 나를 대단히 사랑한다. 내가 나를 어찌나 행복하게 만들던지 저녁 먹을 때 꼭 미친 것 같았다." 비록 나무랄 데 없는 미인이 아니더라도 여자는 자기 영혼의 독특한 아름다움이 자기 얼굴에 내비치는 것을 보게 되고, 그것만으로도 도취하는 데 충분할 것이다. 발레리라는 여성으로 자신을 묘사한 소설에서 크뤼데너 부인은 이렇게 쓰고 있다.

> 그녀는 내가 아직 어떤 여자에게서도 보지 못한 특별한 무엇을 가지고 있다. 그녀만큼의 우아함을 가질 수 있고 그녀보다 훨씬 아름다울 수도 있으나, 그녀를 따를 만한 여자는 없다. 그녀는 어쩌면 놀랄 만한 미인이 아니지만, 사람을 매혹하고야 마는 이상적이고 매력적인 무엇을 가지고 있다. 그녀는 보기에도 아주 섬세하고 무척 날씬해서 삼색제비꽃이라 할 만하다…….

미인이라는 혜택을 받지 못한 여자들마저도 때로 거울에 비친 자기 모습에 황홀감을 느낄 수 있다는 사실에 놀라는 것은 잘못이다. 그녀들은 현재 거기에 육체로서 존재한다는 단 하나의 사실만으로도 감동한다. 남자와 마찬가지로, 그녀들을 놀라게 하기 위해서는 젊은 육체의 순수한 관대함만 있으면 족하다. 그리고 그녀들은 약간 기만적으로 자기를 개별적인 주체로 파악하기 때문에, 종種으로서의 자기의 특질에 독특한 매력을 부여할 것이다. 그녀들은 자기의 얼굴이나 육체에서 우아하고 진귀하며 자극적인 특징을 발견하게 된다. 여자들은 자기를

7 * 프랑스의 작가

여자로 느끼는 사실 하나만으로도 자기를 아름답다고 믿게 된다.

게다가 거울이 제일 좋은 도구이긴 하지만 자기를 양분하는 유일한 도구는 아니다. 마음속으로 자신과 대화하면서 누구나 자기의 쌍둥이 형제나 자매를 만들려는 시도를 할 수 있다. 하루 대부분을 혼자 있고 집안일에 권태를 느끼는 여자는 자신의 모습을 원하는 대로 상상할 수 있는 여가가 있다. 처녀 시절에 그녀는 미래를 꿈꾸었다. 무한한 현재에 갇혀 있는 그녀는 자기에게 자신의 이야기를 들려준다. 그 이야기 속에 하나의 미의 질서를 도입해 아름답게 꾸미고, 자기의 사소한 생활을 하나의 운명으로 변형시킨다.

여자들이 특히 얼마나 유년 시절의 추억에 집착하는지는 잘 알려져 있다. 여성 문학이 이를 입증한다. 남성의 자서전에서 유년 시절은 일반적으로 부차적인 자리밖에는 차지하지 못한다. 이와 반대로 여자들은 어린 시절 이야기에 제한되는 수가 많다. 어린 시절은 그녀들의 소설이나 동화에서 특권을 누리는 소재다. 여자 친구나 애인에게 자기 이야기를 하는 여자는 거의 모든 대화를 이렇게 시작한다. "내가 어렸을 때는……." 그녀들은 이 시기에 대한 향수를 간직하고 있다. 이때 그녀들은 아버지의 너그럽고 위엄 있는 손을 머리 위에서 느끼는 동시에 독립성의 기쁨을 만끽하고 있었다. 어른들에게 보호와 지지를 받는 그녀들은 자율적인 개인이었고, 그녀들 앞에는 자유로운 미래가 열려 있었다. 반면에 지금은 결혼과 사랑을 통해 불완전하게 보호받고 있으며, 현재 속에 갇힌 하녀나 객체가 되었다. 그녀들은 세계에 군림하여 날마다 세계를 정복해 가고 있었다. 그런데 이제는 세계에서 분리되어 내재와 반복에 바쳐져 있다. 그녀들은 자신이 실추되었다고 느낀다. 그러나 그녀들이 가장 고통스러워하는 것은 일반성 속에 삼켜져 버렸다는 것, 즉 아내나 어머니나 주부나 수백만의 다른 여자들 가운데 한 여자가 되어 버렸다는 것이다. 어릴 적에는 이와 반대로 각자 자기가 처한 조건을 독자적으로 살았다. 그녀는 자기의 인생 수업과 친구들의 그것 사이에 존재하는 유사성을 모르고 있었다. 그녀는 부모나 선생님들이나 여자 친구들에게서 자기의 개성을 인정받고 있었다. 자신은 다른 누구와도 비교할 수 없고 유일하며 특별한 기회가 약속된 사람이라고 믿고 있었다. 그녀는 이 젊은 자매를 향해 감격스레 되돌아간다. 그녀는 이 자매의 자유와 욕구와 주권을 포기했고, 이 자매를 얼마쯤 배신했다. 여자가 된 그녀는 과거의 그녀였던 그 인간적인 존재를 그리워한다. 그녀는 자기 마음 깊은 곳에서 죽어 버린 그 아이를 되찾으려 애쓴다. '어린 소녀'라는 이 말은 그녀의 마음을 울린다. 그러나 '묘한 소녀'라는 말은 그녀를 한층 더 감동하게 한다. 이 말은 잃어버린 독창성을 되살아나게 하기 때문이다.

　그녀는 그토록 예외적인 유년 시절을 멀리서 감탄하는 데 그치지 않는다. 그 유년 시절을 자기 안에서 되살아나게 하려고 애쓴다. 자기의 취미와 사상과 감정이 이상스러운 싱싱함을 간직하고 있다는 것을 자신에게 이해시키려고 애쓴다. 당황하여 허공을 살피며 목걸이를 만지작거리거나 혹은 반지를 돌리면서 그녀는 이렇게 중얼거린다. "이상하네……. 나, 나는 어째서 그런 걸까……. 생각해 보세요, 물이 나를 매혹하거든요……. 오! 나는 시골이 미치도록 좋아." 좋아하는 것은 모두 기발한 것으로 보이고, 의견 하나하나는 세계에 대한 도전으로 보인다. 도로시 파커는 매우 널리 퍼져 있는 이런 특징을 생생하게 적고 있다. 그녀는 웰튼 부인을 이렇게 묘사한다.

> 그녀는 자신을 활짝 핀 꽃에 둘러싸여 있지 않으면 행복할 수 없는 여자처럼 생각하기를 좋아했다. (…) 그리고 자기가 꽃을 얼마나 좋아하는지 충동적으로 사람들에게 고백했다. 이러한 고백에는 마치 듣는 사람들에게 자기의 취향이 너무 유별나다고 판단하지 말아 달라고 요구하는 듯한, 거의 변명에 가까운 어조가 들어 있었다. 그녀는 대화 상대가 어리둥절하고 놀라서 이렇게 소리치기를 기다리고 있는 것 같았다. "아니, 정말! 그럴 리가 있나!" 이따금 그녀는 그밖에 사소한 편애를 고백했다. 마치 자신의 마음을 솔직히 털어놓는 것은 자신의 섬세함이 허락하지 않을 것이라는 듯이, 언제나 약간 당황해하며 자기가 색채나 시골이나 오락이나 정말 흥미로운 동전이나 예쁜 천이나 잘 만들어진 의복이나 태양을 얼마나 좋아하는지를 말했다. 그녀가 가장 자주 고백했던 것은 꽃에 대한 사랑이었다. 그녀는 이 취향이 다른 어떤 취향보다도 더 자기를 일반 사람들과 구별해 주는 것 같았다.[8]

　여자는 이런 분석을 행동으로 기꺼이 확증하려고 한다. 색깔 하나를 고를 때에도 "초록, 그것은 내 색깔이야"라고 한다. 그녀는 선호하는 꽃, 향수, 마음에 드는 음악가, 미신, 버릇 같은 것을 소중히 여긴다. 자기의 개성을 옷치장과 실내장식으로 표현하기 위해서 굳이 아름다워야 할 필요는 없다. 그녀가 부각시키는 인

---

8 * 『너무 나쁘다!』

물은 그녀의 지성과 집착과 소외의 깊이에 따라서 다소간의 일관성과 독창성을 지닌다. 어떤 여자들은 어수선하고 혼잡한 몇몇 특징을 되는 대로 뒤섞어 놓기만 할 뿐이다. 다른 여자들은 하나의 인물을 체계적으로 창조해 줄곧 그 역할을 한다. 이미 말한 바와 같이 여자는 이런 유희와 진실을 잘 구별하지 못한다. 이런 여주인공을 중심으로 인생은 슬프기도 하고 놀랍기도 한, 언제나 조금은 기묘한 한 편의 소설로 엮인다. 때로는 이미 쓰인 소설이 활용되기도 한다. 얼마나 많은 젊은 처녀들이 『모호한 대답』에 나오는 주디에게서 자기와 닮은 점을 발견했다고 말했는지 모른다. 나는 무척 못생긴 한 노부인을 기억하고 있는데, 그녀는 이렇게 말하는 버릇이 있었다. "『골짜기의 백합』을 읽어 보세요. 그것은 내 이야기입니다." 어렸을 때 나는 이 시든 백합을 경의에 찬 놀라움으로 바라보았다. 다른 여자들은 더 막연하게 이렇게 중얼거린다. "내 인생은 정말이지 한 편의 소설이다." 그녀들의 이마 위에는 상서로운 혹은 불길한 별이 붙어 있다. 그녀들은 "이런 일은 나에게만 일어난다"라고 말한다. 불운이 그녀들의 발자국을 따르든 혹은 행운이 그녀들에게 미소를 띠게 하든 간에, 아무튼 그녀들은 하나의 운명을 지니고 있다. 세실 소렐은 『회고록*Mémoires*』 전편에 걸쳐 변함없는 순진함으로 이렇게 쓰고 있다. "그렇게 해서 나는 사교계에 데뷔했다. 내 최초의 친구들은 천재와 미인이라는 이름으로 불렸다." 그리고 나르시시즘의 전설적인 기념비인 『내 인생의 책』에서 드 노아유 부인은 다음과 같이 쓰고 있다.

어느 날 여자 가정교사들은 사라지고, 그 대신 운명이 찾아들었다. 운명은 강하면서도 나약한 여성을 한껏 만족시켜 주었던 만큼 가혹하게 대했다. 운명은 그녀를 난파선 위에 있게 했고, 그녀는 그곳에서 마치 자기의 꽃다발을 구하기 위해 언제나 목소리 높여 투혼을 발휘하는 오펠리아처럼 보였다. 운명은 그녀 쪽에서 이 최후를 장식해 달라고 희망하기를 요구했다. 이런 상황에서 그리스 사람들은 죽음을 활용하지 않았던가.

나르시시즘 문학의 실례로서 또한 다음의 대목을 인용할 필요가 있다.

전에 나는 자주 다치고 통통한 팔다리에 홍조를 띤 두 뺨의 튼튼한 소녀였는데, 이젠 허약하고 맥없는 체질의 청승맞은 사춘기 소녀가 되어 버렸다. 나의 사막에서, 나의 기아에서, 그리고 또 간결하고 신비로운 죽음에서, 모세의 바위에서 이상하게 솟아 나오는 것과 같은 생명의 샘이 솟아 나올 수 있음에도 불구하고 말이다. 나는 떳떳하게 내 용기를 칭찬하지 않을 것이다. 나는 그것을 내 힘이나 행운과 비슷한 것으로 여긴다. 나는 그것을, 사람들이 자기는 초록빛 눈을 가졌다든가, 까만 머리카락을 가졌다든가, 작고 억센 손을 가졌다고 말하는 것처럼 묘사할 수 있을 것 같다.

그리고 또 이런 대목도 있다.

오늘날 나는 영혼과 그 조화의 힘에 지지를 받아서 내 목소리에 맞추어 살아 왔다는 것을 인정할 수 있다.

여자는 미모와 인기와 행복을 얻을 수 없는 경우에 스스로 희생적인 인물이 되는 것을 택하게 된다. 그녀는 '비애의 어머니'나 이해받지 못한 아내가 되려고 고집 부리게 되고, 자기 눈에 '세상에서 가장 불행한 여자'가 되려고 한다. 슈테켈이 묘사하고 있는 우울증의 여자가 바로 그런 경우다.[9]

매년 크리스마스 때가 되면 H. W. 부인은 창백한 얼굴에 어두침침한 옷을 입고 우리 집에 와서 자기 운명을 하소연한다. 그녀가 눈물을 흘리면서 들려주는 슬픈 사연은 실패한 인생과 망가진 부부 생활 이야기였다. 처음 그녀가 왔을 때 나는 눈물을 흘릴 정도로 마음이 움직였고, 그녀와 함께 울음을 터뜨릴 뻔했다. (…) 그동안 2년이란 긴 세월이 흘렀고, 그녀는 잃어버린 자기 인생에 대해 눈물을 흘리면서 여전히 희망의 폐허 위에서 살고 있다. 그녀의 얼굴에는 초로의 조짐이 나타났고, 이것은 그녀에게 불평할 또 다른 이유를 주었다. "내가 도대체 왜 이렇게 되었나, 그렇게 아름답다고 칭찬받던 내가!" 그녀의 탄식은 늘어만 갔고, 그녀의 모든 친구가 그녀의 불행한 운명을 알게 되었기 때문에 그녀는 자기의 절망을 힘주어 말했다. 그녀는 자기의 불평을 늘어놓아 모든 사람을 귀찮게 했다. (…) 그녀에게 그것은 자신이 불행하고 고독하고 이해받지 못한다고 느끼는 또 다른 경우다. 이 고통의 미로에 더는 출구가 없었다. (…) 이 여자는 *이 비극적인 역할*에서 쾌락을 발견하고 있었다. 그녀는 글자 그대로 자기가 이 세상에서 가장 불행한 여자라는 생각에 도취해 있었다. 그녀를 활동적인 생활

9 『불감증의 여자』

에 참여시키려는 모든 노력은 물거품이 되었다.

가련한 웰튼 부인에게서나, 오만한 안나 드 노아유 부인에게서나, 슈테켈의 불행한 환자에게서나 이례적인 운명으로 낙인찍힌 수많은 여자의 공통된 특징은 자기의 진가가 인정되지 않는다고 느낀다는 것이다. 주위 사람들은 그녀들의 특이성을 인정해 주지 않는다거나 충분히 인정해 주지 않는다. 그녀들은 타인의 이러한 무지와 무관심을 자기가 마음속에 비밀을 간직하고 있기 때문이라고 적극적으로 생각한다. 사실 많은 여자가 커다란 중요성을 지니는 유년이나 청년기의 여러 가지 일화를 은밀하게 가슴에 묻어 놓았다. 그녀들은 자기의 공식적인 일대기가 자기의 진실과 일치하지 않는다는 것을 알고 있다. 그러나 인생에서 자기실현을 이루지 못하므로, 나르시시스트 여자가 소중히 여기는 여주인공은 상상적인 것에 불과하다. 현실과 상상의 일치는 구체적인 세계에서 허용되지 않는다. 즉, 그것은 숨겨진 원리로서, 연소燃素처럼 모호한 일종의 '힘'이며 '효능'이라 할 수 있다. 여자는 그것의 존재를 믿고 있다. 그러나 그 존재를 타인에게 드러내려면, 그녀는 보이지 않는 범죄를 악착같이 고백하려는 신경쇠약 환자처럼 당황할 것이다. 어느 경우에서나 '비밀'은 감정과 행위를 간파하고 정당화할 수 있는 열쇠를 자기 내부 깊숙이 소유하고 있다는 텅 빈 신념에 지나지 않는다. 신경쇠약 환자들에게 의지결핍증과 무기력은 이런 환상을 초래한다. 마찬가지로 여자는 일상적인 행동에서 자기를 표현할 수 없기 때문에 자기에게 형언할 수 없는 신비가 깃들어 있다고 생각한다. 여성의 신비라는 유명한 신화는 여자가 그렇게 생각하도록 부추겨서 그 신화를 더욱 확고부동한 것으로 만든다.

가치를 인정받지 못한 보물을 잔뜩 가지고 있는 여자는 행운의 별로 표시되든 불운의 별로 표시되는 간에 하나의 운명이 다스리는 비극의 주인공의 조건을 갖춘 것으로 보인다. 그녀의 삶 전체가 하나의 성스러운 드라마로 변모한다. 엄숙하게 선택된 드레스 아래에는 사제복을 입은 여사제와 헌신적인 손으로 장식되어 독실한 신자의 숭배에 바쳐진 우상이 몸을 곧추세우고 있다. 그녀의 실내는 사원이 되며, 거기서 그녀의 예배가 거행된다. 마리 바시키르체프는 자기 방 안에 가구와 물건을 배치하는 데 자기 옷만큼 정성을 기울인다.

사무용 책상 가까이에는 골동품 같은 안락의자가 놓여 있다. 누가 들어오면 사람들과 마주 앉기 위해 그 안락의자를 약간 밀기만 하면 된다. (…) 뒤에 서가가 있고 양쪽에 그림과 화분이 놓여 있다. 그 가운데에 있는 학자풍의 책상 가까이에 앉으면 전처럼 검은 나무로 가려지지 않아서 두 다리와 두 발이 보인다. 소파 위쪽에는 두 개의 만돌린과 기타가 걸려 있다. 그 가운데 아주 작고 섬세한, 파란 정맥이 드러나 보이는 손을 가진 금발의 젊은 처녀를 앉혀 보시라.

여자는 살롱에서 보란 듯이 으스댈 때 또는 애인의 품에 몸을 맡길 때에 사명을 완수한다. 즉, 그녀는 자기의 미모라는 보물을 세상에 방출하는 비너스다. 세실 소렐이 자기를 그린 캐리커처를 부숴 버렸을 때, 그녀는 자신이 아니라 **아름다움**을 옹호한 것이다. 그녀의 『회고록』을 보면 그녀는 삶의 매 순간마다 사람들을 **예술**의 숭배로 이끌었다. 『나의 생애』에서 자기를 묘사한 이사도라 덩컨도 마찬가지다.

공연이 끝난 뒤 고대 의상 차림에 장미꽃 화관을 쓴 나는 얼마나 예뻤던지! 나는 왜 이런 매력을 이용하도록 하지 않는가? 어째서 온종일 정신노동을 한 남자가 이 빛나는 두 팔에 안기지 못하고, 자기 비애에 대한 얼마간의 위로와 아름다움과 망각의 몇 시간을 발견하지 못한단 말인가?

나르시시스트 여자의 관대함은 그녀에게 유익하다. 그녀에게는 거울 속보다 타인의 감탄하는 눈 속에서 영광의 후광으로 둘러싸인 자기 모습을 보는 것이 더 낫기 때문이다. 그녀는 호의적인 관중이 없는 탓에 고해신부나 의사나 정신분석의에게 마음을 연다. 그녀는 손금쟁이나 점쟁이를 찾기도 한다. "믿지는 않지만, 나에 관한 이야기를 듣는 것을 무척 좋아하기 때문에!"라고 어떤 풋내기 여배우는 말한다. 그녀는 여자 친구들에게 자기에 관해 이야기한다. 애인에게서는 다른 어떤 것보다 더 탐욕스럽게 증인을 구한다. 사랑에 빠진 여자는 자아를 빨리 망각한다. 그러나 많은 여자가 진정한 사랑을 하지 못한다. 결코 자신을 망각하지 않기 때문이다. 그녀들은 규방의 친밀함보다는 더 넓은 무대를 선호한다. 거기에서 사교계 생활이 갖는 중요성이 온다. 그녀들은 자기를 응시해 주는 시선과 자기들 말을 들어주는 귀가 필요하다. 그녀들에게는 가능한 한 가장 많은 관중이 필요하다. 자기 방을 한 번 더 묘사하면서 마리 바시키르체프는 다음과 같이 고백한다.

이런 식으로 사람들이 들어와서 글을 쓰는 나를 볼 때 **나는 무대에 있는 것이다.**

그리고 더 뒤에서는 이렇게 쓰고 있다.

나는 훌륭한 무대 장식을 살 것을 결심했다. 나는 사라의 저택보다 더 아름다운 저택과 더 커다란 작업장을 짓겠다.

한편 드 노아유 부인은 이렇게 쓰고 있다.

나는 전에도 지금도 사람들이 모이는 곳을 좋아한다. (…) 광장에서 동석자들이 많은 것을 내가 귀찮아하지나 않을까 걱정하며 미안해하는 친구들에게 말했다. **"나는 빈 좌석 앞에서 연기하는 것을 좋아하지 않습니다"** 라는 솔직한 고백으로 친구들을 안심시킬 수 있었다.

화장이나 대화는 대부분 과시하기 좋아하는 여성의 취향을 만족시켜 준다. 그러나 야심적인 나르시시스트 여자는 더 희귀하고 다양하게 자기를 드러내고 싶어 한다. 특히 자기 삶을 관객의 갈채에 제공된 한 편의 연극으로 만드는 그녀는 정말로 자기를 연출하는 것을 좋아하게 된다. 스탈 부인은 『코린느*Corinne*』에서 하프를 연주하면서 자기가 어떻게 시를 낭독해 이탈리아 군중을 매혹했는지를 자세히 이야기했다. 그녀가 코페에서 선호한 오락 중 하나는 비극적인 역할을 낭송하는 것이었다. 페드르로 분한 그녀는 자기가 이폴리트로 분장시킨 젊은 애인들에게 열렬한 사랑을 고백했다.[10] 기꺼이 크뤼데너 부인은 숄 춤에서 특기를 나타냈으며, 이를 『발레리』에서 이렇게 묘사하고 있다.

발레리는 짙은 푸른색 모슬린 숄을 요구해 이마 위의 머리카락을 쓸어 올리고 머리 위에 썼다. 그 숄은 관자놀이를 따라 어깨 위로 늘어졌다. 그녀의 이마는 고대 풍의 모습이었고, 머리카락은 보이지 않았으며, 눈꺼풀은 내려가 있었고, 평소의 미소는 서서히 사라졌다. 머리는 기울어지고, 숄은 팔짱 낀 팔과 가슴 위로 부드럽게 떨어졌다. 푸른 옷과 그 맑고 순수한 모습은 온화한 체념을 표현하기 위해

---

10 * 장 라신의 대표 비극작 『페드르』는 에우리피데스의 『히폴리투스』에서 주제를 빌려와 금지된 정념을 다루고 있다.

코레조Antonio Allegri Corregio(1489~1534)[11]가 그려 놓은 그림 같았다. 그녀의 눈이 다시 떠지고 그녀의 입술이 미소를 지으려 할 때, 셰익스피어가 그린 것과 같은 기념상 곁에서 **고통**에 미소를 짓고 있는 **인내**를 보는 것만 같았다.

(…) 발레리의 모습이야말로 볼 만했다. 수줍고 고귀하며 감수성이 풍부한 그녀는 혼란을 일으키고 유혹하며, 감동을 주고 눈물을 자아내며 위대한 정신에 충만할 때처럼 가슴을 두근거리게 한다. 그녀는 배울 수 없는, 자연이 몇몇 우월한 사람들에게 비밀리에 알려 주는 매혹적인 우아함을 소유하고 있다.

환경이 허락한다면, 나르시시스트에게 공적으로 연극에 몸을 바치는 것만큼 깊은 만족감을 주는 것은 없다. 조르제트 르블랑[12]은 이렇게 말한다.

연극은 내가 거기서 찾고 있던 것, 즉 열광의 동기를 나에게 가져다주었다. 오늘날 연극은 **행동의 캐리커처**처럼 보인다. 극단적인 기질을 가진 사람에겐 없어서는 안 되는 무엇처럼 생각된다.

그녀가 사용하는 표현은 인상적이다. 여자는 행동할 수 없기에 행동의 대용품을 고안해 낸다. 연극은 일부 여성들에게 특권적인 대용품이다. 물론 여배우는 매우 다양한 목적을 추구할 수 있다. 어떤 여자들에게 연기한다는 것은 생계를 버는 수단이자 단순한 직업이다. 다른 여자들에게는 연애의 목적에 활용될 명성에 접근하는 수단이다. 가장 위대한 여배우들 – 라셸이나 두세Eleonora Duse[13] – 는 자신이 창조하는 역할에서 자기를 초월하는 진정한 예술가들이다. 이와 반대로 서투른 여배우는 자기가 수행하는 것에는 전혀 관심을 두지 않고, 거기서 얻어지는 명예만을 생각한다. 그녀는 무엇보다도 자기를 돋보이게 하려고 한다. 고집 센 나르시시스트 여자는 자기를 줄 줄 모르기 때문에 사랑에서처럼 예술에서도 한계가 있다.

이러한 결점은 그녀의 모든 활동에서 심각하게 드러난다. 그녀는 영광으로 인도할 수 있는 모든 길에 유혹받을 것이다. 그러나 결코 기탄없이 그 길에 뛰

---

11   * 이탈리아 화가. 화려한 색조를 사용하고 명함 효과를 강조했다.

12   * 마테를링크의 애인. 마테를링크의 전기를 썼다.

13   * 19세기 이탈리아의 유명한 여배우

엘레오노라 두세, 『매클루어 매거진 *McClure's magazine*』, 1893

어들지 않을 것이다. 회화나 조각이나 문학은 엄격한 수련을 요구하며, 고독한 작업을 필요로 한다. 많은 여자가 그것을 시도하지만, 적극적인 창조의 욕망으로 고무되어 있지 않다면 곧 포기해 버리게 된다. 또한 끈기 있게 계속하는 여자들 가운데에도 단지 일하는 '연기'를 하는 데 불과한 여자가 많다. 명예를 그렇게 갈망하던 마리 바시키르체프는 이젤 앞에서 몇 시간씩 보냈다. 그러나 그림 그리기를 진정으로 좋아하기에는 자기를 지나치게 사랑하고 있었다. 몇 년 동안 통분의 세월을 보낸 뒤에 그녀가 고백한다. "그래, 나는 그림을 그리는 수고를 들이지 않아. 오늘 나는 나 자신을 관찰했어. 나는 **속임수를 쓰고 있는 거야**……." 스탈 부인이나 드 노아유 부인처럼 작품을 제작하는 데 성공하는 것은 여자가 자기 숭배에 정신을 온통 빼앗기지 않기 때문이다. 그러나 많은 여성 작가에게 부담을 주는 결함 중 하나가 자기만족이다. 그것이 그녀들의 진정성을 해치고 한계를 지으며 가치를 떨어뜨린다.

많은 여자가 자기 우월감에 젖어 있긴 해도 그 우월감을 세상 사람들의 눈에 드러낼 능력은 없다. 그래서 그녀들의 야심은 한 남자를 중개자로 이용하고, 그 남자에게 자기의 가치를 설득시키려 한다. 그녀들은 자유로운 계획으로 독특한 가치를 추구하지 않고, 기성의 가치를 자기 자아에 병합하고자 한다. 따라서 영향력이나 명예를 누리는 남자들과 일체가 되려는 희망으로 ― 자기가 영감을 주고 조언하는 사람이 되면서 ― 그들 쪽으로 돌아선다. 놀라운 실례의 하나가 로런스와 관계를 맺고 있는 메이블 다지의 경우다. 그녀는 이렇게 말하고 있다.

나는 그의 정신을 유혹해 그가 뭔가를 창작해 내도록 하고 싶었다. (…) 나는 그의 영혼과 의지와 창조적 상상력과 빛나는 비전이 필요했다. 내가 이런 핵심적인 도구의 주인이 되기 위해서는 그의 피를 지배해야만 했다. (…) 나는 무엇이든 스스로 하려 하지 않고 언제나 다른 사람들에게 시키려고 했다. 대리인을 내세워 일종의 활동과 풍요의 감정을 얻고 있었다. 그것은 **아무것도 할 것이 없다는 애석한 감정에 대한 일종의 보상**이었다.

그리고 더 뒤에 가서는 이렇게 말한다.

나는 로런스가 나를 통해서 승리하고, **나의 경험, 나의 관찰, 나의 도道를 이용해서 그 모든 것을 하나의 훌륭한 예술적 창작으로 표현해 주기를 원하고 있었다.

이와 마찬가지로 조르제트 르블랑은 마테를링크에게 '양식과 불꽃'이 되기를 원했다. 또한 시인이 지은 책 표지에 자기 이름이 쓰인 것을 보고 싶어 했다. 여기서는 개인적인 목표를 세우고 그것을 달성하기 위해 남자들을 이용한 야심 많은 여자들 – 우르신 왕비[14]나 스탈 부인처럼 – 을 문제 삼는 것이 아니라, 어떤 객관적 목표도 추구하지 않고 *자기를 과시하려는* 욕망으로 활기를 띠며, 타인의 초월성을 가로채려는 여자들에 대해 말하고 있다. 그녀들이 항상 그 일에 성공하는 것은 아니다. 그러나 그녀들은 자기의 실패를 자신에게 숨기고, 자기가 저항할 수 없는 매력을 갖추고 있다고 믿는 재주가 있다. 자신이 사랑스럽고 탐나며 감탄스럽다는 것을 아는 그녀들은 사랑받고 바람직하며 찬탄받는다는 확신에 차 있다. 모든 나르시시스트 여자는 벨리즈[15]다. 로런스에게 헌신적이고 순진한 브레트Brett[16]조차 자신을 대단한 매력을 지닌 귀여운 인물로 만들고 있다.

나는 눈을 들어 당신이 야수처럼 심술궂게 나를 바라보는 것을 바라봅니다. 당신은 눈에서 도발적인 섬광이 번쩍이는 목신입니다. 나는 당신의 얼굴에서 섬광이 꺼질 때까지 숙연한 태도로 당신의 얼굴을 뚫어지게 바라봅니다.

이런 환상은 실제로 정신착란을 일으킬 수 있다. 클레랑보G. G. de Clérambault (1872~1934)[17]가 연애 망상을 '일종의 직업적인 정신착란'으로 간주한 것은 무리가 아니다. 자기를 여자로 느끼는 것은 자기를 욕망의 대상으로 느끼는 것이며, 자기가 욕망되고 사랑받는다고 믿는 것이다. '사랑받는다는 망상'에 걸린 열 명의 환자 중 아홉 명이 여자라는 사실은 주목할 만하다. 그녀들이 상상의 애인에게서 나르시시즘의 찬란한 개화를 구하는 것은 명백하다. 그녀들은 그 애인이 조건 없는 가치를 부여받은 신부, 의사, 변호사와 같은 우월한 남자이기를 바란다. 그리고 그 애인은 자기의 이상적인 정부情婦가 다른 어떤 여자들보다 우월하며 최고의 매력적인 덕목을 지니고 있다는 절대적 진실을 행동으로 발견한다.

연애 망상은 여러 정신병의 한가운데서 나타날 수 있다. 그러나 그 내용은 언

---

14 * 스위스의 보Vaud주에 있는 우르신Ursin 지역의 왕비. 17세기 스페인 궁정에서 활약한 여성. 사실상 1701년부터 1714년까지 스페인의 통치자였다.

15 * 몰리에르의 희곡 『여학자들』에 나오는 인물. 오만한 여성의 전형으로 알려져 있다.

16 * 로런스의 애인인 베르사의 애칭이다.

17 * 프랑스의 정신과 의사. 상대가 나를 열렬히 사랑한다고 확신하는 정신질환을 클레랑보 증후군이라고 한다.

제나 똑같다. 환자는 훌륭한 남자의 사랑으로 환하게 빛나고 칭송된다. 훌륭한 남자는 갑작스레 그녀의 매력에 이끌려 – 그녀는 그 남자에게 아무것도 기대하지 않았는데도 – 그녀에게 우회적이지만 다급하게 자기의 감정을 표명한다. 이러한 관계는 때로 관념적으로 머물기도 하지만 때로 성적인 형태를 띠기도 한다. 그러나 이 관계를 본질적으로 특징짓는 것은 강력하고 위대한 반신半神이 그녀가 사랑하는 것보다 더 사랑해서 자기의 정열을 기이하고 애매한 행동으로 나타낸다는 것이다. 정신과 의사, 정신병 전문의, 정신의학자들이 보고한 수많은 사례 가운데서 아주 전형적인 한 예가 여기 있다. 다음은 페르디에르Gaston Ferdière[18]의 보고 사례를 내가 요약한 것이다. 마흔여덟 살의 여자인 마리이본의 경우인데, 그녀는 이렇게 고백하고 있다.

나는 1920년 5월 12일부터 전 하원의원이자 국무차관이고 변호사협회 회원이며 교단 이사인 아실 선생을 알게 되었다. 전날 나는 그를 만나려고 재판소에 갔다. 멀리서 그의 육중한 체구에 주목했으나 그가 누구인지는 알지 못했다. 나는 등골이 오싹했다. (…) 그렇다, 그와 나 사이에는 감정의 문제, 서로 통하는 감정의 교류가 있었다. 눈과 눈, 시선과 시선이 서로 마주쳤다. 나는 그를 처음 보았을 때부터 그를 남달리 좋아하게 되었다. 그 역시 마찬가지였다. (…) 아무튼 그가 먼저 사랑을 고백했다. 그게 1922년 초의 일이었다. 그는 언제나 나를 자기의 거실에서 따로 맞이하였다. 어느 날은 그가 자기 아들을 내보내기까지 했다. (…) 하루는 (…) 그가 일어서서, 대화를 계속하면서 내게로 왔다. 나는 그것이 감정의 폭발이라는 것을 즉시 알아차렸다. (…) 그는 나에게 의미심장한 말들을 했다. 그는 여러 세심한 배려를 통해서 서로의 감정이 일치했다는 것을 나에게 암시했다. 한 번은 그가 여전히 그의 서재에서 이렇게 말하면서 나에게 다가왔다. "당신입니다. 오직 당신뿐입니다. 당신 외에는 아무도 없습니다. 부인, 잘 아시겠지요." 나는 하도 충격을 받아 무엇이라 대답해야 할지 몰랐다. 나는 단지 "선생님, 감사합니다!"라고 말했을 뿐이다. 또 한 번은 그가 자기 서재에서 도로까지 나를 배웅해 주었다. 그는 자기를 수행하던 남자를 쫓아 버리기까지 했고, 계단에서 그에게 돈을 주고는 이렇게 말했다. "이봐요, 나를 내버려 둬요. 내가 부인과 함께 있지 않소!" 그것은 모두 그가 나를 배웅하고 나와만 있기 위한 것이었다. 그는 여전히 나의 두 손을 꽉 잡고

---

18 『연애 망상증L'Érotomanie』

있었다. 그리고 자기는 독신자라는 것을 알리기 위해서 허풍을 늘어놓았다.

그는 나에게 자기의 사랑을 알리기 위해 마당으로 가수 한 명을 보냈다. (…) 그가 나의 창 밑에서 올려다보고 있었다. 나는 누구에게나 그의 연가를 들려줄 수 있을 것 같다. (…) 그는 나의 문 앞에서 코뮌의 곡을 연달아 부르게 했다. 나는 어리석었다. 그의 구애에 모두 응했어야 했는데 말이다. 나는 아실 선생의 열정에 찬물을 끼얹었다. (…) 그때 그는 내가 그를 밀쳐 낸다고 믿어 그런 행동을 했다. 그가 터놓고 이야기했다면 더 좋았을 것. 그가 복수했다. 아실 선생은 내가 B를 사랑한다고 믿었고 (…) 그래서 질투했다. (…) 그는 내 사진을 이용한 저주로 나를 고통스럽게 했다. 자, 이것은 내가 올해 책이나 사전을 통해 알아낸 결과다. 그는 그 사진에 어지간히 작업했다. 나의 병도 모두 거기서 오는 것이다…….

실제로 이런 정신착란은 피해망상으로 쉽게 변한다. 정상적인 경우에도 이러한 과정이 발견된다. 나르시시스트 여자는 타인이 자기에게 정열적으로 관심을 보이지 않는 것을 용인하지 못한다. 그녀는 자기가 열렬히 사랑받지 못한다는 명백한 증거를 잡으면, 곧 자기가 미움받고 있다고 추측한다. 그녀는 모든 비판을 질투나 원한으로 돌린다. 자기의 실패를 음흉한 음모의 결과로 간주한다. 그리고 그로 인해서 그 실패는 자기가 중요하다는 생각을 더욱 공고하게 해 준다. 그녀는 쉽사리 과대망상이나 혹은 그 반대의 모습인 피해망상 속으로 빠져든다. 자기 세계에 깊이 빠져 있어서 그 외의 다른 세계를 모르는 그녀는 세계의 절대적 중심이 된다.

그러나 나르시시즘의 희극은 현실 생활에 피해를 줘 가며 전개된다. 상상의 인물은 상상 속 대중의 찬탄을 갈구한다. 자기 자아의 먹이가 된 여자는 구체적인 세계에 대한 점유를 모두 상실하고, 타인과는 어떠한 현실적 관계도 맺으려 하지 않는다. 만일 스탈 부인이, 그녀의 '찬미자들'이 그날 저녁에 자기의 일지에 적어 놓을 조소를 예감했더라면, 『페드르』를 그토록 기꺼이 낭독하지 않았을 것이다. 그러나 나르시시스트 여자는 사람들이 자기를 자기가 보여 주는 모습과는 다르게 볼 수 있다는 사실을 받아들이기를 거부한다. 이것은 그녀가 그만큼 자기 응시에 몰두해 있어서, 자기를 잘 판단하지 못하고 쉽게 조롱거리가 된다는 것을 설명해 주고 있다. 그녀는 더 이상 남의 말을 듣지 않고 자기 말만 한다. 그리고 대화에서 그녀는 자기 배역의 대사를 말하고 있다.

마리 바시키르체프는 이렇게 쓰고 있다.

> 그것은 재미있다. 나는 그와 이야기하는 것이 아니라 **연기를 하고 있다**. 그리고 좋
> 은 관중 앞에 있다고 느끼면서 어린애 같은 환상적인 억양과 자세로 훌륭한 연기
> 를 하고 있다.

그녀는 자신을 지나치게 바라보기 때문에 아무것도 보지 못한다. 그녀는 타인
에 대해서도 자기가 인정하는 것밖에는 이해하지 못한다. 자기의 입장이나 이야
기에 동화되지 않는 것은 그녀에게 낯선 것으로 남을 뿐이다. 그녀는 다양한 경험
쌓기를 좋아한다. 즉, 사랑하는 여자의 도취와 고뇌, 모성의 순수한 기쁨, 우정, 고
독, 눈물, 웃음을 알고 싶어 한다. 그러나 자기를 결코 줄 수 없으므로 그녀의 감정
과 감동은 인위적으로 만들어질 뿐이다. 이사도라 덩컨은 필시 자기 아이들의 죽
음을 진정으로 애도했을 것이다. 그러나 아이들의 재를 극히 연극적인 제스처로
바다에 뿌렸을 때, 그녀는 그저 한 여배우에 지나지 않았다. 그리고 그녀가 자기의
슬픔을 회상하는 『나의 생애』의 다음 대목은 불편함 없이는 읽어 낼 수 없다.

> 나는 내 몸의 따뜻함을 느낀다. 쭉 뻗은 맨살의 두 다리를, 부드러운 젖가슴을, 잠
> 시도 가만히 있지 않으며 쉴 새 없이 조용히 파도치는 두 팔을 내려다본다. 나는
> 12년 전부터 내가 지쳐 있고, 이 가슴은 끊이지 않는 고통을 안고 있으며, 두 손에
> 는 슬픔이 깃들어 있다는 것을 안다. 그리고 나는 혼자 있을 때 두 눈이 좀처럼 마
> 르지 않는다는 것을 알고 있다.

사춘기 소녀는 자아 숭배에서 불안한 미래에 진입할 용기를 끌어낼 수 있다.
그러나 그것은 빨리 넘어서야 할 단계다. 그렇지 않으면 미래는 다시 닫혀 버린
다. 애인을 커플의 내재 속에 가둬 버리는 사랑에 빠진 여자는, 애인을 자기와 함
께 죽음에 바친다. 나르시시스트 여자는 상상적 분신 속에 자기를 소외시키면서
소멸해 간다. 그녀의 추억은 고정되고, 그녀의 행위는 틀에 박히며, 말은 되풀이
되고 내용은 차차 모두 비어 버린 몸짓과 표정을 반복한다. 여자의 수많은 '일기'
나 '자서전'이 빈약한 인상을 주는 것은 그 때문이다. 자화자찬에 정신을 빼앗겨
아무것도 하지 않는 여자는 무엇도 되지 못한 채 아무것도 아닌 것을 예찬하고
있다.

그녀의 불행은 아무리 그렇지 않은 체해도 이런 허망함을 안다는 것이다. 한 개인과 그 분신 사이에는 현실적인 관계가 없다. 왜냐하면 이 분신은 실제로 존재하지 않기 때문이다. 나르시시스트 여자는 철저한 실패를 겪는다. 그녀는 자기를 완전함이나 충만함으로 파악할 수 없고, 즉자卽自는 대자對自라는 환상을 유지할 수 없다. 그녀의 고독은 모든 인간의 고독처럼 우연성과 버림받은 상태로 경험된다. 그 때문에 - 전향하지 않는 한 - 군중 속으로, 소음 속으로, 타인에게로 쉴 새 없이 도피할 수밖에 없다. 자기를 최고의 목적으로 선택함으로써 예속에서 벗어난다고 믿는 것은 중대한 잘못이 될 것이다. 이와 반대로 그녀는 가장 갑갑한 노예 상태에 자신을 바치고 있다. 자기의 자유에 기대는 것이 아니라, 자기를 세계와 낯선 의식들 속에서 위험에 처해 있는 하나의 객체로 만든다. 그녀의 육체와 얼굴은 시간의 흐름에 따라 손상되는 허약한 육신일 뿐 아니라, 우상을 장식하고 그 우상을 위해 받침대를 만들고 사원을 세운다는 것은 사실상 비용이 많이 드는 일이다. 불멸의 대리석에 자기의 형상을 새기기 위해 마리 바시키르체프가 돈 많은 남자와의 결혼에 동의했으리라는 것은 앞에서 본 바와 같다. 이사도라 덩컨이나 세실 소렐의 옥좌 아래 두었던 황금, 향, 몰약은 남성의 재산으로 지급된 것이다. 여자에게 운명을 구현시켜 주는 것은 남자이기 때문에, 여자들은 보통 자기 힘에 복종시킨 남자의 수와 질에 따라서 자기의 성공을 평가한다. 그러나 여기서도 다시 상호성이 작용한다. '사마귀 암컷'은 수컷을 자기의 도구로 만들려고 시도하지만, 그렇게 해서 수놈으로부터 해방되지 못한다. 수컷을 끌어들이기 위해서 암컷은 수컷의 마음에 들어야 하기 때문이다. 미국 여성은 우상이 되고 싶어서 자기를 숭배자들의 노예로 만든다. 그녀는 오로지 남자에 의해서만 그리고 남자를 위해서만 옷을 입고 살아가고 숨을 쉰다. 사실 나르시시스트 여자는 창녀와 마찬가지로 의존적이다. 만일 그녀가 여론의 횡포를 받아들이면 한 특정한 남자의 지배를 벗어나는 것이 된다. 그녀를 타인에게 붙들어 매는 이런 유대 관계는 교환의 상호성을 내포하지 않는다. 만일 그녀가 여러 가지 활동을 통해 타인의 자유를 목적으로 인정하고, 타인의 자유를 통해서 인정받으려고 한다면, 나르시시스트가 되는 것을 멈출 것이다. 그녀는 자신의 눈에 자기 한 사람만이 중요하기 때문에, 세계의 모든 가치를 부정하면서 그 세계를 통해 더 높은 가치가 자기에게 부여되기를 요구하는 모순적인 태도를 보여 준다. 다른 사람의 칭찬은 비인간적이고 불가사의하며 변덕스러운 힘이어서 마법으로 손에 넣는 것이 필요하다. 나르시시스트 여자는 표면적으로는 거만하지만 자기가 위협받고 있다는 것을 알고 있다. 그 때문에 불안하고 예민하여 쉽게 성을 내고 끊임없이 경계한다. 그녀의 허영심은 결코 충족되지 못한다. 나이가 들수록 조마조마하며 더 많은 찬사와 성공을 구하고, 더욱더 자기 주위의 음모를 의심하게 된다. 그녀는 미친 듯 강박관념에 사로잡혀 불신의 밤에 빠지고, 마침내는 자기 주위에 편집광적인 망상을 자주 쌓아 올린다. "자기의 생명을 구하고자 하는 사람은 생명을 잃어버리게 된다"라는 말은 특별히 그녀에게 적용된다.

12장
사랑에 빠진 여자

'사랑'이라는 말은 남자와 여자에게 전혀 다른 의미를 지닌다. 남자와 여자를 갈라놓는 중대한 오해의 원천이 바로 여기에 있다. 바이런George Gordon Byron (1788~1824)은 사랑이 남자의 인생에서 하나의 활동에 지나지 않지만 여자에게는 인생 그 자체라고, 적절하게 말했다. 니체가 『즐거운 지식』에서 표현하는 것도 이와 같은 생각이다. 그는 이렇게 말하고 있다.

사랑이라는 똑같은 말이 남자와 여자에게 사실상 다른 두 가지를 의미하고 있다. 여자가 사랑에 대해서 이해하는 것은 상당히 명확하다. 그것은 단지 헌신일 뿐만 아니라, 무엇이 되었든 간에 아무런 고려도 하지 않은 채 제약 없이 육체와 영혼을 완전히 주는 것이다. 여자의 사랑을 *신앙*[19]으로 만드는 것은 이러한 무조건성이다. 그리고 그 사랑은 여자의 유일한 신앙이다. 남자의 경우에 한 여자를 사랑하면 바로 이런 사랑을 여자에게 *원하는*[20] 것이다. 그러므로 남자가 여자와 똑같은 감정을 자기에게도 전제한다는 것은 있을 수 없는 일이다. 이런 전적인 포기의 욕구를 똑같이 느끼는 남자가 있다면, 이는 남자가 아닐 것이다.

남자들도 그들 인생의 어떤 때에 정열적인 연인이 될 수 있다. 그러나 '위대한 연인'이라 규정할 수 있는 남자는 한 명도 없다. 아무리 격렬한 정열 속에서도 남자들은 결코 자기를 완전히 포기하지 않는다. 비록 연인 앞에서 무릎을 꿇는다고

---

19 이것은 니체가 강조한 것이다.
20 이것은 니체가 강조한 것이다.

하더라도, 그들은 여전히 그녀를 소유해 자기의 부속물로 만드는 것을 희망한다. 남자들은 그들의 삶의 한복판에서 절대적 주체로 머물고 있다. 사랑받는 여자란 여러 다른 가치들 가운데 하나에 불과하다. 그들은 여자를 자기 존재에 통합하기를 원하지, 여자 속에 자기 존재 전체를 묻어 버리려 하지 않는다. 이와는 반대로, 여자에게 사랑은 주인을 위해 자기를 완전히 포기하는 것이다. 세실 소바주는 이렇게 쓰고 있다.

여자는 사랑할 때 자신의 인격을 잊어 버려야만 한다. 그것이 자연의 법칙이다. 여자는 주인 없이는 존재하지 않는다. 주인 없는 여자는 산산이 흩어진 꽃다발이다.

　사실 문제되는 것은 자연 법칙이 아니다. 남자와 여자가 처한 상황의 차이가 사랑에 대한 그들의 견해에 반영되는 것이다. 주체이자 자신인 개인이 초월에의 고귀한 의욕을 갖고 있다면, 그는 세계에 대한 자기의 점유를 확장하려고 노력한다. 즉, 그는 야심에 차 있고 행동한다. 그러나 비본질적 존재는 자기의 주관성 한가운데서 절대를 발견할 수 없다. 내재에 운명 지어진 존재는 행위에서 자기를 실현할 수 없다. 여자는 상대적 영역에 갇혀 어린 시절부터 남자에게 바쳐졌기에, 필적하는 것이 허용되지 않는 주권자를 남자에게서 보는 것에 익숙하다. 인간으로서의 자기주장을 억누르지 않은 여자는 이러한 우월적인 존재를 향해 자기 존재를 초월하고, 최고 권한의 주체와 결합해 하나가 되는 것을 꿈꾼다. 그녀로서는 사람들이 자기에게 절대로서 그리고 본질로서 지정한 남자에게서 자기의 몸과 영혼을 잃는 것 외에 다른 출구가 없다. 어쨌든 그녀는 예속될 수밖에 없으므로 폭군들 — 부모, 남편, 보호자 — 에게 복종하느니 차라리 신을 섬기기를 선호한다. 그녀가 자기의 예속을 하도 열렬히 원하고 선택하기 때문에 그 예속을 자기 자유의 표현처럼 보게 된다. 그녀는 자기의 비본질적 객체 상황을 수용하면서 이를 극복하려고 노력할 것이다. 자기의 몸과 감정과 행동을 통해 사랑하는 남자를 더할 나위 없이 찬양할 것이고, 그를 최고의 가치와 실재로서 설정할 것이다. 그녀는 남자 앞에서 자기를 소멸시킬 것이다. 사랑은 그녀에게 하나의 종교가 된다.
　앞에서 본 바와 같이 사춘기 소녀는 우선 자기를 남자와 동일시하려고 한다. 그것을 단념할 때 그녀는 한 남자의 사랑을 받음으로써 남성성을 자기 것으로 하려고 한다. 그녀를 유혹하는 것은 이 남자 혹은 저 남자의 개성이 아니다. 그녀는 남자 일반을 사랑하는 것이다. "당신들, 내가 사랑하게 될 남자들이여. 내가 당신들을 얼마나 기다리는지! 당신들을 곧 만나게 되리라는 것을 생각하니 기뻐서 어쩔 줄 모르겠다. 특히 당신을 맨 먼저"라고 이렌 르벨리오티는 쓰고 있다. 물론 남자는 그녀와 같은 계급, 같은 인종에 속해야만 한다. 성의 특권은 이런 범위 내에서만 작용하기 때문이다. 남자가 신이 되기 위해서는 우선 명백하게 한 인간이어야만 한다. 식민지 관리의 딸에게 토착민은 인간이 아니다. 처녀가 '열등한 사람'에게 자기를 주는 것은, 자신은 사랑할 자격이 없다고 믿기 때문에 스스로 굴욕감을 맛보려는 것이다. 보통 여자는 남자의 우월성이 명확히 드러나는 남자를 구한다. 그녀는 곧 선택된 성에 속하는 인간 대부분이 슬프게도 중요치 않고 세속적이라는 것을 확인하게 된다. 그러나 처음에는 그들에 대해서 호의적인 선입관을 갖는다. 남자들은 자기의 가치를 증명하기보다 너무 노골적으로 부인하지 않아야 한다. 한탄스러운 실수가 많은 것은 그 때문이다. 순진한 젊은 처녀는 남성성이라는 거울에 걸려든다. 사정에 따라서 남자의 가치가 여자의 눈에는 체력, 멋, 재력, 교양, 지성, 권력, 사회적 지위, 군복을 통해 나타나게 된다. 그러나 어느 경우든 여자는 애인에게 남자의 정수가 요약되어 있기를 바란다. 그래서 서로 친하게 되면 남자의 위세는 쉽게 깨져 버린다. 그 위세는 첫 키스에 혹은 매일 만나는 가운데서 혹은 첫날밤에 무너져 내린다. 하지만 거리를 두고 하는 사랑은 환상에 불과하며 현실적 경험이라고 할 수 없다. 사랑의 욕망은 육체적으로 확인되었을 때 정열적인 사랑이 된다. 역으로 사랑은 육체적인 포옹에서 생겨날 수 있는데, 성적으로 지배당한 여자가 처음에는 형편없이 보였던 남자에게 흥분하는 경우가 그렇다. 그러나 흔히 여자는 자기가 알고 있는 어떤 남자도 신으로 변화시키지 못한다. 사랑은 여자의 인생에서 사람들이 흔히 주장한 그만큼의 자리를 차지하지 않는다. 남편, 아이들, 가정, 향락, 사교계 생활, 허영, 섹슈얼리티, 직업 같은 것이 훨씬 더 중요하다. 거의 모든 여자가 '위대한 사랑'을 꿈꾸었다. 그녀들은 그 대용품을 경험했고, 그것에 접근했다. 사랑은 미완성의, 상처를 받은, 하찮은, 불완전한, 거짓된 모습으로 그녀들에게 찾아왔다. 극소수의 여자만이 진정으로 자기 존재를 사랑에 바쳤다. 열렬한 사랑을 한 여자들은 대체로 풋내기 사랑에 애를 태우지 않는다. 그녀들도 처음에는 전통적인 여자의 운명, 즉 남편, 가정, 아이들을 받아들였거나 혹은 쓰라린 고독을 경험했거나 혹은 사업에 기대를 걸었다가 다소간 실패했다. 자기 기대에 어긋나는 인생을 선택받은 한 존재에게 자신을 바침으로써 구원할 기회를 예감했을 때, 그녀들은 이 희망에 정신없이 헌신한다. 아이세Charlotte Aïssé(1694년경~1733)[21]나 쥘리에트 드루에Juliette Drouet(1806~1883)[22]나 다구 부인Comtesse Marie d'Agoult(1805~1876)[23]은 연애를 시작했을 때 거의 서른 살이었다. 쥘리 드 레스피나스Julie de Lespinasse(1732~1776)[24]는 마흔을 바라보고 있었다. 그녀들에게는 어떤 목적도 없었고, 가치 있어 보이는 것을 아무것도 시도할 수 없었으며, 사랑 이외에는 다른 출구가 없었다.

사랑의 길은 자립이 허용된 경우라 하더라도 역시 대다수 여성에게 가장 매력적으로 보인다. 자기 인생을 스스로 책임진다는 것은 불안한 일이다. 청년 또한 자진해서 연상의 여자들을 향해 돌아선다. 그는 그런 여자들에게서 인도자나 교육자나 어머니를 구하고 있다. 그러나 그가 받은 교육이나 풍습이나 자기 내부의 명령이 자기 포기라는 안이한 해결책에 정착하는 것을 허락하지 않는다. 그는 그러한 사랑을 한 번의 여정으로만 고려한다. 남자의 행운은 ─ 유년 시절이나 성년에도 ─ 가장 힘들지만 가장 확실한 길로 접어들도록 강요당한다는 점이다. 불행하게도 여자는 거의 저항할 수 없는 유혹들에 둘러싸여 있다. 모든 것이 그녀에게 쉬운 언덕길을 따라가도록 부추긴다. 사람들은 그녀에게 자기를 위해 투쟁하는 대신 미끄러지는 대로 가만히 있으면 황홀한 천국에 도달할 것이라고 권유한다. 그녀가 신기루에 속았다는 것을 알아차렸을 때는 때가 너무 늦어서, 그녀의 힘은 고갈되어 버린 상태다.

정신분석학자들은 보통 여자가 애인에게서 아버지의 모습을 추구한다고 주장한다. 그러나 어릴 적 아버지가 아이의 경탄을 불러일으킨 것은 그가 남성이었기 때문이지 아버지였기 때문이 아니다. 그래서 모든 남자는 이러한 마법에 동참하고 있다. 여자는 한 개인을 다른 개인에 환생시키기를 바라는 것이 아니라, 어린 시절 그녀가 어른들의 보호 아래 경험했던 상황을 되살리기를 바란다. 그녀는 가정에 깊이 동화되어 있었고, 거기서 거의 수동적인 평화를 맛보았다. 사랑은 그녀에게 아버지뿐만 아니라 어머니도 돌려줄 것이고, 어린 시절도 돌려줄 것이다. 그녀는 자기 머리 위에 천장 하나와, 세상 한가운데에 버려진 자기를 숨겨 주

---

21 * 프랑스의 여성 작가. 기사 아이디Aydie의 애인
22 * 19세기 프랑스 여배우. 빅토르 위고의 애인
23 * 프랑스 여성 작가이자 음악가 리스트의 애인
24 * 18세기 프랑스의 여성 작가. 애인 기베르 백작에게 쓴 『서간집』은 여성 서간문학의 일대 걸작으로 꼽힌다.

「피아노를 연주하는 프란츠 리스트」 요제프 단하우저, 1840

는 네 벽과, 자기의 자유에 반해서 자기를 지켜주는 법을 되찾기를 희망한다. 이런 어린애 같은 꿈은 많은 여자의 사랑에 어른거린다. 애인이 "나의 귀여운 소녀, 나의 사랑하는 아이"라고 부르는 것에 여자는 행복을 느낀다. "당신은 정말 아주 어린 소녀 같다"라는 말이 여자들의 마음에 가장 확실하게 와닿는다는 것을 남자들은 잘 알고 있다. 여자들 가운데 어른이 되는 것을 괴로워한 여자가 얼마나 많은지는 이미 살펴본 바와 같다. 어린애처럼 굴며 태도나 옷치장에서 유년기를 한없이 연장하려고 안간힘을 쓰는 여자들이 많다. 남자의 품에서 다시 어린애가 되는 것은 그녀들의 마음을 충족시켜 준다. 큰 인기를 얻은 아래 유행가의 주제도 바로 그것이다.

> 나는 그대 품에서 아주 어리게
> 너무나도 어리게 느껴져요. 오, 내 사랑……

사랑의 대화와 편지에서 지칠 줄 모르고 반복되는 주제다. "베이비, 나의 아기"라고 애인은 속삭인다. 여자는 자기를 "당신의 아이, 당신의 아주 어린 아이"라고 칭한다. 이런 르벨리오티는 이렇게 쓰고 있다. "그는 언제, 나를 지배할 줄 아는 그 사람은 대체 언제 오는 걸까?" 그리고 그를 만났다고 생각하면서 이렇게 쓴다. "나는 그대를 남자로, 그리고 나보다 우월한 사람으로 느끼기를 좋아한다."

자네[25]가 연구한 한 신경쇠약증의 여자는 이런 태도를 가장 충격적으로 보여주고 있다.

내가 기억하는 한, 내가 저지를 수 있었던 행동은 어리석든 착하든 모두 같은 원인에서 기인한다. 그 원인은 내가 인생에서 처신할 생각을 하거나 나 자신을 돌볼 생각을 할 필요가 더는 없게 될 만큼 나보다 아주 월등한 다른 존재, 신, 남자 혹은 여자에게 나 자신을 맡길 수 있는 완전하고 이상적인 사랑에 대한 갈망이다. 나를 살게 해 주는 수고를 할 만큼 충분히 나를 사랑해 주는 어떤 사람, 내가 맹목적으로 복종하게 될 어떤 사람, 그리고 확실한 신뢰 속에서 나에게 어떤 과실도 피하게 해 주며, 나를 올곧게 아주 부드럽게 그리고 많은 사랑으로 완성을 향해

---

25 『강박관념과 신경쇠약』

이끌어 줄 어떤 사람을 발견하고자 한다. 막달라 마리아와 예수의 이상적인 사랑을 내가 얼마나 부러워했는지 모른다. 숭배받는 또 숭배받을 만한 주主의 열렬한 제자가 되는 일, 자기 우상을 위하여 살고 죽는 일, 한 점의 의혹도 없이 주를 믿는 일, 야수에 대한 **천사**의 결정적인 승리를 얻는 일, 그의 품속에 완전히 안겨 그의 보호 속에서 아주 작게 웅크리고, 완전히 그의 것이 되어 내가 더는 존재하지 않는 일을 말이다.

우리가 이미 많은 사례에서 증명한 것처럼, 이러한 자기 소멸의 꿈은 존재하려는 강한 의지다. 모든 종교에서 신에 대한 숭배는 자기 자신의 구원에 관한 관심과 뒤섞인다. 우상에 전력을 기울임으로써 여자는 자기의 소유와 그 우상 속에 집약된 세계의 소유가 동시에 자기에게 주어지기를 희망한다. 대개 여자는 애인에게 우선 자기 자아의 정당화와 찬양을 요구한다. 많은 여자가 상대에게서 사랑을 받아야만 사랑에 빠지게 된다. 그래서 때로는 그녀들에게 사랑을 표시하는 것만으로도 그녀들을 사랑에 빠지게 하는 데 충분하다. 젊은 처녀는 남자의 눈을 통하여 자기 자신을 꿈꾸었다. 여자는 남자의 시선에서 마침내 자기를 발견한다고 믿는다. 세실 소바주는 이렇게 쓰고 있다.

그대 가까이서 걷는 것, 그대가 좋아했던 나의 아주 작은 발을 앞으로 내딛는 것, 펠트로 만든 뒤축이 높은 구두 속에서 나의 그 발을 느끼는 것은 내게 그것을 감싸고 있던 그대의 사랑을 느끼게 하였다. 토시 속의 나의 두 손이나 나의 두 팔이나 나의 얼굴의 아주 작은 움직임에도, 나의 목소리의 진동에도 나는 행복에 겨워했다.

여자는 자신이 확실하고 고귀한 가치를 타고났다고 느낀다. 그녀는 결국 자기가 일으키는 사랑을 통해서 자기를 소중히 할 수 있게 된다. 애인에게서 한 명의 증인을 발견하고는 도취하고 만다. 이는 바로 콜레트의 『방랑하는 여인』이 고백하는 것이다.

고백하건대 나는 굴복하고 말았다. 그 남자에게 내일 다시 오도록 허락함으로써, 그의 마음속에 애인이나 친구가 아니라 나의 삶과 나의 인격의 탐욕스러운 관찰자를 남기고 싶은 욕망에 굴하고 말았다. (…) 하루는 마르고가 나에게 이르기를,

누군가의 시선을 받으며 살겠다는 허영심을 단념하려면 파파 할머니가 되어야만 한다고 했다.

미들턴 머리John Middleton Murry[26]에게 보낸 한 편지에서 캐서린 맨스필드는 연보라색의 예쁜 코르셋 하나를 막 샀다고 이야기한 후, 곧 이런 말을 덧붙이고 있다. "그것을 **봐 줄** 사람이 아무도 없다니 정말 유감이에요!" 자기를 아무도 욕망하지 않는 꽃이나 향수나 보물처럼 느끼는 것보다 더 쓰라린 것은 없다. 나 자신을 풍요롭게 하지 못하고, 아무도 받고 싶어 하지 않는 그런 부를 무엇에 쓴단 말인가? 사랑은 하얀 건판과 같이 흐리고 쓸데없는 음화를 선명하고 환하게 나타내는 현상액과 같다. 사랑을 통해서 여자의 얼굴과 육체의 곡선, 유년 시절의 추억, 지난날 흘린 눈물, 그녀의 의복, 습관, 세계, 그녀의 모든 것과 그녀에게 속한 모든 것이 우연성에서 탈피해 필연적인 것이 된다. 여자는 자기 신의 제단 아래 바쳐진 훌륭한 선물이다.

그가 그녀의 두 어깨에 상냥하게 손을 얹기 전까지, 그의 두 눈이 그녀에게 질리기 전까지, 그녀는 생기 없고 침울한 세계에서 그다지 예쁘지 않은 한 여자에 불과했다. 그가 그녀에게 키스한 순간부터 그녀는 불멸의 무지갯빛 속에 서 있게 되었다.[27]

사회적으로 명성 있고 여성의 허영심을 부채질하는 데 능숙한 남자들은 비록 육체적 매력이 전혀 없다 하더라도, 그것으로 열정을 불러일으킬 수 있다. 그들은 자기의 높은 지위로 **법**과 **진리**를 구현한다. 그들의 의식은 이론의 여지가 없는 현실을 드러낸다. 이런 남자들에게 칭찬받는 여자는 자기가 값을 매길 수 없는 보물로 변했다고 느낀다. 예를 들어, 이사도라 덩컨[28]의 말대로 단눈치오Gabriele d'Annunzio(1863~1938)[29]의 성공도 거기에서 왔다.

단눈치오가 한 여자를 사랑할 때, 그는 그녀의 영혼을 지상에서 끌어올려 베아트

---

26 *캐서린 맨스필드의 남편. 현대 영국 평론가
27 메리 웨브, 『그림자의 무게』
28 이사도라 덩컨, 『나의 생애』
29 *이탈리아 작가

리체가 움직이고 빛을 발하던 곳까지 데리고 간다. 그는 각각의 여자가 차례차례 신성에 동참하도록 하고, 여자를 높디높은 곳으로 끌어올리기 때문에 그녀는 베아트리체와 똑같은 차원에서 모습을 나타낸다. (…) 그는 좋아하는 여자 한 사람 한 사람에게 차례차례 반짝이는 베일을 씌웠다. 그러면 그녀는 인간들 위로 올라가서 기이한 광채에 둘러싸여 걸어갔다. 그러나 시인의 변덕이 끝나고 그가 다른 여자에게로 옮겨 갈 때, 빛의 베일은 사라지고 후광은 꺼지며 여자는 다시 평범한 여인이 되어 버렸다. (…) 단눈치오 특유의 이러한 마법으로 칭찬받는 소리를 듣는 것은 천국에서 뱀의 목소리를 들을 때 **이브**가 경험했던 기쁨과 비교할 만하다. 단눈치오는 개개의 여자에게 그녀가 **우주의 중심**이라는 느낌을 줄 수 있었다.

여자는 오직 사랑 속에서 에로티시즘과 나르시시즘을 조화롭게 일치시킬 수 있다. 앞에서 이미 보았듯이, 두 체계 사이에는 대립이 있어서 여자가 자기의 성적인 운명에 적응하는 것을 매우 어렵게 만든다. 자기를 육체적 대상이자 먹이로 만드는 것은 여자가 자기에게 바치는 숭배와 모순된다. 그녀에게 포옹은 자기 육체를 시들게 하고 더럽히거나 혹은 자기의 영혼을 타락시키는 것과 같다. 그 때문에 어떤 여자들은 불감증을 택하고, 그렇게 해서 자아의 완전성을 유지하려고 생각한다. 또 어떤 여자들은 동물적 쾌락과 고상한 감정을 분리한다. 매우 전형적인 경우는 슈테켈이 보고한, 그리고 내가 이미 결혼에 관하여 인용했던 D. S. 부인의 사례다.

존경하는 남편과 살 때 불감증이었던 그녀는 남편이 죽은 후에 역시 예술가이자 대음악가인 한 젊은 남자를 만나 그의 정부가 되었다. 그녀의 사랑은 과거나 지금이나 늘 절대적이어서 그녀는 그 남자 곁에 있어야만 행복하게 느낀다. 그녀의 생활 전체가 로타르에 의해서 채워진다. 그러나 그녀는 그를 열렬히 사랑하면서도 그의 품 안에서 여전히 불감증이었다. 다른 한 남자가 길에서 그녀와 마주쳤다. 그는 거칠고 힘센 삼림 관리인이었는데, 어느 날 그녀와 단둘이 있을 때 별 소동 없이 그녀를 간단히 정복했다. 그녀는 어찌나 깜짝 놀랐던지 그가 하는 대로 내버려 두었다. 그러나 그녀는 그의 품 안에서 가장 격렬한 오르가슴을 느꼈다. "몇 달 동안 그의 품에 안겨 지냈어요"라고 그녀는 말한다. "황홀했지만, 로타르를 생각하는 즉시 형언할 수 없는 혐오감이 뒤따랐어요. 나는 폴을 아주 싫어하고, 로타르를 사랑해요. 하지만 폴이 나를 만족시켜 줘요. 나는 로타르

의 모든 것에 끌려요. 그러나 나는 쾌락을 위해 매춘부로 변하는 것 같아요. 상류
층의 여자로서 나에게는 향락이 금지되어 있기 때문이지요." 그녀는 폴과 결혼하
기를 거부하지만 계속해서 그와 동침한다. 그때마다 그녀는 "다른 사람으로 변
하고, 결코 그녀가 감히 입 밖에 내지 못할 그러한 노골적인 말들이 그녀의 입에
서 새어 나온다."

슈테켈은 "많은 여자에게 동물성으로의 전락은 오르가슴의 조건이다"라는
말을 덧붙이고 있다. 그녀들은 육체적 사랑에서 존경과 애정의 감정과는 양립될
수 없는 타락을 본다. 그러나 반대로 다른 여자들에게는 남자의 존경과 애정과
찬미를 통해 이런 타락이 사라질 수 있다. 그녀들은 한 남자에게서 깊이 사랑받
는다고 믿을 때만 그에게 몸을 주는 데 동의한다. 육체적 관계를 상호 동등하게
이익을 보는 쾌락의 교류로 간주하려면 여자에게는 많은 무관심이나 오만함이
나 파렴치함이 필요하다. 남자도 여자와 마찬가지로 – 그리고 아마 그 이상으로
– 자기를 성적으로 이용하려는 상대에게 분노할 것이다.[30] 그러나 상대가 자기
를 도구처럼 사용한다는 느낌을 받는 쪽은 일반적으로 여자다. 오직 열띤 감탄
만이 그녀가 패배로 간주하는 행위의 굴욕을 보상해 줄 수 있다. 이미 보았듯이,
사랑의 행위는 여자에게 깊은 소외를 요구한다. 그녀는 수동성의 무기력 상태에
젖어 든다. 두 눈을 감고서, 자기를 잃어버린 채, 익명의 그녀는 물결에 흔들리고
폭풍우 속에서 뒹굴며 어둠 속에 묻혀 버린 것처럼 느낀다. 즉, 그것은 육체의 어
둠, 자궁의 어둠, 무덤의 어둠이다. 소멸한 그녀는 **전체**와 합류하고, 그녀의 자아
는 사라져 버린다. 그러나 남자가 그녀에게서 떨어질 때, 그녀는 지상에, 침대 위
에, 빛 속에 다시 던져지게 된다. 그녀는 하나의 이름과 하나의 얼굴을 회복한다.
즉, 그녀는 정복당한 여자이고, 하나의 먹이이며, 하나의 물건이다. 그녀에게 사
랑이 필요한 것은 바로 그때다. 젖을 뗀 후에 아이가 안심되는 부모의 시선을 찾
는 것과 마찬가지로, 여자는 자기를 바라보는 애인의 두 눈을 통해서 자기의 육
체가 고통스럽게 떨어져 나왔던 **전체**에 다시 통합된 것으로 느낀다. 여자가 완전
히 충족되는 것은 드문 일이다. 비록 그녀가 쾌락이 진정됨을 경험했다 하더라도

---

30 특히 『채털리 부인의 연인』 참조. 로런스는 멜러스Mellors의 입을 통해 자기를 쾌락의 도구로 삼는 여자들
에 대한 혐오를 표현하고 있다.

육체적인 매혹에서 완전히 해방된 것이 아니다. 그녀의 흥분은 감정 속에서 연장된다. 남자는 그녀에게 관능적 쾌락을 주면서 그녀를 자기에게 매어 놓고 풀어 주지 않는다. 하지만 그는 이제 그녀에 대한 욕망을 느끼지 않는다. 그녀는 남자가 시간을 초월한 절대적 감정을 자기에게 바쳐야만 순간적인 그 무관심을 용서한다. 그렇게 되면 그 순간의 내재성은 초월된다. 이제 타오르는 갖가지 추억은 후회가 아닌 보물이다. 관능적 쾌락은 꺼짐으로써 희망과 약속이 된다. 주이상스jouissance[31]는 정당화된다. 여자가 자기의 섹슈얼리티를 명예롭게 받아들일 수 있는 것은 그것을 초월하기 때문이다. 흥분, 쾌락, 욕망은 이제 하나의 상태가 아닌 선물이다. 그녀의 육체는 더 이상 하나의 물건이 아니다. 그것은 송가頌歌이자 불꽃이다. 그러므로 그녀는 정력적으로 에로티시즘의 마법에 빠져들 수 있다. 어둠은 빛으로 바뀌고, 사랑에 빠진 여자는 두 눈을 뜨고 자기를 사랑하는, 그 시선이 자기를 찬양하는 남자를 바라볼 수 있다. 그를 통해 허무는 존재의 충만함이 되고, 존재는 가치로 탈바꿈한다. 그녀는 이제 암흑의 바다 속에 가라앉지 않으며 날개를 타고 하늘로 올라간다. 자기 포기는 성스러운 도취가 된다. 여자가 사랑하는 남자를 **맞이할** 때, 성모가 성령을 통해서, 신자가 성찬식의 빵을 통해서 그렇게 되는 것처럼 그녀는 자기 몸에 그를 살게 하고 그의 방문을 받아들인다. 경건한 송가와 외설적인 노래의 음란한 유사성은 이것으로 설명된다. 그렇다고 신비주의적 사랑이 언제나 성적인 성격을 띤다는 것은 아니다. 하지만 사랑하는 여자의 섹슈얼리티는 신비주의적 색채를 띤다. "나의 신, 나의 숭배자, 나의 주인……." 똑같은 말이 무릎을 꿇은 성녀와 침대 위에 누워 있는 사랑하는 여자의 입술에서 새어 나온다. 한 여자는 그리스도를 찌른 창에 자기 몸을 바치며, 성흔聖痕을 맞아들이기 위하여 두 손을 내밀면서 신의 **사랑**으로 타오르기를 호소한다. 다른 여자 역시 제물이며 기다림이다. 창과 투창과 화살은 남자의 성기를 구현한다. 어느 쪽이나 그것은 같은 꿈이고, 유년 시절의 꿈이며, 신비주의적 꿈이며, 사랑의 꿈이다. 즉, 그 꿈은 타자의 품 안에서 자기를 없애버림으로써 최상으로 존재하는 것이다.

이 자기 소멸의 욕망은 마조히즘과 통한다고 때로 주장되기도 했다.[32] 그러나

---

31 * 성적 쾌락
32 특히 헬렌 도이치의 논문 「여성의 심리」에서

에로티시즘에 관해 앞에서 주의를 환기한 것처럼, 내가 "타인에 의한 나의 객관성에 나 자신이 매혹되려고"[33] 노력할 때만, 다시 말해서 주체의 의식이 굴욕적인 상황에서 자아를 파악하기 위해 자아 쪽으로 향할 때만 마조히즘에 관해 이야기할 수 있다. 그런데 사랑에 빠진 여자는 단지 자기 속에 소외된 나르시시스트인 것만은 아니다. 그녀는 자신의 한계를 넘어서서 무한한 실제에 도달하는 한 타자의 중개 덕분에 무한해지고 싶은 격렬한 욕망을 느끼기도 한다. 그녀는 우선 *자기*를 구하기 위해 사랑에 빠져든다. 그러나 우상 숭배적인 사랑의 역설은 자기를 구하기 위해 끝내 *자기*를 완전히 부정해 버린다는 것이다. 여자의 감정은 신비주의적 차원을 취한다. 그녀는 더 이상 신에게 자기를 찬미하고 인정해 달라고 요구하지 않는다. 그녀는 그 안에서 녹아 버리고, 그의 품 안에서 자기를 잊으려고 한다. "나는 사랑의 성녀가 되고 싶었다. 나는 그러한 찬양과 금욕적인 열광의 순간 속에 있는 순교자를 부러워했다"고 다구 부인은 쓰고 있다. 이 말 속에 분명히 나타나는 것은 자기를 애인과 갈라놓는 경계를 철폐함으로써 자신을 철저히 파괴하려는 욕망이다. 관건은 마조히즘이 아니라 황홀한 결합의 꿈이다. 조르제트 르블랑이 다음의 말을 한 것도 같은 꿈이다. "그 시절에 내게 세상에서 가장 바라는 것이 무엇이냐고 물었다면, 나는 주저하지 않고 그의 정신을 위해 양식과 불꽃이 되는 것이라고 대답했을 것이다."

여자는 이러한 결합을 실현하기 위해 우선 헌신하려고 한다. 애인의 요구에 응하면서 자기가 필요불가결하다고 느낄 것이다. 그의 존재에 통합되어 그의 가치에 참여하게 되면서 그녀는 정당화될 것이다. 안겔루스 질레지우스Angelus Silesius(1624~1677)[34]의 말에 의하면, 신비주의자들조차도 신은 인간을 필요로 한다고 생각하기를 좋아한다. 그렇지 않으면 자기들을 선물로 바치는 것이 헛된 일이라는 것이다. 남자가 요구를 많이 하면 할수록 여자는 더욱더 기뻐한다. 위고가 쥘리에트 드루에게 강요한 칩거가 그녀를 짓누르긴 했어도, 그녀는 그에게 복종하는 것을 행복해했다는 것을 알 수 있다. 난롯가에 머물러 있는 것은 주인의 행복을 위해 무엇인가를 하는 것이다. 그녀는 그에게 적극적으로 도움이 되려고 열렬히 애를 쓴다. 그에게 맛있는 음식을 해 주고 안락한 가정을 꾸며 준다. 그녀

---

33 사르트르의 『존재와 무』 참조
34 * 독일의 신비주의적 논리학자, 신부, 시인

는 우리의 단란한 '당신 집'이라고 상냥하게 말하곤 한다. 그녀는 그의 의복 시중을 들어준다. 그리고 그에게 다음과 같이 편지를 쓴다.

나는 당신이 될 수 있는 대로 어떤 옷이든 더럽히고 찢겨 오기를 바랍니다. 그러면 나 혼자서 그것을 꿰매고 빨겠습니다.

그녀는 그를 위해 신문을 읽고, 기사를 오려 두고, 편지와 메모를 분류하고, 원고를 정서한다. 시인인 그가 이런 작업 일부를 자기 딸인 레오폴딘에게 맡기면, 그녀는 무척 섭섭해한다. 사랑에 빠진 모든 여자에게서 유사한 특징이 발견된다. 필요한 경우, 그녀는 애인의 이름으로 자신을 학대한다. 그녀의 모든 인격, 모든 소유, 삶의 모든 순간이 그에게 바쳐지고, 그렇게 함으로써 그 모든 것들이 존재 이유를 발견해야만 한다. 그녀는 무엇이든 그의 안에서만 소유하려고 한다. 그녀를 불행하게 만드는 것은 그가 아무것도 요구하지 않는 것이다. 그러므로 세심한 애인은 일부러 여러 가지 요구 거리를 만들어 낸다. 처음에 그녀는 사랑 속에서 이제까지의 자기 자신, 자기의 과거, 자기라는 인물에 관해 확인하려고 했다. 그러나 그녀는 그 속에 자기의 미래도 포함한다. 즉, 의미 있는 미래를 위해 모든 가치를 보유하고 있는 그 사람에게 미래를 맡겨 버린다. 그렇게 해서 그녀는 자기의 초월이라는 과제에서 해방된다. 그녀는 그 초월을 본질적인 타자의 초월성에 종속시켜 그 타자의 가신이자 노예가 된다. 처음에 그녀는 애인 속에서 자기를 발견하고 자기를 구해 내기 위해서 자기를 상실했다. 그런데 사실은 거기서 조금씩 자기를 잃어 가고 있다. 모든 현실이 타자 속에 있게 된다. 초기에는 나르시시즘의 찬란한 개화로 정의되었던 사랑이 헌신의 가혹한 기쁨 속에서 완성되고, 이 헌신은 흔히 자해에까지 이른다. 위대한 정열의 초기에 여자는 이전보다 더 아름다워지고 우아해진다. "아델이 나의 머리를 매만져 줄 때 나는 나의 이마를 바라보고 있어요. 당신이 사랑하는 이마이기 때문에"라고 다구 부인은 쓰고 있다. 이 얼굴, 이 육체, 이 침실, 이 나의 자아, 그녀는 이 모든 것의 존재 이유를 발견했고, 자기를 사랑해 주는 사랑하는 남자를 매개로 하여 그것들을 소중히 여긴다. 그러나 조금 뒤에는 반대로 온갖 교태를 단념해 버린다. 처음에 그녀는 자기에게 사랑 그 자체보다 귀중했던 이런 모습을 애인이 원한다면 바꿔 버린다. 그런 것에 무관심해진다. 그녀는 자기의 인격, 자기의 소유물을 자기 영주

'빅토르 위고의 집'에 재현되어 있는 쥘리에트 드루에의 중국풍 살롱

의 봉토로 만든다. 그가 경멸하는 것은 그녀도 부정해 버린다. 그녀는 자기 심장의 박동 하나하나를, 피 한 방울 한 방울을, 자기의 골수까지도 그에게 바치고 싶어 한다. 이것은 순교자의 꿈으로 표출된다. 그 꿈은 고문당하고 죽는다고 해도 자기를 아낌없이 주는 것, 사랑하는 사람이 짓이기는 땅이 되는 것, 그의 부름에 응하는 것 외에 아무것도 되지 않는 것이다. 그녀는 사랑하는 사람에게 쓸데없는 모든 것을 격렬한 분노로 없애 버린다. 그녀의 자기 헌신이 완전히 받아들여지면 마조히즘은 나타나지 않는다. 쥘리에트 드루에의 경우에는 그런 흔적이 거의 보이지 않는다. 애인을 지나치게 열애한 나머지 그녀는 때때로 시인의 초상화 앞에서 무릎을 꿇고 자기가 범했을지도 모르는 잘못에 대한 용서를 구하곤 했다. 그녀가 분노를 느끼며 자기 자신을 돌아보는 일은 없었다. 그러나 관대한 열정에서 마조히즘의 맹렬한 위세로 옮겨 가기는 쉽다. 애인 앞에서 부모 앞에 있는 어린아이의 상황으로 다시 가게 되는 여자는 지난날 부모 곁에서 경험했던 죄의식도 다시 발견한다. 애인을 사랑하는 한 그에게 반항하려고 하지 않는다. 그녀는 자기 자신에게 반항한다. 그녀가 바라는 만큼 그가 그녀를 사랑하지 않는다면, 그녀가 그의 마음을 사로잡고 그를 행복하고 만족하게 해 주는 데 실패한다면, 그녀의 모든 나르시시즘은 혐오나 굴욕이나 자기 처벌로 이끄는 자기 증오로 바뀐다. 발작이 다소 오래 지속되는 동안, 때로 자진해서 평생 희생자가 될 것이고, 애인을 만족시킬 줄 몰랐던 자기에게 악착같이 해를 끼칠 것이다. 그때 그녀의 태도가 바로 마조히스트다. 그러나 사랑하는 여자가 자신에게 복수하기 위해 고통을 가하는 이런 경우와, 남자의 자유와 그 힘의 확인을 목표로 삼는 경우를 혼동해서는 안 된다. 매춘부가 자기 남자에게 맞는 것을 자랑스러워한다는 것은 흔한 이야기 — 그것은 진실처럼 보인다 — 이다. 그러나 자신이 얻어맞고 거칠게 취급당했다는 생각 때문이 아니라, 그녀가 의존하는 남자의 힘과 권위와 지배력 때문에 자랑스러워하는 것이다. 또한 그녀는 그가 다른 남자를 가혹하게 대하는 것을 보기 좋아하고, 그가 위험한 경쟁을 하도록 종종 자극한다. 그녀는 자기 주인이 자기가 속한 환경에서 인정받는 가치를 보유하고 있기를 원한다. 남자의 변덕에 기꺼이 복종하는 여자는 자기에게 가해지는 횡포에서 최고 권한을 지닌 자유의 명증성에 감탄한다. 만일 어떤 이유로 애인의 위신이 실추했을 경우, 여자는 그의 완력과 요구를 지긋지긋해한다는 점에 유의해야 할 필요가 있다. 그런 것들은 애인의 신성을 나타낼 때만 가치 있는 것이다. 그럴 경우, 자신을 다른 자

「쥘리에트 드루에의 초상화」 알퐁스 레옹 노엘, 1832

유의 먹이로 느끼는 것은 자기를 의기양양하게 만드는 기쁨이다. 왜냐하면 다른 사람의 여러 가지 강압적 의지로 자기라는 것이 확립된다는 것은 한 실존자에게 실로 놀라운 모험이기 때문이다. 언제나 같은 모습으로 산다는 것은 피곤한 일이다. 맹목적인 복종은 한 인간이 경험할 수 있는 근본적 변화의 유일한 기회다. 여자는 애인의 덧없는 꿈이나 강압적인 명령에 따라서 노예, 여왕, 꽃, 암사슴, 창유리, 아첨꾼, 하녀, 매춘부, 뮤즈, 반려자, 어머니, 자매, 아이가 된다. 그녀는 복종에 대한 똑같은 맛을 입술에 항상 간직해 왔다는 것을 인정하지 않을 때까지 이런 변신에 황홀하게 순종한다. 에로티시즘의 차원에서처럼 사랑의 차원에서도 마조히즘은 타자와 자기 자신에게 불만족하거나 실망한 여자들이 들어서는 길 중의 하나다. 그러나 그것은 행복한 자기 포기의 자연스러운 경향이 아니다. 마조히즘은 상처 입고 실패한 모습 아래 자아의 현존을 영속시키고 있다. 사랑은 본질적인 주체를 위해 자아의 망각을 목표로 삼는다.

신비주의적 사랑과 마찬가지로 인간적 사랑의 최고 목표는 사랑하는 사람과 일심동체가 되는 것이다. 가치의 척도와 세계의 진리는 사랑하는 사람의 의식 속에 있다. 그 때문에 애인에게 헌신하는 것이 아직 충분하지 않다. 여자는 애인의 눈을 통해서 보려고 한다. 그가 읽는 책을 읽고, 그가 좋아하는 그림과 음악을 좋아하며, 그와 함께 보는 경치와 그에게서 오는 사상에만 관심을 둔다. 그의 우정과 적의, 그의 의견을 자기 것으로 한다. 그녀는 자신에게 질문할 때도 그의 대답을 들으려고 노력한다. 그녀는 자기 폐에 그가 이미 들이마신 공기를 담고자 원한다. 그녀에게 그의 손을 통해 받지 않은 과일과 꽃은 향기도 맛도 없다. 그녀의 장소 감각까지도 전복된다. 세계의 중심은 이제 그녀가 서 있는 곳이 아니라 애인이 있는 곳이다. 모든 길이 그의 집에서 출발해 그곳에 이른다. 그녀는 그의 말을 사용하고 그의 동작을 다시 하며, 그의 편집증과 버릇까지도 닮는다. "나는 히스클리프**이다**"라고 『폭풍의 언덕』의 캐서린은 말하고 있다. 그것은 사랑에 빠진 모든 여자의 외침이다. 그녀는 애인의 또 하나의 화신이고, 그의 반영이며, 그의 분신이다. 즉, 그녀는 **그다.** 자기 자신의 세계를 우연성 속에서 붕괴하게 내버려 둔다. 그녀는 그의 세계 속에서 살고 있다.

사랑에 빠진 여자의 최고의 행복은 사랑하는 남자에게 그 자신의 일부분으로 인정받는 것이다. 그가 "우리"라고 말할 때 그녀는 그와 결합해 일심동체가 되며, 그의 위엄을 공유하고 그와 함께 세계의 나머지 부분에 군림한다. 그녀는 "우리"라는 이 달콤한 말을 – 지나치다고 할 만큼 – 지칠 줄 모르고 되풀이한다. 필요한 목적을 향해 세계 속에 뛰어들고 이 세계를 필연성의 모습으로 회복시켜 주는 절대적이고 필연적인 존재에게 필요한 사람이 됨으로써, 사랑하는 여자는 자기 포기 속에서 절대에 대한 멋진 소유를 경험한다. 이런 확신은 그녀에게 그토록 고귀한 기쁨을 준다. 그녀는 신의 오른편에서 빛나는 것처럼 느낀다. 훌륭하게 질서가 잡힌 세계에서 영원히 *자기* 자리를 차지한 이상, 그녀에게는 제2의 지위 밖에 갖지 못한다 해도 별로 중요하지 않다. 사랑하고 있는 한, 사랑받고 애인에게 필요한 존재인 한 그녀는 완전히 정당화된 것처럼 느낀다. 그녀는 평화와 행복을 누린다. 아마도 종교적 양심이 영혼을 동요시키기 전에 기사 아이디 곁에서 아이세 양의 운명이 그랬을 것이고, 혹은 위고의 그늘에서 쥘리에트 드루에의 운명이 그랬을 것이다.

그러나 이런 영광스러운 천복이 언제까지나 계속되는 일은 드물다. 어떤 남자도 신이 아니다. 신비주의 여자는 오로지 그녀의 열의에만 의존해 눈에 보이지 않는 신과 관계를 맺는다. 그러나 신격화되었지만 신이 아닌 남자는 분명 눈앞에 있다. 사랑하는 여자의 고뇌는 바로 거기에서 온다. 그녀의 가장 평범한 운명은 쥘리 드 레스피나스의 저 유명한 말 속에 요약되어 있다. "내 인생의 모든 순간에 그대여, 나는 당신을 사랑하고 고통스러워하며, 당신을 기다리고 있습니다." 물론 남자들에게도 사랑에는 고통이 따른다. 그러나 그들의 고통은 오래가지 않거나 가슴을 에는 듯하지 않다. 뱅자맹 콩스탕은 쥘리에트 레카미에를 위해서 죽고 싶어 했다. 그러나 그는 1년도 안 되어서 고통에서 헤어났다. 스탕달은 몇 년 동안 메틸드를 그리워했다. 그러나 그 그리움은 그의 삶을 파괴했다기보다는 오히려 향기롭게 했다. 여자는 자기를 비본질로써 받아들이고 완전한 예속을 받아들임으로써 자기에게 지옥 하나를 만든다. 사랑에 빠진 여자라면 누구나 사랑 때문에 물고기 하반신을 여자의 다리와 맞바꾸어 바늘 밭과 뜨거운 불 위를 걸었던 안데르센의 인어공주에게서 자기의 모습을 알아본다. 사랑하는 남자는 여자에게 무조건 필요하고, 여자는 남자에게 필요하지 않다는 것은 사실이 아니다. 남자를 숭배하는 것에 자기를 바치는 여자를 정당화할 만한 능력이 그에게는 없다. 그리고 그는 여자에게 소유당하도록 하지도 않는다.

진정한 사랑은 상대의 우연성, 즉 상대의 부족함, 한계 그리고 그의 근원적 무상성을 받아들여야만 할 것이다. 진정한 사랑은 구원임을 자처하지 않고, 상호 인간적 관계를 희망할 것이다. 우상처럼 숭배하는 사랑은 사랑하는 남자에게 절대적 가치를 부여한다. 그것은 다른 모든 사람의 눈에 확연히 드러나는 첫 번째 거짓말이다. "**그 남자**는 그렇게 많은 사랑을 받을 만한 가치가 없다"고 사람들은 사랑하는 여자 주위에서 수군거린다. 여자가 기베르 백작[35]의 창백한 얼굴을 회상할 때 후세 사람들은 동정 어린 미소를 짓는다. 자기 우상의 결점이나 초라함을 발견한다는 것은 여자에게 가슴이 찢어지는 실망이 아닐 수 없다. 콜레트는 이런 쓰디쓴 고통을 - 『방랑하는 여인』이나 『나의 인생 수업』에서 - 자주 암시했다. 이러한 환멸은 아버지의 위엄이 무너지는 것을 보는 어린아이의 실망보다 한층 더 잔혹하다. 그도 그럴 것이 자기의 전 존재를 바쳐 온 그 남자를 자신이 선택했기 때문이다. 선택된 남자가 비록 누구보다 깊은 사랑을 받아 마땅하다 하더라도 그는 이 세상 남자다. 최고의 존재 앞에 무릎을 꿇는 여자가 사랑하는 사람은 그런 남자가 아니다. 그녀는 가치를 '괄호 속에' 넣기를 거부하는, 다시 말해 가치라는 것은 인간 존재에 그 기원이 있음을 인정하지 않으려는 진지함에 속아 넘어간다. 그녀의 기만은 그녀와 사랑하는 남자 사이에 장벽을 세운다. 그녀는 그의 앞에 향을 피우고 엎드리지만, 그에게 친구가 아니다. 왜냐하면 그가 이 세계에서 위험에 처해 있고, 그의 계획과 목표가 그 자신과 마찬가지로 깨어지기 쉬운 약한 것이라는 사실을 이해하지 못하기 때문이다. 그녀는 그를 **법**과 **진리**처럼 간주하기 때문에 망설임과 불안인 그의 자유를 등한시한다. 애인에게 인간의 척도를 적용하기를 거부하는 것은 여성의 많은 역설을 설명해 준다. 여자는 애인에게 어떤 호의를 요구하고, 그는 그것을 들어준다. 그러면 그는 너그럽고 부유하며, 멋지고 완벽하며, 신과 같이 여겨진다. 호의를 거절하면 그는 인색하고 치사하며 잔인하고 악마 같은 혹은 짐승 같은 존재가 된다. 여기서 다음과 같은 이유로 반대할 수도 있을 것이다. "좋소"라는 대답이 기상천외한 일처럼 놀라게 한다면, "안 되겠소"라는 거절의 말에 왜 놀라야 하는가? 거절이 남자의 그토록 추악한 이기주의를 나타내는 것이라면 "좋소"에 대해서는 왜 그토록 감탄해 마지않는가? 위의 초인간과 비인간 사이에 인간을 위한 자리는 없는 것인가?

실추한 신은 인간이 아니기 때문이다. 즉, 그것은 사기다. 애인은 자기가 진실로 사람들이 추앙하는 왕이라는 것을 증명하든가, 아니면 왕위찬탈자로서 자수

35 * 쥘리 드 레스피나스가 열렬히 사랑하던 상대

하든가 하는 수밖에 다른 대안이 없다. 더 이상 숭배받지 못하게 되는 즉시 그는 발길에 차이게 될 것이다. 사랑하는 여자는 애인의 이마를 후광으로 에워싼 영광의 이름으로 그에게 어떠한 약점도 인정하지 않는다. 그녀가 대체한 그의 이미지에 그가 일치하지 않는다면 그녀는 실망하고 화를 낸다. 그가 피곤하거나 침착하지 못하고 당치 않게 허기나 갈증을 느낀다면, 그가 실수하거나 이율배반을 범한다면, 그녀는 그를 '그 자신보다 이하'라고 선언하고 그에게 불만을 품는다. 이런 각도에서 그녀는 자신이 좋아하지 않는 모든 솔선 행위를 그가 한다면 그것을 비난하기까지 한다. 자기의 심판자를 심판하고, 그를 당연히 자기의 주인으로 머물러 있게 하려고 그에게 자유를 부정한다. 그녀가 그에게 바치는 숭배는 때로 현존보다도 부재에 더 만족하기도 한다. 우리가 이미 보았듯이, 죽었거나 혹은 접근 불가능한 영웅들에게 자기를 바치는 여자들이 있다. 그것은 그들을 살과 뼈로 된 인간과 절대 대결시키지 않기 위해서다. 살아 있는 인간들은 숙명적으로 그녀들의 꿈에 어긋난다. 다음과 같은 환멸의 슬로건은 거기에서 온다. "동화 속의 왕자 같은 남자를 믿어서는 안 된다. 남자들은 다만 가련한 존재들일 뿐이다." 남자들에게 거인이 되기를 요구하지 않는다면 그들이 난쟁이같이 보이지는 않을 것이다.

바로 이것이 정열적인 여자에게 무거운 짐이 되는 저주 중 하나다. 그녀의 관대함은 곧 강한 요구로 바뀐다. 그녀는 일단 타자 속에 소외되었다가 다시 자기를 회복하고 싶어 한다. 그녀는 자기 존재를 쥐고 있는 그 타자를 병합하는 것이 필요하다. 그녀는 그에게 자기의 전부를 바친다. 그러나 이 선물을 당당히 받으려면 그는 만반의 준비가 되어 있어야만 한다. 그녀는 그에게 자기의 모든 순간을 바친다. 그러므로 그는 매 순간 그녀 눈앞에 있어야만 한다. 그녀는 그를 통해서만 살고 싶어 한다. 아무튼 그녀는 살기를 원한다. 그는 그녀가 살게 하도록 자기를 바쳐야만 한다. 다구 부인은 리스트에게 보내는 편지에 이렇게 썼다.

나는 때때로 바보같이 당신을 사랑합니다. 그리고 그런 순간에는 내가 언제나 당신을 생각하듯, 당신도 나만을 생각해 달라고 할 수 없는지, 왜 해서는 안 되는지 모르겠습니다.

그녀는 그에게 전부가 되고 싶은 자연발생적 소망을 억누르려고 애쓴다. 레스피나스 양의 탄식에도 똑같은 호소가 들어 있다.

세상에! 당신을 만나는 재미와 기쁨이 없는 인생이 어떤 것이며, 그런 날들이 어떤 것인지 당신이 아신다면! 당신에게는 놀고 일하고 움직이는 것으로 충분합니다. 그러나 나는, 내 행복은 당신이고, 오직 당신일 뿐입니다. 만약 내가 당신을 만나서는 안 되고, 내 인생의 모든 순간에 당신을 사랑해서는 안 된다면 나는 살고 싶지 않습니다.

사랑의 초기에 여자는 애인의 욕망을 만족시켜 주는 것을 즐거워했다. 이윽고 ─자기 직업에 대한 사랑으로 여기저기 방화하는 전설의 소방수처럼─ 그녀는 그를 만족시켜 주기 위해 그 욕망을 일깨우는 데 몰두한다. 만일 그녀가 성공하지 못하면 자기를 비참하고 무용하게 느끼기 때문에, 애인은 자기가 느끼지도 않는 열의를 가장하게 된다. 그녀는 자기를 노예로 만들면서 애인을 사슬로 묶는 가장 확실한 방법을 발견했다. 그것이 사랑의 또 하나의 거짓말이다. 많은 남자가 ─로런스나 몽테를랑─ 앙심을 품고 그것을 고발했다. 사랑이란 폭군적일 때 자기를 상대에게 주는 선물로 여긴다. 뱅자맹 콩스탕은 『아돌프』에서 한 여자의 지나치게 관대한 정열이 남자를 묶는 사슬이라는 것을 신랄하게 묘사했다. 그는 "그녀는 자기의 희생을 내가 받아들이도록 열중해 있었기 때문에 자기가 어떤 희생을 치르고 있는지 계산하지 못하고 있었다"고 엘레오노르에 관해 잔인하게 말한다. 받아들이는 것은 사실 애인을 묶는 속박이어서 그는 주는 사람처럼 보이는 이익조차도 얻지 못한다. 여자는 자기가 떠맡기는 짐을 그가 감사히 받아들일 것을 요구한다. 그리고 그녀의 횡포는 만족할 줄 모른다. 사랑에 빠진 남자 또한 권위주의적이다. 그러나 그는 원하던 것을 손에 넣으면 만족해한다. 반면에 여자의 까다로운 헌신에는 한계가 없다. 자기 정부를 신뢰하는 남자는 그녀가 자리를 비우거나 자기에게서 멀리 떨어져 시간을 보내는 것을 불쾌하게 여기지 않고 받아들인다. 그녀가 자기에게 속해 있다는 것을 확신하는 그는 하나의 사물보다는 하나의 자유를 소유하는 것을 더 좋아한다. 이와 반대로 여자에게는 애인이 자기 곁에 없다는 것이 언제나 고문이다. 그는 시선이자 판관이어서 그의 시선이 그녀 아닌 다른 것에 고정하는 즉시 그는 그녀를 좌절시킨다. 그가 보는 모든 것은 그녀에게서 훔친 것이다. 그에게서 멀어지면 그녀는 자기 자신을 상실함과 동시에 세계도 박탈당한다. 그는 그녀의 곁에 앉아서 글을 읽고 쓰면서도 그녀를 저버리고 배신하고 있다. 그녀는 그가 잠자는 것을 싫어한다. 보들레르는 잠든 여자를 측은히 여긴다. "그대의 아름다운 두 눈은 지친 것인가, 가련한 연인이여." 프루스트는 잠자는 알베르틴[36]을 바라보기를 좋아했다. 남자의 질투란 단순히 독점적 소유 의지에 지나지 않는 것이다. 사랑하는 여자는 어린아이처럼 편안하고 순진한 마음으로 자고 있을 때 누구에게도 속하지 않는다. 남자에게는 이러한 확신만으로도 충분하다. 그러나 신이나 주인은 내재의 안식 속에 빠져들면 안 된다. 여자는 초월성이 무너진 이런 모습을 적의에 찬 시선으로 바라본다. 여자는 남자의 동물적 무기력을 싫어한다. *그녀를 위해서*가 아니라 *자기 속*에 존재하는, 그녀 자신의 우연성을 몸값으로 하는 우연성에 맡겨 버린 그 육체를 싫어한다. 비올레트 르뒤크는 이러한 감정을 웅변적으로 표현했다.

나는 잠자고 있는 남자들을 싫어한다. 나는 악의를 가지고 그들 위로 몸을 숙인다. 그들의 굴복은 나를 화나게 한다. 나는 그들의 무관심한 평온, 그들의 허위적인 지각 마비, 그들의 열중하는 맹목적인 얼굴, 그들의 상당한 취기, 그들의 무능한 집중…… 을 증오한다. 나는 잠자는 내 남자의 입에서 나오게 될 장밋빛 거품을 오랫동안 살피며 기다렸다. 나는 그에게서 현존의 거품만을 요구했지만 얻지 못했다. (…) 그의 밤의 눈꺼풀은 죽음의 눈꺼풀이라는 것을 알았다. (…) 나는 이 남자가 완고할 때 그의 눈꺼풀의 쾌활함 속으로 피신하곤 했다. 일단 잠이 들면 수면은 거칠다. 수면은 모든 것을 순식간에 앗아갔다. 자기를 위해 나에게 낯선 평화를 무의식적으로 만들어 낼 수 있는, 잠자는 내 남자를 나는 싫어한다. 나는 그의 꿈 같은 이마를 싫어한다. (…) 그는 그 자신의 깊은 곳에서 자기의 휴식을 위해 바쁘다. 그는 내가 모르는 무엇을 돌아보고 있다. (…) 우리 두 사람은 날개를 치며 날아 올라갔다. 우리는 우리의 기질을 이용해 지상을 떠나고 싶어 했다. 우리는 함께 이륙했고 기어올랐으며, 동정을 살폈고 기다렸으며, 콧노래를 불렀고, 도달했고 탄식했고 이겼고 또 졌다. 그것은 진지한 학교 수업 빼먹기였다. 우리는 새로운 종류의 허무를 발견했다. 지금 너는 자고 있다. 너의 사라짐은 온당치 않다. (…) 잠자는 내 남자가 몸을 움직이면 내 손에는 부지중에 정액이 들리게 된다. 그것은 숨 막히게 포악한 종자 50개의 주머니를 넣어 두는 곳간이다. 잠자고 있는 남자의 내밀한 쌈지가 내 손안에 떨어졌다. (…) 나는 조그만 종자 주

36 알베르틴Albertine을 알베르Albert라고 해도 바뀌는 것은 아무것도 없다. 아무튼 프루스트의 태도는 여기서 남성적이다.

머니들을 손에 쥐고 있다. 경작될 밭, 가꾸어질 과수원, 변화될 물의 힘, 못이 박힐 네 개의 널빤지, 일으켜 세워질 온상이 내 손 안에 있다. 나는 과실, 꽃, 선별된 가축을 손에 쥐고 있다. 나는 외과용 메스, 전지용 가위, 수심 측량기, 권총, 겸자를 손에 쥐고 있고, 그 모든 것으로도 내 손은 가득 차지 않는다. 잠자고 있는 세계의 종자는 영혼의 연장延長의 흔들리는 여분에 불과하다……. 네가 잠잘 때, 나는 너, 너를 미워한다.[37]

신은 잠들어서는 안 된다. 잠들면 점토가 되거나 육체가 되어 버린다. 신은 눈앞에서 없어져서는 안 된다. 없어지면 그의 피조물은 무無로 돌아가 버릴 것이다. 여자에게는 남자의 잠이 인색함이며 배신이다. 남자도 때로 자기 정부를 깨우기도 한다. 그러나 그것은 그녀를 포옹하기 위해서다. 여자는 단순히 남자가 자지 않도록, 그가 멀어지지 않도록, 그가 그녀만을 생각하도록, 그가 거기 침실에 갇혀 침대 속에, 자기의 품에 - 신이 감실龕室 속에 있는 것처럼 - 거기에 있도록 남자를 잠에서 깨운다. 그것이 여자가 소원하는 바다. 즉, 그녀는 한 명의 교도관이다.

하지만 여자는 남자가 자기 포로인 것 외에 아무것도 아니기를 진정으로 동의하는 것은 아니다. 사랑의 고통스러운 역설이 바로 여기에 있다. 신은 포로가 되면 자기의 신성을 빼앗긴다. 여자는 자기의 초월성을 남자에게 위탁하면서 그것을 구해 내려고 한다. 그러나 남자는 그 초월성을 온 세계로 가져가야만 한다. 만일 연인이 정열의 절대 속에 함께 삼켜져 버리면 자유는 모두 내재 속에 떨어지고, 그때에는 오직 죽음만이 그들의 해결책이 될 수 있다. 그것이 『트리스탄과 이졸데』의 신화가 갖는 의미 중 하나다. 오로지 서로 상대만을 목표로 하는 연인은 이미 죽은 것이다. 그들은 권태로 인해 죽는다. 마르셀 아를랑은 『타향Terres étrangères』에서 자신을 스스로 집어삼키는 어떤 사랑의 완만한 단말마를 묘사했다. 여자는 이런 위험을 알고 있다. 격렬한 질투심의 발작을 제외하고는 여자가 남자에게 계획하거나 행동하기를 요구한다. 남자가 아무런 위업을 실행하지 않는다면 그는 더 이상 영웅이 아니다. 새로운 업적을 세우려고 떠나는 기사는 자기의 사랑하는 귀족 부인의 기분을 상하게 한다. 그러나 만일 그가 그녀의 발치에 앉아 머물러 있다면 그녀는 그를 경멸한다. 그것이 불가능한 사랑의 참을 수

---

37 『나는 잠자는 남자들을 싫어한다Je hais les dormeurs』

없는 고통이다. 여자는 남자 전부를 '소유하고' 싶어 한다. 그러나 그가 소유 가능한 모든 여건을 극복하기를 요구한다. 자유는 **소유되는** 것이 아니다. 여자는 하이데거의 말대로 '먼 곳의 존재'인 한 실존자를 **여기에** 가두어 놓기를 원한다. 그녀는 그런 시도가 무리라는 것을 잘 알고 있다. "그대여, 내가 당신을 그렇게 사랑해야만 하는 것처럼 지나치게, 열광적으로, 격정적으로, 그리고 절망적으로 사랑합니다"라고 쥘리 드 레스피나스는 쓰고 있다. 우상 숭배적 사랑은 자기 통찰력이 있는 경우에 절망적일 수밖에 없다. 왜냐하면 애인에게 영웅, 거인, 반신半神이 되기를 요청하는 여자는 그가 그 자신을 위해서는 어떤 것도 되지 않기를 요구하는 반면에, 그를 완전히 그녀 안에 잡아두는 조건에서만 행복을 알 수 있기 때문이다. 니체는 이렇게 말하고 있다.[38]

여자의 정열, 즉 자기의 모든 권리에 대한 완전한 포기는 바로 포기에 대한 같은 감정이나 욕망이 다른 성에는 존재하지 않는다는 것을 전제로 한다. 만일 두 사람이 모두 사랑으로 인해 그들 자신을 포기한다면, 그 결과는 글쎄 뭐라고 해야 할지, 아마 허무에 대한 공포가 생겨나지 않을까? 여자는 **붙잡히기**를 원한다. (…) 그러므로 자기를 붙잡는 누군가를 원한다. 자신은 주지 않고 자기를 포기하지 않지만, 사랑을 통해 자아를 풍요롭게 하고자 하는 그런 누군가를 요구한다. (…) 여자는 자기를 주고, 남자는 여자를 이용해 자기를 풍요롭게 한다…….

적어도 여자는 자기가 애인에게 안겨주는 이러한 풍요로움에서 기쁨을 발견할 수 있게 된다. 그녀는 그에게 **전부**가 아니다. 그러나 자기가 없어서는 안 될 존재라고 믿으려 할 것이다. 필요에는 정도라는 것이 없다. 그가 '그녀 없이 지낼 수 없다'면, 그녀는 자기를 그의 귀중한 존재 기반처럼 생각하고 거기에서 자기 자신의 가치를 끌어낸다. 그녀는 그에게 헌신하는 것을 기쁨으로 삼고 있다. 그러나 그가 이런 헌신을 고맙게 받아들여야 한다. 증여는 헌신의 평범한 변증법에 따르면 강한 요구가 되어 버린다.[39] 그리고 세심한 영혼을 가진 여자는 이렇게 자문한다. 그가 필요로 하는 것이 정말 **나**일까? 남자는 그녀를 소중히 여기고 특별

38 『즐거운 지식』
39 나의 책 『피뤼스와 시네아스Pyrrhus et Cinéas』(* 국내에서는 『모든 사람은 혼자다』라는 제목으로 출간)에서 지적한 바 있다.

한 애정과 욕구로 욕망한다. 그녀는 다시 이렇게 자문한다. 그가 다른 여자에게
도 특별한 감정을 갖는 것은 아닐까? 사랑에 빠진 여자는 대부분 술수에 넘어간
다. 그녀들은 특수성에 일반성이 포함되어 있다는 것을 외면하려 한다. 그리고
남자는 그녀들에게 쉽게 환상을 갖도록 한다. 처음에는 그도 그 환상을 공유하
기 때문이다. 그의 욕망 속에는 시간에 도전하는 것 같은 격정이 있을 때가 많다.
그가 다른 여자가 아닌 바로 이 여자를 원하는 순간에 그는 그녀를 정열적으로
원하고, 오직 그녀만을 원한다. 그리고 확실히 순간이란 하나의 절대다. 그러나
그것은 한순간의 절대다. 속아 넘어간 여자는 영원으로 건너간다. 주인의 포옹으
로 신격화된 여자는 자기가 언제나 신성했고 신에게 바쳐져 왔다고 믿는다. 오직
그녀만이. 그러나 남자의 욕망은 절대적인 만큼 일시적이다. 일단 채워지면 재빨
리 사라져 버린다. 반면 여자는 대개 사랑의 행위를 한 이후에 남자의 포로가 된
다. 그것이 모든 삼류 문학이나 유행가의 주제다. "젊은 사내가 처녀 곁을 지나가
고, 처녀는 노래를 부르고 있다. (…) 젊은 사내는 노래를 부르고 처녀는 울고 있
다." 만일 남자가 영속적으로 여자에게 붙어 있다 해도 그녀를 필요로 한다는 것
을 의미하지 않는다. 하지만 그녀는 바로 이 필요하다는 것을 요구한다. 그녀의
자기 포기는 그녀에게 자기 영향력을 회복시켜 주는 조건에서만 비로소 그녀를
구할 수 있다. 여기에서도 상호성의 유희를 피할 수 없다. 그러므로 그녀는 고통
받든가 아니면 자기를 속이지 않으면 안 된다. 대개 그녀는 우선 거짓말에 매달
린다. 그녀는 남자의 사랑을 그에 대한 자기 사랑의 정확한 반대급부처럼 상상
하고 있다. 그녀는 기만적으로 욕망을 사랑으로, 발기를 욕망으로, 사랑을 종교
로 여긴다. 여자는 남자가 자기에게 거짓말을 하도록 강요한다. 나를 사랑해? 어
제만큼? 당신은 나를 영원히 사랑할 거야? 교묘하게도 그녀는 남자가 단정적이
지 않고 솔직하게 대답할 여유가 없을 때, 아니면 그런 대답을 할 수 없는 상황일
때 질문한다. 포옹하는 동안에, 질병의 회복기에, 흐느낌 속에서, 역의 플랫폼에
서 명령조로 다급하게 질문한다. 그녀는 대답을 끌어내면 의기양양해진다. 대답
을 얻지 못하면 침묵으로 대신한다. 진정으로 사랑에 빠진 여자는 모두 다소간
편집증 환자다. 내가 기억하는 한 여자 친구는 멀리 떨어진 애인이 오랫동안 소
식을 주지 않자 이렇게 선언했다. "헤어지고 싶으면, 이별을 알리기 위해 편지를
보내는 거야." 다음에 명백한 편지를 받고 나서는 "정말 헤어지고 싶으면 편지를
보내지 않아"라고 했다. 종종 속내 이야기를 들어봐도 병적인 정신착란이 어디

서 시작되는지를 알기가 대단히 어렵다. 공포에 사로잡힌 여자 연인이 묘사한 남자의 행동은 언제나 괴상하게 보인다. 즉, 그는 신경쇠약 환자이고 사디스트이며, 억압된 사람이고 마조히스트이며, 악마이고 변덕쟁이이며, 비겁자이거나 혹은 이 모든 것이 합쳐진 자다. 그는 어떤 치밀한 심리적 설명도 미칠 수 없는 행동을 한다. "X……는 나를 사랑하고 미친 듯이 질투한다. 그는 내가 가면을 쓰고 외출하기를 바란다. 그러나 그는 매우 기이한 존재다. 사랑을 하도 경계해서, 그의 집 초인종을 누르면 층계참에서 나를 맞이할 뿐 집안에는 들어오게 하지도 않는다." 또는 "Z……는 나를 무척 사랑했다. 그러나 그는 자존심이 너무 강해, 나에게 자기가 사는 리옹에 와서 같이 살자는 말을 하지 않았다. 나는 거기에 가서 그의 집에 정착하였다. 단 한 번의 말다툼도 없었는데, 일주일 후에 그가 나를 쫓아냈다. 그를 다시 두 번 만났다. 세 번째는 그에게 전화해 한참 대화하는데 그가 전화를 끊어 버렸다. 그는 신경쇠약 환자다." 이런 이해하기 힘든 이야기는 남자가 다음과 같이 설명할 때 비로소 밝혀진다. "나는 그녀를 절대로 사랑하지 않았다." 혹은 "그녀에게 우정은 있었다. 그러나 그녀와 한 달을 같이 산다는 것은 참을 수 없었다." 지나치게 고집스러운 기만은 정신병원으로 이끈다. 연애 망상의 특징 중 하나는 애인의 행동이 수수께끼 같고 모순된 것처럼 보인다는 것이다. 이것을 핑계 삼아 환자의 망상은 언제나 현실의 저항을 무너뜨리는 데 성공한다. 정상적인 여자는 결국 진실에 패배당해 자기가 더 이상 사랑받지 않는다는 것을 인정할 때도 있다. 그러나 이러한 고백에 꼼짝없이 내몰리지 않는 한 그녀는 언제나 약간 속인다. 서로 사랑하는 경우에조차 연인들의 감정에는 그녀가 감추려고 애쓰는 근본적 차이가 존재한다. 남자는 여자 없이 자기를 정당화할 능력이 있어야만 한다. 왜냐하면 그녀는 그에 의해 정당화되기를 희망하기 때문이다. 그녀에게 그가 필요한 이유는 그녀가 자기의 자유로부터 도피하려고 하기 때문이다. 그러나 자유 없이 그는 영웅도 단순히 남자도 될 수 없을 것이기 때문에, 그가 자유의 책임을 받아들인다면 그에게는 아무것도 또 아무도 필요하지 않을 것이다. 여자가 수락하는 종속은 그녀의 약함에서 온다. 그녀는 자기가 사랑하는 강한 남자에게서 어떻게 상호 의존을 발견할 수 있을까?

까다롭고 정열적인 영혼은 사랑에서 휴식을 발견할 수 없을 것이다. 왜냐하면 그 영혼은 모순적인 것을 목표로 하기 때문이다. 찢기고 요동치는 영혼은 그 노예가 되기를 꿈꿨던 남자에게 짐이 될 가능성이 있다. 그녀는 불가결하게 느낄 수가 없어서 자기를 귀찮고 밉살스럽게 만든다. 그것 역시 아주 흔한 비극이다. 더 현명하고 덜 완강한 여자 연인은 체념하고 받아들인다. 남자에게 그녀는 전부도 아니며, 필요한 것도 아니다. 그녀에게는 쓸모 있는 사람이 되는 것으로 충분하다. 다른 여자가 쉽사리 자기 자리를 차지할 것이다. 그래서 그녀는 현재 거기 있는 여자가 되는 것에 만족한다. 그녀는 상호성을 요구함 없이 자기 예속을 인정한다. 그때 그녀는 대수롭지 않은 행복을 맛볼 수 있다. 그러나 이런 한계에서조차 그 행복은 구름이 없을 수 없을 것이다. 여자 연인은 아내보다 훨씬 더 고통스럽게 기다린다. 아내가 오로지 사랑에만 빠져 있으면 집안일, 모성, 자기 활동, 쾌락은 아무런 가치가 없어 보인다. 그녀를 권태에서 끌어내 주는 것은 남편의 존재다. "당신이 없을 때는 하루를 바라볼 필요조차 없는 것 같아요. 그때 나에게 일어나는 모든 일은 마치 죽음과 같고, 나는 의자 위에 내팽개쳐진 주인 없는 작은 옷에 지나지 않아요"라고 세실 소바주는 결혼 초기에 쓰고 있다.[40] 그리고 우리가 이미 보았듯이, 혼외에서 정열적인 사랑이 생기고 꽃피는 일은 아주 흔하다. 사랑에 완전히 바쳐진 삶으로써 매우 주목할 만한 실례 가운데 하나로 쥘리에트 드루에의 경우를 들 수 있다. 그녀는 무한한 기다림일 따름이다. "언제나 같은 출발점으로 돌아와야만, 즉 당신을 영원토록 기다려야만 합니다"라고 위고에게 쓴다. "우리에 갇힌 다람쥐처럼 당신을 기다리고 있습니다." "세상에! 나 같은 성격에 한평생 기다린다는 것이 얼마나 서글픈 일인가." "얼마나 지루한 날인지! 나에게는 하루가 지나가지 않을 것 같이 생각되었어요. 그만큼 당신을 기다렸답니다. 그런데 지금은 하루가 너무 빨리 지나가는 것 같아요. 당신을 끝내 보지 못했으니까요……." "나는 하루를 영원처럼 생각합니다……." "나는 당신을 기다리고 있습니다. 결국 당신이 영영 오지 않으리라 생각하는 것보다는 당신을 기다리는 것을 더 좋아하기 때문입니다." 사실 위고는 쥘리에트가 그녀의 부유한 보호자인 드미도프 공과의 관계를 끊게 한 다음에 그녀를 작은 아파트에 가두어 놓았다. 그리고 그녀가 옛 남자 친구 누구와도 다시 관계를 맺지 않도록 12년 동안 혼자 외출하는 것을 금지했다. 그러나 자기를 '갇혀 있는 당신의 가련한 희생자'라고 불렀던 그녀는 자기 운명이 느슨해졌을 때조차 애인 외에 다른 살아갈 이유를 갖지 않았고, 단지 그만 이따금 만나는 것을 계속했다. "나의 사랑 빅토르, 나는

---

40 여자가 결혼 속에서 자기의 자율성을 발견한 경우라면 다르다. 그때 부부간의 사랑은 각자 자족하는 두 존재의 자유로운 교류가 될 수 있다.

당신을 사랑합니다"라고 그녀는 1841년에 쓴다. "그러나 나의 마음은 슬프고 괴로움으로 가득 차 있어요. 나는 당신을 아주 드물게, 극히 드물게만 만나고, 당신을 만나는 게 너무나 드문 일이라서 당신이 나의 것이 되는 일은 아주 드물어요. 이 모든 것이 드문 까닭에 내 마음과 정신은 슬픔으로 가득 차 있어요." 그녀는 독립과 사랑을 조화시키려고 생각했다. "나는 독립적인 동시에 노예가 되고 싶어요. 스스로 생계를 유지할 수 있는 직업으로 독립하고, 오직 내 사랑의 노예가 되고 싶어요." 그러나 그녀는 배우로서 완전히 실패했기 때문에 여생을 단순히 애인이 되는 것으로 체념할 수밖에 없었다. 우상을 섬기기 위한 그녀의 노력에도 불구하고 시간은 너무 공허했다. 그녀가 위고에게 매년 300통에서 400통을 규칙적으로 써 보냈던 1만 7천 통의 편지가 이를 증명한다. 그녀는 위고가 방문하는 때를 위하여 나머지 모든 시간을 기다림으로 보내는 수밖에 없었다. 하렘 여자의 신분에서 일상이 권태의 사막이라는 것은 가장 끔찍한 일이다. 남자가 자기를 위한 물건인 여자를 사용하지 않을 때 그녀는 더 이상 아무것도 아니다. 사랑하는 여자의 상황도 유사하다. 즉, 사랑받는 여자가 되기만을 바라는 그녀에게 그 외 다른 것은 아무 가치도 없다. 그러므로 그녀가 존재하기 위해서는 애인이 그녀만을 생각하며 그녀의 곁에 있어야만 한다. 그녀는 그가 오기를, 그의 욕망을, 그가 잠을 깨기를 기다린다. 그리고 그가 떠나자마자 그녀는 그를 다시 기다리기 시작한다. 그것은 패니 허스트Fanni Hurst(1885~1968)의 『뒷골목Back Street』이나 R. 레만의 『악천후The Weather in the Streets』의 여주인공처럼 순수 연애의 여사제나 희생자를 짓누르는 저주다. 자기의 운명을 자신의 손으로 개척하지 않은 사람에게 가해진 가혹한 징벌이다.

기다리는 것은 기쁨일 수도 있다. 애인이 자기에게 달려온다는 것을 알면서도, 그가 자기를 사랑한다는 것을 알면서도 그의 동정을 살피는 여자에게 기다림은 눈부신 약속이다. 그러나 부재를 현존으로 바꾸는 자신만만한 사랑의 도취가 지나고 나면, 불안의 번뇌가 부재의 공허에 뒤섞인다. 남자가 영영 다시 돌아오지 않을 수도 있기 때문이다. 나는 만날 때마다 애인을 놀라움으로 맞이했던 한 여자를 알고 있었다. "당신이 다시는 돌아오지 않으리라 생각했어요"라고 그녀는 말하곤 했다. 그가 그 이유를 물으면 "당신은 다시 돌아오지 **않을 수도 있을** 테니까요. 당신을 기다릴 때, 나는 항상 당신을 더는 못 볼 것 같은 느낌을 받아요"라고 답했다. 그가 그녀에 대한 사랑을 멈출 수도 있다. 그는 다른 여자를 사랑할 수도 있으니까. 여자가 "그는 나를 미친 듯이 사랑해. 나만을 사랑할 수밖에 없어"라면서 격렬하게 환상을 품고 있다 하더라도, 참을 수 없는 질투의 고통은 생기기 마련이다. 정열적이고 모순되는 단정은 기만의 속성이다. 자기를 나폴레옹이라고 끈질기게 생각하는 미치광이는 자기가 이발소 종업원이기도 하다는 것을 인정하는 데 당황하지 않는다. 그러나 그녀는 "그가 정말 나를 사랑하고 있을까?" 하고 자신에게 물어보려는 경우는 드물어도, "그가 다른 여자를 사랑하는 것이 아닐까?" 하고 수없이 자문한다. 그녀는 애인의 정열이 점차 꺼져 버릴 수 있다는 것도, 그가 그녀만큼 사랑에 가치를 부여하지 않을 수 있다는 것도 용납하지 않는다. 그녀는 바로 연적이 생겼다고 생각해 낸다. 그녀는 사랑을 자유로운 감정인 동시에 마법적인 매혹으로 간주한다. 그리고 음모를 꾸미는 교활한 여자의 '감언이설에 속아 넘어가' '함정에 빠져 있는' '자기' 남자가 그 자유 속에서도 자기를 계속 사랑한다고 생각한다. 남자는 여자가 그녀의 내재성 속에서 자기에게 동화된 것으로 파악한다. 그 때문에 그는 부부로슈[41]를 쉽사리 농락하는 것이다. 그는 그녀가 자기에게서 달아날 수도 있는 여자라는 것을 상상하지 못한다. 그에게 질투는 보통 사랑처럼 일시적인 발작에 불과하다. 발작이 살인적으로까지 격렬할 수도 있으나, 그의 내부에 불안이 영속적으로 자리 잡는 일은 드물다. 그에게 질투는 하나의 분출구처럼 보인다. 즉, 사업이 잘 안 되거나 생활이 괴로울 때, 그는 자기 여자에게 조롱당한다고 느낀다.[42] 이와 반대로 남자를 그 이타성異他性 속에서, 그 초월성 속에서 사랑하는 여자는 매 순간 자기가 위험에 처해 있다고 느낀다. 부재라는 배신과 부정不貞 사이에는 큰 차이가 없다. 그녀는 자기가 사랑을 못 받고 있다고 느끼는 즉시 질투한다. 물론 여자의 무리한 요구 때문에 여자는 언제나 다소 그런 성향이 있다. 그녀의 비난이나 불평은 그 구실이 무엇이든 간에 질투로 나타난다. 이런 식으로 그녀는 기다림의 조바심과 권태, 자기의 종속에 대한 괴로운 감정, 하나의 불완전한 삶밖에 갖지 못하는 회한을 표현하게 된다. 사랑하는 남자가 다른 여자에게 눈을 돌릴 때마다 그녀의 운명 전체는 위험에 처한다. 왜냐하면 그녀는 자기의 전 존재를 그에게 양도했기 때문이다. 그러므로 애인의 눈이 잠시 다른 여자에게로 향하면 그녀는 화를 낸

---

41 * 프랑스의 극작가 조르주 쿠르틀린Georges Courteline의 중편소설 「부부로슈」의 여주인공. 친구나 연적에게 잘 속아 넘어가는 호인이다.

42 이는 특히 라가슈 박사의 저서 『질투의 성질과 형태』에서 두드러진다.

다. 반면에 그가 낯선 남자를 오랫동안 쳐다본 여자를 채근하면 그녀는 소신 있게 이렇게 대답한다. "그것은 달라요." 그녀의 말이 옳다. 여자가 쳐다본 남자는 그녀에게서 아무것도 받지 않는다. 증여는 여자의 육체가 먹이가 되는 순간에만 비로소 시작되기 때문이다. 한편 남자가 탐내는 여자는 곧 갖고 싶고 바람직한 물건으로 변신한다. 그래서 무시된 여자 연인은 '평범한 점토로 추락한다.' 따라서 그녀는 감시를 게을리하지 않는다. 그가 무엇을 하고 있지? 무엇을 보고 있는 거야? 누구에게 이야기하는 거지? 하나의 미소가 그에게 준 것을, 하나의 미소가 그에게서 빼앗아갈 수 있다. 그녀를 '무지갯빛의 불멸성'에서 매일의 황혼으로 떨어뜨리는 데는 한순간이면 족하다. 그녀는 사랑으로 모든 것을 손에 넣었다. 그녀는 사랑을 잃어버림으로써 모든 것을 잃어버릴 수도 있다. 모호한 것이든, 명확한 것이든, 근거 없는 것이든, 정당화된 것이든 질투는 여자의 정신을 나가게 만드는 참을 수 없는 고통이다. 왜냐하면 그것은 사랑에 대한 근본적인 이의 제기이기 때문이다. 배신이 분명하다면, 사랑을 하나의 종교로 삼는 것을 포기하거나 혹은 그 사랑을 포기해야만 한다. 이는 참으로 중대한 충격이어서 의심하기도 하고 자기를 속이기도 하는 여자가 치명적인 진실을 발견하고 싶은 욕망과 공포에 사로잡히는 것은 이해된다.

교만한 동시에 초조해하는 여자는 끊임없이 질투하면서도 오해하는 수가 종종 있다. 쥘리에트 드루에는 위고가 가까이하는 모든 여자를 의심하는 고통을 겪었지만, 위고가 8년간 정부로 삼아온 레오니 비아르만은 두려워하는 것을 잊고 있었다. 여자는 의심 속에서 모두 연적이고 위험성이다. 여자 연인은 사랑하는 남자의 세계 속에 갇혀 있으므로 사랑이 우정을 죽여 버린다. 질투는 그녀의 고독을 강화하고, 그로 인해 그녀의 의존을 한층 더 갑갑하게 만든다. 하지만 거기서 그녀는 권태를 막을 하나의 방책을 발견한다. 남편을 지킨다는 것은 일종의 일이다. 애인을 지킨다는 것은 일종의 성직聖職이다. 열렬한 사랑에 행복하게 빠져 자기에게 소홀했던 한 여자는 위협을 느끼자마자 자신을 가꾸는 일에 다시 신경 쓰기 시작한다. 화장, 가정 살림, 사교술은 투쟁의 시간이 된다. 투쟁은 활력을 주는 활동이다. 여전사는 승리하리라고 대략 확신하는 한, 거기서 강렬한 기쁨을 발견한다. 그러나 패배에 대한 불안한 공포는 관대하게 동의한 증여를 굴욕적인 예속으로 변화시킨다. 남자는 자기를 방어하기 위해 공격한다. 자존심이 강하다 해도 여자는 상냥하고 수동적 태도를 보일 수밖에 없다. 권모술수, 신중함, 잔꾀,

미소, 매력, 순종은 여자의 최대 무기다. 어느 날 저녁에 예고 없이 초인종을 누른 그 집의 젊은 여자를 나는 기억하고 있다. 우리가 두 시간 전에 헤어질 때 그녀는 화장도 제대로 하지 않았고 옷도 아무렇게나 입은 채 눈에 기운이 없었다. 그녀는 그를 기다리고 있었다. 나를 알아보자 그녀는 평소의 얼굴을 회복했다. 그러나 나는 그를 위해 준비되어 있는, 공포와 위선 속에서 경직된 채 쾌활한 미소 뒤에 온갖 괴로움을 각오한 그녀를 잠깐 볼 시간이 있었다. 정성 들여 매만진 머리와 기괴하게 분칠한 두 뺨과 입술에는 생기가 돌았으며, 눈부시게 하얀 레이스의 블라우스는 그녀를 마치 다른 사람처럼 보이게 했다. 축제의 의복이자 전투를 위한 무기였다. 안마사, 화장 전문가, 미용사는 하찮게 보이는 손질을 고객들이 얼마나 비장하고 심각하게 생각하는지 잘 알고 있다. 애인을 위해 새로운 유혹을 만들어 내야 하고, 그가 만나기를 바라고 소유하기를 희망하는 그런 여자가 되어야만 한다. 그러나 모든 노력은 헛된 일이다. 처음에 그를 끌어당겼던, 그리고 다른 여자 속에서 그를 끌어당길 수 있는 **타자**의 그 이미지를 그녀는 자기 속에 되살릴 수 없을 것이기 때문이다. 애인에게는 남편의 경우와 같은 이중성을 가진 불가능한 요구가 있다. 즉, 그는 자기 정부가 완전히 자기의 것이면서도 타인이기를 원하고 있다. 그는 그녀가 정확히 자기의 꿈과 일치하고, 자기의 상상이 만들어 내는 모든 것과 다를 것을, 즉 그의 기대에 대한 답변이며 예상치 못한 뜻밖의 놀라움이기를 바란다. 이런 모순은 여자의 가슴을 찢고, 그녀를 실패로 몰아넣는다. 여자는 애인의 욕망을 따르려고 애쓴다. 자기들의 나르시시즘을 확인해 주는 사랑의 초기에 활짝 피었던 많은 여자는 예전만큼 사랑받지 못한다고 느낄 때 편집광적 비굴함으로 오싹하게 한다. 강박관념에 사로잡히고 메마른 그녀들은 애인을 성나게 한다. 그에게 맹목적으로 자기를 바치면서 여자는 그녀를 매혹적으로 만들었던 처음의 그 자유의 차원을 상실했다. 그는 그녀에게서 자기의 반영을 찾고 있었다. 그러나 그가 그 반영을 지나치게 충실히 되찾으면 그는 권태를 느낀다. 사랑하는 여자의 불행 중 하나는 그녀의 사랑 자체가 그녀의 모습을 흉하게 만들고, 그녀를 소멸시킨다는 것이다. 그녀는 이제 그런 노예, 그런 하녀, 너무 온순한 그런 거울, 너무 충실한 그런 메아리에 불과하다. 그녀가 그것에 대해 깨달았을 때, 그녀의 비탄은 그녀의 가치를 또 한 번 없애 버린다. 눈물과 요구와 말다툼 속에서 그녀는 모든 매력을 상실하고 만다. 존재자는 그가 행하는 바로 그것이다. 존재하기 위해 그녀는 타인의 의식에 자기를 맡기고, 무엇을 행하는 것을 단념했다. "나는 사랑하는 것밖에 모른다"라고 쥘리 드 레스피나스는 쓰고 있다. "**오직 사랑일 뿐인 나**"라는 이 소설 제목[43]은 사랑하는 여자의 표어다. 그녀는 오로지 사랑일 뿐이다. 그래서 사랑이 그 대상을 잃어버릴 때 그녀는 더 이상 아무것도 아니다.

종종 그녀는 자기의 잘못을 이해한다. 그때 그녀는 자기의 자유를 재확인하려 하고, 자기의 이타성異他性을 되찾으려 노력한다. 그녀는 교태를 부리기 시작한다. 다른 남자들이 탐내는 그녀는 다시 무감각해진 애인의 관심을 끈다. 그것은 '신랄하게 풍자적인' 수많은 소설의 낡아빠진 주제. 떨어져 있는 것이 그녀에게 때때로 매력을 회복시켜 줄 수도 있다. 눈앞에서 고분고분하게 있을 때 알베르틴은 무미건조해 보인다. 멀리 있는 그녀는 다시 신비스러워지고, 질투하는 프루스트는 그녀에게 다시 더 높은 가치를 부여한다.[44] 그러나 이런 조작은 미묘한 것이다. 만일 남자가 이러한 조작을 꿰뚫어 본다면, 그것은 조롱하듯이 남자에게 자기 노예의 굴종을 드러나게만 할 뿐이다. 그리고 조작이 성공했다고 해서 위험이 없는 것은 아니다. 남자가 자기 정부를 경멸하는 것은 그녀가 자기 것이기 때문이다. 그러나 그가 그녀에게 애착을 갖는 것도 그녀가 자기 것이기 때문이다. 부정不貞 때문에 무너지는 것이 경멸인가, 애착인가? 분개하는 남자는 냉정한 사람에게서 돌아설 수 있다. 그는 그녀가 자유롭기를 원하는 것은 좋지만, 자기에게 주어졌기를 원한다. 그녀는 이런 위험을 알고 있다. 그로 인해 그녀의 교태는 마비된다. 사랑하는 여자가 이런 유희를 교묘하게 하는 것은 거의 불가능하다. 그녀는 자기가 파놓은 함정에 빠지는 것을 너무도 두려워하고 있다. 자기 애인을 숭배하는 한 그녀는 그를 속이는 것을 마음 내켜 하지 않는다. 그를 속이게 되면 그가 어떻게 그녀의 눈에 신으로 머물러 있을 수 있겠는가? 만일 그녀가 이긴다면, 그녀는 자기 우상을 파괴하는 것이 된다. 만일 그녀가 진다면, 그녀 자신이 파멸한다. 구원은 없다.

사랑에 빠진 신중한 – 그러나 이 두 마디 말은 양립하지 못한다 - 여자는 애인의 정열을 애정으로, 우정으로, 습관으로 바꾸어 보려고 노력한다. 아니면 애인을 견고한 관계, 즉 아이나 결혼으로 묶어 놓으려 한다. 결혼에 대한 욕망은 많은

---

43 도미니크 롤랭Dominique Rolin의 작품
44 *뱅자맹 콩스탕의 『아돌프』

연애 관계를 따라다닌다. 그것은 안전에 대한 욕망이다. 교묘한 정부는 미래를 보장받기 위해 연애 초기의 관대함을 활용한다. 그러나 그녀가 이런 생각에 열중한다면 그녀는 사랑하는 여자라는 이름을 더는 받을 만한 가치가 없다. 왜냐하면 사랑하는 여자는 미친 듯이 애인의 자유를 영원히 손에 넣으려는 꿈을 꾸지만, 그 자유를 없애려는 생각은 하지 않기 때문이다. 그 때문에 자유로운 관계가 일생 영속하는 아주 드문 경우를 제외하고 사랑이라는 종교는 재앙에 이른다. 모라[45]와의 관계에서 레스피나스 양은 다행히도 먼저 싫증이 나버렸다. 그녀가 싫증이 난 까닭은 기베르를 만났기 때문이고, 다음에는 기베르가 그녀에게 곧 진력이 나버렸다. 다구 부인과 리스트의 사랑은 다음과 같은 냉혹한 변증법으로 인해 죽어 버렸다. 리스트를 그토록 사랑스럽게 만들었던 격정과 생명력과 야망은 그를 다른 사랑에 바치게 했다. 포르투갈의 수녀[46]는 버림받을 수밖에 없었다. 단눈치오를 그렇게 매력적으로 만든 정염[47]의 대가는 그의 바람기였다. 결별은 한 남자에게 깊은 상처를 남길 수 있다. 그러나 그는 남자로서 살아야 할 삶이 있다. 버림받은 여자는 더는 아무것도 아니고, 가진 것이 아무것도 없다. "전에 당신은 어떻게 살고 있었나요?" 이제 그녀는 기억조차 못 하고 있다. 그녀는 자기 것이었던 이 세계를 새까맣게 타도록 내버려 두고 새로운 조국을 택했으며, 돌연 그곳에서 추방되었다. 그녀는 자기가 믿고 있었던 모든 가치를 부정하고 우정을 끊어버렸다. 그녀는 다시 머리 위에 지붕을 잃어버리고, 그녀의 주위는 어느 곳이나 사막이다. 사랑하는 남자 외에는 아무것도 없는 그녀가 새 삶을 어떻게 다시 시작할 것인가? 그녀는 예전에 수녀원으로 피신했던 것같이 망상 속으로 피신한다. 혹은 그녀가 지나치게 이성적이라면 그녀에게는 죽는 일밖에 남아 있지 않다. 레스피나스 양처럼 아주 빨리, 아니면 서서히 고통을 당하면서. 고통은 오래갈 수 있다. 한 여자가 10년, 20년간 한 남자에게 영혼과 육체를 바쳤을 때, 여자가 받들어 모신 제단 위에 남자가 확고하게 자리 잡고 있을 때, 여자가 버림받는다는 것은 치명적 재앙이다. "내가 무엇을 할 수 있지? 자크가 더는 나를 사랑하지 않는다면 내가 무엇을 할 수 있단 말인

---

45 * 레스피나스 양보다 열 살 연하인 스페인의 모라 후작
46 * 연애편지로 유명한 『포르투갈 수녀의 편지』의 저자. 이 책은 마리안느라는 포르투갈 수녀가 자신을 버리고 프랑스로 떠난 프랑스 장교에게 쓴 다섯 통의 편지를 모은 것이다.
47 이사도라 덩컨의 말에 따르면

가?"라고 마흔 살의 그 여자가 묻고 있었다. 그녀는 세심하게 주의를 기울여 옷을 입고, 머리를 매만지고 화장을 했다. 그러나 굳어지고 이미 일그러진 그녀의 얼굴은 더 이상 새로운 사랑을 불러일으킬 수 없었다. 한 남자의 그늘에서 20년을 보낸 그녀가 다른 남자를 사랑할 수 있겠는가? 마흔이면 아직 살아야 할 날이 많이 남아 있다. 나는 고통으로 부어오른 얼굴에도 불구하고 아름다운 눈과 고상한 이목구비를 간직했던 또 다른 여자를 생각한다. 그녀는 자기도 모르는 사이에 사람들 앞에서 두 뺨에 눈물이 흐르게 내버려 둔 채 보지도 못하고 듣지도 못했다. 신은 지금 그녀를 위해 지어 낸 말들을 다른 여자에게 하고 있다. 권좌에서 밀려난 여왕은 일찍이 자신이 진정한 왕국에 군림한 적이 있었는지조차 모르고 있다. 여자가 아직 젊다면 회복할 기회는 있다. 새로운 사랑이 그녀를 회복시켜 줄 것이기 때문이다. 때로 그녀는 유일하지 않은 것은 절대적일 수 없다는 것을 이해하고, 이전보다는 좀 더 신중하게 그 사랑에 헌신할 것이다. 그러나 종종 그녀는 첫 번보다 더욱더 격렬하게 자기를 산산조각 낼 것이다. 왜냐하면 그녀는 과거의 실패를 회복할 필요가 있기 때문이다. 절대적 사랑의 실패는 여자가 자기를 뒷감당할 능력이 있을 때만 값진 시련이 될 수 있다. 아벨라르Pierre Abélard(1079~1142)[48]와 헤어진 엘로이즈는 수도원을 통솔하면서 자기를 위한 자율적인 삶을 확립했기 때문에 난파선의 잔해 같은 게 되지 않았다. 콜레트의 여주인공들은 사랑의 환멸로 인해 무너지기에는 너무나 자존심이 강하고 여력이 많았다. 즉, 르네 메레는 일을 통해 자기를 구했고, '시도Sido'는 딸에게 딸의 애정상의 운명에 대해서는 너무 불안해하지 않는다고 말한다. 그녀는 콜레트가 단순히 사랑하는 여자만은 아니라는 것을 알고 있었기 때문이다. 그러나 자기 자신을 완전히 다른 사람의 수중에 맡기는 이런 관대한 과실보다 더 무거운 징벌을 초래하는 범죄는 별로 없다.

진정한 사랑은 두 자유의 상호 인정 위에 근거를 두어야 할 것이다. 그때 연인들 각자는 자기를 자기 자신처럼 그리고 타자처럼 느낄 것이다. 둘 가운데 누구도 자기의 초월을 포기하지 않을 것이고, 누구도 자기를 훼손하지 않을 것이다. 세계 속에서 함께 가치와 목적을 찾아낼 것이다. 양편 모두에게서 사랑은 자기를 줌으로써 자신에 대한 새로운 발견이 될 것이며, 세계를 풍요롭게 하는 것이 될 것이

---

48 *프랑스의 신학자이며 스콜라 철학자. 엘로이즈와의 사랑으로 유명하다.

다. 조르주 귀스도르프Georges Gusdorf(1912~2000)[49]는 저서 『자아의식La Connaissance de soi』에서 **남자**가 사랑에서 요구하는 것을 매우 정확하게 요약하고 있다.

사랑은 우리를 우리 자신에게서 벗어나게 하면서 우리 자신에게 드러내 준다. 우리는 우리에게 낯설고 보완적인 것과 접촉함으로써 우리 자신을 확인한다. 의식의 형태로서의 사랑은 우리가 지금까지 살아 왔던 풍경에서조차 새로운 하늘과 새로운 대지를 발견해 낸다. 여기에 위대한 비밀이 있다. 즉, 세계가 다르고, 나 자신도 **딴사람이다.** 그리고 그것을 아는 사람은 더 이상 나 혼자만이 아니다. 다행히도 누군가가 그것을 나에게 가르쳐 주었다. 그러므로 여자는 남자가 자기 자신에 대해 자각하는 데에 없어서는 안 될 중요한 역할을 하고 있다.

젊은이에게 연애 수업이 중요한 것은 이 때문이다.[50] 스탕달이나 말로가 "나 자신이 다른 사람이다"라고 말하게 하는 기적에 얼마나 놀랐는지는 앞에서 이미 보았다. 그러나 "그리고 **마찬가지로** 남자는 여자에게 그녀 자신에게서 벗어나 자신의 다른 모습을 발견하는 데 필요불가결한 중개자가 되고 있다"라고 귀스도르프가 쓰는 것은 잘못이다. 왜냐하면 오늘날 그녀의 상황은 남자의 상황과 **같지 않기** 때문이다. 남자는 다른 모습으로 드러난다. 그러나 그는 자기 자신으로 머물러 있고, 그의 새로운 모습은 그의 인격 전체에 통합된다. 여자의 경우는 남자와 똑같을 수 없다. 여자 역시 본질적으로 대자對自로서 존재해야만 그렇게 될 수 있을 것이다. 그러나 이는 그녀가 경제적으로 독립하고, 고유한 목표를 향해 자기를 투사하여 매개자 없이 집단을 향해 초월하는 것을 전제로 한다. 그때 비로소 말로가 묘사한 키요와 메이의 사랑과 같은 평등한 사랑이 가능하다. 루소 앞에서의 바랑 부인이나 셰리 앞에서 레아[51]처럼 여자가 남성적이고 지배적인 역할을 하는 것도 가능할지 모른다. 그러나 대다수의 경우, 여자는 자기를 타자로서밖에는 알아보지 못한다. 즉, 그녀의 대타자對他者는 그녀의 존재 자체와 혼동되고 있다. 그녀에게 사랑은 자기로부터 자기로의 매개 수단이 아니다. 그녀는 자기의 주체적 실존 속에서 자기를 되찾지 못하기 때문이다. 그녀는 남자가 드러

---

49 *프랑스 철학자
50 본서 제1권 참조
51 *콜레트 소설의 인물

나게 했을 뿐 아니라 창조하기도 한 그 여자 연인 속에 삼켜진 채로 있다. 그녀의 구원은 그녀를 창조해 내고 또 한순간에 끝장내 버릴 수도 있는 이 전제적 자유에 달려 있다. 그녀는 자기 운명이 어찌 될지 제대로 알지 못한 채 또 그 운명대로 살아가기를 완전히 원하지도 않으면서, 자기 운명을 손아귀에 진 그 남자 앞에서 벌벌 떨며 한평생을 보낸다. 그녀는 그 자신의 운명을 불안하고 무력하게 지켜보는 한 타자 속에서 위험에 처해 있다. 본의 아니게 폭군이고, 본의 아니게 잔인한 인간이 된 이 타자는 그녀와 그의 뜻에 반해 적의 얼굴을 하고 있다. 사랑에 빠진 여자는 찾고 있던 결합 대신에 고독 중에서 가장 쓰라린 고독을, 공모감 대신에 싸움과 증오를 경험한다. 여자에게 사랑은 그녀에게 운명 지어진 종속을 받아들임으로써 그것을 극복하기 위한 최상의 시도다. 종속이란 동의한 것이라 해도 공포와 비굴함 속에서 살아질 수밖에 없게 만든다.

사랑이 여자에게 최고의 성취라고 남자들은 앞다퉈 주장했다. "여자답게 사랑함으로써 더욱더 여자다운 여자가 될 수밖에 없다"고 니체는 말한다. 발자크는 이런 말을 한다. "높은 차원에서 남자의 삶은 명예이며, 여자의 삶은 사랑이다. 남자의 삶이 영속적 행동이듯이, 여자는 오직 자기 삶을 부단히 줌으로써만 남자와 동등해진다." 이 또한 잔인한 속임수다. 왜냐하면 그녀가 제공하는 것을 남자들은 전혀 받으려고 신경 쓰지 않기 때문이다. 남자는 자기가 요구하는 조건 없는 헌신도 필요하지 않고, 자기의 허영심을 맞춰 주는 우상 숭배적인 사랑도 필요로 하지 않는다. 이러한 태도를 서로에게 전제하지 않는다는 조건에서만 남자는 그런 헌신이나 사랑을 받아들인다. 그는 여자에게 주라고 권유한다. 그러면서도 여자가 주면 그것을 귀찮아한다. 여자는 자기가 한 선물의 무용함이나 자기 존재의 무의미함에 대해 매우 당황스러워한다. 여자가 자기의 연약함이 아닌 강함 속에서, 도피하기 위해서가 아닌 자기를 발견하기 위해서, 자기 포기가 아닌 자기 확립을 위해서 사랑하는 것이 가능한 날이 오면, 그때야말로 사랑은 남자와 마찬가지로 여자에게도 죽음과 같은 위험이 아니라 생명의 원천이 될 것이다. 지금으로서는 사랑은 여성의 세계 속에 갇혀 있는 여자, 훼손되어 자립하는 것이 불가능한 여자를 짓누르는 저주를 가장 비장한 모습으로 집약하고 있다. 여자들에게 궁극적인 구원으로서 불모不毛의 지옥을 제시한 운명의 부당성에 대해서는 셀 수 없이 많은 사랑의 순교자들이 증언했다.

13장
신비주의 여자

사랑은 여자에게 최고의 소명으로 할당되었다. 여자는 한 남자에게 사랑을 바칠
때 그에게서 신을 찾는다. 만일 여러 가지 상황이 그녀에게 인간의 사랑을 금한
다거나 그녀가 실망한다거나 혹은 강한 요구를 한다면 그녀는 신 속에서 신성을
숭배하기를 택하게 된다. 물론 이러한 정염을 불태웠던 남자들도 없지는 않았지
만 흔하지 않았고, 그들의 열정은 매우 순화된 지적인 모습을 띠고 있었다. 이에
반해 천상의 혼례라는 열락悅樂에 몸을 바치는 여자들은 많이 있다. 그녀들은 기
이하게도 감정적인 방식으로 그 쾌락을 경험한다. 여자는 무릎을 꿇고 사는 데
익숙해 있고, 보통 남자들이 권좌를 차지하는 천상에서 자기의 구원이 내려오기
를 기다리고 있다. 남자들 역시 구름에 휩싸여 있다. 그들의 위엄은 그들의 육체
적 존재라는 베일을 넘어서 드러난다. **사랑하는 남자**는 언제나 다소간 부재다.
그는 자기를 숭배하는 여자와 모호한 기호를 통해 소통한다. 그녀는 그의 마음
을 일종의 신앙 행위를 통해서만 알 수 있다. 그래서 그녀에게 그가 우월하게 보
이면 보일수록 그의 행위는 더욱더 이해할 수 없는 것처럼 보인다. 연애 망상증
에서 이런 믿음은 모든 반증을 받아들이지 않는다는 것을 앞서 보았다. 여자는
자기 곁에 **현존**을 느끼기 위해서 보거나 만질 필요가 없다. 상대가 의사이든, 신
부이든, 신이든, 그녀는 똑같이 이론의 여지없는 명백함을 알고서 하늘에서 내려
온 사랑의 파도를 무릎 꿇고 자기 마음속에 맞아들이게 된다. 인간의 사랑과 신
의 사랑은 혼동된다. 그 이유는 신의 사랑이 인간 사랑의 승화이기 때문이 아니
라, 인간 사랑 역시 초월자를 향한, 절대를 향한 움직임이기 때문이다. 사랑하는
여자에게는 어쨌든 우연적인 자기 존재를 구하기 위해, 최고 권한을 가진 **인격** 속

에 구현된 **전체**에 그것을 결합하는 것이 관건이다.

이런 모호성은 많은 경우에서 – 병리학적이든 정상적이든 – 볼 수 있는데, 연인은 신성화되고 신은 인간의 모습을 띤다. 나는 여기서 페르디에르가 연애 망상증에 관한 그의 저서에서 보고하는 하나의 예를 들어보겠다. 다음은 환자 자신이 말하는 것이다.

1923년에 나는 『라 프레스*La Presse*』지의 한 기자와 서신 연락을 하였다. 매일 그의 인생 상담에 관한 기사를 읽었고, 글 속에 담긴 필자의 생각을 읽어 내었다. 그는 나의 물음에 답하는 것 같았고, 나에게 조언해 주는 것처럼 보였다. 나는 연애 편지를 썼다. 나는 그에게 많은 편지를 보냈다. (…) 1924년에 돌연 이런 일이 생겼다. 신이 한 여자를 찾다가 나에게 이야기하러 온 것 같았다. 신이 나를 택해 성전 하나를 세우라는 사명 하나를 준 느낌이 들었다. 나는 나 자신을 의사들이 치료해 줄 여자들이 있는 매우 큰 규모의 시가지의 중심인물로 믿고 있었다. (…) 내가 클레르몽 요양소로 옮겨진 것은 (…) 바로 그때였다. (…) 거기에는 세계를 개조하고 싶어 하는 젊은 의사들이 있었다. 나는 나의 독방에서 내 손가락 위에 그들이 키스하는 것을 느꼈고, 내 양손 안에서 그들의 성기를 느꼈다. 한번은 그들이 나에게 이렇게 말했다. "당신은 예민한 것이 아니라 관능적이군. 뒤돌아 봐요." 나는 몸을 돌렸고, 그들을 내 안에서 느꼈다. 아주 기분이 좋았다. (…) 원장인 D…… 박사는 신과 같았다. 그가 내 침대 가까이에 올 때 나는 무슨 일이 있다는 것을 감지하고 있었다. 그는 "나는 전부 당신 거야"라고 말하는 듯이 나를 바라보고 있었다. 그는 정말로 나를 사랑하고 있었다. 하루는 그가 진정 이상하리만치 집요하게 나를 바라보았다. (…) 그의 눈은 초록색에서 하늘빛 같은 파란색으로 변하였다. 그 눈은 놀랄 만큼 심하게 커져 버렸다. (…) 그는 다른 여환자에게 말하면서 그것이 만들어 낸 효과를 바라보았고, 미소를 지었다. (…) 그래서 나는 거기서 꼼짝하지 못한 채 있었고, D…… 박사에게 옴짝달싹하지 못하게 되었다. 새것이 옛것을 대신하지 못하므로, 나에게 여러 애인이 생겼음에도 불구하고 (나는 열대여섯 명의 애인이 있었다), 그와 헤어질 수가 없었다. 그로 인해 그는 비난받아 마땅하다. (…) 12년 전부터 나는 언제나 그와 마음의 대화를 나누어 왔다. (…) 그를 잊어버리려고 하면 그가 다시 나타났다. 그는 때때로 약간 비웃을 때도 있었다. (…) "이봐요, 내가 무서워졌군. 당신은 다른 남자들을 사랑할 수도 있겠지만, 항상 나에게 돌아올 거야……"라는 말도 하였다. 나는 그에게 자주 편지를 썼다. 그에게 약속 장소도 지정하면서 그곳에 가기도 했다. 작년에 그를 만나러 갔다. 그는 점잔을 뺐다. 그는 정열이 식어 있었다. 나는 아주 바보같이 느껴져서 돌아왔다. (…) 그가 다른 여자와 결혼했다고 누군가가 말해 줬지만, 그는 나를 언제나 사랑할 것이다. (…) 그는 나의 남편이다. 하지만 두 사람을 접합시키는 그런 행위는 한 번도 일어난 일이 없었다. (…) "모든 것을 버려요. 당신은 계속해서 나와 함께 올라갈 것이고, 지상의 존재 같지는 않을 것이요"라고 그가 이따금 말했다. 여러분이 보시다시피 내가 신을 찾을 때마다 나는 한 남자를 발견한다. 나는 지금 어떤 종교로 믿어야 할지 잘 모르겠다.

이는 병리학적인 경우다. 그러나 신앙심이 깊은 여자에게서 신과 남자 사이에서 빠져나올 수 없는 이런 혼동을 많이 볼 수 있다. 특히 고해신부는 하늘과 땅의 중간에서 모호한 위치를 차지한다. 그는 자기 영혼을 내보이는, 고해하는 여자의 말을 육체의 귀로 듣는다. 그러나 그가 그녀를 감싸는 시선에서는 초자연적 빛이 빛난다. 그는 신과 같은 인간이며 인간의 외관 아래 현존하는 신이다. 귀용 부인은 라콩브La Combe 신부와 만난 것을 이렇게 묘사하고 있다. "은총의 작용이 영혼의 가장 깊숙한 곳을 통해 그에게서 나에게로 왔다가, 그가 똑같은 효과를 느낄 수 있도록 나에게서 그에게로 돌아갔다." 여러 해 전부터 괴로워하던 영혼의 메마름에서 그녀를 끌어내 주고, 그녀의 영혼을 다시 열정으로 불타오르게 한 것은 라콩브 수도사의 지지였다. 그녀는 자기의 위대한 신비주의 시기를 모두 그의 곁에서 체험했다. 그리고 그녀는 이렇게 고백하고 있다. "그것은 완전한 일치일 뿐이어서 **나는 그를 더 이상 신과 구별할 수 없을** 정도였다." 그녀는 실제 한 남자를 사랑하고 있었는데 신을 사랑하는 체했다고 말하는 것은 지나치게 약술하는 것이 될 것이다. 그녀는 그 남자도 사랑하고 있었다. 왜냐하면 그녀의 눈에 그는 그 자신 외의 다른 것이었기 때문이다. 페르디에르의 여자 환자와 똑같이 그녀가 어렴풋이 도달하려고 애쓴 것은 가치의 최고 원천이었다. 그것이 모든 신비주의 여성이 목표로 하는 것이다. 남자의 중개는 하늘의 텅 빈 사막을 향해 도약하는 데 때로 유익할 때도 있다. 그러나 그것이 불가결한 것은 아니다. 현실과 유희, 현실적 행위와 마술적 행위, 실체와 상상을 잘 구별하지 못하는 여자는 특이하게도 자기 몸을 통해 부재한 것을 현존시키는 데 소질이 있다. 그보다 훨씬 덜 해학적인 것은, 이따금 그래왔던 것처럼 신비주의와 연애 망상증을 동일시하는 것이다. 연애 망상증 환자는 최고 존재의 사랑을 통해 자기의 가치가 높아진 것으로 느낀다. 연애 관계의 주도권을 지는 것은 최고 존재이고, 그는 자신이 사랑받는 그 이상으로 정열적으로 사랑한다. 그는 자기의 감정을 분명하지만 비밀스러운 기호를 통해 알게 한다. 그는 선택한 여자의 정열이 부족한 데 대해 질투하고 화낸다. 그래서 여자를 벌하는 데 망설이지 않는다. 그가 육체적이고 구체적인 모습으로 나타나는 일은 거의 없다. 이런 모든 특징은 신비주의 여자들에게서도 발견된다. 특히 신은 자기에 대한 사랑으로 불타오르는 영혼을 영원히 소중하게 여기고, 그 영혼을 위해 자기 피를 흘렸고, 그 영혼을 위해 화려하고 찬란한 개화를 준비해 준다. 그 영혼이 할 수 있는 모든 것은 신의 열정에 저항하지 않고 몸을 맡기는 것이다.

연애 망상증이 때로는 정신적인 형태를, 때로는 성적인 형태를 띤다는 사실이 오늘날에는 인정되고 있다. 마찬가지로 신비주의 여자가 신에게 바치는 감정 속에는 육체 부분이 어느 정도 들어 있다. 그녀의 감정 토로는 지상의 연인들이 경험하는 감정 토로를 본뜬 것이다. 성 프란치스코를 품에 안은 그리스도의 그림을 바라보는 폴리뇨의 안젤라Angela da Foligno(1248~1309)[52]에게 그리스도가 이렇게 말한다. "자, 내가 너를 이렇게 안아주리라. 사람들이 육체의 눈으로 볼 수 있는 것보다 훨씬 더 세게 (…) 네가 나를 사랑한다면 나는 영원히 너를 버리지 않으리라." 귀용 부인은 이렇게 쓰고 있다. "사랑은 나를 한순간도 쉬지 못하게 한다. 나는 사랑에 말했다. '오, 내 사랑, 이제 됐으니 나를 놓아주오'라고." "나는 말로 표현할 수 없는 전율로 영혼을 가로지르는 사랑을, 나를 황홀하게 만드는 사랑을 원한다……." "오 신이시여! 내가 느끼는 것을 가장 관능적인 여자들에게 느끼게 하신다면, 그녀들은 그토록 진정한 부富를 누리기 위해 자기들의 거짓 쾌락을 버릴 것입니다." 다음과 같은 성 테레사의 유명한 환상은 잘 알려져 있다.

천사는 두 손에 기다란 금빛 창을 쥐고 있었다. 이따금 그는 그 창으로 내 가슴을 찌르고, 그 창을 내 배 속까지 밀어 넣었다. 그가 창을 잡아 뺄 때는 마치 내 창자를 끌어내리려는 것 같았고, 그것 때문에 나는 신에 대한 사랑으로 완전히 불타고 있었다. (…) 나는 고통이 배 속 가장 깊숙한 곳까지 뚫고 들어간다고 확신하며, 나의 영적인 남편이 찌른 화살을 잡아 뺄 때에 배 속이 찢어지는 것 같았다.

---

52 *이탈리아의 성녀, 환시의 경험으로 유명하다.

언어의 빈곤 때문에 신비주의 여성이 이런 에로틱한 용어를 빌려 쓰지 않을 수 없다는 것을 자비로이 주장하는 사람도 때로 있다. 그러나 신비주의 여성 역시 단 하나의 몸을 소유하고 있으며, 지상의 사랑에서 말뿐만 아니라 육체적 태도도 빌려 온다. 그녀는 자기를 신에게 제공하기 위하여 한 남자에게 제공할 때와 똑같은 행위를 한다. 게다가 감정의 가치를 조금도 감소시키지 않는다. 폴리뇨의 안젤라가 마음의 움직임에 따라 번갈아 '창백하고 여위'거나 '기름지고 혈색이 좋을' 때, 눈물의 홍수 속에서 울고불고할 때,[53] 좌절을 맛볼 때, 이러한 현상을 순전히 '영적인 것'으로만 간주할 수 없다. 이를 오직 그녀의 과도한 '감수성'으로 설명하는 것은 양귀비의 '수면제 효능'을 내세우는 것과 같다. 몸은 주관적 경험의 *원인*이 결코 아니다. 그것은 객관적 형태의 주체 자신이기 때문이다. 주체는 자기의 태도를 자기 존재의 통일성 속에서 체험한다. 신비주의자들의 적대자나 찬미자들은 성 테레사의 법열에 성적인 내용을 부여하는 것이 그녀를 히스테리 환자의 부류로 격하시킨다고 생각한다. 그러나 히스테릭한 주체의 가치를 낮추는 것은 그의 몸이 능동적으로 그의 강박관념을 표현한다는 사실에 있는 것이 아니라, 그 몸이 강박관념에 사로잡혀 있어서 그의 자유가 현혹당하고 폐기된다는 것을 말한다. 인도의 탁발승은 자기 신체에 대해 제어력을 갖추기 때문에 신체의 노예가 되지 않는다. 자유의 도약에 육체적 표현이 들어 있을 수 있다. 성 테레사의 글은 별로 모호하지 않다. 그 글은 치명적이고 과도한 관능적 쾌락 속에서 황홀해 마지않는 성녀를 표현한 베르니니Giovanni Lorenzo Bernini(1598~1680)[54]의 조각상이 타당하다는 것을 증명해 준다. 그녀의 감동을 단순한 '성적 승화'라고 해석하는 것 역시 잘못일 수 있다. 우선은 숨겨져 있다가 신에 대한 사랑의 형태를 취하는 성적 욕망은 없다. 사랑하는 여자가 처음에는 대상 없는 욕망에 빠져 있다가 이윽고 그 욕망을 한 개인에게 정착하는 것이 아니다. 바로 애인의 현존이 그녀 속에서 그를 향해 즉각 의도된 흥분을 일으키는 것이다. 이와 같이 성 테레사는 단번에 자기를 신과 결합하려 애쓰고, 이 결합을 자기 몸속에서 체험한다. 그녀는 신경과 호르몬의 노예가 아니다. 그녀에게서는 오히려 그녀의 몸 가장 깊숙이까지 스며들어 가는 강렬한 신앙심을 감탄해야 한다. 사실 성 테레사가 이해

---

53 "찬물을 끼얹지 않으면 안 될 정도로 눈물이 그녀의 두 뺨을 불타오르게 하고 있었다"고 그녀의 전기 작가 가운데 한 명이 전하고 있다.

54 * 이탈리아의 화가, 조각가, 건축가

「성녀 테레사의 법열」 조반니 로렌초 베르니니, 1651

했던 것처럼, 신비주의적인 경험의 가치는 그것이 주관적으로 체험되었던 방식에 의해서가 아니라 객관적 역량에 따라서 측정된다. 무아지경의 현상은 성 테레사의 경우나 마리아 알라코크Margarita Maria Alacoque(1647~1690)의 경우나 거의 똑같다. 그러나 그 메시지들의 가치는 매우 다르다. 성 테레사는 개인과 초월적 **존재**간 관계의 극적 문제를 완전히 지적인 방식으로 설정하고 있다. 그녀는 그 의미가 모든 성적인 명시를 초월하는 경험을 여자로서 체험했다. 그녀를 십자가의 성요한과 같은 위치에 놓아야 한다. 그러나 그녀는 빛나는 예외다. 그녀의 아류들은 세계와 구원에 대해 본질적으로 여성적인 비전을 보여 준다. 그녀들이 목표로하는 것은 초월적 존재가 아니라 자기의 여성성에 대한 속죄다.[55]

여자는 먼저 신의 사랑 속에서, 사랑하는 여자가 남자의 사랑에서 요구하는 것과 같은 나르시시즘의 찬란한 개화를 구하고 있다. 그녀 위에 주의 깊고 사랑스럽게 고정된 이 최고의 시선은 그녀에게 하나의 기적적 행운이다. 귀용 부인은 처녀 시절과 젊은 아내 시절에 언제나 사랑받고 우러러 보이고 싶은 욕망 때문에 고통스러워했다. 현대 신교파 신비주의자인 베Vée 양은 이렇게 쓰고 있다. "내 안에서 일어나는 것에 대해 특별하고 호의적인 방식으로 관심을 가지는 사람이 아무도 없는 것만큼 나를 슬프게 하는 것은 없다." 크뤼데너 부인은 신이 끊임없이 자기에게 관심을 둔다고 상상하고 있었다. 생트뵈브가 이렇게 이야기할 정도도. "그녀는 애인과 가장 결정적 순간에 '신이시여, 나는 행복합니다! 나의 과분한 행복을 용서해 주십시오'라고 신음하며 말했다." 하늘 전체가 자기를 비춰 주는 거울이 되었을 때, 나르시시스트의 마음에 몰려오는 도취를 이해할 수 있다. 신격화된 그녀의 이미지는 신처럼 무한하고 영원할 것이다. 그리고 동시에 그녀는 타오르고 고동치며, 사랑에 빠진 자기의 가슴 속에서 숭배하는 하느님 아버지에 의하여 창조되고 속죄받은, 지극히 사랑받는 자기의 영혼을 느낀다. 그녀가 포용하는 것은 그녀의 분신이며, 신의 매개로 무한히 찬송받는 그녀 자신이다. 폴리뇨의 성 안젤라의 다음과 같은 글은 특히 의미심장하다. 예수는 그녀에게 이렇게 말한다.

나의 상냥한 딸, 나의 딸, 나의 사랑하는 사람, 나의 성전이여. 나의 딸, 나의 사랑하는 사람이여, *내가 너를 사랑하니 나를 사랑해 다오.* 내가 나를 사랑할 수 있는

---

55 하지만 시에나의 카타리나의 경우에는 신학적 관심이 대단한 중요성을 차지하고 있다. 그녀 역시 상당히 남성적인 유형이다.

것보다 너를 많이, 훨씬 더 많이 사랑하니까. 너의 생활 전부가, 네가 먹는 것, 네가 마시는 것, 네가 자는 것, 너의 생활 모두가 나의 마음에 든다. 나는 네 안에서 여러 민족의 눈에 위대해 보이는 일을 행할 것이다. 네 안에서 나는 알려질 것이고, 네 안에서 나의 이름은 많은 백성에 의해 찬양될 것이다. 나의 딸, 나에게 순종하는 나의 아내, 나는 너를 한없이 사랑한다.

그리고 또,

내가 다정한 것보다 훨씬 더 나에게 다정한 나의 상냥한 딸, 나의 환희여, 전능한 신의 마음은 지금 너의 마음 위에 있다. (⋯) 전능한 신은 네 안에 많은 사랑을, *이 도시의 어떤 여자보다도 더 많이* 넣어 두었다. 그분은 너를 환희로 삼았다.

또 한 번,

내가 너를 그처럼 사랑하므로 나는 너의 잘못에 대해 더는 근심하지 않고 보지도 않는다. 나는 네 안에 커다란 보물을 넣어 두었다.

선택받은 여자는 그토록 열렬한, 그리고 그토록 높은 곳에서 내려진 사랑의 고백에 정열적으로 답하지 않을 수 없을 것이다. 그녀는 사랑하는 여자에게 통상적 기술인 자기 소멸을 통해 애인과 합류하려 애쓴다. "내가 할 오직 하나의 일은 사랑하고, 나를 잊어버리고, 나를 소멸하는 것뿐이다"라고 마리아 알라코크는 쓰고 있다. 종교적 법열은 이 자아 폐기를 육체적으로 표현하는 것이다. 주체는 더 이상 보지도 느끼지도 않는다. 주체는 자기의 몸을 망각하고 부인한다. 이런 자기 포기의 격렬함을 통해서, 수동성의 열렬한 수락을 통해서 최고 권한을 가진 빛나는 **현존**이 은연중에 지시된다. 귀용 부인의 정적주의靜寂主義[56]는 이 수동성을 체계화한 것이다. 그녀는 대부분의 시간을 일종의 강경증이라는 전신불수 상황에서 보냈다. 그녀는 완전히 깨어 있는 상태에서 자고 있었다.
　신비주의 여성들 대부분은 신에게 수동적으로 몸을 맡기는 데 만족하지 않는

56　•인간의 능동적인 의지를 최대로 억제하고 권인적인 신의 힘에 전적으로 의지하려는 수동적인 사상. 17세기의 몰리노스에서 비롯한 신비적 그리스도교의 교리

다. 그녀들은 자기 몸의 파괴를 통해 스스로 파멸하는 데 적극적으로 몰두한다. 물론 금욕주의는 수도사와 사제들도 실행했다. 그러나 여자가 자기 몸을 가차 없이 조롱하는 것은 특이한 성격을 띤다. 자기 몸에 대한 여자의 태도가 얼마나 모호한지는 앞에서 이미 보았다. 여자는 굴종과 고통을 통해 자기 몸을 영광으로 변신시킨다. 쾌락을 위한 물건처럼 애인에게 넘겨진 여자는 신전이나 우상이 된다. 분만의 고통을 통해 육신이 찢어진 여자는 영웅들을 창조한다. 신비주의 여성은 몸을 자기 것으로 요구할 권리를 갖기 위해, 그 몸을 비천한 것으로 깎아내림으로써 자기 몸을 학대하려고 한다. 그녀는 몸을 자기 구원의 도구로 고양한다. 어떤 성녀들이 과도하게 몰두하는 기이한 행위는 이렇게 해서 설명이 된다. 폴리뇨의 성 안젤라는 나병 환자들의 수족을 씻긴 물을 감미롭게 마셨다고 이야기하고 있다.

이 물이 무척이나 감미롭게 우리의 목을 축여 주어서 집으로 돌아올 때까지 계속 즐거웠다. 내가 물을 그렇게 맛있게 마셔 본 적은 한 번도 없었다. 나병 환자의 상처에서 떨어져 나온 비늘 같은 살갗 한 조각이 내 목구멍에 걸려 있었다. 그것을 토해 버리는 대신 삼키려고 무진 애를 썼고, 결국 삼켜 버리고 말았다. 나는 이제 막 성체배령을 한 것 같았다. 내가 맛보았던 희열을 나는 결코 표현하지 못할 것이다.

마리아 알라코크가 한 여자 환자의 토사물을 자기 혀로 깨끗이 치웠다는 것은 잘 알려진 이야기다. 그녀는 자기의 자서전에서 설사병에 걸린 어떤 남자의 변을 자기 입안에 가득 채웠을 때 느꼈던 행복을 묘사하고 있다. 예수는 그녀의 입술을 **성심**聖心에 세 시간 동안 붙여 놓음으로써 그녀에게 보상해 주었다. 신앙심이 육적 색채를 띠는 것은 이탈리아나 스페인과 같은 열렬한 관능의 나라에서 특히 그렇다. 아브루초[57]의 한 마을에서는 오늘날까지도 여자들이 십자가의 길을 따라 바닥에 있는 조약돌을 핥음으로써 자기의 혀를 찢는다. 이런 모든 행위는 자기 자신의 육신의 가치를 하락시켜 되레 육신을 구제한 구세주를 모방하는 것일 뿐이다. 그녀들은 이런 위대한 불가사의에 대해 남자들보다 훨씬 더 구체적으로 민감하다.

신은 여자에게 기꺼이 남편의 모습으로 나타난다. 때로 신은 영광에 싸여 지배자의 모습으로 순백의 아름다움에 휘황찬란하게 나타나기도 한다. 신은 그녀

---

57 *이탈리아 중부의 산악 지방

에게 혼인 드레스를 입히고 관을 씌어 주고, 그녀의 손을 잡아주고 천상의 영예를 약속한다. 그러나 대개 그는 육적 존재다. 성 카타리나가 예수에게 받아 손가락에 끼었던, 보이지 않는 결혼반지는 **할례**[58] 때 예수에게서 도려낸 '육의 반지'였다. 그는 가혹하게 대해져 피투성이가 된 육체다. 그녀는 **십자가에 못 박힌 예수**에 대해 가장 열광적인 명상에 잠긴다. 그녀는 **아들**의 시신을 두 팔에 안은 **성모 마리아**나 혹은 십자가 아래에 서서 **예수의 피로** 몸을 적시는 막달라 마리아와 자기를 동일시한다. 그리하여 그녀는 사도마조히즘적 환상을 만족시킨다. 신의 굴종 속에서 그녀는 **남자**의 실추를 찬미한다. 움직이지 않고 수동적이며 상처투성이의 십자가에 못 박힌 사람은 맹수나 칼이나 남자들의 제물이 되어 순백의 피부를 피로 물들이는 순교자의 전도된 이미지다. 그리고 어린 소녀일 적에 자기를 흔히 이 순교자의 이미지와 동일시했었다. 그녀는 **남자**가, **신인 남자**가 그녀의 역할을 맡은 것을 보면서 혼란스러워 어찌할 줄 모른다. 십자가에 매달려 **부활**의 영광을 약속받는 것은 그녀다. 그녀가 그것을 증명한다. 그녀의 이마는 가시관 아래서 피를 흘리고, 그녀의 손, 발, 옆구리는 보이지 않는 쇠에 꿰뚫려 있다. 가톨릭교회가 헤아리는 321명의 상흔 소지자 중에서 남자는 오직 47명이다. 다른 사람들 – 헝가리의 헬레나, 십자가의 요안나, G. 도스탕, 만투아의 호산나, 몬테팔코의 클라라 – 은 여자이며, 평균적으로 폐경기를 지났다. 가장 유명한 카타리나 에머리히Anne Catherine Emmerich(1774~1824)는 너무 이르게 성흔을 받았다. 스물네 살에 가시관의 고통을 원했던 그녀는 눈부신 젊은 남자가 자기에게 오는 것을 보았다. 이 남자는 그녀의 머리 위에 가시관을 씌우고 찍어 눌렀다. 이튿날, 그녀의 관자놀이와 이마가 부어올랐고 피가 흐르기 시작했다. 4년 뒤에 그녀는 법열 속에서 그리스도를 보았다. 그리스도의 상처에서 예리한 칼날 같은 뾰족한 광선이 뻗어 나와 성녀의 두 손과 두 발, 옆구리에서 핏방울이 솟구치게 했다. 그녀는 피땀을 흘렸고, 피를 토했다. 지금까지도 매주 성 금요일에는 테레제 노이만Therese Neumann (1898~1962) 역시 그리스도의 피가 흘러내리는 얼굴을 방문객들에게 보이고 있다. 상흔 속에서 몸을 영광으로 변화시키는 신비스러운 연금술이 완성된다. 왜냐하면 상흔은 피범벅이가 된 고통의 형태 아래서 신의 사랑이 이 순간에도 그들과 함께함을 보여 주기 때문이다. 여자들이 왜 혈액을 순수한 황금 불꽃으로 변화시키

---

58 * 고대부터 많은 민족 사이에서 행해져 온 의식으로, 성기 끝 살가죽을 끊어 내는 풍습

는 데 유난히 집착하는가를 충분히 이해할 수 있다. 그녀들은 사람 왕[59]의 옆구리에서 흘러나오는 이 피에 대한 강박관념을 가지고 있다. 시에나의 성 카타리나는 거의 모든 편지에서 그에 관해 이야기하고 있다. 폴리뇨의 안젤라는 예수의 심장과 그의 옆구리의 벌어진 상처를 지켜보는 데 몰두하고 있다. 카타리나 에머리히는 '피에 젖은 속옷'과 같던 예수를 닮기 위해서 빨간색 셔츠를 입고 있었다. 그녀는 모든 것을 '예수의 피를 통해서' 보았다. 앞에서 본 것처럼, 마리아 알라코크는 세 시간 동안 예수의 **신성한 심장**에 젖어 있었다. 그녀는 사랑으로 불타오르는 창으로 후광을 장식한 거대한 핏덩어리를 신자들에게 숭배하도록 권유한다. 그 것이 바로 사랑을 통해 피에서 영광으로 가는 여성의 위대한 꿈을 요약하는 상징이다.

어떤 여자들에게는 법열이나 환각, 신과의 대화 같은 내적인 경험만으로도 충분하다. 다른 여성들은 행동을 통해 그런 경험을 세계에 알릴 필요성을 느낀다. 행동을 명상과 연결하는 데는 매우 다른 두 가지 형태가 있다. 성 카타리나, 성 테레사, 잔 다르크와 같이 행동하는 여성들이 있다. 그녀들은 자기들이 어떤 목표를 갖고 있는가를 잘 알고 있고, 그 목표에 도달하는 수단을 명철하게 생각해 낸다. 그녀들의 직관적 인식은 그녀들의 확신에 객관적 형태를 부여하기만 할 뿐이다. 그 직관적 인식은 그녀들이 명확하게 그린 길을 따라가도록 격려한다. 귀용부인이나 크뤼데너 부인 같은 나르시시스트 여자들도 있다. 그녀들은 정열적 신앙심을 꾹 참아온 끝에 돌연 자기들이 "사도의 상태에"[60] 있다는 것을 느낀다. 그녀들은 자기들의 임무에 관해서 그리 선명치 못하다. 그리고 – 계속 움직이지 않으면 마음이 편치 않은 자선 사업을 하는 여성들처럼 – 그녀들에게는 자기들이 **무엇인가를** 하고 있다는 사실이 중요하지, 그 일이 무엇인지에 대해서는 별로 개의치 않는다. 그렇게 해서 크뤼데너 부인은 대사 부인으로서, 소설가로서 자기를 과시한 뒤에 자기의 재능에 대해 품고 있던 생각을 내면화했다. 그녀가 알렉산더 1세의 운명을 걸머쥔 것은 명확한 이념을 승리로 이끌기 위해서가 아니라, 신에게서 영감받은 자로서 그 역할 속에서 자기를 확인하기 위해서였다. 여자가 스스로 신성한 성격을 띠고 있다고 느끼기 위해서는 흔히 약간의 아름다움과 지성이

59 *그리스도
60 귀용 부인

면 족하다. 하물며 자기가 신에게서 선택받은 여자라는 것을 알았을 때, 자기가 사명을 띠고 있다고 생각하는 것은 당연하다. 그래서 그녀는 불확실한 교리를 설교하고, 자진해서 교파를 일으킨다. 이것은 그녀가 계시를 주는 단체의 구성원들을 통해 자기 인격을 의기양양하게 증진할 수 있도록 허용한다.

신비주의적 열정은 사랑과 나르시시즘과 마찬가지로 활동적이고 독립적인 생활에 통합될 수 있다. 그러나 그 자체로는 이런 개인적 구원의 노력이 실패로 끝날 수밖에 없다. 여자는 자기의 분신이나 신과 같은 비현실과 관계를 맺거나, 아니면 현실의 존재와 비현실적인 관계를 창조한다. 어쨌거나 그녀는 세계를 점유하지 못한다. 그녀는 자기의 주관성에서 빠져나오지 못한다. 그녀의 자유는 신비화된 채 머물러 있다. 자유를 올바르게 실현하는 방법은 단 한 가지밖에 없다. 바로 적극적인 행동으로 자유를 인간 사회 속에 투사하는 것이다.

제4부
해방을 향해

14장
독립한 여자

이제 프랑스 법전은 아내의 수많은 의무 중에서 복종을 제외했고, 여성 시민은 누구나 선거권자가 되었다. 그러나 이러한 시민으로서의 자유는 경제적 자립이 수반되지 않을 때 추상적으로 머물게 된다. 남자에게 부양되는 여자 – 아내든 창부든 – 는 수중에 투표용지가 있다고 해서 남자에게서 해방되었다고 할 수 없다. 풍습이 예전만큼 여자에게 구속을 강요하는 것은 아니지만, 이런 소극적 허용은 여자가 처한 상황을 크게 변화시키지 못했다. 여자는 가신의 신분에 그대로 갇혀 있다. 여자가 남자와 분리하는 거리를 대부분 뛰어넘은 것은 노동을 통해서다. 오직 노동만이 여자에게 구체적 자유를 보장해 줄 수 있다. 여자가 기생하는 존재가 되는 것을 멈추는 즉시, 여자의 종속을 토대로 세워진 체계는 붕괴한다. 여자와 세계 사이에 더는 남자의 매개가 필요하지 않다. 가신인 여자를 짓누르는 저주는 여자가 무엇을 하도록 허용되는 것이 아무것도 없다는 것이다. 그래서 여자는 나르시시즘이나 사랑이나 종교를 통해서 존재에 대한 불가능한 추구에 몰두하는 것이다. 생산적이고 활동적인 여자는 자기의 초월성을 회복한다. 자기 계획 속에서 그녀는 자기를 주체로서 구체적으로 확립한다. 그녀가 추구하는 목표나 자기 것으로 만드는 돈과 권리와의 관계를 통해서 그녀는 자기의 책임을 느끼고 있다. 많은 여자가 이런 유리한 점에 대해 의식하고 있고, 가장 소박한 직업에 종사하는 여자들까지도 그러하다. 나는 일용직 여자가 호텔의 홀 바닥을 닦으면서 이렇게 언명하는 것을 들었다. "나는 누구에게 무엇을 부탁한 적이 한 번도 없었다. 나는 오직 나 혼자 힘으로 살아 왔다." 그녀는 록펠러 같은 사람과 마찬가지로 자립한 사실을 자랑스럽게 여기고 있었다. 하지만 투표권과 직업을 아울러 갖는다고 해서 완전한 해방이라고 믿어서는 안 될 것이다. 오늘날 노동은 자유가 아니다. 여자가 노동함으로써 자유를 확보할 수 있는 것은 오직 사회주의 세계에서뿐이다. 노동자의 대다수는 오늘날 착취당하고 있다. 한편, 사회 구조는 여성 조건의 진보에서 크게 변하지 않았다. 남자들에게 항상 속해 있던 이 세계는 아직도 그들이 각인한 모습을 그대로 간직하고 있다. 이런 사실을 간과해서는 안 된다. 여성 노동의 문제가 복잡성을 띠는 원인은 실로 여기에 있다. 유력하고 보수주의적인 한 부인이 최근에 르노 공장의 여공들에 대한 설문조사를 실시했다. 그 조사에 의하면, 여공들은 공장에서 일하는 것보다 가정에 머물러 있는 것을 선호했다. 확실히 여공들은 경제적으로 억압받는 계급 내부에서만 경제적 독립을 획득할 수 있다. 그리고 공장에서 임무를 완수하였다고 해서 가정의 힘든 일을 면제받는 것은 아니다.[1] 만일 주 40시간의 노동을 하는 공장*이나* 가정, 둘 중에서 하나만 선택하라고 제시했다면, 틀림없이 다르게 대답했을 것이다. 그리고 노동자로서 자기 것이 될지도 모를 세계, 즐거움과 자부심으로 그 창조에 가담하게 될 세계에 구성원으로서 참여할 수만 있다면, 그녀들은 아마도 가정과 공장 노동 모두 쾌히 수락했을 것이다. 오늘날 일하는 여자의 다수는, 농촌의 여자는 말할 것도 없이[2] 전통적인 여성의 세계에서 벗어나지 못하고 있다. 그녀들은 실질적으로 남자와 동등하게 되기 위해 필요한 도움을 사회에서도 남편에게서도 받지 못하고 있다. 오직 정치적 신념을 가지고 조합 조직에 들어가 싸우고 미래를 신뢰하는 여자들만이 매일의 보람 없는 피로에 윤리적 의미를 부여할 수 있을 뿐이다. 그러나 여가를 박탈당하고 복종의 전통을 계승해 온 여자들이 이제 겨우 정치적·사회적 감각을 개발하기 시작한 것은 당연한 일이다. 그녀들이 노동의 대가로 기대할 권리인 정신적·사회적 이익을 못 받기 때문에 별다른 열의 없이 달갑지 않게 노동의 속박을 감수하는 것도 당연하다. 또 여점원, 여사무원, 여비서가 남성에게 의지함으로써 얻는 이익을 포기하고 싶지 않은 것도 이해된다. 내가 이미 말했듯이, 여자가 단지 자기 몸만 줌으로써 참여가 가능한 특권계급의 생활은 젊은 여자에게는 거의 저항할 수 없는 유혹이다. 사회가 그녀에게 요구하는 생활 수준은 대단히 높은 데 반해 임금은 극히 적기 때문에, 그녀는 남

---

1 본서 제1권 제2부 「역사」의 5에서 나는 집 밖에서 노동하는 여자에게 집안일이 얼마나 힘든지를 말했다.
2 농촌 여자의 사회적 조건은 본서 제1권 제2부 「역사」의 216~217쪽에서 검토했다.

자의 유혹에 끌리게 되어 있다. 자기가 버는 것에 만족한다면, 그녀는 최하층민에 지나지 않을 것이다. 제대로 된 집에서 살 수도 없고, 옷도 제대로 입지 못하고, 모든 오락과 사랑마저도 거부될 것이다. 도덕가들은 금욕주의를 설교한다. 사실 그녀의 식생활은 대개 카르멜 수도회의 수녀만큼이나 간소하다. 다만 모든 사람이 신을 애인으로 삼을 수는 없다. 그녀가 여자로서의 삶을 성공시키려면 남자들의 마음에 들어야만 한다. 그러므로 그녀는 도움을 받도록 할 것이다. 그것이 생활하기에 턱없이 부족한 임금을 지급하는 고용주가 파렴치하게 기대하는 것이다. 때때로 이런 도움은 그녀에게 자기 처지를 개선하고 진정한 자립을 획득할 수 있도록 해 줄 수도 있다. 또 이와 반대로 남자에게 부양받으려고 자기 직업을 버리기도 한다. 대개 이 양쪽을 겸할 때가 많다. 여자는 일을 통해 애인에게서 해방되고, 애인 덕분에 일에서 벗어난다. 그러나 직업과 남자의 보호라는 이중의 예속을 경험하기도 한다. 결혼한 여자에게 급여란 일반적으로 약간의 보탬이 되는 돈에 불과하다. '도움을 받는 여자'에게는 남자의 원조가 비본질적으로 보인다. 그러나 어느 쪽도 자기의 개인적 노력으로는 완전한 독립을 얻지 못한다.

하지만 오늘날 자기 직업에서 경제적·사회적 자율성을 발견하고 특권을 누리는 꽤 많은 수의 여자들이 존재한다. 여자의 가능성과 그 미래에 관해 질문을 제기할 때 문제 삼는 것이 그런 여자들이다. 비록 그런 여자들이 아직은 소수에 불과하지만, 그녀들의 상황을 가까이서 연구하는 것은 특히 흥미로운 일이다. 페미니스트들과 안티페미니스트들 사이에 끊임없이 논쟁이 전개되는 것도 그런 여성들에 관해서다. 안티페미니스트들은 오늘날 해방된 여성들이 세계에서 중요한 일을 아무것도 이루지 못한 데다가 자신의 내적인 균형도 거의 찾아내지 못하고 있다고 주장한다. 반면 페미니스트들은 그동안 획득한 결과를 과장하면서 그녀들이 겪는 혼란에 대해 보지 못하고 있다. 사실, 그녀들이 잘못된 길을 가고 있다고 말할 만한 근거는 아무것도 없다. 하지만 새로운 사회적 신분에 편안하게 안착해 있지 않다는 것은 분명하다. 즉, 그녀들은 아직 도중에 있는 것에 불과하다. 여자가 남자에게서 경제적으로 해방된다고 해서 남자의 상황과 같은 정신적·사회적·심리적 상황에 있는 것은 아니다. 그녀가 직업에 종사하고 또 거기에 매진하는 방식은 그녀 삶의 전체적 형태를 통해 구성된 상황에 달려 있다. 그런데 성인의 삶에 접근해 가는 과정에서 그녀 뒤에는 소년과 같은 과거가 없다. 사회는 남자를 보는 눈과 같은 눈으로 여자를 보지 않는다. 그녀에게 세계는 남자들과 다른 전망으로 나타난다. 오늘날 여자라는 사실은 자주적인 인간에게 특수한 문제들을 제기한다.

남자가 누리는 그리고 유년기부터 느껴 온 특권은 인간이라는 소명과 남자라는 운명이 서로 모순되지 않는다는 것이다. 남근과 초월의 일체화를 통해서 남자의 사회적 혹은 정신적 성공은 그에게 남성적 위력을 부여하게 된다. 남자는 분열되어 있지 않다. 반면에 여성성을 성취하기 위해서 여자에게는 객체가 되고 먹이가 될 것, 즉 최고의 주권을 가진 주체의 당연한 권리로서의 주장을 단념할 것을 요구한다. 바로 이러한 갈등이 해방된 여자의 상황을 특이하게 특징짓는다. 그녀는 여자의 역할에 틀어박혀 있기를 거부한다. 왜냐하면 거세되기를 원치 않기 때문이다. 그러나 자기의 성을 거부하는 것 또한 불구가 되게 할 것이다. 남자는 성적인 특징을 지닌 인간이다. 여자 역시 성적인 특징을 지닌 인간이어야만 완전한 개인이고, 남자와 동등한 인간이다. 자기의 여성성을 포기하는 것은 자기의 인간성 일부를 포기하는 것이다. 여성을 혐오하는 사람들은 흔히 지성적인 여자들에게 '몸치장을 등한시한다'고 비난했다. 또한 이렇게 설교하기도 했다. "당신들이 우리와 동등해지기를 원한다면, 얼굴에 화장하는 것과 손톱에 매니큐어를 칠하는 것을 그만두시오." 나중 충고는 터무니없다. 여성성이라는 관념은 관습과 유행에 따라 인위적으로 규정된 것이기 때문에, 외부로부터 각각의 여자에게 강요되는 것이다. 여성성의 관념은 남성들이 채택한 기준에 다가가는 방식으로 진화할 수 있다. 해변에서는 남자의 바지가 여성용이 되었다. 그러나 그것은 문제의 본질에 아무 변화도 일으키지 않는다. 개인은 여성성이라는 개념을 자기 마음대로 만들 수 없다. 여성성 개념에 순응하지 않는 여자는 성적으로, 따라서 사회적으로도 평가절하된다. 왜냐하면 사회가 성적 가치를 내장하고 있기 때문이다. 여성의 속성을 거부한다고 해서 남성의 속성을 획득하는 것이 아니다. 남장 여자조차 자신을 남자로 만들 수는 없다. 그냥 남장 여자일 뿐이다. 이미 보았듯이, 동성애는 그것대로 분류되어 있다. 즉, 중성이란 있을 수 없다. 실제적 반대를 내포하지 않는 어떤 부정적 태도는 없다. 소녀는 자기가 인습을 간단히 무시할 수 있다고 흔히 생각한다. 그녀는 그런 태도를 통해 시위한다. 자기가 감당해야 할 결과를 초래하는 새로운 상황을 만들어 내는 것이다. 기성 법규에서 벗어나는 즉시 그 사람은 폭도가 된다. 기상천외하게 옷을 입은 여자가 솔직히 자기가 좋아서 그렇게 했을 뿐이지 그 이상은 아니라고 단언할 때, 그녀는 거짓말을 하는 것이다. 자기가 좋아하는 것을 따르는 것이 기상천외함이라는 것을 그녀는 확실히 알고 있다. 역으로 기이한 모습을 원치 않는 여자는 일반 규칙을 따른다. 적극적으로 효과적인 행동을 나타내지 않는 한 도전을 택하는 것은 틀린 계산이다. 즉, 그것은 더 많은 시간과 더 많은 힘을 소비하게 한다. 깜짝 놀래키기를 원치 않거나 사회적으로 자기 가치를 떨어뜨리지 않으려는 여자는 여자의 신분으로 살아야 한다. 대체로 여자가 직업적으로 성공하려면 그런 삶의 태도가 요구된다. 그러나 순응주의가 남자에게는 아주 자연스럽지만 – 관습이 자율적이고 활동적인 남자의 욕구에 따라 정해져 있어서 – 역시 주체이고 활동성인 여자에게는 그녀를 수동적으로 만든 세계에 끼어들게 한다. 여성의 영역에 갇혀 있는 여자들은 필요 이상으로 그 중요성을 과장하는 만큼 예속이 더욱더 무겁다. 즉, 여자들은 화장이나 가사를 어려운 기술로 만들어 버렸다. 남자는 옷에 대해 별로 신경 쓰지 않아도 된다. 남자의 옷은 편리하고 활동적인 생활에 맞춰져 있다. 그것은 기교적일 필요가 없다. 옷과 남자의 인격 사이에는 별다른 관계가 없다. 게다가 남자 자신이 옷을 손질하리라고는 아무도 기대하지 않는다. 그런 일은 누군가, 즉 호의적이거나 보수를 받는 여자가 해 주게 마련이다. 이와 반대로 여자는 다른 사람이 자기를 바라볼 때, 자기의 외관도 함께 보고 있다는 것을 알고 있다. 그녀는 화장을 통해서 판단되고 존중받고 욕망의 대상이 된다. 여자의 옷은 원래 여자의 신체에 장애가 되도록 만들어졌다. 그리고 약하게 만들어져 있다. 스타킹은 잘 찢어지고, 신발 굽은 쉬 망가지고, 밝은색 블라우스와 드레스는 쉽게 더러워지며, 주름은 금방 펴진다. 하지만 여자는 대부분 이 모든 것을 스스로 수선해야만 할 것이다. 동료들도 자발적으로 그녀를 도와주러 오지 않을 것이고, 그녀도 스스로 **할 수 있는** 일에 쓸데없이 돈을 쓰려 하지 않을 것이다. 머리를 파마하거나 세트를 하기, 화장품이나 새 옷을 사는 데도 상당한 돈이 든다. 저녁에 집에 돌아온 여비서나 여학생에게는 항상 짜깁기해야 할 스타킹, 세탁할 블라우스, 다리미질할 치마가 있다. 생활비를 넉넉히 버는 여자는 이런 힘든 일을 하지 않아도 될 것이다. 그러나 그녀는 한층 복잡한 멋을 부리는 데 애쓰고, 쇼핑과 가봉 등에 시간을 낭비할 것이다. 전통은 여자에게 독신녀라 하더라도 자기 집 내부에 대해 신경을 쓰도록 강요한다. 도시에 새로 부임해 온 관리는 쉽게 호텔에

묵을 수 있지만, 여자는 '자기 집'에서 살려고 애쓸 것이다. 그녀는 자기 집을 세심하게 관리해야 할 것이다. 왜냐하면 남자의 집에서는 당연해 보이는 소홀함이 그녀의 집에서는 용인되지 않을 것이기 때문이다. 게다가 그녀가 몸치장이나 가사에 시간과 정성을 들이도록 자극하는 것은 단지 여론에 대한 걱정 때문만이 아니다. 그녀는 자기 자신의 만족을 위해 진정한 여자로 머물러 있기를 욕망한다. 그녀는 자기가 만든 생활과 어머니나 어릴 적 유희나 처녀 시절의 환상이 그녀를 준비시켰던 운명을 겸함으로써 비로소 현재와 과거를 통해 자기를 인정하는 데 성공한다. 그녀는 나르시시즘의 꿈을 품어 왔다. 남자의 남근적 자존심에 대항해 자기 이미지를 계속 숭배하고 있다. 그녀는 자기를 과시하여 매혹하려고 한다. 어머니나 언니들은 그녀에게 보금자리에 대한 취향을 불어넣어 주었다. 자기 집이라는 것은 그녀의 독립의 꿈의 원시적 형태였다. 다른 길 위에서 자유를 발견했을 때조차 그 꿈을 부정하려 하지 않는다. 그리고 남성적 세계에서 아직 자신 없다고 느끼는 한, 그녀는 자기 내부에서 찾는 데 익숙해진 이 내적 피신처를 상징하는 은신처에 대한 욕구를 간직하고 있다. 여성적인 전통에 순종하는 그녀는 마루를 닦고, 남자 동료처럼 음식점에 식사하러 가는 대신 손수 음식을 만들 것이다. 그녀는 남자인 동시에 여자처럼 살고 싶어 한다. 그 때문에 그녀는 자기의 일과 피로를 증가시키고 있다.

만일 그녀가 완전하게 여자로 머물러 있으려 한다면, 이는 최대한의 기회를 활용해 다른 성에 접근하려는 것이다. 가장 어려운 문제는 성적인 영역에서 제기된다. 여자는 완전한 개인이자 남자와 동등하게 되려면, 남자가 여성의 세계에 접근하는 것처럼 남성의 세계와 *타자*에 접근해야만 할 것이다. 다만 *타자*의 요구는 양쪽 모두에게 대칭적이지 않다. 일단 획득된 재산이나 명성은 내재적 덕목처럼 보이기 때문에 여자의 성적 매력을 증가시킬 수 있다. 그러나 자주적 활동은 그녀의 여성성에 어긋난다. 여자는 그것을 알고 있다. 독립적인 여자 ─ 그리고 특히 자기의 상황을 생각하는 지적인 여자 ─ 는 여자로서의 열등감에 시달리게 된다. 그녀는 오직 유혹하는 데만 관심을 기울이는 요염한 여자처럼 치장에 세심한 정성을 들일 여유가 없다. 전문가의 조언을 따른다 해도 소용없을 것이고, 멋 부리는 데는 아마추어의 수준을 벗어나지 못할 것이다. 여성적인 매력은 자기 초월을 포기하고 내재적 존재로 타락해 단지 미묘한 육체의 움직임으로만 보일 것을 요구한다. 즉, 자발적으로 제공된 먹이가 되어야만 하는 것이다. 그런데 지적인 여자는 몸을 바친다는 사실과 함께 자기가 하나의 의식意識이며 주체라는 것도 알고 있다. 자기의 시선을 마음대로 죽일 수도 없고, 자기의 눈을 한 조각의 하늘이나 물웅덩이로 변화시킬 수도 없다. 소리 없는 진동의 살아 있는 조각상으로 변신시키기 위해서 세계를 향해 뻗어나가는 육체의 도약을 멈출 수는 없다. 지적인 여자는 실패하는 것이 두려운 만큼 더더욱 열심히 노력할 것이다. 그러나 이 의식적인 열정도 활동이며, 그것은 목표가 없다. 그녀는 폐경기 증상과 유사한 잘못을 저지른다. 즉, 늙어 가는 여자가 나이를 부정하려고 애쓰는 것처럼 자신의 두뇌 작용을 부인하려고 애쓴다. 그녀는 귀여운 소녀처럼 옷을 입고, 꽃과 장식을 지나치게 달거나, 요란한 색깔의 천을 몸에 두른다. 그리고 일부러 어린애 같은 신기한 몸짓을 한다. 장난치고 깡충깡충 뛰고 재잘거린다. 호들갑을 떨고 경솔한 척하고, 충동적으로 행동하는 체한다. 그러나 그녀는 긴장된 근육을 이완할 감동을 경험할 수 없으므로, 길항근을 수축시키는 배우들처럼 의지적으로 눈꺼풀이나 입 언저리를 가만두지 않고 내려뜨리려고 노력한다. 이처럼 지적인 여성의 몸은 자기를 포기하여 상대방에게 몸을 맡겨 버린 태도를 보이기 위해 긴장된다. 그녀는 그것을 느끼고, 그로 인해 화를 낸다. 순진함으로 어쩔 줄 모르는 얼굴에는 갑자기 지나치게 날카로운 지성의 섬광이 지나간다. 애교를 부리던 입술이 오므라든다. 그녀가 상대의 마음에 들기 어려운 것은 노예 신분의 어린 자매들처럼 상대의 마음에 들고자 하는 순수한 의지가 없고, 유혹하고 싶다는 욕망이 아무리 강렬하다 하더라도 골수에까지 박히지는 않았기 때문이다. 자기가 서투르다고 느끼는 즉시 자기의 비굴함에 화를 낸다. 그녀는 남자들의 무기를 가지고 원칙에 따라 행동함으로써 설욕하고 싶어 한다. 즉, 듣기보다는 말하고, 치밀한 사상이나 공개되지 않은 감동을 늘어놓는다. 대화 상대의 의견에 찬성하는 대신 반박하고, 상대를 이기려고 한다. 스탈 부인은 전격적으로 승리하기 위해 두 가지 방법을 상당히 교묘하게 혼합했다. 그래서 그녀에게 저항하는 남자는 드물었다. 특히 미국 여성에게 아주 빈번한 도전적 태도는 남자들을 지배하기보다는 흔히 그들의 신경을 건드린다. 더욱이 여자들의 도전적 태도를 불러일으키는 것은 남자들의 불신 태도다. 그들이 노예 대신 대등한 관계의 여자를 사랑하려고 한다면 ― 남자들 가운데 오만함도 열등감도 없는 남자들이 그렇게 하는 것처럼 ― 여자들도 자기의 여성성에 대한 근심을 훨씬 줄이고 자연스러움과 솔직함을 얻을 수 있을 것이다. 결국 여자이기 때문에 겪어야 하는 큰 고통 없이 자기를 여자로서 되찾게 될 것이다.

사실 남자들은 여자의 새로운 사회적 신분을 감수하기 시작했다. 여자들은 자기의 운명을 더 이상 타고난 것이라고 느끼지 않으므로 마음이 훨씬 더 편해졌다. 그렇다고 해서 오늘날 일하는 여자가 여성성을 소홀히 하거나 성적 매력을 잃는 것은 아니다. 하지만 이러한 성공은 ─ 그것만으로도 벌써 안정을 향한 진일보이지만 ─ 아직 완전하다고 말할 수 없다. 아직은 이성과 원하는 관계를 맺는 것이 남자보다 여자에게 훨씬 더 어렵다. 그녀의 성생활과 애정 생활은 많은 난관에 봉착한다. 이 점에 관한 한 남자에게 예속된 여자는 어떤 권리도 없다. 대다수의 결혼한 여자와 창녀들은 성적으로나 감정적으로나 철저하게 불만스러운 생활을 하고 있다. 독립적인 여자는 체념보다는 투쟁을 택했기 때문에 어려움이 명백하다. 모든 살아 있는 문제는 죽음 속에서 침묵의 해결책을 발견한다. 그러므로 살려고 애쓰는 여자는 자기의 의욕과 욕망을 땅에 묻어 버린 여자보다 더 분열되어 있다. 그러나 그녀는 자기에게 후자를 모범으로 제시하는 것을 받아들이지 않을 것이다. 그녀는 오로지 남자와 비교함으로써만 자기가 불리해졌다고 생각할 것이다.

정력을 아끼지 않고 책임감이 있으며 세상에 저항하는 투쟁의 격렬함을 아는 여자는 ─ 남자처럼 ─ 자기의 육체적 욕망을 채울 필요뿐만 아니라, 행복한 성적 모험이 가져다주는 긴장의 완화와 기분 전환을 경험하는 것이 필요하다. 그런데 아직도 이런 자유가 여자에게 실제로 인정되지 않는 계층이 있다. 만약 여자가 그런 자유를 행사한다면 평판이나 직업 생활을 위태롭게 할 위험이 있어서, 적어도 사람들은 그녀에게 부담이 되는 위선을 요구한다. 여자가 사회적으로 부상하는 데 성공하면 할수록 사람들은 이를 더욱더 기꺼이 눈감아 줄 것이지만, 지방에서는 대부분 가혹한 감시를 받는다. 가장 호의적인 환경에서조차 ─ 더는 남의 이목을 두려워할 필요가 없을 때도 ─ 그녀의 상황은 남자의 상황과 동등하지 않다. 그 차이는 전통에서 오는 것이지만, 동시에 여자의 에로티시즘의 특이한 성격이 제기하는 문제에서 기인하는 것이기도 하다.

남자는 부득이한 경우에 육체의 흥분을 가라앉히고 정신적 긴장을 풀어주기에 충분한 기약 없는 포옹을 쉽게 경험할 수 있다. 물론 여자들을 위한 창가娼家를 만들어 달라고 주장했던 여자들도 ─ 적은 수이기는 하지만 ─ 있다. 『17호 Le Numéro 17』라는 소설에서 한 여자가 '택시 보이'라는 부류의 남자들을 통해 여자들이 '성적 부담을 덜어 내기' 위해 갈 수 있는 집을 만들 것을 제안한다.[3] 최근에 이런 류의 시설이 샌프란시스코에 존재했던 것 같다. 유일하게 창녀들만 그곳에 출입했는데, 그녀들은 손님에게서 돈을 받는 대신 남자에게 돈을 직접 지급하는 것을 아주 재미있어 했다. 그러나 그 창녀들의 기둥서방들이 그 집을 폐쇄시켜 버렸다. 이런 해결책은 비현실적이고 바람직하지 않을 뿐 아니라 아마 성공할 가능성도 없을 것이다. 여자는 남자처럼 기계적으로 '부담을 덜어 내지' 못한다는 것을 앞서 이미 보았다. 여자 대부분은 관능에 몸을 내맡기는 상황이 별로 유리하지 못하다고 평가할 것이다. 아무튼, 이런 수단은 오늘날 여자들에게 용인되지 않는다. 거리에서 하룻밤이나 한 시간의 파트너를 건진다는 해결책은 – 모든 억제를 뛰어넘은 강한 호색적인 기질을 타고난 여자가 혐오감 없이 고려한다고 가정하면 – 남자보다도 여자에게 훨씬 더 위험하다. 성병의 전염을 막는 예방책은 남자에게 달려 있으므로 여자에게 더 위험하다. 그리고 여자가 아무리 신중하다 해도 임신의 위협에서 결코 완전히 안심할 수 없다. 무엇보다 서로 모르는 사람들의 관계에서 – 폭력적인 차원에 위치하는 관계 – 체력의 차이가 크게 작용한다. 남자는 자기 집에 데려오는 여자에 대해 별로 두려워할 것이 없다. 약간의 주의만 하면 충분하다. 남자를 자기 집에 들이는 여자의 경우는 다르다. 내가 들은 이야기인데, 최근에 파리에 온 두 젊은 여자가 '견문을 넓히고' 싶어서 호사스러운 식당과 술집을 돌아다닌 후에 몽마르트르의 매력적인 포주 두 명을 밤참을 먹는 데 초대하였다. 그러나 두 여자는 겁탈당하고 가혹 행위에 시달리고 협박당한 채 아침에 다시 만났다. 마흔 살 정도에 이혼한 여자의 경우는 더욱 의미심장하다. 그녀는 다 큰 세 아이와 늙은 부모를 부양하기 위해 온종일 고되게 노동하고 있었다. 아직도 아름답고 매력 있는 그녀는 사교 생활을 하고 모양을 내며 적당한 남자를 유혹해 남의 눈에 띄지 않게 연애할 여가가 조금도 없었다. 하기야 그런 유혹은 그녀를 따분하게 했을 것이다. 하지만 그녀는 욕구가 매우 왕성했고, 남자처럼 자신에게도 욕구를 진정시킬 권리가 있다고 생각했다. 밤이 되면 그녀는 때때로 거리를 서성이면서 남자를 낚을 생각을 했다. 그런데 어느 날 밤에 불로뉴의 숲의 잡목림에서 남자와 한두 시간을 보낸 후 돌아가려는데 그가 놓아주지

---

3 이 소설의 작가는 – 내가 이름을 잊어버렸으나, (그 사실이) 별로 중요해 보이지 않는 – 어떤 여자 손님이라도 만족시키기 위해 택시보이들이 어떻게 훈련받고, 어떤 생활을 하도록 해야 하는지를 장황하게 설명하고 있다.

않았다. 남자는 그녀의 이름과 주소를 알고 싶어 했고, 다시 만나 함께 살기를 원했다. 그녀가 거절하자 남자는 그녀를 난폭하게 때려 온몸에 멍이 들고 공포에 떨게 만든 뒤에야 가 버렸다. 그가 애인을 부양하거나 도우면서 자기를 따르게 하는 경우는 – 흔히 정부情婦를 따르게 하는 남자처럼 – 부유한 여자들에게만 가능한 것이다. 남자에게 돈을 주고, 그를 도구로 만들어 한껏 멸시하는 태도로 농락하는 거래에 만족하는 여자들도 있다. 그러나 여자가 에로티시즘과 감정을 그토록 노골적으로 분리할 수 있으려면 보통 나이가 들어야만 한다. 젊은 여자의 경우에 이 양자의 결합은 앞에서 보았듯이 매우 강하다. 이러한 몸과 의식 간의 분리를 절대 용납하지 않는 남자들도 많이 있다. 하물며 대다수 여성은 그런 것에 동의하지 않을 것이다. 게다가 그런 일에는 속임수가 있기 마련인데, 여자들은 남자보다 거기에 더 민감하다. 즉, 돈을 지불하는 고객 역시 하나의 도구인 셈이니, 상대도 고객을 밥벌이 도구로 사용한다. 그러나 남성적 자존심은 에로틱한 드라마의 모호성을 남자에게 숨기고 있다. 남자는 무의식중에 자기를 속인다. 여자는 남자보다 더 쉽게 모욕감을 느끼고 더 예민하지만, 또한 더 명석하다. 그녀는 더 교활한 기만이 아니라면 판단력을 잃지 않는다. 일반적으로 여자는 그렇게 할 수단이 있다 하더라도 남자를 돈으로 사는 것이 만족스럽지 않을 것이다.

여자 대부분에게는 – 또한 남자 대부분과 마찬가지로 – 단지 자기의 욕망을 채우는 것만이 아니라, 욕망을 채우면서 인간의 존엄성을 유지하는 것이 관건이다. 남자가 여자와 육체 관계를 즐길 때나 여자에게 즐기도록 할 때, 남자는 유일한 주체임을 자처한다. 즉, 오만한 정복자가 되든가 관대한 증여자가 되든가, 혹은 둘 다가 되든가 한다. 여자도 쾌락을 위해 상대를 복종시키고, 자기의 증여로 상대를 만족시켜 준다고 주장하고 싶어 한다. 그래서 남자에게 약속하는 여러 가지 호의를 통해 혹은 남자의 정중함에 기대면서 혹은 여러 가지 수단으로 남자의 순수한 너그러움에 있는 욕망을 일깨우면서 자기 욕망을 남자에게 강요할 때, 그녀는 자기가 그를 만족시켜 준다고 생각하기 쉽다. 자기에게 유리한 이런 확신 덕분에 여자는 굴욕감을 느끼지 않고 남자를 유혹할 수 있다. 자기가 관대하게 행동한다고 생각하기 때문이다. 그래서 『청맥』에서 필의 애무를 갈망하는 '백의의 부인'은 그에게 거만하게 이런 말을 한다. "나는 구걸하는 자와 굶주린 자들밖에 사랑하지 않아요." 사실 그녀는 그가 애원하는 태도를 보이도록 교묘하게 둘러대는 것이다. 콜레트가 말하기를, 그래서 "그녀는 비좁고 어두운 왕국으로 달려갔다. 그 왕국에서 그녀의 자존심은 하소연을 비탄의 고백으로, 그녀처럼 간청하는 여자는 적선積善의 환상을 마시는 것으로 믿을 수 있었다." 바랑 부인은 이런 여자의 전형이다. 그런 여자들은 자기의 욕망에 관대한 모습을 주기 위해 젊거나 불행하거나 지체가 낮은 애인들을 고른다. 가장 건장한 남자들에게 달려드는 대담한 여자들도 있다. 그녀들은 그런 남자들이 단지 예의나 공포에 의해서만 굴복함에도 그들을 만족시켜 주기를 좋아한다.

반대로, 자기가 놓은 함정에 남자를 붙잡아 놓고 있으면서 자기가 준다고 생각하고 싶어 하는 여자가 있는가 하면, 자기를 주면서도 자기가 빼앗는 편이라고 주장하려는 여자도 있다. 어느 날 한 젊은 여기자가 나에게 "나는 얻는 쪽이에요"라고 말했다. 사실 강간을 제외하고 이런 일에서는 아무도 진정으로 상대편을 얻지 못한다. 그러나 여자는 여기서 이중으로 자신에게 거짓말을 한다. 왜냐하면 남자는 격정이나 공격성으로 유혹하는 수가 많고, 또 상대 여자의 동의를 적극적으로 앗아가기 때문이다. 여러 예외적 경우를 제외하고 - 특히 내가 이미 인용한 스탈 부인의 경우 - 여자들은 그렇게 순조롭지 않다. 여자는 자기 몸을 제공하는 것 이상의 다른 것을 거의 할 수 없다. 왜냐하면 남자 대부분이 자기의 역할에 대단히 집착하기 때문이다. 남자들은 여자에게 개별적 흥분을 일깨워 주길 원하지, 그 일반성 속에서 여자의 욕구를 채워 주기 위해 선택된 자가 되려 하지 않는다. 그런 존재로 선택되었다면, 남자들은 자기가 이용당했다고 느낀다.[4] "남자들을 무서워하지 않는 여자는 남자들을 겁나게 한다"라고 어떤 젊은이가 말하곤 했다. 그리고 나는 어른들이 자주 이렇게 언명하는 것을 들었다. "나는 여자가 주도권을 쥐는 것이 끔찍스럽다." 여자가 너무 대담하게 나오면 남자는 꼬리를 감춘다. 남자는 정복하기를 좋아하기 때문이다. 그러므로 여자는 남자의 먹이가 되면서 그를 잡는 수밖에 없다. 즉, 여자는 수동적인 것이 되고, 복종을 약속해야만 한다. 만일 성공한다면, 그녀는 이러한 마술적 주술을 자진해서 실행했다고 생각하며 주체로서의 자기를 회복하리라고 생각하게 된다. 그러나 그녀는 남자의 경멸로 인해 무용한 물건으로 굳어 버릴 위험이 있다. 여자가 먼저 내보인 제의를 남자가 물리치면 심하게 굴욕감을 느끼는 것은 그 때문이다. 남자 역시 자

---

4 이런 감정은 우리가 앞에서 젊은 처녀의 경우에 지적한 감정과 반대되는 것이다. 다만 그녀는 결국에 가서는 자기 운명에 체념하고 만다.

기가 농락당했다고 생각하면 이따금 화를 내기도 한다. 하지만 남자는 단지 어떤 계획에서 실패했다는 것뿐이지 그 이상 아무것도 아니다. 반면에 여자는 흥분이나 기대나 약속 가운데서 자기 스스로 육체가 될 것에 동의한 것이다. 여자는 자기를 잃어야 비로소 얻을 수 있었다. 그래서 자기를 잃어버린 상태로 남아 있다. 그와 같은 패배를 운명이라 여기고 받아들이려면 대책 없이 맹목적이거나 예외적으로 명석해야만 한다. 유혹이 성공할 때조차 승리는 여전히 모호하다. 사실 여론에 따르면 승리하는 것은 남자이며, 그가 여자를 **소유한다**. 세상은 여자가 남자처럼 자기 욕망을 채우는 것을 허락하지 않는다. 여자는 욕망의 먹이다. 남자는 자기 개체성에 종種의 힘을 통합시켰다고 알려져 있다. 한편 여자는 종의 노예다.[5] 여자는 어떤 때는 순수한 수동성으로 표현된다. "마리, 거기에 누워. 네 몸뚱이 위로 지나가지 않은 것은 버스밖에 없어." 여자는 자유로이 처분할 수 있고, 개방된 하나의 물건이다. 그녀는 흥분이라는 매혹에 무기력하게 넘어가고, 그녀를 과실 따 먹듯 하는 남자에게 매혹되어 있다. 어떤 때는 그녀를 소외된 능동성처럼 바라보는 예도 있다. 그녀의 자궁 속에는 악마가 발을 구르고 있고, 질의 안쪽에는 남자의 정액을 배가 차도록 먹으려는 탐욕스러운 뱀이 도사리고 있다. 아무튼, 사람들은 여자가 단순히 자유롭다고 생각하는 것을 거부한다. 특히 프랑스에서는 자유로운 여자와 쉬운 여자를 끈질기게 혼동한다. 쉽다는 관념에는 저항과 통제의 부재나, 결함이나 자유의 부정도 포함된다. 여성 문학은 이러한 편견과 싸우려고 노력한다. 예를 들면 『그리젤리디스』에서 클라라 말로는 여주인공이 유혹에 넘어가지 않고, 자기가 강력하게 요구하는 행동을 수행한다는 사실을 강조하고 있다. 미국에서는 여자의 자유로운 성생활을 인정하고 있고, 이것은 여자들의 성적 활동에 아주 유리하게 작용한다. 그러나 프랑스에서는 '자고 싶어 하는 여자들'을 경멸하는 체하면서 그녀들의 호의를 이용하는 남자들이 수많은 여자의 기를 꺾는다. 그녀들은 말썽을 일으키거나 남의 입에 오르내릴 구실이 되는 것에 진저리를 친다.

비록 뜬소문 같은 것은 무시한다고 하더라도, 여자는 자기 파트너와의 교제에서 실질적 곤란을 겪는다. 왜냐하면 여론이 그의 내부에서 구현되기 때문이다.

---

5 제1권의 1장에서 본 바와 같이 이런 의견에는 일리가 있다. 그러나 불균형이 나타나는 것은 정확히 욕망의 순간이 아니라 생식에서다. 욕망에서 여자와 남자는 같은 방식으로 자기의 자연적 기능을 담당한다.

아주 흔하게 남자는 침대를 자기의 공격적 우월성이 입증되어야 하는 곳으로 여긴다. 그는 받으려 하지 않고 가지려 하며, 교환하려 하지 않고 겁탈하려 한다. 그는 여자가 자기에게 주는 것을 넘어서 여자를 소유하려고 한다. 여자의 동의가 패배이기를, 여자가 속삭이는 말을 자기가 그녀에게서 끌어내는 고백이기를 강경하게 요구한다. 여자가 남자의 쾌락을 수락하는 것은 스스로 노예가 되는 것을 인정하는 것이다. 클로딘이 재빨리 르노에게 복종하면서 그에게 도전할 때, 르노가 선수를 친다. 즉, 그녀가 자기 몸을 바치려고 했는데도 그는 그녀를 강간하려고 서두른다. 그는 여자에게 눈을 뜨고서 그 싸움에서 자기의 승리를 바라보도록 강요한다. 이처럼 『인간의 조건』에서 권위주의자 페랄은 발레리가 끄고 싶어 하는 전등을 악착같이 켜려고 한다. 자존심이 강하고 권리를 주장할 줄 아는 여자가 남자에게 접근할 때는 적대적인 태도를 보인다. 이 싸움에서 여자는 남자보다 무장이 훨씬 덜 되어 있다. 우선 남자는 체력이 강하고, 자기 의지를 강요하기가 더 쉽다. 이미 보았듯이 긴장과 활동은 남자의 에로티시즘과 조화를 이루는 반면에 여자는 수동성을 거부함으로써 그녀를 관능의 쾌락으로 이끄는 매혹을 파괴한다. 여자가 그 태도와 동작에서 상대를 지배하는 흉내를 내면 쾌락에 도달할 수 없다. 그래서 자존심을 희생하는 여자 대부분은 불감증이 된다. 정부情婦의 권위적이거나 가학적인 성향을 만족시켜 줄 수 있는 남자는 그리 많지 않다. 그리고 이런 남자의 순종에서 완전한 성적 만족을 끌어내는 여자는 더더욱 찾아보기 힘들다.

여자에게 훨씬 더 순탄해 보이는 길이 하나 있다. 바로 마조히즘이다. 낮 동안에는 일하고 싸우고 책임을 맡고 위험을 무릅쓰면서 밤에 자극이 강한 흥분 상태에 몸을 맡기는 것은 하나의 휴식이다. 사랑에 빠진 여자든 순진한 여자든, 여자는 강압적인 의지에 자기를 그대로 맡기는 것을 좋아하는 경우가 자주 있다. 그러나 그러기 위해서는 자기가 지배받고 있다고 실제로 느낄 필요가 있다. 남자들 속에서 일상생활을 하는 여자가 남자의 절대적 우위를 믿는다는 것은 쉬운 일이 아니다. 정말로 마조히스트는 아니지만 매우 '여성적인', 즉 남자들 품에 안겨서 자기 포기의 기쁨을 깊이 맛보던 한 여자의 이야기를 들은 적이 있다. 그녀는 열일곱 살 때부터 남편을 몇 번이나 바꾸고, 애인도 많이 두어서 많은 즐거움을 누렸다. 그녀는 힘든 사업을 잘 이끌어 왔고, 그러는 동안에 남자들을 지휘했다. 그녀는 불감증이 되었다고 불평했다. 남자들을 지배하는 것에 익숙해지면서 남자들의 위엄이 사라져 버렸기 때문에, 그녀에게는 행복하고 평화로운 자기 포기가 불가능해졌다. 여자가 남자들의 우월성을 의심하기 시작하면 그들의 우쭐함은 그들에게 느낄 수 있는 존경심을 되레 감소시킬 뿐이다. 노련한 여자의 눈에는 가장 맹렬하게 남자이고자 하는 침대에서조차 그가 유치하게 보인다. 남자는 단지 오래된 거세 콤플렉스나 그녀 아버지의 그림자나 혹은 다른 환상을 불러일으킬 뿐이다. 여자가 애인의 변덕에 양보하기를 거부하는 것은 자존심 때문이 아니다. 그녀는 환상을 품고 있는 어린 소년이 아닌 자기 인생의 현실적인 한순간을 사는 어른을 상대하고 싶다. 마조히스트 여자는 유난히 환멸을 느낀다. 기진맥진하거나 너그러운 어머니 같은 배려는 그녀가 꿈꾸는 자기 포기가 아니기 때문이다. 그녀는 자기가 남자에게 지배되고 예속되어 있다고 믿는 체하면서 하찮은 유희에 만족하든가, 주인 한 명을 건진다는 희망 속에서 이른바 '우월한' 남자들을 좇아다니든가, 아니면 불감증의 여자가 되든가 해야 할 것이다.

앞에서 본 바와 같이, 남녀가 서로를 대등하게 상호 인정할 때 사디즘과 마조히즘의 유혹을 피할 수 있다. 남자와 여자에게 약간의 겸손과 다소간의 관대함이 있기만 하면 승리와 패배라는 생각은 곧 사라진다. 사랑의 행위는 자유로이 교환된다. 그러나 역설적으로 이성을 한 개인으로서 자기 동류로 인정하는 것은 남자보다 여자에게 훨씬 더 어렵다. 남자 계급이 우위를 장악하고 있으므로 남자는 수많은 여성 개개인에게 다정한 존경심을 바칠 수 있다. 여자는 사랑하기 쉽다. 여자는 우선 애인을 그의 세계와는 다른 세계로 인도하고, 그녀 옆에서 그가 즐기며 탐색하도록 하는 특권을 가지고 있다. 그녀는 적어도 당분간은 궁금증을 불러일으키고 재미나게 한다. 그런 다음 제한되고 종속된 여자의 상황 때문에 그녀의 모든 자질은 쟁취된 것처럼 보인다. 한편 그녀의 실수는 용서할 만하다. 스탕달은 레날 부인과 샤스틀레 부인의 고약한 편견에도 불구하고 그녀들을 찬미한다. 여자가 잘못된 생각을 하고 있고, 그다지 똑똑하지도 못하고, 통찰력이나 용기가 거의 없다고 해도 남자는 그에 대한 책임이 여자에게 있다고 생각하지 않는다. 남자는 여자를 그녀가 처한 상황의 희생자라고 생각한다. 이런 생각은 대개 옳다. 남자는 여자가 과거에 되었을 수도 있는, 또는 미래에 어쩌면 될지도 모를 것에 대한 꿈을 꾼다. 사람들은 그녀를 신뢰할 수 있고, 그녀가 규정된 무엇도 아니므로 그녀에게 많은 것을 기대할 수 있다. 애인이 그녀에게 빨리 싫증을 내는 이유는 이러한 무아無我 때문이다. 그러나 남자를 유혹하여 쉽사리 애정을 느끼게 하는 신비나 매력은 이런 무아에서 비롯된다. 이에 비하면 한 남자에게 우정을 느끼는 것이 훨씬 더 어렵다. 왜냐하면 남자는 어떤 도움 없이도 스스로 무엇이 될 수 있도록 살아가야 하는 존재이기 때문이다. 남자를 그의 현존과 진실 속에서 사랑해야지, 모호한 약속과 가능성 속에서 사랑해서는 안 된다. 그는 자기의 행위나 생각에 책임이 있다. 그에게는 변명이 허용되지 않는다. 그의 행동, 목표, 의견에 동의할 때만 우정이 성립된다. 쥘리앵은 자기의 반대파인 정통 왕조 지지파의 한 여자를 사랑할 수 있다. 그러나 라미엘은 자기가 경멸하는 사상을 가진 남자를 사랑할 수 없을 것이다. 여자는 타협할 준비가 되어 있어도 관대한 태도를 보이기 어렵다. 왜냐하면 남자가 그녀에게 유년 시절의 초록빛 낙원을 열어 주지 않기 때문이다. 그녀는 그들에게 공통적인 이 현실 세계에서 그를 만난다. 남자는 자기 자신만을 내세운다. 자기 안에 갇혀 완고하고 단호한 그는 여자의 꿈을 별로 북돋워 주지 않는다. 그가 말할 때 여자는 그의 말을 들어줘야 한다. 그는 자기의 말을 중요하게 여기고 근엄을 떤다. 여자의 흥미를 끌지 못하면 그는 따분하고 부담스러운 존재가 된다. 오직 나이 어린 남자들만 고분고분 경탄하며 견딜 수 있다. 그들에게서는 신비와 약속을 구할 수도 있고, 그들에게는 변명이 허용될 수도 있으며, 그들을 가볍게 여길 수도 있다. 그런 점은 성숙한 여자들의 눈에 그들이 아주 매력적으로 보이는 이유 중 하나다. 다만 그들은 대개 젊은 여자들을 선호한다. 서른 살의 여자는 성인 남자들 쪽으로 쫓겨난다. 그리고 아마도 그녀는 이들 가운데서 자기의 존경과 우정을 좌절시키지 않을 남자를 만나게 될 것이다. 그때 그 남자들이 어떤 오만함도 보이지 않는다면 그녀는 운이 좋은 편이다. 여자가 자기의 몸과 마음을 바칠 수 있는 이야기나 연애 사건을 희망할 때, 자기와 대등한 사람으로 여길 수 있는 남자, 남자 자신이 자기를 우월하다고 생각하지 않는 그런 남자를 만나는 것이 중요하다.

  사람들은 여자들이 일반적으로 그렇게 까다롭지 않다고 말할지도 모른다. 여자들은 문제를 그다지 깊이 생각하지 않고 기회를 잡는다. 그런 다음에 자기들의 자존심과 관능으로 헤쳐 나간다. 그것은 사실이다. 그러나 여자들이 많은 실망, 굴욕감, 회한, 원한을 마음속 깊이 묻어둔다는 것 또한 사실이다. 이런 것들은 -평균적으로- 남자들에게서는 발견되지 않는다. 다소 뜻대로 되지 않은 일에서 남자는 대충 확실하게 쾌락이라는 이익을 얻지만, 여자는 어떤 이익도 얻지 못한다. 여자는 냉담하더라도 결정적 순간이 오면 포옹에 공손하게 응한다. 그러나 애인이 무능함을 드러내는 수가 있어서 여자는 어리석은 짓을 해 평판이 위태롭게 되었다고 괴로워할 것이다. 만일 관능의 쾌락에 도달하지 못하면, 그녀는 그때 '속아서' 우롱당했다고 느낀다. 그녀가 욕망을 채우면 애인을 언제까지나 놓지 않으려고 할 것이다. 쾌락을 매우 기대하면서도 기약 없는 정사만을 고려했을 뿐이라고 주장할 때 그녀가 완전히 솔직한 경우는 드물다. 쾌락이 여자를 놓아주기는커녕 묶어 놓기 때문이다. 이별은 비록 합의에 따른 것이라 하더라도 여자에게 상처를 입힌다. 여자가 옛 애인에 대해 정답게 이야기하는 것은 남자가 자기 정부들에 대해 그렇게 하는 것보다 훨씬 더 드물다.

여자의 에로티시즘의 성격과 자유로운 성생활의 어려움은 여자를 일부일처제로 유도한다. 하지만 애정 관계나 결혼을 직업과 양립하기에 여자는 남자보다 훨씬 더 많은 곤란을 겪는다. 애인이나 남편이 여자에게 직업을 포기하라고 요구하는 경우가 있다. 자기 옆에 남자의 온기를 열렬히 바라지만 결혼의 속박을 꺼리는 콜레트의 『방랑하는 여자』처럼 여자는 망설인다. 그녀가 굴복하면 다시 남자의 가신이 된다. 거부하면 정신을 메마르게 하는 고독에 처하게 된다. 오늘날 남자는 배우자가 직업을 갖는 것을 일반적으로 받아들인다. 가정의 평화를 유지하기 위해 직업을 포기하도록 궁지에 몰린 젊은 아내를 보여 주는 콜레트 이베르 Colette Yver(1874~1953)[6]의 소설들은 시대에 다소 뒤처진다. 자유로운 두 사람의 공동생활은 각자를 풍요롭게 하며, 배우자의 일에서 각자는 자신의 독립성을 담보한다. 자족하는 여자는 노예 상태의 대가였던 부부 생활의 족쇄에서 남편을 해방한다. 남자가 선의의 세심한 사람이라면, 연인과 부부는 서로에게 지나친 요구를 하지 않고 관대함 속에서 완전한 평등에 도달한다.[7] 때로 남자가 헌신적인 종복의 역할을 하기도 한다. 루이스 George Henry Lewes(1817~1878)[8]는 조지 엘리엇 George Eliot(1819~1880)[9]의 곁에서 보통은 아내가 봉건 군주적 남편 주위에 만들어 내는, 좋은 분위기를 조성했다. 그러나 대개는 아직도 여자가 가정의 조화에 주도적 역할을 한다. 여자가 가사를 돌보고 혼자서 육아와 아이들의 교육을 담당하는 것이

---

6 * 프랑스의 로마 가톨릭 작가
7 클라라와 로베르트 슈만의 생활은 한동안 이런 스타일의 성공처럼 보인다.
8 * 19세기 영국의 철학자, 비평가
9 * 19세기 영국의 여성 소설가

남자에겐 당연한 것처럼 보인다. 여자도 결혼함으로써 자신의 삶에서 면제받을 수 없는 여러 가지 책임이 있다고 생각한다. 그녀는 남편이 '진정한 여자'를 아내로 삼으면서 발견해 낼 이익을 잃지 않기를 바란다. 그래서 그녀는 아내들이 전통적으로 그런 것처럼 우아해지고 싶고, 좋은 주부가 되길 원하고, 헌신적인 어머니가 되고 싶어 한다. 이런 임무는 여자를 쉽게 녹초로 만든다. 그녀는 남편에 대한 존경심과 더불어 자기에 대한 성실함으로 그 임무를 맡는다. 왜냐하면 앞에서 이미 보았듯이, 그녀는 여자로서의 자기 운명에서 아무것도 놓치고 싶지 않기 때문이다. 그녀는 자기 자신이면서 남편에게는 그의 분신이 되려고 한다. 그녀는 자신의 운명에 관심을 기울이는 만큼이나 때로는 그 이상으로, 남편의 근심을 짊어지고 남편의 성공에 협력할 것이다. 남성 우위를 존중하는 사회에서 자라난 그녀는 아직도 남자가 첫 번째 자리를 차지해야 한다고 생각할지 모른다. 때로는 그 자리를 당연한 권리로 주장함으로써 가정을 파괴할까 봐 두려워하기도 한다. 그녀는 자기 확립과 자기 소멸의 욕망 사이에서 둘로 나누어져 고통스러워하며 분열되어 있다.

하지만 여자가 자기의 열등성에서 끌어낼 수 있는 이점이 하나 있다. 즉, 여자는 애초에 남자보다 기회가 적기 때문에 선험적으로 남자에게 죄의식을 느끼지 않는다. 그녀에게는 사회적 불공정성을 보상할 책임이 없다. 그리고 그녀에게 그런 책임을 요구하지도 않는다. 선의의 남자는 여자들보다 더 많은 혜택을 받고 있으므로 여자들에게 친절히 대할 의무가 있다고 생각한다. 그는 양심의 가책이나 동정심에 이끌리게 되고, 자기들이 무력하다는 이유로 '달라붙는' '탐욕스러운' 여자들의 먹이가 될 위험이 있다. 남성적인 독립을 쟁취한 여자는 자주적이고 능동적인 남자들과 성적으로 관계를 한다는 커다란 특권을 가지고 있다. 자주적이고 능동적인 남자들은 - 일반적으로 - 그녀의 삶에서 기생적인 역할을 하지 않을 것이며, 자기의 약점과 욕망의 요구로 여자를 속박하지도 않을 것이다. 다만, 상대 남자와 자유로운 관계를 맺을 줄 아는 여자들이 실제로 많지 않다. 남자가 여자를 묶어 놓으려 하지 않는데, 여자 스스로 사슬을 만든다. 여자들은 남자에 대하여 사랑에 빠진 여자의 태도를 보인다. 기대와 꿈과 희망의 20년 동안, 젊은 처녀는 자기를 해방하고 구원해 주는 영웅 신화를 마음속에서 탐닉해 왔다. 직업에서 쟁취한 독립이 그녀의 영광스러운 자기 포기의 욕망을 없애기에 충분하지 않다. 처녀 시절의 나르시시즘을 손쉽게 극복할 수 있으려면 그녀가 정확히 남자아이와 똑같이 키워졌어야 할 것이다.[10] 그러나 청춘 시절 내내 그녀가 심취했던 이 자아 숭배는 어른이 된 이후의 생활에서도 이어진다. 그녀는 직업상의 성공을 장점으로 만들어 자기의 이미지를 풍요롭게 한다. 그녀는 높은 곳에서 온 시선이 자기의 가치를 드러내고 인정해 줄 것을 필요로 한다. 비록 일상적으로 보는 남자들을 평가하는 데는 엄격하지만, 그렇다고 해서 **남자**를 덜 숭배하는 것은 아니다. 그리고 그를 만나면 그녀는 무릎을 꿇을 준비가 되어 있다. 신에 의한 정당화는 자기 자신의 노력으로 자기를 정당화하는 것보다 더 쉽다. 세상은 그녀에게 **주어진** 구원의 가능성을 믿도록 장려한다. 그래서 그녀는 그것을 믿는 편을 택한다. 때때로 여자는 자기의 자주성을 완전히 포기하기도 한다. 그러면 그녀는 단지 사랑에 빠진 여자에 불과해진다. 대개 여자는 하나의 타협을 시도한다. 그러나 우상처럼 숭배하는 사랑이나 자기 포기의 사랑은 비참한 결과를 가져온다. 그 사랑은 그녀의 모든 생각과 순간을 차지해 강박적이고 억제할 수 없는 것이 된다. 직업적 좌절감을 맛보았을 때 여자는 사랑에서 정열적으로 피신처를 구한다. 그녀의 실패는 애인과 싸우거나 생떼를 부리는 것이 되어 그 피해를 애인이 본다. 그렇다고 마음의 고통이 그녀에게 직업상의 열의를 배가시키는 것도 아니다. 반대로 그녀는 열정적 사랑에의 왕도를 금지하는 그런 생활에 화를 낸다. 10년 전에 여자들이 경영하는 어떤 정치 잡지에서 일하던 한 여자가 나에게 말하기를, 사무실에서 사람들이 정치에 관한 이야기는 별로 하지 않고 사랑에 관한 이야기만 쉴 새 없이 했다고 한다. 어떤 여자는 자기를 사랑하는 남자가 자기의 아름다운 지성은 등한시하고 오직 자기의 몸만 좋아한다고 불평했다. 또 어떤 여자는 남자가 자기의 육체적 매력에는 전혀 관심이 없고 자기의 마음만 좋게 평가한다고 한탄했다. 여기서도 여자가 남자처럼 사랑을 할 수 있으려면, 다시 말해서 자기 **존재**를 문제 삼지 않고 자유로이 사랑하기 위해서는 자기를 남자와 대등하게 생각하는 것이 필요하고, 실제로도 대등해져야만 할 것이다. 그러므로 여자는 자기가 시도하는 일에서도 같은 결단으로 참여하는 것이 필요한데, 이런 경우는 이제 살펴보겠지만 아직 흔하지 않다.

현재로서는 완전히 자유롭게 감당하기가 거의 불가능한 여성의 기능이 하나

---

10 즉, 같은 방식에 의해서뿐만 아니라 같은 풍토에서 양육되어야 한다는 뜻이다. 이것은 오늘날 교육자들의 온갖 노력에도 불구하고 불가능한 일이다.

있다. 바로 모성이다. 영국이나 미국에서는 여자가 **산아제한** 실시 덕분에 자기 마음대로 임신과 출산을 거부할 수 있다. 앞에서 살펴본 바와 같이, 프랑스에서는 여자가 종종 고통스럽고 비용이 드는 낙태를 하지 않을 수 없는 경우에 몰리곤 한다. 또한 원하지 않는 아이의 부담을 져야 하고, 그로 인해 직장 생활을 포기하기도 한다. 아이에 대한 부담이 무거운 것은 반대로 여자가 원할 때 아이를 낳도록 허락하지 않기 때문이다. 미혼모는 추문이 되고, 아이에게도 혼외 출생은 결함이 된다. 결혼의 속박을 받아들이지 않거나 혹은 몸을 망가뜨리지 않고 어머니가 되기란 드문 일이다. 인공수정이 그토록 많은 여자의 관심을 끄는 것은, 여자들이 남자의 포옹을 피하려는 것이 아니라 자유로운 모성이 마침내 사회적으로 받아들여지기를 희망하는 것이다. 합당하게 체계를 갖춘 탁아소나 유치원이 없기 때문에, 여자의 활동을 완전히 마비시키기에는 아이 하나만으로도 충분하다는 말을 덧붙여야 한다. 여자는 아이를 부모나 친구 혹은 하녀들에게 맡기지 않으면 일을 계속할 수 없다. 여자는 고통스러운 상실감으로 느껴지는 불임을 선택하든지, 직업 활동과 양립하기 어려운 부담을 받아들이든지 둘 중 하나를 선택해야만 한다.

이처럼 오늘날 독립한 여성은 자기의 직업적 관심과 성적 소명 사이에서 갈피를 못 잡고 있다. 그녀는 그 균형을 찾아내기가 힘들다. 만일 균형을 찾아낸다면, 이는 양보나 희생이나 끝없는 긴장을 요구하는 곡예의 대가다. 여자에게서 흔히 볼 수 있는 신경과민이나 허약함의 원인은 생리적인 조건에서보다 그러한 긴장에서 찾아야 한다. 여자의 체질이 어느 정도로 핸디캡을 나타내는지는 결정하기 어렵다. 특히 월경으로 인한 장애에 대해 자주 논의되고 있지만, 여러 업적이나 활동으로 이름을 알린 여자들은 그런 장애를 경시하는 것 같았다. 그렇다면 매달 겪고 있는 장애가 심하지 않고 가벼운 덕분에 그녀들이 성공할 수 있었던 것인가? 역으로, 활동적이고 야심적인 생활의 선택이 그녀들에게 이런 특권을 부여한 것은 아닌지 생각해 볼 수 있다. 왜냐하면 생리적인 불편함에 대해 신경을 쓰는 것은 그 불편함을 악화시키기 때문이다. 운동선수나 활동적인 여성은 자기의 고통을 도외시하기 때문에 다른 여자들만큼 괴로워하지 않는다. 확실히 그러한 고통은 체질적인 원인도 가지고 있다. 나는 가장 정력적인 여자들이 달마다 스물네 시간을 침대에서 무자비한 고통에 시달리는 것을 보았다. 그러나 그것이 그녀들의 일에 방해가 된 적은 한 번도 없었다. 여자들을 짓누르는 불편함과 질병 대부분이 정신적인 원인에서 온다고 나는 확신한다. 게다가 부인과 의사에게서 들은 말도 이를 뒷받침해 준다. 앞에서 이야기했던 정신적 긴장 때문에, 그리고 여자들이 감당하는 그 모든 임무와 헤어나지 못하는 모순 때문에 여자들은 한계에 도달한 채 끊임없이 기진맥진해 있다. 이것은 여자들의 병이 상상에 의한 것이 아님을 뜻한다. 그 병은 그 병이 표현하는 상황처럼 현실적이며 괴로운 것이다. 그러나 여자의 상황이 몸에 좌우되는 것이 아니라 몸이 여자의 상황에 좌우되는 것이다. 이처럼 일하는 여성이 사회에서 마땅한 지위를 차지하게 될 때 여자의 건강이 그녀의 일을 해치지는 않을 것이다. 반대로 일은 여자에게 부단히 그런 것에 신경을 쓰지 못하게 함으로써 그녀의 육체적 균형에 강력한 도움을 줄 것이다.

여자가 이제껏 직업적으로 어떤 것을 이루었나를 판단하고 그것에 따라 여자의 미래를 예견하려 할 때, 이러한 사실들 전체를 시야에서 놓쳐서는 안 된다. 여자는 요동치는 상황의 한가운데서 전통적으로 여성성에 연루된 임무에 여전히 예속된 채 직업에 임한다. 객관적인 환경도 여자에게 호의적이지 않다. 적대적이거나 적어도 경계하는 사회를 가로질러 길을 내려는 신참자가 되는 것은 언제나 힘든 일이다. 리처드 라이트Richard Wright(1908~1960)[11]는 『블랙 보이Black Boy』에서 미국의 젊은 흑인에게는 야망이 출발부터 얼마나 가로막혀 있는지, 백인들에게는 겨우 출발점에 불과한 그런 수준에 오르기 위해서 그가 어떤 투쟁을 지속해야 하는지 보여 주고 있다. 아프리카에서 프랑스로 온 흑인들도 여자들이 만나는 어려움과 유사한 어려움을 – 자신의 내부에서나 외부에서나 – 겪고 있다.

여자는 학창 시절에서부터 열등한 상태에 놓인다. 젊은 처녀에 관해서는 내가 이미 언급했으나 더 명확하게 재론할 필요가 있다. 학업을 하는 동안이나 직업 생활의 아주 결정적인 처음 몇 해 동안에 여자가 자기의 가능성을 결연하게 추구하는 일은 드물다. 그래서 많은 여자가 안 좋은 출발로 인해 이후에 불리하게 된다. 앞에서 이야기했던 갈등은 실제로 열여덟부터 서른 살 사이에 최고조에 달할 것이며, 그때는 직업적인 장래가 결정되는 시기이기도 하다. 여자가 가족과 살든가 혹은 결혼했던가 해도, 주위 사람들이 남자의 노력처럼 여자의 노력을 존중하는 일은 드물다. 사람들은 여자에게 여러 가지 헌신과 힘든 일을 강요하고 자유

---

11 * 미국의 작가

를 억압한다. 그녀도 자기가 받은 교육에 여전히 깊은 영향을 받고 있으며, 선배들이 긍정하는 가치를 존중하고, 유년기와 청년기의 꿈에 사로잡혀 있다. 그녀는 자기의 과거 유산을 자기 미래에 관한 관심과 잘 조화시키지 못한다. 때로는 자기의 여성성을 거부하고, 순결이나 동성애나 남자 같은 여자의 도발적인 태도 사이에서 왔다 갔다 하기도 한다. 옷을 아무렇게나 입고 남장을 하기도 한다. 도전적인 태도, 연극, 분노 같은 것들에 많은 시간과 정력을 허비한다. 반대로 자기의 여자다움을 더 자주 강조한다. 즉, 멋을 부리고 데이트하고 가벼운 연애를 하며, 마조히즘과 공격성 사이에서 흔들리면서 사랑에 열중한다. 어쨌든 그녀는 생각에 잠기거나 동요하며 마음의 갈피를 잡지 못한다. 기이한 생각에 시달리고 있다는 사실 때문에 자기의 기획에 완전히 뛰어들지 못한다. 따라서 그것으로부터 그다지 얻는 것이 없으므로 포기하려고 한다. 그녀와 똑같은 사회 범주에 속해 있고, 애초에 똑같은 상황에 놓여 있으며, 똑같은 기회가 있는데도 기생적으로 사는 다른 여자들의 존재는 자립하고자 하는 여자의 사기를 크게 떨어뜨린다. 남자도 특권 계급에 대해 울분을 느낄 수 있다. 그러나 그는 자기 계급과는 굳게 결속되어 있다. 전체적으로 기회의 평등에서 출발하는 남자들은 거의 같은 생활 수준에 도달한다. 반면에 여자는 같은 조건이라도 남자의 매개에 따라서 아주 다양한 수준의 재산을 가진다. 결혼했거나 혹은 편안하게 부양받는 여자 친구를 보면 홀로 성공을 확보해야 하는 여자는 유혹을 받는다. 그녀에게는 자기가 임의로 가장 어려운 길을 도맡은 것처럼 보인다. 그래서 장애물을 만날 때마다 다른 길을 선택하는 것이 낫지 않을까 하고 자문한다. "내가 모든 것을 내 머리에서 짜내야만 한다고 생각할 때면 말이에요 정말!" 가난한 어린 여학생은 분연히 나에게 그런 말을 하였다. 남자는 절박한 필요성에 복종한다. 여자는 부단히 자기의 결심을 새롭게 일신해야만 한다. 그녀는 자기 앞에 하나의 목표를 곧게 세우고 전진하는 것이 아니라 자기 주위를 두리번거리면서 앞으로 나아간다. 그래서 그녀의 걸음걸이는 소심하고 불확실하다. 내가 이미 말했듯이, 앞으로 나아가면 갈수록 그녀는 그만큼 더 다른 기회를 놓쳐 버린다. 유식하고 지성적인 여자가 됨으로써 일반적으로 남자들 마음에 들지 않게 된다. 아니면 지나치게 성공해서 남편이나 애인에게 모욕감을 주게 된다. 그러므로 그녀는 그만큼 더 우아하고 경박하게 보이려 전념할 뿐만 아니라 자기 도약을 억제한다. 언젠가는 자기 자신에 대한 근심에서 해방되리라는 희망, 이런 근심을 감당함으로써 그러한 희망을 단념해야 한다는 두려움, 그런 것들이 합세해서 그녀가 연구나 직업에 매진하는 것을 방해한다.

여자가 여자이기를 원하는 범위 내에서 그녀의 독립 조건은 그녀 안에 열등감을 만들어 낸다. 역으로 그녀의 여성성은 그녀에게 직업상의 기회를 의심하게 한다. 이는 아주 중요한 점 가운데 하나다. 설문조사를 하는 동안 열네 살의 소녀들이 "남자애들이 더 낫다. 그 애들이 더 수월하게 공부한다"고 언명하는 것을 앞에서 보았다. 젊은 처녀는 자기의 능력이 제한되어 있다고 확신한다. 부모와 선생님이 여자아이들의 수준이 남자아이보다 열등하다는 것을 인정하기 때문에 여학생들 역시 이를 기꺼이 인정한다. 그리고 고등학교에서 수업 과목은 같지만 실제로 여학생들의 교양은 남학생들보다 훨씬 뒤떨어져 있다. 몇몇 예외를 제외하고, 예를 들면 철학 학급의 여학생반 전체는 남학생반보다 현저하게 뒤떨어진다. 대단히 많은 수의 여학생이 학업을 계속할 생각이 없다. 그녀들은 매우 피상적으로 공부하고, 어떤 여학생들은 경쟁심 부족으로 괴로워한다. 시험이 웬만큼 쉽다면 부족한 실력은 그다지 느껴지지 않을 것이다. 그러나 중대한 선발 시험에 직면하면 여학생은 자기의 부족함을 의식하게 될 것이다. 그녀는 실력 부족의 원인을 공부를 제대로 하지 않았기 때문이 아니라 여자라는 불운함으로 돌린다. 그녀는 이러한 불평등을 운명으로 여기고 체념하기 때문에 불평등을 가중한다. 그녀는 인내와 근면에만 성공의 기회가 있다고 확신하고 있다. 그녀는 힘을 쓸데없이 쓰지 않고 아껴 두겠다고 결심한다. 그것은 고약한 셈법이다. 특히 약간의 창조성이나 독창성, 어느 정도의 사소한 발상을 요구하는 연구나 직업에서 그런 타산적인 태도는 해롭다. 지루하게 엮인 두꺼운 문법책보다 대화나 커리큘럼 이외의 독서, 정신을 자유롭게 노닐게 하는 산책은 그리스 원전을 번역하는 데 한층 유익할 수 있다. 지나치게 성실한 여학생은 권위에 대한 존경과 박학다식의 무게에 눌린 나머지 시야가 가려져서 비판적인 감각과 지성을 죽여 버린다. 그녀의 체계적인 악착스러움은 긴장과 권태를 자아낸다. 세브르 여자고등사범학교[12]의 입시 준비반에서는 조금이라도 생생한 개성은 모두 꺾이는 숨 막히는 분위기가 지배하고 있다. 수험생은 스스로 만든 감옥에서 벗어나기만을 바

---

12 * 현재의 파리 고등사범학교는 세브르 여자고등사범학교(개교 1881)와 윌름가 고등사범학교(개교 1794)의 통합으로 1985년에 탄생했다.

란다. 일단 책을 덮으면 전혀 다른 주제들을 생각한다. 그녀는 학업과 오락이 뒤섞이고, 정신의 모험이 살아 있는 열기를 띠는 그런 풍요로운 순간들을 알지 못한다. 아무리 노력해도 물거품이 되므로 그녀는 맥이 풀려, 그 노력이 유종의 미를 거둘 수 없다는 것을 점점 더 느끼게 된다. 철학 교과에서 남녀 공통의 선발 시험이 있던 시절에 아그레가시옹agrégation[13]을 치르던 한 여학생이 한 말을 나는 기억한다. "남자는 1, 2년 안에 합격할 수 있지만, 우리 여자들은 적어도 4년이나 걸려야 해." 칸트에 관한 저서 한 권을 읽으라는 지시를 받은 어떤 여학생은 이렇게 말했다. "너무 어려운 책이야. 고등사범 학생이나 읽을 책이다!" 그녀는 여자들이 선발 시험을 싼값에 합격할 수 있다고 생각하는 것 같았다. 지레 졌다는 생각으로 출발하기 때문에 실질적으로 모든 성공의 기회를 남자들에게 팽개치게 되는 것이다.

이런 패배주의의 결과, 여자는 보잘것없는 성공을 쉽사리 달게 받아들인다. 목표를 감히 높게 잡지 못한다. 피상적인 교육을 받고 직업에 진입하므로 야심을 아주 빨리 제한한다. 그녀에게는 종종 자기가 생계를 꾸려 간다는 사실이 상당히 큰 공적처럼 보인다. 다른 많은 여자처럼 자기의 운명을 한 남자에게 맡길 수도 있었다. 계속해서 자립하려면 그녀에게 노력이 필요하다. 그런 노력은 자부심을 느끼게 하지만 그녀를 소진시켜 버린다. 일단 무언가를 하겠다고 선택하는 것이 그녀에게는 아주 많은 일을 해낸 것처럼 보인다. '여자로서는 참 대단한 거야'라고 생각한다. 어떤 색다른 직업에 종사하는 한 여자가 이렇게 말했다. "내가 남자라면 첫째가 되어야 한다고 생각할 테지만, 그와 같은 직위를 차지한 여자는 프랑스에서 나밖에 없어. 나는 그것으로 만족해." 이런 겸손에는 조심스러움이 들어 있다. 여자는 더 출세하려다가 혹시 좌절하는 결과를 초래하지 않을까 두려워하고 있다. 여자는 세상 사람들이 자기를 신뢰하지 않는다고 생각하기 때문에, 당연히 겁쟁이가 되는 것이다. 일반적으로 상층 계급은 갑자기 출세한 하층 계급 사람에게 적의를 품는다. 백인들은 흑인 의사에게 진료받으러 가지 않고, 남자들도 여의사에게 가지 않는다. 그러나 하층 계급 출신으로 자기들 특유의 열등감에 사로잡힌 사람들은 대개 운명을 극복한 사람에 대해 거센 반감을 품고 있어서, 그들 역시 지배자 쪽으로 돌아서기를 선호하게 된다. 특히 여자 대부분은 남

---

13 *교수 자격시험

자 숭배에 빠져 있어서 의사, 변호사, 사장 등의 직업에서 열심히 남자를 찾는다. 남자나 여자나 여자의 명령 아래에 있기를 좋아하지 않는다. 그 여자의 상관들은 비록 그녀를 높게 평가한다고 하더라도, 그녀에 대해 언제나 약간의 거만함을 보일 것이다. 여자라는 사실이 결함은 아니라고 해도, 적어도 특이한 것이다. 여자는 본디 자기에게 부여되지 않은 신뢰를 끊임없이 쟁취해야만 한다. 애초에 여자는 의심의 눈초리를 받고 있어서 진가를 발휘하지 않으면 안 된다. 만약 그녀가 가치가 있다면 그렇게 하리라고 사람들은 단언한다. 그러나 가치는 주어진 본질이 아니다. 그것은 훌륭히 발전시켜 이루어낸 결과다. 불리한 편견이 자기를 짓누르고 있다는 것을 느끼는 것은 그것을 극복하는 데 별 도움이 되지 않는다. 흔히 볼 수 있듯이 초기의 열등감은 권위를 과장되게 가장하는 자기방어 반응을 초래한다. 예를 들어 여의사 대부분은 그런 가장을 너무 많이 하거나 혹은 너무 적게 한다. 만일 그녀들이 있는 그대로 자연스럽게 있다면 위엄이 없어 보인다. 왜냐하면 삶 전체를 통해 그녀들은 상대를 명령하기보다 오히려 유혹하도록 주어져 있기 때문이다. 강압적인 명령을 좋아하는 환자는 단순히 조언받는 것에 실망할 것이다. 이런 사실을 의식하는 여의사는 엄숙한 목소리나 단호한 어조를 취한다. 그러나 그렇게 되면 그녀는 자신만만한 남자 의사에게 있는, 상대를 유혹하는 솔직한 순박함이 없게 된다. 남자는 자신에 찬 모습을 보이는 데 익숙하다. 그의 환자들은 그의 실력을 믿는다. 그는 자기 마음대로 할 수 있다. 그는 반드시 깊은 인상을 준다. 여의사는 남자 의사와 같은 안도감을 환자에게 주지 못한다. 그녀는 젠체하거나 필요 이상의 말을 하거나 과장한다. 사무나 관리를 하는 데에서도 소심하고 좀스럽게 굴며 쉽사리 공격적인 모습을 보인다. 학업을 하던 때와 마찬가지로 거침없는 태도나 비상飛翔이나 대담함이 없다. 출세하려면 몸이 긴장된다. 그녀의 행동은 도전과 추상적인 자기주장의 연속이다. 자신감의 결여가 낳는 가장 큰 결함이 거기에 있다. 즉, 주체는 자신을 잊어버릴 수 없다. 주체는 너그러운 마음으로 목표를 조준하는 것이 아니다. 그는 세상이 그에게 요구하는 가치의 증거를 제시하려고 노력한다. 목표를 향해 과감하게 투신했다가는 실패할 위험이 있다. 그러나 기대하지 않은 결과에 도달하기도 한다. 신중함은 평범함이 되어 버린다. 여자에게서는 모험이나 무상의 경험을 하려는 취미, 사심이 없는 호기심을 발견하기 어렵다. 여자는 다른 여자들이 행복을 쌓아 가듯 '어떤 직업에 종사'하려고 한다. 그녀는 남자의 세계에 의해 지배되고 에워싸여 있으며, 그 세계의 천장을 뚫을 만한 대담성이 없다. 정열적으로 자기 계획에 몰두하는 일이 없다. 여전히 자기 삶을 하나의 내재적 기획처럼 간주하고 있다. 즉, 어떤 대상을 목표로 삼는 것이 아니라, 대상을 통해서 자기의 주관적 성공을 겨냥한다. 이는 특히 미국 여성들에게서 볼 수 있는 매우 놀라운 태도다. 그녀들은 '일job' 하나를 갖는 것을 좋아하며, 그 일을 올바르게 실행할 수 있다는 것을 자기에게 증명하기를 좋아한다. 그러나 그 임무의 **내용**에 대해서는 열중하지 않는다. 동시에 사소한 실패나 하찮은 성공에 너무나 많은 가치를 부여하는 경향이 있다. 의기소침해하다가도 허영심에 부풀어 오르기도 한다. 성공이 예상됐을 때는 그것을 단순하게 맞아들인다. 그러나 성공을 의심했다면 그 성공은 황홀한 승리가 된다. 여자가 미친 듯이 거드럭거리거나 사소한 성취에도 보란 듯이 뽐내는 것은 바로 이 때문이다. 여자들은 지나온 길을 헤아려 보기 위해 끊임없이 뒤를 돌아다본다. 이는 그녀들이 도약하는 것을 가로막는다. 이런 방법으로 명예로운 이력을 실현할 수는 있어도 위대한 행동을 실현할 수는 없게 된다. 많은 남자도 보잘것없는 운명밖에는 세울 줄 모른다. 남자들 가운데 오로지 가장 뛰어난 남자들과 비교해서만 여자 – 대단히 드문 예외를 제외하고 – 가 아직도 뒤처진 것처럼 보인다. 내가 제시했던 여러 가지 이유가 이를 충분히 설명하지만, 미래는 아무것도 보장하지 못한다. 위대한 일을 하기 위해서 오늘날의 여자에게 없는 것은 무엇보다도 자기를 잊는 것이다. 그러나 자기를 잊으려면 우선 지금부터라도 자기를 발견했다는 것을 단단히 확신하는 것이 필요하다. 남자들 세계에 이제 막 들어온 신참자로서 남자들의 지지를 별로 받지 못하는 여자가 아직도 자기를 찾는 데 너무 몰두해 있다.

이러한 지적이 적용되지 않는 여자 부류가 있다. 그녀들의 직업이 여성성을 해치기는커녕 오히려 강화하기 때문에, 그녀들에게 주어진 조건을 예술적 표현으로 극복하려는 여자들, 즉 배우, 무용가, 가수들이다. 그녀들은 3세기 동안 사회의 한가운데에서 구체적 독립성을 보유한 거의 유일한 여자들이었다. 그리고 지금도 여전히 사회에서 특권적 지위를 차지하고 있다. 예전에는 여배우들이 교회로부터 저주를 받았다. 이런 지나친 가혹함이 언제나 그녀들에게 커다란 풍속의 자유를 허용했다. 그녀들은 환심을 사려는 남자들의 유혹을 자주 겪으며, 매춘부들처럼 하루 대부분을 남자들 틈에서 보낸다. 그러나 스스로 생계를 책임지고 일에서 삶의 의미를 발견하므로 속박에서 벗어난다. 그녀들은 직업적 성공으로

– 남자들의 경우처럼 – 성적 가치를 높이는 데 이바지한다는 커다란 이점을 누린다. 그녀들은 자기를 인간으로서 실현함으로써 여자로서 성취한다. 여러 가지 모순된 갈망 사이에서 분열되지 않고 오히려 직업에서 자기의 나르시시즘의 정당성을 발견한다. 즉, 화장, 미용술, 매력이 그녀들의 직업적 의무에 속하는 것이다. 단순히 자기가 누구*인지*를 드러내면서 무엇인가를 **한다**는 것, 그것은 자기 이미지를 사랑하는 여자에게 하나의 커다란 만족이다. 이러한 전시는 조르제트 르블랑의 말대로, 행동의 대체물처럼 상상한 기교와 연구를 요구한다. 대大여배우는 더 높은 목표를 잡을 것이다. 그녀는 주어진 조건을 표현하는 방식에 의해 그것을 넘어설 것이고, 세계에 의미를 제공하면서 자기 삶에 의미를 주는 진정한 예술가이자 창조자가 될 것이다.

그러나 이런 예외적인 특권에는 함정도 숨어 있다. 여배우는 나르시시즘의 즐거움과 허용된 성적 자유를 예술적인 삶에 통합하는 대신, 자기 숭배나 남자들의 유혹에 빠져 버리는 일이 흔히 있다. 영화나 연극에서 오로지 남자의 보호를 받으면서 이용할 수 있는 자본, 즉 '명성을 얻는 것'만을 찾는 사이비 '예술가'들에 관하여 내가 이미 말한 바 있다. 남자가 하는 후원의 편리함은 어떤 직업에 도사린 위험과 모든 진정한 노동이 내포하는 엄격함에 비해 아주 유혹적이다. 여자의 운명 – 남편, 가정, 아이들 – 에 대한 욕망과 사랑의 매혹은 출세하려는 의지와 언제나 쉽게 양립하지 않는다. 특히 그녀가 느끼는 자기도취의 감정은 여배우로서의 재능을 제한하는 경우가 많다. 그녀는 진지한 작업이 무용하게 보일 정도로 단순히 자기 존재만으로도 가치 있다는 환상을 품는다. 무엇보다 자기의 모습을 드러내려고 고집하며 이런 뜨내기 배우 노릇에 자기가 연기하는 인물을 희생시킨다. 그녀 역시 자기를 잊어버리려는 아량이 없다. 이것은 그녀에게 자기를 초월할 가능성을 제거해 버린다. 이런 위험, 장애물, 좌절의 원인을 극복하고, 예술 속에서 자기 자아의 봉사자를 보는 대신 자기 인격을 예술의 도구로 만드는 라셀이나 두세 같은 여배우들은 드물다. 하지만 사생활에서 뜨내기 여배우는 모든 나르시시즘의 결점을 과장할 것이다. 그녀는 허영심이 많고 상처받기 쉬우며, 위선적 태도를 보이고 세계 전체를 하나의 무대처럼 간주할 것이다.

오늘날 여자들에게 개방된 것은 표현 예술만이 아니다. 많은 여자가 창조적인 활동을 시도한다. 여자는 자신이 처한 상황 때문에 문학과 예술에서 구원을 찾고 있다. 남성 세계의 바깥에서 살고 있으므로 그 세계를 보편적 모습이 아닌 자기의 독특한 시각을 통해 포착하고 있다. 그 세계는 그녀에게 도구와 개념이 아니라 감각과 감동의 원천이다. 여자는 사물이 갖는 무상성과 비밀스러운 성질에 관심을 둔다. 부정적이거나 거부의 태도를 지닌 그녀는 현실에 매몰되지 않는다. 즉, 여자는 말로써 현실에 이의를 제기한다. 자연을 통해 자기 영혼의 이미지를 찾고 몽상에 빠져들며 자기 **존재**에 도달하고자 한다. 그녀는 실패할 수밖에 없고, 그 실패는 오직 상상의 영역에서만 만회할 수 있다. 아무것에도 **소용되지 않**는 내적 생활이 허무에 빠지는 것을 막기 위해, 반항 속에서 견뎌 내는 주어진 조건에 대항해 자기를 확립하기 위해, 자기 자신에게 도달할 수 없는 세계와는 다른 세계를 창조하기 위해 그녀는 **자기를 표현하는 것**이 필요하다. 그래서 그녀는 수다쟁이와 삼류 작가로 알려졌다. 대화에서, 편지에서, 일기에서 흉금을 털어놓는다. 회고록을 쓰고 자기 전기를 소설로 옮기고 자기의 감정을 시詩에 발산하기 위해서는 약간의 야심만 있으면 된다. 여자는 이런 활동에 유리한 많은 여가를 누리고 있다.

그러나 여자를 창조 활동으로 향하게 하는 그 환경이 되레 걸림돌이 되어, 장애를 극복하지 못하는 경우가 많다. 여자가 매일매일의 공허를 채우려는 유일한 목적으로 작업을 결심할 때에 그 그림과 글은 '수예품' 정도로 취급될 것이고, 그녀는 그 작품들에 더 많은 시간도 공도 들이지 않을 것이다. 그래서 그 작품들은 대략 그 정도의 가치밖에 지니지 못할 것이다. 여자는 흔히 갱년기가 되어서야 자기 존재의 균열을 보상하기 위해 붓이나 펜에 몸을 던진다. 그러나 이때는 너무 늦다. 제대로 된 훈련을 거치지 않았으므로 아마추어 영역을 결코 벗어나지 못할 것이다. 설령 훨씬 젊은 나이에 시작한다고 해도 여자가 예술을 진지한 작업으로 생각하는 일은 드물다. 그녀는 무위에 익숙해 있고 삶에서 엄격한 훈련의 필요성을 한 번도 경험하지 못했기 때문에, 지속적이고 참을성 있게 노력하는 것이 불가능할 것이다. 그녀는 견고한 기술을 체득하려고 애쓰지 않을 것이다. 그녀는 아무도 모르게 백 번이라도 무너뜨리고 다시 시작해야 하는 작업을 보람 없이 고독하게 암중모색하는 것을 싫어한다. 어릴 적부터 다른 사람의 환심을 사고 속임수를 쓰는 것을 배웠기 때문에 책략을 써서 궁지에서 벗어나기를 희망한다. 마리 바시키르체프의 고백이 바로 그것이다. "맞아, 나는 그림 그리는 데 노력을 기울이지 않아. 오늘 나는 나 자신을 관찰했어. (…) 나는 **속임수**

를 쓰고 있어……" 여자는 선뜻 일하는 體하지만 일하지는 않는다. 그녀는 수동적인 마법과 같은 힘을 믿고 있어서 주술과 행위, 상징적인 몸짓과 효과적인 행동을 혼동한다. 그녀는 미술학도로 분장하고 붓이라는 무기를 들고 중무장한다. 작업대 앞에 자리 잡고서 시선은 하얀 캔버스에서 거울로 이리저리 옮겨 다닌다. 그러나 꽃다발이나 사과 바구니가 저절로 캔버스 위에 새겨지는 것은 아니다. 여자는 책상 앞에 앉아 막연한 이야기를 반추하면서 스스로 작가라고 상상하며 평온한 알리바이를 확보한다. 그러나 하얀 종이 위에 무엇이든 글씨를 쓰는 데 이르러야 하고, 그것이 타인의 눈에 의미 있어야 한다. 그때 속임수가 드러난다. 환심을 사기 위해서는 환영을 만드는 것으로 충분하다. 그러나 예술 작품은 환영이 아니다. 하나의 견고한 물체다. 그 물체를 만들기 위해서는 자기 직업에 정통해야만 한다. 콜레트가 위대한 작가가 된 것은 단지 재능이나 기질 덕분만이 아니다. 그녀의 펜은 자주 밥벌이 도구가 되었고, 훌륭한 장인이 자기 도구로 정성 들인 작품을 만들듯이 그녀는 펜으로 공들여 작품을 만들었다. 『클로딘Claudine』 시리즈부터 『하루의 탄생La Naissance du jour』까지 아마추어 작가는 전문가가 되었다. 그녀가 걸어온 길은 혹독한 훈련을 거친 덕에 얻은 성과를 당당하게 보여 준다. 하지만 여자 대부분은 소통하고자 하는 자기의 욕망이 제기하는 문제를 이해하지 못하고 있다. 바로 그것이 그녀들의 태만을 대부분 설명해 준다. 그녀들은 항상 자신이 재능을 부여받았다고 생각해 왔다. 지금도 재능이 자기 안에 들어 있는 은총에서 온다고 믿고 있고, 가치가 쟁취될 수 있는 것으로 생각하지 않는다. 그녀들은 자기를 나타내기만 하면 유혹할 수 있다고 생각한다. 그래서 그녀들의 매력은 효력이 있는가 없는가를 논할 뿐, 성공이나 실패에 대해서 아무 영향도 미치지 못한다. 이와 유사하게 자신에 대한 표현은 자기가 누군지 있는 그대로를 보이는 것으로 충분하다고 생각한다. 숙고한 작업에 의해서 작품을 공들여 일구어 내는 대신에 자발성에 의존한다. 글 쓰는 일이나 미소 짓는 일이나 그녀들에게는 매한가지다. 운에 맡기기 때문에 행운은 올 때도 있고 오지 않을 때도 있는 것이다. 그래서 자기에 대한 확신으로 노력 없이 책이나 그림이 성공하기를 기대한다. 그녀들은 소심하므로 가장 작은 비판에도 기가 꺾인다. 실수는 발전하는 계기가 될 수 있다는 사실을 모르고, 그것을 기형과 마찬가지로 돌이킬 수 없는 재앙처럼 여긴다. 그 때문에 자주 예민한 모습을 보이는데, 이는 그녀들에게 매우 해롭다. 그녀들은 실수에서 교훈을 끌어내는 대신에 분노와 좌절만 느낄

「콜레트와 그녀의 고양이들」, 앙리 마뉘엘, 1930년대

뿐이다. 불행하게도 자발성은 보이는 것만큼 단순한 행동이 아니다. 평범한 사고의 역설 - 폴랑Jean Paulhan(1884~1968)[14]이 『타르브의 꽃Les Fleurs de Tarbes』에서 설명하듯이 - 은 그것이 흔히 주관적 인상의 직접적 표현과 혼동된다는 것이다. 그래서 타인을 염두에 두지 않고 자기 속에서 형성되는 이미지를 내비치면서 자기가 가장 독특하다고 생각할 때, 그녀는 평범하고 상투적인 문구를 재발명해 낸 것에 불과해진다. 만일 누군가가 그것을 지적하면, 그녀는 놀라고 분해하며 펜을 던져 버린다. 그녀는 일반 독자들이 자기 나름의 눈과 생각으로 글을 읽는다는 사실을 이해하지 못한다. 그리고 아주 참신한 수식어 하나가 독자의 기억에서 오래된 추억을 수없이 많이 일깨울 수 있다는 것을 깨닫지 못한다. 자기 내면으로 파고들어가 거기에서 강렬한 인상을 끌어내어 언어로 표현해 낸다는 것은 분명 귀중한 재능이다. 사람들은 어떤 남성 작가의 작품에서도 볼 수 없는 자연스러움을 콜레트의 작품에서 보고 감탄해 마지않는다. 그러나 그것은 - 다음의 두 말은 모순되는 것처럼 보이지만 - 그녀에게 깊이 숙고된 자연스러움이다. 그녀는 자기가 만들어 낸 것들 가운데에서 어떤 것들만 분별 있게 받아들이고 나머지는 버린다. 아마추어는 말을 개인 간의 상호 관계나 타인에게 하는 호소로써 파악하지 않고 말에서 자기 감수성의 직접적 표현을 본다. 여자 아마추어 작가는 선택하고 삭제하는 것이 자기의 일부를 거부하는 것처럼 생각한다. 그녀는 있는 그대로의 자기 모습에 만족하며 다른 사람이 되기를 바라지 않으므로 자기의 어느 부분도 희생하고 싶어 하지 않는다. 그녀의 메마른 허영심은 자기를 쌓아 올릴 생각 없이 너무 소중히 여기는 데에서 온다.

이와 같이 문학과 예술을 장난삼아 시도해 보는 수많은 여자 중에서 끈기 있게 지속하는 여자는 아주 소수에 불과하다. 이런 첫 번째 장애물을 뛰어넘은 여자들은 대개 나르시시즘과 열등감 사이에서 머뭇거리게 된다. 자기를 망각할 줄 모르는 것, 그것은 다른 어떤 직업에서보다도 그녀들을 더 무겁게 짓누를 것이다. 주요한 목표가 추상적인 자기 확립이나 성공에 대한 의례적 만족이라면, 그녀들은 세계를 응시하는 데 전념하지 못할 것이다. 즉, 예술 속에서 세계를 새롭게 창조할 수 없을 것이다. 마리 바시키르체프는 유명해지고 싶어서 그림을 그리겠다는 결심을 했다. 명성에 대한 강박관념이 그녀와 현실 사이에 끼어든다. 사

---

14 *프랑스 비평가

실 그녀는 그림 그리는 것을 좋아하지 않는다. 예술은 하나의 수단에 불과하다. 야심적이고 공허한 꿈이 그녀에게 색채 하나와 얼굴 하나의 의미를 드러내 주는 것은 아니다. 자기가 시도하는 작품에 수고를 아끼지 않고 전념하는 대신, 여자는 그것을 자기 삶의 단순한 장식으로 간주하는 경우가 너무도 많다. 책과 그림은 그녀에게 가장 중요한 현실, 즉 그녀를 공개적으로 전시하기 위한 비본질적 매개체에 불과하다. 그러므로 그녀의 흥미를 끄는 주요한 - 때로 유일한 - 주제는 그녀의 인격이다. 비제르브룅 부인Élisabeth Vigée-LeBrun(1755~1842)[15]은 자기의 미소 짓는 모성을 캔버스 위에 지칠 줄 모르고 그린다. 여성 작가는 일반적인 주제에 관해 다루더라도 여전히 자기에 관해 이야기할 것이다. 사람들은 작가의 키와 체격에 관해서나 그의 머리 색깔과 성격의 특징에 관한 정보를 알지 못하면 어떤 연극 연대기도 읽을 수 없다. 물론 자아라는 것이 항상 혐오스러운 것은 아니다. 어떤 고백록보다 더 감동적인 책은 거의 없다. 그러나 고백은 솔직해야만 하고, 저자에게 고백할 무엇인가가 있어야만 한다. 여자의 나르시시즘은 그녀를 풍요롭게 해 주는 대신에 빈약하게 만든다. 오직 자기만을 응시하는 것 외에는 다른 아무것도 하지 않기 때문에 그녀는 소멸해 버린다. 그녀가 자기에게 바치는 사랑조차 틀에 박힌 것이다. 즉, 자기의 저작 속에서 진정성 있는 경험을 드러내는 것이 아니라, 상투어로 세운 상상의 우상을 드러낸다. 그녀가 뱅자맹 콩스탕이나 스탕달이 했던 것처럼 소설 속에 자기 자신을 투영했다고 해서 비난할 수는 없을 것이다. 그러나 그녀가 자기 이야기를 너무나 자주 어리석은 환상의 세계로 생각한다는 것은 불행이다. 젊은 처녀는 많은 불가사의로 자기를 위협하는 생생한 현실을 자신에게 은폐한다. 유감스럽게도 일단 성인이 되면, 그녀는 세계와 자기 작품의 등장인물과 자기 자신을 시적인 안개 속에 다시 한 번 잠기게 한다. 이런 가장假裝 아래 진실이 드러날 때, 때때로 매력적인 성공작이 얻어지기도 한다. 그러나 『모호한 대답』이나 『영원의 처녀』와 같은 소설이 있는 반면에 무미건조하고 따분한 도피 소설은 또 얼마나 많은가!

여자가 흔히 무시당하고 이해받지 못한다고 느끼는 이 세계에서 벗어나려 하는 것은 당연하다. 다만 그런 때에 여자들이 제라르 드 네르발이나 에드거 포처럼 대담한 비상을 감행하지 않는다는 것이 안타깝다. 여자의 그런 소심함을 변호

---

15 *당대 최고의 초상화가로 평가받는 프랑스 여성 예술가

「비제르브룅 부인과 딸 잔뤼시」, 엘리자베트 비제르브룅, 1789

하는 많은 이유가 있다. 그녀의 가장 큰 근심거리는 다른 사람의 마음에 드는 것이다. 그래서 그녀는 흔히 글을 쓴다는 사실만으로 여자로서 남들에게 불쾌감을 주지나 않을까 두려워한다. 유식한 체하는 '여류작가'라는 말은 조금 낡은 표현이기는 하지만 아직도 불쾌한 반향을 불러일으킨다. 하물며 그녀는 작가로서 남의 비위를 거스를 용기가 없다. 독창적인 작가는 살아 있는 한 언제나 세상의 빈축을 산다. 새로운 것은 불안하고 불쾌하게 한다. 여자는 아직도 남자의 세계인 사상이나 예술 세계에 받아들여진 것에 놀라고 흐뭇해한다. 그녀는 거기서 아주 신중한 태도를 유지한다. 감히 어지럽히거나 깊이 파고들거나 폭발시키거나 하지 않는다. 겸손함이나 고상하고 좋은 취향으로 자기의 문학적 포부를 용서받아야만 한다고 생각하는 것처럼 보인다. 그녀는 순응주의의 확실한 가치에 기대를 걸고 있다. 사람들이 그녀에게 기대하는 사적인 기록을 문학 속에 겨우 들여오고 있다. 적절히 선택된 몇몇 우아함과 애교와 꾸밈 표현을 통해 자기가 여자라는 것을 상기시키고 있다. 이리하여 그녀는 탁월한 '베스트셀러' 작가가 될 것이다. 그러나 그녀가 미지의 길로 접어들어 모험할 것으로 기대해서는 안 된다. 여자들이 그 행동이나 감정에서 독창성이 없는 것은 아니다. 어떤 여자들은 대단히 독특해서 가두어 두지 않으면 안 된다. 전체적으로 많은 여자가 그 규율을 거부하는 남자들보다 훨씬 더 이상야릇하고 더 기발하다. 그러나 여자들은 괴상한 재능을 자기의 생활이나 대화나 편지 속에서 발휘한다. 만일 그녀들이 글을 쓰는 시도를 한다면, 문화라는 세계에 의해 짓밟힌 느낌을 받는다. 왜냐하면 그 세계는 남자들의 세계이기 때문이다. 그래서 그녀들은 표현하지 않고 입속으로 중얼거리기만 한다. 반대로 남성이 구사하는 기술에 따라 추론하거나 표현하기를 선택하는 여자는 불신하는 자기의 독특함을 질식시키는 데 열렬한 관심을 가질 것이다. 그녀는 여학생처럼 쉽사리 공부에 열중하여 현학자가 될 것이다. 남자의 엄격함이나 활력을 모방할 것이다. 탁월한 이론가가 될 수 있을 것이고, 견고한 재능을 획득할 수 있을 것이다. 그러나 그녀는 자기 내부에 있는 모든 '다른' 것을 거부하지 않을 수 없을 것이다. 미치광이 여자들이 있고 재능이 있는 여자들이 있다. 그러나 어떤 여자도 우리가 천재라고 부르는 재능 속에 그런 광기를 가지고 있지 않다.

이제까지 이런 분별 있는 겸손함이 여성의 재능에 한계를 지었다. 많은 여자가 나르시시즘과 허황한 환상의 덫에 걸리는 것을 피해 왔고, 점점 더 많이 그것을 피하고 있다. 하지만 주어진 세계를 뛰어넘어 **두각을 나타내기** 위해 신중함을 완전히 무시한 여자는 이제까지 단 한 명도 없었다. 우선 당연하게도 사회를 있는 그대로 받아들이는 여자들이 수없이 많다. 그런 여자들은 부르주아 계급의 대표적인 기수다. 왜냐하면 위협받는 계급에서 가장 보수적인 요소를 나타내기 때문이다. 그녀들은 선택한 형용사를 사용해 소위 '고급' 문명의 세련됨을 그려내고 있다. 행복이라는 부르주아 계급의 이상을 찬양하고 자기 계급의 이익을 시적인 색채로 위장하고 있다. 그녀들은 여자들이 '여자로 남아 있도록' 설득할 목적의 속임수를 대대적으로 준비한다. 옛집, 정원과 텃밭, 아름다운 할머니들, 고집 센 아이들, 세탁, 잼, 가족의 축일, 옷 단장, 거실, 무도회, 고통받지만 모범적인 아내, 헌신과 희생의 아름다움, 부부애의 애환, 청춘의 꿈, 성숙한 체념 등은 영국·프랑스·미국·캐나다·스칸디나비아의 여성 소설가들이 남김없이 활용한 테마였다. 그녀들은 거기서 명성을 얻고 돈을 벌었으나 우리의 세계관을 분명 풍요롭게 하지는 않았다. 훨씬 더 흥미로운 여성 소설가들은 이 불공정한 사회를 규탄했던 반란자들이었다. 권리 주장의 문학은 강렬하고 진솔한 작품을 낳을 수 있다. 조지 엘리엇은 반항 속에서 빅토리아조 영국의 세밀하고 극적인 이미지를 끌어내었다. 하지만 버지니아 울프가 지적한 것처럼 제인 오스틴이나 브론테 자매, 조지 엘리엇은 외적 속박에서 해방되기 위해 많은 에너지를 헛되이 낭비해야만 했다. 그래서 큰 역량의 남자 작가들이 출발점으로 삼는 단계에 조금은 숨 가쁘게 도달했다. 그녀들에게는 자기들의 승리를 활용하고 또 자기들을 속박하는 밧줄을 모두 끊어 낼 충분한 힘이 더 이상 남아 있지 않았다. 예를 들면, 스탕달의 아이러니나 거침없는 태도, 태연한 솔직함은 그녀들에게서 발견되지 않는다. 그녀들은 또 도스토옙스키나 톨스토이 같은 작가들의 풍부한 경험도 없다. 그 때문에 『미들마치』 같은 아름다운 작품도 『전쟁과 평화』에 필적하지 못한다. 『폭풍의 언덕』은 위대한 작품이지만 『카라마조프가의 형제들』의 영향력을 따르지 못한다.

오늘날 여자들은 자기를 확립하는 데 예전만큼 애쓰지 않아도 된다. 그러나 자기들을 여성성 속에 격리하는 아주 오래된 성적 제한을 아직 완전히 극복하지 못했다. 예를 들면, 통찰력이라는 것은 당연히 그녀들이 자랑스러워하는 하나의 쟁취다. 그러나 그것에 만족하기에는 너무 이르다. 사실 전통적인 여자는 기만당한 의식意識이며, 속임수의 도구다. 그녀는 자기의 의존성을 자기 자신에게 숨기려 하는데, 이것은 거기에 동의하는 한 방식이다. 그 의존성을 고발하는 것, 그것은 이미 하나의 해방이다. 냉소주의는 굴욕과 수치심에 대한 하나의 방어다. 그것은 자기 책임을 받아들이는 예비 행동이다. 여성 작가들은 통찰력이 있기를 원하면서 여자의 대의명분에 가장 큰 도움을 주고 있다. 그러나 그녀들이 - 보통은 이 점에 대해 깨닫지 못한 채 - 이런 대의명분에 너무나 매여 있으므로 세계에 대해서 가장 광대한 전망을 열어 주는 공평무사한 태도를 보이지 못하고 있다. 환상과 허위의 베일을 벗어 버렸을 때, 그녀들은 일단 자기들의 일이 끝났다고 생각한다. 하지만 이런 소극적인 대담함은 우리를 여전히 수수께끼 앞에 내버려 둔다. 왜냐하면 진리 자체가 애매함이고 심연이며 신비이기 때문이다. 진리의 존재를 지시한 후에는 그것을 생각하고 그것을 재창조해야만 할 것이다. 속지 않는다는 것은 대단히 좋은 일이다. 그러나 모든 것이 거기서부터 시작한다. 여자는 자기 용기를 신기루를 흩뜨리는 데 다 써 버린다. 그리고 현실의 문턱에서 겁먹은 채 멈추어 선다. 그 때문에 예를 들면, 솔직하고 마음을 사로잡는 여자들의 자서전이 있는 것이다. 그러나 『고백록』[16]이나 『에고티즘의 회상 Souvenirs d'égotisme』[17]에 비교할 수 있는 것은 하나도 없다. 우리 여자들은 아직도 사실을 명확히 보는 데만 지나치게 열중해 있어서 그 명확성 저편에 있는 다른 어둠을 꿰뚫어 보려고 하지 않는다.

한 작가가 나에게 "여자들은 결코 변명을 넘어서지 못한다"고 말했다. 충분히 근거 있는 말이다. 여자들은 이 세계를 탐색할 허가를 받았다는 데 완전히 감탄한 나머지 세계의 의미를 발견하려는 노력 없이 단지 그 명세 목록만을 작성한다. 때로는 주어진 것을 관찰하는 데에 그 탁월한 능력을 발휘한다. 그녀들은 뛰어난 리포터가 된다. 어떤 남자 기자도 인도차이나와 인도에 관한 앙드레 비올리스 Andrée Viollis(1870~1950)[18]의 증언을 능가하지 못했다. 그녀들은 분위기와 인물들을 묘사할 줄 알고, 인물들 간에 미묘한 관계를 지적할 줄 알며, 그 인물들의 영혼의 은밀한 움직임을 독자들에게 느끼게 할 줄 안다. 윌러 캐더, 이디스 워튼, 도로시 파커, 캐서린 맨스필드는 날카롭고 차이를 고려하는 방식으로 개인과 풍토와 문명을 상기시켜 주었다. 히스클리프처럼 설득력 있는 남자 주인공을 창조하

---

16 *장자크 루소의 자서전

17 *스탕달의 저서

18 *프랑스 언론인, 안티파시스트, 페미니스트

는 데 성공하는 여자는 드물다. 그녀들은 남자에게서 거의 수컷이라는 것만을 파악한다. 그러나 자기들의 내면 생활, 자기들의 경험, 자기들의 세계를 자주 행복하게 묘사해 왔다. 사물의 은밀한 본질에 애착을 갖고 자신의 독특한 감각에 매혹되어, 아기자기한 형용사와 관능적 이미지를 통해 독자들에게 아주 생생한 경험을 전한다. 일반적으로 여자들은 문장보다 어휘에 더 뛰어나다. 왜냐하면 사물의 관계보다 사물 자체에 관심을 두기 때문이다. 그녀들은 추상적인 우아함을 목표로 삼지 않는다. 그에 반해 그녀들의 말은 감각에 호소한다. 그녀들이 애정을 다하여 탐구한 영역 중 하나는 **자연**이다. 젊은 처녀에게나 자기를 완전히 포기하지 않은 여자에게나 자연은 여자 자신이 남자에게 무엇을 나타내는지를 보여 준다. 즉, 그것은 자기 자신과 그 부정, 왕국과 유배지의 관계. 자연은 타자의 모습 아래 있는 모든 것이다. 여성 소설가는 황야나 채소밭에 관하여 이야기하면서 자기의 경험과 꿈을 가장 친밀하게 드러내게 된다. 활기라든가 계절의 기적을 화분이나 화병이나 화단에 가두어 두는 여자들이 많이 있다. 어떤 여자들은 식물이나 동물을 가두어 두지 않고 주의 깊은 애정으로 소유하려고 한다. 콜레트나 캐서린 맨스필드가 그러하다. 자연의 비인간적인 자유 속에서 자연에 접근하고, 자연의 알 수 없는 의미를 알아내려 하며, 타자인 이 존재와 합일하기 위해 자기를 잃어버리는 여자들은 아주 드물다. 루소가 발명한 이런 행로를 감행하는 여자는 에밀리 브론테, 버지니아 울프 그리고 메리 웨브 정도에 불과하다. 그러니 비밀스러운 차원을 찾아 주어진 것을 건너뛴 여자들이야 손가락에 꼽을 만큼이다. 에밀리 브론테는 죽음을, V. 울프는 삶을, K. 맨스필드는 때로 – 아주 자주는 아니다 – 일상의 우연성과 고통을 탐구했다. 어떤 여자도 『심판』이나 『모비딕』이나 『지혜의 일곱 기둥』과 같은 작품을 쓰지 못했다. 여자들은 인간의 조건에 이의를 제기하지 않았다. 왜냐하면 이제야 겨우 그것을 전부 받아들이기 시작했기 때문이다. 이것은 그녀들의 작품에 일반적으로 형이상학적 반향과 블랙 유머가 빠져 있는 이유를 설명해 준다. 여자들은 세계를 괄호 속에 넣지 않고, 세계에 질문을 제기하지 않으며, 세계의 모순을 고발하지 않는다. 즉, 세계를 고지식하게 받아들인다. 물론 다수의 남자도 같은 한계를 가지고 있다. 여자가 초라하게 보이는 것은 '위대하다'고 불릴 만한 몇 명의 드문 예술가들과 비교할 때다. 여자를 한계 짓는 것은 운명이 아니다. 어째서 여자에게는 가장 높은 정상에 도달할 기회가 주어지지 않았는지 – 왜 앞으로도 당분간은 주어지지 않을 것인지 - 그 이유를 쉽게 이해할 수 있다.

예술·문학·철학은 인간의 자유, 즉 창조자의 자유 위에 새로운 세계를 세우기 위한 시도다. 그와 같은 포부를 품기 위해서는 우선 자기를 하나의 자유로 분명하게 설정하는 것이 필요하다. 교육과 관습이 여자에게 과하는 제약은 세계에 대한 그녀의 점유를 제한한다. 이 세상에서 자리를 차지하기 위한 싸움이 너무 힘들다고 세상으로부터 빠져나간다는 것은 있을 수 없는 일이다. 이 세계를 되찾고자 한다면, 우선 절대의 고독 속에서 이 세계로부터 떠오르는 것이 필요하다. 여자에게는 무엇보다도 불안과 자존심 속에서 버림받은 상태의 고독과 초월의 경험을 쌓는 것이 빠져 있다. 마리 바시키르체프는 이렇게 쓰고 있다.

나는 홀로 산책하고 마음대로 거닐며 튀일리 공원의 벤치에 앉는 자유를 선망한다. 그러한 자유 없이는 진정한 예술가가 될 수 없다. 누군가와 동행할 때, 혹은 루브르에 가기 위해서 마차나 시중드는 아가씨나 가족을 기다려야만 할 때, 눈에 보이는 것을 활용할 수 있으리라 생각하는가! (…) 하지만 거기에는 자유가 없다. 그리고 자유 없이는 진정으로 무엇인가가 될 수 없다. *생각은 이런 일련의 어리석고 끊임없는 방해의 사슬에 묶여 있다. (…) 날개가 땅에 떨어지는 데는 그것으로 충분하다.* 그것이 바로 예술가 중에 여자가 없는 커다란 이유 중 하나다.

사실 창조자가 되기 위해서는 자기를 계발하는 것, 즉 여러 가지 광경이나 지식을 자기 삶에 통합시키는 것만으로 부족하다. 이러한 교양이 초월이라는 자유로운 움직임을 통해 파악되어야만 한다. 정신은 그 모든 풍요로움과 함께 비어 있는 하늘을 향해 뛰어들어야 한다. 정신이 그 하늘을 채우는 것이다. 그러나 수많은 미세한 줄이 그를 지상에 매어 놓는다면 정신의 비상은 좌절된다. 틀림없이 오늘날 젊은 처녀는 혼자서 외출하고 튀일리 공원도 산책할 수 있다. 그러나 내가 이미 말했듯이, 거리는 그녀에게 안전하지 않다. 곳곳에서 그녀를 엿보고 손을 덮칠 기회를 노리고 있다. 젊은 처녀가 경솔하게 멍하니 방황하거나, 카페테라스에 앉아 담뱃불을 붙이거나, 혼자 영화관에 가면 곧 불쾌한 사건이 일어난다. 그녀는 화장이나 옷차림으로 존중심을 불러일으켜야 한다. 이러한 염려는 그녀를 땅에 그리고 자기 자신에 묶어 놓는다. 이로써 그녀의 "날개가 꺾인다." T. E. 로런스Thomas Edward Lawrence(1888~1935)[19]는 열여덟 살 때 혼자서 프랑스 전국을 자전거로 여행했다. 누구도 젊은 처녀에게 그와 같은 무모한 일에 뛰어드는 것을 허락하지 않을 것이다. 로런스가 그 1년 뒤에 한 것처럼, 반은 사막으로 뒤덮인 위험한 나라를 걸어서 여행하는 위험을 무릅쓰는 것은 그녀들에게 더욱 불가능할 것이다. 하지만 그러한 경험들은 미래를 위해 헤아릴 수 없는 영향력을 미친다. 그때 개인은 자유와 발견의 도취 속에서 지구 전체를 자기의 영지처럼 바라보는 것을 배운다. 이미 여자는 폭력을 배우는 것에서 당연히 배제되었다. 여자의 신체적 연약함이 그녀를 얼마나 수동성에 빠뜨리는지는 내가 이미 말한 바 있다. 남자아이가 주먹질하며 싸움을 할 때 자기 문제는 스스로 해결할 수 있다고 느낀다. 그렇다면 여자아이에게는 적어도 운동이나 모험의 솔선 행위와 장애물을 극복했다는 자부심을 허용해야 할 것이다. 그러나 전혀 그렇지 않다. 그녀는 세계의 *한가운데서* 고독하게 느낄 수 있다. 여자는 세계 *앞에서* 유일자이자 주권자로서 일어선 적이 한 번도 없다. 모든 것이 그녀가 순순히 외적 존재에 포위되고 지배되도록 부추길 뿐이다. 그리고 특이하게 그녀는 사랑 속에서 자기를 긍정하는 것이 아니라 오히려 부정한다. 이런 의미에서 불행이나 불운에 놓이는 것은 대개 좋은 결과를 낳는 시련이다. 에밀리 브론테에게 강력하고 야성적인 책을 쓸 수 있도록 한 것은 고독이었다. 자연과 죽음과 운명 앞에서 그녀는 자기 자신 외에는 그 누구의 도움도 기다리지 않았다. 로자 룩셈부르크는 못생긴 여자였다. 그녀는 자기 이미지 숭배에 빠져들거나, 스스로 객체가 되고 먹이가 되고 덫이 되려고 한 적이 한 번도 없었다. 젊은 시절부터 완벽한 정신이었으며 자유였다. 그렇다 하더라도 여자가 주어진 세계와의 고뇌에 찬 대결을 전적으로 감당한다는 것은 매우 드문 일이다. 그녀를 둘러싸고 있는 구속과 그녀를 억누르고 있는 모든 전통은 그녀가 세계에 대한 책임을 느끼지 못하도록 방해한다. 바로 여기에 여자의 초라함의 뿌리 깊은 원인이 있다.

우리가 위대하다고 부르는 남자들은 - 어떻게 해서든지 - 자기들의 어깨에 세계의 무거운 짐을 짊어진 사람들이다. 정도의 차이는 있지만, 그들은 그 일을 잘해내었다. 그들은 세계를 재창조하는 데 성공도 하고 실패도 했다. 그러나 우선 그 엄청난 중책을 받아들였다. 그것이 바로 어떤 여자도 결코 하지 못한 일이며

---

19 *영국의 군인, 고고학자, 저술가. 『아라비아의 로런스』, 『지혜의 일곱 기둥』 등을 썼다.

할 수 없었던 일이다. 세계를 자기 것으로 생각하고 세계의 죄를 자기의 죄로 여기며 세계의 진보를 자랑스럽게 여기기 위해서는 특권자 계급에 속해야만 한다. 세계를 변화시키고 생각하고 드러냄으로써 세계를 정당화하는 것은 거기에서 명령권을 장악하고 있는 특권자들에게만 속한다. 그들만이 유일하게 세계 속에서 자기들을 알아볼 수 있고, 거기에 자기의 표지를 새길 수 있다. 지금까지 **인간**이 구현될 수 있었던 것은 여자 속에서가 아니라 남자 속에서다. 그런데 우리에게 모범적으로 보이는 개인들이나 천재로 불리는 개인들은 그들 개개의 실존 속에서 인류 전체의 운명을 걸려고 한 사람들이다. 자기에게 그런 권한이 주어졌다고 믿는 여자는 한 명도 없었다. 어떻게 여자에게서 반 고흐가 태어날 수 있겠는가? 어떤 여자도 보리나주[20]에 파견되지 않았을 것이다. 그녀는 인간의 비참함을 자기 자신의 죄악처럼 느끼지도, 속죄를 구하지도 않았을 것이다. 따라서 반 고흐의 해바라기 그림을 결코 그릴 수 없었을 것이다. 화가의 생활 방식이 – 아를에서의 고독, 카페나 창녀촌에의 출입, 이 모든 것이 반 고흐의 감수성을 풍부하게 함으로써 그의 예술을 풍요롭게 했다 – 그녀에게 금지되었을 것임은 차치하고라도. 어떤 여자도 결코 카프카는 될 수 없었을 것이다. 그녀는 회의와 두려움 속에서도 낙원에서 쫓겨난 인간의 불안을 알아보지 못했을 것이기 때문이다. 거의 성녀 테레사만이 철저한 고독 속에서 인간의 조건을 자기 것으로 삼아 살았을 뿐이다. 우리는 그 까닭을 이미 살펴보았다. 그녀는 지상의 계급 제도가 미치지 않는 곳에 있으면서, 십자가의 성 요한처럼 머리 위에 있는 하늘에 안도하지 못했다. 두 사람에게는 똑같은 어둠과 광명이었고, 그들 각자에게는 똑같은 공허, 신에게서는 똑같은 충만이었다. 결국 모든 인간이 성의 차이를 넘어서 자기의 자유로운 실존의 험난한 영광 속에 자부심을 느끼는 것이 가능할 때, 비로소 여자는 자기의 역사, 문제, 의구심, 희망을 인류의 그것과 융합시킬 수 있게 될 것이다. 그때 비로소 여자는 자기의 삶과 작품에서 인격뿐만 아니라 현실 전체를 드러내 보이려 할 수 있을 것이다. 여자가 인간이 되기 위해서 싸워야 하는 한 창조자는 될 수 없을 것이다.

다시 한 번 말하거니와, 여자의 한계를 설명하기 위해서 내세워야 할 것은 그녀의 상황이지 신비스러운 본질이 아니다. 미래는 활짝 열린 상태에 있다. 사람

들은 여자들이 '창조적 천재성'을 가지고 있지 않다고 앞다퉈 주장했다. 이는 최근 안티페미니스트인 마르트 보렐리 부인Mme Marthe Borély(1880~1955)[21]이 주장한 바이기도 하다. 그녀는 자기가 쓴 책들을 여자의 비논리성과 어리석음에 대한 생생한 증거로 만들려 했던 것 같다. 그래서 그 책들은 서로 반론을 제기하고 있다. 더욱이 선천적인 창조적 '본능'이라는 관념은 본질의 낡은 벽장 속에 있는 '영원한 여성'이라는 관념처럼 내던져 버려야만 한다. 어떤 여성 혐오자들은 좀 더 구체적으로, 여자가 신경쇠약 환자이기 때문에 가치 있는 것은 아무것도 창조할 수 없다고 단언한다. 그러나 대개는 같은 사람들이 천재는 신경증 환자라고 언명하고 있다. 아무튼 프루스트의 예는 심리적·생리적 불균형이 무능력도 평범함도 의미하지 않는다는 것을 충분히 보여 주고 있다. 역사적으로 여자의 성질을 규정하는 논거에 대해 우리는 어떻게 생각해야 하는지 방금 살펴보았다. 역사적 사실이 영원한 진리를 명확하게 규정한다고 간주할 수 없다. 상황은 변화하기 때문에 역사적 사실도 역사적으로 나타나는 한 상황을 표현하는 것에 불과하다. 천재적인 작품 – 혹은 그저 작품 하나 - 을 완성할 모든 가능성이 여자들에게 거부되어 있었는데, 어떻게 여자들 가운데 천재가 있을 수 있겠는가? 예전에 오랜 역사를 지닌 유럽은 예술가나 작가를 한 사람도 배출하지 못한 미국인들을 야만적이라고 한껏 경멸했다. 이에 대해 제퍼슨Thomas Jefferson(1743~1826)[22]은 요컨대 이렇게 대답했다. "우리에게 우리 존재의 정당성을 증명하라고 요구하기 전에 우리가 존재하도록 놔 두어라." 단 한 명의 휘트먼도 멜빌도 낳지 못했다고 흑인을 비난하는 인종주의자들에게 흑인들도 같은 답변을 하고 있다. 프랑스의 프롤레타리아도 라신이나 말라르메의 이름에 대적할 수 있는 어떤 이름도 내세우지 못한다. 자유로운 여자는 이제 겨우 모습을 드러내고 있다. 그녀가 자기의 한계를 극복하는 날에 아마도 랭보의 예언은 정당하다는 것이 증명될 것이다. "시인들이 생겨날 것이다! 여자의 끝없는 노예 상태가 무너질 때, 여자가 자기를 위하여 자기의 힘으로 살아가게 될 때, 남자 – 지금까지는 가증스러운 – 가 여자를 해방하게 되므로 여자도 역시 시인이 될 것이다! 여자는 미지의 것을 발견할 것이다. 여자의 '정신세계'가 우리 남자의 정신세계와 다를 것인가? 여자는 기이한, 불가해한, 혐

---

21 *프랑스 작가
22 *미국의 제3대 대통령

오감을 일으키는, 감미로운 것들을 발견할 것이고, 우리는 그것들을 취하고 이해하게 될 것이다."[23] 여자의 '정신세계'가 남자의 그것과 다를지는 확실하지 않다. 왜냐하면 여자는 남자의 정신세계에 동화함으로써 해방될 것이기 때문이다. 여자가 어느 정도로 독특하게 남아 있을지, 이러한 독특함이 어느 정도로 중요성을 간직하게 될지 알기 위해서는 매우 담대한 예견을 시도해야만 할 것이다. 확실한 것은, 지금까지는 여자의 가능성이 억압되어 인류에 손실이었다는 것이다. 그리고 바야흐로 여자 자신을 위해서, 모두를 위해서 여자가 마침내 모든 기회를 잡을 수 있도록 할 때라는 것이다.

23 1871년 5월 15일, 피에르 드므니 Pierre Demeny에게 보내는 편지

결론

"아니, 여자는 우리의 형제가 아니다. 나태함과 타락으로 인해 우리는 여자를 예외적이고 알 수 없는 미지의 존재로, 자기의 성性 외에는 다른 무기라고는 없는 존재로 만들어 버렸다. 이것은 끊임없는 전쟁일 뿐만 아니라 그 무기도 공명정대하지 않은 영원한 작은 노예가 갖는 경계심이다. 열애하거나 증오하더라도 여자는 우리의 솔직한 동반자가 아니라 단체 정신으로 무리를 이루는 존재, 비밀 결사를 조직하고 있는 존재다."

쥘 라포르그의 이 말에 아직도 많은 남자가 찬동할 것이다. 양성 간에는 언제나 '음모와 반목'이 그치지 않을 것이고, 우애가 절대 가능하지 않으리라 생각하는 사람들이 많다. 사실 오늘날 남자도 여자도 서로에게 만족하지 않는다. 그러나 문제는 남녀가 서로 싸우는 것이 근원적인 저주 때문인지, 아니면 그들 서로를 대립시키는 갈등이 인류 역사의 일시적 과도기를 표현하는 것인지를 아는 것이다.

앞에서 본 바와 같이, 전설이야 어찌 되었든 간에 어떤 생리적 운명도 **암컷**과 **수컷**이 서로에게 용납할 수 없는 영원한 적의를 품도록 강요하고 있지 않다. 저 유명한 사마귀 암컷조차도 달리 먹을 것이 없을 때 말고는, 또 종種을 위해서가 아니라면 수컷을 잡아먹지 않는다. 고등동물에서 하등동물에 이르기까지 모든 개체는 종에 종속되어 있다. 하지만 인류는 종과 달리 역사적으로 생성되어 왔다. 인류는 자연의 사실성을 감당하는 방식에 따라서 규정된다. 사실 세상에서 아무리 심한 악의를 품었다 해도, 여성과 남성 사이에 순수하게 생리적 차원의 적대 관계가 있다는 것을 알아내기란 불가능하다. 그래서 이런 적대 관계를 차라리 생물학과 생리학의 중간 지대인 정신분석학적으로 살펴보기로 한다. 흔히 말하기를 여자는 남자의 페니스를 부러워하여 그것을 거세하려 한다고 한다. 그러나 페니스에 대한 소아기의 욕망은 성인 여자의 생활에서, 그녀가 자기의 여성성을 하나의 거세 상태라고 느끼는 한에서만 대두된다. 그때 그녀가 남성의 생식기를 소유하기를 바라는 것은 남성성의 모든 특권을 구현하는 범위 내에서다. 남자를 거세하고자 하는 그녀의 꿈이 상징적 의미가 있다는 것은 쉽사리 인정된다. 즉, 사람들은 여자가 남자에게서 초월성을 박탈하기를 원한다고 생각하고 있다. 우리가 앞에서 보았듯이, 그녀의 소망은 그보다 훨씬 더 모호하다. 다시 말해 그녀는 모순적인 방식으로 이 초월성을 **갖고** 싶어 한다. 이것은 그녀가 초월성을 존중하는 동시에 부정하고, 초월성 속에 뛰어들려는 동시에 자기 안에 억류해 두려는 것을 상정한다. 이 말은 여자의 드라마가 성적인 차원에서 전개되는 것이 아니라는 의미다. 더욱이 섹슈얼리티는 우리에게 운명을 규정하거나 그 자체로 인간 행동의 열쇠를 제공하는 것처럼 보인 적이 한 번도 없다. 다만 하나의 상황 전체를 나타내는 것으로 보이며, 이런 상황을 규정하는데 기여한다. 남녀 양성 간의 투쟁은 여자와 남자의 해부학에 직접 내포되어 있지 않다. 남녀의 투쟁은 시간을 초월한 **관념**의 세계에서 **영원한** 여성이나 **영원한** 남성이라는 이러한 불확실한 본질 간에 싸움이 전개되는 것을 연상하게 된다. 사람들은 이 거대한 싸움이 지상에서 역사적으로 다른 시기에 전혀 다른 두 형태를 띠고 있다는 것에 주목하지 않고 있다.

내재 속에 갇혀 있는 여자는 이 감옥에 남자도 붙잡아 두려고 애쓴다. 그렇게 하면 감옥은 세계와 혼동되어 그녀는 거기에 갇힌 것을 더는 고통스러워하지 않을 것이다. 어머니, 아내, 여자 애인은 여간수가 되기 때문이다. 남자들이 체계화한 사회는 여자가 열등하다고 공포한다. 여자는 남자의 우월성을 파괴함으로써만 자기의 열등함을 없앨 수가 있다. 여자는 남자를 불구로 만들어 지배하려고 애쓴다. 남자의 의견에 반대하고, 남자의 진리와 가치를 부정한다. 그러나 그것을 통해서 여자는 자기방어만을 할 뿐이다. 여자를 내재에 가두고 열등하게 만든 것은 불변의 본질도, 비난받아 마땅한 선택도 아니다. 내재와 열등은 여자에게 강요된 것이다. 모든 억압은 전쟁 상태를 초래한다. 이 경우도 예외가 아니다. 사람들로부터 비본질로서 취급되면 실존자는 반드시 자기의 주권을 회복하려고 한다.

오늘날 싸움은 다른 양상을 띠고 있다. 여자는 남자를 지하 독방에 가두려는 대신에 거기에서 탈출하려고 애쓴다. 여자는 더 이상 남자를 내재의 지역으로 끌어들이려고 하지 않고, 자신이 초월의 빛 속으로 떠오르려고 한다. 그때 남자들의 태도가 새로운 충돌을 일으킨다. 남자는 마지못해 여자를 '놓아 주는 것이다.' 남자는 어디까지나 최고의 주체, 절대적으로 우월한 자로, 본질적 존재로 머물러 있으려 한다. 남자는 반려자인 여자를 실질적으로 자기와 대등한 사람으로 인정하기를 거부한다. 여자는 남자의 불신에 공격적인 태도로 응수한다. 이제 더는 각자 자기의 영역 속에 갇혀 있는 개인들 간의 전쟁이 아니다. 권리 회복을 요구하는 계급이 진격하지만, 특권 계급에 의해 궁지에 몰린다. 두 초월성은 맞대결을 펼친다. 두 자유는 상대방을 인정하는 대신에 한 쪽이 다른 쪽을 지배하려 한다.

이러한 태도의 차이는 정신적인 차원에서와 마찬가지로 성적인 차원에서도 뚜렷이 나타나고 있다. '여성적인' 여자는 스스로 수동적인 먹이가 되면서 남자도 자기와 같은 육체적 수동성으로 축소하려 한다. 여자는 스스로 순종적 물체가 됨으로써 자기가 일으키는 욕망으로 남자를 함정에 빠뜨리고 예속시키려고 애쓴다. 이와는 반대로 '해방된' 여자는 활동적이고 주도적이길 원하며, 남자가 자기에게 강요하는 수동성을 거부한다. 이와 마찬가지로 엘리즈와 그녀의 친구들은 남성적인 활동의 가치를 부정한다. 그녀들은 정신보다는 육체를, 자유보다는 우연성을, 창조적 대담성보다는 상투적 지혜를 각각 상위에 둔다. 그러나 '현대적인' 여자는 남성의 가치를 받아들인다. 그녀는 남자와 같은 자격으로 생각하고 행동하고 노동하고 창조하는 것을 자랑스럽게 생각한다. 남자들을 격하하려는 대신에 자기가 남자들과 동등하다는 것을 주장한다.

여자가 구체적인 행동에서 자기를 표현하는 한, 이러한 권리 회복 요구는 정당한 것이다. 그리고 그때 비난받을 것은 남자들의 오만불손이다. 그러나 남자들의 변명에 여자들도 자진해서 카드를 뒤섞어 버린다는 것을 말할 필요가 있다. 메이블 다지 같은 여자는 자기의 여성성의 매력을 통해 로런스를 노예로 만들려 했고, 다음엔 그를 정신적으로 지배하려 했다. 많은 여자가 남자와 대등하다는 것을 자기의 성공으로 증명하기 위해, 남자의 지지를 성적으로 확보하려고 노력한다. 그녀들은 구식의 존경과 새로운 경의의 표시를 동시에 요구하면서 기회주의적으로 자기들의 낡은 마법과 젊은 권리에 양다리를 걸친다. 이에 화가 난 남자가 수세를 취하는 것은 이해된다. 그러나 남자가 경계심이나 적대감으로 여자에게 필요불가결한 성공의 수단을 거부하는 한편 정정당당하게 승부를 겨루라고 요구한다면, 남자 역시 이중성을 가지고 있다고 할 수 있다. 사실 여자의 존재 자체가 불투명성이므로 그들 간의 싸움은 명백한 모습을 띨 수 없을 것이다. 여자는 남자 앞에 주체로서가 아닌 역설적으로 주체성이 부여된 객체로서 대항하여 일어선다. 여자는 *자기*로서 동시에 **타자**로서 자기를 감당한다. 이것은 참으로 곤혹스러운 결과를 초래하는 모순이다. 여자는 약함과 힘을 동시에 무기로 삼아 미리 준비된 계산에 의한 것이 아니라 본능적으로 자기에게 강요되었던 길, 즉 수동성의 길에서 구원을 찾고 동시에 능동적으로 주권을 회복하려고 한다. 필시 이러한 방법이 '정정당당한 싸움'이 아닐지 모르나, 그 방법은 여자에게 할당된 모호한 상황 때문에 조건 지워진 것이다. 하지만 남자는 여자를 자유로운 존재로 대우하는데도 자기를 함정에 빠뜨리고 있다고 분개한다. 남자는 자기 먹이인 범위 안에서만 여자의 비위를 맞추고 만족시켜 주지만, 여자의 자립에 대한 포부를 귀찮게 여긴다. 남자는 무엇을 하든 간에 농락당했다고 느끼고, 여자는 침해당했다고 생각한다.

여자와 남자가 서로를 동류로 인정하지 않는 한, 다시 말해 여성성이라는 것이 현 상태대로 영속되는 한 싸움은 그치지 않을 것이다. 여성성을 유지하는 데 여자와 남자 중 어느 쪽이 더 필사적인가? 여성성에서 해방되는 여자도 역시 여성성의 특전만은 보존하고 싶어 한다. 그러면 남자는 여자가 그 특전의 제한을 받아들일 것을 주장한다. "다른 쪽 성을 두둔하기보다 한 쪽 성을 비난하기가 더 쉽다"고 몽테뉴는 말한다. 비난과 칭찬을 분배하는 것은 쓸데없는 일이다. 사실 여기서 악순환을 끊기가 그토록 힘든 것은 남녀 양성이 저마다 상대의 희생자인 동시에 자기의 희생자이기 때문이다. 이 싸움이 아무에게도 득이 되지 않기 때문에 순수한 자유에서 대결하는 두 적수 사이에는 화합이 이루어질 수도 있을 것이다. 그러나 이 모든 일의 복잡성은 각 진영이 적의 공범이기도 하다는 데서 온다. 여자는 자기 포기의 꿈을 추구하고 있고, 남자는 자기소외의 꿈을 뒤쫓고 있다. 거짓된 삶은 아무 이익이 안 된다. 저마다 안이함에 유혹되어 스스로 초래한 불행을 상대방의 탓으로 돌린다. 여자와 남자가 저마다 상대방에게 증오하는 것은 자신의 기만과 비겁함의 생생한 실패다.

남자들이 처음에 무슨 이유로 여자들을 예속시켜 왔는지는 앞에서 이미 본 바와 같다. 여성성의 가치 하락은 인류 진보에 필요한 한 단계였다. 그러나 그 단계에서 양성의 협력이 일어났을 수도 있었을 것이다. 억압은 실존의 주체인 인간이 자기 자신으로부터 도망치기 위해 억압하는 타자 속에 자기를 소외하는 경향으로 설명된다. 오늘날 개개의 남자 속에서 이러한 경향이 다시 발견된다. 그리고 대다수 남자가 그것에 굴하고 있다. 남편은 아내 속에서, 남자 애인은 정부 속에서 석상의 모습을 한 자기를 찾고 있다. 남자는 여자 속에서 남성성과 지배력이라는 직접적인 현실성의 신화를 추구한다. "내 남편은 절대 영화관에 가지 않는다"고 아내는 말한다. 그리하여 확정되지 않은 남자의 의견은 영원한 대리석에 새겨지게 된다. 그러나 남자 역시 자기 분신의 노예다. 그가 자기 이미지를 만들기 위해 얼마나 수고를 하는지 모른다! 게다가 그 이미지 속에서 그는 언제나 위태위태하다! 그 이미지는 모름지기 여자들의 변덕스러운 자유에 근거하고 있다. 그러므로 남자는 부단히 이 자유를 자기에게 유리하게 되도록 해야 한다. 남자는 사나이답고 위엄 있고 우월하게 보이려고 고심한다. 남자는 사람들이 자기에게 연극을 하게끔 자신도 연극을 하는 것이다. 그 역시 공격적이며 불안해하고 있다. 남자는 여자들에게 적대감을 가지고 있는데, 이는 여자들을 무서워하기 때문이다. 남자가 여자들을 무서워하는 것은 그가 자기로 잘못 알고 있는 인물을 무서워하기 때문이다. 그가 얼마나 많은 시간과 힘을 여러 가지 콤플렉스를 청산하고 승화하고 전환하는 데 낭비하고, 여자들에 관해 이야기하고 여자들을 유혹하고 두려워하는 데 허비하는가! 여자들을 해방함으로써 남자들을 해방할 것이다. 그러나 그것이 바로 그가 무서워하는 것이다. 그래서 남자는 언제까지나 여자를 사슬에 묶어 두기 위한 속임수에 열중하는 것이다.

많은 남자가 여자가 속고 있다는 것을 의식하고 있다. "여자라는 것은 얼마나 불행한 일인가! 그러나 여자의 진짜 불행은 여자인 것이 불행이라는 사실을 모른다는 것이다"라고 키르케고르는 말한다.[1] 사람들은 이 불행을 위장하려고 오랫동안 노력해 왔다. 예를 들면, 후견 제도를 폐지하고 여자에게 '보호자'를 부여했다. 그 보호자가 고대 후견자의 권리를 가졌다고 하더라도 이는 여자 자신의 이익을 위한 것이라 변명했다. 여자에게 노동을 금하고 가정에 머물러 있도

---

1 **취중에 본성이 드러난다**In vino veritas. 그는 또 이렇게 말한다. "우아함은 - 무엇보다도 - 여자의 몫이다. 그리고 여자가 그것을 망설임 없이 받아들인다는 사실은, 가장 약한 자에게, 가장 불우한 자에게, 물질적 보상보다 환상을 더 좋아하는 사람에게 자연이 베푸는 배려로 설명된다. 그러나 이런 환상은 그녀에게는 실로 치명적이다. (⋯) 상상 덕분에 비참함에서 해방되었다고 느끼는 것, 상상에 속는 것, 그것은 한층 더 심각한 조롱이 아닌가? (⋯) 여자는 버림받은 존재가 전혀 아니지만 어떤 의미에서 버림받은 존재다. 왜냐하면 그녀를 위로하기 위해 자연이 사용했던 환상에서 절대 해방될 수 없기 때문이다."

록 하는 것은, 여자를 보호하는 것이며 여자의 행복을 보장하는 것이라고 말한다. 가사와 육아 같이 여자에게 과해지는 단조로운 임무를 어떤 시적詩的 베일로 숨겨 왔는지는 이미 살펴본 바와 같다. 사람들은 여자에게 자유 대신 '여성성'이라는 기만적인 보석을 선물했다. 발자크가 남자에게 조언하기를, 여자를 여왕이라고 설득하면서 노예로 취급하라고 했다. 그는 이런 술책을 대단히 잘 서술했다. 많은 남자는 그보다는 덜 노골적이지만, 여자가 진정 특혜받은 존재라는 것을 스스로 확신하게 하려고 노력한다. 오늘날 '하층 계급의 이득'이라는 이론을 진지하게 가르치는 미국의 사회학자들이 있다. 프랑스에서도 – 이것처럼 학문적인 방법은 아니지만 – 노동자들이 운 좋게 '풍채가 당당하지' 않아도 되는 이익이 있다고 흔히 주장되었다. 더욱이 거지들은 누더기를 걸칠 수 있고 길바닥에 누워 잘 수도 있지만 이런 즐거움이 보몽 백작과 방델François Ignace de Wendel(1741~1795)[2] 같은 불쌍한 신사들에게는 금지되어 있다는 것이다. 이가 들끓는데도 즐겁게 몸을 긁어 대는 태평스러운 사람들, 가죽 끈으로 엮은 채찍을 맞으면서도 연신 웃어 대는 유쾌한 흑인 노예들, 굶어 죽은 자기 아이를 입술에 미소를 머금으며 땅에 파묻는 수스 지방의 쾌활한 아랍인들과 같이 여자는 면책이라는 비할 데 없는 특권을 누리고 있다. 고통도 없고 부담도 없고 근심도 없는 여자는 확실히 '운명'을 잘 타고났다는 것이다. 당황스러운 것은 고집 센 사악함으로 인해 – 필시 원죄와 관계가 있는 – 수 세기에 걸쳐 여러 나라를 통해 운명을 잘 타고난 사람들이 항상 은인들에게 "이것은 지나쳐요! 나는 당신 것으로 만족하겠어요!"라고 목청을 높인다는 것이다. 그러나 훌륭한 자본가들, 너그러운 식민지 경영자들, 멋진 남자들은 한 치도 양보하지 않는다. "복을 차 버리지 마시오. 잘 간직하고 있어요!"라고 하면서.

사실 남자들은 여자 동료에게서 억압자가 통상 피억압자에게서 발견하는 것 이상의 암묵적인 동조를 발견한다. 그리고 그것을 구실 삼아 악의적으로 여자에게 강요한 운명을 여자가 **원했다**고 선언한다. 앞에서 보았듯이, 사실상 여자가 받는 모든 교육은 그녀에게 반항과 모험의 길을 차단하도록 획책하고 있다. 사회 전체 – 존경받는 부모를 위시하여 – 가 여자에게 사랑, 헌신, 자기희생에 높은 가치를 부여하게 하고, 애인도 남편도 아이들도 그런 거추장스러운 짐을 지려 하

지 않으리라는 것을 숨기면서 거짓말을 한다. 그녀는 이런 거짓말을 흔쾌히 받아들인다. 왜냐하면 남자들이 여자에게 안이함을 따르도록 권유하기 때문이다. 이는 남자가 여자에게 저지르는 가장 해로운 죄악이다. 사람들은 유년기부터 평생에 걸쳐 여자에게 자기 자유에 대한 불안을 느끼는 모든 실존자를 유혹하는 자기 포기를 여자의 소명으로 지정하면서 여자를 타락시키고 망가뜨린다. 아이에게 공부할 기회를 주지 않고, 공부하는 것에 대한 유용성도 보여 주지 않은 채 온종일 놀게만 하여 게으름으로 유도해 놓고 성인이 되었을 때, 그가 무능하고 무지하게 되기를 선택했다고 말할 수는 없을 것이다. 이와 마찬가지로, 사람들은 여자에게 자기 존재에 대한 책임을 스스로 감당할 필요성을 한 번도 가르치지 않은 채 여자를 양육하고 있다. 그녀는 타인의 보호나 사랑이나 도움이나 지도에 의지하는 데 선뜻 빠져 버린다. 그녀는 아무것도 *하지* 않고서도 자기 존재를 실현할 수 있다는 희망에 사로잡힌다. 유혹에 지는 것은 여자의 잘못이다. 그렇다고 해서 남자가 여자를 비난할 수는 없다. 왜냐하면 그녀를 유혹한 것은 남자 자신이기 때문이다. 남녀 사이에 충돌이 일어났을 때, 각자는 그 상황에 대한 책임을 상대방에게 전가할 것이다. 여자는 남자에게 그런 상황을 만든 것을 비난할 것이다. "사람들은 나에게 이치를 따지고, 돈을 벌어 생계를 꾸리는 것에 대해 가르쳐 주지 않았다……." 남자는 그런 상황을 받아들인 여자를 비난할 것이다. "너는 (…) 아무것도 모르고, 무능한 여자야……." 저마다 공세를 취함으로써 자기를 정당화할 수 있다고 믿는다. 그러나 한쪽의 잘못이 다른 쪽을 무죄로 만들지는 않는다.

　여자들과 남자들을 싸우게 하는 수많은 분규는 둘 중에 어느 쪽도 한쪽이 제안하고 다른 쪽이 감내하는 그런 상황의 모든 결과를 책임지지 않는 데서 온다. 한쪽은 전제주의를 숨기기 위하여, 다른 쪽은 비겁함을 숨기기 위하여 사용하는 '불평등 속의 평등'이라는 이 모호한 개념은 현실에서의 경험을 통해 그 실체가 드러난다. 즉, 그들의 교환에서 여자는 남자가 보장해 준 추상적 평등을 주장하고, 남자는 자기가 확인하는 구체적 불평등을 주장한다. 모든 관계에서 **준다**와 **빼앗는다**는 말의 모호함에 관한 무한한 논쟁이 계속되는 이유는 거기에서 온다. 즉, 여자는 자기가 모든 것을 준다고 불평하고, 남자는 여자가 모든 것을 가져간다고 항의한다. 교환 ─ 그것은 경제학의 기본 원칙이다 ─ 에서 제공된 상품의 가치는 파는 사람이 아니라 사는 사람에 의해 결정된다는 사실을 여자가 이해하는 것이 필요하다. 사람들은 여자가 무한한 가치를 소유하고 있다고 설득함으로써 여자를 속여 왔다. 사실 여자는 남자에게 단지 하나의 오락이자 쾌락이고 반려이며, 비본질적 재산이다. 반면 남자는 그녀의 존재 의미이며 이유다. 그러므로 교환은 같은 자질의 두 물건 사이에서 이루어지지 않는다. 이런 불평등은 특히 그들이 함께 보내는 시간 – 겉으로는 같은 시간처럼 보이지만 – 이 두 사람에게 같은 가치를 지니지 않는다는 사실에서 눈에 띈다. 정부와 보내는 저녁 시간 동안에 남자는 자기 직업에 유익한 일을 할 수도 있고, 친구들을 만날 수도 있으며, 교분을 쌓을 수도 있고 기분 전환을 할 수도 있다. 정상적으로 사회의 일원이 된 남자에게 시간은 실제적 부富다. 곧 돈과 명성과 쾌락이다. 이와 반대로 하는 일이 없어 권태로워하는 여자에게 시간은 단지 털어 내고 싶은 짐일 뿐이다. 시간을 그럭저럭 보내는 데 성공하는 즉시 그녀는 이익을 보는 것이다. 그러므로 남자와 같이 있다는 것은 순수한 이익이 된다. 많은 경우에 남녀 관계에서 남자의 관심을 가장 명확하게 끄는 것은 그가 거기서 끌어내는 성적인 이득이다. 극단적으로 말해서, 남자는 기껏해야 정부와 사랑을 행하는 데 필요한 시간만을 보내는 것으로 만족할 수도 있다. 그러나 – 예외는 제외하고 – 여자 쪽에서는 무엇을 해야 할지 모르는 남아도는 시간을 모두 '팔아 치우는' 것을 바란다. 그래서 – 손님이 무를 '사 주어야만' 감자를 파는 상인처럼 – 여자는 애인이 함께 대화하고 외출하는 시간을 덤으로 '주어야지만' 비로소 몸을 허락한다. 전체 비용이 남자에게 너무 많아 보이지 않는다면 균형은 이루어질 수 있다. 물론 그것은 남자의 욕망 강도와 그에게 희생하는 그 일이 얼마나 중요하느냐에 달려 있다. 그러나 만약 여자가 너무 많은 시간을 요구 – 제공 – 한다면, 넘쳐흐른 강물처럼 그녀는 완전히 귀찮은 존재가 된다. 그리고 남자는 너무 많은 시간을 갖기보다는 차라리 시간을 전혀 갖지 않기를 선택할 것이다. 그러므로 여자는 요구 사항을 완화한다. 그러나 대부분은 이중의 긴장을 대가로 해서 균형이 이루어진다. 즉, 여자는 남자가 자기를 싼값으로 갖는다고 평가한다. 남자는 너무 비싸게 지급한다고 생각한다. 물론 이런 설명은 다소 해학적이다. 하지만 – 남자가 여자의 전부를 원하는, 질투에 찬 독점적 정열을 보이는 경우들을 제외하고 – 이런 갈등은 애정과 욕망, 사랑 자체에 들어 있다. 남자는 언제나 자기의 시간으로 '다른 할 일'이 있다. 반면에 여자는 자기 시간을 털어 내려고 한다. 그리고 남자는 여자가 그에게 할애하는 시간을 선물이 아니라 짐으로 여긴다. 일반적으로 남자는 자기가 유리한 쪽에 있다는 것을 잘 알기 때문에 그 짐을 짊어지는 데 동의하고 '양심에 가책을 느끼고' 있다. 그리고 남자가 어느 정도의 선의가 있다면, 조건의 불평등을 관대함으로 보상하려 노력한다. 하지만 자비로운 것을 공덕으로 삼는 남자는 첫 번째 충돌에서 여자를 배은망덕한 인간으로 취급하고, '내가 사람이 너무 좋아 탈이다'라고 하면서 분개한다. 여자는 자기가 한 선물의 커다란 가치를 믿어 의심치 않는데도 자기가 거지처럼 굴고 있다며 그에 대해 모욕감을 느낀다. 여자는 종종 잔인할 수 있음을 보여 주는데, 이것이 그런 잔인성을 설명해 준다. 여자는 양심에 거리낄 것이 없다. 왜냐하면 여자는 혜택받지 못하는 쪽에 속해 있어서 특권 계급에 대해 어떤 배려를 할 의무가 있다고 생각하지 않으며, 단지 자기를 방어할 생각만 하고 있다. 그녀는 자기를 만족시킬 줄 모르는 애인에게 원한을 나타낼 기회가 있으면 대단히 행복해하기조차 할 것이다. 즉, 여자는 애인이 충분히 주지 않으므로 야성적 기쁨으로 애인에게서 모든 것을 되찾아갈 것이다. 그러면 상처받은 남자는 매 순간 경멸해 왔던 관계의 전체적 가치를 발견한다. 남자는 여자에게 모든 것을 약속할 준비가 되어 있다. 그가 그 약속을 지켜야만 할 때, 다시 자기가 이용당했다고 생각하게 될 것을 무릅쓰고서라도. 남자는 정부가 강탈했다고 비난한다. 그러면 여자는 그의 인색함을 비난한다. 두 사람 모두 피해를 본다. 여기서도 변명과 비난을 늘어놓는 것은 헛된 일이다. 불공정의 한가운데서는 절대로 공정함을 만들어 낼 수 없다. 식민지 행정관은 토착민들에 대하여, 장군은 사병들에 대하여 올바르게 행동할 가능성이 전혀 없다. 그러나 남자는 남자가 아닐 수 없다. 그러므로 남자는 본의 아니게 죄인이 되고, 자신이 저지르지 않은 잘못으로 인하여 억압을 받는다. 이처럼 여자도 본의 아니게 희생자가 되고 악녀가 된다. 때로 남자는 반항하고 잔인함을 택하지만, 그렇게 되면 불공정의 공범자가 되고 과실은 진정 자기가 저지른 것이 되어 버린다. 때로 그는 권리를 요구하는 희생자가 자기를 없애 버리거나 잡아먹도록 놔둔다. 그러나 그때 그는 속았다고 느낀다. 흔히 그는 자기를 작아지는 동시에 거북하게 만드는 타협에서 멈춰 선다. 선의의 남자는 이런 상황 때문에 여자보다도 더 많이 괴로워하게 된다. 즉, 어떤 의미에서는 패자 쪽에 있는 것이 언제나 더 유리한 것이다. 그러나 만약 여자도 선의의 인간이라면, 자립할 수 없는 데다 자기 운명의 무게로 남자를 짓누르는 것을 혐오하므로 빠져나올 수 없는 혼란 속에서 발버둥친다. 만족스러운 해결책을 가져오지 못하는 이런 경우는 일상생활에서 수없이 일어난다.

왜냐하면 그런 경우들은 만족스럽지 못한 조건들에 의해 규정되어 있기 때문이다. 더는 사랑하지 않는 여자를 물질적으로나 정신적으로나 계속 도와줄 책임이 있다고 생각하는 남자는 자기를 희생자라고 느낀다. 그러나 자기에게 일생을 건 여자를 남자가 아무 대책 없이 버린다면, 그녀 역시 불공정하게 희생자가 될 것이다. 불행은 개인적인 사악함에서 오는 것이 아니라 ― 그런데 악의는 저마다 상대에게 책임을 전가할 때 시작한다 ― 모든 개별적인 행동이 무력해지는 상황에서 온다. 여자들은 '찰거머리'이고 무거운 짐이다. 또한, 여자들은 그로 인해 고통스러워한다. 그것은 여자들이 다른 유기체의 생명을 빨아먹는 기생충의 운명을 가졌기 때문이다. 여자들에게 자립적인 생명 조직을 부여하고, 여자들이 세계에 대항해 싸우고 거기서 생존에 필요한 수단을 끌어내도록 하면 여자들의 의존성은 사라질 것이다. 남자의 의존성 역시 사라질 것이다. 남녀 모두 지금보다 훨씬 더 건강하게 지내리라는 것은 의심의 여지가 없다.

여자와 남자가 평등하게 될 세계는 상상하기 쉽다. 왜냐하면 그것은 정확히 소비에트 혁명이 **약속한** 세계이기 때문이다. 남자들과 똑같이 양육되고 교육받은 여자들은 같은 조건에서[3] 같은 임금을 받으며 노동할 것이다. 연애의 자유는 풍습에 의해 받아들여지겠지만 성적 행위는 더 이상 보수를 받는 '봉사'로 여겨지지 않을 것이다. 여자는 다른 생계 수단을 확보**해야만** 할 것이다. 결혼은 당사자들이 원하는 때에 즉시 해약할 수 있는 자유로운 계약 위에 성립될 것이다. 모성은 자유로울 것이다. 즉, **산아제한**과 낙태는 허용될 것이고, 그 대신 여자들이 기혼이든 미혼이든 모든 어머니와 아이들에게 정확히 똑같은 권리가 부여될 것이다. 임신 휴가의 비용은 아이들을 책임지는 공동체가 지급할 것인데, 이는 아이들을 부모에게서 **빼앗는 것**을 의미하는 게 아니라 부모들에게만 **내맡기지** 않을 것이라는 의미다.

그러나 여자와 남자가 진정으로 평등해지기 위해 법, 제도, 풍습, 여론, 그리고 모든 사회적 상황을 변화시키는 것만으로 충분할까? 회의주의자들은 "여자는 어디까지나 여자일 것이다"라고 말한다. 어떤 예언가들은 여성성을 걷어내 버린다고 해서 여자가 남자로 변할 수는 없을 것이며, 여자들은 괴물이 될 것이라고

---

3 너무 힘든 몇몇 직업이 여자들에게 허용되지 않겠지만, 그렇다고 해서 그것이 이 계획에 어긋나는 것은 아니다. 남자들 사이에서도 점점 더 직업상의 적합성을 실현하려 하고 있다. 여자들의 신체적·지적 능력이 선택 가능성을 제한하고 있다. 아무튼, 우리가 요구하는 것은 성이나 계급에 어떤 경계도 짓지 않는 것이다.

예언한다. 이는 오늘날의 여성이 자연의 창조물이라는 것을 인정하는 것이다. 다시 한 번 반복해 말해야 할 것은, 인간 집단에는 아무것도 자연적인 것이 없으며, 특히 여자는 문명이 공들여 만들어 낸 산물이다. 여자의 운명에 타인의 개입은 근원적이다. 만약 이런 개입 행위가 다르게 계획되었다면, 여자는 전혀 다른 결과에 이르렀을 것이다. 여자는 호르몬이나 신비한 본능에 의하여 규정되는 것이 아니라, 자기의 육체와 세계와 맺는 관계를 외부의 다른 의식들을 통해 파악하는 방법에 따라 규정된다. 사춘기 소년과 소녀를 분리하는 심연은 그들의 유년기 초기부터 용의주도하게 만들어졌다. 그러므로 나중에 만들어진 *대로의* 여자가 되는 것을 막을 수 없을 것이며, 여자는 언제나 이런 과거를 자기 뒤에 끌고 다닐 것이다. 만약 그 과거의 무게를 헤아려 본다면, 그녀의 운명이 영원 속에 고정되어 있지 않다는 사실을 명백히 이해할 수 있다. 분명, 여자가 변화하기 위해서 여자의 경제적 조건을 수정하는 것으로 충분하리라고 생각해서는 안 된다. 이것은 여성 진보의 가장 중요한 요소였고, 또 여전히 그렇다. 그러나 이 요소가 예고하고 또 강력하게 요구하는 정신적·사회적·문화적 등등의 결과를 초래하지 않는 한 새로운 여자는 나타날 수 없을 것이다. 현재로서는 그러한 결과가 그 어느 곳에서도, 심지어 소련·프랑스·미국에서도 나타나지 않았다. 그리고 그 때문에 오늘날의 여성은 과거와 미래 사이에서 이러지도 저러지도 못하고 있다. 여자는 대개 남자로 변장한 '진정한 여자'처럼 보이고, 남자의 복장에서와 마찬가지로 자기의 몸속에서도 불편해한다. 여자는 완전히 딴사람이 되어야 하고, 자기 자신의 참된 복장을 해야 한다. 여자는 집단적인 변화의 도움을 받지 않고서는 거기에 도달할 수 없을 것이다. 오늘날 고립된 어떤 교육자도 '남자 인간'에 정확히 상응하는 '여자 인간'을 만들어 낼 수 없다. 남자아이로 키워진 젊은 처녀는 자기를 예외적이라고 느끼며, 그로 인해 새로운 종류의 정의定義를 받아들여야만 한다. 스탕달은 그것을 잘 이해하고서 "숲 전체에다 단번에 나무를 심어야 한다"고 말했다. 그러나 이와 반대로 우리가 양성평등이 구체적으로 실현될 사회를 가정한다면, 이런 평등은 각 개인 속에 새로이 명확하게 드러날 것이다.

여자아이가 아주 어린 나이에서부터 남자 형제들과 같은 요구와 같은 자랑거리, 같은 엄격함과 같은 자유로 양육되고, 같은 학업과 같은 놀이에 참여하면서 같은 미래를 약속받고, 여자아이에게 명백히 평등하게 보이는 여자들과 남자들에게 둘러싸여 있다면 '거세 콤플렉스'와 '오이디푸스 콤플렉스'의 의미는 근본적으로 바뀔 것이다. 아버지와 똑같은 자격으로 부부의 물질적이고 정신적인 책임을 담당하는 어머니는 똑같이 지속적인 위엄을 누릴 것이다. 여자아이는 자기 주위에 남성의 세계가 아닌 남녀 양성의 세계를 느낄 것이다. 여자아이가 애정적으로 아버지에게 더 끌렸다 해도 – 이것이 확실하지는 않지만 – 아버지에 대한 아이의 애정은 무력감이 아니라 아버지와 대적해 보겠다는 의지 때문에 미묘한 변화를 보일 것이다. 즉, 여자아이가 수동성으로 향하지는 않을 것이다. 공부와 운동에서 자기의 가치를 증명하는 것이 허용된 여자아이는 남자아이들과 능동적으로 경쟁하므로 페니스의 부재가 – 아이의 약속으로 보상되어 - '열등감'을 낳는 데 충분치 않을 것이다. 상관적으로, 사람들이 남자아이에게 '우월 콤플렉스'를 불어넣지 않고 여자를 남자만큼이나 존중한다면, 남자아이는 자연적으로 우월감을 느끼지 않을 것이다.[4] 따라서 여자아이는 나르시시즘이나 꿈속에서 부질없는 보상도 찾지 않을 것이다. 여자아이는 자기의 운명이 처음부터 정해져 있는 것으로 여기지 않을 것이고, 자기가 *하는* 것에 흥미를 느낄 것이며, 자기의 기획에 망설임 없이 참여할 것이다. 사춘기에 소녀가 소년과 똑같이 성인의 자유로운 미래를 향해 초월한다면, 그녀의 사춘기가 얼마나 더 수월할지는 내가 이미 말한 바 있다. 월경이 그녀에게 그토록 혐오감을 일으키는 것은 그것이 여성성 속으로의 적나라한 추락을 의미하는 것이기 때문이다. 그녀가 자기 운명 전체에 대해 질겁하여 거부감을 느끼지 않는다면 그녀는 미성숙한 젊음의 에로티시즘을 더 평온하게 잘 감당할 수 있을 것이다. 일관성 있는 성교육은 이 위기를 극복할 수 있도록 그녀에게 많은 도움을 줄 것이다. 그리고 남녀 공학의 덕택으로 **남자**라는 위엄 있는 신비감은 생겨날 여지가 없을 것이다. 그런 신비감은 일상적 친교와 공공연한 경쟁으로 사라질 것이다. 이런 교육 제도에 대한 반대론은 언제나 성적 금기에 대한 존경심을 내포하고 있다. 그러나 어린아이에게서 호기심과 쾌락을 금지하려는 것은 헛된 일이다. 그러한 방법으로는 단지 억압이나 강박관념이나 신경증을 일으킬 뿐이다. 사춘기 소녀의 열띤 감상주의, 동성애의 정열, 플라토닉한 열정은 어리석은 짓과 주의산만이 뒤따르는 것이어서 몇몇 유치한 장난이나 어느 정도 분명한 성적 경험보다 훨씬 더 해롭다. 젊은 처녀에게 특히 유

---

4 내가 아는 여덟 살의 남자아이는 모두 독립적이고 활동적인 어머니, 아주머니, 할머니와 반신불수의 할아버지와 함께 살고 있다. 그 아이는 자기 어머니가 아무리 열심히 타일러 보아도, 여성에게 지독한 '열등감'을 가지고 있다. 학교에서는 학우들과 선생님들을 가엾은 남자들이라고 무시한다.

익한 것은 남자 속에서 반신半神을 찾지 않고 - 단지 학우나 친구나 파트너를 찾기 때문에 - 자기 실존의 책임을 스스로 감당하는 데에 등을 돌리지 않게 될 것이다. 에로티시즘과 사랑은 자유로운 초월의 성격을 띨 것이며, 자기 포기의 성격을 갖지 않을 것이다. 그녀는 그것들을 동등한 관계로 경험할 수 있을 것이다. 물론 아이가 어른이 되기 위해 극복해야 할 모든 어려움을 단번에 제거하는 것은 어림없는 일이다. 가장 현명하고 관용적인 교육은 아이가 자기 힘으로 경험하는 것을 막지 않을 것이다. 아이가 나아가는 길에 이유 없이 장애물을 쌓아두지 않는 것이 바람직하다. 여자아이들이 이른바 '불량' 소녀로 낙인찍혀 배척되지 않는 것만으로도 이미 하나의 진보다. 정신분석학은 부모를 얼마간 깨우쳤다. 하지만 여성의 교육과 성적 입문이 실행되는 현재의 조건이 지극히 유감스러우므로, 근본적인 변화를 주장하는 견해에 반대하는 어떤 의견도 유효할 수 없을 것이다. 문제는 여자 속에서 인간 조건의 우연성과 비참함을 없애는 게 아니라, 그것들을 극복하는 수단을 여자에게 제공하는 것이다.

여자는 어떤 신비스러운 숙명의 희생자가 아니다. 여자를 명시하는 특수성은 그 특수성이 담고 있는 의미에서 중요성을 끌어낸다. 그 특수성은 새로운 전망에서 파악하게 되는 즉시 극복될 수 있을 것이다. 이처럼 우리가 이미 본 바와 같이 여자는 자기의 에로틱한 경험을 통해 남성의 지배를 - 흔히 아주 싫어하고 - 느낀다. 그렇다고 해서 여자의 난소가 그녀에게 영원히 무릎 꿇고 살도록 한다고 결론지어서는 안 된다. 남자의 공격성은 남자의 지배력을 전적으로 긍정하려 획책하는 체제의 한가운데서만 비로소 영주의 특권처럼 보인다. 그리고 여자가 사랑의 행위에서 스스로 심히 수동적이라고 *느끼는* 것은 이미 자기를 그렇게 *생각하고* 있기 때문일 뿐이다. 인간적 존엄성의 당연한 권리를 주장하고 있는 많은 현대적인 여성은 에로틱한 생활을 아직도 노예 상태의 전통에 따라 파악하고 있다. 그래서 남자 아래 누워 삽입되는 게 굴욕적으로 보이고, 그녀들의 몸은 불감증으로 오므라든다. 그러나 현실이 다르다면 사랑의 몸짓과 체위가 상징적으로 표현하는 의미도 달라질 것이다. 예를 들면, 애인에게 돈을 지급하고 그를 지배하는 여자는 자기의 당당한 무위에 대해 자부심을 느끼고, 자기가 활발하게 힘을 소모하는 남자를 예속시키고 있다고 여길 수 있다. 승리와 패배의 개념이 교류의 관념에 자리를 내 준, 성적으로 균형 잡힌 커플이 벌써 많이 존재하고 있다. 사실 남자도 여자와 마찬가지로 하나의 육체다. 따라서 수동성이고, 호르몬과 종의 장난감이며, 자기 욕망의 불안한 먹이다. 그리고 여자도 남자와 마찬가지로 육체적 정열의 한가운데서 자발적으로 동의하고 자유의사에 따라 자기 증여를 하는 활력이기도 하다. 남자와 여자는 저마다 자기 방식으로 육체화한 실존의 기이한 모호성을 체험하며 살아가고 있다. 그들은 서로 맞서 싸우고 있다고 생각하지만 실은 각자 자기에 대항해 싸우고 있다. 즉, 자기가 거부하는 자기 자신의 일부분을 파트너에게 투사해서 그것과 싸우는 것이다. 자기가 처한 조건의 모호성을 받아들이며 살아가는 대신에 저마다 그 비천함을 상대방에게 짊어지게 하려고 하며, 그 명예는 자신을 위해 남겨 두려고 애쓴다. 하지만 양자가 모두 진정한 자존심과 상관적인 명석한 겸손함으로 그것에 대한 책임을 감당한다면, 그들은 서로를 동등한 사람으로 인정할 것이고 우애 속에서 에로틱한 생활을 할 것이다. 인간이라는 사실은 인간들을 구별시키는 그 모든 특이성보다도 한없이 더 중요한 것이다. 주어진 조건이 우월성을 부여하는 것은 결코 아니다. 고대인들이 '덕'이라고 불렀던 것은 '우리에 의해 좌우되는 것'의 수준에서 규정된다. 남녀 양성 속에서는 육체와 정신, 유한과 초월이라는 똑같은 드라마가 진행되고 있다. 남녀는 모두 시간에 잠식되고 죽음에 위협받고 있으며, 타자에 대해 똑같이 본질적인 필요성을 느낀다. 그리고 그들은 자기들의 자유에서 똑같은 영광을 끌어낼 수 있다. 그들이 그 영광을 맛볼 줄 안다면 사이비 특권에 대해 더는 다투려 하지 않을 것이다. 그리고 그때 두 사람 사이에 우애가 생겨날 수 있을 것이다.

사람들은 이 모든 고찰이 공상적이라고 말할지도 모른다. '여자를 개조하기' 위해서는 사회가 이미 남자와 평등한 여자를 *실제로* 만들어 놓았어야 한다는 것이다. 보수주의자들은 모든 유사한 상황에서 이런 악순환을 절대 놓치지 않고 지적했다. 그렇지만 역사는 선회하지 않는다. 확실히 어떤 계급을 열등한 상태에 묶어 놓는다면, 그 계급은 열등한 채로 머물러 있게 된다. 그러나 자유가 그 순환을 깨뜨릴 수 있다. 흑인에게 투표하게 하면 흑인은 투표하는 데 아무결격 사유가 없게 된다. 여자에게 책임을 부여하면 여자는 책임을 감당할 줄 알게 된다. 사실 억압자가 이유 없이 자발적인 관대함을 보이리라 기대할 수는 없을 것이다. 그러나 때로는 피억압자의 반항이, 때로는 특권 계급의 진보가 새로운 상황을 만들어 낸다. 그리하여 남자들은 자신의 이익을 위하여 여자들을 부분적으로 해방하는 데 이르렀다. 여자들은 자기들의 상승을 따라가기만 하면

되고, 자기들이 거두는 성공으로 고무될 것이다. 지금부터 다소 긴 시간이 걸리겠지만 여자들이 완전한 경제적·사회적 평등에 도달할 것임은 거의 확실해 보이며, 이는 내면적 변신도 초래할 것이다.

아무튼 그와 같은 세계가 가능하다고 해도 일부 사람들은 그것이 바람직하지 않다고 반대할 것이다. 여자가 자기 남자와 '똑같게' 되면 인생은 '그 짜릿한 맛'을 잃어버리게 된다고 한다. 이런 논법도 새로운 것은 아니다. 현재를 영속시키는 게 유리한 사람들은 젊은 미래에 미소를 보내지 않고, 사라지려 하는 놀라운 과거에 대해 언제나 눈물을 흘린다. 노예 시장을 폐지하면서 철쭉꽃과 동백꽃으로 화려하게 꾸며진 대농장들도 없어지고, 남부의 정교한 문명도 송두리째 파괴된 것은 사실이다. 오래된 아름다운 레이스는 시간의 다락방에서 시스티나 성당의 거세된 남성 성가대의 그 맑은 목소리와 운명을 함께했다. 그리고 어떤 '여자다운 매력'은 언젠가 먼지가 되어 사라져 버릴 위험에 처해 있다. 희귀한 꽃, 레이스, 거세된 가수의 수정 같은 목소리, 여자다운 매력을 음미할 줄 모르는 것은 야만적이라는 것을 나도 인정한다. '매력적인 여자'가 그 화려함 속에서 자신을 드러낼 때, 그녀는 랭보를 얼빠지게 만든 '어처구니없는 그림들, 문의 상부 장식, 무대 장치, 곡예사 그림, 광고판, 인기 있는 채색 삽화'보다도 훨씬 더 흥분시키는 대상이다. 가장 근대적 기교로 장식되고 최신 기술에 따라 공들여 만들어진 그녀는 태곳적부터 테베Thebae[5]에서, 미노스Minos[6]에서, 치첸이트사Chichénitza[7]에서 내려오는 것이다. 또한 그녀는 아프리카의 가시덤불 한복판에 세워진 토템이다. 그녀는 헬리콥터이며 새다. 그리고 이제 가장 위대한 기적이 일어난다. 그녀의 채색된 머리카락 밑에서 나뭇잎의 살랑대는 소리는 하나의 사상이 되고, 그녀의 젖가슴에서는 말이 새어 나온다. 남자들은 경이를 향해 탐욕스러운 손을 내민다. 그러나 그들이 움켜쥐는 순간 그것은 사라진다. 아내와 정부는 모든 사람처럼 자기들 입으로 이야기한다. 그녀들의 말은 겨우 그녀들이 지닌 것만큼의 가치밖에 없다. 그녀들의 유방 또한 그렇다. 그토록 순간적인 ─ 그리고 그토록 드문 ─ 기적이 남녀 모두에게 해로운 상황을 영속시키게 할 만한 것인가? 우리는 꽃의 아름다움이나 여자의 매력을 음미할 수 있고, 그

---

5 *그리스 보이오티아 지방에 있던 고대 도시 국가

6 *그리스의 크레타섬에 있었던 그리스 청동기 시대의 고대 문명

7 *10~13세기에 멕시코 유카탄반도에 있던 가장 위대했던 마야 문명의 중심지 중 하나

것들을 정당한 값으로 평가할 수 있다. 그러나 이런 보물들이 피와 불행으로 그 값을 치르게 한다면, 그것들을 아낌없이 버릴 줄 알아야 한다.

사실 남자들은 이런 희생을 유난히 부담스러워하는 것 같다. 여자가 자기실현을 이루는 것을 마음속 깊이 바라는 남자는 별로 없다. 그러면 여자를 경멸하는 남자들은 무엇을 얻을 수 있는지를 보지 않고, 여자를 소중히 하는 남자들은 잃게 되는 것만을 지나치게 생각하고 있다. 현재의 진보가 단지 여자다운 매력만을 위협하는 것은 아니다. 여자는 자기를 위해 존재하기 시작함으로써 남자의 분신 기능과 중개자의 기능을 포기하게 된다. 이런 기능 덕택에 그동안 여자는 남성 세계에서 특권적인 지위를 누릴 수 있었다. 자연의 침묵과 까다로운 다른 자유 존재들 사이에 끼인 남자에게 자기의 동류인 동시에 수동적 물체인 한 존재는 대단한 보배처럼 보인다. 남자가 감지하는 자기 반려의 모습은 신화적일 수도 있다. 그러나 그녀가 원천이거나 구실이 되어 경험하는 것들은 현실적이다. 그보다 더 귀중하고 더 친밀하고 더 정열적인 경험은 별로 없다. 여자의 종속, 열등함, 불행이 그 경험들에 독특한 성격을 부여한다는 것은 부인할 수 없다. 확실히 여자의 자주성이 남자들에게 많은 성가신 일을 면하게 해 준다 해도, 남자들 또한 많은 편의를 잃어버리게 된다. 오늘은 존재해도 내일의 세계에서는 사라지게 될 성적 모험을 경험하는 어떤 방식들이 있다는 것은 확실하다. 그렇다고 해서 사랑, 행복, 시, 꿈이 거기에서 추방된다는 것을 의미하지는 않는다. 우리의 상상력 부족이 언제나 미래를 빈약하게 만든다는 점에 주의하자. 미래는 우리에게 단지 하나의 추상일 뿐이다. 우리 각자는 자기가 미래 세계에 부재한다는 사실을 암암리에 매우 유감스럽게 생각하고 있다. 그러나 내일의 인류가 자기 몸속에서 그리고 자기 자유 속에서 미래를 살아갈 것이고, 그것은 미래 인류의 현재가 될 것이며, 미래 인류는 그 현재를 선호하게 될 것이다. 미래의 남녀 사이에는 우리가 상상할 수 없는 새로운 육체적·감정적 관계가 생겨날 것이다. 벌써 여자와 남자 사이에는 성적 관계의 여부를 떠나서 우정·경쟁·공모·동지애가 나타났는데, 이것은 지난 몇 세기 동안 볼 수 없었던 관계다. 내가 보기에, 새로운 세계를 획일성, 즉 권태로 몰아넣는 구호보다 더 의심스러운 것은 없다. 나는 이 새로운 세계에서 권태가 완전히 없어지리라고는 생각하지 않으나, 자유가 결코 획일성을 만들어 낸다고도 생각하지 않는다. 우선 남녀 사이에는 언제나 확실한 차이들이 남아 있을 것이다. 여자의 에로티시즘, 그러니까 여자의 성적인 세계는 독특한 모습을 하고 있으므로 여자에게서는 독특한 관능성이나 감수성이 생겨나지 않을 수 없을 것이다. 여자가 자신의 몸과 남자의 몸과 아이에 대하여 갖는 관계는 남자가 자신의 몸과 여자의 몸과 아이에 대하여 갖는 관계와 절대 같지 않을 것이다. '차이 속 평등'을 그토록 이야기하는 사람들은 평등 속에 차이가 존재할 수 있다는 나의 견해에 동의하지 않을 수 없을 것이다. 한편, 단조로움을 만들어 내는 것은 제도다. 젊고 예쁘더라도 술탄의 후궁에 갇혀 사는 여자 노예들은 술탄의 품에 안기면 모두 똑같다. 기독교가 인간의 암컷에게 영혼을 부여함으로써 에로티시즘에 죄와 전설의 맛을 부여했다. 여자에게 최고의 개별성을 회복해 준다고 해서 사랑의 포옹에서 감동적인 맛을 없애 버리는 것은 아닐 것이다. 남녀가 실제로 동등해지면 요란한 연회, 방탕, 황홀, 정열이 불가능하리라고 주장하는 것은 터무니없는 말이다. 육체를 정신에, 순간을 시간에, 내재의 미망을 초월의 호소에, 쾌락의 절대를 망각의 허무에 대립시키는 모순들은 절대로 없어지지 않을 것이다. 실존의 긴장, 괴로움, 기쁨, 실패, 그리고 승리는 언제나 섹슈얼리티 속에서 구체화할 것이다. 여자를 해방한다는 것은 여자가 남자와 맺는 관계 속에 여자를 가두는 것을 거부하는 것이지 그 관계를 부인하는 것이 아니다. 여자가 자기를 위해 살아간다고 해서 남자를 위해 존재하기를 그만두지는 않을 것이다. 즉, 서로 주체로 인정하면서 각자는 상대에게 *타자*로 머물러 있게 될 것이다. 그들 관계의 상호성은 두 범주로 분리된 인간의 분할이 일으키는 기적들, 즉 욕망, 소유, 사랑, 꿈, 모험을 없애지 않을 것이다. 그리고 우리를 감동하게 하는 '주기', '정복하기', '결합하기'라는 말들은 그 의미를 간직할 것이다. 반대로 인류의 반의 노예 상태와 그것이 내포하고 있는 모든 위선적인 체제가 사라질 때, 인류의 '구분'은 그 진정한 의미를 드러낼 것이고, 인간 남녀는 그 진정한 모습을 갖게 될 것이다.

"인간과 인간의 직접적·자연적·필연적 관계는 *여자와 남자의 관계다*"[8]라고 마르크스는 말했다. "이런 관계로부터 남자가 어느 정도까지 자기 자신을 *種으로서의 존재*, 즉 남자로 이해했는지를 알 수 있다. 남자와 여자의 관계는 인간과 인간의 가장 자연적인 관계다. 그러므로 남자의 *자연적* 행동이 어느 정도까지 *인간적인 것*이 되었는지, 혹은 *인간* 존재가 어느 정도까지 그 *자연적 존재가*

8   프랑스어판 『철학 저서 Œuvres philosophiques』, 제6권. 마르크스가 강조한 것이다.

되었는지, 그의 **인간적 성격**이 어느 정도까지 그의 **본성**이 되었는지가 그 관계에서 나타난다."

누구도 이보다 더 잘 표현할 수는 없을 것이다. 주어진 세계의 한가운데에서 자유의 지배가 승리하도록 하는 것은 인간에게 주어진 권한이다. 이 숭고한 승리를 쟁취하기 위해서는 무엇보다도 먼저 여자와 남자가 그들의 자연적 차이를 넘어 우애를 분명하게 확립하는 것이 필요하다.

「시몬 드 보부아르」 다니엘 시몽, 1974

해제

우리는 여자로 태어나는 것이 아니라
여자가 되는 것이다

이정순

『제2의 성』은 수많은 독서와 자연·사회·인문과학 영역에서 뛰어난 성과를 거둔 작업에 근거한 방대한 저서다. 이 책에서 논의되는 여성의 상황을 살펴보는 것은 시몬 드 보부아르의 페미니즘 사상을 이해하는 데 중요한 첫걸음이다.

1. 여성 주체의 타자화

보부아르는 실존주의 인간관에 근거해 인간의 본질을 다음과 같이 정의한다. 모든 인간은 무한히 열려 있는 미래를 향해 초월하는 존재이며, 이 초월의 행동을 통해서 자기 자신을 구현하는 자유로운 존재다. 초월이란 주체가 시간의 흐름에 자신을 수동적으로 내맡기는 것이 아니라, 자신에게 주어진 시간성 속에서 적극적으로 목표를 정하고 실현함으로써 자신을 자유로운 존재, 즉 자유로 확립함을 의미한다. 그러나 이것은 단 한 번에 이루어지는 것이 아니다. 주체의 자유는 자유를 향한 부단한 자기 초월의 갱신과 반복에 의해서만 완성될 수 있다. 그런데 현실에서 여자는 모든 인간존재에게 주어진 이 초월성을 실현하지 못하고 내재 상태에 머물러 있다. 여자의 초월성은 홀로 자기 자신을 주체이자 본질로 주장하는 남자에 의해 부단히 초월되고 단절된다. 그래서 결국 여자는 객체이자 비본질 상태에 놓이며 절대인 남자 앞에서 타자의 상황에 처하게 된다.

보부아르는 '여자란 무엇인가'에 관해 연구하며 확인한 이와 같은 사실을 『제2의 성』의 「서론」에 쓰고 있다. 즉, 인류는 남성일 뿐 여기에 여성은 제외된다. 남자는 여자를 자기와의 상대적인 관계 속에서만 정의하지 하나의 독립적인 존재로 여기지 않는다. 여자는 개체로 존재하는 남자와 달리 남자와의 관계에서 한정되고 구별된다. 즉, "남자는 **주체**이며 **절대**이고, 여자는 **타자**이다."(29쪽)

보부아르는 헤겔의 주인과 노예의 변증법을 원용해 인간 관계를 다음과 같이 설명한다. 인간 상호 관계에서 각각의 의식은 다른 의식 앞에서 자신을 주체로서 확립하려 하고, 상대방을 비본질이자 객체로 규정하려 한다. 다만, 다른 의식도 상대방에게 같은 주장을 대립시키고 자기 자신을 주체이자 본질로 환원시킨다. 이처럼 의식들은 서로 대립하면서 그들 각자의 상대성을 발견하고, 그들 관계의 상호성, 즉 상대방 앞에서 주체인 동시에 객체라는 사실을 인정하지 않을 수 없다. 이것이 인간 관계의 상호주체성의 진실이다. 그런데 현실에서는 남녀 간에 이 상호성이 세워지지 않았다는 것이 보부아르의 주장이다.

따라서 상호주체성이라는 인간 관계의 진리가 현실의 젠더 관계에서 구체적으로 어떻게 왜곡되어 작동하는지에 대한 여성의 상황을 규명하고, 다음으로 여성이 타자의 상황에 놓여 있는 현실에서 벗어나 어떻게 주체이자 본질로 되돌아갈 수 있는지 그 조건과 가능성을 밝히는 것이 『제2의 성』의 전체적 내용이라고 요약할 수 있다.

보부아르에 의하면 "어떠한 주체도 자신을 단숨에 자발적으로 비본질적인 것으로 상정하지 않는다. 자기 자신을 **타자**로 규정하는 **타자**가 주체를 정하는 것이 아니다. 자기 자신을 **주체**로 확립하는 **주체**에 의하여 **타자**는 타자로서 설정된다. 그러나 **타자가 주체**로 반전하는 일이 일어나지 않는다면 **타자**는 이 낯선 관점에 복종해야만 한다."(30~31쪽) 그러므로 여자는 여자를 비본질로 구성하면서 자기 자신을 본질로 확립하는 다른 주체, 즉 남자의 주장에 복종하는 것이다. 여자는 종속적인 상황에 놓여 있다. 그녀의 초월은 차단되고 내재(즉자 卽自)의 영역에 머물고 있으므로 여자는 피억압자다.

이처럼 주체로서 초월하지 못하고 자신의 자유를 실현하지 못하는 피억압자의 상황에 놓인 것은 비단 여성뿐만이 아니다. 그러므로 보부아르는 『제2의 성』의 「서론」에서 여성과 다른 피억압자들인 흑인, 유대인, 프롤레타리아의 상황을 차례로 비교 분석한 뒤에 다음과 같이 결론짓는다. "여자를 그 억압자에게 연결시키는 관계는 다른 어떤 관계와도 비교할 수 없다. 성性의 구분은 생물학적 조건이지 인류 역사상 하나의 모멘트가 아니"(32쪽)기 때문이다. 게다가 남녀 한 쌍은 서로에게 묶인 기본적인 단위를 형성하고 있다. 성에 의한 사회의 분할은 불가능하고 바람직하지도 않다. "여자는 두 항이 서로에게 필수 불가결한 전체의 한복판에서 타자다."(32쪽) 이것이 바로 여자를 근본적으로 특징짓는 것이다. 하지만 양성 간의 이런 필요성은 여자의 자율성과 해방에 유리하게 작용하기는커녕 되레 여자의 종속만을 강화했을 뿐이다. 주인과 노예의 관계에서처럼 남자는 여자와 갖는 관계에서 **타자**에 대한 욕구를 인정하지 않기 때문이다. 남자는 이 욕구를 만족시킬 권력을 손에 쥐고만 있을 뿐 매개하지 않는다. 이와 반대로 여자는 남자와의 관계에서 남자에 대한 욕구를 내재화하고, 두려움이나 자신감의 결여로 자진해서 종속 상태에 놓는다. 그 결과 욕구의 긴급함은 양쪽 모두 같지만, 언제나 남자에게 유리하게 작용한다.

보부아르에 의하면, 여자의 이런 복종의 원인은 복합적이다. 우선, 여자가 피억압자의 상황에 놓여 있긴 하지만, 스스로 진정성 있게 자신을 **주체**로서 설정하지 않는 이유에서 여자의 복종이 기인한다. 보부아르는 지난 시대 여자들의 투쟁을 모르지 않지만, 그녀들의 행동이 고립되고 어떤 효과도 없는 '상징적인 준동'이었다고 평가한다. "여자들은 남자들이 자진 양보하는 것밖에 얻지 못했으며, 아무것도 쟁취하지 않고 주는 것만을 받았을 뿐이다. (…) 여자들은 주거, 노동, 경제적 이해, 사회적 조건에 의해 다른 여자들보다 더 긴밀히 몇몇 남자들 - 아버지나 남편 - 에게 매인 채 남자들 속에서 흩어져 살고 있다."(32쪽) 여자들은 과거에 다른 피억압자들과 달리 억압자들에 대립하면서 하나의 통합체로 모인 적이 결코 없었다. 여자들에게는 흑인이나 유대인처럼 자기들 고유의 과거도 역사도 종교도 없고, 프롤레타리아처럼 노동과 이해, 투쟁과 연대라는 유기적인 공동체 의식도 없다. 남자들 속에서 "부르주아 여성은 프롤레타리아 여성이 아닌 부르주아 남성과 굳게 결속되어 있고, 백인 여성은 흑인 여성이 아닌 백인 남성과 굳게 결속되어 있다. 프롤레타리아는 지배 계급을 학살하고자 할 수도 있고, 광신적인 유대인과 흑인은 핵폭탄의 비밀을 독점하여 인류 전체를 유대인화하든가 흑인화하기를 꿈꿀 수도 있을 것이다. 그러나 여자는 꿈에서조차 남자들을 말살시킬 수 없다."(32쪽)

한편 여자가 타자이기를 거부하는 것은 상층 카스트인 남자와의 동맹으로부터 얻을 수 있는 모든 특권을 포기하는 것이 된다. 따라서 여자는 타자의 역할을 거부하고 내던지는 대신에 반대로 남자의 공모자가 되었다. "여자는 경제적인 위험과 함께 어떤 도움도 없이 홀로 그 목적을 만들어 내야 하는, 한 자유로운 존재의 형이상학적 위험을 회피하면서"(34쪽) 거기서 자기 존재의 쉬운 정당화를 발견한다. 종속적이지만 보호받는 여자는 객체로 바뀌는 유혹에 굴복한다. 수동적이고 소외되고 낯선 의지들의 먹잇감이 된 여자는 분명 실존의 공포와 긴장을 피할 수 있지만, 그녀의 초월성은 단절되고 모든 개인적인 가치를 상실하게 된다. 이처럼 "여자가 자기를 주체로서 주장하지 않는 까닭은 그렇게 할 수단이 없기 때문이고, 상호성을 세우지 않은 채 남자에 결부시키는 필연적인 관계를 느끼기 때문이며, 흔히 **타자**의 역할에 만족하기 때문"(34쪽)이라고, 보부아르는 여자의 복종 원인을 요약 설명한다.

앞서 우리는 실존주의 인간관을 언급하면서 모든 주체는 미래를 향해 초월하며 자기 자신을 자유로 확립하는 존재라는 것을 보았다. 그런데 존재자에게는 절대적 자유이고자 하는 주체의 진정한 요구와 더불어 자기포기와 도피라는 비본래적 욕망 또한 들어 있다. 보부아르가 채택한 실존주의의 윤리적 관점에서 볼 때, 주체는 "무한히 열린 미래를 향하여 자신을 확장하는 길 외에는 현 존재를 정당화시킬 다른 방도는 없다. 초월이 내재內在 상태로 떨어질 때마다 존재는 '즉자卽自' 상태로 퇴보하고, 자유는 사실성(사물의 상태)으로 타락한다. 만일 이 전락이 주체에 의해 동의된 것이라면 도덕적인 과실이고, 주체에게 강요된 것이라면 박탈감과 억압의 형태를 띤다. 두 경우 모두 절대 악이다."(42쪽) 우리는 여성의 상황이 두 경우 모두에 해당한다는 점을 확인한다. 보부아르는 여자에게 타자로 살도록 강요하는 남성 중심의 세계를 단죄함과 동시에 자신의 자유를 완성하여 스스로 자기 존재를 책임지는 것을 회피하는 여성 주체에 대해서도 윤리적 엄격성을 보여 준다. 여성을 억압하는 가부장제가 지속되는 것은 남성과 여성 모두의 책임이라는 것이다. 여성의 상황에 관한 보부아르의 분석과 비판은 일관되게 이 두 층위에서 이루어진다.

그렇다면 보부아르와 함께 확인한 이런 비대칭적이고 불평등한 젠더 관계, 즉 남자에 대한 여자의 복종은 어떻게 시작되었을까? 보부아르에 의하면 애초에 남자가 자기의 우월성을 여자에게 강요하는 데 성공했으며, 여자는 유사 이래 남자에게 내내 종속되어 있었다. 앞서 인용한 것처럼 여자의 종속은 역사의 한 시점에서 일어난 역사적 사건이 아니기 때문에 운명처럼 보인다는 것이 보부아르의 주장이다. 하지만 무엇이 이를 가능하게 했는가?

보부아르는 본서 제1권 「사실과 신화」에서 역사적 사실들과 신화들을 연구분석하여 여성이 인류 초기에 어떻게 타자가 되고, 여성의 타자 상태가 인류사 내내 어떻게 전개되고 유지되었는지를 규명한다.

보부아르는 오늘날 여자들이 총체적으로 남자들에 비해 열등**하다**고 단언한다. 하지만 여기서 '하다être'라는 것은 헤겔적 의미에서, 즉 정태적이기보다는 역동적인 의미에서 '하게 되었다être devenu'로 이해해야 한다. 여자들에게 부여하고자 하는 열등함과 순종이라는 여성성은 '되어진 결과'이지 타고난 것도 본질도 아니기 때문이다. 우리는 이런 의미에서만 여자가 남자보다 열등하다고 말할 수 있는 것이다. '실존은 본질에 우선한다'라는 실존주의의 관점은 어떤 결정론도 거부한다. 집단적으로나 개인적으로 열등한 처지에 놓인 인간의 범주에서는 가장 작은 가능성만 열려 있기 때문에 개성의 완성이 거의 불가능하다. 여자들의 열등함은 열등하게 되는 조건에 놓인 여자들의 상황이다. 이러한 관점은 타자로서의 여자의 상황이 움직일 수 없는 운명이며 이는 보편적이라고 자처하는 남성 담론을 거부하게 한다. 그리하여 생물학적 조건으로 '여성성'을 정당화하는 생물학과 정신분석학의 자연주의적이고 결정론적인 관점을 보부아르는 제1권 제1부 「운명」에서 비판한다. 또한 여자의 예속이 기술과 사유재산으로 설명될 것이라는 유물사관의 주장도 거부한다. 여기서는 본서 제1권 제2부 「역사」와 연결되는 '유물사관의 관점'에 집중하고자 한다.

2. 역사 속의 여자

여자에 관한 엥겔스의 관점과 보부아르 입장

앞에서 보았듯이 인류 역사상 여자들은 항상 남자들에게 예속되어 있었다는 것이 보부아르의 주장이다. 이러한 관점은 엥겔스의 주장과 매우 다르다. 엥겔스는 역사상 여자들의 권위와 권리가 강했던 모권제 사회가 존재했으며, 사유재산제가 도래하자 '여자의 역사적인 대패배'가 이어졌다고 주장한다. 그는 역사적으로 여자의 종속은 사유재산 제도의 생성과 더불어 시작되었다는 점을 분명히 한다. 엥겔스에 의하면, 사유재산과 가족 제도에 토대를 둔 사회가 모권제 사회에 종지부를 찍었다. 석기 시대에는 토지가 씨족 전원의 공동 소유였고 남자와 여자는 동등한 위치에서 일을 분담했다. 즉, 여자는 생산적인 집안일을, 남자는 사냥이나 낚시 등의 일을 했다. 그러나 철기 시대가 도래하면서 농기구의 제조가 가능해졌고 쟁기가 출현하자 경작지가 확장되고 많은 노동력이 필요하게 되었다. 이로부터 사유재산 제도가 등장하면서 남자는 토지와 토지를 경작하기 위한 노예와 여자를 소유하게 된다. 그러므로 여자의 역사는 본질적으로 기술의 역사에 따라 좌우될 것이다. 이것이 『가족, 사유재산, 국가의 기원』에서 엥겔스가 주장하는 바다.

엥겔스는 여자가 당하는 사회적 압박을 경제적 용어로 풀어냈다. 보부아르는 사회 구조를 바꾸면 여자들의 삶도 변화시킬 수 있다는 엥겔스의 주장이 여성 문제에 대한 전통적인 논문들과 비교하면 비교적 발전된 것이지만, 아직 많은 한계를 지닌다고 논박한다. 분명 여성 해방은 여성이 일, 경제적 생산의 세계에 참여하는 것으로 실현될 수 있지만, 이것만으로 충분치 않으며 노동자들의 현재의 노동조건을 생각해 볼 때 특히 그러하다는 것이 보부아르의 관점이다.

보부아르에 의하면 엥겔스에 의해 시도된 종합 이론에 심각한 결함이 있는데, 두 단계에서 그렇다. 우선, 역사의 축은 공동 소유에서 사유재산 제도로의 이행인데, 엥겔스는 그것이 어떻게 이루어졌는지 상세하게 서술하지 않고 있다. 다음으로 사유재산 제도의 출현이 필연적으로 여자의 예속을 가져왔다는 주장은 필연적인 인과 관계도 명백하지 않을뿐더러 이를 기정사실로 하였다. 엥겔스는 검토도 하지 않고 인간을 재산에 결부시키는 '이해利害'의 유대를 정의한다. 그러나 사회 제도의 근원인 '이해'는 그 자체의 근원을 어디에 두고 있는가? 이에 대한 답을 마련하지 못하는 엥겔스의 경제적 관점은 불충분하다고 보부아르는 지적한다. 보부아르는 엥겔스의 경제적 관점은 자신이 밝히고자 하는 인간의 "존재론적 하부 구조"(100쪽) 위에 근거를 둘 경우에만 설명될 수 있다고 강조한다.

보부아르는 사유재산 제도를 출현하게 만든 개인 소유라는 관념도 실존자의 근원적 조건에서 출발해야만 의미를 가질 수 있다고 주장한다. 개인 소유라는 관념이 나타나기 위해서는 우선 주체가 자기 안에서 자신을 절대적인 독자성에 설정하려는 경향, 자신의 존재가 자주적이고 개별적인 존재라고 주장하는 본질적인 특수성에 뿌리내리려는 경향이 있지 않으면 안 된다. 이러한 의도는 개인이 객관적으로 그것을 만족시키는 실제적 수단이 없는 한 주관적으로 머물러 있었다.

그런데 청동의 발견이 인간에게 고된 생산적 노동의 시련 속에서 자기를 창조자로 발견하는 것을 허락했다. 보부아르는 인간이 청동 기구로 자연을 지배하게 되면서 더 이상 자연을 두려워하지 않았다고 보았다. 저항을 극복한 인간은 자기를 자주적인 활동력이라고 보고 개개의 독자성 속에서 자기를 완성하려는 데 대담해졌다. 독자적인 존재로서의 인간들은 주어진 조건을 감내하는 것으로만 만족치 않았으며, 욕망하고 계획을 세우며 행동했다. 이처럼 보부아르에게 인간이 금속 기구로 자연을 지배했던 것은, 인간의 근원적 조건에 자연을 정복하고자 하는 인간의 근원적 의지가 있었기 때문으로 여겨졌다.

한편, 보부아르는 주체의 확립만으로는 재산이라는 것을 설명하기에 충분치 않다고 주장한다. 소유의 관념은 세계 안에 자기 자신을 소외시키는 근원적인 경향과 자신의 것으로 만드는 형상에서 자기 모습을 알아볼 수 있는 것과 관련 지어서만이 밝혀질 수 있기 때문이다. 따라서 인간이 소유한 것은 곧 그 자신이다. 그렇게 되면 우리는 소유권 상실에 대한 저항과 획득하기 위한 투쟁을 이해하게 된다.

또한 사유재산 제도하에서 여성 압박을 추론하는 것도 불가능하다고 보부아르는 논증한다. 엥겔스도 여자의 육체적 연약성이 청동과 철로 된 도구와의 관계에서만 구체적인 열등감이 되었다는 것을 잘 이해했지만, 노동 능력의 한계가 어떤 일정한 관점에서만 구체적인 불리함을 수반한다는 점을 보지 못했다고 보부아르는 지적한다. 여자의 무능력과 몰락은 남자가 치부致富와 팽창이라는 계획을 통해 여자를 다루었기 때문에 나타났다고 보부아르는 보고 있다. 그리고 이것만이 여자가 압박당하게 되었다는 것을 설명하기에는 불충분하다고 역설한다. 어쩌면 성에 의한 노동의 구분도 양성의 우호적인 협조가 될 수 있었으리라는 것이다. 만약 인간과 그 동류와의 근원적인 관계가 오로지 우호적인 관계라면 어떠한 노예적 유형도 설명될 수 없을 것이다. 따라서 보부아르는 인간의 인간 지배 현상은 객관적으로 자기의 우월성을 성취하려 하는 인간 의식의 제국주의적 결과라고 설명한다. 인간의 내부에 타자라는 근원적 범주와 타자를 지배하고자 하는 근원적 의지가 없었더라면 청동 도구의 발견도 여성의 압박을 초래할 수는 없었으리라는 것이다. 결론적으로 팽창과 지배에 대한 남자의 의지가 여자의 무능력을 저주로 변모시킨 것이다.

이러한 논리에 따라 보부아르는 엥겔스의 논리가 설득력이 없다고 진단한다. 특히 사실에 근거를 두는 것이 아니라 신화, 여자들의 지배 시대, '지난 시절'에 존재했었을 황금시대의 신화에 근거하고 있으므로 더욱 그러하다고 본다. 보부아르에게 엥겔스가 생각하는 '지난 시절'은 사실상 피안의 세계일 뿐이며, 여자는 타인이 아니라 타자다. 그리고 여자가 타인이 아니라 타자이기 때문에 남녀 사이의 상호적 교환, 진정한 의사소통이 불가능한 것이다.

이러한 관점에서 본다면 보부아르가 지적하듯이, 여자에 대한 찬양이나 더욱더 기만적인 방법으로 여자가 완전한 주체라는 구술상의 인정은 항상 여자의 위치에서 보고 여성 조건을 객관적인 방법으로 고려하기를 거부하는 자세를 함축하고 있음이 분명하다. 거기에는 언제나 이중성만 있을 뿐, 여자와의 화합은 결코 없다.

여자에 관한 레비스트로스의 명제와 보부아르 입장

보부아르에 의하면, 타인이 아니라 타자라는 이타성異他性은 자신을 타인이라고 설정하는 여러 집단들과 여자들을 구별하게 만든다. 여자들을 억압받는 소수 집단이나 프롤레타리아들과 동일시할 수 있다면, 그것은 두 가지 형태의 이타성을 혼동했기 때문이다. 보부아르는, 여자들은 '주체'로 인정될 수 없고 남자 집단이 소유하는 재산이자 남자들 간에 교환 도구이므로 남자들과 결코 직접적이고 자주적인 관계를 맺을 수 없었다고 주장한다. 더구나 주체인 남자에게 타자로서의 여자는 여러 의미를 가득 담고 있다. 우선 남자들은 여자 속에 '자연'이 구현되어 있다고 믿었다. 남자가 보기에 여자의 몸은 불가사의하고 신비로운 힘이 돌발하는 곳이었으며, 그로부터 여자에 대해 존경심과 공포심이 뒤섞인 감정, 두려움과 혐오의 감정이 생겨난 것이다. 그래서 여자는 마법적인 의미를 지니게 되었으며, 거기에서 여자가 표적이 되는 금기들이 생겨났다고 보부아르는 주장한다.

레비스트로스가 밝힌 것처럼, 결혼의 기초여야 할 대등 관계는 남자와 여자 사이에 확립되지 않고, 남자들 사이에서 여자는 수단으로 설정되어 단지 그 관계의 주요한 계기가 될 뿐이다. 여자는 언어와 마찬가지로 기호다. 그러나 언어와 달리 여자는 가치이기도 하다. 가치로서 여자는 사회의 규칙 제정의 중대한 요소일 뿐이다. 보부아르는 이와 같은 레비스트로스의 명제에 동의한다. 레비스트로스에 의하면 원시 사회에서도 "공적 또는 단순히 사회적 권위는 항상 남자들에게 속해 있었다."[1] 그는 모든 사회에서 남녀 간에 기본적인 불균형이 있다는 것을 확인한다. 이러한 불균형은 결정적으로 남자의 생물학적인 특권, 즉 남자가 절대 포기하지 않고 여자에게 위치를 배정하기 위해 사용한 특권인 그의 완력에 근원을 두고 있다.

가부장제 사회에서 여자의 역사

사유재산 제도 위에 구축된 가부장제 사회에서 '여자의 역사'는 '상속의 역사'와 결부된다. 우리는 남자가 사유재산을 자기와 동일시한다는 것을 이미 앞에서 보았다. 보부아르에 따르면 토지는 남자에게 제한된 삶을 영속시켜 주는 것으로 여겨졌으므로, 남자는 자신의 삶을 영속시키기 위해 토지의 주인이 되어야 했다. 남자는 수확의 소유권과 함께 아이의 권리도 주장했다. 남편은 아이와 재산에 대한 소유권을 아내와 공동으로 소유하는 것을 거부했다. 자신의 권리를 합법화하기 위해 법률을 제정했다. 그리고 여자가 아버지의 상속자일 경우에 재산이 다른 남자에게 속하게 되므로 여자를 상속권에서 제외했다. 여자는 아무것도 소유치 못하므로 인격의 존엄성을 누리지 못했고, 결혼 전에는 아버지의 재산이었고 결혼하면 남편의 재산이 되었다. 그러므로 여아가 태어나면 대량 살해하는 일도 일어나게 되었다. 여자아이의 아버지는 딸에 대한 모든 권한을 쥐고 있다가 결혼시킨 후에 남편에게 넘겼다. 여자는 노예나 소 혹은 말과 다를 바 없으므로 남자는 여자를 여럿 거느릴 수 있었다. 일부다처제를 제한하는 것은 오로지 경제적인 이유에서일 뿐이었다.

결혼한 여자에게는 처녀성과 여자의 정조가 엄격하게 요구되고 간통 또한 금지되었다. 모권제 사회에서는 여자의 터부가 존재하지만 자유로운 풍기가

---

1 * 『친족의 기본 구조』

허용되었다. "여자를 억압하는 원인이 가족을 영속시키고 세습재산을 고스란히 유지하려는 의지 안에 들어 있기 때문에, 여자가 가족을 벗어나는 정도에 따라 이러한 절대적 예속에서도 벗어난다. 만약 사회가 사유재산을 부정하면서 가족을 거부한다면, 그로 인해 여자의 운명은 현저하게 개선될 것"(141쪽)이라고 보부아르는 밝힌다. 보부아르는 가부장제 사회에 존재하던 이러한 보편적인 사실들을 설명한 후에 이슬람 세계, 유대인 세계, 바빌로니아 등 고대 여러 세계의 구체적인 제도, 법률, 풍습 등을 소개한다.

고대 그리스에서는 남자 상속자가 없는 경우에 여자 상속제 관습이 존재했는데, 여자 상속자는 부계 씨족에서 가장 연장자인 근친과 결혼해야 했다. 공유재산제가 우월했던 스파르타는 고대 이집트와 함께 여자가 남자와 거의 동등하게 취급받은 유일한 도시였다. 고대 로마는 국가가 씨족 부장의 권위를 견제했는데, 로마 십이표법에 따르면 여자는 아버지의 씨족과 남편의 씨족에게 공동으로 속해 있어 로마 여자들의 법적 해방의 근원이 되었다. 보부아르는 동양의 인도나 우리나라 고대 사회의 제도적 모델이 되었던 중국 사회를 '구체적으로' 연구하지는 않았으나, 이 나라들에서 "여자의 역사는 오랫동안 불변하는 노예 상태였다"(133쪽)라고 언급하고 있다.

이러한 여자의 원시 예속 상태는 최근까지도 다소간의 엄격성과 여자를 아버지나 남편의 후견 아래 두어 경제적으로 예속한 모든 법적 체계에 의하여 유지되었다. 그러므로 "내 의견으로는 '여성성'이란 본질도 천성도 아니다. 그것은 몇몇 생리적인 조건에서 인류 문화에 의해 만들어진 상황이다"라고 보부아르가 회고록 『나이의 힘 *La Force de l'âge*』에서 말하듯이, '남자와 여자의 차이점'은 '자연적 차원이 아니라 문화적 차원'이므로 변화될 수 있고 변화되리라는 것이 『제2의 성』의 명제라 할 수 있다.

여성의 열등하고 예속적인 상황은 특히 경제적 예속에서 비롯됐는데, 이를 여자가 수락했기 때문에 생겨났다고 보부아르는 진단한다. 여성 대부분을 규제하는 예속을 보부아르는 "진정한 저주"라고 간주한다. 회고록 『나이의 힘』에서는 "여자들이 그것에 대해 고통스러워하든지 만족하든지 아니면 자축하든지 그것은 언제나 저주다. (…) 이에 대한 내 신조는 확실해지기만 할 뿐이다"라고 밝힌 바 있다. 그러므로 여성은 일을 통한 경제적 독립에서 자신을 되찾을 수 있다고 본 것이다. 그녀는 같은 책에서 "물질적으로 자신을 충족시킨다는 것은 완전한 개인으로서 자신을 느끼는 것"이며, 경제적 자립을 통해 비로소 "인간은 확고한 내적 자주성에 도달할 수 있다"고 반복해 말한다. 그렇다고 해서 여자들이 '독립의 길'에서 만나는 어려움, 즉 재정적으로나 윤리적으로나 여자들을 흔히 '기생 상태'에 유지하게 만드는 어려움, 자기 실존을 인수하기보다 타인의 마음에 드는 일에 애쓰게 만드는 어려움을 부인하지 않는다. 이러한 어려움은 "남자들이 점하고 있는 경제적 특권, 그들의 사회적 가치, 결혼의 위세, 남자의 지원 유용성"(220쪽) 때문에 발생한다고 보부아르는 진단한다. 그래서 여자들은 남자의 꿈, 남자가 그녀 주변에 만들어 놓은 신화에 답하려 노력하고, "자기를 위해서 존재하는 것이 아니라 남자가 여자를 규정하는 대로 자신을 인식한다."(220쪽)

보부아르는 제1권 제3부 「신화」에서 남자가 규정한 이러한 신화들을 현실과 문학 속에서 검토하고 진실의 이름으로 이 신화들을 공격한다. "신화를 거부하는 것은 (…) 시, 사랑, 모험, 행복, 꿈을 없애 버리는 것이 아니다. 다만 행동, 감정, 정열이 진실 속에 근거를 둘 것을 요구하는 것이다."(377~378쪽) 이 모든 신화는 다음의 사실로 귀착된다. 여자는 이런저런 형태하에 남자를 위해 남자에 의해 구체적으로 타자로 만들어졌다.

3. 여성의 타자 체험

제2권 「체험」에서는 남성 중심의 가부장 사회에서 타자로서의 여성의 삶이 어떻게 전개되는지 유년기부터 노년기까지 여성의 생생한 체험을 통해 분석 서술된다. 제2권의 내용은 보부아르가 「서론」에서 여성의 현실에 대해 요약한 다음 문장을 구체적으로 보여 준다. "여자의 비극은 자기 자신을 언제나 본질적인 것으로 확립하려는 모든 주체의 기본적인 주장과, 여자를 비본질적인 것으로 구성하려는 상황의 요구 사이에서 나타나는 갈등에 있다."(42쪽) 프랑스 갈리마르판 원서로 600여 쪽에 달하는 제2권의 엄청난 작업은 이론적·철학적 고찰뿐만 아니라 수많은 사실, 문학과 예술적 사례, 임상 자료 등에 기반해 여자들의 내밀하고 개인적인 경험을 구체적으로 기술하고 있어 독자들의 공감을 쉽게 이끌어낸다. 제1권 제3부의 '신화' 분석과 함께 보부아르의 작가적 직관과 통찰, 비유와 풍자, 감성과 서정성 등의 문학적 역량을 확인할 수 있는 부분이다.

보부아르에 의하면 여성성은 여자들의 억압을 고착시키고 자연화하는 사회문화적인 구성물로서 이해되어야 한다. "우리는 여자로 태어나는 것이 아니라 여자가 되는 것이다"(389쪽)라는 이 유명한 명제로 시작하는 제2권의 제1부 「형성」에서 보부아르는 다음과 같이 단언한다. "어떤 생물학적·심리적·경제적 운명도 사회 속에서 인간의 암컷이 띠고 있는 모습을 규정하지 않는다. 문명 전체가 남자와 거세된 남자의 중간 산물을 공들여 만들어 내어, 그것에다 여자라는 이름을 붙인다."(389쪽) 여자는 유년 시절부터 '여자 되기'를 학습한다. 어린아이의 삶에 타인의 개입은 근원적이어서 여아는 타자의 개입으로 젠더화된 이 세계에서 여자가 된다. 어린 소녀들은 페니스와 모성의 기능에 더 높은 가치를 부여하는 환경에서 사회적 역할을 내재화한다. 사실상 어린 소녀들을 양육하고 그녀들에게 아름다움, 유혹, 나르시시즘, 기다림 등 내재에 들어가기를 가르치는 사람은 여자들이다. 여자들에 의해 '여자 되기'가 재생산되는 것이다. 청소년기를 거치면서 주체인 여자는 그녀에게 헌신, 자기희생, 사랑의 이타주의 가치를 불어넣어 자기 포기를 하고 객체의 삶을 살도록 강권하는 부모와 사회와의 충돌에서 심한 내외부적 갈등과 자기분열을 겪는다. 하지만 결국에는 결혼을 미래의 근본적인 계획으로 만든다. 반면에 젊은 남자에게 결혼은 필수적인 것이 아니다. 보부아르는 남녀 성 입문의 비대칭 또한 단죄한다. 남자는 여자의 성 입문에서 순결한 여자를 먹잇감처럼 정복하고, 그 과정에서 처녀를 충격에 빠뜨린다.

제2권 제1부 「형성」의 마지막 장에서는 당시 프랑스 사회에서 금기시되었던 여성 동성애 문제를 다룬다. 보통 여성 동성애를 가부장적 이성애 중심주의와 강요된 여성성에 대한 거부와 반발로 보는 경우도 있으나 보부아르의 견해는 이와 다르다. 여성 동성애가 양성을 구분하는 전통적인 형태를 반대하지 않는다고 말한다. "여성 동성애는 흔히 사춘기 소녀들에게 아직 경험할 기회나 대담성이 없는 이성애 관계의 모조품으로서 나타난다. 그것은 인생의 한 과정이자 수업이며, 가장 열렬하게 동성애에 빠진 여자가 장래 가장 열렬한 아내나 애인이나 어머니가 될 수도 있다."(555쪽) 그리고 여성 동성애, 나아가 동성애 일반이 흔히 생각하듯 "심사숙고한 성도착도, 숙명적인 저주도"(575쪽) 아니며 **"상황에 맞게 선택된,** 다시 말해 정당한 이유가 있는 동시에 자유롭게 채택된 하나의 태도"(575~576쪽)라고 결론짓는다.

성인 여자의 삶을 다루는 제2권의 제2부 「상황」에서는 '여자 되기'의 종착지점인 결혼 제도를 통해 여자가 놓인 종속성을 비판하고, 그 구체적인 양태를 서술한다. 가부장 사회는 전통적으로 여자에게 다른 가능성 없이 오로지 아내와 어머니의 역할만을 할당한다. 사회는 가사와 모성을 미화하고 찬양하며 여성이 집안일과 출산, 육아에 전념토록 유도한다. 그러나 여자에게 가정생활은 새롭지도 창조적이지도 않으면서 끝없이 반복되는 집안일과 기다림의 연속일 뿐이다. 요컨대 결혼한 여자의 삶은 외부 세계와 분리된 채 전적으로 남편을 통해서만 사회와 소통하는 의존적이고 소외된 삶이다. 보부아르는 특히 낙태와 피임을 금지하며 여자를 모성에 가둬 놓는 당시 프랑스 가부장 사회의 위선을 통렬히 비판한다. 또한 객체로 고착되고 내재 속에 갇혀 있기를 요구당하는 성인 여자들의 상황의 다양한 측면과 노년기도 다뤄지고 있다.

제2권의 제3부 「정당화」에서는 세 유형의 여성 사례(사랑에 빠진 여자, 나르시시즘의 여자, 신비주의 여자)를 통해 타자로서 머물러 있기를 강요하는 세계에서 주체의 불가능한 자기실현의 시도가 어떻게 실패로 끝나는지를 보여 준다. 제2권의 제4부 「해방을 향해」에서는 직업을 갖고 사회적·경제적 독립을 성취한 여자들이 완전한 주체로서 자기를 실현하는 길에서 만나는 어려움을 면밀히 짚어 보고, 집단적인 변화의 도움을 받지 않고서는 여성들이 진정한 해방에 도달할 수 없다고 강조한다. "여자가 변화하기 위해서 여자의 경제적 조건을 수정하는 것으로 충분하리라고 생각해서는 안 된다. 이것은 여성 진보의 가장 중요한 요소였고, 또 여전히 그렇다. 그러나 이 요소가 예고하고 또 강력하게 요구하는 정신적·사회적·문화적 등등의 결과를 초래하지 않는 한 새로운 여자는 나타날 수 없을 것이다."(981쪽)

보부아르는 여성들이 자기 포기의 꿈을 뒤좇을 것이 아니라 각자의 실존적 조건을 자각하여 자율적이고 독립적인 주체로 거듭나길 촉구한다. 그와 동시에 남자들에게도 타자이자 객체화된 여자의 시선에 자기를 이상화시키는 자기소외의 꿈과 그 꿈을 가능케 한 특권을 떨쳐 내기를, 그리하여 여자들이 초월성을 회복해 남녀가 함께 자유의 길을 걸을 수 있기를 호소한다. 따라서 주어진 현실 세계에서 자유가 승리하도록 하는 것이 인간의 책무라는 것을 환기하며, "이 숭고한 승리를 쟁취하기 위해서는 무엇보다도 먼저 여자와 남자가 그들의 자연적 차이를 넘어 우애를 분명하게 확립하는 것이 필요하다"(988쪽)고 역설하고 있다.

4. 『제2의 성』 출간 이후와 보부아르의 여성 운동

『제2의 성』을 마치면서 보부아르는 인간 관계가 평등한 사회주의 국가에서는 여성 문제가 해결되어 남녀 평등이 이루어질 것이라는 낙관적인 태도를 보였다. 보부아르는 여자들이 주체적이고 독립적이고 자유로운 인간이 되는 첫째 조건으로 노동을 통해 경제적·사회적 자율성을 갖출 것을 꼽았다. 그러나 우리는 이것이 충분치 않다는 것을 제2권의 14장 「독립한 여자」에서 보게 된다. 보부아르가 제시하는 궁극적인 해결책은 남녀의 차이가 사회·문화적인 결과이므로, 아주 어려서부터 남녀가 동일한 조건에서 양육되고 교육받아 평등한 기회와 권리를 누리고 이로써 남녀의 차이가 소멸하는 사회의 도래였다. 『제2의 성』을 집필한 시기에 보부아르가 보기에 여자의 운명은 사회주의의 운명과 긴밀하게 연결되어 있었다. 이것은 소련 및 동구 공산주의 체제가 이미 무너진 오늘의 시점에서 보면 시대착오적인 것처럼 보이지만, 당시 상황에서 볼 때 소비에트 혁명은 아직 서구 인텔리겐치아에게는 희망이고 진행형이었다. 보부아르는 여성 해방이 사회주의 혁명으로 야기된 사회경제적 변화에 의해서만 이루어질 수 있다고 확신했다. 그러므로 이후에도 계급 투쟁과는 독립적으로 여성의 권리만을 위해 투쟁하는 여성 단체들과 거리를 두고 있었다.

페미니즘에 대한 보부아르의 입장은 1960년대 초부터 변화하기 시작했다. 하지만 1970년대 초에야 비로소 '여성해방운동Mouvement de Libération des Femmes; MLF'에 합류하여 '전투적인 페미니스트'의 활동을 펼치기 시작한다. 그때까지 그녀가 다른 여성들과 행동을 같이하지 않은 이유는 1968년 5월 혁명의 영향을 받은 MLF가 등장하기까지 어떤 여성 운동도 그녀의 사상과 일치하지 않았기 때문이다. 그녀가 보기에, 1950년부터 1970년까지 프랑스의 여성 단체들은 너무 개량주의적이고 준법적이었다. 보부아르는 페미니즘에 대한 자신의 입장 변화를 첫째, 『제2의 성』이 출간되고 20년이 흐르는 동안 프랑스 여성들의 상황이 실질적으로 거의 변화하지 않았고 둘째, 세계 어느 곳에서도 사회주의가 남녀 평등을 가져오지 않았음을 확인했기 때문이라고 밝힌다. 그리하여 보부아르의 페미니스트 활동은 사회주의 사회에 대한 희망에서 벗어나 계급 투쟁과 병행시킨 여성들의 정치적·사회적 권리를 지금 여기서 구체적으로 요구하고 실현하는 투쟁으로 변모된다. 이후, 여성 해방 운동에 관한 그녀의 입장은 계속 진보하고, 그녀의 페미니즘 사상과 실천은 1986년 타계할 때까지 점점 더 급진적으로 변형된다.[2]

보부아르는 『제2의 성』이 전투적이지 않고 여성 해방 투쟁의 전략을 제시하지 않은 채 분석에만 머물러 있다는 점을 기꺼이 인정한다. 또한 1972년 출판된 회고록 제4권 『결국 Tout compte fait』에서 "만약 오늘날 『제2의 성』을 쓴다면

---

2 * 1970년대를 지나오며 보부아르는 "여성 해방 없이 혁명 없고, 혁명 없이 여성 해방은 없다"라는 입장을 일관되게 견지하며 자본주의와 가부장제를 동시에 전복하는 것을 목표로 하는 유물론적 페미니스트들과 함께 급진적 페미니즘을 전개하였다. 보부아르의 대표적인 페미니스트 활동은 이 책의 「시몬 드 보부아르 연보」참고

'주체'와 '타자'의 대립에 이상주의적인 근거보다 유물론적인 근거를 부여할 것이다. 타자에 대한 배척과 억압을 의식 간의 적대 관계가 아닌 희소성의 경제적 기초 위에 근거를 둘 것이다"라고 밝힌 바 있다. 이 같은 보부아르의 진술들은 『제2의 성』의 내용과 분석이 마치 실천적 효과가 없는 이론에 불과한 것 같은 인상을 준다. 그러나 우리는 이 책의 곳곳에서 해방을 위한 여성들의 집단적 행동의 필요성을 발견할 수 있고, 『제2의 성』의 전체적인 내용과 분석 자체가 불평등한 젠더 관계의 변화, 즉 젠더 간 권력 관계를 허무는 것을 목표로 한다는 의미에서 정치적이라는 것을 알 수 있다. 이미 현대 페미니즘 운동의 역사적 사실이 이를 증명해 보였다. 보부아르의 진술은 자신의 작품과 사상에 대해 언제나 엄격히 비판하는 그녀의 삶의 자세에서 기인한다. 회고록은 자신에 대한 첫 비판자의 태도를 일생 견지하는 보부아르의 모습을 독자들에게 보여 주고 있다.

보부아르는 『제2의 성』 이후 페미니즘 이론서를 저술하지 않았지만, 1949년부터 1979년까지, 특히 1960년대 이후에 많은 양의 기사, 강연, 서문, 인터뷰, 대담, 선언을 통해 여성 문제에 대한 자신의 사유와 성찰, 입장 등을 표명하였다. 이 텍스트들은 『시몬 드 보부아르의 저술 *Les Ecrits de Simone de Beauvoir*』에 수록되어 1979년에 출간되었다. 그러므로 『제2의 성』 이후 페미니즘에 관한 보부아르 사상의 진보를 알기 위해서는 이 책을 연구해야 할 것이다. 페미니즘에 대한 보부아르의 입장이 일부 변화하고 『제2의 성』에서 여성들의 구체적인 상황을 분석해 놓은 부분, 예를 들어 결혼 제도, 모성, 사랑의 풍습 등이 일부 개선되긴 했어도, 『제2의 성』의 전체적인 내용과 이론적 중심축인 철학 사상은 오늘날에도 여전히 우리에게 자기 성찰의 시간을 주고 페미니즘에 큰 자양분을 제공한다는 사실은 변함없다.

시몬 드 보부아르 연보

1908   1월 9일 파리에서 조르주 베르트랑 드 보부아르Georges de Beauvoir와 프랑수아
       즈 드 보부아르Françoise Brasseur de Beauvoir 사이에서 장녀로 태어남

1910   여동생 엘렌 드 보부아르Hélène de Beauvoir 탄생

1913   쿠르 데지르Cours Désir 사립 여학교 입학

1925~1926 앵스티튜 가톨릭Institut Catholique과 생트 마리 드 뇌이Sainte Marie de Neuilly 가
       톨릭 사립 여학교에서 각각 일반수학과 문과의 대학 과정 이수

1928   소르본대학과 파리 고등사범학교Ecole normale에서 철학사 학위와 철학 교수
       자격시험(아그레가시옹Agrégation) 준비 중에 사르트르 만남

1929   철학 교수 자격시험에서 장 폴 사르트르Jean-Paul Sartre에 이어서 2등으로 최연
       소 합격. 십대 시절 가장 절친한 친구였던 자자Zaza(본명은 엘리자베트 라쿠앵
       Elisabeth Lacoin) 사망. 사르트르와의 '계약 결혼' 시작

1931   마르세유에 있는 몽그랑 고등학교에서 교직 생활 시작

1932   루앙에 있는 잔다르크 고등학교에 부임. 당시 동료 교사였던 콜레트 오드
       리Colette Audry의 소개로 그녀의 제자였던 올가 코사키에비치Olga Kosakiewicz와
       첫 만남. 사르트르의 소개로 그의 제자인 보스트Jacques-Laurent Bost와 첫 만남

1936   파리에 있는 몰리에르 고등학교에 부임

1937   갈리마르 출판사로부터 자자의 죽음을 소재로 한 소설 『정신적인 것의 우위
       Primauté du Spirituel』 출간을 거절당함

1942   아버지의 죽음. 학부모의 허위 고발로 교단에서 퇴출. 3년 뒤인 1945년에 복

권되었으나 집필에 전념하기 위해 교직을 완전히 떠남

1943	소설 『초대받은 여자L'Invitée』 출간
1944	철학 에세이 『피뤼스와 시네아스Pyrrhus et Cinéas』[1] 출간
1945	희곡 『군식구Les Bouches Inutiles』와 소설 『타인의 피』 출간. 사르트르와 함께 정치철학 잡지인 『현대Les Temps Modernes』지 창간
1946	소설 『모든 인간은 죽는다』 출간
1947	철학 에세이 『애매성의 윤리를 위하여 Pour Une Morale de L'ambiguïté』[2] 출간. 강연차 미국을 방문한 계기로 미국 작가 넬슨 올그런Nelson Algren과 만나 연인으로 발전
1948	기행문 『미국에서의 나날들L'Amérique au Jour le Jour』[3] 출간
1949	철학 에세이 『제2의 성』 출간
1952	『현대』지를 통해 「사드를 화형에 처해야 하는가?Faut-il brûler Sade?」 발표
1954	소설 『레 망다랭』 출간 및 이 작품으로 공쿠르상 수상
1955	「사드를 화형에 처해야 하는가?」를 포함한 몇 편의 정치철학 관련 글을 한데 엮어 철학 에세이 『특권Privilèges』 출간
1957	중국 방문기 『대장정La Longue Marche』 출간
1958	첫 번째 회고록 『얌전한 처녀의 회상Mémoires d'une jeune fille rangée』[4] 출간
1960	회고록 『나이의 힘La Force de l'âge』[5] 출간. 알제리의 독립을 지지하는 차원에서 「121명의 선언문Manifeste des 121」에 서명
1962	변호사 지젤 알리미Gisèle Halimi와의 협업을 통해, 알제리 해방 운동가 자밀라 부파차가 알제리 전쟁 중 당한 강간과 고문 사건에 대한 재판 과정의 불합리함을 고발한 『자밀라 부파차Djamila Boupacha』 출간
1963	회고록 『상황의 힘La Force des choses』 출간. 어머니의 죽음
1964	어머니가 죽음에 이르는 과정을 기록한 자전적 소설 『아주 편안한 죽음』 출간
1966	소설 『아름다운 영상』 출간

---

1 * 국내에서는 『모든 사람은 혼자다』(박정자 옮김, 꾸리에, 2016)라는 제목으로 출간되었다. 국내 출간된 도서 중에 원서명과 많이 다른 경우에 주석을 따로 달았다.

2 * 국내에서는 『그러나 혼자만은 아니다』(한길석 옮김, 꾸리에, 2016)라는 제목으로 출간되었다.

3 * 국내에서는 『미국여행기』(백선희 옮김, 열림원, 2000)란 제목으로 출간된 바 있다.

4 * 국내에서는 『처녀시절』(이혜윤 옮김, 동서문화사, 2010)이란 제목으로 출간되었다.

5 * 국내에서는 『계약 결혼』(이석봉 옮김, 선영사, 2001)과 『여자 한창때』(이혜윤 옮김, 동서문화사, 2010)라는 다른 제목으로 각각 출간되었다.

1967	소설집 『위기의 여자』 출간
1970	철학 에세이 『노년』 출간
1971	낙태 합법화를 요구하며 낙태 경험이 있는 다른 여성들과 함께 「343인 선언 *Manifeste des 343)*」에 서명하고 대표로 선언문 작성. 시사 주간지 『르 누벨 옵세르바퇴르*Le Nouvel Observateur*』와 일간지 『르 몽드』에 발표(4월 5일). 지젤 알리미와 낙태 합법화에 결정적 역할을 한 페미니스트 단체 '선택*Choisir*'을 창립하고 공동 의장직 맡음(7월). 낙태·피임 합법화를 위한 투쟁의 일환으로 '여성해방운동*Mouvement de Libération des Femmes; MLF*'의 페미니스트들과 거리 행진 시위(11월 20일)
1972	회고록 『결국*Tout compte fait*』 출간. 『특권』이 『사드를 화형에 처해야 하는가?』라는 제목으로 새롭게 출간. 파리 '공제조합*Mutualité*' 회관에서 이틀간(5월 13, 14일) 여성에 대한 범죄를 고발하고 비밀 낙태의 상처와 정신적 충격을 증언하는 집회(5천여 명 참석)를 MLF의 페미니스트들과 개최. 17세 소녀가 불법 낙태로 어머니와 낙태 시술자와 함께 기소되었던 사건 '보비니 낙태 공판'에 증인으로 참석(11월). 이 사건의 법정 공방을 온전히 실어 출간한 책 『낙태 : 제소된 법. 보비니 사건*AVORTEMENT : UNE LOI EN PROCÈS. L'AFFAIRE DE BOBIGNY*』의 「서문」을 씀
1973	『현대』지에 「일상의 성차별주의*Le sexisme ordinaire*」라는 시평란을 마련해 젊은 페미니스트 필자들과 독자들에게 프랑스 사회 곳곳에서 여성이 겪는 수많은 일상적인 성차별의 악습을 고발토록 하고 보부아르가 첫 번째 시평을 씀. 당시 '성차별주의*Le sexisme*'라는 용어와 개념은 프랑스 사회에 전혀 새로운 것이었음. 이 시평은 1983년까지 매달 연재되어 프랑스 사회에 큰 반향을 불러일으키며 '성차별주의'라는 개념을 널리 알리고 받아들이도록 하는 데 기여
1974	여성에게 자행된 모든 폭력에 대항해 투쟁하는 '여성권리연맹*Ligue du droit des femmes*'을 창설하고 타계할 때까지 회장직 역임. 가정 내 폭력과 학대, 성폭력에 지친 여성들을 위한 피신처 'SOS 매 맞은 여성들*SOS Femmes Battues*'(나중에 'SOS 여성연대*SOS Femmes Solidarité*'로 개칭) 설립 지원
1975	예루살렘 국제 도서전에서 수여하는 문학상 '예루살렘상*Jerusalem Prize*' 수상
1977	유물론적 페미니스트들과 함께 급진적 페미니즘 이론 잡지인 『페미니즘의 질문들*Questions Feministes*』 창간. 이 잡지는 1981년 『페미니즘의 새로운 질문들 *Nouvelles Questions Feministes*』이라는 제호로 재창간되고 타계 시까지 발행인 역임
1978	'오스트리아 정부 유럽문학상*Austrian State Prize for European Litterature*' 수상

1979	『정신적인 것의 우위』를 『정신적인 것이 우월할 때Quand Prime le Spirituel』[6]라는 제목으로 출간. 클로드 프랑시스Claude Francis와 페르낭드 공티에Fernande Gontier가 보부아르의 기고문, 강연문, 대담 등을 한데 엮어 『시몬 드 보부아르의 저술Les Ecrits de Simone de Beauvoir』 출간
1980	사르트르 타계
1981	사르트르의 말년을 기록한 회고록 『작별의 의식』 출간. 실비 르 봉Sylvie Le Bon de Beauvoir을 양녀로 입적하고 사후 자신의 작품에 대한 모든 권리를 양도
1982	미테랑 정권의 여권부 장관 이베트 루디의 요청으로 '여성과 문화 위원회'의 명예위원장을 맡아 타계할 때까지 적극적으로 참여. 이 위원회는 여성의 삶을 변화시키기 위한 구체적 개혁안을 제시하는 임무 담당. 보부아르에 대한 존경의 표시로 '보부아르 위원회'라는 비공식 명칭 채택. 같은 해에 위원회의 공로를 높이 평가하여 레지옹도뇌르 훈장을 수여하려 했으나 보부아르는 "자신은 문화제도 기관이 아니라 참여하는 지식인이라는 이유로 거절"[7]
1983	덴마크의 '손닝상Sonning Prize' 수상
1986	4월 14일 타계. 몽파르나스 묘지의 사르트르 옆에 안장
1990	『사르트르에게 보낸 편지Lettres à Sartre』와 『전쟁 일기Journal de Guerre』 출간
1997	『넬슨 올그런에게 보낸 편지Lettres à Nelson Algren』[8] 출간
1999	'『제2의 성』 출간 50주년' 기념 국제학술대회가 파리에서 1월 19일부터 5일간 개최
2004	『시몬 드 보부아르와 자크 보스트 간에 오고간 편지Correspondance Croisée』 출간
2006	7월 13일 파리의 센강에 놓인 서른일곱 번째 다리를 '시몬 드 보부아르 인도교Passerelle Simone de Beauvoir'로 명명. 파리 다리에 처음으로 여성 이름 넣음
2008	'시몬 드 보부아르 탄생 100주년' 기념 국제학술대회가 파리에서 1월 9일부터 3일간 개최. 이 기간에 페미니스트 기호학자 쥘리아 크리스테바Julia Kristeva의 제안에 따라 '시몬 드 보부아르 상'이 제정되어 1회 수상자 시상. 이 상은 보부아르처럼 예술 작품이나 활동으로 여성의 자유를 증진한 사람 또는 단체를 선정해 매년 시상함. 『젊은 날의 일기Cahiers de Jeunesse』 출간
2013	소설 『모스크바에서의 오해』 출간

---

6 * 국내에서는 『젊은날의 고뇌』(정성호 옮김, 문자사, 2002)라는 제목으로 출간된 바 있다.

7 케이트 커크패트릭 지음, 『보부아르, 여성의 탄생』, 이세진 옮김, 교양인, 2021

8 * 국내에서는 『시몬 드 보부아르의 연애편지1,2』(이정순 옮김, 열림원, 1999)란 제목으로 출간된 바 있다.

2014	'시몬 드 보부아르 재단' 설립. 재단은 '시몬 드 보부아르 상' 지원, 보부아르의 작품과 사상을 연구하는 학생들에게 장학금 지급 등의 활동 펼침
2018	10월 11일부터 3일간 파리에서 '오늘날 시몬 드 보부아르와 함께 사유하기 Penser avec Simone de Beauvoir aujourd'hui'라는 주제로 시몬 드 보부아르 탄생 110주년 기념 국제학술대회 개최
2020	자자와의 우정을 소재로 한 자전적 소설 『단짝 Les Inséparables』 출간

도판 출처

13쪽 Getty Images ⓒ Photo by Albert Harlingue/Roger Viollet via Getty Images

119쪽 wikimedia commons ⓒ ChrisO

127쪽 wikimedia commons ⓒ George E. Koronaios

128쪽 wikimedia commons ⓒ Marie-Lan Nguyen(2011)

331쪽 wikimedia commons ⓒ Giogo

344쪽 flickr ⓒ Renaud Camus

989쪽 Getty Images ⓒ Photo by Daniel SIMON/Gamma-Rapho via Getty Images

* 일부 저작권자가 불분명한 도판의 경우에는 저작권자가 확인되는 대로 별도의 허락을 받도록 하겠습니다.

찾아보기

ㄱ

가부장 97, 132, 135, 137, 155, 263, 630
가부장제 51, 102, 126, 129, 131, 134, 136, 137, 161, 189, 216, 243, 263, 265, 370, 371, 376, 514, 613, 764, 803
가이아Gaia 118, 126, 149, 239, 270
가이우스Gaius 148, 149, 270
가정주부 42, 146, 165, 210, 454, 628, 630, 731, 732, 742, 743, 746, 786, 787, 788, 792, 793
가톨릭교회 154, 159, 161, 164, 167, 168, 176, 178, 196, 207, 261, 265, 273, 275, 681, 846, 848, 922
강티용Gantillon, Simon 293
　『마야Maya』 293
거세 콤플렉스 81, 83, 88, 92, 394, 396, 940, 981
고급 매춘부 140, 165, 171
고급 창녀 143, 169, 573, 768, 782, 786~793
고클레르Gauclère, Yassu 392, 416, 433, 450
　『파란 오렌지L'Orange Bleue』 392, 416, 433, 450
괴테Goethe, J. W. von 230, 274, 276, 724
　『친화력』 724
　『파우스트』 230, 276
구르네Gournay, Marie de 170, 176, 178
　『남녀평등Égalité des hommes et des femmes』 178
구르몽Gourmont, Rémy de 250, 349
구주Gouges, Olympe de 182, 211
　「여성의 권리 선언」 182
귀스도르프Gusdorf, George 911
　『자아의식La Connaissance de soi』 911
귀용 부인Mme Guyon 847, 915, 916, 919, 920, 923

그라네Granet, Marcel 29

ㄴ

나르시시스트 567, 859, 865~868, 871, 873~876, 888, 919, 923
나르시시즘 81, 402, 470, 471, 475, 483-485, 487, 499, 518, 529, 545~549, 566, 567, 666, 716, 734, 753, 793, 795, 810, 828, 852, 855, 856, 863, 871, 873, 885, 889, 891, 907, 919, 924, 927, 932, 943, 952, 956, 957 959
나폴레옹 민법 136, 183, 198
남성성 38, 252, 321, 324, 329, 330, 366, 402~404, 410, 446, 452, 550, 552, 553, 557, 561~563, 569, 649, 656, 777, 841, 842, 878, 879, 972, 975
네르발Nerval, Gérard de 273, 278, 343, 346, 957
　『실비』 343
　『오렐리아』 343
노이만Neumann, Therese 922
뉴케슬 공작부인Margaret, Cavendish, Duchess of Newcastle 174
니체Nietzsche, F. W. 38, 233, 282, 284, 299, 319, 631, 877, 900, 912
　『우상의 황혼』 284
　『즐거운 지식』 877, 900

ㄷ

다구 부인Comtesse d'Agoult, Marie 880, 888, 889, 896, 909
다브랑테스 공작부인d'Abrantès, Laure Junot 700, 701
　『회고록Mémoires』 700
달랑베르d'Alembert, Jean Le Rond 179

달비에Dalbiez, Roland 80, 562, 856
　『정신분석 방법과 프로이트의 학설La Méthode Psychanalytique et la doctrine freudienne』 562
대모신大母神 126, 230, 265
대자對自 342, 372, 559, 566, 698, 860, 875, 911
덩컨Duncan, Isadora 516, 517, 527, 705, 707, 791, 866, 874, 875, 884, 909
　『나의 생애』 516, 705, 866, 874, 884
데리쿠르 부인d'Héricourt, Jenny Poinsard 188
데메테르Demeter 126, 228, 229, 233, 239, 252, 487, 818
데인Dane, Clemence 478
　『여자 부대Regiment of Women』 478
도스토옙스키Dostoevskii, Fyodor Mikhailovich 294, 846, 960
　『죄와 벌』 294
　『카라마조프가의 형제들』 960
도이치Deutsch, Helen 394, 395, 400, 439, 440, 447, 448, 451, 454, 483, 552, 553, 604, 687, 690, 692, 693, 699, 702, 707, 711, 718, 727, 780, 796, 855, 887
　『여성의 심리Psychology of Women』 400, 439, 448, 451, 483, 604, 687, 855
독신녀 165, 190, 579, 583, 584, 931
동성애 83, 327, 392, 404, 468, 475, 479, 480, 482, 518, 519, 551~561, 564, 565, 567, 568, 570, 573~576, 601, 688, 728, 734, 735, 753, 775, 777, 778, 791, 797, 798, 930, 947, 982
동일자同一者 29, 117, 120, 124, 365, 610
뒤메질Dumézil, Georges 29, 263
　『미트라-바루나Mitra-Varuna』 263
드 노아유 부인de Noailles, Anna 411, 418, 503, 739, 740, 856, 858, 863, 865, 867, 870
　『내 인생의 책Le Livre de ma vie』 856, 863
드루에Drouet, Juliette 880, 888, 890~892, 894, 903, 906
드베스Debesse, Maurice 472, 506
　『젊은이다운 기발함의 위기La Crise d'originalité juvénile』 472, 506
드 피상de Pisan, Christine 166, 168, 211, 215
　『사랑의 신에게 보내는 서한Épître au Dieu d'amour』 168
디드로Diderot, Denis 36, 179, 504, 605, 831
　『여성에 대하여』 605
디킨슨Dickinson, Emily Elizabeth 476
디포Defoe, Daniel 174

ㄹ

라가슈Lagache, Daniel 505, 610, 905
　『질투의 성질과 형태Nature et forme de la jalousie』 610, 905
라로슈푸코La Rochefoucauld, François de 855

라신Racine, Jean 653, 867, 966
라이스Lais 143
라이트Wright, Richard 425, 946
　『블랙 보이Black Boy』 946
　『토착민 아들Native Son』 425
라캉Lacan, Jacques 390
　「개인 형성에서의 가족의 복합도Complexes familiaux dans la formation de l'individu」 390
라포르그Laforgue, Jules 285, 377~379, 838, 971
　「우리의 귀여운 친구Notre Petite Compagne」 285
랑클로Lenclos, Ninon de 171, 172, 573, 786
랜다우Landau, Rom 797
　『성, 인생 그리고 신앙Sex, Life and Faith』 797
레리Leiris, Michel 262, 268, 371, 522
　『성년L'Age d'homme』 262, 371
　「어머니La Mère」 268
레만Lehmann, Rosamond 469, 475, 499, 904
　『모호한 대답Dusty Answer』 475, 499, 863, 957
　『악천후The Weather in the Streets』 904
　『왈츠에의 초대Invitation to the Waltz』 469, 499
레비스트로스Lévi-Strauss, Claude 30, 120, 121, 124, 234, 237
　『친족의 기본 구조Les Structures élémentaires de la parenté』 30, 120, 121, 237
레스피나스Lespinasse, Julie de 173, 880, 894~896, 900, 908, 909
레키Lecky, W. E. H. 164
로런스Lawrence, David Herbert 80, 299, 319, 320, 322, 324~327, 329, 330, 338, 365~368, 543, 547, 583, 647, 650, 652, 657, 674, 841, 870, 871, 886, 897, 973
　『날개 돋친 뱀The Plumed Serpent』 80, 328, 329, 543, 547, 657
　『무의식의 환상Fantasia of the Unconscious』 325, 326, 647
　『사랑에 빠진 여인들』 321, 322, 326, 327
　『아들과 연인』 321, 327, 330, 693
　『채털리 부인의 변호』 322
　『채털리 부인의 연인』 322, 324, 886
로런스Lawrence, Thomas Edward 964
　『지혜의 일곱 기둥』 962, 964
로르카Lorca, Federico Garcia 289, 290
　『베르나르다 알바의 집』 290
루셀Roussel, Raymond 860
루소Rousseau, Jean-Jacques 179, 326, 564, 583, 811, 911, 961, 962
　『고백록』 961
루즈몽Rougemont, Denis de 556
　『악마의 몫La Part du diable』 556
루한, 메이블 다지Luhan, Mabel Dodge 650, 652, 845,

870, 973

록셈부르크Luxemburg, Rosa 208, 214, 504, 964

뤼케Luquet, Georges-Henri 248, 394, 399

르뒤크Leduc, V. 421, 450, 624, 717, 898
　『굶주린 여자L'Affamée』 624
　『질식L'Asphyxie』 421, 450, 717, 723

르벨리오티Reweliotty, Irène 505, 879, 882

르블랑Leblanc, Georgette 663, 735, 868, 871, 888, 952
　『회고록』 735

리비도libido 80, 81, 85, 89, 93, 233, 554

리슈팽Richepin, Jean 292
　『끈끈이La Glu』 292

리시에Richer, Léon 199
　'여성의 권리Droits de la Femme' 199

리프만Liepmann, W. 429, 430, 444, 450, 465, 478, 526, 684
　『청춘과 섹슈얼리티Jeunesse et sexualité』 429, 444, 450, 465, 478, 526, 684

릴케Rilke, Rainer Maria 613

ㅁ

마나mana 91, 99, 100, 115, 123, 130, 236, 242, 253, 273, 766

마르크스Marx, Karl 189, 190, 226, 987
　『자본론』 190, 191

마르크스주의(자) 79, 80, 103, 209

마리테레즈 774, 777~781
　『어느 창녀의 삶Vie d'une prostituée』 774

마조히즘 295, 323, 416, 418, 419, 421, 484, 491, 492, 545~549, 559, 570, 611, 648, 666, 694, 707, 726, 887, 888, 891, 893, 939, 940, 947

마테를링크Maeterlinck, Maurice 372, 663, 868, 871

말로Malraux, André 283, 324, 766, 911
　『인간의 조건』 284, 766, 939

말리노프스키Malinowski, Bronislaw 242, 252, 254, 585

망두스Mendousse, Pierre 476, 477
　『사춘기 소녀의 영혼L'Âme de l'adolescente』 476, 477

매컬러스McCullers, Carson 428, 434
　『결혼식 멤버』 428

맨스필드Mansfield, Katherine 471, 641, 673, 712, 845, 884, 961, 962
　「만에서」 712
　「서곡」 471, 641

멍디엄mundium 155, 156, 183

메르시에Mercier, Louis-Sébastien 179

메를로퐁티Merleau-Ponty, Maurice 50, 71, 75, 76, 80, 90
　『지각의 현상학』 50, 71

메살리나Messalina 515, 762

모니에Monnier, Thyde 442, 451, 574

『자아Moi』 442, 451, 574

모라스Maurras, Charles 393

모리아크Mauriac, Claude 38

모리아크Mauriac, François 505, 605, 641, 666, 722
　『제니트릭스』 722
　『테레즈 데케루』 605, 641

몰리에르Molière 178, 871
　『여학자들』 871
　『우스꽝스런 프레시외즈들』 78
　『학식을 뽐내는 여인들』 178

몽테뉴Montaigne, Michel de 35, 36, 542, 590, 592, 593, 610, 760, 764, 768, 801, 974
　『수상록』 542, 590, 593

몽테를랑Montherlant, Henry Millon de 35, 37, 232, 299~308, 310~319, 326, 338, 365~368, 396, 897
　『꿈Le Songe』 302, 305, 307, 314
　『독신자Les Célibataires』 301
　『산타아고의 스승Le Maître de Santiago』 311
　『올림픽Les Olympiques』 301, 307
　『욕망의 샘에서Aux fontaines du désir』 311, 313~315
　『유배L'Exil』 301
　『자기 자신의 소유La Possession de soi-même』 314
　『젊은 처녀들Les Jeunes Filles』 301, 303~306, 308~310, 317
　『죽은 여왕La Reine morte』 314, 317
　『추분L'Équinoxe de septembre』 313
　『카스티유의 왕녀La Petite Infante de Castille』 305, 306, 310
　『파시파에Pasiphaé』 303, 314
　『하지Le Solstice de juin』 311~315, 317, 319, 396

몽테스키외Montesquieu, Charles de 173, 179, 729

묑, 장 드Meung, Jean de 35, 167, 168

무사mousa 279, 280, 284, 290

무상성無償性 231, 624, 632, 747, 810, 813, 894, 953

미쇼Michaux, Henri 602
　『감동의 밤La nuit remue』 602
　"신혼의 밤" 602

미슐레Michelet, Jules 28, 230, 404, 626, 750

밀Mill, John Stuart 36, 198, 215

밀러Miller, Henry 294
　『북회귀선』 294

ㅂ

바랑 부인Warens, Françoise-Louise de 564, 811, 812, 911, 937

바슐라르Bachelard, Gaston 89, 99, 247, 396, 614, 616, 620, 626
　『대지 그리고 휴식의 몽상』 99, 247, 616, 626

바시키르체프Bashkirtseff, Marie 215, 402, 470, 472, 483,

484, 505, 547, 567, 738, 743, 855~857, 859, 860, 865, 866, 870, 874, 875, 953, 956, 963

『내면의 기록Écrits intimes』 738

바예잉클란Valle-Inclán, Ramón María del 289, 290

　『신의 말씀Divines Paroles』 290

바이런Byron, George Gordon 877

바쟁Bazin, H. 421, 717

　『손에 쥔 독사Vipère au poing』 421, 717

바타유Bataille, Georges 239, 295

바흐오펜Bachofen, Johann Jakob 110, 120, 842

반세계反世界 614, 750, 778, 791, 819, 840

발린트Balint, Alice 91, 393, 396

　『어린이의 내적인 삶La Vie intime de l'enfant』 91, 393

발자크Balzac, Honoré de 185, 281, 372, 467, 529, 594~596, 598, 648, 663, 912, 976

　『결혼 생리학Physiologie du Mariage』 185, 372, 529, 594, 596

　『고리오 영감』 281, 467

　『골짜기의 백합』 281, 863

　『두 젊은 신부의 회고록Mémoires de deux jeunes mariées』 595

방다Benda, Julien 28, 515

　『위리엘의 보고Rapport d'Uriel』 28, 29, 515

버나드 쇼Bernard Shaw, George 37, 186

베를렌Verlaine, Paul 269

베벨Bebel, August 31, 98, 189, 191, 193, 207, 272

베어Baer, Karl Ernst von 52

베카리아Beccaria, Cesare 196

벤Behn, Aphra 174

보두앵Baudouin, Charles 88, 423

　『아동의 영혼과 정신분석L'Âme enfantine et la psychanalyse』 88, 423

보르도Bordeaux, Henry 613

　『집La Maison』 613

보마누아르Beaumanoir, Philippe de Remi 157, 160

보쉬에Bossuet, Jacques-Bénigne 28, 178

볼테르Voltaire 179

부권제父權制 114, 120, 125, 211, 223, 228, 235, 239

부르두슈Bourdouxhe, Madeleine 545, 616

　『마리를 찾아서À la recherche de Marie』 616

분신 91, 264, 274, 394, 401, 404, 405, 497, 715, 716, 722~725, 753, 799, 808, 811, 858, 874, 875, 893, 919, 924, 943, 975

브론테Bronte, Emily Jane 201, 503, 504, 960, 962, 964

　『폭풍의 언덕』 893, 960

브르통Breton, André 245, 299, 343~351, 365~368, 379, 657

　『광기의 사랑L'Amour fou』 345, 346

　『나자』 345, 367

『비약 17Arcane 17』 245, 346, 347, 349, 379

『연통관Vases communicants』 345, 346

블로크Bloch, Jean Richard 257

　『쿠르드족의 밤La Nuit kurde』 257

블룸Blum, Léon 609

　『결혼Mariage』 609

비비아니Viviani, René 200

비비앙Vivien, Renée 479, 518, 519, 566, 567, 569

　『마법Sortilèges』 566

　「손을 맞잡을 때L'Heure des mains jointes」 479

　「흔적Sillages」 480

비애의 어머니 719, 722, 864

비제르브룅 부인Vigée-LeBrun, Élisabeth 957, 958

비처 스토 부인Stowe, Harriet Beecher 205, 213

　『톰 아저씨의 오두막』 205

빈슬로Winsloe, Christa 475, 479

　『제복의 소녀』 475, 479

ㅅ

사드Sade, D. A. F. de 295, 547

　『규방철학』 547

　『미덕의 불운』 295, 547

사디즘 295, 323, 396, 409, 421, 477, 491, 546~548, 561, 570, 575, 592, 611, 681, 686, 719, 777, 940

사르트르Sartre, Jean-Paul 51, 76, 80, 89, 210, 383, 396, 547, 548, 821, 888

　『더러운 손』 821

　『존재와 무』 51, 89, 547, 888

사유재산(제) 36, 97~100, 130, 134, 135, 139, 141, 161, 163, 186, 189, 211

산아제한birth-control 108, 195, 197, 211, 216, 679, 689, 764, 837, 945, 980

상드Sand, George 187, 207, 214, 559, 573, 594

생시몽주의(자) 176, 186~188, 198, 199, 342

샤르돈Chardonne, Jacques 623, 628, 645, 646, 662

　『이브Ève』 645, 662

　『축혼가』 646

샤리에르 부인Charrière, Isabelle de(벨레 판 죄일렌Belle van Zuylen 504, 564, 668, 669, 671, 766, 811, 816, 824

성녀 166, 169, 265, 294, 416, 418, 456, 472, 484, 496, 504, 729, 820, 846, 848, 887, 888, 916~918, 921, 922, 965

성모 159, 267, 276, 360, 416, 456, 697, 887, 922

세귀르 부인Comtesse de Ségur 214, 269, 413, 485, 717

　『어린아이의 사랑Quel amour d'enfant』 485

세비녜 부인Sévigné, Marie de Rabutin-Chantal 170, 194, 722

세습재산 135, 136, 139~141, 147, 154, 156, 160, 189, 198

세이렌Seiren 246, 256, 288

섹슈얼리티Sexualité 48, 50, 58, 65, 80, 81, 85, 86, 88~90, 93, 96, 102, 103, 239, 246, 252, 253, 255, 265, 296, 297, 322, 328, 378, 417, 431, 444, 484, 487, 492, 511, 516, 518, 519, 541, 544, 546, 552~554, 569, 599, 600, 611, 673, 761, 837, 879, 887, 972, 987

소렐Sorel, Cécile 859, 863, 866, 875
  『회고록Mémoires』 863, 866

소바주Sauvage, Cécile 673, 704, 708, 714, 878, 883, 903
  「새싹의 영혼」 704

소쉬르Saussure, Ferdinand de 394, 399

소피아Sophia Tolstoy 633, 634, 640, 643, 644, 656, 658, 664, 672, 674, 694, 711, 712, 726, 727, 744, 750, 832

슈보브Schwob, Marcel 294, 808
  『모넬의 책Livre de Monelle』 294

슈테켈Stekel, Wilhelm 93, 397, 438, 439, 450, 455, 486, 516, 524, 530, 531, 533, 538~540, 557, 561, 575, 589, 592, 601, 602, 604, 607, 609, 611, 641, 653, 689, 694, 699, 708, 715, 723, 728, 756~758, 763, 798, 799, 864, 865, 885, 886
  『불감증의 여자La Femme frigide』 438, 439, 450, 455, 486, 518, 524, 533, 540, 592, 604, 689, 758, 864
  『불안의 신경 증상Les États nerveux d'angoisse』 601, 699

스위프트Swift, Jonathan 251, 311

스타인Stein, Gertrude 574

스타인벡Steinbeck, J. E. 246, 613
  『미지의 신에게To an Unknown God』 246
  『통조림공장 골목』 613

스탈 부인Staël, Germaine de 187, 559, 574, 670, 702, 766, 802, 867, 870, 871, 873, 933, 937
  『코린느Corinne』 867

스탕달Stendhal 215, 281, 297, 299, 351~356, 358~368, 377, 596, 649, 671, 821, 849, 894, 911, 940, 957, 960, 961, 981
  『라미엘』 356, 368
  『뤼시앵 뢰방Lucien Leuwen』 355, 356
  『미나 드 방겔Mina de Vanghel』 361
  『에고티즘의 회상Souvenirs d'égotisme』 961
  『이탈리아 연대기Chroniques italiennes』 358
  『적과 흑』 355, 356, 377, 548
  『파르마의 수도원』 356, 357

실존자 78, 89, 99, 103, 111, 112, 225, 284, 371, 373, 377, 390, 612, 838, 842, 893, 900, 972, 977

실존주의 42, 107, 112

ㅇ

『아가雅歌』 245, 306, 476, 519

아당 부인Adam, Juliette 188, 601

아들러Adler, Alfred 86~88, 93, 95, 303, 366, 394, 400,

아르두앵Hardouin, Maria Le 419, 421, 485, 546
  『검은 돛La Voile noire』 419, 485, 547

아리스토파네스Aristophanes 33, 146
  『리시스트라타Lysistrata』 33, 146

아브라함Abraham, Karl 394, 396, 400

아스파시아Aspasia 143, 144, 169, 213, 227, 279, 370

아이세Aïssé, Charlotte 880, 894

안티페미니스트antiféministe(반여성주의자) 26, 36, 120, 188, 201, 215, 216, 354, 677, 707, 929, 966

안티피시스antiphysis 250, 251

알랭Alain 256

알랭푸르니에Alain-Fournie 292
  『대장 몬느』 293

알레비Halévy, Ludovic 649

알박스Halbwachs, Maurice 673, 833
  『자살의 원인Les Causes du suicide』 673, 833

앙셀Ancel, Paul 54

에게리아Egeria 279, 787

에디Eddy, Mary Baker 206
  '크리스천 사이언티스트 처치Christian Scientist Church' 206

에로티시즘érotisme 93, 102, 239, 247, 250, 262, 287, 328, 329, 343, 369, 373, 379, 431, 452, 470, 474, 479, 483, 512, 513, 518, 520~522, 530, 538, 542~544, 546, 548~550, 553, 554, 561, 568, 570, 598, 599, 601, 605, 610, 641, 714, 737, 758, 805, 820, 885, 887, 888, 893, 934, 936, 939, 942, 982, 983, 986, 987

에르비외Hervieu, Paul 598

에바르Evard, Marguerite 473, 477, 478
  『사춘기 소녀L'Adolescente』 473, 477, 478

엘렉트라 콤플렉스 83, 85, 412

엘리스Ellis, Henry Havelock 397, 423, 440, 513, 557, 564, 602, 856
  『배수증L'Ondinisme』 397
  『성 심리 연구Études de psychologie Sexuelle』 397, 513

엘리엇Eliot, George 201, 467, 499, 504, 942, 960
  『미들마치』 960
  『플로스 강의 물방앗간』 467, 499

엥겔스Engels, Friedrich 97~101, 103, 120, 129, 159, 189, 193, 197, 760
  『가족, 사유재산, 국가의 기원』 97, 98

여성성 26, 27, 41, 68, 83, 86, 92, 130, 168, 171, 184, 186, 212, 214, 236, 238, 260, 266, 267, 274, 292~294, 296, 304, 321, 324, 326, 350, 351, 369, 370, 376, 378, 385, 403, 404, 409, 446, 447, 458, 459, 463, 468, 476, 506, 550, 555, 557~561, 565, 569, 632, 688, 723, 786, 794, 797, 805, 839, 847, 919, 930, 932~934, 946~948, 951, 960

여성 참정권 25, 202, 204, 206, 207, 211

여성 투표권 200~202, 206, 216

여제女帝 118, 121, 173, 212, 559

오드리Audry, Colette 420~422, 440, 454, 558, 619, 690, 696, 709, 713, 715, 716, 742

　『지는 놀이On joue perdant』 619, 690, 696, 709, 742

　『추억의 관점에서Aux yeux du souvenir』 420, 440, 558

오이디푸스 콤플렉스 81, 83, 85, 238, 295, 563, 981

오클레르Aulcert, Hubertine 199

　『여성 시민La Citoyenne』 199

　'여성의 투표Suffrage des femmes' 199

올컷Alcott, Louisa May 486

　『작은 아씨들』 413, 467

　『좋은 아내들Good Wives』 486

와일리Wylie, Philip 219, 268, 281, 814, 815

　『독사의 세대Generation of Vipers』 219, 268, 281, 814

울스턴크래프트Wollstonecraft, Mary 198, 211

　『여성의 권리 옹호』 198

울프Woolf, Virginia 173, 174, 506, 507, 614, 615, 673, 747, 749, 845, 960, 962

　『댈러웨이 부인』 747, 845

　『등대로의 산책』 845

　『자기만의 방』 173

　『파도』 507, 508, 614

워튼Wharton, Edith 639, 738, 961

　『순수의 시대』 639, 738

월경 51, 68, 69, 70, 72, 73, 108, 130, 140, 175, 234~238, 242, 268, 371, 372, 390, 431, 439, 440, 442, 444~446, 448, 449, 463, 490, 494, 563, 673, 684, 688, 698, 726, 794, 945, 982

웨브Webb, Mary 501, 508, 884, 962

　『그림자의 무게』 884

　『도머 숲의 집The House in Dormer forest』 501

　『사안Sarn』 508

유일자唯一者 231, 316, 859, 964

융Jung, Carl G 233, 272, 406

　『리비도의 변신Métamorphoses de la libido』 233

　『어린이의 갈등 심리』 406

음핵 58, 79, 81, 83, 85, 87, 103, 389, 449, 479, 512, 513, 538, 553, 554

이유離乳 295, 389, 392, 394, 402, 430, 470, 544, 632, 695

이타성異他性 29~31, 38, 120, 131, 369, 375, 722, 905, 908

입센Ibsen, Henrik 497, 649, 674

　『건축가 솔네스Solness le constructeur』 497

　『인형의 집』 647, 674, 839

ㅈ

자네Janet, Pierre 437, 603, 637, 638, 762, 882

　『강박관념과 신경쇠약Les Obsessions et la psychasthénie』 437, 603, 637, 638, 762, 882

자허마조흐Sacher-Masoch, Leopold von 295

작스Sachs, Maurice 393

　『안식일Le Sabbat』 393

잔 다르크Jeanne d'Arc 160, 166, 214, 242, 413, 504, 846, 923

제2의 자아 91, 92, 393, 401, 405, 855

존스Jones, Alfred 556

졸라Zola, Émile 427, 581, 782, 790, 792

　『나나』 782

　『살림』 581

주앙도Jouhandeau, Marcel 610, 623, 651, 653, 660, 663

　『남편의 연대기Chroniques maritales』 610, 623, 651, 653, 663

　『신新 남편의 연대기』 651

주이상스jouissance 329, 887

주체성 66, 81, 301, 375, 405, 452, 462, 523, 539, 547, 653, 858, 974

주커만Zuckermann, Solly 77

즉자卽自 42, 55, 225, 390, 566, 696, 746, 836, 860, 875

지드Gide, André 38, 273, 374, 624

　『일기』 624, 824

ㅊ

창녀 98, 140, 142, 143, 152, 156, 164, 165, 169, 170, 174, 201, 212, 226, 282, 287, 294, 295, 356, 370, 528, 573, 768~770, 773~777, 779, 780, 782, 785~793, 802, 815, 837~839, 875, 934, 935

처녀성 89, 90, 93, 115, 241~245, 265, 293, 308, 433, 491, 510, 512, 519, 521, 525~527, 532, 533, 536~538, 545, 546, 561, 583, 589, 598, 599, 601~604, 607, 632, 684, 761, 771~773, 837

『천일야화』 140, 255, 260, 288, 306

체이니Cheyney, Peter 282, 376

초월성 53, 56, 91, 94, 95, 215, 248, 255, 287, 325, 378, 401, 423, 452, 480, 495, 501, 503, 515, 528, 610, 612, 652, 676, 721, 734, 756, 786, 841, 842, 844, 846, 858, 871, 889, 898, 899, 905, 927, 972, 973

ㅋ

카루주Carrouges, Michel 38, 224, 231

카베Cabet, Étienne 186, 187

케네디Kennedy, Margaret 434, 499, 504

　『영원의 처녀The Constant Nymph』 434, 499, 957

코기토Cogito 375

코르넬리아Cornelia 149, 175, 264, 718

콜레트Colette, Sidonie-Gabrielle 246, 421, 475, 488, 501, 505, 536, 549, 566~568, 586, 598, 600, 609, 621, 686, 702, 703, 710, 722, 750~753, 761, 785, 802, 883, 895, 910, 911, 936, 942, 954~956, 962
『군모Le Képi』 752
『그리비슈Gribiche』 686
『나의 인생 수업Mes apprentissages』 549, 750, 895
『방랑하는 여인』 568, 609, 883, 895, 942
『셰리』 785, 802
『시도Sido』 501
『암고양이』 246
『이런 쾌락들……Ces plaisirs……』 566
『저녁별L'Étoile Vesper』 702, 710
『천진한 탕녀L'Ingénue libertine』 598, 761
『청맥』 488, 536, 936
『클로딘의 집La Maison de Claudine』 586, 601, 637
『투투니에La Toutounier』 753
『포도덩굴Les Vrilles de la vigne』 567
『하루의 탄생La Naissance du jour』 954
『학교에서의 클로딘Claudine à l'école』 475, 488
콩도르세Condorcet, Marquis de 180, 182, 197, 215
콩스탕Constant, Benjamin 564, 668, 670, 766, 831, 894, 897, 908, 957
『아돌프』 897, 908
콩트Comte, Auguste 184, 268, 325, 368, 371, 583, 675
크라프트에빙Kraft-Ebing, Richard von 562, 735
크뤼데너 부인Mme de Krüdener 800, 860, 867, 919, 923
크산티페Xanthippe 147, 286
클레랑보Clérambault, G. G. de 871
클로델Claudel, Paul Louis Charles Marie 265, 299, 330~332, 337, 338, 340~343, 365~368
『교환L'Echange』 332, 338, 339
『굳은 빵Le pain dur』 334
『도시La Ville』 333~335, 338
『루아르에셰르에서의 대화Conversations dans le Loir-et-Cher』 332
『마리아에의 수태고지L'Annonce faite à Marie』 332, 334
『모욕당한 아버지Le Père humilié』 336, 337
『비단 구두Le Soulier de satin』 332~334, 336~338, 340, 341
『성자의 노트Feuilles de saints』 337
『세 목소리의 칸타타La Cantate à trois voix』 332, 335
『소피의 모험Les Aventures de Sophie』 332, 342
『인질L'Otage』 338, 339
『일출 속의 검은 새L'Oiseau noir dans le soleil levant』 333
『입장과 제안Positions et Propositions』 333, 336, 337
『정오의 분할Partage de midi』 330, 332, 335
『젊은 처녀 비올렌La Jeune Fille Violaine』 334, 337,

341
『토비와 사라의 서書Livre de Tobie et de Sarah』 336
키르케Kirke 256, 285, 290
키르케고르Kierkegaard 227, 285, 372, 383, 597, 598, 975
「결혼에 관한 약간의 성찰Adskilligt om Egteskabet」 597
「술 속에 진실이 있다In vino veritas」 597
『인생길의 여러 단계Stadier Paa LivetsVei』 227, 597
「킨제이 보고서」 27, 513, 541, 600, 604, 605

ㅌ
테르바뉴Tervagne, S. de 421, 450, 717
『어머니의 증오La Haine』 421, 450, 717
테르툴리아누스Tertullianus 154, 261, 277
토클라스Toklas, Alice B. 574
톨스토이Tolstoy, Lev Nikolayevich 326, 656~658, 661, 664, 675, 706, 832, 960
『안나 카레니나』 326
『전쟁과 평화』 326, 423, 470, 656, 754, 960
트리스탕Tristan, Flora 187, 188, 214, 824

ㅍ
파커Parker, Dorothy 26, 627, 658, 673, 745, 862, 961
『너무 나쁘다!Too bad!』 627, 658, 862
『사랑스러운 에바The Lovely Eva』 745
팔루스phallus 79, 86, 319, 841
팽크허스트Pankhurst, Emmeline 202
'여성사회정치연맹Woman Social and Political Union' 202~204
페니스 81, 83, 85, 86, 89, 91~93, 95, 253, 254, 327, 389, 393~397, 399~402, 411, 446, 453, 455, 457, 458, 513, 528, 535, 554, 561, 602, 603, 714, 715, 731, 846, 855, 972, 982
페르디에르Ferdière, Gaston 872, 914, 915
『연애 망상증L'Érotomanie』 872
페미니스트féministe(여성주의자) 34, 36, 40, 178, 182, 183, 187, 188, 198, 200, 205~208, 364, 574, 718, 929, 961
페미니즘 25, 36, 179, 187, 188, 199, 200, 205, 207, 211, 467
펜테실레이아Penthesileia 282
포Poe, Edgar Allan 274, 275, 808
「울라룸Ulalume」 274
포르토리슈Porto-Riche, Georges de 287, 598
『사랑하는 여자Amoureuse』 287, 598
포셋 부인Fawcett, Millicent 199, 201
포터Porter, Katherine Anne 494
『오랜 죽음의 운명』 494

퐁주Ponge, Francis 617
　『세탁통La Lessiveuse』 617
퐁트넬Fontenelle, Bernard Le Bovier de 179
　『세계 다수 문답Traité de la Pluralité des Mondes』 179
푸리에Fourier, Charles 186, 349, 594, 839
푸예Fouillée, Alfred 57
　『기질과 성격Le Tempérament et le Caractère』 57
풀랭 드 라 바르Poulain de la barre, François 21, 34, 35,
　178, 179, 215
　『양성평등에 관하여De l'égalité des deux sexes』 178
프레보Prévost, Marcel 598, 637, 671
프레이저Frayser, Sir James 117, 126, 821
프로이트Freud, Sigmund 80, 81, 83, 85~88, 90, 92, 93, 95,
　102, 103, 394, 396, 399, 406, 412, 545, 548, 554, 590,
　604, 721
　『모세와 그의 민족Moïse et son peuple』 85, 88
　『토템과 터부』 88
프루동Proudhon, Pierre-Joseph 188, 189, 201, 326, 583,
　594, 672
프루스트Proust, Marcel 374, 449, 813, 898, 908, 966
　『잃어버린 시간을 찾아서』 374, 813
프리네Phryne 143, 145, 169, 314, 523, 782, 784

피스fils, Alexandre Dumas 199, 765, 782
　『프랑시용Francillon』 765
피시스physis 250
피아제Piaget, Jean 394, 399, 400
피타고라스Pythagoras 21, 132, 260, 291, 299

ㅎ

하이데거Heidegger, Martin 51, 76, 819, 900
헤겔Hegel, G. W. F. 30, 37, 38, 50, 52, 57, 66, 112, 254,
　363, 591, 595, 698, 836
　『정신현상학』 591
헤스나드Hesnard, Angelo 556
헤이워스Hayworth, Rita 788
헤타이라Hetaira 140, 143, 152, 165, 264
『현대Les Temps Modernes』 683, 774
호나이horney, Karen 396
홀Hall, Radclyffe 571
　『고독의 우물』 571, 575
황금투구Casque d'Or 782
휴스Hughes, Richard 433
　『열풍』 433